MW00513268

THE

ANABASIS OF XENOPHON,

WITH

COPIOUS NOTES, INTRODUCTION, MAP OF THE EXPEDITION AND RETREAT OF THE TEN THOUSAND, AND A FULL AND COMPLETE LEXICON.

FOR THE USE OF SCHOOLS AND COLLEGES.

BY

ALPHEUS CROSBY,

LATE PROFESSOR EMERITUS OF THE GREEK LANGUAGE AND LITERATURE IN DARTMOUTH COLLEGE.

NEW YORK AND CHICAGO:
POTTER, AINSWORTH, AND COMPANY.
1875.

x9.225
A

THE ANABASIS OF XENOPHON,

With copious Notes, Introduction, Map of the Expedition, and Retr the Ten Thousand, and a full and complete Lexicon. For the u Schools and Colleges. By ALPHEUS CROSBY, late Professor Em of the Greek Language and Literature in Dartmouth College. I from Professor Crosby's MSS., by J. A. SPENCER, S. T. D., Profes the Greek Language and Literature in the College of the Ci New York.

For the convenience of students and teachers, Crosby's Anabasis i nished to them as follows: —

1. **The Anabasis complete, Seven Books** (as above). 1 vol. 12mo. $2.25.
2. **The Anabasis, First Four Books**, with Notes, Lexicon, etc. Price, $2.00.
3. **The Greek Text of the Seven Books**, with Summary of Contents, etc. 1 vol. Price, $1.25.
4. **The Lexicon to the Seven Books, the Notes, Introduction, Ma** 1 vol. Price, $1.25.

Entered according to Act of Congress, in the year 1874,
BY MARTHA K. CROSBY,
in the Office of the Librarian of Congress, at Washington.

UNIVERSITY PRESS: WELCH, BIGELOW, & CO.,
CAMBRIDGE.

PREFACE.

THE present volume is issued under somewhat peculiar circumstances. The distinguished and lamented scholar, whose name appears on the title-page, had, for several years past, been purposing to publish an edition of the Anabasis, with Notes, Lexicon, and whatever else might be desired to illustrate a favorite classic. He was spared long enough to complete the Lexicon to the Anabasis, and to bring his Greek Grammar and other works to the highest point of the advanced scholarship of the present day; but he was removed from the scene of all earthly labors ere he could complete his plans and purposes in respect to the edition of the Anabasis, which was announced last year as nearly ready for the press.

On Professor Crosby's death, in the spring of the present year, the undersigned was asked by Mrs. Crosby to undertake the putting into shape for the printers, and seeing through the press, the work as left by the deceased. All the manuscripts and material for the purpose were placed in the undersigned's hands; and although the task has been a delicate as well as difficult one, he has endeavored to discharge the duty of an Editor, under these circumstances, with a conscientious regard to what is due to the reputation of one of the foremost of American scholar well as to a warm-hearted and most estimable frienc

It was found on examination that the notes on first four books were in a tolerable state of completer although not yet quite fitted for publication. The and sixth books had also been annotated to a consider extent.* In a number of instances Professor Cro seems not to have determined finally upon critical po whether as to readings or interpretation, but to have l in reserve various matters for a last revision of his ma script, before sending it to the printers. It became co quently the duty of the undersigned to exercise his judgment, and to use whatever discretion he possesse dealing with all matters of the kind. He has scrupulo refrained from altering or attempting to improve u Professor Crosby's notes and criticisms; only here there, as need required, a palpable oversight or mistake been corrected; and he has felt more and more deeply, more he has looked into the work of the departed, l profoundly to be regretted by all lovers of ancient lor the loss of one who was so thorough and accomplishe student and so enthusiastic an admirer of Xenoph writings.

In getting the volume ready for the press, the additi made have been simply in accordance with what is kn

* It seems proper to state here, in regard to the edition containing on all the books of the Anabasis, that the undersigned is to be held res sible for those on the last three books. He has added to the matter tained in Professor Crosby's manuscript on the fifth and sixth books, has supplied the accompanying notes on the seventh book. He trusts what he has done will be found to be in harmony with, and similar in acter to, Professor Crosby's own work in the notes on the first four bo

to have been Professor Crosby's wish, namely, to make it as useful as possible in every respect, and such material as he had prepared for this part of his work has been here introduced. These additions are, a Map (taken from Macmichael's Anabasis); an enlarged Introduction; a Record of the Marches, etc., during the Anabasis and Katabasis of the Greeks; together with headings to the books and chapters, and some valuable geographical matter in the Appendix. It would hardly be worth while to make this statement here, were it not that evident propriety demands that Professor Crosby be not held responsible for matter which has been supplied by another hand.

In concluding this Preface, the undersigned may be allowed to express the conviction, arising from an examination of the notes and papers of Professor Crosby, that the present work will be found to be a real and positive addition to the several excellent editions of the Anabasis already in print. The notes are full (especially on the first four books), as the author held that they ought to be, in a work such as the Anabasis is; they are, too, thoroughly analytical, and continually refer to the grammar for exact and complete information on philological points; they are also very instructive, particularly in the occasional paragraphs of enlarged comment and criticism, such as young students need and appreciate, as well towards rendering the author's meaning more clear as towards impressing the valuable lessons taught by this, and in fact all history, ancient and modern.

It deserves further to be stated, that the Lexicon to the Anabasis by Professor Crosby is by far the most full and complete of any in the English language, and evidences the patient care, thorough scholarship, and superior judgment and skill of the lamented author. ' Lexicon for the first four books was prepared by author, and is the same in all respects with the full L con, except in the omission of words and names wh occur only in the last three books. The Table of Citati from the Anabasis, contained in Crosby's Greek Gramn was prepared expressly for this edition, and will be fou to be of great service to the student who possesses a uses that admirable work.

J. A. SPENCER,
College of the City of New Yor

November 25th, 1874.

INTRODUCTION.

XENOPHON was the son of Gryllus, an Athenian of the tribe Ægeis, the demus or subdivision Erchea, and the order of Knights. The date of his birth is unsettled. Some place it as early as B. C. 444. The probabilities are, however, that he was born some fourteen or fifteen years later, i. e., about B. C. 430. He lived to a very advanced age, being, it is said, ninety years old when he died.

He was remarkable for the singular attractiveness of his personal appearance; and one day in early life, as he was meeting Socrates in a narrow lane of the city, the philosopher, who had a keen eye for natural as well as intellectual and moral beauty, was so much struck with his fine form and expressive features, that he put out his staff across the pass and stopped him for conversation. He began, after his peculiar method, by asking the youth where he would purchase the various articles required for the sustenance of the body. The questions were answered with intelligence and promptness. "And where," continued the sage, turning the conversation, as he was wont to do, from the natural to the moral, — "where do men become honorable and virtuous? (Ποῦ δὲ καλοὶ κἀγαθοὶ γίγνονται ἄνθρωποι;)" The youth hesitated. It was a new question to him. "Follow me, then," said the philosopher, "and learn (Ἕπου τοίνυν καὶ μάνθανε)." From that hour, Xenophon became the companion, disciple, and bosom friend of Socrates.

An anecdote is related by Strabo and Diogenes Laërtius which I would fain believe to be essentially true, although I am one of those who cannot admit that Xenophon was born early enou for the occurrence of the incident where they place it, at t battle of Delium (B. C. 424). No one, it seems to me, can re carefully the history of the Expedition of Cyrus, without t conviction that the author was at that time in the bloom early manhood. The anecdote is this. The youthful Xenoph fought in the battle on horseback. His teacher, poorer worldly goods, served among the footmen, where he show himself no less a hero than a philosopher. The Athenians a defeated; and, as they are flying, Socrates sees his young frien thrown from his horse, and lying disabled upon the groun He snatches him up, and, heroically protecting him from pursuers, bears him upon his shoulders from the battle-field.*

From the society of Socrates, and the refined leisure of Athen Xenophon was called away by a letter from an intimate frier (ξένος ἀρχαῖος), Proxenus the Bœotian, who had attached himse to the fortunes of the younger Cyrus. He urged Xenophon come and join him, assuring him that he would make him friend of Cyrus, whose friendship he regarded as worth more himself than anything he could obtain in his native land. Xen phon, having read the letter, conferred with Socrates respecti its contents. The prudent philosopher, apprehensive that would incur the displeasure of his fellow-citizens by joining prince who had so zealously assisted the Spartans against ther and yet, as it would seem, not wishing to oppose directly t adventurous ardor of his young friend, advised him to consu the oracle at Delphi in regard to the measure. Xenophon we to the prophetic shrine, but simply asked to which of the go he should sacrifice and pray, in order that he might accompli most honorably and successfully the enterprise which he w proposing, and return safe with the acquisition of glory. I

* Plutarch (*Alcibiades* 7) tells the story of Socrates having saved the life Alcibiades at Potidæa. He also relates that Alcibiades on his part protect Socrates in the retreat after the defeat at Delium. If Plutarch is to be reli on, the strongest argument in favor of B. C. 444 for Xenophon's birth is tak away. Curtius, *Hist. of Greece*, v. 156, adopts B. C. 431 as the date Xenophon's birth.

received an answer to his inquiry, being directed to sacrifice especially to "Zeus the King." On returning to Socrates, he was blamed by his teacher for deciding himself the great question whether he should go or remain at home, and merely referring a minor point to the wisdom of Apollo. "But since," said he, "you so inquired, you must follow the directions of the god." Having sacrificed accordingly, he set sail, and found Proxenus and Cyrus at Sardis, on the point of setting forth upon their fatal expedition. Cyrus himself united with Proxenus in urging him to accompany them, informing him that the expedition was against the Pisidians, and assuring him that, as soon as it was over, he would send him home. Xenophon was persuaded, and joined the army rather as the friend of Proxenus than as holding any definite military rank.

Of the Expedition itself and the Retreat of the Ten Thousand it is not necessary here to speak. The Anabasis will probably always retain the high estimate which both the ancients and succeeding generations have placed upon it as a memorial of Xenophon's skill and ability as a soldier and a writer. His subsequent history may be briefly told. After handing over the army to the Spartan general Thibron, B. C. 399 (*Anab.* vii. 6. 1; 8. 24), it is supposed by some that he returned to Athens for a short period; by others it is stated, with more probability, that, as he was about to return home, a decree of banishment was passed against him at Athens because of his having joined Cyrus and fought against Artaxerxes, who was at that date considered to be a friend of Xenophon's native city. However this may be, as to his visiting Athens at this time, he seems not long after to have entered the army again, and to have served under Dercyllidas (B. C. 398), and then under Agesilaus, whom he greatly admired (B. C. 396). Two years later he returned with Agesilaus from Asia, and was present (though probably not a combatant) at the battle of Coronea. Xenophon next settled himself at Scillus, in Elis, near Olympia (B. C. 393 or 392), and for some twenty years or more occupied himself in literary and congenial pursuits. He was compelled to leave his pleasant home at Scillus after battle of Leuctra (B. C. 371), and took up his residence in Corii The decree of banishment against him was, about the year B. C. : repealed, and it is supposed by Grote and others that he retur to Athens, and spent some of the remaining years of his life in home of his youth. This is certainly not improbable; at same time it is every way likely that Diogenes Laërtius is cor in his statement that Xenophon died at Corinth.

Beside the Anabasis, which, according to the view here m tained, was written out and published during his residenc Scillus, Xenophon wrote numerous other works. Among tl may be mentioned, (1) "The Memorabilia of Socrates," in : books, a defence of his revered master and friend against wicked charges under which he was compelled to drink the of hemlock; (2) "The Cyropædia," in eight books, which fesses to give an account of the education and training of C the Elder, but is in reality little more than a political and m romance; (3) "The Hellenica," or "Historia Græca," in se books, covering a space of forty-eight years, from the time w the history of Thucydides ends to the battle of Mantinea, 1 362. It is not, however, regarded by critics as a work of m merit. Passing by, for the present, his minor works, a w or two deserves to be said as to Xenophon's style as a wr It has uniformly been praised by critics, ancient and mod Diogenes Laërtius, in speaking of him, says, ἐκαλεῖτο δὲ καὶ Ἀτ Μοῦσα, γλυκύτητι τῆς ἑρμηνείας, and more recent judges have l equally lavish in commendation. So that, without claiming him the lofty genius of Plato, or the keen, critical insight Thucydides, it may safely be affirmed that, among the writing antiquity which have come down to us, there are none which more valuable, all things considered, than those of Xenophor

The PERSIANS were raised to the dominion of Western Asia the military and political talents of the great CYRUS (B. C. 5

* See under Ξενοφῶν, Lexicon at the end of the volume.

seconded by their native valor and hereditary discipline. Crœsus, the rich and powerful monarch of Lydia, was defeated and taken prisoner, according to the chronology of Clinton, 546 years before Christ; Babylon, the magnificent capital of the luxurious Labynetus, in sacred history Belshazzar, was taken, notwithstanding its impregnable walls, by a diversion of the Euphrates, B. C. 538; and in the year 536 Cyrus succeeded his uncle Cyaxares, in sacred history Darius the Mede, upon the throne of the Medo-Persian empire, the sovereignty thus passing from the more refined Medes to the more energetic Persians.

Cyrus, who was slain in Scythia, was succeeded, B. C. 529, by his son CAMBYSES, who added Egypt and Libya to his before vast empire. After his death by an accident, B. C. 522, the Magian usurper who claimed to be SMERDIS, the younger son of Cyrus, reigned for seven months. He was detected in his imposture, and was slain by a conspiracy of seven Persian noblemen, one of whom, DARIUS, the son of Hystaspes, was raised to the throne, according to an agreement among themselves, by the first neighing of his horse, B. C. 521. This able monarch, notwithstanding his want of success against the Greeks and the Scythians, both greatly extended and strengthened the empire during his long reign, and left it at the acme of its power and prosperity to his son XERXES, who was probably the Ahasuerus of the Book of Esther, B. C. 485.

The accession of Xerxes to the throne formed a precedent in regard to the law of descent, which served as a pretext for the ambitious claims and enterprise of the younger Cyrus. Two sons of Darius had preferred claims to their father to be appointed his successor: Artabazanes, his oldest son, born while the father was yet in a private station; and Xerxes, the first-born after his accession to the throne, and the son of Atossa, the daughter of Cyrus. Through the entire influence which this princess exercised over her husband, Xerxes was appointed successor, upon the pretext, that, although Artabazanes was the first-born of Darius *the man*, yet Xerxes was the first-born of

Darius *the king*, and that sovereignty could not be transmitt by birth before it was possessed.

The disastrous expedition of Xerxes against Greece was t chief event in the reign of this effeminate monarch. He v assassinated, B. C. 465, by Artabanus, the commander of t royal guard, who for his own ambitious purposes raised to t throne a younger son of the murdered king, ARTAXERXES, s named Longimanus (Gr. Μακρόχειρ), from the unusual length one or both arms. This prince secured himself upon the thrc by putting Artabanus to death, and during his long reign c played many good qualities, but was not able to prevent the cipient decline of the empire. Upon his death, B. C. 425, he l the sceptre to his only legitimate son, XERXES the Second, w was murdered, after reigning forty-five days, by his bast brother SOGDIANUS.

He, in turn, after a reign of six months, was slain by OCH another illegitimate son of Artaxerxes, who ascended the thro B. C. 424, under the name of DARIUS, to which historians a for distinction, the surname Nothus (*νόθος, bastard*). Darius Second married his half-sister, the artful, ambitious, and cr Parysatis, by whom he had two sons conspicuous in histo ARTAXERXES, the eldest, who succeeded him, and CYRUS, second, but the first-born after the accession of his father to throne. Plutarch mentions two other sons, Ostanes and O thres. Artaxerxes was a prince of mild and amiable dispositi but of no great strength either of intellect or of character. was chiefly remarkable for his great memory, on account of wh he has been surnamed, by historians, Mnemon (*μνήμων, hav a good memory*). His mother's favorite was the active, spirit ambitious Cyrus, who, with her encouragement, early concei hopes that, as the first-born of Darius *the king*, he might, af the example of Xerxes, succeed his father upon the throne.

At the early age of sixteen, B. C. 407, Cyrus was appoint through his mother's influence, to the command, both civil a military, of the richest and most important provinces of Asia Minor (cf. i. 1. 2, Note), and intrusted with the charge of co-operating with the Lacedæmonians against the Athenians. In this co-operation, he deserted the astute and prudent policy of his predecessors in command, who had aimed to hold the balance of power, and so to assist either party as to sustain the protracted strife which was weakening both. His object was not so much to protect the interests of Persia as to bring the Lacedæmonians, whose assistance would be the most valuable to him, under the greatest possible obligation to aid him in his ambitious designs. He assured Lysander and the Spartan ambassadors, that he would leave nothing undone in their behalf; that he had brought with him five hundred talents for their aid; that if this sum should prove insufficient, he would add his own private revenue; and that, if that should fail, he would cut up the very throne upon which he was sitting, and which was of massive gold and silver.

At the same time he assumed the state which belonged to the heir of the throne; and even put to death two of his cousins, sons of his father's sister, because upon meeting him they did not observe a point of etiquette in regard to the covering of the hand with the sleeve, which was enforced only in the presence of the king. Upon the complaint of their parents, Darius recalled him, after two years' absence, the rather that the state of his own health warned him that he must make preparation for leaving his kingdom to a successor. Before his departure, Cyrus sent for Lysander, the Spartan admiral, gave him all the money which he had above the sum required for his journey, and placed at his disposal all the revenue of the province which belonged to himself personally; charging him to remember how deep a friendship he had borne, both to the Spartan state and to Lysander individually.

During his residence in Asia Minor, Cyrus held his court chiefly at Sardis; and an anecdote is related by Xenophon in his Œconomicus (iv. 20), upon the authority of Lysander, which gives so pleasing a view of his habits of life while there, a such a relief in the midst of scenes of blood and projects of cr inal ambition, that I cannot withhold it. Cyrus was show Lysander his park; and the Spartan, admiring the beauty of trees, the symmetry of the plan, the exactness of the lines angles, and the rich combinations of odors which met the lighted sense, said to his host, "Much as I admire these be ties, I admire yet more the artist that devised and arran them for you." "But," replied Cyrus, gratified with the c pliment unintentionally paid him, "I have been my own dener; the plan is all mine; and I can show you some of trees which I planted with my own hands." Lysander ga upon the beauty of his perfumed robes, upon the magnifice of his jewelled wreaths and bracelets, and upon his ot princely ornaments, and exclaimed with astonishment, "W do you say, Cyrus? Did you really plant any of these t with your own hands?" "Does this excite your surprise, sander?" replied the prince; "I protest to you, by Mith that, when in health, I never dine till I have drawn forth sweat by some military or gymnastic exercise, or by some w of husbandry." The Spartan grasped his hand, and war congratulated him upon the possession of habits so favorabl virtue and true happiness.

Cyrus returned to be present at his father's death, B. C. 4 and to witness the sceptre, which had glittered before his yo imaginings, transferred to the hand of his elder brother. ' last words of Darius deserve to be remembered. Artaxer having received the sceptre, approached the bedside of his dy father, that he might obtain from his quivering lips the g secret upon which the stability of the throne depended. " what observance," was his question, "have you maintai through life your power and prosperity? Tell me, that I r follow your example." "By observing the dictates of jus and religion," was the reply of the expiring monarch, wh reign had not been greatly inconsistent with these words, ex as he had been misled by his unprincipled queen and by intriguing favorites.

Cyrus was simply appointed satrap of Lydia and of the adjacent provinces which he had before governed. Disappointed that his mother's influence, and his own superiority to his brother in every kingly attribute, had not won for him the crown, it was with no cordial feelings that he accompanied his brother to Pasargadæ, the royal city and the burial-place of the great Cyrus, for the coronation. Among the peculiar ceremonies of the coronation, Plutarch, in his life of Artaxerxes, mentions the new monarch's putting off his own robe and putting on that of the great Cyrus, and his partaking of figs, turpentine, and sour milk, — rites designed perhaps to teach him that he must put on the virtues of the founder of the empire, and that sovereignty blends with the sweet, the bitter, and the sour.

These ceremonies were on the point of commencing, when Tissaphernes, the wily and unscrupulous satrap of Caria, whose ambitious plans Cyrus stood in the way of, and whom Cyrus had taken with him upon his journey to his father, more, as it would seem, because he was unwilling to leave him behind, than because there was any real friendship between them, brought to Artaxerxes a Magian who had been a teacher of Cyrus. This man accused the young prince of designing to assassinate his brother at the moment when he was taking off his own robe and putting on that of the founder of the empire. The ambition of Cyrus, although excessive, appears to have been of too elevated and open a character to allow us to give much credit to the charge. Yet his well-known disappointment, the utterly unprincipled character of his mother, and the past history of the Persian court, gave so much color to it, that Artaxerxes apprehended him with the design of putting him to death. As the sentence was on the point of being executed, Parysatis rushed frantic to her favorite, clasped him in her arms, threw about him her long tresses, and so entwined his neck with her own, that the same blow must sever both. She then, by her prayers and tears, prevailed upon her elder son to spare his life, and to send him b to his remote government in Asia Minor.

Cyrus returned, feeling that he owed his life to his moth tears, and not to his brother's confidence; and stimulated b sense of danger, as well as of disappointment and disgrace, determined to wrest, if possible, the sceptre from his broth hands. The expedition which he undertook for this purp after three years of preparation, B. C. 401, and the return of Greeks who served in his army, form the subjects of the tory before us, which was written by an eye-witness and an portant actor in the scenes which he describes. "This exp tion, taken in all its parts," says Major Rennell, "is perhaps most splendid of all the military events that have been recor in ancient history; and it has been rendered no less interest and impressive, in the description, by the happy mode of re ing it."

What would have been the effect upon the subsequent hist of Greece and Persia, and indirectly, though in an import degree of the civilized world, had Cyrus been successful in throning and killing his brother, must of course be a matter pure conjecture. However much our natural sympathies mi incline us to lean towards the high-spirited and able prince, can hardly think that the effect of his success would have b for good; and we agree in general with the summing up Grote, "that Hellas, as a whole, had no cause to regret the of Cyrus at Cunaxa. Had he dethroned his brother and beco king, the Persian empire would have acquired under his ha such a degree of strength as might probably have enabled h to forestall the work afterwards performed by the Macedon kings, and to make the Greeks in Europe as well as those Asia his dependants. He would have employed Grecian m tary organization against Grecian independence, as Philip a Alexander did after him. His money would have enabled h to hire an overwhelming force of Grecian officers and soldie who would (to use the expression of Proxenus, as recorded

Xenophon, *Anab.* iii. 1. 5) have thought him a better friend to them than their own country. It would have enabled him also to take advantage of dissension and venality in the interior of each Grecian city, and thus to weaken their means of defence while he strengthened his own means of attack. This was a policy which none of the Persian kings, from Darius, son of Hystapes, down to Darius Codomannus, had ability or perseverance enough to follow out: none of them knew either the true value of Grecian instruments, or how to employ them with effect. The whole conduct of Cyrus, in reference to this memorable expedition, manifests a superior intelligence, competent to use the resources which victory would have put in his hands; and an ambition likely to use them against the Greeks, in avenging the humiliations of Marathon, Salamis, and the peace of Kallias." *

* Grote's "History of Greece," Chap. LXIX. Part II.

THE GREEK PROBLEM.

"WHAT the inhabitants of the small city of Athens achi in philosophy, in poetry, in art, in science, in politics, is kn to all of us; and our admiration for them increases tenfol by a study of other literatures, such as the literatures of Ir Persia, and China, we are enabled to compare their achi ments with those of other nations of antiquity. The rudim of almost everything, with the exception of religion, we, people of Europe, the heirs to a fortune accumulated du twenty or thirty centuries of intellectual toil, owe to the Gre and, strange as it may sound, but few, I think, would gai it, that to the present day the achievements of these our dis ancestors and earliest masters, the songs of Homer, the dialo of Plato, the speeches of Demosthenes, and the statues of Phi stand, if not unrivalled, at least unsurpassed by anything has been achieved by their descendants and pupils.

"*How* the Greeks came to be what they were, and *how*, a of all other nations, they opened almost every mine of tho that has since been worked by mankind; *how* they invented perfected almost every style of poetry and prose which has s been cultivated by the greatest minds of our race; *how* they the lasting foundation of the principal arts and sciences, an some of them achieved triumphs never since equalled, is a PI LEM which neither historian nor philosopher has as yet been to solve. Like their own goddess Athene, the people of At seem to spring full-armed into the arena of history; and we in vain to Egypt, Syria, or India for more than a few of seeds that burst into such marvellous growth on the soil of tica." —*Lectures on the Science of Language, by* MAX MÜL *Professor in the University of Oxford, Second Series.*

ΞΕΝΟΦΩΝΤΟΣ

ΚΥΡΟΥ ΑΝΑΒΑΣΕΩΣ Α΄.

CAP. I.

ΔΑΡΕΙΟΥ καὶ Παρυσάτιδος γίγνονται παῖδες δύο, πρεσβύτερος μὲν Ἀρταξέρξης, νεώτερος δὲ Κῦρος. Ἐπεὶ δὲ ἠσθένει Δαρεῖος καὶ ὑπώπτευε τελευτὴν τοῦ βίου, ἐβούλετο τὼ παῖδε ἀμφοτέρω παρεῖναι. 2. Ὁ μὲν οὖν πρεσβύτερος παρὼν ἐτύγχανε· Κῦρον δὲ μεταπέμπεται ἀπὸ τῆς ἀρχῆς, ἧς αὐτὸν σατράπην ἐποίησε· καὶ στρατηγὸν δὲ αὐτὸν ἀπέδειξε πάντων, ὅσοι εἰς Καστωλοῦ πεδίον ἀθροίζονται. Ἀναβαίνει οὖν ὁ Κῦρος, λαβὼν Τισσαφέρνην ὡς φίλον· καὶ τῶν Ἑλλήνων δὲ ἔχων ὁπλίτας ἀνέβη τριακοσίους, ἄρχοντα δὲ αὐτῶν Ξενίαν Παῤῥάσιον.

3. Ἐπειδὴ δὲ ἐτελεύτησε Δαρεῖος, καὶ κατέστη εἰς τὴν βασιλείαν Ἀρταξέρξης, Τισσαφέρνης διαβάλλει τὸν Κῦρον πρὸς τὸν ἀδελφὸν, ὡς ἐπιβουλεύοι αὐτῷ. Ὁ δὲ πείθεταί τε καὶ συλλαμβάνει Κῦρον ὡς ἀποκτενῶν· ἡ δὲ μήτηρ ἐξαιτησαμένη αὐτὸν ἀποπέμπει πάλιν ἐπὶ τὴν ἀρχήν. 4. Ὁ δ᾽ ὡς ἀπῆλθε κινδυνεύσας καὶ ἀτιμασθεὶς, βουλεύεται, ὅπως μήποτε ἔτι ἔσται ἐπὶ τῷ ἀδελφῷ, ἀλλ᾽, ἢν

δύνηται, βασιλεύσει ἀντ' ἐκείνου. Παρύσατις μὲν δ
μήτηρ ὑπῆρχε τῷ Κύρῳ, φιλοῦσα αὐτὸν μᾶλλον ἢ
βασιλεύοντα Ἀρταξέρξην. 5. Ὅστις δ' ἀφικνεῖτο
παρὰ βασιλέως πρὸς αὐτὸν, πάντας οὕτω διατιθεὶς ἀ
πέμπετο, ὥστε αὐτῷ μᾶλλον φίλους εἶναι ἢ βασι
Καὶ τῶν παρ' ἑαυτῷ δὲ βαρβάρων ἐπεμελεῖτο, ὡς πο
μεῖν τε ἱκανοὶ εἴησαν, καὶ εὐνοϊκῶς ἔχοιεν αὐτῷ.

6. Τὴν δὲ Ἑλληνικὴν δύναμιν ἤθροιζεν ὡς μάλισ
ἐδύνατο ἐπικρυπτόμενος, ὅπως ὅτι ἀπαρασκευαστότα
λάβοι βασιλέα. Ὧδε οὖν ἐποιεῖτο τὴν συλλογήν· ὁπό
εἶχε φυλακὰς ἐν ταῖς πόλεσι, παρήγγειλε τοῖς φρουρ
χοις ἑκάστοις, λαμβάνειν ἄνδρας Πελοποννησίους
πλείστους καὶ βελτίστους, ὡς ἐπιβουλεύοντος Τισσαφ
νους ταῖς πόλεσι. Καὶ γὰρ ἦσαν αἱ Ἰωνικαὶ πόλεις Τ
σαφέρνους τὸ ἀρχαῖον, ἐκ βασιλέως δεδομέναι· τότε
ἀφεστήκεσαν πρὸς Κῦρον πᾶσαι, πλὴν Μιλήτου. 7. ʼ
Μιλήτῳ δὲ Τισσαφέρνης, προαισθόμενος τὰ αὐτὰ ται
βουλευομένους, (ἀποστῆναι πρὸς Κῦρον,) τοὺς μὲν αὐτ
ἀπέκτεινε, τοὺς δ' ἐξέβαλεν. Ὁ δὲ Κῦρος ὑπολαβ
τοὺς φεύγοντας, συλλέξας στράτευμα, ἐπολιόρκει Μιλη
καὶ κατὰ γῆν καὶ κατὰ θάλατταν, καὶ ἐπειρᾶτο κατάγ
τοὺς ἐκπεπτωκότας. Καὶ αὕτη αὖ ἄλλη πρόφασις
αὐτῷ τοῦ ἀθροίζειν στράτευμα. 8. Πρὸς δὲ βασιλ
πέμπων ἠξίου, ἀδελφὸς ὢν αὐτοῦ, δοθῆναί οἱ ταύτας τ
πόλεις μᾶλλον, ἢ Τισσαφέρνην ἄρχειν αὐτῶν· καὶ ἡ μήτ
συνέπραττεν αὐτῷ ταῦτα· ὥστε βασιλεὺς τῆς μὲν πρ
ἑαυτὸν ἐπιβουλῆς οὐκ ᾐσθάνετο, Τισσαφέρνει δὲ ἐνόμι
πολεμοῦντα αὐτὸν ἀμφὶ τὰ στρατεύματα δαπανᾶν· ὥσ

οὐδὲν ἤχθετο αὐτῶν πολεμούντων· καὶ γὰρ ὁ Κῦρος ἀπέπεμπε τοὺς γιγνομένους δασμοὺς βασιλεῖ ἐκ τῶν πόλεων, ὧν Τισσαφέρνης ἐτύγχανεν ἔχων.

9. Ἄλλο δὲ στράτευμα αὐτῷ συνελέγετο ἐν Χεῤῥονήσῳ τῇ καταντιπέρας Ἀβύδου τόνδε τὸν τρόπον. Κλέαρχος Λακεδαιμόνιος φυγὰς ἦν· τούτῳ συγγενόμενος ὁ Κῦρος, ἠγάσθη τε αὐτὸν, καὶ δίδωσιν αὐτῷ μυρίους δαρεικούς. Ὁ δὲ λαβὼν τὸ χρυσίον, στράτευμα συνέλεξεν ἀπὸ τούτων τῶν χρημάτων, καὶ ἐπολέμει, ἐκ Χεῤῥονήσου ὁρμώμενος, τοῖς Θρᾳξὶ τοῖς ὑπὲρ Ἑλλήσποντον οἰκοῦσι, καὶ ὠφέλει τοὺς Ἕλληνας· ὥστε καὶ χρήματα συνεβάλλοντο αὐτῷ εἰς τὴν τροφὴν τῶν στρατιωτῶν αἱ Ἑλλησποντιακαὶ πόλεις ἑκοῦσαι. Τοῦτο δ' αὖ οὕτω τρεφόμενον ἐλάνθανεν αὐτῷ τὸ στράτευμα.

10. Ἀρίστιππος δὲ ὁ Θετταλὸς ξένος ὢν ἐτύγχανεν αὐτῷ, καὶ πιεζόμενος ὑπὸ τῶν οἴκοι ἀντιστασιωτῶν, ἔρχεται πρὸς τὸν Κῦρον, καὶ αἰτεῖ αὐτὸν εἰς δισχιλίους ξένους καὶ τριῶν μηνῶν μισθὸν, ὡς οὕτω περιγενόμενος ἂν τῶν ἀντιστασιωτῶν. Ὁ δὲ Κῦρος δίδωσιν αὐτῷ εἰς τετρακισχιλίους καὶ ἓξ μηνῶν μισθόν· καὶ δεῖται αὐτοῦ, μὴ πρόσθεν καταλῦσαι πρὸς τοὺς ἀντιστασιώτας, πρὶν ἂν αὐτῷ συμβουλεύσηται. Οὕτω δὲ αὖ τὸ ἐν Θετταλίᾳ ἐλάνθανεν αὐτῷ τρεφόμενον στράτευμα. 11. Πρόξενον δὲ τὸν Βοιώτιον, ξένον ὄντα αὐτῷ, ἐκέλευσε λαβόντα ἄνδρας ὅτι πλείστους παραγενέσθαι, ὡς εἰς Πεισίδας βουλόμενος στρατεύεσθαι, ὡς πράγματα παρεχόντων Πεισιδῶν τῇ ἑαυτοῦ χώρᾳ. Σοφαίνετον δὲ τὸν Στυμφάλιον, καὶ Σωκράτην τὸν Ἀχαιὸν, ξένους ὄντας καὶ τούτους, ἐκέ-

λευσεν ἄνδρας λαβόντας ἐλθεῖν ὅτι πλείστους, ὡς πολε
σων Τισσαφέρνει σὺν τοῖς φυγάσι τῶν Μιλησίων. Κ
ἐποίουν οὕτως οὗτοι.

CAP. II.

1. Ἐπεὶ δ' ἐδόκει αὐτῷ ἤδη πορεύεσθαι ἄνω, τὴν
πρόφασιν ἐποιεῖτο, ὡς Πεισίδας βουλόμενος ἐκβαλεῖν π
τάπασιν ἐκ τῆς χώρας· καὶ ἀθροίζει, ὡς ἐπὶ τούτους, τό
βαρβαρικὸν καὶ τὸ Ἑλληνικὸν ἐνταῦθα στράτευμα·
παραγγέλλει τῷ τε Κλεάρχῳ λαβόντι ἥκειν ὅσον ἦν αὐ
στράτευμα· καὶ τῷ Ἀριστίππῳ, συναλλαγέντι πρὸς τ
οἴκοι, ἀποπέμψαι πρὸς ἑαυτὸν ὃ εἶχε στράτευμα·
Ξενίᾳ τῷ Ἀρκάδι, ὃς αὐτῷ προεστήκει τοῦ ἐν ταῖς πόλ
ξενικοῦ, ἥκειν παραγγέλλει, λαβόντα τοὺς ἄνδρας, πλ
ὁπόσοι ἱκανοὶ ἦσαν τὰς ἀκροπόλεις φυλάττειν. 2. Ἐ
λεσε δὲ καὶ τοὺς Μίλητον πολιορκοῦντας, καὶ τοὺς φυ
δας ἐκέλευσε σὺν αὐτῷ στρατεύεσθαι, ὑποσχόμενος αὐτ
εἰ καλῶς καταπράξειεν ἐφ' ἃ ἐστρατεύετο, μὴ πρόσ
παύσασθαι πρὶν αὐτοὺς καταγάγοι οἴκαδε. Οἱ δὲ ἡδε
ἐπείθοντο (ἐπίστευον γὰρ αὐτῷ), καὶ λαβόντες τὰ ὅπλ
παρῆσαν εἰς Σάρδεις.

3. Ξενίας μὲν δὴ τοὺς ἐκ τῶν πόλεων λαβὼν παρε
νετο εἰς Σάρδεις, ὁπλίτας εἰς τετρακισχιλίους· Πρόξει
δὲ παρῆν, ἔχων ὁπλίτας μὲν εἰς πεντακοσίους καὶ χιλίο
γυμνῆτας δὲ πεντακοσίους· Σοφαίνετος δὲ ὁ Στυμφάλι
ὁπλίτας ἔχων χιλίους· Σωκράτης δὲ ὁ Ἀχαιὸς, ὁπλίτ
ἔχων ὡς πεντακοσίους· Πασίων δὲ ὁ Μεγαρεὺς εἰς ἑπ

κοσίους ἔχων ἄνδρας παρεγένετο· ἦν δὲ καὶ οὗτος καὶ ὁ Σωκράτης τῶν ἀμφὶ Μίλητον στρατευομένων. 4. Οὗτοι μὲν εἰς Σάρδεις αὐτῷ ἀφίκοντο. Τισσαφέρνης δέ, κατανοήσας ταῦτα, καὶ μείζονα ἡγησάμενος εἶναι ἢ ὡς ἐπὶ Πεισίδας τὴν παρασκευήν, πορεύεται ὡς βασιλέα ᾗ ἐδύνατο τάχιστα, ἱππέας ἔχων ὡς πεντακοσίους. 5. Καὶ βασιλεὺς μὲν δή, ἐπεὶ ἤκουσε παρὰ Τισσαφέρνους τὸν Κύρου στόλον, ἀντιπαρεσκευάζετο.

Κῦρος δέ, ἔχων οὓς εἴρηκα, ὡρμᾶτο ἀπὸ Σάρδεων· καὶ ἐξελαύνει διὰ τῆς Λυδίας σταθμοὺς τρεῖς, παρασάγγας εἴκοσι καὶ δύο, ἐπὶ τὸν Μαίανδρον ποταμόν. Τούτου τὸ εὖρος δύο πλέθρα· γέφυρα δὲ ἐπῆν ἐζευγμένη πλοίοις ἑπτά. 6. Τοῦτον διαβὰς ἐξελαύνει διὰ Φρυγίας σταθμὸν ἕνα, παρασάγγας ὀκτώ, εἰς Κολοσσάς, πόλιν οἰκουμένην, εὐδαίμονα καὶ μεγάλην. Ἐνταῦθα ἔμεινεν ἡμέρας ἑπτά· καὶ ἧκε Μένων ὁ Θετταλός, ὁπλίτας ἔχων χιλίους, καὶ πελταστὰς πεντακοσίους, Δόλοπας καὶ Αἰνιᾶνας καὶ Ὀλυνθίους.

7. Ἐντεῦθεν ἐξελαύνει σταθμοὺς τρεῖς, παρασάγγας εἴκοσιν, εἰς Κελαινάς, τῆς Φρυγίας πόλιν οἰκουμένην, μεγάλην καὶ εὐδαίμονα. Ἐνταῦθα Κύρῳ βασίλεια ἦν καὶ παράδεισος μέγας ἀγρίων θηρίων πλήρης, ἃ ἐκεῖνος ἐθήρευεν ἀπὸ ἵππου, ὁπότε γυμνάσαι βούλοιτο ἑαυτόν τε καὶ τοὺς ἵππους. Διὰ μέσου δὲ τοῦ παραδείσου ῥεῖ ὁ Μαίανδρος ποταμός· αἱ δὲ πηγαὶ αὐτοῦ εἰσιν ἐκ τῶν βασιλείων· ῥεῖ δὲ καὶ διὰ τῆς Κελαινῶν πόλεως. 8. Ἔστι δὲ καὶ μεγάλου βασιλέως βασίλεια ἐν Κελαιναῖς ἐρυμνά, ἐπὶ ταῖς πηγαῖς τοῦ Μαρσύου ποταμοῦ, ὑπὸ τῇ ἀκροπόλει·

ῥεῖ δὲ καὶ οὗτος διὰ τῆς πόλεως, καὶ ἐμβάλλει εἰς τὸν Μαίανδρον· τοῦ δὲ Μαρσύου τὸ εὖρός ἐστιν εἴκοσι καὶ πέντε ποδῶν. Ἐνταῦθα λέγεται Ἀπόλλων ἐκδεῖραι Μαρσύαν, νικήσας ἐρίζοντά οἱ περὶ σοφίας, καὶ τὸ δέρμα κρεμάσαι ἐν τῷ ἄντρῳ, ὅθεν αἱ πηγαί· διὰ δὲ τοῦτο ὁ ποταμὸς καλεῖται Μαρσύας. 9. Ἐνταῦθα Ξέρξης, ὅτε ἐκ τῆς Ἑλλάδος ἡττηθεὶς τῇ μάχῃ ἀπεχώρει, λέγεται οἰκοδομῆσαι ταῦτά τε τὰ βασίλεια, καὶ τὴν Κελαινῶν ἀκρόπολιν. Ἐνταῦθα ἔμεινε Κῦρος ἡμέρας τριάκοντα· καὶ ἧκε Κλέαρχος ὁ Λακεδαιμόνιος φυγάς, ἔχων ὁπλίτας χιλίους, καὶ πελταστὰς Θρᾷκας ὀκτακοσίους, καὶ τοξότας Κρῆτας διακοσίους. Ἅμα δὲ καὶ Σῶσις παρῆν ὁ Συρακόσιος, ἔχων ὁπλίτας τριακοσίους, καὶ Σοφαίνετος ὁ Ἀρκάς, ἔχων ὁπλίτας χιλίους. Καὶ ἐνταῦθα Κῦρος ἐξέτασιν καὶ ἀριθμὸν τῶν Ἑλλήνων ἐποίησεν ἐν τῷ παραδείσῳ, καὶ ἐγένοντο οἱ σύμπαντες, ὁπλῖται μὲν μύριοι καὶ χίλιοι, πελτασταὶ δὲ ἀμφὶ τοὺς δισχιλίους.

10. Ἐντεῦθεν ἐξελαύνει σταθμοὺς δύο, παρασάγγας δέκα, εἰς Πέλτας, πόλιν οἰκουμένην. Ἐνταῦθ' ἔμεινεν ἡμέρας τρεῖς· ἐν αἷς Ξενίας ὁ Ἀρκὰς τὰ Λύκαια ἔθυσε, καὶ ἀγῶνα ἔθηκε· τὰ δὲ ἆθλα ἦσαν στλεγγίδες χρυσαῖ· ἐθεώρει δὲ τὸν ἀγῶνα καὶ Κῦρος. Ἐντεῦθεν ἐξελαύνει σταθμοὺς δύο, παρασάγγας δώδεκα, εἰς Κεραμῶν ἀγοράν, πόλιν οἰκουμένην, ἐσχάτην πρὸς τῇ Μυσίᾳ χώρᾳ. 11. Ἐντεῦθεν ἐξελαύνει σταθμοὺς τρεῖς, παρασάγγας τριάκοντα, εἰς Καΰστρου πεδίον, πόλιν οἰκουμένην. Ἐνταῦθ' ἔμεινεν ἡμέρας πέντε· καὶ τοῖς στρατιώταις ὠφείλετο μισθὸς πλέον ἢ τριῶν μηνῶν· καὶ πολλάκις ἰόντες

ἐπὶ τὰς θύρας ἀπῄτουν. Ὁ δὲ ἐλπίδας λέγων διῆγε, καὶ δῆλος ἦν ἀνιώμενος· οὐ γὰρ ἦν πρὸς τοῦ Κύρου τρόπου, ἔχοντα μὴ ἀποδιδόναι.

12. Ἐνταῦθα ἀφικνεῖται Ἐπύαξα, ἡ Συεννέσιος γυνὴ, τοῦ Κιλίκων βασιλέως, παρὰ Κῦρον· καὶ ἐλέγετο Κύρῳ δοῦναι χρήματα πολλά. Τῇ δ' οὖν στρατιᾷ τότε ἀπέδωκε Κῦρος μισθὸν τεττάρων μηνῶν. Εἶχε δὲ ἡ Κίλισσα καὶ φύλακας περὶ αὐτὴν Κίλικας καὶ Ἀσπενδίους· ἐλέγετο δὲ καὶ συγγενέσθαι Κῦρον τῇ Κιλίσσῃ. 13. Ἐντεῦθεν δὲ ἐξελαύνει σταθμοὺς δύο, παρασάγγας δέκα, εἰς Θύμβριον, πόλιν οἰκουμένην. Ἐνταῦθα ἦν παρὰ τὴν ὁδὸν κρήνη ἡ Μίδου καλουμένη, τοῦ Φρυγῶν βασιλέως· ἐφ' ᾗ λέγεται Μίδας τὸν Σάτυρον θηρεῦσαι, οἴνῳ κεράσας αὐτήν.

14. Ἐντεῦθεν ἐξελαύνει σταθμοὺς δύο, παρασάγγας δέκα, εἰς Τυριαῖον, πόλιν οἰκουμένην· ἐνταῦθα ἔμεινεν ἡμέρας τρεῖς. Καὶ λέγεται δεηθῆναι ἡ Κίλισσα Κύρου, ἐπιδεῖξαι τὸ στράτευμα αὐτῇ. Βουλόμενος οὖν ἐπιδεῖξαι, ἐξέτασιν ποιεῖται ἐν τῷ πεδίῳ τῶν Ἑλλήνων καὶ τῶν βαρβάρων. 15. Ἐκέλευσε δὲ τοὺς Ἕλληνας, ὡς νόμος αὐτοῖς εἰς μάχην, οὕτω ταχθῆναι καὶ στῆναι, συντάξαι δὲ ἕκαστον τοὺς ἑαυτοῦ. Ἐτάχθησαν οὖν ἐπὶ τεττάρων· εἶχε δὲ τὸ μὲν δεξιὸν Μένων καὶ οἱ σὺν αὐτῷ, τὸ δ' εὐώνυμον Κλέαρχος καὶ οἱ ἐκείνου, τὸ δὲ μέσον οἱ ἄλλοι στρατηγοί. 16. Ἐθεώρει οὖν ὁ Κῦρος πρῶτον μὲν τοὺς βαρβάρους (οἱ δὲ παρήλαυνον τεταγμένοι κατ' ἴλας καὶ κατὰ τάξεις), εἶτα δὲ τοὺς Ἕλληνας, παρελαύνων ἐφ' ἅρματος, καὶ ἡ Κίλισσα ἐφ' ἁρμαμάξης. Εἶχον δὲ πάντες κράνη χαλκᾶ, καὶ χιτῶνας φοινικοῦς, καὶ κνημῖδας, καὶ

τὰς ἀσπίδας ἐκκεκαθαρμένας. 17. Ἐπειδὴ δὲ πάντ
παρήλασε, στήσας τὸ ἅρμα πρὸ τῆς φάλαγγος, πέμψ
Πίγρητα τὸν ἑρμηνέα παρὰ τοὺς στρατηγοὺς τῶν Ἑλλ
νων, ἐκέλευσε προβαλέσθαι τὰ ὅπλα, καὶ ἐπιχωρῆσαι ὅλ
τὴν φάλαγγα. Οἱ δὲ ταῦτα προεῖπον τοῖς στρατιώται
καὶ ἐπεὶ ἐσάλπιγξε, προβαλλόμενοι τὰ ὅπλα ἐπῄεσα
Ἐκ δὲ τούτου θᾶττον προϊόντων σὺν κραυγῇ, ἀπὸ τ
αὐτομάτου δρόμος ἐγένετο τοῖς στρατιώταις ἐπὶ τὰς σκ
νάς. 18. Τῶν δὲ βαρβάρων, φόβος πολὺς καὶ ἄλλοι
καὶ ἥ τε Κίλισσα ἔφυγεν ἐκ τῆς ἁρμαμάξης, καὶ οἱ ἐκ τ
ἀγορᾶς, καταλιπόντες τὰ ὤνια, ἔφυγον· οἱ δὲ Ἕλλην
σὺν γέλωτι ἐπὶ τὰς σκηνὰς ἦλθον. Ἡ δὲ Κίλισσ
ἰδοῦσα τὴν λαμπρότητα καὶ τὴν τάξιν τοῦ στρατεύματο
ἐθαύμασε. Κῦρος δὲ ἥσθη, τὸν ἐκ τῶν Ἑλλήνων εἰς το
βαρβάρους φόβον ἰδών.

19. Ἐντεῦθεν ἐξελαύνει σταθμοὺς τρεῖς, παρασάγγ
εἴκοσιν, εἰς Ἰκόνιον, τῆς Φρυγίας πόλιν ἐσχάτην. Ἐ
ταῦθα ἔμεινε τρεῖς ἡμέρας. Ἐντεῦθεν ἐξελαύνει διὰ τ
Λυκαονίας σταθμοὺς πέντε, παρασάγγας τριάκοντα. Τα
την τὴν χώραν ἐπέτρεψε διαρπάσαι τοῖς Ἕλλησιν, ὡ
πολεμίαν οὖσαν. 20. Ἐντεῦθεν Κῦρος τὴν Κίλισσαν ε
τὴν Κιλικίαν ἀποπέμπει τὴν ταχίστην ὁδόν· καὶ συν
πεμψεν αὐτῇ στρατιώτας, οὓς Μένων εἶχε, καὶ αὐτό
Κῦρος δὲ μετὰ τῶν ἄλλων ἐξελαύνει διὰ Καππαδοκία
σταθμοὺς τέτταρας, παρασάγγας εἴκοσι καὶ πέντε, πρὸ
Δάναν, πόλιν οἰκουμένην, μεγάλην καὶ εὐδαίμονα. Ἐν
ταῦθα ἔμειναν ἡμέρας τρεῖς· ἐν ᾧ Κῦρος ἀπέκτεινεν ἄνδρ
Πέρσην, Μεγαφέρνην, φοινικιστὴν βασίλειον, καὶ ἕτερό

τινα τῶν ὑπάρχων δυνάστην, αἰτιασάμενος ἐπιβουλεύειν αὐτῷ.

21. Ἐντεῦθεν ἐπειρῶντο εἰσβάλλειν εἰς τὴν Κιλικίαν· ἡ δὲ εἰσβολὴ ἦν ὁδὸς ἁμαξιτὸς, ὀρθία ἰσχυρῶς, καὶ ἀμήχανος εἰσελθεῖν στρατεύματι, εἴ τις ἐκώλυεν. Ἐλέγετο δὲ καὶ Συέννεσις εἶναι ἐπὶ τῶν ἄκρων, φυλάττων τὴν εἰσβολήν· δι' ὃ ἔμεινεν ἡμέραν ἐν τῷ πεδίῳ. Τῇ δ' ὑστεραίᾳ ἧκεν ἄγγελος λέγων, ὅτι λελοιπὼς εἴη Συέννεσις τὰ ἄκρα, ἐπεὶ ᾔσθετο ὅτι τὸ Μένωνος στράτευμα ἤδη ἐν Κιλικίᾳ ἦν εἴσω τῶν ὀρέων, καὶ ὅτι τριήρεις ἤκουε περιπλεούσας ἀπὸ Ἰωνίας εἰς Κιλικίαν Ταμὼν ἔχοντα, τὰς Λακεδαιμονίων καὶ αὐτοῦ Κύρου. 22. Κῦρος δ' οὖν ἀνέβη ἐπὶ τὰ ὄρη, οὐδενὸς κωλύοντος, καὶ εἶδε τὰς σκηνὰς, οὗ οἱ Κίλικες ἐφύλαττον. Ἐντεῦθεν δὲ κατέβαινεν εἰς πεδίον μέγα καὶ καλὸν, ἐπίῤῥυτον, καὶ δένδρων παντοδαπῶν ἔμπλεων καὶ ἀμπέλων· πολὺ δὲ καὶ σήσαμον καὶ μελίνην καὶ κέγχρον καὶ πυροὺς καὶ κριθὰς φέρει. Ὄρος δ' αὐτὸ περιέχει ὀχυρὸν καὶ ὑψηλὸν πάντῃ ἐκ θαλάττης εἰς θάλατταν.

23. Καταβὰς δὲ διὰ τούτου τοῦ πεδίου ἤλασε σταθμοὺς τέτταρας, παρασάγγας πέντε καὶ εἴκοσιν, εἰς Ταρσοὺς, τῆς Κιλικίας πόλιν μεγάλην καὶ εὐδαίμονα. Ἐνταῦθα ἦσαν τὰ Συεννέσιος βασίλεια, τοῦ Κιλίκων βασιλέως· διὰ μέσης δὲ τῆς πόλεως ῥεῖ ποταμὸς, Κύδνος ὄνομα, εὖρος δύο πλέθρων. 24. Ταύτην τὴν πόλιν ἐξέλιπον οἱ ἐνοικοῦντες μετὰ Συεννέσιος εἰς χωρίον ὀχυρὸν ἐπὶ τὰ ὄρη, πλὴν οἱ τὰ καπηλεῖα ἔχοντες· ἔμειναν δὲ καὶ οἱ παρὰ τὴν θάλατταν οἰκοῦντες ἐν Σόλοις καὶ ἐν Ἰσσοῖς. 25. Ἐπύαξα δὲ, ἡ Συεννέσιος γυνὴ, προτέρα Κύρου πέντε ἡμέραις εἰς Ταρσοὺς ἀφίκετο.

Ἐν δὲ τῇ ὑπερβολῇ τῶν ὀρῶν τῶν εἰς τὸ πεδίον, ἱ λόχοι τοῦ Μένωνος στρατεύματος ἀπώλοντο· οἱ μὲν ἔφ σαν, ἁρπάζοντάς τι κατακοπῆναι ὑπὸ τῶν Κιλίκων, οἱ ὑπολειφθέντας καὶ οὐ δυναμένους εὑρεῖν τὸ ἄλλο στι τευμα οὐδὲ τὰς ὁδοὺς, εἶτα πλανωμένους ἀπολέσθαι· ἦσ δ' οὖν οὗτοι ἑκατὸν ὁπλῖται. 26. Οἱ δ' ἄλλοι ἐπει ἧκον, τήν τε πόλιν τοὺς Ταρσοὺς διήρπασαν, διὰ ὄλεθρον τῶν συστρατιωτῶν ὀργιζόμενοι, καὶ τὰ βασίλ τὰ ἐν αὐτῇ. Κῦρος δὲ ἐπεὶ εἰσήλασεν εἰς τὴν πόλ μετεπέμπετο τὸν Συέννεσιν πρὸς ἑαυτόν· ὁ δ' οὔτε π τερον οὐδενί πω κρείττονι ἑαυτοῦ εἰς χεῖρας ἐλθεῖν ἔφ οὔτε τότε Κύρῳ ἰέναι ἤθελε, πρὶν ἡ γυνὴ αὐτὸν ἔπεισε, κ πίστεις ἔλαβε. 27. Μετὰ δὲ ταῦτα ἐπεὶ συνεγένοι ἀλλήλοις, Συέννεσις μὲν ἔδωκε Κύρῳ χρήματα πολλὰ τὴν στρατιὰν, Κῦρος δ' ἐκείνῳ δῶρα, ἃ νομίζεται πα βασιλεῖ τίμια, ἵππον χρυσοχάλινον καὶ στρεπτὸν χρυσο καὶ ψέλλια καὶ ἀκινάκην χρυσοῦν καὶ στολὴν Περσικ καὶ τὴν χώραν μηκέτι ἀφαρπάζεσθαι· τὰ δὲ ἡρπασμέ ἀνδράποδα, ἤν που ἐντυγχάνωσιν, ἀπολαμβάνειν.

CAP. III.

1. Ἐνταῦθα ἔμεινε Κῦρος καὶ ἡ στρατιὰ ἡμέρας εἴκ σιν· οἱ γὰρ στρατιῶται οὐκ ἔφασαν ἰέναι τοῦ πρόσ ὑπώπτευον γὰρ ἤδη ἐπὶ βασιλέα ἰέναι· μισθωθῆναι οὐκ ἐπὶ τούτῳ ἔφασαν. Πρῶτος δὲ Κλέαρχος τοὺς αὐτ στρατιώτας ἐβιάζετο ἰέναι· οἱ δὲ αὐτόν τε ἔβαλλον κ τὰ ὑποζύγια τὰ ἐκείνου, ἐπεὶ ἤρξατο προϊέναι. 2. Κλ

αρχος δὲ τότε μὲν μικρὸν ἐξέφυγε τὸ μὴ καταπετρωθῆναι· ὕστερον δ' ἐπεὶ ἔγνω, ὅτι οὐ δυνήσεται βιάσασθαι, συνήγαγεν ἐκκλησίαν τῶν αὑτοῦ στρατιωτῶν· καὶ πρῶτον μὲν ἐδάκρυε πολὺν χρόνον ἑστώς (οἱ δὲ ὁρῶντες ἐθαύμαζον καὶ ἐσιώπων)· εἶτα δὲ ἔλεξε τοιάδε·

3. Ἄνδρες στρατιῶται, μὴ θαυμάζετε, ὅτι χαλεπῶς φέρω τοῖς παροῦσι πράγμασιν. Ἐμοὶ γὰρ Κῦρος ξένος ἐγένετο, καί με, φεύγοντα ἐκ τῆς πατρίδος, τά τε ἄλλα ἐτίμησε, καὶ μυρίους ἔδωκε δαρεικούς· οὓς ἐγὼ λαβὼν, οὐκ εἰς τὸ ἴδιον κατεθέμην ἐμοὶ, ἀλλ' οὐδὲ καθηδυπάθησα, ἀλλ' εἰς ὑμᾶς ἐδαπάνων. 4. Καὶ πρῶτον μὲν πρὸς τοὺς Θρᾷκας ἐπολέμησα, καὶ ὑπὲρ τῆς Ἑλλάδος ἐτιμωρούμην μεθ' ὑμῶν, ἐκ τῆς Χεῤῥονήσου αὐτοὺς ἐξελαύνων, βουλομένους ἀφαιρεῖσθαι τοὺς ἐνοικοῦντας Ἕλληνας τὴν γῆν. Ἐπειδὴ δὲ Κῦρος ἐκάλει, λαβὼν ὑμᾶς ἐπορευόμην, ἵνα, εἴ τι δέοιτο, ὠφελοίην αὐτὸν, ἀνθ' ὧν εὖ ἔπαθον ὑπ' ἐκείνου. 5. Ἐπεὶ δὲ ὑμεῖς οὐ βούλεσθε συμπορεύεσθαι, ἀνάγκη δή μοι, ἢ ὑμᾶς προδόντα τῇ Κύρου φιλίᾳ χρῆσθαι, ἢ πρὸς ἐκεῖνον ψευσάμενον μεθ' ὑμῶν εἶναι. Εἰ μὲν δὴ δίκαια ποιήσω, οὐκ οἶδα· αἱρήσομαι δ' οὖν ὑμᾶς, καὶ σὺν ὑμῖν, ὅ τι ἂν δέῃ, πείσομαι. Καὶ οὔποτε ἐρεῖ οὐδεὶς, ὡς ἐγὼ Ἕλληνας ἀγαγὼν εἰς τοὺς βαρβάρους, προδοὺς τοὺς Ἕλληνας, τὴν τῶν βαρβάρων φιλίαν εἱλόμην. 6. Ἀλλ' ἐπεὶ ὑμεῖς ἐμοὶ οὐ θέλετε πείθεσθαι οὐδὲ ἕπεσθαι, ἐγὼ σὺν ὑμῖν ἕψομαι, καὶ, ὅ τι ἂν δέῃ, πείσομαι. Νομίζω γὰρ, ὑμᾶς ἐμοὶ εἶναι καὶ πατρίδα καὶ φίλους καὶ συμμάχους, καὶ σὺν ὑμῖν μὲν ἂν οἶμαι εἶναι τίμιος, ὅπου ἂν ὦ· ὑμῶν δὲ ἔρημος ὢν, οὐκ ἂν ἱκανὸς εἶναι οἶμαι, οὔτ' ἂν φίλον ὠφελῆσαι, οὔτ' ἂν

ἐχθρὸν ἀλέξασθαι. Ὡς ἐμοῦ οὖν ἰόντος, ὅπῃ ἂν καὶ ὑμεῖς, οὕτω τὴν γνώμην ἔχετε.

7. Ταῦτα εἶπεν· οἱ δὲ στρατιῶται, οἵ τε αὐτοῦ ἐκείνου καὶ οἱ ἄλλοι, ταῦτα ἀκούσαντες, ὅτι οὐ φαίη παρὰ βασιλέα πορεύεσθαι, ἐπῄνεσαν· παρὰ δὲ Ξενίου καὶ Πασίωνος πλείους ἢ δισχίλιοι, λαβόντες τὰ ὅπλα καὶ τὰ σκευοφόρα, ἐστρατοπεδεύσαντο παρὰ Κλεάρχῳ. 8. Κῦρος δὲ, τούτοις ἀπορῶν τε καὶ λυπούμενος, μετεπέμπετο τὸν Κλέαρχον· ὁ δὲ ἰέναι μὲν οὐκ ἤθελε, λάθρα δὲ τῶν στρατιωτῶν πέμπων αὐτῷ ἄγγελον, ἔλεγε θαῤῥεῖν, ὡς καταστησομένων τούτων εἰς τὸ δέον· μεταπέμπεσθαι δ' ἐκέλευεν αὐτόν· αὐτὸς δὲ οὐκ ἔφη ἰέναι. 9. Μετὰ δὲ ταῦτα συναγαγὼν τούς θ' ἑαυτοῦ στρατιώτας καὶ τοὺς προσελθόντας αὐτῷ καὶ τῶν ἄλλων τὸν βουλόμενον, ἔλεξε τοιάδε·

Ἄνδρες στρατιῶται, τὰ μὲν δὴ Κύρου δῆλον ὅτι οὕτως ἔχει πρὸς ἡμᾶς, ὥσπερ τὰ ἡμέτερα πρὸς ἐκεῖνον· οὔτε γὰρ ἡμεῖς ἐκείνου ἔτι στρατιῶται (ἐπεί γε οὐ συνεπόμεθα αὐτῷ), οὔτε ἐκεῖνος ἔτι ἡμῖν μισθοδότης. 10. Ὅτι μέντοι ἀδικεῖσθαι νομίζει ὑφ' ἡμῶν, οἶδα· ὥστε, καὶ μεταπεμπομένου αὐτοῦ, οὐκ ἐθέλω ἐλθεῖν, τὸ μὲν μέγιστον, αἰσχυνόμενος, ὅτι σύνοιδα ἐμαυτῷ πάντα ἐψευσμένος αὐτόν· ἔπειτα δὲ καὶ δεδιὼς, μὴ λαβών με δίκην ἐπιθῇ, ὧν νομίζει ὑπ' ἐμοῦ ἠδικῆσθαι. 11. Ἐμοὶ οὖν δοκεῖ οὐχ ὥρα εἶναι ἡμῖν καθεύδειν, οὐδ' ἀμελεῖν ἡμῶν αὐτῶν, ἀλλὰ βουλεύεσθαι ὅ τι χρὴ ποιεῖν ἐκ τούτων. Καὶ ἕως γε μένομεν αὐτοῦ, σκεπτέον μοι δοκεῖ εἶναι, ὅπως ἀσφαλέστατα μένωμεν· εἴ τε ἤδη δοκεῖ ἀπιέναι, ὅπως ἀσφαλέστατα ἄπιμεν, καὶ ὅπως τὰ ἐπιτήδεια ἕξομεν· ἄνευ γὰρ τούτων, οὔτε στρατηγοῦ οὔτε ἰδιώτου ὄφελος οὐδέν. 12. Ὁ δ' ἀνὴρ πολλοῦ μὲν ἄξιος φίλος, ᾧ ἂν φίλος ᾖ· χαλεπώτατος δ' ἐχθρὸς, ᾧ ἂν πολέμιος ᾖ· ἔχει δὲ δύναμιν καὶ πεζὴν καὶ ἱππικὴν καὶ ναυτικὴν, ἣν πάντες ὁμοίως ὁρῶμέν τε καὶ ἐπιστάμεθα (καὶ γὰρ οὐδὲ πόῤῥω δοκοῦμέν μοι αὐτοῦ καθῆσθαι)· ὥστε ὥρα λέγειν, ὅ τι τις γιγνώσκει ἄριστον εἶναι. Ταῦτ' εἰπὼν, ἐπαύσατο.

13. Ἐκ δὲ τούτου ἀνίσταντο, οἱ μὲν ἐκ τοῦ αὐτομάτου λέξοντες ἃ ἐγίγνωσκον, οἱ δὲ καὶ ὑπ' ἐκείνου ἐγκέλευστοι, ἐπιδεικνύντες, οἵα εἴη ἡ ἀπορία, ἄνευ τῆς Κύρου γνώμης, καὶ μένειν καὶ ἀπιέναι. 14. Εἷς δὲ δὴ εἶπε, προσποιούμενος σπεύδειν ὡς τάχιστα πορεύεσθαι εἰς τὴν Ἑλλάδα, στρατηγοὺς μὲν ἑλέσθαι ἄλλους ὡς τάχιστα, εἰ μὴ βούλεται Κλέαρχος ἀπάγειν· τὰ δ' ἐπιτήδεια ἀγοράζεσθαι (ἡ δ' ἀγορὰ ἦν ἐν τῷ βαρβαρικῷ στρατεύματι), καὶ συσκευάζεσθαι· ἐλθόντας δὲ Κῦρον αἰτεῖν πλοῖα, ὡς ἀποπλέοιεν· ἐὰν δὲ μὴ διδῷ ταῦτα, ἡγεμόνα αἰτεῖν Κῦρον, ὅστις διὰ φιλίας τῆς χώρας ἀπάξει· ἐὰν δὲ μηδὲ ἡγεμόνα διδῷ, συντάττεσθαι τὴν ταχίστην, πέμψαι δὲ καὶ προκαταληψομένους τὰ ἄκρα, ὅπως μὴ φθάσωσι μήτε ὁ Κῦρος μήτε οἱ Κίλικες καταλαβόντες, ὧν πολλοὺς καὶ πολλὰ χρήματα ἔχομεν ἀνηρπακότες. Οὗτος μὲν δὴ τοιαῦτα εἶπε· μετὰ δὲ τοῦτον Κλέαρχος εἶπε τοσοῦτον·

15. Ὡς μὲν στρατηγήσοντα ἐμὲ ταύτην τὴν στρατηγίαν, μηδεὶς ὑμῶν λεγέτω (πολλὰ γὰρ ἐνορῶ, δι' ἃ ἐμοὶ τοῦτο οὐ ποιητέον)· ὡς δὲ τῷ ἀνδρὶ, ᾧ ἂν ἕλησθε, πείσομαι ᾗ δυνατὸν μάλιστα· ἵνα εἰδῆτε, ὅτι καὶ ἄρχεσθαι ἐπίσταμαι, ὥς τις καὶ ἄλλος μάλιστα ἀνθρώπων.

16. Μετὰ τοῦτον ἄλλος ἀνέστη, ἐπιδεικνὺς μὲν τὴν εὐήθειαν τοῦ τὰ πλοῖα αἰτεῖν κελεύοντος, ὥσπερ πάλιν τὸν στόλον Κύρου μὴ ποιουμένου· ἐπιδεικνὺς δὲ, ὡς εὔηθες εἴη, ἡγεμόνα αἰτεῖν παρὰ τούτου, ᾧ λυμαινόμεθα τὴν πρᾶξιν. Εἰ δὲ καὶ τῷ ἡγεμόνι πιστεύσομεν, ᾧ ἂν Κῦρος διδῷ, τί κωλύει καὶ τὰ ἄκρα ἡμῖν κελεύειν Κῦρον προκαταλαμβάνειν; 17. Ἐγὼ γὰρ ὀκνοίην μὲν ἂν εἰς τὰ πλοῖα ἐμβαίνειν, ἃ ἡμῖν δοίη, μὴ ἡμᾶς αὐταῖς ταῖς τριήρεσι καταδύσῃ· φοβοίμην δ' ἂν τῷ ἡγεμόνι, ᾧ δοίη, ἕπεσθαι, μὴ ἡμᾶς ἀγάγῃ, ὅθεν οὐχ οἷόν τε ἔσται ἐξελθεῖν· βουλοίμην δ' ἂν, ἄκοντος ἀπιὼν Κύρου, λαθεῖν αὐτὸν ἀπελθών· ὃ οὐ δυνατόν ἐστιν. 18. Ἀλλ' ἐγώ φημι, ταῦτα μὲν φλυαρίας εἶναι· δοκεῖ δέ μοι, ἄνδρας ἐλθόντας πρὸς Κῦρον, οἵτινες ἐπιτήδειοι, σὺν Κλεάρχῳ, ἐρωτᾶν ἐκεῖνον, τί βούλεται ἡμῖν χρῆσθαι· καὶ ἐὰν μὲν ἡ πρᾶξις ᾖ παραπλησία, οἵαπερ καὶ πρόσθεν ἐχρῆτο τοῖς ξένοις, ἕπεσθαι καὶ ἡμᾶς, καὶ μὴ κακίους εἶναι τῶν πρόσθεν τούτῳ συναναβάντων· 19. ἐὰν δὲ μείζων ἡ πρᾶξις τῆς πρόσθεν φαίνηται, καὶ ἐπιπονωτέρα, καὶ ἐπικινδυνοτέρα, ἀξιοῦν, ἢ πείσαντα ἡμᾶς ἄγειν, ἢ πεισθέντα πρὸς φιλίαν ἀφιέναι· οὕτω γὰρ καὶ ἑπόμενοι ἂν φίλοι αὐτῷ καὶ πρόθυμοι ἑποίμεθα, καὶ ἀπιόντες ἀσφαλῶς ἂν ἀπίοιμεν· ὅ τι δ' ἂν πρὸς ταῦτα λέγῃ, ἀναγγεῖλαι δεῦρο· ἡμᾶς δ' ἀκούσαντας πρὸς ταῦτα βουλεύεσθαι.

20. Ἔδοξε ταῦτα, καὶ ἄνδρας ἑλόμενοι σὺν Κλεάρχῳ πέμπουσιν, οἳ ἠρώτων Κῦρον τὰ δόξαντα τῇ στρατιᾷ. Ὁ δ' ἀπεκρίνατο, ὅτι ἀκούει Ἀβροκόμαν, ἐχθρὸν ἄνδρα, ἐπὶ τῷ Εὐφράτῃ ποταμῷ εἶναι, ἀπέχοντα δώδεκα σταθμούς· πρὸς τοῦτον οὖν ἔφη βούλεσθαι ἐλθεῖν· κἂν μὲν

ᾖ ἐκεῖ, τὴν δίκην ἔφη χρῄζειν ἐπιθεῖναι αὐτῷ· ἢν δὲ φεύγῃ, ἡμεῖς ἐκεῖ πρὸς ταῦτα βουλευσόμεθα. 21. Ἀκούσαντες δὲ ταῦτα οἱ αἱρετοὶ, ἀναγγέλλουσι τοῖς στρατιώταις· τοῖς δὲ ὑποψία μὲν ἦν, ὅτι ἄγει πρὸς βασιλέα, ὅμως δὲ ἐδόκει ἕπεσθαι. Προσαιτοῦσι δὲ μισθόν· ὁ δὲ Κῦρος ὑπισχνεῖται ἡμιόλιον πᾶσι δώσειν, οὗ πρότερον ἔφερον, ἀντὶ δαρεικοῦ τρία ἡμιδαρεικὰ τοῦ μηνὸς τῷ στρατιώτῃ· ὅτι δὲ ἐπὶ βασιλέα ἄγοι, οὐδὲ ἐνταῦθα ἤκουσεν οὐδεὶς ἔν γε τῷ φανερῷ.

CAP. IV.

1. Ἐντεῦθεν ἐξελαύνει σταθμοὺς δύο, παρασάγγας δέκα, ἐπὶ τὸν Ψάρον ποταμὸν, οὗ ἦν τὸ εὖρος τρία πλέθρα. Ἐντεῦθεν ἐξελαύνει σταθμὸν ἕνα, παρασάγγας πέντε, ἐπὶ τὸν Πύραμον ποταμὸν, οὗ τὸ εὖρος στάδιον. Ἐντεῦθεν ἐξελαύνει σταθμοὺς δύο, παρασάγγας πεντεκαίδεκα, εἰς Ἰσσοὺς, τῆς Κιλικίας ἐσχάτην πόλιν ἐπὶ τῇ θαλάττῃ οἰκουμένην, μεγάλην καὶ εὐδαίμονα. 2. Ἐνταῦθα ἔμειναν ἡμέρας τρεῖς· καὶ Κύρῳ παρῆσαν αἱ ἐκ Πελοποννήσου νῆες, τριάκοντα καὶ πέντε, καὶ ἐπ' αὐταῖς ναύαρχος Πυθαγόρας Λακεδαιμόνιος. Ἡγεῖτο δ' αὐτῶν Ταμὼς Αἰγύπτιος ἐξ Ἐφέσου, ἔχων ναῦς ἑτέρας Κύρου πέντε καὶ εἴκοσιν, αἷς ἐπολιόρκει Μίλητον, ὅτε Τισσαφέρνει φίλη ἦν, καὶ συνεπολέμει Κύρῳ πρὸς αὐτόν. 3. Παρῆν δὲ καὶ Χειρίσοφος ὁ Λακεδαιμόνιος ἐπὶ τῶν νεῶν, μετάπεμπτος ὑπὸ Κύρου, ἑπτακοσίους ἔχων ὁπλίτας, ὧν ἐστρατήγει παρὰ Κύρῳ. Αἱ δὲ νῆες ὥρμουν παρὰ τὴν Κύρου σκηνήν. Ἐνταῦθα καὶ οἱ παρ' Ἀβροκόμα μισθοφόροι Ἕλληνες

ἀποστάντες ἦλθον παρὰ Κῦρον, τετρακόσιοι ὁπλῖται, καὶ συνεστρατεύοντο ἐπὶ βασιλέα.

4. Ἐντεῦθεν ἐξελαύνει σταθμὸν ἕνα, παρασάγγας πέντε, ἐπὶ πύλας τῆς Κιλικίας καὶ τῆς Συρίας. Ἦσαν δὲ ταῦτα δύο τείχη· καὶ τὸ μὲν ἔσωθεν πρὸ τῆς Κιλικίας Συέννεσις εἶχε καὶ Κιλίκων φυλακή· τὸ δὲ ἔξω τὸ πρὸ τῆς Συρίας βασιλέως ἐλέγετο φυλακὴ φυλάττειν. Διὰ μέσου δὲ ῥεῖ τούτων ποταμὸς, Κάρσος ὄνομα, εὖρος πλέθρου. Ἅπαν δὲ τὸ μέσον τῶν τειχῶν ἦσαν στάδιοι τρεῖς· καὶ παρελθεῖν οὐκ ἦν βίᾳ· ἦν γὰρ ἡ πάροδος στενὴ, καὶ τὰ τείχη εἰς τὴν θάλατταν καθήκοντα, ὕπερθεν δ' ἦσαν πέτραι ἠλίβατοι· ἐπὶ δὲ τοῖς τείχεσιν ἀμφοτέροις ἐφειστήκεσαν πύλαι. 5. Ταύτης ἕνεκα τῆς παρόδου Κῦρος τὰς ναῦς μετεπέμψατο, ὅπως ὁπλίτας ἀποβιβάσειεν εἴσω καὶ ἔξω τῶν πυλῶν, καὶ βιασάμενοι τοὺς πολεμίους παρέλθοιεν, εἰ φυλάττοιεν ἐπὶ ταῖς Συρίαις πύλαις· ὅπερ ᾤετο ποιήσειν ὁ Κῦρος τὸν Ἀβροκόμαν, ἔχοντα πολὺ στράτευμα. Ἀβροκόμας δὲ οὐ τοῦτ' ἐποίησεν, ἀλλ' ἐπεὶ ἤκουσε Κῦρον ἐν Κιλικίᾳ ὄντα, ἀναστρέψας ἐκ Φοινίκης παρὰ βασιλέα ἀπήλαυνεν, ἔχων, ὡς ἐλέγετο, τριάκοντα μυριάδας στρατιᾶς.

6. Ἐντεῦθεν ἐξελαύνει διὰ Συρίας σταθμὸν ἕνα, παρασάγγας πέντε, εἰς Μυρίανδρον, πόλιν οἰκουμένην ὑπὸ Φοινίκων ἐπὶ τῇ θαλάττῃ· ἐμπόριον δ' ἦν τὸ χωρίον, καὶ ὥρμουν αὐτόθι ὁλκάδες πολλαί. 7. Ἐνταῦθ' ἔμειναν ἡμέρας ἑπτά· καὶ Ξενίας ὁ Ἀρκὰς στρατηγὸς καὶ Πασίων ὁ Μεγαρεὺς, ἐμβάντες εἰς πλοῖον, καὶ τὰ πλείστου ἄξια ἐνθέμενοι, ἀπέπλευσαν, ὡς μὲν τοῖς πλείστοις ἐδόκουν, φιλοτιμηθέντες, ὅτι τοὺς στρατιώτας αὐτῶν, παρὰ Κλέαρχον

ἀπελθόντας, ὡς ἀπιόντας εἰς τὴν Ἑλλάδα πάλιν καὶ οὐ πρὸς βασιλέα, εἶα Κῦρος τὸν Κλέαρχον ἔχειν. Ἐπεὶ δ' ἦσαν ἀφανεῖς, διῆλθε λόγος, ὅτι διώκει αὐτοὺς Κῦρος τριήρεσι· καὶ οἱ μὲν εὔχοντο, ὡς δολίους ὄντας αὐτοὺς ληφθῆναι· οἱ δ' ᾤκτειρον, εἰ ἁλώσοιντο.

8. Κῦρος δὲ, συγκαλέσας τοὺς στρατηγοὺς, εἶπεν· Ἀπολελοίπασιν ἡμᾶς Ξενίας καὶ Πασίων· ἀλλ' εὖ γε μέντοι ἐπιστάσθωσαν, ὅτι οὔτε ἀποδεδράκασιν, οἶδα γὰρ ὅπη οἴχονται· οὔτε ἀποπεφεύγασιν, ἔχω γὰρ τριήρεις, ὥστε ἑλεῖν τὸ ἐκείνων πλοῖον. Ἀλλὰ, μὰ τοὺς θεοὺς, οὐκ ἔγωγε αὐτοὺς διώξω· οὐδ' ἐρεῖ οὐδεὶς, ὡς ἐγὼ, ἕως μὲν ἂν παρῇ τις, χρῶμαι· ἐπειδὰν δὲ ἀπιέναι βούληται, συλλαβὼν καὶ αὐτοὺς κακῶς ποιῶ, καὶ τὰ χρήματα ἀποσυλῶ. Ἀλλὰ ἰόντων, εἰδότες ὅτι κακίους εἰσὶ περὶ ἡμᾶς, ἢ ἡμεῖς περὶ ἐκείνους. Καίτοι ἔχω γε αὐτῶν καὶ τέκνα καὶ γυναῖκας, ἐν Τράλλεσι φρουρούμενα· ἀλλ' οὐδὲ τούτων στερήσονται, ἀλλ' ἀπολήψονται τῆς πρόσθεν ἕνεκα περὶ ἐμὲ ἀρετῆς. 9. Καὶ ὁ μὲν ταῦτα εἶπεν· οἱ δὲ Ἕλληνες, εἴ τις καὶ ἀθυμότερος ἦν πρὸς τὴν ἀνάβασιν, ἀκούοντες τὴν Κύρου ἀρετὴν, ἥδιον καὶ προθυμότερον συνεπορεύοντο.

Μετὰ ταῦτα Κῦρος ἐξελαύνει σταθμοὺς τέτταρας, παρασάγγας εἴκοσιν, ἐπὶ τὸν Χάλον ποταμὸν, ὄντα τὸ εὖρος πλέθρου, πλήρη δ' ἰχθύων μεγάλων καὶ πραέων, οὓς οἱ Σύροι θεοὺς ἐνόμιζον, καὶ ἀδικεῖν οὐκ εἴων, οὐδὲ τὰς περιστεράς. Αἱ δὲ κῶμαι, ἐν αἷς ἐσκήνουν, Παρυσάτιδος ἦσαν, εἰς ζώνην δεδομέναι. 10. Ἐντεῦθεν ἐξελαύνει σταθμοὺς πέντε, παρασάγγας τριάκοντα, ἐπὶ τὰς πηγὰς τοῦ Δάρδητος ποταμοῦ, οὗ τὸ εὖρος πλέθρου. Ἐνταῦθα ἦσαν τὰ

Βελέσυος βασίλεια, τοῦ Συρίας ἄρξαντος, καὶ παράδεισος πάνυ μέγας καὶ καλὸς, ἔχων πάντα ὅσα ὧραι φύουσι. Κῦρος δ' αὐτὸν ἐξέκοψε, καὶ τὰ βασίλεια κατέκαυσεν.

11. Ἐντεῦθεν ἐξελαύνει σταθμοὺς τρεῖς, παρασάγγας πεντεκαίδεκα, ἐπὶ τὸν Εὐφράτην ποταμὸν, ὄντα τὸ εὖρος τεττάρων σταδίων· καὶ πόλις αὐτόθι ᾠκεῖτο μεγάλη καὶ εὐδαίμων, Θάψακος ὀνόματι. Ἐνταῦθα ἔμειναν ἡμέρας πέντε· καὶ Κῦρος μεταπεμψάμενος τοὺς στρατηγοὺς τῶν Ἑλλήνων ἔλεγεν, ὅτι ἡ ὁδὸς ἔσοιτο πρὸς βασιλέα μέγαν εἰς Βαβυλῶνα· καὶ κελεύει αὐτοὺς λέγειν ταῦτα τοῖς στρατιώταις, καὶ ἀναπείθειν ἕπεσθαι. 12. Οἱ δὲ ποιήσαντες ἐκκλησίαν, ἀπήγγελλον ταῦτα· οἱ δὲ στρατιῶται ἐχαλέπαινον τοῖς στρατηγοῖς, καὶ ἔφασαν, αὐτοὺς πάλαι ταῦτ' εἰδότας κρύπτειν· καὶ οὐκ ἔφασαν ἰέναι, ἐὰν μή τις αὐτοῖς χρήματα διδῷ, ὥσπερ καὶ τοῖς προτέροις μετὰ Κύρου ἀναβᾶσι παρὰ τὸν πατέρα τοῦ Κύρου· καὶ ταῦτα, οὐκ ἐπὶ μάχην ἰόντων, ἀλλὰ καλοῦντος τοῦ πατρὸς Κῦρον. 13. Ταῦτα οἱ στρατηγοὶ Κύρῳ ἀπήγγελλον· ὁ δ' ὑπέσχετο, ἀνδρὶ ἑκάστῳ δώσειν πέντε ἀργυρίου μνᾶς, ἐπὰν εἰς Βαβυλῶνα ἥκωσι, καὶ τὸν μισθὸν ἐντελῆ, μέχρι ἂν καταστήσῃ τοὺς Ἕλληνας εἰς Ἰωνίαν πάλιν. Τὸ μὲν δὴ πολὺ τοῦ Ἑλληνικοῦ οὕτως ἐπείσθη. Μένων δὲ, πρὶν δῆλον εἶναι, τί ποιήσουσιν οἱ ἄλλοι στρατιῶται, πότερον ἕψονται Κύρῳ ἢ οὔ, συνέλεξε τὸ αὑτοῦ στράτευμα χωρὶς τῶν ἄλλων, καὶ ἔλεξε τάδε·

14. Ἄνδρες, ἐάν μοι πεισθῆτε, οὔτε κινδυνεύσαντες οὔτε πονήσαντες, τῶν ἄλλων πλέον προτιμήσεσθε στρατιωτῶν ὑπὸ Κύρου. Τί οὖν κελεύω ποιῆσαι; Νῦν δεῖται Κῦρος

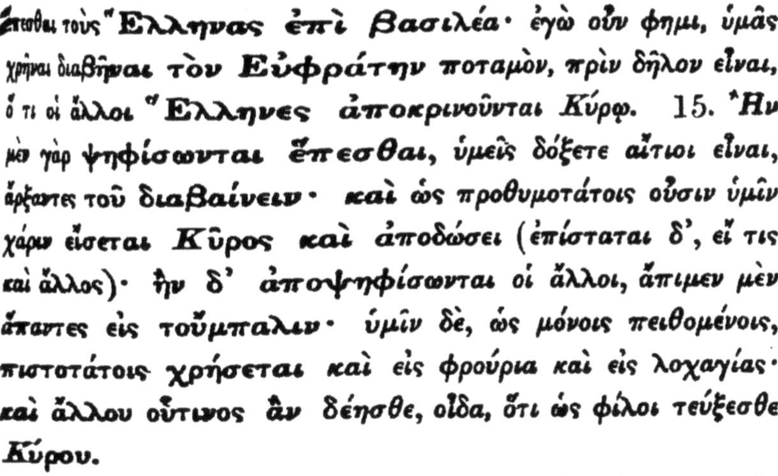

πεισθαι τοὺς Ἕλληνας ἐπὶ βασιλέα· ἐγὼ οὖν φημι, ὑμᾶς χρῆναι διαβῆναι τὸν Εὐφράτην ποταμὸν, πρὶν δῆλον εἶναι, ὅ τι οἱ ἄλλοι Ἕλληνες ἀποκρινοῦνται Κύρῳ. 15. Ἢν μὲν γὰρ ψηφίσωνται ἕπεσθαι, ὑμεῖς δόξετε αἴτιοι εἶναι, ἄρξαντες τοῦ διαβαίνειν· καὶ ὡς προθυμοτάτοις οὖσιν ὑμῖν χάριν εἴσεται Κῦρος καὶ ἀποδώσει (ἐπίσταται δ', εἴ τις καὶ ἄλλος)· ἢν δ' ἀποψηφίσωνται οἱ ἄλλοι, ἄπιμεν μὲν ἅπαντες εἰς τοὔμπαλιν· ὑμῖν δὲ, ὡς μόνοις πειθομένοις, πιστοτάτοις χρήσεται καὶ εἰς φρούρια καὶ εἰς λοχαγίας· καὶ ἄλλου οὗτινος ἂν δέησθε, οἶδα, ὅτι ὡς φίλοι τεύξεσθε Κύρου.

16. Ἀκούσαντες ταῦτα ἐπείθοντο καὶ διέβησαν, πρὶν τοὺς ἄλλους ἀποκρίνασθαι. Κῦρος δ' ἐπεὶ ᾔσθετο διαβεβηκότας, ἥσθη τε, καὶ τῷ στρατεύματι πέμψας Γλοῦν εἶπεν· Ἐγὼ μὲν, ὦ ἄνδρες, ἤδη ὑμᾶς ἐπαινῶ· ὅπως δὲ καὶ ὑμεῖς ἐμὲ ἐπαινέσετε, ἐμοὶ μελήσει· ἢ μηκέτι με Κῦρον νομίζετε. 17. Οἱ μὲν δὴ στρατιῶται, ἐν ἐλπίσι μεγάλαις ὄντες, εὔχοντο αὐτὸν εὐτυχῆσαι· Μένωνι δὲ καὶ δῶρα ἐλέγετο πέμψαι μεγαλοπρεπῶς. Ταῦτα δὲ ποιήσας διέβαινε· συνείπετο δὲ καὶ τὸ ἄλλο στράτευμα αὐτῷ ἅπαν· καὶ τῶν διαβαινόντων τὸν ποταμὸν οὐδεὶς ἐβρέχθη ἀνωτέρω τῶν μαστῶν ὑπὸ τοῦ ποταμοῦ. 18. Οἱ δὲ Θαψακηνοὶ ἔλεγον, ὅτι οὐ πώποθ' οὗτος ὁ ποταμὸς διαβατὸς γένοιτο πεζῇ, εἰ μὴ τότε, ἀλλὰ πλοίοις· ἃ τότε Ἀβροκόμας προϊὼν κατέκαυσεν, ἵνα μὴ Κῦρος διαβῇ. Ἐδόκει δὴ θεῖον εἶναι, καὶ σαφῶς ὑποχωρῆσαι τὸν ποταμὸν Κύρῳ, ὡς βασιλεύσοντι. 19. Ἐντεῦθεν ἐξελαύνει διὰ τῆς Συρίας σταθμοὺς ἐννέα, παρασάγγας πεντήκοντα, καὶ ἀφικνοῦνται πρὸς τὸν

Ἀράξην ποταμόν. Ἐνταῦθα ἦσαν κῶμαι πολλαὶ, μεσταὶ σίτου καὶ οἴνου. Ἐνταῦθα ἔμειναν ἡμέρας τρεῖς καὶ ἐπεσιτίσαντο.

CAP. V.

1. Ἐντεῦθεν ἐξελαύνει διὰ τῆς Ἀραβίας, τὸν Εὐφράτην ποταμὸν ἐν δεξιᾷ ἔχων, σταθμοὺς ἐρήμους πέντε, παρασάγγας τριάκοντα καὶ πέντε. Ἐν τούτῳ δὲ τῷ τόπῳ ἦν μὲν ἡ γῆ πεδίον ἅπαν ὁμαλὸν ὥσπερ θάλαττα, ἀψινθίου δὲ πλῆρες· εἰ δέ τι καὶ ἄλλο ἐνῆν ὕλης ἢ καλάμου, ἅπαντα ἦσαν εὐώδη, ὥσπερ ἀρώματα· δένδρον δ' οὐδὲν ἐνῆν. 2. Θηρία δὲ παντοῖα, πλεῖστοι μὲν ὄνοι ἄγριοι, οὐκ ὀλίγοι δὲ στρουθοὶ οἱ μεγάλοι· ἐνῆσαν δὲ καὶ ὠτίδες καὶ δορκάδες· ταῦτα δὲ τὰ θηρία οἱ ἱππεῖς ἐνίοτε ἐδίωκον. Καὶ οἱ μὲν ὄνοι, ἐπεί τις διώκοι, προδραμόντες ἕστασαν (πολὺ γὰρ τῶν ἵππων ἔτρεχον θᾶττον), καὶ πάλιν ἐπεὶ πλησιάζοιεν οἱ ἵπποι, ταὐτὸν ἐποίουν· καὶ οὐκ ἦν λαβεῖν, εἰ μὴ διαστάντες οἱ ἱππεῖς θηρῷεν διαδεχόμενοι τοῖς ἵπποις. Τὰ δὲ κρέα τῶν ἁλισκομένων ἦν παραπλήσια τοῖς ἐλαφείοις, ἁπαλώτερα δέ. 3. Στρουθὸν δὲ οὐδεὶς ἔλαβεν, οἱ δὲ διώξαντες τῶν ἱππέων ταχὺ ἐπαύοντο· πολὺ γὰρ ἀπεσπᾶτο φεύγουσα, τοῖς μὲν ποσὶ δρόμῳ, ταῖς δὲ πτέρυξιν (αἴρουσα) ὥσπερ ἱστίῳ χρωμένη. Τὰς δὲ ὠτίδας, ἄν τις ταχὺ ἀνιστῇ, ἔστι λαμβάνειν· πέτονται γὰρ βραχὺ, ὥσπερ πέρδικες, καὶ ταχὺ ἀπαγορεύουσι. Τὰ δὲ κρέα αὐτῶν ἥδιστα ἦν.

4. Πορευόμενοι δὲ διὰ ταύτης τῆς χώρας ἀφικνοῦνται ἐπὶ τὸν Μάσκαν ποταμὸν, τὸ εὖρος πλεθριαῖον. Ἐνταῦθα

ἦν πόλις ἐρήμη, μεγάλη, ὄνομα δ' αὐτῇ Κορσωτή· περιεῤῥεῖτο δ' αὕτη ὑπὸ τοῦ Μάσκα κύκλῳ. Ἐνταῦθ' ἔμειναν ἡμέρας τρεῖς καὶ ἐπεσιτίσαντο. 5. Ἐντεῦθεν ἐξελαύνει σταθμοὺς ἐρήμους τρεῖς καὶ δέκα, παρασάγγας ἐνενήκοντα, τὸν Εὐφράτην ποταμὸν ἐν δεξιᾷ ἔχων, καὶ ἀφικνεῖται ἐπὶ Πύλας. Ἐν τούτοις τοῖς σταθμοῖς πολλὰ τῶν ὑποζυγίων ἀπώλετο ὑπὸ λιμοῦ· οὐ γὰρ ἦν χόρτος, οὐδὲ ἄλλο οὐδὲν δένδρον, ἀλλὰ ψιλὴ ἦν ἅπασα ἡ χώρα· οἱ δὲ ἐνοικοῦντες, ὄνους ἀλέτας παρὰ τὸν ποταμὸν ὀρύττοντες καὶ ποιοῦντες, εἰς Βαβυλῶνα ἦγον καὶ ἐπώλουν, καὶ ἀνταγοράζοντες σῖτον ἔζων. 6. Τὸ δὲ στράτευμα ὁ σῖτος ἐπέλιπε, καὶ πρίασθαι οὐκ ἦν, εἰ μὴ ἐν τῇ Λυδίᾳ ἀγορᾷ, ἐν τῷ Κύρου βαρβαρικῷ, τὴν καπίθην ἀλεύρων ἢ ἀλφίτων τεττάρων σίγλων. Ὁ δὲ σίγλος δύναται ἑπτὰ ὀβολοὺς καὶ ἡμιωβόλιον Ἀττικούς· ἡ δὲ καπίθη δύο χοίνικας Ἀττικὰς ἐχώρει. Κρέα οὖν ἐσθίοντες οἱ στρατιῶται διεγίγνοντο.

7. Ἦν δὲ τούτων τῶν σταθμῶν, οὓς πάνυ μακροὺς ἤλαυνεν, ὁπότε ἢ πρὸς ὕδωρ βούλοιτο διατελέσαι ἢ πρὸς χιλόν. Καὶ δή ποτε στενοχωρίας καὶ πηλοῦ φανέντος ταῖς ἁμάξαις δυσπορεύτου, ἐπέστη ὁ Κῦρος σὺν τοῖς περὶ αὐτὸν ἀρίστοις καὶ εὐδαιμονεστάτοις, καὶ ἔταξε Γλοῦν καὶ Πίγρητα, λαβόντας τοῦ βαρβαρικοῦ στρατοῦ, συνεκβιβάζειν τὰς ἁμάξας. 8. Ἐπεὶ δ' ἐδόκουν αὐτῷ σχολαίως ποιεῖν, ὥσπερ ὀργῇ ἐκέλευσε τοὺς περὶ αὐτὸν Πέρσας τοὺς κρατίστους, συνεπισπεῦσαι τὰς ἁμάξας. Ἔνθα δὴ μέρος τι τῆς εὐταξίας ἦν θεάσασθαι. Ῥίψαντες γὰρ τοὺς πορφυροῦς κάνδυς, ὅπου ἔτυχεν ἕκαστος ἑστηκώς, ἵεντο, ὥσπερ ἂν δράμοι τις περὶ νίκης, καὶ μάλα κατὰ πρανοῦς γηλόφου,

ἔχοντες τούτους τε τοὺς πολυτελεῖς χιτῶνας, καὶ τὰς ποικίλας ἀναξυρίδας· ἔνιοι δὲ καὶ στρεπτοὺς περὶ τοῖς τραχήλοις, καὶ ψέλλια περὶ ταῖς χερσίν· εὐθὺς δὲ σὺν τούτοις εἰσπηδήσαντες εἰς τὸν πηλὸν, θᾶττον ἢ ὥς τις ἂν ᾤετο, μετεώρους ἐξεκόμισαν τὰς ἁμάξας. 9. Τὸ δὲ σύμπαν, δῆλος ἦν Κῦρος σπεύδων πᾶσαν τὴν ὁδὸν, καὶ οὐ διατρίβων, ὅπου μὴ ἐπισιτισμοῦ ἕνεκα ἤ τινος ἄλλου ἀναγκαίου ἐκαθέζετο· νομίζων, ὅσῳ μὲν [ἂν] θᾶττον ἔλθοι, τοσούτῳ ἀπαρασκευαστοτέρῳ βασιλεῖ μαχεῖσθαι, ὅσῳ δὲ σχολαιότερον, τοσούτῳ πλέον συναγείρεσθαι βασιλεῖ στράτευμα. Καὶ συνιδεῖν δ' ἦν τῷ προσέχοντι τὸν νοῦν ἡ βασιλέως ἀρχὴ, πλήθει μὲν χώρας καὶ ἀνθρώπων ἰσχυρὰ οὖσα, τοῖς δὲ μήκεσι τῶν ὁδῶν καὶ τῷ διεσπάσθαι τὰς δυνάμεις ἀσθενὴς, εἴ τις διὰ ταχέων τὸν πόλεμον ποιοῖτο.

10. Πέραν δὲ τοῦ Εὐφράτου ποταμοῦ κατὰ τοὺς ἐρήμους σταθμοὺς ἦν πόλις εὐδαίμων καὶ μεγάλη, ὄνομα δὲ Χαρμάνδη. Ἐκ ταύτης οἱ στρατιῶται ἠγόραζον τὰ ἐπιτήδεια, σχεδίαις διαβαίνοντες ὧδε. Διφθέρας, ἃς εἶχον στεγάσματα, ἐπίμπλασαν χόρτου κούφου, εἶτα συνῆγον καὶ συνέσπων, ὡς μὴ ἅπτεσθαι τῆς κάρφης τὸ ὕδωρ. Ἐπὶ τούτων διέβαινον, καὶ ἐλάμβανον τὰ ἐπιτήδεια, οἶνόν τε ἐκ τῆς βαλάνου πεποιημένον τῆς ἀπὸ τοῦ φοίνικος, καὶ σῖτον μελίνης· τοῦτο γὰρ ἦν ἐν τῇ χώρᾳ πλεῖστον.

11. Ἀμφιλεξάντων δέ τι ἐνταῦθα τῶν τε τοῦ Μένωνος στρατιωτῶν καὶ τῶν τοῦ Κλεάρχου, ὁ Κλέαρχος κρίνας ἀδικεῖν τὸν τοῦ Μένωνος, πληγὰς ἐνέβαλεν· ὁ δὲ ἐλθὼν πρὸς τὸ ἑαυτοῦ στράτευμα, ἔλεγεν· ἀκούσαντες δ' οἱ στρατιῶται ἐχαλέπαινον, καὶ ὠργίζοντο ἰσχυρῶς τῷ Κλε-

ἄρχῳ. 12. Τῇ δὲ αὐτῇ ἡμέρᾳ Κλέαρχος, ἐλθὼν ἐπὶ τὴν διάβασιν τοῦ ποταμοῦ, καὶ ἐκεῖ κατασκεψάμενος τὴν ἀγορὰν, ἀφιππεύει ἐπὶ τὴν ἑαυτοῦ σκηνὴν διὰ τοῦ Μένωνος στρατεύματος σὺν ὀλίγοις τοῖς περὶ αὐτόν· Κῦρος δὲ οὔπω ἧκεν, ἀλλ' ἔτι προσήλαυνε· τῶν δὲ Μένωνος στρατιωτῶν ξύλα σχίζων τις, ὡς εἶδε τὸν Κλέαρχον διελαύνοντα, ἵησι τῇ ἀξίνῃ. Καὶ οὗτος μὲν αὐτοῦ ἥμαρτεν· ἄλλος δὲ λίθῳ, καὶ ἄλλος, εἶτα πολλοὶ, κραυγῆς γενομένης.

13. Ὁ δὲ καταφεύγει εἰς τὸ ἑαυτοῦ στράτευμα, καὶ εὐθὺς παραγγέλλει εἰς τὰ ὅπλα· καὶ τοὺς μὲν ὁπλίτας αὐτοῦ ἐκέλευσε μεῖναι, τὰς ἀσπίδας πρὸς τὰ γόνατα θέντας· αὐτὸς δὲ, λαβὼν τοὺς Θρᾷκας, καὶ τοὺς ἱππέας, οἳ ἦσαν αὐτῷ ἐν τῷ στρατεύματι πλείους ἢ τετταράκοντα (τούτων δὲ οἱ πλεῖστοι Θρᾷκες), ἤλαυνεν ἐπὶ τοὺς Μένωνας, ὥστ' ἐκείνους ἐκπεπλῆχθαι καὶ αὐτὸν Μένωνα, καὶ τρέχειν ἐπὶ τὰ ὅπλα. Οἱ δὲ καὶ ἕστασαν ἀποροῦντες τῷ πράγματι. 14. Ὁ δὲ Πρόξενος (ἔτυχε γὰρ ὕστερος προσιὼν, καὶ τάξις αὐτῷ ἑπομένη τῶν ὁπλιτῶν), εὐθὺς οὖν εἰς τὸ μέσον ἀμφοτέρων ἄγων, ἔθετο τὰ ὅπλα, καὶ ἐδεῖτο τοῦ Κλεάρχου, μὴ ποιεῖν ταῦτα. Ὁ δ' ἐχαλέπαινεν, ὅτι, αὐτοῦ ὀλίγου δεήσαντος καταλευσθῆναι, πρᾴως λέγοι τὸ αὐτοῦ πάθος· ἐκέλευέ τε αὐτὸν ἐκ τοῦ μέσου ἐξίστασθαι. 15. Ἐν τούτῳ δὲ ἐπῄει καὶ Κῦρος, καὶ ἐπύθετο τὸ πρᾶγμα· εὐθὺς δ' ἔλαβε τὰ παλτὰ εἰς τὰς χεῖρας, καὶ σὺν τοῖς παροῦσι τῶν πιστῶν ἧκεν ἐλαύνων εἰς τὸ μέσον, καὶ λέγει τάδε·

16. Κλέαρχε καὶ Πρόξενε, καὶ οἱ ἄλλοι οἱ παρόντες

Ἕλληνες, οὐκ ἴστε, ὅ τι ποιεῖτε. Εἰ γάρ τινα ἀλλήλοις μάχην συνάψετε, νομίζετε, ἐν τῇδε τῇ ἡμέρᾳ ἐμέ τε κατακεκόψεσθαι, καὶ ὑμᾶς οὐ πολὺ ἐμοῦ ὕστερον· κακῶς γὰρ τῶν ἡμετέρων ἐχόντων, πάντες οὗτοι, οὓς ὁρᾶτε, βάρβαροι πολεμιώτεροι ἡμῖν ἔσονται τῶν παρὰ βασιλεῖ ὄντων. 17. Ἀκούσας ταῦτα ὁ Κλέαρχος, ἐν ἑαυτῷ ἐγένετο· καὶ παυσάμενοι ἀμφότεροι, κατὰ χώραν ἔθεντο τὰ ὅπλα.

CAP. VI.

1. Ἐντεῦθεν προϊόντων, ἐφαίνετο ἴχνια ἵππων καὶ κόπρος· εἰκάζετο δὲ εἶναι ὁ στίβος ὡς δισχιλίων ἵππων. Οὗτοι προϊόντες ἔκαιον καὶ χιλὸν καὶ εἴ τι ἄλλο χρήσιμον ἦν. Ὀρόντης δὲ, Πέρσης ἀνὴρ, γένει τε προσήκων βασιλεῖ, καὶ τὰ πολέμια λεγόμενος ἐν τοῖς ἀρίστοις Περσῶν, ἐπιβουλεύει Κύρῳ, καὶ πρόσθεν πολεμήσας, καταλλαγεὶς δέ. 2. Οὗτος Κύρῳ εἶπεν, εἰ αὐτῷ δοίη ἱππέας χιλίους, ὅτι τοὺς προκατακαίοντας ἱππέας ἢ κατακάνοι ἂν ἐνεδρεύσας, ἢ ζῶντας πολλοὺς αὐτῶν ἕλοι, καὶ κωλύσειε τοῦ καίειν ἐπιόντας, καὶ ποιήσειεν, ὥστε μήποτε δύνασθαι αὐτοὺς, ἰδόντας τὸ Κύρου στράτευμα, βασιλεῖ διαγγεῖλαι. Τῷ δὲ Κύρῳ ἀκούσαντι ταῦτα ἐδόκει ὠφέλιμα εἶναι· καὶ ἐκέλευσεν αὐτὸν λαμβάνειν μέρος παρ' ἑκάστου τῶν ἡγεμόνων.

3. Ὁ δ' Ὀρόντης, νομίσας ἑτοίμους εἶναι αὐτῷ τοὺς ἱππέας, γράφει ἐπιστολὴν παρὰ βασιλέα, ὅτι ἥξοι ἔχων ἱππέας ὡς ἂν δύνηται πλείστους· ἀλλὰ φράσαι τοῖς ἑαυτοῦ ἱππεῦσιν ἐκέλευεν, ὡς φίλιον αὐτὸν ὑποδέχεσθαι. Ἐνῆν δὲ ἐν τῇ ἐπιστολῇ καὶ τῆς πρόσθεν φιλίας ὑπομνή-

ματα καὶ πίστεως. Ταύτην τὴν ἐπιστολὴν δίδωσι πιστῷ ἀνδρὶ, ὡς ᾤετο· ὁ δὲ λαβὼν, Κύρῳ δίδωσιν. 4. Ἀναγνοὺς δὲ αὐτὴν ὁ Κῦρος, συλλαμβάνει Ὀρόντην, καὶ συγκαλεῖ εἰς τὴν ἑαυτοῦ σκηνὴν Περσῶν τοὺς ἀρίστους τῶν περὶ αὐτὸν ἑπτά· καὶ τοὺς τῶν Ἑλλήνων στρατηγοὺς ἐκέλευεν ὁπλίτας ἀγαγεῖν, τούτους δὲ θέσθαι τὰ ὅπλα περὶ τὴν αὐτοῦ σκηνήν. Οἱ δὲ ταῦτα ἐποίησαν, ἀγαγόντες ὡς τρισχιλίους ὁπλίτας. 5. Κλέαρχον δὲ καὶ εἴσω παρεκάλεσε σύμβουλον, ὅς γε καὶ αὐτῷ καὶ τοῖς ἄλλοις ἐδόκει προτιμηθῆναι μάλιστα τῶν Ἑλλήνων. Ἐπεὶ δ' ἐξῆλθεν, ἐξήγγειλε τοῖς φίλοις τὴν κρίσιν τοῦ Ὀρόντου, ὡς ἐγένετο· οὐ γὰρ ἀπόῤῥητον ἦν. Ἔφη δὲ, Κῦρον ἄρχειν τοῦ λόγου ὧδε·

6. Παρεκάλεσα ὑμᾶς, ἄνδρες φίλοι, ὅπως σὺν ὑμῖν βουλευόμενος, ὅ τι δίκαιόν ἐστι καὶ πρὸς θεῶν καὶ πρὸς ἀνθρώπων, τοῦτο πράξω περὶ Ὀρόντου τουτουΐ. Τοῦτον γὰρ πρῶτον μὲν ὁ ἐμὸς πατὴρ ἔδωκεν ὑπήκοον εἶναι ἐμοί. Ἐπεὶ δὲ ταχθεὶς, ὡς ἔφη αὐτὸς, ὑπὸ τοῦ ἐμοῦ ἀδελφοῦ, οὗτος ἐπολέμησεν ἐμοὶ, ἔχων τὴν ἐν Σάρδεσιν ἀκρόπολιν, καὶ ἐγὼ αὐτὸν προσπολεμῶν ἐποίησα, ὥστε δόξαι τούτῳ τοῦ πρὸς ἐμὲ πολέμου παύσασθαι, καὶ δεξιὰν ἔλαβον καὶ ἔδωκα. 7. Μετὰ ταῦτα, ἔφη, ὦ Ὀρόντα, ἔστιν ὅ τι σε ἠδίκησα; Ὁ δὲ ἀπεκρίνατο, ὅτι οὔ. Πάλιν δὲ ὁ Κῦρος ἠρώτα· Οὐκοῦν ὕστερον, ὡς αὐτὸς σὺ ὁμολογεῖς, οὐδὲν ὑπ' ἐμοῦ ἀδικούμενος, ἀποστὰς εἰς Μυσοὺς, κακῶς ἐποίεις τὴν ἐμὴν χώραν, ὅ τι ἐδύνω; Ἔφη ὁ Ὀρόντης. Οὐκοῦν, ἔφη ὁ Κῦρος, ὁπότ' αὖ ἔγνως τὴν σεαυτοῦ δύναμιν, ἐλθὼν ἐπὶ τὸν τῆς Ἀρτέμιδος βωμὸν, μεταμέλειν τέ σοι ἔφησθα, καὶ

πείσας ἐμὲ, πιστὰ πάλιν ἔδωκάς μοι, καὶ ἔλαβες παρ' ἐμοῦ; Καὶ ταῦθ' ὡμολόγει ὁ Ὀρόντης. 8. Τί οὖν, ἔφη ὁ Κῦρος, ἀδικηθεὶς ὑπ' ἐμοῦ, νῦν τὸ τρίτον ἐπιβουλεύων μοι φανερὸς γέγονας; Εἰπόντος δὲ τοῦ Ὀρόντου, ὅτι οὐδὲν ἀδικηθεὶς, ἠρώτησεν ὁ Κῦρος αὐτόν· Ὁμολογεῖς οὖν, περὶ ἐμὲ ἄδικος γεγενῆσθαι; Ἡ γὰρ ἀνάγκη, ἔφη ὁ Ὀρόντης. Ἐκ τούτου πάλιν ἠρώτησεν ὁ Κῦρος· Ἔτι οὖν ἂν γένοιο τῷ ἐμῷ ἀδελφῷ πολέμιος, ἐμοὶ δὲ φίλος καὶ πιστός; Ὁ δὲ ἀπεκρίνατο, ὅτι οὐδ', εἰ γενοίμην, ὦ Κῦρε, σοί γ' ἄν ποτε ἔτι δόξαιμι.

9. Πρὸς ταῦτα Κῦρος εἶπε τοῖς παροῦσιν· Ὁ μὲν ἀνὴρ τοιαῦτα μὲν πεποίηκε, τοιαῦτα δὲ λέγει· ὑμῶν δὲ σὺ πρῶτος, ὦ Κλέαρχε, ἀπόφηναι γνώμην, ὅ τι σοι δοκεῖ. Κλέαρχος δὲ εἶπε τάδε· Συμβουλεύω ἐγὼ, τὸν ἄνδρα τοῦτον ἐκποδὼν ποιεῖσθαι ὡς τάχιστα· ὡς μηκέτι δέῃ τοῦτον φυλάττεσθαι, ἀλλὰ σχολὴ ᾖ ἡμῖν, τὸ κατὰ τοῦτον εἶναι, τοὺς ἐθελοντὰς φίλους τούτους εὖ ποιεῖν. 10. Ταύτῃ δὲ τῇ γνώμῃ ἔφη καὶ τοὺς ἄλλους προσθέσθαι. Μετὰ ταῦτα, κελεύοντος Κύρου, ἔλαβον τῆς ζώνης τὸν Ὀρόντην ἐπὶ θανάτῳ, ἅπαντες ἀναστάντες, καὶ οἱ συγγενεῖς· εἶτα δὲ ἐξῆγον αὐτὸν, οἷς προσετάχθη. Ἐπεὶ δὲ εἶδον αὐτὸν, οἵπερ πρόσθεν προσεκύνουν, καὶ τότε προσεκύνησαν, καίπερ εἰδότες, ὅτι ἐπὶ θανάτῳ ἄγοιτο. 11. Ἐπεὶ δὲ εἰς τὴν Ἀρταπάτου σκηνὴν εἰσηνέχθη, τοῦ πιστοτάτου τῶν Κύρου σκηπτούχων, μετὰ ταῦτα οὔτε ζῶντα Ὀρόντην οὔτε τεθνηκότα οὐδεὶς εἶδε πώποτε, οὐδ' ὅπως ἀπέθανεν οὐδεὶς εἰδὼς ἔλεγεν· εἴκαζον δὲ ἄλλοι ἄλλως· τάφος δὲ οὐδεὶς πώποτε αὐτοῦ ἐφάνη.

CAP. VII.

1. Ἐντεῦθεν ἐξελαύνει διὰ τῆς Βαβυλωνίας σταθμοὺς τρεῖς, παρασάγγας δώδεκα. Ἐν δὲ τῷ τρίτῳ σταθμῷ Κῦρος ἐξέτασιν ποιεῖται τῶν Ἑλλήνων καὶ τῶν βαρβάρων ἐν τῷ πεδίῳ περὶ μέσας νύκτας (ἐδόκει γὰρ, εἰς τὴν ἐπιοῦσαν ἕω ἥξειν βασιλέα σὺν τῷ στρατεύματι μαχούμενον)· καὶ ἐκέλευε Κλέαρχον μὲν τοῦ δεξιοῦ κέρως ἡγεῖσθαι, Μένωνα δὲ τὸν Θετταλὸν τοῦ εὐωνύμου· αὐτὸς δὲ τοὺς ἑαυτοῦ διέταξε. 2. Μετὰ δὲ τὴν ἐξέτασιν, ἅμα τῇ ἐπιούσῃ ἡμέρᾳ ἥκοντες αὐτόμολοι παρὰ μεγάλου βασιλέως ἀπήγγελλον Κύρῳ περὶ τῆς βασιλέως στρατιᾶς. Κῦρος δὲ, συγκαλέσας τοὺς στρατηγοὺς καὶ λοχαγοὺς τῶν Ἑλλήνων, συνεβουλεύετό τε, πῶς ἂν τὴν μάχην ποιοῖτο, καὶ αὐτὸς παρῄνει θαῤῥύνων τοιάδε·

3. Ὦ ἄνδρες Ἕλληνες, οὐκ ἀνθρώπων ἀπορῶν βαρβάρων συμμάχους ὑμᾶς ἄγω, ἀλλὰ νομίζων, ἀμείνονας καὶ κρείττους πολλῶν βαρβάρων ὑμᾶς εἶναι, διὰ τοῦτο προσέλαβον. Ὅπως οὖν ἔσεσθε ἄνδρες ἄξιοι τῆς ἐλευθερίας, ἧς κέκτησθε, καὶ ὑπὲρ ἧς ὑμᾶς ἐγὼ εὐδαιμονίζω. Εὖ γὰρ ἴστε, ὅτι τὴν ἐλευθερίαν ἑλοίμην ἂν, ἀντὶ ὧν ἔχω πάντων καὶ ἄλλων πολλαπλασίων. 4. Ὅπως δὲ καὶ εἰδῆτε, εἰς οἷον ἔρχεσθε ἀγῶνα, ἐγὼ ὑμᾶς εἰδὼς διδάξω. Τὸ μὲν γὰρ πλῆθος πολὺ, καὶ κραυγῇ πολλῇ ἐπίασιν· ἂν δὲ ταῦτα ἀνάσχησθε, τὰ ἄλλα καὶ αἰσχύνεσθαί μοι δοκῶ οἵους ἡμῖν γνώσεσθε τοὺς ἐν τῇ χώρᾳ ὄντας ἀνθρώπους. Ὑμῶν δὲ ἀνδρῶν ὄντων, καὶ εὐτόλμων γενομένων, ἐγὼ ὑμῶν τὸν μὲν οἴκαδε βουλόμενον ἀπιέναι τοῖς οἴκοι ζηλωτὸν ποιήσω

ἀπελθεῖν· πολλοὺς δὲ οἶμαι ποιήσειν τὰ παρ' ἐμοὶ ἑλέσθαι ἀντὶ τῶν οἴκοι.

5. Ἐνταῦθα Γαυλίτης παρὼν, φυγὰς Σάμιος, πιστὸς δὲ Κύρῳ, εἶπε· Καὶ μὴν, ὦ Κῦρε, λέγουσί τινες, ὅτι πολλὰ ὑπισχνῇ νῦν, διὰ τὸ ἐν τοιούτῳ εἶναι τοῦ κινδύνου προσιόντος· ἂν δὲ εὖ γένηταί τι, οὐ μεμνῆσθαί σέ φασιν· ἔνιοι δὲ, οὐδ', εἰ μεμνῷό τε καὶ βούλοιο, δύνασθαι ἂν ἀποδοῦναι, ὅσα ὑπισχνῇ.

6. Ἀκούσας ταῦτα ἔλεξεν ὁ Κῦρος· Ἀλλ' ἔστι μὲν ἡμῖν, ὦ ἄνδρες, ἡ ἀρχὴ ἡ πατρῴα, πρὸς μὲν μεσημβρίαν, μέχρι οὗ διὰ καῦμα οὐ δύνανται οἰκεῖν ἄνθρωποι· πρὸς δὲ ἄρκτον, μέχρι οὗ διὰ χειμῶνα· τὰ δ' ἐν μέσῳ τούτων πάντα σατραπεύουσιν οἱ τοῦ ἐμοῦ ἀδελφοῦ φίλοι. 7. Ἢν δ' ἡμεῖς νικήσωμεν, ἡμᾶς δεῖ τοὺς ἡμετέρους φίλους τούτων ἐγκρατεῖς ποιῆσαι. Ὥστε οὐ τοῦτο δέδοικα, μὴ οὐκ ἔχω ὅ τι δῶ ἑκάστῳ τῶν φίλων, ἂν εὖ γένηται, ἀλλὰ μὴ οὐκ ἔχω ἱκανοὺς, οἷς δῶ. Ὑμῶν δὲ τῶν Ἑλλήνων καὶ στέφανον ἑκάστῳ χρυσοῦν δώσω.

8. Οἱ δὲ ταῦτα ἀκούσαντες, αὐτοί τε ἦσαν πολὺ προθυμότεροι, καὶ τοῖς ἄλλοις ἐξήγγελλον. Εἰσῄεσαν δὲ παρ' αὐτὸν οἵ τε στρατηγοὶ καὶ τῶν ἄλλων Ἑλλήνων τινὲς, ἀξιοῦντες εἰδέναι, τί σφισιν ἔσται, ἐὰν κρατήσωσιν. Ὁ δὲ ἐμπιπλὰς ἁπάντων τὴν γνώμην ἀπέπεμπε. 9. Παρεκελεύοντο δὲ αὐτῷ πάντες, ὅσοιπερ διελέγοντο, μὴ μάχεσθαι, ἀλλ' ὄπισθεν ἑαυτῶν τάττεσθαι. Ἐν δὲ τῷ καιρῷ τούτῳ Κλέαρχος ὧδέ πως ἤρετο τὸν Κῦρον· Οἴει γάρ σοι μαχεῖσθαι, ὦ Κῦρε, τὸν ἀδελφόν; Νὴ Δί', ἔφη ὁ Κῦρος, εἴπερ γε Δαρείου καὶ Παρυσάτιδός ἐστι παῖς, ἐμὸς δὲ ἀδελφὸς, οὐκ ἀμαχεὶ ταῦτ' ἐγὼ λήψομαι.

10. Ἐνταῦθα δὴ ἐν τῇ ἐξοπλισίᾳ ἀριθμὸς ἐγένετο, τῶν μὲν Ἑλλήνων ἀσπὶς μυρία καὶ τετρακοσία, πελτασταὶ δὲ δισχίλιοι καὶ πεντακόσιοι· τῶν δὲ μετὰ Κύρου βαρβάρων δέκα μυριάδες, καὶ ἅρματα δρεπανηφόρα ἀμφὶ τὰ εἴκοσι. 11. Τῶν δὲ πολεμίων ἐλέγοντο εἶναι ἑκατὸν καὶ εἴκοσι μυριάδες, καὶ ἅρματα δρεπανηφόρα διακόσια. Ἄλλοι δὲ ἦσαν ἑξακισχίλιοι ἱππεῖς, ὧν Ἀρταγέρσης ἦρχεν· οὗτοι δ' αὖ πρὸ αὐτοῦ βασιλέως τεταγμένοι ἦσαν. 12. Τοῦ δὲ βασιλέως στρατεύματος ἦσαν ἄρχοντες καὶ στρατηγοὶ καὶ ἡγεμόνες τέτταρες, τριάκοντα μυριάδων ἕκαστος, Ἀβροκόμας, Τισσαφέρνης, Γωβρύας, Ἀρβάκης. Τούτων δὲ παρεγένοντο ἐν τῇ μάχῃ ἐνενήκοντα μυριάδες, καὶ ἅρματα δρεπανηφόρα ἑκατὸν καὶ πεντήκοντα· Ἀβροκόμας δὲ ὑστέρησε τῆς μάχης ἡμέρας πέντε, ἐκ Φοινίκης ἐλαύνων. 13. Ταῦτα δὲ ἤγγελλον πρὸς Κῦρον οἱ αὐτομολήσαντες ἐκ τῶν πολεμίων παρὰ μεγάλου βασιλέως πρὸ τῆς μάχης· καὶ μετὰ τὴν μάχην, οἳ ὕστερον ἐλήφθησαν τῶν πολεμίων, ταὐτὰ ἤγγελλον.

14. Ἐντεῦθεν δὲ Κῦρος ἐξελαύνει σταθμὸν ἕνα, παρασάγγας τρεῖς, συντεταγμένῳ τῷ στρατεύματι παντὶ, καὶ τῷ Ἑλληνικῷ καὶ τῷ βαρβαρικῷ· ᾤετο γὰρ, ταύτῃ τῇ ἡμέρᾳ μαχεῖσθαι βασιλέα· κατὰ γὰρ μέσον τὸν σταθμὸν τοῦτον τάφρος ἦν ὀρυκτὴ βαθεῖα, τὸ μὲν εὖρος ὀργυιαὶ πέντε, τὸ δὲ βάθος ὀργυιαὶ τρεῖς. 15. Παρετέτατο δὲ ἡ τάφρος ἄνω διὰ τοῦ πεδίου ἐπὶ δώδεκα παρασάγγας μέχρι τοῦ Μηδίας τείχους. Ἔνθα δή εἰσιν αἱ διώρυχες, ἀπὸ τοῦ Τίγρητος ποταμοῦ ῥέουσαι· εἰσὶ δὲ τέτταρες, τὸ μὲν εὖρος πλεθριαῖαι, βαθεῖαι δὲ ἰσχυρῶς, καὶ πλοῖα πλεῖ ἐν

αὐταῖς σιταγωγά· εἰσβάλλουσι δὲ εἰς τὸν Εὐφράτην, διαλείπουσι δ' ἑκάστη παρασάγγην, γέφυραι δ' ἔπεισιν. Ἦν δὲ παρὰ τὸν Εὐφράτην πάροδος στενὴ μεταξὺ τοῦ ποταμοῦ καὶ τῆς τάφρου, ὡς εἴκοσι ποδῶν τὸ εὖρος. 16. Ταύτην δὲ τὴν τάφρον βασιλεὺς μέγας ποιεῖ ἀντὶ ἐρύματος, ἐπειδὴ πυνθάνεται Κῦρον προσελαύνοντα. Ταύτην δὴ τὴν πάροδον Κῦρός τε καὶ ἡ στρατιὰ παρῆλθε, καὶ ἐγένοντο εἴσω τῆς τάφρου. 17. Ταύτῃ μὲν οὖν τῇ ἡμέρᾳ οὐκ ἐμαχέσατο βασιλεὺς, ἀλλ' ὑποχωρούντων φανερὰ ἦσαν καὶ ἵππων καὶ ἀνθρώπων ἴχνη πολλά.

18. Ἐνταῦθα Κῦρος, Σιλανὸν καλέσας, τὸν Ἀμβρακιώτην μάντιν, ἔδωκεν αὐτῷ δαρεικοὺς τρισχιλίους, ὅτι τῇ ἑνδεκάτῃ ἀπ' ἐκείνης τῆς ἡμέρας πρότερον θυόμενος, εἶπεν αὐτῷ, ὅτι βασιλεὺς οὐ μαχεῖται δέκα ἡμερῶν· Κῦρος δ' εἶπεν, Οὐκ ἄρα ἔτι μαχεῖται, εἰ ἐν ταύταις οὐ μαχεῖται ταῖς ἡμέραις· ἐὰν δ' ἀληθεύσῃς, ὑπισχνοῦμαί σοι δέκα τάλαντα. Τοῦτο τὸ χρυσίον τότε ἀπέδωκεν, ἐπεὶ παρῆλθον αἱ δέκα ἡμέραι. 19. Ἐπεὶ δ' ἐπὶ τῇ τάφρῳ οὐκ ἐκώλυε βασιλεὺς τὸ Κύρου στράτευμα διαβαίνειν, ἔδοξε καὶ Κύρῳ καὶ τοῖς ἄλλοις ἀπεγνωκέναι τοῦ μάχεσθαι· ὥστε τῇ ὑστεραίᾳ Κῦρος ἐπορεύετο ἠμελημένως μᾶλλον. 20. Τῇ δὲ τρίτῃ ἐπί τε τοῦ ἅρματος καθήμενος τὴν πορείαν ἐποιεῖτο, καὶ ὀλίγους ἐν τάξει ἔχων πρὸ αὐτοῦ· τὸ δὲ πολὺ αὐτῷ ἀνατεταραγμένον ἐπορεύετο, καὶ τῶν ὅπλων τοῖς στρατιώταις πολλὰ ἐπὶ ἁμαξῶν ἤγοντο καὶ ὑποζυγίων.

CAP. VIII.

1. *Καὶ ἤδη τε ἦν ἀμφὶ ἀγορὰν πλήθουσαν, καὶ πλησίον ἦν ὁ σταθμὸς ἔνθα ἔμελλε καταλύειν, ἡνίκα Πατηγύας, ἀνὴρ Πέρσης τῶν ἀμφὶ Κῦρον πιστῶν, προφαίνεται ἐλαύνων ἀνὰ κράτος ἱδροῦντι τῷ ἵππῳ· καὶ εὐθὺς πᾶσιν, οἷς ἐνετύγχανεν, ἐβόα καὶ βαρβαρικῶς καὶ Ἑλληνικῶς, ὅτι βασιλεὺς σὺν στρατεύματι πολλῷ προσέρχεται, ὡς εἰς μάχην παρεσκευασμένος.* 2. *Ἔνθα δὴ πολὺς τάραχος ἐγένετο· αὐτίκα γὰρ ἐδόκουν οἱ Ἕλληνες καὶ πάντες δέ, ἀτάκτοις σφίσιν ἐπιπεσεῖσθαι.* 3. *Κῦρός τε καταπηδήσας ἀπὸ τοῦ ἅρματος, τὸν θώρακα ἐνέδυ, καὶ ἀναβὰς ἐπὶ τὸν ἵππον, τὰ παλτὰ εἰς τὰς χεῖρας ἔλαβε, τοῖς τε ἄλλοις πᾶσι παρήγγελλεν ἐξοπλίζεσθαι, καὶ καθίστασθαι εἰς τὴν ἑαυτοῦ τάξιν ἕκαστον.*

4. *Ἔνθα δὴ σὺν πολλῇ σπουδῇ καθίσταντο, Κλέαρχος μὲν τὰ δεξιὰ τοῦ κέρατος ἔχων, πρὸς τῷ Εὐφράτῃ ποταμῷ, Πρόξενος δὲ ἐχόμενος, οἱ δ' ἄλλοι μετὰ τοῦτον· Μένων δὲ [καὶ τὸ στράτευμα] τὸ εὐώνυμον κέρας ἔσχε τοῦ Ἑλληνικοῦ.* 5. *Τοῦ δὲ βαρβαρικοῦ ἱππεῖς μὲν Παφλαγόνες εἰς χιλίους παρὰ Κλέαρχον ἔστησαν ἐν τῷ δεξιῷ, καὶ τὸ Ἑλληνικὸν πελταστικόν· ἐν δὲ τῷ εὐωνύμῳ Ἀριαῖός τε ὁ Κύρου ὕπαρχος καὶ τὸ ἄλλο βαρβαρικόν.* 6. *Κῦρός τε καὶ οἱ ἱππεῖς τούτου ὅσον ἑξακόσιοι, ὡπλισμένοι θώραξι μὲν αὐτοὶ καὶ παραμηριδίοις καὶ κράνεσι, πάντες πλὴν Κύρου. Κῦρος δέ, ψιλὴν ἔχων τὴν κεφαλήν, εἰς τὴν μάχην καθίστατο. [Λέγεται δὲ καὶ τοὺς ἄλλους Πέρσας ψιλαῖς ταῖς κεφαλαῖς ἐν τῷ πολέμῳ διακινδυνεύειν.]* 7. *Οἱ*

δ' ἵπποι πάντες οἱ μετὰ Κύρου εἶχον καὶ προμετωπίδια καὶ προστερνίδια· εἶχον δὲ καὶ μαχαίρας οἱ ἱππεῖς Ἑλληνικάς.

8. Καὶ ἤδη τε ἦν μέσον ἡμέρας, καὶ οὔπω καταφανεῖς ἦσαν οἱ πολέμιοι· ἡνίκα δὲ δείλη ἐγίγνετο, ἐφάνη κονιορτὸς, ὥσπερ νεφέλη λευκή, χρόνῳ δὲ συχνῷ ὕστερον ὥσπερ μελανία τις ἐν τῷ πεδίῳ ἐπὶ πολύ. Ὅτε δὲ ἐγγύτερον ἐγίγνοντο, τάχα δὴ καὶ χαλκός τις ἤστραπτε, καὶ αἱ λόγχαι καὶ αἱ τάξεις καταφανεῖς ἐγίγνοντο. 9. Καὶ ἦσαν ἱππεῖς μὲν λευκοθώρακες ἐπὶ τοῦ εὐωνύμου τῶν πολεμίων (Τισσαφέρνης ἐλέγετο τούτων ἄρχειν)· ἐχόμενοι δὲ τούτων γεῤῥοφόροι· ἐχόμενοι δὲ ὁπλῖται σὺν ποδήρεσι ξυλίναις ἀσπίσιν (Αἰγύπτιοι δ' οὗτοι ἐλέγοντο εἶναι)· ἄλλοι δ' ἱππεῖς, ἄλλοι τοξόται. Πάντες δὲ οὗτοι κατὰ ἔθνη, ἐν πλαισίῳ πλήρει ἀνθρώπων ἕκαστον τὸ ἔθνος ἐπορεύετο. 10. Πρὸ δὲ αὐτῶν ἅρματα διαλείποντα συχνὸν ἀπ' ἀλλήλων, τὰ δὴ δρεπανηφόρα καλούμενα· εἶχον δὲ τὰ δρέπανα ἐκ τῶν ἀξόνων εἰς πλάγιον ἀποτεταμένα, καὶ ὑπὸ τοῖς δίφροις εἰς γῆν βλέποντα, ὡς διακόπτειν, ὅτῳ ἐντυγχάνοιεν. Ἡ δὲ γνώμη ἦν, ὡς εἰς τὰς τάξεις τῶν Ἑλλήνων ἐλῶντα καὶ διακόψοντα. 11. Ὃ μέντοι Κῦρος εἶπεν, ὅτε καλέσας παρεκελεύετο τοῖς Ἕλλησι τὴν κραυγὴν τῶν βαρβάρων ἀνέχεσθαι, ἐψεύσθη τοῦτο· οὐ γὰρ κραυγῇ, ἀλλὰ σιγῇ ὡς ἀνυστὸν καὶ ἡσυχῇ ἐν ἴσῳ καὶ βραδέως προσῄεσαν.

12. Καὶ ἐν τούτῳ Κῦρος, παρελαύνων αὐτὸς σὺν Πίγρητι τῷ ἑρμηνεῖ καὶ ἄλλοις τρισὶν ἢ τέτταρσι, τῷ Κλεάρχῳ ἐβόα, ἄγειν τὸ στράτευμα κατὰ μέσον τὸ τῶν

πολεμίων, ὅτι ἐκεῖ βασιλεὺς εἴη· κἂν τοῦτ', ἔφη, νικῶμεν, πάνθ' ἡμῖν πεποίηται. 13. Ὁρῶν δὲ ὁ Κλέαρχος τὸ μέσον στῖφος, καὶ ἀκούων Κύρου ἔξω ὄντα τοῦ Ἑλληνικοῦ εὐωνύμου βασιλέα (τοσοῦτον γὰρ πλήθει περιῆν βασιλεύς, ὥστε μέσον τὸ ἑαυτοῦ ἔχων, τοῦ Κύρου εὐωνύμου ἔξω ἦν), ἀλλ' ὅμως ὁ Κλέαρχος οὐκ ἤθελεν ἀποσπάσαι ἀπὸ τοῦ ποταμοῦ τὸ δεξιὸν κέρας, φοβούμενος μὴ κυκλωθείη ἑκατέρωθεν· τῷ δὲ Κύρῳ ἀπεκρίνατο, ὅτι αὐτῷ μέλοι, ὅπως καλῶς ἔχοι.

14. Καὶ ἐν τούτῳ τῷ καιρῷ, τὸ μὲν βαρβαρικὸν στράτευμα ὁμαλῶς προῄει, τὸ δὲ Ἑλληνικόν, ἔτι ἐν τῷ αὐτῷ μένον, συνετάττετο ἐκ τῶν ἔτι προσιόντων. Καὶ ὁ Κῦρος, παρελαύνων οὐ πάνυ πρὸς αὐτῷ τῷ στρατεύματι, κατεθεᾶτο ἑκατέρωσε, ἀποβλέπων εἴς τε τοὺς πολεμίους καὶ τοὺς φίλους. 15. Ἰδὼν δὲ αὐτὸν ἀπὸ τοῦ Ἑλληνικοῦ Ξενοφῶν Ἀθηναῖος, ὑπελάσας ὡς συναντῆσαι, ἤρετο, εἴ τι παραγγέλλοι· ὁ δ' ἐπιστήσας εἶπε, καὶ λέγειν ἐκέλευε πᾶσιν, ὅτι καὶ τὰ ἱερὰ καλὰ καὶ τὰ σφάγια καλά. 16. Ταῦτα δὲ λέγων, θορύβου ἤκουσε διὰ τῶν τάξεων ἰόντος, καὶ ἤρετο, τίς ὁ θόρυβος εἴη. Ὁ δὲ [Ξενοφῶν] εἶπεν, ὅτι τὸ σύνθημα παρέρχεται δεύτερον ἤδη. Καὶ ὃς ἐθαύμασε, τίς παραγγέλλει, καὶ ἤρετο, ὅ τι εἴη τὸ σύνθημα. Ὁ δ' ἀπεκρίνατο, ὅτι ΖΕΥΣ ΣΩΤΗΡ ΚΑΙ ΝΙΚΗ. 17. Ὁ δὲ Κῦρος ἀκούσας, Ἀλλὰ δέχομαί τε, ἔφη, καὶ τοῦτο ἔστω.

Ταῦτα δ' εἰπών, εἰς τὴν ἑαυτοῦ χώραν ἀπήλαυνε· καὶ οὐκέτι τρία ἢ τέτταρα στάδια διειχέτην τὼ φάλαγγε ἀπ' ἀλλήλων, ἡνίκα ἐπαιάνιζόν τε οἱ Ἕλληνες, καὶ ἤρχοντο ἀντίοι ἰέναι τοῖς πολεμίοις. 18. Ὡς δὲ πορευομένων ἐξεκύμαινέ τι τῆς φάλαγγος, τὸ ἐπιλειπόμενον ἤρξατο δρόμῳ θεῖν· καὶ ἅμα ἐφθέγξαντο πάντες, οἷόνπερ τῷ Ἐνυαλίῳ ἐλελίζουσι, καὶ πάντες δὲ ἔθεον. Λέγουσι δέ τινες, ὡς καὶ ταῖς ἀσπίσι πρὸς τὰ δόρατα ἐδούπησαν, φόβον ποιοῦντες τοῖς ἵπποις. 19. Πρὶν δὲ τόξευμα ἐξικνεῖσθαι, ἐκκλίνουσιν οἱ βάρβαροι καὶ φεύγουσι. Καὶ ἐνταῦθα δὴ ἐδίωκον μὲν κατὰ κράτος οἱ Ἕλληνες, ἐβόων δὲ ἀλλήλοις, μὴ θεῖν δρόμῳ, ἀλλ' ἐν τάξει ἕπεσθαι. 20. Τὰ δ' ἅρματα ἐφέροντο, τὰ μὲν δι' αὐτῶν τῶν πολεμίων, τὰ δὲ καὶ διὰ τῶν Ἑλλήνων, κενὰ ἡνιόχων. Οἱ δ' ἐπεὶ προΐδοιεν, διΐσταντο· ἔστι δ' ὅστις καὶ κατελήφθη, ὥσπερ ἐν ἱπποδρόμῳ, ἐκπλαγείς· καὶ οὐδὲν μέντοι οὐδὲ τοῦτον παθεῖν ἔφασαν· οὐδ' ἄλλος δὲ τῶν Ἑλλήνων ἐν ταύτῃ τῇ μάχῃ ἔπαθεν οὐδεὶς οὐδὲν, πλὴν ἐπὶ τῷ εὐωνύμῳ τοξευθῆναί τις ἐλέγετο.

21. Κῦρος δ' ὁρῶν τοὺς Ἕλληνας νικῶντας τὸ καθ' αὐτοὺς καὶ διώκοντας, ἡδόμενος καὶ προσκυνούμενος ἤδη ὡς βασιλεὺς ὑπὸ τῶν ἀμφ' αὐτὸν, οὐδ' ὣς ἐξήχθη διώκειν· ἀλλὰ συνεσπειραμένην ἔχων τὴν τῶν σὺν ἑαυτῷ ἑξακοσίων ἱππέων τάξιν, ἐπεμελεῖτο, ὅ τι ποιήσει βασιλεύς. Καὶ γὰρ ᾔδει αὐτὸν, ὅτι μέσον ἔχοι τοῦ Περσικοῦ στρατεύματος. 22. Καὶ πάντες δ' οἱ τῶν βαρβάρων ἄρχοντες μέσον ἔχοντες τὸ αὐτῶν ἡγοῦνται, νομίζοντες, οὕτω καὶ ἐν ἀσφαλεστάτῳ εἶναι, ἢν ἡ ἰσχὺς αὐτῶν ἑκατέρωθεν ᾖ, καὶ, εἴ τι παραγγεῖλαι χρῄζοιεν, ἡμίσει ἂν χρόνῳ αἰσθάνεσθαι τὸ στράτευμα. 23. Καὶ βασιλεὺς δὴ τότε, μέσον ἔχων τῆς αὐτοῦ στρατιᾶς, ὅμως ἔξω ἐγένετο τοῦ Κύρου εὐωνύμου κέρατος. Ἐπεὶ δὲ οὐδεὶς αὐτῷ ἐμάχετο ἐκ τοῦ ἀντίου, οὐδὲ τοῖς αὐτοῦ τεταγμένοις ἔμπροσθεν, ἐπέκαμπτεν, ὡς εἰς

κύκλωσιν. 24. Ἔνθα δὴ Κῦρος, δείσας, μὴ ὄπισθεν γενόμενος κατακόψῃ τὸ Ἑλληνικὸν, ἐλαύνει ἀντίος· καὶ ἐμβαλὼν σὺν τοῖς ἑξακοσίοις, νικᾷ τοὺς πρὸ βασιλέως τεταγμένους, καὶ εἰς φυγὴν ἔτρεψε τοὺς ἑξακισχιλίους· καὶ ἀποκτεῖναι λέγεται αὐτὸς τῇ ἑαυτοῦ χειρὶ Ἀρταγέρσην, τὸν ἄρχοντα αὐτῶν.

25. Ὡς δ' ἡ τροπὴ ἐγένετο, διασπείρονται καὶ οἱ Κύρου ἑξακόσιοι, εἰς τὸ διώκειν ὁρμήσαντες· πλὴν πάνυ ὀλίγοι ἀμφ' αὐτὸν κατελείφθησαν, σχεδὸν οἱ ὁμοτράπεζοι καλούμενοι. 26. Σὺν τούτοις δὲ ὢν, καθορᾷ βασιλέα καὶ τὸ ἀμφ' ἐκεῖνον στῖφος· καὶ εὐθὺς οὐκ ἠνέσχετο, ἀλλ' εἰπὼν, Τὸν ἄνδρα ὁρῶ, ἵετο ἐπ' αὐτόν· καὶ παίει κατὰ τὸ στέρνον, καὶ τιτρώσκει διὰ τοῦ θώρακος, ὥς φησι Κτησίας ὁ ἰατρὸς, καὶ ἰᾶσθαι αὐτὸς τὸ τραῦμά φησι. 27. Παίοντα δ' αὐτὸν ἀκοντίζει τις παλτῷ ὑπὸ τὸν ὀφθαλμὸν βιαίως· καὶ ἐνταῦθα μαχόμενοι καὶ βασιλεὺς καὶ Κῦρος καὶ οἱ ἀμφ' αὐτοὺς ὑπὲρ ἑκατέρου, ὁπόσοι μὲν τῶν ἀμφὶ βασιλέα ἀπέθνησκον, Κτησίας λέγει (παρ' ἐκείνῳ γὰρ ἦν). Κῦρος δὲ αὐτός τε ἀπέθανε, καὶ ὀκτὼ οἱ ἄριστοι τῶν περὶ αὐτὸν ἔκειντο ἐπ' αὐτῷ. 28. Ἀρταπάτης δ', ὁ πιστότατος αὐτῷ τῶν σκηπτούχων θεράπων, λέγεται, ἐπειδὴ πεπτωκότα εἶδε Κῦρον, καταπηδήσας ἀπὸ τοῦ ἵππου περιπεσεῖν αὐτῷ. 29. Καὶ οἱ μέν φασι, βασιλέα κελεῦσαί τινα ἐπισφάξαι αὐτὸν Κύρῳ· οἱ δὲ, ἑαυτὸν ἐπισφάξασθαι, σπασάμενον τὸν ἀκινάκην· εἶχε γὰρ χρυσοῦν, καὶ στρεπτὸν δὲ ἐφόρει καὶ ψέλλια καὶ τἆλλα, ὥσπερ οἱ ἄριστοι Περσῶν· ἐτετίμητο γὰρ ὑπὸ Κύρου δι' εὔνοιάν τε καὶ πιστότητα.

CAP. IX.

1. Κῦρος μὲν οὖν οὕτως ἐτελεύτησεν, ἀνὴρ ὢν Περσῶν τῶν μετὰ Κῦρον τὸν ἀρχαῖον γενομένων βασιλικώτατός τε καὶ ἄρχειν ἀξιώτατος, ὡς παρὰ πάντων ὁμολογεῖται τῶν Κύρου δοκούντων ἐν πείρᾳ γενέσθαι. 2. Πρῶτον μὲν γὰρ ἔτι παῖς ὤν, ὅτε ἐπαιδεύετο καὶ σὺν τῷ ἀδελφῷ καὶ σὺν τοῖς ἄλλοις παισὶ, πάντων πάντα κράτιστος ἐνομίζετο. 3. Πάντες γὰρ οἱ τῶν ἀρίστων Περσῶν παῖδες ἐπὶ ταῖς βασιλέως θύραις παιδεύονται· ἔνθα πολλὴν μὲν σωφροσύνην καταμάθοι ἄν τις, αἰσχρὸν δ' οὐδὲν οὔτ' ἀκοῦσαι οὔτ' ἰδεῖν ἔστι. 4. Θεῶνται δ' οἱ παῖδες καὶ τοὺς τιμωμένους ὑπὸ βασιλέως καὶ ἀκούουσι, καὶ ἄλλους ἀτιμαζομένους· ὥστε εὐθὺς παῖδες ὄντες μανθάνουσιν ἄρχειν τε καὶ ἄρχεσθαι.

5. Ἔνθα Κῦρος αἰδημονέστατος μὲν πρῶτον τῶν ἡλικιωτῶν ἐδόκει εἶναι, τοῖς τε πρεσβυτέροις καὶ τῶν ἑαυτοῦ ὑποδεεστέρων μᾶλλον πείθεσθαι· ἔπειτα δὲ φιλιππότατος, καὶ τοῖς ἵπποις ἄριστα χρῆσθαι. Ἔκρινον δ' αὐτὸν καὶ τῶν εἰς τὸν πόλεμον ἔργων, τοξικῆς τε καὶ ἀκοντίσεως, φιλομαθέστατον εἶναι καὶ μελετηρότατον. 6. Ἐπεὶ δὲ τῇ ἡλικίᾳ ἔπρεπε, καὶ φιλοθηρότατος ἦν, καὶ πρὸς τὰ θηρία μέντοι φιλοκινδυνότατος. Καὶ ἄρκτον ποτὲ ἐπιφερομένην οὐκ ἔτρεσεν, ἀλλὰ συμπεσὼν κατεσπάσθη ἀπὸ τοῦ ἵππου· καὶ τὰ μὲν ἔπαθεν, ὧν καὶ τὰς ὠτειλὰς φανερὰς εἶχε, τέλος δὲ κατέκανε· καὶ τὸν πρῶτον μέντοι βοηθήσαντα πολλοῖς μακαριστὸν ἐποίησεν.

7. Ἐπεὶ δὲ κατεπέμφθη ὑπὸ τοῦ πατρὸς σατράπης

Λυδίας τε καὶ Φρυγίας τῆς μεγάλης καὶ Καππαδοκίας, στρατηγὸς δὲ καὶ πάντων ἀπεδείχθη, οἷς καθήκει εἰς Καστωλοῦ πεδίον ἀθροίζεσθαι, πρῶτον μὲν ἐπέδειξεν αὑτὸν, ὅτι περὶ πλείστου ποιοῖτο, εἴ τῳ σπείσοιτο, καὶ εἴ τῳ συνθοῖτο, καὶ εἴ τῳ ὑπόσχοιτό τι, μηδὲν ψεύδεσθαι. 8. Καὶ γὰρ οὖν ἐπίστευον μὲν αὐτῷ αἱ πόλεις ἐπιτρεπόμεναι, ἐπίστευον δ' οἱ ἄνδρες· καὶ εἴ τις πολέμιος ἐγένετο, σπεισαμένου Κύρου, ἐπίστευε μηδὲν ἂν παρὰ τὰς σπονδὰς παθεῖν. 9. Τοιγαροῦν ἐπεὶ Τισσαφέρνει ἐπολέμησε, πᾶσαι αἱ πόλεις ἑκοῦσαι Κῦρον εἵλοντο ἀντὶ Τισσαφέρνους, πλὴν Μιλησίων· οὗτοι δὲ, ὅτι οὐκ ἤθελε τοὺς φεύγοντας προέσθαι, ἐφοβοῦντο αὐτόν. 10. Καὶ γὰρ ἔργῳ ἐπεδείκνυτο καὶ ἔλεγεν, ὅτι οὐκ ἄν ποτε προοῖτο, ἐπεὶ ἅπαξ φίλος αὐτοῖς ἐγένετο, οὐδ' εἰ ἔτι μὲν μείους γένοιντο, ἔτι δὲ κάκιον πράξειαν. 11. Φανερὸς δ' ἦν, καὶ εἴ τίς τι ἀγαθὸν ἢ κακὸν ποιήσειεν αὐτὸν, νικᾶν πειρώμενος· καὶ εὐχὴν δέ τινες αὐτοῦ ἐξέφερον, ὡς εὔχοιτο, τοσοῦτον χρόνον ζῆν, ἔστε νικῴη καὶ τοὺς εὖ καὶ τοὺς κακῶς ποιοῦντας ἀλεξόμενος. 12. Καὶ γὰρ οὖν πλεῖστοι δὴ αὐτῷ, ἑνί γε ἀνδρὶ τῶν ἐφ' ἡμῶν, ἐπεθύμησαν καὶ χρήματα καὶ πόλεις καὶ τὰ ἑαυτῶν σώματα προέσθαι.

13. Οὐ μὲν δὴ οὐδὲ τοῦτ' ἄν τις εἴποι, ὡς τοὺς κακούργους καὶ ἀδίκους εἴα καταγελᾶν, ἀλλ' ἀφειδέστατα πάντων ἐτιμωρεῖτο (πολλάκις δ' ἦν ἰδεῖν, παρὰ τὰς στιβομένας ὁδοὺς, καὶ ποδῶν καὶ χειρῶν καὶ ὀφθαλμῶν στερομένους ἀνθρώπους)· ὥστ' ἐν τῇ Κύρου ἀρχῇ ἐγένετο καὶ Ἕλληνι καὶ βαρβάρῳ, μηδὲν ἀδικοῦντι, ἀδεῶς πορεύεσθαι ὅποι τις ἤθελεν, ἔχοντι ὅ τι προχωροίη. 14. Τούς γε μέντοι ἀγα-

θοὺς εἰς πόλεμον ὡμολόγητο διαφερόντως τιμᾶν. Καὶ πρῶτον μὲν ἦν αὐτῷ πόλεμος πρὸς Πεισίδας καὶ Μυσούς· στρατευόμενος οὖν καὶ αὐτὸς εἰς ταύτας τὰς χώρας, οὓς ἑώρα ἐθέλοντας κινδυνεύειν, τούτους καὶ ἄρχοντας ἐποίει ἧς κατεστρέφετο χώρας, ἔπειτα δὲ καὶ ἄλλῃ δώροις ἐτίμα· 15. ὥστε φαίνεσθαι τοὺς μὲν ἀγαθοὺς εὐδαιμονεστάτους, τοὺς δὲ κακοὺς δούλους τούτων ἀξιοῦν εἶναι. Τοιγαροῦν πολλὴ ἦν ἀφθονία τῶν θελόντων κινδυνεύειν, ὅπου τις οἴοιτο Κῦρον αἰσθήσεσθαι.

16. Εἴς γε μὴν δικαιοσύμην, εἴ τις αὐτῷ φανερὸς γένοιτο ἐπιδείκνυσθαι βουλόμενος, περὶ παντὸς ἐποιεῖτο τούτους πλουσιωτέρους ποιεῖν τῶν ἐκ τοῦ ἀδίκου φιλοκερδούντων. 17. Καὶ γὰρ οὖν ἄλλα τε πολλὰ δικαίως αὐτῷ διεχειρίζετο, καὶ στρατεύματι ἀληθινῷ ἐχρήσατο. Καὶ γὰρ στρατηγοὶ καὶ λοχαγοὶ οὐ χρημάτων ἕνεκα πρὸς ἐκεῖνον ἔπλευσαν, ἀλλ' ἐπεὶ ἔγνωσαν κερδαλεώτερον εἶναι, Κύρῳ καλῶς πειθαρχεῖν, ἢ τὸ κατὰ μῆνα κέρδος. 18. Ἀλλὰ μὴν εἴ τίς γέ τι αὐτῷ προστάξαντι καλῶς ὑπηρετήσειεν, οὐδενὶ πώποτε ἀχάριστον εἴασε τὴν προθυμίαν. Τοιγαροῦν κράτιστοι δὴ ὑπηρέται παντὸς ἔργου Κύρῳ ἐλέχθησαν γενέσθαι. 19. Εἰ δέ τινα ὁρῴη δεινὸν ὄντα οἰκονόμον ἐκ τοῦ δικαίου, καὶ κατασκευάζοντά τε ἧς ἄρχοι χώρας, καὶ προσόδους ποιοῦντα, οὐδένα ἂν πώποτε ἀφείλετο, ἀλλ' ἀεὶ πλείω προσεδίδου· ὥστε καὶ ἡδέως ἐπόνουν, καὶ θαῤῥαλέως ἐκτῶντο, καὶ ἃ ἐπέπατο αὖ τις, ἥκιστα Κῦρον ἔκρυπτεν· οὐ γὰρ φθονῶν τοῖς φανερῶς πλουτοῦσιν ἐφαίνετο, ἀλλὰ πειρώμενος χρῆσθαι τοῖς τῶν ἀποκρυπτομένων χρήμασι.

20. Φίλους γε μὴν ὅσους ποιήσαιτο, καὶ εὔνους γνοίη ὄντας, καὶ ἱκανοὺς κρίνειε συνεργοὺς εἶναι, ὅ τι τυγχάνοι βουλόμενος κατεργάζεσθαι, ὁμολογεῖται πρὸς πάντων κράτιστος δὴ γενέσθαι θεραπεύειν. 21. Καὶ γὰρ αὐτὸ τοῦτο, οὗπερ αὐτὸς ἕνεκα φίλων ᾤετο δεῖσθαι, ὡς συνεργοὺς ἔχοι, καὶ αὐτὸς ἐπειρᾶτο συνεργὸς τοῖς φίλοις κράτιστος εἶναι τούτου, ὅτου ἕκαστον αἰσθάνοιτο ἐπιθυμοῦντα.

22. Δῶρα δὲ πλεῖστα μὲν, οἶμαι, εἷς γε ὢν ἀνὴρ, ἐλάμβανε διὰ πολλά· ταῦτα δὲ πάντων δὴ μάλιστα τοῖς φίλοις διεδίδου, πρὸς τοὺς τρόπους ἑκάστου σκοπῶν, καὶ ὅτου μάλιστα ὁρῴη ἕκαστον δεόμενον. 23. Καὶ ὅσα τῷ σώματι αὐτοῦ κόσμον πέμποι τις, ἢ ὡς εἰς πόλεμον ἢ ὡς εἰς καλλωπισμὸν, καὶ περὶ τούτων λέγειν αὐτὸν ἔφασαν, ὅτι τὸ μὲν ἑαυτοῦ σῶμα οὐκ ἂν δύναιτο τούτοις πᾶσι κοσμηθῆναι, φίλους δὲ καλῶς κεκοσμημένους μέγιστον κόσμον ἀνδρὶ νομίζοι.

24. Καὶ τὸ μὲν τὰ μεγάλα νικᾶν τοὺς φίλους εὖ ποιοῦντα, οὐδὲν θαυμαστὸν, ἐπειδή γε καὶ δυνατώτερος ἦν· τὸ δὲ τῇ ἐπιμελείᾳ περιεῖναι τῶν φίλων, καὶ τῷ προθυμεῖσθαι χαρίζεσθαι, ταῦτα ἔμοιγε μᾶλλον δοκεῖ ἀγαστὰ εἶναι. 25. Κῦρος γὰρ ἔπεμπε βίκους οἴνου ἡμιδεεῖς πολλάκις, ὁπότε πάνυ ἡδὺν λάβοι, λέγων, ὅτι οὔπω δὴ πολλοῦ χρόνου τούτου ἡδίονι οἴνῳ ἐπιτύχοι· τοῦτον οὖν σοι ἔπεμψε, καὶ δεῖταί σου, τήμερον τοῦτον ἐκπιεῖν σὺν οἷς μάλιστα φιλεῖς. 26. Πολλάκις δὲ χῆνας ἡμιβρώτους ἔπεμπε, καὶ ἄρτων ἡμίσεα, καὶ ἄλλα τοιαῦτα, ἐπιλέγειν κελεύων τὸν φέροντα· Τούτοις ἥσθη Κῦρος· βούλεται οὖν καὶ σὲ τούτων γεύσασθαι. 27. Ὅπου δὲ χιλὸς σπάνιος πάνυ εἴη,

αὐτὸς δ' ἐδύνατο παρασκευάσασθαι διὰ τὸ πολλοὺς ἔχειν ὑπηρέτας καὶ διὰ τὴν ἐπιμέλειαν, διαπέμπων ἐκέλευε τοὺς φίλους τοῖς τὰ ἑαυτῶν σώματα ἄγουσιν ἵπποις ἐμβάλλειν τοῦτον τὸν χιλόν, ὡς μὴ πεινῶντες τοὺς ἑαυτοῦ φίλους ἄγωσιν. 28. Εἰ δὲ δή ποτε πορεύοιτο καὶ πλεῖστοι μέλλοιεν ὄψεσθαι, προσκαλῶν τοὺς φίλους ἐσπουδαιολογεῖτο, ὡς δηλοίη οὓς τιμᾷ. Ὥστε ἔγωγε, ἐξ ὧν ἀκούω, οὐδένα κρίνω ὑπὸ πλειόνων πεφιλῆσθαι οὔτε Ἑλλήνων οὔτε βαρβάρων.

29. Τεκμήριον δὲ τούτου καὶ τόδε· παρὰ μὲν Κύρου, δούλου ὄντος, οὐδεὶς ἀπῄει πρὸς βασιλέα, πλὴν Ὀρόντης ἐπεχείρησε· καὶ οὗτος δή, ὃν ᾤετο πιστόν οἱ εἶναι, ταχὺ αὐτὸν εὗρε Κύρῳ φιλαίτερον, ἢ ἑαυτῷ· παρὰ δὲ βασιλέως πολλοὶ πρὸς Κῦρον ἀπῆλθον, ἐπειδὴ πολέμιοι ἀλλήλοις ἐγένοντο, καὶ οὗτοι μέντοι οἱ μάλιστα ὑπ' αὐτοῦ ἀγαπώμενοι, νομίζοντες, παρὰ Κύρῳ ὄντες ἀγαθοὶ ἀξιωτέρας ἂν τιμῆς τυγχάνειν ἢ παρὰ βασιλεῖ. 30. Μέγα δὲ τεκμήριον καὶ τὸ ἐν τῇ τελευτῇ τοῦ βίου αὐτῷ γενόμενον, ὅτι καὶ αὐτὸς ἦν ἀγαθός, καὶ κρίνειν ὀρθῶς ἐδύνατο τοὺς πιστοὺς καὶ εὔνους καὶ βεβαίους. 31. Ἀποθνήσκοντος γὰρ αὐτοῦ, πάντες οἱ παρ' αὐτὸν φίλοι καὶ συντράπεζοι ἀπέθανον μαχόμενοι ὑπὲρ Κύρου, πλὴν Ἀριαίου· οὗτος δὲ τεταγμένος ἐτύγχανεν ἐπὶ τῷ εὐωνύμῳ, τοῦ ἱππικοῦ ἄρχων· ὡς δ' ᾔσθετο Κῦρον πεπτωκότα, ἔφυγεν, ἔχων καὶ τὸ στράτευμα πᾶν, οὗ ἡγεῖτο.

CAP. X.

1. Ἐνταῦθα δὴ Κύρου ἀποτέμνεται ἡ κεφαλὴ καὶ χεὶρ ἡ δεξιά. Βασιλεὺς δὲ καὶ οἱ σὺν αὐτῷ διώκων εἰσπίπτει εἰς τὸ Κυρεῖον στρατόπεδον· καὶ οἱ μὲν μετὰ Ἀριαίου οὐκέτι ἵστανται, ἀλλὰ φεύγουσι διὰ τοῦ αὐτῶν στρατοπέδου εἰς τὸν σταθμὸν ἔνθεν ὥρμηντο· τέτταρες δ' ἐλέγοντο παρασάγγαι εἶναι τῆς ὁδοῦ. 2. Βασιλεὺς δὲ καὶ οἱ σὺν αὐτῷ τά τε ἄλλα πολλὰ διαρπάζουσι, καὶ τὴν Φωκαΐδα, τὴν Κύρου παλλακίδα, τὴν σοφὴν καὶ καλὴν λεγομένην εἶναι, λαμβάνει. 3. Ἡ δὲ Μιλησία, ἡ νεωτέρα, ληφθεῖσα ὑπὸ τῶν ἀμφὶ βασιλέα, ἐκφεύγει γυμνὴ πρὸς τῶν Ἑλλήνων οἳ ἔτυχον ἐν τοῖς σκευοφόροις ὅπλα ἔχοντες· καὶ ἀντιταχθέντες, πολλοὺς μὲν τῶν ἁρπαζόντων ἀπέκτειναν, οἱ δὲ καὶ αὐτῶν ἀπέθανον· οὐ μὴν ἔφυγόν γε, ἀλλὰ καὶ ταύτην ἔσωσαν, καὶ ἄλλα ὁπόσα ἐντὸς αὐτῶν καὶ χρήματα καὶ ἄνθρωποι ἐγένοντο, πάντα ἔσωσαν.

4. Ἐνταῦθα διέσχον ἀλλήλων βασιλεύς τε καὶ οἱ Ἕλληνες ὡς τριάκοντα στάδια, οἱ μὲν διώκοντες τοὺς καθ' ἑαυτοὺς, ὡς πάντας νικῶντες· οἱ δ' ἁρπάζοντες, ὡς ἤδη πάντες νικῶντες. 5. Ἐπεὶ δ' ᾔσθοντο οἱ μὲν Ἕλληνες, ὅτι βασιλεὺς σὺν τῷ στρατεύματι ἐν τοῖς σκευοφόροις εἴη, βασιλεὺς δ' αὖ ἤκουσε Τισσαφέρνους, ὅτι οἱ Ἕλληνες νικῷεν τὸ καθ' αὐτοὺς, καὶ εἰς τὸ πρόσθεν οἴχονται διώκοντες, ἐνταῦθα δὴ βασιλεὺς μὲν ἀθροίζει τε τοὺς ἑαυτοῦ καὶ συντάττεται· ὁ δὲ Κλέαρχος ἐβουλεύετο, Πρόξενον καλέσας (πλησιαίτατος γὰρ ἦν), εἰ πέμποιέν τινας, ἢ πάντες ἴοιεν ἐπὶ τὸ στρατόπεδον ἀρήξοντες.

6. Ἐν τούτῳ καὶ βασιλεὺς δῆλος ἦν προσιὼν πάλιν, ὡς ἐδόκει, ὄπισθεν. Καὶ οἱ μὲν Ἕλληνες στραφέντες παρεσκευάζοντο, ὡς ταύτῃ προσιόντος καὶ δεξόμενοι· ὁ δὲ βασιλεὺς ταύτῃ μὲν οὐκ ἦγεν, ᾗ δὲ παρῆλθεν ἔξω τοῦ εὐωνύμου κέρατος, ταύτῃ καὶ ἀπήγαγεν, ἀναλαβὼν καὶ τοὺς ἐν τῇ μάχῃ κατὰ τοὺς Ἕλληνας αὐτομολήσαντας, καὶ Τισσαφέρνην καὶ τοὺς σὺν αὐτῷ. 7. Ὁ γὰρ Τισσαφέρνης ἐν τῇ πρώτῃ συνόδῳ οὐκ ἔφυγεν, ἀλλὰ διήλασε παρὰ τὸν ποταμὸν κατὰ τοὺς Ἕλληνας πελταστάς· διελαύνων δὲ κατέκανε μὲν οὐδένα, διαστάντες δὲ οἱ Ἕλληνες ἔπαιον καὶ ἠκόντιζον αὐτούς· Ἐπισθένης δὲ Ἀμφιπολίτης ἦρχε τῶν πελταστῶν, καὶ ἐλέγετο φρόνιμος γενέσθαι. 8. Ὁ δ' οὖν Τισσαφέρνης ὡς μεῖον ἔχων ἀπηλλάγη, πάλιν μὲν οὐκ ἀναστρέφει, εἰς δὲ τὸ στρατόπεδον ἀφικόμενος τὸ τῶν Ἑλλήνων, ἐκεῖ συντυγχάνει βασιλεῖ, καὶ ὁμοῦ δὴ πάλιν συνταξάμενοι ἐπορεύοντο.

9. Ἐπεὶ δ' ἦσαν κατὰ τὸ εὐώνυμον τῶν Ἑλλήνων κέρας, ἔδεισαν οἱ Ἕλληνες, μὴ προσάγοιεν πρὸς τὸ κέρας, καὶ περιπτύξαντες ἀμφοτέρωθεν αὐτοὺς κατακόψειαν· καὶ ἐδόκει αὐτοῖς ἀναπτύσσειν τὸ κέρας, καὶ ποιήσασθαι ὄπισθεν τὸν ποταμόν. 10. Ἐν ᾧ δὲ ταῦτα ἐβουλεύοντο, καὶ δὴ βασιλεὺς παραμειψάμενος εἰς τὸ αὐτὸ σχῆμα κατέστησεν ἀντίαν τὴν φάλαγγα, ὥσπερ τὸ πρῶτον μαχούμενος συνῄει. Ὡς δὲ εἶδον οἱ Ἕλληνες ἐγγύς τε ὄντας καὶ παρατεταγμένους, αὖθις παιανίσαντες ἐπῄεσαν πολὺ ἔτι προθυμότεροι, ἢ τὸ πρόσθεν. 11. Οἱ δ' αὖ βάρβαροι οὐκ ἐδέχοντο, ἀλλ' ἐκ πλέονος ἢ τὸ πρόσθεν ἔφευγον· οἱ δ' ἐπεδίωκον μέχρι κώμης τινός. 12. Ἐνταῦθα δ' ἔστησαν οἱ Ἕλληνες·

ὑπὲρ γὰρ τῆς κώμης γήλοφος ἦν, ἐφ' οὗ ἀνεστράφησαν οἱ ἀμφὶ βασιλέα, πεζοὶ μὲν οὐκέτι, τῶν δὲ ἱππέων ὁ λόφος ἐνεπλήσθη, ὥστε τὸ ποιούμενον μὴ γιγνώσκειν. Καὶ τὸ βασίλειον σημεῖον ὁρᾶν ἔφασαν, ἀετόν τινα χρυσοῦν ἐπὶ πέλτης ἐπὶ ξύλου ἀνατεταμένον.

13. Ἐπεὶ δὲ καὶ ἐνταῦθ' ἐχώρουν οἱ Ἕλληνες, λείπουσι δὴ καὶ τὸν λόφον οἱ ἱππεῖς· οὐ μὴν ἔτι ἀθρόοι, ἀλλ' ἄλλοι ἄλλοθεν· ἐψιλοῦτο δ' ὁ λόφος τῶν ἱππέων· τέλος δὲ καὶ πάντες ἀπεχώρησαν. 14. Ὁ οὖν Κλέαρχος οὐκ ἀνεβίβαζεν ἐπὶ τὸν λόφον, ἀλλ' ὑπὸ αὐτὸν στήσας τὸ στράτευμα, πέμπει Λύκιον τὸν Συρακόσιον καὶ ἄλλον ἐπὶ τὸν λόφον, καὶ κελεύει, κατιδόντας τὰ ὑπὲρ τοῦ λόφου, τί ἐστιν, ἀπαγγεῖλαι. 15. Καὶ ὁ Λύκιος ἤλασέ τε, καὶ ἰδὼν ἀπαγγέλλει, ὅτι φεύγουσιν ἀνὰ κράτος. Σχεδὸν δ' ὅτε ταῦτα ἦν, καὶ ἥλιος ἐδύετο.

16. Ἐνταῦθα δ' ἔστησαν οἱ Ἕλληνες, καὶ θέμενοι τὰ ὅπλα ἀνεπαύοντο· καὶ ἅμα μὲν ἐθαύμαζον, ὅτι οὐδαμοῦ Κῦρος φαίνοιτο, οὐδ' ἄλλος ἀπ' αὐτοῦ οὐδεὶς παρείη· οὐ γὰρ ᾔδεσαν αὐτὸν τεθνηκότα, ἀλλ' εἴκαζον, ἢ διώκοντα οἴχεσθαι, ἢ καταληψόμενόν τι προεληλακέναι. 17. Καὶ αὐτοὶ ἐβουλεύοντο, εἰ αὐτοῦ μείναντες τὰ σκευοφόρα ἐνταῦθα ἄγοιντο, ἢ ἀπίοιεν ἐπὶ τὸ στρατόπεδον. Ἔδοξεν οὖν αὐτοῖς ἀπιέναι· καὶ ἀφικνοῦνται ἀμφὶ δόρπηστον ἐπὶ τὰς σκηνάς. 18. Ταύτης μὲν οὖν τῆς ἡμέρας τοῦτο τὸ τέλος ἐγένετο. Καταλαμβάνουσι δὲ τῶν τε ἄλλων χρημάτων τὰ πλεῖστα διηρπασμένα, καὶ εἴ τι σιτίον ἢ ποτὸν ἦν· καὶ τὰς ἁμάξας μεστὰς ἀλεύρων καὶ οἴνου, ἃς παρεσκευάσατο Κῦρος, ἵνα, εἴ ποτε σφοδρὰ τὸ στρατόπεδον λάβοι

ἔνδεια, διαδοίη τοῖς Ἕλλησιν (ἦσαν δ' αὗται τετρακόσιαι, ὡς ἐλέγοντο, ἅμαξαι), καὶ ταύτας τότε οἱ σὺν βασιλεῖ διήρπασαν. 19. Ὥστε ἄδειπνοι ἦσαν οἱ πλεῖστοι τῶν Ἑλλήνων· ἦσαν δὲ καὶ ἀνάριστοι· πρὶν γὰρ δὴ καταλῦσαι τὸ στράτευμα πρὸς ἄριστον, βασιλεὺς ἐφάνη. Ταύτην μὲν οὖν τὴν νύκτα οὕτω διεγένοντο.

ΞΕΝΟΦΩΝΤΟΣ

ΚΥΡΟΥ ΑΝΑΒΑΣΕΩΣ Β'.

CAP. I.

Ὡς μὲν οὖν ἠθροίσθη Κύρῳ τὸ Ἑλληνικὸν, ὅτε ἐπὶ τὸν ἀδελφὸν Ἀρταξέρξην ἐστρατεύετο, καὶ ὅσα ἐν τῇ ἀνόδῳ ἐπράχθη, καὶ ὡς ἡ μάχη ἐγένετο, καὶ ὡς Κῦρος ἐτελεύτησε, καὶ ὡς ἐπὶ τὸ στρατόπεδον ἐλθόντες οἱ Ἕλληνες ἐκοιμήθησαν, οἰόμενοι τὰ πάντα νικᾶν, καὶ Κῦρον ζῆν, ἐν τῷ ἔμπροσθεν λόγῳ δεδήλωται. 2. Ἅμα δὲ τῇ ἡμέρᾳ συνελθόντες οἱ στρατηγοὶ ἐθαύμαζον, ὅτι Κῦρος οὔτε ἄλλον πέμποι σημανοῦντα, ὅ τι χρὴ ποιεῖν, οὔτε αὐτὸς φαίνοιτο. Ἔδοξεν οὖν αὐτοῖς, συσκευασαμένοις ἃ εἶχον, καὶ ἐξοπλισαμένοις, προϊέναι εἰς τὸ πρόσθεν, ἕως Κύρῳ συμμίξειαν.

3. Ἤδη δὲ ἐν ὁρμῇ ὄντων, ἅμα ἡλίῳ ἀνίσχοντι ἦλθε Προκλῆς, ὁ Τευθρανίας ἄρχων, γεγονὼς ἀπὸ Δαμαράτου τοῦ Λάκωνος, καὶ Γλοῦς ὁ Ταμώ. Οὗτοι ἔλεγον, ὅτι Κῦρος μὲν τέθνηκεν, Ἀριαῖος δὲ πεφευγὼς ἐν τῷ σταθμῷ εἴη, μετὰ τῶν ἄλλων βαρβάρων, ὅθεν τῇ προτεραίᾳ ὡρμῶντο· καὶ λέγοι, ὅτι ταύτην μὲν τὴν ἡμέραν περιμείνειεν ἂν αὐτοὺς, εἰ μέλλοιεν ἥκειν· τῇ δὲ ἄλλῃ ἀπιέναι φαίη ἐπὶ

Ἰωνίας, ὅθενπερ ἦλθε. 4. Ταῦτα ἀκούσαντες οἱ στρατηγοὶ καὶ οἱ ἄλλοι Ἕλληνες [πυνθανόμενοι] βαρέως ἔφερον. Κλέαρχος δὲ τάδε εἶπεν· Ἀλλ' ὤφελε μὲν Κῦρος ζῆν· ἐπεὶ δὲ τετελεύτηκεν, ἀπαγγέλλετε Ἀριαίῳ, ὅτι ἡμεῖς γε νικῶμέν τε βασιλέα, καί, ὡς ὁρᾶτε, οὐδεὶς ἔτι ἡμῖν μάχεται· καὶ εἰ μὴ ὑμεῖς ἤλθετε, ἐπορευόμεθα ἂν ἐπὶ βασιλέα. Ἐπαγγελλόμεθα δὲ Ἀριαίῳ, ἐὰν ἐνθάδε ἔλθῃ, εἰς τὸν θρόνον τὸν βασίλειον καθιεῖν αὐτόν· τῶν γὰρ μάχῃ νικώντων καὶ τὸ ἄρχειν ἐστί.

5. Ταῦτ' εἰπὼν ἀποστέλλει τοὺς ἀγγέλους, καὶ σὺν αὐτοῖς Χειρίσοφον τὸν Λάκωνα, καὶ Μένωνα τὸν Θετταλόν· καὶ γὰρ αὐτὸς Μένων ἐβούλετο, ἦν γὰρ φίλος καὶ ξένος Ἀριαίου. 6. Οἱ μὲν ᾤχοντο, Κλέαρχος δὲ περιέμενε. Τὸ δὲ στράτευμα ἐπορίζετο σῖτον, ὅπως ἐδύνατο, ἐκ τῶν ὑποζυγίων, κόπτοντες τοὺς βοῦς καὶ ὄνους· ξύλοις δ' ἐχρῶντο, μικρὸν προϊόντες ἀπὸ τῆς φάλαγγος, οὗ ἡ μάχη ἐγένετο, τοῖς τε οἰστοῖς πολλοῖς οὖσιν, οὓς ἠνάγκαζον οἱ Ἕλληνες ἐκβάλλειν τοὺς αὐτομολοῦντας παρὰ βασιλέως, καὶ τοῖς γέρροις, καὶ ταῖς ξυλίναις ἀσπίσι ταῖς Αἰγυπτίαις· πολλαὶ δὲ καὶ πέλται καὶ ἅμαξαι ἦσαν φέρεσθαι ἔρημοι· οἷς πᾶσι χρώμενοι, κρέα ἕψοντες ἤσθιον ἐκείνην τὴν ἡμέραν.

7. Καὶ ἤδη τε ἦν περὶ πλήθουσαν ἀγοράν, καὶ ἔρχονται παρὰ βασιλέως καὶ Τισσαφέρνους κήρυκες· οἱ μὲν ἄλλοι βάρβαροι, ἦν δ' αὐτῶν Φαλῖνος εἷς Ἕλλην, ὃς ἐτύγχανε παρὰ Τισσαφέρνει ὤν, καὶ ἐντίμως ἔχων· καὶ γὰρ προσεποιεῖτο ἐπιστήμων εἶναι τῶν ἀμφὶ τάξεις τε καὶ ὁπλομαχίαν. 8. Οὗτοι δὲ προσελθόντες καὶ καλέσαντες τοὺς

τῶν Ἑλλήνων ἄρχοντας, λέγουσιν, ὅτι βασιλεὺς κελεύει τοὺς Ἕλληνας, ἐπεὶ νικῶν τυγχάνει καὶ Κῦρον ἀπέκτονε, παραδόντας τὰ ὅπλα, ἰόντας ἐπὶ τὰς βασιλέως θύρας εὑρίσκεσθαι, ἄν τι δύνωνται, ἀγαθόν. 9. Ταῦτα μὲν εἶπον οἱ βασιλέως κήρυκες· οἱ δὲ Ἕλληνες βαρέως μὲν ἤκουσαν, ὅμως δὲ Κλέαρχος τοσοῦτον εἶπεν, ὅτι οὐ τῶν νικώντων εἴη τὰ ὅπλα παραδιδόναι· ἀλλ', ἔφη, ὑμεῖς μέν, ὦ ἄνδρες στρατηγοί, τούτοις ἀποκρίνασθε, ὅ τι κάλλιστόν τε καὶ ἄριστον ἔχετε· ἐγὼ δὲ αὐτίκα ἥξω. Ἐκάλεσε γάρ τις αὐτὸν τῶν ὑπηρετῶν, ὅπως ἴδοι τὰ ἱερὰ ἐξῃρημένα· ἔτυχε γὰρ θυόμενος.

10. Ἔνθα δὴ ἀπεκρίνατο Κλεάνωρ μὲν ὁ Ἀρκάς, πρεσβύτατος ὤν, ὅτι πρόσθεν ἂν ἀποθάνοιεν, ἢ τὰ ὅπλα παραδοίησαν. Πρόξενος δὲ ὁ Θηβαῖος, Ἀλλ' ἐγώ, ἔφη, ὦ Φαλῖνε, θαυμάζω, πότερα ὡς κρατῶν βασιλεὺς αἰτεῖ τὰ ὅπλα, ἢ ὡς διὰ φιλίαν δῶρα. Εἰ μὲν γὰρ ὡς κρατῶν, τί δεῖ αὐτὸν αἰτεῖν, καὶ οὐ λαβεῖν ἐλθόντα; εἰ δὲ πείσας βούλεται λαβεῖν, λεγέτω, τί ἔσται τοῖς στρατιώταις, ἐὰν αὐτῷ ταῦτα χαρίσωνται. 11. Πρὸς ταῦτα Φαλῖνος εἶπε· Βασιλεὺς νικᾶν ἡγεῖται, ἐπεὶ Κῦρον ἀπέκτονε· τίς γὰρ αὐτῷ ἐστιν ὅστις τῆς ἀρχῆς ἀντιποιεῖται; Νομίζει δὲ καὶ ὑμᾶς ἑαυτοῦ εἶναι, ἔχων ἐν μέσῃ τῇ ἑαυτοῦ χώρᾳ, καὶ ποταμῶν ἐντὸς ἀδιαβάτων, καὶ πλῆθος ἀνθρώπων ἐφ' ὑμᾶς δυνάμενος ἀγαγεῖν, ὅσον οὐδ', εἰ παρέχοι ὑμῖν, δύναισθε ἂν ἀποκτεῖναι.

12. Μετὰ τοῦτον Ξενοφῶν Ἀθηναῖος εἶπε· Ὦ Φαλῖνε, νῦν, ὡς σὺ ὁρᾷς, ἡμῖν οὐδέν ἐστιν ἀγαθὸν ἄλλο, εἰ μὴ ὅπλα καὶ ἀρετή. Ὅπλα μὲν οὖν ἔχοντες, οἰόμεθα ἂν καὶ

τῇ ἀρετῇ χρῆσθαι· παραδόντες δ' ἂν ταῦτα, καὶ τῶν σωμάτων στερηθῆναι. Μὴ οὖν οἴου, τὰ μόνα ἀγαθὰ ἡμῖν ὄντα ὑμῖν παραδώσειν· ἀλλὰ σὺν τούτοις καὶ περὶ τῶν ὑμετέρων ἀγαθῶν μαχούμεθα. 13. Ἀκούσας δὲ ταῦτα ὁ Φαλῖνος ἐγέλασε καὶ εἶπεν· Ἀλλὰ φιλοσόφῳ μὲν ἔοικας, ὦ νεανίσκε, καὶ λέγεις οὐκ ἀχάριστα· ἴσθι μέντοι ἀνόητος ὤν, εἰ οἴει, τὴν ὑμετέραν ἀρετὴν περιγενέσθαι ἂν τῆς βασιλέως δυνάμεως. 14. Ἄλλους δέ τινας ἔφασαν λέγειν ὑπομαλακιζομένους, ὡς καὶ Κύρῳ πιστοὶ ἐγένοντο, καὶ βασιλεῖ ἂν πολλοῦ ἄξιοι γένοιντο, εἰ βούλοιτο φίλος γενέσθαι· καὶ εἴτε ἄλλο τι θέλοι χρῆσθαι, εἴτ' ἐπ' Αἴγυπτον στρατεύειν, συγκαταστρέψαιντ' ἂν αὐτῷ.

15. Ἐν τούτῳ Κλέαρχος ἧκε, καὶ ἠρώτησεν, εἰ ἤδη ἀποκεκριμένοι εἶεν. Φαλῖνος δὲ ὑπολαβὼν εἶπεν· Οὗτοι μὲν, ὦ Κλέαρχε, ἄλλος ἄλλα λέγει· σὺ δ' ἡμῖν εἰπὲ, τί λέγεις. 16. Ὁ δ' εἶπεν· Ἐγώ σε, ὦ Φαλῖνε, ἄσμενος ἑώρακα, οἶμαι δὲ καὶ οἱ ἄλλοι πάντες· σύ τε γὰρ Ἕλλην εἶ, καὶ ἡμεῖς, τοσοῦτοι ὄντες ὅσους σὺ ὁρᾷς· ἐν τοιούτοις δὲ ὄντες πράγμασι συμβουλευόμεθά σοι, τί χρὴ ποιεῖν περὶ ὧν λέγεις. 17. Σὺ οὖν, πρὸς θεῶν, συμβούλευσον ἡμῖν, ὅ τι σοι δοκεῖ κάλλιστον καὶ ἄριστον εἶναι, καὶ ὅ σοι τιμὴν οἴσει εἰς τὸν ἔπειτα χρόνον, ἀναλεγόμενον, ὅτι Φαλῖνός ποτε, πεμφθεὶς παρὰ βασιλέως κελεύσων τοὺς Ἕλληνας τὰ ὅπλα παραδοῦναι, συμβουλευομένοις συνεβούλευσεν αὐτοῖς τάδε. Οἶσθα δὲ, ὅτι ἀνάγκη λέγεσθαι ἐν τῇ Ἑλλάδι, ἃ ἂν συμβουλεύσῃς.

18. Ὁ δὲ Κλέαρχος ταῦτα ὑπήγετο, βουλόμενος καὶ αὐτὸν τὸν παρὰ βασιλέως πρεσβεύοντα συμβουλεῦσαι, μὴ

παραδοῦναι τὰ ὅπλα, ὅπως εὐέλπιδες μᾶλλον εἶεν οἱ Ἕλληνες. Φαλῖνος δὲ ὑποστρέψας, παρὰ τὴν δόξαν αὐτοῦ εἶπεν· 19. Ἐγώ, εἰ μὲν τῶν μυρίων ἐλπίδων μία τις ὑμῖν ἐστι, σωθῆναι πολεμοῦντας βασιλεῖ, συμβουλεύω, μὴ παραδιδόναι τὰ ὅπλα· εἰ δέ τοι μηδεμία σωτηρίας ἐστὶν ἐλπὶς ἄκοντος βασιλέως, συμβουλεύω σώζεσθαι ὑμῖν ὅπῃ δυνατόν. 20. Κλέαρχος δὲ πρὸς ταῦτα εἶπεν· Ἀλλὰ ταῦτα μὲν δὴ σὺ λέγεις· παρ' ἡμῶν δὲ ἀπάγγελλε τάδε, ὅτι ἡμεῖς οἰόμεθα, εἰ μὲν δέοι βασιλεῖ φίλους εἶναι, πλείονος ἂν ἄξιοι εἶναι φίλοι ἔχοντες τὰ ὅπλα, ἢ παραδόντες ἄλλῳ· εἰ δὲ δέοι πολεμεῖν, ἄμεινον ἂν πολεμεῖν ἔχοντες τὰ ὅπλα, ἢ ἄλλῳ παραδόντες.

21. Ὁ δὲ Φαλῖνος εἶπε· Ταῦτα μὲν δὴ ἀπαγγελοῦμεν· ἀλλὰ καὶ τάδε ὑμῖν εἰπεῖν ἐκέλευσε βασιλεύς, ὅτι μένουσι μὲν ὑμῖν αὐτοῦ σπονδαὶ εἴησαν, προϊοῦσι δὲ καὶ ἀπιοῦσι πόλεμος. Εἴπατε οὖν καὶ περὶ τούτου, πότερα μενεῖτε καὶ σπονδαί εἰσιν, ἢ ὡς πολέμου ὄντος παρ' ὑμῶν ἀπαγγελῶ. 22. Κλέαρχος δ' ἔλεξεν· Ἀπάγγελλε τοίνυν καὶ περὶ τούτου, ὅτι καὶ ἡμῖν ταὐτὰ δοκεῖ, ἅπερ καὶ βασιλεῖ. Τί οὖν ταῦτά ἐστιν; ἔφη ὁ Φαλῖνος. Ἀπεκρίνατο Κλέαρχος· Ἢν μὲν μένωμεν, σπονδαί· ἀπιοῦσι δὲ καὶ προϊοῦσι πόλεμος. 23. Ὁ δὲ πάλιν ἠρώτησε· Σπονδὰς ἢ πόλεμον ἀπαγγελῶ; Κλέαρχος δὲ ταὐτὰ πάλιν ἀπεκρίνατο· Σπονδαὶ μὲν μένουσιν, ἀπιοῦσι δὲ ἢ προϊοῦσι πόλεμος. Ὅ τι δὲ ποιήσοι, οὐ διεσήμηνε.

CAP. II.

1. *Φαλῖνος μὲν δὴ ᾤχετο, καὶ οἱ σὺν αὐτῷ. Οἱ δὲ παρὰ Ἀριαίου ἧκον, Προκλῆς καὶ Χειρίσοφος· Μένων δὲ αὐτοῦ ἔμενε παρὰ Ἀριαίῳ· οὗτοι δὲ ἔλεγον, ὅτι πολλοὺς φαίη Ἀριαῖος εἶναι Πέρσας ἑαυτοῦ βελτίους, οὓς οὐκ ἂν ἀνασχέσθαι αὐτοῦ βασιλεύοντος· ἀλλ' εἰ βούλεσθε συναπιέναι, ἥκειν ἤδη κελεύει τῆς νυκτός· εἰ δὲ μὴ, αὐτὸς πρῲ ἀπιέναι φησίν. 2. Ὁ δὲ Κλέαρχος εἶπεν· Ἀλλ' οὕτω χρὴ ποιεῖν, ἐὰν μὲν ἥκωμεν, ὥσπερ λέγετε· εἰ δὲ μὴ, πράττετε, ὁποῖον ἄν τι ὑμῖν οἴησθε μάλιστα συμφέρειν. Ὅ τι δὲ ποιήσοι, οὐδὲ τούτοις εἶπε. 3. Μετὰ δὲ ταῦτα, ἤδη ἡλίου δύνοντος, συγκαλέσας τοὺς στρατηγοὺς καὶ λοχαγοὺς, ἔλεξε τοιάδε· Ἐμοὶ, ὦ ἄνδρες, θυομένῳ ἰέναι ἐπὶ βασιλέα, οὐκ ἐγίγνετο τὰ ἱερά. Καὶ εἰκότως ἄρα οὐκ ἐγίγνετο. Ὡς γὰρ ἐγὼ νῦν πυνθάνομαι, ἐν μέσῳ ἡμῶν καὶ βασιλέως ὁ Τίγρης ποταμός ἐστι ναυσίπορος, ὃν οὐκ ἂν δυναίμεθα ἄνευ πλοίων διαβῆναι· πλοῖα δὲ ἡμεῖς οὐκ ἔχομεν. Οὐ μὲν δὴ αὐτοῦ γε μένειν οἷόν τε· τὰ γὰρ ἐπιτήδεια οὐκ ἔστιν ἔχειν· ἰέναι δὲ παρὰ τοὺς Κύρου φίλους, πάνυ καλὰ ἡμῖν τὰ ἱερὰ ἦν. 4. Ὧδε οὖν χρὴ ποιεῖν· ἀπιόντας δειπνεῖν, ὅ τι τις ἔχει· ἐπειδὰν δὲ σημήνῃ τῷ κέρατι, ὡς ἀναπαύεσθαι, συσκευάζεσθε· ἐπειδὰν δὲ τὸ δεύτερον, ἀνατίθεσθε ἐπὶ τὰ ὑποζύγια· ἐπὶ δὲ τῷ τρίτῳ, ἕπεσθε τῷ ἡγουμένῳ, τὰ μὲν ὑποζύγια ἔχοντες πρὸς τοῦ ποταμοῦ, τὰ δὲ ὅπλα ἔξω.*

5. *Ταῦτα ἀκούσαντες οἱ στρατηγοὶ καὶ λοχαγοὶ ἀπῆλθον, καὶ ἐποίουν οὕτω· καὶ τὸ λοιπὸν ὁ μὲν ἦρχεν, οἱ δὲ*

ἐπείθοντο, οὐχ ἑλόμενοι, ἀλλὰ ὁρῶντες, ὅτι μόνος ἐφρόνει, οἷα ἔδει τὸν ἄρχοντα, οἱ δ' ἄλλοι ἄπειροι ἦσαν. 6. Ἀριθμὸς δὲ τῆς ὁδοῦ, ἣν ἦλθον ἐξ Ἐφέσου τῆς Ἰωνίας μέχρι τῆς μάχης, σταθμοὶ τρεῖς καὶ ἐνενήκοντα, παρασάγγαι πέντε καὶ τριάκοντα καὶ πεντακόσιοι, στάδιοι πεντήκοντα καὶ ἑξακισχίλιοι καὶ μύριοι· ἀπὸ δὲ τῆς μάχης ἐλέγοντο εἶναι εἰς Βαβυλῶνα στάδιοι ἑξήκοντα καὶ τριακόσιοι.

7. Ἐντεῦθεν, ἐπεὶ σκότος ἐγένετο, Μιλτοκύθης μὲν ὁ Θρᾷξ, ἔχων τούς τε ἱππέας τοὺς μεθ' ἑαυτοῦ εἰς τετταράκοντα, καὶ τῶν πεζῶν Θρᾳκῶν ὡς τριακοσίους, ηὐτομόλησε πρὸς βασιλέα. 8. Κλέαρχος δὲ τοῖς ἄλλοις ἡγεῖτο κατὰ τὰ παρηγγελμένα, οἱ δ' εἵποντο· καὶ ἀφικνοῦνται εἰς τὸν πρῶτον σταθμὸν παρὰ Ἀριαῖον καὶ τὴν ἐκείνου στρατιάν, ἀμφὶ μέσας νύκτας· καὶ ἐν τάξει θέμενοι τὰ ὅπλα, ξυνῆλθον οἱ στρατηγοὶ καὶ λοχαγοὶ τῶν Ἑλλήνων παρὰ Ἀριαῖον· καὶ ὤμοσαν οἵ τε Ἕλληνες, καὶ ὁ Ἀριαῖος, καὶ τῶν σὺν αὐτῷ οἱ κράτιστοι, μήτε προδώσειν ἀλλήλους, σύμμαχοί τε ἔσεσθαι· οἱ δὲ βάρβαροι προσώμοσαν, καὶ ἡγήσεσθαι ἀδόλως. 9. Ταῦτα δ' ὤμοσαν, σφάξαντες ταῦρον καὶ λύκον καὶ κάπρον καὶ κριὸν εἰς ἀσπίδα, οἱ μὲν Ἕλληνες βάπτοντες ξίφος, οἱ δὲ βάρβαροι λόγχην.

10. Ἐπεὶ δὲ τὰ πιστὰ ἐγένετο, εἶπεν ὁ Κλέαρχος· Ἄγε δή, ὦ Ἀριαῖε, ἐπείπερ ὁ αὐτὸς ὑμῖν στόλος ἐστὶ καὶ ἡμῖν, εἰπέ, τίνα γνώμην ἔχεις περὶ τῆς πορείας· πότερον ἄπιμεν ἥνπερ ἤλθομεν, ἢ ἄλλην τινὰ ἐννενοηκέναι δοκεῖς ὁδὸν κρείττω; 11. Ὁ δ' εἶπεν· Ἣν μὲν ἤλθομεν ἀπιόντες, παντελῶς ἂν ὑπὸ λιμοῦ ἀπολοίμεθα· ὑπάρχει γὰρ νῦν ἡμῖν οὐδὲν τῶν ἐπιτηδείων. Ἑπτακαίδεκα γὰρ σταθμῶν

τῶν ἐγγυτάτω, οὐδὲ δεῦρο ἰόντες, ἐκ τῆς χώρας οὐδὲν εἴχομεν λαμβάνειν· ἔνθα δ' εἴ τι ἦν, ἡμεῖς διαπορευόμενοι κατεδαπανήσαμεν. Νῦν δ' ἐπινοοῦμεν πορεύεσθαι μακροτέραν μὲν, τῶν δ' ἐπιτηδείων οὐκ ἀπορήσομεν. 12. Πορευτέον δ' ἡμῖν τοὺς πρώτους σταθμοὺς ὡς ἂν δυνώμεθα μακροτάτους, ἵνα ὡς πλεῖστον ἀποσπασθῶμεν τοῦ βασιλικοῦ στρατεύματος· ἢν γὰρ ἅπαξ δύο ἢ τριῶν ἡμερῶν ὁδὸν ἀπόσχωμεν, οὐκέτι μὴ δύνηται βασιλεὺς ἡμᾶς καταλαβεῖν. Ὀλίγῳ μὲν γὰρ στρατεύματι οὐ τολμήσει ἐφέπεσθαι· πολὺν δ' ἔχων στόλον, οὐ δυνήσεται ταχέως πορεύεσθαι· ἴσως δὲ καὶ τῶν ἐπιτηδείων σπανιεῖ. Ταύτην, ἔφη, τὴν γνώμην ἔχω ἔγωγε.

13. Ἦν δὲ αὕτη ἡ στρατηγία οὐδὲν ἄλλο δυναμένη, ἢ ἀποδρᾶναι ἢ ἀποφυγεῖν· ἡ δὲ τύχη ἐστρατήγησε κάλλιον. Ἐπεὶ γὰρ ἡμέρα ἐγένετο, ἐπορεύοντο, ἐν δεξιᾷ ἔχοντες τὸν ἥλιον, λογιζόμενοι ἥξειν ἅμα ἡλίῳ δύνοντι εἰς κώμας τῆς Βαβυλωνίας χώρας. Καὶ τοῦτο μὲν οὐκ ἐψεύσθησαν. 14. Ἔτι δὲ ἀμφὶ δείλην ἔδοξαν πολεμίους ὁρᾶν ἱππέας· καὶ τῶν τε Ἑλλήνων, οἳ μὴ ἔτυχον ἐν ταῖς τάξεσιν ὄντες, εἰς τὰς τάξεις ἔθεον, καὶ Ἀριαῖος (ἐτύγχανε γὰρ ἐφ' ἁμάξης πορευόμενος, διότι ἐτέτρωτο) καταβὰς ἐθωρακίζετο, καὶ οἱ σὺν αὐτῷ. 15. Ἐν ᾧ δὲ ὡπλίζοντο, ἧκον λέγοντες οἱ προπεμφθέντες σκοποὶ, ὅτι οὐχ ἱππεῖς εἰσιν, ἀλλὰ ὑποζύγια νέμοιντο. Καὶ εὐθὺς ἔγνωσαν πάντες, ὅτι ἐγγύς που ἐστρατοπεδεύετο βασιλεύς· καὶ γὰρ καὶ καπνὸς ἐφαίνετο ἐν κώμαις οὐ πρόσω.

16. Κλέαρχος δὲ ἐπὶ μὲν τοὺς πολεμίους οὐκ ἦγεν (ᾔδει γὰρ καὶ ἀπειρηκότας τοὺς στρατιώτας, καὶ ἀσίτους ὄντας,

ἤδη δὲ καὶ ὀψὲ ἦν)· οὐ μέντοι οὐδὲ ἀπέκλινε, φυλαττόμενος μὴ δοκοίη φεύγειν· ἀλλ' εὐθύωρον ἄγων, ἅμα τῷ ἡλίῳ δυομένῳ εἰς τὰς ἐγγυτάτω κώμας, τοὺς πρώτους ἔχων, κατεσκήνωσεν, ἐξ ὧν διήρπαστο ὑπὸ τοῦ βασιλικοῦ στρατεύματος καὶ αὐτὰ τὰ ἀπὸ τῶν οἰκιῶν ξύλα. 17. Οἱ μὲν οὖν πρῶτοι ὅμως τρόπῳ τινὶ ἐστρατοπεδεύσαντο, οἱ δὲ ὕστεροι σκοταῖοι προσιόντες, ὡς ἐτύγχανον ἕκαστοι, ηὐλίζοντο, καὶ κραυγὴν πολλὴν ἐποίουν καλοῦντες ἀλλήλους, ὥστε καὶ τοὺς πολεμίους ἀκούειν· ὥστε οἱ μὲν ἐγγύτατα τῶν πολεμίων καὶ ἔφυγον ἐκ τῶν σκηνωμάτων. 18. Δῆλον δὲ τοῦτο τῇ ὑστεραίᾳ ἐγένετο· οὔτε γὰρ ὑποζύγιον ἔτι οὐδὲν ἐφάνη, οὔτε στρατόπεδον, οὔτε καπνὸς οὐδαμοῦ πλησίον. Ἐξεπλάγη δὲ, ὡς ἔοικε, καὶ βασιλεὺς τῇ ἐφόδῳ τοῦ στρατεύματος· ἐδήλωσε δὲ τοῦτο οἷς τῇ ὑστεραίᾳ ἔπραττε.

19. Προϊούσης μέντοι τῆς νυκτὸς ταύτης, καὶ τοῖς Ἕλλησι φόβος ἐμπίπτει, καὶ θόρυβος καὶ δοῦπος ἦν, οἷον εἰκὸς φόβου ἐμπεσόντος γίγνεσθαι. 20. Κλέαρχος δὲ Τολμίδην Ἠλεῖον, ὃν ἐτύγχανεν ἔχων παρ' ἑαυτῷ, κήρυκα ἄριστον τῶν τότε, τοῦτον ἀνειπεῖν ἐκέλευσε, σιγὴν κατακηρύξαντα, ὅτι προαγορεύουσιν οἱ ἄρχοντες, ὃς ἂν τὸν ἀφέντα τὸν ὄνον εἰς τὰ ὅπλα μηνύσῃ, ὅτι λήψεται μισθὸν τάλαντον ἀργυρίου. 21. Ἐπεὶ δὲ ταῦτα ἐκηρύχθη, ἔγνωσαν οἱ στρατιῶται, ὅτι κενὸς ὁ φόβος εἴη, καὶ οἱ ἄρχοντες σῶοι. Ἅμα δὲ ὄρθρῳ παρήγγειλεν ὁ Κλέαρχος, εἰς τάξιν τὰ ὅπλα τίθεσθαι τοὺς Ἕλληνας, ᾗπερ εἶχον ὅτε ἦν ἡ μάχη.

CAP. III.

1. Ὃ δὲ δὴ ἔγραψα, ὅτι βασιλεὺς ἐξεπλάγη τῇ ἐφόδῳ, τῷδε δῆλον ἦν· τῇ μὲν γὰρ πρόσθεν ἡμέρᾳ πέμπων, τὰ ὅπλα παραδιδόναι ἐκέλευε, τότε δὲ ἅμα ἡλίῳ ἀνατέλλοντι κήρυκας ἔπεμψε περὶ σπονδῶν. 2. Οἱ δ' ἐπεὶ ἦλθον πρὸς τοὺς προφύλακας, ἐζήτουν τοὺς ἄρχοντας. Ἐπειδὴ δὲ ἀπήγγελλον οἱ προφύλακες, Κλέαρχος, τυχὼν τότε τὰς τάξεις ἐπισκοπῶν, εἶπε τοῖς προφύλαξι, κελεύειν τοὺς κήρυκας περιμένειν, ἄχρι ἂν σχολάσῃ. 3. Ἐπεὶ δὲ κατέστησε τὸ στράτευμα, ὥστε καλῶς ἔχειν ὁρᾶσθαι πάντῃ φάλαγγα πυκνὴν, τῶν δὲ ἀόπλων μηδένα καταφανῆ εἶναι, ἐκάλεσε τοὺς ἀγγέλους, καὶ αὐτός τε προῆλθε τούς τε εὐοπλοτάτους ἔχων καὶ εὐειδεστάτους τῶν αὐτοῦ στρατιωτῶν, καὶ τοῖς ἄλλοις στρατηγοῖς ταῦτα ἔφρασεν.

4. Ἐπεὶ δὲ ἦν πρὸς τοῖς ἀγγέλοις, ἀνηρώτα τί βούλοιντο. Οἱ δ' ἔλεγον, ὅτι περὶ σπονδῶν ἥκοιεν, ἄνδρες, οἵτινες ἱκανοὶ ἔσονται, τά τε παρὰ βασιλέως τοῖς Ἕλλησιν ἀπαγγεῖλαι, καὶ τὰ παρὰ τῶν Ἑλλήνων βασιλεῖ. 5. Ὁ δὲ ἀπεκρίνατο· Ἀπαγγέλλετε τοίνυν αὐτῷ, ὅτι μάχης δεῖ πρῶτον· ἄριστον γὰρ οὐκ ἔστιν, οὐδὲ ὁ τολμήσων περὶ σπονδῶν λέγειν τοῖς Ἕλλησι, μὴ πορίσας ἄριστον. 6. Ταῦτα ἀκούσαντες οἱ ἄγγελοι ἀπήλαυνον, καὶ ἧκον ταχύ (ᾧ καὶ δῆλον ἦν, ὅτι ἐγγύς που βασιλεὺς ἦν, ἢ ἄλλος τις, ᾧ ἐπετέτακτο ταῦτα πράττειν)· ἔλεγον δὲ, ὅτι εἰκότα δοκοῖεν λέγειν βασιλεῖ, καὶ ἥκοιεν ἡγεμόνας ἔχοντες, οἳ αὐτοὺς, ἐὰν σπονδαὶ γένωνται, ἄξουσιν ἔνθεν ἕξουσι τὰ ἐπιτήδεια. 7. Ὁ δὲ ἠρώτα, εἰ αὐτοῖς τοῖς ἀνδράσι σπέν-

δοιτο ἰοῦσι καὶ ἀπιοῦσιν, ἢ καὶ τοῖς ἄλλοις ἔσοιντο σπονδαί. Οἱ δὲ, Ἅπασιν, ἔφασαν, μέχρι ἂν βασιλεῖ τὰ παρ' ὑμῶν διαγγελθῇ.

8. Ἐπεὶ δὲ ταῦτα εἶπον, μεταστησάμενος αὐτοὺς ὁ Κλέαρχος, ἐβουλεύετο· καὶ ἐδόκει τὰς σπονδὰς ποιεῖσθαι ταχὺ, καὶ καθ' ἡσυχίαν ἐλθεῖν τε ἐπὶ τὰ ἐπιτήδεια καὶ λαβεῖν. 9. Ὁ δὲ Κλέαρχος εἶπε· Δοκεῖ μὲν κἀμοὶ ταῦτα· οὐ μέντοι ταχύ γε ἀπαγγελῶ, ἀλλὰ διατρίψω, ἔστ' ἂν ὀκνήσωσιν οἱ ἄγγελοι, μὴ ἀποδόξῃ ἡμῖν τὰς σπονδὰς ποιήσασθαι· οἶμαί γε μέντοι, ἔφη, καὶ τοῖς ἡμετέροις στρατιώταις τὸν αὐτὸν φόβον παρέσεσθαι. Ἐπεὶ δὲ ἐδόκει καιρὸς εἶναι, ἀπήγγελλεν ὅτι σπένδοιτο, καὶ εὐθὺς ἡγεῖσθαι ἐκέλευε πρὸς τἀπιτήδεια.

10. Καὶ οἱ μὲν ἡγοῦντο, Κλέαρχος μέντοι ἐπορεύετο, τὰς μὲν σπονδὰς ποιησάμενος, τὸ δὲ στράτευμα ἔχων ἐν τάξει· καὶ αὐτὸς ὠπισθοφυλάκει. Καὶ ἐνετύγχανον τάφροις καὶ αὐλῶσιν ὕδατος πλήρεσιν, ὡς μὴ δύνασθαι διαβαίνειν ἄνευ γεφυρῶν· ἀλλ' ἐποιοῦντο διαβάσεις ἐκ τῶν φοινίκων, οἳ ἦσαν ἐκπεπτωκότες, τοὺς δὲ καὶ ἐξέκοπτον. 11. Καὶ ἐνταῦθα ἦν Κλέαρχον καταμαθεῖν, ὡς ἐπεστάτει, ἐν μὲν τῇ ἀριστερᾷ χειρὶ τὸ δόρυ ἔχων, ἐν δὲ τῇ δεξιᾷ βακτηρίαν· καὶ εἴ τις αὐτῷ δοκοίη τῶν πρὸς τοῦτο τεταγμένων βλακεύειν, ἐκλεγόμενος τὸν ἐπιτήδειον ἔπαισεν ἄν, καὶ ἅμα αὐτὸς προσελάμβανεν, εἰς τὸν πηλὸν ἐμβαίνων· ὥστε πᾶσιν αἰσχύνην εἶναι, μὴ οὐ συσπουδάζειν. 12. Καὶ ἐτάχθησαν μὲν πρὸς αὐτοῦ οἱ τριάκοντα ἔτη γεγονότες· ἐπεὶ δὲ καὶ Κλέαρχον ἑώρων σπουδάζοντα, προσελάμβανον καὶ οἱ πρεσβύτεροι. 13. Πολὺ δὲ μᾶλ-

λον ὁ *Κλέαρχος* ἔσπευδεν, ὑποπτεύων μὴ ἀεὶ οὕτω πλήρεις εἶναι τὰς τάφρους ὕδατος (οὐ γὰρ ἦν ὥρα, οἵα τὸ πεδίον ἄρδειν)· ἀλλ', ἵνα ἤδη πολλὰ προφαίνοιτο τοῖς Ἕλλησι δεινὰ εἰς τὴν πορείαν, τούτου ἕνεκα βασιλέα ὑπώπτευεν ἐπὶ τὸ πεδίον τὸ ὕδωρ ἀφεικέναι.

14. *Πορευόμενοι* δὲ ἀφίκοντο εἰς κώμας, ὅθεν ἀπέδειξαν οἱ ἡγεμόνες λαμβάνειν τὰ ἐπιτήδεια. Ἐνῆν δὲ σῖτος πολὺς, καὶ οἶνος φοινίκων, καὶ ὄξος ἑψητὸν ἀπὸ τῶν αὐτῶν. 15. *Αὐταὶ* δὲ αἱ βάλανοι τῶν φοινίκων, οἵας μὲν ἐν τοῖς Ἕλλησιν ἔστιν ἰδεῖν, τοῖς οἰκέταις ἀπέκειντο· αἱ δὲ τοῖς δεσπόταις ἀποκείμεναι ἦσαν ἀπόλεκτοι, θαυμάσιαι τὸ κάλλος καὶ τὸ μέγεθος· ἡ δὲ ὄψις ἠλέκτρου οὐδὲν διέφερε· τὰς δέ τινας ξηραίνοντες τραγήματα ἀπετίθεσαν. *Καὶ* ἦν καὶ παρὰ πότον ἡδὺ μὲν, κεφαλαλγὲς δέ. 16. Ἐνταῦθα καὶ τὸν ἐγκέφαλον τοῦ φοίνικος πρῶτον ἔφαγον οἱ στρατιῶται, καὶ οἱ πολλοὶ ἐθαύμασαν τό τε εἶδος, καὶ τὴν ἰδιότητα τῆς ἡδονῆς. Ἦν δὲ σφόδρα καὶ τοῦτο κεφαλαλγές. Ὁ δὲ φοίνιξ, ὅθεν ἐξαιρεθείη ὁ ἐγκέφαλος, ὅλος ἐξηυαίνετο.

17. Ἐνταῦθα ἔμειναν ἡμέρας τρεῖς· καὶ παρὰ μεγάλου βασιλέως ἧκε Τισσαφέρνης, καὶ ὁ τῆς βασιλέως γυναικὸς ἀδελφὸς, καὶ ἄλλοι Πέρσαι τρεῖς· δοῦλοι δὲ πολλοὶ εἵποντο. Ἐπεὶ δὲ ἀπήντησαν αὐτοῖς οἱ τῶν Ἑλλήνων στρατηγοὶ, ἔλεγε πρῶτος Τισσαφέρνης δι' ἑρμηνέως τοιάδε·

18. Ἐγὼ, ὦ ἄνδρες Ἕλληνες, γείτων οἰκῶ τῇ Ἑλλάδι· καὶ ἐπεὶ ὑμᾶς εἶδον εἰς πολλὰ κακὰ καὶ ἀμήχανα ἐμπεπτωκότας, εὕρημα ἐποιησάμην, εἴ πως δυναίμην παρὰ βασιλέως

αἰτήσασθαι, δοῦναι ἐμοὶ ἀποσῶσαι ὑμᾶς εἰς τὴν Ἑλλάδα. Οἶμαι γὰρ ἂν οὐκ ἀχαρίστως μοι ἕξειν, οὔτε πρὸς ὑμῶν, οὔτε πρὸς τῆς Ἑλλάδος ἁπάσης. 19. Ταῦτα δὲ γνοὺς, ᾐτούμην βασιλέα, λέγων αὐτῷ, ὅτι δικαίως ἄν μοι χαρίζοιτο, ὅτι αὐτῷ Κῦρόν τε ἐπιστρατεύοντα πρῶτος ἤγγειλα, καὶ βοήθειαν ἔχων ἅμα τῇ ἀγγελίᾳ ἀφικόμην· καὶ μόνος τῶν κατὰ τοὺς Ἕλληνας τεταγμένων οὐκ ἔφυγον, ἀλλὰ διήλασα, καὶ συνέμιξα βασιλεῖ ἐν τῷ ὑμετέρῳ στρατοπέδῳ, ἔνθα βασιλεὺς ἀφίκετο, ἐπεὶ Κῦρον ἀπέκτεινε· καὶ τοὺς ξὺν Κύρῳ βαρβάρους ἐδίωξα σὺν τοῖσδε τοῖς παροῦσι νῦν μετ᾽ ἐμοῦ, οἵπερ αὐτῷ εἰσι πιστότατοι. 20. Καὶ περὶ μὲν τούτων ὑπέσχετό μοι βουλεύσασθαι· ἐρέσθαι δέ με ὑμᾶς ἐκέλευσεν ἐλθόντα, τίνος ἕνεκεν ἐστρατεύσατε ἐπ᾽ αὐτόν. Καὶ συμβουλεύω ὑμῖν μετρίως ἀποκρίνασθαι, ἵνα μοι εὐπρακτότερον ᾖ, ἐάν τι δύνωμαι ἀγαθὸν ὑμῖν παρ᾽ αὐτοῦ διαπράξασθαι.

21. Πρὸς ταῦτα μεταστάντες οἱ Ἕλληνες ἐβουλεύοντο, καὶ ἀπεκρίναντο (Κλέαρχος δ᾽ ἔλεγεν)· Ἡμεῖς οὔτε συνήλθομεν ὡς βασιλεῖ πολεμήσοντες, οὔτ᾽ ἐπορευόμεθα ἐπὶ βασιλέα· ἀλλὰ πολλὰς προφάσεις Κῦρος εὕρισκεν, ὡς καὶ σὺ εὖ οἶσθα, ἵνα ὑμᾶς τε ἀπαρασκευάστους λάβοι, καὶ ἡμᾶς ἐνθάδε ἀναγάγοι. 22. Ἐπεὶ μέντοι ἤδη αὐτὸν ἑωρῶμεν ἐν δεινῷ ὄντα, ᾐσχύνθημεν καὶ θεοὺς καὶ ἀνθρώπους προδοῦναι αὐτὸν, ἐν τῷ πρόσθεν χρόνῳ παρέχοντες ἡμᾶς αὐτοὺς εὖ ποιεῖν. 23. Ἐπεὶ δὲ Κῦρος τέθνηκεν, οὔτε βασιλεῖ ἀντιποιούμεθα τῆς ἀρχῆς, οὔτ᾽ ἔστιν ὅτου ἕνεκα βουλοίμεθ᾽ ἂν τὴν βασιλέως χώραν κακῶς ποιεῖν· οὐδ᾽ αὐτὸν ἀποκτεῖναι ἂν ἐθέλοιμεν, πορευοίμεθα δ᾽ ἂν

οἴκαδε, εἴ τις ἡμᾶς μὴ λυποίη· ἀδικοῦντα μέντοι πειρασόμεθα σὺν τοῖς θεοῖς ἀμύνασθαι· ἐὰν μέντοι τις ἡμᾶς καὶ εὖ ποιῶν ὑπάρχῃ, καὶ τούτου εἵς γε δύναμιν οὐχ ἡττησόμεθα εὖ ποιοῦντες. Ὁ μὲν οὕτως εἶπεν.

24. Ἀκούσας δὲ ὁ Τισσαφέρνης ἔφη· Ταῦτα ἐγὼ ἀπαγγελῶ βασιλεῖ, καὶ ὑμῖν πάλιν τὰ παρ' ἐκείνου· μέχρι δ' ἂν ἐγὼ ἥκω, αἱ σπονδαὶ μενόντων· ἀγορὰν δὲ ἡμεῖς παρέξομεν. 25. Καὶ εἰς μὲν τὴν ὑστεραίαν οὐχ ἧκεν· ὥσθ' οἱ Ἕλληνες ἐφρόντιζον· τῇ δὲ τρίτῃ ἥκων ἔλεγεν, ὅτι διαπεπραγμένος ἥκοι παρὰ βασιλέως, δοθῆναι αὐτῷ σῴζειν τοὺς Ἕλληνας· καίπερ πάνυ πολλῶν ἀντιλεγόντων, ὡς οὐκ ἄξιον εἴη βασιλεῖ, ἀφεῖναι τοὺς ἐφ' ἑαυτὸν στρατευσαμένους. 26. Τέλος δὲ εἶπε· Καὶ νῦν ἔξεστιν ὑμῖν πιστὰ λαβεῖν παρ' ἡμῶν, ἦ μὴν φιλίαν παρέξειν ὑμῖν τὴν χώραν, καὶ ἀδόλως ἀπάξειν εἰς τὴν Ἑλλάδα, ἀγορὰν παρέχοντας· ὅπου δ' ἂν μὴ ᾖ πρίασθαι, λαμβάνειν ὑμᾶς ἐκ τῆς χώρας ἐάσομεν τὰ ἐπιτήδεια. 27. Ὑμᾶς δ' αὖ ἡμῖν δεήσει ὀμόσαι, ἦ μὴν πορεύεσθαι ὡς διὰ φιλίας ἀσινῶς, σῖτα καὶ ποτὰ λαμβάνοντας, ὁπόταν μὴ ἀγορὰν παρέχωμεν· ἢν δὲ παρέχωμεν ἀγοράν, ὠνουμένους ἕξειν τὰ ἐπιτήδεια.

28. Ταῦτα ἔδοξε· καὶ ὤμοσαν, καὶ δεξιὰς ἔδοσαν Τισσαφέρνης καὶ ὁ τῆς βασιλέως γυναικὸς ἀδελφὸς τοῖς τῶν Ἑλλήνων στρατηγοῖς καὶ λοχαγοῖς, καὶ ἔλαβον παρὰ τῶν Ἑλλήνων. 29. Μετὰ δὲ ταῦτα Τισσαφέρνης εἶπε· Νῦν μὲν δὴ ἄπειμι ὡς βασιλέα· ἐπειδὰν δὲ διαπράξωμαι ἃ δέομαι, ἥξω συσκευασάμενος, ὡς ἀπάξων ὑμᾶς εἰς τὴν Ἑλλάδα, καὶ αὐτὸς ἀπιὼν ἐπὶ τὴν ἐμαυτοῦ ἀρχήν.

CAP. IV.

1. **Μετὰ** ταῦτα περιέμενον Τισσαφέρνην οἵ τε Ἕλληνες καὶ Ἀριαῖος, ἐγγὺς ἀλλήλων ἐστρατοπεδευμένοι, ἡμέρας πλείους ἢ εἴκοσιν. Ἐν δὲ ταύταις ἀφικνοῦνται πρὸς Ἀριαῖον καὶ οἱ ἀδελφοὶ καὶ οἱ ἄλλοι ἀναγκαῖοι, καὶ πρὸς τοὺς σὺν ἐκείνῳ Περσῶν τινες, παραθαρσύνοντές τε, καὶ δεξιὰς ἔνιοι παρὰ βασιλέως φέροντες, μὴ μνησικακήσειν βασιλέα αὐτοῖς τῆς σὺν Κύρῳ ἐπιστρατείας, μηδὲ ἄλλου μηδενὸς τῶν παρῳχημένων. 2. Τούτων δὲ γιγνομένων, ἔνδηλοι ἦσαν οἱ περὶ Ἀριαῖον ἧττον προσέχοντες τοῖς Ἕλλησι τὸν νοῦν· ὥστε καὶ διὰ τοῦτο τοῖς μὲν πολλοῖς τῶν Ἑλλήνων οὐκ ἤρεσκον, ἀλλὰ προσιόντες τῷ Κλεάρχῳ ἔλεγον καὶ τοῖς ἄλλοις στρατηγοῖς·

3. Τί μένομεν; ἢ οὐκ ἐπιστάμεθα, ὅτι βασιλεὺς ἡμᾶς ἀπολέσαι ἂν περὶ παντὸς ποιήσαιτο, ἵνα καὶ τοῖς ἄλλοις Ἕλλησι φόβος εἴη ἐπὶ βασιλέα μέγαν στρατεύειν; Καὶ νῦν μὲν ἡμᾶς ὑπάγεται μένειν, διὰ τὸ διεσπάρθαι αὐτῷ τὸ στράτευμα· ἐπὰν δὲ πάλιν ἁλισθῇ αὐτῷ ἡ στρατιὰ, οὐκ ἔστιν ὅπως οὐκ ἐπιθήσεται ἡμῖν. 4. Ἴσως δέ που ἢ ἀποσκάπτει τι ἢ ἀποτειχίζει, ὡς ἄπορος εἴη ἡ ὁδός. Οὐ γάρ ποτε ἑκών γε βουλήσεται, ἡμᾶς ἐλθόντας εἰς τὴν Ἑλλάδα ἀπαγγεῖλαι, ὡς ἡμεῖς, τοσοίδε ὄντες, ἐνικῶμεν τὸν βασιλέα ἐπὶ ταῖς θύραις αὐτοῦ, καὶ καταγελάσαντες ἀπήλθομεν.

5. Κλέαρχος δὲ ἀπεκρίνατο τοῖς ταῦτα λέγουσιν· Ἐγὼ ἐνθυμοῦμαι μὲν καὶ ταῦτα πάντα· ἐννοῶ δ' ὅτι, εἰ νῦν ἄπιμεν, δόξομεν ἐπὶ πολέμῳ ἀπιέναι, καὶ παρὰ τὰς

σπονδὰς ποιεῖν. Ἔπειτα, πρῶτον μὲν ἀγορὰν οὐδεὶς παρέξει ἡμῖν, οὐδὲ ὅθεν ἐπισιτιούμεθα· αὖθις δὲ ὁ ἡγησόμενος οὐδεὶς ἔσται· καὶ ἅμα ταῦτα ποιούντων ἡμῶν εὐθὺς Ἀριαῖος ἀφεστήξει· ὥστε φίλος ἡμῖν οὐδεὶς λελείψεται, ἀλλὰ καὶ οἱ πρόσθεν ὄντες, πολέμιοι ἡμῖν ἔσονται. 6. Ποταμὸς δ' εἰ μέν τις καὶ ἄλλος ἄρα ἡμῖν ἐστι διαβατέος, οὐκ οἶδα· τὸν δ' οὖν Εὐφράτην ἴσμεν ὅτι ἀδύνατον διαβῆναι, κωλυόντων πολεμίων. Οὐ μὲν δὴ, ἂν μάχεσθαί γε δέῃ, ἱππεῖς εἰσιν ἡμῖν ξύμμαχοι· τῶν δὲ πολεμίων ἱππεῖς εἰσιν οἱ πλεῖστοι καὶ πλείστου ἄξιοι· ὥστε νικῶντες μὲν, τίνα ἂν ἀποκτείναιμεν; ἡττωμένων δὲ, οὐδένα οἷόν τε σωθῆναι. 7. Ἐγὼ μὲν οὖν βασιλέα (ᾧ οὕτω πολλά ἐστι τὰ σύμμαχα, εἴπερ προθυμεῖται ἡμᾶς ἀπολέσαι) οὐκ οἶδα, ὅ τι δεῖ αὐτὸν ὀμόσαι, καὶ δεξιὰν δοῦναι, καὶ θεοὺς ἐπιορκῆσαι, καὶ τὰ ἑαυτοῦ πιστὰ ἄπιστα ποιῆσαι Ἕλλησί τε καὶ βαρβάροις. Τοιαῦτα πολλὰ ἔλεγεν.

8. Ἐν δὲ τούτῳ ἧκε Τισσαφέρνης, ἔχων τὴν ἑαυτοῦ δύναμιν, ὡς εἰς οἶκον ἀπιὼν, καὶ Ὀρόντας τὴν ἑαυτοῦ δύναμιν· ἦγε δὲ καὶ τὴν θυγατέρα τὴν βασιλέως ἐπὶ γάμῳ. 9. Ἐντεῦθεν δὲ ἤδη, Τισσαφέρνους ἡγουμένου καὶ ἀγορὰν παρέχοντος, ἐπορεύοντο· ἐπορεύετο δὲ καὶ Ἀριαῖος, τὸ Κύρου βαρβαρικὸν ἔχων στράτευμα, ἅμα Τισσαφέρνει καὶ Ὀρόντᾳ, καὶ ξυνεστρατοπεδεύετο σὺν ἐκείνοις. 10. Οἱ δὲ Ἕλληνες, ὑφορῶντες τούτους, αὐτοὶ ἐφ' ἑαυτῶν ἐχώρουν, ἡγεμόνας ἔχοντες. Ἐστρατοπεδεύοντο δὲ ἑκάστοτε ἀπέχοντες ἀλλήλων παρασάγγην, καὶ μεῖον· ἐφυλάττοντο δὲ ἀμφότεροι ὥσπερ πολεμίους ἀλλήλους, καὶ εὐθὺς τοῦτο ὑποψίαν παρεῖχεν. 11. Ἐνίοτε δὲ καὶ ξυλιζόμενοι ἐκ τοῦ

αὐτοῦ, καὶ χόρτον καὶ ἄλλα τοιαῦτα ξυλλέγοντες, πληγὰς ἐνέτεινον ἀλλήλοις· ὥστε καὶ τοῦτο ἔχθραν παρεῖχε.

12. Διελθόντες δὲ τρεῖς σταθμοὺς, ἀφίκοντο πρὸς τὸ Μηδίας καλούμενον τεῖχος, καὶ παρῆλθον εἴσω αὐτοῦ. Ἦν δὲ ᾠκοδομημένον πλίνθοις ὀπταῖς, ἐν ἀσφάλτῳ κειμέναις, εὖρος εἴκοσι ποδῶν, ὕψος δὲ ἑκατόν· μῆκος δ' ἐλέγετο εἶναι εἴκοσι παρασαγγῶν· ἀπέχει δὲ Βαβυλῶνος οὐ πολύ. 13. Ἐντεῦθεν δ' ἐπορεύθησαν σταθμοὺς δύο, παρασάγγας ὀκτὼ (καὶ διέβησαν διώρυχας δύο, τὴν μὲν ἐπὶ γεφύρας, τὴν δ' ἐζευγμένην πλοίοις ἑπτά· αὗται δ' ἦσαν ἀπὸ τοῦ Τίγρητος ποταμοῦ· κατετέτμηντο δὲ ἐξ αὐτῶν καὶ τάφροι ἐπὶ τὴν χώραν, αἱ μὲν πρῶται μεγάλαι, ἔπειτα δ' ἐλάττους, τέλος δὲ καὶ μικροὶ ὀχετοὶ, ὥσπερ ἐν τῇ Ἑλλάδι ἐπὶ τὰς μελίνας)· καὶ ἀφικνοῦνται ἐπὶ τὸν Τίγρητα ποταμόν· πρὸς ᾧ πόλις ἦν μεγάλη καὶ πολυάνθρωπος, ᾗ ὄνομα Σιττάκη, ἀπέχουσα τοῦ ποταμοῦ σταδίους πεντεκαίδεκα. 14. Οἱ μὲν οὖν Ἕλληνες παρ' αὐτὴν ἐσκήνησαν, ἐγγὺς παραδείσου μεγάλου καὶ καλοῦ καὶ δασέος παντοίων δένδρων· οἱ δὲ βάρβαροι, διαβεβηκότες τὸν Τίγρητα, οὐ μέντοι καταφανεῖς ἦσαν.

15. Μετὰ δὲ τὸ δεῖπνον ἔτυχον ἐν περιπάτῳ ὄντες πρὸ τῶν ὅπλων Πρόξενος καὶ Ξενοφῶν· καὶ προσελθὼν ἄνθρωπός τις ἠρώτησε τοὺς προφύλακας, ποῦ ἂν ἴδοι Πρόξενον ἢ Κλέαρχον. Μένωνα δὲ οὐκ ἐζήτει, καὶ ταῦτα παρ' Ἀριαίου ὢν, τοῦ Μένωνος ξένου. 16. Ἐπεὶ δὲ Πρόξενος εἶπεν, ὅτι Αὐτός εἰμι, ὃν ζητεῖς, εἶπεν ὁ ἄνθρωπος τάδε· Ἔπεμψέ με Ἀριαῖος καὶ Ἀρτάοζος, πιστοὶ ὄντες Κύρῳ καὶ ὑμῖν εὖνοι, καὶ κελεύουσι φυλάττεσθαι, μὴ ὑμῖν

ἐπιθῶνται τῆς νυκτὸς οἱ βάρβαροι· ἔστι δὲ στράτευμα πολὺ ἐν τῷ πλησίον παραδείσῳ. 17. Καὶ παρὰ τὴν γέφυραν τοῦ Τίγρητος ποταμοῦ πέμψαι κελεύουσι φυλακὴν, ὡς διανοεῖται αὐτὴν λῦσαι Τισσαφέρνης τῆς νυκτὸς, ἐὰν δύνηται, ὡς μὴ διαβῆτε, ἀλλ' ἐν μέσῳ ἀποληφθῆτε τοῦ ποταμοῦ καὶ τῆς διώρυχος.

18. Ἀκούσαντες ταῦτα ἄγουσιν αὐτὸν παρὰ τὸν Κλέαρχον, καὶ φράζουσιν, ἃ λέγει. Ὁ δὲ Κλέαρχος ἀκούσας ἐταράχθη σφόδρα καὶ ἐφοβεῖτο. 19. Νεανίσκος δέ τις τῶν παρόντων ἐννοήσας εἶπεν, ὡς οὐκ ἀκόλουθα εἴη, τό τε ἐπιθήσεσθαι καὶ λύσειν τὴν γέφυραν. Δῆλον γὰρ, ὅτι ἐπιτιθεμένους ἢ νικᾶν δεήσει αὐτοὺς, ἢ ἡττᾶσθαι. Ἐὰν μὲν οὖν νικῶσι, τί δεῖ αὐτοὺς λύειν τὴν γέφυραν; οὐδὲ γὰρ, ἂν πολλαὶ γέφυραι ὦσιν, ἔχοιμεν ἂν, ὅποι φυγόντες ἡμεῖς σωθεῖμεν. 20. Ἐὰν δὲ ἡμεῖς νικῶμεν, λελυμένης τῆς γεφύρας, οὐχ ἕξουσιν ἐκεῖνοι, ὅποι φύγωσιν· οὐδὲ μὴν βοηθῆσαι, πολλῶν ὄντων πέραν, οὐδεὶς αὐτοῖς δυνήσεται, λελυμένης τῆς γεφύρας.

21. Ἀκούσας δὲ ὁ Κλέαρχος ταῦτα, ἤρετο τὸν ἄγγελον, πόση τις εἴη χώρα ἡ ἐν μέσῳ τοῦ Τίγρητος καὶ τῆς διώρυχος. Ὁ δὲ εἶπεν, ὅτι πολλὴ, καὶ κῶμαι ἔνεισι καὶ πόλεις πολλαὶ καὶ μεγάλαι. 22. Τότε δὴ καὶ ἐγνώσθη, ὅτι οἱ βάρβαροι τὸν ἄνθρωπον ὑποπέμψαιεν, ὀκνοῦντες, μὴ οἱ Ἕλληνες, διελόντες τὴν γέφυραν, μένοιεν ἐν τῇ νήσῳ, ἐρύματα ἔχοντες, ἔνθεν μὲν τὸν Τίγρητα, ἔνθεν δὲ τὴν διώρυχα· τὰ δ' ἐπιτήδεια ἔχοιεν ἐκ τῆς ἐν μέσῳ χώρας, πολλῆς καὶ ἀγαθῆς οὔσης, καὶ τῶν ἐργασομένων ἐνόντων· εἶτα δὲ καὶ ἀποστροφὴ γένοιτο, εἴ τις βούλοιτο βασιλέα

κακῶς ποιεῖν. 23. Μετὰ ταῦτα ἀνεπαύοντο· ἐπὶ μέντοι τὴν γέφυραν ὅμως φυλακὴν ἔπεμψαν. Καὶ οὔτε ἐπέθετο οὐδεὶς οὐδαμόθεν, οὔτε πρὸς τὴν γέφυραν οὐδεὶς ἦλθε τῶν πολεμίων, ὡς οἱ φυλάττοντες ἀπήγγελλον. 24. Ἐπειδὴ δὲ ἕως ἐγένετο, διέβαινον τὴν γέφυραν, ἐζευγμένην πλοίοις τριάκοντα καὶ ἑπτὰ, ὡς οἷόν τε μάλιστα πεφυλαγμένως· ἐξήγγελλον γάρ τινες τῶν παρὰ Τισσαφέρνους Ἑλλήνων, ὡς διαβαινόντων μέλλοιεν ἐπιθήσεσθαι. Ἀλλὰ ταῦτα μὲν ψευδῆ ἦν· διαβαινόντων μέντοι, ὁ Γλοῦς αὐτοῖς ἐπεφάνη μετ' ἄλλων, σκοπῶν, εἰ διαβαίνοιεν τὸν ποταμόν· ἐπεὶ δὲ εἶδεν, ᾤχετο ἀπελαύνων.

25. Ἀπὸ δὲ τοῦ Τίγρητος ἐπορεύθησαν σταθμοὺς τέτταρας, παρασάγγας εἴκοσιν, ἐπὶ τὸν Φύσκον ποταμὸν, τὸ εὖρος πλέθρου· ἐπῆν δὲ γέφυρα. Καὶ ἐνταῦθα ᾠκεῖτο πόλις μεγάλη, ᾗ ὄνομα Ὦπις· πρὸς ἣν ἀπήντησε τοῖς Ἕλλησιν ὁ Κύρου καὶ Ἀρταξέρξου νόθος ἀδελφὸς, ἀπὸ Σούσων καὶ Ἐκβατάνων στρατιὰν πολλὴν ἄγων, ὡς βοηθήσων βασιλεῖ· καὶ ἐπιστήσας τὸ ἑαυτοῦ στράτευμα, παρερχομένους τοὺς Ἕλληνας ἐθεώρει. 26. Ὁ δὲ Κλέαρχος ἡγεῖτο μὲν εἰς δύο, ἐπορεύετο δὲ ἄλλοτε καὶ ἄλλοτε ἐφιστάμενος. Ὅσον δὲ [ἂν] χρόνον τὸ ἡγούμενον τοῦ στρατεύματος ἐπιστήσειε, τοσοῦτον ἦν ἀνάγκη χρόνον δι' ὅλου τοῦ στρατεύματος γίγνεσθαι τὴν ἐπίστασιν· ὥστε τὸ στράτευμα καὶ αὐτοῖς τοῖς Ἕλλησι δόξαι πάμπολυ εἶναι, καὶ τὸν Πέρσην ἐκπεπλῆχθαι θεωροῦντα.

27. Ἐντεῦθεν δὲ ἐπορεύθησαν διὰ τῆς Μηδίας σταθμοὺς ἐρήμους ἕξ, παρασάγγας τριάκοντα, εἰς τὰς Παρυσάτιδος κώμας, τῆς Κύρου καὶ βασιλέως μητρός. Ταύτας

Τισσαφέρνης Κύρῳ ἐπεγγελῶν διαρπάσαι τοῖς Ἕλλησιν ἐπέτρεψε, πλὴν ἀνδραπόδων. Ἐνῆν δὲ σῖτος πολὺς, καὶ πρόβατα, καὶ ἄλλα χρήματα. 28. Ἐντεῦθεν δ' ἐπορεύθησαν σταθμοὺς ἐρήμους τέτταρας, παρασάγγας εἴκοσι, τὸν Τίγρητα ποταμὸν ἐν ἀριστερᾷ ἔχοντες. Ἐν δὲ τῷ πρώτῳ σταθμῷ πέραν τοῦ ποταμοῦ πόλις ᾠκεῖτο μεγάλη καὶ εὐδαίμων, ὄνομα Καιναὶ, ἐξ ἧς οἱ βάρβαροι διῆγον ἐπὶ σχεδίαις διφθερίναις ἄρτους, τυροὺς, οἶνον.

CAP. V.

1. Μετὰ ταῦτα ἀφικνοῦνται ἐπὶ τὸν Ζαπάταν ποταμὸν, τὸ εὖρος τεττάρων πλέθρων. Καὶ ἐνταῦθα ἔμειναν ἡμέρας τρεῖς. Ἐν δὲ ταύταις ὑποψίαι μὲν ἦσαν, φανερὰ δὲ οὐδεμία ἐφαίνετο ἐπιβουλή. 2. Ἔδοξεν οὖν τῷ Κλεάρχῳ ξυγγενέσθαι τῷ Τισσαφέρνει, καὶ εἴ πως δύναιτο, παῦσαι τὰς ὑποψίας, πρὶν ἐξ αὐτῶν πόλεμον γενέσθαι· καὶ ἔπεμψέ τινα ἐροῦντα, ὅτι ξυγγενέσθαι αὐτῷ χρῄζοι. Ὁ δὲ ἑτοίμως ἐκέλευεν ἥκειν. 3. Ἐπειδὴ δὲ ξυνῆλθον, λέγει ὁ Κλέαρχος τάδε·

Ἐγὼ, ὦ Τισσαφέρνη, οἶδα μὲν ἡμῖν ὅρκους γεγενημένους, καὶ δεξιὰς δεδομένας, μὴ ἀδικήσειν ἀλλήλους· φυλαττόμενον δὲ σέ τε ὁρῶ ὡς πολεμίους ἡμᾶς, καὶ ἡμεῖς, ὁρῶντες ταῦτα, ἀντιφυλαττόμεθα. 4. Ἐπεὶ δὲ σκοπῶν οὐ δύναμαι οὔτε σὲ αἰσθέσθαι πειρώμενον ἡμᾶς κακῶς ποιεῖν, ἐγώ τε σαφῶς οἶδα, ὅτι ἡμεῖς γε οὐδ' ἐπινοοῦμεν τοιοῦτον οὐδὲν, ἔδοξέ μοι εἰς λόγους σοι ἐλθεῖν, ὅπως, εἰ δυναίμεθα, ἐξέλοιμεν ἀλλήλων τὴν ἀπιστίαν. 5. Καὶ γὰρ οἶδα ἀνθρώπους ἤδη, τοὺς μὲν ἐκ διαβολῆς, τοὺς δὲ καὶ ἐξ ὑποψίας, οἳ φοβηθέντες ἀλλήλους, φθάσαι βουλόμενοι πρὶν παθεῖν, ἐποίησαν ἀνήκεστα κακὰ τοὺς οὔτε μέλλοντας οὔτ' αὖ βουλομένους τοιοῦτον οὐδέν. 6. Τὰς οὖν τοιαύτας ἀγνωμοσύνας νομίζων συνουσίαις μάλιστα ἂν παύεσθαι, ἥκω, καὶ διδάσκειν σε βούλομαι, ὡς σὺ ἡμῖν οὐκ ὀρθῶς ἀπιστεῖς.

7. Πρῶτον μὲν γὰρ καὶ μέγιστον, οἱ θεῶν ἡμᾶς ὅρκοι κωλύουσι πολεμίους εἶναι ἀλλήλοις· ὅστις δὲ τούτων σύνοιδεν αὑτῷ παρημεληκὼς, τοῦτον ἐγὼ οὔποτ' ἂν εὐδαιμονίσαιμι. Τὸν γὰρ θεῶν πόλεμον οὐκ οἶδα οὔτ' ἀπὸ ποίου ἂν τάχους [οὔτε ὅποι ἄν] τις φεύγων ἀποφύγοι, οὔτ' εἰς ποῖον ἂν σκότος ἀποδραίη, οὔθ' ὅπως ἂν εἰς ἐχυρὸν χωρίον ἀποσταίη. Πάντῃ γὰρ πάντα τοῖς θεοῖς ὕποχα, καὶ πανταχῇ πάντων ἴσον οἱ θεοὶ κρατοῦσι.

8. Περὶ μὲν δὴ τῶν θεῶν τε καὶ τῶν ὅρκων οὕτω γιγνώσκω, παρ' οἷς ἡμεῖς τὴν φιλίαν συνθέμενοι κατεθέμεθα· τῶν δ' ἀνθρωπίνων σὲ ἔγωγε ἐν τῷ παρόντι νομίζω μέγιστον εἶναι ἡμῖν ἀγαθόν. 9. Σὺν μὲν γὰρ σοὶ πᾶσα μὲν ὁδὸς εὔπορος, πᾶς δὲ ποταμὸς διαβατὸς, τῶν δ' ἐπιτηδείων οὐκ ἀπορία· ἄνευ δὲ σοῦ πᾶσα μὲν διὰ σκότους ἡ ὁδὸς (οὐδὲν γὰρ αὐτῆς ἐπιστάμεθα), πᾶς δὲ ποταμὸς δύσπορος, πᾶς δὲ ὄχλος φοβερὸς, φοβερώτατον δ' ἐρημία· μεστὴ γὰρ πολλῆς ἀπορίας ἐστίν. 10. Εἰ † δὲ δὴ καὶ μανέντες σε κατακτείναιμεν, ἄλλο τι ἂν ἢ, τὸν εὐεργέτην κατακτείναντες, πρὸς βασιλέα τὸν μέγιστον ἔφεδρον ἀγωνιζοίμεθα; Ὅσων δὲ δὴ καὶ οἵων ἂν ἐλπίδων ἐμαυτὸν στερήσαιμι, εἰ σέ τι κακὸν ἐπιχειρήσαιμι

ποιεῖν, ταῦτα λέξω. 11. Ἐγὼ γὰρ Κῦρον ἐπεθύμησά μοι φίλον γενέσθαι, νομίζων τῶν τότε ἱκανώτατον εἶναι εὖ ποιεῖν, ὃν βούλοιτο. Σὲ δὲ νῦν ὁρῶ τήν τε Κύρου δύναμιν καὶ χώραν ἔχοντα, καὶ τὴν σεαυτοῦ ἀρχὴν σώζοντα, τὴν δὲ βασιλέως δύναμιν, ᾗ Κῦρος πολεμίᾳ ἐχρῆτο, σοὶ ταύτην ξύμμαχον οὖσαν. 12. Τούτων δὲ τοιούτων ὄντων, τίς οὕτω μαίνεται, ὅστις οὐ βούλεταί σοι φίλος εἶναι;

Ἀλλὰ μὴν, — ἐρῶ γὰρ καὶ ταῦτα, ἐξ ὧν ἔχω ἐλπίδας, καὶ σὲ βουλήσεσθαι φίλον ἡμῖν εἶναι: — 13. οἶδα μὲν γὰρ ὑμῖν Μυσοὺς λυπηροὺς ὄντας, οὓς νομίζω ἂν σὺν τῇ παρούσῃ δυνάμει ταπεινοὺς ὑμῖν παρασχεῖν· οἶδα δὲ καὶ Πεισίδας· ἀκούω δὲ καὶ ἄλλα ἔθνη πολλὰ τοιαῦτα εἶναι, ἃ οἶμαι ἂν παῦσαι ἐνοχλοῦντα ἀεὶ τῇ ὑμετέρᾳ εὐδαιμονίᾳ. Αἰγυπτίους δὲ, οἷς μάλιστα ὑμᾶς νῦν γιγνώσκω τεθυμωμένους, οὐχ ὁρῶ, ποίᾳ δυνάμει συμμάχῳ χρησάμενοι μᾶλλον ἂν κολάσεσθε τῆς νῦν σὺν ἐμοὶ οὔσης. 14. Ἀλλὰ μὴν ἔν γε τοῖς πέριξ οἰκοῦσι, σὺ, εἰ μὲν βούλοιό τῳ φίλος εἶναι, ὡς μέγιστος ἂν εἴης· εἰ δέ τίς σε λυποίη, ὡς δεσπότης ἀναστρέφοιο, ἔχων ἡμᾶς ὑπηρέτας, οἵ σοι οὐκ ἂν τοῦ μισθοῦ ἕνεκα μόνον ὑπηρετοῖμεν, ἀλλὰ καὶ τῆς χάριτος, ἣς σωθέντες ὑπὸ σοῦ σοὶ ἂν ἔχοιμεν δικαίως. 15. Ἐμοὶ μὲν δὴ ταῦτα πάντα ἐνθυμουμένῳ οὕτω δοκεῖ θαυμαστὸν εἶναι τὸ σὲ ἡμῖν ἀπιστεῖν, ὥστε καὶ ἥδιστ' ἂν ἀκούσαιμι τὸ ὄνομα, τίς οὕτως ἐστὶ δεινὸς λέγειν, ὥστε σε πεῖσαι λέγων, ὡς ἡμεῖς σοὶ ἐπιβουλεύομεν. Κλέαρχος μὲν οὖν τοσαῦτα εἶπε· Τισσαφέρνης δὲ ὧδε ἀπημείφθη·

16. Ἀλλ' ἥδομαι μὲν, ὦ Κλέαρχε, ἀκούων σου φρονί-

μους λόγους· ταῦτα γὰρ γιγνώσκων, εἴ τι ἐμοὶ κακὸν βουλεύοις, ἅμα ἄν μοι δοκεῖς καὶ σαυτῷ κακόνους εἶναι. Ὡς δ' ἂν μάθῃς, ὅτι οὐδ' ἂν ὑμεῖς δικαίως οὔτε βασιλεῖ οὔτ' ἐμοὶ ἀπιστοίητε, ἀντάκουσον. 17. Εἰ γὰρ ὑμᾶς ἐβουλόμεθα ἀπολέσαι, πότερά σοι δοκοῦμεν ἱππέων πλήθους ἀπορεῖν, ἢ πεζῶν, ἢ ὁπλίσεως, ἐν ᾗ ὑμᾶς μὲν βλάπτειν ἱκανοὶ εἴημεν ἄν, ἀντιπάσχειν δὲ οὐδεὶς κίνδυνος; 18. Ἀλλὰ χωρίων ἐπιτηδείων ὑμῖν ἐπιτίθεσθαι ἀπορεῖν ἄν σοι δοκοῦμεν; Οὐ τοσαῦτα μὲν πεδία ἡμῖν φίλια ὄντα σὺν πολλῷ πόνῳ διαπορεύεσθε; τοσαῦτα δὲ ὄρη ὑμῖν ὁρᾶτε ὄντα πορευτέα, ἃ ἡμῖν ἔξεστι προκαταλαβοῦσιν ἄπορα ὑμῖν παρέχειν· τοσοῦτοι δ' εἰσὶ ποταμοὶ, ἐφ' ὧν ἔξεστιν ἡμῖν ταμιεύεσθαι, ὁπόσοις ἂν ὑμῶν βουλώμεθα μάχεσθαι· εἰσὶ δ' αὐτῶν, οὓς οὐδ' ἂν παντάπασι διαβαίητε, εἰ μὴ ἡμεῖς ὑμᾶς διαπορεύοιμεν. 19. Εἰ δ' ἐν πᾶσι τούτοις ἡττώμεθα, ἀλλὰ τό γέ τοι πῦρ κρεῖττον τοῦ καρποῦ ἐστιν· ὃν ἡμεῖς δυναίμεθ' ἂν κατακαύσαντες λιμὸν ὑμῖν ἀντιτάξαι, ᾧ ὑμεῖς οὐδ', εἰ πάνυ ἀγαθοὶ εἴητε, μάχεσθαι ἂν δύναισθε.

20. Πῶς ἂν οὖν, ἔχοντες τοσούτους πόρους πρὸς τὸ ὑμῖν πολεμεῖν, καὶ τούτων μηδένα ἡμῖν ἐπικίνδυνον, ἔπειτα ἐκ τούτων πάντων τοῦτον ἂν τὸν τρόπον ἐξελοίμεθα, ὃς μόνος μὲν πρὸς θεῶν ἀσεβὴς, μόνος δὲ πρὸς ἀνθρώπων αἰσχρός; 21. Παντάπασι δὲ ἀπόρων ἐστὶ καὶ ἀμηχάνων καὶ ἀνάγκῃ ἐχομένων, καὶ τούτων πονηρῶν, οἵτινες ἐθέλουσι δι' ἐπιορκίας τε πρὸς θεοὺς, καὶ ἀπιστίας πρὸς ἀνθρώπους, πράττειν τι. Οὐχ οὕτως ἡμεῖς, ὦ Κλέαρχε, οὔτε ἀλόγιστοι οὔτε ἠλίθιοί ἐσμεν. 22. Ἀλλὰ τί δὴ, ὑμᾶς ἐξὸν ἀπολέσαι, οὐκ ἐπὶ τοῦτο ἤλθομεν; Εὖ ἴσθι,

ὅτι ὁ ἐμὸς ἔρως τούτου αἴτιος τὸ τοῖς Ἕλλησιν ἐμὲ πιστὸν γενέσθαι, καὶ ᾧ Κῦρος ἀνέβη ξενικῷ διὰ μισθοδοσίας πιστεύων, τούτῳ ἐμὲ καταβῆναι δι' εὐεργεσίας ἰσχυρόν. 23. Ὅσα δέ μοι ὑμεῖς χρήσιμοι ἔσεσθε, τὰ μὲν καὶ σὺ εἶπες, τὸ δὲ μέγιστον ἐγὼ οἶδα· τὴν μὲν γὰρ ἐπὶ τῇ κεφαλῇ τιάραν βασιλεῖ μόνῳ ἔξεστιν ὀρθὴν ἔχειν, τὴν δ' ἐπὶ τῇ καρδίᾳ ἴσως ἂν ὑμῶν παρόντων καὶ ἕτερος εὐπετῶς ἔχοι.

24. Ταῦτα εἰπὼν ἔδοξε τῷ Κλεάρχῳ ἀληθῆ λέγειν· καὶ εἶπεν· Οὐκοῦν, ἔφη, οἵτινες, τοιούτων ἡμῖν εἰς φιλίαν ὑπαρχόντων, πειρῶνται διαβάλλοντες ποιῆσαι πολεμίους ἡμᾶς, ἄξιοί εἰσι τὰ ἔσχατα παθεῖν; 25. Καὶ ἐγὼ μέν γε, ἔφη ὁ Τισσαφέρνης, εἰ βούλεσθέ μοι, οἵ τε στρατηγοὶ καὶ οἱ λοχαγοὶ, ἐλθεῖν ἐν τῷ ἐμφανεῖ, λέξω τοὺς πρὸς ἐμὲ λέγοντας, ὡς σὺ ἐμοὶ ἐπιβουλεύεις καὶ τῇ σὺν ἐμοὶ στρατιᾷ. 26. Ἐγὼ δὲ, ἔφη ὁ Κλέαρχος, ἄξω πάντας· καὶ σοὶ αὖ δηλώσω, ὅθεν ἐγὼ περὶ σοῦ ἀκούω.

27. Ἐκ τούτων δὴ τῶν λόγων, ὁ Τισσαφέρνης φιλοφρονούμενος τότε μὲν μένειν τε αὐτὸν ἐκέλευσε καὶ σύνδειπνον ἐποιήσατο· τῇ δὲ ὑστεραίᾳ ὁ Κλέαρχος, ἐλθὼν ἐπὶ τὸ στρατόπεδον, δῆλός τ' ἦν πάνυ φιλικῶς οἰόμενος διακεῖσθαι τῷ Τισσαφέρνει, καὶ, ἃ ἔλεγεν ἐκεῖνος, ἀπήγγελλεν· ἔφη τε χρῆναι ἰέναι παρὰ Τισσαφέρνην, οὓς ἐκέλευσε, καὶ οἳ ἂν ἐξελεγχθῶσι διαβάλλοντες τῶν Ἑλλήνων, ὡς προδότας αὐτοὺς καὶ κακόνους τοῖς Ἕλλησιν ὄντας τιμωρηθῆναι. 28. Ὑπώπτευε δὲ, εἶναι τὸν διαβάλλοντα Μένωνα, εἰδὼς αὐτὸν καὶ συγγεγενημένον Τισσαφέρνει μετ' Ἀριαίου, καὶ στασιάζοντα αὐτῷ καὶ ἐπιβουλεύοντα,

ὅπως τὸ στράτευμα ἅπαν πρὸς ἑαυτὸν λαβών, φίλος ᾖ Τισσαφέρνει. 29. Ἐβούλετο δὲ καὶ ὁ Κλέαρχος ἅπαν τὸ στράτευμα πρὸς ἑαυτὸν ἔχειν τὴν γνώμην, καὶ τοὺς παραλυποῦντας ἐκποδὼν εἶναι. Τῶν δὲ στρατιωτῶν ἀντέλεγόν τινες αὐτῷ, μὴ ἰέναι πάντας τοὺς λοχαγοὺς καὶ στρατηγούς, μηδὲ πιστεύειν Τισσαφέρνει. 30. Ὁ δὲ Κλέαρχος ἰσχυρῶς κατέτεινεν, ἔστε διεπράξατο πέντε μὲν στρατηγοὺς ἰέναι, εἴκοσι δὲ λοχαγούς· συνηκολούθησαν δέ, ὡς εἰς ἀγοράν, καὶ τῶν ἄλλων στρατιωτῶν ὡς διακόσιοι.

31. Ἐπεὶ δὲ ἦσαν ἐπὶ ταῖς θύραις ταῖς Τισσαφέρνους, οἱ μὲν στρατηγοὶ παρεκλήθησαν εἴσω, Πρόξενος Βοιώτιος, Μένων Θετταλός, Ἀγίας Ἀρκάς, Κλέαρχος Λάκων, Σωκράτης Ἀχαιός· οἱ δὲ λοχαγοὶ ἐπὶ ταῖς θύραις ἔμενον. 32. Οὐ πολλῷ δὲ ὕστερον, ἀπὸ τοῦ αὐτοῦ σημείου, οἵ τ' ἔνδον ξυνελαμβάνοντο, καὶ οἱ ἔξω κατεκόπησαν. Μετὰ δὲ ταῦτα τῶν βαρβάρων τινὲς ἱππέων, διὰ τοῦ πεδίου ἐλαύνοντες, ᾧτινι ἐντυγχάνοιεν Ἕλληνι, ἢ δούλῳ ἢ ἐλευθέρῳ, πάντας ἔκτεινον. 33. Οἱ δὲ Ἕλληνες τήν τε ἱππασίαν αὐτῶν ἐθαύμαζον, ἐκ τοῦ στρατοπέδου ὁρῶντες, καί, ὅ τι ἐποίουν, ἠμφιγνόουν, πρὶν Νίκαρχος Ἀρκὰς ἧκε φεύγων, τετρωμένος εἰς τὴν γαστέρα, καὶ τὰ ἔντερα ἐν ταῖς χερσὶν ἔχων, καὶ εἶπε πάντα τὰ γεγενημένα. 34. Ἐκ τούτου δὴ οἱ Ἕλληνες ἔθεον ἐπὶ τὰ ὅπλα πάντες, ἐκπεπληγμένοι, καὶ νομίζοντες αὐτίκα ἥξειν αὐτοὺς ἐπὶ τὸ στρατόπεδον.

35. Οἱ δὲ πάντες μὲν οὐκ ἦλθον, Ἀριαῖος δὲ καὶ Ἀρτάοζος καὶ Μιθριδάτης, οἳ ἦσαν Κύρῳ πιστότατοι·

ὁ δὲ τῶν Ἑλλήνων ἑρμηνεὺς ἔφη καὶ τὸν Τισσαφέρνους ἀδελφὸν σὺν αὐτοῖς ὁρᾶν καὶ γιγνώσκειν· ξυνηκολούθουν δὲ καὶ ἄλλοι Περσῶν τεθωρακισμένοι εἰς τριακοσίους. 36. Οὗτοι, ἐπεὶ ἐγγὺς ἦσαν, προσελθεῖν ἐκέλευον, εἴ τις εἴη τῶν Ἑλλήνων ἢ στρατηγὸς ἢ λοχαγός, ἵνα ἀπαγγείλωσι τὰ παρὰ βασιλέως. 37. Μετὰ ταῦτα ἐξῆλθον φυλαττόμενοι τῶν Ἑλλήνων στρατηγοὶ μὲν Κλεάνωρ Ὀρχομένιος καὶ Σοφαίνετος Στυμφάλιος, ξὺν αὐτοῖς δὲ Ξενοφῶν Ἀθηναῖος, ὅπως μάθοι τὰ περὶ Προξένου· Χειρίσοφος δ' ἐτύγχανεν ἀπὼν ἐν κώμῃ τινὶ ξὺν ἄλλοις, ἐπισιτιζόμενος.

38. Ἐπεὶ δὲ ἔστησαν εἰς ἐπήκοον, εἶπεν Ἀριαῖος τάδε· Κλέαρχος μέν, ὦ ἄνδρες Ἕλληνες, ἐπεὶ ἐπιορκῶν τε ἐφάνη καὶ τὰς σπονδὰς λύων, ἔχει τὴν δίκην καὶ τέθνηκε· Πρόξενος δὲ καὶ Μένων, ὅτι κατήγγειλαν αὐτοῦ τὴν ἐπιβουλήν, ἐν μεγάλῃ τιμῇ εἰσιν· ὑμᾶς δὲ ὁ βασιλεὺς τὰ ὅπλα ἀπαιτεῖ· ἑαυτοῦ γὰρ εἶναί φησιν, ἐπείπερ Κύρου ἦσαν τοῦ ἐκείνου δούλου. 39. Πρὸς ταῦτα ἀπεκρίναντο οἱ Ἕλληνες (ἔλεγε δὲ Κλεάνωρ ὁ Ὀρχομένιος)· Ὦ κάκιστε ἀνθρώπων Ἀριαῖε, καὶ οἱ ἄλλοι ὅσοι ἦτε Κύρου φίλοι, οὐκ αἰσχύνεσθε οὔτε θεοὺς οὔτ' ἀνθρώπους, οἵτινες, ὀμόσαντες ἡμῖν τοὺς αὐτοὺς φίλους καὶ ἐχθροὺς νομιεῖν, προδόντες ἡμᾶς σὺν Τισσαφέρνει τῷ ἀθεωτάτῳ τε καὶ πανουργοτάτῳ, τούς τε ἄνδρας αὐτούς, οἷς ὤμνυτε, [ὡς] ἀπολωλέκατε, καὶ τοὺς ἄλλους ἡμᾶς προδεδωκότες, ξὺν τοῖς πολεμίοις ἐφ' ἡμᾶς ἔρχεσθε;

40. Ὁ δὲ Ἀριαῖος εἶπε· Κλέαρχος γὰρ πρόσθεν ἐπιβουλεύων φανερὸς ἐγένετο Τισσαφέρνει τε καὶ Ὀρόντᾳ,

καὶ πᾶσιν ἡμῖν τοῖς ξὺν τούτοις. 41. Ἐπὶ τούτοις Ξενοφῶν τάδε εἶπε· Κλέαρχος μὲν τοίνυν, εἰ παρὰ τοὺς ὅρκους ἔλυε τὰς σπονδὰς, τὴν δίκην ἔχει· δίκαιον γὰρ, ἀπόλλυσθαι τοὺς ἐπιορκοῦντας. Πρόξενος δὲ καὶ Μένων ἐπείπερ εἰσὶν ὑμέτεροι μὲν εὐεργέται, ἡμέτεροι δὲ στρατηγοὶ, πέμψατε αὐτοὺς δεῦρο· δῆλον γὰρ, ὅτι, φίλοι γε ὄντες ἀμφοτέροις, πειράσονται καὶ ὑμῖν καὶ ἡμῖν τὰ βέλτιστα ξυμβουλεύειν. 42. Πρὸς ταῦτα οἱ βάρβαροι, πολὺν χρόνον διαλεχθέντες ἀλλήλοις, ἀπῆλθον οὐδὲν ἀποκρινάμενοι.

CAP. VI.

1. Οἱ μὲν δὴ στρατηγοὶ οὕτω ληφθέντες, ἀνήχθησαν ὡς βασιλέα, καὶ ἀποτμηθέντες τὰς κεφαλὰς ἐτελεύτησαν· εἷς μὲν αὐτῶν, Κλέαρχος, ὁμολογουμένως ἐκ πάντων τῶν ἐμπείρως αὐτοῦ ἐχόντων, δόξας γενέσθαι ἀνὴρ καὶ πολεμικὸς καὶ φιλοπόλεμος ἐσχάτως.

2. Καὶ γὰρ δὴ, ἕως μὲν πόλεμος ἦν τοῖς Λακεδαιμονίοις πρὸς τοὺς Ἀθηναίους, παρέμενεν· ἐπεὶ δὲ εἰρήνη ἐγένετο, πείσας τὴν αὑτοῦ πόλιν, ὡς οἱ Θρᾷκες ἀδικοῦσι τοὺς Ἕλληνας, καὶ διαπραξάμενος ὡς ἐδύνατο παρὰ τῶν Ἐφόρων, ἐξέπλει ὡς πολεμήσων τοῖς ὑπὲρ Χεῤῥονήσου καὶ Περίνθου Θρᾳξίν. 3. Ἐπεὶ δὲ μεταγνόντες πως οἱ Ἔφοροι, ἤδη ἔξω ὄντος αὐτοῦ, ἀποστρέφειν αὐτὸν ἐπειρῶντο ἐξ Ἰσθμοῦ, ἐνταῦθα οὐκέτι πείθεται, ἀλλ' ᾤχετο πλέων εἰς Ἑλλήσποντον. 4. Ἐκ τούτου καὶ ἐθανατώθη ὑπὸ τῶν ἐν τῇ Σπάρτῃ τελῶν, ὡς ἀπειθῶν. Ἤδη δὲ φυγὰς ὢν, ἔρχεται πρὸς Κῦρον, καὶ ὁποίοις μὲν λόγοις ἔπεισε Κῦρον

ἄλλῃ γέγραπται· δίδωσι δὲ αὐτῷ Κῦρος μυρίους δαρεικούς. 5. Ὁ δὲ λαβὼν, οὐκ ἐπὶ ῥᾳθυμίαν ἐτράπετο, ἀλλ' ἀπὸ τούτων τῶν χρημάτων συλλέξας στράτευμα, ἐπολέμει τοῖς Θρᾳξί· καὶ μάχῃ τε ἐνίκησε, καὶ ἀπὸ τούτου δὴ ἔφερε καὶ ἦγε τούτους· καὶ πολεμῶν διεγένετο, μέχρι Κῦρος ἐδεήθη τοῦ στρατεύματος· τότε δὲ ἀπῆλθεν, ὡς ξὺν ἐκείνῳ αὖ πολεμήσων.

6. Ταῦτα οὖν φιλοπολέμου μοι δοκεῖ ἀνδρὸς ἔργα εἶναι, ὅστις, ἐξὸν μὲν εἰρήνην ἔχειν ἄνευ αἰσχύνης καὶ βλάβης, αἱρεῖται πολεμεῖν· ἐξὸν δὲ ῥᾳθυμεῖν, βούλεται πονεῖν ὥστε πολεμεῖν· ἐξὸν δὲ χρήματα ἔχειν ἀκινδύνως, αἱρεῖται πολεμῶν μείονα ταῦτα ποιεῖν. Ἐκεῖνος δὲ, ὥσπερ εἰς παιδικὰ ἢ εἰς ἄλλην τινὰ ἡδονὴν, ἤθελε δαπανᾶν εἰς πόλεμον. Οὕτω μὲν φιλοπόλεμος ἦν. 7. Πολεμικὸς δὲ αὖ ταύτῃ ἐδόκει εἶναι, ὅτι φιλοκίνδυνός τε ἦν, καὶ ἡμέρας καὶ νυκτὸς ἄγων ἐπὶ τοὺς πολεμίους, καὶ ἐν τοῖς δεινοῖς φρόνιμος, ὡς οἱ παρόντες πανταχοῦ πάντες ὡμολόγουν.

8. Καὶ ἀρχικὸς δ' ἐλέγετο εἶναι, ὡς δυνατὸν ἐκ τοῦ τοιούτου τρόπου, οἷον καὶ ἐκεῖνος εἶχεν. Ἱκανὸς μὲν γὰρ, ὥς τις καὶ ἄλλος, φροντίζειν ἦν, ὅπως ἔχοι ἡ στρατιὰ αὐτοῦ τὰ ἐπιτήδεια, καὶ παρασκευάζειν ταῦτα· ἱκανὸς δὲ καὶ ἐμποιῆσαι τοῖς παροῦσιν, ὡς πειστέον εἴη Κλεάρχῳ. 9. Τοῦτο δ' ἐποίει ἐκ τοῦ χαλεπὸς εἶναι· καὶ γὰρ ὁρᾶν στυγνὸς ἦν, καὶ τῇ φωνῇ τραχύς· ἐκόλαζέ τε ἀεὶ ἰσχυρῶς, καὶ ὀργῇ ἐνίοτε, ὥστε καὶ αὐτῷ μεταμέλειν ἔσθ' ὅτε. Καὶ γνώμῃ δ' ἐκόλαζεν· ἀκολάστου γὰρ στρατεύματος οὐδὲν ἡγεῖτο ὄφελος εἶναι. 10. Ἀλλὰ καὶ λέγειν αὐτὸν ἔφασαν, ὡς δέοι τὸν στρατιώτην φοβεῖσθαι μᾶλλον τὸν

ἄρχοντα ἢ τοὺς πολεμίους, εἰ μέλλοι ἢ φυλακὰς φυλάξειν, ἢ φίλων ἀφέξεσθαι, ἢ ἀπροφασίστως ἰέναι πρὸς τοὺς πολεμίους. 11. Ἐν μὲν οὖν τοῖς δεινοῖς ἤθελον αὐτοῦ ἀκούειν σφόδρα, καὶ οὐκ ἄλλον ᾑροῦντο οἱ στρατιῶται. Καὶ γὰρ τὸ στυγνὸν τότε φαιδρὸν αὐτοῦ ἐν τοῖς [ἄλλοις] προσώποις ἔφασαν φαίνεσθαι, καὶ τὸ χαλεπὸν ἐῤῥωμένον πρὸς τοὺς πολεμίους ἐδόκει εἶναι· ὥστε σωτήριον καὶ οὐκέτι χαλεπὸν ἐφαίνετο. 12. Ὅτε δ' ἔξω τοῦ δεινοῦ γένοιντο, καὶ ἐξείη πρὸς ἄλλους ἀρχομένους ἀπιέναι, πολλοὶ αὐτὸν ἀπέλειπον· τὸ γὰρ ἐπίχαρι οὐκ εἶχεν, ἀλλ' ἀεὶ χαλεπὸς ἦν καὶ ὠμός· ὥστε διέκειντο πρὸς αὐτὸν οἱ στρατιῶται, ὥσπερ παῖδες πρὸς διδάσκαλον. 13. Καὶ γὰρ οὖν φιλίᾳ μὲν καὶ εὐνοίᾳ ἑπομένους οὐδέποτε εἶχεν· οἵτινες δὲ ἢ ὑπὸ πόλεως τεταγμένοι, ἢ ὑπὸ τοῦ δεῖσθαι, ἢ ἄλλῃ τινὶ ἀνάγκῃ κατεχόμενοι παρείησαν αὐτῷ, σφόδρα πειθομένοις ἐχρῆτο. 14. Ἐπεὶ δὲ ἤρξαντο νικᾶν ξὺν αὐτῷ τοὺς πολεμίους, ἤδη μεγάλα ἦν τὰ χρησίμους ποιοῦντα εἶναι τοὺς ξὺν αὐτῷ στρατιώτας· τό τε γὰρ πρὸς τοὺς πολεμίους θαῤῥαλέως ἔχειν παρῆν, καὶ τὸ τὴν παρ' ἐκείνου τιμωρίαν φοβεῖσθαι αὐτοὺς εὐτάκτους ἐποίει. 15. Τοιοῦτος μὲν δὴ ἄρχων ἦν· ἄρχεσθαι δὲ ὑπὸ ἄλλων οὐ μάλα ἐθέλειν ἐλέγετο. Ἦν δὲ, ὅτε ἐτελεύτα, ἀμφὶ τὰ πεντήκοντα ἔτη.

16. Πρόξενος δὲ ὁ Βοιώτιος εὐθὺς μὲν μειράκιον ὢν ἐπεθύμει γενέσθαι ἀνὴρ τὰ μεγάλα πράττειν ἱκανός· καὶ διὰ ταύτην τὴν ἐπιθυμίαν ἔδωκε Γοργίᾳ ἀργύριον τῷ Λεοντίνῳ. 17. Ἐπεὶ δὲ συνεγένετο ἐκείνῳ, ἱκανὸς νομίσας ἤδη εἶναι καὶ ἄρχειν, καὶ, φίλος ὢν τοῖς πρώτοις, μὴ

ἡττᾶσθαι εὐεργετῶν, ἦλθεν εἰς ταύτας τὰς σὺν Κύρῳ πράξεις· καὶ ᾤετο κτήσεσθαι ἐκ τούτων ὄνομα μέγα, καὶ δύναμιν μεγάλην, καὶ χρήματα πολλά. 18. Τοσούτων δ' ἐπιθυμῶν, σφόδρα ἔνδηλον αὖ καὶ τοῦτο εἶχεν, ὅτι τούτων οὐδὲν ἂν θέλοι κτᾶσθαι μετὰ ἀδικίας, ἀλλὰ σὺν τῷ δικαίῳ καὶ καλῷ ᾤετο δεῖν τούτων τυγχάνειν, ἄνευ δὲ τούτων μή. 19. Ἄρχειν δὲ καλῶν μὲν καὶ ἀγαθῶν δυνατὸς ἦν· οὐ μέντοι οὔτ' αἰδῶ τοῖς στρατιώταις ἑαυτοῦ οὔτε φόβον ἱκανὸς ἐμποιῆσαι, ἀλλὰ καὶ ᾐσχύνετο μᾶλλον τοὺς στρατιώτας, ἢ οἱ ἀρχόμενοι ἐκεῖνον· καὶ φοβούμενος μᾶλλον ἦν φανερὸς τὸ ἀπεχθάνεσθαι τοῖς στρατιώταις, ἢ οἱ στρατιῶται τὸ ἀπιστεῖν ἐκείνῳ. 20. Ὤιετο δὲ ἀρκεῖν πρὸς τὸ ἀρχικὸν εἶναι καὶ δοκεῖν, τὸν μὲν καλῶς ποιοῦντα ἐπαινεῖν, τὸν δὲ ἀδικοῦντα μὴ ἐπαινεῖν. Τοιγαροῦν αὐτῷ οἱ μὲν καλοί τε κἀγαθοὶ τῶν συνόντων εὖνοι ἦσαν, οἱ δὲ ἄδικοι ἐπεβούλευον, ὡς εὐμεταχειρίστῳ ὄντι. Ὅτε δὲ ἀπέθνησκεν, ἦν ἐτῶν ὡς τριάκοντα.

21. Μένων δὲ ὁ Θετταλὸς δῆλος ἦν ἐπιθυμῶν μὲν πλουτεῖν ἰσχυρῶς, ἐπιθυμῶν δὲ ἄρχειν, ὅπως πλείω λαμβάνοι, ἐπιθυμῶν δὲ τιμᾶσθαι, ἵνα πλείω κερδαίνοι· φίλος τε ἐβούλετο εἶναι τοῖς μέγιστα δυναμένοις, ἵνα ἀδικῶν μὴ διδοίη δίκην. 22. Ἐπὶ δὲ τὸ κατεργάζεσθαι ὧν ἐπιθυμοίη, συντομωτάτην ᾤετο ὁδὸν εἶναι διὰ τοῦ ἐπιορκεῖν τε καὶ ψεύδεσθαι καὶ ἐξαπατᾶν· τὸ δ' ἁπλοῦν καὶ τὸ ἀληθὲς ἐνόμιζε τὸ αὐτὸ τῷ ἠλιθίῳ εἶναι. 23. Στέργων δὲ φανερὸς μὲν ἦν οὐδένα, ὅτῳ δὲ φαίη φίλος εἶναι, τούτῳ ἔνδηλος ἐγίγνετο ἐπιβουλεύων. Καὶ πολεμίου μὲν οὐδενὸς κατεγέλα, τῶν δὲ συνόντων πάντων ὡς καταγελῶν ἀεὶ διελέ-

γετο. 24. *Καὶ* τοῖς μὲν τῶν πολεμίων κτήμασιν οὐκ ἐπεβούλευε· χαλεπὸν γὰρ ᾤετο εἶναι, τὰ τῶν φυλαττομένων λαμβάνειν· τὰ δὲ τῶν φίλων μόνος ᾤετο εἰδέναι ῥᾷστον ὂν ἀφύλακτα λαμβάνειν. 25. *Καὶ* ὅσους μὲν [ἂν] αἰσθάνοιτο ἐπιόρκους καὶ ἀδίκους, ὡς εὖ ὡπλισμένους ἐφοβεῖτο· τοῖς δ' ὁσίοις καὶ ἀλήθειαν ἀσκοῦσιν ὡς ἀνάνδροις ἐπειρᾶτο χρῆσθαι. 26. *Ὥσπερ* δέ τις ἀγάλλεται ἐπὶ θεοσεβείᾳ καὶ ἀληθείᾳ καὶ δικαιότητι, οὕτω Μένων ἠγάλλετο τῷ ἐξαπατᾶν δύνασθαι, τῷ πλάσασθαι ψευδῆ, τῷ φίλους διαγελᾶν· τὸν δὲ μὴ πανοῦργον τῶν ἀπαιδεύτων ἀεὶ ἐνόμιζεν εἶναι. *Καὶ* παρ' οἷς μὲν ἐπεχείρει πρωτεύειν φιλίᾳ, διαβάλλων τοὺς πρώτους, τούτους ᾤετο δεῖν κτήσασθαι. 27. *Τὸ* δὲ πειθομένους τοὺς στρατιώτας παρέχεσθαι ἐκ τοῦ συναδικεῖν αὐτοῖς ἐμηχανᾶτο. *Τιμᾶσθαι* δὲ καὶ θεραπεύεσθαι ἠξίου, ἐπιδεικνύμενος, ὅτι πλεῖστα δύναιτο καὶ ἐθέλοι ἂν ἀδικεῖν. *Εὐεργεσίαν* δὲ κατέλεγεν, ὁπότε τις αὐτοῦ ἀφίστατο, ὅτι χρώμενος αὐτῷ οὐκ ἀπώλεσεν αὐτόν.

28. *Καὶ* τὰ μὲν δὴ ἀφανῆ ἔξεστι περὶ αὐτοῦ ψεύδεσθαι· ἃ δὲ πάντες ἴσασι, τάδ' ἐστί. *Παρὰ* Ἀριστίππῳ μὲν, ἔτι ὡραῖος ὤν, στρατηγεῖν διεπράξατο τῶν ξένων· Ἀριαίῳ δὲ, βαρβάρῳ ὄντι, ὅτι μειρακίοις καλοῖς ἥδετο, οἰκειότατος ἔτι ὡραῖος ὢν ἐγένετο· αὐτὸς δὲ παιδικὰ εἶχε Θαρύπαν, ἀγένειος ὢν γενειῶντα. 29. *Ἀποθνησκόντων* δὲ τῶν συστρατηγῶν, ὅτι ἐστράτευσαν ἐπὶ βασιλέα ξὺν *Κύρῳ*, ταὐτὰ πεποιηκὼς οὐκ ἀπέθανε· μετὰ δὲ τὸν τῶν ἄλλων θάνατον στρατηγῶν, τιμωρηθεὶς ὑπὸ βασιλέως ἀπέθανεν, οὐχ ὥσπερ *Κλέαρχος* καὶ οἱ ἄλλοι στρατηγοὶ

ἀποτμηθέντες τὰς κεφαλὰς (ὅσπερ τάχιστος θάνατος δοκεῖ εἶναι), ἀλλὰ ζῶν αἰκισθεὶς ἐνιαυτὸν, ὡς πονηρὸς λέγεται τῆς τελευτῆς τυχεῖν.

30. Ἀγίας δὲ ὁ Ἀρκὰς, καὶ Σωκράτης ὁ Ἀχαιὸς, καὶ τούτω ἀπεθανέτην. Τούτων δὲ οὐθ' ὡς ἐν πολέμῳ κακῶν οὐδεὶς κατεγέλα, οὔτ' ἐς φιλίαν αὐτοὺς ἐμέμφετο· ἤστην δὲ ἄμφω ἀμφὶ τὰ πέντε καὶ τριάκοντα ἔτη ἀπὸ γενεᾶς.

ΞΕΝΟΦΩΝΤΟΣ

ΚΥΡΟΥ ΑΝΑΒΑΣΕΩΣ Γ'.

CAP. I.

Ὅσα μὲν δὴ ἐν τῇ ἀναβάσει τῇ μετὰ Κύρου οἱ Ἕλληνες ἔπραξαν μέχρι τῆς μάχης, καὶ ὅσα, ἐπεὶ Κῦρος ἐτελεύτησεν, ἐγένετο, ἀπιόντων τῶν Ἑλλήνων σὺν Τισσαφέρνει ἐν ταῖς σπονδαῖς, ἐν τῷ πρόσθεν λόγῳ δεδήλωται. 2. Ἐπεὶ δὲ οἵ τε στρατηγοὶ συνειλημμένοι ἦσαν, καὶ τῶν λοχαγῶν καὶ τῶν στρατιωτῶν οἱ συνεπόμενοι ἀπολώλεσαν, ἐν πολλῇ δὴ ἀπορίᾳ ἦσαν οἱ Ἕλληνες, ἐννοούμενοι μὲν, ὅτι ἐπὶ ταῖς βασιλέως θύραις ἦσαν, κύκλῳ δὲ αὐτοῖς πάντη πολλὰ καὶ ἔθνη καὶ πόλεις πολέμιαι ἦσαν, ἀγορὰν δὲ οὐδεὶς ἔτι παρέξειν ἔμελλεν, ἀπεῖχον δὲ τῆς Ἑλλάδος οὐ μεῖον ἢ μύρια στάδια, ἡγεμὼν δ' οὐδεὶς τῆς ὁδοῦ ἦν, ποταμοὶ δὲ διεῖργον ἀδιάβατοι ἐν μέσῳ τῆς οἴκαδε ὁδοῦ, προὐδεδώκεσαν δὲ αὐτοὺς καὶ οἱ σὺν Κύρῳ ἀναβάντες βάρβαροι, μόνοι δὲ καταλελειμμένοι ἦσαν, οὐδὲ ἱππέα οὐδένα σύμμαχον ἔχοντες· ὥστ' εὔδηλον ἦν, ὅτι νικῶντες μὲν οὐδένα ἂν κατακάνοιεν, ἡττηθέντων δὲ αὐτῶν οὐδεὶς ἂν λειφθείη. 3. Ταῦτα ἐννοούμενοι, καὶ ἀθύμως ἔχοντες, ὀλίγοι μὲν αὐτῶν εἰς τὴν ἑσπέραν σίτου ἐγεύσαντο, ὀλίγοι δὲ πῦρ ἀνέκαυσαν, ἐπὶ δὲ τὰ ὅπλα πολλοὶ οὐκ ἦλθον ταύτην τὴν νύκτα, ἀνεπαύοντο δὲ ὅπου ἐτύγχανεν ἕκαστος, οὐ δυνάμενοι καθεύδειν ὑπὸ λύπης καὶ πόθου πατρίδων, γονέων, γυναικῶν, παίδων, οὓς οὔποτ' ἐνόμιζον ἔτι ὄψεσθαι. Οὕτω μὲν δὴ διακείμενοι πάντες ἀνεπαύοντο.

4. Ἦν δέ τις ἐν τῇ στρατιᾷ Ξενοφῶν Ἀθηναῖος, ὃς οὔτε στρατηγὸς οὔτε λοχαγὸς οὔτε στρατιώτης ὢν συνηκολούθει, ἀλλὰ Πρόξενος αὐτὸν μετεπέμψατο οἴκοθεν, ξένος ὢν ἀρχαῖος· ὑπισχνεῖτο δὲ [αὐτῷ], εἰ ἔλθοι, φίλον αὐτὸν Κύρῳ ποιήσειν· ὃν αὐτὸς ἔφη κρείττω ἑαυτῷ νομίζειν τῆς πατρίδος. 5. Ὁ μέντοι Ξενοφῶν, ἀναγνοὺς τὴν ἐπιστολὴν, ἀνακοινοῦται Σωκράτει τῷ Ἀθηναίῳ περὶ τῆς πορείας. Καὶ ὁ Σωκράτης, ὑποπτεύσας, μή τι πρὸς τῆς πόλεώς οἱ ἐπαίτιον εἴη Κύρῳ φίλον γενέσθαι (ὅτι ἐδόκει ὁ Κῦρος προθύμως τοῖς Λακεδαιμονίοις ἐπὶ τὰς Ἀθήνας συμπολεμῆσαι), συμβουλεύει τῷ Ξενοφῶντι, ἐλθόντα εἰς Δελφοὺς ἀνακοινῶσαι τῷ θεῷ περὶ τῆς πορείας.

6. Ἐλθὼν δ' ὁ Ξενοφῶν ἐπήρετο τὸν Ἀπόλλω, τίνι ἂν θεῶν θύων καὶ εὐχόμενος κάλλιστα καὶ ἄριστα ἔλθοι τὴν ὁδὸν, ἣν ἐπινοεῖ, καὶ καλῶς πράξας σωθείη. Καὶ ἀνεῖλεν αὐτῷ ὁ Ἀπόλλων θεοῖς οἷς ἔδει θύειν. 7. Ἐπεὶ δὲ πάλιν ἦλθε, λέγει τὴν μαντείαν τῷ Σωκράτει. Ὁ δ' ἀκούσας ᾐτιᾶτο αὐτὸν, ὅτι οὐ τοῦτο πρότερον ἠρώτα, πότερον λῷον εἴη αὐτῷ πορεύεσθαι, ἢ μένειν, ἀλλ' αὐτὸς κρίνας ἰτέον εἶναι, τοῦτ' ἐπυνθάνετο, ὅπως ἂν κάλλιστα πορευθείη. Ἐπεὶ μέντοι οὕτως ἤρου, ταῦτ', ἔφη, χρὴ ποιεῖν, ὅσα ὁ θεὸς ἐκέλευσεν. 8. Ὁ μὲν δὴ Ξενοφῶν, οὕτω θυσάμενος

οἷς ἀνεῖλεν ὁ θεὸς, ἐξέπλει, καὶ καταλαμβάνει ἐν Σάρδεσι Πρόξενον καὶ Κῦρον, μέλλοντας ἤδη ὁρμᾶν τὴν ἄνω ὁδόν· καὶ συνεστάθη Κύρῳ. 9. Προθυμουμένου δὲ τοῦ Προξένου, καὶ ὁ Κῦρος συμπρουθυμεῖτο μεῖναι αὐτόν· εἶπε δὲ, ὅτι, ἐπειδὰν τάχιστα ἡ στρατεία λήξῃ, εὐθὺς ἀποπέμψει αὐτόν. Ἐλέγετο δὲ ὁ στόλος εἶναι εἰς Πεισίδας.

10. Ἐστρατεύετο μὲν δὴ, οὕτως ἐξαπατηθεὶς· οὐχ ὑπὸ Προξένου, οὐ γὰρ ᾔδει τὴν ἐπὶ βασιλέα ὁρμὴν, οὐδὲ ἄλλος οὐδεὶς τῶν Ἑλλήνων, πλὴν Κλεάρχου· ἐπεὶ μέντοι εἰς Κιλικίαν ἦλθον, σαφὲς πᾶσιν ἤδη ἐδόκει εἶναι, ὅτι ὁ στόλος εἴη ἐπὶ βασιλέα. Φοβούμενοι δὲ τὴν ὁδὸν καὶ ἄκοντες, ὅμως οἱ πολλοὶ δι᾽ αἰσχύνην καὶ ἀλλήλων καὶ Κύρου συνηκολούθησαν· ὧν εἷς καὶ Ξενοφῶν ἦν. 11. Ἐπεὶ δὲ ἀπορία ἦν, ἐλυπεῖτο μὲν σὺν τοῖς ἄλλοις, καὶ οὐκ ἐδύνατο καθεύδειν· μικρὸν δ᾽ ὕπνου λαχὼν, εἶδεν ὄναρ. Ἔδοξεν αὐτῷ, βροντῆς γενομένης, σκηπτὸς πεσεῖν εἰς τὴν πατρῴαν οἰκίαν, καὶ ἐκ τούτου λάμπεσθαι πᾶσαν. 12. Περίφοβος δ᾽ εὐθὺς ἀνηγέρθη, καὶ τὸ ὄναρ πῇ μὲν ἔκρινεν ἀγαθὸν, ὅτι, ἐν πόνοις ὢν καὶ κινδύνοις, φῶς μέγα ἐκ Διὸς ἰδεῖν ἔδοξε· πῇ δὲ καὶ ἐφοβεῖτο (ὅτι ἀπὸ Διὸς μὲν βασιλέως τὸ ὄναρ ἐδόκει αὐτῷ εἶναι, κύκλῳ δὲ ἐδόκει λάμπεσθαι τὸ πῦρ), μὴ οὐ δύναιτο ἐκ τῆς χώρας ἐξελθεῖν τῆς βασιλέως, ἀλλ᾽ εἴργοιτο πάντοθεν ὑπό τινων ἀποριῶν.

13. Ὁποῖόν τι μέντοι ἐστὶ τὸ τοιοῦτον ὄναρ ἰδεῖν, ἔξεστι σκοπεῖν ἐκ τῶν συμβάντων μετὰ τὸ ὄναρ. Γίγνεται γὰρ τάδε· εὐθὺς, ἐπειδὴ ἀνηγέρθη, πρῶτον μὲν ἔννοια αὐτῷ ἐμπίπτει· Τί κατάκειμαι; ἡ δὲ νὺξ προβαίνει· ἅμα δὲ τῇ ἡμέρᾳ εἰκὸς τοὺς πολεμίους ἥξειν. Εἰ δὲ γενησό-

μεθα ἐπὶ βασιλεῖ, τί ἐμποδὼν, μὴ οὐχὶ, πάντα μὲν τὰ χαλεπώτατα ἐπιδόντας, πάντα δὲ τὰ δεινότατα παθόντας, ὑβριζομένους ἀποθανεῖν; 14. Ὅπως δ' ἀμυνούμεθα, οὐδεὶς παρασκευάζεται οὐδὲ ἐπιμελεῖται, ἀλλὰ κατακείμεθα, ὥσπερ ἐξὸν ἡσυχίαν ἄγειν. Ἐγὼ οὖν τὸν ἐκ ποίας πόλεως στρατηγὸν προσδοκῶ ταῦτα πράξειν; ποίαν δ' ἡλικίαν ἐμαυτῷ ἐλθεῖν ἀναμένω; οὐ γὰρ ἔγωγ' ἔτι πρεσβύτερος ἔσομαι, ἐὰν τήμερον προδῶ ἐμαυτὸν τοῖς πολεμίοις. 15. Ἐκ τούτου ἀνίσταται, καὶ συγκαλεῖ τοὺς Προξένου πρῶτον λοχαγούς. Ἐπεὶ δὲ συνῆλθον, ἔλεξεν·

Ἐγὼ, ὦ ἄνδρες λοχαγοὶ, οὔτε καθεύδειν δύναμαι (ὥσπερ, οἶμαι, οὐδ' ὑμεῖς), οὔτε κατακεῖσθαι ἔτι, ὁρῶν ἐν οἵοις ἐσμέν. 16. Οἱ μὲν γὰρ πολέμιοι δῆλον ὅτι οὐ πρότερον πρὸς ἡμᾶς τὸν πόλεμον ἐξέφηναν, πρὶν ἐνόμισαν, καλῶς τὰ ἑαυτῶν παρεσκευάσθαι· ἡμῶν δ' οὐδεὶς οὐδὲν ἀντεπιμελεῖται, ὅπως ὡς κάλλιστα ἀγωνιούμεθα. 17. Καὶ μὴν εἰ ὑφησόμεθα καὶ ἐπὶ βασιλεῖ γενησόμεθα, τί οἰόμεθα πείσεσθαι; ὃς καὶ τοῦ ὁμομητρίου καὶ ὁμοπατρίου ἀδελφοῦ καὶ τεθνηκότος ἤδη ἀποτεμὼν τὴν κεφαλὴν καὶ τὴν χεῖρα ἀνεσταύρωσεν· ἡμᾶς δὲ, οἷς κηδεμὼν μὲν οὐδεὶς πάρεστιν, ἐστρατεύσαμεν δὲ ἐπ' αὐτὸν, ὡς δοῦλον ἀντὶ βασιλέως ποιήσοντες, καὶ ἀποκτενοῦντες, εἰ δυναίμεθα, τί ἂν οἰόμεθα παθεῖν; 18. Ἆρ' οὐκ ἂν ἐπὶ πᾶν ἔλθοι, ὡς, ἡμᾶς τὰ ἔσχατα αἰκισάμενος, πᾶσιν ἀνθρώποις φόβον παράσχοι τοῦ στρατεῦσαί ποτε ἐπ' αὐτόν; Ἀλλ' ὅπως τοι μὴ ἐπ' ἐκείνῳ γενησόμεθα, πάντα ποιητέον.

19. Ἐγὼ μὲν οὖν, ἔστε μὲν αἱ σπονδαὶ ἦσαν, οὔποτε ἐπαυόμην ἡμᾶς μὲν οἰκτείρων, βασιλέα δὲ καὶ τοὺς σὺν

αὐτῷ μακαρίζων, διαθεώμενος αὐτῶν, ὅσην μὲν χώραν καὶ οἵαν ἔχοιεν, ὡς δὲ ἄφθονα τὰ ἐπιτήδεια, ὅσους δὲ θεράποντας, ὅσα δὲ κτήνη, χρυσὸν δὲ, ἐσθῆτα δέ. 20. Τὰ δ' αὖ τῶν στρατιωτῶν ὁπότε ἐνθυμοίμην, ὅτι τῶν μὲν ἀγαθῶν πάντων οὐδενὸς ἡμῖν μετείη, εἰ μὴ πριαίμεθα, ὅτου δ' ὠνησόμεθα, ᾔδειν ἔτι ὀλίγους ἔχοντας, ἄλλως δέ πως πορίζεσθαι τὰ ἐπιτήδεια, ἢ ὠνουμένους, ὅρκους ἤδη κατέχοντας ἡμᾶς· ταῦτ' οὖν λογιζόμενος, ἐνίοτε τὰς σπονδὰς μᾶλλον ἐφοβούμην, ἢ νῦν τὸν πόλεμον. 21. Ἐπεὶ μέντοι ἐκεῖνοι ἔλυσαν τὰς σπονδὰς, λελύσθαι μοι δοκεῖ καὶ ἡ ἐκείνων ὕβρις, καὶ ἡ ἡμετέρα ὑποψία. Ἐν μέσῳ γὰρ ἤδη κεῖται ταῦτα τὰ ἀγαθὰ, ἆθλα ὁπότεροι ἂν ἡμῶν ἄνδρες ἀμείνονες ὦσιν· ἀγωνοθέται δ' οἱ θεοί εἰσιν, οἳ σὺν ἡμῖν, ὡς τὸ εἰκὸς, ἔσονται. 22. Οὗτοι μὲν γὰρ αὐτοὺς ἐπιωρκήκασιν· ἡμεῖς δὲ, πολλὰ ὁρῶντες ἀγαθὰ, στεῤῥῶς αὐτῶν ἀπειχόμεθα διὰ τοὺς τῶν θεῶν ὅρκους· ὥστε ἐξεῖναί μοι δοκεῖ ἰέναι ἐπὶ τὸν ἀγῶνα πολὺ σὺν φρονήματι μείζονι, ἢ τούτοις. 23. Ἔτι δ' ἔχομεν σώματα ἱκανώτερα τούτων καὶ ψύχη καὶ θάλπη καὶ πόνους φέρειν· ἔχομεν δὲ καὶ ψυχὰς σὺν τοῖς θεοῖς ἀμείνονας· οἱ δὲ ἄνδρες καὶ τρωτοὶ καὶ θνητοὶ μᾶλλον ἡμῶν, ἢν οἱ θεοὶ, ὥσπερ τὸ πρόσθεν, νίκην ἡμῖν διδῶσιν.

24. Ἀλλ', ἴσως γὰρ καὶ ἄλλοι ταῦτ' ἐνθυμοῦνται, πρὸς τῶν θεῶν, μὴ ἀναμένωμεν ἄλλους ἐφ' ἡμᾶς ἐλθεῖν, παρακαλοῦντας ἐπὶ τὰ κάλλιστα ἔργα, ἀλλ' ἡμεῖς ἄρξωμεν τοῦ ἐξορμῆσαι καὶ τοὺς ἄλλους ἐπὶ τὴν ἀρετήν. Φάνητε τῶν λοχαγῶν ἄριστοι, καὶ τῶν στρατηγῶν ἀξιοστρατηγότεροι. 25. Κἀγὼ δὲ, εἰ μὲν ὑμεῖς ἐθέλετε ἐξορμᾶν ἐπὶ ταῦτα;

ἕπεσθαι ὑμῖν βούλομαι· εἰ δ' ὑμεῖς τάττετέ με ἡγεῖσθαι, οὐδὲν προφασίζομαι τὴν ἡλικίαν, ἀλλὰ καὶ ἀκμάζειν ἡγοῦμαι, ἐρύκειν ἀπ' ἐμαυτοῦ τὰ κακά.

26. Ὁ μὲν ταῦτ' ἔλεξεν, οἱ δὲ λοχαγοί, ἀκούσαντες ταῦτα, ἡγεῖσθαι ἐκέλευον πάντες· πλὴν Ἀπολλωνίδης τις ἦν, βοιωτιάζων τῇ φωνῇ, οὗτος δ' εἶπεν, ὅτι φλυαροίη, ὅστις λέγοι, ἄλλως πως σωτηρίας ἂν τυχεῖν, ἢ βασιλέα πείσας, εἰ δύναιτο· καὶ ἅμα ἤρχετο λέγειν τὰς ἀπορίας. 27. Ὁ μέντοι Ξενοφῶν μεταξὺ ὑπολαβὼν, ἔλεξεν ὧδε· Ὦ θαυμασιώτατε ἄνθρωπε, σύ γε οὐδὲ ὁρῶν γιγνώσκεις, οὐδὲ ἀκούων μέμνησαι. Ἐν ταὐτῷ γε μέντοι ἦσθα τούτοις, ὅτε βασιλεὺς, ἐπεὶ Κῦρος ἀπέθανε, μέγα φρονήσας ἐπὶ τούτῳ, πέμπων ἐκέλευε παραδιδόναι τὰ ὅπλα. 28. Ἐπεὶ δὲ ἡμεῖς οὐ παραδόντες, ἀλλ' ἐξωπλισμένοι ἐλθόντες παρεσκηνήσαμεν αὐτῷ, τί οὐκ ἐποίησε πρέσβεις πέμπων, καὶ σπονδὰς αἰτῶν, καὶ παρέχων τὰ ἐπιτήδεια, ἔστε σπονδῶν ἔτυχεν; 29. Ἐπεὶ δ' αὖ οἱ στρατηγοὶ καὶ λοχαγοί, ὥσπερ δὴ σὺ κελεύεις, εἰς λόγους αὐτοῖς ἄνευ ὅπλων ἦλθον, πιστεύσαντες ταῖς σπονδαῖς, οὐ νῦν ἐκεῖνοι παιόμενοι, κεντούμενοι, ὑβριζόμενοι, οὐδὲ ἀποθανεῖν οἱ τλήμονες δύνανται (καὶ μάλ', οἶμαι, ἐρῶντες τούτου); Ἃ σὺ πάντα εἰδὼς, τοὺς μὲν ἀμύνεσθαι κελεύοντας φλυαρεῖν φῄς, πείθειν δὲ πάλιν κελεύεις ἰόντας; 30. Ἐμοὶ δὲ, ὦ ἄνδρες, δοκεῖ, τὸν ἄνθρωπον τοῦτον μήτε προσίεσθαι εἰς ταὐτὸ ἡμῖν αὐτοῖς, ἀφελομένους τε τὴν λοχαγίαν, σκεύη ἀναθέντας, ὡς τοιούτῳ χρῆσθαι. Οὗτος γὰρ καὶ τὴν πατρίδα καταισχύνει, καὶ πᾶσαν τὴν Ἑλλάδα, ὅτι Ἕλλην ὢν τοιοῦτός ἐστιν.

31. Ἐντεῦθεν ὑπολαβὼν Ἀγασίας Στυμφάλιος εἶπεν· Ἀλλὰ τούτῳ γε οὔτε τῆς Βοιωτίας προσήκει οὐδὲν, οὔτε τῆς Ἑλλάδος παντάπασιν· ἐπεὶ ἐγὼ αὐτὸν εἶδον, ὥσπερ Λυδὸν, ἀμφότερα τὰ ὦτα τετρυπημένον. Καὶ εἶχεν οὕτως. 32. Τοῦτον μὲν οὖν ἀπήλασαν· οἱ δὲ ἄλλοι, παρὰ τὰς τάξεις ἰόντες, ὅπου μὲν στρατηγὸς σῶος εἴη, τὸν στρατηγὸν παρεκάλουν· ὁπόθεν δὲ οἴχοιτο, τὸν ὑποστρατηγόν· ὅπου δ' αὖ λοχαγὸς σῶος εἴη, τὸν λοχαγόν. 33. Ἐπεὶ δὲ πάντες συνῆλθον, εἰς τὸ πρόσθεν τῶν ὅπλων ἐκαθέζοντο· καὶ ἐγένοντο οἱ συνελθόντες στρατηγοὶ καὶ λοχαγοὶ ἀμφὶ τοὺς ἑκατόν. Ὅτε δὲ ταῦτα ἦν, σχεδὸν μέσαι ἦσαν νύκτες. 34. Ἐνταῦθα Ἱερώνυμος Ἠλεῖος, πρεσβύτατος ὢν τῶν Προξένου λοχαγῶν, ἤρχετο λέγειν ὧδε· Ἡμῖν, ὦ ἄνδρες στρατηγοὶ καὶ λοχαγοὶ, ὁρῶσι τὰ παρόντα ἔδοξε καὶ αὐτοῖς συνελθεῖν, καὶ ὑμᾶς παρακαλέσαι, ὅπως βουλευσαίμεθα εἴ τι δυναίμεθα ἀγαθόν. Λέξον δ', ἔφη, καὶ σὺ, ὦ Ξενοφῶν, ἅπερ καὶ πρὸς ἡμᾶς. 35. Ἐκ τούτου λέγει τάδε Ξενοφῶν·

Ἀλλὰ ταῦτα μὲν δὴ πάντες ἐπιστάμεθα, ὅτι βασιλεὺς καὶ Τισσαφέρνης οὓς μὲν ἐδυνήθησαν συνειλήφασιν ἡμῶν· τοῖς δ' ἄλλοις δῆλον ὅτι ἐπιβουλεύουσιν, ὡς, ἢν δύνωνται, ἀπολέσωσιν. Ἡμῖν δέ γε οἶμαι πάντα ποιητέα, ὡς μήποτ' ἐπὶ τοῖς βαρβάροις γενώμεθα, ἀλλὰ μᾶλλον, ἢν δυνώμεθα, ἐκεῖνοι ἐφ' ἡμῖν. 36. Εὖ τοίνυν ἐπίστασθε, ὅτι ὑμεῖς, τοσοῦτοι ὄντες, ὅσοι νῦν συνεληλύθατε, μέγιστον ἔχετε καιρόν. Οἱ γὰρ στρατιῶται οὗτοι πάντες πρὸς ὑμᾶς βλέπουσι· κἂν μὲν ὑμᾶς ὁρῶσιν ἀθύμους, πάντες κακοὶ ἔσονται· ἢν δὲ ὑμεῖς αὐτοί τε παρασκευαζόμενοι φανεροὶ ἦτε ἐπὶ τοὺς πολεμίους, καὶ τοὺς ἄλλους παρακαλῆτε, εὖ ἴστε, ὅτι ἕψονται ὑμῖν, καὶ πειράσονται μιμεῖσθαι. 37. Ἴσως δέ τοι καὶ δίκαιόν ἐστιν ὑμᾶς διαφέρειν τι τούτων. Ὑμεῖς γάρ ἐστε στρατηγοί, ὑμεῖς ταξίαρχοι καὶ λοχαγοί· καί, ὅτε εἰρήνη ἦν, ὑμεῖς καὶ χρήμασι καὶ τιμαῖς τούτων ἐπλεονεκτεῖτε· καὶ νῦν τοίνυν, ἐπεὶ πόλεμός ἐστιν, ἀξιοῦν δεῖ ὑμᾶς αὐτοὺς ἀμείνους τε τοῦ πλήθους εἶναι, καὶ προβουλεύειν τούτων καὶ προπονεῖν, ἤν που δέῃ.

38. Καὶ νῦν πρῶτον μὲν οἴομαι ἂν ὑμᾶς μέγα ὀνῆσαι τὸ στράτευμα, εἰ ἐπιμεληθείητε, ὅπως ἀντὶ τῶν ἀπολωλότων ὡς τάχιστα στρατηγοὶ καὶ λοχαγοὶ ἀντικατασταθῶσιν. Ἄνευ γὰρ ἀρχόντων οὐδὲν ἂν οὔτε καλὸν οὔτε ἀγαθὸν γένοιτο, ὡς μὲν συνελόντι εἰπεῖν, οὐδαμοῦ· ἐν δὲ δὴ τοῖς πολεμικοῖς παντάπασιν. Ἡ μὲν γὰρ εὐταξία σώζειν δοκεῖ, ἡ δὲ ἀταξία πολλοὺς ἤδη ἀπολώλεκεν.

39. Ἐπειδὰν δὲ καταστήσησθε τοὺς ἄρχοντας, ὅσους δεῖ, ἢν καὶ τοὺς ἄλλους στρατιώτας συλλέγητε καὶ παραθαρσύνητε, οἶμαι ἂν ὑμᾶς πάνυ ἐν καιρῷ ποιῆσαι. 40. Νῦν μὲν γὰρ ἴσως καὶ ὑμεῖς αἰσθάνεσθε, ὡς ἀθύμως μὲν ἦλθον ἐπὶ τὰ ὅπλα, ἀθύμως δὲ πρὸς τὰς φυλακάς· ὥστε, οὕτω γ᾿ ἐχόντων, οὐκ οἶδα, ὅ τι ἄν τις χρήσαιτο αὐτοῖς, εἴτε νυκτὸς δέοι τι, εἴτε καὶ ἡμέρας. 41. Ἢν δέ τις αὐτῶν τρέψῃ τὰς γνώμας, ὡς μὴ τοῦτο μόνον ἐννοῶνται, τί πείσονται, ἀλλὰ καὶ τί ποιήσουσι, πολὺ εὐθυμότεροι ἔσονται. 42. Ἐπίστασθε γὰρ δήπου, ὅτι οὔτε πλῆθός ἐστιν οὔτε ἰσχὺς ἡ ἐν τῷ πολέμῳ τὰς νίκας ποιοῦσα· ἀλλ᾿ ὁπότεροι ἂν σὺν τοῖς θεοῖς ταῖς ψυχαῖς ἐρρωμενέστεροι ἴωσιν ἐπὶ τοὺς πολεμίους, τούτους

ὡς ἐπὶ τὸ πολὺ οἱ ἀντίοι οὐ δέχονται. 43. Ἐντεθύμημαι δ' ἔγωγε, ὦ ἄνδρες, καὶ τοῦτο, ὅτι, ὁπόσοι μὲν μαστεύουσι ζῆν ἐκ παντὸς τρόπου ἐν τοῖς πολεμικοῖς, οὗτοι μὲν κακῶς τε καὶ αἰσχρῶς ὡς ἐπὶ τὸ πολὺ ἀποθνήσκουσιν· ὁπόσοι δὲ τὸν μὲν θάνατον ἐγνώκασι πᾶσι κοινὸν εἶναι καὶ ἀναγκαῖον ἀνθρώποις, περὶ δὲ τοῦ καλῶς ἀποθνήσκειν ἀγωνίζονται, τούτους ὁρῶ μᾶλλόν πως εἰς τὸ γῆρας ἀφικνουμένους, καὶ, ἕως ἂν ζῶσιν, εὐδαιμονέστερον διάγοντας. 44. Ἃ καὶ ἡμᾶς δεῖ νῦν καταμαθόντας (ἐν τοιούτῳ γὰρ καιρῷ ἐσμεν), αὐτούς τε ἄνδρας ἀγαθοὺς εἶναι, καὶ τοὺς ἄλλους παρακαλεῖν. Ὁ μὲν ταῦτ' εἰπὼν, ἐπαύσατο.

45. Μετὰ δὲ τοῦτον εἶπε Χειρίσοφος· Ἀλλὰ πρόσθεν μὲν, ὦ Ξενοφῶν, τοσοῦτον μόνον σε ἐγίγνωσκον, ὅσον ἤκουον Ἀθηναῖον εἶναι· νῦν δὲ καὶ ἐπαινῶ σε ἐφ' οἷς λέγεις τε καὶ πράττεις, καὶ βουλοίμην ἂν ὅτι πλείστους εἶναι τοιούτους· κοινὸν γὰρ ἂν εἴη τὸ ἀγαθόν. 46. Καὶ νῦν, ἔφη, μὴ μέλλωμεν, ὦ ἄνδρες, ἀλλ' ἀπελθόντες ἤδη αἱρεῖσθε οἱ δεόμενοι ἄρχοντας, καὶ ἑλόμενοι ἥκετε εἰς τὸ μέσον τοῦ στρατοπέδου, καὶ τοὺς αἱρεθέντας ἄγετε· ἔπειτ' ἐκεῖ συγκαλοῦμεν τοὺς ἄλλους στρατιώτας· παρέστω δ' ἡμῖν, ἔφη, καὶ Τολμίδης ὁ κήρυξ. 47. Καὶ ἅμα ταῦτ' εἰπὼν ἀνέστη, ὡς μὴ μέλλοιτο, ἀλλὰ περαίνοιτο τὰ δέοντα. Ἐκ τούτου ᾑρέθησαν ἄρχοντες, ἀντὶ μὲν Κλεάρχου Τιμασίων Δαρδανεὺς, ἀντὶ δὲ Σωκράτους Ξανθικλῆς Ἀχαιὸς, ἀντὶ δὲ Ἀγίου [Ἀρκάδος] Κλεάνωρ Ὀρχομένιος, ἀντὶ δὲ Μένωνος Φιλήσιος Ἀχαιὸς, ἀντὶ δὲ Προξένου Ξενοφῶν Ἀθηναῖος.

CAP. II.

1. Ἐπεὶ δὲ ᾕρηντο, ἡμέρα τε σχεδὸν ὑπέφαινε, καὶ εἰς τὸ μέσον ἧκον οἱ ἄρχοντες, καὶ ἔδοξεν αὐτοῖς, προφύλακας καταστήσαντας, συγκαλεῖν τοὺς στρατιώτας. Ἐπεὶ δὲ καὶ οἱ ἄλλοι στρατιῶται συνῆλθον, ἀνέστη πρῶτον μὲν Χειρίσοφος ὁ Λακεδαιμόνιος, καὶ ἔλεξεν ὧδε· 2. Ὦ ἄνδρες στρατιῶται, χαλεπὰ μὲν τὰ παρόντα, ὁπότε ἀνδρῶν στρατηγῶν τοιούτων †στερόμεθα καὶ λοχαγῶν καὶ στρατιωτῶν· πρὸς δ' ἔτι καὶ οἱ ἀμφὶ Ἀριαῖον, οἱ πρόσθεν σύμμαχοι ὄντες, προδεδώκασιν ἡμᾶς. 3. Ὅμως δὲ δεῖ ἐκ τῶν παρόντων ἄνδρας ἀγαθούς τε ἐλθεῖν, καὶ μὴ ὑφίεσθαι, ἀλλὰ πειρᾶσθαι ὅπως, ἢν μὲν δυνώμεθα, καλῶς νικῶντες σωζώμεθα· εἰ δὲ μή, ἀλλὰ καλῶς γε ἀποθνήσκωμεν, ὑποχείριοι δὲ μηδέποτε γενώμεθα ζῶντες τοῖς πολεμίοις. Οἴομαι γὰρ ἂν ἡμᾶς τοιαῦτα παθεῖν, οἷα τοὺς ἐχθροὺς οἱ θεοὶ ποιήσειαν.

4. Ἐπὶ τούτῳ Κλεάνωρ Ὀρχομένιος ἀνέστη, καὶ ἔλεξεν ὧδε· Ἀλλ' ὁρᾶτε μέν, ὦ ἄνδρες, τὴν βασιλέως ἐπιορκίαν καὶ ἀσέβειαν· ὁρᾶτε δὲ τὴν Τισσαφέρνους ἀπιστίαν, ὅστις λέγων, ὡς γείτων τε εἴη τῆς Ἑλλάδος, καὶ περὶ πλείστου ἂν ποιήσαιτο σῶσαι ἡμᾶς, καὶ ἐπὶ τούτοις αὐτὸς ὀμόσας ἡμῖν, αὐτὸς δεξιὰς δούς, αὐτὸς ἐξαπατήσας συνέλαβε τοὺς στρατηγούς, καὶ οὐδὲ Δία Ξένιον ᾐδέσθη, ἀλλὰ Κλεάρχῳ καὶ ὁμοτράπεζος γενόμενος, αὐτοῖς τούτοις ἐξαπατήσας τοὺς ἄνδρας ἀπολώλεκεν. 5. Ἀριαῖος δέ, ὃν ἡμεῖς ἠθέλομεν βασιλέα καθιστάναι, καὶ ἐδώκαμεν καὶ ἐλάβομεν πιστά, μὴ προδώσειν ἀλλήλους, καὶ οὗτος, οὔτε τοὺς θεοὺς

δείσας, οὔτε Κῦρον τὸν τεθνηκότα αἰδεσθείς, τιμώμενος μάλιστα ὑπὸ Κύρου ζῶντος, νῦν πρὸς τοὺς ἐκείνου ἐχθίστους ἀποστάς, ἡμᾶς τοὺς Κύρου φίλους κακῶς ποιεῖν πειρᾶται. 6. Ἀλλὰ τούτους μὲν οἱ θεοὶ ἀποτίσαιντο· ἡμᾶς δὲ δεῖ ταῦτα ὁρῶντας, μήποτε ἐξαπατηθῆναι ἔτι ὑπὸ τούτων, ἀλλὰ μαχομένους ὡς ἂν δυνώμεθα κράτιστα, τοῦτο, ὅ τι ἂν δοκῇ τοῖς θεοῖς, πάσχειν.

7. Ἐκ τούτου Ξενοφῶν ἀνίσταται, ἐσταλμένος ἐπὶ πόλεμον ὡς ἐδύνατο κάλλιστα (νομίζων, εἴτε νίκην διδοῖεν οἱ θεοί, τὸν κάλλιστον κόσμον τῷ νικᾶν πρέπειν· εἴτε τελευτᾶν δέοι, ὀρθῶς ἔχειν, τῶν καλλίστων ἑαυτὸν ἀξιώσαντα, ἐν τούτοις τῆς τελευτῆς τυγχάνειν)· τοῦ δὲ λόγου ἤρχετο ὧδε· 8. Τὴν μὲν τῶν βαρβάρων ἐπιορκίαν τε καὶ ἀπιστίαν λέγει μὲν Κλεάνωρ, ἐπίστασθε δὲ καὶ ὑμεῖς, οἶμαι. Εἰ μὲν οὖν βουλευόμεθα πάλιν αὐτοῖς διὰ φιλίας ἰέναι, ἀνάγκη ἡμᾶς πολλὴν ἀθυμίαν ἔχειν, ὁρῶντας καὶ τοὺς στρατηγούς, οἳ διὰ πίστεως αὐτοῖς ἑαυτοὺς ἐνεχείρισαν, οἷα πεπόνθασιν· εἰ μέντοι διανοούμεθα σὺν τοῖς ὅπλοις ὧν τε πεποιήκασι δίκην ἐπιθεῖναι αὐτοῖς, καὶ τὸ λοιπὸν διὰ παντὸς πολέμου αὐτοῖς ἰέναι, σὺν τοῖς θεοῖς πολλαὶ ἡμῖν καὶ καλαὶ ἐλπίδες εἰσὶ σωτηρίας.

9. Τοῦτο δὲ λέγοντος αὐτοῦ, πτάρνυταί τις· ἀκούσαντες δ' οἱ στρατιῶται, πάντες μιᾷ ὁρμῇ προσεκύνησαν τὸν θεόν. Καὶ Ξενοφῶν εἶπε· Δοκεῖ μοι, ὦ ἄνδρες, ἐπεί, περὶ σωτηρίας ἡμῶν λεγόντων, οἰωνὸς τοῦ Διὸς τοῦ Σωτῆρος ἐφάνη, εὔξασθαι τῷ θεῷ τούτῳ θύσειν σωτήρια, ὅπου ἂν πρῶτον εἰς φιλίαν χώραν ἀφικώμεθα· συνεπεύξασθαι δὲ καὶ τοῖς ἄλλοις θεοῖς θύσειν κατὰ δύναμιν. Καὶ ὅτῳ

δοκεῖ ταῦτ', ἔφη, ἀνατεινάτω τὴν χεῖρα. Καὶ ἀνέτειναν ἅπαντες. Ἐκ τούτου εὔξαντο καὶ ἐπαιώνισαν. Ἐπεὶ δὲ τὰ τῶν θεῶν καλῶς εἶχεν, ἤρχετο πάλιν ὧδε·

10. Ἐτύγχανον λέγων, ὅτι πολλαὶ καὶ καλαὶ ἐλπίδες ἡμῖν εἶεν σωτηρίας. Πρῶτον μὲν γὰρ ἡμεῖς μὲν ἐμπεδοῦμεν τοὺς τῶν θεῶν ὅρκους, οἱ δὲ πολέμιοι ἐπιωρκήκασί τε, καὶ τὰς σπονδὰς καὶ τοὺς ὅρκους λελύκασιν. Οὕτω δ' ἐχόντων, εἰκὸς, τοῖς μὲν πολεμίοις ἐναντίους εἶναι τοὺς θεοὺς, ἡμῖν δὲ συμμάχους, οἵπερ ἱκανοί εἰσι καὶ τοὺς μεγάλους ταχὺ μικροὺς ποιεῖν, καὶ τοὺς μικροὺς, κἂν ἐν δεινοῖς ὦσι, σώζειν εὐπετῶς, ὅταν βούλωνται.

11. Ἔπειτα δὲ, — ἀναμνήσω γὰρ ὑμᾶς καὶ τοὺς τῶν προγόνων τῶν ἡμετέρων κινδύνους, ἵνα εἰδῆτε, ὡς ἀγαθοῖς τε ὑμῖν προσήκει εἶναι, σώζονταί τε σὺν τοῖς θεοῖς καὶ ἐκ πάνυ δεινῶν οἱ ἀγαθοί· — ἐλθόντων μὲν γὰρ Περσῶν καὶ τῶν σὺν αὐτοῖς παμπληθεῖ στόλῳ, ὡς ἀφανιούντων αὖθις τὰς Ἀθήνας, ὑποστῆναι αὐτοῖς Ἀθηναῖοι τολμήσαντες, ἐνίκησαν αὐτούς. 12. Καὶ εὐξάμενοι τῇ Ἀρτέμιδι, ὁπόσους ἂν κατακάνοιεν τῶν πολεμίων, τοσαύτας χιμαίρας καταθύσειν τῇ θεῷ, ἐπεὶ οὐκ εἶχον ἱκανὰς εὑρεῖν, ἔδοξεν αὐτοῖς, κατ' ἐνιαυτὸν πεντακοσίας θύειν· καὶ ἔτι καὶ νῦν ἀποθύουσιν. 13. Ἔπειτα ὅτε Ξέρξης ὕστερον ἀγείρας τὴν ἀναρίθμητον στρατιὰν ἦλθεν ἐπὶ τὴν Ἑλλάδα, καὶ τότε ἐνίκων οἱ ἡμέτεροι πρόγονοι τοὺς τούτων προγόνους, καὶ κατὰ γῆν καὶ κατὰ θάλατταν. Ὧν ἔστι μὲν τεκμήρια ὁρᾶν τὰ τρόπαια, μέγιστον δὲ μαρτύριον ἡ ἐλευθερία τῶν πόλεων, ἐν αἷς ὑμεῖς ἐγένεσθε καὶ ἐτράφητε· οὐδένα γὰρ ἄνθρωπον δεσπότην, ἀλλὰ τοὺς θεοὺς προσκυνεῖτε. Τοιούτων μέν ἐστε προγόνων.

14. Οὐ μὲν δὴ τοῦτό γε ἐρῶ, ὡς ὑμεῖς καταισχύνετε αὐτούς· ἀλλ' οὔπω πολλαὶ ἡμέραι, ἀφ' οὗ ἀντιταξάμενοι τούτοις τοῖς ἐκείνων ἐκγόνοις, πολλαπλασίους ὑμῶν αὐτῶν ἐνικᾶτε σὺν τοῖς θεοῖς. 15. Καὶ τότε μὲν δὴ περὶ τῆς Κύρου βασιλείας ἄνδρες ἦτε ἀγαθοί· νῦν δ', ὁπότε περὶ τῆς ὑμετέρας σωτηρίας ὁ ἀγών ἐστι, πολὺ δήπου ὑμᾶς προσήκει καὶ ἀμείνονας καὶ προθυμοτέρους εἶναι. 16. Ἀλλὰ μὴν καὶ θαῤῥαλεωτέρους νῦν πρέπει εἶναι πρὸς τοὺς πολεμίους. Τότε μὲν γὰρ ἄπειροι ὄντες αὐτῶν, τό τε πλῆθος ἄμετρον ὁρῶντες, ὅμως ἐτολμήσατε σὺν τῷ πατρῴῳ φρονήματι ἰέναι εἰς αὐτούς· νῦν δὲ, ὁπότε καὶ πεῖραν ἤδη ἔχετε αὐτῶν, ὅτι θέλουσι καὶ πολλαπλάσιοι ὄντες μὴ δέχεσθαι ὑμᾶς, τί ἔτι ὑμῖν προσήκει τούτους φοβεῖσθαι; 17. Μηδὲ μέντοι τοῦτο μεῖον δόξητε ἔχειν, εἰ οἱ Κυρεῖοι, πρόσθεν σὺν ἡμῖν ταττόμενοι, νῦν ἀφεστήκασιν· ἔτι γὰρ οὗτοι κακίονές εἰσι τῶν ὑφ' ἡμῶν ἡττημένων· ἔφευγον γοῦν πρὸς ἐκείνους, καταλιπόντες ὑμᾶς. Τοὺς δὲ θέλοντας φυγῆς ἄρχειν πολὺ κρεῖττον σὺν τοῖς πολεμίοις ταττομένους, ἢ ἐν τῇ ὑμετέρᾳ τάξει, ὁρᾶν.

18. Εἰ δέ τις αὖ ὑμῶν ἀθυμεῖ, ὅτι ἡμῖν μὲν οὐκ εἰσὶν ἱππεῖς, τοῖς δὲ πολεμίοις πολλοὶ πάρεισιν, ἐνθυμήθητε, ὅτι οἱ μύριοι ἱππεῖς οὐδὲν ἄλλο ἢ μύριοί εἰσιν ἄνθρωποι· ὑπὸ μὲν γὰρ ἵππου ἐν μάχῃ οὐδεὶς πώποτε οὔτε δηχθεὶς οὔτε λακτισθεὶς ἀπέθανεν· οἱ δὲ ἄνδρες εἰσὶν οἱ ποιοῦντες, ὅ τι ἂν ἐν ταῖς μάχαις γίγνηται. 19. Οὐκοῦν τῶν γε ἱππέων πολὺ ἡμεῖς ἐπ' ἀσφαλεστέρου ὀχήματός ἐσμεν; οἱ μὲν γὰρ ἐφ' ἵππων κρέμανται, φοβούμενοι οὐχ ἡμᾶς μόνον, ἀλλὰ καὶ τὸ καταπεσεῖν· ἡμεῖς δ' ἐπὶ τῆς γῆς βεβηκότες,

πολὺ μὲν ἰσχυρότερον παίσομεν, ἤν τις προσίῃ, πολὺ δὲ μᾶλλον, ὅτου ἂν βουλώμεθα, τευξόμεθα. Ἑνὶ μόνῳ προέχουσιν οἱ ἱππεῖς ἡμᾶς· φεύγειν αὐτοῖς ἀσφαλέστερόν ἐστιν, ἢ ἡμῖν.

20. Εἰ δὲ δὴ τὰς μὲν μάχας θαῤῥεῖτε, ὅτι δὲ οὐκέτι ὑμῖν Τισσαφέρνης ἡγήσεται οὐδὲ βασιλεὺς ἀγορὰν παρέξει, τοῦτο ἄχθεσθε, σκέψασθε, πότερον κρεῖττον Τισσαφέρνην ἡγεμόνα ἔχειν, ὃς ἐπιβουλεύων ἡμῖν φανερός ἐστιν, ἢ οὓς ἂν ἡμεῖς ἄνδρας λαβόντες ἡγεῖσθαι κελεύωμεν· οἳ εἴσονται, ὅτι, ἤν τι περὶ ἡμᾶς ἁμαρτάνωσι, περὶ τὰς ἑαυτῶν ψυχὰς καὶ σώματα ἁμαρτάνουσι. 21. Τὰ δὲ ἐπιτήδεια πότερον ὠνεῖσθαι κρεῖττον ἐκ τῆς ἀγορᾶς, ἧς οὗτοι παρεῖχον, μικρὰ μέτρα πολλοῦ ἀργυρίου, μηδὲ τοῦτο ἔτι ἔχοντας, ἢ αὐτοὺς λαμβάνειν, ἤνπερ κρατῶμεν, μέτρῳ χρωμένους, ὁπόσῳ ἂν ἕκαστος βούληται.

22. Εἰ δὲ ταῦτα μὲν γιγνώσκετε ὅτι κρείττονα, τοὺς δὲ ποταμοὺς ἄπορον νομίζετε εἶναι, καὶ μεγάλως ἡγεῖσθε ἐξαπατηθῆναι διαβάντες, σκέψασθε, εἰ ἄρα τοῦτο καὶ μωρότατον πεποιήκασιν οἱ βάρβαροι. Πάντες μὲν γὰρ οἱ ποταμοί, ἢν καὶ πρόσω τῶν πηγῶν ἄποροι ὦσι, προϊοῦσι πρὸς τὰς πηγὰς διαβατοὶ γίγνονται, οὐδὲ τὸ γόνυ βρέχοντες. 23. Εἰ δὲ μήθ᾽ οἱ ποταμοὶ διοίσουσιν, ἡγεμών τε μηδεὶς ἡμῖν φανεῖται, οὐδ᾽ ὣς ἡμῖν γε ἀθυμητέον. Ἐπιστάμεθα γὰρ Μυσούς, οὓς οὐκ ἂν ἡμῶν φαίημεν βελτίους εἶναι, οἳ, βασιλέως ἄκοντος, ἐν τῇ βασιλέως χώρᾳ πολλάς τε καὶ εὐδαίμονας καὶ μεγάλας πόλεις οἰκοῦσιν· ἐπιστάμεθα δὲ Πεισίδας ὡσαύτως· Λυκάονας δὲ καὶ αὐτοὶ εἴδομεν, ὅτι, ἐν τοῖς πεδίοις τὰ ἐρυμνὰ καταλαβόντες, τὴν τούτων χώραν καρποῦνται.

24. Καὶ ἡμᾶς δ' ἂν ἔφην ἔγωγε χρῆναι μήπω φανεροὺς εἶναι οἴκαδε ὡρμημένους, ἀλλὰ κατασκευάζεσθαι ὡς αὐτοῦ που οἰκήσοντας. Οἶδα γὰρ, ὅτι καὶ Μυσοῖς βασιλεὺς πολλοὺς μὲν ἡγεμόνας ἂν δοίη, πολλοὺς δ' ἂν ὁμήρους τοῦ ἀδόλως ἐκπέμψειν, καὶ ὁδοποιήσειέ γ' ἂν αὐτοῖς, καὶ εἰ σὺν τεθρίπποις βούλοιντο ἀπιέναι. Καὶ ἡμῖν γ' ἂν οἶδ' ὅτι τρισάσμενος ταῦτ' ἐποίει, εἰ ἑώρα ἡμᾶς μένειν παρασκευαζομένους. 25. Ἀλλὰ γὰρ δέδοικα, μὴ, ἂν ἅπαξ μάθωμεν ἀργοὶ ζῆν, καὶ ἐν ἀφθόνοις βιοτεύειν, καὶ Μήδων δὲ καὶ Περσῶν καλαῖς καὶ μεγάλαις γυναιξὶ καὶ παρθένοις ὁμιλεῖν, μὴ, ὥσπερ οἱ λωτοφάγοι, ἐπιλαθώμεθα τῆς οἴκαδε ὁδοῦ. 26. Δοκεῖ οὖν μοι εἰκὸς καὶ δίκαιον εἶναι, πρῶτον εἰς τὴν Ἑλλάδα καὶ πρὸς τοὺς οἰκείους πειρᾶσθαι ἀφικνεῖσθαι, καὶ ἐπιδεῖξαι τοῖς Ἕλλησιν, ὅτι ἑκόντες πένονται, ἐξὸν αὐτοῖς, τοὺς νῦν οἴκοι ἀκλήρους πολιτεύοντας, ἐνθάδε κομισαμένους, πλουσίους ὁρᾶν. Ἀλλὰ γὰρ, ὦ ἄνδρες, πάντα ταῦτα τἀγαθὰ δῆλον ὅτι τῶν κρατούντων ἐστί.

27. Τοῦτο δὴ δεῖ λέγειν, πῶς ἂν πορευοίμεθά τε ὡς ἀσφαλέστατα, καὶ, εἰ μάχεσθαι δέοι, ὡς κράτιστα μαχοίμεθα. Πρῶτον μὲν τοίνυν, ἔφη, δοκεῖ μοι κατακαῦσαι τὰς ἁμάξας, ἃς ἔχομεν· ἵνα μὴ τὰ ζεύγη ἡμῶν στρατηγῇ, ἀλλὰ πορευώμεθα, ὅπη ἂν τῇ στρατιᾷ συμφέρῃ· ἔπειτα καὶ τὰς σκηνὰς συγκατακαῦσαι. Αὗται γὰρ αὖ ὄχλον μὲν παρέχουσιν ἄγειν, συνωφελοῦσι δ' οὐδὲν οὔτε εἰς τὸ μάχεσθαι, οὔτ' εἰς τὸ τὰ ἐπιτήδεια ἔχειν. 28. Ἔτι δὲ καὶ τῶν ἄλλων σκευῶν τὰ περιττὰ ἀπαλλάξωμεν, πλὴν ὅσα πολέμου ἕνεκεν ἢ σίτων ἢ ποτῶν ἔχομεν· ἵνα ὡς πλεῖστοι μὲν ἡμῶν ἐν τοῖς ὅπλοις ὦσιν, ὡς ἐλάχιστοι δὲ σκευοφορῶσι.

Κρατουμένων μὲν γὰρ ἐπίστασθε ὅτι πάντα ἀλλότρια· ἢν δὲ κρατῶμεν, καὶ τοὺς πολεμίους δεῖ σκευοφόρους ἡμετέρους νομίζειν.

29. Λοιπόν μοι εἰπεῖν, ὅπερ καὶ μέγιστον νομίζω εἶναι. Ὁρᾶτε γὰρ καὶ τοὺς πολεμίους, ὅτι οὐ πρόσθεν ἐξενεγκεῖν ἐτόλμησαν πρὸς ἡμᾶς πόλεμον, πρὶν τοὺς στρατηγοὺς ἡμῶν συνέλαβον, νομίζοντες, ὄντων μὲν τῶν ἀρχόντων, καὶ ἡμῶν πειθομένων, ἱκανοὺς εἶναι ἡμᾶς περιγενέσθαι τῷ πολέμῳ· λαβόντες δὲ τοὺς ἄρχοντας, ἀναρχίᾳ ἂν καὶ ἀταξίᾳ ἐνόμιζον ἡμᾶς ἀπολέσθαι. 30. Δεῖ οὖν πολὺ μὲν τοὺς ἄρχοντας ἐπιμελεστέρους γενέσθαι τοὺς νῦν τῶν πρόσθεν, πολὺ δὲ τοὺς ἀρχομένους εὐτακτοτέρους καὶ πειθομένους μᾶλλον τοῖς ἄρχουσι νῦν ἢ πρόσθεν. 31. Ἢν δέ τις ἀπειθῇ, ἢν ψηφίσησθε τὸν ἀεὶ ὑμῶν ἐντυγχάνοντα σὺν τῷ ἄρχοντι κολάζειν, οὕτως οἱ πολέμιοι πλεῖστον ἐψευσμένοι ἔσονται· τῇδε γὰρ τῇ ἡμέρᾳ μυρίους ὄψονται ἀνθ' ἑνὸς Κλεάρχους, τοὺς οὐδ' ἑνὶ ἐπιτρέψοντας κακῷ εἶναι.

32. Ἀλλὰ γὰρ καὶ περαίνειν ἤδη ὥρα· ἴσως γὰρ οἱ πολέμιοι αὐτίκα παρέσονται. Ὅτῳ οὖν ταῦτα δοκεῖ καλῶς ἔχειν, ἐπικυρωσάτω ὡς τάχιστα, ἵνα ἔργῳ περαίνηται. Εἰ δέ τι ἄλλο βέλτιον ἢ ταύτῃ, τολμάτω καὶ ὁ ἰδιώτης διδάσκειν· πάντες γὰρ κοινῆς σωτηρίας δεόμεθα.

33. Μετὰ ταῦτα Χειρίσοφος εἶπεν· Ἀλλ' εἰ μέν τινος ἄλλου δεῖ πρὸς τούτοις, οἷς λέγει Ξενοφῶν, καὶ αὐτίκα ἐξέσται ποιεῖν· ἃ δὲ νῦν εἴρηκε, δοκεῖ μοι ὡς τάχιστα ψηφίσασθαι ἄριστον εἶναι· καὶ ὅτῳ δοκεῖ ταῦτα, ἀνατεινάτω τὴν χεῖρα. Ἀνέτειναν ἅπαντες.

34. Ἀναστὰς δὲ πάλιν εἶπε Ξενοφῶν· Ὦ ἄνδρες,

ἀκούσατε ὧν προσδεῖν δοκεῖ μοι. Δῆλον ὅτι πορεύεσθαι ἡμᾶς δεῖ, ὅπου ἕξομεν τὰ ἐπιτήδεια. Ἀκούω δὲ, κώμας εἶναι καλὰς, οὐ πλεῖον εἴκοσι σταδίων ἀπεχούσας. 35. Οὐκ ἂν οὖν θαυμάζοιμι, εἰ οἱ πολέμιοι, ὥσπερ οἱ δειλοὶ κύνες τοὺς μὲν παριόντας διώκουσί τε καὶ δάκνουσιν, ἣν δύνωνται, τοὺς δὲ διώκοντας φεύγουσιν, εἰ καὶ αὐτοὶ ἡμῖν ἀπιοῦσιν ἐπακολουθοῖεν. 36. Ἴσως οὖν ἀσφαλέστερον ἡμῖν, πορεύεσθαι πλαίσιον ποιησαμένους τῶν ὅπλων, ἵνα τὰ σκευοφόρα καὶ ὁ πολὺς ὄχλος ἐν ἀσφαλεστέρῳ εἴη. Εἰ οὖν νῦν ἀποδειχθείη, τίνα χρὴ ἡγεῖσθαι τοῦ πλαισίου καὶ τὰ πρόσθεν κοσμεῖν, καὶ τίνας ἐπὶ τῶν πλευρῶν ἑκατέρων εἶναι, τίνας δ' ὀπισθοφυλακεῖν, οὐκ ἂν, ὁπότε οἱ πολέμιοι ἔλθοιεν, βουλεύεσθαι ἡμᾶς δέοι, ἀλλὰ χρῴμεθ' ἂν εὐθὺς τοῖς τεταγμένοις. 37. Εἰ μὲν οὖν ἄλλος τις βέλτιον ὁρᾷ, ἄλλως ἐχέτω· εἰ δὲ μὴ, Χειρίσοφος μὲν ἡγείσθω, ἐπειδὴ καὶ Λακεδαιμόνιός ἐστι· τῶν δὲ πλευρῶν ἑκατέρων δύο τῶν πρεσβυτάτων στρατηγοὶ ἐπιμελείσθων· ὀπισθοφυλακῶμεν δ' ἡμεῖς οἱ νεώτατοι, ἐγώ τε καὶ Τιμασίων, τὸ νῦν εἶναι. 38. Τὸ δὲ λοιπὸν, πειρώμενοι ταύτης τῆς τάξεως, βουλευσόμεθα, ὅ τι ἂν ἀεὶ κράτιστον δοκῇ εἶναι. Εἰ δέ τις ἄλλο ὁρᾷ βέλτιον, λεξάτω. Ἐπεὶ δὲ οὐδεὶς ἀντέλεγεν, εἶπεν· Ὅτῳ δοκεῖ ταῦτα, ἀνατεινάτω τὴν χεῖρα. Ἔδοξε ταῦτα.

39. Νῦν τοίνυν, ἔφη, ἀπιόντας ποιεῖν δεῖ τὰ δεδογμένα· καὶ ὅστις τε ὑμῶν τοὺς οἰκείους ἐπιθυμεῖ ἰδεῖν, μεμνήσθω ἀνὴρ ἀγαθὸς εἶναι· οὐ γάρ ἐστιν ἄλλως τούτου τυχεῖν· ὅστις τε ζῆν ἐπιθυμεῖ, πειράσθω νικᾶν· τῶν μὲν γὰρ νικώντων τὸ κατακαίνειν, τῶν δὲ ἡττωμένων τὸ ἀποθνήσκειν ἐστί.

Καὶ εἴ τις δὲ χρημάτων ἐπιθυμεῖ, κρατεῖν πειράσθω· τῶν γὰρ νικώντων ἐστὶ, καὶ τὰ ἑαυτῶν σώζειν, καὶ τὰ τῶν ἡττωμένων λαμβάνειν.

CAP. III.

1. Τούτων λεχθέντων, ἀνέστησαν, καὶ ἀπελθόντες κατέκαιον τὰς ἁμάξας καὶ τὰς σκηνάς· τῶν δὲ περιττῶν, ὅτου μὲν δέοιτό τις, μετεδίδοσαν ἀλλήλοις, τὰ δὲ ἄλλα εἰς τὸ πῦρ ἐῤῥίπτουν. Ταῦτα ποιήσαντες ἠριστοποιοῦντο. Ἀριστοποιουμένων δὲ αὐτῶν, ἔρχεται Μιθριδάτης σὺν ἱππεῦσιν ὡς τριάκοντα, καὶ καλεσάμενος τοὺς στρατηγοὺς εἰς ἐπήκοον, λέγει ὧδε· 2. Ἐγὼ, ὦ ἄνδρες Ἕλληνες, καὶ Κύρῳ πιστὸς ἦν, ὡς ὑμεῖς ἐπίστασθε, καὶ νῦν ὑμῖν εὔνους· καὶ ἐνθάδε εἰμὶ σὺν πολλῷ φόβῳ διάγων. Εἰ οὖν ὁρῴην ὑμᾶς σωτήριόν τι βουλευομένους, ἔλθοιμι ἂν πρὸς ὑμᾶς, καὶ τοὺς θεράποντας πάντας ἔχων. Λέξατε οὖν πρός με, τί ἐν νῷ ἔχετε, ὡς φίλον τε καὶ εὔνουν, καὶ βουλόμενον κοινῇ σὺν ὑμῖν τὸν στόλον ποιεῖσθαι.

3. Βουλευομένοις τοῖς στρατηγοῖς ἔδοξεν ἀποκρίνασθαι τάδε (καὶ ἔλεγε Χειρίσοφος)· Ἡμῖν δοκεῖ, ἢν μέν τις ἐᾷ ἡμᾶς ἀπιέναι οἴκαδε, διαπορεύεσθαι τὴν χώραν ὡς ἂν δυνώμεθα ἀσινέστατα· ἢν δέ τις ἡμᾶς τῆς ὁδοῦ ἀποκωλύῃ, διαπολεμεῖν τούτῳ, ὡς ἂν δυνώμεθα κράτιστα. 4. Ἐκ τούτου ἐπειρᾶτο Μιθριδάτης διδάσκειν, ὡς ἄπορον εἴη, βασιλέως ἄκοντος, σωθῆναι. Ἔνθα δὴ ἐγιγνώσκετο, ὅτι ὑπόπεμπτος εἴη· καὶ γὰρ τῶν Τισσαφέρνους τις οἰκείων παρηκολούθει πίστεως ἕνεκα. 5. Καὶ ἐκ τούτου ἐδόκει

τοῖς στρατηγοῖς βέλτιον εἶναι δόγμα ποιήσασθαι, τὸν πόλεμον ἀκήρυκτον εἶναι, ἔστ' ἐν τῇ πολεμίᾳ εἶεν· διέφθειρον γὰρ προσιόντες τοὺς στρατιώτας, καὶ ἕνα γε λοχαγὸν διέφθειραν, Νίκαρχον Ἀρκάδα· καὶ ᾤχετο ἀπιὼν νυκτὸς σὺν ἀνθρώποις ὡς εἴκοσι.

6. Μετὰ ταῦτα ἀριστήσαντες, καὶ διαβάντες τὸν Ζαπάταν ποταμὸν, ἐπορεύοντο τεταγμένοι, τὰ ὑποζύγια καὶ τὸν ὄχλον ἐν μέσῳ ἔχοντες. Οὐ πολὺ δὲ προεληλυθότων αὐτῶν, ἐπιφαίνεται πάλιν ὁ Μιθριδάτης, ἱππέας ἔχων ὡς διακοσίους, καὶ τοξότας καὶ σφενδονήτας ὡς τετρακοσίους, μάλα ἐλαφροὺς καὶ εὐζώνους· καὶ προσῄει μὲν, ὡς φίλος ὢν, πρὸς τοὺς Ἕλληνας. 7. Ἐπεὶ δ' ἐγγὺς ἐγένοντο, ἐξαπίνης οἱ μὲν αὐτῶν ἐτόξευον, καὶ ἱππεῖς καὶ πεζοὶ, οἱ δ' ἐσφενδόνων καὶ ἐτίτρωσκον. Οἱ δὲ ὀπισθοφύλακες τῶν Ἑλλήνων ἔπασχον μὲν κακῶς, ἀντεποίουν δ' οὐδέν· οἵ τε γὰρ Κρῆτες βραχύτερα τῶν Περσῶν ἐτόξευον, καὶ ἅμα ψιλοὶ ὄντες εἴσω τῶν ὅπλων κατεκέκλειντο· οἵ τε ἀκοντισταὶ βραχύτερα ἠκόντιζον, ἢ ὡς ἐξικνεῖσθαι τῶν σφενδονητῶν.

8. Ἐκ τούτου Ξενοφῶντι ἐδόκει διωκτέον εἶναι· καὶ ἐδίωκον τῶν τε ὁπλιτῶν καὶ τῶν πελταστῶν, οἳ ἔτυχον σὺν αὐτῷ ὀπισθοφυλακοῦντες· διώκοντες δὲ οὐδένα κατελάμβανον τῶν πολεμίων. 9. Οὔτε γὰρ ἱππεῖς ἦσαν τοῖς Ἕλλησιν, οὔτε οἱ πεζοὶ τοὺς πεζοὺς ἐκ πολλοῦ φεύγοντας ἐδύναντο καταλαμβάνειν ἐν ὀλίγῳ χωρίῳ· πολὺ γὰρ οὐχ οἷόν τε ἦν ἀπὸ τοῦ ἄλλου στρατεύματος διώκειν. 10. Οἱ δὲ βάρβαροι ἱππεῖς καὶ φεύγοντες ἅμα ἐτίτρωσκον, εἰς τοὔπισθεν τοξεύοντες ἀπὸ τῶν ἵππων· ὁπόσον δὲ προδιώ-

ξειαν οἱ Ἕλληνες, τοσοῦτον πάλιν ἐπαναχωρεῖν μαχομένους ἔδει. 11. Ὥστε τῆς ἡμέρας ὅλης διῆλθον οὐ πλέον πέντε καὶ εἴκοσι σταδίων, ἀλλὰ δείλης ἀφίκοντο εἰς τὰς κώμας. Ἔνθα δὴ πάλιν ἀθυμία ἦν. Καὶ Χειρίσοφος καὶ οἱ πρεσβύτατοι τῶν στρατηγῶν Ξενοφῶντα ᾐτιῶντο, ὅτι ἐδίωκεν ἀπὸ τῆς φάλαγγος, καὶ αὐτός τε ἐκινδύνευε, καὶ τοὺς πολεμίους οὐδὲν μᾶλλον ἐδύνατο βλάπτειν.

12. Ἀκούσας δὲ Ξενοφῶν ἔλεγεν, ὅτι ὀρθῶς ᾐτιῶντο, καὶ αὐτὸ τὸ ἔργον αὐτοῖς μαρτυροίη. Ἀλλ' ἐγὼ, ἔφη, ἠναγκάσθην διώκειν, ἐπειδὴ ἑώρων ἡμᾶς ἐν τῷ μένειν κακῶς μὲν πάσχοντας, ἀντιποιεῖν δὲ οὐ δυναμένους. 13. Ἐπειδὴ δὲ ἐδιώκομεν, ἀληθῆ, ἔφη, ὑμεῖς λέγετε· κακῶς μὲν γὰρ ποιεῖν οὐδὲν μᾶλλον ἐδυνάμεθα τοὺς πολεμίους, ἀνεχωροῦμεν δὲ πάνυ χαλεπῶς. 14. Τοῖς οὖν θεοῖς χάρις, ὅτι οὐ σὺν πολλῇ ῥώμῃ, ἀλλὰ σὺν ὀλίγοις ἦλθον· ὥστε βλάψαι μὲν μὴ μεγάλα, δηλῶσαι δὲ ὧν δεόμεθα. 15. Νῦν γὰρ οἱ μὲν πολέμιοι τοξεύουσι καὶ σφενδονῶσιν, ὅσον οὔτε οἱ Κρῆτες ἀντιτοξεύειν δύνανται, οὔτε οἱ ἐκ χειρὸς βάλλοντες ἐξικνεῖσθαι· ὅταν δὲ αὐτοὺς διώκωμεν, πολὺ μὲν οὐχ οἷόν τε χωρίον ἀπὸ τοῦ στρατεύματος διώκειν, ἐν ὀλίγῳ δὲ οὐδ', εἰ ταχὺς εἴη, πεζὸς πεζὸν ἂν διώκων καταλάβοι ἐκ τόξου ῥύματος.

16. Ἡμεῖς οὖν εἰ μέλλομεν τούτους εἴργειν ὥστε μὴ δύνασθαι βλάπτειν ἡμᾶς πορευομένους, σφενδονητῶν τε τὴν ταχίστην δεῖ καὶ ἱππέων. Ἀκούω δ' εἶναι ἐν τῷ στρατεύματι ἡμῶν Ῥοδίους, ὧν τοὺς πολλούς φασιν ἐπίστασθαι σφενδονᾶν, καὶ τὸ βέλος αὐτῶν καὶ διπλάσιον φέρεσθαι τῶν Περσικῶν σφενδονῶν. 17. Ἐκεῖναι γὰρ,

διὰ τὸ χειροπληθέσι τοῖς λίθοις σφενδονᾶν, ἐπὶ βραχὺ ἐξικνοῦνται· οἱ δὲ Ῥόδιοι καὶ ταῖς μολυβδίσιν ἐπίστανται χρῆσθαι. 18. Ἢν οὖν αὐτῶν ἐπισκεψώμεθα τίνες πέπανται σφενδόνας, καὶ τούτῳ μὲν δῶμεν αὐτῶν ἀργύριον, τῷ δὲ ἄλλας πλέκειν ἐθέλοντι ἄλλο ἀργύριον τελῶμεν, καὶ τῷ σφενδονᾶν ἐν τῷ τεταγμένῳ ἐθέλοντι ἄλλην τινὰ ἀτέλειαν εὑρίσκωμεν, ἴσως τινὲς φανοῦνται ἱκανοὶ ἡμᾶς ὠφελεῖν. 19. Ὁρῶ δὲ καὶ ἵππους ὄντας ἐν τῷ στρατεύματι, τοὺς μέν τινας παρ' ἐμοὶ, τοὺς δὲ τῷ Κλεάρχῳ καταλελειμμένους, πολλοὺς δὲ καὶ ἄλλους αἰχμαλώτους σκευοφοροῦντας. Ἂν οὖν τούτους πάντας ἐκλέξαντες, σκευοφόρα μὲν ἀντιδῶμεν, τοὺς δὲ ἵππους εἰς ἱππέας κατασκευάσωμεν, ἴσως καὶ οὗτοί τι τοὺς φεύγοντας ἀνιάσουσιν.

20. Ἔδοξε ταῦτα· καὶ ταύτης τῆς νυκτὸς σφενδονῆται μὲν εἰς διακοσίους ἐγένοντο, ἵπποι δὲ καὶ ἱππεῖς ἐδοκιμάσθησαν τῇ ὑστεραίᾳ εἰς πεντήκοντα, καὶ στολάδες καὶ θώρακες αὐτοῖς ἐπορίσθησαν· καὶ ἵππαρχος δὲ ἐπεστάθη Λύκιος ὁ Πολυστράτου Ἀθηναῖος.

CAP. IV.

1. **Μείναντες** δὲ ταύτην τὴν ἡμέραν, τῇ ἄλλῃ ἐπορεύοντο πρωϊαίτερον ἀναστάντες· χαράδραν γὰρ αὐτοὺς ἔδει διαβῆναι, ἐφ' ᾗ ἐφοβοῦντο μὴ ἐπιθοῖντο αὐτοῖς διαβαίνουσιν οἱ πολέμιοι. 2. Διαβεβηκόσι δὲ αὐτοῖς πάλιν φαίνεται ὁ Μιθριδάτης, ἔχων ἱππέας χιλίους, τοξότας δὲ καὶ σφενδονήτας εἰς τετρακισχιλίους· τοσούτους γὰρ ᾔτησε Τισσαφέρνην καὶ ἔλαβεν, ὑποσχόμενος, ἂν τούτους λάβῃ,

παραδώσειν αὐτῷ τοὺς Ἕλληνας, καταφρονήσας, ὅτι ἐν τῇ πρόσθεν προσβολῇ, ὀλίγους ἔχων, ἔπαθε μὲν οὐδὲν, πολλὰ δὲ κακὰ ἐνόμισε ποιῆσαι. 3. Ἐπεὶ δὲ οἱ Ἕλληνες διαβεβηκότες ἀπεῖχον τῆς χαράδρας ὅσον ὀκτὼ σταδίους, διέβαινε καὶ ὁ Μιθριδάτης, ἔχων τὴν δύναμιν. Παρήγγελτο δὲ, τῶν τε πελταστῶν οὓς ἔδει διώκειν, καὶ τῶν ὁπλιτῶν, καὶ τοῖς ἱππεῦσιν εἴρητο θαῤῥοῦσι διώκειν, ὡς ἐφεψομένης ἱκανῆς δυνάμεως. 4. Ἐπεὶ δὲ ὁ Μιθριδάτης κατειλήφει, καὶ ἤδη σφενδόναι καὶ τοξεύματα ἐξικνοῦντο, ἐσήμηνε τοῖς Ἕλλησι τῇ σάλπιγγι, καὶ εὐθὺς ἔθεον ὁμόσε, οἷς εἴρητο, καὶ οἱ ἱππεῖς ἤλαυνον· οἱ δὲ οὐκ ἐδέξαντο, ἀλλ᾽ ἔφευγον ἐπὶ τὴν χαράδραν. 5. Ἐν ταύτῃ τῇ διώξει τοῖς βαρβάροις τῶν τε πεζῶν ἀπέθανον πολλοὶ, καὶ τῶν ἱππέων ἐν τῇ χαράδρᾳ ζωοὶ ἐλήφθησαν ὡς ὀκτωκαίδεκα· τοὺς δὲ ἀποθανόντας αὐτοκέλευστοι οἱ Ἕλληνες ᾐκίσαντο, ὡς ὅτι φοβερώτατον τοῖς πολεμίοις εἴη ὁρᾶν.

6. Καὶ οἱ μὲν πολέμιοι οὕτω πράξαντες ἀπῆλθον· οἱ δὲ Ἕλληνες ἀσφαλῶς πορευόμενοι τὸ λοιπὸν τῆς ἡμέρας, ἀφίκοντο ἐπὶ τὸν Τίγρητα ποταμόν. 7. Ἐνταῦθα πόλις ἦν ἐρήμη μεγάλη, ὄνομα δ᾽ αὐτῇ ἦν Λάρισσα· ᾤκουν δ᾽ αὐτὴν τὸ παλαιὸν Μῆδοι· τοῦ δὲ τείχους ἦν αὐτῆς τὸ εὖρος πέντε καὶ εἴκοσι πόδες, ὕψος δ᾽ ἑκατόν· τοῦ δὲ κύκλου ἡ περίοδος δύο παρασάγγαι· ᾠκοδόμητο δὲ πλίνθοις κεραμίαις· κρηπὶς δ᾽ ὑπῆν λιθίνη, τὸ ὕψος εἴκοσι ποδῶν. 8. Ταύτην βασιλεὺς ὁ Περσῶν, ὅτε παρὰ Μήδων τὴν ἀρχὴν ἐλάμβανον Πέρσαι, πολιορκῶν, οὐδενὶ τρόπῳ ἐδύνατο ἑλεῖν· ἥλιον δὲ νεφέλη προκαλύψασα ἠφάνισε, μέχρι ἐξέλιπον οἱ ἄνθρωποι, καὶ οὕτως ἑάλω. 9. Παρὰ ταύτην

τὴν πόλιν ἦν πυραμὶς λιθίνη, τὸ μὲν εὖρος ἑνὸς πλέθρου, τὸ δὲ ὕψος δύο πλέθρων. Ἐπὶ ταύτης πολλοὶ τῶν βαρβάρων ἦσαν, ἐκ τῶν πλησίον κωμῶν ἀποπεφευγότες.

10. Ἐντεῦθεν ἐπορεύθησαν σταθμὸν ἕνα, παρασάγγας ἕξ, πρὸς τεῖχος ἔρημον μέγα, πρὸς [τῇ] πόλει κείμενον· ὄνομα δὲ ἦν τῇ πόλει Μέσπιλα· Μῆδοι δ' αὐτήν ποτε ᾤκουν. Ἦν δὲ ἡ μὲν κρηπὶς λίθου ξεστοῦ κογχυλιάτου, τὸ εὖρος πεντήκοντα ποδῶν, καὶ τὸ ὕψος πεντήκοντα. 11. Ἐπὶ δὲ ταύτῃ ἐπῳκοδόμητο πλίνθινον τεῖχος, τὸ μὲν εὖρος πεντήκοντα ποδῶν, τὸ δὲ ὕψος ἑκατόν· τοῦ δὲ κύκλου ἡ περίοδος ἓξ παρασάγγαι. Ἐνταῦθα λέγεται Μήδεια γυνὴ βασιλέως καταφυγεῖν, ὅτε ἀπώλεσαν τὴν ἀρχὴν ὑπὸ Περσῶν Μῆδοι. 12. Ταύτην δὲ τὴν πόλιν πολιορκῶν ὁ Περσῶν βασιλεύς, οὐκ ἐδύνατο οὔτε χρόνῳ ἑλεῖν οὔτε βίᾳ· Ζεὺς δ' ἐμβροντήτους ποιεῖ τοὺς ἐνοικοῦντας, καὶ οὕτως ἑάλω.

13. Ἐντεῦθεν δ' ἐπορεύθησαν σταθμὸν ἕνα, παρασάγγας τέτταρας. Εἰς τοῦτον δὲ τὸν σταθμὸν Τισσαφέρνης ἐπεφάνη, οὕς τε αὐτὸς ἱππέας ἦλθεν ἔχων, καὶ τὴν Ὀρόντου δύναμιν, τοῦ τὴν βασιλέως θυγατέρα ἔχοντος, καὶ οὓς Κῦρος ἔχων ἀνέβη βαρβάρους, καὶ οὓς ὁ βασιλέως ἀδελφὸς ἔχων βασιλεῖ ἐβοήθει, καὶ πρὸς τούτοις ὅσους βασιλεὺς ἔδωκεν αὐτῷ· ὥστε τὸ στράτευμα πάμπολυ ἐφάνη. 14. Ἐπεὶ δ' ἐγγὺς ἐγένετο, τὰς μὲν τῶν τάξεων εἶχεν ὄπισθεν καταστήσας, τὰς δὲ εἰς τὰ πλάγια παραγαγὼν ἐμβάλλειν μὲν οὐκ ἐτόλμησεν, οὐδ' ἐβούλετο διακινδυνεύειν· σφενδονᾶν δὲ παρήγγειλε καὶ τοξεύειν. 15. Ἐπεὶ δὲ διαταχθέντες οἱ Ῥόδιοι ἐσφενδόνησαν, καὶ οἱ Σκύθαι τοξό-

ται ἐτόξευσαν, καὶ οὐδεὶς ἡμάρτανεν ἀνδρὸς (οὐδὲ γάρ, εἰ πάνυ προθυμοῖτο, ῥᾴδιον ἦν), καὶ ὁ Τισσαφέρνης μάλα ταχέως ἔξω βελῶν ἀπεχώρει, καὶ αἱ ἄλλαι τάξεις ἀπεχώρησαν. 16. Καὶ τὸ λοιπὸν τῆς ἡμέρας οἱ μὲν ἐπορεύοντο, οἱ δ' εἵποντο· καὶ οὐκέτι ἐσίνοντο οἱ βάρβαροι τῇ τότε ἀκροβολίσει· μακρότερον γὰρ οἵ τε Ῥόδιοι τῶν Περσῶν ἐσφενδόνων καὶ τῶν πλείστων τοξοτῶν. 17. Μεγάλα δὲ καὶ τὰ τόξα τὰ Περσικά ἐστιν· ὥστε χρήσιμα ἦν, ὁπόσα ἁλίσκοιτο τῶν τοξευμάτων, τοῖς Κρησί· καὶ διετέλουν χρώμενοι τοῖς τῶν πολεμίων τοξεύμασι, καὶ ἐμελέτων τοξεύειν ἄνω ἱέντες μακράν. Εὑρίσκετο δὲ καὶ νεῦρα πολλὰ ἐν ταῖς κώμαις καὶ μόλυβδος· ὥστε χρῆσθαι εἰς τὰς σφενδόνας.

18. Καὶ ταύτῃ μὲν τῇ ἡμέρᾳ, ἐπεὶ κατεστρατοπεδεύοντο οἱ Ἕλληνες κώμαις ἐπιτυχόντες, ἀπῆλθον οἱ βάρβαροι, μεῖον ἔχοντες ἐν τῇ τότε ἀκροβολίσει· τὴν δ' ἐπιοῦσαν ἡμέραν ἔμειναν οἱ Ἕλληνες, καὶ ἐπεσιτίσαντο· ἦν γὰρ πολὺς σῖτος ἐν ταῖς κώμαις. Τῇ δ' ὑστεραίᾳ ἐπορεύοντο διὰ τοῦ πεδίου, καὶ Τισσαφέρνης εἵπετο ἀκροβολιζόμενος. 19. Ἔνθα δὴ οἱ Ἕλληνες ἔγνωσαν, ὅτι πλαίσιον ἰσόπλευρον πονηρὰ τάξις εἴη, πολεμίων ἑπομένων. Ἀνάγκη γάρ ἐστιν, ἢν μὲν συγκύπτῃ τὰ κέρατα τοῦ πλαισίου, ἢ ὁδοῦ στενωτέρας οὔσης, ἢ ὀρέων ἀναγκαζόντων ἢ γεφύρας, ἐκθλίβεσθαι τοὺς ὁπλίτας, καὶ πορεύεσθαι πονήρως, ἅμα μὲν πιεζομένους, ἅμα δὲ καὶ ταραττομένους· ὥστε δυσχρήστους εἶναι ἀνάγκη, ἀτάκτους ὄντας. 20. Ὅταν δ' αὖ διασχῇ τὰ κέρατα, ἀνάγκη διασπᾶσθαι τοὺς τότε ἐκθλιβομένους, καὶ κενὸν γίγνεσθαι τὸ μέσον τῶν κεράτων, καὶ

ἀθυμεῖν τοὺς ταῦτα πάσχοντας, τῶν πολεμίων ἑπομένων. Καὶ ὁπότε δέοι γέφυραν διαβαίνειν ἢ ἄλλην τινὰ διάβασιν, ἔσπευδεν ἕκαστος, βουλόμενος φθάσαι πρῶτος· καὶ εὐεπίθετον ἦν ἐνταῦθα τοῖς πολεμίοις.

21. Ἐπεὶ δὲ ταῦτα ἔγνωσαν οἱ στρατηγοί, ἐποιήσαντο ἓξ λόχους ἀνὰ ἑκατὸν ἄνδρας, καὶ λοχαγοὺς ἐπέστησαν, καὶ ἄλλους πεντηκοντῆρας, καὶ ἄλλους ἐνωμοτάρχας. Οὗτοι δὲ πορευόμενοι οἱ λοχαγοί, ὁπότε μὲν συγκύπτοι τὰ κέρατα, ὑπέμενον ὕστεροι, ὥστε μὴ ἐνοχλεῖν τοῖς κέρασι· τότε δὲ παρῆγον ἔξωθεν τῶν κεράτων. 22. Ὁπότε δὲ διάσχοιεν αἱ πλευραὶ τοῦ πλαισίου, τὸ μέσον ἀνεξεπίμπλασαν, εἰ μὲν στενώτερον εἴη τὸ διέχον, κατὰ λόχους· εἰ δὲ πλατύτερον, κατὰ πεντηκοστῦς· εἰ δὲ πάνυ πλατύ, κατ' ἐνωμοτίας· ὥστε ἀεὶ ἔκπλεων εἶναι τὸ μέσον. 23. Εἰ δὲ καὶ διαβαίνειν τινὰ δέοι διάβασιν ἢ γέφυραν, οὐκ ἐταράττοντο, ἀλλ' ἐν τῷ μέρει οἱ λοχαγοὶ διέβαινον· καὶ εἴ που δέοι τι τῆς φάλαγγος, ἐπιπαρῆσαν οὗτοι. Τούτῳ τῷ τρόπῳ ἐπορεύθησαν σταθμοὺς τέτταρας.

24. Ἡνίκα δὲ τὸν πέμπτον ἐπορεύοντο, εἶδον βασίλειόν τι, καὶ περὶ αὐτὸ κώμας πολλάς· τήν τε ὁδὸν πρὸς τὸ χωρίον τοῦτο διὰ γηλόφων ὑψηλῶν γιγνομένην, οἳ καθῆκον ἀπὸ τοῦ ὄρους, ὑφ' ᾧ ἦν ἡ κώμη. Καὶ εἶδον μὲν τοὺς γηλόφους ἄσμενοι οἱ Ἕλληνες, ὡς εἰκός, τῶν πολεμίων ὄντων ἱππέων. 25. Ἐπεὶ δὲ πορευόμενοι ἐκ τοῦ πεδίου ἀνέβησαν ἐπὶ τὸν πρῶτον γήλοφον, καὶ κατέβαινον ὡς ἐπὶ τὸν ἕτερον ἀναβαίνειν, ἐνταῦθα ἐπιγίγνονται οἱ βάρβαροι, καὶ ἀπὸ τοῦ ὑψηλοῦ εἰς τὸ πρανὲς ἔβαλλον, ἐσφενδόνων, ἐτόξευον ὑπὸ μαστίγων. 26. Καὶ πολλοὺς

κατετίτρωσκον, καὶ ἐκράτησαν τῶν Ἑλλήνων γυμνήτων, καὶ κατέκλεισαν αὐτοὺς εἴσω τῶν ὅπλων· ὥστε παντάπασι ταύτην τὴν ἡμέραν ἄχρηστοι ἦσαν, ἐν τῷ ὄχλῳ ὄντες, καὶ οἱ σφενδονῆται καὶ οἱ τοξόται.

27. Ἐπεὶ δὲ πιεζόμενοι οἱ Ἕλληνες ἐπεχείρησαν διώκειν, σχολῇ μὲν ἐπὶ τὸ ἄκρον ἀφικνοῦνται, ὁπλῖται ὄντες· οἱ δὲ πολέμιοι ταχὺ ἀπεπήδων. 28. Πάλιν δὲ, ὁπότε ἀπίοιεν πρὸς τὸ ἄλλο στράτευμα, ταὐτὰ ἔπασχον· καὶ ἐπὶ τοῦ δευτέρου γηλόφου ταὐτὰ ἐγίγνετο· ὥστε ἀπὸ τοῦ τρίτου γηλόφου ἔδοξεν αὐτοῖς μὴ κινεῖν τοὺς στρατιώτας, πρὶν ἀπὸ τῆς δεξιᾶς πλευρᾶς τοῦ πλαισίου ἀνήγαγον πελταστὰς πρὸς τὸ ὄρος. 29. Ἐπεὶ δ' οὗτοι ἐγένοντο ὑπὲρ τῶν ἑπομένων πολεμίων, οὐκέτι ἐπετίθεντο οἱ πολέμιοι τοῖς καταβαίνουσι, δεδοικότες μὴ ἀποτμηθείησαν, καὶ ἀμφοτέρωθεν αὐτῶν γένοιντο οἱ πολέμιοι. 30. Οὕτω τὸ λοιπὸν τῆς ἡμέρας πορευόμενοι, οἱ μὲν τῇ ὁδῷ κατὰ τοὺς γηλόφους, οἱ δὲ κατὰ τὸ ὄρος ἐπιπαριόντες, ἀφίκοντο εἰς τὰς κώμας· καὶ ἰατροὺς κατέστησαν ὀκτὼ, πολλοὶ γὰρ ἦσαν οἱ τετρωμένοι.

31. Ἐνταῦθα ἔμειναν ἡμέρας τρεῖς, καὶ τῶν τετρωμένων ἕνεκα, καὶ ἅμα ἐπιτήδεια πολλὰ εἶχον, ἄλευρα, οἶνον, καὶ κριθὰς ἵπποις συμβεβλημένας πολλάς. Ταῦτα δὲ συνενηνεγμένα ἦν τῷ σατραπεύοντι τῆς χώρας. Τετάρτῃ δ' ἡμέρᾳ καταβαίνουσιν εἰς τὸ πεδίον. 32. Ἐπεὶ δὲ κατέλαβεν αὐτοὺς Τισσαφέρνης σὺν τῇ δυνάμει, ἐδίδαξεν αὐτοὺς ἡ ἀνάγκη κατασκηνῆσαι, οὗ πρῶτον εἶδον κώμην, καὶ μὴ πορεύεσθαι ἔτι μαχομένους· πολλοὶ γὰρ ἦσαν ἀπόμαχοι, οἱ τετρωμένοι, καὶ οἱ ἐκείνους φέροντες, καὶ οἱ τῶν

φερόντων τὰ ὅπλα δεξάμενοι. 33. Ἐπεὶ δὲ κατεσκήνησαν, καὶ ἐπεχείρησαν αὐτοῖς ἀκροβολίζεσθαι οἱ βάρβαροι πρὸς τὴν κώμην προσιόντες, πολὺ περιῆσαν οἱ Ἕλληνες· πολὺ γὰρ διέφερον ἐκ χώρας ὁρμῶντες ἀλέξασθαι, ἢ πορευόμενοι ἐπιοῦσι τοῖς πολεμίοις μάχεσθαι.

34. Ἡνίκα δ' ἦν ἤδη δείλη, ὥρα ἦν ἀπιέναι τοῖς πολεμίοις· οὔποτε γὰρ μεῖον ἀπεστρατοπεδεύοντο οἱ βάρβαροι τοῦ Ἑλληνικοῦ ἑξήκοντα σταδίων, φοβούμενοι μὴ τῆς νυκτὸς οἱ Ἕλληνες ἐπιθῶνται αὐτοῖς. 35. Πονηρὸν γὰρ νυκτός ἐστι στράτευμα Περσικόν. Οἵ τε γὰρ ἵπποι αὐτοῖς δέδενται, καὶ ὡς ἐπὶ τὸ πολὺ πεποδισμένοι εἰσὶ, τοῦ μὴ φεύγειν ἕνεκα εἰ λυθείησαν· ἐάν τέ τις θόρυβος γίγνηται, δεῖ ἐπισάξαι τὸν ἵππον Πέρσῃ ἀνδρὶ, καὶ χαλινῶσαι δεῖ, καὶ θωρακισθέντα ἀναβῆναι ἐπὶ τὸν ἵππον· ταῦτα δὲ πάντα χαλεπὰ νύκτωρ καὶ θορύβου ὄντος. Τούτου ἕνεκα πόῤῥω ἀπεσκήνουν τῶν Ἑλλήνων.

36. Ἐπεὶ δὲ ἐγίγνωσκον αὐτοὺς οἱ Ἕλληνες βουλομένους ἀπιέναι καὶ διαγγελλομένους, ἐκήρυξε τοῖς Ἕλλησι συσκευάζεσθαι, ἀκουόντων τῶν πολεμίων. Καὶ χρόνον μέν τινα ἐπέσχον τῆς πορείας οἱ βάρβαροι· ἐπειδὴ δὲ ὀψὲ ἐγίγνετο, ἀπῄεσαν· οὐ γὰρ ἐδόκει λυσιτελεῖν αὐτοῖς νυκτὸς πορεύεσθαι καὶ κατάγεσθαι ἐπὶ τὸ στρατόπεδον. 37. Ἐπειδὴ δὲ σαφῶς ἀπιόντας ἤδη ἑώρων οἱ Ἕλληνες, ἐπορεύοντο καὶ αὐτοὶ ἀναζεύξαντες, καὶ διῆλθον ὅσον ἑξήκοντα σταδίους· καὶ γίγνεται τοσοῦτον μεταξὺ τῶν στρατευμάτων, ὥστε τῇ ὑστεραίᾳ οὐκ ἐφάνησαν οἱ πολέμιοι, οὐδὲ τῇ τρίτῃ· τῇ δὲ τετάρτῃ, νυκτὸς προελθόντες, καταλαμβάνουσι χωρίον ὑπερδέξιον οἱ βάρβαροι, ᾗ ἔμελλον οἱ

Ἕλληνες παριέναι, ἀκρωνυχίαν ὄρους, ὑφ' ἣν ἡ κατάβασις ἦν εἰς τὸ πεδίον.

38. Ἐπειδὴ δὲ ἑώρα Χειρίσοφος προκατειλημμένην τὴν ἀκρωνυχίαν, καλεῖ Ξενοφῶντα ἀπὸ τῆς οὐρᾶς, καὶ κελεύει λαβόντα τοὺς πελταστὰς παραγενέσθαι εἰς τὸ πρόσθεν. 39. Ὁ δὲ Ξενοφῶν τοὺς μὲν πελταστὰς οὐκ ἦγεν· ἐπιφαινόμενον γὰρ ἑώρα Τισσαφέρνην, καὶ τὸ στράτευμα πᾶν· αὐτὸς δὲ προσελάσας ἠρώτα· Τί καλεῖς; Ὁ δὲ λέγει αὐτῷ· Ἔξεστιν ὁρᾶν· προκατείληπται γὰρ ἡμῖν ὁ ὑπὲρ τῆς καταβάσεως λόφος, καὶ οὐκ ἔστι παρελθεῖν, εἰ μὴ τούτους ἀποκόψομεν. Ἀλλὰ τί οὐκ ἦγες τοὺς πελταστάς; 40. Ὁ δὲ λέγει, ὅτι οὐκ ἐδόκει αὐτῷ ἔρημα καταλιπεῖν τὰ ὄπισθεν, πολεμίων ἐπιφαινομένων. Ἀλλὰ μὴν ὥρα γ', ἔφη, βουλεύεσθαι, πῶς τις τοὺς ἄνδρας ἀπελᾷ ἀπὸ τοῦ λόφου. 41. Ἐνταῦθα Ξενοφῶν ὁρᾷ τοῦ ὄρους τὴν κορυφὴν ὑπὲρ αὐτοῦ τοῦ ἑαυτῶν στρατεύματος οὖσαν, καὶ ἀπὸ ταύτης ἔφοδον ἐπὶ τὸν λόφον ἔνθα ἦσαν οἱ πολέμιοι, καὶ λέγει· Κράτιστον, ὦ Χειρίσοφε, ἡμῖν ἵεσθαι ὡς τάχιστα ἐπὶ τὸ ἄκρον· ἢν γὰρ τοῦτο λάβωμεν, οὐ δυνήσονται μένειν οἱ ὑπὲρ τῆς ὁδοῦ. Ἀλλά, εἰ βούλει, μένε ἐπὶ τῷ στρατεύματι, ἐγὼ δ' ἐθέλω πορεύεσθαι· εἰ δὲ χρῄζεις, πορεύου ἐπὶ τὸ ὄρος, ἐγὼ δὲ μενῶ αὐτοῦ. 42. Ἀλλὰ δίδωμί σοι, ἔφη ὁ Χειρίσοφος, ὁπότερον βούλει, ἑλέσθαι. Εἰπὼν ὁ Ξενοφῶν, ὅτι νεώτερός ἐστιν, αἱρεῖται πορεύεσθαι· κελεύει δέ οἱ συμπέμψαι ἀπὸ τοῦ στόματος ἄνδρας· μακρὸν γὰρ ἦν ἀπὸ τῆς οὐρᾶς λαβεῖν. 43. Καὶ ὁ Χειρίσοφος συμπέμπει τοὺς ἀπὸ τοῦ στόματος πελταστάς· ἔλαβε δὲ τοὺς κατὰ μέσον τοῦ πλαισίου. Συνέπεσθαι δ'

ἐκέλευσεν αὐτῷ καὶ τοὺς τριακοσίους, οὓς αὐτὸς εἶχε τῶν ἐπιλέκτων ἐπὶ τῷ στόματι τοῦ πλαισίου.

44. Ἐντεῦθεν ἐπορεύοντο ὡς ἐδύναντο τάχιστα. Οἱ δ' ἐπὶ τοῦ λόφου πολέμιοι, ὡς ἐνόησαν αὐτῶν τὴν πορείαν ἐπὶ τὸ ἄκρον, εὐθὺς καὶ αὐτοὶ ὥρμησαν ἁμιλλᾶσθαι ἐπὶ τὸ ἄκρον. 45. Καὶ ἐνταῦθα πολλὴ μὲν κραυγὴ ἦν τοῦ Ἑλληνικοῦ στρατεύματος διακελευομένων τοῖς ἑαυτῶν, πολλὴ δὲ κραυγὴ τῶν ἀμφὶ Τισσαφέρνην τοῖς ἑαυτῶν διακελευομένων. 46. Ξενοφῶν δὲ παρελαύνων ἐπὶ τοῦ ἵππου παρεκελεύετο· Ἄνδρες, νῦν ἐπὶ τὴν Ἑλλάδα νομίζετε ἁμιλλᾶσθαι, νῦν πρὸς τοὺς παῖδας καὶ τὰς γυναῖκας, νῦν ὀλίγον πονήσαντες [χρόνον], ἀμαχεὶ τὴν λοιπὴν πορευσόμεθα. 47. Σωτηρίδης δὲ ὁ Σικυώνιος εἶπεν· Οὐκ ἐξ ἴσου, ὦ Ξενοφῶν, ἐσμέν· σὺ μὲν γὰρ ἐφ' ἵππου ὀχῇ, ἐγὼ δὲ χαλεπῶς κάμνω τὴν ἀσπίδα φέρων. 48. Καὶ ὃς ἀκούσας ταῦτα, καταπηδήσας ἀπὸ τοῦ ἵππου, ὠθεῖται αὐτὸν ἐκ τῆς τάξεως, καὶ τὴν ἀσπίδα ἀφελόμενος, ὡς ἐδύνατο τάχιστα ἔχων ἐπορεύετο. Ἐτύγχανε δὲ καὶ θώρακα ἔχων τὸν ἱππικόν· ὥστε ἐπιέζετο. Καὶ τοῖς μὲν ἔμπροσθεν ὑπάγειν παρεκελεύετο, τοῖς δὲ ὄπισθεν παριέναι, μόλις ἑπομένοις. 49. Οἱ δ' ἄλλοι στρατιῶται παίουσι καὶ βάλλουσι καὶ λοιδοροῦσι τὸν Σωτηρίδην, ἔστε ἠνάγκασαν λαβόντα τὴν ἀσπίδα πορεύεσθαι. Ὁ δὲ ἀναβάς, ἕως μὲν βάσιμα ἦν, ἐπὶ τοῦ ἵππου ἦγεν· ἐπεὶ δὲ ἄβατα ἦν, καταλιπὼν τὸν ἵππον, ἔσπευδε πεζῇ. Καὶ φθάνουσιν ἐπὶ τῷ ἄκρῳ γενόμενοι τοὺς πολεμίους.

CAP. V.

1. Ἔνθα δὴ οἱ μὲν βάρβαροι στραφέντες ἔφευγον, ᾗ ἕκαστος ἐδύνατο· οἱ δ' Ἕλληνες εἶχον τὸ ἄκρον. Οἱ δὲ ἀμφὶ Τισσαφέρνην καὶ Ἀριαῖον ἀποτραπόμενοι ἄλλην ὁδὸν ᾤχοντο· οἱ δὲ ἀμφὶ Χειρίσοφον καταβάντες [εἰς τὸ πεδίον], ἐστρατοπεδεύσαντο ἐν κώμῃ μεστῇ πολλῶν ἀγαθῶν. Ἦσαν δὲ καὶ ἄλλαι κῶμαι πολλαὶ πλήρεις πολλῶν ἀγαθῶν ἐν τούτῳ τῷ πεδίῳ, παρὰ τὸν Τίγρητα ποταμόν. 2. Ἡνίκα δ' ἦν δείλη, ἐξαπίνης οἱ πολέμιοι ἐπιφαίνονται ἐν τῷ πεδίῳ, καὶ τῶν Ἑλλήνων κατέκοψάν τινας τῶν ἐσκεδασμένων ἐν τῷ πεδίῳ καθ' ἁρπαγήν· καὶ γὰρ νομαὶ πολλαὶ βοσκημάτων, διαβιβαζόμεναι εἰς τὸ πέραν τοῦ ποταμοῦ, κατελήφθησαν.

3. Ἐνταῦθα Τισσαφέρνης καὶ οἱ σὺν αὐτῷ καίειν ἐπεχείρησαν τὰς κώμας. Καὶ τῶν Ἑλλήνων μάλα ἠθύμησάν τινες, ἐννοούμενοι, μὴ τὰ ἐπιτήδεια, εἰ καίοιεν, οὐκ ἔχοιεν ὁπόθεν λαμβάνοιεν. 4. Καὶ οἱ μὲν ἀμφὶ Χειρίσοφον ἀπῇεσαν ἐκ τῆς βοηθείας· ὁ δὲ Ξενοφῶν ἐπεὶ κατέβη, παρελαύνων τὰς τάξεις, ἡνίκα ἀπὸ τῆς βοηθείας ἀπήντησαν οἱ Ἕλληνες, ἔλεγεν· 5. Ὁρᾶτε, ὦ ἄνδρες Ἕλληνες, ὑφιέντας τὴν χώραν ἤδη ἡμετέραν εἶναι; ἃ γάρ, ὅτε ἐσπένδοντο, διεπράττοντο, μὴ καίειν τὴν βασιλέως χώραν, νῦν αὐτοὶ καίουσιν ὡς ἀλλοτρίαν. Ἀλλ' ἐάν που καταλείπωσί γε αὑτοῖς τὰ ἐπιτήδεια, ὄψονται καὶ ἡμᾶς ἐνταῦθα πορευομένους. 6. Ἀλλ', ὦ Χειρίσοφε, ἔφη, δοκεῖ μοι βοηθεῖν ἐπὶ τοὺς καίοντας, ὡς ὑπὲρ τῆς ἡμετέρας. Ὁ δὲ Χειρίσοφος εἶπεν· Οὔκουν ἔμοιγε δοκεῖ· ἀλλὰ καὶ ἡμεῖς, ἔφη, καίωμεν, καὶ οὕτω θᾶττον παύσονται.

7. Ἐπεὶ δὲ ἐπὶ τὰς σκηνὰς ἀπῆλθον, οἱ μὲν ἄλλοι περὶ τὰ ἐπιτήδεια ἦσαν, στρατηγοὶ δὲ καὶ λοχαγοὶ συνῆλθον. Καὶ ἐνταῦθα πολλὴ ἀπορία ἦν. Ἔνθεν μὲν γὰρ ὄρη ἦν ὑπερύψηλα, ἔνθεν δὲ ὁ ποταμὸς τοσοῦτος τὸ βάθος, ὡς μηδὲ τὰ δόρατα ὑπερέχειν πειρωμένοις τοῦ βάθους. 8. Ἀπορουμένοις δὲ αὐτοῖς προσελθών τις ἀνὴρ Ῥόδιος εἶπεν· Ἐγὼ θέλω, ὦ ἄνδρες, διαβιβάσαι ὑμᾶς κατὰ τετρακισχιλίους ὁπλίτας, ἂν ἐμοί, ὧν δέομαι, ὑπηρετήσητε, καὶ τάλαντον μισθὸν πορίσητε. 9. Ἐρωτώμενος δὲ, ὅτου δέοιτο, Ἀσκῶν, ἔφη, δισχιλίων δεήσομαι· πολλὰ δ' ὁρῶ ταῦτα πρόβατα, καὶ αἶγας, καὶ βοῦς, καὶ ὄνους, ἃ ἀποδαρέντα καὶ φυσηθέντα ῥᾳδίως ἂν παρέχοι τὴν διάβασιν. 10. Δεήσομαι δὲ καὶ τῶν δεσμῶν, οἷς χρῆσθε περὶ τὰ ὑποζύγια· τούτοις ζεύξας τοὺς ἀσκοὺς πρὸς ἀλλήλους (ὁρμίσας ἕκαστον ἀσκὸν, λίθους ἀρτήσας καὶ ἀφεὶς ὥσπερ ἀγκύρας εἰς τὸ ὕδωρ), διαγαγὼν καὶ ἀμφοτέρωθεν δήσας, ἐπιβαλῶ ὕλην καὶ γῆν ἐπιφορήσω. 11. Ὅτι μὲν οὖν οὐ καταδύσεσθε, αὐτίκα μάλα εἴσεσθε· πᾶς γὰρ ἀσκὸς δύο ἄνδρας ἕξει τοῦ μὴ καταδῦναι· ὥστε δὲ μὴ ὀλισθάνειν, ἡ ὕλη καὶ ἡ γῆ σχήσει.

12. Ἀκούσασι ταῦτα τοῖς στρατηγοῖς τὸ μὲν ἐνθύμημα χαρίεν ἐδόκει εἶναι, τὸ δ' ἔργον ἀδύνατον· ἦσαν γὰρ οἱ κωλύσοντες πέραν πολλοὶ ἱππεῖς, οἳ εὐθὺς τοῖς πρώτοις οὐδὲν ἂν ἐπέτρεπον τούτων ποιεῖν. 13. Ἐνταῦθα τὴν μὲν ὑστεραίαν ἐπανεχώρουν εἰς τοὔμπαλιν [ἢ] πρὸς Βαβυλῶνα, εἰς τὰς ἀκαύστους κώμας, κατακαύσαντες ἔνθεν ἐξῄεσαν· ὥστε οἱ πολέμιοι οὐ προσήλαυνον, ἀλλὰ ἐθεῶντο, καὶ ὅμοιοι ἦσαν θαυμάζειν, ὅποι ποτὲ τρέψονται οἱ Ἕλληνες, καὶ τί ἐν νῷ ἔχοιεν.

14. Ἐνταῦθα οἱ μὲν ἄλλοι στρατιῶται ἀμφὶ τὰ ἐπιτήδεια ἦσαν· οἱ δὲ στρατηγοὶ καὶ οἱ λοχαγοὶ πάλιν συνῆλθον, καὶ συναγαγόντες τοὺς ἑαλωκότας, ἤλεγχον τὴν κύκλῳ πᾶσαν χώραν, τίς ἑκάστη εἴη. 15. Οἱ δ' ἔλεγον, ὅτι τὰ μὲν πρὸς μεσημβρίαν τῆς ἐπὶ Βαβυλῶνα εἴη καὶ Μηδίαν, δι' ἧσπερ ἥκοιεν· ἡ δὲ πρὸς ἕω ἐπὶ Σοῦσά τε καὶ Ἐκβάτανα φέροι, ἔνθα θερίζειν καὶ ἐαρίζειν λέγεται βασιλεύς· ἡ δὲ διαβάντι τὸν ποταμὸν πρὸς ἑσπέραν ἐπὶ Λυδίαν καὶ Ἰωνίαν φέροι· ἡ δὲ διὰ τῶν ὀρέων καὶ πρὸς ἄρκτον τετραμμένη, ὅτι εἰς Καρδούχους ἄγοι. 16. Τούτους δ' ἔφασαν οἰκεῖν ἀνὰ τὰ ὄρη, καὶ πολεμικοὺς εἶναι, καὶ βασιλέως οὐκ ἀκούειν· ἀλλὰ καὶ ἐμβαλεῖν ποτε εἰς αὐτοὺς βασιλικὴν στρατιὰν, δώδεκα μυριάδας· τούτων δὲ οὐδένα ἀπονοστῆσαι διὰ τὴν δυσχωρίαν· ὁπότε μέντοι πρὸς τὸν σατράπην τὸν ἐν τῷ πεδίῳ σπείσαιντο, καὶ ἐπιμιγνύναι σφῶν τε πρὸς ἐκείνους, καὶ ἐκείνων πρὸς ἑαυτούς.

17. Ἀκούσαντες ταῦτα οἱ στρατηγοὶ ἐκάθισαν χωρὶς τοὺς ἑκασταχόσε φάσκοντας εἰδέναι, οὐδὲν δῆλον ποιήσαντες, ὅποι πορεύεσθαι ἔμελλον. Ἐδόκει δὲ τοῖς στρατηγοῖς ἀναγκαῖον εἶναι, διὰ τῶν ὀρέων εἰς Καρδούχους ἐμβαλεῖν· τούτους γὰρ διελθόντας ἔφασαν εἰς Ἀρμενίαν ἥξειν, ἧς Ὀρόντας ἦρχε πολλῆς καὶ εὐδαίμονος. Ἐντεῦθεν δ' εὔπορον ἔφασαν εἶναι, ὅποι τις ἐθέλοι, πορεύεσθαι. 18. Ἐπὶ τούτοις ἐθύσαντο, ὅπως, ὁπηνίκα καὶ δοκοίη τῆς ὥρας, τὴν πορείαν ποιοῖντο (τὴν γὰρ ὑπερβολὴν τῶν ὀρέων ἐδεδοίκεσαν, μὴ προκαταληφθείη)· καὶ παρήγγειλαν, ἐπειδὴ δειπνήσαιεν, συνεσκευασμένους πάντας ἀναπαύεσθαι, καὶ ἕπεσθαι, ἡνίκ' ἂν τις παραγγέλλῃ.

ΞΕΝΟΦΩΝΤΟΣ

ΚΥΡΟΥ ΑΝΑΒΑΣΕΩΣ Δ'.

CAP. I.

ʻΟΣΑ μὲν δὴ ἐν τῇ ἀναβάσει ἐγένετο μέχρι τῆς μάχης, καὶ ὅσα μετὰ τὴν μάχην ἐν ταῖς σπονδαῖς, ἃς βασιλεὺς καὶ οἱ σὺν Κύρῳ ἀναβάντες Ἕλληνες ἐσπείσαντο, καὶ ὅσα, παραβάντος τὰς σπονδὰς βασιλέως καὶ Τισσαφέρνους, ἐπολεμήθη πρὸς τοὺς Ἕλληνας, ἐπακολουθοῦντος τοῦ Περσικοῦ στρατεύματος, ἐν τῷ πρόσθεν λόγῳ δεδήλωται. 2. Ἐπεὶ δὲ ἀφίκοντο, ἔνθα ὁ μὲν Τίγρης ποταμὸς παντάπασιν ἄπορος ἦν διὰ τὸ βάθος καὶ μέγεθος, πάροδος δὲ οὐκ ἦν, ἀλλὰ τὰ Καρδούχια ὄρη ἀπότομα ὑπὲρ αὐτοῦ τοῦ ποταμοῦ ἐκρέματο, ἐδόκει δὴ τοῖς στρατηγοῖς, διὰ τῶν ὀρέων πορευτέον εἶναι. 3. Ἤκουον γὰρ τῶν ἁλισκομένων, ὅτι, εἰ διέλθοιεν τὰ Καρδούχια ὄρη, ἐν τῇ Ἀρμενίᾳ τὰς πηγὰς τοῦ Τίγρητος ποταμοῦ, ἢν μὲν βούλωνται, διαβήσονται· ἢν δὲ μὴ βούλωνται, περιΐασι. Καὶ τοῦ Εὐφράτου τε τὰς πηγὰς ἐλέγετο οὐ πρόσω τοῦ Τίγρητος εἶναι· καὶ ἔστιν οὕτω στενόν.

4. Τὴν δ' εἰς τοὺς Καρδούχους ἐμβολὴν ὧδε ποιοῦνται,

ἅμα μὲν λαθεῖν πειρώμενοι, ἅμα δὲ φθάσαι, πρὶν τοὺς πολεμίους καταλαβεῖν τὰ ἄκρα. 5. Ἐπειδὴ ἦν ἀμφὶ τὴν τελευταίαν φυλακήν, καὶ ἐλείπετο τῆς νυκτὸς ὅσον σκοταίους διελθεῖν τὸ πεδίον, τηνικαῦτα ἀναστάντες ἀπὸ παραγγέλσεως πορευόμενοι ἀφικνοῦνται ἅμα τῇ ἡμέρᾳ πρὸς τὸ ὄρος. 6. Ἔνθα δὴ Χειρίσοφος μὲν ἡγεῖτο τοῦ στρατεύματος, λαβὼν τὸ ἀμφ' αὑτὸν καὶ τοὺς γυμνῆτας πάντας· Ξενοφῶν δὲ σὺν τοῖς ὀπισθοφύλαξιν ὁπλίταις εἵπετο, οὐδένα ἔχων γυμνῆτα· οὐδεὶς γὰρ κίνδυνος ἐδόκει εἶναι, μή τις, ἄνω πορευομένων, ἐκ τοῦ ὄπισθεν ἐπίσποιτο. 7. Καὶ ἐπὶ μὲν τὸ ἄκρον ἀναβαίνει Χειρίσοφος, πρίν τινα αἰσθέσθαι τῶν πολεμίων· ἔπειτα δ' ὑφηγεῖτο· ἐφείπετο δὲ ἀεὶ τὸ ὑπερβάλλον τοῦ στρατεύματος εἰς τὰς κώμας τὰς ἐν τοῖς ἄγκεσί τε καὶ μυχοῖς τῶν ὀρέων.

8. Ἔνθα δὴ οἱ μὲν Καρδοῦχοι, ἐκλιπόντες τὰς οἰκίας, ἔχοντες καὶ γυναῖκας καὶ παῖδας, ἔφευγον ἐπὶ τὰ ὄρη· τὰ δὲ ἐπιτήδεια πολλὰ ἦν λαμβάνειν, ἦσαν δὲ καὶ χαλκώμασι παμπόλλοις κατεσκευασμέναι αἱ οἰκίαι, ὧν οὐδὲν ἔφερον οἱ Ἕλληνες· οὐδὲ τοὺς ἀνθρώπους ἐδίωκον, ὑποφειδόμενοι, εἴ πως ἐθελήσειαν οἱ Καρδοῦχοι διϊέναι αὐτοὺς ὡς διὰ φιλίας τῆς χώρας, ἐπείπερ βασιλεῖ πολέμιοι ἦσαν. 9. Τὰ μέντοι ἐπιτήδεια, ὅτῳ τις ἐπιτυγχάνοι, ἐλάμβανον· ἀνάγκη γὰρ ἦν. Οἱ δὲ Καρδοῦχοι οὔτε καλούντων ὑπήκουον, οὔτε ἄλλο φιλικὸν οὐδὲν ἐποίουν. 10. Ἐπεὶ δὲ οἱ τελευταῖοι τῶν Ἑλλήνων κατέβαινον εἰς τὰς κώμας ἀπὸ τοῦ ἄκρου ἤδη σκοταῖοι (διὰ γὰρ τὸ στενὴν εἶναι τὴν ὁδὸν, ὅλην τὴν ἡμέραν ἡ ἀνάβασις αὐτοῖς ἐγένετο καὶ κατάβασις), τότε δὴ συλλεγέντες τινὲς τῶν Καρδούχων τοῖς τελευταίοις ἐπέ-

θεντο, καὶ ἀπέκτεινάν τινας, καὶ λίθοις καὶ τοξεύμασι κατέτρωσαν, ὀλίγοι τινὲς ὄντες· ἐξ ἀπροσδοκήτου γὰρ αὐτοῖς ἐπέπεσε τὸ Ἑλληνικόν. 11. Εἰ μέντοι τότε πλείους συνελέγησαν, ἐκινδύνευσεν ἂν διαφθαρῆναι πολὺ τοῦ στρατεύματος. Καὶ ταύτην μὲν τὴν νύκτα οὕτως ἐν ταῖς κώμαις ηὐλίσθησαν· οἱ δὲ Καρδοῦχοι πυρὰ πολλὰ ἔκαιον κύκλῳ ἐπὶ τῶν ὀρέων, καὶ συνεώρων ἀλλήλους.

12. Ἅμα δὲ τῇ ἡμέρᾳ συνελθοῦσι τοῖς στρατηγοῖς καὶ λοχαγοῖς τῶν Ἑλλήνων ἔδοξε, τῶν τε ὑποζυγίων τὰ ἀναγκαῖα καὶ τὰ δυνατώτατα πορεύεσθαι ἔχοντας, καταλιπόντας τἆλλα, καὶ ὁπόσα ἦν νεωστὶ αἰχμάλωτα ἀνδράποδα ἐν τῇ στρατιᾷ, πάντα ἀφεῖναι. 13. Σχολαίαν γὰρ ἐποίουν τὴν πορείαν πολλὰ ὄντα τὰ ὑποζύγια καὶ τὰ αἰχμάλωτα· πολλοὶ δὲ οἱ ἐπὶ τούτοις ὄντες ἀπόμαχοι ἦσαν· διπλάσιά τε τὰ ἐπιτήδεια ἔδει πορίζεσθαι καὶ φέρεσθαι, πολλῶν τῶν ἀνθρώπων ὄντων. Δόξαν δὲ ταῦτα, ἐκήρυξαν οὕτω ποιεῖν. 14. Ἐπεὶ δὲ ἀριστήσαντες ἐπορεύοντο, ὑποστάντες ἐν στενῷ οἱ στρατηγοί, εἴ τι εὑρίσκοιεν τῶν εἰρημένων μὴ ἀφειμένον, ἀφῃροῦντο· οἱ δ' ἐπείθοντο, πλὴν εἴ τίς τι ἔκλεψεν, οἷον ἢ παιδὸς ἐπιθυμήσας ἢ γυναικὸς τῶν εὐπρεπῶν. Καὶ ταύτην μὲν τὴν ἡμέραν οὕτως ἐπορεύθησαν, τὰ μέν τι μαχόμενοι, τὰ δὲ καὶ ἀναπαυόμενοι.

15. Εἰς δὲ τὴν ὑστεραίαν γίγνεται χειμὼν πολύς, ἀναγκαῖον δ' ἦν πορεύεσθαι· οὐ γὰρ ἦν ἱκανὰ τὰ ἐπιτήδεια. Καὶ ἡγεῖτο μὲν Χειρίσοφος, ὠπισθοφυλάκει δὲ Ξενοφῶν. 16. Καὶ οἱ πολέμιοι ἰσχυρῶς ἐπετίθεντο, καί, στενῶν ὄντων τῶν χωρίων, ἐγγὺς προσιόντες ἐτόξευον καὶ ἐσφενδόνων· ὥστε ἠναγκάζοντο οἱ Ἕλληνες ἐπιδιώκοντες καὶ

πάλιν ἀναχάζοντες σχολῇ πορεύεσθαι· καὶ θαμινὰ παρήγγελλεν ὁ Ξενοφῶν ὑπομένειν, ὅτε οἱ πολέμιοι ἰσχυρῶς ἐπικέοιντο. 17. Ἔνθα ὁ Χειρίσοφος ἄλλοτε μὲν, ὅτε παρεγγυῷτο, ὑπέμενε, τότε δὲ οὐχ ὑπέμενεν, ἀλλ' ἦγε ταχέως, καὶ παρηγγύα ἕπεσθαι· ὥστε δῆλον ἦν, ὅτι πρᾶγμά τι εἴη· σχολὴ δ' οὐκ ἦν ἰδεῖν παρελθόντι τὸ αἴτιον τῆς σπουδῆς· ὥστε ἡ πορεία ὁμοία φυγῇ ἐγίγνετο τοῖς ὀπισθοφύλαξι. 18. Καὶ ἐνταῦθα ἀποθνήσκει ἀνὴρ ἀγαθὸς Λακωνικὸς Κλεώνυμος, τοξευθεὶς διὰ τῆς ἀσπίδος καὶ τῆς στολάδος εἰς τὰς πλευρὰς, καὶ Βασίας Ἀρκὰς, διαμπερὲς εἰς τὴν κεφαλήν.

19. Ἐπεὶ δὲ ἀφίκοντο ἐπὶ σταθμὸν, εὐθὺς ὥσπερ εἶχεν, ὁ Ξενοφῶν ἐλθὼν πρὸς τὸν Χειρίσοφον, ᾐτιᾶτο αὐτὸν, ὅτι οὐχ ὑπέμεινεν, ἀλλ' ἠναγκάζοντο φεύγοντες ἅμα μάχεσθαι. Καὶ νῦν δύο καλώ τε κἀγαθὼ ἄνδρε τέθνατον, καὶ οὔτε ἀνελέσθαι οὔτε θάψαι [αὐτὼ] ἐδυνάμεθα. 20. Ἀποκρίνεται ὁ Χειρίσοφος· Βλέψον, ἔφη, πρὸς τὰ ὄρη, καὶ ἴδε, ὡς ἄβατα πάντα ἐστί. Μία δὲ αὕτη ὁδὸς, ἣν ὁρᾷς, ὀρθία· καὶ ἐπὶ ταύτῃ ἀνθρώπων ὁρᾶν ἔξεστί σοι ὄχλον τοσοῦτον, οἳ κατειληφότες φυλάττουσι τὴν ἔκβασιν. 21. Ταῦτ' ἐγὼ ἔσπευδον, καὶ διὰ τοῦτό σε οὐχ ὑπέμενον, εἴ πως δυναίμην φθάσαι, πρὶν κατειλῆφθαι τὴν ὑπερβολήν· οἱ δ' ἡγεμόνες, οὓς ἔχομεν, οὔ φασιν εἶναι ἄλλην ὁδόν. 22. Ὁ δὲ Ξενοφῶν λέγει· Ἀλλ' ἐγὼ ἔχω δύο ἄνδρας. Ἐπεὶ γὰρ ἡμῖν πράγματα παρεῖχον, ἐνηδρεύσαμεν (ὅπερ ἡμᾶς καὶ ἀναπνεῦσαι ἐποίησε), καὶ ἀπεκτείναμέν τινας αὐτῶν, καὶ ζῶντας προὐθυμήθημεν λαβεῖν, αὐτοῦ τούτου ἕνεκεν, ὅπως ἡγεμόσιν εἰδόσι τὴν χώραν χρησαίμεθα.

23. Καὶ εὐθὺς ἀγαγόντες τοὺς ἀνθρώπους, ἤλεγχον διαλαβόντες, εἴ τινα εἰδεῖεν ἄλλην ὁδὸν ἢ τὴν φανεράν. Ὁ μὲν οὖν ἕτερος οὐκ ἔφη, καὶ μάλα πολλῶν φόβων προσαγομένων· ἐπειδὴ δὲ οὐδὲν ὠφέλιμον ἔλεγεν, ὁρῶντος τοῦ ἑτέρου κατεσφάγη. 24. Ὁ δὲ λοιπὸς ἔλεξεν, ὅτι οὗτος μὲν διὰ ταῦτα οὐ φαίη εἰδέναι, ὅτι αὐτῷ τυγχάνει θυγάτηρ ἐκεῖ παρ' ἀνδρὶ ἐκδεδομένη· αὐτὸς δ' ἔφη ἡγήσεσθαι δυνατὴν καὶ ὑποζυγίοις πορεύεσθαι ὁδόν. 25. Ἐρωτώμενος δ', εἰ εἴη τι ἐν αὐτῇ δυσπάριτον χωρίον, ἔφη, εἶναι ἄκρον, ὃ εἰ μή τις προκαταλήψοιτο, ἀδύνατον ἔσεσθαι παρελθεῖν. 26. Ἐνταῦθα ἐδόκει, συγκαλέσαντας λοχαγοὺς καὶ πελταστὰς καὶ τῶν ὁπλιτῶν, λέγειν τε τὰ παρόντα, καὶ ἐρωτᾶν, εἴ τις αὐτῶν ἔστιν, ὅστις ἀνὴρ ἀγαθὸς ἐθέλοι ἂν γενέσθαι, καὶ ὑποστὰς ἐθελοντὴς πορεύεσθαι. 27. Ὑφίσταται τῶν μὲν ὁπλιτῶν Ἀριστώνυμος Μεθυδριεὺς Ἀρκὰς καὶ Ἀγασίας Στυμφάλιος Ἀρκάς, ἀντιστασιάζων δὲ αὐτοῖς Καλλίμαχος Παῤῥάσιος Ἀρκάς· καὶ οὗτος ἔφη ἐθέλειν πορεύεσθαι, προσλαβὼν ἐθελοντὰς ἐκ παντὸς τοῦ στρατεύματος. Ἐγὼ γάρ, ἔφη, οἶδα ὅτι ἕψονται πολλοὶ τῶν νέων, ἐμοῦ ἡγουμένου. 28. Ἐκ τούτου ἐρωτῶσιν, εἴ τις καὶ τῶν γυμνήτων ταξιάρχων ἐθέλοι συμπορεύεσθαι. Ὑφίσταται Ἀριστέας Χῖος, ὃς πολλαχοῦ πολλοῦ ἄξιος τῇ στρατιᾷ εἰς τὰ τοιαῦτα ἐγένετο.

CAP. II.

1. Καὶ ἦν μὲν δείλη ἤδη, οἱ δ' ἐκέλευον αὐτοὺς ἐμφαγόντας πορεύεσθαι. Καὶ τὸν ἡγεμόνα δήσαντες παραδιδό-

ασιν αὐτοῖς· καὶ συντίθενται, τὴν μὲν νύκτα, ἣν λάβωσι τὸ ἄκρον, τὸ χωρίον φυλάττειν· ἅμα δὲ τῇ ἡμέρᾳ τῇ σάλπιγγι σημαίνειν, καὶ τοὺς μὲν ἄνω ὄντας ἰέναι ἐπὶ τοὺς κατέχοντας τὴν φανερὰν ἔκβασιν, αὐτοὶ δὲ συμβοηθήσειν ἐκβαίνοντες ὡς ἂν δύνωνται τάχιστα.

2. Ταῦτα συνθέμενοι, οἱ μὲν ἐπορεύοντο, πλῆθος ὡς δισχίλιοι (καὶ ὕδωρ πολὺ ἦν ἐξ οὐρανοῦ)· Ξενοφῶν δέ, ἔχων τοὺς ὀπισθοφύλακας, ἡγεῖτο πρὸς τὴν φανερὰν ἔκβασιν, ὅπως ταύτῃ τῇ ὁδῷ οἱ πολέμιοι προσέχοιεν τὸν νοῦν, καὶ ὡς μάλιστα λάθοιεν οἱ περιϊόντες. 3. Ἐπεὶ δὲ ἦσαν ἐπὶ χαράδρᾳ οἱ ὀπισθοφύλακες, ἣν ἔδει διαβάντας πρὸς τὸ ὄρθιον ἐκβαίνειν, τηνικαῦτα ἐκυλίνδουν οἱ βάρβαροι ὁλοιτρόχους ἁμαξιαίους καὶ μείζους καὶ ἐλάττους, οἳ φερόμενοι πρὸς τὰς πέτρας παίοντες διεσφενδονῶντο· καὶ παντάπασιν οὐδὲ πελάσαι οἷόν τ' ἦν τῇ εἰσόδῳ. 4. Ἔνιοι δὲ τῶν λοχαγῶν, εἰ μὴ ταύτῃ δύναιντο, ἄλλῃ ἐπειρῶντο· καὶ ταῦτα ἐποίουν, μέχρι σκότος ἐγένετο. Ἐπεὶ δὲ ᾤοντο ἀφανεῖς εἶναι ἀπιόντες, τότε ἀπῆλθον ἐπὶ τὸ δεῖπνον· ἐτύγχανον δὲ καὶ ἀνάριστοι ὄντες αὐτῶν οἱ ὀπισθοφυλακήσαντες. Οἱ μέντοι πολέμιοι [φοβούμενοι δηλονότι] οὐδὲν ἐπαύσαντο δι' ὅλης τῆς νυκτὸς κυλινδοῦντες τοὺς λίθους· τεκμαίρεσθαι δ' ἦν τῷ ψόφῳ.

5. Οἱ δ' ἔχοντες τὸν ἡγεμόνα, κύκλῳ περιϊόντες, καταλαμβάνουσι τοὺς φύλακας ἀμφὶ πῦρ καθημένους· καὶ τοὺς μὲν κατακανόντες, τοὺς δὲ καταδιώξαντες, αὐτοὶ ἐνταῦθ' ἔμενον, ὡς τὸ ἄκρον κατέχοντες. 6. Οἱ δ' οὐ κατεῖχον, ἀλλὰ μαστὸς ἦν ὑπὲρ αὐτῶν, παρ' ὃν ἦν ἡ στενὴ αὕτη ὁδός, ἐφ' ᾗ ἐκάθηντο οἱ φύλακες. Ἔφοδος μέντοι αὐτόθεν

ἐπὶ τοὺς πολεμίους ἦν, οἳ ἐπὶ τῇ φανερᾷ ὁδῷ ἐκάθηντο. 7. Καὶ τὴν μὲν νύκτα ἐνταῦθα διήγαγον. Ἐπεὶ δ' ἡμέρα ὑπέφαινεν, ἐπορεύοντο σιγῇ συντεταγμένοι ἐπὶ τοὺς πολεμίους· καὶ γὰρ ὁμίχλη ἐγένετο, ὥστε ἔλαθον ἐγγὺς προσελθόντες. Ἐπεὶ δὲ εἶδον ἀλλήλους, ἥ τε σάλπιγξ ἐφθέγξατο, καὶ ἀλαλάξαντες [οἱ Ἕλληνες] ἵεντο ἐπὶ τοὺς ἀνθρώπους· οἱ δὲ οὐκ ἐδέξαντο, ἀλλὰ λιπόντες τὴν ὁδὸν, φεύγοντες ὀλίγοι ἀπέθνησκον· εὔζωνοι γὰρ ἦσαν.

8. Οἱ δὲ ἀμφὶ Χειρίσοφον, ἀκούσαντες τῆς σάλπιγγος, εὐθὺς ἵεντο ἄνω κατὰ τὴν φανερὰν ὁδόν· ἄλλοι δὲ τῶν στρατηγῶν κατὰ ἀτριβεῖς ὁδοὺς ἐπορεύοντο, ᾗ ἔτυχον ἕκαστοι ὄντες, καὶ ἀναβάντες ὡς ἐδύναντο, ἀνίμων ἀλλήλους τοῖς δόρασι. 9. Καὶ οὗτοι πρῶτοι συνέμιξαν τοῖς προκαταλαβοῦσι τὸ χωρίον. Ξενοφῶν δὲ, ἔχων τῶν ὀπισθοφυλάκων τοὺς ἡμίσεις, ἐπορεύετο, ᾗπερ οἱ τὸν ἡγεμόνα ἔχοντες· εὐοδωτάτη γὰρ ἦν τοῖς ὑποζυγίοις· τοὺς δὲ ἡμίσεις ὄπισθεν τῶν ὑποζυγίων ἔταξε.

10. Πορευόμενοι δ' ἐντυγχάνουσι λόφῳ ὑπὲρ τῆς ὁδοῦ κατειλημμένῳ ὑπὸ τῶν πολεμίων, οὓς ἢ ἀποκόψαι ἦν ἀνάγκη, ἢ διεζεῦχθαι ἀπὸ τῶν ἄλλων Ἑλλήνων. Καὶ αὐτοὶ μὲν ἂν ἐπορεύθησαν, ᾗπερ οἱ ἄλλοι· τὰ δὲ ὑποζύγια οὐκ ἦν ἄλλῃ ἢ ταύτῃ ἐκβῆναι. 11. Ἔνθα δὴ παρακελευσάμενοι ἀλλήλοις, προσβάλλουσι πρὸς τὸν λόφον ὀρθίοις τοῖς λόχοις, οὐ κύκλῳ, ἀλλὰ καταλιπόντες ἄφοδον τοῖς πολεμίοις, εἰ βούλοιντο φεύγειν. 12. Καὶ τέως μὲν αὐτοὺς ἀναβαίνοντας, ὅπῃ ἐδύναντο ἕκαστος, οἱ βάρβαροι ἐτόξευον καὶ ἔβαλλον, ἐγγὺς δ' οὐ προσίεντο, ἀλλὰ φυγῇ λείπουσι τὸ χωρίον. Καὶ τοῦτόν τε παρεληλύθεσαν οἱ

Ἕλληνες, καὶ ἕτερον ὁρῶσιν ἔμπροσθεν λόφον κατεχόμενον· ἐπὶ τοῦτον αὖθις ἐδόκει πορεύεσθαι. 13. Ἐννοήσας δ' ὁ Ξενοφῶν, μή, εἰ ἔρημον καταλείποι τὸν ἡλωκότα λόφον, καὶ πάλιν λαβόντες οἱ πολέμιοι ἐπιθοῖντο τοῖς ὑποζυγίοις παριοῦσιν (ἐπὶ πολὺ δ' ἦν τὰ ὑποζύγια, ἅτε διὰ στενῆς τῆς ὁδοῦ πορευόμενα), καταλείπει ἐπὶ τοῦ λόφου λοχαγοὺς Κηφισόδωρον Κηφισοφῶντος Ἀθηναῖον, καὶ Ἀμφικράτην Ἀμφιδήμου Ἀθηναῖον, καὶ Ἀρχαγόραν Ἀργεῖον φυγάδα· αὐτὸς δὲ σὺν τοῖς λοιποῖς ἐπορεύετο ἐπὶ τὸν δεύτερον λόφον, καὶ τῷ αὐτῷ τρόπῳ καὶ τοῦτον αἱροῦσιν.

14. Ἔτι δ' αὐτοῖς τρίτος μαστὸς λοιπὸς ἦν πολὺ ὀρθιώτατος, ὁ ὑπὲρ τῆς ἐπὶ τῷ πυρὶ καταληφθείσης φυλακῆς τῆς νυκτὸς ὑπὸ τῶν ἐθελοντῶν. 15. Ἐπεὶ δ' ἐγγὺς ἐγένοντο οἱ Ἕλληνες, λείπουσιν οἱ βάρβαροι ἀμαχητὶ τὸν μαστόν· ὥστε θαυμαστὸν πᾶσι γενέσθαι, καὶ ὑπώπτευον, δείσαντας αὐτούς, μὴ κυκλωθέντες πολιορκοῖντο, ἀπολιπεῖν. Οἱ δ' ἄρα ἀπὸ τοῦ ἄκρου καθορῶντες τὰ ὄπισθεν γιγνόμενα, πάντες ἐπὶ τοὺς ὀπισθοφύλακας ἐχώρουν. 16. Καὶ Ξενοφῶν μὲν σὺν τοῖς νεωτάτοις ἀνέβαινεν ἐπὶ τὸ ἄκρον, τοὺς δὲ ἄλλους ἐκέλευσεν ὑπάγειν, ὅπως οἱ τελευταῖοι λόχοι προσμίξειαν· καὶ προελθόντας κατὰ τὴν ὁδὸν ἐν τῷ ὁμαλῷ θέσθαι τὰ ὅπλα εἶπε.

17. Καὶ ἐν τούτῳ τῷ χρόνῳ ἦλθεν Ἀρχαγόρας ὁ Ἀργεῖος πεφευγώς, καὶ λέγει, ὡς ἀπεκόπησαν ἀπὸ τοῦ πρώτου λόφου, καὶ ὅτι τεθνᾶσι Κηφισόδωρος καὶ Ἀμφικράτης καὶ ἄλλοι, ὅσοι μὴ ἁλλόμενοι κατὰ τῆς πέτρας πρὸς τοὺς ὀπισθοφύλακας ἀφίκοντο. 18. Ταῦτα δὲ διαπραξάμενοι οἱ βάρβαροι, ἧκον ἐπ' ἀντίπορον λόφον τῷ μαστῷ· καὶ ὁ

Ξενοφῶν διελέγετο αὐτοῖς δι' ἑρμηνέως περὶ σπονδῶν, καὶ τοὺς νεκροὺς ἀπῄτει. 19. Οἱ δὲ ἔφασαν ἀποδώσειν, ἐφ' ᾧ μὴ καίειν τὰς κώμας. Συνωμολόγει ταῦτα ὁ Ξενοφῶν. Ἐν ᾧ δὲ τὸ μὲν ἄλλο στράτευμα παρῄει, οἱ δὲ ταῦτα διελέγοντο, πάντες οἱ ἐκ τούτου τοῦ τόπου συνερρύησαν. Ἐνταῦθα ἵσταντο οἱ πολέμιοι. 20. Καὶ ἐπεὶ ἤρξαντο καταβαίνειν ἀπὸ τοῦ μαστοῦ πρὸς τοὺς ἄλλους, ἔνθα τὰ ὅπλα ἔκειντο, ἵεντο δὴ οἱ πολέμιοι πολλῷ πλήθει καὶ θορύβῳ· καὶ ἐπεὶ ἐγένοντο ἐπὶ τῆς κορυφῆς τοῦ μαστοῦ, ἀφ' οὗ Ξενοφῶν κατέβαινεν, ἐκυλίνδουν πέτρας· καὶ ἑνὸς μὲν κατέαξαν τὸ σκέλος, Ξενοφῶντα δὲ ὁ ὑπασπιστὴς, ἔχων τὴν ἀσπίδα, ἀπέλιπεν· 21. Εὐρύλοχος δὲ Λουσιεὺς Ἀρκὰς προσέδραμεν αὐτῷ ὁπλίτης, καὶ πρὸ ἀμφοῖν προβεβλημένος ἀπεχώρει, καὶ οἱ ἄλλοι πρὸς τοὺς συντεταγμένους ἀπῆλθον.

22. Ἐκ δὲ τούτου πᾶν ὁμοῦ ἐγένετο τὸ Ἑλληνικὸν, καὶ ἐσκήνησαν αὐτοῦ ἐν πολλαῖς καὶ καλαῖς οἰκίαις, καὶ ἐπιτηδείοις δαψιλέσι· καὶ γὰρ οἶνος πολὺς ἦν, ὃν ἐν λάκκοις κονιατοῖς εἶχον. 23. Ξενοφῶν δὲ καὶ Χειρίσοφος διεπράξαντο, ὥστε λαβόντες τοὺς νεκροὺς ἀποδοῦναι τὸν ἡγεμόνα· καὶ πάντα ἐποίησαν τοῖς ἀποθανοῦσιν ἐκ τῶν δυνατῶν, ὥσπερ νομίζεται ἀνδράσιν ἀγαθοῖς.

24. Τῇ δὲ ὑστεραίᾳ ἄνευ ἡγεμόνος ἐπορεύοντο· μαχόμενοι δ' οἱ πολέμιοι, καὶ ὅπῃ εἴη στενὸν χωρίον προκαταλαμβάνοντες, ἐκώλυον τὰς παρόδους. 25. Ὁπότε μὲν οὖν τοὺς πρώτους κωλύοιεν, Ξενοφῶν ὄπισθεν ἐκβαίνων πρὸς τὰ ὄρη, ἔλυε τὴν ἀπόφραξιν τῆς παρόδου τοῖς πρώτοις, ἀνωτέρω πειρώμενος γίγνεσθαι τῶν κωλυόντων.

26. Ὁπότε δὲ τοῖς ὄπισθεν ἐπιθοῖντο, Χειρίσοφος ἐκβαίνων, καὶ πειρώμενος ἀνωτέρω γίγνεσθαι τῶν κωλυόντων, ἔλυε τὴν ἀπόφραξιν τῆς παρόδου τοῖς ὄπισθεν. Καὶ ἀεὶ οὕτως ἐβοήθουν ἀλλήλοις, καὶ ἰσχυρῶς ἀλλήλων ἐπεμέλοντο. 27. Ἦν δὲ καὶ ὁπότε αὐτοῖς τοῖς ἀναβᾶσι πολλὰ πράγματα παρεῖχον οἱ βάρβαροι πάλιν καταβαίνουσιν· ἐλαφροὶ γὰρ ἦσαν, ὥστε καὶ ἐγγύθεν φεύγοντες ἀποφεύγειν· οὐδὲν γὰρ εἶχον ἄλλο ἢ τόξα καὶ σφενδόνας. 28. Ἄριστοι δὲ καὶ τοξόται ἦσαν· εἶχον δὲ τόξα ἐγγὺς τριπήχη, τὰ δὲ τοξεύματα πλέον ἢ διπήχη· εἷλκον δὲ τὰς νευρὰς, ὁπότε τοξεύοιεν, πρὸς τὸ κάτω τοῦ τόξου τῷ ἀριστερῷ ποδὶ προσβαίνοντες. Τὰ δὲ τοξεύματα ἐχώρει διὰ τῶν ἀσπίδων καὶ διὰ τῶν θωράκων· ἐχρῶντο δὲ αὐτοῖς οἱ Ἕλληνες, ἐπεὶ λάβοιεν, ἀκοντίοις, ἐναγκυλῶντες. Ἐν τούτοις τοῖς χωρίοις οἱ Κρῆτες χρησιμώτατοι ἐγένοντο· ἦρχε δὲ αὐτῶν Στρατοκλῆς Κρής.

CAP. III.

1. Ταύτην δ' αὖ τὴν ἡμέραν ηὐλίσθησαν ἐν ταῖς κώμαις ταῖς ὑπὲρ τοῦ πεδίου τοῦ παρὰ τὸν Κεντρίτην ποταμὸν, εὖρος ὡς δίπλεθρον, ὃς ὁρίζει τὴν Ἀρμενίαν καὶ τὴν τῶν Καρδούχων χώραν· καὶ οἱ Ἕλληνες ἐνταῦθα ἀνεπαύσαντο ἄσμενοι ἰδόντες πεδίον· ἀπεῖχε δὲ τῶν ὀρέων ὁ ποταμὸς ὡς ἓξ ἢ ἑπτὰ στάδια τῶν Καρδούχων. 2. Τότε μὲν οὖν ηὐλίσθησαν μάλα ἡδέως, καὶ τἀπιτήδεια ἔχοντες, καὶ πολλὰ τῶν παρεληλυθότων πόνων μνημονεύοντες. Ἑπτὰ γὰρ ἡμέρας, ὅσασπερ ἐπορεύθησαν διὰ τῶν Καρδούχων, πάσας

μαχόμενοι διετέλεσαν, καὶ ἔπαθον κακὰ, ὅσα οὐδὲ τὰ σύμπαντα ὑπὸ βασιλέως καὶ Τισσαφέρνους. Ὡς οὖν ἀπηλλαγμένοι τούτων, ἡδέως ἐκοιμήθησαν.

3. Ἅμα δὲ τῇ ἡμέρᾳ ὁρῶσιν ἱππεῖς που πέραν τοῦ ποταμοῦ ἐξωπλισμένους, ὡς κωλύσοντας διαβαίνειν· πεζοὺς δ' ἐπὶ ταῖς ὄχθαις παρατεταγμένους ἄνω τῶν ἱππέων, ὡς κωλύσοντας εἰς τὴν Ἀρμενίαν ἐκβαίνειν. 4. Ἦσαν δ' οὗτοι Ὀρόντου καὶ Ἀρτούχου, Ἀρμένιοι καὶ Μαρδόνιοι καὶ Χαλδαῖοι μισθοφόροι. Ἐλέγοντο δὲ οἱ Χαλδαῖοι ἐλεύθεροί τε καὶ ἄλκιμοι εἶναι· ὅπλα δ' εἶχον γέρρα μακρὰ καὶ λόγχας. 5. Αἱ δὲ ὄχθαι αὗται, ἐφ' ὧν παρατεταγμένοι οὗτοι ἦσαν, τρία ἢ τέτταρα πλέθρα ἀπὸ τοῦ ποταμοῦ ἀπεῖχον· ὁδὸς δὲ μία ἡ ὁρωμένη ἦν ἄγουσα ἄνω, ὥσπερ χειροποίητος· ταύτῃ ἐπειρῶντο διαβαίνειν οἱ Ἕλληνες. 6. Ἐπεὶ δὲ πειρωμένοις τό τε ὕδωρ ὑπὲρ τῶν μαστῶν ἐφαίνετο, καὶ τραχὺς ἦν ὁ ποταμὸς μεγάλοις λίθοις καὶ ὀλισθηροῖς, καὶ οὔτ' ἐν τῷ ὕδατι τὰ ὅπλα ἦν ἔχειν·—εἰ δὲ μὴ, ἥρπαζεν ὁ ποταμός· ἐπί τε τῆς κεφαλῆς τὰ ὅπλα εἴ τις φέροι, γυμνοὶ ἐγίγνοντο πρὸς τὰ τοξεύματα καὶ τἆλλα βέλη·—ἀνεχώρησαν οὖν, καὶ αὐτοῦ ἐστρατοπεδεύσαντο παρὰ τὸν ποταμόν.

7. Ἔνθα δὲ αὐτοὶ τὴν πρόσθεν νύκτα ἦσαν, ἐπὶ τοῦ ὄρους ἑώρων τοὺς Καρδούχους πολλοὺς συνειλεγμένους ἐν τοῖς ὅπλοις. Ἐνταῦθα δὴ πολλὴ ἀθυμία ἦν τοῖς Ἕλλησιν, ὁρῶσι μὲν τοῦ ποταμοῦ τὴν δυσπορίαν, ὁρῶσι δὲ τοὺς διαβαίνειν κωλύσοντας, ὁρῶσι δὲ τοῖς διαβαίνουσιν ἐπικεισομένους τοὺς Καρδούχους ὄπισθεν. 8. Ταύτην μὲν οὖν τὴν ἡμέραν καὶ τὴν νύκτα ἔμειναν ἐν πολλῇ ἀπορίᾳ ὄντες.

Ξενοφῶν δὲ ὄναρ εἶδεν· ἔδοξεν ἐν πέδαις δεδέσθαι, αὗται δὲ αὐτῷ αὐτόμαται περιῤῥυῆναι, ὥστε λυθῆναι καὶ διαβαίνειν, ὁπόσον ἐβούλετο. Ἐπεὶ δὲ ὄρθρος ἦν, ἔρχεται πρὸς τὸν Χειρίσοφον, καὶ λέγει, ὅτι ἐλπίδας ἔχει καλῶς ἔσεσθαι· καὶ διηγεῖται αὐτῷ τὸ ὄναρ. 9. Ὁ δὲ ἥδετό τε, καὶ ὡς τάχιστα ἕως ὑπέφαινεν, ἐθύοντο πάντες παρόντες οἱ στρατηγοί· καὶ τὰ ἱερὰ καλὰ ἦν εὐθὺς ἀπὸ τοῦ πρώτου. Καὶ ἀπιόντες ἀπὸ τῶν ἱερῶν οἱ στρατηγοὶ καὶ λοχαγοὶ παρήγγελλον τῇ στρατιᾷ ἀριστοποιεῖσθαι.

10. Καὶ ἀριστῶντι τῷ Ξενοφῶντι προσέτρεχον δύο νεανίσκω· ᾔδεσαν γὰρ πάντες, ὅτι ἐξείη αὐτῷ καὶ ἀριστῶντι καὶ δειπνοῦντι προσελθεῖν, καὶ εἰ καθεύδοι, ἐπεγείραντα εἰπεῖν, εἴ τίς τι ἔχοι τῶν πρὸς τὸν πόλεμον. 11. Καὶ τότε ἔλεγον, ὅτι τυγχάνοιεν φρύγανα συλλέγοντες ὡς ἐπὶ πῦρ, κἄπειτα κατίδοιεν ἐν τῷ πέραν ἐν πέτραις καθηκούσαις ἐπ' αὐτὸν τὸν ποταμὸν γέροντά τε καὶ γυναῖκα καὶ παιδίσκας, ὥσπερ μαρσίπους ἱματίων κατατιθεμένους ἐν πέτρᾳ ἀντρώδει. 12. Ἰδοῦσι δέ σφισι δόξαι ἀσφαλὲς εἶναι διαβῆναι· οὐδὲ γὰρ τοῖς πολεμίοις ἱππεῦσι προσβατὸν εἶναι κατὰ τοῦτο. Ἐκδύντες δ' ἔφασαν ἔχοντες τὰ ἐγχειρίδια, γυμνοὶ ὡς νευσούμενοι, διαβαίνειν· πορευόμενοι δὲ, πρόσθεν διαβῆναι, πρὶν βρέξαι τὰ αἰδοῖα· καὶ διαβάντες καὶ λαβόντες τὰ ἱμάτια, πάλιν ἥκειν.

13. Εὐθὺς οὖν ὁ Ξενοφῶν αὐτός τε ἔσπενδε, καὶ τοῖς νεανίσκοις ἐγχεῖν ἐκέλευε, καὶ εὔχεσθαι τοῖς φήνασι θεοῖς τά τε ὀνείρατα καὶ τὸν πόρον, καὶ τὰ λοιπὰ ἀγαθὰ ἐπιτελέσαι. Σπείσας δ' εὐθὺς ἦγε τοὺς νεανίσκους παρὰ τὸν

Χειρίσοφον· καὶ διηγοῦνται ταῦτά. 14. Ἀκούσας δὲ καὶ ὁ Χειρίσοφος σπονδὰς ἐποίει. Σπείσαντες δὲ, τοῖς μὲν ἄλλοις παρήγγελλον συσκευάζεσθαι, αὐτοὶ δὲ συγκαλέσαντες τοὺς στρατηγοὺς ἐβουλεύοντο, ὅπως ἂν κάλλιστα διαβαῖεν, καὶ τούς τε ἔμπροσθεν νικῷεν καὶ ὑπὸ τῶν ὄπισθεν μηδὲν πάσχοιεν κακόν. 15. Καὶ ἔδοξεν αὐτοῖς, Χειρίσοφον μὲν ἡγεῖσθαι καὶ διαβαίνειν ἔχοντα τὸ ἥμισυ τοῦ στρατεύματος, τὸ δ' ἥμισυ ἔτι ὑπομένειν σὺν Ξενοφῶντι· τὰ δὲ ὑποζύγια καὶ τὸν ὄχλον ἐν μέσῳ τούτων διαβαίνειν. 16. Ἐπεὶ δὲ καλῶς ταῦτα εἶχεν, ἐπορεύοντο· ἡγοῦντο δ' οἱ νεανίσκοι, ἐν ἀριστερᾷ ἔχοντες τὸν ποταμόν· ὁδὸς δὲ ἦν ἐπὶ τὴν διάβασιν ὡς τέτταρες στάδιοι.

17. Πορευομένων δ' αὐτῶν, ἀντιπαρῄεσαν αἱ τάξεις τῶν ἱππέων. Ἐπειδὴ δὲ ἦσαν κατὰ τὴν διάβασιν καὶ τὰς ὄχθας τοῦ ποταμοῦ, ἔθεντο τὰ ὅπλα, καὶ αὐτὸς πρῶτος Χειρίσοφος στεφανωσάμενος καὶ ἀποδὺς ἐλάμβανε τὰ ὅπλα, καὶ τοῖς ἄλλοις πᾶσι παρήγγελλε· καὶ τοὺς λοχαγοὺς ἐκέλευεν ἄγειν τοὺς λόχους ὀρθίους, τοὺς μὲν ἐν ἀριστερᾷ, τοὺς δ' ἐν δεξιᾷ ἑαυτοῦ. 18. Καὶ οἱ μὲν μάντεις ἐσφαγιάζοντο εἰς τὸν ποταμόν· οἱ δὲ πολέμιοι ἐτόξευόν τε καὶ ἐσφενδόνων· ἀλλ' οὔπω ἐξικνοῦντο. 19. Ἐπεὶ δὲ καλὰ ἦν τὰ σφάγια, ἐπαιάνιζον πάντες οἱ στρατιῶται καὶ ἀνηλάλαζον· συνωλόλυζον δὲ καὶ αἱ γυναῖκες ἅπασαι· πολλαὶ γὰρ ἦσαν ἑταῖραι ἐν τῷ στρατεύματι.

20. Καὶ Χειρίσοφος μὲν ἐνέβαινε καὶ οἱ σὺν ἐκείνῳ· ὁ δὲ Ξενοφῶν, τῶν ὀπισθοφυλάκων λαβὼν τοὺς εὐζωνοτάτους, ἔθει ἀνὰ κράτος πάλιν ἐπὶ τὸν πόρον τὸν κατὰ τὴν ἔκβασιν τὴν εἰς τὰ τῶν Ἀρμενίων ὄρη, προσποιούμενος

ταύτῃ διαβὰς ἀποκλείσειν τοὺς παρὰ τὸν ποταμὸν ἱππεῖς. 21. Οἱ δὲ πολέμιοι, ὁρῶντες μὲν τοὺς ἀμφὶ Χειρίσοφον εὐπετῶς τὸ ὕδωρ περῶντας, ὁρῶντες δὲ τοὺς ἀμφὶ Ξενοφῶντα θέοντας εἰς τοὔμπαλιν, δείσαντες μὴ ἀποκλεισθείησαν, φεύγουσιν ἀνὰ κράτος ὡς πρὸς τὴν ἀπὸ τοῦ ποταμοῦ ἔκβασιν ἄνω. Ἐπεὶ δὲ κατὰ τὴν ὁδὸν ἐγένοντο, ἔτεινον ἄνω πρὸς τὸ ὄρος. 22. Λύκιος δ' ὁ τὴν τάξιν ἔχων τῶν ἱππέων, καὶ Αἰσχίνης ὁ τὴν τάξιν ἔχων τῶν πελταστῶν τῶν ἀμφὶ Χειρίσοφον, ἐπεὶ ἑώρων ἀνὰ κράτος φεύγοντας, εἵποντο· οἱ δὲ στρατιῶται ἐβόων μὴ ἀπολείπεσθαι, ἀλλὰ συνεκβαίνειν ἐπὶ τὸ ὄρος. 23. Χειρίσοφος δ' αὖ, ἐπεὶ διέβη, τοὺς μὲν ἱππέας οὐκ ἐδίωκεν, εὐθὺς δὲ κατὰ τὰς προσηκούσας ὄχθας ἐπὶ τὸν ποταμὸν ἐξέβαινεν ἐπὶ τοὺς ἄνω πολεμίους. Οἱ δὲ ἄνω, ὁρῶντες μὲν τοὺς ἑαυτῶν ἱππέας φεύγοντας, ὁρῶντες δ' ὁπλίτας σφίσιν ἐπιόντας, ἐκλείπουσι τὰ ὑπὲρ τοῦ ποταμοῦ ἄκρα.

24. Ξενοφῶν δ' ἐπεὶ τὰ πέραν ἑώρα καλῶς γιγνόμενα, ἀπεχώρει τὴν ταχίστην πρὸς τὸ διαβαῖνον στράτευμα· καὶ γὰρ οἱ Καρδοῦχοι φανεροὶ ἤδη ἦσαν εἰς τὸ πεδίον καταβαίνοντες, ὡς ἐπιθησόμενοι τοῖς τελευταίοις. 25. Καὶ Χειρίσοφος μὲν τὰ ἄνω κατεῖχε, Λύκιος δὲ σὺν ὀλίγοις ἐπιχειρήσας ἐπιδιῶξαι, ἔλαβε τῶν σκευοφόρων τὰ ὑπολειπόμενα, καὶ μετὰ τούτων ἐσθῆτά τε καλὴν καὶ ἐκπώματα. 26. Καὶ τὰ μὲν σκευοφόρα τῶν Ἑλλήνων καὶ ὁ ὄχλος ἀκμὴν διέβαινε· Ξενοφῶν δὲ στρέψας πρὸς τοὺς Καρδούχους ἀντία τὰ ὅπλα ἔθετο· καὶ παρήγγειλε τοῖς λοχαγοῖς, κατ' ἐνωμοτίας ποιήσασθαι ἕκαστον τὸν ἑαυτοῦ λόχον, παρ' ἀσπίδας παραγαγόντας τὴν ἐνωμοτίαν ἐπὶ φάλαγγος·

καὶ τοὺς μὲν λοχαγοὺς καὶ τοὺς ἐνωμοτάρχας πρὸς τῶν Καρδούχων ἰέναι, οὐραγοὺς δὲ καταστήσασθαι πρὸς τοῦ ποταμοῦ.

27. Οἱ δὲ Καρδοῦχοι, ὡς ἑώρων τοὺς ὀπισθοφύλακας τοῦ ὄχλου ψιλουμένους, καὶ ὀλίγους ἤδη φαινομένους, θᾶττον δὴ ἐπῄεσαν, ᾠδάς τινας ᾄδοντες. Ὁ δὲ Χειρίσοφος, ἐπεὶ τὰ παρ' αὐτῷ ἀσφαλῶς εἶχε, πέμπει παρὰ Ξενοφῶντα τοὺς πελταστὰς καὶ σφενδονήτας καὶ τοξότας, καὶ κελεύει ποιεῖν, ὅ τι ἂν παραγγέλλῃ. 28. Ἰδὼν δὲ αὐτοὺς διαβαίνοντας ὁ Ξενοφῶν, πέμψας ἄγγελον, κελεύει, αὐτοῦ μεῖναι ἐπὶ τοῦ ποταμοῦ μὴ διαβάντας· ὅταν δ' ἄρξωνται αὐτοὶ διαβαίνειν, ἐναντίους ἔνθεν καὶ ἔνθεν σφῶν ἐμβαίνειν ὡς διαβησομένους, διηγκυλωμένους τοὺς ἀκοντιστὰς, καὶ ἐπιβεβλημένους τοὺς τοξότας· μὴ πρόσω δὲ τοῦ ποταμοῦ προβαίνειν. 29. Τοῖς δὲ παρ' ἑαυτῷ παρήγγειλεν, ἐπειδὰν σφενδόνη ἐξικνῆται, καὶ ἀσπὶς ψοφῇ, παιανίσαντας θεῖν εἰς τοὺς πολεμίους· ἐπειδὰν δὲ ἀναστρέψωσιν οἱ πολέμιοι, καὶ ἐκ τοῦ ποταμοῦ ὁ σαλπιγκτὴς σημήνῃ τὸ πολεμικὸν, ἀναστρέψαντας ἐπὶ δόρυ ἡγεῖσθαι μὲν τοὺς οὐραγοὺς, θεῖν δὲ πάντας καὶ διαβαίνειν ὅτι τάχιστα, ᾗ ἕκαστος τὴν τάξιν εἶχεν, ὡς μὴ ἐμποδίζειν ἀλλήλους· ὅτι οὗτος ἄριστος ἔσοιτο, ὃς ἂν πρῶτος ἐν τῷ πέραν γένηται.

30. Οἱ δὲ Καρδοῦχοι, ὁρῶντες ὀλίγους ἤδη τοὺς λοιποὺς (πολλοὶ γὰρ καὶ τῶν μένειν τεταγμένων ᾤχοντο ἐπιμελησόμενοι οἱ μὲν ὑποζυγίων, οἱ δὲ σκευῶν, οἱ δ' ἑταιρῶν), ἐνταῦθα δὴ ἐπέκειντο θρασέως, καὶ ἤρχοντο σφενδονᾶν καὶ τοξεύειν. 31. Οἱ δὲ Ἕλληνες παιανίσαντες ὥρμησαν δρόμῳ ἐπ' αὐτούς· οἱ δὲ οὐκ ἐδέξαντο· καὶ γὰρ

ἦσαν ὡπλισμένοι, ὡς μὲν ἐν τοῖς ὄρεσιν, ἱκανῶς πρὸς τὸ ἐπιδραμεῖν καὶ φεύγειν, πρὸς δὲ τὸ εἰς χεῖρας δέχεσθαι οὐχ ἱκανῶς. 32. Ἐν τούτῳ σημαίνει ὁ σαλπιγκτής· καὶ οἱ μὲν πολέμιοι ἔφευγον πολὺ ἔτι θᾶττον, οἱ δ' Ἕλληνες τἀναντία στρέψαντες ἔφευγον διὰ τοῦ ποταμοῦ ὅτι τάχιστα. 33. Τῶν δὲ πολεμίων οἱ μέν τινες αἰσθόμενοι πάλιν ἔδραμον ἐπὶ τὸν ποταμὸν, καὶ τοξεύοντες ὀλίγους ἔτρωσαν· οἱ δὲ πολλοὶ, καὶ πέραν ὄντων τῶν Ἑλλήνων, ἔτι φανεροὶ ἦσαν φεύγοντες. 34. Οἱ δὲ ὑπαντήσαντες, ἀνδριζόμενοι καὶ προσωτέρω τοῦ καιροῦ προϊόντες, ὕστερον τῶν μετὰ Ξενοφῶντος διέβησαν πάλιν· καὶ ἐτρώθησάν τινες καὶ τούτων.

CAP. IV.

1. Ἐπεὶ δὲ διέβησαν, συνταξάμενοι ἀμφὶ μέσον ἡμέρας, ἐπορεύθησαν διὰ τῆς Ἀρμενίας πεδίον ἅπαν καὶ λείους γηλόφους, οὐ μεῖον ἢ πέντε παρασάγγας· οὐ γὰρ ἦσαν ἐγγὺς τοῦ ποταμοῦ κῶμαι διὰ τοὺς πολέμους τοὺς πρὸς τοὺς Καρδούχους. 2. Εἰς δὲ ἣν ἀφίκοντο κώμην, μεγάλη τε ἦν, καὶ βασίλειον εἶχε τῷ σατράπῃ, καὶ ἐπὶ ταῖς πλείσταις οἰκίαις τύρσεις ἐπῆσαν, ἐπιτήδεια δ' ἦν δαψιλῆ. 3. Ἐντεῦθεν δ' ἐπορεύθησαν σταθμοὺς δύο, παρασάγγας δέκα, μέχρι ὑπερῆλθον τὰς πηγὰς τοῦ Τίγρητος ποταμοῦ.

Ἐντεῦθεν δ' ἐπορεύθησαν σταθμοὺς τρεῖς, παρασάγγας πεντεκαίδεκα, ἐπὶ τὸν Τηλεβόαν ποταμόν. Οὗτος δ' ἦν καλὸς μὲν, μέγας δ' οὔ· κῶμαι δὲ πολλαὶ περὶ τὸν ποταμὸν ἦσαν. 4. Ὁ δὲ τόπος οὗτος Ἀρμενία ἐκαλεῖτο ἡ πρὸς ἑσπέραν. Ὕπαρχος δ' ἦν αὐτῆς Τιρίβαζος, ὁ καὶ βασιλεῖ φίλος γενόμενος· καὶ ὁπότε παρείη, οὐδεὶς ἄλλος βασιλέα ἐπὶ τὸν ἵππον ἀνέβαλλεν. 5. Οὗτος προσήλασεν ἱππέας ἔχων, καὶ προπέμψας ἑρμηνέα εἶπεν, ὅτι βούλοιτο διαλεχθῆναι τοῖς ἄρχουσι. Τοῖς δὲ στρατηγοῖς ἔδοξεν ἀκοῦσαι· καὶ προσελθόντες εἰς ἐπήκοον ἠρώτων, τί θέλοι. 6. Ὁ δὲ εἶπεν, ὅτι σπείσασθαι βούλοιτο, ἐφ' ᾧ μήτε αὐτὸς τοὺς Ἕλληνας ἀδικεῖν, μήτε ἐκείνους καίειν τὰς οἰκίας, λαμβάνειν τε τἀπιτήδεια, ὅσων δέοιντο. Ἔδοξε ταῦτα τοῖς στρατηγοῖς, καὶ ἐσπείσαντο ἐπὶ τούτοις.

7. Ἐντεῦθεν δ' ἐπορεύθησαν σταθμοὺς τρεῖς διὰ πεδίου, παρασάγγας πεντεκαίδεκα· καὶ Τιρίβαζος παρηκολούθει ἔχων τὴν ἑαυτοῦ δύναμιν, ἀπέχων ὡς δέκα σταδίους· καὶ ἀφίκοντο εἰς βασίλεια καὶ κώμας πέριξ πολλὰς, πολλῶν τῶν ἐπιτηδείων μεστάς. 8. Στρατοπεδευομένων δ' αὐτῶν, γίγνεται τῆς νυκτὸς χιὼν πολλή· καὶ ἕωθεν, ἔδοξε διασκηνῆσαι τὰς τάξεις καὶ τοὺς στρατηγοὺς κατὰ τὰς κώμας· οὐ γὰρ ἑώρων πολέμιον οὐδένα, καὶ ἀσφαλὲς ἐδόκει εἶναι διὰ τὸ πλῆθος τῆς χιόνος. 9. Ἐνταῦθα εἶχον πάντα τὰ ἐπιτήδεια ὅσα ἐστὶν ἀγαθὰ, ἱερεῖα, σῖτον, οἴνους παλαιοὺς εὐώδεις, ἀσταφίδας, ὄσπρια παντοδαπά. Τῶν δὲ ἀποσκεδαννυμένων τινὲς ἀπὸ τοῦ στρατοπέδου ἔλεγον, ὅτι κατίδοιεν στράτευμα, καὶ νύκτωρ πολλὰ πυρὰ φαίνοιτο. 10. Ἐδόκει δὴ τοῖς στρατηγοῖς οὐκ ἀσφαλὲς εἶναι διασκηνοῦν, ἀλλὰ συναγαγεῖν τὸ στράτευμα πάλιν. Ἐντεῦθεν συνῆλθον· καὶ γὰρ ἐδόκει διαιθριάζειν.

11. Νυκτερευόντων δ' αὐτῶν ἐνταῦθα, ἐπιπίπτει χιὼν

ἄπλετος, ὥστε ἀπέκρυψε καὶ τὰ ὅπλα καὶ τοὺς ἀνθρώπους κατακειμένους· καὶ τὰ ὑποζύγια συνεπόδισεν ἡ χιών· καὶ πολὺς ὄκνος ἦν ἀνίστασθαι· κατακειμένων γὰρ, ἀλεεινὸν ἦν ἡ χιὼν ἐπιπεπτωκυῖα, ὅτῳ μὴ παραῤῥυείη. 12. Ἐπεὶ δὲ Ξενοφῶν ἐτόλμησε γυμνὸς ἀναστὰς σχίζειν ξύλα, τάχα ἀναστάς τις καὶ ἄλλος ἐκείνου ἀφελόμενος ἔσχιζεν. Ἐκ δὲ τούτου καὶ οἱ ἄλλοι ἀναστάντες πῦρ ἔκαιον καὶ ἐχρίοντο. 13. Πολὺ γὰρ ἐνταῦθα εὑρίσκετο χρίσμα, ᾧ ἐχρῶντο ἀντ' ἐλαίου, σύειον καὶ σησάμινον καὶ ἀμυγδάλινον (ἐκ τῶν πικρῶν) καὶ τερεβίνθινον. Ἐκ δὲ τῶν αὐτῶν τούτων καὶ μύρον εὑρίσκετο.

14. Μετὰ ταῦτα ἐδόκει πάλιν διασκηνητέον εἶναι εἰς τὰς κώμας εἰς στέγας. Ἔνθα δὴ οἱ στρατιῶται σὺν πολλῇ κραυγῇ καὶ ἡδονῇ ᾔεσαν ἐπὶ τὰς στέγας καὶ τὰ ἐπιτήδεια· ὅσοι δὲ, ὅτε τὸ πρότερον ἀπῄεσαν, τὰς οἰκίας ἐνέπρησαν, ὑπὸ τῆς αἰθρίας δίκην ἐδίδοσαν κακῶς σκηνοῦντες. 15. Ἐντεῦθεν ἔπεμψαν νυκτὸς Δημοκράτην Τεμενίτην, ἄνδρας δόντες, ἐπὶ τὰ ὄρη, ἔνθα ἔφασαν οἱ ἀποσκεδαννύμενοι καθορᾶν τὰ πυρά· οὗτος γὰρ ἐδόκει καὶ πρότερον πολλὰ ἤδη ἀληθεῦσαι τοιαῦτα, τὰ ὄντα τε ὡς ὄντα, καὶ τὰ μὴ ὄντα ὡς οὐκ ὄντα. 16. Πορευθεὶς δὲ, τὰ μὲν πυρὰ οὐκ ἔφη ἰδεῖν, ἄνδρα δὲ συλλαβὼν ἧκεν ἄγων, ἔχοντα τόξον Περσικὸν, καὶ φαρέτραν, καὶ σάγαριν, οἵανπερ καὶ αἱ Ἀμαζόνες ἔχουσιν. 17. Ἐρωτώμενος δὲ, ποδαπὸς εἴη, Πέρσης μὲν ἔφη εἶναι, πορεύεσθαι δ' ἀπὸ τοῦ Τιριβάζου στρατεύματος, ὅπως ἐπιτήδεια λάβοι. Οἱ δ' ἠρώτων αὐτὸν τὸ στράτευμα, ὁπόσον τε εἴη, καὶ ἐπὶ τίνι συνειλεγμένον. 18. Ὁ δὲ εἶπεν, ὅτι Τιρίβαζος εἴη

ἔχων τήν τε ἑαυτοῦ δύναμιν, καὶ μισθοφόρους Χάλυβας καὶ Ταόχους· παρεσκευάσθαι δὲ αὐτὸν ἔφη, ὡς ἐπὶ τῇ ὑπερβολῇ τοῦ ὄρους ἐν τοῖς στενοῖς, ᾗπερ μοναχῇ εἴη πορεία, ἐνταῦθα ἐπιθησόμενον τοῖς Ἕλλησιν.

19. Ἀκούσασι τοῖς στρατηγοῖς ταῦτα ἔδοξε τὸ στράτευμα συναγαγεῖν· καὶ εὐθὺς, φύλακας καταλιπόντες καὶ στρατηγὸν ἐπὶ τοῖς μένουσι Σοφαίνετον Στυμφάλιον, ἐπορεύοντο ἔχοντες ἡγεμόνα τὸν ἁλόντα ἄνθρωπον. 20. Ἐπειδὴ δὲ ὑπερέβαλλον τὰ ὄρη, οἱ πελτασταὶ προϊόντες καὶ κατιδόντες τὸ στρατόπεδον, οὐκ ἔμειναν τοὺς ὁπλίτας, ἀλλ' ἀνακραγόντες ἔθεον ἐπὶ τὸ στρατόπεδον. 21. Οἱ δὲ βάρβαροι ἀκούσαντες τὸν θόρυβον, οὐχ ὑπέμειναν, ἀλλ' ἔφευγον· ὅμως δὲ καὶ ἀπέθανόν τινες τῶν βαρβάρων· καὶ ἵπποι ἥλωσαν εἰς εἴκοσι, καὶ ἡ σκηνὴ ἡ Τιριβάζου ἑάλω, καὶ ἐν αὐτῇ κλῖναι ἀργυρόποδες, καὶ ἐκπώματα, καὶ οἱ ἀρτοκόποι καὶ οἰνοχόοι φάσκοντες εἶναι. 22. Ἐπειδὴ δὲ ἐπύθοντο ταῦτα οἱ τῶν ὁπλιτῶν στρατηγοὶ, ἐδόκει αὐτοῖς ἀπιέναι τὴν ταχίστην ἐπὶ τὸ στρατόπεδον, μή τις ἐπίθεσις γένοιτο τοῖς καταλελειμμένοις. Καὶ εὐθὺς ἀνακαλεσάμενοι τῇ σάλπιγγι ἀπῆεσαν, καὶ ἀφίκοντο αὐθημερὸν ἐπὶ τὸ στρατόπεδον.

CAP. V.

1. Τῇ δ' ὑστεραίᾳ ἐδόκει πορευτέον εἶναι, ὅπῃ δύναιντο τάχιστα, πρὶν ἢ συλλεγῆναι τὸ στράτευμα πάλιν, καὶ καταλαβεῖν τὰ στενά. Συσκευασάμενοι δ' εὐθὺς ἐπορεύοντο διὰ χιόνος πολλῆς, ἡγεμόνας ἔχοντες πολλούς·

καὶ αὐθημερὸν ὑπερβαλόντες τὸ ἄκρον, ἐφ' ᾧ ἔμελλεν ἐπιτίθεσθαι Τιρίβαζος, κατεστρατοπεδεύσαντο. 2. Ἐντεῦθεν ἐπορεύθησαν σταθμοὺς ἐρήμους τρεῖς, παρασάγγας πεντεκαίδεκα, ἐπὶ τὸν Εὐφράτην ποταμὸν, καὶ διέβαινον αὐτὸν βρεχόμενοι πρὸς τὸν ὀμφαλόν. Ἐλέγοντο δὲ αὐτοῦ αἱ πηγαὶ οὐ πρόσω εἶναι.

3. Ἐντεῦθεν ἐπορεύοντο διὰ χιόνος πολλῆς καὶ πεδίου σταθμοὺς τρεῖς, παρασάγγας πεντεκαίδεκα. Ὁ δὲ τρίτος ἐγένετο χαλεπὸς, καὶ ἄνεμος βοῤῥᾶς ἐναντίος ἔπνει, παντάπασιν ἀποκαίων πάντα, καὶ πηγνὺς τοὺς ἀνθρώπους. 4. Ἔνθα δὴ τῶν μάντεών τις εἶπε σφαγιάσασθαι τῷ ἀνέμῳ· καὶ σφαγιάζεται· καὶ πᾶσι δὴ περιφανῶς ἔδοξε λῆξαι τὸ χαλεπὸν τοῦ πνεύματος. Ἦν δὲ τῆς χιόνος τὸ βάθος ὀργυιά· ὥστε καὶ τῶν ὑποζυγίων καὶ τῶν ἀνδραπόδων πολλὰ ἀπώλετο, καὶ τῶν στρατιωτῶν ὡς τριάκοντα. 5. Διεγένοντο δὲ τὴν νύκτα πῦρ καίοντες· ξύλα δ' ἦν ἐν τῷ σταθμῷ πολλά· οἱ δὲ ὀψὲ προσιόντες ξύλα οὐκ εἶχον. Οἱ οὖν πάλαι ἥκοντες καὶ τὸ πῦρ καίοντες οὐ προσίεσαν πρὸς τὸ πῦρ τοὺς ὀψίζοντας, εἰ μὴ μεταδοῖεν αὐτοῖς πυροὺς ἢ ἄλλο τι, εἴ τι ἔχοιεν βρωτόν. 6. Ἔνθα δὴ μετεδίδοσαν ἀλλήλοις, ὧν εἶχον ἕκαστοι. Ἔνθα δὲ τὸ πῦρ ἐκαίετο, διατηκομένης τῆς χιόνος, βόθροι ἐγίγνοντο μεγάλοι ἔστε ἐπὶ τὸ δάπεδον· οὗ δὴ παρῆν μετρεῖν τὸ βάθος τῆς χιόνος.

7. Ἐντεῦθεν δὲ τὴν ἐπιοῦσαν ἡμέραν ὅλην ἐπορεύοντο διὰ χιόνος, καὶ πολλοὶ τῶν ἀνθρώπων ἐβουλιμίασαν. Ξενοφῶν δὲ ὀπισθοφυλακῶν, καὶ καταλαμβάνων τοὺς πίπτοντας τῶν ἀνθρώπων, ἠγνόει, ὅ τι τὸ πάθος εἴη. 8. Ἐπειδὴ δὲ

εἴποι τις αὐτῷ τῶν ἐμπείρων, ὅτι σαφῶς βουλιμιῶσι, κἂν τι φάγωσιν, ἀναστήσονται, περιιὼν περὶ τὰ ὑποζύγια, εἴ πού τι ὁρῴη βρωτὸν [ἢ ποτὸν], διεδίδου, καὶ διέπεμπε διδόντας τοὺς δυναμένους παρατρέχειν τοῖς βουλιμιῶσιν. Ἐπειδὴ δέ τι ἐμφάγοιεν, ἀνίσταντο καὶ ἐπορεύοντο. 9. Πορευομένων δὲ, Χειρίσοφος μὲν ἀμφὶ κνέφας πρὸς κώμην ἀφικνεῖται, καὶ ὑδροφορούσας ἐκ τῆς κώμης πρὸς τῇ κρήνῃ γυναῖκας καὶ κόρας καταλαμβάνει ἔμπροσθεν τοῦ ἐρύματος. 10. Αὗται ἠρώτων αὐτοὺς, τίνες εἶεν. Ὁ δὲ ἑρμηνεὺς εἶπε Περσιστὶ, ὅτι παρὰ βασιλέως πορεύοιντο πρὸς τὸν σατράπην. Αἱ δὲ ἀπεκρίναντο, ὅτι οὐκ ἐνταῦθα εἴη, ἀλλ' ἀπέχοι ὅσον παρασάγγην. Οἱ δ', ἐπεὶ ὀψὲ ἦν, πρὸς τὸν κωμάρχην συνεισέρχονται εἰς τὸ ἔρυμα σὺν ταῖς ὑδροφόροις.

11. Χειρίσοφος μὲν οὖν, καὶ ὅσοι ἐδυνήθησαν τοῦ στρατεύματος, ἐνταῦθα ἐστρατοπεδεύσαντο· τῶν δ' ἄλλων στρατιωτῶν οἱ μὴ δυνάμενοι διατελέσαι τὴν ὁδὸν, ἐνυκτέρευσαν ἄσιτοι καὶ ἄνευ πυρός· καὶ ἐνταῦθά τινες ἀπώλοντο τῶν στρατιωτῶν. 12. Ἐφείποντο δὲ τῶν πολεμίων συνειλεγμένοι τινὲς, καὶ τὰ μὴ δυνάμενα τῶν ὑποζυγίων ἥρπαζον, καὶ ἀλλήλοις ἐμάχοντο περὶ αὐτῶν. Ἐλείποντο δὲ καὶ τῶν στρατιωτῶν οἵ τε διεφθαρμένοι ὑπὸ τῆς χιόνος τοὺς ὀφθαλμοὺς, οἵ τε ὑπὸ τοῦ ψύχους τοὺς δακτύλους τῶν ποδῶν ἀποσεσηπότες. 13. Ἦν δὲ τοῖς μὲν ὀφθαλμοῖς ἐπικούρημα τῆς χιόνος, εἴ τις μέλαν τι ἔχων πρὸ τῶν ὀφθαλμῶν πορεύοιτο· τῶν δὲ ποδῶν, εἴ τις κινοῖτο, καὶ μηδέποτε ἡσυχίαν ἔχοι, καὶ εἰ τὴν νύκτα ὑπολύοιτο. 14. Ὅσοι δὲ ὑποδεδεμένοι ἐκοιμῶντο, εἰσεδύοντο εἰς τοὺς

πόδας οἱ ἱμάντες, καὶ τὰ ὑποδήματα περιεπήγνυντο· καὶ γὰρ ἦσαν, ἐπειδὴ ἐπέλιπε τὰ ἀρχαῖα ὑποδήματα, καρβάτιναι αὐτοῖς πεποιημέναι ἐκ τῶν νεοδάρτων βοῶν.

15. Διὰ τὰς τοιαύτας οὖν ἀνάγκας ὑπελείποντό τινες τῶν στρατιωτῶν· καὶ ἰδόντες μέλαν τι χωρίον, διὰ τὸ ἐκλελοιπέναι αὐτόθι τὴν χιόνα, εἴκαζον τετηκέναι· καὶ τετήκει διὰ κρήνην τινά, ἣ πλησίον ἦν ἀτμίζουσα ἐν νάπῃ. Ἐνταῦθ' ἐκτραπόμενοι ἐκάθηντο, καὶ οὐκ ἔφασαν πορεύεσθαι. 16. Ὁ δὲ Ξενοφῶν ἔχων ὀπισθοφύλακας ὡς ᾔσθετο, ἐδεῖτο αὐτῶν πάσῃ τέχνῃ καὶ μηχανῇ μὴ ἀπολείπεσθαι λέγων, ὅτι ἕπονται πολλοὶ πολέμιοι συνειλεγμένοι· καὶ τελευτῶν ἐχαλέπαινεν. Οἱ δὲ σφάττειν ἐκέλευον· οὐ γὰρ ἂν δύνασθαι πορευθῆναι. 17. Ἐνταῦθα ἔδοξε κράτιστον εἶναι, τοὺς ἑπομένους πολεμίους φοβῆσαι, εἴ τις δύναιτο, μὴ ἐπίοιεν τοῖς κάμνουσι. Καὶ ἦν μὲν σκότος ἤδη, οἱ δὲ προσῄεσαν πολλῷ θορύβῳ ἀμφὶ ὧν εἶχον διαφερόμενοι. 18. Ἔνθα δὴ οἱ μὲν ὀπισθοφύλακες, ἅτε ὑγιαίνοντες, ἐξαναστάντες ἔδραμον εἰς τοὺς πολεμίους· οἱ δὲ κάμνοντες, ἀνακραγόντες ὅσον ἠδύναντο μέγιστον, τὰς ἀσπίδας πρὸς τὰ δόρατα ἔκρουσαν. Οἱ δὲ πολέμιοι δείσαντες ἧκαν ἑαυτοὺς κατὰ τῆς χιόνος εἰς τὴν νάπην, καὶ οὐδεὶς ἔτι οὐδαμοῦ ἐφθέγξατο.

19. Καὶ Ξενοφῶν μὲν καὶ οἱ σὺν αὐτῷ, εἰπόντες τοῖς ἀσθενοῦσιν, ὅτι τῇ ὑστεραίᾳ ἥξουσί τινες ἐπ' αὐτούς, πορευόμενοι, πρὶν τέτταρα στάδια διελθεῖν, ἐντυγχάνουσιν ἐν τῇ ὁδῷ ἀναπαυομένοις ἐπὶ τῆς χιόνος τοῖς στρατιώταις ἐγκεκαλυμμένοις, καὶ οὐδὲ φυλακὴ οὐδεμία καθειστήκει· καὶ ἀνίστασαν αὐτούς. 20. Οἱ δ' ἔλεγον, ὅτι οἱ ἔμπρο-

σθεν οὐχ ὑποχωροῖεν. Ὁ δὲ παριὼν, καὶ παραπέμπων τῶν πελταστῶν τοὺς ἰσχυροτάτους, ἐκέλευε σκέψασθαι, τί εἴη τὸ κωλῦον. Οἱ δὲ ἀπήγγελλον, ὅτι ὅλον οὕτως ἀναπαύοιτο τὸ στράτευμα. 21. Ἐνταῦθα καὶ οἱ ἀμφὶ Ξενοφῶντα ηὐλίσθησαν αὐτοῦ ἄνευ πυρὸς καὶ ἄδειπνοι, φυλακὰς, οἵας ἐδύναντο, καταστησάμενοι. Ἐπεὶ δὲ πρὸς ἡμέραν ἦν, ὁ μὲν Ξενοφῶν, πέμψας πρὸς τοὺς ἀσθενοῦντας τοὺς νεωτάτους, ἀναστήσαντας ἐκέλευσεν ἀναγκάζειν προϊέναι. 22. Ἐν δὲ τούτῳ Χειρίσοφος πέμπει τῶν ἐκ τῆς κώμης σκεψομένους, πῶς ἔχοιεν οἱ τελευταῖοι. Οἱ δὲ ἄσμενοι ἰδόντες, τοὺς μὲν ἀσθενοῦντας τούτοις παρέδοσαν κομίζειν ἐπὶ τὸ στρατόπεδον, αὐτοὶ δὲ ἐπορεύοντο· καὶ πρὶν εἴκοσι στάδια διεληλυθέναι, ἦσαν πρὸς τῇ κώμῃ, ἔνθα Χειρίσοφος ηὐλίζετο. 23. Ἐπεὶ δὲ συνεγένοντο ἀλλήλοις, ἔδοξε κατὰ τὰς κώμας ἀσφαλὲς εἶναι τὰς τάξεις σκηνοῦν. Καὶ Χειρίσοφος μὲν αὐτοῦ ἔμενεν, οἱ δὲ ἄλλοι, διαλαχόντες ἃς ἑώρων κώμας, ἐπορεύοντο, ἕκαστοι τοὺς ἑαυτῶν ἔχοντες.

24. Ἔνθα δὴ Πολυκράτης Ἀθηναῖος λοχαγὸς ἐκέλευσεν ἀφιέναι ἑαυτόν· καὶ λαβὼν τοὺς εὐζώνους, θέων ἐπὶ τὴν κώμην ἣν εἰλήχει Ξενοφῶν, καταλαμβάνει πάντας ἔνδον τοὺς κωμήτας καὶ τὸν κωμάρχην· καὶ πώλους εἰς δασμὸν βασιλεῖ τρεφομένους ἑπτακαίδεκα· καὶ τὴν θυγατέρα τοῦ κωμάρχου, ἐνάτην ἡμέραν γεγαμημένην· ὁ δ' ἀνὴρ αὐτῆς λαγὼς ᾤχετο θηράσων, καὶ οὐχ ἥλω ἐν ταῖς κώμαις. 25. Αἱ δ' οἰκίαι ἦσαν κατάγειοι, τὸ μὲν στόμα ὥσπερ φρέατος, κάτω δ' εὐρεῖαι· αἱ δὲ εἴσοδοι τοῖς μὲν ὑποζυγίοις ὀρυκταὶ, οἱ δὲ ἄνθρωποι κατέβαινον ἐπὶ κλίμακος. Ἐν δὲ

ταῖς οἰκίαις ἦσαν αἶγες, οἶες, βόες, ὄρνιθες, καὶ τὰ ἔκγονα τούτων· τὰ δὲ κτήνη πάντα χιλῷ ἔνδον ἐτρέφοντο. 26. Ἦσαν δὲ καὶ πυροὶ καὶ κριθαὶ καὶ ὄσπρια καὶ οἶνος κρίθινος ἐν κρατῆρσιν· ἐνῆσαν δὲ καὶ αὐταὶ αἱ κριθαὶ ἰσοχειλεῖς· καὶ κάλαμοι ἐνέκειντο, οἱ μὲν μείζους, οἱ δὲ ἐλάττους, γόνατα οὐκ ἔχοντες. 27. Τούτους δ' ἔδει, ὁπότε τις διψῴη, λαβόντα εἰς τὸ στόμα μύζειν. Καὶ πάνυ ἄκρατος ἦν, εἰ μή τις ὕδωρ ἐπιχέοι· καὶ πάνυ ἡδὺ συμμαθόντι τὸ πόμα ἦν.

28. Ὁ δὲ Ξενοφῶν τὸν μὲν ἄρχοντα τῆς κώμης ταύτης σύνδειπνον ἐποιήσατο, καὶ θαῤῥεῖν αὐτὸν ἐκέλευε, λέγων, ὅτι οὔτε τῶν τέκνων στερήσοιτο, τήν τε οἰκίαν αὐτοῦ ἀντεμπλήσαντες τῶν ἐπιτηδείων ἀπίασιν, ἢν ἀγαθόν τι τῷ στρατεύματι ἐξηγησάμενος φαίνηται, ἔστ' ἂν ἐν ἄλλῳ ἔθνει γένωνται. 29. Ὁ δὲ ταῦτα ὑπισχνεῖτο, καὶ φιλοφρονούμενος οἶνον ἔφρασεν, ἔνθα ἦν κατορωρυγμένος. Ταύτην μὲν οὖν τὴν νύκτα διασκηνήσαντες οὕτως ἐκοιμήθησαν ἐν πᾶσιν ἀφθόνοις πάντες οἱ στρατιῶται, ἐν φυλακῇ ἔχοντες τὸν κωμάρχην καὶ τὰ τέκνα αὐτοῦ ὁμοῦ ἐν ὀφθαλμοῖς.

30. Τῇ δ' ἐπιούσῃ ἡμέρᾳ Ξενοφῶν λαβὼν τὸν κωμάρχην πρὸς Χειρίσοφον ἐπορεύετο· ὅπου δὲ παρίοι κώμην, ἐτρέπετο πρὸς τοὺς ἐν ταῖς κώμαις, καὶ κατελάμβανε πανταχοῦ εὐωχουμένους καὶ εὐθυμουμένους, καὶ οὐδαμόθεν ἀφίεσαν, πρὶν παραθεῖναι αὐτοῖς ἄριστον. 31. Οὐκ ἦν δ' ὅπου οὐ παρετίθεσαν ἐπὶ τὴν αὐτὴν τράπεζαν κρέα ἄρνεια, ἐρίφεια, χοίρεια, μόσχεια, ὀρνίθεια, σὺν πολλοῖς ἄρτοις, τοῖς μὲν πυρίνοις, τοῖς δὲ κριθίνοις. 32. Ὁπότε δέ τις

φιλοφρονούμενός τῳ βούλοιτο προπιεῖν, εἷλκεν ἐπὶ τὸν κρατῆρα· ἔνθεν ἐπικύψαντα ἔδει ῥοφοῦντα πίνειν, ὥσπερ βοῦν. Καὶ τῷ κωμάρχῃ ἐδίδοσαν λαμβάνειν, ὅ τι βούλοιτο. Ὁ δὲ ἄλλο μὲν οὐδὲν ἐδέχετο· ὅπου δέ τινα τῶν συγγενῶν ἴδοι, πρὸς ἑαυτὸν ἀεὶ ἐλάμβανεν.

33. Ἐπεὶ δ' ἦλθον πρὸς Χειρίσοφον, κατελάμβανον κἀκείνους σκηνοῦντας, ἐστεφανωμένους τοῦ ξηροῦ χιλοῦ στεφάνοις, καὶ διακονοῦντας Ἀρμενίους παῖδας σὺν ταῖς βαρβαρικαῖς στολαῖς· τοῖς δὲ παισὶν ἐδείκνυσαν ὥσπερ ἐνεοῖς, ὅ τι δέοι ποιεῖν. 34. Ἐπεὶ δ' ἀλλήλους ἐφιλοφρονήσαντο Χειρίσοφος καὶ Ξενοφῶν, κοινῇ δὴ ἀνηρώτων τὸν κωμάρχην διὰ τοῦ περσίζοντος ἑρμηνέως, τίς εἴη ἡ χώρα. Ὁ δ' ἔλεγεν, ὅτι Ἀρμενία. Καὶ πάλιν ἠρώτων, τίνι οἱ ἵπποι τρέφοιντο. Ὁ δ' ἔλεγεν, ὅτι βασιλεῖ δασμός· τὴν δὲ πλησίον χώραν ἔφη εἶναι Χάλυβας, καὶ τὴν ὁδὸν ἔφραζεν, ᾗ εἴη. 35. Καὶ αὐτὸν τότε μὲν ᾤχετο ἄγων ὁ Ξενοφῶν πρὸς τοὺς ἑαυτοῦ οἰκέτας, καὶ ἵππον ὃν εἰλήφει παλαίτερον, δίδωσι τῷ κωμάρχῃ ἀναθρέψαντι καταθῦσαι, ὅτι ἤκουσεν, αὐτὸν ἱερὸν εἶναι τοῦ Ἡλίου (δεδιὼς, μὴ ἀποθάνῃ, ἐκεκάκωτο γὰρ ὑπὸ τῆς πορείας)· αὐτὸς δὲ τῶν πώλων λαμβάνει, καὶ τῶν ἄλλων στρατηγῶν καὶ λοχαγῶν ἔδωκεν ἑκάστῳ πῶλον. 36. Ἦσαν δ' οἱ ταύτῃ ἵπποι μείονες μὲν τῶν Περσικῶν, θυμοειδέστεροι δὲ πολύ. Ἐνταῦθα δὴ καὶ διδάσκει ὁ κωμάρχης περὶ τοὺς πόδας τῶν ἵππων καὶ τῶν ὑποζυγίων σακία περιειλεῖν, ὅταν διὰ τῆς χιόνος ἄγωσιν· ἄνευ γὰρ τῶν σακίων κατεδύοντο μέχρι τῆς γαστρός.

CAP. VI.

1. Ἐπεὶ δ' ἡμέρα ἦν ὀγδόη, τὸν μὲν ἡγεμόνα παραδίδωσι Χειρισόφῳ, τοὺς δ' οἰκέτας καταλείπει τῷ κωμάρχῃ, πλὴν τοῦ υἱοῦ τοῦ ἄρτι ἡβάσκοντος. Τοῦτον δ' Ἐπισθένει Ἀμφιπολίτῃ παραδίδωσι φυλάττειν, ὅπως, εἰ καλῶς ἡγήσαιτο, ἔχων καὶ τοῦτον ἀπίοι. Καὶ εἰς τὴν οἰκίαν αὐτοῦ εἰσεφόρησαν ὡς ἐδύναντο πλεῖστα, καὶ ἀναζεύξαντες ἐπορεύοντο. 2. Ἡγεῖτο δ' αὐτοῖς ὁ κωμάρχης λελυμένος διὰ χιόνος. Καὶ ἤδη τε ἦν ἐν τῷ τρίτῳ σταθμῷ, καὶ Χειρίσοφος αὐτῷ ἐχαλεπάνθη, ὅτι οὐκ εἰς κώμας ἦγεν. Ὁ δ' ἔλεγεν, ὅτι οὐκ εἶεν ἐν τῷ τόπῳ τούτῳ. Ὁ δὲ Χειρίσοφος αὐτὸν ἔπαισε μέν, ἔδησε δ' οὔ. 3. Ἐκ δὲ τούτου ἐκεῖνος τῆς νυκτὸς ἀποδρὰς ᾤχετο, καταλιπὼν τὸν υἱόν. Τοῦτό γε δὴ Χειρισόφῳ καὶ Ξενοφῶντι μόνον διάφορον ἐν τῇ πορείᾳ ἐγένετο, ἡ τοῦ ἡγεμόνος κάκωσις καὶ ἀμέλεια. Ἐπισθένης δὲ ἠράσθη τε τοῦ παιδὸς καὶ οἴκαδε κομίσας πιστοτάτῳ ἐχρῆτο.

4. Μετὰ τοῦτο ἐπορεύθησαν ἑπτὰ σταθμούς, ἀνὰ πέντε παρασάγγας τῆς ἡμέρας, παρὰ τὸν Φᾶσιν ποταμόν, εὖρος πλεθριαῖον. 5. Ἐντεῦθεν ἐπορεύθησαν σταθμοὺς δύο, παρασάγγας δέκα· ἐπὶ δὲ τῇ εἰς τὸ πεδίον ὑπερβολῇ ἀπήντησαν αὐτοῖς Χάλυβες καὶ Τάοχοι καὶ Φασιανοί. 6. Χειρίσοφος δ' ἐπεὶ κατεῖδε τοὺς πολεμίους ἐπὶ τῇ ὑπερβολῇ, ἐπαύσατο πορευόμενος, ἀπέχων εἰς τριάκοντα σταδίους, ἵνα μὴ κατὰ κέρας ἄγων πλησιάσῃ τοῖς πολεμίοις· παρήγγειλε δὲ καὶ τοῖς ἄλλοις παράγειν τοὺς λόχους, ὅπως ἐπὶ φάλαγγος γένοιτο τὸ στράτευμα.

7. Ἐπεὶ δὲ ἦλθον οἱ ὀπισθοφύλακες, συνεκάλεσε τοὺς στρατηγοὺς καὶ λοχαγούς, καὶ ἔλεξεν ὧδε· Οἱ μὲν πολέμιοι, ὡς ὁρᾶτε, κατέχουσι τὰς ὑπερβολὰς τοῦ ὄρους· ὥρα δὲ βουλεύεσθαι, ὅπως ὡς κάλλιστα ἀγωνιούμεθα. 8. Ἐμοὶ μὲν οὖν δοκεῖ παραγγεῖλαι μὲν ἀριστοποιεῖσθαι τοῖς στρατιώταις, ἡμᾶς δὲ βουλεύεσθαι, εἴτε τήμερον εἴτε αὔριον δοκεῖ ὑπερβάλλειν τὸ ὄρος. 9. Ἐμοὶ δέ γε, ἔφη ὁ Κλεάνωρ, δοκεῖ, ἐπὰν τάχιστα ἀριστήσωμεν, ἐξοπλισαμένους ὡς τάχιστα ἰέναι ἐπὶ τοὺς ἄνδρας. Εἰ γὰρ διατρίψομεν τὴν τήμερον ἡμέραν, οἵ τε νῦν ἡμᾶς ὁρῶντες πολέμιοι θαῤῥαλεώτεροι ἔσονται, καὶ ἄλλους εἰκὸς, τούτων θαῤῥούντων, πλείους προσγενέσθαι. 10. Μετὰ τοῦτον Ξενοφῶν εἶπεν·

Ἐγὼ δ' οὕτω γιγνώσκω· εἰ μὲν ἀνάγκη ἐστὶ μάχεσθαι, τοῦτο δεῖ παρασκευάσασθαι, ὅπως ὡς κράτιστα μαχούμεθα· εἰ δὲ βουλόμεθα ὡς ῥᾷστα ὑπερβάλλειν, τοῦτό μοι δοκεῖ σκεπτέον εἶναι, ὅπως ἐλάχιστα μὲν τραύματα λάβωμεν, ὡς ἐλάχιστα δὲ σώματα ἀνδρῶν ἀποβάλωμεν. 11. Τὸ μὲν οὖν ὄρος ἐστὶ τὸ ὁρώμενον πλέον ἢ ἐφ' ἑξήκοντα στάδια, ἄνδρες δ' οὐδαμοῦ φυλάττοντες ἡμᾶς φανεροί εἰσιν, ἀλλ' ἢ κατ' αὐτὴν τὴν ὁδόν· πολὺ οὖν κρεῖττον, τοῦ ἐρήμου ὄρους καὶ κλέψαι τι πειρᾶσθαι λαθόντας καὶ ἁρπάσαι φθάσαντας, εἰ δυναίμεθα, μᾶλλον ἢ πρὸς ἰσχυρὰ χωρία καὶ ἄνδρας παρεσκευασμένους μάχεσθαι. 12. Πολὺ γὰρ ῥᾷον, ὄρθιον ἀμαχεὶ ἰέναι, ἢ ὁμαλὲς ἔνθεν καὶ ἔνθεν πολεμίων ὄντων· καὶ νύκτωρ ἀμαχεὶ μᾶλλον ἂν τὰ πρὸ ποδῶν ὁρῴη τις, ἢ μεθ' ἡμέραν μαχόμενος· καὶ ἡ τραχεῖα τοῖς ποσὶν ἀμαχεὶ ἰοῦσιν εὐμενεστέρα, ἢ ἡ ὁμαλὴ τὰς κεφαλὰς βαλλομένοις. 13. Καὶ κλέψαι οὐκ ἀδύνατόν μοι δοκεῖ εἶναι, ἐξὸν μὲν νυκτὸς ἰέναι, ὡς μὴ ὁρᾶσθαι· ἐξὸν δὲ ἀπελθεῖν τοσοῦτον, ὡς μὴ αἴσθησιν παρέχειν. Δοκοῦμεν δ' ἄν μοι, ταύτῃ προσποιούμενοι προσβάλλειν, ἐρημοτέρῳ ἂν τῷ ἄλλῳ ὄρει χρῆσθαι· μένοιεν γὰρ αὐτοῦ μᾶλλον ἀθρόοι οἱ πολέμιοι.

14. Ἀτὰρ τί ἐγὼ περὶ κλοπῆς συμβάλλομαι; Ὑμᾶς γὰρ ἔγωγε, ὦ Χειρίσοφε, ἀκούω τοὺς Λακεδαιμονίους, ὅσοι ἐστὲ τῶν ὁμοίων, εὐθὺς ἐκ παίδων κλέπτειν μελετᾶν· καὶ οὐκ αἰσχρὸν εἶναι, ἀλλὰ καλὸν, κλέπτειν, ὅσα μὴ κωλύει νόμος. 15. Ὅπως δὲ ὡς κράτιστα κλέπτητε καὶ πειρᾶσθε λανθάνειν, νόμιμον ἄρα ὑμῖν ἐστιν, ἐὰν ληφθῆτε κλέπτοντες, μαστιγοῦσθαι. Νῦν οὖν μάλα σοι καιρός ἐστιν ἐπιδείξασθαι τὴν παιδείαν, καὶ φυλάξασθαι μέντοι, μὴ ληφθῶμεν κλέπτοντες τοῦ ὄρους, ὡς μὴ πολλὰς πληγὰς λάβωμεν.

16. Ἀλλὰ μέντοι, ἔφη ὁ Χειρίσοφος, "κἀγὼ ὑμᾶς τοὺς Ἀθηναίους ἀκούω δεινοὺς εἶναι κλέπτειν τὰ δημόσια (καὶ μάλα ὄντος δεινοῦ τοῦ κινδύνου τῷ κλέπτοντι), καὶ τοὺς κρατίστους μέντοι μάλιστα, εἴπερ ὑμῖν οἱ κράτιστοι ἄρχειν ἀξιοῦνται· ὥστε ὥρα καὶ σοὶ ἐπιδείκνυσθαι τὴν παιδείαν. 17. Ἐγὼ μὲν τοίνυν, ἔφη ὁ Ξενοφῶν, ἕτοιμός εἰμι, τοὺς ὀπισθοφύλακας ἔχων, ἐπειδὰν δειπνήσωμεν, ἰέναι καταληψόμενος τὸ ὄρος. Ἔχω δὲ καὶ ἡγεμόνας· οἱ γὰρ γυμνῆτες τῶν ἐφεπομένων ἡμῖν κλωπῶν ἔλαβόν τινας ἐνεδρεύσαντες· καὶ τούτων πυνθάνομαι, ὅτι οὐκ ἄβατόν ἐστι τὸ ὄρος, ἀλλὰ νέμεται αἰξὶ καὶ βουσίν· ὥστε, ἐάνπερ ἅπαξ λάβωμέν τι τοῦ ὄρους, βατὰ καὶ τοῖς ὑποζυγίοις ἔσται. 18. Ἐλπίζω δὲ, οὐδὲ τοὺς πολεμίους μενεῖν ἔτι,

ἐπειδὰν ἴδωσιν ἡμᾶς ἐν τῷ ὁμοίῳ ἐπὶ τῶν ἄκρων· οὐδὲ γὰρ νῦν ἐθέλουσι καταβαίνειν ἡμῖν εἰς τὸ ἴσον. 19. Ὁ δὲ Χειρίσοφος εἶπε· Καὶ τί δεῖ σὲ ἰέναι, καὶ λιπεῖν τὴν ὀπισθοφυλακίαν; ἀλλὰ ἄλλους πέμψον, ἂν μή τινες ἐθελούσιοι φαίνωνται. 20. Ἐκ τούτου Ἀριστώνυμος Μεθυδριεὺς ἔρχεται ὁπλίτας ἔχων, καὶ Ἀριστέας Χῖος γυμνῆτας, καὶ Νικόμαχος Οἰταῖος γυμνῆτας· καὶ σύνθημα ἐποιήσαντο, ὁπότε ἔχοιεν τὰ ἄκρα, πυρὰ καίειν πολλά. 21. Ταῦτα συνθέμενοι ἠρίστων· ἐκ δὲ τοῦ ἀρίστου προήγαγεν ὁ Χειρίσοφος τὸ στράτευμα πᾶν ὡς δέκα σταδίους πρὸς τοὺς πολεμίους, ὅπως ὡς μάλιστα δοκοίη ταύτῃ προσάξειν.

22. Ἐπειδὴ δὲ ἐδείπνησαν, καὶ νὺξ ἐγένετο, οἱ μὲν ταχθέντες ᾤχοντο, καὶ καταλαμβάνουσι τὸ ὄρος· οἱ δὲ ἄλλοι αὐτοῦ ἀνεπαύοντο. Οἱ δὲ πολέμιοι, ἐπεὶ ᾔσθοντο ἐχόμενον τὸ ὄρος, ἐγρηγόρεσαν, καὶ ἔκαιον πυρὰ πολλὰ διὰ νυκτός. 23. Ἐπειδὴ δὲ ἡμέρα ἐγένετο, Χειρίσοφος μὲν θυσάμενος ἦγε κατὰ τὴν ὁδόν, οἱ δὲ τὸ ὄρος καταλαβόντες κατὰ τὰ ἄκρα ἐπῄεσαν. 24. Τῶν δ' αὖ πολεμίων τὸ μὲν πολὺ ἔμενεν ἐπὶ τῇ ὑπερβολῇ τοῦ ὄρους, μέρος δ' αὐτῶν ἀπήντα τοῖς κατὰ τὰ ἄκρα. Πρὶν δὲ ὁμοῦ εἶναι τοὺς πολλούς, ἀλλήλοις συμμιγνύασιν οἱ κατὰ τὰ ἄκρα, καὶ νικῶσιν οἱ Ἕλληνες καὶ διώκουσιν. 25. Ἐν τούτῳ δὲ καὶ οἱ ἐκ τοῦ πεδίου, οἱ μὲν πελτασταὶ τῶν Ἑλλήνων δρόμῳ ἔθεον πρὸς τοὺς παρατεταγμένους, Χειρίσοφος δὲ βάδην ταχὺ ἐφείπετο σὺν τοῖς ὁπλίταις. 26. Οἱ δὲ πολέμιοι οἱ ἐν τῇ ὁδῷ, ἐπειδὴ τὸ ἄνω ἑώρων ἡττώμενον, φεύγουσι· καὶ ἀπέθανον μὲν οὐ πολλοὶ αὐτῶν,

γέῤῥα δὲ πάμπολλα ἐλήφθη· ἃ οἱ Ἕλληνες ταῖς μαχαίραις κόπτοντες ἀχρεῖα ἐποίουν. 27. Ὡς δ' ἀνέβησαν, θύσαντες καὶ τρόπαιον στησάμενοι, κατέβησαν εἰς τὸ πεδίον, καὶ εἰς κώμας πολλῶν καὶ ἀγαθῶν γεμούσας ἦλθον.

CAP. VII.

1. Ἐκ δὲ τούτων ἐπορεύθησαν εἰς Ταόχους, σταθμοὺς πέντε, παρασάγγας τριάκοντα· καὶ τὰ ἐπιτήδεια ἐπέλιπε· χωρία γὰρ ᾤκουν ἰσχυρὰ οἱ Τάοχοι, ἐν οἷς καὶ τὰ ἐπιτήδεια πάντα εἶχον ἀνακεκομισμένοι. 2. Ἐπεὶ δ' ἀφίκοντο πρὸς χωρίον, ὃ πόλιν μὲν οὐκ εἶχεν οὐδ' οἰκίας, συνεληλυθότες δ' ἦσαν αὐτόσε καὶ ἄνδρες καὶ γυναῖκες καὶ κτήνη πολλά, Χειρίσοφος μὲν πρὸς τοῦτο προσέβαλλεν εὐθὺς ἥκων· ἐπειδὴ δὲ ἡ πρώτη τάξις ἀπέκαμνεν, ἄλλη προσῄει, καὶ αὖθις ἄλλη· οὐ γὰρ ἦν ἀθρόοις περιστῆναι, ἀλλὰ ποταμὸς ἦν κύκλῳ. 3. Ἐπειδὴ δὲ Ξενοφῶν ἦλθε σὺν τοῖς ὀπισθοφύλαξι, καὶ πελτασταῖς καὶ ὁπλίταις, ἐνταῦθα δὴ λέγει Χειρίσοφος· Εἰς καλὸν ἥκετε· τὸ γὰρ χωρίον αἱρετέον· τῇ γὰρ στρατιᾷ οὐκ ἔστι τὰ ἐπιτήδεια, εἰ μὴ ληψόμεθα τὸ χωρίον.

4. Ἐνταῦθα δὴ κοινῇ ἐβουλεύοντο· καὶ τοῦ Ξενοφῶντος ἐρωτῶντος, τί τὸ κωλῦον εἴη εἰσελθεῖν, εἶπεν ὁ Χειρίσοφος· [Ἀλλὰ] μία αὕτη πάροδός ἐστιν, ἣν ὁρᾷς· ὅταν δέ τις ταύτῃ πειρᾶται παριέναι, κυλινδοῦσι λίθους ὑπὲρ ταύτης τῆς ὑπερεχούσης πέτρας· ὃς δ' ἂν καταληφθῇ, οὕτω διατίθεται. Ἅμα δ' ἔδειξε συντετριμμένους ἀνθρώ-

πους καὶ σκέλη καὶ πλευράς. 5. Ἢν δὲ τοὺς λίθους ἀναλώσωσιν, ἔφη ὁ Ξενοφῶν, ἄλλο τι ἢ οὐδὲν κωλύει παριέναι; οὐ γὰρ δὴ ἐκ τοῦ ἐναντίου ὁρῶμεν, εἰ μὴ ὀλίγους τούτους ἀνθρώπους, καὶ τούτων δύο ἢ τρεῖς ὡπλισμένους. 6. Τὸ δὲ χωρίον, ὡς καὶ σὺ ὁρᾷς, σχεδὸν τρία ἡμίπλεθρά ἐστιν, ὃ δεῖ βαλλομένους διελθεῖν. Τούτου δὲ ὅσον πλέθρον δασὺ πίτυσι διαλειπούσαις μεγάλαις, ἀνθ' ὧν ἑστηκότες ἄνδρες τί ἂν πάσχοιεν ἢ ὑπὸ τῶν φερομένων λίθων ἢ ὑπὸ τῶν κυλινδουμένων; τὸ λοιπὸν οὖν ἤδη γίγνεται ὡς ἡμίπλεθρον, ὃ δεῖ, ὅταν λωφήσωσιν οἱ λίθοι, παραδραμεῖν. 7. Ἀλλ', εὐθὺς, ἔφη ὁ Χειρίσοφος, ἐπειδὰν ἀρξώμεθα εἰς τὸ δασὺ προσιέναι, φέρονται οἱ λίθοι πολλοί. Αὐτὸ ἂν, ἔφη, τὸ δέον εἴη· θᾶττον γὰρ ἀναλώσουσι τοὺς λίθους. Ἀλλὰ πορευώμεθα, ἔνθεν ἡμῖν μικρόν τι παραδραμεῖν ἔσται, ἢν δυνώμεθα, καὶ ἀπελθεῖν ῥᾴδιον, ἢν βουλώμεθα.

8. Ἐντεῦθεν ἐπορεύοντο Χειρίσοφος καὶ Ξενοφῶν καὶ Καλλίμαχος Παῤῥάσιος λοχαγός· τούτου γὰρ ἡ ἡγεμονία ἦν τῶν ὀπισθοφυλάκων λοχαγῶν ἐκείνῃ τῇ ἡμέρᾳ· οἱ δὲ ἄλλοι λοχαγοὶ ἔμενον ἐν τῷ ἀσφαλεῖ. Μετὰ τοῦτο οὖν ἀπῆλθον ὑπὸ τὰ δένδρα ἄνθρωποι ὡς ἑβδομήκοντα, οὐκ ἀθρόοι, ἀλλὰ καθ' ἕνα, ἕκαστος φυλαττόμενος ὡς ἐδύνατο. 9. Ἀγασίας δὲ ὁ Στυμφάλιος καὶ Ἀριστώνυμος Μεθυδριεὺς, καὶ οὗτοι τῶν ὀπισθοφυλάκων λοχαγοὶ ὄντες, καὶ ἄλλοι δὲ ἐφέστασαν ἔξω τῶν δένδρων· οὐ γὰρ ἦν ἀσφαλὲς ἐν τοῖς δένδροις ἑστάναι πλεῖον ἢ τὸν ἕνα λόχον.

10. Ἔνθα δὴ Καλλίμαχος μηχανᾶταί τι· προέτρεχεν ἀπὸ τοῦ δένδρου, ὑφ' ᾧ ἦν αὐτὸς, δύο ἢ τρία βήματα·

ἐπεὶ δὲ οἱ λίθοι φέροιντο, ἀνεχάζετο εὐπετῶς· ἐφ' ἑκάστης δὲ προδρομῆς πλέον ἢ δέκα ἅμαξαι πετρῶν ἀνηλίσκοντο. 11. Ὁ δὲ Ἀγασίας, ὡς ὁρᾷ τὸν Καλλίμαχον, ἃ ἐποίει, καὶ τὸ στράτευμα πᾶν θεώμενον, δείσας, μὴ οὐ πρῶτος παραδράμοι εἰς τὸ χωρίον, οὔτε τὸν Ἀριστώνυμον πλησίον ὄντα παρακαλέσας, οὔτε Εὐρύλοχον τὸν Λουσιέα, ἑταίρους ὄντας, οὔτε ἄλλον οὐδένα, χωρεῖ αὐτὸς, καὶ παρέρχεται πάντας. 12. Ὁ δὲ Καλλίμαχος, ὡς ἑώρα αὐτὸν παριόντα, ἐπιλαμβάνεται αὐτοῦ τῆς ἴτυος· ἐν δὲ τούτῳ παρέθει αὐτοὺς Ἀριστώνυμος Μεθυδριεὺς, καὶ μετὰ τοῦτον Εὐρύλοχος Λουσιεύς· πάντες γὰρ οὗτοι ἀντεποιοῦντο ἀρετῆς, καὶ διηγωνίζοντο πρὸς ἀλλήλους· καὶ οὕτως ἐρίζοντες αἱροῦσι τὸ χωρίον. Ὡς γὰρ ἅπαξ εἰσέδραμον, οὐδεὶς ἔτι πέτρος ἄνωθεν ἠνέχθη. 13. Ἐνταῦθα δὴ δεινὸν ἦν θέαμα· αἱ γὰρ γυναῖκες, ῥίπτουσαι τὰ παιδία, εἶτα καὶ ἑαυτὰς ἐπικατεῤῥίπτουν· καὶ οἱ ἄνδρες ὡσαύτως. Ἔνθα δὴ καὶ Αἰνείας Στυμφάλιος λοχαγὸς, ἰδών τινα θέοντα ὡς ῥίψοντα ἑαυτὸν, στολὴν ἔχοντα καλὴν, ἐπιλαμβάνεται ὡς κωλύσων. 14. Ὁ δὲ αὐτὸν ἐπισπᾶται, καὶ ἀμφότεροι ᾤχοντο κατὰ τῶν πετρῶν φερόμενοι, καὶ ἀπέθανον. Ἐντεῦθεν ἄνθρωποι μὲν πάνυ ὀλίγοι ἐλήφθησαν, βόες δὲ καὶ ὄνοι πολλοὶ καὶ πρόβατα.

15. Ἐντεῦθεν ἐπορεύθησαν διὰ Χαλύβων σταθμοὺς ἑπτὰ, παρασάγγας πεντήκοντα. Οὗτοι ἦσαν ὧν διῆλθον, ἀλκιμώτατοι, καὶ εἰς χεῖρας ᾔεσαν. Εἶχον δὲ θώρακας λινοῦς μέχρι τοῦ ἤτρου, ἀντὶ δὲ τῶν πτερύγων σπάρτα πυκνὰ ἐστραμμένα. 16. Εἶχον δὲ καὶ κνημῖδας καὶ κράνη, καὶ παρὰ τὴν ζώνην μαχαίριον, ὅσον ξυήλην

Λακωνικήν, ᾧ ἔσφαττον, ὧν κρατεῖν δύναιντο· καὶ ἀποτέμνοντες ἂν τὰς κεφαλὰς, ἔχοντες ἐπορεύοντο· καὶ ᾖδον, καὶ ἐχόρευον, ὁπότε οἱ πολέμιοι αὐτοὺς ὄψεσθαι ἔμελλον. Εἶχον δὲ καὶ δόρυ ὡς πεντεκαίδεκα πηχῶν, μίαν λόγχην ἔχον. 17. Οὗτοι ἐνέμενον ἐν τοῖς πολίσμασιν· ἐπεὶ δὲ παρέλθοιεν οἱ Ἕλληνες, εἵποντο ἀεὶ μαχόμενοι. Ὤικουν δὲ ἐν τοῖς ὀχυροῖς· καὶ τὰ ἐπιτήδεια ἐν τούτοις ἀνακεκομισμένοι ἦσαν· ὥστε μηδὲν λαμβάνειν αὐτόθεν τοὺς Ἕλληνας, ἀλλὰ διετράφησαν τοῖς κτήνεσιν, ἃ ἐκ τῶν Ταόχων ἔλαβον.

18. Ἐκ τούτου οἱ Ἕλληνες ἀφίκοντο ἐπὶ τὸν Ἅρπασον ποταμὸν, εὖρος τεττάρων πλέθρων. Ἐντεῦθεν ἐπορεύθησαν διὰ Σκυθινῶν σταθμοὺς τέτταρας, παρασάγγας εἴκοσι, διὰ πεδίου εἰς κώμας· ἐν αἷς ἔμειναν ἡμέρας τρεῖς, καὶ ἐπεσιτίσαντο. 19. Ἐντεῦθεν δὲ ἦλθον σταθμοὺς τέτταρας, παρασάγγας εἴκοσι, πρὸς πόλιν μεγάλην καὶ εὐδαίμονα καὶ οἰκουμένην, ἣ ἐκαλεῖτο Γυμνίας. Ἐκ ταύτης ὁ τῆς χώρας ἄρχων τοῖς Ἕλλησιν ἡγεμόνα πέμπει, ὅπως διὰ τῆς ἑαυτῶν πολεμίας χώρας ἄγοι αὐτούς. 20. Ἐλθὼν δ' ἐκεῖνος λέγει, ὅτι ἄξει αὐτοὺς πέντε ἡμερῶν εἰς χωρίον, ὅθεν ὄψονται θάλατταν· εἰ δὲ μὴ, τεθνάναι ἐπηγγέλλετο. Καὶ ἡγούμενος, ἐπειδὴ ἐνέβαλεν εἰς τὴν ἑαυτοῖς πολεμίαν, παρεκελεύετο αἴθειν καὶ φθείρειν τὴν χώραν· ᾧ καὶ δῆλον ἐγένετο, ὅτι τούτου ἕνεκα ἔλθοι, οὐ τῆς τῶν Ἑλλήνων εὐνοίας.

21. Καὶ ἀφικνοῦνται ἐπὶ τὸ ὄρος τῇ πέμπτῃ ἡμέρᾳ· ὄνομα δὲ τῷ ὄρει ἦν Θήχης. Ἐπειδὴ δὲ οἱ πρῶτοι ἐγένοντο ἐπὶ τοῦ ὄρους, καὶ κατεῖδον τὴν θάλατταν, κραυγὴ

πολλὴ ἐγένετο. 22. Ἀκούσας δὲ ὁ Ξενοφῶν καὶ οἱ ὀπισθοφύλακες, ᾠήθησαν ἄλλους ἔμπροσθεν ἐπιτίθεσθαι πολεμίους· εἵποντο γὰρ καὶ ὄπισθεν οἱ ἐκ τῆς καιομένης χώρας· καὶ αὐτῶν οἱ ὀπισθοφύλακες ἀπέκτεινάν τέ τινας, καὶ ἐζώγρησαν ἐνέδραν ποιησάμενοι· καὶ γέῤῥα ἔλαβον δασειῶν βοῶν ὠμοβόεια ἀμφὶ τὰ εἴκοσιν. 23. Ἐπειδὴ δὲ βοὴ πλείων τε ἐγίγνετο καὶ ἐγγύτερον, καὶ οἱ ἀεὶ ἐπιόντες ἔθεον δρόμῳ ἐπὶ τοὺς ἀεὶ βοῶντας, καὶ πολλῷ μείζων ἐγίγνετο ἡ βοὴ, ὅσῳ δὴ πλείους ἐγίγνοντο, ἐδόκει δὴ μεῖζόν τι εἶναι τῷ Ξενοφῶντι. 24. Καὶ ἀναβὰς ἐφ' ἵππον, καὶ Λύκιον καὶ τοὺς ἱππέας ἀναλαβὼν, παρεβοήθει· καὶ τάχα δὴ ἀκούουσι βοώντων τῶν στρατιωτῶν, Θάλαττα, Θάλαττα, καὶ παρεγγυώντων. Ἔνθα δὴ ἔθεον ἅπαντες καὶ οἱ ὀπισθοφύλακες, καὶ τὰ ὑποζύγια ἠλαύνετο καὶ οἱ ἵπποι.

25. Ἐπεὶ δὲ ἀφίκοντο πάντες ἐπὶ τὸ ἄκρον, ἐνταῦθα δὴ περιέβαλλον ἀλλήλους καὶ στρατηγοὺς καὶ λοχαγοὺς, δακρύοντες. Καὶ ἐξαπίνης, ὅτου δὴ παρεγγυήσαντος, οἱ στρατιῶται φέρουσι λίθους, καὶ ποιοῦσι κολωνὸν μέγαν. 26. Ἐνταῦθα ἀνετίθεσαν δερμάτων πλῆθος ὠμοβοείων, καὶ βακτηρίας, καὶ τὰ αἰχμάλωτα γέῤῥα, καὶ ὁ ἡγεμὼν αὐτός τε κατέτεμνε τὰ γέῤῥα, καὶ τοῖς ἄλλοις διεκελεύετο. 27. Μετὰ ταῦτα τὸν ἡγεμόνα οἱ Ἕλληνες ἀποπέμπουσι, δῶρα δόντες ἀπὸ κοινοῦ, ἵππον, καὶ φιάλην ἀργυρᾶν, καὶ σκευὴν Περσικὴν, καὶ δαρεικοὺς δέκα· ᾔτει δὲ μάλιστα τοὺς δακτυλίους, καὶ ἔλαβε πολλοὺς παρὰ τῶν στρατιωτῶν. Κώμην δὲ δείξας αὐτοῖς, οὗ σκηνήσουσι, καὶ τὴν ὁδὸν, ἣν πορεύσονται εἰς Μάκρωνας, ἐπεὶ ἑσπέρα ἐγένετο, ᾤχετο τῆς νυκτὸς ἀπιών.

CAP. VIII.

1. Ἐντεῦθεν δ' ἐπορεύθησαν οἱ Ἕλληνες διὰ Μακρώνων σταθμοὺς τρεῖς, παρασάγγας δέκα. Τῇ πρώτῃ δὲ ἡμέρᾳ ἀφίκοντο ἐπὶ τὸν ποταμὸν, ὃς ὥριζε τὴν τῶν Μακρώνων καὶ τὴν τῶν Σκυθινῶν. 2. Εἶχον δ' ὑπερδέξιον χωρίον οἷον χαλεπώτατον, καὶ ἐξ ἀριστερᾶς ἄλλον ποταμὸν, εἰς ὃν ἐνέβαλλεν ὁ ὁρίζων δι' οὗ ἔδει διαβῆναι. Ἦν δὲ οὗτος δασὺς δένδρεσι, παχέσι μὲν οὔ, πυκνοῖς δέ. Ταῦτα, ἐπεὶ προσῆλθον οἱ Ἕλληνες, ἔκοπτον, σπεύδοντες ἐκ τοῦ χωρίου ὡς τάχιστα ἐξελθεῖν. 3. Οἱ δὲ Μάκρωνες, ἔχοντες γέῤῥα καὶ λόγχας καὶ τριχίνους χιτῶνας, καταντιπέρας τῆς διαβάσεως παρατεταγμένοι ἦσαν, καὶ ἀλλήλοις διεκελεύοντο, καὶ λίθους εἰς τὸν ποταπὸν ἐῤῥίπτουν· ἐξικνοῦντο δὲ οὔ, οὐδ' ἔβλαπτον οὐδέν.

4. Ἔνθα δὴ προσέρχεται τῷ Ξενοφῶντι τῶν πελταστῶν τις ἀνὴρ, Ἀθήνησι φάσκων δεδουλευκέναι, λέγων, ὅτι γιγνώσκοι τὴν φωνὴν τῶν ἀνθρώπων. Καὶ οἶμαι, ἔφη, ἐμὴν ταύτην πατρίδα εἶναι· καὶ, εἰ μή τι κωλύει, ἐθέλω αὐτοῖς διαλεχθῆναι. 5. Ἀλλ' οὐδὲν κωλύει, ἔφη· ἀλλὰ διαλέγου, καὶ μάθε πρῶτον αὐτῶν, τίνες εἰσίν. Οἱ δ' εἶπον, ἐρωτήσαντος, ὅτι Μάκρωνες. Ἐρώτα τοίνυν, ἔφη, αὐτοὺς, τί ἀντιτετάχαται, καὶ χρῄζουσιν ἡμῖν πολέμιοι εἶναι. 6. Οἱ δ' ἀπεκρίναντο· Ὅτι καὶ ὑμεῖς ἐπὶ τὴν ἡμετέραν χώραν ἔρχεσθε. Λέγειν ἐκέλευον οἱ στρατηγοὶ, ὅτι οὐ κακῶς γε ποιήσοντες, ἀλλὰ βασιλεῖ πολεμήσαντες, ἀπερχόμεθα εἰς τὴν Ἑλλάδα, καὶ ἐπὶ θάλατταν βουλόμεθα ἀφικέσθαι. 7. Ἠρώτων ἐκεῖνοι, εἰ δοῖεν ἂν τούτων

τὰ πιστά. Οἱ δ᾽ ἔφασαν, καὶ δοῦναι καὶ λαβεῖν ἐθέλειν. Ἐντεῦθεν διδόασιν οἱ Μάκρωνες βαρβαρικὴν λόγχην τοῖς Ἕλλησιν, οἱ δὲ Ἕλληνες ἐκείνοις Ἑλληνικήν· ταῦτα γὰρ ἔφασαν πιστὰ εἶναι· θεοὺς δὲ ἐπεμαρτύραντο ἀμφότεροι.

8. Μετὰ δὲ τὰ πιστὰ εὐθὺς οἱ Μάκρωνες τὰ δένδρα συνεξέκοπτον, τήν τε ὁδὸν ὡδοποίουν, ὡς διαβιβάσοντες, ἐν μέσοις ἀναμεμιγμένοι τοῖς Ἕλλησι· καὶ ἀγορὰν, οἵαν ἐδύναντο, παρεῖχον· καὶ παρήγαγον ἐν τρισὶν ἡμέραις, ἕως ἐπὶ τὰ τῶν Κόλχων ὅρια κατέστησαν τοὺς Ἕλληνας. 9. Ἐνταῦθα ἦν ὄρος μέγα, προσβατὸν δέ· καὶ ἐπὶ τούτου οἱ Κόλχοι παρατεταγμένοι ἦσαν. Καὶ τὸ μὲν πρῶτον οἱ Ἕλληνες ἀντιπαρετάξαντο κατὰ φάλαγγα, ὡς οὕτως ἄξοντες πρὸς τὸ ὄρος· ἔπειτα δὲ ἔδοξε τοῖς στρατηγοῖς βουλεύσασθαι συλλεγεῖσιν, ὅπως ὡς κάλλιστα ἀγωνιοῦνται.

10. Ἔλεξεν οὖν Ξενοφῶν, ὅτι δοκεῖ, παύσαντας τὴν φάλαγγα, λόχους ὀρθίους ποιῆσαι· ἡ μὲν γὰρ φάλαγξ διασπασθήσεται εὐθύς· τῇ μὲν γὰρ ἄνοδον, τῇ δὲ εὔοδον εὑρήσομεν τὸ ὄρος· καὶ εὐθὺς τοῦτο ἀθυμίαν ποιήσει, ὅταν τεταγμένοι εἰς φάλαγγα, ταύτην διεσπασμένην ὁρῶσιν. 11. Ἔπειτα, ἢν μὲν ἐπὶ πολλοὺς τεταγμένοι προσάγωμεν, περιττεύσουσιν ἡμῶν οἱ πολέμιοι, καὶ τοῖς περιττοῖς χρήσονται, ὅ τι ἂν βούλωνται· ἐὰν δὲ ἐπ᾽ ὀλίγων τεταγμένοι ἴωμεν, οὐδὲν ἂν εἴη θαυμαστὸν, εἰ διακοπείη ἡμῶν ἡ φάλαγξ ὑπὸ ἀθρόων καὶ βελῶν καὶ ἀνθρώπων πολλῶν ἐμπεσόντων· εἰ δέ πῃ τοῦτο ἔσται, τῇ ὅλῃ φάλαγγι κακὸν ἔσται. 12. Ἀλλά μοι δοκεῖ, ὀρθίους τοὺς λόχους ποιησαμένους, τοσοῦτον χωρίον κατασχεῖν διαλείποντας τοῖς λόχοις, ὅσον ἔξω τοὺς ἐσχάτους λόχους γενέσθαι τῶν

πολεμίων κεράτων· καὶ οὕτως ἐσόμεθα τῆς τε τῶν πολεμίων φάλαγγος ἔξω οἱ ἔσχατοι λόχοι, καὶ ὀρθίους ἄγοντες, οἱ κράτιστοι ἡμῶν πρῶτοι προσίασιν, ᾗ τε ἂν εὔοδον ᾖ, ταύτῃ ἕκαστος ἄξει ὁ λόχος. 13. Καὶ εἴς τε τὸ διαλεῖπον οὐ ῥᾴδιον ἔσται τοῖς πολεμίοις εἰσελθεῖν, ἔνθεν καὶ ἔνθεν λόχων ὄντων, διακόψαι τε οὐ ῥᾴδιον ἔσται λόχον ὄρθιον προσιόντα. Ἐάν τέ τις πιέζηται τῶν λόχων, ὁ πλησίον βοηθήσει· ἤν τε εἷς πῃ δυνηθῇ τῶν λόχων ἐπὶ τὸ ἄκρον ἀναβῆναι, οὐδεὶς μηκέτι μείνῃ τῶν πολεμίων.

14. Ταῦτα ἔδοξε, καὶ ἐποίουν ὀρθίους τοὺς λόχους. Ξενοφῶν δὲ ἀπιὼν ἐπὶ τὸ εὐώνυμον ἀπὸ τοῦ δεξιοῦ, ἔλεγε τοῖς στρατιώταις· Ἄνδρες, οὗτοί εἰσιν, οὓς ὁρᾶτε, μόνοι ἔτι ἡμῖν ἐμποδὼν τοῦ μὴ ἤδη εἶναι, ἔνθα πάλαι ἐσπεύδομεν· τούτους, ἤν πως δυνώμεθα, καὶ ὠμοὺς δεῖ καταφαγεῖν. 15. Ἐπεὶ δ' ἐν ταῖς χώραις ἕκαστοι ἐγένοντο, καὶ τοὺς λόχους ὀρθίους ἐποιήσαντο, ἐγένοντο μὲν λόχοι τῶν ὁπλιτῶν ἀμφὶ τοὺς ὀγδοήκοντα, ὁ δὲ λόχος ἕκαστος σχεδὸν εἰς τοὺς ἑκατόν· τοὺς δὲ πελταστὰς καὶ τοὺς τοξότας τριχῇ ἐποιήσαντο, τοὺς μὲν τοῦ εὐωνύμου ἔξω, τοὺς δὲ τοῦ δεξιοῦ, τοὺς δὲ κατὰ μέσον, σχεδὸν ἑξακοσίους ἑκάστους.

16. Ἐκ τούτου παρηγγύησαν οἱ στρατηγοὶ εὔχεσθαι· εὐξάμενοι δὲ καὶ παιανίσαντες ἐπορεύοντο. Καὶ Χειρίσοφος μὲν καὶ Ξενοφῶν καὶ οἱ σὺν αὐτοῖς πελτασταὶ τῆς τῶν πολεμίων φάλαγγος ἔξω γενόμενοι ἐπορεύοντο. 17. Οἱ δὲ πολέμιοι ὡς εἶδον αὐτούς, ἀντιπαραθέοντες οἱ μὲν ἐπὶ τὸ δεξιόν, οἱ δὲ ἐπὶ τὸ εὐώνυμον διεσπάσθησαν, καὶ πολὺ τῆς αὐτῶν φάλαγγος ἐν τῷ μέσῳ κενὸν ἐποίησαν.

18. Ἰδόντες δὲ αὐτοὺς διαχάζοντας οἱ κατὰ τὸ Ἀρκαδικὸν πελτασταί, ὧν ἦρχεν Αἰσχίνης ὁ Ἀκαρνάν, νομίσαντες φεύγειν, ἀνακραγόντες ἔθεον· καὶ οὗτοι πρῶτοι ἐπὶ τὸ ὄρος ἀναβαίνουσι· συνεφείπετο δὲ αὐτοῖς καὶ τὸ Ἀρκαδικὸν ὁπλιτικόν, ὧν ἦρχε Κλεάνωρ ὁ Ὀρχομένιος. 19. Οἱ δὲ πολέμιοι, ὡς ἤρξαντο θεῖν, οὐκέτι ἔστησαν, ἀλλὰ φυγῇ ἄλλος ἄλλῃ ἐτράπετο. Οἱ δὲ Ἕλληνες ἀναβάντες ἐστρατοπεδεύοντο ἐν πολλαῖς κώμαις καὶ τἀπιτήδεια πολλὰ ἐχούσαις.

20. Καὶ τὰ μὲν ἄλλα, οὐδὲν ἦν, ὅ τι καὶ ἐθαύμασαν· τὰ δὲ σμήνη πολλὰ ἦν αὐτόθι, καὶ τῶν κηρίων ὅσοι ἔφαγον τῶν στρατιωτῶν, πάντες ἄφρονές τε ἐγίγνοντο, καὶ ἤμουν, καὶ κάτω διεχώρει αὐτοῖς, καὶ ὀρθὸς οὐδεὶς ἠδύνατο ἵστασθαι· ἀλλ' οἱ μὲν ὀλίγον ἐδηδοκότες, σφόδρα μεθύουσιν ἐῴκεσαν· οἱ δὲ πολύ, μαινομένοις· οἱ δὲ καὶ ἀποθνήσκουσιν. 21. Ἔκειντο δὲ οὕτω πολλοί, ὥσπερ τροπῆς γεγενημένης, καὶ πολλὴ ἦν ἀθυμία. Τῇ δ' ὑστεραίᾳ ἀπέθανε μὲν οὐδείς, ἀμφὶ δὲ τὴν αὐτήν που ὥραν ἀνεφρόνουν· τρίτῃ δὲ καὶ τετάρτῃ ἀνίσταντο ὥσπερ ἐκ φαρμακοποσίας.

22. Ἐντεῦθεν δ' ἐπορεύθησαν δύο σταθμούς, παρασάγγας ἑπτά, καὶ ἦλθον ἐπὶ θάλατταν, εἰς Τραπεζοῦντα, πόλιν Ἑλληνίδα οἰκουμένην ἐν τῷ Εὐξείνῳ Πόντῳ, Σινωπέων ἀποικίαν ἐν τῇ Κόλχων χώρᾳ. Ἐνταῦθα ἔμειναν ἡμέρας ἀμφὶ τὰς τριάκοντα, ἐν ταῖς τῶν Κόλχων κώμαις. 23. Κἀντεῦθεν ὁρμώμενοι ἐλῄζοντο τὴν Κολχίδα. Ἀγορὰν δὲ παρεῖχον τῷ στρατοπέδῳ Τραπεζούντιοι, καὶ ἐδέξαντό τε τοὺς Ἕλληνας καὶ ξένια ἔδοσαν, βοῦς καὶ ἄλφιτα καὶ οἶνον. 24. Συνδιεπράττοντο δὲ καὶ ὑπὲρ τῶν πλησίον

Κόλχων, τῶν ἐν τῷ πεδίῳ μάλιστα οἰκούντων· καὶ ξένια καὶ παρ' ἐκείνων ἦλθον, [τὸ πλέον] βόες. 25. Μετὰ δὲ τοῦτο τὴν θυσίαν, ἣν εὔξαντο, παρεσκευάζοντο. Ἦλθον δὲ αὐτοῖς ἱκανοὶ βόες ἀποθῦσαι τῷ Διῒ τῷ Σωτῆρι καὶ τῷ Ἡρακλεῖ ἡγεμόσυνα, καὶ τοῖς ἄλλοις δὲ θεοῖς ἃ εὔξαντο. Ἐποίησαν δὲ καὶ ἀγῶνα γυμνικὸν ἐν τῷ ὄρει, ἔνθαπερ ἐσκήνουν· εἵλοντο δὲ Δρακόντιον Σπαρτιάτην (ὃς ἔφυγε παῖς ὢν οἴκοθεν, παῖδα ἄκων κατακτανὼν, ξυήλῃ πατάξας), δρόμου τ' ἐπιμεληθῆναι καὶ τοῦ ἀγῶνος προστατῆσαι.

26. Ἐπειδὴ δὲ ἡ θυσία ἐγένετο, τὰ δέρματα παρέδοσαν τῷ Δρακοντίῳ, καὶ ἡγεῖσθαι ἐκέλευον, ὅπου τὸν δρόμον πεποιηκὼς εἴη. Ὁ δὲ δείξας, οὗπερ ἑστηκότες ἐτύγχανον, Οὗτος ὁ λόφος, ἔφη, κάλλιστος τρέχειν, ὅπου ἄν τις βούληται. Πῶς οὖν, ἔφασαν, δυνήσονται παλαίειν ἐν σκληρῷ καὶ δασεῖ οὕτως; Ὁ δ' εἶπε· Μᾶλλόν τι ἀνιάσεται ὁ καταπεσών. 27. Ἠγωνίζοντο δὲ παῖδες μὲν στάδιον τῶν αἰχμαλώτων οἱ πλεῖστοι, δόλιχον δὲ Κρῆτες πλείους ἢ ἑξήκοντα ἔθεον· πάλην δὲ, καὶ πυγμὴν, καὶ παγκράτιον ἕτεροι. Καὶ καλὴ θέα ἐγένετο· πολλοὶ γὰρ κατέβησαν, καὶ, ἅτε θεωμένων τῶν ἑταίρων, πολλὴ φιλονεικία ἐγίγνετο. 28. Ἔθεον δὲ καὶ ἵπποι· καὶ ἔδει αὐτοὺς, κατὰ τοῦ πρανοῦς ἐλάσαντας, ἐν τῇ θαλάττῃ ἀναστρέψαντας πάλιν ἄνω πρὸς τὸν βωμὸν ἄγειν. Καὶ κάτω μὲν οἱ πολλοὶ ἐκυλινδοῦντο· ἄνω δὲ πρὸς τὸ ἰσχυρῶς ὄρθιον μόλις βάδην ἐπορεύοντο οἱ ἵπποι. Ἔνθα πολλὴ κραυγὴ καὶ γέλως καὶ παρακέλευσις ἐγίγνετο αὐτῶν.

ΞΕΝΟΦΩΝΤΟΣ

ΚΥΡΟΥ ΑΝΑΒΑΣΕΩΣ Ε'.

CAP. I.

"ΟΣΑ μὲν δὴ ἐν τῇ ἀναβάσει τῇ μετὰ Κύρου ἔπραξαν οἱ Ἕλληνες, καὶ ὅσα ἐν τῇ πορείᾳ τῇ μέχρι ἐπὶ θάλατταν τὴν ἐν τῷ Εὐξείνῳ Πόντῳ, καὶ ὡς εἰς Τραπεζοῦντα, πόλιν Ἑλληνίδα, ἀφίκοντο, καὶ ὡς ἀπέθυσαν, ἃ εὔξαντο σωτήρια θύσειν, ἔνθα πρῶτον εἰς φιλίαν γῆν ἀφίκοιντο, ἐν τῷ πρόσθεν λόγῳ δεδήλωται.

2. Ἐκ δὲ τούτου ξυνελθόντες ἐβουλεύοντο περὶ τῆς λοιπῆς πορείας. Ἀνέστη δὲ πρῶτος Ἀντιλέων Θούριος, καὶ ἔλεξεν ὧδε· Ἐγὼ μὲν τοίνυν, ἔφη, ὦ ἄνδρες, ἀπείρηκα ἤδη ξυσκευαζόμενος, καὶ βαδίζων, καὶ τρέχων, καὶ τὰ ὅπλα φέρων, καὶ ἐν τάξει ἰὼν, καὶ φυλακὰς φυλάττων, καὶ μαχόμενος· ἐπιθυμῶ δὲ ἤδη, παυσάμενος τούτων τῶν πόνων, ἐπεὶ θάλατταν ἔχομεν, πλεῖν τὸ λοιπὸν, καὶ ἐκταθεὶς, ὥσπερ Ὀδυσσεὺς, καθεύδων ἀφικέσθαι εἰς τὴν Ἑλλάδα. 3. Ταῦτα ἀκούσαντες οἱ στρατιῶται ἀνεθορύβησαν, ὡς εὖ λέγοι· καὶ ἄλλος ταὐτὰ ἔλεγε, καὶ πάντες οἱ παρόντες. Ἔπειτα δὲ Χειρίσοφος ἀνέστη καὶ εἶπεν ὧδε.

4. Φίλος μοί ἐστιν, ὦ ἄνδρες, Ἀναξίβιος, ναυαρχῶν δὲ καὶ τυγχάνει. Ἢν οὖν πέμψητέ με, οἴομαι ἂν ἐλθεῖν καὶ τριήρεις ἔχων καὶ πλοῖα τὰ ἡμᾶς ἄξοντα. Ὑμεῖς δὲ, εἴπερ πλεῖν βούλεσθε, περιμένετε, ἔστ' ἂν ἐγὼ ἔλθω· ἥξω δὲ ταχέως. Ἀκούσαντες ταῦτα οἱ στρατιῶται ἥσθησάν τε καὶ ἐψηφίσαντο, πλεῖν αὐτὸν ὡς τάχιστα.

5. Μετὰ τοῦτον Ξενοφῶν ἀνέστη καὶ ἔλεξεν ὧδε· Χειρίσοφος μὲν δὴ ἐπὶ πλοῖα στέλλεται, ἡμεῖς δὲ ἀναμενοῦμεν. Ὅσα μοι οὖν δοκεῖ καιρὸς εἶναι ποιεῖν ἐν τῇ μονῇ, ταῦτα ἐρῶ. 6. Πρῶτον μὲν τὰ ἐπιτήδεια δεῖ πορίζεσθαι ἐκ τῆς πολεμίας· οὔτε γὰρ ἀγορὰ ἔστιν ἱκανὴ, οὔτε ὅτου ὠνησόμεθα εὐπορία, εἰ μὴ ὀλίγοις τισίν· ἡ δὲ χώρα πολεμία· κίνδυνος οὖν πολλοὺς ἀπόλλυσθαι, ἢν ἀμελῶς τε καὶ ἀφυλάκτως πορεύησθε ἐπὶ τὰ ἐπιτήδεια. 7. Ἀλλά μοι δοκεῖ σὺν προνομαῖς λαμβάνειν τὰ ἐπιτήδεια, ἄλλως δὲ μὴ πλανᾶσθαι, ὡς σώζησθε· ἡμᾶς δὲ τούτων ἐπιμελεῖσθαι. Ἔδοξε ταῦτα.

8. Ἔτι τοίνυν ἀκούσατε καὶ τάδε. Ἐπὶ λείαν γὰρ ὑμῶν ἐκπορεύσονταί τινες. Οἴομαι οὖν βέλτιστον εἶναι, ἡμῖν εἰπεῖν τὸν μέλλοντα ἐξιέναι, φράζειν δὲ καὶ ὅποι, ἵνα καὶ τὸ πλῆθος εἰδῶμεν τῶν εξιόντων καὶ τῶν μενόντων, καὶ ξυμπαρασκευάζωμεν, ἐάν τι δέῃ· κἂν βοηθῆσαί τισι καιρὸς ᾖ, εἰδῶμεν ὅποι δεήσει βοηθεῖν· καὶ ἐάν τις τῶν ἀπειροτέρων ἐγχειρῇ ποι, ξυμβουλεύωμεν πειρώμενοι εἰδέναι τὴν δύναμιν, ἐφ' οὓς ἂν ἴωσιν. Ἔδοξε καὶ ταῦτα.

9. Ἐννοεῖτε δὲ καὶ τόδε, ἔφη. Σχολὴ τοῖς πολεμίοις λῄζεσθαι· καὶ δικαίως ἡμῖν ἐπιβουλεύουσιν, ἔχομεν γὰρ τὰ ἐκείνων· ὑπερκάθηνται δ' ἡμῶν. Φύλακας δή μοι δοκεῖ

δεῖν περὶ τὸ στρατόπεδον εἶναι· ἐὰν οὖν κατὰ μέρος [μερισθέντες] φυλάττωμεν καὶ σκοπῶμεν, ἧττον ἂν δύναιντο ἡμᾶς θηρᾶν οἱ πολέμιοι. 10. Ἔτι τοίνυν τάδε ὁρᾶτε. Εἰ μὲν ἠπιστάμεθα σαφῶς, ὅτι ἥξει πλοῖα Χειρίσοφος ἄγων ἱκανά, οὐδὲν ἂν ἔδει, ὧν μέλλω λέγειν· νῦν δ', ἐπεὶ τοῦτο ἄδηλον, δοκεῖ μοι πειρᾶσθαι πλοῖα συμπαρασκευάζειν καὶ αὐτόθεν. Ἢν μὲν γὰρ ἔλθῃ, ὑπαρχόντων ἐνθάδε, ἐν ἀφθονωτέροις πλευσούμεθα· ἐὰν δὲ μὴ ἄγῃ, τοῖς ἐνθάδε χρησόμεθα. 11. Ὁρῶ δὲ ἐγὼ πλοῖα πολλάκις παραπλέοντα· εἰ οὖν αἰτησάμενοι παρὰ Τραπεζουντίων μακρὰ πλοῖα, κατάγοιμεν καὶ φυλάττοιμεν αὐτά, τὰ πηδάλια παραλυόμενοι, ἕως ἂν ἱκανὰ τὰ ἄξοντα γένηται, ἴσως ἂν οὐκ ἀπορήσαιμεν κομιδῆς, οἵας δεόμεθα. 12. Ἔδοξε καὶ ταῦτα.

Ἐννοήσατε δ', ἔφη, εἰ εἰκὸς καὶ τρέφειν ἀπὸ κοινοῦ, οὓς ἂν κατάγωμεν, ὅσον ἂν χρόνον ἡμῶν ἕνεκεν μένωσι, καὶ ναῦλον συνθέσθαι, ὅπως ὠφελοῦντες καὶ ὠφελῶνται. Ἔδοξε καὶ ταῦτα. 13. Δοκεῖ τοίνυν μοι, ἔφη, ἢν ἄρα καὶ ταῦτα ἡμῖν μὴ ἐκπεραίνηται ὥστε ἀρκεῖν πλοῖα, τὰς ὁδούς, ἃς δυσπόρους ἀκούομεν εἶναι, ταῖς παρὰ θάλατταν οἰκουμέναις πόλεσιν ἐντείλασθαι ὁδοποιεῖν· πείσονται γάρ, καὶ διὰ τὸ φοβεῖσθαι καὶ διὰ τὸ βούλεσθαι ἡμῶν ἀπαλλαγῆναι.

14. Ἐνταῦθα δὲ ἀνέκραγον, ὡς οὐ δέοι ὁδοιπορεῖν. Ὁ δέ, ὡς ἔγνω τὴν ἀφροσύνην αὐτῶν, ἐπεψήφισε μὲν οὐδέν, τὰς δὲ πόλεις ἑκούσας ἔπεισεν ὁδοποιεῖν· λέγων, ὅτι θᾶττον ἀπαλλάξονται, ἢν εὔποροι γένωνται αἱ ὁδοί. 15. Ἔλαβον δὲ καὶ πεντηκόντορον παρὰ τῶν Τραπεζουν-

τίων, ᾗ ἐπέστησαν Δέξιππον Λάκωνα περίοικον. Οὗτος ἀμελήσας τοῦ ξυλλέγειν πλοῖα, ἀποδρὰς ᾤχετο ἔξω τοῦ Πόντου, ἔχων τὴν ναῦν. Οὗτος μὲν οὖν δίκαια ἔπαθεν ὕστερον· ἐν Θρᾴκῃ γὰρ παρὰ Σεύθῃ πολυπραγμονῶν τι ἀπέθανεν ὑπὸ Νικάνδρου τοῦ Λάκωνος. 16. Ἔλαβον δὲ καὶ τριακόντορον, ᾗ ἐπεστάθη Πολυκράτης Ἀθηναῖος· ὃς, ὁπόσα λαμβάνοι πλοῖα, κατῆγεν ἐπὶ τὸ στρατόπεδον. Καὶ τὰ μὲν ἀγώγιμα, εἴ τι ἦγον, ἐξαιρούμενοι, φύλακας καθίστασαν, ὅπως σῶα εἴη· τοῖς δὲ πλοίοις ἐχρήσαντο εἰς παραγωγήν. 17. Ἐν ᾧ δὲ ταῦτα ἦν, ἐπὶ λείαν ἐξῄεσαν οἱ Ἕλληνες· καὶ οἱ μὲν ἐλάμβανον, οἱ δὲ καὶ οὔ. Κλεαίνετος δ' ἐξαγαγὼν καὶ τὸν ἑαυτοῦ καὶ ἄλλον λόχον πρὸς χωρίον χαλεπὸν, αὐτός τε ἀπέθανε καὶ ἄλλοι πολλοὶ τῶν σὺν αὐτῷ.

CAP. II.

1. Ἐπεὶ δὲ τὰ ἐπιτήδεια οὐκέτι ἦν λαμβάνειν, ὥστε ἀπαυθημερίζειν ἐπὶ τὸ στράτευμα, ἐκ τούτου λαβὼν Ξενοφῶν ἡγεμόνας τῶν Τραπεζουντίων, ἐξάγει εἰς Δρίλας τὸ ἥμισυ τοῦ στρατεύματος, τὸ δὲ ἥμισυ κατέλιπε φυλάττειν τὸ στρατόπεδον· οἱ γὰρ Κόλχοι, ἅτε ἐκπεπτωκότες τῶν οἰκιῶν, πολλοὶ ἦσαν ἀθρόοι, καὶ ὑπερεκάθηντο ἐπὶ τῶν ἄκρων. 2. Οἱ δὲ Τραπεζούντιοι, ὁπόθεν μὲν τὰ ἐπιτήδεια ῥᾴδιον ἦν λαβεῖν, οὐκ ἦγον· φίλοι γὰρ αὐτοῖς ἦσαν· εἰς τοὺς Δρίλας δὲ προθύμως ἦγον, ὑφ' ὧν κακῶς ἔπασχον, εἰς χωρία τε ὀρεινὰ καὶ δύσβατα, καὶ ἀνθρώπους πολεμικωτάτους τῶν ἐν τῷ Πόντῳ.

3. Ἐπεὶ δὲ ἦσαν ἐν τῇ ἄνω χώρᾳ οἱ Ἕλληνες, ὁποῖα τῶν χωρίων τοῖς Δρίλαις ἁλώσιμα εἶναι ἐδόκει, ἐμπιπράντες ἀπῄεσαν· καὶ οὐδὲν ἦν λαμβάνειν, εἰ μὴ ὗς ἢ βοῦς, ἢ ἄλλο τι κτῆνος τὸ πῦρ διαπεφευγός. Ἓν δὲ ἦν χωρίον, μητρόπολις αὐτῶν· εἰς τοῦτο πάντες ξυνεῤῥυήκεσαν· περὶ δὲ τοῦτο ἦν χαράδρα ἰσχυρῶς βαθεῖα, καὶ πρόσοδοι χαλεπαὶ πρὸς τὸ χωρίον. 4. Οἱ δὲ πελτασταὶ, προδραμόντες στάδια πέντε ἢ ἓξ τῶν ὁπλιτῶν, διαβάντες τὴν χαράδραν, ὁρῶντες πρόβατα πολλὰ καὶ ἄλλα χρήματα, προσέβαλλον πρὸς τὸ χωρίον. Ξυνείποντο δὲ καὶ δορυφόροι πολλοὶ, οἱ ἐπὶ τὰ ἐπιτήδεια ἐξωρμημένοι· ὥστε ἐγένοντο οἱ διαβάντες πλείους, ἢ εἰς δισχιλίους ἀνθρώπους. 5. Ἐπεὶ δὲ μαχόμενοι οὐκ ἐδύναντο λαβεῖν τὸ χωρίον (καὶ γὰρ τάφρος ἦν περὶ αὐτὸ εὐρεῖα ἀναβεβλημένη, καὶ σκόλοπες ἐπὶ τῆς ἀναβολῆς, καὶ τύρσεις πυκναὶ ξύλιναι πεποιημέναι), ἀπιέναι δὴ ἐπεχείρουν· οἱ δὲ ἐπέκειντο αὐτοῖς. 6. Ὡς δὲ οὐκ ἐδύναντο ἀποτρέχειν (ἦν γὰρ ἐφ' ἑνὸς ἡ κατάβασις ἐκ τοῦ χωρίου εἰς τὴν χαράδραν), πέμπουσι πρὸς Ξενοφῶντα, ὃς ἡγεῖτο τοῖς ὁπλίταις. 7. Ὁ δ' ἐλθὼν λέγει, ὅτι ἐστὶ χωρίον χρημάτων πολλῶν μεστόν· τοῦτο οὔτε λαβεῖν δυνάμεθα, ἰσχυρὸν γάρ ἐστιν· οὔτε ἀπελθεῖν ῥᾴδιον, μάχονται γὰρ ἐπεξεληλυθότες, καὶ ἡ ἄφοδος χαλεπή.

8. Ἀκούσας ταῦτα ὁ Ξενοφῶν, προσαγαγὼν πρὸς τὴν χαράδραν, τοὺς μὲν ὁπλίτας θέσθαι ἐκέλευσε τὰ ὅπλα· αὐτὸς δὲ διαβὰς σὺν τοῖς λοχαγοῖς ἐσκοπεῖτο, πότερον εἴη κρεῖττον ἀπάγειν καὶ τοὺς διαβεβηκότας, ἢ καὶ τοὺς ὁπλίτας διαβιβάζειν, ὡς ἁλόντος ἂν τοῦ χωρίου. 9. Ἐδόκει γὰρ τὸ μὲν ἀπάγειν οὐκ εἶναι ἄνευ πολλῶν νεκρῶν, ἑλεῖν

δ' ἂν ᾤοντο καὶ οἱ λοχαγοὶ τὸ χωρίον· καὶ ὁ Ξενοφῶν ξυνεχώρησε, τοῖς ἱεροῖς πιστεύσας· οἱ γὰρ μάντεις ἀποδεδειγμένοι ἦσαν, ὅτι μάχη μὲν ἔσται, τὸ δὲ τέλος καλὸν τῆς ἐξόδου. 10. Καὶ τοὺς μὲν λοχαγοὺς ἔπεμπε διαβιβάσοντας τοὺς ὁπλίτας, αὐτὸς δ' ἔμενεν ἀναχωρίσας ἅπαντας τοὺς πελταστάς, καὶ οὐδένα εἴα ἀκροβολίζεσθαι. 11. Ἐπεὶ δ' ἧκον οἱ ὁπλῖται, ἐκέλευσε τὸν λόχον ἕκαστον ποιῆσαι τῶν λοχαγῶν, ὡς ἂν κράτιστα οἴηται ἀγωνιεῖσθαι· ἦσαν γὰρ οἱ λοχαγοὶ πλησίον ἀλλήλων, οἳ πάντα τὸν χρόνον ἀλλήλοις περὶ ἀνδραγαθίας ἀντεποιοῦντο. 12. Καὶ οἱ μὲν ταῦτα ἐποίουν· ὁ δὲ τοῖς πελτασταῖς πᾶσι παρήγγελλε διηγκυλωμένους ἰέναι, ὡς, ὁπόταν σημήνῃ, ἀκοντίζειν δεῆσον· καὶ τοὺς τοξότας ἐπιβεβλῆσθαι ἐπὶ ταῖς νευραῖς, ὡς, ὁπόταν σημήνῃ, τοξεύειν δεῆσον· καὶ τοὺς γυμνῆτας λίθων ἔχειν μεστὰς τὰς διφθέρας· καὶ τοὺς ἐπιτηδείους ἔπεμψε τούτων ἐπιμεληθῆναι.

13. Ἐπεὶ δὲ πάντα παρεσκεύαστο, καὶ οἱ λοχαγοὶ καὶ οἱ ὑπολοχαγοὶ καὶ οἱ ἀξιοῦντες τούτων μὴ χείρους εἶναι πάντες παρατεταγμένοι ἦσαν, καὶ ἀλλήλους μὲν δὴ ξυνεώρων (μηνοειδὴς γὰρ διὰ τὸ χωρίον ἡ τάξις ἦν)· 14. ἐπεὶ δ' ἐπαιάνισαν, καὶ ἡ σάλπιγξ ἐφθέγξατο, ἅμα τε τῷ Ἐνυαλίῳ ἠλάλαξαν καὶ ἔθεον δρόμῳ οἱ ὁπλῖται, καὶ τὰ βέλη ὁμοῦ ἐφέρετο, λόγχαι, τοξεύματα, σφενδόναι, καὶ πλεῖστοι δ' ἐκ τῶν χειρῶν λίθοι· ἦσαν δὲ οἳ καὶ πῦρ προσέφερον. 15. Ὑπὸ δὲ τοῦ πλήθους τῶν βελῶν ἔλιπον οἱ πολέμιοι τά τε σταυρώματα καὶ τὰς τύρσεις· ὥστε Ἀγασίας Στυμφάλιος καὶ Φιλόξενος Πελληνεύς, καταθέμενοι τὰ ὅπλα, ἐν χιτῶνι μόνον ἀνέβησαν, καὶ ἄλλος ἄλλον

εἷλκε, καὶ ἄλλος ἀναβεβήκει, καὶ ἡλώκει τὸ χωρίον, ὡς ἐδόκει. 16. Καὶ οἱ μὲν πελτασταὶ καὶ οἱ ψιλοὶ εἰσδραμόντες ἥρπαζον, ὅ τι ἕκαστος ἐδύνατο· ὁ δὲ Ξενοφῶν στὰς κατὰ τὰς πύλας, ὁπόσους ἐδύνατο, κατεκώλυε τῶν ὁπλιτῶν ἔξω· πολέμιοι γὰρ ἄλλοι ἐφαίνοντο ἐπ' ἄκροις τισὶν ἰσχυροῖς. 17. Οὐ πολλοῦ δὲ χρόνου μεταξὺ γενομένου, κραυγή τε ἐγίγνετο ἔνδον, καὶ ἔφευγον, οἱ μὲν καὶ ἔχοντες ἃ ἔλαβον, τάχα δέ τις καὶ τετρωμένος· καὶ πολὺς ἦν ὠθισμὸς ἀμφὶ τὰ θύρετρα. Καὶ ἐρωτώμενοι οἱ ἐκπίπτοντες, ἔλεγον, ὅτι ἄκρα τε ἔστιν ἔνδον, καὶ οἱ πολέμιοι πολλοί, οἳ παίουσιν ἐκδεδραμηκότες τοὺς ἔνδον ἀνθρώπους.

18. Ἐνταῦθα ἀνειπεῖν ἐκέλευσε Τολμίδην τὸν κήρυκα, ἰέναι εἴσω τὸν βουλόμενόν τι λαμβάνειν. Καὶ ἵεντο πολλοὶ εἴσω, καὶ νικῶσι τοὺς ἐκπίπτοντας οἱ εἴσω ὠθούμενοι, καὶ κατακλείουσι τοὺς πολεμίους πάλιν εἰς τὴν ἄκραν. 19. Καὶ τὰ μὲν ἔξω τῆς ἄκρας πάντα διηρπάσθη, καὶ ἐξεκομίσαντο οἱ Ἕλληνες· οἱ δὲ ὁπλῖται ἔθεντο τὰ ὅπλα, οἱ μὲν περὶ τὰ σταυρώματα, οἱ δὲ κατὰ τὴν ὁδὸν τὴν ἐπὶ τὴν ἄκραν φέρουσαν. 20. Ὁ δὲ Ξενοφῶν καὶ οἱ λοχαγοὶ ἐσκόπουν, εἰ οἷόν τε εἴη τὴν ἄκραν λαβεῖν· ἦν γὰρ οὕτω σωτηρία ἀσφαλής, ἄλλως δὲ πάνυ χαλεπὸν ἐδόκει εἶναι ἀπελθεῖν· σκοπουμένοις δὲ αὐτοῖς ἔδοξε παντάπασιν ἀνάλωτον εἶναι τὸ χωρίον. 21. Ἐνταῦθα παρεσκευάζοντο τὴν ἄφοδον, καὶ τοὺς μὲν σταυροὺς ἕκαστοι τοὺς καθ' αὑτοὺς διῄρουν, καὶ τοὺς ἀχρείους καὶ φορτία ἔχοντας ἐξεπέμποντο καὶ τῶν ὁπλιτῶν τὸ πλῆθος· κατέλιπον δὲ οἱ λοχαγοί, οἷς ἕκαστος ἐπίστευεν.

22. Ἐπεὶ δὲ ἤρξαντο ἀποχωρεῖν, ἐπεξέθεον ἔνδοθεν

πολλοί, γέῤῥα καὶ λόγχας ἔχοντες, καὶ κνημῖδας, καὶ κράνη Παφλαγονικά· καὶ ἄλλοι ἐπὶ τὰς οἰκίας ἀνέβαινον τὰς ἔνθεν καὶ ἔνθεν τῆς εἰς τὴν ἄκραν φερούσης ὁδοῦ. 23. Ὥστε οὐδὲ διώκειν ἀσφαλὲς ἦν κατὰ τὰς πύλας τὰς εἰς τὴν ἄκραν φερούσας· καὶ γὰρ ξύλα μεγάλα ἐπεῤῥίπτουν ἄνωθεν, ὥστε χαλεπὸν ἦν καὶ μένειν καὶ ἀπιέναι· καὶ ἡ νὺξ φοβερὰ ἦν ἐπιοῦσα. 24. Μαχομένων δὲ αὐτῶν καὶ ἀπορουμένων, θεῶν τις αὐτοῖς μηχανὴν σωτηρίας δίδωσιν. Ἐξαπίνης γὰρ ἀνέλαμψεν οἰκία τῶν ἐν δεξιᾷ, ὅτου δὴ ἀνάψαντος. Ὡς δ' αὕτη ξυνέπιπτεν, ἔφευγον οἱ ἀπὸ τῶν ἐν δεξιᾷ οἰκιῶν. 25. Ὡς δὲ ἔμαθεν ὁ Ξενοφῶν τοῦτο παρὰ τῆς τύχης, ἐνάπτειν ἐκέλευε καὶ τὰς ἐν ἀριστερᾷ οἰκίας· αἳ ξύλιναι ἦσαν, ὥστε καὶ ταχὺ ἐκαίοντο. Ἔφευγον οὖν καὶ οἱ ἀπὸ τούτων τῶν οἰκιῶν. 26. Οἱ δὲ κατὰ τὸ στόμα δὴ ἔτι μόνοι ἐλύπουν, καὶ δῆλοι ἦσαν, ὅτι ἐπικείσονται ἐν τῇ ἐξόδῳ τε καὶ καταβάσει. Ἐνταῦθα παραγγέλλει φέρειν ξύλα, ὅσοι ἐτύγχανον ἔξω ὄντες τῶν βελῶν, εἰς τὸ μέσον ἑαυτῶν καὶ τῶν πολεμίων. Ἐπεὶ δὲ ἱκανὰ ἤδη ἦν, ἐνῆψαν· ἐνῆπτον δὲ καὶ τὰς παρ' αὐτὸ τὸ χαράκωμα οἰκίας, ὅπως οἱ πολέμιοι ἀμφὶ ταῦτα ἔχοιεν. 27. Οὕτω μόλις ἀπῆλθον ἀπὸ τοῦ χωρίου, πῦρ ἐν μέσῳ ἑαυτῶν καὶ τῶν πολεμίων ποιησάμενοι. Καὶ κατεκαύθη πᾶσα ἡ πόλις καὶ αἱ οἰκίαι καὶ αἱ τύρσεις καὶ τὰ σταυρώματα καὶ τἄλλα πάντα, πλὴν τῆς ἄκρας.

28. Τῇ δὲ ὑστεραίᾳ ἀπῄεσαν οἱ Ἕλληνες, ἔχοντες τὰ ἐπιτήδεια. Ἐπεὶ δὲ τὴν κατάβασιν ἐφοβοῦντο τὴν εἰς Τραπεζοῦντα (πρανὴς γὰρ ἦν καὶ στενή), ψευδενέδραν ἐποιήσαντο. 29. Καὶ ἀνὴρ, Μυσὸς τὸ γένος, καὶ τοὔνομα τοῦτο ἔχων, τῶν Κρητῶν λαβὼν δέκα, ἔμενεν ἐν λασίῳ

χωρίῳ, καὶ προσεποιεῖτο τοὺς πολεμίους πειρᾶσθαι λανθάνειν· αἱ δὲ πέλται αὐτῶν ἄλλοτε καὶ ἄλλοτε διεφαίνοντο, χαλκαῖ οὖσαι. 30. Οἱ μὲν οὖν πολέμιοι, ταῦτα διορῶντες, ἐφοβοῦντο ὡς ἐνέδραν οὖσαν· ἡ δὲ στρατιὰ ἐν τούτῳ κατέβαινεν. Ἐπεὶ δὲ ἐδόκει ἤδη ἱκανὸν ὑπεληλυθέναι, τῷ Μυσῷ ἐσήμηνε φεύγειν ἀνὰ κράτος· καὶ ὃς ἐξαναστὰς φεύγει καὶ οἱ σὺν αὐτῷ. 31. Καὶ οἱ μὲν ἄλλοι Κρῆτες (ἁλίσκεσθαι γὰρ ἔφασαν τῷ δρόμῳ), ἐκπεσόντες ἐκ τῆς ὁδοῦ, εἰς ὕλην κατὰ τὰς νάπας κυλινδούμενοι ἐσώθησαν· 32. ὁ Μυσὸς δὲ, κατὰ τὴν ὁδὸν φεύγων, ἐβόα βοηθεῖν· καὶ ἐβοήθησαν αὐτῷ, καὶ ἀνέλαβον τετρωμένον. Καὶ αὐτοὶ ἐπὶ πόδα ἀνεχώρουν βαλλόμενοι οἱ βοηθήσαντες, καὶ ἀντιτοξεύοντές τινες τῶν Κρητῶν. Οὕτως ἀφίκοντο ἐπὶ τὸ στρατόπεδον πάντες σῷοι ὄντες.

CAP. III.

1. Ἐπεὶ δὲ οὔτε Χειρίσοφος ἧκεν, οὔτε πλοῖα ἱκανὰ ἦν, οὔτε τὰ ἐπιτήδεια ἦν λαμβάνειν ἔτι, ἐδόκει ἀπιτέον εἶναι. Καὶ εἰς μὲν τὰ πλοῖα τούς τε ἀσθενοῦντας ἐνεβίβασαν, καὶ τοὺς ὑπὲρ τετταράκοντα ἔτη, καὶ παῖδας καὶ γυναῖκας, καὶ τῶν σκευῶν ὅσα μὴ ἀνάγκη ἦν ἔχειν· καὶ Φιλήσιον καὶ Σοφαίνετον τοὺς πρεσβυτάτους τῶν στρατηγῶν εἰσβιβάσαντες, τούτων ἐκέλευον ἐπιμελεῖσθαι· οἱ δὲ ἄλλοι ἐπορεύοντο· ἡ δὲ ὁδὸς ὡδοπεποιημένη ἦν. 2. Καὶ ἀφικνοῦνται πορευόμενοι εἰς Κερασοῦντα τριταῖοι, πόλιν Ἑλληνίδα ἐπὶ θαλάττῃ, Σινωπέων ἄποικον ἐν τῇ Κολχίδι χώρᾳ. 3. Ἐνταῦθα ἔμειναν ἡμέρας δέκα· καὶ ἐξέτασις ἐν τοῖς

ὅπλοις ἐγίγνετο καὶ ἀριθμὸς, καὶ ἐγένοντο ὀκτακισχίλιοι καὶ ἑξακόσιοι. Οὗτοι ἐσώθησαν ἐκ τῶν ἀμφὶ τοὺς μυρίους· οἱ δὲ ἄλλοι ἀπώλοντο ὑπό τε τῶν πολεμίων καὶ χιόνος, καὶ εἴ τις νόσῳ.

4. Ἐνταῦθα καὶ διαλαμβάνουσι τὸ ἀπὸ τῶν αἰχμαλώτων ἀργύριον γενόμενον· καὶ τὴν δεκάτην, ἣν τῷ Ἀπόλλωνι ἐξεῖλον καὶ τῇ Ἐφεσίᾳ Ἀρτέμιδι, διέλαβον οἱ στρατηγοὶ, τὸ μέρος ἕκαστος, φυλάττειν τοῖς θεοῖς· ἀντὶ δὲ Χειρισόφου Νέων ὁ Ἀσιναῖος ἔλαβε. 5. Ξενοφῶν οὖν τὸ μὲν τοῦ Ἀπόλλωνος ἀνάθημα ποιησάμενος ἀνατίθησιν εἰς τὸν ἐν Δελφοῖς τῶν Ἀθηναίων θησαυρὸν, καὶ ἐπέγραψε τό τε αὑτοῦ ὄνομα καὶ τὸ Προξένου, ὃς σὺν Κλεάρχῳ ἀπέθανε· ξένος γὰρ ἦν αὐτοῦ. 6. Τὸ δὲ τῆς Ἀρτέμιδος τῆς Ἐφεσίας, ὅτε ἀπῄει σὺν Ἀγησιλάῳ ἐκ τῆς Ἀσίας τὴν εἰς Βοιωτοὺς ὁδὸν, καταλείπει παρὰ Μεγαβύζῳ τῷ τῆς Ἀρτέμιδος νεωκόρῳ, ὅτι αὐτὸς κινδυνεύσων ἐδόκει ἰέναι [μετὰ Ἀγησιλάου ἐν Κορωνείᾳ]· καὶ ἐπέστειλεν, ἢν μὲν αὐτὸς σωθῇ, αὑτῷ ἀποδοῦναι· ἢν δέ τι πάθῃ, ἀναθεῖναι ποιησάμενον τῇ Ἀρτέμιδι, ὅ τι οἴοιτο χαριεῖσθαι τῇ θεῷ.

7. Ἐπεὶ δ' ἔφευγεν ὁ Ξενοφῶν, κατοικοῦντος ἤδη αὐτοῦ ἐν Σκιλλοῦντι (ὑπὸ τῶν Λακεδαιμονίων οἰκισθέντος) παρὰ τὴν Ὀλυμπίαν, ἀφικνεῖται Μεγάβυζος εἰς Ὀλυμπίαν θεωρήσων, καὶ ἀποδίδωσι τὴν παρακαταθήκην αὐτῷ. Ξενοφῶν δὲ λαβὼν, χωρίον ὠνεῖται τῇ θεῷ, ὅπου ἀνεῖλεν ὁ θεός. 8. Ἔτυχε δὲ διὰ μέσου ῥέων τοῦ χωρίου ποταμὸς Σελινοῦς. Καὶ ἐν Ἐφέσῳ δὲ παρὰ τὸν τῆς Ἀρτέμιδος νεὼν Σελινοῦς ποταμὸς παραῤῥεῖ, καὶ ἰχθύες δὲ ἐν ἀμφοτέροις ἔνεισι καὶ κόγχαι· ἐν δὲ τῷ ἐν Σκιλλοῦντι χωρίῳ καὶ θῆραι

πάντων, ὁπόσα ἐστὶν ἀγρευόμενα θηρία. 9. *Ἐποίησε δὲ καὶ βωμὸν καὶ ναὸν ἀπὸ τοῦ ἱεροῦ ἀργυρίου· καὶ τὸ λοιπὸν δὲ ἀεὶ δεκατεύων τὰ ἐκ τοῦ ἀγροῦ ὡραῖα, θυσίαν ἐποίει τῇ θεῷ· καὶ πάντες οἱ πολῖται καὶ οἱ πρόσχωροι ἄνδρες καὶ γυναῖκες μετεῖχον τῆς ἑορτῆς. Παρεῖχε δὲ ἡ θεὸς τοῖς σκηνῶσιν ἄλφιτα, ἄρτους, οἶνον, τραγήματα, καὶ τῶν θυομένων ἀπὸ τῆς ἱερᾶς νομῆς λάχος, καὶ τῶν θηρευομένων δέ.* 10. *Καὶ γὰρ θήραν ἐποιοῦντο εἰς τὴν ἑορτὴν οἵ τε Ξενοφῶντος παῖδες καὶ οἱ τῶν ἄλλων πολιτῶν· οἱ δὲ βουλόμενοι καὶ ἄνδρες ξυνεθήρων· καὶ ἡλίσκετο τὰ μὲν ἐξ αὐτοῦ τοῦ ἱεροῦ χώρου, τὰ δὲ καὶ ἐκ τῆς Φολόης, σύες καὶ δορκάδες καὶ ἔλαφοι.*

11. *Ἔστι δὲ ἡ χώρα, ᾗ ἐκ Λακεδαίμονος εἰς Ὀλυμπίαν πορεύονται, ὡς εἴκοσι στάδιοι ἀπὸ τοῦ ἐν Ὀλυμπίᾳ Διὸς ἱεροῦ. Ἔνι δ' ἐν τῷ ἱερῷ χώρῳ [καὶ λειμὼν] καὶ ἄλση καὶ ὄρη δένδρων μεστά, ἱκανὰ καὶ σῦς καὶ αἶγας καὶ βοῦς τρέφειν καὶ ἵππους, ὥστε καὶ τὰ τῶν εἰς τὴν ἑορτὴν ἰόντων ὑποζύγια εὐωχεῖσθαι.* 12. *Περὶ δὲ αὐτὸν τὸν ναὸν ἄλσος ἡμέρων δένδρων ἐφυτεύθη, ὅσα ἐστὶ τρωκτὰ ὡραῖα. Ὁ δὲ ναός, ὡς μικρὸς μεγάλῳ, τῷ ἐν Ἐφέσῳ εἴκασται· καὶ τὸ ξόανον ἔοικεν, ὡς κυπαρίττινον χρυσῷ ὄντι, τῷ ἐν Ἐφέσῳ.* 13. *Καὶ στήλη ἕστηκε παρὰ τὸν ναόν, γράμματα ἔχουσα·*

ΙΕΡΟΣ Ο ΧΩΡΟΣ
ΤΗΣ ΑΡΤΕΜΙΔΟΣ.
ΤΟΝ ΔΕ ΕΧΟΝΤΑ ΚΑΙ ΚΑΡΠΟΥΜΕΝΟΝ,
ΤΗΝ ΜΕΝ ΔΕΚΑΤΗΝ
ΚΑΤΑΘΥΕΙΝ ΕΚΑΣΤΟΥ ΕΤΟΥΣ,
ΕΚ ΔΕ ΤΟΥ ΠΕΡΙΤΤΟΥ
ΤΟΝ ΝΑΟΝ ΕΠΙΣΚΕΥΑΖΕΙΝ.
ΑΝ ΔΕ ΤΙΣ ΜΗ ΠΟΙΗΙ ΤΑΥΤΑ,
ΤΗΙ ΘΕΩΙ ΜΕΛΗΣΕΙ.

CAP. IV.

1. Ἐκ Κερασοῦντος δὲ κατὰ θάλατταν μὲν ἐκομίζοντο, οἵπερ καὶ πρόσθεν, οἱ δὲ ἄλλοι κατὰ γῆν ἐπορεύοντο. 2. Ἐπεὶ δὲ ἦσαν ἐπὶ τοῖς Μοσσυνοίκων ὁρίοις, πέμπουσιν εἰς αὐτοὺς Τιμησίθεον τὸν Τραπεζούντιον, πρόξενον ὄντα τῶν Μοσσυνοίκων, ἐρωτῶντες, πότερον ὡς διὰ φιλίας, ἢ ὡς διὰ πολεμίας πορεύσονται τῆς χώρας. Οἱ δὲ εἶπον, ὅτι οὐ διήσοιεν· ἐπίστευον γὰρ τοῖς χωρίοις. 3. Ἐντεῦθεν λέγει ὁ Τιμησίθεος, ὅτι πολέμιοί εἰσιν αὐτοῖς οἱ ἐκ τοῦ ἐπέκεινα. Καὶ ἐδόκει καλέσαι ἐκείνους, εἰ βούλοιντο συμμαχίαν ποιήσασθαι· καὶ πεμφθεὶς ὁ Τιμησίθεος, ἧκεν ἄγων τοὺς ἄρχοντας. 4. Ἐπεὶ δὲ ἀφίκοντο, συνῆλθον οἵ τε τῶν Μοσσυνοίκων ἄρχοντες καὶ οἱ στρατηγοὶ τῶν Ἑλλήνων· καὶ ἔλεγε μὲν Ξενοφῶν, ἡρμήνευε δὲ Τιμησίθεος·

5. Ὦ ἄνδρες Μοσσύνοικοι, ἡμεῖς βουλόμεθα διασωθῆναι πρὸς τὴν Ἑλλάδα πεζῇ· πλοῖα γὰρ οὐκ ἔχομεν· κωλύουσι δὲ οὗτοι ἡμᾶς, οὓς ἀκούομεν ὑμῖν πολεμίους εἶναι. 6. Εἰ οὖν βούλεσθε, ἔξεστιν ὑμῖν ἡμᾶς λαβεῖν ξυμμάχους, καὶ τιμωρήσασθαι, εἴ τί ποτε ὑμᾶς οὗτοι ἠδικήκασι, καὶ τὸ λοιπὸν ὑμῶν ὑπηκόους εἶναι τούτους. 7. Εἰ δὲ ἡμᾶς ἀφήσετε, σκέψασθε, πόθεν αὖθις ἂν τοσαύτην δύναμιν λάβοιτε ξύμμαχον. 8. Πρὸς ταῦτα ἀπεκρίνατο ὁ ἄρχων τῶν Μοσσυνοίκων, ὅτι καὶ βούλοιντο ταῦτα, καὶ δέχοιντο τὴν ξυμμαχίαν. 9. Ἄγετε δή, ἔφη ὁ Ξενοφῶν, τί ἡμῶν δεήσεσθε χρήσασθαι, ἂν ξύμμαχοι ὑμῶν γενώμεθα; καὶ ὑμεῖς τί οἷοί τε ἔσεσθε ἡμῖν ξυμπρᾶξαι περὶ τῆς διόδου; 10. Οἱ δὲ εἶπον, ὅτι ἱκανοί ἐσμεν εἰς τὴν χώραν εἰσβάλλειν, ἐκ

τοῦ ἐπὶ θάτερα, τὴν τῶν ὑμῖν τε καὶ ἡμῖν πολεμίων, καὶ δεῦρο ὑμῖν πέμψαι ναῦς τε καὶ ἄνδρας, οἵτινες ὑμῖν ξυμμαχοῦνταί τε καὶ τὴν ὁδὸν ἡγήσονται.

11. Ἐπὶ τούτοις πιστὰ δόντες καὶ λαβόντες ᾤχοντο· καὶ ἧκον τῇ ὑστεραίᾳ ἄγοντες τριακόσια πλοῖα μονόξυλα, καὶ ἐν ἑκάστῳ τρεῖς ἄνδρας· ὧν οἱ μὲν δύο ἐκβάντες, εἰς τάξιν ἔθεντο τὰ ὅπλα, ὁ δὲ εἷς ἔμενε. 12. Καὶ οἱ μὲν λαβόντες τὰ πλοῖα ἀπέπλευσαν· οἱ δὲ μένοντες ἐξετάξαντο ὧδε. Ἔστησαν ἀνὰ ἑκατὸν, ὥσπερ μάλιστα χοροὶ ἀντιστοιχοῦντες ἀλλήλοις, ἔχοντες γέῤῥα πάντες λευκῶν βοῶν δασέα, εἰκασμένα κιττοῦ πετάλῳ· ἐν δὲ τῇ δεξιᾷ παλτὸν ὡς ἑξάπηχυ, ἔμπροσθεν μὲν λόγχην ἔχον, ὄπισθεν δὲ αὐτοῦ τοῦ ξύλου σφαιροειδές. 13. Χιτωνίσκους δὲ ἐνεδεδύκεσαν ὑπὲρ γονάτων, πάχος ὡς λινοῦ στρωματοδέσμου· ἐπὶ τῇ κεφαλῇ δὲ κράνη σκύτινα, οἷά περ τὰ Παφλαγονικὰ, κρώβυλον ἔχοντα κατὰ μέσον, ἐγγύτατα τιαροειδῆ· εἶχον δὲ καὶ σαγάρεις σιδηρᾶς. 14. Ἐντεῦθεν ἐξῆρχε μὲν αὐτῶν εἷς, οἱ δὲ ἄλλοι πάντες ἐπορεύοντο ᾄδοντες ἐν ῥυθμῷ, καὶ διελθόντες διὰ τῶν τάξεων καὶ διὰ τῶν ὅπλων τῶν Ἑλλήνων ἐπορεύοντο εὐθὺς πρὸς τοὺς πολεμίους, ἐπὶ χωρίον, ὃ ἐδόκει ἐπιμαχώτατον εἶναι. 15. Ὠικεῖτο δὲ τοῦτο πρὸ τῆς πόλεως, τῆς μητροπόλεως καλουμένης αὐτοῖς, καὶ ἐχούσης τὸ ἀκρότατον τῶν Μοσσυνοίκων. Καὶ περὶ τούτου ὁ πόλεμος ἦν· οἱ γὰρ ἀεὶ τοῦτ' ἔχοντες ἐδόκουν ἐγκρατεῖς εἶναι καὶ πάντων Μοσσυνοίκων· καὶ ἔφασαν τούτους οὐ δικαίως ἔχειν τοῦτο, ἀλλὰ κοινὸν ὂν καταλαβόντας πλεονεκτεῖν.

16. Εἵποντο δ' αὐτοῖς καὶ τῶν Ἑλλήνων τινὲς, οὐ ταχθέντες ὑπὸ τῶν στρατηγῶν, ἀλλ' ἁρπαγῆς ἕνεκεν. Οἱ

δὲ πολέμιοι, προσιόντων, τέως μὲν ἡσύχαζον· ἐπεὶ δ' ἐγγὺς ἐγένοντο τοῦ χωρίου, ἐκδραμόντες τρέπονται αὐτούς· καὶ ἀπέκτειναν συχνοὺς τῶν βαρβάρων, καὶ τῶν ξυναναβάντων Ἑλλήνων τινὰς, καὶ ἐδίωκον, μέχρι οὗ εἶδον τοὺς Ἕλληνας βοηθοῦντας. 17. Εἶτα δὲ ἀποτραπόμενοι ᾤχοντο· καὶ ἀποτεμόντες τὰς κεφαλὰς τῶν νεκρῶν, ἐπεδείκνυσαν τοῖς τε Ἕλλησι καὶ τοῖς ἑαυτῶν πολεμίοις, καὶ ἅμα ἐχόρευον, νόμῳ τινὶ ᾄδοντες. 18. Οἱ δὲ Ἕλληνες μάλα ἤχθοντο, ὅτι τούς τε πολεμίους ἐπεποιήκεσαν θρασυτέρους, καὶ ὅτι οἱ ἐξελθόντες Ἕλληνες σὺν αὐτοῖς ἐπεφεύγεσαν, μάλα ὄντες συχνοί· ὃ οὔπω πρόσθεν ἐπεποιήκεσαν ἐν τῇ στρατείᾳ.

19. Ξενοφῶν δὲ ξυγκαλέσας τοὺς Ἕλληνας εἶπεν· Ἄνδρες στρατιῶται, μηδὲν ἀθυμήσητε ἕνεκα τῶν γεγενημένων· ἴστε γὰρ, ὅτι καὶ ἀγαθὸν οὐ μεῖον τοῦ κακοῦ γεγένηται. 20. Πρῶτον μὲν γὰρ ἐπίστασθε, ὅτι οἱ μέλλοντες ἡμῖν ἡγήσεσθαι τῷ ὄντι πολέμιοί εἰσιν, οἷσπερ καὶ ἡμᾶς ἀνάγκη· ἔπειτα δὲ καὶ τῶν Ἑλλήνων οἱ ἀφροντιστήσαντες τῆς ξὺν ἡμῖν τάξεως, καὶ ἱκανοὶ ἡγησάμενοι εἶναι ξὺν τοῖς βαρβάροις ταὐτὰ πράττειν, ἅπερ ξὺν ἡμῖν, δίκην δεδώκασιν· ὥστε αὖθις ἧττον τῆς ἡμετέρας τάξεως ἀπολείψονται. 21. Ἀλλ' ὑμᾶς δεῖ παρασκευάζεσθαι, ὅπως καὶ τοῖς φίλοις οὖσι τῶν βαρβάρων δόξητε κρείττους αὐτῶν εἶναι, καὶ τοῖς πολεμίοις δηλώσητε, ὅτι οὐχ ὁμοίοις ἀνδράσι μαχοῦνται νῦν τε καὶ ὅτε τοῖς ἀτάκτοις ἐμάχοντο.

22. Ταύτην μὲν οὖν τὴν ἡμέραν οὕτως ἔμειναν· τῇ δ' ὑστεραίᾳ θύσαντες, ἐπεὶ ἐκαλλιερήσαντο, ἀριστήσαντες, ὀρθίους τοὺς λόχους ποιησάμενοι, καὶ τοὺς βαρβάρους ἐπὶ

τὸ εὐώνυμον κατὰ ταὐτὰ ταξάμενοι, ἐπορεύοντο, τοὺς τοξότας μεταξὺ τῶν λόχων [ὀρθίων ὄντων] ἔχοντες, ὑπολειπομένους δὲ μικρὸν τοῦ στόματος τῶν ὁπλιτῶν. 23. Ἦσαν γὰρ τῶν πολεμίων, οἳ εὔζωνοι κατατρέχοντες τοῖς λίθοις ἔβαλλον· τούτους οὖν ἀνέστελλον οἱ τοξόται καὶ πελτασταί. Οἱ δ' ἄλλοι βάδην ἐπορεύοντο, πρῶτον μὲν ἐπὶ τὸ χωρίον, ἀφ' οὗ τῇ προτεραίᾳ οἱ βάρβαροι ἐτρέφθησαν καὶ οἱ ξὺν αὐτοῖς· ἐνταῦθα γὰρ οἱ πολέμιοι ἦσαν ἀντιτεταγμένοι. 24. Τοὺς μὲν οὖν πελταστὰς ἐδέξαντο οἱ βάρβαροι καὶ ἐμάχοντο· ἐπειδὴ δὲ ἐγγὺς ἦσαν οἱ ὁπλῖται, ἐτράποντο. Καὶ οἱ μὲν πελτασταὶ εὐθὺς εἵποντο, διώκοντες ἄνω πρὸς τὴν μητρόπολιν· οἱ δὲ ὁπλῖται ἐν τάξει εἵποντο. 25. Ἐπεὶ δὲ ἄνω ἦσαν πρὸς ταῖς τῆς μητροπόλεως οἰκίαις, ἐνταῦθα δὴ οἱ πολέμιοι ὁμοῦ δὴ πάντες γενόμενοι ἐμάχοντο, καὶ ἐξηκόντιζον τοῖς παλτοῖς· καὶ ἄλλα δόρατα ἔχοντες παχέα μακρά, ὅσα ἀνὴρ ἂν φέροι μόλις, τούτοις ἐπειρῶντο ἀμύνεσθαι ἐκ χειρός.

26. Ἐπεὶ δὲ οὐχ ὑφίεντο οἱ Ἕλληνες, ἀλλ' ὁμόσε ἐχώρουν, ἔφυγον οἱ βάρβαροι καὶ ἐντεῦθεν, ἅπαντες λιπόντες τὸ χωρίον. Ὁ δὲ βασιλεὺς αὐτῶν, ὁ ἐν τῷ μόσσυνι τῷ ἐπ' ἄκρου ᾠκοδομημένῳ, ὃν τρέφουσι πάντες κοινῇ αὐτοῦ μένοντα καὶ φυλάττουσιν, οὐκ ἤθελεν ἐξελθεῖν, οὐδὲ οἱ ἐν τῷ πρότερον αἱρεθέντι χωρίῳ, ἀλλ' αὐτοῦ σὺν τοῖς μοσσύνοις κατεκαύθησαν. 27. Οἱ δὲ Ἕλληνες, διαρπάζοντες τὰ χωρία, εὕρισκον θησαυροὺς ἐν ταῖς οἰκίαις ἄρτων νενημένων πατρίους, ὡς ἔφασαν οἱ Μοσσύνοικοι· τὸν δὲ νέον σῖτον ξὺν τῇ καλάμῃ ἀποκείμενον· ἦσαν δὲ ζειαὶ αἱ πλεῖσται. 28. Καὶ δελφίνων τεμάχη ἐν ἀμφορεῦσιν εὑρίσκετο τετα-

ριχευμένα, καὶ στέαρ ἐν τεύχεσι τῶν δελφίνων, ᾧ ἐχρῶντο οἱ Μοσσύνοικοι, καθάπερ οἱ Ἕλληνες τῷ ἐλαίῳ. 29. Κάρυα δὲ ἐπὶ τῶν ἀνωγαίων ἦν πολλὰ τὰ πλατέα, οὐκ ἔχοντα διαφυὴν οὐδεμίαν. Τούτῳ καὶ πλείστῳ σίτῳ ἐχρῶντο ἕψοντες καὶ ἄρτους ὀπτῶντες. Οἶνος δὲ ηὑρίσκετο, ὃς ἄκρατος μὲν, ὀξὺς ἐφαίνετο εἶναι ὑπὸ τῆς αὐστηρότητος· κερασθεὶς δὲ, εὐώδης τε καὶ ἡδύς.

30. Οἱ μὲν δὴ Ἕλληνες ἀριστήσαντες ἐνταῦθα, ἐπορεύοντο εἰς τὸ πρόσω, παραδόντες τὸ χωρίον τοῖς ξυμμαχήσασι τῶν Μοσσυνοίκων. Ὁπόσα δὲ καὶ ἄλλα παρῄεσαν χωρία τῶν ξὺν τοῖς πολεμίοις ὄντων, τὰ εὐπροσοδώτατα οἱ μὲν ἔλειπον, οἱ δὲ ἑκόντες προσεχώρουν. 31. Τὰ δὲ πλεῖστα τοιάδε ἦν τῶν χωρίων· ἀπεῖχον αἱ πόλεις ἀπ' ἀλλήλων στάδια ὀγδοήκοντα, αἱ δὲ πλεῖον, αἱ δὲ μεῖον· ἀναβοώντων δὲ ἀλλήλων ξυνήκουον εἰς τὴν ἑτέραν ἐκ τῆς ἑτέρας πόλεως· οὕτως ὑψηλή τε καὶ κοίλη ἡ χώρα ἦν. 32. Ἐπεὶ δὲ πορευόμενοι ἐν τοῖς φίλοις ἦσαν, ἐπεδείκνυσαν αὐτοῖς παῖδας τῶν εὐδαιμόνων σιτευτοὺς, τεθραμμένους καρύοις ἑφθοῖς, ἁπαλοὺς καὶ λευκοὺς σφόδρα, καὶ οὐ πολλοῦ δέοντας ἴσους τὸ μῆκος καὶ τὸ πλάτος εἶναι· ποικίλους δὲ τὰ νῶτα, καὶ τὰ ἔμπροσθεν πάντα ἐστιγμένους ἀνθέμιον. 33. Ἐζήτουν δὲ καὶ ταῖς ἑταίραις, αἷς ἦγον οἱ Ἕλληνες, ἐμφανῶς ξυγγίγνεσθαι· νόμος γὰρ ἦν οὗτός σφισι. Λευκοὶ δὲ πάντες οἱ ἄνδρες καὶ αἱ γυναῖκες. 34. Τούτους ἔλεγον οἱ στρατευσάμενοι βαρβαρωτάτους διελθεῖν, καὶ πλεῖστον τῶν Ἑλληνικῶν νόμων κεχωρισμένους. Ἔν τε γὰρ ὄχλῳ ὄντες ἐποίουν, ἅπερ ἂν ἄνθρωποι ἐν ἐρημίᾳ ποιήσειαν, ἄλλως δὲ οὐκ ἂν τολμῷεν· μόνοι τε

ὄντες ὅμοια ἔπραττον, ἅπερ ἂν μετ' ἄλλων ὄντες· διελέγοντό τε ἑαυτοῖς, καὶ ἐγέλων ἐφ' ἑαυτοῖς, καὶ ὠρχοῦντο, ἐφιστάμενοι, ὅπου τύχοιεν, ὥσπερ ἄλλοις ἐπιδεικνύμενοι.

CAP. V.

1. Διὰ ταύτης τῆς χώρας οἱ Ἕλληνες, διά τε τῆς πολεμίας καὶ τῆς φιλίας, ἐπορεύθησαν ὀκτὼ σταθμούς, καὶ ἀφικνοῦνται εἰς Χάλυβας. Οὗτοι ὀλίγοι ἦσαν καὶ ὑπήκοοι τῶν Μοσσυνοίκων· καὶ ὁ βίος ἦν τοῖς πλείστοις αὐτῶν ἀπὸ σιδηρείας. Ἐντεῦθεν ἀφικνοῦνται εἰς Τιβαρηνούς. 2. Ἡ δὲ τῶν Τιβαρηνῶν χώρα πολὺ ἦν πεδινωτέρα, καὶ χωρία εἶχεν ἐπὶ θαλάττῃ ἧττον ἐρυμνά. Καὶ οἱ στρατηγοὶ ἔχρῃζον πρὸς τὰ χωρία προσβάλλειν, καὶ τὴν στρατιὰν ὀνηθῆναί τι· καὶ τὰ ξένια, ἃ ἧκε παρὰ Τιβαρηνῶν, οὐκ ἐδέχοντο, ἀλλ' ἐπιμεῖναι κελεύσαντες, ἔστε βουλεύσαιντο, ἐθύοντο. 3. Καὶ πολλὰ καταθυσάντων, τέλος ἀπεδείξαντο οἱ μάντεις πάντες γνώμην, ὅτι οὐδαμῇ προσίοιντο οἱ θεοὶ τὸν πόλεμον. Ἐντεῦθεν δὴ τὰ ξένια ἐδέξαντο· καὶ ὡς διὰ φιλίας πορευόμενοι δύο ἡμέρας, ἀφίκοντο εἰς Κοτύωρα, πόλιν Ἑλληνίδα, Σινωπέων ἀποίκους οἰκοῦντας ἐν τῇ Τιβαρηνῶν χώρᾳ.

4. Μέχρι ἐνταῦθα ἐπέζευσεν ἡ στρατιά. Πλῆθος τῆς καταβάσεως τῆς ὁδοῦ ἀπὸ τῆς ἐν Βαβυλῶνι μάχης ἄχρι εἰς Κοτύωρα σταθμοὶ ἑκατὸν εἴκοσι δύο, παρασάγγαι ἑξακόσιοι καὶ εἴκοσι, στάδιοι μύριοι καὶ ὀκτακισχίλιοι καὶ ἑξακόσιοι· χρόνου πλῆθος ὀκτὼ μῆνες. 5. Ἐνταῦθα ἔμειναν ἡμέρας τετταράκοντα πέντε. Ἐν δὲ ταύταις πρῶ-

τον μὲν τοῖς θεοῖς ἔθυσαν, καὶ πομπὰς ἐποίησαν κατὰ ἔθνος ἕκαστοι τῶν Ἑλλήνων, καὶ ἀγῶνας γυμνικούς. 6. Τὰ δ' ἐπιτήδεια ἐλάμβανον, τὰ μὲν ἐκ τῆς Παφλαγονίας, τὰ δ' ἐκ τῶν χωρίων τῶν Κοτυωριτῶν· οὐ γὰρ παρεῖχον ἀγορὰν, οὐδ' εἰς τὸ τεῖχος τοὺς ἀσθενοῦντας ἐδέχοντο.

7. Ἐν τούτῳ ἔρχονται ἐκ Σινώπης πρέσβεις, φοβούμενοι περὶ τῶν Κοτυωριτῶν τῆς τε πόλεως (ἦν γὰρ ἐκείνων, καὶ φόρον ἐκείνοις ἔφερον), καὶ περὶ τῆς χώρας, ὅτι ἤκουον δῃουμένην. Καὶ ἐλθόντες ἐς τὸ στρατόπεδον ἔλεγον (προηγόρει δὲ Ἑκατώνυμος, δεινὸς νομιζόμενος εἶναι λέγειν). 8. Ἔπεμψεν ἡμᾶς, ὦ ἄνδρες στρατιῶται, ἡ τῶν Σινωπέων πόλις, ἐπαινέσοντάς τε ὑμᾶς, ὅτι νικᾶτε Ἕλληνες ὄντες βαρβάρους, ἔπειτα δὲ καὶ ξυνησθησομένους, ὅτι διὰ πολλῶν τε καὶ δεινῶν (ὡς ἡμεῖς ἀκούομεν) πραγμάτων σεσωσμένοι πάρεστε. 9. Ἀξιοῦμεν δὲ, Ἕλληνες ὄντες καὶ αὐτοὶ, ὑφ' ὑμῶν ὄντων Ἑλλήνων ἀγαθὸν μέν τι πάσχειν, κακὸν δὲ μηδέν· οὐδὲ γὰρ ἡμεῖς ὑμᾶς οὐδὲν πώποτε ὑπήρξαμεν κακῶς ποιοῦντες. 10. Κοτυωρῖται δὲ οὗτοί εἰσι μὲν ἡμέτεροι ἄποικοι· καὶ τὴν χώραν ἡμεῖς αὐτοῖς ταύτην παραδεδώκαμεν, βαρβάρους ἀφελόμενοι· διὸ καὶ δασμὸν ἡμῖν φέρουσιν οὗτοι τεταγμένον, καὶ Κερασούντιοι καὶ Τραπεζούντιοι ὡσαύτως· ὥστε ὅ τι ἂν τούτους κακὸν ποιήσητε, ἡ Σινωπέων πόλις νομίζει πάσχειν. 11. Νῦν δὲ ἀκούομεν, ὑμᾶς εἴς τε τὴν πόλιν βίᾳ παρεληλυθότας ἐνίους σκηνοῦν ἐν ταῖς οἰκίαις, καὶ ἐκ τῶν χωρίων λαμβάνειν, ὧν ἂν δέησθε, οὐ πείθοντας. 12. Ταῦτ' οὖν οὐκ ἀξιοῦμεν· εἰ δὲ ταῦτα ποιήσετε, ἀνάγκη ἡμῖν, καὶ Κορύλαν καὶ Παφλαγόνας, καὶ ἄλλον ὅντινα ἂν δυνώμεθα φίλον ποιεῖσθαι.

13. Πρὸς ταῦτα ἀναστὰς Ξενοφῶν ὑπὲρ τῶν στρατιωτῶν εἶπεν· Ἡμεῖς δὲ, ὦ ἄνδρες Σινωπεῖς, ἥκομεν ἀγαπῶντες, ὅτι τὰ σώματα διεσωσάμεθα καὶ τὰ ὅπλα· οὐ γὰρ ἦν δυνατὸν, ἅμα τε χρήματα ἄγειν καὶ φέρειν, καὶ τοῖς πολεμίοις μάχεσθαι. 14. Καὶ νῦν, ἐπεὶ εἰς τὰς Ἑλληνίδας πόλεις ἤλθομεν, ἐν Τραπεζοῦντι μὲν, παρεῖχον γὰρ ἡμῖν ἀγορὰν, ὠνούμενοι εἴχομεν τὰ ἐπιτήδεια, καὶ ἀνθ' ὧν ἐτίμησαν ἡμᾶς καὶ ξένια ἔδωκαν τῇ στρατιᾷ, ἀντετιμῶμεν αὐτούς· καὶ εἴ τις αὐτοῖς φίλος ἦν τῶν βαρβάρων, τούτων ἀπειχόμεθα· τοὺς δὲ πολεμίους αὐτῶν, ἐφ' οὓς αὐτοὶ ἡγοῖντο, κακῶς ἐποιοῦμεν, ὅσον ἐδυνάμεθα. 15. Ἐρωτᾶτε δὲ αὐτοὺς, ὁποίων τινῶν ἡμῶν ἔτυχον· πάρεισι γὰρ ἐνθάδε, οὓς ἡμῖν ἡγεμόνας διὰ φιλίαν ἡ πόλις ξυνέπεμψεν. 16. Ὅποι δ' ἂν ἐλθόντες ἀγορὰν μὴ ἔχωμεν, ἄν τε εἰς βάρβαρον γῆν, ἄν τε εἰς Ἑλληνίδα, οὐχ ὕβρει ἀλλὰ ἀνάγκῃ λαμβάνομεν τὰ ἐπιτήδεια. 17. Καὶ Καρδούχους καὶ Ταόχους καὶ Χαλδαίους, καίπερ βασιλέως οὐχ ὑπηκόους ὄντας, ὅμως, καὶ μάλα φοβεροὺς ὄντας, πολεμίους ἐκτησάμεθα, διὰ τὸ ἀνάγκην εἶναι λαμβάνειν τὰ ἐπιτήδεια, ἐπεὶ ἀγορὰν οὐ παρεῖχον. 18. Μάκρωνας δὲ, καίπερ βαρβάρους ὄντας, ἐπεὶ ἀγορὰν, οἵαν ἐδύναντο, παρεῖχον, φίλους τε ἐνομίζομεν εἶναι, καὶ βίᾳ οὐδὲν ἐλαμβάνομεν τῶν ἐκείνων.

19. Κοτυωρίτας δὲ, οὓς ὑμετέρους φατὲ εἶναι, εἴ τι αὐτῶν εἰλήφαμεν, αὐτοὶ αἴτιοί εἰσιν· οὐ γὰρ ὡς φίλοι προσεφέροντο ἡμῖν, ἀλλὰ κλείσαντες τὰς πύλας, οὔτε εἴσω ἐδέχοντο, οὔτε ἔξω ἀγορὰν ἔπεμπον· ᾐτιῶντο δὲ τὸν παρ' ὑμῶν ἁρμοστὴν τούτων αἴτιον εἶναι. 20. Ὃ δὲ λέγεις, βίᾳ παρελθόντας σκηνοῦν, ἡμεῖς ἠξιοῦμεν, τοὺς κάμνοντας

εἰς τὰς στέγας δέξασθαι· ἐπεὶ δὲ οὐκ ἀνέῳγον τὰς πύλας, ᾗ ἡμᾶς ἐδέχετο αὐτὸ τὸ χωρίον, ταύτῃ εἰσελθόντες, ἄλλο μὲν οὐδὲν βίαιον ἐποιήσαμεν· σκηνοῦσι δ' ἐν ταῖς στέγαις οἱ κάμνοντες, τὰ ἑαυτῶν δαπανῶντες· καὶ τὰς πύλας φρουροῦμεν, ὅπως μὴ ἐπὶ τῷ ὑμετέρῳ ἁρμοστῇ ὦσιν οἱ κάμνοντες ἡμῶν, ἀλλ' ἐφ' ἡμῖν ᾖ κομίσασθαι, ὅταν βουλώμεθα. 21. Οἱ δὲ ἄλλοι, ὡς ὁρᾶτε, σκηνοῦμεν ὑπαίθριοι ἐν τῇ τάξει, παρεσκευασμένοι, ἂν μέν τις εὖ ποιῇ, ἀντευποιεῖν· ἂν δὲ κακῶς, ἀλέξασθαι.

22. Ἃ δὲ ἠπείλησας, ὡς, ἢν ὑμῖν δοκῇ, Κορύλαν καὶ Παφλαγόνας ξυμμάχους ποιήσεσθε ἐφ' ἡμᾶς, ἡμεῖς δέ, ἢν μὲν ἀνάγκη ᾖ, πολεμήσομεν καὶ ἀμφοτέροις, ἤδη γὰρ καὶ ἄλλοις πολλαπλασίοις ὑμῶν ἐπολεμήσαμεν· ἂν δὲ δοκῇ ἡμῖν, καὶ φίλον ποιήσομεν τὸν Παφλαγόνα. 23. Ἀκούομεν δὲ αὐτὸν καὶ ἐπιθυμεῖν τῆς ὑμετέρας πόλεως, καὶ χωρίων τῶν ἐπιθαλαττίων. Πειρασόμεθα οὖν, συμπράττοντες αὐτῷ ὧν ἐπιθυμεῖ, φίλοι γίγνεσθαι.

24. Ἐκ τούτου μάλα μὲν δῆλοι ἦσαν οἱ ξυμπρέσβεις τῷ Ἑκατωνύμῳ χαλεπαίνοντες τοῖς εἰρημένοις. Παρελθὼν δ' αὐτῶν ἄλλος εἶπεν, ὅτι οὐ πόλεμον ποιησόμενοι ἥκοιεν, ἀλλὰ ἐπιδείξοντες ὅτι φίλοι εἰσί. Καὶ ξενίοις, ἢν μὲν ἔλθητε πρὸς τὴν Σινωπέων πόλιν, ἐκεῖ δεξόμεθα· νῦν δὲ τοὺς ἐνθάδε κελεύσομεν διδόναι, ἃ δύνανται· ὁρῶμεν γὰρ πάντα ἀληθῆ ὄντα, ἃ λέγετε. 25. Ἐκ τούτου ξένιά τε ἔπεμπον οἱ Κοτυωρῖται, καὶ οἱ στρατηγοὶ τῶν Ἑλλήνων ἐξένιζον τοὺς τῶν Σινωπέων πρέσβεις· καὶ πρὸς ἀλλήλους πολλά τε καὶ ἐπιτήδεια διελέγοντο, τά τε ἄλλα, καὶ περὶ τῆς λοιπῆς πορείας ἐπυνθάνοντο, καὶ ὧν ἑκάτεροι ἐδέοντο.

CAP. VI.

1. *Ταύτῃ μὲν τῇ ἡμέρᾳ τοῦτο τὸ τέλος ἐγένετο. Τῇ δὲ ὑστεραίᾳ ξυνέλεξαν οἱ στρατηγοὶ τοὺς στρατιώτας, καὶ ἐδόκει αὐτοῖς περὶ τῆς λοιπῆς πορείας, παρακαλέσαντας τοὺς Σινωπέας, βουλεύεσθαι. Εἴτε γὰρ πεζῇ δέοι πορεύεσθαι, χρήσιμοι ἂν ἐδόκουν εἶναι οἱ Σινωπεῖς ἡγούμενοι, ἔμπειροι γὰρ ἦσαν τῆς Παφλαγονίας· εἴτε κατὰ θάλατταν, προσδεῖν ἐδόκει Σινωπέων· μόνοι γὰρ ἂν ἐδόκουν ἱκανοὶ εἶναι πλοῖα παρασχεῖν ἀρκοῦντα τῇ στρατιᾷ.* 2. *Καλέσαντες οὖν τοὺς πρέσβεις ξυνεβουλεύοντο, καὶ ἠξίουν, Ἕλληνας ὄντας Ἕλλησι τούτῳ πρῶτον καλῶς δέχεσθαι, τῷ εὔνους τε εἶναι καὶ τὰ βέλτιστα ξυμβουλεύειν.* 3. *Ἀναστὰς δὲ Ἑκατώνυμος, πρῶτον μὲν ἀπελογήσατο περὶ οὗ εἶπεν, ὡς τὸν Παφλαγόνα φίλον ποιήσοιντο, ὅτι οὐχ, ὡς τοῖς Ἕλλησι πολεμησόντων σφῶν, εἴποι, ἀλλ' ὅτι, ἐξὸν τοῖς βαρβάροις φίλους εἶναι, τοὺς Ἕλληνας αἱρήσονται. Ἐπεὶ δὲ ξυμβουλεύειν ἐκέλευον, ἐπευξάμενος ὧδε εἶπεν·*

4. *Εἰ μὲν ζυμβουλεύοιμι, ἃ βέλτιστά μοι δοκεῖ εἶναι, πολλά μοι κἀγαθὰ γένοιτο· εἰ δὲ μή, τἀναντία. Αὕτη γὰρ ἡ ἱερὰ ξυμβουλὴ λεγομένη εἶναι δοκεῖ μοι παρεῖναι· νῦν γὰρ δή, ἂν μὲν εὖ ξυμβουλεύσας φανῶ, πολλοὶ ἔσεσθε οἱ ἐπαινοῦντές με· ἂν δὲ κακῶς, πολλοὶ ἔσεσθε οἱ καταρώμενοι.* 5. *Πράγματα μὲν οὖν οἶδ' ὅτι πολὺ πλείω ἕξομεν, ἐὰν κατὰ θάλατταν κομίζησθε· ἡμᾶς γὰρ δεήσει τὰ πλοῖα πορίζειν· ἢν δὲ κατὰ γῆν στέλλησθε, ὑμᾶς δεήσει τοὺς μαχομένους εἶναι.* 6. *Ὅμως δὲ λεκτέα, ἃ γιγνώσκω· ἔμπειρος γάρ εἰμι καὶ τῆς χώρας τῶν Παφλαγόνων, καὶ*

τῆς δυνάμεως. Ἔχει γὰρ [ἡ χώρα] ἀμφότερα, καὶ πεδία κάλλιστα καὶ ὄρη ὑψηλότατα. 7. Καὶ πρῶτον μὲν οἶδα εὐθύς, ᾗ τὴν εἰσβολὴν ἀνάγκη ποιεῖσθαι· οὐ γάρ ἐστιν ἄλλῃ, ἢ ᾗ τὰ κέρατα τοῦ ὄρους τῆς ὁδοῦ καθ' ἑκάτερά ἐστιν ὑψηλά· ἃ κρατεῖν κατέχοντες καὶ πάνυ ὀλίγοι δύναιντ' ἄν· τούτων δὲ κατεχομένων, οὐδ' ἂν οἱ πάντες ἄνθρωποι δύναιντ' ἂν διελθεῖν. Ταῦτα δὲ καὶ δείξαιμι ἄν, εἴ μοί τινα βούλοισθε ξυμπέμψαι. 8. Ἔπειτα δὲ οἶδα καὶ πεδία ὄντα καὶ ἱππείαν, ἣν αὐτοὶ οἱ βάρβαροι νομίζουσι κρείττω εἶναι ἁπάσης τῆς βασιλέως ἱππείας. Καὶ νῦν οὗτοι οὐ παρεγένοντο βασιλεῖ καλοῦντι· ἀλλὰ μεῖζον φρονεῖ ὁ ἄρχων αὐτῶν.

9. Εἰ δὲ καὶ δυνηθεῖτε τά τε ὄρη κλέψαι, ἢ φθάσαι λαβόντες, καὶ ἐν τῷ πεδίῳ κρατῆσαι μαχόμενοι τούς τε ἱππεῖς τούτων καὶ πεζῶν μυριάδας πλεῖον ἢ δώδεκα, ἥξετε ἐπὶ τοὺς ποταμούς· πρῶτον μὲν τὸν Θερμώδοντα, εὖρος τριῶν πλέθρων, ὃν χαλεπὸν οἶμαι διαβαίνειν, ἄλλως τε καὶ πολεμίων πολλῶν μὲν ἔμπροσθεν ὄντων, πολλῶν δὲ ὄπισθεν ἑπομένων· δεύτερον δ' Ἶριν, τρίπλεθρον ὡσαύτως· τρίτον δ' Ἅλυν, οὐ μεῖον δυοῖν σταδίοιν, ὃν οὐκ ἂν δύναισθε ἄνευ πλοίων διαβῆναι· πλοῖα δὲ τίς ἔσται ὁ παρέχων; ὡς δ' αὔτως καὶ ὁ Παρθένιος ἄβατος· ἐφ' ὃν ἔλθοιτε ἄν, εἰ τὸν Ἅλυν διαβαίητε. 10. Ἐγὼ μὲν οὖν οὐ χαλεπὴν ὑμῖν εἶναι νομίζω τὴν πορείαν, ἀλλὰ παντάπασιν ἀδύνατον. Ἂν δὲ πλέητε, ἔστιν ἐνθένδε μὲν εἰς Σινώπην παραπλεῦσαι, ἐκ Σινώπης δὲ εἰς Ἡράκλειαν· ἐξ Ἡρακλείας δὲ οὔτε πεζῇ, οὔτε κατὰ θάλατταν ἀπορία· πολλὰ γὰρ καὶ πλοῖά ἐστιν ἐν Ἡρακλείᾳ.

11. Ἐπεὶ δὲ ταῦτα ἔλεξεν, οἱ μὲν ὑπώπτευον, φιλίας ἕνεκα τῆς Κορύλα λέγειν (καὶ γὰρ ἦν πρόξενος αὐτῷ)· οἱ δὲ καὶ, ὡς δῶρα ληψόμενον διὰ τὴν ξυμβουλὴν ταύτην· οἱ δὲ ὑπώπτευον, καὶ τούτου ἕνεκα λέγειν, ὡς μὴ πεζῇ ἰόντες τὴν Σινωπέων χώραν κακόν τι ἐργάζοιντο. Οἱ δ' οὖν Ἕλληνες ἐψηφίσαντο, κατὰ θάλατταν τὴν πορείαν ποιεῖσθαι. 12. Μετὰ ταῦτα Ξενοφῶν εἶπεν· Ὦ Σινωπεῖς, οἱ μὲν ἄνδρες ᾕρηνται πορείαν, ἣν ὑμεῖς ξυμβουλεύετε· οὕτω δὲ ἔχει· εἰ μὲν πλοῖα ἔσεσθαι μέλλει ἱκανὰ ἀριθμῷ, ὡς ἕνα μὴ καταλείπεσθαι ἐνθάδε, ἡμεῖς ἂν πλέοιμεν· εἰ δὲ μέλλοιμεν οἱ μὲν καταλείψεσθαι, οἱ δὲ πλεύσεσθαι, οὐκ ἂν ἐμβαίημεν εἰς τὰ πλοῖα. 13. Γιγνώσκομεν γὰρ, ὅτι, ὅπου μὲν ἂν κρατῶμεν, δυναίμεθ' ἂν καὶ σώζεσθαι καὶ τὰ ἐπιτήδεια ἔχειν· εἰ δέ που ἥττους τῶν πολεμίων ληφθησόμεθα, εὔδηλον δὴ, ὅτι ἐν ἀνδραπόδων χώρᾳ ἐσόμεθα. 14. Ἀκούσαντες ταῦτα οἱ πρέσβεις, ἐκέλευον πέμπειν πρέσβεις. Καὶ πέμπουσι Καλλίμαχον Ἀρκάδα καὶ Ἀρίστωνα Ἀθηναῖον καὶ Σαμόλαν Ἀχαιόν. Καὶ οἱ μὲν ᾤχοντο.

15. Ἐν δὲ τούτῳ τῷ χρόνῳ Ξενοφῶντι, ὁρῶντι μὲν ὁπλίτας πολλοὺς τῶν Ἑλλήνων, ὁρῶντι δὲ καὶ πελταστὰς πολλοὺς καὶ τοξότας καὶ σφενδονήτας, καὶ ἱππεῖς δὲ, καὶ μάλα ἤδη διὰ τὴν τριβὴν ἱκανοὺς, ὄντας δ' ἐν τῷ Πόντῳ, ἔνθα οὐκ ἂν ἀπ' ὀλίγων χρημάτων τοσαύτη δύναμις παρεσκευάσθη,—καλὸν αὐτῷ ἐδόκει εἶναι, καὶ χώραν καὶ δύναμιν τῇ Ἑλλάδι προσκτήσασθαι, πόλιν κατοικίσαντας. 16. Καὶ γενέσθαι ἂν αὐτῷ ἐδόκει μεγάλη, καταλογιζομένῳ τό τε αὐτῶν πλῆθος, καὶ τοὺς περιοικοῦντας τὸν Πόντον.

Καὶ ἐπὶ τούτοις ἐθύετο, πρίν τινι εἰπεῖν τῶν στρατιωτῶν, Σιλανὸν παρακαλέσας, τὸν Κύρου μάντιν γενόμενον, τὸν Ἀμβρακιώτην. 17. Ὁ δὲ Σιλανὸς, δεδιὼς, μὴ γένηται ταῦτα, καὶ καταμείνῃ που ἡ στρατιὰ, ἐκφέρει εἰς τὸ στράτευμα λόγον, ὅτι Ξενοφῶν βούλεται καταμεῖναι τὴν στρατιὰν, καὶ πόλιν οἰκίσαι, καὶ ἑαυτῷ ὄνομα καὶ δύναμιν περιποιήσασθαι. 18. Αὐτὸς δ' ὁ Σιλανὸς ἐβούλετο ὅτι τάχιστα εἰς τὴν Ἑλλάδα ἀφικέσθαι· οὓς γὰρ παρὰ Κύρου ἔλαβε τρισχιλίους δαρεικοὺς, ὅτε τὰς δέκα ἡμέρας ἠλήθευσε θυόμενος Κύρῳ, διεσεσώκει.

19. Τῶν δὲ στρατιωτῶν, ἐπεὶ ἤκουσαν, τοῖς μὲν ἐδόκει βέλτιστον εἶναι καταμεῖναι, τοῖς δὲ πολλοῖς οὔ. Τιμασίων δὲ ὁ Δαρδανεὺς, καὶ Θώραξ ὁ Βοιώτιος, πρὸς ἐμπόρους τινὰς παρόντας τῶν Ἡρακλεωτῶν καὶ Σινωπέων λέγουσιν, ὅτι, εἰ μὴ ἐκποριοῦσι τῇ στρατιᾷ μισθὸν, ὥστε ἔχειν τὰ ἐπιτήδεια ἐκπλέοντας, ὅτι κινδυνεύσει μεῖναι τοσαύτη δύναμις ἐν τῷ Πόντῳ· βουλεύεται γὰρ Ξενοφῶν, καὶ ἡμᾶς παρακαλεῖ, ἐπειδὰν ἔλθῃ τὰ πλοῖα, τότε εἰπεῖν ἐξαίφνης τῇ στρατιᾷ· 20. Ἄνδρες, νῦν μὲν ὁρῶμεν ἡμᾶς ἀπόρους ὄντας, καὶ ἐν τῷ ἀπόπλῳ ἔχειν τὰ ἐπιτήδεια, καὶ ὡς οἴκαδε ἀπελθόντας ὀνῆσαί τι τοὺς οἴκοι· εἰ δὲ βούλεσθε τῆς κύκλῳ χώρας περὶ τὸν Πόντον οἰκουμένης ἐκλεξάμενοι, ὅπῃ ἂν βούλησθε, κατασχεῖν, καὶ τὸν μὲν ἐθέλοντα, ἀπιέναι οἴκαδε, τὸν δὲ ἐθέλοντα, μένειν αὐτοῦ, πλοῖα δ' ὑμῖν πάρεστιν, ὥστε, ὅπῃ ἂν βούλησθε, ἐξαίφνης ἂν ἐπιπέσοιτε.

21. Ἀκούσαντες ταῦτα οἱ ἔμποροι ἀπήγγελλον ταῖς πόλεσι· ξυνέπεμψε δ' αὐτοῖς Τιμασίων ὁ Δαρδανεὺς Ἐρύ-

μαχόν τε τὸν Δαρδανέα, καὶ Θώρακα τὸν Βοιώτιον, τὰ αὐτὰ ταῦτα ἐροῦντας. Σινωπεῖς δὲ καὶ Ἡρακλεῶται ταῦτα ἀκούσαντες πέμπουσι πρὸς τὸν Τιμασίωνα, καὶ κελεύουσι προστατεῦσαι, λαβόντα χρήματα, ὅπως ἐκπλεύσῃ ἡ στρατιά. 22. Ὁ δὲ ἄσμενος ἀκούσας, ἐν ξυλλόγῳ τῶν στρατιωτῶν ὄντων, λέγει τάδε· Οὐ δεῖ προσέχειν τῇ μονῇ, ὦ ἄνδρες, οὐδὲ τῆς Ἑλλάδος οὐδὲν περὶ πλείονος ποιεῖσθαι. Ἀκούω δέ τινας θύεσθαι ἐπὶ τούτῳ, οὐδ' ὑμῖν λέγοντας. 23. Ὑπισχνοῦμαι δὲ ὑμῖν, ἂν ἐκπλέητε, ἀπὸ νουμηνίας μισθοφορὰν παρέξειν κυζικηνὸν ἑκάστῳ τοῦ μηνός· καὶ ἄξω ὑμᾶς εἰς τὴν Τρῳάδα, ἔνθεν καὶ εἰμὶ φυράς· καὶ ὑπάρξει ὑμῖν ἡ ἐμὴ πόλις· ἑκόντες γάρ με δέξονται. 24. Ἡγήσομαι δὲ αὐτὸς ἐγώ, ἔνθεν πολλὰ χρήματα λήψεσθε. Ἔμπειρος δέ εἰμι τῆς Αἰολίδος καὶ τῆς Φρυγίας καὶ τῆς Τρῳάδος καὶ τῆς Φαρναβάζου ἀρχῆς πάσης, τὰ μὲν διὰ τὸ ἐκεῖθεν εἶναι, τὰ δὲ διὰ τὸ ξυνεστρατεῦσθαι ἐν αὐτῇ σὺν Κλεάρχῳ τε καὶ Δερκυλλίδᾳ.

25. Ἀναστὰς δὲ αὖθις Θώραξ ὁ Βοιώτιος (ὃς ἀεὶ περὶ στρατηγίας Ξενοφῶντι ἐμάχετο) ἔφη, εἰ ἐξέλθοιεν ἐκ τοῦ Πόντου, ἔσεσθαι αὐτοῖς Χερρόνησον, χώραν καλὴν καὶ εὐδαίμονα· ὥστε τῷ βουλομένῳ, ἐνοικεῖν, τῷ δὲ μὴ βουλομένῳ, ἀπιέναι οἴκαδε· γελοῖον δὲ εἶναι, ἐν τῇ Ἑλλάδι οὔσης χώρας πολλῆς καὶ ἀφθόνου, ἐν τῇ βαρβάρων μαστεύειν. 26. Ἔστε δ' ἄν, ἔφη, ἐκεῖ γένησθε, κἀγώ, καθάπερ Τιμασίων, ὑπισχνοῦμαι ὑμῖν τὴν μισθοφοράν. Ταῦτα δὲ ἔλεγεν, εἰδώς, ἃ Τιμασίωνι οἱ Ἡρακλεῶται καὶ οἱ Σινωπεῖς ὑπισχνοῦντο, ὥστε ἐκπλεῖν. 27. Ὁ δὲ Ξενοφῶν ἐν τούτῳ ἐσίγα. Ἀναστὰς δὲ Φιλήσιος καὶ Λύκων, οἱ

Ἀχαιοί, ἔλεγον, ὡς δεινὸν εἴη, ἰδίᾳ μὲν Ξενοφῶντα πείθειν τε καταμένειν, καὶ θύεσθαι ὑπὲρ τῆς μονῆς, μὴ κοινούμενον τῇ στρατιᾷ· εἰς δὲ τὸ κοινὸν μηδὲν ἀγορεύειν περὶ τούτων· ὥστε ἠναγκάσθη ὁ Ξενοφῶν ἀναστῆναι καὶ εἰπεῖν τάδε·

28. Ἐγώ, ὦ ἄνδρες, θύομαι μέν, ὡς ὁρᾶτε, ὁπόσα δύναμαι, καὶ ὑπὲρ ὑμῶν καὶ ὑπὲρ ἐμαυτοῦ, ὅπως ταῦτα τυγχάνω καὶ λέγων καὶ νοῶν καὶ πράττων, ὁποῖα μέλλει ὑμῖν τε κάλλιστα καὶ ἄριστα ἔσεσθαι καὶ ἐμοί. Καὶ νῦν ἐθυόμην περὶ αὐτοῦ τούτου, εἰ ἄμεινον εἴη ἄρχεσθαι λέγειν εἰς ὑμᾶς καὶ πράττειν περὶ τούτων, ἢ παντάπασι μηδὲ ἅπτεσθαι τοῦ πράγματος. 29. Σιλανὸς δέ μοι ὁ μάντις ἀπεκρίνατο, τὸ μὲν μέγιστον, τὰ ἱερὰ καλὰ εἶναι (ᾔδει γὰρ καὶ ἐμὲ οὐκ ἄπειρον ὄντα, διὰ τὸ ἀεὶ παρεῖναι τοῖς ἱεροῖς)· ἔλεξε δέ, ὅτι ἐν τοῖς ἱεροῖς φαίνοιτό τις δόλος καὶ ἐπιβουλὴ ἐμοί, ὡς ἄρα γιγνώσκων, ὅτι αὐτὸς ἐπεβούλευε διαβάλλειν με πρὸς ὑμᾶς. Ἐξήνεγκε γὰρ τὸν λόγον, ὡς ἐγὼ πράττειν ταῦτα διανοοίμην ἤδη, οὐ πείσας ὑμᾶς.

30. Ἐγὼ δέ, εἰ μὲν ἑώρων ἀποροῦντας ὑμᾶς, τοῦτ' ἂν ἐσκόπουν, ἀφ' οὗ ἂν γένοιτο, ὥστε λαβόντας ὑμᾶς πόλιν, τὸν μὲν βουλόμενον, ἀποπλεῖν ἤδη, τὸν δὲ μὴ βουλόμενον, ἐπεὶ κτήσαιτο ἱκανά, ὥστε καὶ τοὺς ἑαυτοῦ οἰκείους ὠφελῆσαί τι. 31. Ἐπεὶ δὲ ὁρῶ ὑμῖν καὶ τὰ πλοῖα πέμποντας Ἡρακλεώτας καὶ Σινωπεῖς, ὥστε ἐκπλεῖν, καὶ μισθὸν ὑπισχνουμένους ὑμῖν ἄνδρας ἀπὸ νουμηνίας, καλόν μοι δοκεῖ εἶναι, σῳζομένους ἔνθα βουλόμεθα, μισθὸν τῆς πορείας λαμβάνειν· καὶ αὐτός τε παύομαι ἐκείνης τῆς διανοίας, καὶ ὁπόσοι πρὸς ἐμὲ προσῄεσαν, λέγοντες ὡς χρὴ ταῦτα πράττειν, ἀναπαύσασθαί φημι χρῆναι. 32. Οὕτω γὰρ

γιγνώσκω· ὁμοῦ μὲν ὄντες πολλοί, ὥσπερ νυνί, δοκεῖτε ἄν μοι καὶ ἔντιμοι εἶναι, καὶ ἔχειν τὰ ἐπιτήδεια (ἐν γὰρ τῷ κρατεῖν ἐστι καὶ τὸ λαμβάνειν τὰ τῶν ἡττόνων)· διασπασθέντες δ' ἄν, καὶ κατὰ μικρὰ γενομένης τῆς δυνάμεως, οὔτ' ἂν τροφὴν δύναισθε λαμβάνειν, οὔτε χαίροντες ἂν ἀπαλλάξαιτε. 33. Δοκεῖ οὖν μοι, ἅπερ ὑμῖν, ἐκπορεύεσθαι εἰς τὴν Ἑλλάδα· καὶ ἐάν τις μείνῃ, ἢ ἀπολιπών [τινα] ληφθῇ, πρὶν ἐν ἀσφαλεῖ εἶναι πᾶν τὸ στράτευμα, κρίνεσθαι αὐτὸν ὡς ἀδικοῦντα. Καὶ ὅτῳ δοκεῖ, ἔφη, ταῦτα, ἀράτω τὴν χεῖρα. Ἀνέτειναν ἅπαντες.

34. Ὁ δὲ Σιλανὸς ἐβόα, καὶ ἐπεχείρει λέγειν, ὡς δίκαιον εἴη ἀπιέναι τὸν βουλόμενον. Οἱ δὲ στρατιῶται οὐκ ἠνείχοντο, ἀλλ' ἠπείλουν αὐτῷ, ὅτι, εἰ λήψονται ἀποδιδράσκοντα, τὴν δίκην ἐπιθήσοιεν. 35. Ἐντεῦθεν, ἐπεὶ ἔγνωσαν οἱ Ἡρακλεῶται, ὅτι ἐκπλεῖν δεδογμένον εἴη, καὶ Ξενοφῶν αὐτὸς ἐπεψηφικὼς εἴη, τὰ μὲν πλοῖα πέμπουσι, τὰ δὲ χρήματα, ἃ ὑπέσχοντο Τιμασίωνι καὶ Θώρακι, ἐψευσμένοι ἦσαν τῆς μισθοφορᾶς. 36. Ἐνταῦθα δὲ ἐκπεπληγμένοι ἦσαν καὶ ἐδεδοίκεσαν τὴν στρατιὰν οἱ τὴν μισθοφορὰν ὑπεσχημένοι. Παραλαβόντες οὖν οὗτοι καὶ τοὺς ἄλλους στρατηγούς, οἷς ἀνεκεκοίνωντο ἃ πρόσθεν ἔπραττον (πάντες δ' ἦσαν, πλὴν Νέωνος τοῦ Ἀσιναίου, ὃς Χειρισόφῳ ὑπεστρατήγει, Χειρίσοφος δὲ οὔπω παρῆν), ἔρχονται πρὸς Ξενοφῶντα, καὶ λέγουσιν, ὅτι μεταμέλοι αὐτοῖς, καὶ δοκοίη κράτιστον εἶναι πλεῖν εἰς Φᾶσιν, ἐπεὶ πλοῖα ἔστι, καὶ κατασχεῖν τὴν Φασιανῶν χώραν. 37. Αἰήτου δὲ υἱδοῦς ἐτύγχανε βασιλεύων αὐτῶν. Ξενοφῶν δὲ ἀπεκρίνατο, ὅτι οὐδὲν ἂν τούτων εἴποι εἰς τὴν στρα-

τιάν· ὑμεῖς δὲ ξυλλέξαντες, ἔφη, εἰ βούλεσθε, λέγετε. Ἐνταῦθα ἀποδείκνυται Τιμασίων ὁ Δαρδανεὺς γνώμην, οὐκ ἐκκλησιάζειν, ἀλλὰ τοὺς αὑτοῦ ἕκαστον λοχαγοὺς πρῶτον πειρᾶσθαι πείθειν. Καὶ ἀπελθόντες ταῦτ' ἐποίουν.

CAP. VII.

1. Ταῦτα οὖν οἱ στρατιῶται ἀνεπύθοντο [τὰ] πραττόμενα. Καὶ ὁ Νέων λέγει, ὡς Ξενοφῶν, ἀναπεπεικὼς τοὺς ἄλλους στρατηγοὺς, διανοεῖται ἄγειν τοὺς στρατιώτας ἐξαπατήσας πάλιν εἰς Φᾶσιν. 2. Ἀκούσαντες δ' οἱ στρατιῶται χαλεπῶς ἔφερον· καὶ ξύλλογοι ἐγίγνοντο, καὶ κύκλοι ξυνίσταντο· καὶ μάλα φοβεροὶ ἦσαν, μὴ ποιήσειαν, οἷα καὶ τοὺς τῶν Κόλχων κήρυκας ἐποίησαν, καὶ τοὺς ἀγορανόμους· ὅσοι γὰρ μὴ εἰς τὴν θάλατταν κατέφυγον, κατελεύσθησαν. 3. Ἐπεὶ δὲ ᾐσθάνετο Ξενοφῶν, ἔδοξεν αὐτῷ ὡς τάχιστα ξυναγαγεῖν αὐτῶν ἀγορὰν, καὶ μὴ ἐᾶσαι ξυλλεγῆναι αὐτομάτους· καὶ ἐκέλευσε τὸν κήρυκα ξυλλέγειν ἀγοράν. 4. Οἱ δ' ἐπεὶ τοῦ κήρυκος ἤκουσαν, ξυνέδραμον καὶ μάλα ἑτοίμως. Ἐνταῦθα Ξενοφῶν τῶν μὲν στρατηγῶν οὐ κατηγόρει, ὅτι ἦλθον πρὸς αὐτὸν, λέγει δὲ ὧδε·

5. Ἀκούω τινὰ διαβάλλειν, ὦ ἄνδρες, ἐμὲ, ὡς ἐγὼ ἄρα ἐξαπατήσας ὑμᾶς μέλλω ἄγειν εἰς Φᾶσιν. Ἀκούσατε οὖν μου, πρὸς θεῶν· καὶ ἐὰν μὲν ἐγὼ φαίνωμαι ἀδικεῖν, οὐ χρή με ἐνθένδε ἀπελθεῖν, πρὶν ἂν δῶ δίκην· ἂν δ' ὑμῖν φαίνωνται ἀδικεῖν οἱ ἐμὲ διαβάλλοντες, οὕτως αὐτοῖς χρῆσθε, ὥσπερ ἄξιον. 6. Ὑμεῖς δ', ἔφη, ἴστε δήπου,

ὅθεν ἥλιος ἀνίσχει, καὶ ὅπου δύεται· καὶ ὅτι, ἐὰν μέν τις εἰς τὴν Ἑλλάδα μέλλῃ ἰέναι, πρὸς ἑσπέραν δεῖ πορεύεσθαι· ἢν δέ τις βούληται εἰς τοὺς βαρβάρους, τοὔμπαλιν πρὸς ἕω. Ἔστιν οὖν ὅστις τοῦτο ἂν δύναιτο ὑμᾶς ἐξαπατῆσαι, ὡς ἥλιος, ἔνθεν μὲν ἀνίσχει, δύεται δὲ ἐνταῦθα, ἔνθα δὲ δύεται, ἀνίσχει δ' ἐντεῦθεν; 7. Ἀλλὰ μὴν καὶ τοῦτό γε ἐπίστασθε, ὅτι βορέας μὲν ἔξω τοῦ Πόντου εἰς τὴν Ἑλλάδα φέρει, νότος δὲ εἴσω εἰς Φᾶσιν· καὶ λέγετε, ὅταν βορρᾶς πνέῃ, ὡς καλοὶ πλοῖ εἰσιν εἰς τὴν Ἑλλάδα. Τοῦτο οὖν ἔστιν, ὅπως τις ἂν ὑμᾶς ἐξαπατήσαι, ὥστε ἐμβαίνειν, ὁπόταν νότος πνέῃ; 8. Ἀλλὰ γὰρ [ὑμᾶς], ὁπόταν γαλήνη ᾖ, ἐμβιβῶ. Οὐκοῦν ἐγὼ μὲν ἐν ἑνὶ πλοίῳ πλεύσομαι, ὑμεῖς δὲ τοὐλάχιστον ἐν ἑκατόν; Πῶς ἂν οὖν ἐγὼ ἢ βιασαίμην ὑμᾶς ξὺν ἐμοὶ πλεῖν, μὴ βουλομένους, ἢ ἐξαπατήσας ἄγοιμι; 9. Ποιῶ δ' ὑμᾶς ἐξαπατηθέντας καὶ καταγοητευθέντας ὑπ' ἐμοῦ ἥκειν εἰς Φᾶσιν· καὶ δὴ καὶ ἀποβαίνομεν εἰς τὴν χώραν. Γνώσεσθε δήπου, ὅτι οὐκ ἐν τῇ Ἑλλάδι ἐστέ· καὶ ἐγὼ μὲν ἔσομαι ὁ ἐξηπατηκὼς εἷς, ὑμεῖς δὲ οἱ ἐξηπατημένοι ἐγγὺς μυρίων, ἔχοντες ὅπλα. Πῶς ἂν οὖν [εἷς] ἀνὴρ μᾶλλον δοίη δίκην, ἢ οὕτω περὶ αὑτοῦ τε καὶ ὑμῶν βουλευόμενος;

10. Ἀλλ' οὗτοί εἰσιν οἱ λόγοι ἀνδρῶν καὶ ἠλιθίων κἀμοὶ φθονούντων, ὅτι ἐγὼ ὑφ' ὑμῶν τιμῶμαι. Καίτοι οὐ δικαίως γ' ἂν μοι φθονοῖεν. Τίνα γὰρ αὐτῶν ἐγὼ κωλύω ἢ λέγειν, εἴ τίς τι ἀγαθὸν δύναται ἐν ὑμῖν, ἢ μάχεσθαι, εἴ τις ἐθέλει, ὑπὲρ ὑμῶν τε καὶ ἑαυτοῦ, ἢ ἐγρηγορέναι περὶ τῆς ὑμετέρας ἀσφαλείας ἐπιμελόμενον; Τί γάρ; ἄρχοντας αἱρουμένων ὑμῶν, ἐγώ τινι ἐμποδών εἰμι; Πα-

ρίημι, ἀρχέτω· μόνον ἀγαθόν τι ποιῶν ὑμᾶς φαινέσθω. 11. Ἀλλὰ γὰρ ἐμοὶ μὲν ἀρκεῖ περὶ τούτων τὰ εἰρημένα· εἰ δέ τις ὑμῶν ἢ αὐτὸς ἐξαπατηθῆναι ἂν οἴεται ταῦτα, ἢ ἄλλον ἐξαπατῆσαι ταῦτα, λέγων διδασκέτω. 12. Ὅταν δὲ τούτων ἅλις ἔχητε, μὴ ἀπέλθητε, πρὶν ἂν ἀκούσητε, οἷον ὁρῶ ἐν τῇ στρατιᾷ ἀρχόμενον πρᾶγμα· ὃ εἰ ἔπεισι, καὶ ἔσται οἷον ὑποδείκνυσιν, ὥρα ἡμῖν βουλεύεσθαι ὑπὲρ ἡμῶν αὐτῶν, μὴ κάκιστοί τε καὶ αἴσχιστοι ἄνδρες ἀποφαινώμεθα καὶ πρὸς θεῶν καὶ πρὸς ἀνθρώπων καὶ φίλων καὶ πολεμίων, καὶ καταφρονηθῶμεν.

13. Ἀκούσαντες δὲ ταῦτα οἱ στρατιῶται, ἐθαύμασάν τε, ὅ τι εἴη, καὶ λέγειν ἐκέλευον. Ἐκ τούτου ἄρχεται πάλιν· Ἐπίστασθέ που, ὅτι χωρία ἦν ἐν τοῖς ὄρεσι βαρβαρικά, φίλια τοῖς Κερασουντίοις, ὅθεν κατιόντες τινὲς καὶ ἱερεῖα ἐπώλουν ἡμῖν, καὶ ἄλλα ὧν εἶχον· δοκοῦσι δέ μοι καὶ ὑμῶν τινες, εἰς τὸ ἐγγυτάτω χωρίον τούτων ἐλθόντες, ἀγοράσαντές τι, πάλιν ἐλθεῖν. 14. Τοῦτο καταμαθὼν Κλεάρετος ὁ λοχαγός, ὅτι καὶ μικρὸν εἴη καὶ ἀφύλακτον διὰ τὸ φίλιον νομίζειν εἶναι, ἔρχεται ἐπ' αὐτοὺς τῆς νυκτός, ὡς πορθήσων, οὐδενὶ ἡμῶν εἰπών. 15. Διενενόητο δέ, εἰ λάβοι τόδε τὸ χωρίον, εἰς μὲν τὸ στράτευμα μηκέτι ἐλθεῖν, ἐμβὰς δὲ εἰς πλοῖον, ἐν ᾧ ἐτύγχανον οἱ σύσκηνοι αὐτοῦ παραπλέοντες, καὶ ἐνθέμενος, εἴ τι λάβοι, ἀποπλέων οἴχεσθαι ἔξω τοῦ Πόντου. Καὶ ταῦτα ξυνωμολόγησαν αὐτῷ οἱ ἐκ τοῦ πλοίου σύσκηνοι, ὡς ἐγὼ νῦν αἰσθάνομαι. 16. Παρακαλέσας οὖν, ὁπόσους ἔπειθεν, ἦγεν ἐπὶ τὸ χωρίον. Πορευόμενον δ' αὐτὸν φθάνει ἡμέρα γενομένη, καὶ ξυστάντες οἱ ἄνθρωποι, ἀπὸ ἰσχυρῶν τόπων

βάλλοντες καὶ παίοντες, τόν τε Κλεάρετον ἀποκτείνουσι καὶ τῶν ἄλλων συχνούς· οἱ δέ τινες καὶ εἰς Κερασοῦντα αὐτῶν ἀποχωροῦσι. 17. Ταῦτα δ' ἦν ἐν τῇ ἡμέρᾳ, ᾗ ἡμεῖς δεῦρο ἐξωρμῶμεν πεζῇ. Τῶν δὲ πλεόντων ἔτι τινὲς ἦσαν ἐν Κερασοῦντι, οὔπω ἀνηγμένοι.

Μετὰ τοῦτο, ὡς οἱ Κερασούντιοι λέγουσιν, ἀφικνοῦνται τῶν ἐκ τοῦ χωρίου τρεῖς ἄνδρες τῶν γεραιτέρων, πρὸς τὸ κοινὸν τὸ ἡμέτερον χρῄζοντες ἐλθεῖν. 18. Ἐπεὶ δ' ἡμᾶς οὐ κατέλαβον, πρὸς τοὺς Κερασουντίους ἔλεγον, ὅτι θαυμάζοιεν, τί ἡμῖν δόξειεν ἐλθεῖν ἐπ' αὐτούς. Ἐπεὶ μέντοι σφεῖς λέγειν, ἔφασαν, ὅτι οὐκ ἀπὸ κοινοῦ γένοιτο τὸ πρᾶγμα, ἥδεσθαί τε αὐτοὺς καὶ μέλλειν ἐνθάδε πλεῖν, ὡς ἡμῖν λέξαι τὰ γενόμενα, καὶ τοὺς νεκροὺς κελεύειν αὐτοὺς θάπτειν λαβόντας τοὺς τούτου δεομένους. 19. Τῶν δ' ἀποφυγόντων τινὲς Ἑλλήνων ἔτυχον ἔτι ὄντες ἐν Κερασοῦντι· αἰσθόμενοι δὲ τοὺς βαρβάρους, ὅποι ἴοιεν, αὐτοί τε ἐτόλμησαν βάλλειν τοῖς λίθοις, καὶ τοῖς ἄλλοις παρεκελεύοντο. Καὶ οἱ ἄνδρες ἀποθνήσκουσι, τρεῖς ὄντες, οἱ πρέσβεις, καταλευσθέντες.

20. Ἐπεὶ δὲ τοῦτο ἐγένετο, ἔρχονται πρὸς ἡμᾶς οἱ Κερασούντιοι, καὶ λέγουσι τὸ πρᾶγμα· καὶ ἡμεῖς οἱ στρατηγοὶ ἀκούσαντες ἠχθόμεθά τε τοῖς γεγενημένοις, καὶ ἐβουλευόμεθα ξὺν τοῖς Κερασουντίοις, ὅπως ἂν ταφείησαν οἱ τῶν Ἑλλήνων νεκροί. 21. Συγκαθήμενοι δ' ἔξωθεν τῶν ὅπλων, ἐξαίφνης ἀκούομεν θορύβου πολλοῦ, Παῖε, παῖε, βάλλε, βάλλε· καὶ τάχα δὴ ὁρῶμεν πολλοὺς προσθέοντας, λίθους ἔχοντας ἐν ταῖς χερσὶ, τοὺς δὲ καὶ ἀναιρουμένους. 22. Καὶ οἱ μὲν Κερασούντιοι, ὡς ἂν καὶ ἑωρακότες τὸ

παρ' ἑαυτοῖς πρᾶγμα, δείσαντες ἀποχωροῦσι πρὸς τὰ πλοῖα. Ἦσαν δὲ, νὴ Δία, καὶ ἡμῶν, οἳ ἔδεισαν. 23. Ἔγωγε μὴν ἦλθον πρὸς αὐτοὺς, καὶ ἠρώτων, ὅ τι ἐστὶ τὸ πρᾶγμα. Τῶν δὲ ἦσαν μὲν, οἳ οὐδὲν ᾔδεσαν, ὅμως δὲ λίθους εἶχον ἐν ταῖς χερσίν. Ἐπεὶ δὲ εἰδότι τινὶ ἐπέτυχον, λέγει μοι, ὅτι οἱ ἀγορανόμοι δεινότατα ποιοῦσι τὸ στράτευμα. 24. Ἐν τούτῳ τις ὁρᾷ τὸν ἀγορανόμον Ζήλαρχον πρὸς τὴν θάλατταν ἀποχωροῦντα, καὶ ἀνέκραγεν· οἱ δὲ, ὡς ἤκουσαν, ὥσπερ ἢ συὸς ἀγρίου ἢ ἐλάφου φανέντος, ἵενται ἐπ' αὐτόν. 25. Οἱ δ' αὖ Κερασούντιοι, ὡς εἶδον ὁρμῶντας καθ' αὑτοὺς, σαφῶς νομίζοντες ἐπὶ σφᾶς ἵεσθαι, φεύγουσι δρόμῳ, καὶ ἐμπίπτουσιν εἰς τὴν θάλατταν. Ξυνεισέπεσον δὲ καὶ ἡμῶν αὐτῶν τινες, καὶ ἐπνίγετο, ὅστις νεῖν μὴ ἐτύγχανεν ἐπιστάμενος. 26. Καὶ τούτους τί δοκεῖτε; Ἠδίκουν μὲν οὐδὲν, ἔδεισαν δὲ, μὴ λύττα τις ὥσπερ κυσὶν ἡμῖν ἐμπεπτώκοι.

Εἰ οὖν ταῦτα τοιαῦτα ἔσται, θεάσασθε, οἵα ἡ κατάστασις ἡμῖν ἔσται τῆς στρατιᾶς. 27. Ὑμεῖς μὲν οἱ πάντες οὐκ ἔσεσθε κύριοι οὔτε ἀνελέσθαι πόλεμον, ᾧ ἂν βούλησθε, οὔτε καταλῦσαι· ἰδίᾳ δὲ ὁ βουλόμενος ἄξει στράτευμα, ἐφ' ὅ τι ἂν ἐθέλῃ. Κἄν τινες πρὸς ὑμᾶς ἴωσι πρέσβεις ἢ εἰρήνης δεόμενοι ἢ ἄλλου τινὸς, κατακτείναντες τούτους οἱ βουλόμενοι, ποιήσουσιν ὑμᾶς τῶν λόγων μὴ ἀκοῦσαι τῶν πρὸς ὑμᾶς ἰόντων. 28. Ἔπειτα δὲ, οὓς μὲν ἂν ὑμεῖς ἅπαντες ἕλησθε ἄρχοντας, ἐν οὐδεμιᾷ χώρᾳ ἔσονται· ὅστις δ' ἂν ἑαυτὸν ἕληται στρατηγὸν, καὶ ἐθέλῃ λέγειν, Βάλλε, βάλλε, οὗτος ἔσται ἱκανὸς καὶ ἄρχοντα κατακανεῖν καὶ ἰδιώτην, ὃν ἂν ὑμῶν ἐθέλῃ, ἄκριτον, ἢν ὦσιν οἱ πεισόμενοι αὐτῷ, ὥσπερ καὶ νῦν ἐγένετο.

29. Οἷα δὲ ὑμῖν καὶ διαπεπράχασιν οἱ αὐθαίρετοι οὗτοι στρατηγοί, σκέψασθε. Ζήλαρχος μὲν γὰρ ὁ ἀγορανόμος, εἰ μὲν ἀδικεῖ ὑμᾶς, οἴχεται ἀποπλέων, οὐ δοὺς ὑμῖν δίκην· εἰ δὲ μὴ ἀδικεῖ, φεύγει ἐκ τοῦ στρατεύματος, δείσας, μὴ ἀδίκως ἄκριτος ἀποθάνῃ. 30. Οἱ δὲ καταλεύσαντες τοὺς πρέσβεις διεπράξαντο, ὑμῖν μόνοις μὲν τῶν Ἑλλήνων εἰς Κερασοῦντα μὴ ἀσφαλὲς εἶναι, ἂν μὴ σὺν ἰσχύϊ, ἀφικνεῖσθαι· τοὺς δὲ νεκρούς, οὓς πρόσθεν αὐτοὶ οἱ κατακανόντες ἐκέλευον θάπτειν, τούτους διεπράξαντο μηδὲ ξὺν κηρυκίῳ ἔτι ἀσφαλὲς εἶναι ἀνελέσθαι. Τίς γὰρ ἐθελήσει κῆρυξ ἰέναι, κήρυκας ἀπεκτονώς; 31. Ἀλλ' ἡμεῖς Κερασουντίων θάψαι αὐτοὺς ἐδεήθημεν.

Εἰ μὲν οὖν ταῦτα καλῶς ἔχει, δοξάτω ὑμῖν· ἵνα, ὡς τοιούτων ἐσομένων, καὶ φυλακὴν ἰδίᾳ ποιήσῃ τις, καὶ τὰ ἐρυμνὰ ὑπερδέξια πειρᾶται ἔχων σκηνοῦν. 32. Εἰ μέντοι ὑμῖν δοκεῖ θηρίων, ἀλλὰ μὴ ἀνθρώπων, εἶναι τὰ τοιαῦτα ἔργα, σκοπεῖτε παῦλάν τινα αὐτῶν· εἰ δὲ μή, πρὸς Διός, πῶς ἢ θεοῖς θύσομεν ἡδέως, ποιοῦντες ἔργα ἀσεβῆ, ἢ πολεμίοις πῶς μαχούμεθα, ἢν ἀλλήλους κατακαίνωμεν; 33. Πόλις δὲ φιλία τίς ἡμᾶς δέξεται, ἥτις ἂν ὁρᾷ τοσαύτην ἀνομίαν ἐν ἡμῖν; Ἀγορὰν δὲ τίς ἄξει θαῤῥῶν, ἢν περὶ τὰ μέγιστα τοιαῦτα ἐξαμαρτάνοντες φαινώμεθα; Οὗ δὲ δὴ πάντων οἰόμεθα τεύξεσθαι ἐπαίνου, τίς ἂν ἡμᾶς τοιούτους ὄντας ἐπαινέσειεν; ἡμεῖς μὲν γὰρ οἶδ' ὅτι πονηροὺς ἂν φαίημεν εἶναι τοὺς τὰ τοιαῦτα ποιοῦντας.

34. Ἐκ τούτου ἀνιστάμενοι πάντες ἔλεγον, τοὺς μὲν τούτων ἄρξαντας δοῦναι δίκην, τοῦ δὲ λοιποῦ μηκέτι ἐξεῖναι ἀνομίας ἄρξαι· ἐὰν δέ τις ἄρξῃ, ἄγεσθαι αὐτοὺς ἐπὶ

ωάτῳ· τοὺς δὲ στρατηγοὺς εἰς δίκας πάντας καταστῆ-
ι· εἶναι δὲ δίκας καὶ εἴ τι ἄλλο τις ἠδίκητο, ἐξ οὗ Κῦρος
τέθανε· δικαστὰς δὲ τοὺς λοχαγοὺς ἐποιήσαντο. 35. Πα-
ινοῦντος δὲ Ξενοφῶντος, καὶ τῶν μάντεων συμβουλευόν-
ιν, ἔδοξε καὶ καθῆραι τὸ στράτευμα. Καὶ ἐγένετο
ιθαρμός.

CAP. VIII.

1. Ἔδοξε δὲ καὶ τοὺς στρατηγοὺς δίκην ὑποσχεῖν τοῦ
ιρεληλυθότος χρόνου. Καὶ διδόντων, Φιλήσιος μὲν ὦφλε
ὶ Ξανθικλῆς τῆς φυλακῆς τῶν γαυλικῶν χρημάτων τὸ·
ίωμα, εἴκοσι μνᾶς· Σοφαίνετος δὲ, ὅτι ἄρχων αἱρεθεὶς
ιτημέλει, δέκα μνᾶς. Ξενοφῶντος δὲ κατηγόρησάν τινες,
ίσκοντες παίεσθαι ὑπ' αὐτοῦ, καὶ ὡς ὑβρίζοντος τὴν κα-
γορίαν ἐποιοῦντο. 2. Καὶ ὁ Ξενοφῶν ἀναστὰς ἐκέλευ-
ιν εἰπεῖν τὸν πρῶτον λέξαντα, ποῦ καὶ ἐπλήγη. Ὁ δὲ
τοκρίνεται· Ὅπου καὶ τῷ ῥίγει ἀπωλλύμεθα, καὶ χιὼν
λείστη ἦν. 3. Ὁ δὲ εἶπεν· Ἀλλὰ μὴν καὶ χειμῶνός γε
ντος οἵου λέγεις, σίτου δὲ ἐπιλελοιπότος, οἴνου δὲ μηδ'
σφραίνεσθαι παρὸν, ὑπὸ δὲ πόνων πολλῶν ἀπαγορευόν-
ων, πολεμίων δὲ ἑπομένων,—εἰ ἐν τοιούτῳ καιρῷ ὕβρι-
ον, ὁμολογῶ καὶ τῶν ὄνων ὑβριστότερος εἶναι· οἷς φασιν
πὸ τῆς ὕβρεως κόπον οὐκ ἐγγίγνεσθαι. 4. Ὅμως δὲ καὶ
λέξον, ἔφη, ἐκ τίνος ἐπλήγης. Πότερον ᾔτουν σέ τι, καὶ,
πεί μοι οὐκ ἐδίδως, ἔπαιον; Ἀλλ' ἀπῄτουν; Ἀλλὰ περὶ
παιδικῶν μαχόμενος, ἀλλὰ μεθύων ἐπαρῴνησα; 5. Ἐπεὶ
ὲ τούτων οὐδὲν ἔφησεν, ἐπήρετο αὐτὸν, εἰ ὁπλιτεύοι.

Οὐκ ἔφη. Πάλιν, εἰ πελτάζοι. Οὐδὲ τοῦτ᾽ ἔφη· ἀλλ᾽ ἡμίονον ἐλαύνειν, ταχθεὶς ὑπὸ τῶν συσκήνων, ἐλεύθερος ὤν.

6. Ἐνταῦθα δὴ ἀναγιγνώσκει τε αὐτὸν, καὶ ἤρετο· Ἦ σὺ εἶ ὁ τὸν κάμνοντα ἀπάγων; Ναὶ μὰ Δί᾽, ἔφη· σὺ γὰρ ἠνάγκαζες· τὰ δὲ τῶν ἐμῶν συσκήνων σκεύη διέῤῥιψας. 7. Ἀλλ᾽ ἡ μὲν διάῤῥιψις, ἔφη ὁ Ξενοφῶν, τοιαύτη τις ἐγένετο. Διέδωκα ἄλλοις ἄγειν, καὶ ἐκέλευσα πρὸς ἐμὲ ἀπαγαγεῖν· καὶ ἀπολαβὼν ἅπαντα σῶα ἀπέδωκά σοι, ἐπεὶ καὶ σὺ ἐμοὶ ἀπέδειξας τὸν ἄνδρα. Οἷον δὲ τὸ πρᾶγμα ἐγένετο, ἀκούσατε, ἔφη· καὶ γὰρ ἄξιον. 8. Ἀνὴρ κατελείπετο διὰ τὸ μηκέτι δύνασθαι πορεύεσθαι. Καὶ ἐγὼ τὸν μὲν ἄνδρα τοσοῦτον ἐγίγνωσκον, ὅτι εἷς ἡμῶν εἴη· ἠνάγκασα δέ σε τοῦτον ἄγειν, ὡς μὴ ἀπόλοιτο· καὶ γὰρ, ὡς ἐγὼ οἶμαι, πολέμιοι ἡμῖν ἐφείποντο. Συνέφη τοῦτο ὁ ἄνθρωπος.

9. Οὐκοῦν, ἔφη ὁ Ξενοφῶν, ἐπεὶ προὔπεμψά σε, καταλαμβάνω αὖθις, σὺν τοῖς ὀπισθοφύλαξι προσιὼν, βόθρον ὀρύττοντα, ὡς κατορύξοντα τὸν ἄνθρωπον· καὶ ἐπιστὰς ἐπῄνουν σε. 10. Ἐπεὶ δὲ παρεστηκότων ἡμῶν συνέκαμψε τὸ σκέλος ὁ ἀνὴρ, ἀνέκραγον οἱ παρόντες, ὅτι ζῇ ὁ ἀνήρ· σὺ δ᾽ εἶπας· Ὁπόσα γε βούλεται, ὡς ἔγωγε αὐτὸν οὐκ ἄξω. Ἐνταῦθα ἔπαισά σε· ἀληθῆ λέγεις· ἔδοξας γάρ μοι εἰδότι ἐοικέναι, ὅτι ἔζη. 11. Τί οὖν; ἔφη, ἧττόν τι ἀπέθανεν, ἐπεὶ ἐγώ σοι ἀπέδειξα αὐτόν; Καὶ γὰρ ἡμεῖς, ἔφη ὁ Ξενοφῶν, πάντες ἀποθανούμεθα· τούτου οὖν ἕνεκα ζῶντας ἡμᾶς δεῖ κατορυχθῆναι; 12. Τοῦτον μὲν ἀνέκραγον πάντες ὡς ὀλίγας παίσειεν· ἄλλους δ᾽ ἐκέλευε

λέγειν, διὰ τί ἕκαστος ἐπλήγη. Ἐπεὶ δὲ οὐκ ἀνίσταντο, αὐτὸς ἔλεγεν·

13. Ἐγὼ, ὦ ἄνδρες, ὁμολογῶ παῖσαι δὴ ἄνδρας πολλοὺς ἕνεκεν ἀταξίας, ὅσοις σώζεσθαι μὲν ἤρκει δι' ἡμᾶς, ἐν τάξει τε ἰόντων καὶ μαχομένων, ὅπου δέοι· αὐτοὶ δὲ λιπόντες τὰς τάξεις, προθέοντες ἁρπάζειν ἤθελον, καὶ ἡμῶν πλεονεκτεῖν. Εἰ δὲ τοῦτο πάντες ἐποιοῦμεν, ἅπαντες ἂν ἀπωλόμεθα. 14. Ἤδη δὲ καὶ μαλακιζόμενόν τινα, καὶ οὐκ ἐθέλοντα ἀνίστασθαι, ἀλλὰ προϊέμενον αὑτὸν τοῖς πολεμίοις, καὶ ἔπαισα καὶ ἐβιασάμην πορεύεσθαι. Ἐν γὰρ τῷ ἰσχυρῷ χειμῶνι καὶ αὐτός ποτε ἀναμένων τινὰς συσκευαζομένους, καθεζόμενος συχνὸν χρόνον, κατέμαθον ἀναστὰς μόλις, καὶ τὰ σκέλη ἐκτείνας. 15. Ἐν ἐμαυτῷ οὖν πεῖραν λαβὼν, ἐκ τούτου καὶ ἄλλον, ὁπότε ἴδοιμι καθήμενον καὶ βλακεύοντα, ἤλαυνον· τὸ γὰρ κινεῖσθαι καὶ ἀνδρίζεσθαι παρεῖχε θερμασίαν τινὰ καὶ ὑγρότητα· τὸ δὲ καθῆσθαι καὶ ἡσυχίαν ἔχειν ἑώρων ὑπουργὸν ὂν τῷ τε ἀποπήγνυσθαι τὸ αἷμα, καὶ τῷ ἀποσήπεσθαι τοὺς τῶν ποδῶν δακτύλους· ἅπερ πολλοὺς καὶ ὑμεῖς ἴστε παθόντας. 16. Ἄλλον δέ γε ἴσως ὑπολειπόμενόν που διὰ ῥᾳστώνην, καὶ κωλύοντα καὶ ὑμᾶς τοὺς πρόσθεν καὶ ἡμᾶς τοὺς ὄπισθεν πορεύεσθαι, ἔπαισα πὺξ, ὅπως μὴ λόγχῃ ὑπὸ τῶν πολεμίων παίοιτο. 17. Καὶ γὰρ οὖν νῦν ἔξεστιν αὐτοῖς σωθεῖσιν, εἴ τι ὑπ' ἐμοῦ ἔπαθον παρὰ τὸ δίκαιον, δίκην λαβεῖν. Εἰ δ' ἐπὶ τοῖς πολεμίοις ἐγένοντο, τί μέγα ἂν οὕτως ἔπαθον, ὅτου δίκην ἂν ἠξίουν λαμβάνειν;

18. Ἁπλοῦς μοι, ἔφη, ὁ λόγος. [Ἐγὼ γὰρ] εἰ μὲν ἐπ' ἀγαθῷ ἐκόλασά τινα, ἀξιῶ ὑπέχειν δίκην, οἵαν καὶ

γονεῖς υἱοῖς καὶ διδάσκαλοι παισί. Καὶ γὰρ οἱ ἰατροὶ καίουσι καὶ τέμνουσιν ἐπ' ἀγαθῷ. 19. Εἰ δὲ ὕβρει νομίζετέ με ταῦτα πράττειν, ἐνθυμήθητε, ὅτι νῦν ἐγὼ θαῤῥῶ σὺν τοῖς θεοῖς μᾶλλον ἢ τότε, καὶ θρασύτερός εἰμι νῦν ἢ τότε, καὶ οἶνον πλείω πίνω· ἀλλ' ὅμως οὐδένα παίω· ἐν εὐδίᾳ γὰρ ὁρῶ ὑμᾶς. 20. Ὅταν δὲ χειμὼν ᾖ, καὶ θάλαττα μεγάλη ἐπιφέρηται, οὐχ ὁρᾶτε, ὅτι καὶ νεύματος μόνου ἕνεκα χαλεπαίνει μὲν πρωρεὺς τοῖς ἐν πρώρᾳ, χαλεπαίνει δὲ κυβερνήτης τοῖς ἐν πρύμνῃ; Ἱκανὰ γὰρ ἐν τῷ τοιούτῳ καὶ μικρὰ ἁμαρτηθέντα, πάντα συνεπιτρῖψαι. 21. Ὅτι δὲ δικαίως ἔπαιον αὐτοὺς, καὶ ὑμεῖς κατεδικάσατε τότε· ἔχοντες γὰρ ξίφη, οὐ ψήφους, παρέστητε, καὶ ἐξῆν ὑμῖν ἐπικουρεῖν αὐτοῖς, εἰ ἐβούλεσθε. Ἀλλὰ μὰ Δία οὔτε τούτοις ἐπεκουρεῖτε, οὔτε σὺν ἐμοὶ τὸν ἀτακτοῦντα ἐπαίετε. 22. Τοιγαροῦν ἐξουσίαν ἐποιήσατε τοῖς κακοῖς αὐτῶν, ὑβρίζειν ἐῶντες αὐτούς. Οἶμαι γὰρ, εἰ ἐθέλετε σκοπεῖν, τοὺς αὐτοὺς εὑρήσετε καὶ τότε κακίστους, καὶ νῦν ὑβριστοτάτους. 23. Βοΐσκος γοῦν ὁ πύκτης ὁ Θετταλὸς τότε μὲν διεμάχετο, ὡς κάμνων, ἀσπίδα μὴ φέρειν· νῦν δ', ὡς ἀκούω, Κοτυωριτῶν πολλοὺς ἤδη ἀποδέδυκεν. 24. Ἢν οὖν σωφρονῆτε, τοῦτον τἀναντία ποιήσετε, ἢ τοὺς κύνας ποιοῦσι· τοὺς μὲν γὰρ κύνας τοὺς χαλεποὺς τὰς μὲν ἡμέρας διδέασι, τὰς δὲ νύκτας ἀφιᾶσι· τοῦτον δὲ, ἢν σωφρονῆτε, τὴν νύκτα μὲν δήσετε, τὴν δὲ ἡμέραν ἀφήσετε.

25. Ἀλλὰ γὰρ, ἔφη, θαυμάζω, ὅτι, εἰ μέν τινι ὑμῶν ἀπηχθόμην, μέμνησθε, καὶ οὐ σιωπᾶτε· εἰ δέ τῳ ἢ χειμῶνα ἐπεκούρησα, ἢ πολέμιον ἀπήρυξα, ἢ ἀσθενοῦντι ἢ ἀποροῦντι συνεξ[illegible]ύτων οὐδεὶς μέμνηται· οὐδ' εἴ τινα

καλῶς τι ποιοῦντα ἐπῄνεσα, οὐδ' εἴ τιν' ἄνδρα ὄντα ἀγαθὸν ἐτίμησα, ὡς ἐδυνάμην, οὐδὲν τούτων μέμνησθε. 26. Ἀλλὰ μὴν καλόν τε καὶ δίκαιον, καὶ ὅσιον καὶ ἥδιον, τῶν ἀγαθῶν μᾶλλον ἢ τῶν κακῶν μεμνῆσθαι. Ἐκ τούτου μὲν δὴ ἀνίσταντο καὶ ἀνεμίμνησκον· καὶ περιεγένετο, ὥστε καλῶς ἔχειν.

ΞΕΝΟΦΩΝΤΟΣ

ΚΥΡΟΥ ΑΝΑΒΑΣΕΩΣ Ϝʹ.

CAP. I.

Ἐκ τούτου δὲ ἐν τῇ διατριβῇ οἱ μὲν ἀπὸ τῆς ἀγορᾶς ἔζων, οἱ δὲ καὶ ληϊζόμενοι ἐκ τῆς Παφλαγονίας. Ἐκλώπευον δὲ καὶ οἱ Παφλαγόνες εὖ μάλα τοὺς ἀποσκεδαννυμένους, καὶ τῆς νυκτὸς τοὺς πρόσω σκηνοῦντας ἐπειρῶντο κακουργεῖν· καὶ πολεμικώτατα πρὸς ἀλλήλους εἶχον ἐκ τούτων. 2. Ὁ δὲ Κορύλας, ὃς ἐτύγχανε τότε Παφλαγονίας ἄρχων, πέμπει παρὰ τοὺς Ἕλληνας πρέσβεις, ἔχοντας ἵππους καὶ στολὰς καλὰς, λέγοντας, ὅτι Κορύλας ἕτοιμος εἴη, τοὺς Ἕλληνας μήτε ἀδικεῖν, μήτε ἀδικεῖσθαι. 3. Οἱ δὲ στρατηγοὶ ἀπεκρίναντο, ὅτι περὶ μὲν τούτων σὺν τῇ στρατιᾷ βουλεύσοιντο, ἐπὶ ξενίᾳ δὲ ἐδέχοντο αὐτούς· παρεκάλεσαν δὲ καὶ τῶν ἄλλων ἀνδρῶν, οὓς ἐδόκουν δικαιοτάτους εἶναι. 4. Θύσαντες δὲ βοῦς τῶν αἰχμαλώτων καὶ ἄλλα ἱερεῖα, εὐωχίαν μὲν ἀρκοῦσαν παρεῖχον, κατακείμενοι δὲ ἐν σκίμποσιν ἐδείπνουν, καὶ ἔπινον ἐκ κερατίνων ποτηρίων, οἷς ἐνετύγχανον ἐν τῇ χώρᾳ.

5. Ἐπεὶ δὲ σπονδαί τ' ἐγένοντο καὶ ἐπαιώνισαν, ἀνέ-

στησαν πρῶτον μὲν Θρᾷκες, καὶ πρὸς αὐλὸν ὠρχήσαντο σὺν τοῖς ὅπλοις, καὶ ἥλλοντο ὑψηλά τε καὶ κούφως, καὶ ταῖς μαχαίραις ἐχρῶντο· τέλος δὲ ὁ ἕτερος τὸν ἕτερον παίει, ὡς πᾶσιν ἐδόκει πεπληγέναι τὸν ἄνδρα· ὁ δ' ἔπεσε τεχνικῶς πως. 6. Καὶ ἀνέκραγον οἱ Παφλαγόνες. Καὶ ὁ μὲν σκυλεύσας τὰ ὅπλα τοῦ ἑτέρου, ἐξῄει ᾄδων τὸν Σιτάλκαν· ἄλλοι δὲ τῶν Θρᾳκῶν τὸν ἕτερον ἐξέφερον ὡς τεθνηκότα· ἦν δὲ οὐδὲν πεπονθώς. 7. Μετὰ τοῦτο Αἰνιᾶνες καὶ Μάγνητες ἀνέστησαν, οἳ ὠρχοῦντο τὴν καρπαίαν καλουμένην ἐν τοῖς ὅπλοις. 8. Ὁ δὲ τρόπος τῆς ὀρχήσεως ἦν [ὅδε]· ὁ μὲν παραθέμενος τὰ ὅπλα σπείρει καὶ ζευγηλατεῖ, πυκνὰ μεταστρεφόμενος ὡς φοβούμενος· λῃστὴς δὲ προσέρχεται· ὁ δ' ἐπειδὰν προΐδηται, ἀπαντᾷ ἁρπάσας τὰ ὅπλα, καὶ μάχεται πρὸ τοῦ ζεύγους· (καὶ οὗτοι ταῦτ' ἐποίουν ἐν ῥυθμῷ πρὸς τὸν αὐλόν·) καὶ τέλος ὁ λῃστὴς δήσας τὸν ἄνδρα καὶ τὸ ζεῦγος ἀπάγει· ἐνίοτε δὲ καὶ ὁ ζευγηλάτης τὸν λῃστήν· εἶτα παρὰ τοὺς βοῦς ζεύξας, ὀπίσω τὼ χεῖρε δεδεμένον ἐλαύνει.

9. Μετὰ τοῦτο Μυσὸς εἰσῆλθεν, ἐν ἑκατέρᾳ τῇ χειρὶ ἔχων πέλτην· καὶ τοτὲ μὲν ὡς δύο ἀντιταττομένων μιμούμενος ὠρχεῖτο, τοτὲ δὲ ὡς πρὸς ἕνα ἐχρῆτο ταῖς πέλταις, τοτὲ δ' ἐδινεῖτο καὶ ἐξεκυβίστα ἔχων τὰς πέλτας· ὥστε ὄψιν καλὴν φαίνεσθαι. 10. Τέλος δὲ τὸ Περσικὸν ὠρχεῖτο, κρούων τὰς πέλτας· καὶ ὤκλαζε καὶ ἐξανίστατο· καὶ ταῦτα πάντα ἐν ῥυθμῷ ἐποίει πρὸς τὸν αὐλόν. 11. Ἐπὶ δὲ τούτῳ ἐπιόντες οἱ Μαντινεῖς, καὶ ἄλλοι τινὲς τῶν Ἀρκάδων ἀναστάντες, ἐξοπλισάμενοι ὡς ἐδύναντο κάλλιστα, ᾖσάν τε ἐν ῥυθμῷ, πρὸς τὸν ἐνόπλιον ῥυθμὸν

αὐλούμενοι, καὶ ἐπαιώνισαν καὶ ὠρχήσαντο, ὥσπερ ἐν ταῖς πρὸς τοὺς θεοὺς προσόδοις. Ὁρῶντες δὲ οἱ Παφλαγόνες, δεινὰ ἐποιοῦντο, πάσας τὰς ὀρχήσεις ἐν ὅπλοις εἶναι. 12. Ἐπὶ τούτοις ὁρῶν ὁ Μυσὸς ἐκπεπληγμένους αὐτούς, πείσας τῶν Ἀρκάδων τινὰ πεπαμένον ὀρχηστρίδα, εἰσάγει, σκευάσας ὡς ἐδύνατο κάλλιστα, καὶ ἀσπίδα δοὺς κούφην αὐτῇ. Ἡ δὲ ὠρχήσατο πυῤῥίχην ἐλαφρῶς. 13. Ἐνταῦθα κρότος ἦν πολύς· καὶ οἱ Παφλαγόνες ἤροντο, εἰ καὶ γυναῖκες συνεμάχοντο αὐτοῖς. Οἱ δ' ἔλεγον, ὅτι αὗται καὶ αἱ τρεψάμεναι εἶεν βασιλέα ἐκ τοῦ στρατοπέδου. Τῇ μὲν οὖν νυκτὶ ταύτῃ τοῦτο τὸ τέλος ἐγένετο.

14. Τῇ δὲ ὑστεραίᾳ προσῆγον αὐτοὺς εἰς τὸ στράτευμα· καὶ ἔδοξε τοῖς στρατιώταις, μήτε ἀδικεῖν Παφλαγόνας, μήτε ἀδικεῖσθαι. Μετὰ τοῦτο οἱ μὲν πρέσβεις ᾤχοντο· οἱ δὲ Ἕλληνες, ἐπειδὴ πλοῖα ἱκανὰ ἐδόκει παρεῖναι, ἀναβάντες ἔπλεον ἡμέραν καὶ νύκτα πνεύματι καλῷ, ἐν ἀριστερᾷ ἔχοντες τὴν Παφλαγονίαν. 15. Τῇ δ' ἄλλῃ ἀφικνοῦνται εἰς Σινώπην, καὶ ὡρμίσαντο εἰς Ἁρμήνην τῆς Σινώπης. Σινωπεῖς δὲ οἰκοῦσι μὲν ἐν τῇ Παφλαγονικῇ, Μιλησίων δὲ ἄποικοί εἰσιν. Οὗτοι δὲ ξένια πέμπουσι τοῖς Ἕλλησιν, ἀλφίτων μὲν μεδίμνους τρισχιλίους, οἴνου δὲ κεράμια χίλια καὶ πεντακόσια. 16. Καὶ Χειρίσοφος ἐνταῦθα ἦλθε τριήρη ἔχων. Καὶ οἱ μὲν στρατιῶται προσεδόκων, ἄγοντά τι σφίσιν ἥκειν· ὁ δ' ἦγε μὲν οὐδέν, ἀπήγγελλε δέ, ὅτι ἐπαινοίη αὐτοὺς καὶ Ἀναξίβιος ὁ ναύαρχος καὶ οἱ ἄλλοι, καὶ ὅτι ὑπισχνεῖτο Ἀναξίβιος, εἰ ἀφικνοῖντο ἔξω τοῦ Πόντου, μισθοφορὰν αὐτοῖς ἔσεσθαι.

17. Καὶ ἐν ταύτῃ τῇ Ἁρμήνῃ ἔμειναν οἱ στρατιῶται

έρας πέντε. Ὡς δὲ τῆς Ἑλλάδος ἐδόκουν ἐγγὺς γίγνε-
αι, ἤδη μᾶλλον ἢ πρόσθεν εἰσῄει αὐτούς, ὅπως ἂν καὶ
ντές τι οἴκαδε ἀφίκωνται. 18. Ἡγήσαντο οὖν, εἰ ἕνα
ιντο ἄρχοντα, μᾶλλον ἂν ἢ πολυαρχίας οὔσης δύνασθαι
ἕνα χρῆσθαι τῷ στρατεύματι καὶ νυκτὸς καὶ ἡμέρας·
εἴ τι δέοι λανθάνειν, μᾶλλον ἂν κρύπτεσθαι· καὶ εἴ τι
δέοι φθάνειν, ἧττον ἂν ὑστερίζειν· οὐ γὰρ ἂν λόγων
ν πρὸς ἀλλήλους, ἀλλὰ τὸ δόξαν τῷ ἑνὶ περαίνεσθαι ἄν·
δ' ἔμπροσθεν χρόνον ἐκ τῆς νικώσης ἔπραττον πάντα
στρατηγοί. 19. Ὡς δὲ ταῦτα διενοοῦντο, ἐτράποντο
τὸν Ξενοφῶντα· καὶ οἱ λοχαγοὶ ἔλεγον προσιόντες
ῷ, ὅτι ἡ στρατιὰ οὕτω γιγνώσκει· καὶ εὔνοιαν ἐνδεικνύ-
ος ἕκαστος ἔπειθεν αὐτὸν ὑποστῆναι τὴν ἀρχήν. 20. Ὁ
Ξενοφῶν πῇ μὲν ἐβούλετο ταῦτα, νομίζων καὶ τὴν τιμὴν
ζω οὕτως ἑαυτῷ γίγνεσθαι, καὶ πρὸς τοὺς φίλους καὶ
τὴν πόλιν τοὔνομα μεῖζον ἀφίξεσθαι αὐτοῦ· τυχὸν δὲ
ἀγαθοῦ τινος ἂν αἴτιος τῇ στρατιᾷ γενέσθαι.

21. Τὰ μὲν δὴ τοιαῦτα ἐνθυμήματα ἐπῇρεν αὐτὸν ἐπι-
κεῖν αὐτοκράτορα γενέσθαι ἄρχοντα. Ὁπότε δ' αὖ
υμοῖτο, ὅτι ἄδηλον μὲν παντὶ ἀνθρώπῳ, ὅπῃ τὸ μέλλον
ι, διὰ τοῦτο δὲ καὶ κίνδυνος εἴη καὶ τὴν προειργασμένην
αν ἀποβαλεῖν, ἠπορεῖτο. 22. Διαπορουμένῳ δὲ αὐτῷ
κρῖναι ἔδοξε κράτιστον εἶναι, τοῖς θεοῖς ἀνακοινῶσαι·
παραστησάμενος δύο ἱερεῖα, ἐθύετο τῷ Διὶ τῷ Βασιλεῖ,
περ αὐτῷ μαντευτὸς ἦν ἐκ Δελφῶν· καὶ τὸ ὄναρ δὴ ἀπὸ
που τοῦ θεοῦ ἐνόμιζεν ἑωρακέναι, ὃ εἶδεν, ὅτε ἤρχετο ἐπὶ
συνεπιμελεῖσθαι τῆς στρατιᾶς καθίστασθαι. 23. Καὶ
ἐξ Ἐφέσου δὲ ὡρμᾶτο Κύρῳ συσταθησόμενος, ἀετὸν

ἀνεμιμνήσκετο ἑαυτῷ δεξιὸν φθεγγόμενον, καθήμενον μέντοι, ὥσπερ ὁ μάντις ὁ προπέμπων αὐτὸν ἔλεγεν, ὅτι μέγας μὲν οἰωνὸς εἴη καὶ οὐκ ἰδιωτικὸς, καὶ ἔνδοξος, ἐπίπονος μέντοι· τὰ γὰρ ὄρνεα μάλιστα ἐπιτίθεσθαι τῷ ἀετῷ καθημένῳ· οὐ μέντοι χρηματιστικὸν εἶναι τὸν οἰωνόν· τὸν γὰρ ἀετὸν πετόμενον μᾶλλον λαμβάνειν τὰ ἐπιτήδεια. 24. Οὕτω δὴ θυομένῳ αὐτῷ διαφανῶς ὁ θεὸς σημαίνει, μήτε προσδεῖσθαι τῆς ἀρχῆς, μήτε, εἰ αἱροῖντο, ἀποδέχεσθαι. Τοῦτο μὲν δὴ οὕτως ἐγένετο. 25. Ἡ δὲ στρατιὰ συνῆλθε, καὶ πάντες ἔλεγον ἕνα αἱρεῖσθαι· καὶ ἐπεὶ τοῦτο ἔδοξε, προεβάλλοντο αὐτόν. Ἐπεὶ δὲ ἐδόκει δῆλον εἶναι, ὅτι αἱρήσονται αὐτὸν, εἴ τις ἐπιψηφίζοι, ἀνέστη καὶ ἔλεξε τάδε·

26. Ἐγὼ, ὦ ἄνδρες, ἥδομαι μὲν ὑπὸ ὑμῶν τιμώμενος, εἴπερ ἄνθρωπός εἰμι, καὶ χάριν ἔχω, καὶ εὔχομαι δοῦναί μοι τοὺς θεοὺς αἴτιόν τινος ὑμῖν ἀγαθοῦ γενέσθαι· τὸ μέντοι ἐμὲ προκριθῆναι ὑφ' ὑμῶν ἄρχοντα, Λακεδαιμονίου ἀνδρὸς παρόντος, οὔτε ὑμῖν μοι δοκεῖ συμφέρον εἶναι, ἀλλ' ἧττον ἂν διὰ τοῦτο τυγχάνειν, εἴ τι δέοισθε, παρ' αὐτῶν· ἐμοί τε αὖ οὐ πάνυ τι νομίζω ἀσφαλὲς εἶναι τοῦτο. 27. Ὁρῶ γὰρ, ὅτι καὶ τῇ πατρίδι μου οὐ πρόσθεν ἐπαύσαντο πολεμοῦντες, πρὶν ἐποίησαν πᾶσαν τὴν πόλιν ὁμολογεῖν, Λακεδαιμονίους καὶ αὐτῶν ἡγεμόνας εἶναι. 28. Ἐπεὶ δὲ τοῦτο ὡμολόγησαν, εὐθὺς ἐπαύσαντο πολεμοῦντες, καὶ οὐκέτι πέρα ἐπολιόρκησαν τὴν πόλιν. Εἰ οὖν ταῦτα ὁρῶν ἐγὼ δοκοίην, ὅπου δυναίμην, ἐνταῦθ' ἄκυρον ποιεῖν τὸ ἐκείνων ἀξίωμα, ἐκεῖνο ἐννοῶ, μὴ λίαν ἂν ταχὺ σωφρονισθείην. 29. Ὃ δὲ ὑμεῖς ἐννοεῖτε, ὅτι ἧττον ἂν στάσις εἴη ἑνὸς ἄρχοντος, ἢ πολλῶν, εὖ ἴστε, ὅτι ἄλλον μὲν ἑλόμενοι οὐχ

εὑρήσετε ἐμὲ στασιάζοντα· νομίζω γάρ, ὅστις ἐν πολέμῳ ὢν στασιάζει πρὸς ἄρχοντα, τοῦτον πρὸς τὴν ἑαυτοῦ σωτηρίαν στασιάζειν· ἐὰν δ' ἐμὲ ἕλησθε, οὐκ ἂν θαυμάσαιμι, εἴ τινα εὕροιτε καὶ ὑμῖν καὶ ἐμοὶ ἀχθόμενον.

30. Ἐπεὶ δὲ ταῦτα εἶπε, πολὺ πλείονες ἐξανίσταντο, λέγοντες, ὡς δέοι αὐτὸν ἄρχειν. Ἀγασίας δὲ Στυμφάλιος εἶπεν, ὅτι γελοῖον εἴη, εἰ οὕτως ἔχοι, εἰ ὀργιοῦνται Λακεδαιμόνιοι, καὶ ἐὰν σύνδειπνοι συνελθόντες μὴ Λακεδαιμόνιον συμποσίαρχον αἱρῶνται. Ἐπεὶ εἰ οὕτω γε τοῦτο ἔχει, ἔφη, οὐδὲ λοχαγεῖν ἡμῖν ἔξεστιν, ὡς ἔοικεν, ὅτι Ἀρκάδες ἐσμέν. Ἐνταῦθα δή, ὡς εὖ εἰπόντος τοῦ Ἀγασίου, ἀνεθορύβησαν. 31. Καὶ ὁ Ξενοφῶν ἐπεὶ ἑώρα πλείονος ἐνδέον, παρελθὼν εἶπεν· Ἀλλ', ὦ ἄνδρες, ἔφη, ὡς πάνυ εἰδῆτε, ὀμνύω ὑμῖν θεοὺς πάντας καὶ πάσας, ἦ μὴν ἐγώ, ἐπεὶ τὴν ὑμετέραν γνώμην ᾐσθανόμην, ἐθυόμην, εἰ βέλτιον εἴη ὑμῖν τε, ἐμοὶ ἐπιτρέψαι ταύτην τὴν ἀρχήν, καὶ ἐμοί, ὑποστῆναι· καί μοι οἱ θεοὶ οὕτως ἐν τοῖς ἱεροῖς ἐσήμηναν, ὥστε καὶ ἰδιώτην ἂν γνῶναι, ὅτι ταύτης τῆς μοναρχίας ἀπέχεσθαί με δεῖ.

32. Οὕτω δὴ Χειρίσοφον αἱροῦνται. Χειρίσοφος δ' ἐπεὶ ᾑρέθη, παρελθὼν εἶπεν· Ἀλλ', ὦ ἄνδρες, τοῦτο μὲν ἴστε, ὅτι οὐδ' ἂν ἔγωγε ἐστασίαζον, εἰ ἄλλον εἵλεσθε. Ξενοφῶντα μέντοι, ἔφη, ὠνήσατε, οὐχ ἑλόμενοι· ὡς καὶ νῦν Δέξιππος ἤδη διέβαλλεν αὐτὸν πρὸς Ἀναξίβιον, ὅ τι ἐδύνατο, καὶ μάλα ἐμοῦ αὐτὸν σιγάζοντος. (Ὁ δ' ἔφη νομίζειν, αὐτον Τιμασίωνι μᾶλλον συνάρχειν ἐθελῆσαι, Δαρδανεῖ ὄντι, τοῦ Κλεάρχου στρατεύματος, ἢ ἑαυτῷ, Λάκωνι ὄντι.) 33. Ἐπεὶ μέντοι ἐμὲ εἵλεσθε, ἔφη, καὶ ἐγὼ πει-

ράσομαι, ὅ τι ἂν δύνωμαι, ὑμᾶς ἀγαθὸν ποιεῖν. Καὶ ὑμεῖς οὕτω παρασκευάζεσθε, ὡς αὔριον, ἐὰν πλοῦς ᾖ, αναξόμενοι· ὁ δὲ πλοῦς ἔσται εἰς Ἡράκλειαν· ἅπαντας οὖν δεῖ ἐκεῖσε πειρᾶσθαι κατασχεῖν· τὰ δ᾽ ἄλλα, ἐπειδὰν ἐκεῖσε ἔλθωμεν, βουλευσόμεθα.

CAP. II.

1. Ἐντεῦθεν τῇ ὑστεραίᾳ ἀναγόμενοι πνεύματι ἔπλεον καλῷ ἡμέρας δύο παρὰ γῆν. Καὶ παραπλέοντες ἐθεώρουν τήν τ᾽ Ἰασονίαν ἀκτὴν, ἔνθα ἡ Ἀργὼ λέγεται ὁρμίσασθαι, καὶ τῶν ποταμῶν τὰ στόματα· πρῶτον μὲν τοῦ Θερμώδοντος, ἔπειτα δὲ τοῦ Ἴριος, ἔπειτα δὲ τοῦ Ἅλυος, μετὰ δὲ τοῦτον τοῦ Παρθενίου· τοῦτον δὲ παραπλεύσαντες, ἀφίκοντο εἰς Ἡράκλειαν, πόλιν Ἑλληνίδα, Μεγαρέων ἄποικον, οὖσαν δ᾽ ἐν τῇ Μαριανδυνῶν χώρᾳ. 2. Καὶ ὡρμίσαντο παρὰ τῇ Ἀχερουσιάδι Χεῤῥονήσῳ· ἔνθα λέγεται ὁ Ἡρακλῆς ἐπὶ τὸν Κέρβερον κύνα καταβῆναι, ᾗ νῦν τὰ σημεῖα δεικνύουσι τῆς καταβάσεως, τὸ βάθος πλέον ἢ ἐπὶ δύο στάδια. 3. Ἐνταῦθα τοῖς Ἕλλησιν οἱ Ἡρακλεῶται ξένια πέμπουσιν, ἀλφίτων μεδίμνους τρισχιλίους, καὶ οἴνου κεράμια δισχίλια, καὶ βοῦς εἴκοσι, καὶ οἶς ἑκατόν. Ἐνταῦθα διὰ τοῦ πεδίου ῥεῖ ποταμὸς, Λύκος ὄνομα, εὖρος ὡς δύο πλέθρων.

4. Οἱ δὲ στρατιῶται συλλεγέντες ἐβουλεύοντο, τὴν λοιπὴν πορείαν πότερον κατὰ γῆν ἢ κατὰ θάλατταν χρὴ πορευθῆναι ἐκ τοῦ Πόντου. Ἀναστὰς δὲ Λύκων Ἀχαιὸς εἶπε· Θαυμάζω μὲν, ὦ ἄνδρες, τῶν στρατηγῶν, ὅτι οὐ

πειρῶνται ἡμῖν ἐκπορίζειν σιτηρέσιον· τὰ μὲν γὰρ ξένια οὐ μὴ γένηται τῇ στρατιᾷ τριῶν ἡμερῶν σιτία· ὁπόθεν δ' ἐπισιτισάμενοι πορευσόμεθα, οὐκ ἔστιν, ἔφη. Ἐμοὶ οὖν δοκεῖ, αἰτεῖν τοὺς Ἡρακλεώτας μὴ ἔλαττον ἢ τρισχιλίους κυζικηνούς. 5. Ἄλλος δ' εἶπε, [μηνὸς μισθὸν,] μὴ ἔλαττον ἢ μυρίους· καὶ ἑλομένους πρέσβεις αὐτίκα μάλα, ἡμῶν καθημένων, πέμπειν πρὸς τὴν πόλιν, καὶ εἰδέναι ὅ τι ἂν ἀπαγγέλλωσι, καὶ πρὸς ταῦτα βουλεύεσθαι. 6. Ἐντεῦθεν προὐβάλλοντο πρέσβεις, πρῶτον μὲν Χειρίσοφον, ὅτι ἄρχων ᾕρητο· ἔστι δ' οἳ καὶ Ξενοφῶντα. Οἱ δὲ ἰσχυρῶς ἀπεμάχοντο· ἀμφοῖν γὰρ ταὐτὰ ἐδόκει, μὴ ἀναγκάζειν πόλιν Ἑλληνίδα καὶ φιλίαν, ὅ τι μὴ αὐτοὶ ἐθέλοντες διδοῖεν. 7. Ἐπεὶ δ' οὖν οὗτοι ἐδόκουν ἀπρόθυμοι εἶναι, πέμπουσι Λύκωνα Ἀχαιὸν, καὶ Καλλίμαχον Παῤῥάσιον, καὶ Ἀγασίαν Στυμφάλιον. Οὗτοι ἐλθόντες ἔλεγον τὰ δεδογμένα· τὸν δὲ Λύκωνα ἔφασαν καὶ ἐπαπειλεῖν, εἰ μὴ ποιήσοιεν ταῦτα. 8. Ἀκούσαντες δ' οἱ Ἡρακλεῶται, βουλεύσεσθαι ἔφασαν· καὶ εὐθὺς τά τε χρήματα ἐκ τῶν ἀγρῶν συνῆγον, καὶ τὴν ἀγορὰν εἴσω ἀνεσκεύασαν, καὶ αἱ πύλαι ἐκέκλειντο, καὶ ἐπὶ τῶν τειχῶν ὅπλα ἐφαίνετο.

9. Ἐκ τούτου οἱ ταράξαντες ταῦτα τοὺς στρατηγοὺς ᾐτιῶντο διαφθείρειν τὴν πρᾶξιν· καὶ συνίσταντο οἱ Ἀρκάδες καὶ οἱ Ἀχαιοί· προειστήκει δὲ μάλιστα αὐτῶν Καλλίμαχός τε ὁ Παῤῥάσιος καὶ Λύκων ὁ Ἀχαιός. 10. Οἱ δὲ λόγοι ἦσαν αὐτοῖς, ὡς αἰσχρὸν εἴη ἄρχειν ἕνα Ἀθηναῖον Πελοποννησίων καὶ Λακεδαιμονίων, μηδεμίαν δύναμιν παρεχόμενον εἰς τὴν στρατιάν· καὶ τοὺς μὲν πόνους σφᾶς ἔχειν, τὰ δὲ κέρδη ἄλλους, καὶ ταῦτα τὴν σωτηρίαν σφῶν

κατειργασμένων· εἶναι γὰρ τοὺς κατειργασμένους Ἀρκάδας καὶ Ἀχαιούς, τὸ δ' ἄλλο στράτευμα οὐδὲν εἶναι. (Καὶ ἦν δὲ τῇ ἀληθείᾳ ὑπὲρ ἥμισυ τοῦ ὅλου στρατεύματος Ἀρκάδες καὶ Ἀχαιοί.) 11. Εἰ οὖν σωφρονοῖεν οὗτοι, συστάντες καὶ στρατηγοὺς ἑλόμενοι ἑαυτῶν, καθ' ἑαυτοὺς ἂν τὴν πορείαν ποιοῖντο, καὶ πειρῷντο ἀγαθόν τι λαμβάνειν. 12. Ταῦτ' ἔδοξε· καὶ ἀπολιπόντες Χειρίσοφον, εἴ τινες ἦσαν παρ' αὐτῷ Ἀρκάδες ἢ Ἀχαιοί, καὶ Ξενοφῶντα, συνέστησαν· καὶ στρατηγοὺς αἱροῦνται ἑαυτῶν δέκα· τούτους δὲ ἐψηφίσαντο ἐκ τῆς νικώσης, ὅ τι δοκοίη, τοῦτο ποιεῖν. Ἡ μὲν οὖν τοῦ παντὸς ἀρχὴ Χειρισόφῳ ἐνταῦθα κατελύθη, ἡμέρᾳ ἕκτῃ ἢ ἑβδόμῃ ἀφ' ἧς ᾑρέθη.

13. Ξενοφῶν μέντοι ἐβούλετο κοινῇ μετ' αὐτῶν τὴν πορείαν ποιεῖσθαι, νομίζων, οὕτως ἀσφαλεστέραν εἶναι, ἢ ἰδίᾳ ἕκαστον στέλλεσθαι· ἀλλὰ Νέων ἔπειθεν αὐτὸν καθ' αὑτὸν πορεύεσθαι, ἀκούσας τοῦ Χειρισόφου, ὅτι Κλέανδρος ὁ ἐν Βυζαντίῳ ἁρμοστὴς φαίη, τριήρεις ἔχων ἥξειν εἰς Κάλπης λιμένα. 14. Ὅπως οὖν μηδεὶς μετάσχοι, ἀλλ' αὐτοὶ καὶ οἱ αὐτῶν στρατιῶται ἐκπλεύσειαν ἐπὶ τῶν τριήρων, διὰ ταῦτα συνεβούλευε. Καὶ Χειρίσοφος, ἅμα μὲν ἀθυμῶν τοῖς γεγενημένοις, ἅμα δὲ μισῶν ἐκ τούτου τὸ στράτευμα, ἐπιτρέπει αὐτῷ ποιεῖν ὅ τι βούλεται. 15. Ξενοφῶν δὲ ἔτι μὲν ἐπεχείρησεν ἀπαλλαγεὶς τῆς στρατιᾶς ἐκπλεῦσαι· θυομένῳ δὲ αὐτῷ τῷ Ἡγεμόνι Ἡρακλεῖ, καὶ κοινουμένῳ, πότερα λῷον καὶ ἄμεινον εἴη στρατεύεσθαι ἔχοντι τοὺς παραμείναντας τῶν στρατιωτῶν, ἢ ἀπαλλάττεσθαι, ἐσήμηνεν ὁ θεὸς τοῖς ἱεροῖς, συστρατεύεσθαι. 16. Οὕτω γίγνεται τὸ στράτευμα τριχῇ· Ἀρκάδες μὲν καὶ Ἀχαιοὶ πλείους ἢ

τετρακισχίλιοι [καὶ πεντακόσιοι], ὁπλῖται πάντες· Χειρισόφῳ δ' ὁπλῖται μὲν εἰς τετρακοσίους καὶ χιλίους, πελτασταὶ δὲ εἰς ἑπτακοσίους, οἱ Κλεάρχου Θρᾷκες· Ξενοφῶντι δὲ ὁπλῖται μὲν εἰς ἑπτακοσίους καὶ χιλίους, πελτασταὶ δὲ εἰς τριακοσίους· ἱππικὸν δὲ μόνος οὗτος εἶχεν, ἀμφὶ τετταράκοντα ἱππέας.

17. Καὶ οἱ μὲν Ἀρκάδες, διαπραξάμενοι πλοῖα παρὰ τῶν Ἡρακλεωτῶν, πρῶτοι πλέουσιν, ὅπως ἐξαίφνης ἐπιπεσόντες τοῖς Βιθυνοῖς, λάβοιεν ὅτι πλεῖστα· καὶ ἀποβαίνουσιν εἰς Κάλπης λιμένα, κατὰ μέσον πως τῆς Θρᾴκης. 18. Χειρίσοφος δ' εὐθὺς ἀπὸ τῆς πόλεως τῶν Ἡρακλεωτῶν ἀρξάμενος, πεζῇ ἐπορεύετο διὰ τῆς χώρας· ἐπεὶ δὲ εἰς τὴν Θρᾴκην ἐνέβαλε, παρὰ τὴν θάλατταν ᾔει· καὶ γὰρ ἤδη ἠσθένει. 19. Ξενοφῶν δὲ πλοῖα λαβών, ἀποβαίνει ἐπὶ τὰ ὅρια τῆς Θρᾴκης καὶ τῆς Ἡρακλεώτιδος, καὶ διὰ μεσογαίας ἐπορεύετο.

CAP. III.

1. [Ὃν μὲν οὖν τρόπον ἥ τε Χειρισόφου ἀρχὴ τοῦ παντὸς κατελύθη, καὶ τῶν Ἑλλήνων τὸ στράτευμα ἐσχίσθη, ἐν τοῖς ἐπάνω εἴρηται.] 2. Ἔπραξαν δ' αὐτῶν ἕκαστοι τάδε. Οἱ μὲν Ἀρκάδες, ὡς ἀπέβησαν νυκτὸς εἰς Κάλπης λιμένα, πορεύονται εἰς τὰς πρώτας κώμας, στάδια ἀπὸ θαλάττης ὡς τριάκοντα. Ἐπεὶ δὲ φῶς ἐγένετο, ἦγεν ἕκαστος στρατηγὸς τὸ αὑτοῦ λόχος ἐπὶ κώμην· ὁποία δὲ μείζων ἐδόκει εἶναι, σύνδυο λόχους ἦγον οἱ στρατηγοί. 3. Συνεβάλοντο δὲ καὶ λόφον, εἰς ὃν δέοι πάντας ἁλίζε-

σθαι. Καὶ, ἅτε ἐξαίφνης ἐπιπεσόντες, ἀνδράποδά τε πολλὰ ἔλαβον, καὶ πρόβατα πολλὰ περιεβάλοντο.

4. Οἱ δὲ Θρᾷκες ἠθροίζοντο οἱ διαφυγόντες· πολλοὶ δὲ διέφυγον, πελτασταὶ ὄντες, ὁπλίτας ἐξ αὐτῶν τῶν χειρῶν. Ἐπεὶ δὲ συνελέγησαν, πρῶτον μὲν τῷ Σμίκρητος λόχῳ, ἑνὸς τῶν Ἀρκάδων στρατηγῶν, ἀπιόντι ἤδη εἰς τὸ συγκείμενον καὶ πολλὰ χρήματα ἄγοντι, ἐπιτίθενται. 5. Καὶ τέως μὲν ἐμάχοντο ἅμα πορευόμενοι οἱ Ἕλληνες· ἐπὶ δὲ διαβάσει χαράδρας τρέπονται αὐτούς, καὶ αὐτόν τε τὸν Σμίκρητα ἀποκτιννύασι, καὶ τοὺς ἄλλους πάντας. Ἄλλου δὲ λόχου τῶν δέκα στρατηγῶν, τοῦ Ἡγησάνδρου, ὀκτὼ μόνους κατέλιπον· καὶ αὐτὸς Ἡγήσανδρος ἐσώθη. 6. Καὶ οἱ ἄλλοι μὲν λοχαγοὶ συνῆλθον, οἱ μὲν σὺν πράγμασιν, οἱ δὲ ἄνευ πραγμάτων· οἱ δὲ Θρᾷκες, ἐπεὶ εὐτύχησαν τοῦτο τὸ εὐτύχημα, συνεβόων τε ἀλλήλους, καὶ συνελέγοντο ἐρρωμένως τῆς νυκτός. Καὶ ἅμα ἡμέρᾳ κύκλῳ περὶ τὸν λόφον, ἔνθα οἱ Ἕλληνες ἐστρατοπεδεύοντο, ἐτάττοντο καὶ ἱππεῖς πολλοὶ καὶ πελτασταὶ, καὶ ἀεὶ πλείονες συνέρρεον. 7. Καὶ προσέβαλλον πρὸς τοὺς ὁπλίτας ἀσφαλῶς· οἱ μὲν γὰρ Ἕλληνες οὔτε τοξότην εἶχον οὔτε ἀκοντιστὴν οὔτε ἱππέα· οἱ δὲ προσθέοντες καὶ προσελαύνοντες ἠκόντιζον· ὁπότε δὲ αὐτοῖς ἐπίοιεν, ῥᾳδίως ἀπέφευγον· ἄλλοι δὲ ἄλλῃ ἐπετίθεντο. 8. Καὶ τῶν μὲν πολλοὶ ἐτιτρώσκοντο, τῶν δὲ οὐδείς· ὥστε κινηθῆναι οὐκ ἐδύναντο ἐκ τοῦ χωρίου, ἀλλὰ τελευτῶντες καὶ ἀπὸ τοῦ ὕδατος εἶργον αὐτοὺς οἱ Θρᾷκες. 9. Ἐπεὶ δὲ ἀπορία πολλὴ ἦν, διελέγοντο περὶ σπονδῶν· καὶ τὰ μὲν ἄλλα ὡμολόγητο αὐτοῖς, ὁμήρους δὲ οὐκ ἐδίδοσαν οἱ Θρᾷκες, αἰτούντων τῶν Ἑλλήνων·

ἀλλ' ἐν τούτῳ ἴσχετο. Τὰ μὲν δὴ τῶν Ἀρκάδων οὕτως εἶχε.

10. Χειρίσοφος δὲ, ἀσφαλῶς πορευόμενος παρὰ θάλατταν, ἀφικνεῖται εἰς Κάλπης λιμένα. Ξενοφῶντι δὲ διὰ τῆς μεσογαίας πορευομένῳ οἱ ἱππεῖς προκαταθέοντες ἐντυγχάνουσι πρεσβύταις πορευομένοις ποι. Καὶ ἐπεὶ ἤχθησαν παρὰ Ξενοφῶντα, ἐρωτᾷ αὐτοὺς, εἴ που ᾔσθηνται ἄλλου στρατεύματος ὄντος Ἑλληνικοῦ. 11. Οἱ δὲ ἔλεγον πάντα τὰ γεγενημένα, καὶ νῦν ὅτι πολιορκοῦνται ἐπὶ λόφου, οἱ δὲ Θρᾷκες πάντες περικεκυκλωμένοι εἶεν αὐτούς. Ἐνταῦθα τοὺς μὲν ἀνθρώπους τούτους ἐφύλαττεν ἰσχυρῶς, ὅπως ἡγεμόνες εἶεν, ὅπου δέοι· σκοποὺς δὲ καταστήσας, συνέλεξε τοὺς στρατιώτας καὶ ἔλεξεν·

12. Ἄνδρες στρατιῶται, τῶν Ἀρκάδων οἱ μὲν τεθνᾶσιν, οἱ δὲ λοιποὶ ἐπὶ λόφου τινὸς πολιορκοῦνται. Νομίζω δ' ἔγωγε, εἰ ἐκεῖνοι ἀπολοῦνται, οὐδ' ἡμῖν εἶναι οὐδεμίαν σωτηρίαν, οὕτω μὲν πολλῶν ὄντων πολεμίων, οὕτω δὲ τεθαῤῥηκότων. 13. Κράτιστον οὖν ἡμῖν, ὡς τάχιστα βοηθεῖν τοῖς ἀνδράσιν, ὅπως, εἰ ἔτι εἰσὶ σῶοι, σὺν ἐκείνοις μαχώμεθα, καὶ μὴ, μόνοι λειφθέντες, μόνοι καὶ κινδυνεύωμεν. 14. Νῦν μὲν οὖν στρατοπεδευώμεθα, προελθόντες, ὅσον ἂν δοκῇ καιρὸς εἶναι εἰς τὸ δειπνοποιεῖσθαι· ἕως δ' ἂν πορευώμεθα, Τιμασίων ἔχων τοὺς ἱππέας προελαυνέτω, ἐφορῶν ἡμᾶς, καὶ σκοπείτω τὰ ἔμπροσθεν, ὡς μηδὲν ἡμᾶς λάθῃ. 15. Παρέπεμψε δὲ καὶ τῶν γυμνήτων ἀνθρώπους εὐζώνους εἰς τὰ πλάγια καὶ εἰς τὰ ἄκρα, ὅπως, εἴ πού τί ποθεν καθορῷεν, σημαίνοιεν· ἐκέλευε δὲ καίειν ἅπαντα, ὅτῳ ἐντυγχάνοιεν καυσίμῳ.

16. Ἡμεῖς γὰρ ἀποδραίημεν ἂν οὐδαμοῦ ἐνθένδε· πολλὴ μὲν γὰρ, ἔφη, εἰς Ἡράκλειαν πάλιν ἀπιέναι, πολλὴ δὲ εἰς Χρυσόπολιν λιελθεῖν· οἱ δὲ πολέμιοι πλησίον· εἰς Κάλπης δὲ λιμένα, ἔνθα Χειρίσοφον εἰκάζομεν εἶναι, εἰ σέσωσται, ἐλαχίστη ὁδός. Ἀλλὰ δὴ ἐκεῖ μὲν οὔτε πλοῖά ἐστιν, οἷς ἀποπλευσούμεθα· μένουσι δὲ αὐτοῦ οὐδὲ μιᾶς ἡμέρας ἐστὶ τὰ ἐπιτήδεια. 17. Τῶν δὲ πολιορκουμένων ἀπολομένων, σὺν τοῖς Χειρισόφου μόνοις κάκιόν ἐστι διακινδυνεύειν, ἢ τῶνδε σωθέντων, πάντας εἰς ταὐτὸν ἐλθόντας κοινῇ τῆς σωτηρίας ἔχεσθαι. Ἀλλὰ χρὴ παρασκευασαμένους τὴν γνώμην πορεύεσθαι, ὡς νῦν ἢ εὐκλεῶς τελευτῆσαι ἔστιν, ἢ κάλλιστον ἔργον ἐργάσασθαι, Ἕλληνας τοσούτους σώσαντας. 18. Καὶ ὁ θεὸς ἴσως ἄγει οὕτως, ὃς τοὺς μεγαληγορήσαντας, ὡς πλέον φρονοῦντας, ταπεινῶσαι βούλεται· ἡμᾶς δὲ, τοὺς ἀπὸ θεῶν ἀρχομένους, ἐντιμοτέρους ἐκείνων καταστῆσαι. Ἀλλ' ἕπεσθαι χρὴ, καὶ προσέχειν τὸν νοῦν, ὡς ἂν τὸ παραγγελλόμενον δύνησθε ποιεῖν.

19. Ταῦτ' εἰπὼν ἡγεῖτο. Οἱ δ' ἱππεῖς διασπειρόμενοι ἐφ' ὅσον καλῶς εἶχεν, ἔκαιον ᾗ ἐβάδιζον· καὶ οἱ πελτασταὶ ἐπιπαριόντες κατὰ τὰ ἄκρα, ἔκαιον πάντα, ὅσα καύσιμα ἑώρων· καὶ ἡ στρατιὰ δὲ, εἴ τινι παραλειπομένῳ ἐντυγχάνοιεν· ὥστε πᾶσα ἡ χώρα αἴθεσθαι ἐδόκει, καὶ τὸ στράτευμα πολὺ εἶναι. 20. Ἐπεὶ δὲ ὥρα ἦν, κατεστρατοπεδεύσαντο ἐπὶ λόφον ἐκβάντες, καὶ τά τε τῶν πολεμίων πυρὰ ἑώρων (ἀπεῖχον δὲ ὡς τετταράκοντα σταδίους), καὶ αὐτοὶ ὡς ἐδύναντο πλεῖστα πυρὰ ἔκαιον. 21. Ἐπεὶ δὲ ἐδείπνησαν – τάχιστα, παρηγγέλθη τὰ πυρὰ κατασβεννύναι πάντα. Καὶ τὴν μὲν νύκτα φυλακὰς ποιησάμενοι ἐκάθευδον· ἅμα

δὲ τῇ ἡμέρᾳ προσευξάμενοι τοῖς θεοῖς, καὶ συνταξάμενοι ὡς εἰς μάχην, ἐπορεύοντο ᾗ ἐδύναντο τάχιστα. 22. Τιμασίων δὲ καὶ οἱ ἱππεῖς, ἔχοντες τοὺς ἡγεμόνας καὶ προελαύνοντες, ἐλάνθανον αὑτοὺς ἐπὶ τῷ λόφῳ γενόμενοι, ἔνθα ἐπολιορκοῦντο οἱ Ἕλληνες. Καὶ οὐχ ὁρῶσιν οὔτε τὸ φίλιον στράτευμα οὔτε τὸ πολέμιον (καὶ ταῦτα ἀπαγγέλλουσι πρὸς τὸν Ξενοφῶντα καὶ τὸ στράτευμα), γραΐδια δὲ καὶ γερόντια καὶ πρόβατα ὀλίγα καὶ βοῦς καταλελειμμένους. 23. Καὶ τὸ μὲν πρῶτον θαῦμα ἦν, τί εἴη τὸ γεγενημένον· ἔπειτα δὲ καὶ τῶν καταλελειμμένων ἐπυνθάνοντο, ὅτι οἱ μὲν Θρᾷκες εὐθὺς ἀφ᾽ ἑσπέρας ᾤχοντο ἀπιόντες· ἕωθεν δὲ καὶ τοὺς Ἕλληνας ἔφασαν οἴχεσθαι· ὅπου δὲ, οὐκ εἰδέναι.

24. Ταῦτα ἀκούσαντες οἱ ἀμφὶ Ξενοφῶντα, ἐπεὶ ἠρίστησαν, συσκευασάμενοι ἐπορεύοντο, βουλόμενοι ὡς τάχιστα συμμίξαι τοῖς ἄλλοις εἰς Κάλπης λιμένα. Καὶ πορευόμενοι ἑώρων τὸν στίβον τῶν Ἀρκάδων καὶ Ἀχαιῶν κατὰ τὴν ἐπὶ Κάλπης ὁδόν. Ἐπεὶ δὲ ἀφίκοντο εἰς τὸ αὐτὸ, ἄσμενοί τε εἶδον ἀλλήλους, καὶ ἠσπάζοντο ὥσπερ ἀδελφούς. 25. Καὶ ἐπυνθάνοντο οἱ Ἀρκάδες τῶν περὶ Ξενοφῶντα, τί τὰ πυρὰ κατασβέσειαν. Ἡμεῖς μὲν γὰρ, ἔφασαν, ᾠόμεθα ὑμᾶς τὸ μὲν πρῶτον, ἐπειδὴ τὰ πυρὰ οὐχ ἑωρῶμεν, τῆς νυκτὸς ἥξειν ἐπὶ τοὺς πολεμίους· καὶ οἱ πολέμιοι δὲ, ὥς γε ἡμῖν ἐδόκουν, τοῦτο δείσαντες ἀπῆλθον· σχεδὸν γὰρ ἀμφὶ τοῦτον τὸν χρόνον ἀπῄεσαν. 26. Ἐπεὶ δὲ οὐκ ἀφίκεσθε, ὁ δὲ χρόνος ἐξῆκεν, ᾠόμεθα ὑμᾶς πυθομένους τὰ παρ᾽ ἡμῖν, φοβηθέντας οἴχεσθαι ἀποδράντας ἐπὶ θάλατταν· καὶ ἐδόκει ἡμῖν, μὴ ἀπολιπέσθαι ὑμῶν. Οὕτως οὖν καὶ ἡμεῖς δεῦρο ἐπορεύθημεν.

CAP. IV.

1. *Ταύτην μὲν οὖν τὴν ἡμέραν αὐτοῦ ηὐλίζοντο ἐπὶ τοῦ αἰγιαλοῦ πρὸς τῷ λιμένι. Τὸ δὲ χωρίον τοῦτο, ὃ καλεῖται Κάλπης λιμὴν, ἔστι μὲν ἐν τῇ Θρᾴκῃ τῇ ἐν τῇ Ἀσίᾳ· ἀρξαμένη δὲ ἡ Θρᾴκη αὕτη ἐστὶν ἀπὸ τοῦ στόματος τοῦ Πόντου μέχρι Ἡρακλείας, ἐπὶ δεξιὰ εἰς τὸν Πόντον εἰσπλέοντι.* 2. *Καὶ τριήρει μέν ἐστιν εἰς Ἡράκλειαν ἐκ Βυζαντίου κώπαις ἡμέρας μάλα μακρᾶς πλοῦς· ἐν δὲ τῷ μέσῳ ἄλλη μὲν πόλις οὐδεμία οὔτε φιλία οὔτε Ἑλληνὶς, ἀλλὰ Θρᾷκες Βιθυνοί· καὶ οὓς ἂν λάβωσι τῶν Ἑλλήνων ἢ ἐκπίπτοντας ἢ ἄλλως πως, δεινὰ ὑβρίζειν λέγονται τοὺς Ἕλληνας.*

3. *Ὁ δὲ Κάλπης λιμὴν ἐν μέσῳ μὲν κεῖται ἑκατέρωθεν πλεόντων ἐξ Ἡρακλείας καὶ Βυζαντίου· ἔστι δ' ἐν τῇ θαλάττῃ προκείμενον χωρίον, τὸ μὲν εἰς τὴν θάλατταν καθῆκον αὐτοῦ, πέτρα ἀποῤῥὼξ, ὕψος, ὅπῃ ἐλάχιστον, οὐ μεῖον εἴκοσιν ὀργυιῶν· ὁ δὲ αὐχὴν, ὁ εἰς τὴν γῆν ἀνήκων τοῦ χωρίου, μάλιστα τεττάρων πλέθρων τὸ εὖρος· τὸ δ' ἐντὸς τοῦ αὐχένος χωρίον ἱκανὸν μυρίοις ἀνθρώποις οἰκῆσαι.* 4. *Λιμὴν δ' ὑπ' αὐτῇ τῇ πέτρᾳ, τὸ πρὸς ἑσπέραν αἰγιαλὸν ἔχων. Κρήνη δὲ ἡδέος ὕδατος καὶ ἄφθονος ῥέουσα ἐπ' αὐτῇ τῇ θαλάττῃ, ὑπὸ τῇ ἐπικρατείᾳ τοῦ χωρίου. Ξύλα δὲ, πολλὰ μὲν καὶ ἄλλα, πάνυ δὲ πολλὰ καὶ καλὰ ναυπηγήσιμα ἐπ' αὐτῇ τῇ θαλάττῃ.* 5. *Τὸ δὲ ὄρος τὸ ἐν τῷ λιμένι εἰς μεσόγαιαν μὲν ἀνήκει ὅσον ἐπὶ εἴκοσι σταδίους, καὶ τοῦτο γεῶδες καὶ ἄλιθον· τὸ δὲ παρὰ θάλατταν, πλέον ἢ ἐπὶ εἴκοσι σταδίους, δασὺ πολλοῖς καὶ παντοδαποῖς καὶ*

μεγάλοις ξύλοις. 6. Ἡ δὲ ἄλλη χώρα καλὴ καὶ πολλή, καὶ κῶμαι ἐν αὐτῇ εἰσι πολλαὶ καὶ εὖ οἰκούμεναι· φέρει γὰρ ἡ γῆ καὶ κριθὰς καὶ πυροὺς καὶ ὄσπρια πάντα καὶ μελίνας καὶ σήσαμα καὶ σῦκα ἀρκοῦντα, καὶ ἀμπέλους πολλὰς καὶ ἡδυοίνους, καὶ τἆλλα πάντα πλὴν ἐλαιῶν. Ἡ μὲν χώρα ἦν τοιαύτη.

7. Ἐσκήνουν δὲ ἐν τῷ αἰγιαλῷ πρὸς τῇ θαλάττῃ· εἰς δὲ τὸ πόλισμα ἂν γενόμενον οὐκ ἐβούλοντο στρατοπεδεύεσθαι· ἀλλὰ ἐδόκει καὶ τὸ ἐλθεῖν ἐνταῦθα ἐξ ἐπιβουλῆς εἶναι, βουλομένων τινῶν κατοικίσαι πόλιν. 8. Τῶν γὰρ στρατιωτῶν οἱ πλεῖστοι ἦσαν οὐ σπάνει βίου ἐκπεπλευκότες ἐπὶ ταύτην τὴν μισθοφορὰν, ἀλλὰ τὴν Κύρου ἀρετὴν ἀκούοντες, οἱ μὲν καὶ ἄνδρας ἄγοντες, οἱ δὲ καὶ προσανηλωκότες χρήματα, καὶ τούτων ἕτεροι ἀποδεδρακότες πατέρας καὶ μητέρας, οἱ δὲ καὶ τέκνα καταλιπόντες, ὡς, χρήματ' αὐτοῖς κτησάμενοι, ἥξοντες πάλιν, ἀκούοντες καὶ τοὺς ἄλλους τοὺς παρὰ Κύρῳ πολλὰ καὶ ἀγαθὰ πράττειν. Τοιοῦτοι οὖν ὄντες, ἐπόθουν εἰς τὴν Ἑλλάδα σώζεσθαι.

9. Ἐπειδὴ δὲ ὑστέρα ἡμέρα ἐγένετο τῆς εἰς ταὐτὸν συνόδου, ἐπ' ἐξόδῳ ἐθύετο Ξενοφῶν· ἀνάγκη γὰρ ἦν ἐπὶ τὰ ἐπιτήδεια ἐξάγειν· ἐπενόει δὲ καὶ τοὺς νεκροὺς θάπτειν. Ἐπεὶ δὲ τὰ ἱερὰ καλὰ ἐγένετο, εἵποντο καὶ οἱ Ἀρκάδες, καὶ τοὺς μὲν νεκροὺς τοὺς πλείστους ἔνθαπερ ἔπεσον ἑκάστους ἔθαψαν (ἤδη γὰρ ἦσαν πεμπταῖοι, καὶ οὐχ οἷόν τε ἀναιρεῖν ἔτι ἦν)· ἐνίους δὲ τοὺς ἐκ τῶν ὁδῶν συνενεγκόντες, ἔθαψαν ἐκ τῶν ὑπαρχόντων ὡς ἐδύναντο κάλλιστα· οὓς δὲ μὴ εὕρισκον, κενοτάφιον αὐτοῖς ἐποίησαν μέγα, [καὶ πυρὰν μεγάλην,] καὶ στεφάνους ἐπέθεσαν. 10. Ταῦτα δὲ

ποιήσαντες ἀνεχώρησαν ἐπὶ τὸ στρατόπεδον. Καὶ τότε μὲν δειπνήσαντες ἐκοιμήθησαν. Τῇ δὲ ὑστεραίᾳ συνῆλθον οἱ στρατιῶται πάντες (συνῆγε δὲ [αὐτοὺς] μάλιστα Ἀγασίας τε Στυμφάλιος λοχαγὸς, καὶ Ἱερώνυμος Ἠλεῖος λοχαγὸς, καὶ οἱ ἄλλοι οἱ πρεσβύτατοι τῶν Ἀρκάδων)· 11. καὶ δόγμα ἐποιήσαντο, ἐάν τις τοῦ λοιποῦ μνησθῇ δίχα τὸ στράτευμα ποιεῖν, θανάτῳ αὐτὸν ζημιοῦσθαι· καὶ κατὰ χώραν ἀπιέναι, ᾗπερ πρόσθεν εἶχε τὸ στράτευμα, καὶ ἄρχειν τοὺς πρόσθεν στρατηγούς. Καὶ Χειρίσοφος μὲν ἤδη τετελευτήκει, φάρμακον πιὼν, πυρέττων· τὰ δ' ἐκείνου Νέων ὁ Ἀσιναῖος παρέλαβε.

12. Μετὰ δὲ ταῦτα ἀναστὰς εἶπε Ξενοφῶν· Ὦ ἄνδρες στρατιῶται, τὴν μὲν πορείαν, ὡς ἔοικε, δῆλον ὅτι πεζῇ ποιητέον, οὐ γὰρ ἔστι πλοῖα· ἀνάγκη δὲ πορεύεσθαι ἤδη, οὐ γὰρ ἔστι μένουσι τὰ ἐπιτήδεια. Ἡμεῖς μὲν οὖν, ἔφη, θυσόμεθα· ὑμᾶς δὲ δεῖ παρασκευάζεσθαι ὡς μαχουμένους, εἴ ποτε καὶ ἄλλοτε· οἱ γὰρ πολέμιοι ἀνατεθαῤῥήκασιν. 13. Ἐκ τούτου ἐθύοντο οἱ στρατηγοὶ, μάντις δὲ παρῆν Ἀρηξίων Ἀρκάς· ὁ δὲ Σιλανὸς ὁ Ἀμβρακιώτης ἤδη ἀποδεδράκει, πλοῖον μισθωσάμενος, ἐξ Ἡρακλείας. Θυομένοις δὲ ἐπὶ τῇ ἀφόδῳ οὐκ ἐγίγνετο τὰ ἱερά. 14. Ταύτην μὲν οὖν τὴν ἡμέραν ἐπαύσαντο. Καί τινες ἐτόλμων λέγειν, ὡς ὁ Ξενοφῶν, βουλόμενος τὸ χωρίον οἰκίσαι, πέπεικε τὸν μάντιν λέγειν, ὡς τὰ ἱερὰ οὐ γίγνεται ἐπὶ ἀφόδῳ. 15. Ἐντεῦθεν κηρύξας, τῇ αὔριον παρεῖναι ἐπὶ τὴν θυσίαν τὸν βουλόμενον, καὶ, μάντις εἴ τις εἴη, παραγγείλας παρεῖναι ὡς συνθεασόμενον τὰ ἱερὰ, ἔθυε· καὶ ἐνταῦθα παρῆσαν πολλοί. 16. Θυομένων δὲ πάλιν εἰς τρὶς ἐπὶ τῇ ἀφόδῳ,

οὐκ ἐγίγνετο τὰ ἱερά. Ἐκ τούτου χαλεπῶς εἶχον οἱ στρατιῶται· καὶ γὰρ τὰ ἐπιτήδεια ἐπέλιπεν, ἃ ἔχοντες ἦλθον, καὶ ἀγορὰ οὐδεμία παρῆν.

17. Ἐκ τούτου ξυνελθόντων, εἶπε πάλιν Ξενοφῶν· Ὦ ἄνδρες, ἐπὶ μὲν τῇ πορείᾳ, ὡς ὁρᾶτε, τὰ ἱερὰ οὔπω γίγνεται· τῶν δ' ἐπιτηδείων ὁρῶ ὑμᾶς δεομένους· ἀνάγκη οὖν μοι δοκεῖ εἶναι, θύεσθαι περὶ αὐτοῦ τούτου. 18. Ἀναστὰς δέ τις εἶπε· Καὶ εἰκότως ἄρα ἡμῖν οὐ γίγνεται τὰ ἱερά· ὡς γὰρ ἐγὼ, ἀπὸ τοῦ αὐτομάτου χθὲς ἥκοντος πλοίου, ἤκουσά τινος, ὅτι Κλέανδρος ὁ ἐκ Βυζαντίου ἁρμοστὴς μέλλει ἥξειν, πλοῖα καὶ τριήρεις ἔχων. 19. Ἐκ τούτου δὲ ἀναμένειν μὲν πᾶσιν ἐδόκει· ἐπὶ δὲ τὰ ἐπιτήδεια ἀναγκαῖον ἦν ἐξιέναι. Καὶ ἐπὶ τούτῳ πάλιν ἐθύετο εἰς τρὶς, καὶ οὐκ ἐγίγνετο τὰ ἱερά. Καὶ ἤδη καὶ ἐπὶ σκηνὴν ἰόντες τὴν Ξενοφῶντος, ἔλεγον, ὅτι οὐκ ἔχοιεν τὰ ἐπιτήδεια· ὁ δ' οὐκ ἂν ἔφη ἐξαγαγεῖν, μὴ γιγνομένων τῶν ἱερῶν.

20. Καὶ πάλιν τῇ ὑστεραίᾳ ἐθύετο, καὶ σχεδόν τι πᾶσα ἡ στρατιὰ, διὰ τὸ μέλειν ἅπασιν, ἐκυκλοῦντο περὶ τὰ ἱερά· τὰ δὲ θύματα ἐπιλελοίπει. Οἱ δὲ στρατηγοὶ ἐξῆγον μὲν οὔ, συνεκάλεσαν δέ. 21. Εἶπεν οὖν ὁ Ξενοφῶν· Ἴσως οἱ πολεμιοι συνειλεγμένοι εἰσὶ, καὶ ἀνάγκη μάχεσθαι· εἰ οὖν, καταλιπόντες τὰ σκεύη ἐν τῷ ἐρυμνῷ χωρίῳ, ὡς εἰς μάχην παρεσκευασμένοι ἴοιμεν, ἴσως ἂν τὰ ἱερὰ μᾶλλον προχωροίη ἡμῖν. 22. Ἀκούσαντες δ' οἱ στρατιῶται ἀνέκραγον, ὡς οὐδὲν δέον εἰς τὸ χωρίον ἄγειν, ἀλλὰ θύεσθαι ὡς τάχιστα. Καὶ πρόβατα μὲν οὐκέτι ἦν, βοῦς δὲ ὑπὸ ἁμάξης πριάμενοι ἐθύοντο· καὶ Ξενοφῶν Κλεάνορος ἐδεήθη τοῦ Ἀρκάδος προθυμεῖσθαι, εἴ τι ἐν τούτῳ εἴη. Ἀλλ' οὐδ' ὣς ἐγένετο [τὰ ἱερά].

23. Νέων δὲ ἦν μὲν στρατηγὸς κατὰ τὸ Χειρισόφου μέρος· ἐπεὶ δὲ ἑώρα τοὺς ἀνθρώπους, ὡς εἶχον δεινῶς τῇ ἐνδείᾳ, βουλόμενος αὐτοῖς χαρίσασθαι, εὑρών τινα ἄνθρωπον Ἡρακλεώτην, ὃς ἔφη κώμας ἐγγὺς εἰδέναι, ὅθεν εἴη λαβεῖν τὰ ἐπιτήδεια, ἐκήρυξε, τὸν βουλόμενον ἰέναι ἐπὶ τὰ ἐπιτήδεια, ὡς ἡγεμόνος ἐσομένου. Ἐξέρχονται δὴ σὺν δορατίοις καὶ ἀσκοῖς καὶ θυλάκοις καὶ ἄλλοις ἀγγείοις, εἰς δισχιλίους ἀνθρώπους. 24. Ἐπειδὴ δὲ ἦσαν ἐν ταῖς κώμαις, καὶ διεσπείροντο ὡς ἐπὶ τὸ λαμβάνειν, ἐπιπίπτουσιν αὐτοῖς οἱ Φαρναβάζου ἱππεῖς πρῶτοι· βεβοηθηκότες γὰρ ἦσαν τοῖς Βιθυνοῖς, βουλόμενοι σὺν τοῖς Βιθυνοῖς, εἰ δύναιντο, ἀποκωλῦσαι τοὺς Ἕλληνας μὴ ἐλθεῖν εἰς τὴν Φρυγίαν. Οὗτοι οἱ ἱππεῖς ἀποκτείνουσι τῶν ἀνδρῶν οὐ μεῖον πεντακοσίους· οἱ δὲ λοιποὶ ἐπὶ τὸ ὄρος ἀνέφυγον.

25. Ἐκ τούτου ἀπαγγέλλει τις ταῦτα τῶν ἀποπεφευγότων εἰς τὸ στρατόπεδον. Καὶ ὁ Ξενοφῶν, ἐπειδὴ οὐκ ἐγεγένητο τὰ ἱερὰ ταύτῃ τῇ ἡμέρᾳ, λαβὼν βοῦν ὑπὸ ἁμάξης (οὐ γὰρ ἦν ἄλλα ἱερεῖα), σφαγιασάμενος ἐβοήθει, καὶ οἱ ἄλλοι οἱ μέχρι τριάκοντα ἐτῶν ἅπαντες. 26. Καὶ ἀναλαβόντες τοὺς λοιποὺς ἄνδρας, εἰς τὸ στρατόπεδον ἀφικνοῦνται. Καὶ ἤδη μὲν ἀμφὶ ἡλίου δυσμὰς ἦν, καὶ οἱ Ἕλληνες μάλ' ἀθύμως ἔχοντες ἐδειπνοποιοῦντο· καὶ ἐξαπίνης διὰ τῶν λασίων τῶν Βιθυνῶν τινες ἐπιγενόμενοι τοῖς προφύλαξι, τοὺς μὲν κατέκανον, τοὺς δὲ ἐδίωξαν μέχρι εἰς τὸ στρατόπεδον. 27. Καὶ κραυγῆς γενομένης, εἰς τὰ ὅπλα πάντες ἔδραμον οἱ Ἕλληνες· καὶ διώκειν μὲν καὶ κινεῖν τὸ στρατόπεδον νυκτὸς οὐκ ἀσφαλὲς ἐδόκει εἶναι, δασέα γὰρ ἦν τὰ χωρία· ἐν δὲ τοῖς ὅπλοις ἐνυκτέρευον, φυλαττόμενοι ἱκανοῖς φύλαξι.

CAP. V.

1. Τὴν μὲν νύκτα οὕτω διήγαγον· ἅμα δὲ τῇ ἡμέρᾳ οἱ στρατηγοὶ εἰς τὸ ἐρυμνὸν χωρίον ἡγοῦντο· οἱ δὲ εἵποντο, ἀναλαβόντες τὰ ὅπλα καὶ σκεύη. Πρὶν δὲ ἀρίστου ὥραν εἶναι, ἀπετάφρευσαν, ᾗ ἡ εἴσοδος ἦν εἰς τὸ χωρίον, καὶ ἀπεσταύρωσαν ἅπαν, καταλιπόντες τρεῖς πύλας. Καὶ πλοῖον ἐξ Ἡρακλείας ἧκεν, ἄλφιτα ἄγον καὶ ἱερεῖα καὶ οἶνον. 2. Πρωῒ δ' ἀναστὰς Ξενοφῶν ἐθύετο ἐπεξόδια, καὶ γίγνεται τὰ ἱερὰ ἐπὶ τοῦ πρώτου ἱερείου. Καὶ ἤδη τέλος ἐχόντων τῶν ἱερῶν, ὁρᾷ ἀετὸν αἴσιον ὁ μάντις Ἀρηξίων Παῤῥάσιος, καὶ ἡγεῖσθαι κελεύει τὸν Ξενοφῶντα. 3. Καὶ διαβάντες τὴν τάφρον, τὰ ὅπλα τίθενται, καὶ ἐκήρυξαν, ἀριστήσαντας ἐξιέναι τοὺς στρατιώτας σὺν τοῖς ὅπλοις, τὸν δὲ ὄχλον καὶ τὰ ἀνδράποδα αὐτοῦ καταλιπεῖν.

4. Οἱ μὲν δὴ ἄλλοι πάντες ἐξῄεσαν, Νέων δὲ οὔ· ἐδόκει γὰρ κάλλιστον εἶναι, τοῦτον φύλακα καταλιπεῖν τῶν ἐπὶ τοῦ στρατοπέδου. Ἐπεὶ δ' οἱ λοχαγοὶ καὶ οἱ στρατιῶται ἀπέλειπον αὐτοὺς, αἰσχυνόμενοι μὴ ἕπεσθαι, τῶν ἄλλων ἐξιόντων, κατέλιπον αὐτοῦ τοὺς ὑπὲρ πέντε καὶ τετταράκοντα ἔτη. Καὶ οὗτοι μὲν ἔμενον, οἱ δ' ἄλλοι ἐπορεύοντο. 5. Πρὶν δὲ πεντεκαίδεκα στάδια διεληλυθέναι, ἐνέτυχον ἤδη νεκροῖς· καὶ τὴν οὐρὰν τοῦ κέρατος ποιησάμενοι κατὰ τοὺς πρώτους φανέντας νεκροὺς, ἔθαπτον πάντας, ὁπόσους ἐπελάμβανε τὸ κέρας. 6. Ἐπεὶ δὲ τοὺς πρώτους ἔθαψαν, προαγαγόντες, καὶ τὴν οὐρὰν αὖθις ποιησάμενοι κατὰ τοὺς πρώτους τῶν ἀτάφων, ἔθαπτον τὸν αὐτὸν τρόπον, ὁπόσους ἐπελάμβανεν ἡ στρατιά. Ἐπεὶ δὲ εἰς τὴν ὁδὸν ἧκον τὴν

ἐκ τῶν κωμῶν, ἔνθα ἔκειντο ἀθρόοι, συνενεγκόντες αὐτοὺς ἔθαψαν.

7. Ἤδη δὲ πέρα μεσούσης τῆς ἡμέρας προαγαγόντες τὸ στράτευμα ἔξω τῶν κωμῶν, ἐλάμβανον τὰ ἐπιτήδεια, ὅ τι τις ὁρῴη ἐντὸς τῆς φάλαγγος. Καὶ ἐξαίφνης ὁρῶσι τοὺς πολεμίους ὑπερβάλλοντας κατὰ λόφους τινὰς ἐκ τοῦ ἐναντίου, τεταγμένους ἐπὶ φάλαγγος, ἱππέας τε πολλοὺς καὶ πεζούς· καὶ γὰρ Σπιθριδάτης καὶ Ῥαθίνης ἧκον παρὰ Φαρναβάζου ἔχοντες δύναμιν. 8. Ἐπεὶ δὲ κατεῖδον τοὺς Ἕλληνας οἱ πολέμιοι, ἔστησαν ἀπέχοντες αὐτῶν ὅσον πεντεκαίδεκα σταδίους. Ἐκ τούτου εὐθὺς Ἀρηξίων ὁ μάντις τῶν Ἑλλήνων σφαγιάζεται, καὶ ἐγένετο ἐπὶ τοῦ πρώτου καλὰ τὰ σφάγια. 9. Ἔνθα δὴ Ξενοφῶν λέγει· Δοκεῖ μοι, ὦ ἄνδρες στρατηγοί, ἐπιτάξασθαι τῇ φάλαγγι λόχους φύλακας, ἵνα, ἄν που δέῃ, ὦσιν οἱ ἐπιβοηθήσοντες τῇ φάλαγγι, καὶ οἱ πολέμιοι τεταραγμένοι ἐμπίπτωσιν εἰς τεταγμένους καὶ ἀκεραίους. 10. Συνεδόκει ταῦτα πᾶσιν. Ὑμεῖς μὲν τοίνυν, ἔφη, προηγεῖσθε τὴν πρὸς τοὺς ἐναντίους, ὡς μὴ ἑστήκωμεν, ἐπεὶ ὤφθημεν καὶ εἴδομεν τοὺς πολεμίους· ἐγὼ δὲ ἥξω, τοὺς τελευταίους λόχους καταχωρίσας, ᾗπερ ὑμῖν δοκεῖ.

11. Ἐκ τούτου οἱ μὲν ἥσυχοι προῆγον· ὁ δέ, τρεῖς ἀφελὼν τὰς τελευταίας τάξεις, ἀνὰ διακοσίους ἄνδρας, τὴν μὲν ἐπὶ τὸ δεξιὸν ἐπέτρεψεν ἐφέπεσθαι, ἀπολιπόντας ὡς πλέθρον (Σαμόλας Ἀχαιὸς ταύτης ἦρχε τῆς τάξεως), τὴν δ᾽ ἐπὶ τῷ μέσῳ ἐχώρισεν ἕπεσθαι (Πυῤῥίας Ἀρκὰς ταύτης ἦρχε), τὴν δὲ μίαν ἐπὶ τῷ εὐωνύμῳ (Φρασίας Ἀθηναῖος ταύτῃ ἐφειστήκει). 12. Προϊόντες δέ, ἐπεὶ ἐγένοντο οἱ

ἡγούμενοι ἐπὶ νάπει μεγάλῳ καὶ δυσπόρῳ, ἔστησαν, ἀγνοοῦντες, εἰ διαβατέον εἴη τὸ νάπος· καὶ παρεγγυῶσι στρατηγοὺς καὶ λοχαγοὺς παριέναι ἐπὶ τὸ ἡγούμενον. 13. Καὶ ὁ Ξενοφῶν, θαυμάσας ὅ τι τὸ ἴσχον εἴη τὴν πορείαν, καὶ ταχὺ ἀκούων τὴν παρεγγυὴν, ἐλαύνει ᾗ ἐδύνατο τάχιστα. Ἐπεὶ δὲ συνῆλθον, λέγει Σοφαίνετος, πρεσβύτατος ὢν τῶν στρατηγῶν, ὅτι βουλῆς οὐκ ἄξιον εἴη εἰ διαβατέον ἐστὶ τοιοῦτον ὂν τὸ νάπος. 14. Καὶ ὁ Ξενοφῶν σπουδῇ ὑπολαβὼν ἔλεξεν·

Ἀλλ' ἴστε μέν με, ὦ ἄνδρες, οὐδένα πω κίνδυνον προξενήσαντα ὑμῖν ἐθελούσιον· οὐ γὰρ δόξης ὁρῶ δεομένους ὑμᾶς εἰς ἀνδρειότητα, ἀλλὰ σωτηρίας. 15. Νῦν δὲ οὕτως ἔχει· ἀμαχεὶ μὲν ἐνθένδε οὐκ ἔστιν ἀπελθεῖν· ἢν γὰρ μὴ ἡμεῖς ἴωμεν ἐπὶ τοὺς πολεμίους, οὗτοι ἡμῖν, ὁπόταν ἀπίωμεν, ἕψονται καὶ ἐπιπεσοῦνται. 16. Ὁρᾶτε δὴ, πότερον κρεῖττον ἰέναι ἐπὶ τοὺς ἄνδρας, προβαλλομένους τὰ ὅπλα, ἢ μεταβαλλομένους ὄπισθεν ἡμῶν ἐπιόντας τοὺς πολεμίους θεᾶσθαι. 17. Ἴστε γε μέντοι, ὅτι τὸ μὲν ἀπιέναι ἀπὸ πολεμίων οὐδενὶ καλῷ ἔοικε· τὸ δὲ ἐφέπεσθαι καὶ τοῖς κακίοσι θάῤῥος ἐμποιεῖ. Ἐγὼ γοῦν ἥδιον ἂν σὺν ἡμίσεσιν ἑποίμην, ἢ σὺν διπλασίοις ἀποχωροίην. Καὶ τούτους οἶδ' ὅτι, ἐπιόντων μὲν ἡμῶν, οὐδ' ὑμεῖς ἐλπίζετε αὐτοὺς δέξασθαι ἡμᾶς· ἀπιόντων δὲ, πάντες ἐπιστάμεθα, ὅτι τολμήσουσιν ἐφέπεσθαι.

18. Τὸ δὲ διαβάντας ὄπισθεν νάπος χαλεπὸν ποιήσασθαι, μέλλοντας μάχεσθαι, ἆρ' οὐχὶ καὶ ἁρπάσαι ἄξιον; Τοῖς μὲν γὰρ πολεμίοις ἔγωγε βουλοίμην ἂν εὔπορα πάντα φαίνεσθαι, ὥστε ἀποχωρεῖν· ἡμᾶς δὲ καὶ ἀπὸ τοῦ

χωρίου δεῖ διδάσκεσθαι, ὅτι οὐκ ἔστι μὴ νικῶσι σωτηρία. 19. Θαυμάζω δ' ἔγωγε καὶ τὸ νάπος τοῦτο εἴ τις μᾶλλον φοβερὸν νομίζει εἶναι τῶν ἄλλων ὧν διαπεπορεύμεθα χωρίων. Πῶς μὲν γὰρ διαβατὸν τὸ πεδίον, εἰ μὴ νικήσομεν τοὺς ἱππέας; πῶς δὲ, ἃ διεληλύθαμεν ὄρη, ἢν πελτασταὶ τοσοίδε ἐφέπωνται; 20. Ἢν δὲ δὴ καὶ σωθῶμεν ἐπὶ θάλατταν, πόσον τι νάπος ὁ Πόντος; ἔνθα οὔτε πλοῖα ἔστι τὰ ἀπάξοντα, οὔτε σῖτος, ᾧ θρεψόμεθα μένοντες· δεήσει δὲ, ἢν θᾶττον ἐκεῖ γενώμεθα, θᾶττον πάλιν ἐξιέναι ἐπὶ τὰ ἐπιτήδεια. 21. Οὐκοῦν νῦν κρεῖττον ἠριστηκότας μάχεσθαι, ἢ αὔριον ἀναρίστους; Ἄνδρες, τά τε ἱερὰ ἡμῖν καλὰ, οἵ τε οἰωνοὶ αἴσιοι, τά τε σφάγια κάλλιστα. Ἴωμεν ἐπὶ τοὺς ἄνδρας. Οὐ δεῖ ἔτι τούτους, ἐπεὶ ἡμᾶς πάντως εἶδον, ἡδέως δειπνῆσαι, οὐδ' ὅπου ἂν θέλωσι σκηνῆσαι.

22. Ἐντεῦθεν οἱ λοχαγοὶ ἡγεῖσθαι ἐκέλευον, καὶ οὐδεὶς ἀντέλεγε. Καὶ ὃς ἡγεῖτο, παραγγείλας διαβαίνειν, ᾗ ἕκαστος ἐτύγχανε τοῦ νάπους ὤν· θᾶττον γὰρ ἂν ἀθρόον ἐδόκει οὕτω πέραν γενέσθαι τὸ στράτευμα, ἢ εἰ κατὰ τὴν γέφυραν, ᾗ ἐπὶ τῷ νάπει ἦν, ἐξεμηρύοντο. 23. Ἐπεὶ δὲ διέβησαν, παριὼν παρὰ τὴν φάλαγγα ἔλεγεν· Ἄνδρες, ἀναμιμνήσκεσθε, ὅσας δὴ μάχας σὺν τοῖς θεοῖς ὁμόσε ἰόντες νενικήκατε, καὶ οἷα πάσχουσιν οἱ πολεμίους φεύγοντες· καὶ τοῦτο ἐννοήσατε, ὅτι ἐπὶ ταῖς θύραις τῆς Ἑλλάδος ἐσμέν. 24. Ἀλλ' ἕπεσθε ἡγεμόνι τῷ Ἡρακλεῖ, καὶ ἀλλήλους παρακαλεῖτε ὀνομαστί. Ἡδύ τοι, ἀνδρεῖόν τι καὶ καλὸν νῦν εἰπόντα καὶ ποιήσαντα, μνήμην, ἐν οἷς ἐθέλει, παρέχειν ἑαυτοῦ.

25. Ταῦτα παρελαύνων ἔλεγε, καὶ ἅμα ὑφηγεῖτο ἐπὶ

φάλαγγος, καὶ τοὺς πελταστὰς ἑκατέρωθεν ποιησάμενοι ἐπορεύοντο ἐπὶ τοὺς πολεμίους. Παρηγγέλλετο δὲ, τὰ μὲν δόρατα ἐπὶ τὸν δεξιὸν ὦμον ἔχειν, ἕως σημαίνοι τῇ σάλπιγγι· ἔπειτα δὲ εἰς προβολὴν καθέντας ἕπεσθαι βάδην, καὶ μηδένα δρόμῳ διώκειν. Ἐκ τούτου σύνθημα παρῄει, ΖΕΥΣ ΣΩΤΗΡ, ἩΡΑΚΛΗΣ ἩΓΕΜΩΝ. 26. Οἱ δὲ πολέμιοι ὑπέμενον, νομίζοντες καλὸν ἔχειν τὸ χωρίον. Ἐπεὶ δ' ἐπλησίαζον, ἀλαλάξαντες οἱ Ἕλληνες πελτασταὶ ἔθεον ἐπὶ τοὺς πολεμίους, πρίν τινα κελεύειν· οἱ δὲ πολέμιοι ἀντίοι ὥρμησαν, οἵ θ' ἱππεῖς καὶ τὸ στῖφος τῶν Βιθυνῶν· καὶ τρέπονται τοὺς πελταστάς. 27. Ἀλλ' ἐπεὶ ὑπηντίαζεν ἡ φάλαγξ τῶν ὁπλιτῶν ταχὺ πορευομένη, καὶ ἅμα ἡ σάλπιγξ ἐφθέγξατο, καὶ ἐπαιώνιζον, καὶ μετὰ ταῦτα ἠλάλαζον, καὶ ἅμα τὰ δόρατα καθίεσαν, ἐνταῦθα οὐκέτι ἐδέξαντο οἱ πολέμιοι, ἀλλὰ ἔφευγον.

28. Καὶ Τιμασίων μὲν ἔχων τοὺς ἱππεῖς ἐφείπετο, καὶ ἀπεκτίννυσαν, ὅσουσπερ ἐδύναντο ὡς ὀλίγοι ὄντες. Τῶν δὲ πολεμίων τὸ μὲν εὐώνυμον εὐθὺς διεσπάρη, καθ' ὃ οἱ Ἕλληνες ἱππεῖς ἦσαν· τὸ δὲ δεξιὸν, ἅτε οὐ σφόδρα διωκόμενον, ἐπὶ λόφου συνέστη. 29. Ἐπεὶ δὲ εἶδον οἱ Ἕλληνες ὑπομένοντας αὐτοὺς, ἐδόκει ῥᾷστόν τε καὶ ἀκινδυνότατον εἶναι, ἰέναι [ἤδη] ἐπ' αὐτούς. Παιανίσαντες οὖν εὐθὺς ἐπέκειντο· οἱ δ' οὐχ ὑπέμειναν. Καὶ ἐνταῦθα οἱ πελτασταὶ ἐδίωκον, μέχρι τὸ δεξιὸν αὖ διεσπάρη· ἀπέθανον δὲ ὀλίγοι· τὸ γὰρ ἱππικὸν φόβον παρεῖχε τὸ τῶν πολεμίων, πολὺ ὄν. 30. Ἐπεὶ δὲ εἶδον οἱ Ἕλληνες τό τε Φαρναβάζου ἱππικὸν ἔτι συνεστηκὸς, καὶ τοὺς Βιθυνοὺς ἱππέας πρὸς τοῦτο συναθροιζομένους, καὶ ἀπὸ λόφου τινὸς κατα-

θεωμένους τὰ γιγνόμενα, ἀπειρήκεσαν μὲν, ὅμως δ' ἐδόκει καὶ ἐπὶ τούτους ἰτέον εἶναι οὕτως ὅπως δύναιντο, ὡς μὴ τεθαῤῥηκότες ἀναπαύσαιντο. Συνταξάμενοι δὴ πορεύονται. 31. Ἐντεῦθεν οἱ πολέμιοι ἱππεῖς φεύγουσι κατὰ τοῦ πρανοῦς, ὁμοίως ὥσπερ οἱ ὑπὸ ἱππέων διωκόμενοι· νάπος γὰρ αὐτοὺς ὑπεδέχετο, ὃ οὐκ ᾔδεσαν οἱ Ἕλληνες, ἀλλὰ προαπετράποντο διώκοντες· ὀψὲ γὰρ ἦν. 32. Ἐπανελθόντες δὲ, ἔνθα ἡ πρώτη συμβολὴ ἐγένετο, στησάμενοι τρόπαιον, ἀπῄεσαν ἐπὶ θάλατταν περὶ ἡλίου δυσμάς· στάδιοι δ' ἦσαν ὡς ἑξήκοντα ἐπὶ τὸ στρατόπεδον.

CAP. VI.

1. Ἐντεῦθεν οἱ μὲν πολέμιοι εἶχον ἀμφὶ τὰ ἑαυτῶν, καὶ ἀπήγοντο καὶ τοὺς οἰκέτας καὶ τὰ χρήματα, ὅποι ἐδύναντο προσωτάτω· οἱ δὲ Ἕλληνες προσέμενον μὲν Κλέανδρον καὶ τὰς τριήρεις καὶ τὰ πλοῖα, ὡς ἥξοντα· ἐξιόντες δὲ ἑκάστης ἡμέρας σὺν τοῖς ὑποζυγίοις καὶ τοῖς ἀνδραπόδοις, ἐφέροντο ἀδεῶς πυροὺς, κριθὰς, οἶνον, ὄσπρια, μελίνας, σῦκα· ἅπαντα γὰρ ἀγαθὰ εἶχεν ἡ χώρα, πλὴν ἐλαίου. 2. Καὶ ὁπότε μὲν καταμένοι τὸ στράτευμα ἀναπαυόμενον, ἐξῆν ἐπὶ λείαν ἰέναι· καὶ ἐλάμβανον οἱ ἐξιόντες· ὁπότε δ' ἐξίοι πᾶν τὸ στράτευμα, εἴ τις χωρὶς ἀπελθὼν λάβοι τι, δημόσιον ἔδοξεν εἶναι. 3. Ἤδη δὲ ἦν πολλὴ πάντων ἀφθονία· καὶ γὰρ ἀγοραὶ πάντοθεν ἀφικνοῦντο ἐκ τῶν Ἑλληνίδων πόλεων, καὶ οἱ παραπλέοντες ἄσμενοι κατῆγον, ἀκούοντες, ὡς οἰκίζοιτο πόλις καὶ λιμὴν εἴη. 4. Ἔπεμπον δὲ καὶ οἱ πολέμιοι ἤδη, οἳ πλησίον ᾤκουν, πρὸς Ξενοφῶντα,

ἀκούοντες, ὅτι οὗτος πολίζει τὸ χωρίον, ἐρωτῶντες, ὅ τι δέοι ποιοῦντας φίλους εἶναι. Ὁ δ' ἐπεδείκνυεν αὐτοὺς τοῖς στρατιώταις.

5. Καὶ ἐν τούτῳ Κλέανδρος ἀφικνεῖται, δύο τριήρεις ἔχων, πλοῖον δ' οὐδέν. Ἐτύγχανε δὲ τὸ στράτευμα ἔξω ὄν, ὅτε ἀφίκετο, καὶ ἐπὶ λείαν τινὲς οἰχόμενοι ἄλλοι ἄλλῃ εἰς τὸ ὄρος· καὶ εἰλήφεσαν πρόβατα πολλά· ὀκνοῦντες δέ, μὴ ἀφαιρεθεῖεν, τῷ Δεξίππῳ λέγουσιν (ὃς ἀπέδρα τὴν πεντηκόντορον ἔχων ἐκ Τραπεζοῦντος), καὶ κελεύουσι διασώσαντα αὐτοῖς τὰ πρόβατα, τὰ μὲν αὐτὸν λαβεῖν, τὰ δὲ σφίσιν ἀποδοῦναι. 6. Εὐθὺς δ' ἐκεῖνος ἀπελαύνει τοὺς περιεστῶτας τῶν στρατιωτῶν, καὶ λέγοντας, ὅτι δημόσια ταῦτ' εἴη· καὶ τῷ Κλεάνδρῳ ἐλθὼν λέγει, ὅτι ἁρπάζειν ἐπιχειροῦσιν. Ὁ δὲ κελεύει τὸν ἁρπάζοντα ἄγειν πρὸς αὐτόν. 7. Καὶ ὁ μὲν λαβὼν ἦγέ τινα· περιτυχὼν δ' Ἀγασίας ἀφαιρεῖται· καὶ γὰρ ἦν αὐτῷ ὁ ἀγόμενος λοχίτης. Οἱ δ' ἄλλοι οἱ παρόντες τῶν στρατιωτῶν ἐπιχειροῦσι βάλλειν τὸν Δέξιππον, ἀνακαλοῦντες τὸν προδότην. Ἔδεισαν δὲ καὶ τῶν τριηριτῶν πολλοί, καὶ ἔφευγον εἰς τὴν θάλατταν· καὶ Κλέανδρος δ' ἔφευγε. 8. Ξενοφῶν δὲ καὶ οἱ ἄλλοι στρατηγοὶ κατεκώλυόν τε καὶ τῷ Κλεάνδρῳ ἔλεγον, ὅτι οὐδὲν εἴη πρᾶγμα, ἀλλὰ τὸ δόγμα αἴτιον εἴη τὸ τοῦ στρατεύματος, ταῦτα γενέσθαι. 9. Ὁ δὲ Κλέανδρος, ὑπὸ τοῦ Δεξίππου τε ἀνερεθιζόμενος, καὶ αὐτὸς ἀχθεσθεὶς ὅτι ἐφοβήθη, ἀποπλευσεῖσθαι ἔφη καὶ κηρύξειν, μηδεμίαν πόλιν δέχεσθαι αὐτούς, ὡς πολεμίους. Ἦρχον δὲ τότε πάντων τῶν Ἑλλήνων οἱ Λακεδαιμόνιοι.

10. Ἐνταῦθα πονηρὸν τὸ πρᾶγμα ἐδόκει εἶναι τοῖς

Ἕλλησι, καὶ ἐδέοντο, μὴ ποιεῖν ταῦτα. Ὁ δ' οὐκ ἂν ἄλλως ἔφη γενέσθαι, εἰ μή τις ἐκδώσει τὸν ἄρξαντα βάλλειν καὶ τὸν ἀφελόμενον. 11. Ἦν δέ, ὃν ἐζήτει, Ἀγασίας, διὰ τέλους φίλος τῷ Ξενοφῶντι· ἐξ οὗ καὶ διέβαλεν αὐτὸν ὁ Δέξιππος. Καὶ ἐντεῦθεν, ἐπειδὴ ἀπορία ἦν, συνήγαγον τὸ στράτευμα οἱ ἄρχοντες· καὶ ἔνιοι μὲν αὐτῶν παρ' ὀλίγον ἐποιοῦντο τὸν Κλέανδρον· τῷ δὲ Ξενοφῶντι οὐκ ἐδόκει φαῦλον εἶναι τὸ πρᾶγμα, ἀλλ' ἀναστὰς ἔλεξεν·

12. Ὦ ἄνδρες στρατιῶται, ἐμοὶ δὲ οὐ φαῦλον δοκεῖ εἶναι τὸ πρᾶγμα, εἰ ἡμῖν οὕτως ἔχων τὴν γνώμην Κλέανδρος ἄπεισιν, ὥσπερ λέγει. Εἰσὶ μὲν γὰρ ἤδη ἐγγὺς αἱ Ἑλληνίδες πόλεις· τῆς δὲ Ἑλλάδος Λακεδαιμόνιοι προεστήκασιν· ἱκανοὶ δέ εἰσι καὶ εἷς ἕκαστος Λακεδαιμονίων ἐν ταῖς πόλεσιν, ὅ τι βούλονται, διαπράττεσθαι. 13. Εἰ οὖν οὗτος πρῶτον μὲν ἡμᾶς Βυζαντίου ἀποκλείσει, ἔπειτα δὲ τοῖς ἄλλοις ἁρμοσταῖς παραγγελεῖ, εἰς τὰς πόλεις μὴ δέχεσθαι, ὡς ἀπιστοῦντας Λακεδαιμονίοις καὶ ἀνόμους ὄντας· ἔτι δὲ πρὸς Ἀναξίβιον τὸν ναύαρχον οὗτος ὁ λόγος περὶ ἡμῶν ἥξει· χαλεπὸν ἔσται καὶ μένειν καὶ ἀποπλεῖν· καὶ γὰρ ἐν τῇ γῇ ἄρχουσι Λακεδαιμόνιοι καὶ ἐν τῇ θαλάττῃ τὸν νῦν χρόνον. 14. Οὔκουν δεῖ οὔτε ἑνὸς ἀνδρὸς ἕνεκα οὔτε δυοῖν ἡμᾶς τοὺς ἄλλους τῆς Ἑλλάδος ἀπέχεσθαι, ἀλλὰ πειστέον, ὅ τι ἂν κελεύωσι· καὶ γὰρ αἱ πόλεις ἡμῶν, ὅθεν ἐσμέν, πείθονται αὐτοῖς.

15. Ἐγὼ μὲν οὖν, — καὶ γὰρ ἀκούω, Δέξιππον λέγειν πρὸς Κλέανδρον, ὡς οὐκ ἂν ἐποίησεν Ἀγασίας ταῦτα, εἰ μὴ ἐγὼ αὐτὸν ἐκέλευσα, — ἐγὼ μὲν οὖν ἀπολύω καὶ ὑμᾶς τῆς αἰτίας, καὶ Ἀγασίαν, ἂν αὐτὸς Ἀγασίας φήσῃ ἐμέ τι

τούτων αἴτιον εἶναι, καὶ καταδικάζω ἐμαυτοῦ, εἰ ἐγὼ πετροβολίας ἢ ἄλλου τινὸς βιαίου ἐξάρχω, τῆς ἐσχάτης δίκης ἄξιος εἶναι, καὶ ὑφέξω τὴν δίκην. 16. Φημὶ δὲ, καὶ εἴ τινα ἄλλον αἰτιᾶται, χρῆναι ἑαυτὸν παρασχεῖν Κλεάνδρῳ κρῖναι· οὕτω γὰρ ἂν ὑμεῖς ἀπολελυμένοι τῆς αἰτίας εἴητε. Ὡς δὲ νῦν ἔχει, χαλεπὸν, εἰ οἰόμενοι ἐν τῇ Ἑλλάδι καὶ ἐπαίνου καὶ τιμῆς τεύξεσθαι, ἀντὶ δὲ τούτων οὐδ᾽ ὅμοιοι τοῖς ἄλλοις ἐσόμεθα, ἀλλ᾽ εἰρξόμεθα ἐκ τῶν Ἑλληνίδων πόλεων.

17. Μετὰ ταῦτα ἀναστὰς εἶπεν Ἀγασίας· Ἐγὼ, ὦ ἄνδρες, ὄμνυμι θεοὺς καὶ θεὰς, ἦ μὴν μήτε με Ξενοφῶντα κελεῦσαι ἀφελέσθαι τὸν ἄνδρα, μήτε ἄλλον ὑμῶν μηδένα· ἰδόντι δέ μοι ἄνδρα ἀγαθὸν ἀγόμενον τῶν ἐμῶν λοχιτῶν ὑπὸ Δεξίππου, ὃν ὑμεῖς ἐπίστασθε ὑμᾶς προδόντα, δεινὸν ἔδοξεν εἶναι· καὶ ἀφειλόμην, ὁμολογῶ. 18. Καὶ ὑμεῖς μὲν μὴ ἐκδῶτέ με, ἐγὼ δὲ ἐμαυτὸν, ὥσπερ Ξενοφῶν λέγει, παρασχήσω κρίναντι Κλεάνδρῳ, ὅ τι ἂν βούληται, ποιῆσαι· τούτου ἕνεκα μήτε πολεμεῖτε Λακεδαιμονίοις, σώζοισθέ τε ἀσφαλῶς, ὅποι θέλει ἕκαστος. Συμπέμψατε μέντοι μοι ὑμῶν αὐτῶν ἑλόμενοι πρὸς Κλέανδρον, οἵτινες, ἄν τι ἐγὼ παραλείπω, καὶ λέξουσιν ὑπὲρ ἐμοῦ καὶ πράξουσιν.

19. Ἐκ τούτου ἔδωκεν ἡ στρατιὰ οὕστινας βούλοιτο προελόμενον ἰέναι. Ὁ δὲ προείλετο τοὺς στρατηγούς. Μετὰ ταῦτα ἐπορεύοντο πρὸς Κλέανδρον Ἀγασίας καὶ οἱ στρατηγοὶ, καὶ ὁ ἀφαιρεθεὶς ἀνὴρ ὑπὸ Ἀγασίου· καὶ ἔλεγον οἱ στρατηγοί· 20. Ἔπεμψεν ἡμᾶς ἡ στρατιὰ πρός σε, ὦ Κλέανδρε, καὶ ἐκέλευσέ σε, εἴτε πάντας αἰτιᾷ, κρί-

ναντα σὲ αὐτὸν χρῆσθαι, ὅ τι ἂν βούλῃ· εἴτε ἕνα τινὰ ἢ δύο ἢ καὶ πλείους αἰτιᾷ, τούτους ἀξιοῦσι παρασχεῖν σοι ἑαυτοὺς εἰς κρίσιν. Εἴτε οὖν ἡμῶν τινα αἰτιᾷ, πάρεσμέν σοι ἡμεῖς· εἴτε δὲ ἄλλον τινὰ, φράσον· οὐδεὶς γάρ σοι ἀπέσται, ὅστις ἂν ἡμῖν ἐθέλῃ πείθεσθαι.

21. Μετὰ ταῦτα παρελθὼν ὁ Ἀγασίας εἶπεν· Ἐγώ εἰμι, ὦ Κλέανδρε, ὁ ἀφελόμενος Δεξίππου ἄγοντος τοῦτον τὸν ἄνδρα, καὶ παίειν κελεύσας Δέξιππον. 22. Τοῦτον μὲν γὰρ οἶδα ἄνδρα ἀγαθὸν ὄντα· Δέξιππον δὲ οἶδα αἱρεθέντα ὑπὸ τῆς στρατιᾶς ἄρχειν τῆς πεντηκοντόρου, ἧς ᾐτησάμεθα παρὰ Τραπεζουντίων, ἐφ' ᾧτε πλοῖα συλλέγειν, ὡς σωζοίμεθα· καὶ ἀποδράντα Δέξιππον, καὶ προδόντα τοὺς στρατιώτας, μεθ' ὧν ἐσώθη. 23. Καὶ τούς τε Τραπεζουντίους ἀπεστερήκαμεν τὴν πεντηκόντορον, καὶ κακοὶ δοκοῦμεν εἶναι διὰ τοῦτον· αὐτοί τε, τὸ ἐπὶ τούτῳ, ἀπολώλαμεν [πάντες]. Ἤκουε γὰρ, ὥσπερ ἡμεῖς, ὡς ἄπορον εἴη, πεζῇ ἀπιόντας τοὺς ποταμούς τε διαβῆναι, καὶ σωθῆναι εἰς τὴν Ἑλλάδα. Τοῦτον οὖν τοιοῦτον ὄντα ἀφειλόμην. 24. Εἰ δὲ σὺ ἦγες, ἢ ἄλλος τις τῶν παρὰ σοῦ, καὶ μὴ τῶν παρ' ἡμῶν ἀποδράντων, εὖ ἴσθι, ὅτι οὐδὲν ἂν τούτων ἐποίησα. Νόμιζε δ', ἐὰν ἐμὲ νῦν ἀποκτείνῃς, δι' ἄνδρα δειλόν τε καὶ πονηρὸν ἄνδρα ἀγαθὸν ἀποκτείνων.

25. Ἀκούσας ταῦτα ὁ Κλέανδρος εἶπεν, ὅτι Δέξιππον μὲν οὐκ ἐπαινοίη, εἰ ταῦτα πεποιηκὼς εἴη· οὐ μέντοι ἔφη νομίζειν, οὐδ' εἰ παμπόνηρος ἦν Δέξιππος, βίαν χρῆναι πάσχειν αὐτὸν, ἀλλὰ κριθέντα (ὥσπερ καὶ ὑμεῖς νῦν ἀξιοῦτε) τῆς δίκης τυχεῖν. 26. Νῦν μὲν οὖν ἄπιτε,

καταλιπόντες τόνδε τὸν ἄνδρα· ὅταν δ' ἐγὼ κελεύσω, πάρεστε πρὸς τὴν κρίσιν. Αἰτιῶμαι δὲ οὔτε τὴν στρατιὰν οὔτε ἄλλον οὐδένα ἔτι, ἐπεί γε οὗτος αὐτὸς ὁμολογεῖ ἀφελέσθαι τὸν ἄνδρα.

27. Ὁ δ' ἀφαιρεθεὶς εἶπεν· Ἐγώ, ὦ Κλέανδρε, εἰ καὶ οἴει με ἀδικοῦντά τι ἄγεσθαι, οὔτε ἔπαιον οὐδένα οὔτε ἔβαλλον, ἀλλ' εἶπον, ὅτι δημόσια εἴη τὰ πρόβατα· ἦν γὰρ τῶν στρατιωτῶν δόγμα, εἴ τις, ὁπότε ἡ στρατιὰ ἐξίοι, ἰδίᾳ ληΐζοιτο, δημόσια εἶναι τὰ ληφθέντα. 28. Ταῦτα εἶπον· καὶ ἐκ τούτου με λαβὼν οὗτος ἦγεν, ἵνα μὴ φθέγγοιτο μηδείς, ἀλλ' αὐτός, λαβὼν τὸ μέρος, διασώσειε τοῖς λῃσταῖς παρὰ τὴν ῥήτραν τὰ χρήματα. Πρὸς ταῦτα ὁ Κλέανδρος εἶπεν· Ἐπεὶ τοίνυν τοιοῦτος εἶ, κατάμενε, ἵνα καὶ περὶ σοῦ βουλευσώμεθα.

29. Ἐκ τούτου οἱ μὲν ἀμφὶ Κλέανδρον ἠρίστων· τὴν δὲ στρατιὰν συνήγαγε Ξενοφῶν, καὶ συνεβούλευε πέμψαι ἄνδρας πρὸς Κλέανδρον παραιτησομένους περὶ τῶν ἀνδρῶν. 30. Ἐκ τούτου ἔδοξεν αὐτοῖς, πέμψαντας στρατηγοὺς καὶ λοχαγοὺς καὶ Δρακόντιον τὸν Σπαρτιάτην, καὶ τῶν ἄλλων οἳ ἐδόκουν ἐπιτήδειοι εἶναι, δεῖσθαι Κλεάνδρου κατὰ πάντα τρόπον, ἀφεῖναι τὼ ἄνδρε. 31. Ἐλθὼν οὖν ὁ Ξενοφῶν λέγει· Ἔχεις μέν, ὦ Κλέανδρε, τοὺς ἄνδρας, καὶ ἡ στρατιά σοι ὑφεῖτο, ὅ τι ἐβούλου, ποιῆσαι καὶ περὶ τούτων καὶ περὶ ἑαυτῶν ἁπάντων· νῦν δέ σε αἰτοῦνται καὶ δέονται, δοῦναι σφίσι τὼ ἄνδρε, καὶ μὴ κατακαίνειν· πολλὰ γὰρ ἐν τῷ ἔμπροσθεν χρόνῳ περὶ τὴν στρατιὰν ἐμοχθησάτην. 32. Ταῦτα δέ σου τυχόντες, ὑπισχνοῦνταί σοι ἀντὶ τούτων, ἢν βούλῃ ἡγεῖσθαι αὐτῶν, καὶ ἢν οἱ θεοὶ

ἵλεῳ ὦσιν, ἐπιδείξειν σοι, καὶ ὡς κόσμιοί εἰσι, καὶ ὡς ἱκανοὶ, τῷ ἄρχοντι πειθόμενοι, τοὺς πολεμίους σὺν τοῖς θεοῖς μὴ φοβεῖσθαι. 33. Δέονται δέ σου καὶ τοῦτο, παραγενόμενον καὶ ἄρξαντα ἑαυτῶν πεῖραν λαβεῖν καὶ Δεξίππου καὶ σφῶν τῶν ἄλλων, οἷος ἕκαστός ἐστι, καὶ τὴν ἀξίαν ἑκάστοις νεῖμαι.

34. Ἀκούσας ταῦτα ὁ Κλέανδρος, Ἀλλὰ ναὶ τὼ Σιὼ, ἔφη, ταχύ τοι ὑμῖν ἀποκρινοῦμαι. Καὶ τώ τε ἄνδρε ὑμῖν δίδωμι, καὶ αὐτὸς παρέσομαι· καὶ, ἢν οἱ θεοὶ παραδιδῶσιν, ἐξηγήσομαι εἰς τὴν Ἑλλάδα. Καὶ πολὺ οἱ λόγοι οὗτοι ἀντίοι εἰσὶν, ἢ οὓς ἐγὼ περὶ ὑμῶν ἐνίων ἤκουον, ὡς τὸ στράτευμα ἀφίστατε ἀπὸ Λακεδαιμονίων.

35. Ἐκ τούτου οἱ μὲν ἐπαινοῦντες ἀπῆλθον, ἔχοντες τὼ ἄνδρε· Κλέανδρος δὲ ἐθύετο ἐπὶ τῇ πορείᾳ, καὶ ξυνῆν Ξενοφῶντι φιλικῶς, καὶ ξενίαν ξυνεβάλοντο. Ἐπεὶ δὲ καὶ ἑώρα αὐτοὺς τὸ παραγγελλόμενον εὐτάκτως ποιοῦντας, καὶ μᾶλλον ἔτι ἐπεθύμει ἡγεμὼν γενέσθαι αὐτῶν. 36. Ἐπεὶ μέντοι θυομένῳ αὐτῷ ἐπὶ τρεῖς ἡμέρας οὐκ ἐγίγνετο τὰ ἱερὰ, συγκαλέσας τοὺς στρατηγοὺς εἶπεν· Ἐμοὶ μὲν οὐκ ἐθέλει γενέσθαι τὰ ἱερὰ ἐξάγειν· ὑμεῖς μέντοι μὴ ἀθυμεῖτε τούτου ἕνεκα· ὑμῖν γὰρ, ὡς ἔοικε, δέδοται ἐκκομίσαι τοὺς ἄνδρας· ἀλλὰ πορεύεσθε. Ἡμεῖς δὲ ὑμᾶς, ἐπειδὰν ἐκεῖσε ἥκητε, δεξόμεθα ὡς ἂν δυνώμεθα κάλλιστα.

37. Ἐκ τούτου ἔδοξε τοῖς στρατιώταις, δοῦναι αὐτῷ τὰ δημόσια πρόβατα· ὁ δὲ δεξάμενος, πάλιν αὐτοῖς ἀπέδωκε. Καὶ οὗτος μὲν ἀπέπλει· οἱ δὲ στρατιῶται, διαθέμενοι τὸν σῖτον ὃν ἦσαν συγκεκομισμένοι, καὶ τἆλλα ἃ εἰλήφεσαν, ἐξεπορεύοντο διὰ τῶν Βιθυνῶν. 38. Ἐπεὶ δὲ οὐδενὶ

ἐνέτυχον πορευόμενοι τὴν ὀρθὴν ὁδὸν, ὥστε ἔχοντές τι εἰς τὴν φιλίαν διεξελθεῖν, ἔδοξεν αὐτοῖς, τοὔμπαλιν ὑποστρέψαντας ἐλθεῖν μίαν ἡμέραν καὶ νύκτα. Τοῦτο δὲ ποιήσαντες, ἔλαβον πολλὰ καὶ ἀνδράποδα καὶ πρόβατα· καὶ ἀφίκοντο ἑκταῖοι εἰς Χρυσόπολιν τῆς Χαλκηδονίας, καὶ ἐκεῖ ἔμειναν ἡμέρας ἑπτὰ λαφυροπωλοῦντες.

ΞΕΝΟΦΩΝΤΟΣ

ΚΥΡΟΥ ΑΝΑΒΑΣΕΩΣ Ζʹ.

CAP. I.

ʽΟΣΑ μὲν δὴ ἐν τῇ ἀναβάσει τῇ μετὰ Κύρου ἔπραξαν οἱ Ἕλληνες μέχρι τῆς μάχης, καὶ ὅσα, ἐπεὶ Κῦρος ἐτελεύτησεν, ἐν τῇ πορείᾳ, μέχρι εἰς τὸν Πόντον ἀφίκοντο, καὶ ὅσα ἐκ τοῦ Πόντου πεζῇ ἐξιόντες καὶ ἐκπλέοντες ἐποίουν, μέχρι ἔξω τοῦ στόματος ἐγένοντο ἐν Χρυσοπόλει τῆς Ἀσίας, ἐν τῷ πρόσθεν λόγῳ δεδήλωται.

2. Ἐκ τούτου δὲ Φαρνάβαζος, φοβούμενος τὸ στράτευμα, μὴ ἐπὶ τὴν αὑτοῦ χώραν στρατεύηται, πέμψας πρὸς Ἀναξίβιον τὸν ναύαρχον (ὁ δ' ἔτυχεν ἐν Βυζαντίῳ ὤν), ἐδεῖτο διαβιβάσαι τὸ στράτευμα ἐκ τῆς Ἀσίας, καὶ ὑπισχνεῖτο πάντα ποιήσειν αὐτῷ, ὅσα δέοι. 3. Καὶ Ἀναξίβιος μετεπέμψατο τοὺς στρατηγοὺς καὶ λοχαγοὺς τῶν στρατιωτῶν εἰς Βυζάντιον, καὶ ὑπισχνεῖτο, εἰ διαβαῖεν, μισθοφορὰν ἔσεσθαι τοῖς στρατιώταις. 4. Οἱ μὲν δὴ ἄλλοι ἔφασαν βουλευσάμενοι ἀπαγγελεῖν· Ξενοφῶν δὲ εἶπεν αὐτῷ, ὅτι ἀπαλλάξοιτο ἤδη ἀπὸ τῆς στρατιᾶς, καὶ βούλοιτο ἀποπλεῖν. Ὁ δὲ Ἀναξίβιος ἐκέλευσεν αὐτὸν,

συνδιαβάντα, ἔπειτα οὕτως ἀπαλλάττεσθαι. Ἔφη οὖν ταῦτα ποιήσειν.

5. Σεύθης δὲ ὁ Θρᾷξ πέμπει Μηδοσάδην, καὶ κελεύει Ξενοφῶντα συμπροθυμεῖσθαι, ὅπως διαβῇ τὸ στράτευμα, καὶ ἔφη αὐτῷ ταῦτα συμπροθυμηθέντι, ὅτι οὐ μεταμελήσει. 6. Ὁ δ' εἶπεν· Ἀλλὰ τὸ μὲν στράτευμα διαβήσεται· τούτου ἕνεκα μηδὲν τελείτω μήτε ἐμοί, μήτε ἄλλῳ μηδενί· ἐπειδὰν δὲ διαβῇ, ἐγὼ μὲν ἀπαλλάξομαι, πρὸς δὲ τοὺς διαμένοντας καὶ ἐπικαιρίους ὄντας προσφερέσθω, ὡς ἂν αὐτῷ δοκῇ ἀσφαλές.

7. Ἐκ τούτου διαβαίνουσι πάντες εἰς Βυζάντιον οἱ στρατιῶται. Καὶ μισθὸν μὲν οὐκ ἐδίδου ὁ Ἀναξίβιος· ἐκήρυξε δὲ, λαβόντας τὰ ὅπλα καὶ τὰ σκεύη τοὺς στρατιώτας ἐξιέναι, ὡς ἀποπέμψων τε ἅμα καὶ ἀριθμὸν ποιήσων. Ἐνταῦθα οἱ στρατιῶται ἤχθοντο, ὅτι οὐκ εἶχον ἀργύριον ἐπισιτίζεσθαι εἰς τὴν πορείαν, καὶ ὀκνηρῶς συνεσκευάζοντο.

8. Καὶ ὁ Ξενοφῶν, Κλεάνδρῳ τῷ ἁρμοστῇ ξένος γεγενημένος, προσελθὼν ἠσπάζετο αὐτὸν, ὡς ἀποπλευσούμενος ἤδη. Ὁ δὲ αὐτῷ λέγει· Μὴ ποιήσῃς ταῦτα· εἰ δὲ μὴ, ἔφη, αἰτίαν ἕξεις· ἐπεὶ καὶ νῦν τινὲς ἤδη σὲ αἰτιῶνται, ὅτι οὐ ταχὺ ἐξέρπει τὸ στράτευμα. 9. Ὁ δ' εἶπεν· Ἀλλ' αἴτιος μὲν ἔγωγε οὐκ εἰμὶ τούτου, οἱ δὲ στρατιῶται αὐτοὶ, ἐπισιτισμοῦ δεόμενοι, [καὶ οὐκ ἔχοντες,] διὰ τοῦτο ἀθυμοῦσι πρὸς τὴν ἔξοδον. 10. Ἀλλ' ὅμως, ἔφη, ἐγώ σοι συμβουλεύω, ἐξελθεῖν μὲν ὡς πορευσόμενον, ἐπειδὰν δ' ἔξω γένηται τὸ στράτευμα, τότε ἀπαλλάττεσθαι. Ταῦτα τοίνυν, ἔφη ὁ Ξενοφῶν, ἐλθόντες πρὸς Ἀναξίβιον δια-

πραξόμεθα. Οὕτως ἐλθόντες ἔλεγον ταῦτα. 11. Ὁ δὲ ἐκέλευσεν οὕτω ποιεῖν, καὶ ἐξιέναι τὴν ταχίστην συνεσκευασμένους, καὶ προσανειπεῖν, ὃς ἂν μὴ παρῇ εἰς τὴν ἐξέτασιν καὶ εἰς τὸν ἀριθμὸν, ὅτι αὐτὸς αὐτὸν αἰτιάσεται. 12. Ἐντεῦθεν ἐξῄεσαν οἵ τε στρατηγοὶ πρῶτον, καὶ οἱ ἄλλοι. Καὶ ἄρδην πάντες πλὴν ὀλίγων ἔξω ἦσαν, καὶ Ἐτεόνικος εἱστήκει παρὰ τὰς πύλας, ὡς, ὁπότε ἔξω γένοιντο πάντες, συγκλείσων τὰς πύλας; καὶ τὸν μοχλὸν ἐμβαλῶν.

13. Ὁ δὲ Ἀναξίβιος, συγκαλέσας τοὺς στρατηγοὺς καὶ τοὺς λοχαγοὺς, ἔλεξε· Τὰ μὲν ἐπιτήδεια, ἔφη, λαμβάνετε ἐκ τῶν Θρᾳκίων κωμῶν· εἰσὶ δὲ αὐτόθι πολλαὶ κριθαὶ καὶ πυροὶ, καὶ τἆλλα τὰ ἐπιτήδεια· λαβόντες δὲ πορεύεσθε εἰς Χεῤῥόνησον, ἐκεῖ δὲ Κυνίσκος ὑμῖν μισθοδοτήσει. 14. Ἐπακούσαντες δέ τινες τῶν στρατιωτῶν ταῦτα, ἢ καὶ τῶν λοχαγῶν τις διαγγέλλει εἰς τὸ στράτευμα. Καὶ οἱ μὲν στρατηγοὶ ἐπυνθάνοντο περὶ τοῦ Σεύθου, πότερα πολέμιος εἴη ἢ φίλος, καὶ πότερα διὰ τοῦ Ἱεροῦ ὄρους δέοι πορεύεσθαι, ἢ κύκλῳ διὰ μέσης τῆς Θρᾴκης.

15. Ἐν ᾧ δὲ ταῦτα διελέγοντο, οἱ στρατιῶται ἀναρπάσαντες τὰ ὅπλα θέουσι δρόμῳ πρὸς τὰς πύλας, ὡς πάλιν εἰς τὸ τεῖχος εἰσιόντες. Ὁ δὲ Ἐτεόνικος καὶ οἱ σὺν αὐτῷ, ὡς εἶδον προσθέοντας τοὺς ὁπλίτας, συγκλείουσι τὰς πύλας, καὶ τὸν μοχλὸν ἐμβάλλουσιν. 16. Οἱ δὲ στρατιῶται ἔκοπτόν τε τὰς πύλας, καὶ ἔλεγον, ὅτι ἀδικώτατα πάσχοιεν ἐκβαλλόμενοι εἰς τοὺς πολεμίους· καὶ κατασχίσειν τὰς πύλας ἔφασαν, εἰ μὴ ἑκόντες ἀνοίξουσιν. 17. Ἄλλοι δὲ ἔθεον ἐπὶ θάλατταν, καὶ παρὰ τὴν χηλὴν τοῦ τείχους

ὑπερβαίνουσιν εἰς τὴν πόλιν· ἄλλοι δέ, οἳ ἐτύγχανον ἔνδον ὄντες τῶν στρατιωτῶν, ὡς ὁρῶσι τὰ ἐπὶ ταῖς πύλαις πράγματα, διακόπτοντες ταῖς ἀξίναις τὰ κλεῖθρα, ἀναπεταννύουσι τὰς πύλας· οἱ δ' εἰσπίπτουσιν.

18. Ὁ δὲ Ξενοφῶν, ὡς εἶδε τὰ γιγνόμενα, δείσας, μὴ ἐφ' ἁρπαγὴν τράποιτο τὸ στράτευμα, καὶ ἀνήκεστα κακὰ γένοιτο τῇ πόλει καὶ ἑαυτῷ καὶ τοῖς στρατιώταις, ἔθει, καὶ συνεισπίπτει εἴσω τῶν πυλῶν σὺν τῷ ὄχλῳ. 19. Οἱ δὲ Βυζάντιοι, ὡς εἶδον τὸ στράτευμα βίᾳ εἰσπίπτον, φεύγουσιν ἐκ τῆς ἀγορᾶς, οἱ μὲν εἰς τὰ πλοῖα, οἱ δὲ οἴκαδε· ὅσοι δὲ ἔνδον ἐτύγχανον ὄντες, ἔξω ἔθεον· οἱ δὲ καθεῖλκον τὰς τριήρεις, ὡς ἐν ταῖς τριήρεσι σώζοιντο· πάντες δὲ ᾤοντο ἀπολωλέναι, ὡς ἑαλωκυίας τῆς πόλεως. 20. Ὁ δὲ Ἐτεόνικος εἰς τὴν ἄκραν ἀποφεύγει. Ὁ δὲ Ἀναξίβιος, καταδραμὼν ἐπὶ θάλατταν, ἐν ἁλιευτικῷ πλοίῳ περιέπλει εἰς τὴν ἀκρόπολιν, καὶ εὐθὺς μεταπέμπεται ἐκ Χαλκηδόνος φρουρούς· οὐ γὰρ ἱκανοὶ ἐδόκουν εἶναι οἱ ἐν τῇ ἀκροπόλει σχεῖν τοὺς ἄνδρας.

21. Οἱ δὲ στρατιῶται ὡς εἶδον τὸν Ξενοφῶντα, προσπίπτουσιν αὐτῷ πολλοί, καὶ λέγουσι· Νῦν σοὶ ἔξεστιν, ὦ Ξενοφῶν, ἀνδρὶ γενέσθαι. Ἔχεις πόλιν, ἔχεις τριήρεις, ἔχεις χρήματα, ἔχεις ἄνδρας τοσούτους. Νῦν ἄν, εἰ βούλοιο, σύ τε ἡμᾶς ὀνήσαις, καὶ ἡμεῖς σὲ μέγαν ποιήσαιμεν. 22. Ὁ δ' ἀπεκρίνατο, Ἀλλ' εὖ τε λέγετε, καὶ ποιήσω ταῦτα· εἰ δὲ τούτων ἐπιθυμεῖτε, θέσθε τὰ ὅπλα ἐν τάξει ὡς τάχιστα, βουλόμενος αὐτοὺς κατηρεμίσαι· καὶ αὐτός τε παρηγγύα ταῦτα, καὶ τοὺς ἄλλους ἐκέλευσε παρεγγυᾶν [καὶ] τίθεσθαι τὰ ὅπλα. 23. Οἱ δέ, αὐτοὶ ὑφ' ἑαυτῶν

ταττόμενοι, οἵ τε ὁπλῖται ἐν ὀλίγῳ χρόνῳ εἰς ὀκτὼ ἐγένοντο, καὶ οἱ πελτασταὶ ἐπὶ τὸ κέρας ἑκάτερον παραδεδραμήκεσαν. 24. Τὸ δὲ χωρίον οἷον κάλλιστον ἐκτάξασθαί ἐστι, τὸ Θρᾴκιον καλούμενον, ἔρημον οἰκιῶν καὶ πεδινόν. Ἐπεὶ δὲ ἔκειτο τὰ ὅπλα, καὶ κατηρεμίσθησαν, συγκαλεῖ Ξενοφῶν τὴν στρατιάν, καὶ λέγει τάδε·

25. Ὅτι μὲν ὀργίζεσθε, ὦ ἄνδρες στρατιῶται, καὶ νομίζετε δεινὰ πάσχειν ἐξαπατώμενοι, οὐ θαυμάζω. Ἢν δὲ τῷ θυμῷ χαριζώμεθα, καὶ Λακεδαιμονίους τε τοὺς παρόντας τῆς ἐξαπάτης τιμωρησώμεθα, καὶ τὴν πόλιν τὴν οὐδὲν αἰτίαν διαρπάσωμεν, ἐνθυμεῖσθε, ἃ ἔσται ἐντεῦθεν. 26. Πολέμιοι μὲν ἐσόμεθα ἀποδεδειγμένοι Λακεδαιμονίοις καὶ τοῖς συμμάχοις· οἷος δ' ὁ πόλεμος ἂν γένοιτο, εἰκάζειν δὴ πάρεστιν, ἑωρακότας καὶ ἀναμνησθέντας τὰ νῦν ἤδη γεγενημένα. 27. Ἡμεῖς γὰρ οἱ Ἀθηναῖοι εἰσήλθομεν εἰς τὸν πόλεμον τὸν πρὸς τοὺς Λακεδαιμονίους καὶ τοὺς συμμάχους, ἔχοντες τριήρεις, τὰς μὲν ἐν θαλάττῃ τὰς δ' ἐν τοῖς νεωρίοις, οὐκ ἐλάττους τριακοσίων, ὑπαρχόντων δὲ πολλῶν χρημάτων ἐν τῇ πόλει, καὶ προσόδου οὔσης κατ' ἐνιαυτὸν, ἀπό τε τῶν ἐνδήμων καὶ ἐκ τῆς ὑπερορίας, οὐ μεῖον χιλίων ταλάντων· ἄρχοντές τε τῶν νήσων ἁπασῶν, καὶ ἔν τε τῇ Ἀσίᾳ πολλὰς ἔχοντες πόλεις, καὶ ἐν τῇ Εὐρώπῃ ἄλλας τε πολλὰς καὶ αὐτὸ τοῦτο τὸ Βυζάντιον, ὅπου νῦν ἐσμεν, ἔχοντες, κατεπολεμήθημεν οὕτως, ὡς πάντες ὑμεῖς ἐπίστασθε.

28. Νῦν δὲ δὴ τί ἂν οἰόμεθα παθεῖν, Λακεδαιμονίων μὲν καὶ τῶν Ἀχαιῶν συμμάχων ὑπαρχόντων, Ἀθηναίων δὲ, καὶ ὅσοι ἐκείνοις τότε ἦσαν σύμμαχοι, πάντων προσγε-

γενημένων, Τισσαφέρνους δὲ καὶ τῶν ἐπὶ θαλάττῃ ἄλλων βαρβάρων πάντων πολεμίων ἡμῖν ὄντων, πολεμιωτάτου δὲ αὐτοῦ τοῦ ἄνω βασιλέως, ὃν ἤλθομεν ἀφαιρησόμενοί τε τὴν ἀρχὴν καὶ ἀποκτενοῦντες, εἰ δυναίμεθα; Τούτων δὴ πάντων ὁμοῦ ὄντων, ἔστι τις οὕτως ἄφρων, ὅστις οἴεται ἂν ἡμᾶς περιγενέσθαι; 29. Μή, πρὸς θεῶν, μαινώμεθα, μηδ' αἰσχρῶς ἀπολώμεθα, πολέμιοι ὄντες καὶ ταῖς πατρίσι, καὶ τοῖς ἡμετέροις αὐτῶν φίλοις τε καὶ οἰκείοις. Ἐν γὰρ ταῖς πόλεσίν εἰσι πάντες ταῖς ἐφ' ἡμᾶς στρατευσομέναις· καὶ δικαίως, εἰ βάρβαρον μὲν πόλιν οὐδεμίαν ἠθελήσαμεν κατασχεῖν, καὶ ταῦτα κρατοῦντες, Ἑλληνίδα δὲ εἰς ἣν πρώτην πόλιν ἤλθομεν, ταύτην ἐξαλαπάξομεν.

30. Ἐγὼ μὲν τοίνυν εὔχομαι, πρὶν ταῦτα ἐπιδεῖν ὑφ' ὑμῶν γενόμενα, μυρίας ἔμεγε κατὰ γῆς ὀργυιὰς γενέσθαι. Καὶ ὑμῖν δὲ συμβουλεύω, Ἕλληνας ὄντας τοῖς τῶν Ἑλλήνων προεστηκόσι πειθομένους πειρᾶσθαι τῶν δικαίων τυγχάνειν. Ἐὰν δὲ μὴ δύνησθε ταῦτα, ἡμᾶς δεῖ ἀδικουμένους τῆς γοῦν Ἑλλάδος μὴ στέρεσθαι. 31. Καὶ νῦν μοι δοκεῖ, πέμψαντας Ἀναξιβίῳ εἰπεῖν, ὅτι ἡμεῖς οὐδὲν βίαιον ποιήσοντες παρεληλύθαμεν εἰς τὴν πόλιν, ἀλλ' ἢν μὲν δυνώμεθα παρ' ὑμῶν ἀγαθόν τι εὑρίσκεσθαι· εἰ δὲ μή, ἀλλὰ δηλώσοντες, ὅτι οὐκ ἐξαπατώμενοι, ἀλλὰ πειθόμενοι ἐξερχόμεθα. 32. Ταῦτα ἔδοξε· καὶ πέμπουσιν Ἱερώνυμόν τε Ἠλεῖον ἐροῦντα ταῦτα, καὶ Εὐρύλοχον Ἀρκάδα, καὶ Φιλήσιον Ἀχαιόν. Οἱ μὲν ταῦτα ᾤχοντο ἐροῦντες.

33. Ἔτι δὲ καθημένων τῶν στρατιωτῶν, προσέρχεται Κοιρατάδης Θηβαῖος, ὃς οὐ φεύγων τὴν Ἑλλάδα περιῄει, ἀλλὰ στρατηγιῶν, καὶ ἐπαγγελλόμενος, εἴ τις ἢ πόλις

ἢ ἔθνος στρατηγοῦ δέοιτο. Καὶ τότε προσελθὼν ἔλεγεν, ὅτι ἕτοιμος εἴη ἡγεῖσθαι αὐτοῖς εἰς τὸ Δέλτα καλούμενον τῆς Θρᾴκης, ἔνθα πολλὰ καὶ ἀγαθὰ λήψοιντο· ἔστε δ' ἂν μόλωσιν, εἰς ἀφθονίαν παρέξειν ἔφη καὶ σιτία καὶ ποτά.

34. Ἀκούουσι ταῦτα τοῖς στρατιώταις, καὶ τὰ παρὰ Ἀναξιβίου ἅμα ἀπαγγελλόμενα, — ἀπεκρίνατο γάρ, ὅτι πειθομένοις αὐτοῖς οὐ μεταμελήσει, ἀλλὰ τοῖς τε οἴκοι τέλεσι ταῦτα ἀπαγγελεῖ, καὶ αὐτὸς βουλεύσοιτο περὶ αὐτῶν, ὅ τι δύναιτο ἀγαθόν· — 35. ἐκ τούτου οἱ στρατιῶται τόν τε Κοιρατάδην δέχονται στρατηγὸν, καὶ ἔξω τοῦ τείχους ἀπῆλθον. Ὁ δὲ Κοιρατάδης συντίθεται αὐτοῖς εἰς τὴν ὑστεραίαν παρέσεσθαι ἐπὶ τὸ στράτευμα, ἔχων καὶ ἱερεῖα καὶ μάντιν, καὶ σιτία καὶ ποτὰ τῇ στρατιᾷ. 36. Ἐπεὶ δὲ ἐξῆλθον, ὁ Ἀναξίβιος ἔκλεισε τὰς πύλας, καὶ ἐκήρυξεν, ὅστις ἂν ἁλῷ ἔνδον ὢν τῶν στρατιωτῶν, ὅτι πεπράσεται. 37. Τῇ δ' ὑστεραίᾳ ὁ Κοιρατάδης μὲν ἔχων τὰ ἱερεῖα καὶ τὸν μάντιν ἧκε, καὶ ἄλφιτα φέροντες εἵποντο αὐτῷ εἴκοσιν ἄνδρες, καὶ οἶνον ἄλλοι εἴκοσι, καὶ ἐλαιῶν τρεῖς καὶ σκορόδων εἷς ἀνὴρ ὅσον ἐδύνατο μέγιστον φορτίον, καὶ ἄλλος κρομμύων. Ταῦτα δὲ καταθέμενος ὡς ἐπὶ δάσμευσιν, ἐθύετο.

38. Ξενοφῶν δὲ μεταπεμψάμενος Κλέανδρον ἐκέλευε διαπρᾶξαι, ὅπως εἰς τὸ τεῖχός τε εἰσέλθοι, καὶ ἀποπλεύσαι ἐκ Βυζαντίου. 39. Ἐλθὼν δ' ὁ Κλέανδρος, Μάλα μόλις, ἔφη, διαπραξάμενος ἥκω· λέγειν γὰρ Ἀναξίβιον, ὅτι οὐκ ἐπιτήδειον εἴη, τοὺς μὲν στρατιώτας πλησίον εἶναι τοῦ τείχους, Ξενοφῶντα δὲ ἔνδον· τοὺς Βυζαντίους δὲ στασιάζειν καὶ πονηροὺς εἶναι πρὸς ἀλλήλους· ὅμως δε εἰσιέναι,

ἔφη, ἐκέλευεν, εἰ μέλλοις σὺν αὐτῷ ἐκπλεῖν. 40. Ὁ μὲν δὴ Ξενοφῶν, ἀσπασάμενος τοὺς στρατιώτας, εἴσω τοῦ τείχους ἀπῄει σὺν Κλεάνδρῳ. Ὁ δὲ Κοιρατάδης τῇ μὲν πρώτῃ ἡμέρᾳ οὐκ ἐκαλλιέρει, οὐδὲ διεμέτρησεν οὐδὲν τοῖς στρατιώταις· τῇ δ' ὑστεραίᾳ τὰ μὲν ἱερεῖα εἱστήκει παρὰ τὸν βωμόν, καὶ Κοιρατάδης ἐστεφανωμένος, ὡς θύσων· προσελθὼν δὲ Τιμασίων ὁ Δαρδανεὺς καὶ Νέων ὁ Ἀσιναῖος καὶ Κλεάνωρ ὁ Ὀρχομένιος ἔλεγον Κοιρατάδῃ, μὴ θύειν, ὡς οὐχ ἡγησόμενον τῇ στρατιᾷ, εἰ μὴ δώσει τὰ ἐπιτήδεια. 41. Ὁ δὲ κελεύει διαμετρεῖσθαι. Ἐπεὶ δὲ πολλῶν ἐνέδει αὐτῷ, ὥστε ἡμέρας σῖτον ἑκάστῳ γενέσθαι τῶν στρατιωτῶν, ἀναλαβὼν τὰ ἱερεῖα ἀπῄει, καὶ τὴν στρατηγίαν ἀπειπών.

CAP. II.

1. Νέων δὲ ὁ Ἀσιναῖος καὶ Φρυνίσκος ὁ Ἀχαιὸς καὶ Φιλήσιος ὁ Ἀχαιὸς καὶ Ξανθικλῆς ὁ Ἀχαιὸς καὶ Τιμασίων ὁ Δαρδανεὺς ἐπέμενον ἐπὶ τῇ στρατιᾷ, καὶ εἰς κώμας τῶν Θρᾳκῶν προελθόντες τὰς κατὰ Βυζάντιον, ἐστρατοπεδεύοντο. 2. Καὶ οἱ στρατηγοὶ ἐστασίαζον, Κλεάνωρ μὲν καὶ Φρυνίσκος πρὸς Σεύθην βουλόμενοι ἄγειν (ἔπειθε γὰρ αὐτούς, καὶ ἔδωκε τῷ μὲν ἵππον, τῷ δὲ γυναῖκα)· Νέων δὲ εἰς Χεῤῥόνησον, οἰόμενος, εἰ ὑπὸ Λακεδαιμονίοις γένοιντο, παντὸς ἂν προεστάναι τοῦ στρατεύματος· Τιμασίων δὲ προὐθυμεῖτο πέραν εἰς τὴν Ἀσίαν πάλιν διαβῆναι, οἰόμενος ἂν οἴκαδε κατελθεῖν. Καὶ οἱ στρατιῶται ταῦτα ἐβούλοντο. 3. Διατριβομένου δὲ τοῦ χρόνου, πολλοὶ τῶν

στρατιωτῶν, οἱ μὲν τὰ ὅπλα ἀποδιδόμενοι κατὰ τοὺς χώρους ἀπέπλεον ὡς ἐδύναντο, οἱ δὲ καὶ [διαδόντες τὰ ὅπλα κατὰ τοὺς χώρους] εἰς τὰς πόλεις κατεμιγνύοντο. 4. Ἀναξίβιος δ᾽ ἔχαιρε ταῦτα ἀκούων, διαφθειρόμενον τὸ στράτευμα· τούτων γὰρ γιγνομένων, ᾤετο μάλιστα χαρίζεσθαι Φαρναβάζῳ.

5. Ἀποπλέοντι δὲ Ἀναξιβίῳ ἐκ Βυζαντίου συναντᾷ Ἀρίσταρχος ἐν Κυζίκῳ, διάδοχος Κλεάνδρῳ, Βυζαντίου ἁρμοστής· ἐλέγετο δέ, ὅτι καὶ ναύαρχος διάδοχος Πῶλος ὅσον οὐ παρείη ἤδη εἰς Ἑλλήσποντον. 6. Καὶ Ἀναξίβιος τῷ μὲν Ἀριστάρχῳ ἐπιστέλλει, ὁπόσους ἂν εὕρῃ ἐν Βυζαντίῳ τῶν Κύρου στρατιωτῶν ὑπολελειμμένους, ἀποδόσθαι· ὁ δὲ Κλέανδρος οὐδένα ἐπεπράκει, ἀλλὰ καὶ τοὺς κάμνοντας ἐθεράπευεν, οἰκτείρων, καὶ ἀναγκάζων οἰκίᾳ δέχεσθαι. Ἀρίσταρχος δ᾽ ἐπεὶ ἦλθε τάχιστα, οὐκ ἐλάττους τετρακοσίων ἀπέδοτο. 7. Ἀναξίβιος δὲ παραπλεύσας εἰς Πάριον, πέμπει παρὰ Φαρνάβαζον κατὰ τὰ συγκείμενα. Ὁ δ᾽ ἐπεὶ ᾔσθετο Ἀρίσταρχόν τε ἥκοντα εἰς Βυζάντιον ἁρμοστὴν, καὶ Ἀναξίβιον οὐκέτι ναυαρχοῦντα, Ἀναξιβίου μὲν ἠμέλησε, πρὸς Ἀρίσταρχον δὲ διεπράττετο τὰ αὐτὰ περὶ τοῦ Κυρείου στρατεύματος, ἅπερ καὶ πρὸς Ἀναξίβιον.

8. Ἐκ τούτου δὴ ὁ Ἀναξίβιος, καλέσας Ξενοφῶντα, κελεύει πάσῃ τέχνῃ καὶ μηχανῇ πλεῦσαι ἐπὶ τὸ στράτευμα ὡς τάχιστα, καὶ συνέχειν τε αὐτὸ, καὶ συναθροίζειν τῶν διεσπαρμένων ὡς ἂν πλείστους δύνηται, καὶ παραγαγόντα εἰς τὴν Πέρινθον, διαβιβάζειν εἰς τὴν Ἀσίαν ὅτι τάχιστα· καὶ δίδωσιν αὐτῷ τριακόντορον καὶ ἐπιστολὴν, καὶ ἄνδρα συμπέμπει, κελεύσοντα τοὺς Περινθίους ὡς τάχιστα Ξενο-

φῶντα προπέμψαι τοῖς ἵπποις ἐπὶ τὸ στράτευμα. 9. Καὶ ὁ μὲν Ξενοφῶν διαπλεύσας ἀφικνεῖται ἐπὶ τὸ στράτευμα· οἱ δὲ στρατιῶται ἐδέξαντο ἡδέως, καὶ εὐθὺς εἵποντο ἄσμενοι, ὡς διαβησόμενοι ἐκ τῆς Θρᾴκης εἰς τὴν Ἀσίαν.

10. Ὁ δὲ Σεύθης, ἀκούσας ἥκοντα πάλιν [Ξενοφῶντα], πέμψας πρὸς αὐτὸν κατὰ θάλατταν Μηδοσάδην, ἐδεῖτο τὴν στρατιὰν ἄγειν πρὸς ἑαυτόν, ὑπισχνούμενος αὐτῷ, ὅ τι ᾤετο λέγων πείσειν. Ὁ δ' ἀπεκρίνατο αὐτῷ, ὅτι οὐδὲν οἷόν τε εἴη τούτων γενέσθαι. 11. Καὶ ὁ μὲν ταῦτα ἀκούσας ᾤχετο. Οἱ δὲ Ἕλληνες ἐπεὶ ἀφίκοντο εἰς Πέρινθον, Νέων μὲν ἀποσπάσας ἐστρατοπεδεύσατο χωρίς, ἔχων ὡς ὀκτακοσίους ἀνθρώπους· τὸ δ' ἄλλο στράτευμα πᾶν ἐν τῷ αὐτῷ παρὰ τὸ τεῖχος τὸ Περινθίων ἦν.

12. Μετὰ ταῦτα Ξενοφῶν μὲν ἔπραττε περὶ πλοίων, ὅπως ὅτι τάχιστα διαβαῖεν [εἰς τὴν Ἀσίαν]. Ἐν δὲ τούτῳ ἀφικόμενος Ἀρίσταρχος ὁ ἐκ Βυζαντίου ἁρμοστής, ἔχων δύο τριήρεις, πεπεισμένος ὑπὸ Φαρναβάζου, τοῖς τε ναυκλήροις ἀπεῖπε μὴ διάγειν, ἐλθών τε ἐπὶ τὸ στράτευμα, τοῖς στρατιώταις εἶπε μὴ περαιοῦσθαι εἰς τὴν Ἀσίαν. 13. Ὁ δὲ Ξενοφῶν ἔλεγεν, ὅτι Ἀναξίβιος ἐκέλευσε, καὶ ἐμὲ πρὸς τοῦτο ἔπεμψεν ἐνθάδε. Πάλιν δ' Ἀρίσταρχος ἔλεξεν· Ἀναξίβιος μὲν τοίνυν οὐκέτι ναύαρχος, ἐγὼ δὲ τῇδε ἁρμοστής· εἰ δέ τινα ὑμῶν λήψομαι ἐν τῇ θαλάττῃ, καταδύσω. Ταῦτ' εἰπών, ᾤχετο εἰς τὸ τεῖχος. 14. Τῇ δ' ὑστεραίᾳ μεταπέμπεται τοὺς στρατηγοὺς καὶ λοχαγοὺς τοῦ στρατεύματος. Ἤδη δὲ ὄντων πρὸς τῷ τείχει, ἐξαγγέλλει τις τῷ Ξενοφῶντι, ὅτι, εἰ εἴσεισι, συλληφθήσεται, καὶ ἢ αὐτοῦ τι πείσεται, ἢ καὶ Φαρναβάζῳ παραδοθήσεται. Ὁ

δὲ ἀκούσας ταῦτα, τοὺς μὲν προπέμπεται, αὐτὸς δὲ εἶπεν ὅτι θῦσαί τι βούλοιτο.

15. Καὶ ἀπελθὼν ἐθύετο, εἰ παρεῖεν αὐτῷ οἱ θεοὶ πειρᾶσθαι πρὸς Σεύθην ἄγειν τὸ στράτευμα· ἑώρα γὰρ οὔτε διαβαίνειν ἀσφαλὲς ὂν, τριήρεις ἔχοντος τοῦ κωλύσοντος· οὔτ' ἐπὶ Χεῤῥόνησον ἐλθὼν κατακλεισθῆναι ἐβούλετο, καὶ τὸ στράτευμα ἐν πολλῇ σπάνει πάντων γενέσθαι· ἔνθα δὴ πείθεσθαι μὲν ἀνάγκη τῷ ἐκεῖ ἁρμοστῇ, τῶν δὲ ἐπιτηδείων οὐδὲν ἔμελλεν ἕξειν τὸ στράτευμα. 16. Καὶ ὁ μὲν ἀμφὶ ταῦτ' εἶχεν· οἱ δὲ στρατηγοὶ καὶ οἱ λοχαγοὶ ἥκοντες παρὰ τοῦ Ἀριστάρχου ἀπήγγελλον, ὅτι νῦν μὲν ἀπιέναι σφᾶς κελεύει, τῆς δείλης δὲ ἥκειν· ἔνθα καὶ δήλη μᾶλλον ἐδόκει ἡ ἐπιβουλή. 17. Ὁ οὖν Ξενοφῶν, ἐπεὶ ἐδόκει τὰ ἱερὰ καλὰ εἶναι αὐτῷ καὶ τῷ στρατεύματι ἀσφαλῶς πρὸς Σεύθην ἰέναι, παραλαβὼν Πολυκράτην τὸν Ἀθηναῖον λοχαγὸν, καὶ παρὰ τῶν στρατηγῶν ἑκάστου ἄνδρα (πλὴν παρὰ Νέωνος), ᾧ ἕκαστος ἐπίστευεν, ᾤχετο τῆς νυκτὸς ἐπὶ τὸ Σεύθου στράτευμα ἑξήκοντα στάδια.

18. Ἐπεὶ δ' ἐγγὺς ἦσαν αὐτοῦ, ἐπιτυγχάνει πυροῖς ἐρήμοις. Καὶ τὸ μὲν πρῶτον ᾤετο μετακεχωρηκέναι ποι τὸν Σεύθην· ἐπεὶ δὲ θορύβου τε ᾔσθετο καὶ σημαινόντων ἀλλήλοις τῶν περὶ Σεύθην, κατέμαθεν, ὅτι τούτου ἕνεκα τὰ πυρὰ κεκαυμένα εἴη τῷ Σεύθῃ πρὸ τῶν νυκτοφυλάκων, ὅπως οἱ μὲν φύλακες μὴ ὁρῷντο ἐν τῷ σκότει ὄντες, μήτε ὁπόσοι μήτε ὅπου εἶεν, οἱ δὲ προσιόντες μὴ λανθάνοιεν, ἀλλὰ διὰ τὸ φῶς καταφανεῖς εἶεν. 19. Ἐπεὶ δὲ ᾔσθετο, προπέμπει τὸν ἑρμηνέα, ὃν ἐτύγχανεν ἔχων, καὶ εἰπεῖν κελεύει Σεύθῃ, ὅτι Ξενοφῶν πάρεστι βουλόμενος συγγενέ-

σθαι αὐτῷ. Οἱ δὲ ἤροντο, εἰ ὁ Ἀθηναῖος ὁ ἀπὸ τοῦ στρατεύματος. 20. Ἐπειδὴ δὲ ἔφη οὗτος εἶναι, ἀναπηδήσαντες ἐδίωκον· καὶ ὀλίγον ὕστερον παρῆσαν πελτασταὶ ὅσον διακόσιοι, καὶ παραλαβόντες Ξενοφῶντα καὶ τοὺς σὺν αὐτῷ, ἦγον πρὸς Σεύθην. 21. Ὁ δ᾽ ἦν ἐν τύρσει μάλα φυλαττόμενος, καὶ ἵπποι περὶ αὐτὴν κύκλῳ ἐγκεχαλινωμένοι· διὰ γὰρ τὸν φόβον τὰς μὲν ἡμέρας ἐχίλου τοὺς ἵππους, τὰς δὲ νύκτας ἐγκεχαλινωμένοις ἐφυλάττετο. 22. Ἐλέγετο γὰρ καὶ πρόσθεν Τήρης ὁ τούτου πρόγονος, ἐν ταύτῃ τῇ χώρᾳ, πολὺ ἔχων στράτευμα, ὑπὸ τούτων τῶν ἀνδρῶν πολλοὺς ἀπολέσαι, καὶ τὰ σκευοφόρα ἀφαιρεθῆναι. Ἦσαν δ᾽ οὗτοι Θυνοὶ, πάντων λεγόμενοι εἶναι μάλιστα νυκτὸς πολεμικώτατοι.

23. Ἐπεὶ δ᾽ ἐγγὺς ἦσαν, ἐκέλευσεν εἰσελθεῖν Ξενοφῶντα, ἔχοντα δύο, οὓς βούλοιτο. Ἐπειδὴ δὲ ἔνδον ἦσαν, ἠσπάζοντο μὲν πρῶτον ἀλλήλους, καὶ κατὰ τὸν Θρᾴκιον νόμον κέρατα οἴνου προὔπινον· παρῆν δὲ καὶ Μηδοσάδης τῷ Σεύθῃ, ὅσπερ ἐπρέσβευεν αὐτῷ πάντοσε. 24. Ἔπειτα δὲ Ξενοφῶν ἤρχετο λέγειν· Ἔπεμψας πρὸς ἐμὲ, ὦ Σεύθη, εἰς Χαλκηδόνα πρῶτον Μηδοσάδην τουτονὶ, δεόμενός μου, συμπροθυμηθῆναι διαβῆναι τὸ στράτευμα ἐκ τῆς Ἀσίας, καὶ ὑπισχνούμενός μοι, εἰ ταῦτα πράξαιμι, εὖ ποιήσειν, ὡς ἔφη Μηδοσάδης οὑτοσί. 25. Ταῦτα εἰπὼν, ἐπήρετο τὸν Μηδοσάδην, εἰ ἀληθῆ ταῦτ᾽ εἴη. Ὁ δ᾽ ἔφη. Αὖθις ἦλθε Μηδοσάδης οὗτος, ἐπεὶ ἐγὼ διέβην πάλιν ἐπὶ τὸ στράτευμα ἐκ Παρίου, ὑπισχνούμενος, εἰ ἄγοιμι τὸ στράτευμα πρὸς σὲ, τἄλλά τέ σε φίλῳ μοι χρήσεσθαι καὶ ἀδελφῷ, καὶ τὰ παρὰ θαλάττῃ μοι χωρία, ὧν σὺ κρατεῖς, ἔσεσθαι

παρὰ σοῦ. 26. Ἐπὶ τούτοις πάλιν ἐπήρετο τὸν Μηδοσάδην, εἰ ἔλεγε ταῦτα. Ὁ δὲ συνέφη καὶ ταῦτα. Ἴθι νῦν, ἔφη, ἀφήγησαι τούτῳ, τί σοι ἀπεκρινάμην ἐν Χαλκηδόνι πρῶτον. 27. Ἀπεκρίνω, ὅτι τὸ στράτευμα διαβήσοιτο εἰς Βυζάντιον, καὶ οὐδὲν τούτου ἕνεκα δέοι τελεῖν οὔτε σοὶ οὔτε ἄλλῳ· αὐτὸς δὲ, ἐπεὶ διαβαίης, ἀπιέναι ἔφησθα· καὶ ἐγένετο οὕτως, ὥσπερ σὺ ἔλεγες. 28. Τί γὰρ ἔλεγον, ἔφη, ὅτε κατὰ Σηλυβρίαν ἀφίκου; Οὐκ ἔφησθα οἷόν τε εἶναι, ἀλλ' εἰς Πέρινθον ἐλθόντας διαβαίνειν εἰς τὴν Ἀσίαν. 29. Νῦν τοίνυν, ἔφη ὁ Ξενοφῶν, πάρειμι καὶ ἐγὼ καὶ οὗτος Φρυνίσκος, εἷς τῶν στρατηγῶν, καὶ Πολυκράτης οὗτος, εἷς τῶν λοχαγῶν· καὶ ἔξω εἰσὶν ἀπὸ τῶν στρατηγῶν ὁ πιστότατος ἑκάστῳ, πλὴν Νέωνος τοῦ Λακωνικοῦ. 30. Εἰ οὖν βούλει πιστοτέραν εἶναι τὴν πρᾶξιν, καὶ ἐκείνους κάλεσαι. Τὰ δὲ ὅπλα, σὺ ἐλθὼν εἰπὲ, ὦ Πολύκρατες, ὅτι ἐγὼ κελεύω καταλιπεῖν· καὶ αὐτὸς ἐκεῖ καταλιπὼν τὴν μάχαιραν εἴσιθι. 31. Ἀκούσας ταῦτα ὁ Σεύθης εἶπεν, ὅτι οὐδενὶ ἂν ἀπιστήσειεν Ἀθηναίων· καὶ γὰρ, ὅτι συγγενεῖς εἶεν, εἰδέναι, καὶ φίλους εὔνους ἔφη νομίζειν. Μετὰ ταῦτα δ' ἐπεὶ εἰσῆλθον, οὓς ἔδει, πρῶτον μὲν Ξενοφῶν ἐπήρετο Σεύθην, ὅ τι δέοιτο χρῆσθαι τῇ στρατιᾷ. 32. Ὁ δὲ εἶπεν ὧδε·

Μαισάδης ἦν πατήρ μοι· ἐκείνου δὲ ἦν ἀρχὴ Μελανδῖται, καὶ Θυνοὶ, καὶ Τρανίψαι. Ἐκ ταύτης οὖν τῆς χώρας, ἐπεὶ τὰ Ὀδρυσῶν πράγματα ἐνόσησεν, ἐκπεσὼν ὁ πατὴρ, αὐτὸς μὲν ἀποθνήσκει νόσῳ· ἐγὼ δ' ἐξετράφην ὀρφανὸς παρὰ Μηδόκῳ τῷ νῦν βασιλεῖ. 33. Ἐπεὶ δὲ νεανίσκος ἐγενόμην, οὐκ ἐδυνάμην ζῆν εἰς ἀλλοτρίαν τράπεζαν ἀποβλέπων· καὶ ἐκαθεζόμην ἐνδίφριος αὐτῷ ἱκέτης, δοῦναί μοι, ὁπόσους δυνατὸς εἴη ἄνδρας, ὅπως καὶ τοὺς ἐκβαλόντας ἡμᾶς, εἴ τι δυναίμην, κακὸν ποιοίην, καὶ ζῴην, μὴ εἰς τὴν ἐκείνου τράπεζαν ἀποβλέπων ὥσπερ κύων. 34. Ἐκ τούτου μοι δίδωσι τοὺς ἄνδρας καὶ τοὺς ἵππους, οὓς ὑμεῖς ὄψεσθε, ἐπειδὰν ἡμέρα γένηται. Καὶ νῦν ἐγὼ ζῶ τούτους ἔχων, ληϊζόμενος τὴν ἐμαυτοῦ πατρῴαν χώραν. Εἰ δέ μοι ὑμεῖς παραγένοισθε, οἶμαι ἂν σὺν τοῖς θεοῖς ῥᾳδίως ἀπολαβεῖν τὴν ἀρχήν. Ταῦτ' ἐστὶν, ἃ ἐγὼ ὑμῶν δέομαι.

35. Τί ἂν οὖν, ἔφη ὁ Ξενοφῶν, σὺ δύναιο, εἰ ἔλθοιμεν, τῇ τε στρατιᾷ διδόναι καὶ τοῖς λοχαγοῖς καὶ τοῖς στρατηγοῖς; Λέξον, ἵνα οὗτοι ἀπαγγέλλωσιν. 36. Ὁ δὲ ὑπέσχετο τῷ μὲν στρατιώτῃ κυζικηνὸν, τῷ δὲ λοχαγῷ διμοιρίαν, τῷ δὲ στρατηγῷ τετραμοιρίαν, καὶ γῆν ὁπόσην ἂν βούλωνται, καὶ ζεύγη, καὶ χωρίον ἐπὶ θαλάττῃ τετειχισμένον. 37. Ἐὰν δὲ, ἔφη ὁ Ξενοφῶν, ταῦτα πειρώμενοι μὴ διαπράξωμεν, ἀλλά τις φόβος ἀπὸ Λακεδαιμονίων ᾖ, δέξῃ εἰς τὴν σεαυτοῦ, ἐάν τις ἀπιέναι βούληται παρὰ σέ; 38. Ὁ δ' εἶπε· Καὶ ἀδελφούς γε ποιήσομαι, καὶ ἐνδιφρίους, καὶ κοινωνοὺς ἁπάντων, ὧν ἂν δυνώμεθα κτᾶσθαι. Σοὶ δὲ, ὦ Ξενοφῶν, καὶ θυγατέρα δώσω, καὶ εἴ τις σοὶ ἔστι θυγάτηρ, ὠνήσομαι Θρᾳκίῳ νόμῳ· καὶ Βισάνθην οἴκησιν δώσω, ὅπερ ἐμοὶ κάλλιστον χωρίον ἐστὶ τῶν ἐπὶ θαλάττῃ.

CAP. III.

1. Ἀκούσαντες ταῦτα, καὶ δεξιὰς δόντες καὶ λαβόντες, ἀπήλαυνον· καὶ πρὸ ἡμέρας ἐγένοντο ἐπὶ τῷ στρατοπέδῳ, καὶ ἀπήγγειλαν ἕκαστοι τοῖς πέμψασιν. 2. Ἐπεὶ δὲ ἡμέρα ἐγένετο, ὁ μὲν Ἀρίσταρχος πάλιν ἐκάλει τοὺς στρατηγοὺς καὶ λοχαγούς· τοῖς δ' ἔδοξε τὴν μὲν πρὸς Ἀρίσταρχον ὁδὸν ἐᾶσαι, τὸ δὲ στράτευμα συγκαλέσαι. Καὶ συνῆλθον πάντες, πλὴν οἱ Νέωνος· οὗτοι δὲ ἀπεῖχον ὡς δέκα στάδια.

3. Ἐπεὶ δὲ συνῆλθον, ἀναστὰς Ξενοφῶν εἶπε τάδε· Ἄνδρες, διαπλεῖν μὲν, ἔνθα βουλόμεθα, Ἀρίσταρχος τριήρεις ἔχων κωλύει· ὥστε εἰς πλοῖα οὐκ ἀσφαλὲς ἐμβαίνειν· οὗτος δὲ ὁ αὐτὸς κελεύει εἰς Χεῤῥόνησον βίᾳ διὰ τοῦ Ἱεροῦ ὄρους πορεύεσθαι· ἢν δὲ κρατήσαντες τούτου ἐκεῖσε ἔλθωμεν, οὔτε πωλήσειν ἔτι φησὶν ὑμᾶς ὥσπερ ἐν Βυζαντίῳ, οὔτε ἐξαπατήσεσθαι ἔτι ὑμᾶς, ἀλλὰ λήψεσθαι μισθὸν, οὔτε περιόψεσθαι ἔτι, ὥσπερ νυνὶ, δεομένους τῶν ἐπιτηδείων. 4. Οὗτος μὲν ταῦτα λέγει· Σεύθης δέ φησιν, ἂν πρὸς ἐκεῖνον ἴητε, εὖ ποιήσειν ὑμᾶς. Νῦν οὖν σκέψασθε, πότερον ἐνθάδε μένοντες τοῦτο βουλεύσεσθε, ἢ εἰς τὰ ἐπιτήδεια ἐπανελθόντες. 5. Ἐμοὶ μὲν οὖν δοκεῖ, ἐπεὶ ἐνθάδε οὔτε ἀργύριον ἔχομεν ὥστε ἀγοράζειν, οὔτε ἄνευ ἀργυρίου ἐῶσι λαμβάνειν τὰ ἐπιτήδεια, ἐπανελθόντας εἰς τὰς κώμας ὅθεν οἱ ἥττους ἐῶσι λαμβάνειν, ἐκεῖ ἔχοντας τὰ ἐπιτήδεια, ἀκούοντας ὅ τι τις ὑμῶν δεῖται, αἱρεῖσθαι ὅ τι ἂν ὑμῖν δοκῇ κράτιστον εἶναι. 6. Καὶ ὅτῳ, ἔφη, ταῦτα δοκεῖ, ἀράτω τὴν χεῖρα. Ἀνέτειναν ἅπαντες. Ἀπιόντες τοίνυν, ἔφη,

συσκευάζεσθε, καὶ ἐπειδὰν παραγγείλῃ τις, ἕπεσθε τῷ ἡγουμένῳ.

7. Μετὰ ταῦτα Ξενοφῶν μὲν ἡγεῖτο, οἱ δ' εἵποντο. Νέων δὲ καὶ παρὰ Ἀριστάρχου ἄλλοι ἔπειθον ἀποτρέπεσθαι· οἱ δ' οὐχ ὑπήκουον. Ἐπεὶ δ' ὅσον τριάκοντα σταδίους προεληλύθεσαν, ἀπαντᾷ Σεύθης. Καὶ ὁ Ξενοφῶν ἰδὼν αὐτὸν προσελάσαι ἐκέλευσεν, ὅπως ὅτι πλείστων ἀκουόντων εἴποι αὐτῷ, ἃ ἐδόκει συμφέρειν. 8. Ἐπεὶ δὲ προσῆλθεν, εἶπε Ξενοφῶν· Ἡμεῖς πορευόμεθα, ὅπου μέλλει ἕξειν τὸ στράτευμα τροφήν· ἐκεῖ δ' ἀκούοντες καὶ σοῦ καὶ τῶν τοῦ Λακωνικοῦ, αἱρησόμεθα ἃ ἂν κράτιστα δοκῇ εἶναι. Ἢν οὖν ἡμῖν ἡγήσῃ, ὅπου πλεῖστά ἐστιν ἐπιτήδεια, ὑπὸ σοῦ νομιοῦμεν ἐξενίσθαι. 9. Καὶ ὁ Σεύθης εἶπεν· Ἀλλὰ οἶδα κώμας πολλὰς ἁθρόας, καὶ πάντα ἐχούσας τὰ ἐπιτήδεια, ἀπεχούσας ἡμῶν ὅσον διελθόντες ἂν ἡδέως ἀριστῴητε. Ἡγοῦ τοίνυν, ἔφη ὁ Ξενοφῶν.

10. Ἐπεὶ δ' ἀφίκοντο εἰς αὐτὰς τῆς δείλης, συνῆλθον οἱ στρατιῶται, καὶ εἶπε Σεύθης τοιάδε· Ἐγώ, ὦ ἄνδρες, δέομαι ὑμῶν στρατεύεσθαι σὺν ἐμοί· καὶ ὑπισχνοῦμαι ὑμῖν [τοῦ μηνὸς] δώσειν τοῖς στρατιώταις κυζικηνόν, λοχαγοῖς δὲ καὶ στρατηγοῖς τὰ νομιζόμενα· ἔξω δὲ τούτων τὸν ἄξιον τιμήσω. Σῖτα δὲ καὶ ποτά, ὥσπερ καὶ νῦν, ἐκ τῆς χώρας λαμβάνοντες ἕξετε· ὁπόσα δ' ἂν ἁλίσκηται, ἀξιώσω αὐτὸς ἔχειν, ἵνα ταῦτα διατιθέμενος ὑμῖν τὸν μισθὸν πορίζω. 11. Καὶ τὰ μὲν φεύγοντα καὶ ἀποδιδράσκοντα ἡμεῖς ἱκανοὶ ἐσόμεθα διώκειν καὶ μαστεύειν· ἂν δέ τις ἀνθίστηται, σὺν ὑμῖν πειρασόμεθα χειροῦσθαι. 12. Ἐπήρετο ὁ Ξενοφῶν· Πόσον δὲ ἀπὸ θαλάττης ἀξιώ-

σεις συνέπεσθαί σοι τὸ στράτευμα; Ὁ δ᾽ ἀπεκρίνατο· Οὐδαμῇ πλεῖον ἑπτὰ ἡμερῶν, μεῖον δὲ πολλαχῇ.

13. Μετὰ ταῦτα ἐδίδοτο λέγειν τῷ βουλομένῳ. Καὶ ἔλεγον πολλοὶ κατὰ ταὐτὰ, ὅτι παντὸς ἄξια λέγοι Σεύθης· χειμὼν γὰρ εἴη, καὶ οὔτε οἴκαδε ἀποπλεῖν τῷ τοῦτο βουλομένῳ δυνατὸν εἴη, διαγενέσθαι τε ἐν φιλίᾳ οὐχ οἷόν τ᾽ εἴη, εἰ δέοι ὠνουμένους ζῆν· ἐν δὲ τῇ πολεμίᾳ διατρίβειν καὶ τρέφεσθαι ἀσφαλέστερον μετὰ Σεύθου, ἢ μόνους, ὄντων ἀγαθῶν τοσούτων, εἰ δὲ μισθὸν προσλήψοιντο, εὕρημα ἐδόκει εἶναι. 14. Ἐπὶ τούτοις εἶπε Ξενοφῶν· Εἴ τις ἀντιλέγει, λεγέτω· εἰ δὲ μὴ, ἐπιψηφιζέτω ταῦτα. Ἐπεὶ δὲ οὐδεὶς ἀντέλεγεν, ἐπεψήφισε, καὶ ἔδοξε ταῦτα. Εὐθὺς δὲ Σεύθῃ εἶπε ταῦτα, ὅτι συστρατεύσοιντο αὐτῷ.

15. Μετὰ τοῦτο οἱ μὲν ἄλλοι κατὰ τάξεις ἐσκήνησαν· στρατηγοὺς δὲ καὶ λοχαγοὺς ἐπὶ δεῖπνον Σεύθης ἐκάλεσε, πλησίον κώμην ἔχων. 16. Ἐπεὶ δ᾽ ἐπὶ θύραις ἦσαν, ὡς ἐπὶ δεῖπνον παριόντες, ἦν τις Ἡρακλείδης Μαρωνείτης· οὗτος προσιὼν ἑνὶ ἑκάστῳ, οὕστινας ᾤετο ἔχειν τι δοῦναι Σεύθῃ, πρῶτον μὲν πρὸς Παριανούς τινας, οἳ παρῆσαν φιλίαν διαπραξόμενοι πρὸς Μήδοκον τὸν Ὀδρυσῶν βασιλέα, καὶ δῶρα ἄγοντες αὐτῷ τε καὶ τῇ γυναικὶ, ἔλεγεν, ὅτι Μήδοκος μὲν ἄνω εἴη δώδεκα ἡμερῶν ἀπὸ θαλάττης ὁδόν· Σεύθης δ᾽, ἐπεὶ τὸ στράτευμα τοῦτο εἴληφεν, ἄρχων ἔσοιτο ἐπὶ θαλάττῃ. 17. Γείτων οὖν ὢν, ἱκανώτατος ἔσται ὑμᾶς καὶ εὖ καὶ κακῶς ποιεῖν. Ἢν οὖν σωφρονῆτε, τούτῳ δώσετε, ὅ τι ἂν ἄγητε· καὶ ἄμεινον ὑμῖν διακείσεται, ἢ ἐὰν Μηδόκῳ τῷ πρόσω οἰκοῦντι δῶτε. Τούτους μὲν οὕτως ἔπειθεν.

18. Αὖθις δὲ Τιμασίωνι τῷ Δαρδανεῖ προσελθὼν, ἐπεὶ ἤκουσεν αὐτῷ εἶναι καὶ ἐκπώματα καὶ τάπιδας βαρβαρικὰς, ἔλεγεν, ὅτι νομίζοιτο, ὁπότε ἐπὶ δεῖπνον καλέσαιτο Σεύθης, δωρεῖσθαι αὐτῷ τοὺς κληθέντας· οὗτος δ' ἢν μέγας ἐνθάδε γένηται, ἱκανὸς ἔσται σε καὶ οἴκαδε καταγαγεῖν, καὶ ἐνθάδε πλούσιον ποιῆσαι. Τοιαῦτα προὐμνᾶτο, ἑκάστῳ προσιών. 19. Προσελθὼν δὲ καὶ Ξενοφῶντι, ἔλεγε· Σὺ καὶ πόλεως μεγίστης εἶ, καὶ παρὰ Σεύθῃ τὸ σὸν ὄνομα μέγιστόν ἐστι· καὶ ἐν τῇδε τῇ χώρᾳ ἴσως ἀξιώσεις καὶ τείχη λαμβάνειν, ὥσπερ καὶ ἄλλοι τῶν ὑμετέρων ἔλαβον, καὶ χώραν· ἄξιον οὖν σοι καὶ μεγαλοπρεπέστατα τιμῆσαι Σεύθην. 20. Εὔνους δέ σοι ὢν παραινῶ· εὖ οἶδα γὰρ, ὅτι, ὅσῳ ἂν μείζω τούτῳ δωρήσῃ, τοσούτῳ μείζω ὑπὸ τούτου ἀγαθὰ πείσῃ. Ἀκούων ταῦτα ὁ Ξενοφῶν ἠπόρει· οὐ γὰρ διαβεβήκει ἔχων ἐκ Παρίου, εἰ μὴ παῖδα καὶ ὅσον ἐφόδιον.

21. Ἐπεὶ δὲ εἰσῆλθον ἐπὶ τὸ δεῖπνον τῶν τε Θρᾳκῶν οἱ κράτιστοι τῶν παρόντων, καὶ οἱ στρατηγοὶ καὶ οἱ λοχαγοὶ τῶν Ἑλλήνων, καὶ εἴ τις πρεσβεία παρῆν ἀπὸ πόλεως, τὸ δεῖπνον μὲν ἦν καθημένοις κύκλῳ· ἔπειτα δὲ τρίποδες εἰσηνέχθησαν πᾶσιν· οὗτοι δ' ἦσαν κρεῶν μεστοὶ νενεμημένων, καὶ ἄρτοι ζυμῖται μεγάλοι προσπεπερονημένοι ἦσαν πρὸς τοῖς κρέασι. 22. Μάλιστα δ' αἱ τράπεζαι κατὰ τοὺς ξένους ἀεὶ ἐτίθεντο· νόμος γὰρ ἦν. Καὶ πρῶτος τοῦτο ἐποίει Σεύθης· ἀνελόμενος τοὺς ἑαυτῷ παρακειμένους ἄρτους, διέκλα κατὰ μικρὸν, καὶ διεῤῥίπτει, οἷς αὐτῷ ἐδόκει· καὶ τὰ κρέα ὡσαύτως, ὅσον μόνον γεύσασθαι ἑαυτῷ καταλιπών. 23. Καὶ οἱ ἄλλοι δὲ κατὰ ταὐτὰ ἐποίουν,

καθ' οὓς αἱ τράπεζαι ἔκειντο. Ἀρκὰς δέ τις, Ἀρύστας ὄνομα, φαγεῖν δεινὸς, τὸ μὲν διαῤῥιπτεῖν εἴα χαίρειν, λαβὼν δὲ εἰς τὴν χεῖρα ὅσον τριχοίνικον ἄρτον, καὶ κρέα θέμενος ἐπὶ τὰ γόνατα, ἐδείπνει. 24. Κέρατα δὲ οἴνου περιέφερον, καὶ πάντες ἐδέχοντο· ὁ δ' Ἀρύστας, ἐπεὶ παρ' αὐτὸν φέρων τὸ κέρας ὁ οἰνοχόος ἧκεν, εἶπεν, ἰδὼν τὸν Ξενοφῶντα οὐκέτι δειπνοῦντα· Ἐκείνῳ, ἔφη, δός· σχολάζει γὰρ ἤδη, ἐγὼ δὲ οὐδέπω. 25. Ἀκούσας ὁ Σεύθης τὴν φωνὴν, ἠρώτα τὸν οἰνοχόον, τί λέγοι. Ὁ δὲ οἰνοχόος εἶπεν· ἑλληνίζειν γὰρ ἠπίστατο. Ἐνταῦθα μὲν δὴ γέλως ἐγένετο.

26. Ἐπειδὴ δὲ προὐχώρει ὁ πότος, εἰσῆλθεν ἀνὴρ Θρᾷξ ἵππον ἔχων λευκὸν, καὶ λαβὼν κέρας μεστὸν εἶπε· Προπίνω σοι, ὦ Σεύθη, καὶ τὸν ἵππον τοῦτον δωροῦμαι, ἐφ' οὗ καὶ διώκων, ὃν ἂν θέλῃς, αἱρήσεις, καὶ ἀποχωρῶν οὐ μὴ δείσῃς τὸν πολέμιον. 27. Ἄλλος, παῖδα εἰσαγαγὼν, οὕτως ἐδωρήσατο προπίνων, καὶ ἄλλος ἱμάτια τῇ γυναικί. Καὶ Τιμασίων προπίνων ἐδωρήσατο φιάλην τε ἀργυρᾶν καὶ τάπιδα ἀξίαν δέκα μνῶν. 28. Γνήσιππος δέ τις Ἀθηναῖος ἀναστὰς εἶπεν, ὅτι ἀρχαῖος εἴη νόμος κάλλιστος, τοὺς μὲν ἔχοντας διδόναι τῷ βασιλεῖ τιμῆς ἕνεκα, τοῖς δὲ μὴ ἔχουσι διδόναι τὸν βασιλέα· ἵνα καὶ ἐγὼ, ἔφη, σοὶ ἔχω δωρεῖσθαι καὶ τιμᾶν.

29. Ὁ δὲ Ξενοφῶν ἠπορεῖτο, ὅ τι ποιήσοι· καὶ γὰρ ἐτύγχανεν, ὡς τιμώμενος, ἐν τῷ πλησιαιτάτῳ δίφρῳ Σεύθῃ καθήμενος. Ὁ δὲ Ἡρακλείδης ἐκέλευσεν, αὐτῷ τὸ κέρας ὀρέξαι τὸν οἰνοχόον. Ὁ δὲ Ξενοφῶν, ἤδη γὰρ ὑποπεπωκὼς ἐτύγχανεν, ἀνέστη, θαῤῥαλέως δεξάμενος τὸ κέρας, καὶ

εἶπεν· 30. Ἐγὼ δέ σοι, ὦ Σεύθη, δίδωμι ἐμαυτὸν καὶ τοὺς ἐμοὺς τούτους ἑταίρους, φίλους εἶναι πιστούς· καὶ οὐδένα ἄκοντα, ἀλλὰ πάντας μᾶλλον ἔτι ἐμοῦ σοι βουλομένους φίλους εἶναι. 31. Καὶ νῦν πάρεισιν οὐδέν σε προσαιτοῦντες, ἀλλὰ καὶ προϊέμενοι καὶ πονεῖν ὑπὲρ σοῦ καὶ προκινδυνεύειν ἐθέλοντες· μεθ' ὧν, ἂν οἱ θεοὶ θέλωσι, πολλὴν χώραν τὴν μὲν ἀπολήψῃ πατρῴαν οὖσαν, τὴν δὲ κτήσῃ, πολλοὺς δὲ ἵππους, πολλοὺς δὲ ἄνδρας καὶ γυναῖκας καλὰς κτήσῃ, οὓς οὐ λῄζεσθαι δεήσει, ἀλλ' αὐτοὶ φέροντες παρέσονται πρός σε δῶρα. 32. Καὶ ἀναστὰς ὁ Σεύθης συνεξέπιε καὶ συγκατεσκεδάσατο μετὰ τοῦτο τὸ κέρας. Μετὰ ταῦτα εἰσῆλθον κέρασί τε, οἵοις σημαίνουσιν, αὐλοῦντες, καὶ σάλπιγξιν ὠμοβοΐναις, ῥυθμούς τε καὶ οἷον μαγάδι σαλπίζοντες. 33. Καὶ αὐτὸς Σεύθης ἀναστὰς ἀνέκραγέ τε πολεμικὸν, καὶ ἐξήλατο, ὥσπερ βέλος φυλαττόμενος, μάλα ἐλαφρῶς. Εἰσῄεσαν δὲ καὶ γελωτοποιοί.

34. Ὡς δ' ἦν ἥλιος ἐπὶ δυσμαῖς, ἀνέστησαν οἱ Ἕλληνες, καὶ εἶπον, ὅτι ὥρα νυκτοφύλακας καθιστάναι, καὶ σύνθημα παραδιδόναι. Καὶ Σεύθην ἐκέλευον παραγγεῖλαι, ὅπως εἰς τὰ Ἑλληνικὰ στρατόπεδα μηδεὶς τῶν Θρᾳκῶν εἴσεισι νυκτός· οἵ τε γὰρ πολέμιοι Θρᾷκες ὑμῖν, καὶ ἡμῖν οἱ φίλοι. 35. Ὡς δ' ἐξῄεσαν, συνανέστη ὁ Σεύθης, οὐδὲν ἔτι μεθύοντι ἐοικώς. Ἐξελθὼν δ' εἶπεν, αὐτοὺς τοὺς στρατηγοὺς ἀποκαλέσας· Ὦ ἄνδρες, οἱ πολέμιοι ἡμῶν οὐκ ἴσασί πω τὴν ἡμετέραν συμμαχίαν· ἢν οὖν ἔλθωμεν ἐπ' αὐτοὺς, πρὶν φυλάξασθαι ὥστε μὴ ληφθῆναι, ἢ παρασκευάσασθαι ὥστε ἀμύνασθαι, μάλιστα ἂν λάβοιμεν καὶ ἀνθρώπους καὶ χρήματα. 36. Συνεπῄνουν ταῦτα οἱ στρατηγοὶ,

καὶ ἡγεῖσθαι ἐκέλευον. Ὁ δ' εἶπε· Παρασκευασάμενοι ἀναμένετε· ἐγὼ δὲ, ὁπόταν καιρὸς ᾖ, ἥξω πρὸς ὑμᾶς· καὶ τοὺς πελταστὰς καὶ ὑμᾶς ἀναλαβὼν, ἡγήσομαι σὺν τοῖς θεοῖς.

37. Καὶ ὁ Ξενοφῶν εἶπε· Σκέψαι τοίνυν, εἴπερ νυκτὸς πορευσόμεθα, εἰ ὁ Ἑλληνικὸς νόμος κάλλιον ἔχει· μεθ' ἡμέραν μὲν γὰρ ἐν ταῖς πορείαις ἡγεῖται τοῦ στρατεύματος ὁποῖον ἂν ἀεὶ πρὸς τὴν χώραν συμφέρει, ἐάν τε ὁπλιτικὸν, ἐάν τε πελταστικὸν, ἐάν τε ἱππικόν· νύκτωρ δὲ νόμος τοῖς Ἕλλησίν ἐστιν ἡγεῖσθαι τὸ βραδύτατον. 38. Οὕτω γὰρ ἥκιστα διασπᾶται τὰ στρατεύματα, καὶ ἥκιστα λανθάνουσιν ἀποδιδράσκοντες ἀλλήλους· οἱ δὲ διασπασθέντες πολλάκις καὶ περιπίπτουσιν ἀλλήλοις, καὶ ἀγνοοῦντες κακῶς ποιοῦσι καὶ πάσχουσιν. 39. Εἶπεν οὖν Σεύθης· Ὀρθῶς τε λέγετε, καὶ ἐγὼ τῷ νόμῳ τῷ ὑμετέρῳ πείσομαι. Καὶ ὑμῖν μὲν ἡγεμόνας δώσω, τῶν πρεσβυτάτων τοὺς ἐμπειροτάτους τῆς χώρας, αὐτὸς δ' ἐφέψομαι τελευταῖος, τοὺς ἵππους ἔχων· ταχὺ γὰρ πρῶτος, ἂν δέῃ, παρέσομαι. Σύνθημα δ' εἶπον Ἀθηναίαν κατὰ τὴν συγγένειαν. Ταῦτ' εἰπόντες ἀνεπαύοντο.

40. Ἡνίκα δ' ἦν ἀμφὶ μέσας νύκτας, παρῆν Σεύθης, ἔχων τοὺς ἱππέας τεθωρακισμένους, καὶ τοὺς πελταστὰς σὺν τοῖς ὅπλοις. Καὶ ἐπεὶ παρέδωκε τοὺς ἡγεμόνας, οἱ μὲν ὁπλῖται ἡγοῦντο, οἱ δὲ πελτασταὶ εἵποντο, οἱ δ' ἱππεῖς ὠπισθοφυλάκουν. 41. Ἐπεὶ δ' ἡμέρα ἦν, ὁ Σεύθης παρήλαυνεν εἰς τὸ πρόσθεν, καὶ ἐπῄνεσε τὸν Ἑλληνικὸν νόμον. Πολλάκις γὰρ ἔφη νύκτωρ αὐτὸς, καὶ σὺν ὀλίγοις πορευόμενος, ἀποσπασθῆναι σὺν τοῖς ἵπποις ἀπὸ τῶν

πεζῶν· νῦν δ', ὥσπερ δεῖ, ἀθρόοι πάντες ἅμα τῇ ἡμέρᾳ φαινόμεθα. Ἀλλὰ ὑμεῖς μὲν περιμένετε αὐτοῦ, καὶ ἀναπαύεσθε· ἐγὼ δὲ σκεψάμενός τι ἥξω. 42. Ταῦτ' εἰπὼν ἤλαυνε δι' ὄρους ὁδόν τινα λαβών. Ἐπεὶ δ' ἀφίκετο εἰς χιόνα πολλήν, ἐσκέψατο [ἐν τῇ ὁδῷ], εἰ εἴη ἴχνη ἀνθρώπων ἢ πρόσω ἡγούμενα, ἢ ἐναντία. Ἐπεὶ δὲ ἀτριβῆ ἑώρα τὴν ὁδόν, ἧκε ταχὺ πάλιν, καὶ ἔλεγεν· 43. Ἄνδρες, καλῶς ἔσται, ἢν θεὸς θέλῃ· τοὺς γὰρ ἀνθρώπους λήσομεν ἐπιπεσόντες. Ἀλλ' ἐγὼ μὲν ἡγήσομαι τοῖς ἵπποις, ὅπως, ἄν τινα ἴδωμεν, μὴ διαφυγὼν σημήνῃ τοῖς πολεμίοις· ὑμεῖς δ' ἕπεσθε· κἂν λειφθῆτε, τῷ στίβῳ τῶν ἵππων ἕπεσθε. Ὑπερβάντες δὲ τὰ ὄρη, ἥξομεν εἰς κώμας πολλάς τε καὶ εὐδαίμονας.

44. Ἡνίκα δ' ἦν μέσον ἡμέρας, ἤδη τε ἦν ἐπὶ τοῖς ἄκροις, καὶ κατιδὼν τὰς κώμας, ἧκεν ἐλαύνων πρὸς τοὺς ὁπλίτας, καὶ ἔλεγεν· Ἀφήσω ἤδη καταθεῖν τοὺς μὲν ἱππέας εἰς τὸ πεδίον, τοὺς δὲ πελταστὰς ἐπὶ τὰς κώμας. Ἀλλ' ἕπεσθε ὡς ἂν δύνησθε τάχιστα, ὅπως, ἐάν τις ὑφιστῆται, ἀλέξησθε. 45. Ἀκούσας ταῦτα ὁ Ξενοφῶν κατέβη ἀπὸ τοῦ ἵππου. Καὶ ὃς ἤρετο· Τί καταβαίνεις, ἐπεὶ σπεύδειν δεῖ; Οἶδα, ἔφη, ὅτι οὐκ ἐμοῦ μόνου δέῃ· οἱ δ' ὁπλῖται θᾶττον δραμοῦνται καὶ ἥδιον, ἐὰν καὶ ἐγὼ πεζὸς ἡγῶμαι.

46. Μετὰ ταῦτα ᾤχετο, καὶ Τιμασίων μετ' αὐτοῦ, ἔχων ἱππέας ὡς τετταράκοντα τῶν Ἑλλήνων. Ξενοφῶν δὲ παρηγγύησε τοὺς εἰς τριάκοντα ἔτη παριέναι ἀπὸ τῶν λόχων εὐζώνους. Καὶ αὐτὸς μὲν ἐτρόχαζε, τούτους ἔχων· Κλεάνωρ δ' ἡγεῖτο τῶν ἄλλων Ἑλλήνων. 47. Ἐπεὶ δ'

ἐν ταῖς κώμαις ἦσαν, Σεύθης, ἔχων ὅσον τριάκοντα ἱππέας, προσελάσας εἶπε· Τάδε δή, ὦ Ξενοφῶν, ἃ σὺ ἔλεγες· ἔχονται οἱ ἄνθρωποι· ἀλλὰ γὰρ ἔρημοι οἱ ἱππεῖς οἴχονταί μοι, ἄλλος ἄλλῃ διώκων· καὶ δέδοικα, μὴ συστάντες ἀθρόοι που κακόν τι ἐργάσωνται οἱ πολέμιοι. Δεῖ δὲ καὶ ἐν ταῖς κώμαις καταμένειν τινὰς ἡμῶν· μεσταὶ γάρ εἰσιν ἀνθρώπων. 48. Ἀλλ' ἐγὼ μέν, ἔφη ὁ Ξενοφῶν, σὺν οἷς ἔχω, τὰ ἄκρα καταλήψομαι· σὺ δὲ Κλεάνορα κέλευε διὰ τοῦ πεδίου παρατεῖναι τὴν φάλαγγα παρὰ τὰς κώμας. Ἐπεὶ δὲ ταῦτα ἐποίησαν, συνηλίσθησαν ἀνδράποδα μὲν ὡς χίλια, βόες δὲ δισχίλιοι, καὶ πρόβατα ἄλλα μύρια. Τότε μὲν δὴ αὐτοῦ ηὐλίσθησαν.

CAP. IV.

1. Τῇ δ' ὑστεραίᾳ κατακαύσας ὁ Σεύθης τὰς κώμας παντελῶς, καὶ οἰκίαν οὐδεμίαν λιπὼν (ὅπως φόβον ἐνθείη καὶ ἄλλοις, οἷα πείσονται, ἂν μὴ πείθωνται), ἀπῄει πάλιν. 2. Καὶ τὴν μὲν λείαν ἀπέπεμψε διατίθεσθαι Ἡρακλείδην εἰς Πέρινθον, ὅπως ἂν μισθὸς γένοιτο τοῖς στρατιώταις· αὐτὸς δὲ καὶ οἱ Ἕλληνες ἐστρατοπεδεύοντο ἀνὰ τὸ Θυνῶν πεδίον. Οἱ δ' ἐκλιπόντες ἔφευγον εἰς τὰ ὄρη.

3. Ἦν δὲ χιὼν πολλή, καὶ ψῦχος οὕτως ὥστε τὸ ὕδωρ, ὃ ἐφέροντο ἐπὶ δεῖπνον, ἐπήγνυτο, καὶ ὁ οἶνος ὁ ἐν τοῖς ἀγγείοις, καὶ τῶν Ἑλλήνων πολλῶν καὶ ῥῖνες ἀπεκαίοντο καὶ ὦτα. 4. Καὶ τότε δῆλον ἐγένετο, οὗ ἕνεκα οἱ Θρᾷκες τὰς ἀλωπεκίδας ἐπὶ ταῖς κεφαλαῖς φοροῦσι καὶ τοῖς ὠσί, καὶ χιτῶνας οὐ μόνον περὶ τοῖς στέρνοις, ἀλλὰ καὶ περὶ

τοῖς μηροῖς· καὶ ζειρὰς μέχρι τῶν ποδῶν ἐπὶ τῶν ἵππων ἔχουσιν, ἀλλ' οὐ χλαμύδας. 5. Ἀφιεὶς δὲ τῶν αἰχμαλώτων ὁ Σεύθης εἰς τὰ ὄρη, ἔλεγεν, ὅτι, εἰ μὴ καταβήσονται οἰκήσοντες καὶ πείσονται, ὅτι κατακαύσει καὶ τούτων τὰς κώμας καὶ τὸν σῖτον, καὶ ἀπολοῦνται τῷ λιμῷ. Ἐκ τούτου κατέβαινον καὶ γυναῖκες καὶ παῖδες καὶ οἱ πρεσβύτεροι· οἱ δὲ νεώτεροι ἐν ταῖς ὑπὸ τὸ ὄρος κώμαις ηὐλίζοντο. 6. Καὶ ὁ Σεύθης καταμαθὼν, ἐκέλευσε τὸν Ξενοφῶντα τῶν ὁπλιτῶν τοὺς νεωτάτους λαβόντα συνεπισπέσθαι. Καὶ ἀναστάντες τῆς νυκτὸς, ἅμα τῇ ἡμέρᾳ παρῆσαν ἐπὶ τὰς κώμας. Καὶ οἱ μὲν πλεῖστοι ἐξέφυγον· πλησίον γὰρ ἦν τὸ ὄρος· ὅσους δὲ ἔλαβε, κατηκόντισεν ἀφειδῶς Σεύθης.

7. Ἐπισθένης δ' ἦν τις Ὀλύνθιος παιδεραστὴς, ὃς ἰδὼν παῖδα καλὸν ἡβάσκοντα ἄρτι, πέλτην ἔχοντα, μέλλοντα ἀποθνήσκειν, προσδραμὼν Ξενοφῶντα ἱκέτευσε βοηθῆσαι παιδὶ καλῷ. 8. Καὶ ὃς προσελθὼν τῷ Σεύθῃ δεῖται, μὴ ἀποκτεῖναι τὸν παῖδα· καὶ τοῦ Ἐπισθένους διηγεῖται τὸν τρόπον, καὶ ὅτι λόχον ποτὲ συνελέξατο, σκοπῶν οὐδὲν ἄλλο, ἢ εἴ τινες εἶεν καλοί· καὶ μετὰ τούτων ἦν ἀνὴρ ἀγαθός. 9. Ὁ δὲ Σεύθης ἤρετο, Ἦ καὶ θέλοις ἂν, ὦ Ἐπίσθενες, ὑπὲρ τούτου ἀποθανεῖν; Ὁ δ' εἶπεν, ἀνατείνας τὸν τράχηλον· Παῖε, ἔφη, εἰ κελεύει ὁ παῖς, καὶ μέλλει χάριν εἰδέναι. 10. Ἐπήρετο ὁ Σεύθης τὸν παῖδα, εἰ παίσειεν αὐτὸν ἀντ' ἐκείνου. Οὐκ εἴα ὁ παῖς, ἀλλ' ἱκέτευε μηδέτερον κατακαίνειν. Ἐνταῦθα δὴ ὁ Ἐπισθένης, περιλαβὼν τὸν παῖδα, εἶπεν· Ὥρα σοι, ὦ Σεύθη, περὶ τοῦδέ μοι διαμάχεσθαι· οὐ γὰρ μεθήσω τὸν παῖδα. 11. Ὁ δὲ Σεύθης γελῶν, ταῦτα μὲν εἴα. Ἔδοξε

δὲ αὐτῷ αὐτοῦ αὐλισθῆναι, ἵνα μὴ ἐκ τούτων τῶν κωμῶν οἱ ἐπὶ τοῦ ὄρους τρέφοιντο. Καὶ αὐτὸς μὲν ἐν τῷ πεδίῳ ὑποκαταβὰς ἐσκήνου· ὁ δὲ Ξενοφῶν, ἔχων τοὺς ἐπιλέκτους, ἐν τῇ ὑπὸ τὸ ὄρος ἀνωτάτω κώμῃ· καὶ οἱ ἄλλοι Ἕλληνες ἐν τοῖς ὀρεινοῖς καλουμένοις Θρᾳξὶ πλησίον κατεσκήνησαν.

12. Ἐκ τούτου ἡμέραι οὐ πολλαὶ διετρίβοντο, καὶ οἱ ἐκ τοῦ ὄρους Θρᾷκες, καταβαίνοντες πρὸς τὸν Σεύθην, περὶ σπονδῶν καὶ ὁμήρων διεπράττοντο. Καὶ ὁ Ξενοφῶν ἐλθὼν ἔλεγε τῷ Σεύθῃ, ὅτι ἐν πονηροῖς τόποις σκηνῷεν, καὶ πλησίον εἶεν οἱ πολέμιοι· ἥδιόν τ' ἂν ἔξω αὐλίζεσθαι ἔφη ἐν ἐχυροῖς ἂν χωρίοις μᾶλλον, ἢ ἐν τοῖς στεγνοῖς ὥστε ἀπολέσθαι. 13. Ὁ δὲ θαῤῥεῖν ἐκέλευε, καὶ ἔδειξεν ὁμήρους παρόντας αὐτῷ. Ἐδέοντο δὲ καὶ τοῦ Ξενοφῶντος καταβαίνοντές τινες τῶν ἐκ τοῦ ὄρους, συμπρᾶξαί σφισι τὰς σπονδάς. Ὁ δ' ὡμολόγει, καὶ θαῤῥεῖν ἐκέλευε, καὶ ἠγγυᾶτο μηδὲν αὐτοὺς κακὸν πείσεσθαι πειθομένους Σεύθῃ. Οἱ δ' ἄρα ταῦτ' ἔλεγον κατασκοπῆς ἕνεκα.

14. Ταῦτα μὲν τῆς ἡμέρας ἐγένετο· εἰς δὲ τὴν ἐπιοῦσαν νύκτα ἐπιτίθενται ἐλθόντες ἐκ τοῦ ὄρους οἱ Θυνοί. Καὶ ἡγεμὼν μὲν ἦν ὁ δεσπότης ἑκάστης τῆς οἰκίας· χαλεπὸν γὰρ ἦν ἄλλῳ τὰς οἰκίας, σκότους ὄντος, ἀνευρίσκειν ἐν ταῖς κώμαις· καὶ γὰρ αἱ οἰκίαι κύκλῳ περιεσταύρωντο μεγάλοις σταυροῖς τῶν προβάτων ἕνεκα. 15. Ἐπεὶ δ' ἐγένοντο κατὰ τὰς θύρας ἑκάστου τοῦ οἰκήματος, οἱ μὲν εἰσηκόντιζον, οἱ δὲ τοῖς σκυτάλοις ἔβαλλον, ἃ ἔχειν ἔφασαν, ὡς ἀποκόψοντες τῶν δοράτων τὰς λόγχας· οἱ δ' ἐνεπίμπρασαν, καὶ Ξενοφῶντα ὀνομαστὶ καλοῦντες, ἐξιόντα

ἐκέλευον ἀποθνήσκειν, ἢ αὐτοῦ ἔφασαν κατακαυθήσεσθαι αὐτόν.

16. Καὶ ἤδη τε διὰ τοῦ ὀρόφου ἐφαίνετο πῦρ, καὶ ἐντεθωρακισμένοι οἱ περὶ Ξενοφῶντα ἔνδον ἦσαν, ἀσπίδας καὶ μαχαίρας καὶ κράνη ἔχοντες. Καὶ Σιλανὸς Μακέστιος, ἐτῶν ἤδη ὡς ὀκτωκαίδεκα ὤν, σημαίνει τῇ σάλπιγγι· καὶ εὐθὺς ἐκπηδῶσιν ἐσπασμένοι τὰ ξίφη, καὶ οἱ ἐκ τῶν ἄλλων σκηνωμάτων. 17. Οἱ δὲ Θρᾷκες φεύγουσιν, ὥσπερ δὴ τρόπος ἦν αὐτοῖς, ὄπισθεν περιβαλλόμενοι τὰς πέλτας· καὶ αὐτῶν ὑπεραλλομένων τοὺς σταυροὺς ἐλήφθησάν τινες κρεμασθέντες, ἐνεχομένων τῶν πελτῶν τοῖς σταυροῖς· οἱ δὲ καὶ ἀπέθανον, διαμαρτόντες τῶν ἐξόδων· οἱ δὲ Ἕλληνες ἐδίωκον ἔξω τῆς κώμης. 18. Τῶν δὲ Θυνῶν ὑποστραφέντες τινὲς ἐν τῷ σκότει, τοὺς παρατρέχοντας παρ' οἰκίαν καιομένην ἠκόντιζον εἰς τὸ φῶς ἐκ τοῦ σκότους· καὶ ἔτρωσαν Ἱερώνυμόν τε [καὶ] Εὐοδέα λοχαγὸν, καὶ Θεογένην Λοκρὸν λοχαγόν· ἀπέθανε δὲ οὐδείς· κατεκαύθη μέντοι καὶ ἐσθής τινων καὶ σκεύη. 19. Σεύθης δὲ ἧκε βοηθήσων σὺν ἑπτὰ ἱππεῦσι τοῖς πρώτοις, καὶ τὸν σαλπιγκτὴν ἔχων τὸν Θρᾴκιον. Καὶ ἐπείπερ ᾔσθετο, ὅσονπερ χρόνον ἐβοήθει, τοσοῦτον καὶ τὸ κέρας ἐφθέγγετο αὐτῷ· ὥστε καὶ τοῦτο φόβον συμπαρέσχε τοῖς πολεμίοις. Ἐπεὶ δ' ἦλθεν, ἐδεξιοῦτό τε καὶ ἔλεγεν, ὅτι οἴοιτο τεθνεῶτας πολλοὺς εὑρήσειν.

20. Ἐκ τούτου ὁ Ξενοφῶν δεῖται τοὺς ὁμήρους τε αὐτῷ παραδοῦναι, καὶ ἐπὶ τὸ ὄρος, εἰ βούλεται, συστρατεύεσθαι· εἰ δὲ μὴ, αὐτὸν ἐᾶσαι. 21. Τῇ οὖν ὑστεραίᾳ παραδίδωσιν ὁ Σεύθης τοὺς ὁμήρους, πρεσβυτέρους ἄνδρας ἤδη, τοὺς

κρατίστους, ὡς ἔφασαν, τῶν ὀρεινῶν· καὶ αὐτὸς ἔρχεται σὺν τῇ δυνάμει. Ἤδη δὲ εἶχε καὶ τριπλασίαν δύναμιν ὁ Σεύθης· ἐκ γὰρ τῶν Ὀδρυσῶν, ἀκούοντες ἃ πράττοι ὁ Σεύθης, πολλοὶ κατέβαινον συστρατευσόμενοι. 22. Οἱ δὲ Θυνοὶ, ἐπεὶ εἶδον ἀπὸ τοῦ ὄρους πολλοὺς μὲν ὁπλίτας, πολλοὺς δὲ πελταστὰς, πολλοὺς δὲ ἱππεῖς, καταβάντες ἱκέτευον σπείσασθαι· καὶ πάντα ὡμολόγουν ποιήσειν, καὶ τὰ πιστὰ λαμβάνειν ἐκέλευον. 23. Ὁ δὲ Σεύθης, καλέσας τὸν Ξενοφῶντα, ἐπεδείκνυεν, ἃ λέγοιεν· καὶ οὐκ ἂν ἔφη σπείσασθαι, εἰ Ξενοφῶν βούλοιτο τιμωρήσασθαι αὐτοὺς τῆς ἐπιθέσεως. 24. Ὁ δ' εἶπεν· Ἀλλ' ἔγωγε ἱκανὴν νομίζω καὶ νῦν δίκην ἔχειν, εἰ οὗτοι δοῦλοι ἔσονται ἀντ' ἐλευθέρων. Συμβουλεύειν μέντοι ἔφη αὐτῷ, τὸ λοιπὸν ὁμήρους λαμβάνειν τοὺς δυνατωτάτους κακόν τι ποιεῖν, τοὺς δὲ γέροντας οἴκοι ἐᾶν. Οἱ μὲν οὖν ταύτῃ πάντες δὴ προσωμολόγουν.

CAP. V.

1. Ὑπερβάλλουσι δὲ πρὸς τοὺς ὑπὲρ Βυζαντίου Θρᾷκας, εἰς τὸ Δέλτα καλούμενον· αὕτη δ' ἦν οὐκέτι ἀρχὴ Μαισάδου, ἀλλὰ Τήρους τοῦ Ὀδρύσου, ἀρχαίου τινός. 2. Καὶ ὁ Ἡρακλείδης ἐνταῦθα ἔχων τὴν τιμὴν τῆς λείας παρῆν. Καὶ Σεύθης, ἐξαγαγὼν ζεύγη ἡμιονικὰ τρία (οὐ γὰρ ἦν πλείω), τὰ δὲ ἄλλα βοεικὰ, καλέσας Ξενοφῶντα ἐκέλευε λαβεῖν, τὰ δὲ ἄλλα διανεῖμαι τοῖς στρατηγοῖς καὶ λοχαγοῖς. 3. Ξενοφῶν δὲ εἶπεν· Ἐμοὶ μὲν τοίνυν ἀρκεῖ καὶ αὖθις λαβεῖν· τούτοις δὲ τοῖς στρατηγοῖς δωροῦ, οἳ

σὺν ἐμοὶ ἠκολούθησαν, καὶ λοχαγοῖς. 4. Καὶ τῶν ζευγῶν λαμβάνει ἓν μὲν Τιμασίων ὁ Δαρδανεὺς, ἓν δὲ Κλεάνωρ ὁ Ὀρχομένιος, ἓν δὲ Φρυνίσκος ὁ Ἀχαιός· τὰ δὲ βοεικὰ ζεύγη τοῖς λοχαγοῖς κατεμερίσθη. Τὸν δὲ μισθὸν ἀποδίδωσιν, ἐξεληλυθότος ἤδη τοῦ μηνὸς, εἴκοσι μόνον ἡμερῶν· ὁ γὰρ Ἡρακλείδης ἔλεγεν, ὅτι οὐ πλεῖον ἐμπολῆσαι. 5. Ὁ οὖν Ξενοφῶν ἀχθεσθεὶς εἶπεν ἐπομόσας· Δοκεῖς μοι, ὦ Ἡρακλείδη, οὐχ ὡς δεῖ κήδεσθαι Σεύθου· εἰ γὰρ ἐκήδου, ἧκες ἂν φέρων πλήρη τὸν μισθὸν, καὶ προσδανεισάμενος, εἰ μὴ ἄλλως ἐδύνω, καὶ ἀποδόμενος τὰ σαυτοῦ ἱμάτια.

6. Ἐντεῦθεν ὁ Ἡρακλείδης ἠχθέσθη τε, καὶ ἔδεισε μὴ ἐκ τῆς Σεύθου φιλίας ἐκβληθείη· καὶ, ὅ τι ἐδύνατο, ἀπὸ ταύτης τῆς ἡμέρας Ξενοφῶντα διέβαλλε πρὸς Σεύθην. 7. Οἱ μὲν δὴ στρατιῶται Ξενοφῶντι ἐνεκάλουν, ὅτι οὐκ εἶχον τὸν μισθόν· Σεύθης δὲ ἤχθετο αὐτῷ, ὅτι ἐντόνως τοῖς στρατιώταις ἀπῄτει τὸν μισθόν. 8. Καὶ τέως μὲν ἀεὶ ἐμέμνητο, ὡς, ἐπειδὰν ἐπὶ θάλατταν ἀπέλθῃ, παραδώσοι αὐτῷ Βισάνθην καὶ Γάνον καὶ Νέον τεῖχος· ἀπὸ δὲ τούτου τοῦ χρόνου οὐδενὸς ἔτι τούτων ἐμέμνητο. Ὁ γὰρ Ἡρακλείδης καὶ τοῦτο διεβεβλήκει, ὡς οὐκ ἀσφαλὲς εἴη, τείχη παραδιδόναι ἀνδρὶ δύναμιν ἔχοντι.

9. Ἐκ τούτου ὁ μὲν Ξενοφῶν ἐβουλεύετο, τί χρὴ ποιεῖν περὶ τοῦ ἔτι ἄνω στρατεύεσθαι· ὁ δ' Ἡρακλείδης, εἰσαγαγὼν τοὺς ἄλλους στρατηγοὺς πρὸς Σεύθην, λέγειν τε ἐκέλευεν αὐτοὺς, ὅτι οὐδὲν ἂν ἧττον σφεῖς ἀγάγοιεν τὴν στρατιὰν ἢ Ξενοφῶν, τόν τε μισθὸν ὑπισχνεῖτο αὐτοῖς ἐντὸς ὀλίγων ἡμερῶν ἔκπλεων παρέσεσθαι δυοῖν μηνοῖν·

καὶ συστρατεύεσθαι ἐκέλευε. 10. Καὶ ὁ Τιμασίων εἶπεν· Ἐγὼ μὲν τοίνυν, οὐδ' ἂν πέντε μηνῶν μισθὸς μέλλῃ εἶναι, στρατευσαίμην ἂν ἄνευ Ξενοφῶντος. Καὶ ὁ Φρυνίσκος καὶ ὁ Κλεάνωρ συνωμολόγουν Τιμασίωνι.

11. Ἐντεῦθεν ὁ Σεύθης ἐλοιδόρει τὸν Ἡρακλείδην, ὅτι οὐ παρεκάλει καὶ Ξενοφῶντα. Ἐκ δὲ τούτου παρακαλοῦσιν αὐτὸν μόνον. Ὁ δὲ γνοὺς τοῦ Ἡρακλείδου τὴν πανουργίαν, ὅτι βούλοιτο αὐτὸν διαβάλλειν πρὸς τοὺς ἄλλους στρατηγούς, παρέρχεται λαβὼν τούς τε στρατηγοὺς πάντας καὶ τοὺς λοχαγούς. 12. Καὶ ἐπεὶ πάντες ἐπείσθησαν, συνεστρατεύοντο, καὶ ἀφικνοῦνται, ἐν δεξιᾷ ἔχοντες τὸν Πόντον, διὰ τῶν Μελινοφάγων καλουμένων Θρᾳκῶν, εἰς τὸν Σαλμυδησσόν. Ἔνθα τῶν εἰς τὸν Πόντον πλεουσῶν νεῶν πολλαὶ ὀκέλλουσι καὶ ἐκπίπτουσι· τέναγος γάρ ἐστιν ἐπὶ πάμπολυ τῆς θαλάττης. 13. Καὶ οἱ Θρᾷκες οἱ κατὰ ταῦτα οἰκοῦντες, στήλας ὁρισάμενοι, τὰ καθ' αὑτους ἐκπίπτοντα ἕκαστοι λῄζονται· τέως δὲ ἔλεγον, πρὶν ὁρίσασθαι, ἁρπάζοντας πολλοὺς ὑπ' ἀλλήλων ἀποθνῄσκειν. 14. Ἐνταῦθα εὑρίσκοντο πολλαὶ μὲν κλῖναι, πολλὰ δὲ κιβώτια, πολλαὶ δὲ βίβλοι γεγραμμέναι, καὶ τἆλλα πολλά, ὅσα ἐν ξυλίνοις τεύχεσι ναύκληροι ἄγουσιν. Ἐντεῦθεν ταῦτα καταστρεψάμενοι ἀπῄεσαν πάλιν.

15. Ἔνθα δὴ Σεύθης εἶχε στράτευμα ἤδη πλέον τοῦ Ἑλληνικοῦ· ἔκ τε γὰρ Ὀδρυσῶν πολὺ ἔτι πλείους κατεβεβήκεσαν, καὶ οἱ ἀεὶ πειθόμενοι συνεστρατεύοντο. Κατηυλίσθησαν δ' ἐν τῷ πεδίῳ ὑπὲρ Σηλυβρίας, ὅσον τριάκοντα σταδίους ἀπέχοντες τῆς θαλάττης. 16. Καὶ μισθὸς μὲν οὐδείς πω ἐφαίνετο· πρὸς δὲ τὸν Ξενοφῶντα

οἵ τε στρατιῶται παγχαλέπως εἶχον, ὅ τε Σεύθης οὐκέτι οἰκείως διέκειτο, ἀλλ᾽ ὁπότε συγγενέσθαι αὐτῷ βουλόμενος ἔλθοι, πολλαὶ ἤδη ἀσχολίαι ἐφαίνοντο.

CAP. VI.

1. Ἐν δὲ τούτῳ τῷ χρόνῳ, σχεδὸν ἤδη δύο μηνῶν ὄντων, ἀφικνεῖται Χαρμῖνός τε ὁ Λάκων καὶ Πολύνικος παρὰ Θίβρωνος· καὶ λέγουσιν, ὅτι Λακεδαιμονίοις δοκεῖ στρατεύεσθαι ἐπὶ Τισσαφέρνην, καὶ Θίβρων ἐκπέπλευκεν ὡς πολεμήσων· καὶ δεῖται ταύτης τῆς στρατιᾶς, καὶ λέγει, ὅτι δαρεικὸς ἑκάστῳ ἔσται μισθὸς τοῦ μηνὸς, καὶ τοῖς λοχαγοῖς διμοιρία, τοῖς δὲ στρατηγοῖς τετραμοιρία. 2. Ἐπεὶ δ᾽ ἦλθον οἱ Λακεδαιμόνιοι, εὐθὺς ὁ Ἡρακλείδης, πυθόμενος ὅτι ἐπὶ τὸ στράτευμα ἥκουσι, λέγει τῷ Σεύθῃ, ὅτι κάλλιστον γεγένηται· οἱ μὲν γὰρ Λακεδαιμόνιοι δέονται τοῦ στρατεύματος, σὺ δὲ οὐκέτι δέῃ· ἀποδιδοὺς δὲ τὸ στράτευμα χαριεῖ αὐτοῖς, σὲ δὲ οὐκέτι ἀπαιτήσουσι τὸν μισθὸν, ἀλλ᾽ ἀπαλλάξονται ἐκ τῆς χώρας.

3. Ἀκούσας ταῦτα ὁ Σεύθης κελεύει παράγειν· καὶ ἐπεὶ εἶπον, ὅτι ἐπὶ τὸ στράτευμα ἥκουσιν, ἔλεγεν, ὅτι τὸ στράτευμα ἀποδίδωσι, φίλος τε καὶ σύμμαχος εἶναι βούλεται. Καλεῖ τε αὐτοὺς ἐπὶ ξενίᾳ· καὶ ἐξένιζε μεγαλοπρεπῶς. Ξενοφῶντα δὲ οὐκ ἐκάλει, οὐδὲ τῶν ἄλλων στρατηγῶν οὐδένα. 4. Ἐρωτώντων δὲ τῶν Λακεδαιμονίων, τίς ἀνὴρ εἴη Ξενοφῶν, ἀπεκρίνατο, ὅτι τὰ μὲν ἄλλα εἴη οὐ κακὸς, φιλοστρατιώτης δέ· καὶ διὰ τοῦτο χεῖρόν ἐστιν αὐτῷ. Καὶ οἳ εἶπον· Ἀλλ᾽ ἦ δημαγωγεῖ ὁ ἀνὴρ

τοὺς ἄνδρας; Καὶ ὁ Ἡρακλείδης, Πάνυ μὲν οὖν, ἔφη. 5. Ἆρ' οὖν, ἔφασαν, μὴ καὶ ἡμῖν ἐναντιώσεται περὶ τῆς ἀπαγωγῆς; Ἀλλ' ἢν ὑμεῖς, ἔφη ὁ Ἡρακλείδης, συλλέξαντες αὐτοὺς ὑπόσχησθε τὸν μισθὸν, ὀλίγον ἐκείνῳ προσχόντες ἀποδραμοῦνται σὺν ὑμῖν. 6. Πῶς ἂν οὖν, ἔφασαν, ἡμῖν συλλεγεῖεν; Αὔριον ὑμᾶς, ἔφη ὁ Ἡρακλείδης, πρωῒ ἄξομεν πρὸς αὐτούς· καὶ οἶδα, ἔφη, ὅτι, ἐπειδὰν ὑμᾶς ἴδωσιν, ἄσμενοι συνδραμοῦνται. Αὕτη μὲν ἡ ἡμέρα οὕτως ἔληξε.

7. Τῇ δ' ὑστεραίᾳ ἄγουσιν ἐπὶ τὸ στράτευμα τοὺς Λάκωνας Σεύθης τε καὶ Ἡρακλείδης, καὶ συλλέγεται ἡ στρατιά· τὼ δὲ Λάκωνε ἐλεγέτην, ὅτι Λακεδαιμονίοις δοκεῖ πολεμεῖν Τισσαφέρνει, τῷ ὑμᾶς ἀδικήσαντι· ἢν οὖν ἴητε σὺν ἡμῖν, τόν τε ἐχθρὸν τιμωρήσεσθε, καὶ δαρεικὸν ἕκαστος οἴσει τοῦ μηνὸς ὑμῶν· λοχαγὸς δὲ τὸ διπλοῦν· στρατηγὸς δὲ τὸ τετραπλοῦν. 8. Καὶ οἱ στρατιῶται ἄσμενοί τε ἤκουσαν, καὶ εὐθὺς ἀνίσταταί τις τῶν Ἀρκάδων, τοῦ Ξενοφῶντος κατηγορήσων. Παρῆν δὲ καὶ Σεύθης, βουλόμενος εἰδέναι τί πραχθήσεται, καὶ ἐν ἐπηκόῳ εἱστήκει ἔχων ἑρμηνέα· ξυνίει δὲ καὶ αὐτὸς Ἑλληνιστὶ τὰ πλεῖστα. 9. Ἔνθα δὴ λέγει ὁ Ἀρκάς· Ἀλλ' ἡμεῖς μὲν, ὦ Λακεδαιμόνιοι, καὶ πάλαι ἂν ἦμεν παρ' ὑμῖν, εἰ μὴ Ξενοφῶν ἡμᾶς δεῦρο πείσας ἀπήγαγεν· ἔνθα δὴ ἡμεῖς μὲν τὸν δεινὸν χειμῶνα στρατευόμενοι καὶ νύκτα καὶ ἡμέραν οὐδὲν πεπαύμεθα· ὁ δὲ τοὺς ἡμετέρους πόνους ἔχει· καὶ Σεύθης ἐκεῖνον μὲν ἰδίᾳ πεπλούτικεν, ἡμᾶς δὲ ἀποστερεῖ τὸν μισθόν· 10. ὥστε ὅ γε πρῶτος λέγων ἐγὼ μὲν, εἰ τοῦτον ἴδοιμι καταλευσθέντα καὶ δόντα δίκην ὧν ἡμᾶς περιεῖλκε, καὶ τὸν

μισθὸν ἂν μοι δοκῶ ἔχειν, καὶ οὐδὲν ἔτι τοῖς πεπονημένοις ἄχθεσθαι. Μετὰ τοῦτον ἄλλος ἀνέστη ὁμοίως καὶ ἄλλος. Ἐκ δὲ τούτου Ξενοφῶν ἔλεξεν ὧδε·

11. Ἀλλὰ πάντα μὲν ἄρα ἄνθρωπον ὄντα προσδοκᾶν δεῖ, ὁπότε γε καὶ ἐγὼ νῦν ὑφ᾽ ὑμῶν αἰτίας ἔχω, ἐν ᾧ πλείστην προθυμίαν ἐμαυτῷ γε δοκῶ συνειδέναι περὶ ὑμᾶς παρεσχημένος. Ἀπετραπόμην μέν γε ἤδη οἴκαδε ὡρμημένος, οὐ μὰ τὸν Δία, οὔτοι πυνθανόμενος ὑμᾶς εὖ πράττειν, ἀλλὰ μᾶλλον ἀκούων ἐν ἀπόροις εἶναι, ὡς ὠφελήσων εἴ τι δυναίμην. 12. Ἐπεὶ δὲ ἦλθον, Σεύθου τουτουῒ πολλοὺς ἀγγέλους πρὸς ἐμὲ πέμποντος, καὶ πολλὰ ὑπισχνουμένου μοι, εἰ πείσαιμι ὑμᾶς πρὸς αὐτὸν ἐλθεῖν, τοῦτο μὲν οὐκ ἐπεχείρησα ποιεῖν, ὡς αὐτοὶ ὑμεῖς ἐπίστασθε· ἦγον δὲ, ὅθεν ᾤόμην τάχιστ᾽ ἂν ὑμᾶς εἰς τὴν Ἀσίαν διαβῆναι. Ταῦτα γὰρ καὶ βέλτιστα ἐνόμιζον ὑμῖν εἶναι, καὶ ὑμᾶς ᾔδειν βουλομένους.

13. Ἐπεὶ δ᾽ Ἀρίσταρχος, ἐλθὼν σὺν τριήρεσιν, ἐκώλυε διαπλεῖν ἡμᾶς, ἐκ τούτου (ὅπερ εἰκὸς δήπου ἦν) συνέλεξα ὑμᾶς, ὅπως βουλευσαίμεθα, ὅ τι χρὴ ποιεῖν. 14. Οὐκοῦν ὑμεῖς ἀκούοντες μὲν Ἀριστάρχου ἐπιτάττοντος ὑμῖν εἰς Χεῤῥόνησον πορεύεσθαι, ἀκούοντες δὲ Σεύθου πείθοντος ἑαυτῷ συστρατεύεσθαι, πάντες μὲν ἐλέγετε σὺν Σεύθῃ ἰέναι, πάντες δ᾽ ἐψηφίσασθε ταῦτα; Τί οὖν ἐγὼ ἐνταῦθα ἠδίκησα, ἀγαγὼν ὑμᾶς, ἔνθα πᾶσιν ὑμῖν ἐδόκει; 15. Ἐπεί γε μὴν ψεύδεσθαι ἤρξατο Σεύθης περὶ τοῦ μισθοῦ, εἰ μὲν ἐπαινῶ αὐτὸν, δικαίως ἄν με καὶ αἰτιῷσθε καὶ μισοῖτε· εἰ δὲ πρόσθεν αὐτῷ πάντων μάλιστα φίλος ὤν, νῦν πάντων διαφορώτατός εἰμι, πῶς ἂν ἔτι δικαίως, ὑμᾶς αἱρούμενος

ἀντὶ Σεύθου, ὑφ' ὑμῶν αἰτίαν ἔχοιμι περὶ ὧν πρὸς τοῦτον διαφέρομαι;

16. Ἀλλ' εἴποιτε ἄν, ὅτι ἔξεστι, καὶ τὰ ὑμέτερα ἔχοντα παρὰ Σεύθου, τεχνάζειν. Οὐκοῦν δῆλον τοῦτό γε, ὅτι, εἴπερ ἐμοὶ ἐτέλει τι Σεύθης, οὐχ οὕτως ἐτέλει δήπου, ὡς ὧν τε ἐμοὶ δοίη στέροιτο, καὶ ἄλλα ὑμῖν ἀποτίσειεν; Ἀλλ', οἶμαι, εἰ ἐδίδου, ἐπὶ τούτῳ ἂν ἐδίδου, ὅπως ἐμοὶ δοὺς μεῖον, μὴ ἀποδοίη ὑμῖν τὸ πλεῖον. 17. Εἰ τοίνυν οὕτως ἔχειν οἴεσθε, ἔξεστιν ὑμῖν αὐτίκα μάλα ματαίαν ταύτην τὴν πρᾶξιν ἀμφοτέροις ἡμῖν ποιῆσαι, ἐὰν πράττητε αὐτὸν τὰ χρήματα. Δῆλον γάρ, ὅτι Σεύθης, εἰ ἔχω τι παρ' αὐτοῦ, ἀπαιτήσει με, καὶ ἀπαιτήσει μέντοι δικαίως, ἐὰν μὴ βεβαιῶ τὴν πρᾶξιν αὐτῷ, ἐφ' ᾗ ἐδωροδόκουν.

18. Ἀλλὰ πολλοῦ μοι δοκῶ δεῖν τὰ ὑμέτερα ἔχειν· ὀμνύω γὰρ ὑμῖν θεοὺς ἅπαντας καὶ πάσας, μηδ', ἃ ἐμοὶ ἰδίᾳ ὑπέσχετο Σεύθης, ἔχειν· πάρεστι δὲ καὶ αὐτός, καὶ ἀκούων σύνοιδέ μοι, εἰ ἐπιορκῶ. 19. Ἵνα δὲ μᾶλλον θαυμάσητε, συνεπόμνυμι, μηδέ, ἃ οἱ ἄλλοι στρατηγοὶ ἔλαβον, εἰληφέναι, μὴ τοίνυν μηδὲ ὅσα τῶν λοχαγῶν ἔνιοι. 20. Καὶ τί δὴ ταῦτ' ἐποίουν; Ὤιμην, ὦ ἄνδρες, ὅσῳ μᾶλλον συμφέροιμι τούτῳ τὴν τότε πενίαν, τοσούτῳ μᾶλλον αὐτὸν φίλον ποιήσεσθαι, ὁπότε δυνασθείη. Ἐγὼ δὲ ἅμα τε αὐτὸν ὁρῶ εὖ πράττοντα, καὶ γιγνώσκω δὴ αὐτοῦ τὴν γνώμην. 21. Εἴποι δή τις ἄν· Οὐκοῦν αἰσχύνῃ οὕτω μωρῶς ἐξαπατώμενος; Ναὶ μὰ Δία ᾐσχυνόμην μέντοι, εἰ ὑπὸ πολεμίου γε ὄντος ἐξηπατήθην· φίλῳ δὲ ὄντι ἐξαπατᾶν αἴσχιόν μοι δοκεῖ εἶναι ἢ ἐξαπατᾶσθαι. 22. Ἐπεί, εἴ γε πρὸς φίλους ἐστὶ φυλακή, πᾶσαν οἶδα ἡμᾶς φυλαξα-

μένους, ὡς μὴ παρασχεῖν τούτῳ πρόφασιν δικαίαν, μὴ ἀποδιδόναι ἡμῖν ἃ ὑπέσχετο· οὔτε γὰρ ἠδικήσαμεν τοῦτον οὐδὲν, οὔτε κατεβλακεύσαμεν τὰ τούτου, οὔτε μὴν κατεδειλιάσαμεν οὐδὲν, ἐφ' ὅ τι ἡμᾶς οὗτος παρεκάλεσεν.

23. Ἀλλὰ, φαίητε ἄν, ἔδει τὰ ἐνέχυρα τότε λαβεῖν, ὡς μηδ', εἰ ἐβούλετο, ἐδύνατο ἂν ταῦτα ἐξαπατᾶν. Πρὸς ταῦτα δὲ ἀκούσατε, ἃ ἐγὼ οὐκ ἄν ποτε εἶπον τούτου ἐναντίον, εἰ μή μοι παντάπασιν ἀγνώμονες ἐδοκεῖτε εἶναι, ἢ λίαν εἰς ἐμὲ ἀχάριστοι. 24. Ἀναμνήσθητε γὰρ, ἐν ποίοις τισὶ πράγμασιν ὄντες ἐτυγχάνετε, ἐξ ὧν ὑμᾶς ἐγὼ ἀνήγαγον πρὸς Σεύθην. Οὐκ εἰς μὲν Πέρινθον προσῇτε πόλιν; Ἀρίσταρχος δ' ὑμᾶς ὁ Λακεδαιμόνιος οὐκ εἴα εἰσιέναι, ἀποκλείσας τὰς πύλας· ὑπαίθριοι δ' ἔξω ἐστρατοπεδεύετε· μέσος δὲ χειμὼν ἦν· ἀγορᾷ δὲ ἐχρῆσθε, σπάνια μὲν ὁρῶντες τὰ ὤνια, σπάνια δ' ἔχοντες, ὅτων ὠνήσεσθε. 25. Ἀνάγκη δὲ ἦν μένειν ἐπὶ Θρᾴκης (τριήρεις γὰρ ἐφορμοῦσαι ἐκώλυον διαπλεῖν)· εἰ δὲ μένοι τις, ἐν πολεμίᾳ εἶναι, ἔνθα πολλοὶ μὲν ἱππεῖς ἦσαν ἐναντίοι, πολλοὶ δὲ πελτασταί. 26. Ἡμῖν δὲ ὁπλιτικὸν μὲν ἦν, ᾧ ἀθρόοι μὲν ἰόντες ἐπὶ τὰς κώμας, ἴσως ἂν ἐδυνάμεθα σῖτον λαμβάνειν οὐδέν τι ἄφθονον· ὅτῳ δὲ διώκοντες ἂν ἢ ἀνδράποδα ἢ πρόβατα κατελαμβάνομεν, οὐκ ἦν ἡμῖν· οὔτε γὰρ ἱππικὸν οὔτε πελταστικὸν ἔτι ἐγὼ συνεστηκὸς κατέλαβον παρ' ὑμῖν.

27. Εἰ οὖν, ἐν τοιαύτῃ ἀνάγκῃ ὄντων ὑμῶν, μηδ' ὁντιναοῦν μισθὸν προσαιτήσας, Σεύθην σύμμαχον ὑμῖν προσέλαβον, ἔχοντα καὶ ἱππέας καὶ πελταστὰς, ὧν ὑμεῖς προσεδεῖσθε, ἢ κακῶς ἂν ἐδόκουν ὑμῖν βεβουλεῦσθαι πρὸ ὑμῶν;

28. Τούτων γὰρ δήπου κοινωνήσαντες, καὶ σῖτον ἀφθονώτερον ἐν ταῖς κώμαις εὑρίσκετε, διὰ τὸ ἀναγκάζεσθαι τοὺς Θρᾷκας κατὰ σπουδὴν μᾶλλον φεύγειν, καὶ προβάτων καὶ ἀνδραπόδων μετέσχετε. 29. Καὶ πολέμιον οὐκέτι οὐδένα ἑωρῶμεν, ἐπειδὴ τὸ ἱππικὸν ἡμῖν προσεγένετο· τέως δὲ θαῤῥαλέως ἡμῖν ἐφείποντο οἱ πολέμιοι καὶ ἱππικῷ καὶ πελταστικῷ, κωλύοντες μηδαμῇ κατ' ὀλίγους ἀποσκεδαννυμένους τὰ ἐπιτήδεια ἀφθονώτερα ἡμᾶς πορίζεσθαι. 30. Εἰ δὲ δὴ ὁ συμπαρέχων ὑμῖν ταύτην τὴν ἀσφάλειαν μὴ πάνυ πολὺν μισθὸν προσετέλει τῆς ἀσφαλείας, τοῦτο δὴ τὸ σχέτλιον πάθημα, καὶ διὰ τοῦτο οὐδαμῇ οἴεσθε χρῆναι ζῶντα ἐμὲ ἐᾶν εἶναι;

31. Νῦν δὲ δὴ πῶς ἀπέρχεσθε; Οὐ διαχειμάσαντες μὲν ἐν ἀφθόνοις τοῖς ἐπιτηδείοις, περιττὸν δ' ἔχοντες τοῦτο, εἴ τι ἐλάβετε παρὰ Σεύθου; Τὰ γὰρ τῶν πολεμίων ἐδαπανᾶτε· καὶ ταῦτα πράττοντες, οὔτε ἄνδρας ἐπείδετε ὑμῶν αὐτῶν ἀποθανόντας, οὔτε ζῶντας ἀπεβάλετε. 32. Εἰ δέ τι καλὸν πρὸς τοὺς ἐν τῇ Ἀσίᾳ βαρβάρους ἐπέπρακτο ὑμῖν, οὐ καὶ ἐκεῖνο σῶν ἔχετε, καὶ πρὸς ἐκείνοις νῦν ἄλλην εὔκλειαν προσειλήφατε, καὶ τοὺς ἐν τῇ Εὐρώπῃ Θρᾷκας, ἐφ' οὓς ἐστρατεύσασθε, κρατήσαντες; Ἐγὼ μὲν ὑμᾶς φημι δικαίως ἂν, ὧν ἐμοὶ χαλεπαίνετε, τούτων τοῖς θεοῖς χάριν εἰδέναι ὡς ἀγαθῶν.

33. Καὶ τὰ μὲν δὴ ὑμέτερα τοιαῦτα. Ἄγετε δὲ, πρὸς θεῶν, καὶ τὰ ἐμὰ σκέψασθε, ὡς ἔχει. Ἐγὼ γὰρ, ὅτε μὲν πρότερον ἀπῆρα οἴκαδε, ἔχων μὲν ἔπαινον πολὺν πρὸς ὑμῶν ἀπεπορευόμην, ἔχων δὲ δι' ὑμᾶς καὶ ὑπὸ τῶν ἄλλων Ἑλλήνων εὔκλειαν· ἐπιστευόμην δὲ ὑπὸ Λακεδαιμονίων·

οὐ γὰρ ἄν με ἔπεμπον πάλιν πρὸς ὑμᾶς. 34. Νῦν δὲ ἀπέρχομαι, πρὸς μὲν Λακεδαιμονίους ὑφ' ὑμῶν διαβεβλημένος, Σεύθῃ δὲ ἀπηχθημένος ὑπὲρ ὑμῶν, ὃν ἤλπιζον εὖ ποιήσας μεθ' ὑμῶν, ἀποστροφὴν καὶ ἐμοὶ καλὴν καὶ παισὶν, εἰ γένοιντο, καταθήσεσθαι. 35. Ὑμεῖς δ', ὑπὲρ ὧν ἐγὼ ἀπήχθημαί τε πλεῖστα, καὶ ταῦτα πολὺ κρείττοσιν ἐμαυτοῦ, πραγματευόμενός τε οὐδὲ νῦν πω πέπαυμαι ὅ τι δύναμαι ἀγαθὸν ὑμῖν, τοιαύτην ἔχετε γνώμην περὶ ἐμοῦ.

36. Ἀλλ' ἔχετε μέν με, οὔτε φεύγοντα λαβόντες, οὔτε ἀποδιδράσκοντα· ἢν δὲ ποιήσητε ἃ λέγετε, ἴστε, ὅτι ἄνδρα κατακανόντες ἔσεσθε πολλὰ μὲν δὴ πρὸ ὑμῶν ἀγρυπνήσαντα, πολλὰ δὲ σὺν ὑμῖν πονήσαντα καὶ κινδυνεύσαντα, καὶ ἐν τῷ μέρει καὶ παρὰ τὸ μέρος· θεῶν δ' ἵλεων ὄντων, καὶ τρόπαια βαρβάρων πολλὰ δὴ σὺν ὑμῖν στησάμενον· ὅπως δέ γε μηδενὶ τῶν Ἑλλήνων πολέμιοι γένοισθε, πᾶν, ὅσον ἐγὼ ἐδυνάμην, πρὸς ὑμᾶς διατεινάμενον. 37. Καὶ γὰρ οὖν νῦν ὑμῖν ἔξεστιν ἀνεπιλήπτως πορεύεσθαι, ὅπῃ ἂν ἕλησθε, καὶ κατὰ γῆν καὶ κατὰ θάλατταν. Ὑμεῖς δὲ, ὅτε πολλὴ ὑμῖν εὐπορία φαίνεται, καὶ πλεῖτε ἔνθα δὴ ἐπεθυμεῖτε πάλαι, δέονταί τε ὑμῶν οἱ μέγιστον δυνάμενοι, μισθὸς δὲ φαίνεται, ἡγεμόνες δὲ ἥκουσι Λακεδαιμόνιοι, οἱ κράτιστοι νομιζόμενοι εἶναι,—νῦν δὴ καιρὸς ὑμῖν δοκεῖ εἶναι, ὡς τάχιστα ἐμὲ κατακανεῖν; 38. Οὐ μὴν, ὅτε γε ἐν τοῖς ἀπόροις ἦμεν, ὦ πάντων μνημονικώτατοι, ἀλλὰ καὶ πατέρα ἐμὲ ἐκαλεῖτε, καὶ ἀεὶ ὡς εὐεργέτου μεμνῆσθαι ὑπισχνεῖσθε. Οὐ μέντοι ἀγνώμονες οὐδὲ οὗτοί εἰσιν, οἱ νῦν ἥκοντες ἐφ' ὑμᾶς· ὥστε, ὡς ἐγὼ οἶμαι, οὐδὲ τούτοις δοκεῖτε βελτίονες εἶναι, τοιοῦτοι ὄντες περὶ ἐμέ. Ταῦτα εἰπὼν ἐπαύσατο.

39. Χαρμῖνος δὲ ὁ Λακεδαιμόνιος ἀναστὰς εἶπεν οὑτωσίν· Ἀλλ' ἐμοὶ μέντοι, ὦ ἄνδρες, οὐ δικαίως γε δοκεῖτε τῷ ἀνδρὶ τούτῳ χαλεπαίνειν· ἔχω γὰρ καὶ αὐτὸς αὐτῷ μαρτυρῆσαι. Σεύθης γάρ, ἐρωτῶντος ἐμοῦ καὶ Πολυνίκου περὶ Ξενοφῶντος, τίς ἀνὴρ εἴη, ἄλλο μὲν οὐδὲν εἶχε μέμψασθαι, ἄγαν δὲ φιλοστρατιώτην ἔφη αὐτὸν εἶναι· διὸ καὶ χεῖρον αὐτῷ εἶναι πρὸς ἡμῶν τε τῶν Λακεδαιμονίων καὶ πρὸς αὐτοῦ. 40. Ἀναστὰς ἐπὶ τούτῳ Εὐρύλοχος Λουσιάτης Ἀρκὰς εἶπε· Καὶ δοκεῖ γέ μοι, ἄνδρες Λακεδαιμόνιοι, τοῦτο ὑμᾶς πρῶτον ἡμῶν στρατηγῆσαι, παρὰ Σεύθου ἡμῖν τὸν μισθὸν ἀναπρᾶξαι ἢ ἑκόντος ἢ ἄκοντος, καὶ μὴ πρότερον ἡμᾶς ἀπαγαγεῖν.

41. Πολυκράτης δὲ Ἀθηναῖος εἶπεν ἀναστὰς ὑπὲρ Ξενοφῶντος· Ὁρῶ γε μήν, ἔφη, ὦ ἄνδρες, καὶ Ἡρακλείδην ἐνταῦθα παρόντα· ὃς παραλαβὼν τὰ χρήματα, ἃ ἡμεῖς ἐπονήσαμεν, ταῦτα ἀποδόμενος, οὔτε Σεύθῃ ἀπέδωκεν οὔτε ἡμῖν τὰ γιγνόμενα, ἀλλ' αὐτὸς κλέψας πέπαται. Ἢν οὖν σωφρονῶμεν, ἑξόμεθα αὐτοῦ· οὐ γὰρ δὴ οὗτός γε, ἔφη, Θρᾷξ ἐστιν, ἀλλὰ Ἕλλην ὢν Ἕλληνας ἀδικεῖ. 42. Ταῦτα ἀκούσας ὁ Ἡρακλείδης μάλα ἐξεπλάγη, καὶ προσελθὼν τῷ Σεύθῃ λέγει· Ἡμεῖς, ἢν σωφρονῶμεν, ἄπιμεν ἐντεῦθεν ἐκ τῆς τούτων ἐπικρατείας. Καὶ ἀναβάντες ἐπὶ τοὺς ἵππους, ᾤχοντο ἀπελαύνοντες εἰς τὸ ἑαυτῶν στρατόπεδον.

43. Καὶ ἐντεῦθεν Σεύθης πέμπει Ἀβροζέλμην τὸν ἑαυτοῦ ἑρμηνέα πρὸς Ξενοφῶντα, καὶ κελεύει αὐτὸν καταμεῖναι παρ' ἑαυτῷ ἔχοντα χιλίους ὁπλίτας· καὶ ὑπισχνεῖται αὐτῷ ἀποδώσειν τά τε χωρία τὰ ἐπὶ θαλάττῃ, καὶ τἆλλα ἃ ὑπέσχετο. Καὶ ἐν ἀπορρήτῳ ποιησάμενος λέγει,

ὅτι ἀκήκοε Πολυνίκου, ὡς, εἰ ὑποχείριος ἔσται Λακεδαιμονίοις, σαφῶς ἀποθανοῖτο ὑπὸ Θίβρωνος. 44. Ἐπέστελλον δὲ ταῦτα καὶ ἄλλοι πολλοὶ τῷ Ξενοφῶντι, ὡς διαβεβλημένος εἴη, καὶ φυλάττεσθαι δέοι. Ὁ δὲ ἀκούων ταῦτα, δύο ἱερεῖα λαβὼν, ἐθύετο τῷ Διῒ τῷ Βασιλεῖ, πότερά οἱ λῷον καὶ ἄμεινον εἴη μένειν παρὰ Σεύθῃ, ἐφ' οἷς Σεύθης λέγει, ἢ ἀπιέναι σὺν τῷ στρατεύματι. Ἀναιρεῖ δὲ αὐτῷ ἀπιέναι.

CAP. VII.

1. Ἐντεῦθεν Σεύθης μὲν ἀπεστρατοπεδεύσατο προσωτέρω· οἱ δὲ Ἕλληνες ἐσκήνησαν εἰς κώμας, ὅθεν ἔμελλον πλεῖστα ἐπισιτισάμενοι ἐπὶ θάλατταν ἥξειν. Αἱ δὲ κῶμαι αὗται ἦσαν δεδομέναι ὑπὸ Σεύθου Μηδοσάδῃ. 2. Ὁρῶν οὖν ὁ Μηδοσάδης δαπανώμενα τὰ ἑαυτοῦ ἐν ταῖς κώμαις ὑπὸ τῶν Ἑλλήνων, χαλεπῶς ἔφερε· καὶ λαβὼν ἄνδρα Ὀδρύσην, δυνατώτατον τῶν ἄνωθεν καταβεβηκότων, καὶ ἱππέας ὅσον τριάκοντα, ἔρχεται καὶ προκαλεῖται Ξενοφῶντα ἐκ τοῦ Ἑλληνικοῦ στρατεύματος. Καὶ ὃς, λαβών τινας τῶν λοχαγῶν καὶ ἄλλους τῶν ἐπιτηδείων, προσέρχεται. 3. Ἔνθα δὴ λέγει Μηδοσάδης· Ἀδικεῖτε, ὦ Ξενοφῶν, τὰς ἡμετέρας κώμας πορθοῦντες. Προλέγομεν οὖν ὑμῖν, ἐγώ τε ὑπὲρ Σεύθου, καὶ ὅδε ὁ ἀνὴρ, παρὰ Μηδόκου ἥκων τοῦ ἄνω βασιλέως, ἀπιέναι ἐκ τῆς χώρας· εἰ δὲ μὴ, οὐκ ἐπιτρέψομεν ὑμῖν, ἀλλ' ἐὰν ποιῆτε κακῶς τὴν ἡμετέραν χώραν, ὡς πολεμίους ἀλεξησόμεθα.

4. Ὁ δὲ Ξενοφῶν ἀκούσας ταῦτα, εἶπεν· Ἀλλα σοὶ

μὲν τοιαῦτα λέγοντι καὶ ἀποκρίνασθαι χαλεπόν· τοῦδε δ' ἕνεκα τοῦ νεανίσκου λέξω, ἵν' εἰδῇ, οἷοί τε ὑμεῖς ἐστε, καὶ οἷοι ἡμεῖς. 5. Ἡμεῖς μὲν γὰρ, ἔφη, πρὶν ὑμῖν φίλοι γενέσθαι, ἐπορευόμεθα διὰ ταύτης τῆς χώρας ὅποι ἐβουλόμεθα, ἣν μὲν ἐθέλοιμεν πορθοῦντες, ἣν δ' ἐθέλοιμεν καίοντες. 6. Καὶ σὺ, ὁπότε πρὸς ἡμᾶς ἔλθοις πρεσβεύων, ηὐλίζου παρ' ἡμῖν, οὐδένα φοβούμενος τῶν πολεμίων. Ὑμεῖς δὲ οὐκ ἦτε εἰς τήνδε τὴν χώραν, ἤ, εἴ ποτε ἔλθοιτε, ὡς ἐν κρειττόνων χώρᾳ ηὐλίζεσθε ἐγκεχαλινωμένοις τοῖς ἵπποις. 7. Ἐπεὶ δὲ ἡμῖν φίλοι ἐγένεσθε, καὶ δι' ἡμᾶς σὺν θεοῖς ἔχετε τήνδε τὴν χώραν, νῦν δὴ ἐξελαύνετε ἡμᾶς ἐκ τῆσδε τῆς χώρας, ἣν παρ' ἡμῶν, ἐχόντων κατὰ κράτος, παρελάβετε· ὡς γὰρ αὐτὸς οἶσθα, οἱ πολέμιοι οὐχ ἱκανοὶ ἦσαν ἡμᾶς ἐξελαύνειν. 8. Καὶ οὐχ ὅπως δῶρα δοὺς καὶ εὖ ποιήσας, ἀνθ' ὧν εὖ ἔπαθες, ἀξιοῖς ἡμᾶς ἀποπέμψασθαι, ἀλλ' ἀποπορευομένους ἡμᾶς οὐδ' ἐναυλισθῆναι, ὅσον δύνασαι, ἐπιτρέπεις. 9. Καὶ ταῦτα λέγων οὔτε θεοὺς αἰσχύνῃ οὔτε τόνδε τὸν ἄνδρα, ὃς νῦν μέν σε ὁρᾷ πλουτοῦντα, πρὶν δὲ ἡμῖν φίλον γενέσθαι, ἀπὸ λῃστείας τὸν βίον ἔχοντα, ὡς αὐτὸς ἔφησθα. 10. Ἀτὰρ τί καὶ πρὸς ἐμὲ ταῦτα λέγεις; ἔφη· οὐ γὰρ ἔγωγ' ἔτι ἄρχω, ἀλλὰ Λακεδαιμόνιοι, οἷς ὑμεῖς παρεδώκατε τὸ στράτευμα ἀπαγαγεῖν, οὐδὲν ἐμὲ παρακαλέσαντες, ὦ θαυμαστότατοι, ὅπως, ὥσπερ ἀπηχθανόμην αὐτοῖς ὅτε πρὸς ὑμᾶς ἦγον, οὕτω καὶ χαρισαίμην νῦν ἀποδιδούς.

11. Ἐπεὶ δὲ ταῦτα ἤκουσεν ὁ Ὀδρύσης, εἶπεν· Ἐγὼ μὲν, ὦ Μηδόσαδες, κατὰ τῆς γῆς καταδύομαι ὑπὸ τῆς αἰσχύνης, ἀκούων ταῦτα. Καὶ εἰ μὲν πρόσθεν ἠπιστάμην,

οὐδ᾽ ἂν συνηκολούθησά σοι· καὶ νῦν ἄπειμι· οὐδὲ γὰρ ἂν Μήδοκός με ὁ βασιλεὺς ἐπαινοίη, εἰ ἐξελαύνοιμι τοὺς εὐεργέτας. 12. Ταῦτ᾽ εἰπών, ἀναβὰς ἐπὶ τὸν ἵππον ἀπήλαυνε, καὶ σὺν αὐτῷ οἱ ἄλλοι ἱππεῖς πλὴν τεττάρων ἢ πέντε. Ὁ δὲ Μηδοσάδης, ἐλύπει γὰρ αὐτὸν ἡ χώρα πορθουμένη, ἐκέλευε τὸν Ξενοφῶντα καλέσαι τὼ Λακεδαιμονίω. 13. Καὶ ὅς, λαβὼν τοὺς ἐπιτηδειοτάτους, προσῆλθε τῷ Χαρμίνῳ καὶ τῷ Πολυνίκῳ, καὶ ἔλεξεν, ὅτι καλεῖ αὐτοὺς Μηδοσάδης, προερῶν ἅπερ αὐτῷ, ἀπιέναι ἐκ τῆς χώρας. 14. Οἶμαι ἂν οὖν, ἔφη, ὑμᾶς ἀπολαβεῖν τῇ στρατιᾷ τὸν ὀφειλόμενον μισθόν, εἰ εἴποιτε, ὅτι δεδέηται ὑμῶν ἡ στρατιὰ συναναπρᾶξαι τὸν μισθὸν ἢ παρ᾽ ἑκόντος ἢ παρ᾽ ἄκοντος Σεύθου· καὶ ὅτι τούτων τυχόντες, προθύμως ἂν συνέπεσθαι ὑμῖν φασι· καὶ ὅτι δίκαια ὑμῖν δοκοῦσι λέγειν· καὶ ὅτι ὑπέσχεσθε αὐτοῖς τότε ἀπιέναι, ὅταν τὰ δίκαια ἔχωσιν οἱ στρατιῶται.

15. Ἀκούσαντες οἱ Λάκωνες, ταῦτα ἔφασαν ἐρεῖν, καὶ ἄλλα ὁποῖα ἂν δύνωνται κράτιστα· καὶ εὐθὺς ἐπορεύοντο ἔχοντες πάντας τοὺς ἐπικαιρίους. Ἐλθὼν δὲ ἔλεξε Χαρμῖνος· Εἰ μὲν σύ τι ἔχεις, ὦ Μηδόσαδες, πρὸς ἡμᾶς λέγειν· εἰ δὲ μή, ἡμεῖς πρὸς σὲ ἔχομεν. 16. Ὁ δὲ Μηδοσάδης μάλα δὴ ὑφειμένως, Ἀλλ᾽ ἐγὼ μὲν λέγω, ἔφη, καὶ Σεύθης τὰ αὐτά, ὅτι ἀξιοῦμεν, τοὺς φίλους ἡμῖν γεγενημένους μὴ κακῶς πάσχειν ὑφ᾽ ὑμῶν· ὅ τι γὰρ ἂν τούτους κακῶς ποιῆτε, ἡμᾶς ἤδη ποιεῖτε· ἡμέτεροι γάρ εἰσιν. 17. Ἡμεῖς τοίνυν, ἔφασαν οἱ Λάκωνες, ἀπίοιμεν ἄν, ὁπότε τὸν μισθὸν ἔχοιεν οἱ ταῦτα ὑμῖν καταπράξαντες· εἰ δὲ μή, ἐρχόμεθα μὲν καὶ νῦν βοηθήσοντες τούτοις, καὶ τιμωρησό-

μενοι ἄνδρας, οἳ τούτους παρὰ τοὺς ὅρκους ἠδίκησαν· ἢν δὲ δὴ καὶ ὑμεῖς τοιοῦτοι ἦτε, ἐνθένδε ἀρξόμεθα τὰ δίκαια λαμβάνειν.

18. Ὁ δὲ Ξενοφῶν εἶπεν· Ἐθέλοιτε δ' ἂν τούτοις, ὦ Μηδόσαδες, ἐπιτρέψαι (ἐπειδὴ φίλους ἔφατε εἶναι ὑμῖν), ἐν ὧν τῇ χώρᾳ ἐσμὲν, ὁπότερα ἂν ψηφίσωνται, εἴθ' ὑμᾶς προσῆκεν ἐκ τῆς χώρας ἀπιέναι, εἴτε ἡμᾶς; 19. Ὁ δὲ ταῦτα μὲν οὐκ ἔφη· ἐκέλευε δὲ μάλιστα μὲν αὐτὼ ἐλθεῖν τὼ Λάκωνε παρὰ Σεύθην περὶ τοῦ μισθοῦ, καὶ οἴεσθαι ἂν Σεύθην πεῖσαι· εἰ δὲ μὴ, Ξενοφῶντα σὺν αὐτῷ πέμπειν, καὶ συμπράξειν ὑπισχνεῖτο· ἐδεῖτο δὲ τὰς κώμας μὴ καίειν. 20. Ἐντεῦθεν πέμπουσι τὸν Ξενοφῶντα, καὶ σὺν αὐτῷ, οἳ ἐδόκουν ἐπιτηδειότατοι εἶναι. Ὁ δὲ ἐλθὼν λέγει πρὸς τὸν Σεύθην·

21. Οὐδὲν ἀπαιτήσων, ὦ Σεύθη, πάρειμι, ἀλλὰ διδάξων, ἢν δύνωμαι, ὡς οὐ δικαίως μοι ἠχθέσθης, ὅτι ὑπὲρ τῶν στρατιωτῶν ἀπῄτουν σε προθύμως, ἃ ὑπέσχου αὐτοῖς· σοὶ γὰρ ἔγωγε οὐχ ἧττον ἐνόμιζον εἶναι συμφέρον ἀποδοῦναι, ἢ ἐκείνοις ἀπολαβεῖν. 22. Πρῶτον μὲν γὰρ οἶδα μετὰ τοὺς θεοὺς εἰς τὸ φανερόν σε τούτους καταστήσαντας, ἐπεί γε βασιλέα σε ἐποίησαν πολλῆς χώρας καὶ πολλῶν ἀνθρώπων· ὥστε οὐχ οἷόν τέ σοι λανθάνειν, οὔτε ἤν τι καλὸν, οὔτε ἤν τι αἰσχρὸν ποιήσῃς. 23. Τοιούτῳ δὲ ὄντι ἀνδρὶ μέγα μέν μοι ἐδόκει εἶναι, μὴ δοκεῖν ἀχαρίστως ἀποπέμψασθαι ἄνδρας εὐεργέτας· μέγα δὲ, εὖ ἀκούειν ὑπὸ ἑξακισχιλίων ἀνθρώπων· τὸ δὲ μέγιστον, μηδαμῶς ἄπιστον σαυτὸν καταστῆσαι, ὅ τι λέγοις.

24. Ὁρῶ γὰρ, τῶν μὲν ἀπίστων ματαίους καὶ ἀδυνά-

τους καὶ ἀτίμους τοὺς λόγους πλανωμένους· οἳ δ᾽ ἂν φανεροὶ ὦσιν ἀλήθειαν ἀσκοῦντες, τούτων οἱ λόγοι, ἤν τι δέωνται, οὐδὲν μεῖον δύνανται ἀνύσασθαι, ἢ ἄλλων ἡ βία· ἤν τέ τινας σωφρονίζειν βούλωνται, γιγνώσκω τὰς τούτων ἀπειλὰς οὐχ ἧττον σωφρονιζούσας, ἢ ἄλλων τὸ ἤδη κολάζειν· ἤν τέ τῳ τι ὑπισχνῶνται οἱ τοιοῦτοι ἄνδρες, οὐδὲν μεῖον διαπράττονται, ἢ ἄλλοι παραχρῆμα διδόντες. 25. Ἀναμνήσθητι δὲ καὶ σύ, τί προτελέσας ἡμῖν συμμάχους ἡμᾶς ἔλαβες. Οἶσθ᾽, ὅτι οὐδέν· ἀλλὰ πιστευθεὶς ἀληθεύσειν, ἃ ἔλεγες, ἐπῆρας τοσούτους ἀνθρώπους συστρατεύσασθαί τε καὶ συγκατεργάσασθαί σοι ἀρχήν, οὐ τριάκοντα μόνον ἀξίαν ταλάντων (ὅσα οἴονται δεῖν οὗτοι νῦν ἀπολαβεῖν), ἀλλὰ πολλαπλασίων. 26. Οὐκοῦν τοῦτο μὲν πρῶτον, τὸ πιστεύεσθαί σε, τὸ καὶ τὴν βασιλείαν σοι κατεργασάμενον, τούτων τῶν χρημάτων ὑπὸ σοῦ πιπράσκεται;

27. Ἴθι δή, ἀναμνήσθητι, πῶς μέγα ἡγοῦ τότε καταπράξασθαι, ἃ νῦν καταστρεψάμενος ἔχεις. Ἐγὼ μὲν εὖ οἶδ᾽, ὅτι εὔξω ἄν, τὰ νῦν πεπραγμένα μᾶλλόν σοι καταπραχθῆναι, ἢ πολλαπλάσια τούτων τῶν χρημάτων γενέσθαι. 28. Ἐμοὶ τοίνυν μεῖζον βλάβος καὶ αἴσχιον δοκεῖ εἶναι, τὸ ταῦτα νῦν μὴ κατασχεῖν, ἢ τότε μὴ λαβεῖν, ὅσῳ περ χαλεπώτερον ἐκ πλουσίου πένητα γενέσθαι, ἢ ἀρχὴν μὴ πλουτῆσαι· καὶ ὅσῳ λυπηρότερον ἐκ βασιλέως ἰδιώτην φανῆναι, ἢ ἀρχὴν μὴ βασιλεῦσαι.

29. Οὐκοῦν ἐπίστασαι μέν, ὅτι οἱ νῦν σοι ὑπήκοοι γενόμενοι οὐ φιλίᾳ τῇ σῇ ἐπείσθησαν ὑπὸ σοῦ ἄρχεσθαι, ἀλλ᾽ ἀνάγκῃ, καὶ ὅτι ἐπιχειροῖεν ἂν πάλιν ἐλεύθεροι γίγνεσθαι, εἰ μή τις αὐτοὺς φόβος κατέχοι; 30. Ποτέρως οὖν οἴει

μᾶλλον ἂν φοβεῖσθαί τε αὐτοὺς, καὶ σωφρονεῖν τὰ πρός σε, εἰ ὁρῴέν σοι τοὺς στρατιώτας οὕτω διακειμένους, ὡς νῦν τε μένοντας ἂν εἰ σὺ κελεύοις, αὖθίς τ' ἂν ταχὺ ἐλθόντας εἰ δέοι, ἄλλους τε, τούτων περὶ σοῦ ἀκούοντας πολλὰ ἀγαθὰ, ταχὺ ἄν σοι, ὁπότε βούλοιο, παραγενέσθαι· ἢ εἰ καταδοξάσειαν, μήτ' ἂν ἄλλους σοι ἐλθεῖν δι' ἀπιστίαν ἐκ τῶν νῦν γεγενημένων, τούτους τε αὐτοῖς εὐνουστέρους εἶναι ἢ σοί; 31. Ἀλλὰ μὴν οὐδὲν πλήθει γε ἡμῶν λειφθέντες ὑπεῖξάν σοι, ἀλλὰ προστατῶν ἀπορίᾳ. Οὐκοῦν νῦν καὶ τοῦτο κίνδυνος, μὴ λάβωσι προστάτας αὐτῶν τινας τούτων, οἳ νομίζουσιν ὑπὸ σοῦ ἀδικεῖσθαι, ἢ καὶ τούτων κρείττονας τοὺς Λακεδαιμονίους, ἐὰν οἱ μὲν στρατιῶται ὑπισχνῶνται προθυμότερον αὐτοῖς συστρατεύεσθαι, ἂν τὰ παρὰ σοῦ νῦν ἀναπράξωσιν, οἱ δὲ Λακεδαιμόνιοι, διὰ τὸ δεῖσθαι τῆς στρατιᾶς, συναινέσωσιν αὐτοῖς ταῦτα; 32. Ὅτι γε μὴν οἱ νῦν ὑπό σοι Θρᾷκες γενόμενοι πολὺ ἂν προθυμότερον ἴοιεν ἐπί σε ἢ σύν σοι, οὐκ ἄδηλον· σοῦ μὲν γὰρ κρατοῦντος, δουλεία ὑπάρχει αὐτοῖς· κρατουμένου δὲ σοῦ, ἐλευθερία.

33. Εἰ δὲ καὶ τῆς χώρας προνοεῖσθαι ἤδη τι δεῖ ὡς σῆς οὔσης, ποτέρως ἂν οἴει ἀπαθῆ κακῶν μᾶλλον αὐτὴν εἶναι, εἰ οὗτοι οἱ στρατιῶται, ἀπολαβόντες ἃ ἐγκαλοῦσιν, εἰρήνην καταλιπόντες οἴχοιντο, ἢ εἰ οὗτοί τε μένοιεν ὡς ἐν πολεμίᾳ, σύ τε ἄλλους πειρῷο πλείονας τούτων ἔχων ἀντιστρατοπεδεύεσθαι, δεομένους τῶν ἐπιτηδείων; 34. Ἀργύριον δὲ ποτέρως ἂν πλεῖον ἀναλωθείη, εἰ τούτοις τὸ ὀφειλόμενον ἀποδοθείη, ἢ εἰ ταῦτά τε ὀφείλοιτο, ἄλλους τε κρείττονας τούτων δέοι σε μισθοῦσθαι; 35. Ἀλλὰ γὰρ

Ἡρακλείδῃ, ὡς πρὸς ἐμὲ ἐδήλου, πάμπολυ δοκεῖ τοῦτο τὸ ἀργύριον εἶναι. Ἦ μὴν πολύ γέ ἐστιν ἔλαττον νῦν σοι καὶ λαβεῖν τοῦτο καὶ ἀποδοῦναι, ἤ, πρὶν ἡμᾶς ἐλθεῖν πρός σε, τὸ δέκατον τούτου μέρος. 36. Οὐ γὰρ ἀριθμός ἐστιν ὁ ὁρίζων τὸ πολὺ καὶ τὸ ὀλίγον, ἀλλ' ἡ δύναμις τοῦ τε ἀποδιδόντος καὶ τοῦ λαμβάνοντος· σοὶ δὲ νῦν ἡ κατ' ἐνιαυτὸν πρόσοδος πλείων ἔσται, ἢ ἔμπροσθεν τὰ παρόντα πάντα ἃ ἐκέκτησο.

37. Ἐγὼ μὲν, ὦ Σεύθη, ταῦτα ὡς φίλου ὄντος σου προενοούμην, ὅπως σύ τε ἄξιος δοκοίης εἶναι, ὧν οἱ θεοί σοι ἔδωκαν ἀγαθῶν, ἐγώ τε μὴ διαφθαρείην ἐν τῇ στρατιᾷ. 38. Εὖ γὰρ ἴσθι, ὅτι νῦν ἐγὼ οὔτ' ἂν ἐχθρὸν βουλόμενος κακῶς ποιῆσαι δυνηθείην σὺν ταύτῃ τῇ στρατιᾷ, οὔτ' ἄν, εἴ σοι πάλιν βουλοίμην βοηθῆσαι, ἱκανὸς ἂν γενοίμην· οὕτω γὰρ πρὸς ἐμὲ ἡ στρατιὰ διάκειται. 39. Καίτοι αὐτόν σε μάρτυρα σὺν θεοῖς εἰδόσι ποιοῦμαι, ὅτι οὔτε ἔχω παρὰ σοῦ ἐπὶ τοῖς στρατιώταις οὐδὲν, οὔτε ᾔτησα πώποτε εἰς τὸ ἴδιον τὰ ἐκείνων, οὔτε ἃ ὑπέσχου μοι ἀπῄτησα. 40. Ὄμνυμι δέ σοι, μηδὲ ἀποδιδόντος δέξασθαι ἄν, εἰ μὴ καὶ οἱ στρατιῶται ἔμελλον τὰ ἑαυτῶν συναπολαμβάνειν. Αἰσχρὸν γὰρ ἦν τὰ μὲν ἐμὰ διαπεπρᾶχθαι, τὰ δ' ἐκείνων περιϊδεῖν ἐμὲ κακῶς ἔχοντα, ἄλλως τε καὶ τιμώμενον ὑπ' ἐκείνων. 41. Καίτοι Ἡρακλείδῃ γε λῆρος πάντα δοκεῖ εἶναι πρὸς τὸ ἀργύριον ἔχειν ἐκ παντὸς τρόπου· ἐγὼ δὲ, ὦ Σεύθη, οὐδὲν νομίζω ἀνδρὶ, ἄλλως τε καὶ ἄρχοντι, κάλλιον εἶναι κτῆμα οὐδὲ λαμπρότερον ἀρετῆς καὶ δικαιοσύνης καὶ γενναιότητος. 42. Ὁ γὰρ ταῦτα ἔχων πλουτεῖ μὲν ὄντων φίλων πολλῶν, πλουτεῖ δὲ καὶ ἄλλων βουλομένων γενέ-

σθαι· καὶ εὖ μὲν πράττων ἔχει τοὺς συνησθησομένους, ἐὰν δέ τι σφαλῇ, οὐ σπανίζει τῶν βοηθησόντων.

43. Ἀλλὰ γάρ, εἰ μήτε ἐκ τῶν ἐμῶν ἔργων κατέμαθες, ὅτι σοι ἐκ τῆς ψυχῆς φίλος ἦν, μήτε ἐκ τῶν ἐμῶν λόγων δύνασαι τοῦτο γνῶναι, ἀλλὰ τοὺς τῶν στρατιωτῶν λόγους πάντως κατανόησον· παρῆσθα γὰρ καὶ ἤκουες, ἃ ἔλεγον οἱ ψέγειν ἐμὲ βουλόμενοι. 44. Κατηγόρουν μὲν γάρ μου πρὸς Λακεδαιμονίους, ὡς σὲ περὶ πλείονος ποιοίμην, ἢ Λακεδαιμονίους· αὐτοὶ δ' ἐνεκάλουν ἐμοί, ὡς μᾶλλον μέλοι μοι, ὅπως τὰ σὰ καλῶς ἔχοι, ἢ ὅπως τὰ ἑαυτῶν· ἔφασαν δέ με καὶ δῶρα ἔχειν παρὰ σοῦ. 45. Καίτοι τὰ δῶρα ταῦτα πότερον οἴει αὐτούς, κακόνοιάν τινα ἐνιδόντας μοι πρὸς σέ, αἰτιᾶσθαί με ἔχειν παρὰ σοῦ, ἢ προθυμίαν πολλὴν περὶ σὲ κατανοήσαντας;

46. Ἐγὼ μὲν οἶμαι πάντας ἀνθρώπους νομίζειν, εὔνοιαν δεῖν ἀποκεῖσθαι τούτῳ, παρ' οὗ ἂν δῶρά τις λαμβάνῃ. Σὺ δέ, πρὶν μὲν ὑπηρετῆσαί τί σοι ἐμέ, ἐδέξω ἡδέως καὶ ὄμμασι και φωνῇ καὶ ξενίοις, καὶ ὅσα ἔσοιτο ὑπισχνούμενος οὐκ ἐνεπίμπλασο· ἐπεὶ δὲ κατέπραξας ἃ ἐβούλου, καὶ γεγένησαι, ὅσον ἐγὼ ἐδυνάμην, μέγιστος, νῦν οὕτω με ἄτιμον ὄντα ἐν τοῖς στρατιώταις τολμᾷς περιορᾶν; 47. Ἀλλὰ μήν, ὅτι σοὶ δόξει ἀποδοῦναι, πιστεύω καὶ τὸν χρόνον διδάξειν σε, καὶ αὐτόν γέ σε οὐχὶ ἀνέξεσθαι, τούς σοι προεμένους εὐεργεσίαν ὁρῶντά σοι ἐγκαλοῦντας. Δέομαι οὖν σοῦ, ὅταν ἀποδιδῷς, προθυμεῖσθαι ἐμὲ παρὰ τοῖς στρατιώταις τοιοῦτον ποιῆσαι, οἷόν περ καὶ παρέλαβες.

48. Ἀκούσας ταῦτα ὁ Σεύθης κατηράσατο τῷ αἰτίῳ τοῦ μὴ πάλαι ἀποδεδόσθαι τὸν μισθόν (καὶ πάντες Ἡρα-

κλείδην τοῦτον ὑπώπτευσαν εἶναι)· Ἐγὼ γάρ, ἔφη, οὔτε διενοήθην πώποτε ἀποστερῆσαι, ἀποδώσω τε. 49. Ἐντεῦθεν πάλιν εἶπεν ὁ Ξενοφῶν· Ἐπεὶ τοίνυν διανοῇ ἀποδιδόναι, νῦν ἐγώ σου δέομαι δι' ἐμοῦ ἀποδιδόναι, καὶ μὴ περιϊδεῖν με διὰ σὲ ἀνομοίως ἔχοντα ἐν τῇ στρατιᾷ νῦν τε, καὶ ὅτε πρὸς σὲ ἀφικόμεθα. 50. Ὁ δ' εἶπεν· Ἀλλὰ οὔτ' ἐν τοῖς στρατιώταις ἔσῃ δι' ἐμὲ ἀτιμότερος· ἄν τε μένῃς παρ' ἐμοὶ χιλίους μόνους ὁπλίτας ἔχων, ἐγώ σοι τά τε χωρία ἀποδώσω καὶ τἆλλα πάντα, ἃ ὑπεσχόμην. 51. Ὁ δὲ πάλιν εἶπε· Ταῦτα μὲν ἔχειν οὕτως οὐχ οἷόν τε· ἀπόπεμπε δὲ ἡμᾶς. Καὶ μήν, ἔφη ὁ Σεύθης, καὶ ἀσφαλέστερόν γέ σοι οἶδα ὄν, παρ' ἐμοὶ μένειν, ἢ ἀπιέναι. 52. Ὁ δὲ πάλιν εἶπεν· Ἀλλὰ τὴν μὲν σὴν πρόνοιαν ἐπαινῶ· ἐμοὶ δὲ μένειν οὐχ οἷόν τε· ὅπου δ' ἂν ἐγὼ ἐντιμότερος ὦ, νόμιζε καὶ σοὶ τοῦτο ἀγαθὸν ἔσεσθαι. 53. Ἐντεῦθεν λέγει Σεύθης· Ἀργύριον μὲν οὐκ ἔχω, ἀλλ' ἢ μικρόν τι, καὶ τοῦτό σοι δίδωμι, τάλαντον· βοῦς δ' ἑξακοσίους, καὶ πρόβατα εἰς τετρακισχίλια, καὶ ἀνδράποδα εἰς εἴκοσι καὶ ἑκατόν. Ταῦτα λαβών, καὶ τοὺς τῶν ἀδικησάντων σε ὁμήρους προσλαβών, ἄπιθι. 54. Γελάσας ὁ Ξενοφῶν εἶπεν· Ἢν οὖν μὴ ἐξικνῆται ταῦτα εἰς τὸν μισθόν, τίνος τάλαντον φήσω ἔχειν; Ἆρ' οὐκ, ἐπειδὴ καὶ ἐπικίνδυνόν μοί ἐστιν, ἀπιόντα γε ἄμεινον φυλάττεσθαι τοὺς πέτρους; Ἤκουες δὲ τὰς ἀπειλάς. Τότε μὲν δὴ αὐτοῦ ἔμειναν.

55. Τῇ δ' ὑστεραίᾳ ἀπέδωκέ τε αὐτοῖς ἃ ὑπέσχετο, καὶ τοὺς ταῦτα ἐλάσοντας συνέπεμψεν. Οἱ δὲ στρατιῶται τέως μὲν ἔλεγον, ὡς ὁ Ξενοφῶν οἴχοιτο ὡς Σεύθην οἰκήσων, καὶ ἃ ὑπέσχετο αὐτῷ ἀπολη ψόμενος· ἐπεὶ δὲ αὐτὸν

ἥκοντα εἶδον, ἥσθησάν τε καὶ προσέθεον. 56. Ξενοφῶν δ' ἐπεὶ εἶδε Χαρμῖνον καὶ Πολύνικον, Ταῦτα, ἔφη, καὶ σέσωσται δι' ὑμᾶς τῇ στρατιᾷ, καὶ παραδίδωμι αὐτὰ ἐγὼ ὑμῖν· ὑμεῖς δὲ διαθέμενοι διάδοτε τῇ στρατιᾷ. Οἱ μὲν οὖν παραλαβόντες καὶ λαφυροπώλας καταστήσαντες, ἐπώλουν, καὶ πολλὴν εἶχον αἰτίαν. 57. Ξενοφῶν δὲ οὐ προσῄει, ἀλλὰ φανερὸς ἦν οἴκαδε παρασκευαζόμενος· οὐ γάρ πω ψῆφος αὐτῷ ἐπῆκτο Ἀθήνησι περὶ φυγῆς. Προσελθόντες δὲ αὐτῷ οἱ ἐπιτήδειοι ἐν τῷ στρατοπέδῳ, ἐδέοντο μὴ ἀπελθεῖν, πρὶν [ἂν] ἀπαγάγοι τὸ στράτευμα καὶ Θίβρωνι παραδοίη.

CAP. VIII.

1. Ἐντεῦθεν διέπλευσαν εἰς Λάμψακον· καὶ ἀπαντᾷ τῷ Ξενοφῶντι Εὐκλείδης μάντις Φλιάσιος, ὁ Κλεαγόρου υἱὸς τοῦ τὰ ἐνύπνια ἐν Λυκείῳ γεγραφότος. Οὗτος συνήδετο τῷ Ξενοφῶντι, ὅτι ἐσέσωστο· καὶ ἠρώτα αὐτὸν, πόσον χρυσίον ἔχοι. 2. Ὁ δ' αὐτῷ ἐπομόσας εἶπεν, ἦ μὴν ἔσεσθαι μηδὲ ἐφόδιον ἱκανὸν οἴκαδε ἀπιόντι, εἰ μὴ ἀπόδοιτο τὸν ἵππον, καὶ ἃ ἀμφ' αὐτὸν εἶχεν. Ὁ δ' αὐτῷ οὐκ ἐπίστευεν. 3. Ἐπεὶ δ' ἔπεμψαν Λαμψακηνοὶ ξένια τῷ Ξενοφῶντι, καὶ ἔθυε τῷ Ἀπόλλωνι, παρεστήσατο τὸν Εὐκλείδην· ἰδὼν δὲ τὰ ἱερεῖα ὁ Εὐκλείδης εἶπεν, ὅτι πείθοιτο αὐτῷ μὴ εἶναι χρήματα. Ἀλλ' οἶδα, ἔφη, ὅτι, κἂν μέλλῃ ποτὲ ἔσεσθαι, φαίνεταί τι ἐμπόδιον, ἐὰν μηδὲν ἄλλο, σὺ σαυτῷ. Συνωμολόγει ταῦτα ὁ Ξενοφῶν. 4. Ὁ δὲ εἶπεν· Ἐμπόδιος γάρ σοι ὁ Ζεὺς ὁ Μειλίχιός ἐστι· καὶ ἐπήρετο,

εἰ ἤδη ποτὲ θύσειεν, ὥσπερ οἴκοι, ἔφη, εἰώθειν ἐγὼ ὑμῖν θύεσθαι καὶ ὁλοκαυτεῖν. Ὁ δ' οὐκ ἔφη, ἐξ ὅτου ἀπεδήμησε, τεθυκέναι τούτῳ τῷ θεῷ. Συνεβούλευσεν οὖν αὐτῷ θύεσθαι καθὰ εἰώθει, καὶ ἔφη συνοίσειν ἐπὶ τὸ βέλτιον.

5. Τῇ δὲ ὑστεραίᾳ ὁ Ξενοφῶν προελθὼν εἰς Ὀφρύνιον ἐθύετο, καὶ ὡλοκαύτει χοίρους τῷ πατρίῳ νόμῳ· καὶ ἐκαλλιέρει. 6. Καὶ ταύτῃ τῇ ἡμέρᾳ ἀφικνεῖται Βίων καὶ ἅμα Εὐκλείδης, χρήματα δώσοντες τῷ στρατεύματι· καὶ ξενοῦνταί τε τῷ Ξενοφῶντι, καὶ ἵππον, ὃν ἐν Λαμψάκῳ ἀπέδοτο πεντήκοντα δαρεικῶν, ὑποπτεύοντες αὐτὸν δι' ἔνδειαν πεπρακέναι, ὅτι ἤκουον αὐτὸν ἥδεσθαι τῷ ἵππῳ, λυσάμενοι ἀπέδοσαν, καὶ τὴν τιμὴν οὐκ ἤθελον ἀπολαβεῖν.

7. Ἐντεῦθεν ἐπορεύοντο διὰ τῆς Τρῳάδος, καὶ ὑπερβάντες τὴν Ἴδην, εἰς Ἄντανδρον ἀφικνοῦνται πρῶτον· εἶτα παρὰ θάλατταν πορευόμενοι τῆς Λυδίας εἰς Θήβης πεδίον. 8. Ἐντεῦθεν δι' Ἀτραμυττίου καὶ Κερτωνοῦ παρ' Ἀταρνέα εἰς Καΐκου πεδίον ἐλθόντες, Πέργαμον καταλαμβάνουσι τῆς Μυσίας.

Ἐνταῦθα δὴ ξενοῦται Ξενοφῶν παρ' Ἑλλάδι, τῇ Γογγύλου τοῦ Ἐρετριέως γυναικὶ, καὶ Γοργίωνος καὶ Γογγύλου μητρί. 9. Αὕτη δ' αὐτῷ φράζει, ὅτι Ἀσιδάτης ἐστὶν ἐν τῷ πεδίῳ, ἀνὴρ Πέρσης· τοῦτον ἔφη αὐτὸν, εἰ ἔλθοι τῆς νυκτὸς σὺν τριακοσίοις ἀνδράσι, λαβεῖν ἂν καὶ αὐτὸν καὶ γυναῖκα καὶ παῖδας καὶ τὰ χρήματα· εἶναι δὲ πολλά. Ταῦτα δὲ καθηγησομένους ἔπεμψε τόν τε αὐτῆς ἀνεψιὸν καὶ Δαφναγόραν, ὃν περὶ πλείστου ἐποιεῖτο. 10. Ἔχων οὖν ὁ Ξενοφῶν τούτους παρ' ἑαυτῷ, ἐθύετο. Καὶ Βασίας ὁ Ἠλεῖος μάντις παρὼν εἶπεν, ὅτι κάλλιστα εἴη τὰ ἱερὰ αὐτῷ, καὶ ὁ ἀνὴρ ἁλώσιμος εἴη. 11. Δειπνήσας οὖν ἐπορεύετο, τούς τε λοχαγοὺς τοὺς μάλιστα φίλους λαβὼν καὶ πιστοὺς γεγενημένους διὰ παντὸς, ὅπως εὖ ποιήσαι αὐτούς. Συνεξέρχονται δὲ αὐτῷ καὶ ἄλλοι βιασάμενοι εἰς ἑξακοσίους· οἱ δὲ λοχαγοὶ ἀπήλαυνον, ἵνα μὴ μεταδοῖεν τὸ μέρος, ὡς ἑτοίμων δὴ χρημάτων.

12. Ἐπεὶ δὲ ἀφίκοντο περὶ μέσας νύκτας, τὰ μὲν πέριξ ὄντα ἀνδράποδα τῆς τύρσιος καὶ χρήματα τὰ πλεῖστα ἀπέδρα αὐτοὺς παραμελοῦντας, ὡς τὸν Ἀσιδάτην αὐτὸν λάβοιεν καὶ τὰ ἐκείνου. 13. Πυργομαχοῦντες δὲ ἐπεὶ οὐκ ἐδύναντο λαβεῖν τὴν τύρσιν (ὑψηλὴ γὰρ ἦν, καὶ μεγάλη, καὶ προμαχεῶνας καὶ ἄνδρας πολλοὺς καὶ μαχίμους ἔχουσα), διορύττειν ἐπεχείρησαν τὸν πύργον. 14. Ὁ δὲ τοῖχος ἦν ἐπ' ὀκτὼ πλίνθων γηΐνων τὸ εὖρος. Ἅμα δὲ τῇ ἡμέρᾳ διωρώρυκτο· καὶ ὡς τὸ πρῶτον διεφάνη, ἐπάταξεν ἔνδοθεν βουπόρῳ τις ὀβελίσκῳ διαμπερὲς τὸν μηρὸν τοῦ ἐγγυτάτω· τὸ δὲ λοιπὸν ἐκτοξεύοντες ἐποίουν μηδὲ παριέναι ἔτι ἀσφαλὲς εἶναι. 15. Κεκραγότων δὲ αὐτῶν καὶ πυρσευόντων, ἐκβοηθοῦσιν Ἰταβέλιος μὲν ἔχων τὴν ἑαυτοῦ δύναμιν, ἐκ Κομανίας δὲ ὁπλῖται Ἀσσύριοι καὶ Ὑρκάνιοι ἱππεῖς (καὶ οὗτοι βασιλέως μισθοφόροι), ὡς ὀγδοήκοντα, καὶ ἄλλοι πελτασταὶ εἰς ὀκτακοσίους, ἄλλοι δ' ἐκ Παρθενίου, ἄλλοι δ' ἐξ Ἀπολλωνίας καὶ ἐκ τῶν πλησίον χωρίων καὶ ἱππεῖς.

16. Ἐνταῦθα δὴ ὥρα ἦν σκοπεῖν, πῶς ἔσται ἡ ἄφοδος· καὶ λαβόντες ὅσοι ἦσαν βόες καὶ πρόβατα ἤλαυνον καὶ ἀνδράποδα, ἐντὸς πλαισίου ποιησάμενοι· οὐ τοῖς χρήμα-

σιν οὕτω προσέχοντες τὸν νοῦν, ἀλλὰ μὴ φυγὴ εἴη ἡ ἄφοδος εἰ καταλιπόντες τὰ χρήματα ἀπίοιεν, καὶ οἵ τε πολέμιοι θρασύτεροι εἶεν καὶ οἱ στρατιῶται ἀθυμότεροι· νῦν δὲ ἀπῄεσαν ὡς περὶ τῶν χρημάτων μαχούμενοι. 17. Ἐπεὶ δὲ ἑώρα Γογγύλος ὀλίγους μὲν τοὺς Ἕλληνας, πολλοὺς δὲ τοὺς ἐπικειμένους, ἐξέρχεται καὶ αὐτὸς βίᾳ τῆς μητρός, ἔχων τὴν ἑαυτοῦ δύναμιν, βουλόμενος συμμετασχεῖν τοῦ ἔργου· συνεβοήθει δὲ καὶ Προκλῆς ἐξ Ἁλισάρνης καὶ Τευθρανίας, ὁ ἀπὸ Δαμαράτου. 18. Οἱ δὲ περὶ Ξενοφῶντα, ἐπεὶ πάνυ ἤδη ἐπιέζοντο ὑπὸ τῶν τοξευμάτων καὶ σφενδονῶν, πορευόμενοι κύκλῳ, ὅπως τὰ ὅπλα ἔχοιεν πρὸ τῶν τοξευμάτων, μόλις διαβαίνουσι τὸν Καΐκον ποταμόν, τετρωμένοι ἐγγὺς οἱ ἡμίσεις. 19. Ἐνταῦθα καὶ Ἀγασίας Στυμφάλιος λοχαγὸς τιτρώσκεται, τὸν πάντα χρόνον μαχόμενος πρὸς τοὺς πολεμίους. Καὶ διασῴζονται, ἀνδράποδα ὡς διακόσια ἔχοντες, καὶ πρόβατα ὅσον θύματα.

20. Τῇ δὲ ὑστεραίᾳ θυσάμενος ὁ Ξενοφῶν, ἐξάγει νύκτωρ πᾶν τὸ στράτευμα, ὅπως ὅτι μακροτάτην ἔλθοι τῆς Λυδίας, εἰς τὸ μὴ διὰ τὸ ἐγγὺς εἶναι φοβεῖσθαι, ἀλλ' ἀφυλακτεῖν. 21. Ὁ δὲ Ἀσιδάτης ἀκούσας, ὅτι πάλιν ἐπ' αὐτὸν τεθυμένος εἴη Ξενοφῶν, καὶ παντὶ τῷ στρατεύματι ἥξοι, ἐξαυλίζεται εἰς κώμας ὑπὸ τὸ Παρθένιον πόλισμα ἐχούσας. 22. Ἐνταῦθα οἱ περὶ Ξενοφῶντα συντυγχάνουσιν αὐτῷ, καὶ λαμβάνουσιν αὐτὸν καὶ γυναῖκα καὶ παῖδας καὶ τοὺς ἵππους καὶ πάντα τὰ ὄντα· καὶ οὕτω τὰ πρότερα ἱερὰ ἀπέβη. 23. Ἔπειτα πάλιν ἀφικνοῦνται εἰς Πέργαμον. Ἐνταῦθα τὸν θεὸν οὐκ ᾐτιάσατο ὁ Ξενοφῶν· συνέπραττον γὰρ καὶ οἱ Λάκωνες καὶ οἱ λοχαγοί, καὶ οἱ

ἄλλοι στρατηγοὶ καὶ οἱ στρατιῶται, ὥστ' ἐξαίρετα λαμβάνειν, καὶ ἵππους καὶ ζεύγη καὶ τἆλλα· ὥστε ἱκανὸν εἶναι καὶ ἄλλον ἤδη εὖ ποιεῖν.

24. Ἐκ τούτου Θίβρων παραγενόμενος παρέλαβε τὸ στράτευμα, καὶ συμμίξας τῷ ἄλλῳ Ἑλληνικῷ ἐπολέμει πρὸς Τισσαφέρνην καὶ Φαρνάβαζον.

25. [Ἄρχοντες δὲ οἵδε τῆς βασιλέως χώρας, ὅσην ἐπήλθομεν· Λυδίας, Ἀρτίμας· Φρυγίας, Ἀρτακάμας· Λυκαονίας καὶ Καππαδοκίας, Μιθριδάτης· Κιλικίας, Συέννεσις· Φοινίκης καὶ Ἀραβίας, Δέρνης· Συρίας καὶ Ἀσσυρίας, Βέλεσυς· Βαβυλῶνος, Ῥωπάρας· Μηδίας, Ἀρβάκας· Φασιανῶν καὶ Ἑσπεριτῶν, Τιρίβαζος· (Καρδοῦχοι δὲ, καὶ Χάλυβες, καὶ Χαλδαῖοι, καὶ Μάκρωνες, καὶ Κόλχοι, καὶ Μοσσύνοικοι, καὶ Κοῖται, καὶ Τιβαρηνοὶ, αὐτόνομοι·) Παφλαγονίας, Κορύλας· Βιθυνῶν, Φαρνάβαζος· τῶν ἐν Εὐρώπῃ Θρᾳκῶν, Σεύθης. 26. Ἀριθμὸς δέ συμπάσης τῆς ὁδοῦ τῆς ἀναβάσεως καὶ καταβάσεως, σταθμοὶ διακόσιοι δεκαπέντε, παρασάγγαι χίλιοι ἑκατὸν πεντήκοντα πέντε, στάδια τρισμύρια τετρακισχίλια ἑξακόσια πεντήκοντα. Χρόνου πλῆθος τῆς ἀναβάσεως καὶ καταβάσεως, ἐνιαυτὸς καὶ τρεῖς μῆνες.]

ΤΕΛΟΣ.

ABBREVIATIONS USED IN THE NOTES.

Grammatical references, by numerals, are to Crosby's Greek Grammar, revised edition (1871).

abs., absolute.
acc., accus., accusative.
acc. to, according to.
act., active.
adj., adjective.
adv., adverb, adverbial.
Æsch., Æschylus.
Ainsw., Ainsworth.
Anab., Anabasis.
aor., aorist.
apost., apostrophe.
appos., apposition.
Ar., Aristophanes.
Arr., Arrian; An., Anabasis of Alexander.
art., article.
asynd., asyndeton.
attr., attraction, attracted.
aug., augment.

bef., before.
Born., Bornemann.
Breit., Breitenbach.

Cæs., Cæsar; B. C., Bellum Civile; B. G., Bellum Gallicum.
cf., confer, *compare, consult.*
cog., cognate.
comm., common, -ly.
complem., complementary.
compos., composition.
cond., conditional.
conj., conjunction.
const. præg., constructio prægnans.
contr., contracted.
corresp., corresponding.
Ctes., Ctesias.
Curt., Curtius (Quintus).
Cyr., Cyropædia.

dat., dative.
dec., declension.
dep., deponent.
der., derivative.
Dind., Dindorf.
Diod., Diodorus Siculus.
dir., direct.

e. g., exempli gratia, *for example.*
ell., ellipsis.
emph., emphatic.
esp., especially.
etc., et cætera, *and so forth.*

eth., ethical.
Eur., Euripides.
exc., except, -ion.
foll., following.
fut., future; fut. pf., future perfect.
fr., from.

gen., genitive.
gend., gender.
gov., governed.

Hdt., Herodotus.
Hel., Hellenica of Xenophon.
Hom., Homer; Il., Iliad; Od., Odyssey.
Hor., Horace.

impers., impersonal.
i. e., id est, *that is.*
impf., imperfect.
imv., imperative.
ind., indicative.
inf., infinitive.
Ion., Ionic.
ipf., imperfect.

Küh., Kühner.
Krüg., Krüger.

Lex., Lexicon to Anabasis (Crosby's).
Liv., Livy.
Lucr., Lucretius.

Matt., Matthiæ.
McMich., McMichael.
MSS., manuscripts.

N., note.
neg., negative.
nom., nominative.
numb., number.

obj., object.
obs., observe.
Œcon., Œconomicus.
om., omitted, omission.
opp., opposed.
opt., optative.
orig., originally.
Ov., Ovid.

paron., paronomasia.
part., participle.
pass., passive.
periph., periphrasis.

Pers., Persian, Persic.
pers., person, -al, -ally.
pf., perf., perfect.
pl., plur., plural.
pleon., pleonastically.
plp., plup., pluperfect.
Plut., Plutarch; Artax., Artaxerxes; Apoph., Apophthegms: Lyc., Lycurgus.
Polyb., Polybius.
Pop., Poppo.
pos., position.
poss., possessive.
pred., predicate.
pres., present.
prep., preposition.
pret., preteritive, -ly.
prob., probably.
pron., pronoun.
prop., proper, -ly.

q. v., quod vide, *which see.*

refl., reflexive.
Rehdz., Rehdantz.
rel., relative.

s., sequens, *and the following.*
Sans., Sanskrit.
sup., superlative.
sc., scilicet, *namely, understand.*
Schn., Schneider.
Soph., Sophocles.
Stob., Stobæus.
subj., subjunctive.
subj. acc., subject accusative.
sync., syncopated.

Tac., Tacitus: Ann., Annals; Hist., History.
Thuc., Thucydides.
trans., transitive, -ly.

usu., usually.

v. l., varia lectio, *various reading.*
Virg., Virgil; Æn., Æneid; Ecl., Eclogue; G., Georgics.
voc., vocative.
Voll., Vollbrecht.

w., with.
wt., without.

Xen., Xenophon.

NOTES.

Ξενοφῶντος Κύρου Ἀναβάσεως (434 c) Α' (= Λόγος Πρῶτος, or Βιβλίον Πρῶτον, 91 a). *Xenophon's Expedition of Cyrus* (into the interior of Asia; see Lex. ἀναβαίνω, ἀνάβασις). The whole work takes its name from the leading event, though six books of the seven are occupied with the return (κατάβασις, see Lex.) of the Greeks who took part in the Expedition. — The division of the Anabasis into books, and the summaries prefixed to most of them (see Book II., III., etc.), are so old that they are referred to by Diogenes Laërtius, about 200 A. D.; yet they are not believed to have been the work of Xenophon himself, but of some scholar who saw the need of such a division.

BOOK I.

EXPEDITION OF CYRUS AGAINST HIS BROTHER ARTAXERXES. — BATTLE OF CUNAXA. — DEATH OF CYRUS.

CHAPTER I.

CYRUS SECRETLY RAISES AN ARMY FOR THE EXPEDITION.

PAGE **1.** — **1. Δαρείου**: for the case see 412; for the position, 719 c. — **γίγνονται** (719 ζ), historic present, esp. frequent in Greek, 609 a. Observe the frequent interchange, in the narrative, of past tenses and the historic present: ἀναβαίνει...ἀνέβη, § 2, etc. — **παῖδες δύο**, dual and plural, 494. Only two of the children are here mentioned, as no others were related to the following history. According to Ctesias (*Persica* 49), who derived his information from Parysatis herself, there were in all thirteen, of whom only five survived infancy. — **πρεσβύτερος** [sc. παῖς], *the older* [child], partitive apposition, 393 d. The article is omitted in the comparison of the two, 533 f, g; yet we might translate, *an older*. — **ἠσθένει**, pos. 719 ζ; tense 592 a. — **τελευτήν** (art. om. 533 c) **τοῦ βίου**, *the termination of his* (530 e) *life*. — **τὼ παῖδε**, *the two children*, or *sons*, case 666.

2. μὲν οὖν, pos. 720 a. — **παρὼν ἐτύγχανε**, 573 b, 658. 1, 677. — **Κῦρον**, pos. 719 θ; art. om. 533 a, cf. ὁ Κῦρος below, 522 g. — **μεταπέμπεται**, voice 579. — **ἧς**, sc. **ἀρχῆς**, 505 a, 551 c; pos. of rel. clause 523 g. — **σατράπην**, predicate appos. 393 b, 480 a. For the extent of his satrapy, see i. 9, 7. — **ἐποίησε, ἀπέδειξε**, tense 605. 3, c. — **καὶ στρατηγὸν** (Lex. = *κάρανον*) **δὲ** (adv. 703 c), 480 a; in continuation of a rel. clause, 561 d, 562. Observe here, as below and elsewhere, the esp. emphatic word placed between **καί** and **δέ**. So between **καί** and **αὖ**, i. 1. 7. — **πάντων ὅσοι**, *of all* [as many as] *who*, 550 d, f. — **εἰς**, inasmuch as the mustering *in* a plain implies the coming *into* it, 704 a. — **Καστωλοῦ**: The Plain of Castolus appears to have been the muster-ground of the imperial (as distinguished from the mere provincial) troops in the western part of Asia Minor (Xen. *Hel.* i. 4. 3). The command of these troops gave the youthful Cyrus precedence over the neighboring satraps, and that general management of affairs along the Ægean and with Greece, which had before been committed to Tissaphernes (called *στρατηγὸς τῶν κάτω*, in Thuc., viii. 5). Discontent with this change has been supposed to have been the motive which incited the latter, while professing friendship to Cyrus, to seek his destruction (§ 3). — **ἁθροίζονται**, for annual review, before inspectors appointed by the king (Xen. *Œcon.* 4. 6). — **λαβὼν...ἔχων**, tense 592. — **ὡς φίλον**, modal appos. 393 c. — **τῶν Ἑλλήνων**, *of Greeks*, art. 522 a (or *of the Greeks* in his service, 530); case 418. — **ὁπλίτας**: these were doubtless before in the service of Cyrus, and were now taken by him as a special guard for his person; since he had well learned the vast superiority of the Greeks to the Persians in valor, prowess, and integrity. — **ἀνέβη**: observe the change of tense, and the chiastic arrangement (71 a); both of which are so common in Greek. — **αὐτῶν**, case 407.

3. ἐτελεύτησε, in Babylon acc. to Ctesias (*Pers.* 57), *had died* (tense 605 c). — **κατέστη** (577 b) **εἰς** (704 a) **τὴν** (530 c) **βασιλείαν**, *was established in the kingdom*, or *on the throne*. — **Τισσαφέρνης διαβάλλει** (Lex.) **τὸν** (522 g) **Κῦρον πρὸς τὸν** (530 e) **ἀδελφόν, ὡς** (702 a) **ἐπιβουλεύοι** (opt., as following the historic pres., 643 a) **αὐτῷ** (505 a, 540 g). Tiss. maliciously accuses Cyrus to his brother [that he was plotting against him] of a design upon his life. Acc. to Plutarch (*Artax.* 3) the Persian rites of coronation were not complete till the new monarch had repaired to the ancient capital Pasargadæ, and had there learned the lesson of primitive simplicity by putting off in the temple of the goddess of war his own rich vesture and putting on the plain dress which the elder Cyrus wore before he became king, and by an humble repast of dried figs, turpentine, and sour milk. Tissaphernes here brought to Artaxerxes a priest who had been a tutor of Cyrus, and who accused the young prince of designing to hide himself in the temple and assassinate his brother during the exchange of garments. — **αὐτῷ**, case 455 f. — **Ὁ δὲ** (518 a)...**Κῦρον**, order 718 n, 720. — **ὡς ἀποκτενῶν**, apparent intention, 598 b, 680 a. — **ἐξαιτησαμένη**

(Lex.), acc. to Plut. (*Artax.* 3), by profuse tears and passionate entreaties, enfolding him in her arms, wrapping her tresses around him, and holding his neck to her own. — **αὐτόν**, double relation, 399 g.

4. Ὁ, the common subject of **ἀπῆλθε** and **βουλεύεται**. — **ὡς ἀπῆλθε**, tense 605 c. — **βουλεύεται ὅπως μήποτε** (686 b) **ἔσται** (624 b) **ἐπὶ** (691) **τῷ ἀδελφῷ**, [considers how] *resolves that he will never in future be in the power*
2 *of his brother*. — **ἢν δύνηται, βασιλεύσει** (631 c, 633 a). — **ἀντ'** (696) **ἐκείνου** (536 e), *in his stead*. — **μήτηρ**, direct appos. 393 a. — **Κύρῳ**, case 453. — **φιλοῦσα**, expressing cause, 674. — **μᾶλλον ἢ** (511) **τὸν βασιλεύοντα** (525). Cyrus had evidently much more of his mother's intellect, energy, and ambition, than the mild but weak Artaxerxes.

5. **Ὅστις δ,** order 718 o. — **ἀφικνεῖτο**, mode 641 e; tense of repeated action, 592. — **τῶν παρὰ βασιλέως** (533 b), [of those from the king, 527] *from the king's court*, referring esp. to *the king's envoys* (οἱ ἔφοδοι, *Cyr.* viii. 6. 16), sent annually, acc. to custom, to inspect the satrapies and report upon their condition and upon the spirit and conduct of the satraps. — **πάντας**, number 501. — **ὥστε...εἶναι**, [as to be] *that they were*, 671 a, e. — **αὐτῷ**, case 456. — **βαρβάρων**, case 474 c, 432 d. — **εἴησαν**, mode 624 c. Both *εἴησαν* and *εἶεν* are freely used; otherwise, this long form in -*ίησαν* is rare, 293 a. — **εὐνοϊκῶς ἔχοιεν** (Lex.) 577 d. For so young a prince Cyrus certainly showed great tact and shrewdness in making his preparations.

6. **ὡς...ἐπικρυπτόμενος**, 553 c, 674 b. — **ὅτι ἀπαρασκευαστότατον**, *as unprepared as possible*, **ὅτι πλείστους**, 553 c. — **ἐποιεῖτο** (Lex.) **τὴν συλλογήν**, *he made* [the levy for himself] *his levy*. — **ὁπόσας**, *whatever*, complem. or rel. with an antecedent understood in the gen. governed by *φρουράρχοις*. — **πόλεσι**: it appears from what follows that the Ionian cities were here esp. intended. So i. 2. 1. — **φρουράρχοις**, case 452 a. — **ὡς ἐπιβουλεύοντος Τισσαφ.**, 680 b. — **Καὶ γάρ** (Lex.), [and he would naturally so plot, for] *for indeed*, 709. 2. — **Τισσαφέρνους**, case 443 a. — **τὸ ἀρχαῖον**, adv. 483 a. — **ἐκ**, w. agent of pass. 586 d. *ἐξ* is not common in this use, but may be employed with verbs of giving, from the conception of the gift as passing *from* the giver. This gift to Tissaph. deprived Cyrus of his former ready access to the sea and communication with the Greeks. — **Μιλήτου**, case 406 a; cf. 8. 6. A glance at the map will show that it was far more important to this commercial city to be on good terms with the satrap of Caria than with that of Lydia; and that it was under the easy control of the former.

7. **Ἐν Μιλήτῳ**: with this immediate emphatic repetition of the name after **πλὴν Μ.**, compare i. 8. 6. — **τὰ αὐτὰ ταῦτα** (489 d) **βουλευομένους** [sc. *τινάς*, or *αὐτούς* with general reference to the citizens, 472 b], *that some (or they) were meditating this same course* (namely, *ἀποστῆναι πρὸς* K., though many regard this explanation as the marginal note of a grammarian, which at length crept into the text), 658. 1, 677. — **τοὺς...ἐξέβαλεν**, 419 a, 518 d. — **K. ὑπολαβών** (674 a, d) **τοὺς φεύγοντας** (678), **συλλέξας** (605 a) **στράτευμα**, (*Lat.* exercitu collecto, 658 b) **ἐπολιόρκει** (595 a). — **M. καὶ κατὰ γῆν** (689 m)...**κατάγειν**, order 718 l, m. Observe the parti-

ciples *ὑπολαβών*, *συλλέξας*, without an intervening conjunction, a frequent construction in Greek. Cf. i. 2. 17; 3. 5. — For *φεύγω* and *ἐκπίπτω* used as passives to *ἐκβάλλω*, see 575 a. — **αὕτη**...**πρόφασις** (524 c) **ἦν αὐτῷ** (459) **τοῦ** (664 a) **ἀθροίζειν** (444 b), *this again was another pretext with him* (or he had as another pretext) *for assembling*.

8. **πέμπων ἠξίου**, as not a single act. — **ὢν ἀδελφὸς** (without art.), *since he was a brother of his*, 674. — **αὐτοῦ δοθῆναι οἱ** (586 c, 537. 2, b, 788 c) **ταύτας τὰς** (524 b) **πόλεις** (666). — **αὐτῷ**, case 699 a, f. — **πρὸς**, 696. — **ἑαυτόν**, 505 a; dir. refl. 537 a. — **ἐπιβουλῆς**, case 432 b. — **ᾐσθάνετο**, **ἤχθετο**, mode 671 d. — **Τισσαφέρνει**, case 455 f. — **πολεμοῦντα**, *because at war*, 674.
3 — **οὐδέν**, stronger than **οὐ** (adv. acc. 483 a, 471). — **αὐτῶν πολεμούντων** (case 661 b), *he was* [as to nothing] *not at all displeased* [they being] *with their being at war*. — **καὶ γάρ** (Lex.), *and the rather because*, 709. 2. — **δασμούς**: Hdt. states (iii. 90, s) the tax which, acc. to the assignment of Darius Hystaspis, the imperial treasury drew from each province. The satrap also collected other sums for himself and for the provincial expenses. — **βασιλεῖ**, case 450 b. — **ἐκ**...**ἔχων**, a deferred detail, modifying **γιγνομένους**, 719 d. — **ὧν** (Attic attr. 554 a) T. **ἐτύγχανεν ἔχων**, *which T.* [happened previously having] *had previously possessed*, the ipf. rather than the plf., to express continuance, 604 a. The idea of chance is expressed far oftener in Greek than in Eng.

9. **Ἄλλο**, without art. 523 f. — **αὐτῷ** (case 460). — **συνελέγετο** (tense 592), *was collecting for him*. — **Χερ. τῇ** (523 a, 3) **καταντιπέρας** (526) **Ἀβύδου** (445 c) **τόνδε τὸν** (524 b) **τρόπον** (adv. acc. 483). — **Κλέαρχος, τούτῳ.** Asyndeton is less frequent in Greek than in Eng. In Xen., it occurs chiefly in connection with a demonstrative pron. or adv. — **τούτῳ**, **αὐτόν**, 536 d, e; order 719 *θ*, 718 k. — **ἠγάσθη** (as mid. 576 b, *a*), conceived an admiration for, *came to admire him* (592 d), esp. for his military talents and passion, which might be made so serviceable. — **καὶ δίδωσιν**: the change, in a sentence, from a past tense to the hist. pres. is more frequent than the reverse (as in i. 1. 2). — **συνέλεξεν**...**ἐπολέμει**, tense 592. — **ἀπό**, 695. — **τοῖς Θρᾳξὶ** (accent 778 c) **τοῖς**, 523 a, 2). — **ἑκοῦσαι**, *voluntarily*, 509 c. — **ἐλάνθανεν**, 677 f. — **τὸ στράτευμα**, supplied after its logical place, 719 d.

10. **οἴκοι**, 469 b, 526. — **αὐτόν**, case 480 c. — **εἰς δισχιλίους ξένους**, as object of **αἰτεῖ**, 706. — **μηνῶν**, case 445 a). — **ὡς**...**ἄν**, 658 a. — **τῶν ἀντιστασιωτῶν**, case 407. The history of rude Thessaly was strongly marked by such contests of aristocratic families. — **δεῖται αὐτοῦ**, *requests* [of] *him*, 434 a. — **αἰτεῖ αὐτὸν** (480 c) **εἰς δισχιλίους ξένους** (706, cf. 8. 5) **καὶ τριῶν μηνῶν** (445 a) **μισθόν**: the readiest version here seems to be, *asks him for two thousand mercenaries and three months' pay for them*, making *εἰς δισχιλίους ξένους* an object of *αἰτεῖ*, and translating in like manner the next sentence. ' But Cyrus, who was straining every nerve to increase his Greek force, could not have been willing to send back so large a force already levied into Greece and risk them in a Thessalian civil war. If then we thus translate, we must understand, by *giving Aristippus four thousand* *troops*, little more than *granting him the privilege and means of levying them*. That, indeed, he levied this number seems doubtful; for Cyrus does not appear to have received more than fifteen hundred troops from this source (i. 2. 6). Some therefore prefer to connect *εἰς...ξένους* with **μισθόν**, and to translate, *asks of him pay for two thousand mercenaries and for three months*. — **μὴ πρόσθεν καταλῦσαι...πρίν**, *not to* [previously] *make peace, before*, 703 d, ζ. Cf. i. 2. 2. — **ἄν...συμβουλεύσηται**, subj. after pres. **δεῖται**, 641 d, 619. 2, d.

11. εἰς Πισίδας...στρατεύεσθαι, *to make an expedition* [into the land of the Pisidians (Lex. *εἰς*, *χώρα*)] *against the Pisidians*. — **Πισίδας**, upon whom Cyrus had before warred (i. 9. 14). — **ὡς βουλόμ.**, *stating that he wished*. — **ὡς πράγματα παρεχόντων Π.** (680 b) **τῇ ἑαυτοῦ** (538 f) **χώρᾳ**, *on the ground that the P. were giving trouble to his own country*. Cf. negotium facessere. — **τούτους**, 505 b, 393 h. — **πολεμήσων**: observe with this verb the difference between the simple dative and the dative 4 with *σύν*. — **οὕτως οὗτοι**, 719 e, 544, 547.

CHAPTER II.

MARCH OF CYRUS AND HIS ARMY FROM SARDIS TO TARSUS IN CILICIA.

1. ἐδόκει, subject 571 f. — **αὐτῷ** (case 454), **ἄνω**, position 719 d. — **μέν**: the corresponding clause with **δέ**, stating the real object of the expedition, is not expressed, though it is implied in § 4 (Lex.). — **ὡς...βουλόμενος**, [as if wishing], *that he wished*, 680 c. — **ἐκ**, 689 a. — **ὡς ἐπὶ τούτους**, ellipsis of verb, 711. — **τὸ βαρβαρικόν**, sc. *στράτευμα*, *his barbarian force*, 506 c. The *τό* is repeated before Ἑλληνικόν, because this refers to different persons from *βαρβαρικόν*, 534. 4. *ὡς* is often used before a prep. to express view or purpose, either real or pretended. Cf. 9. 23; iv. 3. 11, 21. — **ἐνταῦθα καί**, *then...also*, or *thither...also* (i. e. to the place of rendezvous). The *τὸ* Ἑλληνικὸν preceding refers to the Greek force in the dominions of Cyrus; and Kühner and many other editors express this by reading thus: *καὶ τὸ* Ἑλληνικὸν *ἐνταῦθα στράτευμα· καὶ παραγγέλλει*. — **Κ. λαβόντι** (*having taken = with*, 674 b), **Α. συναλλαγέντι**, constructed acc. to 667 b; while **λαβόντα** below, removed from **Ξενίᾳ**, agrees with a pronoun understood, acc. to 667 e. — **ὅσον ἦν αὐτῷ στράτευμα = τοσοῦτον στράτευμα ὅσον ἦν αὐτῷ**, [as large a force as he had], *whatever troops he had*, or *his whole force*, 551 c, f. — **ἀποπέμψαι...στράτευμα**, 551 c, 661 a. Aristippus sent, under the command of Menon, as many troops as he chose to spare, § 6: ii. 6. 28. — **αὐτῷ**, case 460. — **ἐν ταῖς πόλεσι**, position 523 a, 1. — **ξενικοῦ**, case 407, 699 f. — **πλὴν** [*τοσούτων*] **ὁπόσοι**, 551 f, 406.

2. Ἐκάλεσε...ἐκέλευσε, λαβόντα, chiasma 71 a. — **φυγάδας...στρατεύεσθαι**, 666 b. — **ἐφ' ἃ ἐστρατεύετο**, (sc. *τὰ πράγματα*, or *ταῦτα*), *the objects for which he was making war, taking the field*. — **παύσασθαι** (some prefer the reading **παύσεσθαι**, 659 g, 660 d; but **παύσασθαι** is the common reading of the MSS.). — **καταγάγοι**, 641 b, d. — **αὐτῷ**, case 456. For the grounds of this confidence, see i. 9. 7, s. — **παρῆσαν εἰς Σάρδεις**, [were present, having come to, arrived at], *came to S.*, const. præg., 704 a.

3. **τοὺς ἐκ τῶν πόλεων λαβών** = **τοὺς ἐν ταῖς πόλεσιν ἐκ τῶν πόλεων λαβών**, const. præg. 704 a. — **ὁπλίτας**, position 719 d. — **εἰς τετρακισχιλίους**, adj. 706. — **γυμνῆτας**, mostly, without doubt, targeteers (see Lex.). — **ὡς πεντακ.**, 711 b. — **ἦν δέ**, 163 b; zeugma, 495, 497 b. — **τῶν ...στρατευομένων**, *of those who were serving*, 678; gen. partitive as an appositive 422.

4. **Οὗτοι μέν**: while others joined him at Colossæ, etc., § 6, 9. Cf. 1. 9 N. as to Κλέαρχος. — **αὐτῷ**, case 450 a. — **Τισσαφέρνης**: according to a less likely account by Ephorus (Diod. xiv. 11), the informant was Pharnabazus, who had learned the design of Cyrus from Alcibiades, and, lest the latter should himself inform the king, put him to death. Cf. ii. 3. 19. — **μείζονα...ἢ ὡς ἐπὶ Π.**, *greater than as* [it would be] *if against the P.* (a small, though warlike tribe), i. e. *too great to be aimed at the P. merely*, 513 d. — **ὡς βασιλέα**, 711 c. — **ᾗ...τάχιστα** (Lex. ὅς), 553 c. — **ἱππέας ἔχων** (= *with*, 674 b) **ὡς πεντακοσίους**, order 719 d.

5. **ἔχων οὓς εἴρηκα**, 551 c. — **ὡρμᾶτο ἀπὸ Σ.**, 688: **ἀπό**, rather than **ἐκ**, since the army was doubtless mainly encamped about the city, 689 a, b. Cf. vi. 1. 23. — **ἐξελαύνει**, *he* [moves forth his army] *advances* or *marches*: cf. *ἐξήλαυνε τὴν στρατιάν*, Hdt. vii. 38, 577 c. Some supply **ἵππον** or **ἅρμα**: see Lex. *ἐλαύνω*. — **διά**, 689 a. — **ἐπί**, Lex. — **σταθμούς, παρασάγγας**, case 482 d. — **εἴκοσι καὶ δύο**, 242 a. — **τὸν Μαίανδρον ποταμόν**, 393, 522 i. — **Τούτου...πλέθρα**, 395 c. Observe how common asyndeton is in the itinerary, esp. with **ἐνταῦθα** and **ἐντεῦθεν**, § 6, 7. — **ἐζευγμένη πλοίοις ἑπτά**, *formed by the union of seven boats*, 466; a pontoon-bridge. For **ἐζευγμένη** applied to the stream itself, see ii. 4. 13. So, in Lat. pontem jungere, and amnem jungere.

6. **διαβάς**, 605 a, 674 e. — **Κολοσσάς.** Cyrus commenced his march eastward from Sardis, by the southern route through Colossæ and Celænæ, the same which Xerxes took in his march against Greece (Hdt. vii. 26 s) eighty years before. An especial motive to this was doubtless the desire to keep up as long as possible the pretence that he was proceeding against the Pisidians. It is also probable that he had on this route, as against those troublesome neighbors, troops stationed and supplies deposited, which he may have wished to take with him or put to present use. Such supplies and his princely residence at Celænæ would also make that a convenient place for his long delay in waiting for essential reinforcements. — **πόλιν** s, (Lex.) 504 a. — **ἔμεινεν**, the aor. because a simple view is taken of the stay as a whole, 591. — **ἡμέρας**, 482 a. The halt of so many days was probably to await the arrival of Menon, who came, we may suppose, by the direct route from Ephesus to Colossæ. — **καὶ** (= **ἐν αἷς**, § 10) **ἧκε** (for aor., which was only late, not then in use as aor. 603, c, β). — **Μένων** (§ 1 N) **ὁ** (525)

6. ἀπ. ἔχων (674 b). — **Δόλοπας καὶ Αἰνιᾶνας**, mentioned by Hom., *Il.* ix. 484; ii. 749.

7. **τῆς Φ.**, 522 g. — **ἐνταῦθα...πλήρης**, 459, 504 a; order 719 θ, λ, μ. — **βασίλεια**, pl. 489 a. — **ἦν**, sing. 569. — **θηρίων**, case 414 a. — **ἅ**, not attr., because not limiting or defining the antecedent, 554 a; cf. οὕς, 4. 9. — **ἐθήρευεν...βούλοιτο**, sometimes called the iterative opt. See 5. 2; 641 b. — **ἀπὸ ἵππου** (Lex.), his attacks being made from his position on the horse. Cf. ex equo pugnabat, Liv. i. 12. — **διὰ μέσου δὲ τοῦ παραδείσου**, *and through the midst of the park*, 508 a. — **ἐκ τῶν βασιλείων**, *within the palace* (flowing out of it), const. præg. 704 a. This situation of the palace secured a supply of water. — **Κελαινῶν**, 395 c, 446 N. Apposition seems the harder of the two constructions, on account of τῆς, though the other is rather poetical.

8. **μεγάλου βασιλέως** (Lex.), 533 b: the Persian empire was far greater in extent than any before presented in history. — **οὗτος**, position, 6
719 δ. — **ἐμβάλλει**, sc. ἑαυτόν (Lex.), 577 c. — **εἴκοσι.. ποδῶν**, sc. εὖρος, [a breadth of] *twenty-five feet*, 395 c, 440. — **λέγεται** (573 a)...**οἱ**, 537. 2, b, 539 a; case 455 f. See the account of Hdt. (vii. 26), who names the stream Καταῤῥάκτης (*clashing stream*, cf. CATARACT); and also Diod. iii. 59; Liv. xxxviii. 13. — **ὅθεν** (550 e) **αἱ πηγαί**, sc. εἰσιν, 572.

9. **τῇ μάχῃ**, *the* famous *battle* of Salamis, B. C. 480, at which Xerxes was present, 530 a. — **ἔμεινε**: Cyrus may have been detained not only by waiting for his right arm, Clearchus, and others, but also by preparations required before leaving his Phrygian capital, esp. to check the incursions of the Pisidians. — **Θρᾷκας, Κρῆτας**, adj. 506 f. — **Σῶσις** (gen. -ιος, or, later, -ιδος, 218. 1). Sosis is not again mentioned, and seems, therefore, not to have commanded as a general; and Sophænetus has been before mentioned as joining Cyrus with his one thousand hoplites at Sardis (§ 3). The most probable explanation here is perhaps this: It was essential to Cyrus to keep the landing at Ephesus secure, and the way through Colossæ open for his reinforcements, and therefore to prevent the seizure of these cities by his dangerous neighbor Tissaphernes. Hence Xenias left Sosis at Ephesus with three hundred hoplites; and Cyrus on his march left at Colossæ the old and trusted Sophænetus. But when Cyrus learned of the departure of Tissaphernes, and the arrival at Ephesus of the last force expected there, he directed Sosis to accompany Clearchus to Colossæ, and that Sophænetus should there join them. The second mention of the arrival of Sophænetus led some copyist, who did not observe the repetition, to insert καὶ χίλιοι below, so that all the numbers mentioned might be included in the total. The removal of these words makes it easier to reconcile the numbers here with those in 7. 10, and elsewhere. The troops brought by Sosis would fall naturally into the division of Xenias. — **Κῦρος...ἐποίησεν**, 475 a. — **πελτασταί**: Greek light-armed troops were sometimes in general called πελτασταί, from the predominant class. Yet the total here stated is made out without including the archers of Clearchus, or all the γυμνῆτες of Proxenus. The summary stands thus:—

Xenias,	4000	ὁπλῖται,					=	4000
Proxenus,	1500	"	500	γυμνῆτες,			=	2000
Sophænetus,	1000	"					=	1000
Socrates,	500	"					=	500
Pasion,	300	"	300	πελτασταί,			=	600
Menon,	1000	"	500	"			=	1500
Clearchus,	1000	"	800	"	200	τοξόται,	=	2000
Sosis,	300	"						300
Totals,	9600	ὁπλῖται,	2100	πελτ., etc.,	200	τοξόται,	=	11900

As the enumeration is only given in round numbers, we cannot wonder that the sums do not agree precisely with the totals in thousands, as stated in the text. For a small body of cavalry in the division of Clearchus, see 5. 13. — **ἀμφὶ** (692. 5) **τοὺς** (531 d) **δισχιλίους**, 706 a.

10. Πέλτας. Having accomplished the objects of his visits to Celænæ, Cyrus turns back to the common, easier, and better supplied route from Sardis to Cilicia. Along this route he had doubtless stationed portions of his barbarian force, and deposited supplies, in part perhaps under the pretext that they were designed for action or protection against his enemies, the Mysians. This would explain the necessity of his visit to the Market of the Ceramians, the nearest city on the route to the Mysian territory, and hence an important military post. On his way thither he stopped three days at Peltæ, probably to gratify the many Arcadians in his army through the celebration, on the neighboring plain, of their national festival and games in honor of Lycæan Jove. — **τὰ Λύκαια ἔθυσε** (Lex.), 478, 507 c. This was an especial festival of the Arcadians, celebrated annually with sacrifices and games in honor of Lycæan Zeus and Pan, whom some regard as essentially the same deity, claimed as a native of Arcadiă (born or reared on Mt. Lycæus). According to Plutarch, it was related to the Roman Lupercalia, the introduction of which into Italy has been ascribed to the Arcadian Evander. — **στλεγγίδες**, pred. appos., 393 b; on account of which *ἦσαν* is the rather plur. 569 a, 500. — **καὶ Κῦρος**, pos. 719 δ. The especial antipathy of the Persians to idol-worship rendered this a greater compliment. — **Κεραμῶν Ἀγοράν**: Bornemann and others have conjectured *Κεράμων* (the MSS. all accenting on the ultima), which might be translated *Tile-market.* (Cf. New-market. See postscript to Lex.) Cyrus here reached the great eastern imperial road; and, instead of remaining at this frontier place to make in person any arrangements that might be necessary during his absence, pushed forward with a rapidity nowhere else equalled on the march. So much of the army as could not keep up with him (perhaps all the heavy-armed troops and most of the baggage) had time for rejoining him during the five days' halt at Caÿstri Campus. The motive to this extraordinary haste was probably the hope of meeting Epyaxa and receiving the supply of money expected from Cilicia before the Greek troops should be clamorous for their quarter's pay.

11. στρατιώταις, case 454 d. — **πλέον** (= **πλειόνων**)...**μηνῶν**, *for more than three months,* 507 e. — **ἐπὶ τὰς θύρας**, *to his door* or *quarters.* —

ἐλπίδας (Lex. 479) **λέγων** (677) **διῆγε** (Lex.), 577 c, *passed the time expressing hopes*, was constantly feeding them on hope. — **δῆλος ἦν** 7
ἀνιώμενος, 573 c, 677 g. — **πρός** (Lex.), 696. — **ἔχοντα**, sc. *αὐτόν*, 667 e, *when he had the means.*

12. Ἐνταῦθα...**Κῦρον**, 719 d, 393 h. — **Συεννέσιος**, Ion. gen. 218. 2. Why hereditary king here, see Voll., note. — **Κύρῳ δοῦναι χρήματα**, order 718 i. This money, we may suppose, had been promised by the politic Syennesis; as Cyrus would have been insane to start on such an expedition with so little money, unless he had expected a supply by the way. His long detention at Celænæ appears to have prevented his meeting the queen as early and as near Cilicia as he had expected. — **δ' οὖν**, *and accordingly*, or, *but at any rate*, however that might be. *δ' οὖν*, often used as here in passing from the questionable to the unquestionable (as to fact, in distinction from mere report or supposition), cf. § 22, 25; 3. 5. — **στρατιᾷ**, Greek army. — **ἡ Κίλισσα**, sc. *γυνή* or *βασίλεια*, 506 b. — **συγγενέσθαι**: reference here to *illicit intercourse* is mere camp-scandal, we may hope. If not so, it shows to what an extreme of complaisance the Cilician king and queen were ready to go to secure the favor of Cyrus. It was the policy of the Persians, in the extension of their empire, not to dethrone native princes, if they readily submitted and faithfully performed the duties of vassals. In this class were the kings of Cilicia; and the present king was determined not to lose his throne, whichever of the rival brothers prevailed. He therefore sent his queen to meet Cyrus, from whom the danger was the nearest, with the large sum of money which this prince needed so much, and apparently with the charge to secure his favor, no matter by what means, and to learn his plans and resources. According to Diodorus (xiv. 20), he promised to assist Cyrus in the war, and sent one son and an armed force to serve with him; but secretly sent another son to the king with pledges of unswerving fidelity, information respecting the hostile forces, protestations that whatever he had himself done for Cyrus had been done through compulsion, and assurances that he should seize the first opportunity of deserting Cyrus and fighting on the side of the king.

13. Ἐντεῦθεν. At Caÿstri Campus several important roads met; and Cyrus here took the great thoroughfare from the Propontis to Cilicia. Henceforth he pressed on towards Babylon, without turning aside or voluntary delay. — **παρὰ τὴν ὁδόν**, the acc. rather than dat. from the fountain's flowing along the way, or the movement of the army by the fountain. — **κρήνη ἡ Μίδου καλουμένη**, *a fountain* [that called Midas's] *which was called the fountain of Midas*, 523 i. — **τὸν Σάτυρον**, THE (well-known) *Satyr*, Silenus, 530 a. — **οἴνῳ**, case 550 a. Compare Virg. *Ecl.* vi. (Eng. idiom, *wine with it.*) *Κεράννυμι* implies closer union than the more general *μίγνυμι*.

14. δεηθῆναι (576 b)...**Κύρου**, case 434 a: not merely for the spectacle, we must suppose, but also to display the strength of the army; while Cyrus was, of course, glad to send a vivid impression of this strength to the Cilician king. There is a plain near Ilghún adapted to the review of an army. — **τῶν Ἑλλ**...**τῶν βαρβ.**, 534. 4.

15. ὡς νόμος αὐτοῖς [sc. ἦν, or ἐστιν, since this is far oftener omitted than ἦν, 572] **εἰς μάχην** [τάττεσθαι], *as their custom was for battle:* 572, 459. — **ἕκαστον** [στρατηγὸν] **τοὺς ἑαυτοῦ**, 506 a. — **ἐπὶ** (Lex.) **τεττάρων**, 692. 5. A line eight deep was more common; cf. vii. 1. 23. — **δεξιόν, εὐώνυμον, μέσον**, 506 c. In this mere parade the first place was given to the ambitious Menon; afterwards, in real service, to the older and abler Clearchus. The wings were more exposed than the centre; hence, the more reliable commanders and troops were placed upon them, and they were accounted posts of honor. So, from the place of the shield, the right was more exposed, and consequently more honorable, than the left. — **ἐκείνου**, for distinction from αὐτῷ above.

16. Ἐθεώρει, *proceeded to survey.* — **κατ᾽ ἴλας καὶ κατὰ τάξεις**, *by troops* (of horse) *and battalions* (of foot); cf. turmātim et centuriātim. — **παρελαύνων.** In this way their firm front of glistening metal was better shown; and the small depth, which enabled them to make a greater display, was less exposed. It is possible also that a compliment to the Greeks was
8 designed. — **καὶ τὰς ἀσπίδας ἐκκεκαθαρμένας** (*v. l.* ἐκκεκαλυμμένας, see Lex.), *and their shields burnished.*

17. ἐκέλευσε s, to show their manner of advancing upon a foe. — **ἐπιχωρῆσαι** = ἐπιέναι. — **ὅλην τὴν φάλαγγα**, 523 e. — **ἐπεὶ ἐσάλπιγξε**, 571 b. — **ἐκ...προϊόντων**, *and upon this* [they advancing] *as they kept advancing more rapidly*, 592. For the gen. abs. agreeing with αὐτῶν understood (675, 676 a, b; cf. 6. 1) the dat. agreeing with στρατιώταις could have been used. — **ἀπὸ τοῦ αὐτομ.**, 507 d. — **δρόμος...στρατιώταις**, 459. — **ἐπὶ τὰς σκηνάς**, *upon the camp* (mostly occupied by barbarians), as if for attack and plunder. Within or close by was the camp-market.

18. βαρβάρων, case 415. — **φόβος**, sc. ἐγένετο or ἦν. — **ἔφυγεν ἐκ τῆς ἁρμ.**, *fled from her carriage*, as this slow vehicle, drawn by mules or oxen, would not take her quickly enough out of the reach of danger. — **οἱ ἐκ... ἔφυγον**, const. præg. 704 a. — **τὴν τάξιν τοῦ στρατεύματος**, 523 c. — **ἐκ τῶν** s, **ἐκ** less common than **ἀπό**. Cf. vii. 2. 37, where the more frequent ἀπό is used, and ex duce metus, Tac. *Ann.* i. 29. — **φόβον** (Lex.).

19. χώραν, the object of both ἐπέτρεψε and διαρπάσαι, or of the latter only.

20. τὴν Κιλικίαν, cf. § 21, 522 g, 533 a. — **ὁδόν**, 482 d, or 479. — **αὐτῇ**, case 699 a. It suited the plans both of the queen and of Cyrus that she should carry her report to the king before the arrival of Cyrus. By sending the division of Menon as an escort, he not only provided for her safety and honor, but secured the introduction into Cilicia of a considerable force, which might act, if necessary, in his favor. The shorter mountain route taken by Menon would have been very difficult for the whole army encumbered by its baggage. Cyrus seems to have made the way from Iconium to Dana (or Tyana) longer than necessary, in order that he might himself accompany the Cilician queen to the foot of the mountain pass, and perhaps that he might also give the army a better opportunity of plundering Lycaonia. The delay at Dana allowed time for Menon to reach

the Cilician plain, and also for making the necessary preparations before attempting the Cilician pass. — **στρατιώτας οὓς**, agreeing with 554 c in respect to the omission of the art. — **καὶ αὐτόν**, *and* Menon *himself*, 540 f. — **μετά**, see 2. 4. — **ἐν ᾧ**, sc. χρόνῳ, *in which* (time), 506 a. — **ἀπέκτανεν**, as a man is said to do that which he causes others to do. Cyrus was unhesitating in the infliction of punishment. Cf. 9. 13. — **αἰτιασά-** 9
μενος ἐπιβουλεύειν, *having charged* [that they were plotting] *them with plotting*, 658. 1.

21. **εἰσβάλλειν εἰς**, 699 c. — **εἰσβολή**, the Tauri Pylæ of Cicero, *Ad Att.* v. 20. 1. See Lex. Πύλαι. — **ἁμαξιτός**. In some places the width for a carriage has only been gained by cutting into the rock. — **ἰσχυρῶς**, 685, emph. position. — **ἀμήχανος εἰσελθεῖν** (663 g) **στρατεύματι** (453), *impracticable for an army to enter* = which it was *impracticable to enter* (ἣν ἀμήχανον ἦν εἰσελθεῖν), the adj. agreeing with εἰσβολή by attraction instead of being in the neut. with εἰσελθεῖν. Cf. 573. — **ἐν τῷ πεδίῳ**. This spot directly in front of the pass is termed by Arrian, τὸ Κύρου τοῦ ξὺν Ξενοφῶντι στρατόπεδον, *An.* ii. 4. Alexander marvelled at his good fortune in making the passage here with like freedom from opposition. — **ἐκώλυεν**, tried to hinder. — **λελοιπὼς εἴη**, mode 643; form 317 a. We cannot suppose that Syennesis had any real design of defending the entrance; but he wished to be able to claim, if necessary, that he had made the attempt. The arrival of Menon in his rear gave him the excuse which he desired for leaving the pass. — **ᾔσθετο...ἦν**, 657 a. Ἦν is used rather than εἴη, as expressing a perceived *fact*, 644 a. — **ὁρέων**, case 445 c. — **καὶ ὅτι**, *and because*. Ὅτι, like the Lat. quod, is both a complementary and a causal conjunction, 701 i, j. — **τριήρεις**, the obj. of ἔχοντα, as Ταμὼν of ἤκουε. For the order see 719 d. Cf. ἔπεμψε δέκα τριήρεις ἔχοντα Ἐτεόνικον, *Hel.* ii. 5. — **ἤκουε...Ταμὼν ἔχοντα**, *he heard* [of T. having] *that T. had*, 677 b. This use of the part. w. ἀκούω here implies certainty that the report heard was true, which the inf. would not; 657 k; cf. 3. 20. For the arrival of this fleet see 4. 2. Some prefer to regard τριήρεις περιπλεούσας as immediately depending upon ἤκουε, and Ταμὼν ἔχοντα as a parenthesis similarly depending: *he heard* [of triremes sailing round, of Tamos having such] *that triremes were sailing round under the charge of Tamos*. — **τὰς Λακ.**, sc. τριήρεις. — **αὐτοῦ**, cf. vi. 3. 5.

22. **οὐδενὸς κωλύοντος**, 675. — **τὰς σκηνάς**: these may have been rather huts than movable tents; or the term may be a general one for a camp or post. This was probably over the pass, in a convenient place for crushing invaders with stones. The conjectural substitution of εἷλε for εἶδε by Muretus and others seems, therefore, groundless. — **οὗ οἱ Κίλικες ἐφύλαττον**, *where the Cilicians were previously keeping guard*, or *had been keeping guard*, 604 a. Cf. ἐτύγχανεν ἔχων, 1. 8. — **εἰς πεδίον**, 689 a. — **δένδρων**, case 414 a. The plain of Cilicia is still remarkable for its fertility and beauty. — **Ὄρος δ**: for the order see 719 d. This mountain defence consists of the united chains of the Taurus and the Amānus. See Map.

23. **Καταβὰς...Ταρσούς**, *and having descended he advanced through*

this plain to Tarsus four stations, twenty-five parasangs (from the last stopping-place). This explanation is required, since, acc. to Ainsworth, the march on the plain itself would occupy only one day. — **ἦσαν**, plur. 569 a. — **μέσης δὲ τῆς πόλεως**, 508 a, 523 b, 4. — **ὄνομα, εὖρος**, case 481; art. om. 533 c. — **δύο**, 240 c. — **πλέθρων**, modifying *ποταμός*, 440 a.

24. Ταύτην τὴν (524 b) **πόλιν ἐξέλιπον**, 605. — **εἰς** [to go to], *for*. — **χωρίον**, identified by some with the Castle of Nimrud in the adjacent mountains. — **ὄρη**, accus. on account of the preceding verb of motion. — **πλὴν ...ἔχοντες**, these remaining for the profits of trade, and to take from the Cyreans the excuse of necessity for further plundering; doubtless by the command or with the consent of Syennesis. So the inhabitants of Issus; and (with reference to the fleet) those of Soli.

10 **25. προτέρα Κύρου**, 509 a, 408. — **τῶν εἰς τὸ πεδίον**, sc. *καθηκόντων* (cf. 4. 4), *reaching*, or *descending to the plain*. Reiske and some others conjecture *τῇ* agreeing with *ὑπερβολῇ*. — **ὑπολειφθέντας**, for plunder, probably. — **καὶ οὐ...οὐδέ** (Lex.). — **τὸ ἄλλο στράτευμα**, 508 a, 523 f. — **ἦσαν δ' οὖν...ὁπλῖται**, *but, however* (they perished), *these were one hundred hoplites* lost to the army (these λόχοι being smaller than usual, or, as Küh. thinks, not wholly destroyed).

26. Οἱ δ' ἄλλοι (721 b), *the rest* of Menon's force. — **διήρπασαν**, seizing eagerly this pretext for plundering so wealthy a city before the arrival of their comrades; and Menon, doubtless, encouraging and profiting most by the crime. See ii. 6. 27. — **ὀργιζόμενοι**, *infuriated*, in pretence. — **τὰ ἐν αὐτῇ**, sc. *ὄντα*, 523 a, 2, 526, 678 c. — **μετεπέμπετο** (as introductory, 595 a) **τὸν Σ.** [sc. *ἰέναι*, 668 b] **πρὸς ἑαυτόν**, *sent for S. to come to him*, 583: cf. 579. — **ὁ δ' οὔτε** (*οὐ* joined with *ἔφη*, though prop. modifying *ἐλθεῖν*) **πρότερον οὐδενί** (713 a) **πω κρείττονι ἑαυτοῦ** (408) **εἰς χεῖρας ἐλθεῖν ἔφη, οὔτε τότε Κύρῳ ἰέναι ἤθελε**, *but he both replied that he had never yet* [aforetime] *put himself into the hands of any one stronger than himself, and refused then to go to Cyrus* [sc. *εἰς χεῖρας*, to put himself into his hands]. Ἔρχομαι and *εἶμι* are comm. construed with prepositions, but with such expressions as *εἰς χεῖρας, εἰς λόγους*, may take a personal modifier in the dat., 450 b (or the phrases taking the dat. acc. to 455, 452 a, or perhaps 464). — **ἔλαβε**, sc. *Συέννεσις*, as the leading subject.

27. ἀλλήλους, 583. — **ἃ νομίζεται** (sing. 569) **παρὰ βασιλεῖ τίμια**, *which are* [accounted honorable] *special marks of honor at the king's court*, where the three gifts first mentioned were allowed to no one, unless presented by the king, *Cyr.* viii. 3. 8. Cyrus thus assumed royal state. — **καὶ ..καί**, 707 j. — **ἀκινάκην χρυσοῦν**, *a gilt poniard*, as one simply of gold would be of very little service. — **στολὴν Περσικήν**, the *candys* (i. 5. 8), borrowed by the Persians from the Medes; and, as a royal robe, of purple and embroidered with gold. Compare the modern *caftan*. — **τὴν χώραν μηκέτι ἀφαρπάζεσθαι**, that the country should no longer (more) be pillaged, an object of *ἔδωκε*. — **ἀνδράποδα, ἤν που ἐντυγχάνωσιν** (for opt., 653 a, 633 a), **ἀπολαμβάνειν**, *that they* (the Cilicians) *should recover their slaves, if they should anywhere find any*. These inf. clauses are direct objects of **ἔδωκε**, understood with Κῦρος.

CHAPTER III.

THE GREEK TROOPS, SUSPECTING THE REAL OBJECT OF THE EXPEDITION, REFUSE TO ADVANCE; BUT ARE PERSUADED BY CYRUS, THROUGH CLEARCHUS, TO MARCH AS IF AGAINST ABROCAMAS ON THE EUPHRATES.

1. **ἔμεινε**, zeugma 497 b.—**οὐκ ἔφασαν ἰέναι** (as fut. Lex.) **τοῦ πρόσω**, *they said that they would not go any farther* [for that which is farther on, 430 a], or *they refused to go forward*, 662 b, 686 i. —**ἐπί**, 689 g. — **μισθωθῆναι**, 588. From Tarsus Cyrus would of course march westward, if his expedition were against the Pisidians, as pretended. An attempt to march farther eastward would therefore naturally alarm the Greeks. The Greeks were familiar with the sea and seacoast; but before this expedition, had a natural dread of the long and untried march into the interior of the great Asiatic continent and the mighty Persian empire. —**πρῶτος**, *first* or *foremost* of the generals, since § 7 seems to imply that Xenias and Pasion displeased their soldiers by a similar urgency. The *v. l.* **πρῶτον** would signify *first* or *at first*, in distinction from *afterwards*. See 509 f. — **ἐβιάζετο**, etc., tenses 594. This prompt resort to compulsion suited well the harsh nature of Clearchus (ii. 6. 9 s); while his subsequent tears might well have excited wonder. — **αὐτόν τε**, *both himself*, τε throwing distinctive emphasis upon αὐτόν, 540 f.

2. **μικρόν**, [a short distance only] *narrowly*, the accus. of extent here passing into the adv. acc., 483 a. — **ἐξέφυγε**, etc., tense 594.— **μή**, 713 d. —**δυνήσεται**, 607 a, 643 h. —**ἐκκλησίαν**, an assembly duly called, in distinction from spontaneous gatherings (σύλλογοι v. 7. 2). —**χρόνον**, case 482 a. —**ἐδάκρυε**...**ἑστώς** [*standing* 46, 320 d], *he stood and wept* (674 d) tears, we may suppose, even more of policy than of chagrin. —**τοιάδε** [such things as the following], *as follows*, 547. Τοιάδε and τοιαῦτα, talia, do not claim as much exactness for the report as τάδε and ταῦτα, hæc; yet they are sometimes interchanged with these: cf. § 7, 9, 12. Clearchus speaks throughout with great art. Discourses, like his, in which the real was opposite to the apparent purport, were termed by the Greek rhetoricians λόγοι ἐσχηματισμένοι, orationes figuratæ. Cf. Agamemnon's speech, *Il.* ii. 110 s; Antony's oration over the body of Cæsar in Shakespeare. 11

3. **Ἄνδρες στρατιῶται**, 393 e, 484 g. —**μὴ θαυμάζετε**, 628 c, e, 686 a. — **χαλεπῶς φέρω** (Lex.) **τοῖς παροῦσι** (Lex.) **πράγμασιν**, *I am deeply afflicted at the present state of affairs*, 456. —**με**...**τά τε ἄλλα** (480 b) **ἐτίμησε, καί**, *both favored me in all else, and in particular*, or *as an especial favor*, τὲ... καί giving more emphasis to the second part than τὲ...τέ (Lex.). — **ἐμοί**, 537 a; emph. in contrast with ὑμᾶς. — **κατεθέμην**...**ἐδαπάνων**, the aor. expressing the simple and absolute denial of the action as a whole, the ipf. presenting it as continued or as a course of conduct, 591 s.

4. [illegible] *engaged in war*, inceptive aor. 592 d. — τῆς Ἑλλάδος, [illegible] — τὰ Χερρόνησον, 522 h. — μεθ' ὑμῶν, *with you* as partakers in [illegible] *co-operation*, more complimentary than σὺν ὑμῖν (σύν [illegible] *connection*, while μετά with the gen. goes further, and [illegible] — Ἕλληνας τὴν γῆν, 485 d. — ἐπειδή s, order 718 c, [illegible] 595 a. — εἴ τι (478 a) δέοιτο, ὠφελοίην, 633 a. — ἀνθ' [illegible] 504 a N.) εὖ ἔπαθον (Lex.) ὑπ' (since ἔπαθον is akin to a [illegible], *in return for the favors which I had received from* HIM. [illegible] observe the distinctive emphasis of ἐκείνου, while αὐτόν [illegible] d, e, 540 g.

5. [illegible] δή μοι, 459, 572. — προδόντα, 667 e. — φιλίᾳ, case 466 b. — [illegible] εἶναι, *to remain associated with you*, see § 4. — αἱρήσομαι… [illegible] emphasized by the chiastic order, which is so frequent in Greek, [illegible] — σὺν ὑμῖν, remaining *with you, in your company*: μεθ' ὑμῶν would [illegible] that they would likewise suffer, which he more delicately [illegible] to infer. — ὅ τι ἂν δέῃ, sc. πάσχειν, *whatever* [it] *may be neces-* [illegible] *suffer*), 551 a, 641 a. — οὔποτε s, 713 a, 719 a. — ὡς, rather than [illegible] *as, since*, to express the idea that he spurns the thought, [illegible] — Ἕλληνας, not definite,…τοὺς Ἕλληνας, definite from previous [illegible] 530 a.

6. ὑμεῖς, case 455 g. — ἐμοί, ἐγώ, emphatic, strongly distinctive, 536 a, e. — [illegible] οὐδὲ ἕπεσθαι, "illud animi, hoc corporis est." Kühn. — σὺν ὑμῖν ἕψομαι, *I will* [follow with, as a companion] *accompany you*. [illegible] a guide or leader is expressed by ἕπομαι without σύν, § 17, [illegible] — νομίζω, a stronger word than οἶμαι, (Lex.). — εἶναι, 480 a, N. — [illegible] since he was an exile. Compare *Il.* vi. 429 s; Eur. *Hec.* 281. — [illegible] καί, making the three accusatives all emphatic (Lex.), 701, 1. — ἂν οἶμαι εἶναι τίμιος, 621 e, f, 657 f, 658 a. — ὑμῶν, case 414 b. — οὐκ ἂν ἱκανός s, 714. 2, 622 a. — ὡς ἐμοῦ οὖν ἰόντος, 680 c. — ὑμεῖς, sc. ἴστε, 572 a.

7. οἱ (accent 787) τε αὐτοῦ ἐκείνου, 540 d. — ὅτι s, appos. 58 h. — οὐ [illegible] 662 b or 686 i; mode 643. — παρά, 689 d. παρά denoting *to* or *towards* with the accus. here derives from the connection the idea *against*. In this sense ἐπί and πρός are more common.

8. τούτοις, case 456; cf. 5. 13. — μετεπέμπετο, 595. The idea of repe-[illegible] does not here suit the person or the narrative. — στρατιωτῶν, case [illegible] — αὐτῷ, case 450 b. — ἔλεγε, *bade*, i. e. through the messenger; see [illegible] — ὡς καταστησομένων τούτων [on the ground that], *since these things would result*, 680 b, c. — μεταπέμπεσθαι, *to keep sending*, or *send for him*, 592. — αὐτὸς δὲ οὐκ ἔφη ἰέναι, *but for himself he said* (in [illegible] message sent to Cyrus) *that he should not go*; αὐτός emphatic subject of ἰέναι, in appos. with subject of ἔφη, 667 b. The course pursued by Clearchus manifested great adroitness, though he loved better to employ force where this was possible.

9. [illegible] τῶν ἄλλων (case 419 d) τὸν βουλόμενον, 678 a. — τὰ μὲν δὴ Κύρου [illegible] (717 b) οὕτως ἔχει πρὸς ἡμᾶς, ὥσπερ τὰ ἡμέτερα (506 c) a,

certainly the relation of Cyrus to us is manifestly the same [has itself so] *as ours to him*, obligation and friendship having ceased on both sides, so that no favor is to be expected. — **οὔτε γάρ** a, 719 e, f. — **ἐπεί γε**, *of course since.* — **ἡμῖν**, case 454 e.

10. **ἀδικεῖσθαι νομίζει**, *he thinks that he is wronged*, the subject of the inf. being the same with that of the governing verb, 667 b. — **καὶ μεταπεμπομένου αὐτοῦ**, *even though he is sending for me again and again*, concessive, 674 f. — **οὐκ ἐθέλω ἐλθεῖν**, 598 a. — **τὸ μὲν μέγιστον, αἰσχυνόμενος**, *as the chief reason, ashamed*, or *chiefly from shame.* τὸ μέγιστον is in appos. with the incorporated clause following, 396 a, or it may be explained as an acc. of specif. or adv. acc. — **σύνοιδα ἐμαυτῷ** (699) **πάντα** (478 or 481) **ἐψευσμένος** (657 j, 677 a) **αὐτόν**, *I am conscious* [with or to myself] *of having* [or that I have] *disappointed him in everything.* — **ἔπειτα** (Lex.) **μέν.** — **δεδιὼς μή**, *fearing lest*, or *that*, 625 a. — **δίκην**...**ὧν** [= τούτων ἅ, 554 a, N.] **νομίζει**...**ἠδικῆσθαι** (586 c, 480 b), *the penalty of those wrongs which he thinks he has received.*

11. **ὥρα**, subject of **δοκεῖ**: [the time seems not to be] *it seems to be no time.* — **ἀμελεῖν ἡμῶν αὐτῶν**, 432 d, 537. — **χρὴ ποιεῖν** (598 a) **ἐκ τούτων** (Lex. ἐξ, cf. ἐκ τούτου). — **ἕως**...**μένομεν**, *while we are remaining here.* Ἕως signifies *while* before a verb implying continuance, but otherwise *until*; hence comm. *while* before a definite tense, but *until* before the aor. Μένομεν is in the ind. as denoting that which was actually going on. — **σκεπτέον μοι δοκεῖ εἶναι, ὅπως**, *it seems to me that we must consider, how*, 682. — **ἄπιμεν** (Lex. εἶμι), 603 c, 609 c. — **τούτων**, case 405 a. — **στρατηγοῦ**, 412.

12. Ὁ...**ἀνὴρ** [sc. ἐστιν], *the man*, not an expression indicative of 13
friendship, cf. 8. 26. — **πολλοῦ**...**ἄξιος**, *worth much, of great value*, 431 b. — **ᾧ ἂν φίλος ᾖ**, *to whomsoever he may be a friend*, 456, 641 a. — **χαλεπώτατος δ' ἐχθρὸς** (Lex.), **ᾧ ἂν πολέμιος ᾖ**, *but a most bitter hater to whomsoever he may be a foe.* — **δοκοῦμέν μοι**, for courtesy (Lex. δοκέω), 654. — **αὐτοῦ**, case 405 a, the close vicinity implying danger. — **ὥρα λέγειν**, sc. ἐστίν, 572. — **ἐπαύσατο**, voice 582 b.

13. Ἐκ **τούτου**, (Lex. ἐξ). — **οἱ μὲν**...**οἱ δέ**, (Lex. ὁ), 518 d. — **λέξοντες**, *to say*, purpose, 598 b. — **οἷα** (Lex.), *how great.* — **εἴη**, mode 643.

14. **Εἷς δὲ δὴ εἶπε**, *and one* [indeed] *in particular*, so proposing means of return, as to suggest throughout difficulties and dangers; **εἶπον**, signifying *to command, bid, advise*, is followed by the inf., 659 h. — **ὡς τάχιστα** (Lex.), 553 c. — **ἑλέσθαι, ἀγοράζεσθαι** (a more continued act), voice 579. — **βούλεται**, tense 607 a, 645. — **ἡ δ' ἀγορὰ**...**στρατεύματι**, a note of the historian, showing the dependence of the Greeks upon Cyrus for supplies. — **αἰτεῖν** (of course through deputies), w. 2 acc. 480 c. — **ὡς ἀποπλέοιεν**, mode 624 c. — **ἐὰν**...**μὴ διδῷ**, *if he* [*do nothing towards giving*, stronger than aor. δῷ, 594 a] *refuse these.* **διδῷ, ἀπάξει**, etc., the modes appropriate to the present rather than the past time, and to direct rather than indirect discourse, 645, 653; blending of forms; greater vivacity, animation by this. — **φιλίας** (Lex.), 523 b, 4. — **συντάττεσθαι**, more continued than πέμψαι. —

4. **ἐπολέμησα,** *I engaged in war,* inceptive aor. 592 d. — **τῆς Ἑλλάδος,** 522 g. — **τῆς Χερρονήσου,** 522 h. — **μεθ' ὑμῶν,** *with you* as partakers in the work, *with your co-operation,* more complimentary than *σὺν ὑμῖν* (*σύν* simply denoting *connection,* while *μετά* with the gen. goes further, and implies *participation*). — **Ἕλληνας τὴν γῆν,** 485 d. — **ἐπειδή** s, order 718 o, p, q. — **ἐκάλει,** tense 595 a. — **εἴ τι** (478 a) **δέοιτο, ὠφελοίην,** 633 a. — **ἀνθ' ὧν** (elliptic attr. 554 a N.) **εὖ ἔπαθον** (Lex.) **ὑπ'** (since *ἔπαθον* is akin to a pass. Lex.) **ἐκείνου,** *in return for the favors which I had received from* HIM. The student will observe the distinctive emphasis of *ἐκείνου,* while *αὐτόν* is unemphatic, 536 d, e, 540 g.

5. **ἀνάγκη δή μοι,** 459, 572. — **προδόντα,** 667 e. — **φιλίᾳ,** case 466 b. — **μεθ' ὑμῶν εἶναι,** *to remain associated with you,* see § 4. — **αἱρήσομαι... πείσομαι,** emphasized by the chiastic order, which is so frequent in Greek, 71 a. — **σὺν ὑμῖν,** remaining *with you, in your company:* **μεθ' ὑμῶν** would have signified that they would likewise suffer, which he more delicately leaves them to infer. — **ὅ τι ἂν δέῃ,** sc. *πάσχειν, whatever* [it] *may be necessary* [to suffer], 551 a, 641 a. — **οὔποτε** s, 713 a, 719 a. — **ὡς,** rather than *ὅτι, inasmuch as, since,* to express the idea that he spurns the thought, 702 a. — **Ἕλληνας,** not definite,... **τοὺς Ἕλληνας,** definite from previous mention, 530 a.

6. **ἐμοί,** case 455 g. — **ἐμοί, ἐγώ,** emphatic, strongly distinctive, 536 a, e. — **πείθεσθαι οὐδὲ ἕπεσθαι,** "illud animi, hoc corporis est." Kühn. — **σὺν ὑμῖν ἕψομαι,** *I will* [follow with, as a companion] *accompany you.* To follow a guide or leader is expressed by *ἕπομαι* without *σύν,* § 17, iii. 1. 36. — **νομίζω,** a stronger word than *οἶμαι,* (Lex.). — **εἶναι,** 480 a, N. — **πατρίδα,** since he was an exile. Compare *Il.* vi. 429 s; Eur. *Hec.* 281. — **καὶ...καὶ...καί,** making the three accusatives all emphatic (Lex.), 701, 1. — **ἂν οἶμαι εἶναι τίμιος,** 621 e, f, 657 f, 658 a. — **ὑμῶν,** case 414 b. — **οὐκ**
12 **ἂν ἱκανὸς** s, 714. 2, 622 a. — **ὡς ἐμοῦ οὖν ἰόντος,** 680 c. — **ὑμεῖς,** sc. *ἴητε,* 572 a.

7. **οἱ** (accent 787) **τε αὐτοῦ ἐκείνου,** 540 d. — **ὅτι** s, appos. 58 h. — **οὐ φαίη,** 662 b or 686 i; mode 643. — **παρά,** 689 d. *παρά* denoting *to* or *towards* with the accus. here derives from the connection the idea *against.* In this sense *ἐπί* and *πρός* are more common.

8. **τούτοις,** case 456; cf. 5. 13. — **μετεπέμπετο,** 595. The idea of repetition does not here suit the person or the narrative. — **στρατιωτῶν,** case 418. — **αὐτῷ,** case 450 b. — **ἔλεγε,** *bade,* i. e. through the messenger; see 659 h. — **ὡς καταστησομένων τούτων** [on the ground that], *since these things would result,* 680 b, c. — **μεταπέμπεσθαι,** *to keep sending,* or *send again for him,* 592. — **αὐτὸς δὲ οὐκ ἔφη ἰέναι,** *but for himself he said* (in the message sent to Cyrus) *that he should not go; αὐτός* emphatic subject of *ἰέναι,* in appos. with subject of *ἔφη,* 667 b. The course pursued by Clearchus manifested great adroitness, though he loved better to employ force where this was possible.

9. **τῶν ἄλλων** (case 419 d) **τὸν βουλόμενον,** 678 a. — **τὰ μὲν δὴ Κύρου** (528) **δῆλον ὅτι** (717 b) **οὕτως ἔχει πρὸς ἡμᾶς, ὥσπερ τὰ ἡμέτερα** (506 c) s,

certainly the relation of Cyrus to us is manifestly the same [has itself so] *as ours to him*, obligation and friendship having ceased on both sides, so that no favor is to be expected. — **οὔτε γάρ** a, 719 e, f. — **ἐπεί γε**, *of course since.* — **ἡμῖν**, case 454 e.

10. **ἀδικεῖσθαι νομίζει**, *he thinks that he is wronged*, the subject of the inf. being the same with that of the governing verb, 667 b. — **καὶ μεταπεμπομένου αὐτοῦ**, *even though he is sending for me again and again*, concessive, 674 f. — **οὐκ ἐθέλω ἐλθεῖν**, 598 a. — **τὸ μὲν μέγιστον, αἰσχυνόμενος**, *as the chief reason, ashamed*, or *chiefly from shame.* *τὸ μέγιστον* is in appos. with the incorporated clause following, 396 a, or it may be explained as an acc. of specif. or adv. acc. — **σύνοιδα ἐμαυτῷ** (699) **πάντα** (478 or 481) **ἐψευσμένος** (657 j, 677 a) **αὐτόν**, *I am conscious* [with or to myself] *of having* [or that I have] *disappointed him in everything.* — **ἔπειτα** (Lex.) **μέν.** — **δεδιὼς μή**, *fearing lest*, or *that*, 625 a. — **δίκην...ὧν** [= *τούτων ἅ*, 554 a, N.] **νομίζει...ἠδικῆσθαι** (586 c, 480 b), *the penalty of those wrongs which he thinks he has received.*

11. **ὥρα**, subject of **δοκεῖ**: [the time seems not to be] *it seems to be no time.* — **ἀμελεῖν ἡμῶν αὐτῶν**, 432 d, 537. — **χρὴ ποιεῖν** (598 a) **ἐκ τούτων** (Lex. *ἐξ*, cf. *ἐκ τούτου*). — **ἕως...μένομεν**, *while we are remaining here.* *Ἕως* signifies *while* before a verb implying continuance, but otherwise *until*; hence comm. *while* before a definite tense, but *until* before the aor. *Μένομεν* is in the ind. as denoting that which was actually going on. — **σκεπτέον μοι δοκεῖ εἶναι, ὅπως**, *it seems to me that we must consider, how*, 682. — **ἄπιμεν** (Lex. *εἰμι*), 603 c, 609 c. — **τούτων**, case 405 a. — **στρατηγοῦ**, 412.

12. **Ὁ...ἀνὴρ** [sc. *ἐστιν*], *the man*, not an expression indicative of 13
friendship, cf. 8. 26. — **πολλοῦ...ἄξιος**, *worth much, of great value*, 431 b. — **ᾧ ἂν φίλος ᾖ**, *to whomsoever he may be a friend*, 456, 641 a. — **χαλεπώτατος δ' ἐχθρὸς** (Lex.), **ᾧ ἂν πολέμιος ᾖ**, *but a most bitter hater to whomsoever he may be a foe.* — **δοκοῦμέν μοι**, for courtesy (Lex. *δοκέω*), 654. — **αὐτοῦ**, case 405 a, the close vicinity implying danger. — **ὥρα λέγειν**, sc. *ἐστίν*, 572. — **ἐπαύσατο**, voice 582 b.

13. **Ἐκ τούτου**, (Lex. *ἐξ*). — **οἱ μὲν...οἱ δέ**, (Lex. *ὁ*), 518 d. — **λέξοντες**, *to say*, purpose, 598 b. — **οἷα** (Lex.), *how great.* — **εἴη**, mode 643.

14. **Εἷς δὲ δὴ εἶπε**, *and one* [indeed] *in particular*, so proposing means of return, as to suggest throughout difficulties and dangers; **εἶπον**, signifying *to command, bid, advise*, is followed by the inf., 659 h. — **ὡς τάχιστα** (Lex.), 553 c. — **ἑλέσθαι, ἀγοράζεσθαι** (a more continued act), voice 579. — **βούλεται**, tense 607 a, 645. — **ἡ δ' ἀγορὰ...στρατεύματι**, a note of the historian, showing the dependence of the Greeks upon Cyrus for supplies. — **αἰτεῖν** (of course through deputies), w. 2 acc. 480 c. — **ὡς ἀποπλέοιεν**, mode 624 c. — **ἐὰν...μὴ διδῷ**, *if he* [*do nothing towards giving*, stronger than aor. **δῷ**, 594 a] *refuse these.* **διδῷ, ἀπάξει**, etc., the modes appropriate to the present rather than the past time, and to direct rather than indirect discourse, 645, 653; blending of forms; greater vivacity, animation by this. — **φιλίας** (Lex.), 523 b, 4. — **συντάττεσθαι**, more continued than *πέμψαι.* —

2

— τὴν ταχίστην, 483 d. — προκαταληψομένους [sc. τινάς or ἄνδρας], purpose, 598 b. — τὰ ἄκρα, *the heights* of Mt. Taurus, which they must cross in return by land, as they had done in advance. — φθάσωσι, 677 f; syllepsis 496 e. — ὧν, partitive with πολλούς, but possessive with χρήματα, *from whom we have seized and still hold many captives and much property*, 679 b; even the person of direct discourse being here used, 644. 1. The position of ἀνηρπακότες gives special emphasis to the pillage by which they had so incurred the enmity of the Cilicians. — τοσοῦτον, emphatic, *only so much*, simply *this much*, and no more, here prospective.

15. Ὡς μὲν στρατηγήσοντα s, 659 c, 675 e, 680 c. — στρατηγήσοντα ... στρατηγίαν (Lex.), 477. 1. — ἐμοὶ (458) τοῦτο οὐ ποιητέον, sc. ἐστίν, *I must not do this*, 572. — ᾧ, attr. 554 a. — πείσομαι, observe the double form of const. after λεγέτω. The λεγέτω understood agrees with a pronoun implied in μηδείς, *let him say*; so often in Eng. and other languages. — ᾗ (Lex. ὅς) δύνατον μάλιστα, 553 c. — ἵνα εἰδῆτε, 624 a. — καὶ ἄρχεσθαι ἐπίσταμαι, ὡς τις καὶ ἄλλος μάλιστα ἀνθρώπων, *I know also how to submit to authority* [no less than to exercise it] *quite as well as any other man in the world*, 553 a. But see 8. 12 s, ii. 6. McMich. compares "non ut magis alter," Hor. *Sat.* i. 5. 33. The expression τὶς ἄλλος is emphasized by the position of καί (*even, also*) between the pronouns.

14 **16.** ἄλλος: Halbkart thinks that this was Xenophon himself. But Xen. accompanied the expedition as the friend of Proxenus, and would not have taken part in the deliberation of the soldiers of Clearchus. — ὥσπερ πάλιν τὸν στόλον Κύρου μὴ ποιουμένου, *as though Cyrus* [were not for making again, pres. for fut.] *would not resume his march*; for whether this were westward against the Pisidians, the pretended aim, or eastward, as they feared, in either case he would require his vessels as tenders to his army; 680 b. — ἐπιδεικνὺς δέ, ὡς εὔηθες (emphatic repetition) εἴη, ἡγεμόνα αἰτεῖν παρὰ (693. 6) τούτου, ᾧ (464) λυμαινόμεθα, 644 b. — πιστεύσομεν, fut. as subj. — ᾧ (attr. 554 a) ἂν Κῦρος διδῷ, *whom C. may offer*, or be disposed to give, 594. — τί κωλύει καὶ τὰ ἄκρα ἡμῖν (rather than ἡμῶν governed by πρό in compos. 463, cf. iii. 4. 39) κελεύειν Κῦρον προκαταλαμβάνειν; *what hinders Cyrus* [also to command men to preoccupy the heights for us] *from also issuing orders for the occupation of the heights in advance of us?* Some make the question ironical, "What hinders our also asking Cyrus to preoccupy the heights in our behalf?"

17. Ἐγὼ (emph. 536. 1) γὰρ ὀκνοίην ... ἄν, *for I should be reluctant*, 636. — δοίη, mode 641 b, 661 a. — μὴ ἡμᾶς αὐταῖς ταῖς τριήρεσι καταδύσῃ (650 a, 624): Most MSS. have this reading, which gives the sense, *lest he should sink us triremes and all* (see Lex. τριήρης), pursuing with his swift galleys our slow transports; cf. 4. 7 s. Others omit αὐταῖς, and render, *lest he should sink us with his triremes*. — ἀγάγῃ, 650 a; redupl. 284 g. — ὅθεν, sc. ἐκεῖσε or εἰς χωρίον, *to a place from which*, 551 c, f. — ἄκοντος ἀπιὼν Κύρου, *departing* [C. being unwilling, 676 a] *against the will of C.*; cf. ii. 1. 19. This ellipsis of the part. with ἑκών and ἄκων is common, because they so resemble participles themselves. — λαθεῖν αὐτὸν ἀπελθών, 677 f, 444 a.

18. With **δοκεῖ** are construed several infinitives with *ἄνδρας* or *ἡμᾶς* as subject: *ἐρωτᾶν*, *ἕπεσθαι*, *ἀξιοῦν*, *ἀναγγεῖλαι*, etc. — **οἵτινες** (sc. *εἰσίν*), *whoever are*, or such as are. — **ἐπιτήδειοι, σὺν Κλεάρχῳ**, deferred details, 719 d. — **τί** (complementary 563, 564; case 478) **βούλεται ἡμῖν** (case 466 d) **χρῆσθαι**, *what use he wishes to make of us.* — **παραπλησία οἵαπερ** (= *τοιαύτη οἵαπερ*, such as, 554, a N., 560)...**ἐχρῆτο**, *similar to* [such as] *that for which he employed.* *χρῆσθαι πρᾶξιν*, like *χρῆσθαι χρῆσιν*, but bolder (as *χ. πρὸς* or *εἰς π.* would be more common), 477, 479. For the service referred to, see 1. 2. — **ξένοις**, case 466 b. — **τούτῳ**, *with this same man*, stronger than *αὐτῷ*, 536 e.

19. **μείζων**, in the pos. of emphasis, from contrast with *παραπλησία*, 719 a *a*. — **τῆς πρόσθεν**, sc. *πράξεως*, *the previous undertaking* or *service*, 526; cf. 4. 8. — **πείσαντα**, esp. by larger pay. Cf. § 21. — **φιλίαν** (Lex.). — **ἑπόμενοι** = *εἰ ἑποίμεθα*, 635. — **ἄν**...**ἑποίμεθα**, 631 d, 621 b. — **αὐτῷ**, a common object of *φίλοι* and *ἑποίμεθα*, 399 g.

20. **ἔδοξε** (Lex. 2). Such asyndeton, with the verb leading, is frequent in expressing a decision; cf. iii. 2. 33, 38: iv. 2. 19. — **ᾑρέτων** s, 595. — **τὰ δόξαντα τῇ στρατιᾷ**, [the things which had seemed best to the army] *the questions approved* (or voted) *by the army*, 528 a; 2 acc. 480 c. — **ἀκούει**, tense 612; mode 644 a. For *ἀκούω* with *εἶναι*, see note to 2. 21, not implying certainty, 657 k. — **ἄνδρα**, Lex. — **ἐπὶ τῷ**...**ποταμῷ**, 689 g. — **δώδεκα σταθμούς**, case 482; made by Cyrus sixteen to Dardas. Why may the distance have been designedly understated? — **πρὸς τοῦτον**, *to him*, i. e. *against him*, *πρός* implying here hostility, but less decidedly than *ἐπί* would have done; cf. below, § 21, 2. 4. Abrocomas appears to have been both satrap of Phœnicia and commander (*στρατηγός* or *κάρανος*) of the army in the southwest part of the Persian Empire. It was his especial duty, unless otherwise ordered, to interpose his great army for arresting the onward march of Cyrus. — **βούλεσθαι**, 659 d. — **κἂν** (= *καὶ ἐὰν*) **μὲν ᾖ**, 631 c. — **τὴν δίκην** (Lex.), *the punishment due;* 530 d; 15
cf. § 10. — **ἡμεῖς**...**βουλευσόμεθα**, expressed with winning courtesy.

21. **τοῖς δέ**, 459. — **ἄγει**, 645 a; cf. *ἄγοι* below. — **πρὸς βασιλέα**, 689 i. — **προσαιτοῦσι**, *they ask additional:* some read *προσαιτοῦσι δὲ μισθὸν ὁ Κῦρος*, making *προσ.* a participle. — **ἡμιόλιον**, 242 e, *ε*, 416 b. — **οὗ** = *τούτου ὅ*, or *τοῦ μισθοῦ ὅν*, 554 a. — **ἡμιδαρεικὰ** (242 e) **τοῦ** (522 b) **μηνός**, 433 f. — **ὅτι δέ** s, order 721 a. — **ἔν γε τῷ φανερῷ**, 507 d. The Greeks could now have had no doubt of the nature of the enterprise; but they saw as much danger in going back as forward, besides the loss of pay.

CHAPTER IV.

MARCH FROM TARSUS TO THE EUPHRATES. — CROSSING THE RIVER.

1. **οὗ τὸ εὖρος στάδιον**, 572. — **ἐσχάτην** (sc. *τήν* 533 e) **πόλιν ἐπὶ τῇ θαλάττῃ** (689 g) **οἰκουμένην**, *the last inhabited city by the sea*, or upon the sea-coast.

Xenias,	4000 ὁπλῖται,			=	4000
Proxenus,	1500 "	500 γυμνῆτες,		=	2000
Sophaenetus,	1000 "			=	1000
Socrates,	500 "			=	500
Pasion,	300 "	300 πελτασταί,		=	600
Menon,	1000 "	500 "		=	1500
Clearchus,	1000 "	800 "	200 τοξόται,	=	2000
Sosis,	300 "				300
Totals,	9600 ὁπλῖται,	2100 πελτ., etc.,	200 τοξόται,	=	11900

As the enumeration is only given in round numbers, we cannot wonder that the sums do not agree precisely with the totals in thousands, as stated in the text. For a small body of cavalry in the division of Clearchus, see 5. 13. — **ἀμφὶ** (692. 5) **τοὺς** (531 d) **δισχιλίους**, 706 a.

10. Πέλτας. Having accomplished the objects of his visits to Celaenae, Cyrus turns back to the common, easier, and better supplied route from Sardis to Cilicia. Along this route he had doubtless stationed portions of his barbarian force, and deposited supplies, in part perhaps under the pretext that they were designed for action or protection against his enemies, the Mysians. This would explain the necessity of his visit to the Market of the Ceramians, the nearest city on the route to the Mysian territory, and hence an important military post. On his way thither he stopped three days at Peltae, probably to gratify the many Arcadians in his army through the celebration, on the neighboring plain, of their national festival and games in honor of Lycaean Jove. — **τὰ Λύκαια ἔθυσε** (Lex.), 478, 507 c. This was an especial festival of the Arcadians, celebrated annually with sacrifices and games in honor of Lycaean Zeus and Pan, whom some regard as essentially the same deity, claimed as a native of Arcadia (born or reared on Mt. Lycaeus). According to Plutarch, it was related to the Roman Lupercalia, the introduction of which into Italy has been ascribed to the Arcadian Evander. — **στλεγγίδες**, pred. appos., 393 b; on account of which **ἦσαν** is the rather plur. 569 a, 500. — **καὶ Κῦρος**, pos. 719 b. The especial antipathy of the Persians to idol-worship rendered this a greater compliment. — **Κεραμῶν Ἀγοράν**: Bornemann and others have conjectured Κεράμων (the MSS. all accenting on the ultima), which might be translated *Tile-market*. (Cf. New-market. See postscript to Lex.) Cyrus here reached the great eastern imperial road; and, instead of remaining at this frontier place to make in person any arrangements that might be necessary during his absence, pushed forward with a rapidity nowhere else equalled on the march. So much of the army as could not keep up with him (perhaps all the heavy-armed troops and most of the baggage) had time for rejoining him during the five days' halt at Caÿstri Campus. The motive to this extraordinary haste was probably the hope of meeting Epyaxa and receiving the supply of money expected from Cilicia before the Greek troops should be clamorous for their quarter's pay.

11. στρατιώταις, case 454 d. — **πλέον** (= **πλειόνων**)...**μηνῶν**, *for more than three months*, 507 c. — **ἐπὶ τὰς θύρας**, *to his door* or *quarters*. —

ἐλπίδας (Lex. 479) **λέγων** (677) **διῆγε** (Lex.), 577 c, *passed the time expressing hopes*, was constantly feeding them on hope. — **δῆλος ἦν ἀνιώμενος**, 573 c, 677 g. — **πρός** (Lex.), 696. — **ἔχοντα**, sc. *αὐτόν*, 667 e, *when he had the means*. 7

12. Ἐνταῦθα...Κῦρον, 719 d, 393 h. — **Συεννέσιος**, Ion. gen. 218. 2. Why hereditary king here, see Voll., note. — **Κύρῳ δοῦναι χρήματα**, order 718 i. This money, we may suppose, had been promised by the politic Syennesis; as Cyrus would have been insane to start on such an expedition with so little money, unless he had expected a supply by the way. His long detention at Celænæ appears to have prevented his meeting the queen as early and as near Cilicia as he had expected. — **δ' οὖν**, *and accordingly*, or, *but at any rate*, however that might be. *δ' οὖν*, often used as here in passing from the questionable to the unquestionable (as to fact, in distinction from mere report or supposition), cf. § 22, 25; 3. 5. — **στρατιᾷ**, Greek army. — **ἡ Κίλισσα**, sc. *γυνή* or *βασίλεια*, 506 b. — **συγγενέσθαι**: reference here to *illicit intercourse* is mere camp-scandal, we may hope. If not so, it shows to what an extreme of complaisance the Cilician king and queen were ready to go to secure the favor of Cyrus. It was the policy of the Persians, in the extension of their empire, not to dethrone native princes, if they readily submitted and faithfully performed the duties of vassals. In this class were the kings of Cilicia; and the present king was determined not to lose his throne, whichever of the rival brothers prevailed. He therefore sent his queen to meet Cyrus, from whom the danger was the nearest, with the large sum of money which this prince needed so much, and apparently with the charge to secure his favor, no matter by what means, and to learn his plans and resources. According to Diodorus (xiv. 20), he promised to assist Cyrus in the war, and sent one son and an armed force to serve with him; but secretly sent another son to the king with pledges of unswerving fidelity, information respecting the hostile forces, protestations that whatever he had himself done for Cyrus had been done through compulsion, and assurances that he should seize the first opportunity of deserting Cyrus and fighting on the side of the king.

13. Ἐντεῦθεν. At Caÿstri Campus several important roads met; and Cyrus here took the great thoroughfare from the Propontis to Cilicia. Henceforth he pressed on towards Babylon, without turning aside or voluntary delay. — **παρὰ τὸν ὁδόν**, the acc. rather than dat. from the fountain's flowing along the way, or the movement of the army by the fountain. — **κρήνη ἡ Μίδου καλουμένη**, *a fountain* [that called Midas's] *which was called the fountain of Midas*, 523 i. — **τὸν Σάτυρον**, THE (well-known) *Satyr*, Silenus, 530 a. — **οἴνῳ**, case 550 a. Compare Virg. *Ecl.* vi. (Eng. idiom, *wine with it.*) Κεράννυμι implies closer union than the more general *μίγνυμι*.

14. δεηθῆναι (576 b)...**Κύρου**, case 434 a: not merely for the spectacle, we must suppose, but also to display the strength of the army; while Cyrus was, of course, glad to send a vivid impression of this strength to the Cilician king. There is a plain near Ilghún adapted to the review of an army. — **τῶν Ἑλλ...τῶν βαρβ.**, 534. 4.

15. **ὡς νόμος αὐτοῖς** [sc. *ἦν*, or *ἐστιν*, since this is far oftener omitted than *ἦν*, 572] **εἰς μάχην** [*τάττεσθαι*], *as their custom was for battle*: 572, 459. — **ἕκαστον** [*στρατηγὸν*] **τοὺς ἑαυτοῦ**, 506 a. — **ἐπὶ** (Lex.) **τεττάρων**, 692. 5. A line eight deep was more common; cf. vii. 1. 23. — **δεξιόν, εὐώνυμον, μέσον**, 506 c. In this mere parade the first place was given to the ambitious Menon; afterwards, in real service, to the older and abler Clearchus. The wings were more exposed than the centre; hence, the more reliable commanders and troops were placed upon them, and they were accounted posts of honor. So, from the place of the shield, the right was more exposed, and consequently more honorable, than the left. — **ἐκείνου**, for distinction from *αὐτῷ* above.

16. **Ἐθεώρει**, *proceeded to survey*. — **κατ᾽ ἴλας καὶ κατὰ τάξεις**, *by troops* (of horse) *and battalions* (of foot); cf. turmātim et centuriātim. — **παρελαύνειν**. In this way their firm front of glistening metal was better shown; and the small depth, which enabled them to make a greater display, was less exposed. It is possible also that a compliment to the Greeks was
8 designed. — **καὶ τὰς ἀσπίδας ἐκκεκαθαρμένας** (*v. l. ἐκκεκαλυμμένας*, see Lex.), *and their shields burnished*.

17. **ἐκέλευσε** s, to show their manner of advancing upon a foe. — **ἐπιχωρῆσαι** = *ἐπιέναι*. — **ὅλην τὴν φάλαγγα**, 523 e. — **ἐπεὶ ἐσάλπιγξε**, 571 b. — **ἐκ...προϊόντων**, *and upon this* [they advancing] *as they kept advancing more rapidly*, 592. For the gen. abs. agreeing with *αὐτῶν* understood (675, 676 a, b; cf. 6. 1) the dat. agreeing with *στρατιώταις* could have been used. — **ἀπὸ τοῦ αὐτομ.**, 507 d. — **δρόμος...στρατιώταις**, 459. — **ἐπὶ τὰς σκηνάς**, *upon the camp* (mostly occupied by barbarians), as if for attack and plunder. Within or close by was the camp-market.

18. **βαρβάρων**, case 415. — **φόβος**, sc. *ἐγένετο* or *ἦν*. — **ἔφυγεν ἐκ τῆς ἁρμ.**, *fled from her carriage*, as this slow vehicle, drawn by mules or oxen, would not take her quickly enough out of the reach of danger. — **οἱ ἐκ... ἔφυγον**, const. præg. 704 a. — **τὴν τάξιν τοῦ στρατεύματος**, 523 c. — **ἐκ τῶν** s, **ἐκ** less common than *ἀπό*. Cf. vii. 2. 37, where the more frequent *ἀπό* is used, and ex duce metus, Tac. *Ann.* i. 29. — **φόβον** (Lex.).

19. **χώραν**, the object of both *ἐπέτρεψε* and *διαρπάσαι*, or of the latter only.

20. **τὴν Κιλικίαν**, cf. § 21, 522 g, 533 a. — **ὁδόν**, 482 d, or 479. — **αὐτῇ**, case 699 a. It suited the plans both of the queen and of Cyrus that she should carry her report to the king before the arrival of Cyrus. By sending the division of Menon as an escort, he not only provided for her safety and honor, but secured the introduction into Cilicia of a considerable force, which might act, if necessary, in his favor. The shorter mountain route taken by Menon would have been very difficult for the whole army encumbered by its baggage. Cyrus seems to have made the way from Iconium to Dana (or Tyana) longer than necessary, in order that he might himself accompany the Cilician queen to the foot of the mountain pass, and perhaps that he might also give the army a better opportunity of plundering Lycaonia. The delay at Dana allowed time for Menon to reach

the Cilician plain, and also for making the necessary preparations before attempting the Cilician pass. — **στρατιώτας οὓς**, agreeing with 554 c in respect to the omission of the art. — **καὶ αὐτόν**, *and* Menon *himself*, 540 f. — **μετά**, see 2. 4. — **ἐν ᾧ**, sc. χρόνῳ, *in which* (time), 506 a. — **ἀπέκτεινεν**, as a man is said to do that which he causes others to do. Cyrus was unhesitating in the infliction of punishment. Cf. 9. 13. — **αἰτιασά-** 9
μενος ἐπιβουλεύειν, *having charged* [that they were plotting] *them with plotting*, 658. 1.

21. εἰσβάλλειν εἰς, 699 c. — **εἰσβολή**, the Tauri Pylæ of Cicero, *Ad Att.* v. 20. 1. See Lex. Πύλαι. — **ἁμαξιτός**. In some places the width for a carriage has only been gained by cutting into the rock. — **ἰσχυρῶς**, 685, emph. position. — **ἀμήχανος εἰσελθεῖν** (663 g) **στρατεύματι** (453), *impracticable for an army to enter* = which it was *impracticable to enter* (ἣν ἀμήχανον ἦν εἰσελθεῖν), the adj. agreeing with εἰσβολή by attraction instead of being in the neut. with εἰσελθεῖν. Cf. 573. — **ἐν τῷ πεδίῳ**. This spot directly in front of the pass is termed by Arrian, τὸ Κύρου τοῦ ξὺν Ξενοφῶντι στρατόπεδον, *An.* ii. 4. Alexander marvelled at his good fortune in making the passage here with like freedom from opposition. — **ἐκώλυεν**, tried to hinder. — **λελοιπὼς εἴη**, mode 643; form 317 a. We cannot suppose that Syennesis had any real design of defending the entrance; but he wished to be able to claim, if necessary, that he had made the attempt. The arrival of Menon in his rear gave him the excuse which he desired for leaving the pass. — **ᾔσθετο...ἦν**, 657 a. Ἦν is used rather than εἴη, as expressing a perceived *fact*, 644 a. — **ὀρέων**, case 445 c. — **καὶ ὅτι**, *and because.* Ὅτι, like the Lat. quod, is both a complementary and a causal conjunction, 701 i, j. — **τριήρεις**, the obj. of ἔχοντα, as Ταμών of ἤκουε. For the order see 719 d. Cf. ἔπεμψε δέκα τριήρεις ἔχοντα Ἐτεόνικον, *Hel.* ii. 5. — **ἤκουε...Ταμὼν ἔχοντα**, *he heard* [of T. having] *that T. had*, 677 b. This use of the part. w. ἀκούω here implies certainty that the report heard was true, which the inf. would not; 657 k; cf. 3. 20. For the arrival of this fleet see 4. 2. Some prefer to regard τριήρεις περιπλεούσας as immediately depending upon ἤκουε, and Ταμὼν ἔχοντα as a parenthesis similarly depending: *he heard* [of triremes sailing round, of Tamos having such] *that triremes were sailing round under the charge of Tamos.* — **τὰς Λακ.**, sc. τριήρεις. — **αὐτοῦ**, cf. vi. 3. 5.

22. οὐδενὸς κωλύοντος, 675. — **τὰς σκηνάς**: these may have been rather huts than movable tents; or the term may be a general one for a camp or post. This was probably over the pass, in a convenient place for crushing invaders with stones. The conjectural substitution of εἷλε for εἶδε by Muretus and others seems, therefore, groundless. — **οὗ οἱ Κίλικες ἐφύλαττον**, *where the Cilicians were previously keeping guard*, or *had been keeping guard*, 604 a. Cf. ἐτύγχανεν ἔχων, 1. 8. — **εἰς πεδίον**, 689 a. — **δένδρων**, case 414 a. The plain of Cilicia is still remarkable for its fertility and beauty. — **Ὄρος δ**: for the order see 719 d. This mountain defence consists of the united chains of the Taurus and the Amānus. See Map.

23. Καταβὰς...Ταρσούς, *and having descended he advanced through* *this plain to Tarsus four stations, twenty-five parasangs* (from the last stopping-place). This explanation is required, since, acc. to Ainsworth, the march on the plain itself would occupy only one day. — **ἦσαν**, plur. 569 a. — **μέσης δὲ τῆς πόλεως**, 508 a, 523 b, 4. — **ὄνομα, εὖρος**, case 481; art. om. 533 c. — **δύο**, 240 c. — **πλέθρων**, modifying *ποταμός*, 440 a.

24. Ταύτην τὴν (524 b) **πόλιν ἐξέλιπον**, 605. — **εἰς** [to go to], *for*. — **χωρίον**, identified by some with the Castle of Nimrud in the adjacent mountains. — **ὄρη**, accus. on account of the preceding verb of motion. — **πλὴν ...ἔχοντες**, these remaining for the profits of trade, and to take from the Cyreans the excuse of necessity for further plundering; doubtless by the command or with the consent of Syennesis. So the inhabitants of Issus; and (with reference to the fleet) those of Soli.

10 **25. προτέρα Κύρου**, 509 a, 408. — **τῶν εἰς τὸ πεδίον**, sc. *καθηκόντων* (cf. 4. 4), *reaching*, or *descending to the plain*. Reiske and some others conjecture *τῇ* agreeing with *ὑπερβολῇ*. — **ὑπολειφθέντας**, for plunder, probably. — **καὶ οὐ...οὐδέ** (Lex.). — **τὸ ἄλλο στράτευμα**, 508 a, 523 f. — **ἦσαν δ' οὖν...ὁπλῖται**, *but, however* (they perished), *these were one hundred hoplites* lost to the army (these λόχοι being smaller than usual, or, as Küh. thinks, not wholly destroyed).

26. Οἱ δ' ἄλλοι (721 b), *the rest* of Menon's force. — **διήρπασαν**, seizing eagerly this pretext for plundering so wealthy a city before the arrival of their comrades; and Menon, doubtless, encouraging and profiting most by the crime. See ii. 6. 27. — **ὀργιζόμενοι**, *infuriated*, in pretence. — **τὰ ἐν αὐτῇ**, sc. *ὄντα*, 523 a, 2, 526, 678 c. — **μετεπέμπετο** (as introductory, 595 a) **τὸν Σ.** [sc. *ἰέναι*, 668 b] **πρὸς ἑαυτόν**, *sent for S. to come to him*, 583: cf. 579. — **ὁ δ' οὔτε** (*οὐ* joined with *ἔφη*, though prop. modifying *ἐλθεῖν*) **πρότερον οὐδενί** (713 a) **πω κρείττονι ἑαυτοῦ** (408) **εἰς χεῖρας ἐλθεῖν ἔφη, οὔτε τότε Κύρῳ ἰέναι ἤθελε**, *but he both replied that he had never yet* [aforetime] *put himself into the hands of any one stronger than himself, and refused then to go to Cyrus* [sc. *εἰς χεῖρας*, to put himself into his hands]. Ἔρχομαι and *εἶμι* are comm. construed with prepositions, but with such expressions as *εἰς χεῖρας, εἰς λόγους*, may take a personal modifier in the dat., 450 b (or the phrases taking the dat. acc. to 455, 452 a, or perhaps 464). — **ἔλαβε**, sc. *Συέννεσις*, as the leading subject.

27. ἀλλήλοις, 583. — **ἃ νομίζεται** (sing. 569) **παρὰ βασιλεῖ τίμια**, *which are* [accounted honorable] *special marks of honor at the king's court*, where the three gifts first mentioned were allowed to no one, unless presented by the king, *Cyr.* viii. 3. 8. Cyrus thus assumed royal state. — **καὶ ..καί**, 707 j. — **ἀκινάκην χρυσοῦν**, *a gilt poniard*, as one simply of gold would be of very little service. — **στολὴν Περσικήν**, the *candys* (i. 5. 8), borrowed by the Persians from the Medes; and, as a royal robe, of purple and embroidered with gold. Compare the modern *caftan*. — **τὴν χώραν μηκέτι ἀφαρπάζεσθαι**, that the country should no longer (more) be pillaged, an object of *ἔδωκε*. — **ἀνδράποδα, ἤν που ἐντυγχάνωσιν** (for opt., 653 a, 633 a), **ἀπολαμβάνειν**, *that they* (the Cilicians) *should recover their slaves, if they should anywhere find any*. These inf. clauses are direct objects of **ἔδωκε**, stood with Κῦρος.

CHAPTER III.

THE GREEK TROOPS, SUSPECTING THE REAL OBJECT OF THE EXPEDITION, REFUSE TO ADVANCE; BUT ARE PERSUADED BY CYRUS, THROUGH CLEARCHUS, TO MARCH AS IF AGAINST ABROCAMAS ON THE EUPHRATES.

1. **ἔφασαν**, zeugma 497 b. — **οὐκ ἔφασαν ἰέναι** (as fut. Lex.) **τοῦ πρόσω**, *they said that they would not go any farther* [for that which is farther on, 430 a], or *they refused to go forward*, 662 b, 686 i. — **ἐπί**, 689 g. — **μισθωθῆναι**, 588. From Tarsus Cyrus would of course march westward, if his expedition were against the Pisidians, as pretended. An attempt to march farther eastward would therefore naturally alarm the Greeks. The Greeks were familiar with the sea and seacoast; but before this expedition, had a natural dread of the long and untried march into the interior of the great Asiatic continent and the mighty Persian empire. — **πρῶτος**, *first* or *foremost* of the generals, since § 7 seems to imply that Xenias and Pasion displeased their soldiers by a similar urgency. The *v. l.* **πρῶτον** would signify *first* or *at first*, in distinction from *afterwards*. See 509 f. — **ἐβιάζετο**, etc., tenses 594. This prompt resort to compulsion suited well the harsh nature of Clearchus (ii. 6. 9 s); while his subsequent tears might well have excited wonder. — **αὐτόν τε**, *both himself*, *τε* throwing distinctive emphasis upon *αὐτόν*, 540 f.

2. **μικρόν**, [a short distance only] *narrowly*, the accus. of extent 11
here passing into the adv. acc., 483 a. — **ἐξέφυγε**, etc., tense 594. — **μή**,
713 d. — **δυνήσεται**, 607 a, 643 h. — **ἐκκλησίαν**, an assembly duly called, in distinction from spontaneous gatherings (*σύλλογοι* v. 7. 2). — **χρόνον**, case 482 a. — **ἐδάκρυε**...**ἑστώς** [*standing* 46, 320 d], *he stood and wept* (674 d) tears, we may suppose, even more of policy than of chagrin. — **τοιάδε** [such things as the following], *as follows*, 547. *Τοιάδε* and *τοιαῦτα*, talia, do not claim as much exactness for the report as *τάδε* and *ταῦτα*, hæc; yet they are sometimes interchanged with these: cf. § 7, 9, 12. Clearchus speaks throughout with great art. Discourses, like his, in which the real was opposite to the apparent purport, were termed by the Greek rhetoricians *λόγοι ἐσχηματισμένοι*, orationes figuratæ. Cf. Agamemnon's speech, *Il.* ii. 110 s; Antony's oration over the body of Cæsar in Shakespeare.

3. **Ἄνδρες στρατιῶται**, 393 e, 484 g. — **μὴ θαυμάζετε**, 628 c, e, 686 a. — **χαλεπῶς φέρω** (Lex.) **τοῖς παροῦσι** (Lex.) **πράγμασιν**, *I am deeply afflicted at the present state of affairs*, 456. — **με**...**τά τε ἄλλα** (480 b) **ἐτίμησε, καί**, *both favored me in all else, and in particular*, or *as an especial favor*, *τὲ*...*καί* giving more emphasis to the second part than *τὲ*...*τέ* (Lex.). — **ἐμοί**, 537 a; emph. in contrast with *ὑμᾶς*. — **κατεθέμην**...**ἐδαπάνων**, the aor. expressing the simple and absolute denial of the action as a whole, the ipf. presenting it as continued or as a course of conduct, 591 s.

4. ἐπολέμησα, *I engaged in war*, inceptive aor. 592 d. — τῆς Ἑλλάδος, 522 g. — τῆς Χερρονήσου, 522 h. — μεθ' ὑμῶν, *with you* as partakers in the work, *with your co-operation*, more complimentary than σὺν ὑμῖν (σύν simply denoting *connection*, while μετά with the gen. goes further, and implies *participation*). — Ἕλληνας τὴν γῆν, 485 d. — ἐπειδή s, order 718 o, p, q. — ἐκάλει, tense 595 a. — εἴ τι (478 a) δέοιτο, ὠφελοίην, 633 a. — ἀνθ' ὧν (elliptic attr. 554 a N.) εὖ ἔπαθον (Lex.) ὑπ' (since ἔπαθον is akin to a pass. Lex.) ἐκείνου, *in return for the favors which I had received from* HIM. The student will observe the distinctive emphasis of ἐκείνου, while αὐτόν is unemphatic, 536 d, e, 540 g.

5. ἀνάγκη δή μοι, 459, 572. — προδόντα, 667 e. — φιλίᾳ, case 466 b. — μεθ' ὑμῶν εἶναι, *to remain associated with you*, see § 4. — αἱρήσομαι... πείσομαι, emphasized by the chiastic order, which is so frequent in Greek, 71 a. — σὺν ὑμῖν, remaining *with you, in your company*: μεθ' ὑμῶν would have signified that they would likewise suffer, which he more delicately leaves them to infer. — ὅ τι ἂν δέῃ, sc. πάσχειν, *whatever* [it] *may be necessary* [to suffer], 551 a, 641 a. — οὔποτε s, 713 a, 719 a. — ὡς, rather than ὅτι, *inasmuch as, since*, to express the idea that he spurns the thought, 702 a. — Ἕλληνας, not definite,...τοὺς Ἕλληνας, definite from previous mention, 530 a.

6. ἐμοί, case 455 g. — ἐμοί, ἐγώ, emphatic, strongly distinctive, 536 a, e. — πείθεσθαι οὐδὲ ἕπεσθαι, "illud animi, hoc corporis est." Kühn. — σὺν ὑμῖν ἕψομαι, *I will* [follow with, as a companion] *accompany you.* To follow a guide or leader is expressed by ἕπομαι without σύν, § 17, iii. 1. 36. — νομίζω, a stronger word than οἶμαι, (Lex.). — εἶναι, 480 a, N. — πατρίδα, since he was an exile. Compare *Il.* vi. 429 s; Eur. *Hec.* 281. — καὶ...καὶ...καί, making the three accusatives all emphatic (Lex.), 701, 1. — ἂν οἶμαι εἶναι τίμιος, 621 e, f, 657 f, 658 a. — ὑμῶν, case 414 b. — οὐκ
12 ἂν ἱκανὸς s, 714. 2, 622 a. — ὡς ἐμοῦ οὖν ἰόντος, 680 c. — ὑμεῖς, sc. ἴητε, 572 a.

7. οἱ (accent 787) τε αὐτοῦ ἐκείνου, 540 d. — ὅτι s, appos. 58 h. — οὐ φαίη, 662 b or 686 i; mode 643. — παρά, 689 d. παρά denoting *to* or *towards* with the accus. here derives from the connection the idea *against*. In this sense ἐπί and πρός are more common.

8. τούτοις, case 456; cf. 5. 13. — μετεπέμπετο, 595. The idea of repetition does not here suit the person or the narrative. — στρατιωτῶν, case 418. — αὐτῷ, case 450 b. — ἔλεγε, *bade*, i. e. through the messenger; see 659 h. — ὡς καταστησομένων τούτων [on the ground that], *since these things would result*, 680 b, c. — μεταπέμπεσθαι, *to keep sending*, or *send again for him*, 592. — αὐτὸς δὲ οὐκ ἔφη ἰέναι, *but for himself he said* (in the message sent to Cyrus) *that he should not go;* αὐτός emphatic subject of ἰέναι, in appos. with subject of ἔφη, 667 b. The course pursued by Clearchus manifested great adroitness, though he loved better to employ force where this was possible.

9. τῶν ἄλλων (case 419 d) τὸν βουλόμενον, 678 a. — τὰ μὲν δὴ Κύρου (528) δῆλον ὅτι (717 b) οὕτως ἔχει πρὸς ἡμᾶς, ὥσπερ τὰ ἡμέτερα (506 c) s,

certainly the relation of Cyrus to us is manifestly the same [has itself so] *as ours to him*, obligation and friendship having ceased on both sides, so that no favor is to be expected. — **οὔτε γάρ** a, 719 e, f. — **ἐπεί γε**, *of course since.* — **ἡμῖν**, case 454 e.

10. **ἀδικεῖσθαι νομίζει**, *he thinks that he is wronged*, the subject of the inf. being the same with that of the governing verb, 667 b. — **καὶ μεταπεμπομένου αὐτοῦ**, *even though he is sending for me again and again*, concessive, 674 f. — **οὐκ ἐθέλω ἐλθεῖν**, 598 a. — **τὸ μὲν μέγιστον, αἰσχυνόμενος**, *as the chief reason, ashamed*, or *chiefly from shame.* *τὸ μέγιστον* is in appos. with the incorporated clause following, 396 a, or it may be explained as an acc. of specif. or adv. acc. — **σύνοιδα ἐμαυτῷ** (699) **πάντα** (478 or 481) **ἐψευσμένος** (657 j, 677 a) **αὐτόν**, *I am conscious* [with or to myself] *of having* [or that I have] *disappointed him in everything.* — **ἔπειτα** (Lex.) **μέν**. — **δεδιὼς μή**, *fearing lest*, or *that*, 625 a. — **δίκην...ὧν** [= *τούτων ἅ*, 554 a, N.] **νομίζει...ἠδικῆσθαι** (586 c, 480 b), *the penalty of those wrongs which he thinks he has received.*

11. **ὥρα**, subject of **δοκεῖ**: [the time seems not to be] *it seems to be no time.* — **ἀμελεῖν ἡμῶν αὐτῶν**, 432 d, 537. — **χρὴ ποιεῖν** (598 a) **ἐκ τούτων** (Lex. *ἐξ*, cf. *ἐκ τούτου*). — **ἕως...μένομεν**, *while we are remaining here.* Ἕως signifies *while* before a verb implying continuance, but otherwise *until;* hence comm. *while* before a definite tense, but *until* before the aor. **Μένομεν** is in the ind. as denoting that which was actually going on. — **σκεπτέον μοι δοκεῖ εἶναι, ὅπως**, *it seems to me that we must consider, how*, 682. — **ἄπιμεν** (Lex. *εἶμι*), 603 c, 609 c. — **τούτων**, case 405 a. — **στρατηγοῦ**, 412.

12. **Ὁ...ἀνήρ** [sc. *ἐστιν*], *the man*, not an expression indicative of 13
friendship, cf. 8. 26. — **πολλοῦ...ἄξιος**, *worth much, of great value*, 431 b. — **ᾧ ἂν φίλος ᾖ**, *to whomsoever he may be a friend*, 456, 641 a. — **χαλεπώτατος δ' ἐχθρὸς** (Lex.), **ᾧ ἂν πολέμιος ᾖ**, *but a most bitter hater to whomsoever he may be a foe.* — **δοκοῦμέν μοι**, for courtesy (Lex. *δοκέω*), 654. — **αὐτοῦ**, case 405 a, the close vicinity implying danger. — **ὥρα λέγειν**, sc. *ἐστίν*, 572. — **ἐπαύσατο**, voice 582 b.

13. **Ἐκ τούτου**, (Lex. *ἐξ*). — **οἱ μὲν...οἱ δέ**, (Lex. *ὁ*), 518 d. — **λέξοντες**, *to say*, purpose, 598 b. — **οἷα** (Lex.), *how great.* — **εἴη**, mode 643.

14. **Εἷς δὲ δὴ εἶπε**, *and one* [indeed] *in particular*, so proposing means of return, as to suggest throughout difficulties and dangers; **εἶπον**, signifying *to command, bid, advise*, is followed by the inf., 659 h. — **ὡς τάχιστα** (Lex.), 553 c. — **ἑλέσθαι, ἀγοράζεσθαι** (a more continued act), voice 579. — **βούλεται**, tense 607 a, 645. — **ἡ δ' ἀγορὰ...στρατεύματι**, a note of the historian, showing the dependence of the Greeks upon Cyrus for supplies. — **αἰτεῖν** (of course through deputies), w. 2 acc. 480 c. — **ὡς ἀποπλέοιεν**, mode 624 c. — **ἐὰν...μὴ διδῷ**, *if he* [*do nothing towards giving*, stronger than aor. **δῷ**, 594 a] *refuse these.* **διδῷ, ἀπάξει**, etc., the modes appropriate to the present rather than the past time, and to direct rather than indirect discourse, 645, 653; blending of forms; greater vivacity, animation by this. — **φιλίας** (Lex.), 523 b, 4. — **συντάττεσθαι**, more continued than *πέμψαι*. —

— **τὴν ταχίστην**, 483 d. — **προκαταληψομένους** [sc. *τινάς* or *ἄνδρας*], purpose, 598 b. — **τὰ ἄκρα**, *the heights* of Mt. Taurus, which they must cross in return by land, as they had done in advance. — **φθάσωσι**, 677 f; syllepsis 496 e. — **ὧν**, partitive with *πολλούς*, but possessive with *χρήματα*, *from whom we have seized and still hold many captives and much property*, 679 b; even the person of direct discourse being here used, 644. 1. The position of *ἀνηρπακότες* gives special emphasis to the pillage by which they had so incurred the enmity of the Cilicians. — **τοσοῦτον**, emphatic, *only so much*, simply *this much*, and no more, here prospective.

15. **Ὡς μὲν στρατηγήσοντα** s, 659 c, 675 e, 680 c. — **στρατηγήσοντα .. στρατηγίαν** (Lex.), 477. 1. — **ἐμοὶ** (458) **τοῦτο οὐ ποιητέον**, sc. *ἐστίν*, *I must not do this*, 572. — **ᾧ**, attr. 554 a. — **πείσομαι**, observe the double form of const. after λεγέτω. The *λεγέτω* understood agrees with a pronoun implied in *μηδείς*, *let him say;* so often in Eng. and other languages. — **ᾗ** (Lex. *ὅς*) **δυνατὸν μάλιστα**, 553 c. — **ἵνα εἰδῆτε**, 624 a. — **καὶ ἄρχεσθαι ἐπίσταμαι, ὡς τις καὶ ἄλλος μάλιστα ἀνθρώπων**, *I know also how to submit to authority* [no less than to exercise it] *quite as well as any other man in the world*, 553 a. But see 8. 12 s, ii. 6. McMich. compares "non ut magis alter," Hor. *Sat.* i. 5. 33. The expression *τις ἄλλος* is emphasized by the position of *καί* (*even, also*) between the pronouns.

14 **16.** **ἄλλος**: Halbkart thinks that this was Xenophon himself. But Xen. accompanied the expedition as the friend of Proxenus, and would not have taken part in the deliberation of the soldiers of Clearchus. — **ὥσπερ πάλιν τὸν στόλον Κύρου μὴ ποιουμένου**, *as though Cyrus* [were not for making again, pres. for fut.] *would not resume his march;* for whether this were westward against the Pisidians, the pretended aim, or eastward, as they feared, in either case he would require his vessels as tenders to his army; 680 b. — **ἐπιδεικνὺς δέ, ὡς εὔηθες** (emphatic repetition) **εἴη, ἡγεμόνα αἰτεῖν παρὰ** (693. 6) **τούτου, ᾧ** (464) **λυμαινόμεθα**, 644 b. — **πιστεύσομεν**, fut. as subj. — **ᾧ** (attr. 554 a) **ἂν Κῦρος διδῷ**, *whom C. may offer*, or be disposed to give, 594. — **τί κωλύει καὶ τὰ ἄκρα ἡμῖν** (rather than ἡμῶν governed by *πρό* in compos. 463, cf. iii. 4. 39) **κελεύειν Κῦρον προκαταλαμβάνειν**; *what hinders Cyrus* [also to command men to preoccupy the heights for us] *from also issuing orders for the occupation of the heights in advance of us!* Some make the question ironical, "What hinders our also asking Cyrus to preoccupy the heights in our behalf!"

17. **Ἐγὼ** (emph. 536. 1) **γὰρ ὀκνοίην...ἄν**, *for I should be reluctant*, 636. — **δοίη**, mode 641 b, 661 a. — **μὴ ἡμᾶς αὐταῖς ταῖς τριήρεσι καταδύσῃ** (650 a, 624): Most MSS. have this reading, which gives the sense, *lest he should sink us triremes and all* (see Lex. *τριήρης*), pursuing with his swift galleys our slow transports; cf. 4. 7 s. Others omit *αὐταῖς*, and render, *lest he should sink us with his triremes*. — **ἀγάγῃ**, 650 a; redupl. 284 g. — **ὅθεν**, sc. *ἐκεῖσε* or *εἰς χωρίον*, *to a place from which*, 551 c, f. — **ἄκοντος ἀπιὼν Κύρου**, *departing* [C. being unwilling, 676 a] *against the will of C.*; cf. ii. 1. 19. This ellipsis of the part. with *ἑκών* and *ἄκων* is common, because they so resemble participles themselves. — **λαθεῖν αὐτὸν ἀπελθών**, 677 f, 444 a.

18. With **δοκεῖ** are construed several infinitives with *ἄνδρας* or *ἡμᾶς* as subject: *ἐρωτᾶν*, *ἔπεσθαι*, *ἀξιοῦν*, *ἀναγγεῖλαι*, etc. — **οἵτινες** (sc. *εἰσίν*), *whoever are*, or such as are. — **ἐπιτήδειοι, σὺν Κλεάρχῳ,** deferred details, 719 d. — **τί** (complementary 563, 564; case 478) **βούλεται ἡμῖν** (case 466 d) **χρῆσθαι,** *what use he wishes to make of us.* — **παραπλησία οἵᾳπερ** (= *τοιαύτῃ οἵαπερ*, such as, 554, a N., 560)...**ἐχρῆτο,** *similar to* [such as] *that for which he employed.* *χρῆσθαι πρᾶξιν*, like *χρῆσθαι χρῆσιν*, but bolder (as *χ. πρὸς* or *εἰς π.* would be more common), 477, 479. For the service referred to, see 1. 2. — **ξένοις,** case 466 b. — **τούτῳ,** *with this same man*, stronger than *αὐτῷ*, 536 e.

19. **μείζων,** in the pos. of emphasis, from contrast with *παραπλησία*, 719 a *a*. — **τῆς πρόσθεν,** sc. *πράξεως*, *the previous undertaking* or *service*, 526; cf. 4. 8. — **πείσαντα,** esp. by larger pay. Cf. § 21. — **φιλίαν** (Lex.). — **ἑπόμενοι** = *εἰ ἑποίμεθα*, 635. — **ἄν...ἑποίμεθα,** 631 d, 621 b. — **αὐτῷ,** a common object of *φίλοι* and *ἑποίμεθα*, 399 g.

20. **ἔδοξε** (Lex. 2). Such asyndeton, with the verb leading, is frequent in expressing a decision; cf. iii. 2. 33, 38: iv. 2. 19. — **ἠρώτων** s, 595. — **τὰ δόξαντα τῇ στρατιᾷ,** [the things which had seemed best to the army] *the questions approved* (or voted) *by the army*, 528 a; 2 acc. 480 c. — **ἀκούει,** tense 612; mode 644 a. For *ἀκούω* with *εἶναι*, see note to 2. 21, not implying certainty, 657 k. — **ἄνδρα,** Lex. — **ἐπὶ τῷ...ποταμῷ,** 689 g. — **δώδεκα σταθμούς,** case 482; made by Cyrus sixteen to Dardas. Why may the distance have been designedly understated? — **πρὸς τοῦτον,** *to him*, i. e. *against him*, *πρός* implying here hostility, but less decidedly than *ἐπί* would have done; cf. below, § 21, 2. 4. Abrocomas appears to have been both satrap of Phœnicia and commander (*στρατηγός* or *κάρανος*) of the army in the southwest part of the Persian Empire. It was his especial duty, unless otherwise ordered, to interpose his great army for arresting the onward march of Cyrus. — **βούλεσθαι,** 659 d. — **κἂν** (= *καὶ ἐάν*) **μὲν ᾖ,** 631 c. — **τὴν δίκην** (Lex.), *the punishment due;* 530 d; 15
cf. § 10. — **ἡμεῖς...βουλευσόμεθα,** expressed with winning courtesy.

21. **τοῖς δέ,** 459. — **ἄγει,** 645 a; cf. *ἄγοι* below. — **πρὸς βασιλέα,** 689 i. — **προσαιτοῦσι,** *they ask additional:* some read *προσαιτοῦσι δὲ μισθὸν ὁ Κῦρος*, making *προσ.* a participle. — **ἡμιόλιον,** 242 e, ε, 416 b. — **οὗ** = *τούτου ὅ*, or *τοῦ μισθοῦ ὅν*, 554 a. — **ἡμιδαρεικά** (242 e) **τοῦ** (522 b) **μηνός,** 433 f. — **ὅτι δέ** s, order 721 a. — **ἔν γε τῷ φανερῷ,** 507 d. The Greeks could now have had no doubt of the nature of the enterprise; but they saw as much danger in going back as forward, besides the loss of pay.

CHAPTER IV.

MARCH FROM TARSUS TO THE EUPHRATES. — CROSSING THE RIVER.

1. **οὗ τὸ εὖρος στάδιον,** 572. — **ἐσχάτην** (sc. *τήν* 533 e) **πόλιν ἐπὶ τῇ θαλάττῃ** (689 g) **οἰκουμένην,** *the last inhabited city by the sea*, or upon the sea-coast.

2. αἱ ἐκ Π. νῆες, see 2. 21. Double dealing of Lacedæmonians (Diodorus, xiv. 21). — **τριάκοντα καὶ πέντε**, 242 a. — **ἐπ' αὐταῖς** (dat.), *over them* in command, while *ἐπὶ τῶν νεῶν* (gen. § 3) is simply local, *on board the vessels*; cf. iv. 3. 3. N. — **ἡγεῖτο δ' αὐτῶν**: some read *αὐταῖς* (463), which would mean that Tamos led the way for them, *conducted them*, not implying command, as the gen. here implies (407). — **Κύρου**, which belonged to Cyrus, without implying that those before mentioned so belonged, 567 e. — **ἐπολιόρκει**, ipf. see *ἐτύγχανεν*, 1. 8; ii. 1. 6. — **συνεπολέμει**, connected by *καί* to *ἐπολιόρκει*, both referring to Tamos: 1. 7. To whom does *αὐτόν* refer?

3. ὧν (case 407) **ἐστρατήγει**, *which he* henceforth *commanded*, 604 b. Observe in this section the varied use of *παρά*: *παρὰ Κύρῳ*, [at the side of] *with C.*; *παρὰ Κῦρον*, [to the side of] *to C.*; *παρὰ τὴν...σκηνήν*, [through the space beside] *alongside of the tent*; *παρ' Ἀβροκόμα*, [from beside] *from A.*, gen. for dat. by const. præg.: the Greek mercenaries with A. having revolted from him, 704 c. Yet some have *παρ' Ἀβροκόμᾳ*.

16 **4. πύλας**, as prop. name, without art., 533 a. — **Ἦσαν** (569 a) **δὲ ταῦτα**, 500. According to Ains., remains of these walls are still found. — **τὸ...ἔσωθεν πρὸ τῆς Κιλικίας**, *the inner one in front of Cilicia* (to protect this country from invasion), 523 k, 526. The MSS. here omit *τό* after *ἔσωθεν*, but almost all insert it after *ἔξω* below. — **Σ. εἶχε καὶ Κιλίκων φυλακή**, *S. held* [and] *with a guard of the Cilicians*, not in person. — **διὰ μέσου** (Lex.) art. om. 533 d...**τούτων**, [through the midst of] *between these*. — **ὄνομα, εὖρος** (481) **πλέθρου**, 440; cf. 2. 23. N. — **τὸ μέσον τῶν τειχῶν** (445 b; cf. iii. 4. 20) **ἦσαν**, 500. — **παρελθεῖν οὐκ ἦν βίᾳ** (466. 1), *it was not possible to pass them by force* (Lex. *εἰμί*), cf. 571 f. — **ἐπὶ τοῖς τείχεσιν**, [resting against, 689 g] *in the walls*. — **ἐφειστήκεσαν**, *stood*, plp. as ipf., 268, 46 d. — **πύλαι**, *gates* in the literal sense. So Thermopylæ had anciently a wall and gates, Hdt. vii. 176. The marginal figure illustrates the general topography of the pass. There was another pass. Why Cyrus chose this? He could descend to the mouth of the Orontes, if necessary. Other objects: to bring and protect transports in conveying supplies, and to act upon Syennesis.

Το ἔσωθεν Τεῖχος
πρὸ τῆς Κιλικίας.
Πύλαι.
Θάλαττα.
Κάρσος.
Πέτραι ἠλίβατοι.
Πύλαι.
Το ἔξω Τεῖχος
πρὸ τῆς Συρίας.

5. Ταύτης ἕνεκα τῆς παρόδου, case 436 d; order 721 c. — **ἀποβιβάσειεν**, mode 624 c. — **πυλῶν**, case 445 c; i. e. between and beyond the walls, so as to attack Abrocomas from different points. — **παρέλθοιεν**, i. e. Cyrus and his troops. See a like change of number in § 19. — **φυλάττοιεν**, mode 633 a. — **ἔχοντα**, [having] *as he had*, 674. — **ὄντα**, 677 b. See 3. 20, N. *εἶναι*. — **τριάκοντα μυριάδας στρατιᾶς** (Lex.), *thirty myriads of soldiers*, 418.

[…]μήριον δ' ἦν s, 534. 3. That which was observed in the past, even though it may continue to the present, is often expressed narratively in the Greek, as in other languages, by a past tense, 611. Cf. *ἐνόμιζον*, *εἴων*, § 9. — **ὁλκάδες**, more oval than ships of war, and (except as sometimes towed) chiefly propelled by sails.

7. **ἔμειναν**, doubtless to land and dispose of the supplies brought by the fleet, which was now to return, and to procure in this mart other necessaries for the long inland march through the interior. — **τὰ πλείστου ἄξια**, [the things worth most, 431 b] *their most valuable effects*. — **ἀπέπλευσαν**, availing themselves of their last opportunity to desert safely. Cyrus was probably well content that the forces of so efficient a commander as Clearchus should be increased; and even if he intended to compel the return of those who had left, Xenias and Pasion, he may not have thought it safe to make the attempt till he had left the sea-coast, where desertion was so easy. This freedom in passing from one commander to another is spoken of, ii. 6. 11 s, as if not unusual with mercenaries. Cleanor and Agias, who have not been heretofore mentioned, but are hereafter introduced as generals (ii. 1. 9 s; 5. 31), appear to have succeeded the deserting commanders. — **ὡς μὲν τοῖς πλείστοις ἐδόκουν** (personal for impers. const., 573 d), *as indeed* [they] *it seemed to most*. As the opinions of others are not mentioned, the *μέν* is not followed by its corresponding *δέ*. — **στρατιώτας, ἔχειν**, both positions emph. See 3. 7. — **ὡς ἀπιόντας**, [as 17
going to return] *so that they might return*, 598 b, 680. — **καὶ οὐ πρὸς βασιλέα**, sc. *ἰόντας*, drawn from *ἀπ-ιόντας*; an example of rhetorical zeugma, 68 g, 572 b. Cf. vii. 4. 20. Why is **Κλέαρχον** repeated? — **ἦσαν ἀφανεῖς**, *were gone* (from sight), or *had disappeared*. — **διώκει**, *was pursuing*, 645 a. — **ὡς δολίους ὄντας αὐτοὺς ληφθῆναι**, *that they might be taken* [as being treacherous], *since they were traitors*. Some have *δειλούς*, *since they were cowards*. — **ᾤκτειρον** s, 633 c, 643 e; from C.'s usual severity in punishment, 9. 13; 2. 20. But clemency was here more politic.

8. **ἀπολελοίπασιν** (Lex. *ἀπό*); numb. 496 a. — **ἀλλ' εὖ γε** (strengthening *εὖ*) **μέντοι** (a more general confirmative, *certainly* or *however*) **ἐπιστάσθωσαν**, *but, however, let them at least know full well*. — **οὔτε ἀποδεδράκασιν** .., **οὔτε ἀποπεφεύγασιν**, *they have neither escaped by stealth* (as a fugitive slave) .., *nor have they escaped through speed* (as a flying enemy); they have neither got beyond my knowledge, nor beyond my reach. — **ὅπῃ οἴχονται**, *which way they have gone*, 612. — **ὥστε ἑλεῖν**, [so as to take, i. e.] *so that I can take*, 671 a. — **θεούς**, case 476 d. — **οὐκ ἔγωγε αὐτοὺς διώξω**, *I for my part will not pursue them*, NOT I, whatever others have done; so *ἐγώ* emph. below. — **παρῇ**, mode 641 a. — **καὶ αὐτούς** (540 f; numb. 501) **κακῶς ποιῶ, καὶ τὰ** (530 e) **χρήματα** (480 c) **ἀποσυλῶ**, *both maltreat them personally, and despoil them of their property*. — **ἀλλὰ ἰόντων, εἰδότες**, *let them go, conscious*. — **καὶ τέκνα καὶ γυναῖκας**, art. om. 533 f. — **φρουρούμενα**, zeugma, the Persian, from the natural influence of polygamy, placing children before wives, unless, indeed, both wives and children are here regarded as things, articles of property. — **στερήσονται** = pass. 576 a. — **ἀπολήψονται**, sc. *αὐτούς*, 536 c. In Greek, if two closely connected verbs

have a common object, this is more comm. expressed but once, and in the case required by the nearer verb; cf. 399 g. — **τῆς πρόσθεν** (cf. 3. 19) **ἕνεκα**, pos. 721 c.

9. **εἴ τις καί**, *even if any one.* — **ἀθυμότερος**, 514. — **σταθμούς**, doubtless by the pass of Beïlaw, over Mt. Amanus. The passage, though not unpicturesque, presented no difficulties or incidents which Xen. deemed worthy of mention. The Πύλαι Ἀμανίδες, by which Darius III. crossed this mountain into Cilicia before his disastrous defeat at Issus, were farther north. — **πλέθρου**, case 440 a. — **ἰχθύων** (Lex.): This river is said still to abound in fish, acc. to Ainsw. — **οὓς** (not limiting antecedent, 554 a; cf. 4, 2. 7)... **θεούς**, 2 acc. 480 a. — **ἀδικεῖν**, sc. *τινά*, 667 h. (Lex.) — **τὰς** (522 a) **περιστεράς**, sc. *ἀδικεῖν...εἴων*. — **Παρυσάτιδος** (case 443) **ἦσαν**; hence prob. spared from ravage. — **ζώνην** (Lex.). The MSS. have chiefly *εἰς ζωήν, for her subsistence.* The vast empire of the Persian kings made this an easy mode of providing for their pensioners or favorites. So Artaxerxes I. (Thuc. i. 138) gave Themistocles Lampsacus to supply him with wine; Magnesia, with bread; and Myus, with accompanying dishes.

10. **Δάρδητος** (Lex.). Xenophon writes as if he supposed the Dardas to have been a river with springs so copious that it began as a broad stream. — **ἦσαν**, numb. 569 a. — **τοῦ Συρίας ἄρξαντος**, *who had ruled over Syria*
18 as satrap, but had now, it would seem, retired before the approach of Cyrus, — perhaps with the army of Abrocomas. The prince therefore treated his palace and park as those of an enemy. — **ὅσα**, numb. 550 f. — **ὧραι**, without art., 533 d. — **αὐτὸν** (referring to *παράδεισον*) **ἐξέκοψε**, by the hands of others, 581.

11. **ἐπὶ τὸν Εὐφράτην**, *to* the ford of *the Euphrates;* since, according to the common opinion, the preceding three stations were all in the valley of this river. Kiepert says *σταδίων* should be *πλέθρων*; but see Ainsw. — **ὀνόματι**, case 467 b, 485 e, γ: one of the MSS. has *ὄνομα*, the more common form. — **ἡμέρας πέντε**: the longer, doubtless, from the necessity of negotiating anew with the Greeks, since it was no longer possible to conceal the object of the expedition, and a conference had been promised here; cf. 3. 20. — **ἔσοιτο**, 643 h. Concealment was, of course, now no longer possible. — **πρός**, with name of person, but *εἰς* with name of place (see Lex. Explan. 6). — **βασιλέα μέγαν**, see 2. 8.

12. **ἐχαλέπαινον**, the anger feigned, doubtless, in part, to draw forth larger bounties. — **κρύπτειν**, *had been concealing*, 604 a; in truth, only Clearchus, acc. to iii. 1. 10. — **οὐκ ἔφασαν**. See 3. 1. — **τις**, *some one*, i. e. Cyrus, whom it was less delicate to name, 548 g. — **χρήματα**, *a largess* of money in addition to their pay. — **διδῷ**, what reg. mode? — **ὥσπερ**, sc. **δοθῆναι**, or *ἐδόθη*, *even as* had been given. — **προτέροις**, 509 a. See 1. 2. — **καὶ ταῦτα**, *and this too*, sc. was given or done, 544 a. — **οὐκ...ἰόντων**, [the not going, 676 a, sc. *ἐκείνων*, cf. 2. 17] *though they did not go.* One of the MSS. has *ἰοῦσιν* agreeing with *τοῖς ἀναβᾶσι*, an admissible but weaker construction, 676 b. — **ἰόντων, ἀλλὰ καλοῦντος**, chiastic order.

13. **δώσειν**, tense 659 g. — **πέντε...μνᾶς** = about $100, but in purchasing value at that time nearer $1000. — **ἀργυρίου**, case 435, 446 e. — **ἥκωσι, καταστήσῃ**, mode 641, 645, 650. — **τὸν μισθὸν ἐντελῆ**, without reduction on account of the donative, or reducing to the original terms of engagement, 3. 21. See 523. — **τὸ...πολύ**, 523 f. — **Μένων**, ever ready to gain advantage for himself, ii. 6. 21 s. — **πρὶν...εἶναι**, 703 d, *β*. — **τί**, complem. 563. — **ποιήσουσιν**, mode 650, 645. — **πότερον**, 701 i, n. — **ἄλλων**, case 405 a; pos. 718 h.

14. **μοι**, case 455 g. — **οὔτε** s, *without incurring either danger or toil.* — **τῶν ἄλλων...στρατιωτῶν**, pos. 719 d, *ν*. — **πλέον προ-**, emph. pleonasm; cf. 511 a. Kühn. weakens the sentence by regarding *πλέον* as also modifying *κινδυνεύσαντες* and *πονήσαντες*. — **προτιμήσεσθε** (= pass. 576 a). — **τί οὖν** s, rhetorical question; cf. vii. 6. 20. — **Νῦν**, emph. pos. — **ὑμᾶς** 19
χρῆναι διαβῆναι, *that* [it is proper that you cross] *you ought to cross.* — **ὅ τι**, complem. 563, cf. *τί* § 13.

15. **ἄρξαντες** (674) **τοῦ διαβαίνειν**, *having commenced the crossing*, or *by being the first to cross*, 663 f, 425. — **ὑμῖν**, case 454 d. — **ἐπίσταται**, sc. *χάριν ἀποδοῦναι* [knows how to do this], *he understands this*; i. e. the requital of favors. — **εἴ τις καὶ ἄλλος**, *if* [even] *any other man in the world*; cf. 3. 15 N. — **ψηφίσωνται**, *shall have voted* (617 d), more idiomatically, *vote* or *shall vote*. — **ἄπιμεν**, as fut. — **πιστοτάτοις χρήσεται**, *he will employ most* [trust] *confidentially*, cf. 509. — **ἄλλου** (for which we might have *ἄλλο* as an obj. of *τεύξεσθε*) **οὗτινος**, *whatever else* = anything else which, *ἄλλου* falling into the relative construction, 553. — **ὡς φίλοι τεύξεσθε Κύρου** (case 434 a), *you will obtain it as friends from* (so generous a man as) *Cyrus.* There is an emphasis in the repetition of the name, instead of employing a pronoun, while the position is also emphatic. Others have *φίλου* in apposition with *Κύρου*, and some regard *ἄλλου* as depending directly on *τεύξεσθε*, acc. to 427, less probably, but cf. v. 7, 33.

16. **ἐπείθοντο καὶ διέβησαν**, tense 595. — **ᾔσθετο διαβεβηκότας**, *perceived that they had crossed*, 677. — **τῷ στρατεύματι**, *to the division* of Menon, comm. obj. of *πέμψας* and *εἶπεν*. — **ἐγὼ μέν** (685 b) s, 536. — **ὅπως... ἐπαινέσετε**, 624 b. — Why *ἐμέ*, but *με* below? — **ἐμοί**, case 457. — **μηκέτι με Κῦρον νομίζετε**, *no longer think me Cyrus*, 393 b, 480 a; it was his especial principle, pride, and policy to reward most liberally faithful service, 9. 11, 14, 18. Krüger cites the parallel from Cic.: "Noli oblivisci te Ciceronem esse."

17. **στρατιῶται**, of Menon. — **εὔχοντο αὐτὸν εὐτυχῆσαι**, *prayed* [that he might succeed] *for his success*, or *wished him success.* — **Μένωνι, μεγαλοπρεπῶς**, emphatic positions. — **διέβαινε**, *began to cross*, 594. — **διέβαινε** and **συνείπετο**, brought together by chiastic arrangement, from their close relation, while *ἅπαν* is also made emphatic by its pos. — **τῶν διαβαινόντων**, gen. partitive w. *οὐδείς*. — **μαστῶν**, case 408.

18. **ἔλεγον** (repeated), with oriental flattery, even more regardless of truth than occidental. — **γένοιτο**, mode 643. — **ἀλλά**, *but only*, sc. *μόνοις*, cf. iii. 2. 13. — **ἃ τότε** s, language of the historian. — **κατέκαυσεν**, tense 605. — **διαβῇ**, mode 650. — **ὑποχωρῆσαι**, *made way for*, or *submitted to.*

— **Κύρῳ**, case 455 g. — **ὡς βασιλεύσοντι**, *as* [about to reign] *the future king.*

19. διὰ τῆς Συρίας (Lex.); through the region afterwards more commonly called Mesopotamia, from its situation between the Euphrates and Tigris, — in Hebrew, Aram-Naharaim, the Syria of the two rivers, Judg.
20 iii. 8. — **ἐνταῦθα ἦσαν** s, order 719 b, ζ, 718 f, g. — **σίτου**, case 414 a; of especial value, when such a desert lay before them. The abundance of provisions here is one of the proofs that Abrocomas, who did not care to arrive till the question of sovereignty was settled, took a different route from that of Cyrus, doubtless farther north and less direct, but furnishing more subsistence. The route of Alexander from Thapsacus was also much farther north. Cyrus took the more direct desert route from his haste, his confidence in his supplies (which yet proved inadequate, § 6), and perhaps the fear that he might find yet greater scarcity if he followed in the track of Abrocomas.

CHAPTER V.

MARCH THROUGH A DESERT REGION, NEAR THE EUPHRATES.

1. Ἀραβίας (Lex.). On the left bank of the Euphrates, Xen. makes the Araxes the dividing line between Syria and Arabia (so called because occupied of old, as now, by tribes of roving Arabs, the Ἄραβες Σκηνῖται of Strabo). — **ἐν δεξιᾷ** (Lex.), 506 b; art. om. 533 d. — **ἐρήμους** (Lex.). The eighteen desert marches between the Araxes and Pylæ were greatly forced, being much beyond the general average and without any intermission. Had they been otherwise, the army would have been much reduced in men and animals from lack of supplies. See § 5 s, 7 s, 9. — **ἦν μὲν ἡ γῆ πεδίον ἅπαν**, *the land* or *ground was an entire* or *unbroken plain.* For ἅπαν agreeing with πεδίον, ἅπασα agreeing with γῇ might have been expected: *the country was all a plain.* See 500; and cf. iv. 4. 1. To make, with some, ἅπαν an adv. modifying ὁμαλές would give a false sense. — **ἀψινθίου**: McMich. cites "Tristia per vacuos horrent absinthia campos." Ov. *Pont.* iii. 1. 23. — **εἰ** (Lex. 639 a) **δέ τι καὶ ἄλλο ἐνῆν ὕλης**, *and if there was there* [anything else also] *any other kind of bush* or *shrub*, cf. εἴ τι ἄλλο, 6. 1. — **ἅπαντα** (numb. 501) **ἦσαν εὐώδη**: "Arabia, odōrum fertilitate nobilis regio." Curt. v. 1.

2. θηρία, sc. ἐνῆ. — **ὄνοι ἄγριοι**, the wild ass was noted in Western Asia as a free, swift ranger of dry and rocky pasture-ground. See Job xxxix. 5–8. It is now rare in this region. — **στρουθοί**: from στρουθός, through the Lat. *avis struthio*, come from the Fr. *autruche*, the Eng. *ostrich*, etc. A later name, from its camel-like neck, was στρουθοκάμηλος, Diod. ii. 50. — **διώκοι, πλησιάζοιεν**, mode 641 b. Sometimes termed the iterative opt. Krüg. — **ἔστασαν** (plp. pret.), **ἔτρεχον, ἐποίουν**, habitual, 592. — **πολὺ... θᾶττον**, *much swifter*, — so placed for emph. — **ἵππων**, case 408. — **ταὐτό(ν)**, by crasis for τὸ αὐτό, 199 a. — οὐκ ἦν (571 f.) λαβεῖν, *there was no taking them,* εἰ μὴ...θηρῷεν (634, b, d), *unless the horsemen, stationed at intervals, pursued the chase* [succeeding each other with their horses] *with relays of fresh horses.*

3. ἀπεσπᾶτο φεύγουσα, *it outstripped them in its flight.* — τοῖς μὲν ποσὶ (466 b) δρόμῳ (467), ταῖς δὲ πτέρυξιν (αἴρουσα) ὥσπερ ἱστίῳ (393 c) χρωμένη, *using its feet in* (or *for*) *running, and its wings* (*lifting them up*) *as a sail.* — ἄν τις ταχὺ ἀνιστῇ (631 c), *if one start them suddenly.* — ἐστι, accent 783 f. What example of chiastic arrangement?

4. Μάσκαν, dec. 227 b. — πλεθριαῖον, 440 a. — ὄνομα δ' αὐτῇ
(459) Κορσωτή, sc. ἦν, *and* [there was to it as a name C.] *its name* 21
was Corsote. — περιεῤῥεῖτο, pass. 586 a. — κύκλῳ (469 b, or 467), strengthening περιεῤῥεῖτο. The Mascas, with the Euphrates, made the circuit complete. — ἐπεσιτίσαντο: How can it be explained that Corsote was deserted, and yet had provisions for the great army of Cyrus? By supposing that its governor pursued a crafty policy like that of Syennesis and Abrocomas; that, as if loyal to Artaxerxes, and perhaps by his command, he withdrew the inhabitants upon the approach of the king's enemy; and yet, as if friendly to Cyrus, left a supply of provisions for his army. In this way, he may also have best secured the people and the city from injury by the invading army. But whence had the city such greatness and abundance in the midst of this desert region? It was situated at the bend of the Euphrates, where the great route through the desert to Tyre, Palestine, and Egypt left the river. Hence it became a great depot of supplies and place of exchanges (like "Tadmor in the wilderness" farther west, 2 Chron. viii. 4) for the merchant caravans upon this route.

5. τρεῖς καὶ δέκα, 240 e, *v. l.* τρισκαίδεκα. — Πύλας (Lex.). — ὑποζυγίων, case 419 b. — ὑπό (Lex.), with ἀπώλετο, as pass. in force. — ἄλλο, *besides* (Lex. a), 567 e; cf. 7. 11. — ὄνους. The name of the ass passed to the millstone which he so often turned. Compare, in Eng., the extension of the word *Jack*. Ains. says that in this region there is found "a gritty silicious rock alternating with iron-stone, and intercalated among the marles, gypsum, and limestones of the country, capable of being used as a millstone."

6. ὁ σῖτος, art. 522 a. — Λυδίᾳ (Lex.). The Lydians, forbidden the use of arms, devoted their attention to trade, which the Persians despised. See 3. 14. — τὴν καπίθην, obj. of πρίασθαι understood, *the capithe,* as a common measure, 530 a. — ἀλεύρων, case 446 e. — σίγλων, case 431 a. — δύναται, *is equivalent to,* (Lex.) 472 f. — Ἀττικούς, zeugma 497. When Archelaus invited Socrates to come to his court and be rich, the philosopher replied that four chœnices of barley-meal cost only an obolus at Athens (Stob. 97. 28). The famine price in the army of Cyrus was sixty times as great. At this rate, how many times his whole pay would a Greek soldier expend for bread, his allowance being a chœnix of corn a day? — κρέα...ἐσθίοντες...διεγίγνοντο, *subsisted by eating flesh,* obtained on the march to supplement the deficiency of bread.

7. Ἦν (570) **δὲ τούτων τῶν σταθμῶν** (521 a), sc. *τινές, there were some of these marches*: cf. 559 a, oftener ἦσαν οἵ, (as) erant qui. — **οὓς** (477) **πάνυ μακροὺς** (509 d) **ἤλαυνεν**, *which he* [marched] *made very long*, or, *pushed very far*. — **διατελέσαι** (sc. τὴν ὁδόν), *to complete the distance*, 476. 2. This region, according to Ains., is "full of hills and narrow valleys, and presents many difficulties to the movement of an army." He himself, he says, "had to walk a day and a night across these inhospitable regions, so that he can speak feelingly of the difficulties which the Greeks had to encounter." — **καὶ δή ποτε**, *and on one occasion in particular*. — **στενοχωρίας**, abs., sc. φανείσης, 497, 675, *when there presented itself a narrow pass*. — **ἁμάξαις**, case 458. — **στρατοῦ**, case 423.

8. ὥσπερ ὀργῇ, *as in anger*, real or feigned, case 467 a; ell. 711. — **συνεπεσπούδασαν**: observe the difference in force between this aor. and the pres. συνεπισπουδάζειν, 594. — **ῥίψαντες** s: observe the animation of the narrative. — **ἵεντο**, [sent themselves as one would send a dart] *darted*, or *rushed forward*. — **ὥσπερ ἂν δράμοι τις περὶ** (694) **νίκης**, 635, in the foot-race. — **καὶ μάλα κατὰ πρανοῦς** s, *and even down a very steep hill*. μάλα (as πολύ, etc., cf. iii. 1. 22) is often separated from the word which it modifies, and

22 even by a preposition, becoming thus more emphatic. — **τούτους**, 542 b. It may refer also, by zeugma, to ἀναξυρίδας, 497. — **ἀναξυρίδας**, "αἳ καλοῦνται βράκαι" (Tzetzes, Lat. *braccæ*, A. Sax. *bræc*, Scott. *breeks*, Eng. *breeches*). Such coverings, now an essential part of civilized costumes, were accounted by the Greeks and Romans *barbarian*, inasmuch as they distinguished the dress of most other nations from their own. Euripides ridicules them as θυλάκους ποικίλους, *party-colored bags*. — **θᾶττον ἢ ὡς**, 711. — **ἂν ᾤετο**, *would think* (believe, suppose), if he did not see it, 636, 631 b. — **μετεώρους** (Lex.) **ἐξεκόμισαν**, *they lifted up and brought out*.

9. Τὸ δὲ σύμπαν, *and* [as to the whole together] *in general*, 483 a. — **δῆλος ἦν Κῦρος ὡς** (680, though not comm. after δῆλος) **σπεύδων**, *C.* [was manifest as hastening] *was evidently hastening*. — **πᾶσαν τὴν ὁδόν**, order 523 e: case 482 d, or 472. — **ὅσῳ...τοσούτῳ**, 468, 485 e, β, quanto...tanto, *the...the*. — **ὅσῳ μὲν θᾶττον** s, *the more rapidly he* [should advance, 641 b, 643 e] *advanced* [he would fight with the king so much the more unprepared], *the less prepared he would find the king for battle*. — **σχολαιότερον**: so MSS.; Dind. -αίτερον; 258 d, 259 a. — **συναγείρεσθαι**, the pres. rather than the fut., because the assembling was now in progress. — **καὶ συνιδεῖν** (663 g) **δ' ἦν τῷ προσέχοντι** (678) **τὸν νοῦν ἡ βασιλέως ἀρχὴ** (573),... **ἰσχυρὰ οὖσα** (677), *and indeed to the* [person applying his mind] *attentive observer, the empire of the king was* [to behold being] *manifestly strong*, or, *the attentive observer might perceive that the empire*, etc. — **πλήθει**, *in* (its) *abundance*, 467. — **τῷ διεσπάσθαι τὰς δυνάμεις**, *in* [that its forces were dispersed] *the dispersion of its forces*. — **διὰ ταχέων**, 695, 507 d. — **ποιοῖτο**, 634 a, b; v. l. ἐποιεῖτο. History however shows that the military weakness of the Persian Empire did not lie in the difficulty of promptly assembling troops, but in the inferiority of those troops in comparison with the Greeks. Despite the great effort of Cyrus to take his brother by surprise, the latter had, acc. to Xen., 900000 men assembled to meet the attack. But these 900000 could not withstand the 10000 Greeks. The last Darius found it easy to gather hosts against Alexander; but these hosts were powerless before the Macedonian phalanx.

10. ποταμοῦ, case 445 c. — **ἐκ,** const. præg. 704 a. — **σχεδίαις** (case 466) **διαβαίνοντες ὧδε** (place 719 *κ*). — **στεγάσματα,** modal appos. 394 b. — **χόρτου,** case 414 a. — **ὡς μὴ** (686 c) **ἅπτεσθαι** (mode 671) **τῆς κάρφης** (case 426) **τὸ ὕδωρ** (subj. acc. of ἅπτεσθαι). Skins stuffed or inflated are still so used on the Euphrates and Tigris, either singly to support individual swimmers, or collectively under wooden platforms. Layard even used 600 in a raft for transporting heavy monuments. — **οἶνον,** a wine still used in the East. Cf. ii. 3. 14. — **τῆς...τῆς,** 523 a 2. Observe the distinction between **ἐκ,** from the inside or contents of, and **ἀπό,** from the outside of, 689 a, b. — **μελίνης,** case 412. — **τοῦτο,** referring to σῖτον or μελίνης, as a thing without life, 502 b. Some would supply βρῶμα, *food*, or φυτόν, *plant*. Cf. ii. 3. 16. How many days the army halted opposite Charmande to obtain supplies is not stated.

11. Ἀμφιλεξάντων...τι, *having* [disputed somewhat] *had some quarrel*, 473. — **ἀδικεῖν,** *to have done wrong, be in the wrong*, 612. — **τὸν τοῦ Μ.,** the particular soldier chiefly concerned. The incident here related illustrates well the character of Clearchus and Proxenus. — **ἐνέβαλεν,** in Spartan fashion, — arbitrary and severe; prob. on the spot, with his own truncheon. Cf. ii. 3. 11. — **Κλεάρχῳ,** case 456.

12. Τῇ δὲ αὐτῇ, 540 b; case 469 a. — **ἀγοράν,** where the provisions brought from Charmande were sold. — **ἑαυτοῦ,** 537 a. — **σὺν** 23
ὀλίγοις τοῖς περὶ αὐτόν, *with* [those about him few] *few attendants*, 523 b, 4. — **ἧκεν,** tense 612 (observe the different force in προσήλαυνε). For an aorist force, see i. 2. 6; 5. 15. — **ἵησι τῇ ἀξίνῃ,** [lets fly, throws at him with his axe] *throws*, or, *aims* at him *with his axe*, 466; where ἵησι τὴν ἀξίνην, hurls his axe at him, might have been rather expected. — **αὐτοῦ,** case 405 a. — **λίθῳ,** sc. ἵησι. Observe the elliptic vivacity of the narrative. — **εἶτα,** 703 c; cf. εἶτα δέ, i. 3. 2, 703 c.

13. παραγγέλλει [sc. ἰέναι, 668 b] **εἰς τὰ ὅπλα,** *summons to arms*, cf. κελεύσαντες ἐπὶ τὰ ὅπλα, *Hel.* ii. 3. 20; conclamatur ad arma, Cæs. *B. C.* i. 69. — **αὐτοῦ,** *there, on the spot*. — **ἀσπίδας** (Lex.). Cf. obnixo genu scuto. Nepos, *Chab.* 1. 2. — **Θρᾷκας,** i. 2. 9. — **ἱππέας**: this small body was not specified in 2. 9. — **οἳ ἦσαν αὐτῷ,** *qui ei erant, of whom he had*, 459. — **ὥστ' ἐκείνους ἐκπεπλῆχθαι,** 599 b (pret. 268), *so that they were amazed*, or alarmed, in the condition of those who have been struck out of their self-possession; cf. ii. 4. 26. — **αὐτὸν Μ.,** 540 c. — **τρέχειν,** more pictorial than δραμεῖν. — **οἱ δὲ καὶ ἕστασαν,** *and they also stood*, after taking their arms, as well as the hoplites of Clearchus. — **οἱ δέ,** *but others*, as if οἱ μέν had preceded. Others translate, *and others also*. Cf. vii. 4. 17. — **ἀποροῦντες τῷ πράγματι,** *being perplexed at the affair*, or at a loss what to do in the case, 456; cf. 3. 8.

14. ὕστερος, 509 a; cf. προτέρα, 2. 25. — **εὐθὺς οὖν,** *immediately then*,

οὖν referring to the state of things stated in the parenthesis, and being used here, as not unfrequently in resuming a discourse so interrupted. Cf. Lat. igitur. — **αὐτῷ**, case 450 a. — **μέσον** (Lex.). — **ἀμφοτέρων**, case 445 b. — **ἔθετο**, Lex. *τίθημι*. — **Κλεάρχου**, case 434 a. — **μὴ ποιεῖν ταῦτα**, *not to* [be doing] *do this*, which, as the pres. implies, he was then doing; *not to persist in doing this.* — **ὀλίγου** (414 b) **δεήσαντος**, 573 e. — **τέ**: Xen. chiefly uses *τέ* in correspondence with *καί*; not often *τέ...τέ*, or *τέ* alone.

15. Ἐν (Lex.). — **παλτά** (Lex.). The Persian horsemen usually carried two: *παλτὰ δύο, ὥστε τὸ μὲν ἀφεῖναι, τῷ δ', ἂν δέῃ, ἐκ χειρὸς χρῆσθαι. Cyr.* i. 2. 9. — **σὺν τοῖς παροῦσι τῶν πιστῶν** (Lex.), 419, 678.

16. Κλέαρχε s, 484 b. — **καὶ** [sc. *ὑμεῖς*] **οἱ ἄλλοι**, 401. 3, 485 a. —
24 **τῇδε** brings the danger more vividly near than *ταύτῃ* would have done, 545. — **κατακεκόψεσθαι**, tense 601 b. — **ἐμοῦ**, case 408. — **ἐχόντων** (Lex.). — **οὗτοι οὓς ὁρᾶτε**, 523 g, 544. — **πολεμιώτεροι**, for the sake of restoration to the king's favor, to prevent the weight of the king's displeasure from falling upon themselves, or from envy towards the specially favored Greeks. The weak faith which Cyrus had in the fidelity of his Persian adherents appears again in 6. 4.

17. ἐν, const. præg. 704 d. — **ἐγένετο** (Lex. *γίγνομαι*); cf. *ἐν σαυτῷ γενοῦ*, Soph. *Phil.* 950. This figure is common to many languages. So in Eng., he was beside himself with passion, he came to himself; Lat. ad se rediit; Germ. er ging in sich. — **κατά** (Lex.).

CHAPTER VI.

TREACHERY OF ORONTES. — TRIAL AND CONDEMNATION.

1. Ἐντεῦθεν, from their halting-place opposite Charmande. — **προϊόντων**, sc. *αὐτῶν*, *as they were advancing*, 676 a. — **ἐφαίνετο**, *there appeared* (continuously). — **ἵππων**, place, 719 d, μ. — **ὡς δισχιλίων**, 711 b. — **οὗτοι**, referring to *ἱππεῖς* implied in **ἵππων**. Cf. vii. 3. 39. — **εἴ τι**, 639 a. Cf. 5. 1. — **Πέρσης**, as adj., 506 f; cf. 8. 1. — **γένει**, cf. *γένος*, v. 2. 29, 485. — **τὰ πολέμια**, case 481. — **Περσῶν**, case 419 c, 511.

2. Κύρῳ, case 452 a. — **δοίη, κατακάνοι**, 643 c. How in dir. discourse? — **ὅτι**, pos. 719 b, η: cf. ii. 2. 20. — **κατακάνοι** (50, *καίνω*) **ἄν**, 622 b. Observe the varied position of *κατακάνοι, ἕλοι, κωλύσειε*, etc. — **τοῦ καίειν**, case 405 a; art. 663 f, 664 a; pres. because the burning goes on. Cf. i. 5. 14. — **ποιήσειν ὥστε**, [effect that] *bring about such a result that;* cf. § 6. The inf. is thus expressed as the result of the action denoted by *ποιεῖν*; while in the more frequent construction without *ὥστε* (7. 4; v. 7. 27), it is expressed simply as the direct object or effect. — **ἐκέλευσεν**: a decisive order seems best expressed by the aor., as in § 3 a simple request by the ipf. *ἐκέλευεν*. — **ἡγεμόνων**, case 419 a.

3. νομίσας, nearly = *νομίζων*, but strictly, *having come to the belief*, 592 d. — **παρὰ** [= *πρὸς*] **βασιλέα**, [to send] *to the king*. — **ἥξοι**, 649 d. — **ὡς**

ἄν s, 553 c. — δύνηται, mode 645 b, 650. — ἀλλά, expression of opposition to the natural apprehension that his approach might be hostile. — ἱππέων, whom he would naturally first meet, as they were scouring the region between the two armies. — τῆς πρόσθεν, cf. 3. 19; 4. 8. — ὑπομνήματα, pos. 719 d, μ.

4. Περσῶν s, order 719 d, ν, 523 k. — ἑπτά, *seven* in number, a deferred detail made prominent by its pos. The Persian king had 25
seven chief counsellors (Esth. i. 14; Ezra vii. 14), either from the dignity and sacredness of this number, or, as some think, from the number of the noblemen who slew the usurper Smerdis. — θέσθαι, 579. — τὴν αὑτοῦ (v. l. αὐτοῦ) σκηνήν, 538 g. Cyrus reposed but weak faith in the fidelity of his Persian adherents; cf. 5. 16; and on this occasion the rank and popularity of Orontes may have demanded especial caution.

5. σύμβουλον, 394 b. — ὅς (558 a) γε καὶ s, *since indeed he seemed both to him and to the rest* (the seven counsellors) *to* [be the most honored before others, 69] *hold the first position among the Greeks.* And hence, as so esteemed by the Greeks themselves, it seemed to them that he might be called in from the generals around the tent without exciting dissatisfaction or envy among the rest. The change by some editors of αὑτῷ to αὐτῷ is needless, and, if this is referred to Clearchus, injures the sense. — τὴν κρίσιν, prolepsis 474 b, 71 b. — ἀπόρρητον ἦν, sc. ὡς ἐγένετο, 491 a. — ἄρχειν (Lex.), w. gen. 425: to open the conference. McMich. Cf. primus ibi ante omnes. Virg. *Æn.* ii. 40.

6. Παρεκάλεσα implies the superiority of Cyrus, and that the final decision would rest with him, as συνεκάλεσα would not have implied. — ὅ τι, acc. to some, rel. referring to τοῦτο (551 c); acc. to others, complem. connecting ἐστι to βουλευόμενος. — πρός, *before, in the sight of* (Lex.). — πράξω, subj. 624 a, the preceding aor. having the force of our perf., 605. — τουτονί (Lex. 252 c, d); pos. 719 a. — ὁ ἐμὸς πατήρ, 524 a. — ὑπήκοον, prob. as a military officer under Cyrus, who was then κάρανος in Western Asia, 1. 2 N. — ἐμοί, case 454 e and 455 g. — ταχθείς, showing, if true, the unfriendly relations between Cyrus and his brother, and giving C., if he had not himself provoked this action, some excuse for revolt. But is it not quite possible that this order from Artaxerxes was a mere fiction of the mischief-making Tissaphernes? — ἐμοί, 455 f. — ἔχων... ἀκρόπολιν. It was the policy of the Persian monarchs to garrison some of the most important strongholds with royal troops under commanders of their own appointment, as a check upon the satraps. It is not strange that collisions sometimes took place. — αὐτόν, regarded by some as the object of προσπολεμῶν (instead of the more familiar dative), and by others as the obj. of ἐποίησα by anticipation (474 b), or with anacoluthon (Xen. having commenced as though he intended to write αὐτὸν ἐποίησα παύσασθαι, *I made him cease*). The introduction of ὥστε δόξαι represents it as a freer act, and thus more exposes the inconsistency and treachery of Orontes. — ὥστε δόξαι, 671 b; cf. § 2. — πολέμου, case 405 a. — δεξιὰν s, a pledge of esp. solemnity among the Persians: Τὴν δεξιὰν ἔδωκε [Ἀρταξέρξης] τῷ Θετ-

ταλίων· ἔστι δ' ἡ πίστις αὕτη βεβαιοτάτη παρὰ τοῖς Πέρσαις. Diod. xvi. 43. Cf. ii. 3. 28; 4. 1.

7. ἔστιν ὅ τι, 549 b, 559 a; case 480 b. — **ὅτι οὐ** [= *οὐκ ἔστιν* or *οὐδέν ἐστιν*], "*No*" or "*Nothing.*" — **αὐτὸς σύ,** 540 d, e. — **οὐδέν,** case 586 c. — **Μυσούς** (Lex.), cf. 9. 14. — **ὅ τι ἐδύνω** (sc. *ποιεῖν*), [whatever you were able to do] *as far as you were able*, to the extent of your ability. — **Ἔφη ὁ Ὀρόντης,** 668 b. — **δύναμιν,** i. e. its inferiority, inadequacy to the contest. — **Ἀρτέμιδος βωμόν,** doubtless the world-renowned altar at Ephesus, a sanctuary for fugitives, which was respected by the Persians as well as the Greeks. *Ἄσυλον μένει τὸ ἱερόν*, Strab. xiv. 1. *Τιμᾶται γὰρ καὶ παρὰ τοῖς Πέρσαις ἡ θεὸς αὕτη διαφερόντως*, Diod. v. 77. See Acts xix. 27. — **μεταμέλειν σοι,** te pœnitere, [that it repented you] *that you repented*, 572 d; case 457.

26 **8. Τί,** constructed like *οὐδέν* above and below. For its connection with a part., see 566 a. The Eng. would prefer, "What wrong have you suffered, that you now," etc. — **φανερὸς γέγονας;** *have you* [become manifest] *been found*, or *been manifestly?* 573. Cf. 2. 11; 9. 11, 16. — **ἀδικηθείς,** sc. *γέγονε*, or *γέγονα*, etc. — **περί,** 697. — [Ὁμολογῶ, 708 c], **ἡ γὰρ ἀνάγκη** (Lex. sc. *ἐστὶν ὁμολογεῖν*), [I do confess it] *Yes, for indeed it is inevitable*. Cf. 3. 5. — **ἔτι οὖν** s, 636 b. — **ὅτι** s, 644 a. — **γενοίμην, δόξαιμι,** mode 631 d. Why is *σοί* so placed and followed by *γέ*? The high-minded frankness of Orontes inclines us to regard him as perhaps a loyal servant of the king, whose chief fault lay in not observing enforced agreements made with Cyrus. The tribute of reverence which was boldly paid him on the way to death speaks loudly in his favor; nor did Cyrus venture on a public execution.

9. Πρὸς ταῦτα (Lex. *πρός*), 697. — **τοιαῦτα** (case 478) **μὲν πεποίηκε** (tense 599 a), **τοιαῦτα δέ.** *Μέν* and *δέ* often distinguish words so repeated. — **ὑμῶν,** gen. partitive, 418. — **ἀπόφηναι γνώμην,** *express* [an, or see 533] *your opinion*; voice 579. For the om. of the art. with *γνώμην*, cf. v. 5. 3; 6. 37. What reasons may Cyrus have had for first applying to Clearchus? — **ἐγώ,** why expressed? — **τὸν ἄνδρα τοῦτον,** 524 b. — **ἐκποδὼν** (Lex.) **ποιεῖσθαι,** rather mid. than pass. — **δέῃ, ᾖ,** why subj.? — **φυλάττεσθαι,** voice 579. — **σχολὴ ᾖ ἡμῖν,** observe the repetition of sound, permitted by the Greek ear. — **τὸ κατὰ τοῦτον εἶναι,** 665 b. Observe the pointed and perhaps contemptuous repetition of *τοῦτον*. — **τοὺς ἐθέλοντας** (also accented *ἐθέλοντας*, as a part.)...**εὖ ποιεῖν,** *to benefit these your willing friends*. — **τούτους** appears to be emphatically added for an effect upon those present; see 505 b.

10. γνώμῃ, case 699 g. — **προσθέσθαι** (Lex.). — **ἔφη,** who? — **ζώνης,** case 426 a. — **ἐπὶ θανάτῳ** (Lex.). This was a sign among the Persians of a death-sentence, Diod. xvii. 30. (Cf. the Eng. custom of putting on the black cap.) This action on the part of Cyrus alone was enough; but he chose to require the others to join, perhaps as a test of their fidelity. — **οἷς** (551 f) **προσετάχθη** (as impers., sc. *ἄγειν*), *those to whom it was appointed*, the executioners. — **προσεκύνουν,** tense 592. Often among the

Persians, as familiarly now in the East, by prostration to the earth, and touching this with the forehead, or even kissing it. — **καίπερ εἰδότες,** 674 f, 685 b. — **ἄγοιτο,** why opt.?

11. **σκηπτούχων.** In *Cyr.* vii. 5, 59 s, the reasons are stated which induced Cyrus the Elder to select eunuchs as his personal attendants and body-guards, a custom followed by his successors, and still so extensively retained in Oriental courts and harems. — **εἰδὼς** (Lex. ὁράω), cf. 7. 4. — **ἔλεγεν, εἴκαζον, ἐφάνη,** double chiasma. — **ἄλλοι ἄλλως** (Lex. ἄλλος c), 567 d. — **τάφος** s. The execution and burial seem to have taken place within the tent. It is not unlikely he was buried alive, as the Persians had this mode of execution. See Hdt. vii. 114; *Περσικὸν δὲ τὸ ζώοντας κατορύσσειν.*

CHAPTER VII.

MARCH THROUGH BABYLONIA. — REVIEW OF THE TROOPS.

1. **Ἐντεῦθεν,** 5. 5. The scene of the trial of Orontes seems to 27
have been at or near Pylæ. — **σταθμῷ,** sense? — **Ἑλλήνων,** case 444 a. — **μέσας νύκτας,** 508 a; pl. 489; cf. iii. 1. 33, art. om. 533 d. — **ἐδόκει,** *he thought* (Lex. 1). — **μαχούμενον,** tense 598 b. — **ἐκέλευε, διέταξε,** tense 595. — **κέρως,** *wing* of the Greeks; case 407. The whole Greek force was placed upon the right of the army. See 2. 15 N. In the sense *to command,* ἡγέομαι has regularly the gen.; but in the more literal sense, *to lead* or *guide,* often the dat.; cf. ii. 2. 8; iii. 2. 20. — **τοὺς ἑαυτοῦ,** *his own men,* in distinction from the Greeks.

2. **ἡμέρᾳ,** case 450 a. — **βασιλέως**: the Greek repeats the noun, instead of substituting a pronoun, more freely than the Eng. — **λοχάγους,** 386 c. In a mercenary Greek force, the lochagi had an especial independence and importance, as they commonly engaged the men primarily, and came with them to the standard of the general. Hence we shall find them often in councils of war, ii. 2. 3; iv. 1. 12. — **πῶς** (complem. 563 s) **ἂν τὴν μάχην ποιοῖτο,** *how he should fight the battle* (if there should be one, 636 a). — **αὐτὸς παρῄνει θαρρύνων** (674 b, d) **τοιάδε** (478), *he himself exhorted and encouraged them as follows.*

3. A brief speech, admirably adapted to produce the effect desired. — **οὐκ ἀνθρώπων** (see case 414 b) **ἀπορῶν βαρβάρων,** order 719 a, β. — **ἀμείνονας** (Lex.) **καὶ κρείττους,** 211. Cf. λῷον καὶ ἄμεινον, vi. 2. 15. — **ὅπως** s, 626. — **ἐλευθερίας ἧς,** case 431 b, 554 a. How sweet the sound upon the Greek ear! and with what flattering emphasis does Cyrus repeat it! — **κέκτησθε,** 280 b; pret. (Lex. κτάομαι). — **ὑπέρ,** here inserted, though not usual with εὐδαιμονίζω, to distinguish this use of ἧς from the preceding. — **ἴστε,** mode? — **ἑλοίμην ἄν,** 636 a. How gratifying to the honest pride of the Greeks. The subjects of an absolute monarch are all slaves; cf. 9. 29; ii. 5. 38. The aor. here makes the expression more decided; *that I would unhesitatingly choose,* 594 s. — **ἀντὶ ὧν ἔχω πάντων,** 554 a N., 553.

4. Ὅπως, connecting *εἰδῆτε* to *διδάξω*, 624 a. — **οἷον,** complem. 563 (so *οἵους*); cf. vii. 4. 1. — **κραυγῇ,** 698 a. — **ἐπίασιν,** as fut. (Lex. *εἶμι*), 603 c. — **ἄν,** *if*, 619 a. — **ταῦτα,** the throng and the outcry. — **τὰ ἄλλα,** *as to all else*, 481. — **καὶ αἰσχύνεσθαί μοι** (537) **δοκῶ** (Lex.) **οἵους ἡμῖν** (eth. dat. 462 e) **γνώσεσθε τοὺς ἐν τῇ χώρᾳ ὄντας ἀνθρώπους,** *I* [seem to myself even to be ashamed] *may well be ashamed what sort of men for us you will find those in the country to be.* Ὄντας seems to be rather complem. after *γνώσεσθε* (677 b), than definitive with *τούς*, as some consider it; and *ἀνθρώπους*, though placed at the end for strong and contemptuous emphasis, to be directly constructed with *οἵους* rather than with *τούς*. *Αἰσχύνεσθαι* implies *thinking* or *considering.* — **ἀνθρώπους, ἀνδρῶν** (Lex.), how differing? cf. *πολλοὶ μὲν ἄνθρωποι..., ὀλίγοι δὲ ἄνδρες*, Hdt. vii. 210 (of the Medes at Thermopylæ). — **καὶ εὐτόλμων γενομένων,** *and having proved yourselves heroes.* Rehdz. has *καὶ εὖ τῶν ἐμῶν γενομένων*, *and my affairs having prospered.* — **ἐγὼ ὑμῶν,** pos. 719 b, ε. — **ὑμων...ἀπιέναι,** *any one of you that wishes to return home;* part. 678 a. — **τοῖς οἴκοι** (Lex. case 458) **ζηλωτόν** (Lex.). — **τὰ παρ' ἐμοὶ** s, 528 a.

28 **5. εἶπε,** illustrating the freedom which Cyrus permitted in the Greeks, though Gaulites, who is spoken of as "in the confidence of Cyrus," probably spoke simply to draw from him a stronger statement for the assurance of others. — **διὰ...κινδύνου** (416 a) **προσιόντος,** *on account of your being in such* [an emergency of the danger approaching] *imminent danger;* order 719 d, ν. Most MSS. have *τοῦ* before *προσιόντος*, which would then simply define the danger; with its omission, the danger is affirmed as approaching; 523. 2, 5. — **ἂν εὖ γένηταί τι,** *if* [aught shall have resulted well, 617 d] *you gain any success.* — **οὐ μεμνῆσθαι,** prophetic pres. for fut. 609 b; *v. l.* *μεμνήσεσθαι*, 686 c. — **μεμνῷο,** 317 c.

6. Ἀλλ' ἔστι μὲν (Lex.) **ἡμῖν,** *but there certainly is for us (extending* afterwards implied). — **πρὸς μὲν μεσημβρίαν, πρὸς δὲ ἄρκτον,** order 720 a; art. om. (so **καῦμα, ἄνθρωποι**) 533 d, c. — **μέχρι οὗ,** 557. — **διὰ καῦμα,** 694. — **τὰ...πάντα,** *all the parts between these* limits (or extremes); case 472 d; cf. iii. 4. 31.

7. ἡμᾶς (489 b) **δεῖ τοὺς ἡμετέρους** (538 a) **φίλους τούτων** (407) **ἐγκρατεῖς ποιῆσαι,** *we must make our friends masters of these* domains. — **δέδοικα** (671 d) **μὴ** (625 a) **οὐκ** (686 h) **ἔχω.** — **ὅ τι δῶ,** *what* [I may give] *to give,* 642 a; cf. ii. 4. 19, 20. — **ὑμῶν,** pos.? — **στέφανον...χρυσοῦν,** a reward in Greece for eminent public services. Compare the lavish promises of Cyrus to the Spartans, Plut. *Artax.* 6.

8. Οἱ δέ, *and they*, i. e. the generals and captains, who reported to their men. — **Εἰσῄεσαν,** into his tent for more personal and private interviews, which Cyrus was not now in a condition to refuse them. — **Ἑλλήνων,** case 419 a, 418 b. — **σφισιν,** 539 a; case 459. — **ἔσται, κρατήσωσιν:** what the reg. mode? — **ἐξήγγελλον, εἰσῄεσαν, ἀπέπεμπε, παρεκελεύοντο:** why the ipf.? What arrangement do you here observe? — **Ὁ δὲ** s, 536 b, c. — **γνώμην,** numb. 488 d; cf. *ἐκπλῆσαι τὰς γνώμας αὐτῶν*, *Hel.* vi. 1. 15.

9. μάχεσθαι, personally. — **ἑαυτῶν,** case 445 c. — **οἷα** (297 f) **γάρ,** 708 e.

— **μαχέσθαι**, i. e. prob., in person. "Why should you so expose yourself, *for do you think that your brother will come out to meet you?*" Some think that giving battle in general is all that is here meant. — **νὴ Δία**, 176 d. — **ἐμὸς ἀδελφός**, 538 a. How does this differ from ὁ ἐμὸς ἀδελφός, § 8? — **οὐκ ἀμαχεί** s, *I shall not carry off this prize without fighting for it.* — **ταῦτ'**, to what does this refer? In a military despotism the sovereign must not be suspected of wanting personal valor. Plut. ascribes to Cyrus this reply to the prudent advice of Clearchus: "What do you mean, Clearchus? Do you bid me, in seeking the throne, to show myself unworthy of it?" *Artax.* 8.

10. **Ἐνταῦθα δή**, *here indeed*, or *thereupon:* δή, time past. — 29
ἐξοπλισίᾳ, either in the night (§ 1), or more prob. during the next day, when preparations for the expected battle could be made more completely and more favorably than during a night alarm. — **ἀριθμὸς ἐγένετο**, [a numbering took place] *the number was taken*, viz. — **ἀσπίς** (by meton. for the shield-bearers, Lex. 70 h), **πελτασταί**, etc., specifications in appos. w. ἀριθμός, 393 d, 395. — **μυρία**, numb. 240 a. The total of hoplites stated in the note to i. 2. 9 was 9600. If to this number we add the 700 brought by Chirisophus and the 400 who deserted Abrocomas (4. 3), and then subtract the 100 lost by Menon (2. 25), and 200 more for the various casualties of the march, we have the number here given, 10400. The total of lighter troops in the same note was 2300. This number is now increased to 2400, or, acc. to some MSS., to 2500. This increase, unless arising from a different mode of enumeration, may be accounted for by supposing that the hoplites of Chirisophus, according to Spartan usage, had lighter-armed attendants which it was not deemed important to mention (cf. 5. 13 N.), or that some of the baggage-men, as supplies diminished, and the hour of fighting approached, were enlisted into the lighter companies. — **μυριάδες**, 241, III. — **ἀμφὶ τὰ εἴκοσι**, 706, 531 d.

11. **ἑκατὸν καὶ εἴκοσι μυριάδες**, a reported and prob. exaggerated statement. Ctesias, the king's surgeon, stated the number of his troops in the battle as 400000 (Plut. *Artax.* 13); and the historian Ephorus, as quoted in Diod. xiv. 22, as "not less than 40 myriads." The inclusion of camp-followers in the larger and not in the smaller number would make the discrepancy less. — **Ἄλλοι**, *besides* (Lex.), 567 e; cf. 5. 5.

12. **ἄρχοντες καὶ στρατηγοὶ καὶ ἡγεμόνες.** Xen. may have used these different terms to show and emphasize the power of these great commanders; or some of them, as Weiske and others suppose, may have crept into the text from explanatory glosses. In general, Abrocomas seems to have commanded the troops of the southwestern part of the empire, Tissaphernes of the northwestern, Gobryas of the southeastern, and Arbaces of the northeastern. — **μάχης**, case 408. — **ἡμέραις** s, case 468. The tardiness of Abrocomas was perhaps simply caused by his longer route; but was prob. intentional. The king may have himself suspected this, since he did not think it worth while to wait for him. A reinforcement from the east also came too late; see ii. 4. 25.

13. πρὸς Κῦρον, this is prob. used with *ἤγγελλον* for the comm. dat. (ii. 3. 19), through the influence of *αὐτομολήσαντες*, which it also modifies in sense; cf. 399 g; ii. 27. Some, by a harder const., regard it as a direct adjunct of *αὐτομολήσαντες*, notwithstanding its position. — **οἱ αὐτομολήσαντες,** 678 a. — **ἐκ, παρά,** how do these prepositions differ in force? — **πρό, μετά,** 690. — **οἱ...τῶν πολεμίων,** gen. partitive w. *οἱ*, 553. — Difference between *ταὐτά* and *ταῦτα*? — What do you observe in the general arrangement of this section? Xen., differing from Ctesias, states his authority.

14. ἐξελαύνει, perhaps on the second day after the night-review, as a single day would give scanty time for the council of war, the private interviews (§ 2, 8), and this march with the defiling of so great an army through a narrow pass (§ 14 s). — **τῷ στρατεύματι** (case 467), why not with *σύν*, as in § 1? The prep. is less needed on account of the participle *συντεταγμένῳ*. — **μέσον τόν,** 508 a, 523 b, 4. — **εὖρος,** case 481. — **ὀργυιαί,** 395 c. The dimensions of Plut. and Diod. are less probable.

15. Μηδίας (Lex.). For a description of this wall see ii. 4. 12. The trench seems to have been dug to this wall from the canal-system mentioned below, and to have received its water from the latter. — **διώρυχες.** The general statement, ancient and modern, represents the canal-system here connecting the two rivers as flowing from the Euphrates to the Tigris. There is reason for supposing that the canals may have been filled from the Euphrates at the time of its flood (see Appendix at end of vol.); and that, as the rivers sank, flood-gates were closed to retain the water for purposes of irrigation. Hence, the trench may have been connected with the canals rather than with the river, which was now too low to supply it with water. We may add that the flowing of the water from the west end of the canal-system into the trench would present to the eyes of Xen. the appearance of its flowing from the Tigris; and hence, that statement of its direction, which has led so many to question the genuineness of the passage, *Ἔνθα δή εἰσιν...γέφυραι δ' ἔπεισιν*, is rather an evidence in its favor, since a student adding this would not have been likely to differ from the general account. Cf. the rivers of Babylon, Ps. cxxxvii. See Owen, ii. 4. 13. — **τέτταρες,** the present number of the main canals from river to
30 river in this region (Nahr-Malcha, or King's Canal, etc.). — **διαλείπουσι ἑκάστη** (393 d), *and* [leave each as an interval] *are distant from each other*. — **παρασάγγην,** 472 or 482. — **πάροδος,** prob. left to prevent the escape of the water into the river, and perhaps with the intent to occupy the space with a wall, which there was not time to construct. — **ποταμοῦ,** case? — **ποδῶν,** case?

16. ποιεῖ, πυνθάνεται, use of tense? — **προσελαύνοντα,** 677. — **παρῆλθε, ἐγένοντο,** 495. Cf. iv. 2. 22. — **τάφρου,** case?

17. Ταύτῃ μέν: no *δέ* corresp. before § 20. — **ὑποχωρούντων,** emphat. pos. 719. — **ἦσαν,** number 569 a. Cf. *ἤγοντο*, § 20.

18. τῇ ἑνδεκάτῃ ἀπ' (Lex.) **ἐκείνης τῆς ἡμέρας** (524 b), or **ἀπ' ἐκείνης ἡμέρᾳ,** reckoning back. Most MSS. show the first ellipsis, but *β'* the second.

This sacrifice may have taken place during the halt at Charmande, where Cyrus was doubtless aware of the preparations which the king seemed to be making for a standat the trench. — **μαχεῖται** (mode ?) **δέκα ἡμερῶν**, 433 a. — **Οὐκ**, why first in the clause ? — **εἰ ἐν ταύταις οὐ μαχεῖται** (631 a) **ταῖς ἡμέραις.** Many MSS. have here the more regular *εἰ μὴ ἐν ταύταις ταῖς ἡμέραις μαχεῖται*, 686 b. If *οὐ μαχεῖται* is genuine, it is an emphatic, perhaps contemptuous, repetition of the words of Silanus, 686 k. *εἰ οὐ* also vii. 1. 28; vi. 6. 16. — **ἀληθεύσῃς**, 617 d. — **ὑπισχνοῦμαι**, a form of expression referring to the future, 631 c. — **δέκα τάλαντα**, a money of account, = how many darics ? = how many dollars ? A most lavish gift for a successful prediction, even at the present value of money.

19. **ἐκώλυε**, tense 594. — **τοῦ μάχεσθαι**, case 699 f, 405 a (acc. also admissible). The conclusion of Cyrus was natural, as the king had made no opposition at Pylæ, and then had relinquished a line of defence prepared with so much labor. Yet, in truth, a narrow pass, unless defended by a strong wall, was the very last place for Persians to risk an encounter with Greeks, as they could not there offset by their superiority of numbers the superior personal prowess of the Greeks. Their best chance for success was in an open plain, which they could scour with their cavalry, and where they could amass their hosts on all sides against the Greeks. — **ἠμελημένως**, some read *ἠμελημένος*. — **μᾶλλον**, 685, 510.

20. **πορείαν ἐποιεῖτο** (Lex.), 475. — **αὐτῷ**, *for him*, i. e. of his army, 463. — **στρατιώταις**, case 460, 463.

CHAPTER VIII.

BATTLE OF CUNAXA. — DEATH OF CYRUS.

1. **ἦν**, 571 d. — **ἀγοράν**, cf. ii. 1. 7. — **ἔνθα** (550 e) **ἔμελλε**, 598 a. 31
— **καταλύειν**, for breakfast; see 10. 19. — **ἀνήρ**, without art., 525 a. He had been sent forward for observation or some preparation. — **ἀνά** (Lex.), 695. — **ἱδροῦντι τῷ ἵππῳ**, case 467 a; order 523 b, 4. — **οἷς**, numb. 550 f. — **ἐνετύγχανεν, ἐβόα**, tense ? — **ὡς εἰς** s, 711; cf. § 23; 9. 23. The battle here described was fought, acc. to Plut. (*Artax.* 8), at a place called **Κούναξα**, 500 stadia from Babylon (but 360 stadia, ii. 2. 6). This may have been the name of the station at which the army of Cyrus was to halt, or of the village mentioned in 10. 11, or these may possibly have been the same place.

2. **αὐτίκα**, pos. ? what modifying ? — **καὶ...δέ** (Lex.), cf. 1. 2. — **σφίσιν**, case 699 g. — **ἐπιπεσεῖσθαι**, subject ?

3. Why aorists, and afterwards imperfects ? — **τοῦ, τόν, τά, τάς**, 530 e. — **ἵππου**, according to Plut., a noble horse, but hard to manage and fierce, named Pasacas (*γενναῖον, ἄστομον δὲ καὶ ὑβριστήν*, *Artax.* 9).

4. **Κλέαρχος**: to whom was unfortunately given the chief command of the Greeks in the battle, — prob. the only general who would have there disobeyed Cyrus, ii. 6. 15. — **δεξιά**, numb. 489 a. — **τοῦ κέρατος**, *of the wing*, since the whole Greek force formed only the right wing of Cyrus's army. — **Πρόξενος δὲ ἐχόμενος** (Lex.), *and next Proxenus*, with whom doubtless was Xenophon. — [**καὶ τὸ στράτευμα**], *and his division*, if the words are genuine. They are certainly not required. — **εὐώνυμον** s, next to the Persian main body.

5. **βαρβαρικοῦ**, pos.? — **εἰς χιλίους**, 692. 5, 706; cf. 1. 10. — **ἐν τῷ δεξιῷ**, *on the right* of the Greeks, to join in the pursuit, after the enemy should have been routed. So apparently beyond them, the targeteers, who could operate closer to the river than the cavalry. — **ἐν τῷ εὐωνύμῳ**, *on the left* of the Greeks, yet constituting the main body of the army.

6. **Κῦρος, ἱππεῖς** (sc. *ἔστησαν*), here specially mentioned for the description of their armature, which was rather Greek than Persian. Cyrus was doubtless in or near the centre of the barbarian host (§ 22); and some editors, without MSS. authority, insert *κατὰ τὸ μέσον*, citing the statement of Diod., *Κῦρος ἐτέτακτο κατὰ μέσην τὴν φάλαγγα*, xiv. 22. — **ὅσον** (Lex.), 507 f. — **θώραξι**, case 466. — **μὲν αὐτοί**, *indeed themselves*, corresponding to *οἱ δ' ἵπποι*, in § 7; *μέν* here preceding the contrasted word, that it may come earlier in the sentence, 720 a. — **Κύρου**, case 406 a; cf. 1. 6. — **ψιλήν** (523 b, 4), *unarmed*, i. e. simply covered with the erect tiara, which he proudly wore as a sign of distinction and dignity, asserting in itself his claim to the throne. This, however, might be so thickly and so firmly fitted as to afford considerable protection. Cf. *Ἀποπίπτει δὲ τῆς κεφαλῆς ἡ τιάρα τοῦ Κύρου*, Ctesias's account of the battle in Plut. (*Artax.* 11). — [**Λέγεται**] (cf. 573 a) s, a general statement (corresponding to those in Hdt. v. 49 and vii. 61, and Strabo xv. 3) now thought by many to have crept into the text from a gloss. If genuine, Xen. writes as if from the information of others.

32 7. **οἱ μετὰ Κύρου**, *in Cyrus's body-guard*. — **μαχαίρας**, better shaped for striking, as the *ξίφος* for piercing. — **Ἑλληνικάς**, pos.?

8. A description brief, but graphic. — **μέσον, δείλη**, art. om.? — **ἡμέρας**, case 416 a. — **ἡνίκα δὲ δείλη** (533 d) **ἐγίγνετο**, *but* [when the afternoon was coming on, 594] *early in the afternoon*. — **ἐφάνη**, *came into sight*, incept. aor. 592 d. — **λευκή, μελανία**, from the different manner in which the sunlight struck or was reflected from the long cloud of dust. — **χρόνῳ** (case 468) **δὲ συχνῷ ὕστερον**, *and a considerable time after*, the period of intent and excited watching doubtless seeming long. Some needlessly conjecture *οὐ συχνῷ*. — **ἐπί** (Lex. c). — **ἐγίγνοντο, ἤστραπτε**, tense? — **χαλκός** (Lex.) **τις**, "etwas wie Erz." Rehdz.

9. **λευκοθώρακες**, *white-mailed* (Lex.). — **ἐχόμενοι δὲ τούτων**, *and next to these*; case 426. — **γερροφόροι**, the common Persian infantry, well armed for Oriental warfare, but not for a shock with the iron-clad Greeks, while from their political institutions and habits of life they were no less deficient in spirit, discipline, and physical training. Cf. *Cyr.* i. 2. 13; Hdt. vii. 61. These were bowmen, acc. to Grote. — **ποδήρεσι**, 722 d. — **Αἰγύπτιοι** (Lex.). — **ἄλλοι** s, *and other horsemen and also bowmen*, or,

and others, horsemen and bowmen, 567 e. The asyndeton renders the enumeration less formal, 68 d. — **κατά** (Lex.), 692. 5. — **ἕκαστον τὸ ἔθνος,** v. l. ἕκαστον ἔθνος, 522 b, as usual in armies composed of different nationalities. Cf. Hdt. vii. 60. — **ἐπορεύετο,** numb. 501 a.

10. ἅρματα, subject of ἐπορεύοντο or ἦσαν understood, to which εἶχον is connected by δέ. Numb. of verb? — **διαλείποντα,** cf. 7. 15. — **ἀπ' ἀλλήλων,** 689 b. — **δή,** *indeed, namely.* — **εἰς πλάγιον** (sc. μέρος or χωρίον), [to a side quarter] *sideways* (comm. with the idea of obliqueness), *obliquely* (oftener slanting or curving). — **ἀποτεταμένα,** [extended] *extending* or *projecting* (about two cubits in length acc. to *Cyr.* vi. 1. 30), to mow down standing troops, and sometimes attached to the wheel so as to revolve swiftly. — **ὑπό,** 689 j. — **δίφροις,** these were high, to protect the driver, who was also defended by armor so that only his eyes were exposed. — **εἰς γῆν βλέποντα,** to mangle those who had been thrown down by the rush of the horses. Such a chariot had long axles, that it might be in less danger of being overturned in passing over corpses; and its driver was protected, as just stated. See *Cyr.* vi. 1. 29 s. — **ὡς διακόπτειν,** expresses purpose, 671 e. — **ὅτῳ,** 253. 1; case 699 f, 450 a. — **γνώμη ἦν, ὡς...ἐλῶντα** (sc. ταῦτα), *the plan was* [as though they were going to drive] *that they should drive,* 680 c, 675 d. — **διακόψοντα,** sc. ταῦτα. Cf. 4. 8.

11. Ὅ, rel. referring to τοῦτο. — **εἶπεν,** i. 7. 4. — **καλέσας,** object? Cf. the fuller, but less frequent, form of expression in 7. 18. In Greek, if two closely connected verbs have a common object, this is usually expressed but once and in the case required by the nearer verb; cf. 399 g, 536 c. — **ἐψεύσθη τοῦτο** (case 478 or 481, 586 c), *in this he was mistaken.* — **κραυγῇ,** case 467 a. — **ὡς ἀνυστόν** (sc. ἦν 572), *as far as* [was] *possible.* — **ἐν ἴσῳ** (sc. βήματι, *step*), (Lex.), 695; pos. 718 e.

12. ἐν (Lex.), 690. — **αὐτός** s, simply *himself with P.,* without his body-guard, 540 c, 541 a. — **Κλεάρχῳ,** case 452. — **ἐβόα,** tense 595 a. — **ἄγειν...εἴη,** 659 c, 643 c. — **μέσον τό,** 523 a, 3. — **κἂν τοῦτ'** s, 644 b. 33
— **νικῶμεν,** mode? — **πάνθ' ἡμῖν** (case 461) **πεποίηται** (tense 610 a) = *our work is all done.*

13. Ὁρῶν, ἀκούων, ἔχων, concessive, = *though he saw,* etc., 674. 1, f. — **Ὁρῶν,** pos.? — **ὁ Κλέαρχος,** the subj. of ἤθελεν, yet repeated after the parenthesis, and ἀλλ' ὅμως used as if a finite verb had preceded; cf. 70 t. — **τὸ μέσον στῖφος,** order 523 b. The king's horse-guards would be esp. conspicuous, 7. 11. — **Κύρου,** case 434 a; cf. 10. 5. — **ὄντα,** part.? — **εὐωνύμου,** case 445 c. Some needlessly omit Ἑλληνικοῦ, as rendering the statement less strong than that below. The truth appears to be that Xen. was so absorbed in the contest between the Greeks and Persians, and esteemed so lightly the barbarian forces of Cyrus, that he leaves the latter mostly out of account in describing the battle, and sometimes seems to speak in general of the army of Cyrus as the Greek army, and of that of the king as the barbarian army; see § 10, 14, 19, 24. — **τοσοῦτον,** 485 e, β, 483; used rather than the dat., on account of πλήθει, 487 b. — **πλήθει,** case 467 b. — **μέσον τὸ ἑαυτοῦ,** *his own centre,* i. e. the centre of his army. — **Κύρου,**

gen. poss. — **μὴ κυκλωθείη**, 625 a. — **ὅτι αὐτῷ μέλοι** (*v. l.* *μέλει*, 645 a), **ὅπως καλῶς ἔχοι** (Lex. 624 c), *that he himself was taking care* (even more arrogant than *that he would take care*) *that* [it should have itself well] *all should go well.* The self-willed and insubordinate course pursued by Clearchus to secure himself and the Greeks, left Cyrus with his Persian force to contend with several times the number of similar troops, and made his destruction almost certain. *Ὁ δ' αὐτῷ μέλειν εἰπών, ὅπως ἕξει κάλλιστα, τὸ πᾶν διέφθειρεν*, is the language of Plutarch, who is esp. severe upon the selfish caution, the folly, and faithlessness of Clearchus. *Artax.* 8. Cyrus prob. understood the reply of Clearchus as expressing an intent to follow his direction, and supposed that all would be well.

14. βαρβαρικὸν στράτευμα, *the Persian host* of the king. Born. and Dind. say "of Cyrus," but it was very unlikely that he would lead his inferior Persian host to the encounter, before the Greeks, upon whom he placed his main reliance, were ready; cf. § 13 N. See Grote's remarks on Clearchus. — **αὐτῷ** (Lex.). — **συνετάττετο** s, *was forming from those who were still coming up,* and successively deploying into line. — **παρελαύνων,** returning from the extreme right, where Clearchus was posted. — **πρὸς αὐτῷ** s, 541 e, *at a considerable distance even from his own army.* — **κατεθεᾶτο ἑκατέρωσε,** *took a survey on each side.* What a season of observation, excitement, and suspense!

15. Ξενοφῶν Ἀθηναῖος, wt. art. 525 a; the first mention of the author. Whether he was with his friend Proxenus, or with Clearchus as a mounted aid, or with the few cavalry of the latter, is not stated. His horse, freedom of movement, and relations to Cyrus and the generals, made the service which he now rendered both convenient and fit for him. — **ὑπελάσας ὡς συναντῆσαι,** 671 a, e. — **εἴ τι παραγγέλλοι,** *if* [he would command anything] *he had any commands to give,* 648 a. — **ἐπιστήσας,** McMich. compares "having pulled up." Cf. *στήσας τὸ ἅρμα*, 2. 17. — **ὅτι καὶ τὰ ἱερὰ καλά** (sc. *εἴη*) s, *that both the sacrifices* [esp. the omens from the entrails] *were auspicious, and all the attendant circumstances* [esp. the movements of the victims]. For the generally accepted distinction between *ἱερά* and *σφάγια*, see Lex. In such sacrifices, to which both the Greeks and the Romans attached a vital importance, every appearance of the victim had its significance, the manner in which it approached and stood at the altar and received the fatal blow, its fall and dying groans and struggles, the burning of parts upon the altar, and esp. the forms and condition in which the entrails (eminently the vital organs) were found. — **καλά,** repeated in emphatic confirmation.

16. θορύβου, case 432 a, i; cf. *ὁ θόρυβος*, 530 a. — **τίς, ὅ τι,** complem. 563. — **εἴη,** mode? — **[Ξενοφῶν.]** If *Κλέαρχος*, the reading of some MSS., is correct, then this general must also have left the line for conversation with Cyrus; but this seems quite improbable after the previous interview, § 12 s. — **τὸ σύνθημα,** *the password* for distinguishing friends from foes, in two parts: the sign *Ζεὺς Σωτήρ*, and the countersign *Καὶ Νίκη*. Cf. vi. 5. 25; Lat. tessera, Virg. *Æn.* vii. 637. — **παρέρχεται, παραγγέλλει** (mode?).

— δεύτερον: the password was repeated in a low tone by each soldier, from the commander to the end of the line, and then back again, to secure its correct transmission, from the end of the line to the commander; see *Cyr.* iii. 3. 58. It was usually, as here, both religious and animating. — **Καὶ ὃς** (518 f) **ἐθαύμασε,** as it should not have been given out without his concurrence; the tense denoting the momentary expression of surprise, rather than the continuous feeling of wonder; but Clearchus was autocratic.

17. **Ἀλλά** (Lex.). — **δέχομαι,** *I accept it,* I hail it as a good omen. Cf. *accipio,* Virg. *Æn.* xii. 260. — **τοῦτο ἔστω,** [let this be] *so let it be,* = may the result be in accordance with these auspicious words. — **οὐκέτι...στάδια** (case 482) **διεχέτην** (568) **τὼ** (234 e, 492 c) **φάλαγγε,** *the two lines* [were no longer distant] *were within three or four stadia of each other.* About what part of a mile? — **ἐπαιάνιζον** (Lex.). The Greeks were wont to sing the pæan to one or more of the gods (Apollo, Mars, etc.), both before a battle, in anticipation of victory (*παιὰν ἐμβατήριος*), and after a successful battle, in thanksgiving (*παιὰν νικητήριος*). — **ἀντίοι** (Lex.), 509. — **πολεμίοις,** case 455 f.

18. **πορευομένων,** sc. *αὐτῶν,* 676 a. — **ἐξεκύμαινε,** a metaphor, imitated and commended for its expressiveness and beauty by the ancients; nearly expressed by our *undulated,* more closely by *billowed forth.* — **τι** 34
(sc. *μέρος*) **τῆς φάλαγγος,** some part of the line, 418 b. — **δρόμῳ** (Lex. case 467 a) **θεῖν,** *to run* [with running] *outright, to hasten upon the run,* differing from the simple *ἔθεον* below, not so much in what it expresses, as by its fuller and more emphatic expression, partaking of pleonasm, 69. — **ἐφθέγξαντο,** *gave a shout.* — **οἷόνπερ,** case 468 (sc. *φθέγμα, cry*) or 483. — **ἐλελίζουσι,** from *ἐλελεῦ,* one form of the war-cry, as *ἀλαλάζω* (iv. 2. 7) from another form; cf. *ὀλολύζω,* and our *to whoop, huzza,* etc. — **θέον,** tense and order? It was for the interest of the Greeks thus to shorten the period of exposure to missiles, and to come as soon as possible to close quarters. — **Λέγουσι,** Xen. writes here, as elsewhere, as if he had not been present. — **ἐδούπησαν,** stem 344; cf. iv. 5. 18. So Alexander's soldiers, Arr. i. 6 (where the expression seems to us more natural: *τοῖς δόρασι δουπῆσαι πρὸς τὰς ἀσπίδας*). — **φόβον ποιοῦντες τοῖς ἵπποις** (460), [causing terror to] *striking terror into the horses;* acc. to some, seeking to terrify the horses (598 c, 594); esp. those of the scythe-armed chariots.

19. **ἐξικνεῖσθαι** (Lex.), mode, 703 d, β; i. e. *before they came within bow-shot.* — **ἐκκλίνουσιν, ἐδίωκον, ἐβόων,** tense? — **κράτος** (Lex.). — **μή,** why rather than *οὐ*? — **ἐν** (*τῇ*) **τάξει,** without art. 533 c. — **θεῖν...ἕπεσθαι,** order?

20. **τὰ μέν,** appos. 393 d. — **ἡνιόχων** (case 414 b), such frightened cowards that they had deserted their chariots, and fled with the rest. Cf. *Cyr.* viii. 8. 25. — **προΐδοιεν,** mode? cf. 5. 2. — **διΐσταντο.** Alexander bade his soldiers do the same at Arbela, Curt. iv. 13. — **ἔστι** (Lex.) **δ' ὅστις** (*ἦν δέ τις ὅς,* 553, 559 a), *but there was one at least who.* This seems to express the force of this indefinite form of expression, which does not affirm of more than one, and yet does not confine the statement to one. — **ἔφασαν,**

subject 571 c. — **οὐδὲ...δέ**, neg. corresponding to *καὶ...δὲ* affirm. (Lex. δέ). — **οὐδεὶς** a, neg. tripled? — **τις**, *a certain one.* The precision of statement here used seems to show that *τὶς* is used to denote a single person, and not vaguely for one or two, or a small number.

21. **τό**, sc. *πλῆθος, μέρος*, or *στράτευμα.* — **οὐδ' ὡς** (Lex.). — **συνεσπειραμένην**, pos.? — **ποιήσει**, mode? — **καὶ γάρ** (Lex.), 1. 6, 8. — **αὐτόν**, case 474 b; cf. **κρίσιν**, 6. 5.

22. **μέσον...τὸ αὑτῶν**, *their own centre* (i. e. of their own army); gen. poss. 443; cf. 538 a. — **ἤ**, **χρῄζοιεν**, mode? — **ἄν**, 618 c, 658 a. — **ἡμίσει χρόνῳ**, [by means of] *in half the time*, 466, 469 e.

23. **αὐτῷ**, case 455 f. — **ἀντίου** (Lex.). — **αὐτοῦ**, governed by *ἔμπροσθεν*:
35 cf. *πόρρω*, iii. 4. 35. — **ὡς εἰς κύκλωσιν**, *as if for surrounding* the
enemy, 511; cf. § 1; 2. 1.

24. **δή**, force? — **τὸ Ἑλληνικόν**: Xen. was intent upon the fortunes of the Greeks. Cyrus must have seen that the king's manœuvre would place himself and his barbarian army between two vastly superior forces, and expose them to almost certain destruction. As the Greeks were too much occupied in their petty victory, and too far removed to render him the needed support, his only hope seemed to lie in a bold effort to arrest the king's movement, and bring the battle to a decision by a direct charge upon him. Cyrus has been blamed for his rashness; but his desertion by Clearchus and the Greeks left him no alternative. He must snatch the crown by his personal prowess, or atone for his ambition by death. He almost won. — **ἐλαύνει ἀντίος** (Lex.), 509; with a general advance, no doubt, of his barbarian troops. — **ἑξακοσίοις**, § 6. — **ἑξακισχιλίους**, 7. 11, emphatically added, as showing the great disparity of number. — **ἔτρεψε**: after the vivid description by the hist. pres. (*ἐλαύνει, νικᾷ*), the aor. better represents the feat as accomplished. Observe in the graphic account below the repeated interchange of present and past tenses. — **αὐτὸς...ἑαυτοῦ**, 541 h. — **Ἀρταγέρσην**, who, acc. to Plut., advanced against Cyrus with insulting and threatening words, and hurled his javelin against him with great force. The javelin which Cyrus sent in return pierced Artagerses through the neck.

25. In the all-absorbing excitement of hand-to-hand fighting, it was natural for each soldier to press on as he could; and a commander lost, in great measure, the power of directing and controlling the movements of his men. — **ὁμοτράπεζοι**, see Voll. and Rawlinson.

26. **τὸ ἀμφ' ἐκεῖνον στίφος**, *the crowd about him;* i. e. his more immediate attendants, as *ὁμοτράπεζοι*, etc., gathering close about him for his protection. — **ἠνέσχετο**, aor., since all was here momentary (Lex. ἀνέχω). — **Τὸν** (530 a) **ἄνδρα ὁρῶ**, tense 603 a. — **ἵετο**, not perhaps mere impulse in the heat of the engagement, since it was almost certain that he would be overwhelmed in the ocean of the opposing army, unless he could gain a personal victory over the king. (On *παίει*, vii. 4. 9 w. 6.) — **τιτρώσκει**, with a spear two-fingers'-breadth deep, acc. to Ctesias (Plut. *Artax.* 11), the king having first hurled his javelin in vain at Cyrus. Ctesias adds that the king fell from his horse, and that he himself, with others, attended him out of the fight. — **καί**, a loose connection by co-ordination, instead of a closer by subordination, which indeed Cobet gives by inserting **δέ** before καί. — **ἰᾶσθαι** (660 c) **αὐτὸς** (case 540 e, 667 b). — **φησι**, order?

27. **τις**, Mithridates, a young Persian, acc. to Ctesias. Wounds added by others made it doubtful who slew Cyrus. Artaxerxes himself jealously asserted the honor, and when Mithridates and a Carian claimed it, gratified the vengeance of Parysatis by giving them up to a death of lingering tortures. A like fate befell Masabates (Bagapates in Ctes. *Pers.* 59), a faithful eunuch, who by order of the king cut off the head and right hand of Cyrus, and whom Parysatis artfully won from the king in a game of dice. See Plut. *Artax.* 14 s. This hand-to-hand fight of the two brothers has been compared to that of Eteocles and Polynices, the sons of Œdipus, for the crown of Thebes. — **μαχόμενοι** (mode 580) **βασιλεύς**, left without a finite verb, and independent, through anacoluthon, 402 a, 675 f. What case with the part. would have here given a regular construction? Some would rather refer the construction to 395. — **ἀπέθνῃσκον** (one after another), **ἀπέθανε**, tense? Diod. states that more than 15000 of the king's army were slain in this battle, mostly by the Greeks; and that of the barbarian force of Cyrus about 3000 fell; but of the Greeks not one perished, and only a few were wounded. — **ἔκειντο**, i. e. in death; so often *κεῖμαι*, jaceo, *lie*, etc.

28. **ὁ πιστότατος αὐτῷ** (453) s, *the* [attendant most faithful to him] *most devoted attendant of his wand-bearers.* — **περιπεσεῖν αὐτῷ**, case 450 a; cf. 699 g. Cf. super amici corpus procubuit, Curt. viii. 11; Virg. *Æn.* ix. 444.

29. **Κύρῳ**, 699 a. — **ἑαυτόν**, 583; with the idea seemingly implied, here and before, of immolation to the dead (Lex. *σφάζω*). Cf. *Cyr.* vii. 3. 11 s. — **σπασάμενον**, voice 579. — **χρυσοῦν**, *a gilt* poniard. — **στρεπτόν**, etc. cf. 2. 27.

CHAPTER IX.

XENOPHON'S PANEGYRIC ON CYRUS.

1. **μέν** (Lex.). — **παρά** (Lex.), 586 d, 694. 9; an acknowledgment 36
being regarded as proceeding from the speaker; cf. *ἐκ* (ii. 6. 1). — **Κύρου...ἐν πείρᾳ**, [in the knowledge of Cyrus by experience] *personally acquainted with Cyrus.* Κύρου is governed by **πείρᾳ** (Lex.); observe the order.

2. **μέν**, corresp. to the first *δέ* in § 6 or in § 7. — **πάντα**, case 481; order 719 b, ε. Observe the use of the definite tenses in the description of character in this chapter (and in ii. 6. 25; 592 a), a description which seems in general correct of Cyrus, as he appeared in his ambition for the throne. How he would have shown himself in the actual possession of it, is, perhaps fortunately for his reputation, an unwritten chapter of history. — **κράτιστος**, hence regarding himself as more worthy to reign than his brother.

3. ἐπὶ ταῖς βασιλέως θύραις, *at the king's court,* kept there largely as hostages for their fathers' loyalty. — **καταμάθοι ἄν,** *might learn,* 636 a. — **αἰσχρόν, ἔστι,** pos.? — **οὔτ' ἀκοῦσαι οὔτ' ἰδεῖν ἔστι,** [it is possible neither to] *one can neither hear nor see anything base,* or, *there is nothing base to be either heard or seen,* 633 g, — a picture belonging, acc. to Xenophon's own statement in Cyropædia (viii. 8. 12 s), to the early rather than the later Persian court, though we may hope that the gross corruptions of the later Persian court were in large measure hidden within from the youthful pages. Cf. the early system of Persian education in *Cyr.* i. 2. 2 s.

4. ἀκούουσι, *hear of.* — **εὐθύς** (Lex.); cf. ii. 6. 16; iv. 6. 14. — **μανθάνουσιν** (mode 671 d), in this atmosphere of absolute authority and unquestioning obedience, so different from that which surrounded the Athenian boy. Abuse of freedom in Athens inclined Xen. to see the advantages of a more arbitrary government.

5. αἰδημονέστατος (pos.?)...**τῶν ἡλικιωτῶν,** [the most respectful of his equals] *more respectful than any of his equals,* 515. — **μέν,** corresponds to what? — **τοῖς τε πρεσβυτέροις** (case 455 g) **καὶ τῶν ἑαυτοῦ** (case 408) s, *and to be more obedient to his elders than those even who were lower in rank than himself.* — **ἵπποις,** case 466 b. — **Ἔκρινον,** subject, 571 c. — **εἰς τὸν πόλεμον,** [tending into war] *preparatory to war, for war,* 694. — **ἔργων** (Lex.); gen., obj. w. *φιλομαθέστατον* and *μελετηρότατον,* 444 a. — **τοξικῆς,** art. om.?

6. Ἐπεὶ δὲ τῇ ἡλικίᾳ (case 453) **ἔπρεπε,** i. e. when he had passed from the class of *παῖδες, boys,* into that of *ἔφηβοι, youths, young men,* which was usually, acc. to *Cyr.* i. 2. 8, at the age of 16 or 17, but must have been earlier in the case of the precocious Cyrus. — **ἄρκτον,** not necessarily a *she*-bear, as the word is comm., epicene, 174 a. — **ἐπιφερομένην** (Lex.), 578 a. — **τὰ μὲν** (sc. *πάθη*), *some* [*injuries,* or *hurts*], 478; not followed by *τὰ δέ,* as there is a change in the form of expression: *τέλος δέ* s. — **πρῶτον,** adj. or adv.? — **πολλοῖς** (case 458) **μακαριστόν** (Lex.); cf. *τοῖς οἴκοι ζηλωτόν,* 7. 4. N.

37 **7.** Explain use of tenses in this section. — **στρατηγὸς**...**ἀπεδείχθη,** voice, 586 c; cf. 1. 2. — **μέν,** to which the first *δέ* in § 11 may correspond. — **αὐτόν,** case 474 b; cf. i. 8. 21. — **περὶ** (Lex., 692. 4) **πλείστου ποιοῖτο** (Lex.), voice 579. — **ποιοῖτο, σπείσαιτο,** mode? — **συνθοῖτο,** 315 c (*v. l. συνθεῖτο*); not implying, like *σπείσαιτο,* previous hostility. — **τῳ** = *τινι,* 253. 1. — **μηδὲν ψεύδεσθαι,** *to* [falsify nothing, 478] *prove false in nothing.*

8. Καὶ γάρ (Lex.) **οὖν,** introducing a consequence in confirmation of what has been before stated. — **αἱ πόλεις** (generic, 522 a; so the contrasted *οἱ ἄνδρες*) **ἐπιτρεπόμεναι,** *cities, on being committed* (or committing themselves) *to his charge,* nearly = the cities which were committed (by the king, or committed themselves) to his charge. — **ἐπίστευον δ' οἱ ἄνδρες** (sc. *ἐπιτρεπόμενοι*), *and individuals reposed full confidence* in him. Observe the emphatic repetition of *ἐπίστευον.*

9. Τοιγαροῦν and *καὶ γὰρ οὖν* have nearly the same force; though strictly the connective power is somewhat more prominent in the former, and the confirmative power in the latter. — **ἐπολέμησε**, *had engaged in war*, inceptive 592 d. — **αἱ πόλεις**, the Greek cities in his neighborhood, those of Ionia; see 1. 6. — **τοὺς φεύγοντας**, 1. 7; the partisans of Cyrus, who had been banished by Tissaphernes and his partisans. — **ἐφοβοῦντο**, 582 β; apprehending the revenge which he might take in their behalf.

10. Καὶ and **καί** may correspond as *both, and*: *for he both showed by his conduct and expressly declared.* — **προοῖτο**, form 315 c; mode? — **ἐπεὶ ἅπαξ... ἐγένετο**, *after he had once become*, ind. as referring to a definite fact; cf. 641. Observe the distinction between the definite **ἅπαξ**, *once for all*, and the indefinite **ποτέ**, *at any time.* — **μείους**, *fewer* in number. — **ἔτι** (emph. repeated) **δὲ κάκιον πράξειαν** (Lex.), *and should be still less fortunate.*

11. Φανερὸς (Lex., 573) **δ' ἦν, καὶ..., νικᾶν πειρώμενος**, *he* [was apparent] *showed himself...endeavoring to outdo.* — **ἦν, ποιήσειεν**, modes 634 d, b. — **ἀγαθόν, αὐτόν**, case 480 b. — **εὐχὴν** (pos.?) **δέ τινες αὐτοῦ ἐξέφερον, ὡς** (702 a) **εὔχοιτο** (mode 643, tense?), *some indeed* [brought out from his society] *reported a prayer of his, how he prayed.* "Similes orationis redundantias in deliciis habent Græci." Kühn. — **τοσοῦτον χρόνον**, emphatically pleonastic. — **χρόνον**, case? — **ἔστε νικῴη** (form 293 c; mode 641 d; tense 612)...**ἀλεξόμενος**, *until he* [should have outdone, requiting] *had outdone by requital*; ἀλεξόμενος, properly of requiting evil, but here, by zeugma (68 g), of returning both evil and good. The returning of good for evil has found little place even in the theory of heathen morality. Would that it were not so limited in the practice even of Christians! How many, while they praise the Gospel rule, follow the worst part of the precept of Isocrates (1. 26): *Ὁμοίως αἰσχρὸν εἶναι νόμιζε, τῶν ἐχθρῶν νικᾶσθαι ταῖς κακοποιΐαις, καὶ τῶν φίλων ἡττᾶσθαι ταῖς εὐεργεσίαις.* But Cyrus, from his ambition, failed signally of making a due return for the mildness and forgiveness of his brother.

12. πλεῖστοι (art. om. 533 e) **δὴ αὐτῷ, ἑνί γε ἀνδρὶ** (512 c, 393) **τῶν ἐφ'** (Lex. a, 690) **ἡμῶν, ἐπεθύμησαν...προέσθαι**, *the greatest number certainly desired to intrust to him, at least for a single individual* [of those] *in our time*; cf. § 22. — **δή**, often with superl.

13. Οὐ μὲν (Lex.) **δὴ οὐδὲ** (713 c) **τοῦτ'** (544) **ἄν τις εἴποι** (mode 636 a), *not indeed surely could any one say even this.* — **τούς**, not repeated, as the adjectives together describe a single class, 534. 4. — **πάντων**, case 420 c. — **ἦν ἰδεῖν**, [it was possible to see (Lex. εἰμί), 571 f] *one might see*; cf. 5. 2. The Persians were exceedingly rigid and severe in punishment; and a young ruler, with his limited knowledge of the springs of human conduct, is in danger of relying too exclusively upon the principle of rewarding the good and punishing the bad. Cf. Cæs. *B. G.* vii. 4, at end. — **ποδῶν**, *of feet*, one or both; *τῶν ποδῶν*, *of their feet*, would have implied both. — **ἐγένετο** (Lex. γίγνομαι), 571 f. — **Ἕλληνι**, case 459. — **μηδὲν** (686 d) **ἀδικοῦντι** (Lex.), *if he did no wrong*, condition, 635, 674. — **τις**, [any one] *he*. In general reference the Greek often uses an indef. where the Eng. prefers a pers. pron.; cf. i. 9. 18. — **προχωροίη**, agreeing w. *ὅ τι*, or impers.

w. ἔχειν understood (Lex.); mode 641 b; form 293 c. There seems to be esp. reference here to valuable articles of traffic, the conveyance of which is attended with special risk.

38 **14.** **γέ** (Lex.); cf. γὲ μήν, § 16, 20. — **ἀγαθούς,** pos.? — **ὡμολόγητο,** pers. const. for impers., 573; *it* [had been acknowledged and settled] *was without dispute that he honored,* 599 b, c, 268; cf. vi. 3. 9. — **πρῶτον μέν** (Lex.), left without the regular sequence. If these directly modified ἐποίει, and ἦν αὐτῷ πόλεμος was changed to ὄντος αὐτῷ πολέμου, the correspondence with ἔπειτα δέ would be more regular. — **καὶ αὐτός,** *even in person.* — **οὕς,** as indef. 550 a; the relative clause preceding, 551 c. — **ἑώρα,** augm. 279 b. — **ἧς,** attr. 554 a. — **χώρας,** 551 c. — **δώροις,** case 466.

15. **ὥστε** s, *so that* (in the domain of Cyrus) *the brave appeared the happiest of men, and the cowardly were deemed fit to be their slaves.* — **οἴοιντο,** mode? — **Κῦρον,** more emphatic than the pronoun.

16. **Εἰς** (Lex.) **γε** (Lex.); cf. § 20, and γε μέντοι, § 14. — **εἴ τις αὐτῷ** (case 454 d) s, *if any one appeared to him desirous of exhibiting it.* — **γένοιτο, ἐποιεῖτο,** mode, etc., 634 b, d. — **περί** (Lex.). — **τούτους,** [these] *such persons,* numb. 501; cf. αὐτούς 4. 8. — **ἐκ,** denoting source, *from* or *by means of* (Lex. ἐξ), cf. ἐκ τοῦ δικαίου, § 19.

17. **αὐτῷ,** case 460. — **τε** (Lex.)...**καί** (Lex.), *both...and especially.* — **διεχειρίζετο,** pass., used of a series of measures, while ἐχρήσατο and ἔπλευσαν have reference to a single expedition, viewed as a whole, 591 s. — **Καὶ γὰρ στρατηγοί** s, *for indeed* (or both) *generals and captains did not sail to him* [for the sake of money] *for their mere wages, but* [since] *because they* (657 k) *knew that to serve Cyrus well was more gainful than the pay by the month;* cf. § 20.

18. **'Αλλὰ μήν** (Lex.) **εἴ τίς γέ** (accent 787) **τι** (case 478), *nay truly, if indeed any one rendered any good service* [to him having commanded] *upon his command, he never left* [to any one the zeal, 460; cf. § 13 N. τις] *his zeal unrewarded.* — **ὑπηρετήσειεν,** mode? — **εἴασε,** aor. to deny a single instance, and not merely the habit; the more positive, because ἄν is not added, as in § 19 w. ἀφείλετο. — **κράτιστοι δή,** *the* [best certainly] *very best*; cf. § 12, πλεῖστοι δή. — **ὑπηρέται παντὸς ἔργου,** *supporters of,* or, *in every work,* 444. — **Κύρῳ...γενέσθαι,** *to* [have come to] *belong to Cyrus,* 459.

19. **ὁρῴη, ἀφείλετο** (616 c), **προσεδίδου,** 634 b, d, e. — **δικαίου** (Lex.). — **ἄρχοι,** mode 641 b (v. l. ἄρχει 651. 1). — **χώρας,** 551 c; cf. § 14 (sc. τὴν χώραν, 480 c). — **οὐδένα ἂν πώποτε ἀφείλετο,** *he would never take away from* [any one, cf. § 18] *him;* cf. ἔπτασαν ἄν, 5. 2. — **ἐπόνουν,** i. e. his vassals, local administrators. — **καὶ...αὖ,** *and still further.* — **ἥκιστα,** *least of all,* or, *not at all.* — **ἔκρυπτεν,** sc. ταῦτα, 480 c. — **πλουτοῦσιν,** case 456. — **ἐφαίνετο,** *he showed himself not envying,* with impf., fact or not? — **ἀποκρυπτομένων,** tense? Observe the pairs of kindred words, φανερῶς... ἐφαίνετο, χρῆσθαι...χρήμασι. The Greek often seeks an echo of sound which in English would rather be avoided. We shall also find frequently that the near repetition of the same word, even if not specially emphatic, was more agreeable to the Greek ear than it is to the English.

20. **Φίλους**, seems not so much the direct object of θεραπεύειν as 39
the noun expressed in the relative clause (which here precedes, 551 c), and placed first for emphasis: [friends at least certainly as many as he might have made] *and certainly whatever friends he made.* The same noun, with τοσούτους or τούτους (cf. ὅσα...τούτων § 23), also belongs to the antecedent clause, where it is governed by θεραπεύειν. — **ποιήσαιτο**, voice? mode? — **συνέργους εἶναι** (sc. τούτου, cf. § 21). — **ὅ τι τυγχάνοι** (Lex.) s, *co-workers* [of that whatsoever] *in whatever he* [might happen to] *desired to effect.* — **πρός**, w. pass., 586 d (rare in Att. prose). — **ὁμολογεῖται**, pers. 573. — **κράτιστος...θεραπεύειν**, *the best* [to cherish] *for*, or, *in cherishing*, 663 d *or* c.

21. **αὐτὸ τοῦτο** (431 b), *with respect to this very end*, explained by the appositive clause, ὡς συνεργοὺς ἔχοι. — **οὗπερ αὐτὸς ἕνεκα φίλων** s, *for the sake of which he thought that he himself needed friends*, 719 a, β. — **ἔχοι**, mode 624 c. — **συνεργὸς τοῖς φίλοις** (451 b, 699 f)...**τούτου** (case 444 a), *co-worker with his friends for that.* — **ὅτου**, case 432 e; form?

22. **Δῶρα** (pos.?) s, 512 c. — **οἶμαι**, form 313 e. — **διὰ πολλά** (Lex.); the oriental usage of approaching the great with presents, combining with the attractiveness of his personal character the example of his own generosity, and the influence of his exalted prospects. — **πάντων**, case 420 c. — **διεδίδου**, tense? form 315 b. — **τρόπους** (*v. l.* τρόπον), 488 d. — **καὶ** (sc. πρὸς τοῦτο) **ὅτου**, case 414 b, c.

23. **τῷ σώματι** (460, so ἀνδρί below) **αὐτοῦ** (538 f) **κόσμον** (394 b), *as an equipment for his person.* — **ἢ ὡς εἰς πόλεμον ἢ ὡς εἰς καλλωπισμόν**, *either* [as he would send for war] *for use in war or for mere embellishment*, ὡς marking the purpose of the giver. Cf. 2. 1; iv. 3. 11. — **τούτων**, as antecedent of ὅσα, 550 d. — **οὐκ ἂν δύναιτο**, [would not be able, 636 a] *could not.* — **κοσμηθῆναι**, etc., see § 19 N. φανερῶς...ἐφαίνετο. — **νομίζοι**, w. 2 acc. 480 a.

24. **τὸ μέν** s, *that he surpassed his friends in conferring* [the] *great benefits is nothing wonderful.* — **ἐπιμελείᾳ**, case 467 b. — **φίλων**, case 491 c, 699 f. — **ταῦτα**, *this*, in appos. with τὸ περιεῖναι, 505 b; numb. 491 c; perhaps the plur. rather on account of the two particulars mentioned, or the many examples in his life.

25. **ἔπεμπε, ἔπεμψε**, tense? Cf. διέφθειρον, διέφθειραν, iii. 3. 5. — **λάβοι**, mode? — **λέγων**, through the messenger, to whose own words the construction changes in τοῦτον s. In Persia presents from the king's table were esteemed great honors, and esp. if he had himself partaken of the same dish. See *Cyr.* viii. 2. 4; iv. 5. 4. — **οὔπω δή**, [not as yet certainly] *certainly not.* — **χρόνου**, 433 a; cf. δέκα ἡμερῶν, 7. 18. — **οἴνῳ**, case 450, 699 g. — **σοί** (σέ § 26), the accent renders the message more courteous. — **σὺν οἷς** s, 551 f.

26. **ἡμίσεα**, subst. (Lex.). — **Τούτοις ἥσθη**, *enjoyed these*, case 456. — **τούτων**, case?

27. **ἐδύνατο**, force of ind. here? — **διὰ τὴν ἐπιμέλειαν**, *through* 40
the care which he exercised, or, as some think, through their care for him. — **ὡς μὴ πεινῶντες...ἄγωσιν** (mode 645 a, 650), [that they may not

being hungry] *that hungry animals might not carry his friends.* "Love me, love my" horse.

28. Εἰ...ποτε, *if at any time,* = ὁπότε, whenever, 639 a. — **πλεῖστοι,** *very many.* — **δηλοίη** (mode? form?) **οὓς** (563) **τιμᾷ,** mode? — **Ἑλλήνων,** from οὔτε naturally connected as part. gen. w. οὐδένα. Some connect with πλειόνων.

29. τούτου, τόδε, 544. — **παρά,** 689 d. — **δούλου ὄντος,** [being] *though a slave,* or *subject,* since in an absolute government all the subjects are simply slaves; cf. 7. 3; ii. 5. 38. Τὰ βαρβάρων γὰρ δοῦλα πάντα πλὴν ἑνός. Eur. *Hel.* See Œcon. iv. — **ἀπῄει,** cf. ἀπῆλθον, 603 c; and observe chiasma. — **καὶ οὗτος δή, ὃν** (pos. 551 c) **ᾤετο πιστόν οἱ,...ἑαυτῷ,** 537; αὐτόν less emphatic than τοῦτον, the emphasis falling rather on ταχύ, 540 g; cf. οἱ... αὐτούς, ii. 5. 27. — **φιλαίτερον,** form 261 e; w. dat. 456. See 6. 3. — **παρὰ δὲ...ἀπῆλθον,** 699 c. — **καὶ οὗτοι** (554 a) s, *and these indeed men who were especially beloved by him* (the king). — **τιμῆς,** case?

30. τεκμήριον, pred. appos. 534. 3. — **τῇ τελευτῇ τοῦ βίου** (523 c). — **αὐτῷ** (460, 464) **γενόμενον,** *happened to him at the end of his life.* — **ὅτι,** connects its clause to τεκμήριον: for arrangement see 719 d. — **τοὺς πιστοὺς** s, art. 534. 4.

31. Ἀποθνῄσκοντος, ἀπέθανον, tense? — **γάρ,** *for = namely* (Lex.), 705 b. — **αὐτοῦ, αὐτόν, Κύρου.** Cf. 6. 11. — **ὑπέρ,** 693. 7. — **ἔφυγεν,** to the camp (see 10. 1); having before fought bravely, Diod. xiv. 24. — **ἔχων** = *with,* 674 d, b. — **τὸ στράτευμα πᾶν,** 523 e. The characteristics ascribed to Cyrus in this chapter are those of a young, talented, intelligent, energetic, generous, ardent, and ambitious prince, straining every nerve to win honor and popularity, and highly successful in gaining them. It is not wonderful that they were greatly fascinating to a knightly adventurer like Xenophon, beginning already to conceive a disgust at democracy; or that they should have obscured or palliated to his mind some faults, if not crimes, which Cyrus also pressed into the service of his ruling passion, ambition. To what lengths this passion would have carried him, had he reached the throne, we can only conjecture. He would, we must suppose, have been himself the ruler of his vast empire, governing it with an absolute sway, yet, in general, just and generous; he would have striven to enlarge its limits, and to put down all rebellion within them. He would have been a seducing and dangerous neighbor to the Greeks; and might have thrown far into the future, if he could not prevent, the conquest of Persia by Greece. He might have been in reality, as in name, a second Cyrus on the throne. It is evident, at least, that Xenophon took him as a model for the ideal character presented in the Cyropædia (see Introduction).

CHAPTER X.

CONTINUANCE OF THE FIGHT. — THE GREEKS REPULSE THE PERSIANS.

1. ἀποτέμνεται, zeugma, 497 b; acc. to a law of the Persians, says Plut. (*Artax.* 13), i. e. the head that had plotted treason, and the right hand that had executed it. For the fate of the eunuch who cut them off by the king's order see 8. 27 N. The king is said to have seized the head by its abundant hair, and held it up to confirm his wavering followers and arrest those who were fleeing. The head and hand were afterwards exhibited on a pole, iii. 1. 17. — **χεὶρ ἡ δεξιά,** 523 a 2, 3 (*v. l.* ἡ χεὶρ ἡ δεξιά). — **Βασιλεὺς δὲ καὶ οἱ σὺν αὐτῷ διώκων εἰσπίπτει,** an unusual zeugma, in which καὶ οἱ σὺν αὐτῷ seems parenthetic, unless, with some, we regard it as inserted by mistake from § 2, where the plur. follows; 497. — **Κύρειον** = Κύρου, 443 c. — **οἱ μετὰ Ἀριαίου** (those with A. =), *A. and his troops,* 527 a. — **σταθμόν,** the second night-station after passing the trench, § 19 s. — **τέτταρες** s, [there were said to be four parasangs of the way] *the distance was said to be four parasangs.* 41

2. τά τε ἄλλα πολλὰ διαρπάζουσι, *both plunder the other valuables to a large amount.* — **λαμβάνει,** *takes* for his harem. Why the change of number in the verbs?

3. ἡ νεωτέρα, *the younger* of the two. Cyrus showed his preference for the Greeks, even in the selections for his harem, which, so far as appears, was very small for a Persian prince. Cf. Esth. ii. — **ἐκφεύγει γυμνή** (Lex.), *escapes out of their hands in her under-dress,* leaving with them her robe. — **πρὸς τῶν Ἑλλήνων,** [on the side of, or in view of] *towards the Greeks; not to them,* as πρός w. the acc. would denote, for they seem, upon the sight, to have left the baggage which they were guarding, and to have rushed forward in battle line to repel the invaders, and save their employer's favorite. Many supply τούτους before τῶν Ἑλλήνων, making a hard ellipsis, and impairing the sense; (yet cf. Hdt. i. 110; *Hel.* v. 1. 11.) — **ἀντιταχθέντες,** *formed* (or as mid., *forming themselves*) *in opposing line.* — **ἁρπαζόντων** (Lex.). — **οἱ δὲ καὶ αὐτῶν,** *and* [others] *some of them also.* — **μήν** (Lex.). — **ἄλλα ὁπόσα ἐντὸς αὐτῶν** s, *whatever else was brought within their line, both property and persons.* — **ἔσωσαν,** a natural and somewhat emphatic repetition. The part which the Milesian had in bringing about this result is playfully exaggerated in vi. 1. 13.

4. διέσχον ἀλλήλων, case 405 a. How many miles? — **τε,** not translated into Eng., since the pred. applies only jointly to the subject. — **οἱ Ἕλληνες,** the main body. — **οἱ μὲν** (518 d)... **πάντας νικῶντες** (Lex.), *these* (the Greeks) *pursuing the opposite wing, as if victorious over all* the king's troops; by a mistake which cost Cyrus his life. In such cases, the sense must determine whether οἱ μέν refers to the nearer or more distant subject. — **οἱ δ' ἁρπάζοντες** s, *those* (the king and those with him, § 1 s, 499 e) *plundering, as if they were now all victorious* (viz. the whole army). See 9. 19 N (at end).

5. ᾔσθοντο, *became aware;* perhaps through a distant view of the turmoil, perhaps through information from the nearer peltasts, § 7 a. — **Τισσαφέρνους,** case 434 a; cf. 8. 13. See § 8. — **τὸ καθ' αὑτούς,** sc. *μέρος* or *στράτευμα.* — **εἰς τὸ πρόσθεν οἴχονται** (612, mode ?) a, [are] *were gone forward in pursuit.* — **πλησιαίτατος,** of the generals, 8. 4; form 257 d. — **πέμπουσιν,** mode 648 a. — **ἀρήξοντες,** purpose, 598 b.

42 **6. Ἐν τούτῳ** (Lex. *ἐν*), 506 a. — **δῆλος ἦν προσιών,** *was* [evident] *seen approaching.* — **ὡς ἐδόκει, ὄπισθεν,** *from behind* (i. e. to take them in the rear), *as it seemed.* — **παρεσκευάζοντο, ὡς ταύτῃ προσιόντος** (sc. *βασιλέως,* gen. abs., 676 a), *as though he would come that way,* **καὶ δεξόμενοι,** *and they would receive him,* 676 b, a strongly idiomatic passage, illustrating, as McMich. remarks, the power of *ὡς* with the part. "to express complex ideas with elegance, brevity, and precision." (See 1. 11.) Some have *προσιόντες,* prepared to advance this way and receive, etc. (Hickie.) — **ὁ,** to correspond better in form with *οἱ μὲν Ἕλληνες,* used from its familiar association w. *δέ* at the beginning of a clause; see 533 b: easier than *βασιλεὺς δέ.* — **ἦγεν,** voice 577 c. — **ᾗ** (sc. *ὁδῷ,* 467 a) **δὲ παρῆλθεν ἔξω τοῦ εὐωνύμου κέρατος** (case 445 c), **ταύτῃ καὶ ἀπήγαγεν,** *but by what route he passed beyond the left wing, by this he also* [led back] *returned;* cf. 8. 23. — **ἀναλαβών,** at or near the camp. — **τοὺς...κατὰ τοὺς Ἕλληνας αὐτομολήσαντας,** *those who deserted* [over against] *to the Greeks,* ii. 1. 6; regarding the battle, doubtless, as decided in favor of Cyrus.

7. διήλασε...Ἕλληνας (adj. 506 f) **πελταστάς,** [rode through] *charged along the river against and through the Greek peltasts.* — **αὐτούς,** *them,* i. e. Tissaphernes and his corps, 499 e; cf. § 4. — **γενέσθαι,** *to have proved himself.*

8. ὡς μεῖον (Lex.) **ἔχων ἀπηλλάγη,** *as he* [withdrew having the worst] *came off at disadvantage.* Cf. iii. 4. 18. — **οὐκ ἀναστρέφει,** which would have exposed him to further loss. See ii. 3. 19. — **τὸ...τό,** 523 a, 2.

9. κατὰ a, *near the left wing of the Greeks,* beyond it, or by its side, § 6; the left wing as before named, strictly the right as the men now stood. — **μὴ** (Lex.) **προσάγοιεν** a, *that they might make an attack upon the wing, and infolding it on both sides cut them* (the Greeks) *to pieces.* The Persians must have been already moving towards this, or their great army could not have been so soon in the position stated in § 10. — **ἀναπτύσσειν τὸ κέρας,** *to fold back the wing,* by counter-marching or a quarter-wheel, so that the line should be parallel to the river instead of being at right angles to it. — **καὶ ποιήσασθαι ὄπισθεν τὸν ποταμόν,** *and bring the river in their rear,* so that they could no longer be enclosed.

10. Ἐν (Lex. 557 a) **ᾧ δὲ ταῦτα ἐβουλεύοντο,** *but while they were planning these measures* of safety, though they had not yet reached their intended position on the river's bank. — **παραμειψάμενος,** *having changed to the same form,* or, *position,* i. e. having brought his line parallel to the river. — **κατέστησεν ἀντίαν...συνῄει,** *stationed his line opposite, just as at* *the first he came to the battle*, i. e. the relative position of the two lines was the same, the direction of both having been similarly changed. Some connect *εἰς τὸ αὐτὸ σχῆμα* with *κατέστησεν* and *ὥσπερ*. — **τὸ πρῶτον** (529 a) **μαχούμενος** (purpose 598 b). — **ὄντας**, sc. *αὐτούς*, referring to *φάλαγγα*, 499 a. — **προθυμότερον ἢ τὸ πρόσθεν** (529 b), having proved their cowardice.

11. ἐκ πλέονος, sc. *διαστήματος* (Lex. *πολύς*). See 8. 19. — **κώμης**, not improbably the place which Plut. calls Cunaxa. The present identification of a mere village could not, of course, be expected.

12. γήλοφος: this "appears to have been one of the numerous 43
artificial mounds, topes, or tels, sometimes sepulchral, sometimes heaps of ruins, which abound on the plain of Babylonia." Ains. — **πεζοί**, in appos. w. *οἱ*. — **τῶν δὲ ἱππέων** (case 586 c) ..**ἐνεπλήσθη**, by change of const. for *ἱππεῖς δὲ ὤν*, to strengthen the expression, 716 c; the infantry still fleeing, cf. § 15, while the array of cavalry hid from the Greeks the movements behind. — **τὸ ποιούμενον**, *what was doing*. — **βασίλειον**, 443 c, cf. *Κύρειον*, § 1. — **ἀετόν** (Lex.). The indef. *τινα*, *a certain*, or *kind of*, seems to imply that the representation was not very artistic, or was indistinctly seen: nearly = *what appeared to be a golden eagle*. The royal standard of Persia is described in *Cyr.* vii. 1. 4, as *ἀετὸς χρυσοῦς ἐπὶ δόρατος μακροῦ ἀνατεταμένος*. — **ἐπὶ πέλτης ἐπὶ ξύλου**, *on a target uplifted upon a pole*. Some give to *πέλτης* the unusual sense of spear, regarding *ἐπὶ ξύλου* as an explanatory gloss brought into the text.

13. λείπουσι, *begin to leave*; **ἐψιλοῦτο**, *was gradually thinned*; **ἀπεχώρησαν**, *had departed*: beginning, progress, end, order, chiasma. — **ἄλλοι** (Lex. **ἄλλος** c), 567 d; **ἄλλοθεν**, *in different directions* (the Greek mode of conceiving direction was often the opposite of ours); or from different points of the hill, *one here and another there*.

14. ἀνεβίβαζεν, tense 594 a. — **ὑπὸ αὐτόν**, acc. on account of previous motion implied, 704 c. — **Λύκιον**, one of his few horsemen. — **κατιδόντας τὰ** (prolepsis, 474 b) **ὑπὲρ** (Lex. a) **τοῦ λόφου, τί ἐστιν** (sc. *ταῦτα*, 502, cf. ii. 1. 22), *having observed from above* [the things beyond the hill, what they are] *the condition of things beyond the hill*.

15. ἤλαυνε (Lex.), 476 2. — **ἀπαγγέλλει**, pres. more important. — **ἀνά** (Lex.). — **ἥλιος**, without art. 533 a.

16. ἅμα μὲν...**Καί** (§ 17) (for *ἅμα δέ*), 716 b. — **φαίνοιντο**, mode 643 a. — **ἀπό**, not *παρά*. — **καταληψόμενόν τι**, *to seize some* [thing] *advantage*, 598 b.

17. αὐτοί, belongs in force with *ἄγοιντο* and *ἀπίοιεν*, rather than *ἐβουλεύοντο*, *and for themselves they consulted*. — **τὰ σκευοφόρα ἐνταῦθα ἄγοιντο**, *they should bring their baggage there* by a detachment sent for it, or, *should have their baggage brought there*, 579, 581. — **αὐτοῖς**, subject of *ἀπιέναι*, as well as indirect obj. of *ἔδοξεν*, 667 b; and so used emphatically.

18. ἡμέρας, a day so fatal to the ambitious hopes of Cyrus and his Greeks, and ultimately to the Persian Empire by exposing so decisively its weakness even at home. How the great lesson of this battle was applied by Alexander is familiar to all. It is wonderful that the Persian kings

had not anticipated him by applying it themselves to a new armature and discipline of their troops after the Greek model. With their vastly inferior arms of both defence and offence it was impossible that these should stand, however brave, against an iron-clad and iron-tempered host. — **καὶ εἴ τι**, *and especially whatever*, 639 a; cf. 5. 1. — **σφοδρά**, pred. adj. (*v. l.* *σφόδρα*),
44 *in severe form.* — **ἐλέγοντο**, pers. const., 573 d. — **καὶ ταύτας**, *even these*, 505 b, c.

19. What examples of chiasma? — **μέν**, corresp. to **δέ**, ii. 1. 2. — **νύκτα**, case 699 a.

BOOK II.

FROM THE DEATH OF CYRUS TO THE BREAKING OF THE TRUCE BY THE PERSIANS, AND THE TREACHEROUS SEIZURE OF THE FIVE GENERALS.

CHAPTER I.

THE GREEKS OFFER TO PLACE ARIÆUS ON THE THRONE. — DEMANDS OF THE KING. — ANSWER OF THE GREEKS.

45 **1.** **Ὡς...ζῆν**, subject of **δεδήλωται**. — **Ὡς μὲν οὖν**, *how*, or, *in what way, then*, since we have come to this point in the history (see page 3 of notes, as to divisions into books, summaries, etc.); *μέν* introduced by the writer of this section as a new correlative to **δέ**, § 2; see i. 10. 19 N. — **Κύρῳ**, *for Cyrus*, by various Greek commanders, 460. — **ἐστρατεύετο**, *was preparing an expedition*, 594. — **τὰ πάντα**, 478. — **νικᾶν** (Lex.). — **Κῦρον**, case 666. — **τῷ ἔμπροσθεν** (*v. l.* *πρόσθεν*), Lex. 526.

2. **Ἅμα** (Lex.). — **πέμποι**, **χρή**, mode? *v. l.* *πέμπει*: see Rehdz. — **πρόσθεν**, i. 10. 5. — **ἕως**, *until*. — **συμμίξειαν**, mode 641 b; cf. i. 10. 16.

3. **ὄντων**, sc. *αὐτῶν*, 676 a; cf. i. 6. 1; 2. 17. — **Προκλῆς**, decl. 219 c. — **ἀπό**, 698. 6. Compare simple gen. of father (i. 1. 1), and gen. w. **ἀπό** of more remote ancestor. — **Ταμώ** (*v. l.* Ταμῶ), case 438 a; form? — **ἔλεγον**, of course to the generals. — **τέθνηκεν**, "the ind., as *oratio recta*, puts the fact in its sad actuality; with the less important event the mood relaxes to the natural opt." Kendrick. — **ὅθεν**, 550 e. — **λέγοι, ὅτι...ἀπιέναι φαίη** (somewhat more positive than *λέγοι*), 659 b. — **ἄλλῃ** (Lex. *ἄλλος*).

46 **4.** **ἀκούσαντες**, [**πυνθανόμενοι**], tense? — **βαρέως** (Lex.). — **Ἀλλ᾽ ...ἐστί**: How characteristic of the unyielding Clearchus: **ἀλλ᾽**, [but this is our reply] *well!* spoken sadly, but not dejectedly. — **ὤφελε** s, 611, 638 g. — **ἡμεῖς γε** (685 b) **νικῶμεν** (Lex.), 612. — **εἰ μή** s, 615 a, c. — **ὑμεῖς**, emphatic. — **καθιεῖν**, 305 a. — **τῶν γὰρ μάχῃ νικώντων** (443 a) s, *for to*

those who conquer in battle it also belongs to rule. How large a part of history is summed up in these few words!

5. Χειρίσοφον, his fellow-countryman, and from the leading state in Greece, i. 4. 3. — **αὐτός,** 540 c. — **φίλος καὶ ξένος,** *a friend and guest.*

6. Οἱ μέν, see i. 1. 9 N. — **Κλέαρχος...περιέμενε,** *waited* with the army for their return; cf. § 2 s. — **κόπτοντες,** numb. 449 a. — **ξύλοις** (394 b) **δ' ἐχρῶντο, μικρὸν** (Lex. 482 d) **προϊόντες ἀπὸ τῆς φάλαγγος** (sc. *ἐκεῖσε*, 551 f) **οὗ** (Lex. *ὅς*) **ἡ μάχη ἐγένετο, τοῖς τε οἰστοῖς,** *and, going forth a short distance from their line to the place where the battle was fought,* [as fuel they used] *they gathered for firewood both the arrows.* — **ἐκβάλλειν** (Lex.), lest they should do mischief in their rear or at the camp. — **αὐτομολοῦντας,** i. 10. 6. — **πολλαὶ δὲ καὶ πέλται καὶ ἅμαξαι** (cf. i. 10. 18) **ἦσαν φέρεσθαι** (depending on *ἦσαν* or *ἔρημοι*) **ἔρημοι,** *and there were also many deserted targets and wagons* [to be carried off] *which they could take,* apparently left at the camp by the fleeing troops of Ariæus, i. 10. 1. — **κρέα,** double relation, 399 g. — **ἐκείνην τήν,** 524 b.

7. ἀγορὰν (cf. i. 8. 1) **καί,** 705: *when it was now...there come;* cf. i. 8. 8. — **παρά,** as sent by them. — **οἱ ἄλλοι,** in appos. w. *κήρυκες*, and then a distinct sentence, 716 c. — **ἦν δ' αὐτῶν** s, *but* [of them P. was one] *one of them was Phalinus, a Greek; but among* [of] *them there was one Greek, Phalinus.* If Ctesias was in the company, as he claimed, he did not make himself known; Plut. *Artax.* 13. — **ἔχων** (Lex.). — **τῶν,** case 432 b, cf. 444 a. — **ὁπλομαχίαν,** wt. art., 553 c.

8. ἰόντας (cf. i. 1. 7 N.) **ἐπὶ τὰς βασιλέως θύρας εὑρίσκεσθαι ἄν** 47
[= *ἐάν*] **τι δύνωνται ἀγαθόν,** *to go* (as suppliants) *to the king's gate* (his quarters or residence) *and find* (favor if they can find any) *whatever favor they can.*

9. τοσοῦτον, *simply this* (Lex.), 544, 547; assuming an air of superiority. — **οὐ τῶν νικώντων εἴη τὰ ὅπλα παραδιδόναι**: observe the emphatic arrangement of this brief and truly Spartan reply, one worthy of Leonidas: *not for conquerors is it their arms to surrender.* The following words were addressed aside to the other generals. — **ὅ τι κάλλιστόν τε καὶ ἄριστον ἔχετε,** [whatever you have to say that is both most honorable and best] *as you can most honorably and advantageously.*

10. Κλεάνωρ...πρεσβύτατος, of the generals present. Sophænetus, said to be the oldest of the generals (vi. 5. 13; v. 3. 1), was probably absent. — **ἄν,** 622 b. — **παραδοίησαν,** 293 a. — **'Αλλ' ἐγώ, ὦ Φαλῖνε, θαυμάζω,** order 718 a, b, c, d. — **τί δεῖ** (Lex., yet see 571 h) **αὐτὸν αἰτεῖν** (tense 595 a), **καὶ οὐ λαβεῖν.** To the demand of Xerxes at Thermopylæ, Πέμψον τὰ ὅπλα, Leonidas replied, Μολὼν λάβε, "*Come and take them.*" Plut. *Apoph. Lac.* 11; Wks. iii. 277, ed. Didot. — **ἐὰν αὐτῷ ταῦτα χαρίσωνται,** *if they grant him this favor.*

11. αὐτῷ, case 455 f; yet possibly 459. So placed for emphasis. — **ἀρχῆς,** case 430 a. — **μέσῃ,** 508 a; cf. i. 2. 7 N. *μέσου.* — **πλῆθος** ... (sc. *τοσοῦτον*) **ὅσον** s, *a multitude so great* [as] *that you could not slay them, even if he should bring them to you* for that purpose.

12. Ξενοφῶν (*v. l.* Θεόπομπος: see the Lex. to 7 Bks. of Anab.). Diod. ascribes these words to Proxenus, Xenophon's friend, iv. 14. 25. — **σύ**, slightly emphatic, in distinction from ἡμῖν, 536. 1; cf. § 16. — **οἰόμεθα ἂν**
48 (621 a)...**χρῆσθαι**, *we think that we could use.* — **ὅπλα**, first emphatic, then παραδόντες, making chiasma. — **παραδόντες δ' ἂν** (621 b). — **παραδώσειν**, sc. ἡμᾶς om. after ἡμῖν. — **ἀλλὰ σὺν τούτοις**, *nay, with these* to sustain us; cf. ἔχοντες, § 20, iii. 3. 8.

13. φιλοσόφῳ (case 451 a), in discoursing of ἡ ἀρετή and τὰ ἀγαθά, said ironically and sneeringly. — **οὐκ ἀχάριστα** (Lex.), 478; cf. 686 i. — **ἴσθι** (form 320 a) **μέντοι ἀνόητος ὤν**, *but know that you are senseless* (or lacking in sense), 677 a. — **οἴει**, form? — **δυνάμεως**, case?

14. ἐγένοντο, mode 645 a. — **βασιλεῖ** (case 454 d) **ἂν πολλοῦ** (case 431 b) **ἄξιοι γένοιντο**, mode 631 d. — **εἰ βούλοιτο**, *if he chose.* — **εἴτε θέλοι**, *whether he wished* (Lex. ἐθέλω.). — **ἄλλο τι χρῆσθαι**, *to employ them for any other service* (Lex.), 478. — **Αἴγυπτον** (Lex.). — **συγκαταστρέψαιντ' ἂν αὐτῷ**, *they would* [subdue it with him] *aid him in his plans of conquest;* used with direct reference to the conquest of Egypt, cf. 68 g.

15. ἀποκεκριμένοι εἶεν, mode? form? — **ὑπολαβών**, *breaking in*, discourteously. — **ἄλλος**, appos. 393 d. — **λέγει**, numb. 501 a. — **ἡμῖν εἰπὲ** (accent, 781 d), **τί λέγεις**, *tell us, what* [you say] *is your reply.*

16. ἄσμενος (Lex.), 509 c. — **οἶμαι**, parenthetic. — **σύ τε γάρ** s, 497 b. — **τοσοῦτοι** (547)...**σὺ** (1. 12 N.) **ὁρᾷς**, *being* [so many] *so great a number as you see* for yourself; said to impress him with the greater respect, cf. iii. 1. 36. — **συμβουλευόμεθά σοι**, *we* [advise with you] *ask your advice.* — **περὶ ὧν** = περὶ τούτων ἅ, 554 a N.

17. συμβούλευσον, tense 592 b. — **ἀναλεγόμενον, ὅτι**, [being] *when it is recounted* [namely], *that;* ἀναλεγόμενον and the sentence following (as an appositive) agree with ὅ, in place of a more independent construction; cf. 573, 676 b. — **συμβουλευομένοις συνεβούλευσεν** (cf. i. 9. 19 N.) **αὐτοῖς τάδε** (544), *upon their consulting him, advised them* [the following] *so and so* (as the narrator would proceed to state): act., I counsel with another for his sake, advise him; mid., I counsel with another for my own sake, consult him. — **Οἶσθα**, form 297 b, 46 a, e. — **δέ** = γάρ, cf. 705 a. — **ἀνάγκη λέγεσθαι** s, *whatever you may advise* [it is a necessity that it should be reported] *will of course be reported in Greece,* which was all the world to the honor-loving Greek.

18. αὐτὸν τὸν πρεσβεύοντα, *the very person who was acting as envoy,*
49 540 c, 678 a. — **αὐτοῦ**, pos. 538 f.

19. Ἐγώ, emphatic, and, as Voll. thinks, with perhaps a delay upon the word: *as to my opinion.* — **τῶν μυρίων**, 531 d. — **μία τις** (strongly expressed, sc. ἐλπίς)...**σωθῆναι** (sc. ὑμᾶς, 667 e) s, [any single] *a single chance* [to be saved] *of escaping in a war with the king.* — **ἄκοντος βασιλέως**, *against the will of the king*, 676 a, cf. i. 3. 17. — **συμβουλεύω, μὴ παραδιδόναι**, pres. with pres., as in § 18 aor. w. aor. — **συμβουλεύω σώζεσθαι ὑμῖν ὅπῃ δυνατόν** (sc. ἐστιν), *I advise you to save yourselves* [in what way it is possible] *in the only possible way.*

20. **τάδε**, in distinction from **ταῦτα**, though explained by a dependent clause, 544; so § 21. — **εἰ μὲν δέοι**, *if it should behoove us to be friends to the king*, if we are to be friends. — **φίλοι**, in appos. w. ἡμεῖς, the subject of εἶναι, 667 b. — **πλέονος** (case?) **ἂν ἄξιοι εἶναι φίλοι** (case 667 b), *that we should be* [friends worth more] *worth more as friends*. — **πολεμεῖν**, tense?

21. **ὅτι μένουσι μὲν ὑμῖν αὐτοῦ σπονδαὶ εἴησαν**, *that* [to you remaining here there is an armistice] *remaining here you have an armistice*. — **προϊοῦσι καὶ** (cf. ¶ § 23) **ἀπιοῦσι**, *advancing* [and] *or retreating*. — **Εἴπατε**, see use of aorists, Lex. φημί. In what forms is this first aor. most common? — **ὡς πολέμου ὄντος**, 680 c.

22. **καὶ ἡμῖν ταὐτὰ δοκεῖ, ἅπερ καὶ βασιλεῖ**, [the same things seem best to us also, which also seem best to the king] *we also are pleased with the same terms as the king*, 714. 2. — **Τί οὖν ταῦτά ἐστιν**; 502. — **ἔφη**, **Ἀπεκρίνατο**, the asyndeton suits the quick interchange of rapid dialogue. — **σπονδαί**, sc. εἰσιν, borrowed from τί οὖν ταῦτά ἐστιν; — **ἀπιοῦσι**, sc. ἡμῖν.

23. **Σπονδαὶ...πόλεμος**, order? — **ποιήσοι**, mode 643 a. It is interesting in this specimen of ancient diplomacy to see how craft is met by craft. The first object on the king's side was to frighten the Greeks into an unconditional surrender; the second, to induce them to remain where they were till the toils could be drawn around them; the third, to learn their intentions. All these failed. On the other hand, Clearchus did not draw such advice as he wished, but could hardly have expected, from Phalinus.

CHAPTER II.

THE GREEKS JOIN ARIÆUS TO RETURN TO IONIA. — NIGHT PANIC.

1. **Οἱ παρὰ Ἀριαίου ἧκον**, [the men from A. came] *the envoys returned from A.* — **δέ** = γάρ, cf. 1. 17. — **αὐτοῦ** (Lex.), adv. explained by παρὰ Ἀριαίῳ. — **ἔμενε**, prob. to concert with his intimate Ariæus plans for their own private interest, 1. 5; 6. 28. — **ἑαυτοῦ βελτίους**, *superior to himself*, esp. in rank. — **ἀνασχέσθαι**, 659 b. — **αὐτοῦ βασιλεύοντος**, case 432 f, 461 b. — **ἀλλ' εἰ βούλεσθε**, 644 b. — **νυκτός**, case? — **εἰ δὲ μή**, *but if you do not come*, otherwise (Lex. μή), 717 c. 50

2. **Ἀλλ' οὕτω** (rather than ὧδε, 544, 547) **χρὴ ποιεῖν**, *well, so it is proper to do*. — **πράττετε ὁποῖον ἄν τι** (Lex.) **ὑμῖν** s, 537 b. There is hence a change in the form of construction.

3. **ἥλιον**, 675. — **τοὺς στρατηγοὺς καὶ λοχαγούς**, viewed as belonging to the single class of commanders, 534. 4; cf. 5. 25. — **Ἐμοὶ θυομένῳ ἰέναι**, [to me sacrificing for going] *when I sacrificed in respect to marching*. — **οὐκ ἐγίγνετο** (Lex.). — **ἐγώ**, see σὺ ὁρᾷς, 1. 12. — **νῦν πυνθάνομαι**, *I now learn* = have learned, 612. He had been wrongly informed, or supposed a canal to be the Tigris. — **ἐν μέσῳ**, *between* (Lex.). — **Οὐ μὲν** (Lex.); cf. i. 9. 13. — **οὐκ ἔστιν ἔχειν**, [it is not possible to have] *we cannot have*. — **ἰέναι**, *for going*.

4. ποιεῖν, δειπνεῖν, sc. ὑμᾶς or ἡμᾶς. — **ἐπειδὰν δὲ σημήνῃ** (sc. ὁ σαλπιγκτής, 571 b; mode 641 a)..., **ὡς ἀναπαύεσθαι,** to deceive the enemy's scouts, 671 a. — **κέρατι** (Lex. κέρας, σάλπιγξ). — **τὸ δεύτερον,** sc. σημήνῃ. — **ἀνατίθεσθε,** sc. τὰ σκεύη. — **τρίτῳ** (Lex.), 506 e. The Romans, in like manner, used three signals in starting, Polyb. vi. 40. 2 s. — **ἕπεσθε τῷ ἡγουμένῳ,** *follow your leader*, i. e. the one who precedes you in the appointed order of the march. Some make τῷ ἡγ. neut., see Lex. — **πρὸς τοῦ ποταμοῦ,** for greater security. — **τὰ ὅπλα** (Lex.). — **ἔξω,** *on the outside.*

51 **5. τὸ λοιπόν** (Lex.), 485 e, ε, 482 a. — **ὁ μὲν ἦρχεν** s, *he* (Clearchus) *commanded, and the rest obeyed*, 518 d. — **ἔδει,** sc. φρονεῖν: some read δεῖ.

6. ἦν, case, 477. — **τῆς Ἰωνίας,** [of] *in Ionia*, 418 a. — **τρεῖς καὶ** s, 242 a. — **ἐλέγοντο,** pers. const. This section is thought by many to have crept into the text from a marginal note. The numbers correspond nearly, but not exactly, with the summary of those presented in the preceding book. — **εἰς Βαβυλῶνα,** Plut. states the number as 500.

7. Θρᾷξ (Lex.). — **ἱππέας,** the small body of cavalry in the division of Clearchus, all the Greeks had, and now esp. needed, i. 5. 13. — **εἰς,** i. 1. 10. — **ὡς,** i. 2. 3.

8. τοῖς ἄλλοις ἡγεῖτο, *led* [the way for] *the rest*, marched at their head, 463; cf. i. 7. 1 N. κέρως. — **πρῶτον,** in returning; see 1. 3. — **εἰς,** w. place, **παρά,** w. persons (Lex.). — **ἐκείνου στρατιάν,** *his army*, in distinction from the other, 542. — **μέσας νύκτας,** i. 7. 1. — **ἐν τάξει θέμενοι** s, *resting arms in battle-array*, for security, i. e. ordering their men so to do (Lex. τίθημι).

9. σφάξαντες, βάπτοντες, tense? — **λύκον** (Lex.) **καὶ κάπρον**: Some have objected to this statement the difficulty of procuring these wild animals for the occasion. But in ancient military operations sacrifices held such a place that proper victims were deemed an essential part of an army's outfit. It was a Greek usage to give special solemnity to an oath by a combined sacrifice of three animals (τριττύς, cf. the Roman su-ove-taur-ilia); and the Persians seem here to have added a fourth, — which, however, did not secure their good faith. — **εἰς ἀσπίδα,** [into] *over a shield*, so that the blood flowed into it (Lex. ἀσπίς), 704 a; cf. iv. 3. 18, and Æsch. *Theb.* 43. — **ξίφος, λόγχην,** thus consecrating their weapons to that union and mutual defence which was symbolized by the mingled sacrifice and confirmed by their oaths. Among the Scythians, acc. to Hdt. iv. 70, contracting parties dipped their weapons into their own mingled blood, and then drank it.

10. Ἄγε (Lex.), 577 c. — **καί,** 705 c. — **εἰπέ, τινά** s, 564. — **πότερον** (Lex.), 685 c. — **ἄπιμεν** (as fut. 603 c), (sc. τὴν ὁδόν, case?) **ἥνπερ,** *shall we return by the same route as we came?* — **ἐννενοηκέναι δοκεῖς;** *do you think that you have devised?* — **κρείττω,** emph.

11. Ἣν, sc. ὁδόν, cf. § 10. — **ἀπιόντες,** cond. 635. — **ὑπάρχει** (Lex.) **γὰρ νῦν ἡμῖν** (case 459) **οὐδὲν** s, *for we have now* [on hand to start with] *none of the needed supplies.* — **σταθμῶν τῶν,** case 433 e; art. 523 a, 3; i. e. from

Corsote, i. 5. 4. — **ἔνθα δ' εἴ τι ἦν**, *and even if there was anything* 52
there. Some adopt the needless conjecture of Schneider, *ἔνθα δέ τι ἦν*, and where there was anything. — **μακροτέραν**, sc. *ὁδόν*. — **τῶν δ' ἐπιτηδείων** s, *but* (one in which) *we shall not want supplies*, cf. 705.

12. **Πορευτέον δ'** (sc. *ἐστίν*, 572) **ἡμῖν** (case 478) **τοὺς πρώτους σταθμοὺς** (case 482 d) **ὡς ἂν δυνώμεθα μακροτάτους** (i. 2. 4), *we must* [march] *make the first stages as long as we can.* — **ὡς πλεῖστον**, *as far as possible*, 482 d. — **ἢ τριῶν ἡμερῶν ὁδόν**, 445 a, 482 d. — **οὐκέτι μὴ δύνηται** (*v. l. δυνήσεται*) **βασιλεύς**, *the king will certainly no longer be able* [there is no danger that, etc.], 627. — **ἔγωγε**, note triple emphasis.

13. **Ἦν δὲ αὕτη ἡ στρατηγία οὐδὲν ἄλλο** (case 472 f) **δυναμένη** (part. 679 a), **ἢ** (701 l) **ἀποδρᾶναι ἢ** (701 d) **ἀποφυγεῖν** s, *now this mode of leadership* [was equivalent to] *meant nothing else than to escape by stealth or by speed; but fortune* [led them more honorably] *proved a nobler general.* For she led them not only on their way and to villages, but still farther (*ἔτι δέ*) to the neighborhood of the king's army, over which they obtained a new and bloodless triumph. — **ἐν δεξιᾷ ..ἥλιον**, prob. in a northeasterly direction, towards the Tigris, — for supplies, since the region of the Euphrates was exhausted. A simple northerly direction, which so many here understand, is not required by the text, and would not, in any probability, have brought them to the king's army. — **ἅμα** (Lex.) **ἡλίῳ**, cf. *τῷ ἡλίῳ* § 16, 533 a. — **τοῦτο**, cf. i. 8. 11 N. *ἐψεύσθη*.

14. **Ἔτι δέ**, *but moreover, but yet more*, with reference to *ἐστρατήγησε κάλλιον*. — **ἀμφὶ δείλην** (Lex.), *towards evening* is about as precise as the Greek. — **ἔδοξαν** s, *they thought they saw horsemen of the enemy.* — **τῶν τε Ἑλλήνων, οἱ μὴ ἔτυχον...ὄντες**, *both* [those] *such of the Greeks as happened not to be.* — **μή**, w. ind., in a conditional relative clause, 686 b, 641; cf. v. 7. 2.

15. **Ἐν ᾧ**, sc. *χρόνῳ*, [during what time] *while* (Lex. *ὅς*), 557 a. — **ἐπηλίζοντο**, tense 593. — **εἰσιν, νέμοιντο** (numb. 569 a, i. 2. 23), mode 645 c. — **ἐστρατοπεδεύετο**, tense 646 b. — **καὶ γὰρ καί** (not a frequent combination; *v. l. καὶ γάρ*) s, *and the rather because smoke also appeared*, 709. 2.

16. **μέν**, emphasizing *ἐπί*: what corresponds to this *μεν*? — **ἀπειρηκότας**, cf. i. 10. 16. — **ὀψέ** (Lex.), 571 d. — **οὐ...οὐδέ** (Lex.), *not at* 53
all, not even, 713 c; cf. i. 9. 13. — **τῷ ἡλίῳ**, cf. § 13. — **εἰς**, with *κατεσκήνωσεν*, which implies entrance into. — **διήρπαστο**, pos. 719 b, ζ. The king's army, in its vast demand for supplies, had here quite anticipated the Cyreans. — **αὐτὰ τὰ** s, 540 c. — **ἀπό**, 704 a. The Eng. *from* may be used with the same const. præg.

17. **τρόπῳ τινί**, *in some fashion*, or, *with some method.* — **ὕστεροι σκοταῖοι**, 509 a. — **ὡς ἐτύγχανον** (sc. *αὐλιζόμενοι*) **ἕκαστοι, ηὐλίζοντο**, *lodged as they* [each happened] *severally chanced.* — **ἕκαστοι**, plur., as referring to each company rather than each individual. — **κραυγὴν** s, 671 d: to show the distinctive force of the inf., *ἀκούειν* might be trans. *could hear.*

18. **ἐδήλωσε** (Lex.), *showed itself.* — **οἷς...ἔπραττε**, *by what he did*, 554 a N., 466.

19. **φόβος**, *a panic*, so named from PAN, who was believed to send such terrors (e. g. into the Persians at Marathon). — (sc. τοιοῦτος, 495) **οἷον εἰκὸς** (sc. ἐστι, 572) s, *such as* [it is natural should arise] *naturally arise upon the occurrence of a panic.*

20. **κήρυκα** s, *the best herald of* [the men or heralds of] *his time.* — **τοῦτον**, 505 c. — **σιγὴν κατακηρύξαντα**, the usual introduction to a proclamation. — **ὅτι**, needless, as the form of direct quotation follows, 644 a. — **ὃς ἂν τὸν ἀφέντα** s: Some editors prefer the reading ἀφιέντα as more pointed, and translate, that whoever will make known the man that is letting an ass loose among the heavy arms shall receive, etc. This joke of Clearchus has a keen double sense. It seems to refer to the presence of an ass among the deposited arms, but really to the presence of an ass's spirit among the men at arms (τὰ ὅπλα = οἱ ὁπλῖται, § 4). — **ὅτι**, pos. 719, b, η. Cf. i. 6. 2.

21. **κενός, σῶοι**, 523 b: chiasma. — **εἰς τάξιν τὰ ὅπλα τίθεσθαι**, *to stand to their arms in order* (εἰς, as coming into order). — **ᾗπερ** (469 b or 469) **εἶχον**, *just* [where they had themselves] *as they stood*, in the same relative position, i. 8. 4.

CHAPTER III.

NEGOTIATIONS BETWEEN THE PERSIANS AND GREEKS: TREATY CONCLUDED.

54 **1.** **Ὃ δὲ δὴ ἔγραψα...τῷδε** (case 466, v. l. τῇδε) **δῆλον ἦν**, *and now what I wrote* (2. 18) *was evident* [by] *from this.* — **τῷδε...γὰρ** s, 705 b. — **ἐκέλευε**: which effected nothing, 595 a.

2. **τυχὼν** (Lex.) **τότε...ἐπισκοπῶν**, *who was just then inspecting.* — **σχολάζοι**, mode 641 d, 645 a: the tone of a superior, who was granting the interview as a favor.

3. **ὥστε** s, *so that it was in a fine condition to be seen* [as] *a compact line throughout.* — **τε, τε**, correspondence of each? — **τοῖς ἄλλοις στρατιώταις ταὐτὰ ἔφρασεν**, *and directed* [the same to the other generals] *the other generals to do the same.*

4. **ἀνηρώτα**, force of the ipf.? — **βούλοιντο**, mode 643 a. — **ἥκοιεν, ἔσονται**, mode 645 b. — **ἄνδρες, οἵτινες** (550 b) s, *men duly empowered both to report the communications from the king to the Greeks.*

5. **Ἀπαγγέλλετε τοίνυν**, *report then*, roughly echoed to ἀπαγγεῖλαι. — **μάχης δεῖ**, 571 d. — **ἄριστον** (pos.?) **γὰρ** s, *for we have no breakfast.* — **οὐδὲ ὁ τολμήσων**, *nor is there* [he] *the man that will dare;* a threat even for the king himself. — **μὴ πορίσας** s, [not having provided] *until he has provided a breakfast*, 686 d. — **ἄριστον...ἄριστον**, pos.? A sentence so returning to its first word was termed by the Greek rhetoricians κύκλος, *a circle.*

6. **ᾧ**, cf. τῷδε, § 1. — **δῆλον**, gend. 491 a. — **ᾧ ἐπετέτακτο** s, *to whom it had been committed to make these negotiations.* — **ἔλεγον**: which of the following finite verbs have the form appropriate to indirect discourse, and which to direct? — **δοκοῖεν...βασιλεῖ**, *seemed to the king.* — **ἥκοιεν**, i. e. the messengers. — **αὐτοὺς...ἄξουσι** (sc. ἐκεῖσε) **ἔνθεν ἕξουσι**, *would conduct them to a place from which they would obtain.* Cf. i. 3. 17, ὅθεν.

7. εἰ αὐτοῖς τοῖς ἀνδράσι (450 a) **σπένδοιτο ἰοῦσι καὶ ἀπιοῦσιν**, *whether he* [Clearchus] *was making a truce simply with the men* [who were] *coming and going.* A truce was sometimes simply so made for purposes of conference between contending parties. Cf. Thucyd. iv. 118. 6. — **τοῖς** 55
ἄλλοις ἔσοιντο σπονδαί, *the truce should* [be] *extend to the rest.* — **τὰ παρ' ὑμῶν**, cf. § 4.

9. ταχύ, emphatically repeated (from § 8). — **ἔστ' ἂν ὀκνήσωσιν**, *until they* [shall have] *become afraid ;* tense 592 d; mode? — **μὴ** (625 a) **ἀποδόξῃ ἡμῖν...ποιήσασθαι**, *lest we decide not to make.* How does ποιήσασθαι differ from ποιεῖσθαι above?

10. οἱ μέν, the Persian guides. — **στράτευμα ἔχων ἐν τάξει**, to guard against treachery. — **τάφροις καὶ αὐλῶσιν** (Lex.), see 4. 13 N. — **ὡς μή**, i. 5. 10. — **ἦσαν ἐκπεπτωκότες**, 679 a, β. — **τοὺς δέ**, for ἄλλους δέ: cf. i. 5. 13.

11. ἐνταῦθα ἦν Κλέαρχον (474 b) s, i. 6. 5, *there* [it was to observe] *was an opportunity of observing Clearchus*, who had now come to the front. — **ἐπεστάτει**, augm. 282 c. — **τὸ δόρυ**, art. 530 d. — **βακτηρίαν**, often used for discipline by Spartan officers. Cf. i. 5. 11. — **εἴ τις** s, 634. Cf. i. 9. 19. — **πρὸς τοῦτο**, *to this work*, viz. of bridging the streams. — **ἔπαισεν ἄν**, cf. i. 9. 19 N. — **μὴ οὐ**, 713 f.

12. πρὸς αὐτοῦ, some read πρὸς αὐτό. — **οἱ τριάκοντα ἔτη** (Lex.) **γεγονότες**, a loose form of expression, if the text is correct, for the men who were not more than thirty years old, from whom the most active service was required. Cf. vii. 3. 46.

13. μὴ ἀεὶ οὕτω πλήρεις...ὕδατος, *not always so full of water*, 56
especially at this season. — **οὐ γὰρ ἦν ὥρα, οἵα τὸ πεδίον ἄρδειν**, *for it was not* [such a time as was for irrigating] *a proper time to irrigate the plain ;* the period of summer irrigation having now past. — **τούτου**, referring to the preceding clause, which is the motive of ἀφεικέναι. It was the pride and policy of Clearchus, throughout this adroitly managed transaction, to act the conqueror, and to show the Greeks superior to any effort which the king could make.

14. ὅθεν, 550 e. — **σῖτος**, *food*, of grain, dates, etc. — **οἶνος φοινίκων** (case 412), *palm wine ;* cf. i. 5. 10.

15. ἔστιν ἰδεῖν, cf. i. 5. 2. — **τὸ κάλλος καὶ τὸ μέγεθος**, 481, 533 f (*v. l.* τοῦ κάλλους καὶ μεγέθους), *for beauty and size*, 429 b. — **ἠλέκτρου** (case 406 a) = τῆς ἠλέκτρου ὄψεως, 438 b. For the comparison of color it is indifferent in which of its two senses the word is here used, amber or an amber-colored metal. — **τὰς δέ τινας** (Lex.), *and certain others ;* v. 7. 16. — **ἀπετίθεσαν**, *were storing.* The Cyreans arrived at the time of the date harvest. — **ἦν**, for ἦσαν, on account of τραγήματα, 500 : *these were also a pleasant* [thing with, 502] *accompaniment to drink*, — in the symposium, which in ancient, as in modern times, so often followed a feast.

16. **τὸν ἐγκέφαλον**, see Lex.; *medullam*, Pliny, xiii. 9. — **τοῦτο**, 502; sc. *βρῶμα*; but cf. i. 5. 10 N. — **ὅθεν** (cf. § 14) **ἐξαιρεθείη**, mode? — **ἐξηραίνετο**, 606 a; used with reference to the time of observation; *v. l. αὐαίνετο*.

17. **ἧκε**, numb. 497 b; tense, cf. i. 2. 6. — **ὁ τῆς** s, 523 a 1, 442. — **γυναικός**, Statira, daughter of Idernes, saved by the prayers and tears of her husband from the general execution of her family by Darius II. on account of the crime of her brother Terituchmes. She had much influence over Artaxerxes, and often opposed the schemes of the wicked Parysatis, by whom she was at length poisoned while sitting at the same table, and partaking of the same bird, — this having been divided by a knife smeared on one side (Ctes. *Pers.* 53 s, 61). — **ἔλεγε πρῶτος**, 509 f; and with consummate cunning.

18. **ὦ ἄνδρες Ἕλληνες**, 484 g; cf. i. 3. 3. — **Ἑλλάδι**, case 450 a, but gen. iii. 2. 4. — **εἰς πολλὰ** (Lex. 702 c) **κακὰ καὶ ἀμήχανα**, *into many and inextricable evils*, or, *difficulties*. Some editors omit *κακά* before *καί*. —
57 **εὕρημα** s, 633 d. — **αἰτήσασθαι** (cf. § 25, vii. 6. 30) **δοῦναι ἐμοὶ ἀποσῶσαι ὑμᾶς**, *obtain by entreaty* [that he would grant me to restore] *the privilege of restoring you safe*. Compare aor. *αἰτήσασθαι* with impf. § 19. — **Οἶμαι γὰρ ἂν οὐκ ἀχαρίστως μοι ἕξειν**, 620 b (*v. l. ἔχειν*), s, *for I think* [it would not have itself ungratefully] *there would be no lack of gratitude to me, both either from yourselves*.

19. **ὅτι, ὅτι**, different force? how differing? — **δικαίως ἄν μοι χαρίζοιτο**, sc. *εἰ χαρίζοιτο*, should he do this, 636 b. — **ἤγγειλα**, mode? cf. i. 2. 4; rare with part. — **διήλασα, καὶ συνέμιξα**, cf. i. 10. 7 s. — **ἀπέκτεινε**, tense? — **ἔδιωξα**, coöperating with the king, cf. i. 10, 1, 5, 8. — **τοῖσδε**, deictic, 545. Observe the compliment to his associates, who are most fully in his confidence, and may therefore be received as representing him.

20. **βουλεύσασθαι, ἐρέσθαι**, order? — **τίνος ἕνεκεν**, orat. recta. — **μετρίως**, less haughtily than Clearchus had before answered, § 5; i. 9, 20 s. — **ἵνα μοι** (case 458) **εὐπρακτότερον ᾖ** (sc. *διαπράξασθαι*, or impers.; mode 633 a), **ἐάν τι δύνωμαι** (mode?) s, *in order that my work may be easier, if I may possibly obtain for you any favor from him*. — **ἐάν τι** = *ὅ τι*.

21. **ἐβουλεύοντο, ἀπεκρίναντο, ἔλεγεν**, tense 595, 592 a. — **ὡς...πολεμήσοντες**, cf. i. 1. 3. — **οὔτ᾽ ἐπορευόμεθα ἐπὶ βασιλέα**, *nor did we set forth* [begin our march, 594] *against the king*. See iii. 1. 10. — **εὕρισκεν**, tense? Cf. i. 2. 1; 3. 20. — **οἶσθα**, knowing the professed intent of Cyrus, i. 2. 4.

22. **ᾐσχύνθημεν** (Lex. *αἰσχύνω*), 472 f; w. inf. or part., 657 k. — **παρέχοντες** (604 a) **ἡμᾶς αὐτοὺς** (reflex.) **εὖ ποιεῖν** (663 g), [yielding, giving up ourselves for him to do well by] *having permitted ourselves to be the recipients of his favors*.

23. **ἀντιποιούμεθα**, cf. ii. 1. 11. — **οὔτ᾽ ἔστιν ὅτου ἕνεκα βουλοίμεθ᾽ ἄν**, *nor is there any* [thing on account of which] *reason why we should wish* (if we could, 636 a). — **οὐδ᾽...ἂν ἐθέλοιμεν**, 636 a. — **εἴ τις**, *if one* [more courte-
58 ous than *you*, 548 g] *should not molest us*. — **ἀδικοῦντα**, sc. *τινα*, cf. i. 1. 7; v. 4. 9. — **σύν** (Lex.) **τοῖς θεοῖς**, 696. — **ἐὰν μέντοι τις** [illegible] **ποιῶν ὑπάρχῃ**, *but if any one shall take the lead by doing well*

to us also, 714. 2; cf. ii. 1. 22. — **καὶ τούτου** (case 408) ... **οὐχ ἡττησόμεθα**, *we also will not* [be worse than he] *fall behind him*.

24. **ἥκει**, mode 641 d. — **μενόντων**, imperative.

25. **εἰς**, i. 7. 1. — **ἐφρόντιζον**, tense? — **ἔλεγεν**, with the preliminary *buncombe* (*began by saying*); but εἶπε with the decisive proposition, § 26. — **διαπεπραγμένος...δοθῆναι αὐτῷ, σώζειν** *having obtained* [that it should be granted to him to save, 663 b] *the privilege of saving*. — **καίπερ πάνυ πολλῶν ἀντιλεγόντων** (674 f), **ὡς...βασιλεῖ** (case 454 d or 453), [even very many objecting] *though very many objected that it was not befitting the king*.

26. **Τέλος**, 483, 485 e, ε. — **ἔξεστιν** (Lex.), 571 f. — **πιστά**, i. 2. 26. — **φιλίαν**, pred. adj.: render *friendly*, etc. — **ἦ μήν** (Lex.): cf. vi. 1. 31. — **παρέξειν**, supply ἡμᾶς as subject (from ἡμῶν). — **ὅπου δ' ἂν μὴ ᾖ** (impers. subj. of εἰμί) **πρίασθαι**, *and wherever there may not be an opportunity of purchasing*.

27. **πορεύεσθαι**, used as fut. Cf. 5. 18; vii. 3. 8. — **φιλίας**, sc. χώρας or γῆς, 506 b. Cf. i. 3. 14, 19. — **ὠνουμένους**, *by purchase*, 674 d. It is not strange that, in other respects, the Greeks, in their difficult position, thought it best to accept the offer of Tissaphernes, who had such strong motives for keeping good faith with them; but we must wonder that with their scanty means they bound themselves to purchase, if they had opportunity, all their supplies during so long a march. The mistake was exposed by Xen., iii. 1. 20. There should have been also security against the delay of their march.

29. **ἄπειμι, ἀπιών**, as fut. (Lex.), 603 c. — **ὡς βασιλέα**, i. 2. 4; ii. 6. 1. — **ἃ δέομαι** (Lex.), 472 b, d; i. 3. 4. — **ἥξω** s, *I will come prepared to conduct*. — **ἀρχήν**, Caria, and afterwards Lydia, etc., 5. 11.

CHAPTER IV.

THE GREEKS, SUSPECTING THE DESIGNS OF TISSAPHERNES AND ARIÆUS, BEGIN THEIR MARCH, PASS THE MEDIAN WALL, AND CROSS THE TIGRIS.

1. **Ἀριαῖος**, who had accompanied the Greeks in the movements 59
of the preceding chapter, but without mention, through the intentness of Xen. on the fortunes of the Greeks. — **ἀλλήλων**, case? — **ἡμέρας** s, during this time, which seemed to the Greeks so long, acc. to Diod. xiv. 26, the king returned to Babylon, where he awarded the highest prize of merit to Tissaphernes, adding to his satrapy the province of Cyrus and giving him his daughter in marriage. On the other hand Tissaphernes promised that if the king would furnish him with an army and become reconciled to Ariæus, he would effect the destruction of the Greeks. Hence the negotiations mentioned below, into which Ariæus and his officers entered, regardless of their solemn oath to the Greeks, 2. 8 s. — **δεξιάς...φέροντες**:

cf. dextras ferentem, Tac. *Hist.* ii. 8. Cf. 5. 3. — **αὐτοῖς**, case 456. — **ἐπιστρατείας**, case 429 a, *that the king would not remember against them their service with Cyrus.* — **μηδέ** s, *nor anything else of the* [things] *past.*

2. **ἐνδηλοι ἦσαν...ἧττον** s, [were evident paying] *evidently paid less attention to the Greeks,* 573 c. — **οἱ περὶ Ἀριαῖον**, 527 a. — **καί**, *also*, besides the suspicious visits, etc. — **τοῖς μὲν πολλοῖς**, corresponding to **Κλέαρχος δέ**, § 5. — **προσιόντες ἔλεγον**, tense? notice change of subject.

3. **Τί** (Lex. *τίς*), 483 b. — **ἡμᾶς ἀπολέσαι** s, *would deem it of the utmost consequence to destroy us* (if he could, 636 a). — **φόβος εἴη** (*v. l.* ᾖ), 664 a; mode 649 d. — **μέγαν**, here emphatic. — **ὑπάγεται**, *is craftily leading*, or, *inducing, is seducing.* — **τὸ** (663 f) **διεσπάρθαι αὐτῷ**, 464. — **ἁλισθῇ**, chiefly poetic. — **οὐκ ἔστιν ὅπως** (Lex.), iv. 5. 31.

4. **ἀποσκάπτει τι**, *he is* [trenching off something] *digging some trench.* — **εἴη** (*v. l.* ᾖ). mode 652. — **Οὐ γάρ ποτε** s, *he will never consent, at least willingly* (if he can prevent it). — **τοσοίδε** (Lex.), 545. — **τόν**, perhaps inserted for scornful emphasis. — **ἐπὶ ταῖς θύραις αὐτοῦ**, *at his palace-gates*, in the immediate vicinity of his capital. — **καταγελάσαντες**, *laughing him to scorn*, in triumph.

5. **καί**, i. 3. 15. — **ἐπὶ πολέμῳ**, *on the footing*, or, *terms of war.* McMich.
60 — **οὐδὲ** (*τόπους*) **ὅθεν** s, *nor* [whence] *places from which;* like the
villages in which they then were, 3. 14. — **ὁ ἡγησόμενος** s, 678 a; i. 3. 9. — **ἅμα ταῦτα ποιούντων ἡμῶν**, [we doing this, at the same time] *as soon as we do this.* — **Ἀριαῖος ἀφεστήξει** (319 b) ... **λελείψεται**, tense (Lex.) 601 c, mode 671 d, *Ariæus will* [stand off] *withdraw, so that no friend will be left us.*

6. **Ποταμὸς** (emph. pos.) **δ' εἰ μέν τις καὶ ἄλλος ἄρα ἡμῖν** (case 458) s, *and whether indeed there is also any other river, as might be expected, for us to cross.* Observe the force of each particle here; **ἄρα**, *according to probability, as might be expected.* — **δ' οὖν**, i. 2. 12. — **Εὐφράτην**, obj. of *διαβῆναι*, or of *ἴσμεν* by prolepsis. — **ἴσμεν**, form 320 a. — **ἀδύνατον**, sc. *ἐστί.* — **Οὐ μὲν** (Lex.) **δή** (see 2. 7) **ἄν μάχεσθαί γε δέῃ**, *nor yet indeed, if fight we must, have we cavalry to aid us; while the enemy have cavalry the most numerous* (in the world) *and serviceable.* — **ὥστε** s, this consecutive clause, for livelier effect, has first an interrogative and then a negative form. — **νικῶντες, ἡττωμένων**, 635. — **τίνα**, i. e. in the rout, where, in ancient battles, was the chief carnage. — **οἷόν τε**, sc. *ἐστί* or *ἂν εἴη.*

7. **βασιλέα**, prolepsis. — **ὅ τι δεῖ** (Lex.), *what need there is.* — **πιστὰ ἄπιστα**, from the Greek love of joining kindred but contrasted words, 719 e; as if we should say, make his faith faithless, or his credit discredited.

8. **ὡς εἰς οἶκον ἀπιών**, *as if setting out for home*, i. e. Caria. — **Ὀρόντας** (Lex. 2), cf. iii. 4. 13; 5. 17; Plut. *Artax.* 27; Diod. xv. 8 – 11. The northern route to Asia Minor and that to Armenia were, for a considerable distance, the same.

9. **Τισσαφέρνει**, case 450 a.

10. **αὐτοὶ** (541 h) **ἐφ'** (Lex. 695) **ἑαυτῶν ἐχώρουν**, *marched* [themselves resting upon themselves] *by themselves.* — **ἀλλήλων**, case 699 f.

11. **ἐκ τοῦ αὐτοῦ** (Lex.), sc. *χωρίου*.

12. **τὸ Μηδίας καλούμενον τεῖχος,** *the wall* [called the wall of 61
Media] *so-called of Media,* 678 a. See i. 7. 15. Tissaphernes seems to have met the wishes both of the king and of the Greeks by commencing upon the direct route of the return-march, and to have passed beyond the line of the Median Wall, perhaps at a spot where it was so ruined that it was not recognized by Xen. The most probable reason for coming again within this line (i. e. on the side towards Babylon) was to obtain additional supplies before crossing the Tigris. — **Ἦν δὲ ᾠκοδομημένον,** 679 a, *β*. — **πλίνθοις ὀπταῖς,** [with] *of burnt brick,* as far stronger for a wall of defence than those dried in the sand. — **εὖρος,** case? — **ποδῶν,** case 440 a; sc. *τεῖχος*. — **ἀπέχει...πολύ,** thought by some a mere gloss, from the looseness of its statement.

13. **ἐζευγμένην,** junctum, *spanned,* or, *bridged over.* McMich. — **ὀχετοί,** *rivulets,* or, *channels.* Acc. to Schn. these were probably equivalent to the *αὐλῶνες*, 3. 10. — **ᾗ ὄνομα Σιττάκη,** 459.

14. **παραδείσου,** case 445 c. — **δένδρων,** case 414 a. The dat. of means is more common with *δασύς*, iv. 7. 6; 8. 2.

15. **ἐν περιπάτῳ,** *upon a walk.* — **πρὸ τῶν ὅπλων** (Lex.); hence in front of the encampment, upon the ground traversed by the sentinels. — **τις,** 548 c. — **καὶ ταῦτα** s, *and* [did] *that too, though he was from Ariæus,* 491 c, 544 a; bringing, of course, suspicion upon Menon.

16. **ὅτι Αὐτός εἰμι,** *I am the very person,* 540 e. — **Ἔπεμψε, ὄντες, κελεύουσι,** numb. 497 b. — **πιστοί...εὖνοι,** order? — **ὄντες,** tense 604 a. 62
— **δέ** = *γάρ*, 705.

17. **παρὰ τὴν γέφυραν,** *along the bridge,* to occupy or man it, as it was liable to be severed in any part, § 24; *v. l. ἐπὶ τὴν γέφυραν, to* or *upon.* — **ὡς,** as used before *διανοεῖται*, and before *μή*?

18. **ἐταράχθη καὶ ἐφοβεῖτο,** tense?

19. **Νεανίσκος,** not improbably Xen., who was modest in representing himself as wiser than the commander-in-chief. — **ὡς οὐκ** s, *that the* [being about] *scheme, both to attack and to break up the bridge, was inconsistent.* — **Δῆλον γάρ,** what change in the discourse? — **ἐπιθεμένους,** [having attacked, it will be necessary that they either conquer] *if they attack us, they must, of course, either conquer or be conquered.* — **τί δεῖ,** cf. § 7, *ὅ τι δεῖ*. — **ἔχοιμεν ἄν** (636 a, 637 c) **ὅποι** s, *should we have* [whither] *any place to which we might flee and be safe,* 642 a.

20. **οὐχ ἕξουσιν** s, 642 a. — **λελυμένης** s, observe the emph. repetition.

21. **νῆσός τις** (Lex.). — **χώρα ἡ,** art. 523 a, 3. — **πολλή,** sc. *ἐστι*. — **πολλαὶ καί,** 3. 18.

22. **ὑποπέμψαιεν.** Compare the like means used by Themistocles to hurry Xerxes out of Greece, Hdt. viii. 110. — **καὶ τῶν ἐργασομένων,** abs. w. *ἐνόντων*: *while there were peasants there who would cultivate it* for them. — **ἀποστροφή,** *a place to turn back to,* suited to a marauding enemy, *a retreat.* McMich. How remarkably is the weakness of the Persian Empire, even at home, shown by this eagerness to hurry a mere handful of Greeks out of

Babylonia; and the apprehension that remaining they might form an independent state and hold out to a disaffected population a standard of rebellion against the king! Indeed in the Persian, as now in the Ottoman Empire, most of the nationalities simply submitted to the force of arms.

63 23. οὐδεία, 713 a.

24. ἔως, art. 533 d. — ὡς οἷόν τε μάλιστα, i. 2. 4; 7. 19: vii. 7. 15. — παρά, const. præg., cf. i. 1. 5, *with Tiss.* — ὡς (rather than ὅτι?) διαβαινόντων (sc. αὐτῶν), *while they were crossing.* For the gen. abs. here and below the dat. might be used: διαβαίνουσιν αὐτοῖς, 676 b. Cf. iii. 4. 1. — μέλλοιεν ἐπιθήσεσθαι, 598 a, sc. the Persians. — διαβαίνοιεν, mode? — ᾤχετο ἀπελαύνων, [riding off he was gone] *he forthwith rode away,* 679 d.

25. § 3, cf. § 13. — πρὸς ἥν, *near which;* accus., as he was moving towards it.

26. εἰς (Lex.): *eis* and *ἐπί* in such connections comm. refer to the narrower dimension, whether depth or width. — ἄλλοτε (Lex.), 567 c. — Ὅσον δὲ χρόνον τὸ ἡγούμενον...ἐπιστήσειε, *and as long a time as he halted the van,* 641 b. — [illegible], i. 5. 13.

27. Μηδίας, that part oftener called Assyria (Lex.). — ἐρήμους, i. 5. 5.

64 — Παρυσάτιδος, cf. i. 4. 9. — Κύρῳ ἐπεγγελῶν, [insulting C.] *as an insult to the memory of C.*, to whom Parysatis had been so partial. — πλὴν ἀνδραπόδων, *with the exception of slaves.* The inhabitants were not to be so taken. Cf. i. 2. 27.

28. σχεδίαις διφθερίναις, still used here. Cf. i. 5. 10 (Lex. Χαρμάνδη). — ἄρτους s, asyndeton, 707 g, j.

CHAPTER V.

CRAFT AND TREACHERY OF TISSAPHERNES. — CLEARCHUS AND FOUR OTHER GENERALS ENTRAPPED AND MADE AWAY WITH.

1. Ζαπάταν, see Lex. — φανερά, pos.?

2. [illegible], mode? — πρίν: why may the inf. here follow? 703 d, β. — [illegible], mode? — ἐροῦντα, dicturum, fut. part., 598 b, 674 c.

3. Τισσαφέρνη, form. 225 d. i. 4. 2; 2. 4. — ἡμῖν, case? by whom? — φυλαττομένους ἀντιφυλαττόμεθα, order? — ἡμᾶς, case 472 f.

4. οὔτε δύναμαι σὺ αἰσθέσθαι, would have been more regular, but less [illegible] — σύ (case 472 h) παρέχειν, part. 657 d. — λόγους (Lex.). — [illegible], case [illegible]; see also 452 a. — [illegible], ἐθέλοιμεν, mode 633 a. — [illegible], case [illegible] a. f.; yet see 523 c (4).

65 5. ἐκ διαβολῆς, ἐξ ὑποψίας, 694. These causes are more prominent from their insertion, by a species of prolepsis, in the antecedent rather than the relative clause where they properly belong. Some [illegible] that Xen. began the sentence as if the part. ποιήσαντας was to follow, and then avoided the aggregation of participles by changing this

into the rel. and finite verb. — **φθάσαι** (Lex.). — **κακὰ τούς**, case ? — **μέλλοντας**, sc. **ποιεῖν**.

7. Πρῶτον ... μέγιστον, *for* [the] *first and greatest* [thing], 396 a. — **οἱ θεῶν** (made more emphatic by the insertion of **ἡμᾶς**, 719 a, β) **ὅρκοι,** *the oaths to the gods,* 444 b. — **ὅστις δὲ τούτων** (432 d) **σύνοιδεν αὑτῷ παρημεληκώς,** *and whoever is conscious* [with himself] *of having disregarded these,* the gods, as more emph. — **Τὸν γὰρ** s, *for the hostility of the gods I know not* [either] *through what speed any one could escape it by flight, nor into what darkness he could run for concealment.* — **θεοῖς,** case 455 g. — **πάντων,** case 407. Cf. acc. v. 6. 9; iii. 2. 19. This address, which has been greatly praised by ancients and moderns, is more in the style of the philosopher Xen. than of the rude soldier Clearchus. Indeed it is well known that the ancient historians, who had no short-hand reporters to aid and fetter them, exercised much freedom in shaping the speeches of their personages, especially when, as here, there was no one who had been present to correct them. Cf. with this fine passage, Psalm cxxxix.

8. μὲν δή, office here ? — **θεῶν, ὅρκων,** hendiadys, 69 e. — **παρ' οἷς** s (r. *l.* **οὕς,** motion toward being implied), *with whom* (the gods) *having contracted friendship, we have made it a sacred deposit,* i. e. *to whose keeping we have intrusted the friendship we have contracted,* as written contracts committed to a powerful third person for safe keeping and enforcement. — **σὲ ἔγωγε,** pos. ? — **παρόντι** (Lex. πάρειμι). — **νομίζω,** formal and weighty.

9. πᾶσα μὲν ὁδός, 523 e. — **μέν, μέν, μέν,** correspondence ? — **πᾶσα μὲν διὰ σκότους ἡ ὁδός,** *the way is all* [through darkness] *in the dark,* 523 b, 4, c. — **οὐδὲν γὰρ αὐτῆς,** *nothing* [no part] *of it.* — **αὐτῆς** gen. partit., or of theme. — **φοβερώτατον,** gend. 502; pos. ? — **μεστὴ γὰρ** s, *for it is* [full of much helplessness] *a most helpless condition.*

10. Εἰ δὲ s, *but even if we* [having become insane should slay] *should be so insane as to slay you.* — **ἄλλο τι** (sc. γένοιτο) **ἂν ἢ ... ἀγωνιζοίμεθα,** [would anything else result than that we should have to contend] *should we not then of necessity have to contend?* 567 g. — **τὸν μέγιστον ἔφεδρον** (Lex.); a very impressive metaphor from the Greek games. The combatants in wrestling or boxing were usually paired by lot, and if an odd combatant remained, he was to *sit by* (an **ἔφ-εδρος**) till one was defeated, whose place he could take. Of course he engaged with great advantage against one who had already exhausted much of his strength. Some good MSS., instead of **ἔφεδρον,** *sitter by,* have **ἔφορον,** *looker on,* but with reference to the same custom. — **οἵων ἂν ἐλπίδων,** case 414 b. — **ταῦτα,** *this,* 491 c. 66

11. εὖ ποιεῖν (sc. τινά), **ὃν βούλοιτο,** 551 f. — **τὴν σεαυτοῦ ἀρχὴν σώζοντα,** *retaining your own province.* — **ᾗ Κῦρος πολεμίᾳ ἐχρῆτο** (Lex.), qua Cyrus hostili utebatur, *which was hostile to C.* — **ταύτην,** 2. 20.

12. Τούτων δὲ τοιούτων ὄντων, cf. quæ quum ita sint. — **τίς οὕτω μαίνεται, ὅστις** s, 558. Cf. vii. 1. 28. — **ἐρῶ γάρ**: in regular construction, either this γάρ, or that in § 13, should be omitted. Cf. iii. 2. 11.

13. οὓς νομίζω ἂν ... παρασχεῖν, *whom I believe I could render,* 667 b. — **Πισίδας,** sc. λυπηροὺς ὄντας. — **ἔθνη πολλά**: in the lax administration of the Persian Empire there were not a few independent and predatory tribes. See iii. 2. 23; 5. 16: vii. 8. 25. — **εἶναι,** how diff. from part.? — **ἃ οἶμαι ἂν παῦσαι ἐνοχλοῦντα,** *which I think I should stop from continually disturbing,* 677 b. — **μάλιστα,** pos.? — **ποίᾳ δυνάμει...κολάσεσθε** (*v. l.* κολάσαισθε), 620 b: κολάζω, seldom in mid. except in future, κολάσομαι; yet see Dind. — **τῇς,** sc. δυνάμεως, *the* (by using) *the force,* 511 b.

14. ἔν γε τοῖς πέριξ οἰκοῦσι, *among those dwelling around.* — **τῳ** = τινι. — **ὡς μέγιστος ἂν** (applying also to ἀναστρέφοιο, 622 b) **εἴης,** *you would be the most powerful friend possible,* 553 c; very strong language. — **ᾗς** (*v. l.* ᾗν), 554 a. — **σοῦ σοί,** pos.? *you at least,* thus suggesting the idea of the king himself, whom he would not venture to mention.

15. οὕτω is often emphatic by being separated from the word which it most directly modifies; cf. § 21. — **τό** gives greater prominence and actuality to σέ. — **ἡμῖν** (case 456) **ἀπιστεῖν,** the subj. of δοκεῖ, 663 f, 664 b, *your distrust of us.* — **ἥδιστ' ἂν ἀκούσαιμι** (636 a) **τὸ ὄνομα, τίς,** *I should be most glad to hear the name, who there is of such power in speaking;* i. e. *the name of one who is,* 566 a: Menon was the person suspected, § 28. — **τοσαῦτα, ὧδε,** 547. — **ἀπημείφθη,** "perhaps used as a high-flown word in irony," Boise. The answer of Tissaphernes is marked by consummate duplicity and affectation of virtue: but cf. § 7.

67 **16. σου,** *from you,* 434 a. — **ἂν** (620 c, 621) **μοι δοκεῖς** (573)...**εἶναι,** [you seem to me that you would be] *it seems to me that you would be,* or, *you would seem to me to be.* — **Ὡς δ' ἂν μάθῃς,** 624 a.

17. ἐβουλόμεθα, 631 b. — **πότερά σοι** s, [whether] *do we seem to you to want either.* — **ὁπλίσεως, ἐν ᾗ,** *warlike equipment, weapons,* or, *armature in which,* i. e. *with which,* referring to the missiles in which the Greeks were so deficient and with which they might be picked off with little power of retaliation. — **κίνδυνος,** sc. ἐστίν, or, ἂν εἴη.

18. ἐπιτίθεσθαι, tense? — **ἀπορεῖν ἄν σοι δοκοῦμεν,** *do we seem to you* [that we should want] *likely to want.* Why **ἄν** here, and not with **ἀπορεῖν** above? — **Οὐ** (687 b) **τοσαῦτα.** — **ὑμῖν ὄντα** (= εἶναι) **πορευτέα,** prob. pointing to the great mountain range along the north. — **ταμιεύεσθαι** (Lex.), 582 d; by attacking a portion on one side, while the others are crossing. — **εἰσὶ δ' αὐτῶν** s, 421 a, 418 b.

19. ἡττώμεθα, (present indicative) *we are worsted.* — **ὅν,** object of κατακαύσαντες. — **ὑμῖν** (case 455) **ἀντιτάξαι,** *to array against you,* a bold metaphor.

20. ἂν...ἄν, 622 a, 621 c, d. — **ἔχοντες,** *if we have,* hence μηδένα, 686 d. — **ἔπειτα,** i. 2. 25. — **δς μόνος** s, order 719 e, f.

21. ἀπόρων ἐστὶ...οἵτινες, 558. — **ἐχομένων** (Lex.). — **καὶ τούτων πονηρῶν,** *and* [those wicked] *wicked men too,* 544 a. — **ἠλίθιοι,** a stronger term added for emphasis; ἀλόγιστοι denying the fact of consideration, but ἠλίθιοι even the capacity for it.

22. ἐξόν (Lex. ἔξειμι), 675 b, c. — **οὐκ ἐπὶ τοῦτο ἤλθομεν,** *did we not* [go]
68 *proceed to this?* cf. iii. 1. 18. — **ὁ ἐμὸς ἔρως** (sc. ἦν or ἐστί) **τούτου** (case 444 f) **αἴτιος τὸ** (664 c) **τοῖς Ἕλλησιν ἐμὲ πιστὸν γενέσθαι,**

καὶ ᾧ ἀνέβη ξενικῷ (551 c, 466. 1) s, *the cause of this was my ardent desire* [in respect to this] *that I might* [become trusted by] *secure the confidence of the Greeks, and that with the foreign troops with which Cyrus made his ascent, trusting them* [on account of payments] *from his payment of wages, with this I might descend* [go back to my satrapy] *strong in their attachment through my kindness.*

23. Ὅσα δέ μοι ὑμεῖς χρήσιμοι ἔσεσθε, *and* [as to how many things, 481] *in what respects you will be capable of serving me* (*v. l.* ἐστέ, you are, etc.). — **τιάραν** (Lex.). — **ὀρθήν,** *Cyr.* viii. 3. 13. — **τὴν δ' ἐπὶ...ἔχειν** (sc. ὀρθήν), *but that upon the heart, perhaps with your presence another also might easily so wear;* i. e. might have equally erectness of spirit and independence of feeling. Some see in this boldly figurative expression an intimation from Tissaphernes (the better to blind Clearchus), that he might himself wish with the aid of the Greeks to aspire to that sovereignty which Clearchus had already offered Ariæus.

24. ἔφη, 574. — **τοιούτων ἡμῖν** s, *when we have such inducements to friendship.* — **τὰ ἔσχατα παθεῖν,** extrema pati.

25. Καὶ ἐγὼ μέν γε, [and I for my part certainly] *yes, and I for my part;* καὶ...γε, as not infrequently in dialogue, implying assent, and μέν corresponding to δέ in § 26. — **στρατηγοί** and **λοχαγοί,** in appos. with ὑμεῖς understood.

26. ὅθεν, [whence] *from what source,* i. e. *from whom.*

27. μέν, after τότε, as corresponding with τῇ ὑστεραίᾳ, while its more regular place would be before Τισσαφέρνης. — **δῆλός τ' ἦν πάνυ φιλικῶς οἰόμενος** s, *both* [was evident thinking, 573 b] *showed that he thought* [that he was related in a very friendly way to T.] *himself on very friendly terms with Tissaphernes.* — **χρῆναι ἰέναι** s, *that* [it was proper that those should go] *those ought to go to T. whom he had invited.* — **ἐξελεγχθεῖεν,** mode? — **τῶν Ἑλλήνων,** case? — **ὡς προδότας αὐτούς,** *as* [being] *themselves traitors.*

28. αὐτῷ, i. e. Clearchus. — **ᾖ,** mode? § 36 : i. 4. 18.

29. ἅπαν τὸ στράτευμα (523 e, observe the different emphasis in 69
τὸ στράτευμα ἅπαν, § 28) s, *that the whole army should* [have its mind towards himself] *be devoted to him.* — **μηδὲ πιστεύειν,** indef. subject.

30. κατέτεινεν : with the temper of Clearchus, the opposition of others only made him more vehement, while perhaps he regarded it as proof of machinations against him of which their authors feared the exposure. — **διεπράξατο** s, *he had so far succeeded that five generals* (including himself) *went,* i. e. all except Chirisophus, Cleanor, and Sophænetus. — **ὡς εἰς ἀγοράν,** *as for the market,* which they were in the habit of visiting for supplies (4. 9), and consequently unarmed and without apprehension.

31. ἐπὶ ταῖς θύραις, without art., vii. 3. 16. — **Πρόξενος** s: Menon feeling doubtless that at all events he was safe among the Persians, while it might endanger him among the Greeks to refuse to go; and the others being misled or overpersuaded. Ctesias, prob. from Menon's own false claim at the court, represents the fatal visit of the generals as a plot of Menon's, against the better judgment of Clearchus, *Pers.* 60. The whole number of lochagi in the army was not far from a hundred. — **Ἀγίας**, not before mentioned (Lex.).

32. **πολλῷ**, case 468, 485 e, *β*. — **ἀπό**, iv. 1. 5. — **σημείου**, acc. to Diod. xiv. 26, a red flag, the sign of blood, raised above the tent of Tissaphernes. — **ξυνελαμβάνοντο, κατεκόπησαν**, tense 595. — **τινές**, pos. 548 b, 719 d, *ν*. — **ᾧτινι**, numb. 550 f. — **ἐντυγχάνοιεν**, mode? — **ἔκτανον**: Xen. uses the simple verb here only. Hence Hertlein proposes *ἀπέκτεινον*.

33. **ἠμφιγνόουν** (*v. l.* *ἠμφεγνόουν*), 282 b. — **πρὶν...ἧκε**, 703 d, *a*, indic. denoting fact. — **Νίκαρχος**, one of the soldiers who visited the market, acc. to Diodorus.

34. **αὐτούς**, the cavalry mentioned in § 32. The extreme dread which the Persians had of the Greeks is strikingly shown by the fact that they did not avail themselves of this opportunity of making a general attack.

35. **Κύρῳ**, while he was living.

70 **36.** **ἀπαγγείλωσι**, mode? — **τὰ παρὰ βασιλέως**, 3. 4.

37. **φυλαττόμενοι**, *with a body-guard*, or simply, *with due precaution*. — **τὰ περὶ Προξένου**, 528 a.

38. **ἔστησαν εἰς** (const. præg.). — **ἐπήκοον** (Lex.). — **ὑμᾶς, ὅπλα**, case 480 c. — **ὁ βασιλεύς**: *ὁ* expressing more formality. Hence fitting in this place: noster rex. — **ἀπαιτεῖ**, how diff. fr. *αἰτεῖ*? — **ἑαυτοῦ, Κύρου**, case 433, 437 a. — **εἶναι**, i. e. *τὰ ὅπλα*. — **δούλου**, pos.? cf. i. 9. 29.

39. **ἀπεκρίναντο, ἔλεγε**, expressing his honest indignation with great plainness and straightforwardness; cf. 1. 10. — **Ὦ κάκιστε**, 484 d. — **οἱ ἄλλοι**, sc. *ὑμεῖς*. — **θεούς**, 3. 22. — **οἵτινες** (550 b), **ὀμόσαντες...προδόντες ἡμᾶς...ἀπολωλέκατε**, *you who, after giving us your oaths,...then betraying us,...have destroyed*. — **ἡμῖν**, comm. obj. of *ὀμόσαντες* and *τοὺς αὐτούς*. — **τοὺς ἄλλους ἡμᾶς προδεδωκότες**, *having given up* [us the rest] *the rest of us to destruction*; observe the passionate repetition. Most MSS. also introduce *ὡς* before *ἀπολωλέκατε*, as though the speaker in his intenseness of feeling had forgotten the previous connective *οἵτινες*.

40. **γάρ**, connecting this sentence to what?

71 **41.** **τούτοις, τάδε**, 544. Contrast the cool, shrewd logic of Xenophon with the vehement outburst of Cleanor. — **Πρόξενος, Μένων**, emph. pos. before *ἐπείπερ*.

42. **ἀλλήλοις**, case 452.

CHAPTER VI.

XENOPHON'S ESTIMATE OF THE CHARACTER OF THE FIVE GENERALS.

1. **ἀνήχθησαν**, in chains: Ctes. *Pers.* 60; Diod. xiv. 27. There was especial curiosity at Babylon, says Ctesias, to see the Spartan prisoner; and he was himself, as court-physician, an instrument of Parysatis in doing much to relieve the imprisonment of the favorite general of her favorite son. Acc. to Ctesias, the weak Artaxerxes first promised Parysatis with an oath that he would spare Clearchus; but was afterwards influenced by Statira to execute all except Menon. This same writer adds the marvellous story that when their bodies were thrown out to the birds and dogs, a whirlwind covered the body of Clearchus with a great mound which was speedily overgrown with palm-trees so that the king repented his execution as that of an evident favorite of the gods. Plut. *Artax.* 18. — **ὡς** (Lex. d). — **ἀποτμηθέντες** (587. 2) **τὰς κεφαλάς** (481), [cut off as to their heads] *having their heads cut off, beheaded;* except Menon, § 29. — **εἷς** (395 a). — **μέν**, corresponding to δέ, § 16. — **ὁμολογουμένως** (Lex.). — **ἐμπείρως** (Lex.) **αὐτοῦ**, 432 b. — **δόξας γενέσθαι**, *esteemed to have been.* — **ἐσχάτως**, pos.?

2. **πόλεμος**, the so-called Peloponnesian War. — **ἐγένετο**, B. C. 404. — **ἀδικοῦσι**, mode? — **τοὺς Ἕλληνας**, i. 3. 4; 1. 9, colonized on the coast of Thrace. — **διαπραξάμενος ὡς ἐδύνατο**, *having obtained* [as he could] *leave and supplies by what means he could.* — **τοῖς**, with dat. and with πρός, after πολεμέω. See McMich.

3. **ἔξω**, *without, abroad;* i. e. here, *at sea.* — **ὄντος**, for ὄντα, i. 2. 17 N. — **Ἰσθμοῦ**, so common a place of call in the coasting voyages along the eastern shore of Greece. — **ᾤχετο πλέων**, 4. 24. See Diod. xxiv. 12; Polyaenus, ii. 2.

4. **ἔρχεται**, having been defeated by a Spartan force and shut up in Selybria, from which he made his escape by night, Diod. xiv. 12. — **ἔπεισε Κῦρον**, *persuaded Cyrus to aid him.* — **ἄλλῃ**, *elsewhere.* Whether 72
Xen. referred to another work, or supposed he had written more fully in this, does not appear.

5. **ἀπὸ τούτων**, i. 1. 9. — **ἔφερε καὶ ἦγε** (Lex. ἄγω). — **πολεμῶν διεγένετο**, *continued at war*, 677.

6. **φιλοπολέμου**: brought out into greater prominence by the insertion of μοι δοκεῖ before ἀνδρὸς (719 a, β) ἔργα, *acts, ways, procedure, behavior.* — **ὅστις...αἱρεῖται πολεμεῖν**, [who prefers] *that he should prefer*, i. e. *to prefer;* cf. 5. 21. — **ἐξὸν** (Lex.) **μὲν εἰρήνην ἔχειν**, *when he might live in peace* (v. l. εἰρήνην ἄγειν, see Lex.). — **βούλεται πονεῖν ὥστε** s (Lex. ὥστε d), 671 a.

7. **ταύτῃ**, *in this*, or, *in these respects, herein.* — **ἡμέρας καὶ νυκτὸς** (433) **ἄγων**, *day and night alike* [leading] *ready to lead.* — **πανταχοῦ πάντες**, order?

8. **ὡς δυνατὸν ἐκ**, *as far as was possible* [from] *with such a temper*, which forbade his obtaining the affections of his men, § 12 s. — **οἷον καὶ ἐκεῖνος εἶχεν**, *as indeed* HE *had*, however strange it might seem in others. — **Ἱκανὸς μὲν...δέ**, i. 3. 16. — **ὥς τις καὶ ἄλλος**, i. 3. 15. — **αὐτοῦ**, some read αὐτῷ, ethical dat. — **ὡς πειστέον εἴη Κλεάρχῳ** (emphatic), *that Clearchus must be obeyed*, 682 a, 455 g.

9. **χαλεπός**, case 667 c: Diod. xiii. 66. — **ὁρᾶν στυγνὸς ἦν, καὶ τῇ φωνῇ τραχύς**, 663 e, 467 b. — **ἐκόλαζε...ἐκόλαζεν · ἀκολάστου**, order, etc.? — **ὥστε καὶ αὐτῷ** (457) **μεταμέλειν**, *so that there were times when* [it even repented him] *he even himself repented*, 457; **ἐνίοτε** and **ἔσθ' ὅτε** here implying rarer occurrence than ἐνίοτε (see Lex. εἰμί, 559 a). — **ἀκολάστου...ἡγεῖτο** s, *for he thought there was no profit from* [of] *an unchastised army*, 472.

73 **10. εἰ μέλλοι ἢ φυλακὰς φυλάξειν,** *if he were either to keep guard,* or, *maintain his guard.*

11. ἤθελον αὐτοῦ ἀκούειν σφόδρα, *were willing to obey him implicitly,* 432 g; order, 719 b, ζ. — **τὸ στυγνὸν** (507 a) **τότε φαιδρὸν** s, *they said that the gloom in his countenance then appeared lustrous.* Some good MSS. have *ἐν τοῖς ἄλλοις προσώποις, that his gloom appeared lustrous among the other countenances.* — **τὸ χαλεπὸν** s, *and his harshness seemed to be energy against the foe.*

12. καὶ ἐξείη πρὸς ἄλλους ἀρχομένους (*v. l.* ἄρχοντας, Lex.) **ἀπιέναι,** *and* [it was permitted] *they were free to go to* (others to be commanded) *other commanders,* their engagement with him having expired. — **τὸ γὰρ ἐπίχαρι οὐκ εἶχεν,** *for* [the winning he had not] *he had nothing attractive.* — **ὥσπερ παῖδες πρὸς διδάσκαλον**: "it is to be hoped that boys nowadays will not understand this comparison." Boise.

13. εὐνοίᾳ, 466. 1. — **τεταγμένοι,** i. 6. 6. — **ὑπὸ τοῦ δεῖσθαι,** *through want.* — **σφόδρα πειθομένοις ἐχρῆτο** (Lex.), *from these he received implicit obedience.* Cf. iv. 6. 3.

14. μεγάλα ἦν τὰ...ποιοῦντα, [great were the things making] *there were powerful influences which made.* — **τὸ ἔχειν,** subject of *παρῆν.* — **θαρραλέως** (Lex.).

15. οὐ μάλα (Lex.) **ἤθελεν** (litotes, 686 i), of which his disobedience to the Ephori, and his conduct at Cunaxa, presented striking examples. — **τὰ πεντήκοντα,** 531 d.

16. εὐθὺς (Lex. 662) **μὲν μειράκιον ὤν,** *from his very youth.* — **ἔδωκε Γοργίᾳ ἀργύριον,** *he* [gave money] *paid tuition to Gorgias.* Diod. xii. 53, mentions 100 minæ (= about $2000) as his price, — perhaps an extreme case, but enough to make Krüger exclaim, "The Greeks were — well, not Germans!"

74 **17. μὴ ἡττᾶσθαι εὐεργετῶν,** *not to be outdone in conferring favors,* even by those of high rank, 677.

18. οὐδὲν ἂν θέλοι, if he must obtain it unjustly, 635. — **σὺν τῷ δικαίῳ καὶ καλῷ,** [with that which is justice and honor] *justly and honorably,* 695, 507 a; *δίκαιος* referring more to the essential character, and *καλός* more to the impression made (Lex. *καλός*). So below, *καλῶν καὶ ἀγαθῶν, honorable* or *estimable and good,* a frequent combination to express the Greek ideal of internal virtue united with external propriety. — **μή,** sc. *τυγχάνειν, by no means,* emph. from pos.

19. αἰδῶ...ἑαυτοῦ, *respect for himself.* — **οἱ ἀρχόμενοι,** *even those who were under his command,* emphasizing the unnatural state of things. — **ἦν φανερός** (Lex.), cf. § 21, 23. — **στρατιώταις,** case 457. — **ἐκείνῳ,** why rather than *αὐτῷ*?

20. ἐτῶν, case 437 a.

21. δῆλος (Lex.). — **ἐπιθυμῶν,** observe the emphatic repetition. — **μέγιστα δυναμένοις** (Lex.). — **δίκην** (Lex. 1).

22. διὰ τοῦ ἐπιορκεῖν, 663 f: *τοῦ* not repeated? — **τὸ δ' ἁπλοῦν** s, 507 a, 451. — **τῷ ἠλιθίῳ,** case 451.

23. **Στέργων** (stronger than φιλῶν, Lex.) **δέ** s, *he evidently had no real love for any one.* — **φανερός, ἔνδηλος** (Lex.), 573 c. — **Στέργων...ἐπιβουλεύων,** order? — **ὅτῳ,** form 253. 1. — **τούτῳ** s, *against him it became evident that he was plotting.* — **πολέμιον,** case 699 a.

24. **τὰ δὲ τῶν φίλων μόνος** (677 b) ... **ὂν** (677) **ἀφύλακτα** (pred. 75
adj., 523 b, 5), *he thought that he alone understood that it was most easy to take the property of friends as being unguarded;* at least he so acted.

26. **τῷ...δύνασθαι,** case? — **τὸν μὴ** (sc. ὄντα, 686 d) **πανοῦργον,** *the man who was not a villain,* or, *knave.* — **τῶν ἀπαιδεύτων,** *one of the ignorant, a mere simpleton.* — **διαβάλλων** (674 d)...**κτήσασθαι** (agreeing in subject with ᾤετο, notwithstanding the intervention of the impers. δεῖν, 667 c), *he thought he must win these by maligning those who held the first place.*

27. **Τὸ δὲ πειθομένους τοὺς στρατιώτας...ἐμηχανᾶτο,** *he contrived* [the rendering] *to render his soldiers obedient.* — **συναδικεῖν,** so that they hoped for gain in pleasing him, and feared exposure if they displeased him. — **Τιμᾶσθαι δέ** s, *and he thought himself entitled to be honored and courted, if he showed that he was able, and would be ready* (if there was occasion) *to inflict the greatest injuries.* — **Εὐεργεσίαν δὲ κατέλεγεν,** *and he charged it as a favor.* — **αὐτοῦ ἀφίστατο,** *was leaving him.* — **αὐτῷ, αὐτόν,** repeated for stronger expression: one of these would have been sufficient in unemphatic language.

28. **τὰ μὲν δὴ ἀφανῆ** s, *doubtful matters of course one might misstate;* with allusion probably to the charges of treachery made against him. Diod. is less reserved, and says that he was spared when the other generals were put to death: see § 29 N. — **ἃ δὲ** s, *but the following is what all know.* — **ἔτι ὡραῖος ὤν, στρατηγεῖν διεπράξατο,** *while yet in the bloom of youth, he obtained* [to command] *the command of;* his youth leading to the belief that this was through dishonorable favoritism. — **ἀγένειος ὢν γενειῶντα,** *a bearded man, while himself beardless,* 719 b, *e*. Reference is here made to the vice which the apostle exposes in Rom. i. 27. The age of Menon is not stated; but he is represented as remarkably precocious in command, corruption, and villany. Krüg. regards this section as not by Xenophon.

29. **οὐκ ἀπέθανε,** for this reason, says Diod. xiv. 27, ἐδόκει γὰρ μόνος οὗτος στασιάζων πρὸς τοὺς συμμάχους προδώσειν Ἕλληνας. — **τὸν τῶν ἄλλων θάνατον στρατηγῶν,** order 719 d, *v*, 523 k. — **τιμωρηθεὶς** s, *he died* [punished by] *as a punishment from the king;* cf. below. — **ζῶν αἰκισθεὶς,** *hav-
ing been tortured alive;* prob. because, through the weakness of the 76
king, he fell into the hands of the vengeful Parysatis (Lex. Μένων); cf. i. 9. 13; 10. 1. — **λέγεται τῆς τελευτῆς** (case 427) **τυχεῖν,** added instead of continuing the construction with ἀπέθανεν.

30. **τούτῳ,** 505 b. — **Τούτων...κατεγέλα,** 699 a. — **ἐς φιλίαν,** 697.

BOOK III.

HOSTILITIES BETWEEN THE PERSIANS AND GREEKS, AFTER THE BREAKING OF THE TREATY BY THE FORMER. — MARCH OF THE TEN THOUSAND TO THE CARDUCHIAN MOUNTAINS.

CHAPTER I.

GREAT DEJECTION AMONG THE TROOPS. — XENOPHON AROUSES THEM TO ACTION. — NEW GENERALS CHOSEN.

77 **1. Ὅσα μὲν δὴ** s, see p. 3, Notes, statement as to division into books, summaries, etc. — **ἐτελεύτησε**, tense 605 c.

2. οἱ στρατηγοί, *the* (five) *generals*. — **μέν**, anticipated, as often, from its strictly regular place after ἐπί. Observe the nine clauses introduced by ἐννοούμενοι ὅτι, to make up the gloomy and disheartening picture so graphically and impressively drawn; and also the position of their prominent words. — **ἦσαν, προὐδεδώκεσαν**, tense, etc., 646 b. — **ἐπὶ ταῖς βασιλέως θύραις**, i. e. in the heart of his dominions. Cf. ii. 2. 4. — **πολλά** (496 c), **πολέμιαι** (497), belong to both ἔθνη and πόλεις, each taking the gender of the nearest noun. — **οὐ μεῖον** (cf. 507 e) **ἢ μύρια στάδια**: ii. 2. 6. — **νικῶντες** s: cf. ii. 4. 6.

78 **3. ἀθύμως ἔχοντες**, 577 d; sc. οἱ Ἕλληνες. — **ὀλίγοι**, *few*, ... **πολλοί**, 395 a. — **εἰς τὴν ἑσπέραν**, [into the] *at evening*. — **σίτου**, case 432 a. — **ἐπὶ τὰ ὅπλα** (Lex.), *to the place of arms*, which marked the men's quarters. — **ἀνεπαύοντο, ἐτύγχανεν** (Lex., sc. ὤν or ἀναπαυόμενος) numb. 501 a; ii. 2. 17. — **πατρίδων** s, asynd. 707 g. — **οὓς** (masc. with reference to the persons), **οὔποτ᾽ ἐνόμιζον ἔτι ὄψεσθαι**, *whom they never expected to see* [more] *again*, 662 b; observe the same idiom in Eng. Muretus compares Virg. *Æn.* ii. 137 s.

4. τις...Ξενοφῶν Ἀθηναῖος, *a certain Xenophon, an Athenian;* what a modest introduction of the leading spirit of the subsequent retreat! — **ἀλλὰ Πρόξενος αὐτόν**, instead of ὅν, 562. — **αὐτός**, emphasizing the subject of νομίζειν, cf. 662. — **κρείττω ἑαυτῷ**, *worth more to himself*, 453.

5. ἀνακοινοῦται, mid. of mutual conference, as by equals, 580; but act. below, of simple reference to a higher intelligence, as v. 9. 22. — **Σωκράτει**: Diogenes Laërtius gives an interesting account of the first meeting of teacher and pupil. (See Introduction to the present volume.) — **τῷ Ἀθηναίῳ**, why art. here, and not with Ἀθηναῖος, § 4? — **ὑποπτεύσας μή**, *apprehensive* [lest] *that*, 625 a. — **τι**, as adv. or with ἐπαίτιον. — **πρός**, i. 9. 20. — **Κύρῳ φίλον**, 456. — **συμπολεμῆσαι**, in the Peloponnesian War (B. C. 408–4), chiefly by giving the Spartans, through Lysander, liberal supplies of money. Cf. Lex. Κῦρος. — **ἐλθόντα,** case 667 e: i. 2. 1.

6. Ἀπόλλω, 211 a. — **ὁδόν,** case 477. — **ἐπινοεῖ,** mode 645 b; i. 9. 28. — **θεοῖς οἷς,** inverse attr., 554 c; reference esp. to Ζεὺς Βασιλεύς, vi. 1. 22.

7. ἰτέον εἶναι, i. 3. 11. — **ταῦτα...ὅσα,** 550 d.

8. ἀνεῖλεν, sc. θύεσθαι or θύειν.

9. ὅτι...ἀποπέμψειεν, 659 e. — **Ἐλέγετο,** position? 79

10. οἱ πολλοί: a few may have sailed with Xenias and Pasion (i. 4. 7), or have deserted in some other way. — **αἰσχύνην** (Lex.) **καὶ ἀλλήλων** (case 444, cf. ii. 6. 19), lest they should seem cowardly in deserting their comrades, and ungrateful towards Cyrus; nearly = *a sense of honor towards each other.*

11. μικρόν, adv. — **ὕπνου,** case 416 a. — **ὄναρ,** form 228 a. — **Ἔδοξεν,** 573 b, asynd. As often happens, the waking apprehension of danger in one form induced in sleep a vivid image of another form. For another impressive dream of Xen. cf. iv. 3. 8.

12. ἀγαθόν, from the familiar association in all ages of light and good. Cf. *Cyr.* iv. 2. 15. — **Διός...βασιλέως,** Jupiter (or Zeus), as king, was regarded as the special patron of kings (Διοτρεφέων βασιλήων, *Il.* i. 176); and, as the Greek representative of Ormuzd, he was claimed by the Persian monarchs as their paternal deity, the founder and upholder of their dynasty: Ζεὺς πατρῷος, *Cyr.* i. 6. 1. — **κύκλῳ:** one encircling might be regarded as the sign of another. Upon such doubtful and equivocal analogies the doctrine of omens has rested in all ages.

13. Ὁποῖόν τι (Lex.). It is easy to interpret an omen after the result. — **τὸ τοιοῦτον,** 531 c. — **πρῶτον μέν,** followed by ἐκ τούτου, § 15; cf. 2. 1 N. — **ἡ δὲ νύξ,** 705, cf. a. — **εἰκός,** sc. ἐστί, *it is probable,* 572. — **ἐπὶ
βασιλεῖ,** cf. i. 1. 4. — **τί ἐμποδὼν, μὴ οὐχὶ...ἀποθανεῖν,** *what* [is in 80
the way that we should not die] *prevents our dying* (713 g) [outraged] *miserably, after looking upon all that is most grievous.* — **παθόντας, ὑβριζομένους,** cf. i. 1. 7.

14. Ὅπως δ᾽ ἀμυνούμεθα, *and* [how we shall defend ourselves, 624 b] *for defending ourselves.* — **κατακείμεθα, ὥσπερ ἐξόν,** 680 b. — **Ἐγὼ οὖν s,** [the general from what state then, am I looking for] *from what state, then* (rather than my own) *do I look for a general to do this?* I, who am an Athenian, while no leading general survives? His pride of country is well expressed by ποίας. — **ἡλικίαν:** Xenophon's age at this time is a matter of great uncertainty. Krüg. makes him to have been 44; other authorities, with more probability, give his age as about or under 30. — **οὐ γὰρ s,** *for I shall never be any older.* — **τήμερον,** the Greek civil day beginning at sunset.

15. Ἐκ τούτου, i. 3. 11; 2. 17. — **Προξένου,** his intimate friend whom he had accompanied. — **ὥσπερ, οἶμαι, οὐδ᾽** (Lex.) **ὑμεῖς,** *as neither you, methinks.* — **ἐν οἵοις,** sc. πράγμασιν, *in what circumstances.*

16. δῆλον ὅτι, 717 b. Cf. § 35. — **ἐξέφηναν** (Lex.), *show forth* what was before in the heart. — **πρότερον...πρίν,** 703 d, ζ; cf. 1. 10. — **καλῶς τά**

ἑαυτῶν παρεσκευάσθαι, *that they had well arranged their* [affairs] *plans*. — **οὐδείς**, 478, or 483. — **ὡς** (Lex. c).

17. καὶ τεθνηκότος ἤδη: the Greeks regarded the mutilation of the dead with horror. — **ἡμεῖς δέ** s, *but we who have no intercessor* (while Cyrus had the queen-mother to plead for him) *made war*. — **ἡμᾶς**: cf. vii. 1. 30. — **ἐστρατεύσαμεν δέ** = οἱ δὲ ἐστρατ., 562. — **δοῦλον**, i. 7. 3; 9. 29. — **ὡς ποιήσοντες**, i. 1. 3. — **τί ἂν** (662 b) **οἰόμεθα παθεῖν**, *what* [do we think we should] *might we expect to suffer*, if we should fall into his hands? cf. *τί οἰόμεθα πείσεσθαι* above, 637 c.

18. Ἆρ' οὐκ ἂν ἐπὶ (Lex.) s, *would he not resort to every means?* — **ἡμᾶς τὰ ἔσχατα αἰκισάμενος**, *having outraged us to the uttermost*, 480 b. — **τοῦ στρατεῦσαι**, 664 a. — **ὅπως...γενησόμεθα**, 624 b. — **πάντα ποιητέον**, 682 a.

81 **19. Ἐγὼ μέν** (Lex.): use of each *μέν* in this section? Cf. i. 9. 28; 3. 17; vii. 6. 10. — **αὐτῶν**, case 413. Some supply *τοῦτο* or *τάδε*. — **ὅσα**, supply the ellipsis of this pron. with *χρυσόν* and *ἐσθῆτα*.

20. Τὰ...τῶν στρατιωτῶν, *the condition of our soldiers*. — **ἐνθυμοίμην**, mode? — **ὅτι τῶν μὲν ἀγαθῶν πάντων** (gen. part. w. *οὐδενός*) **οὐδενὸς** (421 a, 418 b) **ἡμῖν** (459) **μετείη** s, *that in all good things* (for the body) *we had no share, except by purchase*. Cf. ii. 3. 27 N. — **ὅτου** (case 431 a) **δ' ὠνησόμεθα, ᾔδειν** (mode?) *and knew that few still had* [that for which] *the means of buying*, or, *wherewith to buy*. — **ἄλλως** (Lex.). — **πορίζεσθαι...ὅρκους** s, *that oaths now forbade us to obtain*, etc. — **ταῦτ' οὖν λογιζόμενος**, as repetition of preceding part of section.

21. ἐκείνων, ἡμετέρα, pos. 538 f. — **Ἐν μέσῳ**, as the prizes for athletes were displayed in the midst of the assembled crowds. The Greeks were esp. animated by allusions to their games. — **ἆθλα** (*τούτοις* or *τούτων*) **ὁπότεροι**, *prizes* [of whoever of us] *for those of us who may be the better men*. — **τὸ εἰκός**, sc. *ἐστίν*, 572.

22. αὐτούς, ii. 4. 7. — **τοὺς τῶν θεῶν ὅρκους**, ii. 5. 3, 7 s. — **ὥστε ἐξεῖναι** (sc. ἡμῖν), *so that methinks* [it is allowed us] *we may go*. — **πολὺ...μείζους**, emphatically placed, as often; so *μάλα*, i. 5. 8. Cf. i. 5. 2; ii. 2. 19.

23. τούτων, *than* [they] *theirs*, 438 b, 511 b; ii. 3. 15. — **ψύχη**, numb. 489 a. — **σὺν τοῖς θεοῖς**, reverently inserted, since the gods might send a panic upon the bravest. — **οἱ ἄνδρες**: cf. 4. 40; *ἄνθρωποι*, iv. 2. 7. — **τρωτοί**: The Greeks had greater physical vigor and hardihood from their gymnastic exercises and mode of dress; they had stouter hearts from their civil freedom; and they were also better armed.

24. Ἀλλ', marking the transition from argument to earnest exhortation. — **ταῦτ' ἐνθυμοῦνται**, and may get the start of us; which would rouse Greek ambition (Townsend reads *ταὐτά* for *ταῦτα*). — **πρὸς τῶν θεῶν**: *τῶν* om. elsewhere in Anab., Rehdz., Krüg. — **μὴ ἀναμένωμεν** s, 628 a. — **παρακαλοῦντας**, fut. or pres. — **τοῦ ἐξορμῆσαι**, 425, 664 a. — **στρατηγῶν**, paron. 70 n.

82 **25. ἀκμάζειν ἡγοῦμαι, ἐρύκειν**, *I esteem myself at the very acme of life for warding off*. See § 14 N. on *ἡλικίαν*.

26. πάντες, so placed for immediate connection with *πλήν*. — **βοιωτιάζων**, the Bœotians spoke a coarse, broad variety of the Æolic, 82. — **οὗτος**

δ' = ὅτι, 705. — **λέγοι**, some read λέγει, v. 6. 36. — **ἄλλως πως...ᾖ**, see § 20. — **λέγειν**, the inf. used rather because he attempted in vain.

27. **Ὦ θαυμασιώτατε**, 484 d, 514. — **οὐδὲ...οὐδέ** s, *not even ..., nor yet*, familiar proverbial expression. — **Ἐν ταὐτῷ...τούτοις**, *in* [the same place] *company with these.* See ii. 1. 8. — **μέγα φρονήσας** (Lex.), 478.

28. **παρασκηνήσαμεν**, ii. 3. 16 s. — **τί οὐκ ἐποίησε**, cf. § 18.

29. **εἰς λόγους αὐτοῖς**: see ii. 5. 4. — **οὐ...οὐδέ**, 713 i; unable as so bound and guarded. *Was not this the result that they are now*, etc. — **κεντούμενοι**, Hdt. iii. 130; Thuc. iv. 47. 3. — **οἱ τλήμονες**, in appos. w. ἐκεῖνοι: observe its emph. pos. — **καὶ** (674 f, cf. i. 6. 10) **μάλ', οἶμαι** s, 313 e, 432 e. — **Ἃ σὺ πάντα εἰδώς,...φῄς**; *and knowing all this, do you say?* 561 b. — **πείθειν**, tense 594; cf. πείσας, § 26.

30. Compare **ἄνδρες** and **ἄνθρωπον**. — **μήτε...τε**, ii. 2. 8. — **προσίεσθαι** (Lex.). — **ἀφελομένους, ἀναθέντας**: see i. 1. 7. — **ὡς τοιούτῳ χρῆσθαι**, *that we should use him* [as such] *in that capacity*, i. e. as a mere baggage-carrier.

31. **τούτῳ...τῆς** s, *to this fellow there appertains nothing of Bœotia.* — **τὰ ὦτα τετρυπημένον**, *having his ears bored*, 587. 2; 481; 83
a barbarian custom, which the Greeks scorned, as befitting slaves. This man had doubtless resided in Bœotia, but whether as a slave or a metic does not appear. — **εἶχεν** (Lex.) **οὕτως**, as an examination proved.

32. **σῶος** (*v. l.* σῶς), 236 d. — **εἴη**, mode 641 b, 634 b, d: cf. i. 2. 7. — **ὑποστράτηγον**, comm. a lochage who acted as first officer under the general, or supplied his place.

33. **εἰς** (const. præg.). — **τὸ πρόσθεν** (Lex.); an open place convenient and often used for this purpose, cf. § 3; ii. 4. 15. — **ἐγένοντο**, *amounted to.* — **τοῖς**, 531 d; cf. i. 2. 9; ii. 6. 15.

34. **βουλευσαίμεθα, δυναίμεθα**, mode 633 a. — **ὥσπερ καί**, i. 3. 16.

35. **οὓς** s, *have seized of us whom they could*, 551 f, 553. — **ὡς, ἢν δύνωνται, ἀπολέσωσιν**, 633 a. — **Ἡμῖν...πάντα ποιητέα** (sc. εἶναι or ἐστίν), 458, 682 a. — **ἐπὶ...ἢν δυνώμεθα**, cf. i. 1. 4, *if* [we can effect it] *possible.*

36. **τοσοῦτοι** s, [being so many] *so great a number as have now assembled*, there being here a source of encouragement. Cf. ii. 1. 16. — **μέγιστον καιρόν**, *grandest opportunity* of exerting an influence for good or 84
evil. — **ὑμῖν**, case 450 a.

37. **ὑμᾶς, ὑμεῖς, ὑμεῖς** (turning, with asyndeton, to the other officers), etc. Observe the repetition in this emph. appeal. — **τι** (Lex.) **τούτων**, case? — **ταξίαρχοι**, lochagi who took the command when their lochi were combined with others. — **χρήμασι** (Lex. λοχαγός and στρατηγός); cf. vii. 2. 36; 6. 7. — **τούτων ἐπλεονεκτεῖτε**, 408. — **νῦν τοίνυν**, 2. 39; vii. 2. 29. — **ἀξιοῦν δεῖ ὑμᾶς αὐτούς**, *you ought to deem yourselves* [fit persons] *bound to be.* Compare the precept of Cyrus the Elder: ἄρχειν δὲ μηδενὶ προσήκειν, ὃς οὐ κρείττων ἐστὶ τῶν ἀρχομένων: Plut. *Apophth.* — **πλήθους...τούτων**, 499 a.

38. **οἶομαι ἂν** s, 621 a. — **ἀπολωλότων, ἀπολώλεκεν**, 577 b. — **ὡς μὲν συνελόντι εἰπεῖν** (Lex. συναιρέω), 671 c. Some refer this expression to 462 c, d. — **παντάπασιν**, sc. οὐδέν, *nothing at all.* — **σώζειν δοκεῖ**, [seems to save] *tends to safety*: *σώζει τὰ πολλὰ σώμαθ' ἡ πειθαρχία: ἀναρχίας δὲ μεῖζον οὐκ ἔστιν κακόν*, Soph. *Ant.* 676, 672.

40. **ὡς** (Lex. g), *how*, modifying each. — **οὕτω γ' ἐχόντων**, *while they are in such a state* (or, affairs stand thus), *at least*, 676 a, b. — **ὅ τι ἄν τις χρήσαιτο αὐτοῖς**, *what use one can make of them*, or, *what service one can obtain from them*. — **δέοι τι**, sc. *χρῆσθαι* or *χρήσασθαι*.

41. **αὐτῶν**, gen. w. *γνώμας*: pos. 538 f.

42. **οὔτε πλῆθός ἐστιν οὔτε ἰσχὺς ἡ...ποιοῦσα** (= *τὸ...ποιοῦν*). — **σὺν**
85 **τοῖς θεοῖς**, § 23; 2. 8. 11, 14. — **ὡς ἐπὶ τὸ πολύ** (Lex.). — **δέχονται**, *receive* to an encounter, *withstand* (Lex.).

43. **πᾶσι**, case 460. — **περὶ δὲ τοῦ καλῶς ἀποθνήσκειν**, [about the dying honorably] *for an honorable death*. Cf. Hor. *Odes*, iii. 2. 13. Effugit mortem, quisquis contemserit; timidissimum quemque consequitur, Curt. iv. 14. 25. — **τούτους ὁρῶ μᾶλλόν πως..ἀφικνουμένους**: *οὗτοι...ἀφικνοῦνται*, would have corresponded to the construction above. — **μᾶλλόν πως**, *in some way the rather*.

44. **παρακαλεῖν**, sc. *ἄνδρας ἀγαθοὺς εἶναι*, cf. iv. 3. 17.

45. **τοσοῦτον μόνον σε...ὅσον** [= *ὅσον τοῦτο, ὅτι*, 560] **ἤκουον** (612) **Ἀθηναῖον εἶναι** (657 k), *I knew you only so far as this, that I had heard that you were an Athenian*. The adv. use of *τοσοῦτον μόνον* and *ὅσον* may be referred to 478 or 482; cf. v. 8. 8. — **ἐφ' οἷς** = *ἐπὶ τούτοις ἅ*, 554 a N. — **βουλοίμην ἄν**, 636 a. — **ὅτι πλείστους**, i. 1. 6; 2. 4.

46. **μὴ μέλλωμεν**, § 24. — **οἱ δεόμενοι**, *you who need them* (*ἀρχόντων*). — **συγκαλοῦμεν**, cf. § 24.

47. **ἅμα ταῦτ' εἰπών**, 662 a. — **μέλλοιτο**, mid. or pass. *linger*, or, *be delayed*. — **Κλεάνωρ**, the troops of Agias joining the force which Cleanor before commanded; ii. 5. 37. — **Ὀρχομένιος**, some read *Ἀρκάς*.

CHAPTER II.

SPEECHES TO THE TROOPS BY THE NEW GENERALS, ESPECIALLY XENOPHON. — ORDER OF MARCH ADOPTED.

86 **1.** **ἡμέρα τε** s, *it was* [both] *nearly daybreak*. — **καὶ εἰς** (705) **τὸ μέσον**, 1. 46. — **καταστήσαντας**, sc. *σφᾶς*, 667 e; voice 577 b. — **πρῶτον μέν**, followed by *ἐπὶ τούτῳ*, § 4; cf. 1. 13 N.

2. **ἄνδρες στρατιῶται, ἀνδρῶν στρατηγῶν** (Lex. *ἀνήρ*), 506 f. — **στερόμεθα**, i. 9. 13; 6. 2. — **λοχαγῶν**, order 719 d, *ν*. — **πρός** (Lex. 703 b) **δ' ἔτι καί**, observe the pleonasm, 69 b. Some here recognize a tmesis of *προσέτι*, *yet further*, 388 c, 699 i. — **οἱ ἀμφὶ Ἀριαῖον**, ii. 4. 2.

3. **πειρᾶσθαι, ὅπως...σωζώμεθα**, *to strive* [so that we may save] *to save ourselves*; "gravius dictum pro *πειρᾶσθαι σώζεσθαι*," Kühn.; cf. § 5. — **ἀποθνήσκωμεν**, *let us die*, 628 a. Some regard it as constructed like *σωζώμεθα*. — **οἷα** s, *as may the gods bring upon our enemies!* cf. § 6.

4. **ἐπὶ τούτῳ**, *upon this*, or, *after him*, 690; deinceps, Kühn. — **ὦ ἄνδρες**, 484 g. — **ὅστις**, 550 b, ii. 3. 4. — **λέγων.. ὀμόσας**, tense? — **εἴη**, mode? — **Ἑλλάδος**, case 442 a: see ii. 3. 18, where dat. — **περὶ** (Lex.) **πλείστου ἂν ποιήσαιτο**, mode, and force of ἄν? — **ἐπὶ τούτοις**, [upon these declarations] *in accordance with*, or, *in addition to this*. — **αὐτός**, 540 c; observe the emphatic repetition (with asyndeton); and above, of ὁρᾶτε. — **αὐτὸς ἐξαπατήσας συνέλαβε** s, *then did himself* [having deceived] *seize the generals whom he had deceived*. — **Κλεάρχῳ**, case 451 b. See ii. 5. 27. — **αὐτοῖς τούτοις**, *by this very means*.

5. **καὶ** (sc. ᾧ) **ἐδώκαμεν**, 562; for the more comm. ἔδομεν, 306 b, c. — **καὶ οὗτος**, 685 b. — **Κῦρον...ζῶντος**, order? — **ἐκείνου**, case 442 a. 87
6. **ἀποτίσαιντο**, mode 638 d; cf. ποιήσειαν, § 3. — **ὡς...κράτιστα**, i. 6. 3; 2. 4. — **τοῦτο...πάσχειν** (Lex.), *meet that fortune* (whether good or evil) *which the gods may assign*.

7. **Ἐκ** (Lex. ἐξ). — **κάλλιστα**, Xen. was eminently fond of the beautiful (φιλόκαλος, Ælian. *Variæ Historiæ*, iii. 24). — **τὸν...τῷ νικᾶν πρέπειν**, *that the most beautiful attire befitted victory*. — **ὀρθῶς ἔχειν**, *that it was well*. — **τῶν καλλίστων** (431 b) **ἑαυτὸν ἀξιώσαντα**, *since he had deemed himself worthy of the most beautiful equipments*. — **λόγου**, case 425.

8. **Τὴν μέν**, the regular sequence having been interrupted by the sneezing. — **λέγει**, tense 612. — **διὰ φιλίας, διὰ παντὸς πολέμου** (Lex. διά). — **στρατηγούς**, prolepsis, 474, 657: cf. i. 8. 21. — **διὰ πίστεως**, 694. — **σὺν τοῖς ὅπλοις**: cf. ii. 1. 12. — **ὧν...δίκην** = δίκην τούτων ἃ πεποιήκασι, [the penalty of those things which they have done] *vengeance for their deeds*. — **πολλαὶ καί**, ii. 3. 18. Cf. order in § 10.

9. **πτάρνυται**, a sudden, involuntary outburst of this kind was referred by the Greeks, as by so many other nations, to a divine interposition, indicating good or evil according to the circumstances (πταρμὸν τ' ὄρνιθα καλεῖτε, Ar. *Av.* 720). As the sign here fell upon σωτηρίας, Xen. interpreted it as promising safety, and proceeding from Ζεὺς Σωτήρ. — **τὸν θεόν**, the deity from whom the sign proceeded. Ζεῦ, σῶσον, *Jupiter* (*Zeus*), *be propitious*, was a common Greek exclamation when one in a company sneezed, as in Germ., "Gott helf," and in Eng., "God bless you." — **ὅτῳ ...ἀνατεινάτω τὴν χεῖρα**, a very common mode of voting among 88
the Greeks, as with us. The Greeks naturally carried the usages, as well as the spirit, of their popular institutions into the field; and of this army in particular Krüg. says, that it was "civitatem perigrinantem," *a travelling commonwealth*. — **τὰ τῶν θεῶν καλῶς εἶχεν**, *the* [things of the gods were well] *religious rites had been duly performed*.

10. **Ἐτύγχανον** (Lex.) **λέγων**, i. e. when this omen came. — **θεῶν**, ii. 7. 5. — **οὕτω δ' ἐχόντων**, 676 a; quæ cum ita sint. — **οἵπερ ἱκανοί** s. Cf. Ὁ θεὸς δέ, ὡς ἔοικε, πολλάκις χαίρει τοὺς μὲν μικροὺς μεγάλους ποιῶν, τοὺς δὲ μεγάλους μικρούς, *Hel.* vi. 4. 23.

11. **γάρ, γάρ**, in reg. const. one of these should be omitted. Cf. ii. 5. 12; 716 a. — **ὑμᾶς, κινδύνους**, 473 a. — **ἀγαθοὺς...ἀγαθοί**, order? — **ὑμῖν**, cf. 15, 661 b. — **παμπληθεῖ στόλῳ**, *in a vast array*; acc. to Nepos, 100000 infan-

try, and 10000 cavalry. Others increase this number, and Justin even to 600000 (of whom 200000 perished). — **ὡς ἀφανιούντων** s, *that they might bring Athens to nothing again*, 598 b. — **ὑποστῆναι**, at Marathon, B. C. 490; acc. to the comm. statement, 10000 in number, and aided only by 1000 Plataeans.

12. **συνέφερεν**, as if its subject followed in the nom., instead of the dat. **αὐτοῖς** w. *ἔδοξεν*, 402 a. — **ἔδοξεν αὐτοῖς** = *ἐψηφίσαντο*, [it seemed best to them] *they resolved*; the dat. being used, by a change of const., for the nom. with which the sentence commences, cf. 402 a. — **κατ' ἐνιαυτόν** (692. 5) **πεντακοσίας θύειν**, upon her altar at Agræ upon the Ilissus; an annual sacrifice of 500, without limit of time, being substituted for an immediate payment of the whole number (6400 barbarians having fallen in the battle, acc. to Hdt. vi. 117). Plutarch mentions the thank-offering as existing even in his time, some 600 years after the battle.

13. **τὴν ἀναρίθμητον στρατιάν**, *that innumerable army*, so celebrated, 530 a. Hdt. (vii. 186) sets the entire host at 5283220 men, one half of whom were combatants. — **ἐνίκων** (tense? cf. *ἐνίκησαν*, § 11), at Salamis, B. C. 480, at Platææ and Mycale, on the same day, B. C. 479, etc. — **Ὧν ἔστι** (788 f) **μὲν τεκμήρια** (394 b) s, [as proofs of which one may see the trophies] *of which exploits we may behold proofs in the trophies* then erected. — **ἀλλά**, i. 4. 18. — **προγόνων**, case 412.

89 **14.** **ἡμέραι**, sc. *εἰσίν*, a comm. ellipsis in such expressions. — **ἀφ' οὗ** (Lex. ἀπό), 557 a (= *ἀπὸ τοῦ χρόνου ὅτε*). — **ὑμῶν αὐτῶν**, case 409. — **ἐνικᾶτε** (tense?), *were conquering*.

15. **περὶ τῆς Κύρου** s, [about] *in behalf of the sovereignty of Cyrus*; i. e. to make Cyrus king. — **ἀγαθοί, πολύ**, pos.? — **ὑμᾶς**, case 661 b; cf. § 11.

16. **αὐτῶν**, case? — **τό τε πλῆθος ἄμετρον** (sc. *ὄν*) **ὁρῶντες**, *and seeing the number to be* [to be] *immense*, 523 b, 5. — **ἰέναι εἰς αὐτούς**, *to go against them* [INTO them, stronger than *ἐπὶ αὐτούς* UPON them]. — **θέλουσι...μὴ δέχεσθαι ὑμᾶς**, *they are not willing to receive you* [will or choose *not* to receive, stronger than *οὐ θέλουσι δέχεσθαι*, do not will to receive].

17. **Μηδὲ...δόξητε**, as imv. 628 c. — **μεῖον** (Lex.). — **εἰ**, *if*, = *ὅτι*, *that*, 689 a. — **Κυρεῖοι**, cf. vii. 2. 7. — **ἀφεστήκασιν**, ii. 4. 2, 9 s. — **ἔτι**, pos.? — **ἔφευγον**, *they* [were fleeing] *fled*. The impf. presents more vividly than the aor. the scene when the army under Ariæus showed its cowardice by running away and leaving the Greeks to their fate, i. 10. 1. The MSS. have πρὸς before *ἐκείνους*, but there does not appear to be any occasion on which the army of Ariæus actually *fled to* the king's troops. The insertion came possibly from a copyist, who did not distinguish between *ἀφεστήκασιν* and *ἔφευγον*. — **φυγῆς**, case 425. — **πολὺ κρεῖττον**, sc. *ἐστί*.

18. **τις...ἐνθυμήθητε**, numb. 501. On value of cavalry, see ii. 4. 6. — **οἱ μύριοι ἱππεῖς**, 531 d, 534. 3: so in Eng. "your ten thousand horse." — **ἄνθρωποι**, pos.?

19. **ἵππων**, case? — **κρέμανται**, [hang] *are placed aloft*. — **μᾶλλον...τευξόμεθα**, *shall better hit*, from our steadier aim. — **Ἑνὶ μόνῳ**, *in one*
90 *respect alone*, 467 b. — **ἡμᾶς**, case 472 b. — **φεύγειν** s, 663 a. The

sportive and somewhat sarcastic tone of parts of this address was admirably adapted to raise the spirits of the soldiers.

20. **μάχας**, case 472 f. — **ὑμῖν**, ii. 2. 8; i. 7. 1. — **τοῦτο**, 483 b. — **ἢ οὓς ...ἄνδρας**, *or* (to have as guides) *whatsoever men* (553), *such men as.* — **ἤν τι** (478) **περὶ ἡμᾶς ἁμαρτάνωσι** (631 c), *if in aught they sin against us;* some read *ὑμᾶς*, *you.* — **τὰς ἑαυτῶν ψυχὰς καὶ σώματα**, *their own lives* (which may be taken) *and persons* (which may be beaten), 534. 4. Cf. "life and limb"; Germ., "Leib und Leben."

21. **μικρὰ...πολλοῦ**, in a kind of sarcastic antithesis. — **μέτρα**, in appos. w. *ἐπιτήδεια*, 395 a. — **ἀργυρίου**, case? — **μηδὲ...ἔχοντας**, *as we no longer receive pay;* as they had been so long without pay. — **μέτρῳ...ὁπόσῳ**, *as large measure as.*

22. **ταῦτα**, prolepsis. — **κρείττονα**, sc. *ἐστίν*. — **ἄπορον**, ii. 5. 9; iv. 4. 11. — **διαβάντες**, *when you crossed them*, referring esp. to the passage of the Tigris, which was planned for the destruction of the Greeks, ii. 4. 24. — **εἰ** (complem.) **ἄρα** s, *whether indeed* (or, *after all*) *the barbarians* [have not done this even a most foolish thing] *have not here done a most foolish thing,* as they simply constrain us to make a longer march through the heart of their country. — **πηγῶν**, case? — **προϊοῦσι**, *to* [persons proceeding] *those who proceed*, or, *if we ascend;* case 458.

23. **διοίσουσιν**, some read *διήσουσιν* (*διΐημι*, *allow to pass*). — **οὐδ' ὡς** (Lex.). — **φαίημεν βελτίους**, [say are better] *admit to be better.* — **βασιλέως**, contemptuously repeated, to emphasize the king's inefficiency. Yet it seems quite possible that the first *βασιλέως* has crept into the text from a grammatical gloss, and that the true reading is *οἱ ἄκοντος* (so placed for emphasis) *ἐν τῇ βασιλέως χώρᾳ*. Hence in MS. Eton. *οἱ ἐν βασιλέως χώρᾳ ἄκοντος*. — **Λυκάονας...εἴδομεν**, in passing through Lycaonia, i. 2. 19: cf. § 8, 29. — **τούτων**, the Persians or subjects of the king; *v. l.* *τούτου*.

24. **ἂν ἔφην**, *I might say*, were it not for the reason mentioned in 91
§ 25. — **χρῆναι...ὡρμημένους**, *ought not to appear to have set out for*
home. — **ὁμήρους τοῦ ἀδόλως ἐκπέμψειν**, *hostages* [of his being about to
send] *that he would send them away faithfully.* — **οἶδ' ὅτι**, [I know that he
would] *I am well assured*, thrown in parenthetically, 717 b.

25. **Ἀλλὰ γάρ**, *but* [I do not so say] *for*, 709. 2. — **μή**, repeated after the conditional clause, 714. 2. Cf. *εἰ...εἰ*, § 35. — **μεγάλαις**, *tall* or *stately.* Physical prowess was so indispensable among the Greeks, that good size became an important element of female attractiveness. — **ὥσπερ οἱ λωτοφάγοι**, *as those who taste the lotus; μή πώ τις λωτοῖο φαγὼν νόστοιο λάθηται*, *Od.* ix. 102. The poems of Homer were most familiar sources of illustration to the Greeks.

26. **ἐξὸν** (Lex.) **αὐτοῖς** (459) ...**κομισαμένους** (667 e) s, [it being in their power, having brought, etc.] *when, if they will bring hither the citizens that now live in want at home* (as being without estate) *they may behold them rich: τοὺς πολιτεύοντας* is the comm. object of *κομισαμένους* and *ὁρᾶν*.

27. **ἵνα μὴ τὰ ζεύγη ἡμῶν** (407) **στρατηγῇ**, *that our teams may not control* [us] *our march*, obliging us to go only by carriage routes. Cf. ii. 2. 13.

— ὄχλον μὲν παρέχουσιν ἄγειν, [give trouble] *are troublesome to carry,* 663 d, e. — οὐδέν, case 478.

28. τῶν ἄλλων...πλὴν ὅσα, *of our other effects let us dispense with the superfluous,* [all except what we carry] *whatever we do not carry,* etc. Cf.
92 i. 2. 17. — Κρατουμένων (sc. τινῶν, 676), *if,* or, *when men are conquered;* Xen. would not here use the humbling and ill-omened ἡμῶν. — πάντα (sc. γίγνεται) ἀλλότρια, *everything becomes another's.*

29. Λοιπόν (Lex.) μοι, case 460. — Ὁρᾶτε γάρ, so v. 1. 8; 8. 11. — πρόσθεν...πρίν, cf. 1. 16; i. 1. 10. — ἂν...ἀπολέσθαι, 621 d. — ἀταξία, cf. 1. 38.

30. τοὺς νῦν τῶν πρόσθεν, order 719 b, *e*; cf. νῦν ἢ πρόσθεν.

31. Ἢν δέ τις ἀπειθῇ, ἢν ψηφίσησθε, *and in case any one is disobedient, if you would vote.* In the logical order the latter clause would precede the former, but the other is placed first in distinction from πειθομένους in § 30. — τὸν.. ἐντυγχάνοντα, *any one of you who may be present at the time.* — ἀεί, see Lex. — σὺν τῷ ἄρχοντι κολάζειν, *should join with the commander in punishing him;* a measure more likely to be voted than well executed; cf. v. 8. 21 s. — πλεῖστον...ἔσονται, *will be most completely disappointed.* — Κλεάρχους (Lex.), 227. 1; i. e. rigid disciplinarians, ii. 6. 9 s. — οὐδ' ἑνί, *not a single man* (Lex. οὐδέ): *v. l.* οὐδενί. — κακῷ, [bad as a soldier] *remiss in duty.*

32. Ἀλλὰ γάρ (Lex.), 709. 2. — ἢ ταύτῃ [for ταῦτα], *than* [that things should be in this way] *this.* — ὁ ἰδιώτης, art. 522 a.

33. ψηφίσασθαι ἄριστον εἶναι, *to be best to vote.* — ἀνέτειναν, asynd. Cf. 2. 9.

93 **34.** (sc. ἐκεῖσε) ὅπου, 551 f; cf. οὗ, ii. 1. 6. — πλέον, case 482 d.

36. ποιησαμένους, cf. i. 2. 1. — τῶν ὅπλων, ii. 2. 4 N. — εἴη, ii. 4. 5. — τὰ πρόσθεν (Lex.). — ἑκατέρων, cf. i. 8. 27. — χρῴμεθα...τεταγμένοις, *we could immediately put our marshalled men in action.*

37. ἄλλως ἐχέτω, *let it be otherwise.* — Χειρίσοφος: Chirisophus had before been kept in the shade by his older and abler countryman, Clearchus. — Λακεδαιμόνιος: the Spartans, now sovereign through Greece, were very jealous for their precedence; cf. vi. 1. 26, 32; 6. 12. — πλευρῶν, case? — πρεσβυτάτων, 418 c. — τὸ νῦν εἶναι, 665 b.

38. πειρώμενοι s, 432 b; but with any changes that may seem expedient from time to time; e. g. 4. 19 s. — Ἔδοξε ταῦτα, asyndeton.

39. εἶναι, inf. 657 k. — τούτου τυχεῖν, *to obtain this sight,* 427. — τῶν
94 μὲν...νικώντων, 443 a. — Καὶ εἴ τις δὲ χρημάτων (case 432 e) ἐπιθυμεῖ, *and even if any one is desirous of wealth;* a lower motive presented thus conditionally. This peroration, though not observing strictly the law of climax, was admirably adapted to impress the hearers. Observe the emphatic repetitions, chiasms, etc.

CHAPTER III.

THE GREEKS CROSS THE ZAPATAS AND ADVANCE. — ANNOYED BY THE PERSIANS.

1. Τούτων s, 675. — **ἀνέστησαν,** the assembly having been before this seated. Cf. 1. 33; vi. 2. 5. — **κατέκαιον,** *engaged in burning.* Observe the imperfects to depict the scene, 592 a; cf. 2. 27 s.

2. πιστός, ii. 5. 35. — **εὔνους,** sc. *εἰμί.* — **πρός με,** accent, 788 e. — **τί ἐν νῷ,** 564. 2.

3. Ἔλεγε, cf. ii. 3. 21. — **ἢν μέν** s; observe the close correspondence in form of the contrasted clauses. — **τις,** *one* (much like Fr. *on*, and Germ. *man*) = *if we are permitted,* with esp. but not sole reference to the king and Tissaphernes, whom he does not care to name; cf. i. 4. 12. — **ἐᾷ,** in what mode after *ἤν*? — **τὴν χώραν,** *his country,* or, *territory,* 530 e. — **ἡμᾶς τῆς ὁδοῦ** (405) **ἀποκωλύῃ,** *obstructs* [us from the way] *our passage.*

4. ἐγιγνώσκετο, [he] *it was perceived,* pers. or impers., 573; cf. ii. 4. 22. — **τις,** pos.? Cf. ii. 5. 32 N. — **πίστεως ἕνεκα,** [for the sake of assurance] *to secure his fidelity* to the king; cf. ii. 5. 35.

5. βέλτιον εἶναι, *to be* [better] *advisable.* Observe the succession
of infinitives. — **ἔστ',** *as long as, whilst.* — **διέφθαρον, διέφθαραν,** 95
sc. the enemy, fr. *τῇ πολεμίᾳ*: tense? — **Νίκαρχον** (Lex.). — **ᾤχετο ἀπιών,** 679 d. — **νυκτός,** prob. the preceding night, which afforded such opportunity for intrigue and desertion, 1. 3.

6. διαβάντες: the Greeks were encamped upon the southeast bank of the Great Zab, prob. by one of its lowest fords, ii. 5. 1. This is identified by Layard with the principal ford in this part of the river, about twenty-five miles from its junction with the Tigris. The *χαράδρα* mentioned 4. 1, 3 s, would then correspond with the dry bed of the torrent Bumadus, now Gazir-su; and the second day's march would bring the army to the Tigris at Larissa. The Greeks had made such preparations during the night that they were ready to cross at once, before the Persians, little suspecting such an efficient and rapid movement, were prepared to interfere. The final battle between Alexander and Darius III., commonly called the battle of Arbela, was fought on the plain. — **Ζαπάταν,** some read *Ζάβατον*: see Lex. — **Οὐ πολύ,** sc. *χωρίον,* expressed § 15. Cf. *βραχύ,* i. 5. 3, etc.

7. ἐπίτροφον, both archers and slingers. — **Κρῆτες,** i. 2. 9. — **τῶν Περσῶν,** who had not only esp. skill in archery, but very large and strong bows, 4. 17. — **ὅπλων** = *ὁπλιτῶν.* — **ἀκοντισταί**: the Greek peltasts were trained not only to use their light spears in the hand, but also to throw them (v. 2. 12); and were then specially called *ἀκοντισταί.* — **βραχύτερα ἠκόντιζον, ἢ ὡς** s, 513 d. — **σφενδονητῶν,** case?

8. διωκτέον εἶναι, 682. — **ἐδίωκον,** sc. *οὗτοι*: ii. 2. 14.

9. οἱ πεζοὶ τοὺς πεζούς, order? — **ἐκ πολλοῦ** (Lex.); cf. *ἐκ πλέονος,* i. 10.

11. — **οὐχ οἷόν τε ἦν**, 556 c; lest they should be surrounded and destroyed by the cavalry.

10. εἰς τοὔπισθεν (Lex. ὄπισθεν), 125 a, 526 b, **τοξεύοντες**, *shooting backwards*, or, *behind*; "a dexterity which the Parthians exhibited afterwards still more signally, and which the Persian horsemen of the present day parallel with their carbines." Grote.

96 **11. ἡμέρας, δείλης**, case 433 a. — **κώμας**, mentioned above, 2. 34. — **πολεμίους οὐδέν**, two accus., 480. 2 b.

12. ᾐτιῶντο, μαρτυροίη, mode 651 a. — **ἐν τῷ μένειν**, *while keeping our places* in the appointed order.

13. ἀληθῆ...λέγετε, *you speak the truth*, briefly and forcibly, for the fact was as you say. — **κακῶς...χαλεπῶς**, order?

14. θεοῖς χάρις, sc. ἔστω, *thanks* [be] *to the gods*. — **μεγάλα**, ii. 3. 23.

15. [sc. τοσοῦτον] **ὅσον οὔτε**, *as far as neither*, i. e. farther than either. — **οἱ ἐκ χειρὸς βάλλοντες** = οἱ ἀκοντισταί, § 7. — **ἐξικνεῖσθαι**, *hit*, *send*. — **πολὺ...χωρίον**, pos. 719 a, *v*. — **πεζὸς πεζόν**, cf. § 9. — **διώκων...ἐκ τόξου ῥύματος** (Lex.); if he had a bow-shot the start, as an archer would be likely to have.

16. Ἡμεῖς (emph. pos.) **οὖν εἰ μέλλομεν** s, *if then we are to check these men*. — **μέλλομεν**, some read μέλλοιμεν. — **σφενδονητῶν**, case 414 b. — **τὴν ταχίστην**, 483 d; cf. i. 3. 14, 20. — **ὧν...αὐτῶν**, 562. — **σφενδονῶν**, 2.14; case 409.

97 **17. χειροπληθέσι**, pos. 523 b, 4.

18. αὐτῶν...τίνες, *who of them*, or see 413, and cf. 1. 19. — **πέπανται** (πάομαι), i. 9. 19. — **τούτῳ**, as if τὶς had preceded, 501. — **αὐτῶν**, *for them*, i. e. the slings, 429 a. — **ἐν τῷ τεταγμένῳ**, *in the place assigned him*: pro in loco constituto, assignato. Poppo. — **ἀτέλειαν** (Lex.).

19. τοὺς μέν τινας, 530 b. — **τοὺς δὲ τῷ Κλεάρχῳ**, *those that belonged to Clearchus* (*v. l.* τοὺς δὲ τῶν Κλεάρχου). — **σκευοφόρα** (Lex.), i. e. mules, asses, or oxen. — **εἰς ἱππέας**, *for* [horsemen] *cavalry* use.

20. ἐγένοντο, [came to be] *were provided*. — **ἐδοκιμάσθησαν**, a term for the annual examination and approval of the Athenian cavalry. — **στολάδες**, *v. l.* σπολάδες (see Lex.). — **θώρακες αὐτοῖς** s, 587 a, 454 e.

CHAPTER IV.

MARCH ALONG THE TIGRIS FROM THE VICINITY OF NINEVEH TO THE REGION OF THE CARDUCHIAN MOUNTAINS.

1. τῇ ἄλλῃ, 567 a. — **πρωϊαίτερον** (Lex. πρωΐ, *v. l.* πρωΐτερον). — **χαράδραν**, see 3. 6 N. — **μὴ ἐπιθοῖντο**, 624 c; form 315 c.

2. τοσούτους s, 2 accus. 480, 2 c. — **ἔλαβεν, ὑποσχόμενος**, *had received them* [having promised] *on the promise*. Having been an adherent of Cyrus, Mithridates must, forsooth, commend himself to the confidence and favor

of the king by an excess of zeal. — **λάβῃ**, mode 645 a. — **πρόσθεν** 98
(*v. l.* *ἔμπροσθεν*, 706 b).

3. **ὅσον**, *about* (Lex.), 556 d, 507 e. — **Παρήγγελτο** s, *instructions had been given, both who of the peltasts were to pursue.* — **εἴρητο** (Lex. *φημί*). — **ὡς ἐφεψομένης** s, *as* (or, *assured that*) *a competent force would follow* in their support.

4. **ἐξικνοῦντο**, [were reaching their aim] *could take effect.* Observe the force of each tense in this section. — **ἐσήμηνε**, i. 2. 17; ii. 2. 4. — **οἱ δέ**, often of enemy, iv. 3. 31; v. 2. 5.

5. **βαρβάροις**, case 464. — **ᾐκίσαντο**: this, though provoked by the repeated treachery of the enemy, was so contrary to Greek usage that Xen. takes pains to say that it was done without orders; cf. 1. 17 N. — **ὁρᾶν**, 663 g; 1. 23; ii. 3. 3.

6. **οὕτω πράξαντες**, *having fared thus.* — **τὸ λοιπόν**, 482 a.

7. **ὄνομα δ'**, see Lex. Λάρισσα, Μέσπιλα. — **τὸ παλαιόν**, 529 a: *τὸ ἀρχαῖον*, i. 1. 6; ii. 2. 5. — **κύκλου ἡ περίοδος**, order 523 c.

8. **βασιλεύς**, i. e. Cyrus the Elder. — **ἥλιον δὲ νεφέλη προκαλύψασα ἠφάνισε, μέχρι** s, *but a cloud veiling the sun hid it from sight, until the inhabitants abandoned the city* through superstitious terror from the unusual gloom. Some suppose that this tradition originated in an eclipse. Such is the common but conjectural text. The MSS., with great unanimity, read *ἥλιος δὲ νεφέλην προκαλύψας ἠφάνισε*, which seems to be a figurative account of the final effort and success of Cyrus: *and the Sun* (Cyrus, whose name has this meaning) *having brought a cloud as a veil* (a cloud of troops) *hid the city from sight, until the inhabitants left it* (coming forth to surrender). — **οὕτως ἑάλω**, voice 575 a. Even if the Greeks had been aware that they were passing by the remains of one of the mightiest cities in the world's history, they had no time to stop for their examination, or even to gather up carefully the traditions respecting them. But certainly Xenophon's slight notices are a striking illustration how complete was the desolation of "great Nineveh" to the mind as well as to the eye.

9. **Παρά**, *beside:* cf. i. 2. 13; 3. 7: *παρά* with *things* regularly takes the accusative, sometimes the dative, vii. 2. 25. See Lex. — **πυρα-** 99
μίς (Lex.).

10. **τεῖχος ἔρημον μέγα**, *a desolate wall* (or, *castle*) *of great extent.* — **πρὸς τῇ πόλει κείμενον**, *lying* (in ruins) *before its city.* This seems much like gloss, and is omitted by some editors. — **Μέσπιλα**, see Lex.

11. **κύκλου**: if, as some suppose, *τεῖχος*, in § 10, signifies an outlying fortress or castle, *τοῦ κύκλου* here must still refer to the enclosure of the city also. — **καταφυγεῖν**, 660 b.

12. **ἐμβροντήτους ποιεῖ**, *strikes with madness*, or, *with a panic*, perhaps through a terrific thunder-storm. Compare the word "Dunder-head." (Anthon.)

13. **Εἰς τοῦτον...σταθμόν**, *in this day's march*, intruding into or upon it, 704 a. — **οὕς τε αὐτὸς ἱππέας ἦλθεν ἔχων** = *ἔχων τούς τε ἱππέας οὓς αὐτὸς ἦλθε ἔχων*, *having both the cavalry which he* [himself came having] *brought*

with him from his own satrapy; i. 2. 4. — **Ὀρόντου** (*v. l.* Ὀρόντα), ii. 4. 8. — **οὓς Κῦρος ἔχων ἀνέβη βαρβάρους**, [what barbarians Cyrus having went up] *the barbarians with whom Cyrus made his ascent.* — **ἀδελφός**, ii. 4. 25. — **ἐβοήθει**, tense?

14. The following diagram may perhaps sufficiently illustrate the relative position of the Greeks and Persians:

Greeks.

Persians.

Observe the order of the four infinitives in this section, **ἐμβάλλειν**, etc.

100 **15. Σκύθαι τοξόται** (*v. l.* Σκυθοτοξόται): this term, not explained by Xen., appears to distinguish those of the archers who had obtained large bows (such as the Scythians carried), chiefly, we may suppose, by despoiling those who fell in the battle of the ravine, § 5 (since in the previous attacks the bows of the Greeks were inferior in power to those of their assailants). — **οὐδὲ γάρ, εἰ πάνυ προθυμοῖτο** (*v. l.* προὐθυμεῖτο) s, 632: in such a dense mass did the enemy stand. — **ἀπεχώρει, ἀπεχώρησαν**, tense?

16. καὶ τῶν πλείστων τοξοτῶν, *and than most of the archers* could send their arrows.

17. Μεγάλα s: yet the bows of the Persians were also large, so that the Cretans found their captured arrows of great use with the larger bows which they themselves now carried. Cf. Hdt. vii. 61. — **Κρησί**, case 453. — **διετέλουν** (Lex.) **χρώμενοι**, *were constantly using*, 677. — **ἄνω**, *into the air*, so that they might recover the arrows, as they could not afford to waste their small supply in the needed practice with new weapons. — **μόλυβδος**, sc. πολύς?

18. μεῖον (Lex.), i. 10. 8.

19. κέρατα, *the wings, flanks*, or, *sides*, = πλευραί, § 22. — **ἐκθλίβεσθαι** s, *that the hoplites should be pushed out of their places*, or, *ranks*. — **ἅμα μὲν πιεζομένους, ἅμα δὲ καί**, *being at the same time crowded, and* [at the same time] *not only crowded, but also*, etc. Cf. iv. 1. 4; vi. 2. 14, for this doubling of ἅμα, which the Eng. does not imitate. — **ὥστε δυσχρήστους εἶναι ἀνάγκη** (*v. l.* ἀνάγκῃ), *so that it is unavoidable that they should be*, or, *they are necessarily, useless.*

20. κενὸν γίγνεσθαι...κεράτων, *that the interval between the flanks should be open;* as in their confusion they could not at once take their places so

101 as to fill up the ranks. Cf. i. 4. 4; 445 b. — **ταῦτα πάσχοντας**, [suffering this] *so affected.* — **διάβασιν**, ii. 3. 10. — **φθάσαι** (Lex.). — **εὐεπίθετον** (Lex.) ...**πολεμίοις**, case 458; cf. iv. 8. 12.

21. ἐποιήσαντο (*v. l.* ἐποίησαν), by the selection of the most valiant, active, and reliable, for special service wherever they might be needed. — **ἀνὰ ἑκατόν**, 240 f, 692. 5. — **Οὗτοι δὲ πορευόμενοι**, 402 a. To avoid or soften the anacoluthon some needlessly conjecture the gen. for the nom., and others *οὕτω* for *οὗτοι*. — **ὑπέμενον ὕστεροι** s, *the captains remained behind* with their companies; i. e. when stationed in the rear, as they seem at first to have been because the danger was from behind. Afterwards, when the danger was divided, half the companies were in front with Chirisophus, § 43. — **τότε δὲ παρῆγον ἔξωθεν τῶν κεράτων**, *and then led on their companies outside of* the line between *the two wings*, i. e. here, behind it, or apart from it.

□ **22. κατὰ λόχους**, *by companies:* in this way the companies were
□ arrayed side by side, one enomoty in width and four in depth.
□ — **κατὰ πεντηκοστῦς**: the width was now doubled by bring- □□
□ ing each pentecostys (or fifty) of the company into the line; □□
while in the arrangement *κατὰ ἐνωμοτίας* it was quadrupled by bringing each enomoty forward to the line. When each enomoty formed a square, the first arrangement would make of the six lochi a body 30 men wide and 20 men deep; the second, 60 wide □□□□ and 10 deep; and the third, 120 wide and 5 deep.

23. οἱ λοχαγοί, *the captains* of the army in general, who crossed in order under the protection of the six select companies. — **εἴ που δέοι τι τῆς φάλαγγος** (gen. w. *που*, 420 a), **ἐπιπαρῆσαν** (*v. l. ἐπιπαρῇσαν*), *if there was any need in any part of the phalanx, these* (the select companies) *were at hand* for support. — **ἐπορεύθησαν, ἐπορεύοντο** § 24, tense 593.

24. βασίλειον, *a* (satrap's) *palace*, § 31; cf. iv. 4. 2. — **διά**, [through] *over*. — **ἡ κώμη**, *the chief village*, containing the palace; or perhaps the first appearance was that of a single village only, though the Greeks found that there were many.

25. ἀνέβησαν, κατέβαινον, tense? — **ἀναβαίνειν**, mode 671 d. — **εἰς τὸ πρανές** (Lex.), *down the hill*, giving them a great advantage over the Greek missiles sent up the hill. — **ἔβαλλον** s, asyndeton. — **ὑπὸ μαστίγων**, 695. The Persian troops, even in battle, were treated as slaves. So at Thermopylæ, Hdt. vii. 223: cf. Ctes. *Pers.* 23.

26. κατετίτρωσκον, ἐκράτησαν, tense 595 a. — **γυμνήτων**, case? 102
εἴσω τῶν ὅπλων, § 17; 2. 36; 3. 7.

27. Observe the tenses. — **ἀπεπήδων**, some read *ἀνεπήδων*.

28. στρατιώτας, see iv. 3. 22, and *στρατία*, vi. 3. 19. — **πρίν**, conj. 703 d, *a*. — **τὸ ὄρος**, rising above the hills, § 24.

29. ἀποτμηθείησαν, 293 a; cf. § 35. — **αὐτῶν**, case? Observe the different reference of the second *οἱ πολέμιοι* from the first.

30. οἱ δέ, the targeteers, § 28; they passed along the mountain above the main army, and in a parallel direction. — **ἰατρούς**, i. e. soldiers who had most experience and skill in dressing wounds. A Greek army had not the fully and carefully appointed staff of modern times; and the wounds from which they suffered were in general less difficult of treatment than those made by fire-arms.

31. εἶχον, for *ἔχοντες*, 716 c. — **ἄλευρα** s, asynd. 707 j. — **τῷ σατραπεύοντι**, case 460 (or 461?), chiefly for the support of the troops which he must maintain. Cf. Xen. *Œcon.* iv. 5 s.

103 33. **αὐτοῖς**, case? — **διέφερον** (Lex.).

34. **πολεμίοις**, case 460. — **ἐπιθῶνται**, mode? i. 8. 24.

35. **Πονηρόν**, ii. 5. 9; 4. 35: iii. 2. 22. Cf. *Cyrop.* iii. 3. 26 s. — **αὐτοῖς**, case 464. — **ὡς ἐπὶ τὸ πολύ** (Lex.). — **τοῦ μὴ φεύγειν ἕνεκα** (436 d, 664 d) **εἰ λυθείησαν**, *that they might not escape if they should be loosed*, or, *get loose*. — **δεῖ, δεῖ**, observe the emph. repetition and order. — **ἀνδρί**, dat. after δεῖ, for the more comm. acc. (subject of the inf., Lex. δέω), 453; yet below θωρακισθέντα, cf. i. 2. 1. — **Ἑλλήνων**, case 405; cf. 699 f.

36. **ἐκήρυξε** (Lex.), 571 b. — **ἐπέσχον τῆς πορείας**, *delayed their march*, 405 a (Lex. ἐπέχω).

37. **ἀναζεύξαντες**, *having* [yoked] *harnessed up*, or, *decamped*. They had beasts of burden, but had burned their wagons, 3. 1. — **τῇ ὑστεραίᾳ, νυκ-**
104 **τός**, case 469 a, 433. — **ᾗ** (Lex. ὅς). — **ὑφ' ἥν**, implying motion towards and under; cf. ὑφ' ᾧ, of rest beneath, § 24.

38. **οὐρᾶς**, cf. στόμα, § 42 s.

39. **Ἔξεστιν ὁρᾶν**, *you can see for yourself.* — **ἡμῖν**, *for us*, i. e. to prevent our passage, 462 e. Cf. i. 3. 16. — **οὐκ ἔστι παρελθεῖν**, *there is no getting by.*

40. **ἔρημα**, [without defenders] *unguarded*, or, *exposed*. — **τις...ἀπελᾷ**, [one] *we shall drive off*, 548 g.

41. **τοῦ ὄρους**, pos. 523 c. — **ὑπὲρ αὐτοῦ τοῦ ἑαυτῶν** (i. e. the Greeks implied in Ξενοφῶν, 499 e) s, *directly above their own army*, 541 e, or, *even above*, cf. i. 8. 14. — **βούλει**, form? — **ἐγὼ δ'**, expressed in distinction from σὺ μέν, understood with the preceding imperative, but which it was more courteous to omit.

42. **εἰπών**, asynd. Cf. iv. 1. 20; 8. 6. — **κελεύει**, *requests* Chirisophus. — **οἱ**, dat. w. συμπέμψαι, 539 a. — **στόματος**, cf. οὐρά, § 38. — **μακρὸν...ἦν**, longum erat, "*it was too far to get them from.*" McMich.

105 43. **ἔλαβε**, *took* himself in their place. — **ἐπιλέκτων**, § 21.

44, 45. Observe emph. repetitions. — **διακελευομένων**, numb.?

46. **λοιπήν** (Lex.), 506 b; case?

47. **ἴσου** (Lex.), 691.

48. **Καὶ ὅς**, i. 8. 16. — **ἀκούσας, καταπηδήσας**, i. 8. 3. — **ὠθεῖται καὶ ...ἐπορεύετο**, tense? — **ἔχων ἐπορεύετο**, *marched on with it*, 674 b. — **θώρακα** (Lex. θώραξ, ἱππεύς). — **παριέναι** s, *to pass, though following with difficulty*, or, *while they followed with difficulty.*

49. **Ὁ δέ**, i. e. Xenophon. — **βάσιμα ἦν** [impers. 571 e, or sc. τὰ χωρία], sc. τῷ ἵππῳ, *the ground was passable* (fit for riding); cf. iv. 6. 17. — **φθάνουσιν...πολεμίους**, *outstrip the enemy in reaching the summit.*

CHAPTER V.

THE GREEKS RESOLVE TO FIGHT THEIR WAY ACROSS THE MOUNTAINS AND THROUGH THE CARDUCHIAN COUNTRY.

1. Οἱ δὲ ἀμφί, 527 a; cf. § 3; ii. 4. 2. — **ὁδόν,** case? ii. 2. 16; iii. 4. 26; i. 2. 20. — **μεστῇ πολλῶν ἀγαθῶν,** *full of various supplies,* unless the expression is pleonastic. 106

2. διαβιβαζόμεναι, *in the act of being removed,* for security. — **τὸ πέραν,** 527.

3. τὰ ἐπιτήδεια, pos.? — **μὴ** (625 a) ... **οὐκ ἔχοιεν,** *lest they should have no source from which they could obtain.* Observe the change of subject.

4. ἀπῄεσαν ἐκ τῆς βοηθείας, *were returning from the rescue* of the men who were dispersed for supplies, § 2. — **κατέβη,** i. e. from the summit, height, 4. 49.

5. Ὁρᾶτε... ὑφιέντας, *do you see them conceding?* — **ἃ γὰρ... διεπράττοντο,** *for as to what they stipulated,* ii. 3. 27. Cf. *Cyrop.* i. 4. 6. — **μὴ καίειν,** sc. ἡμᾶς, appositive of ἃ; more logically of its antecedent. The sentence closes as if it had commenced *τὴν γὰρ βασιλέως χώραν, ἥν.*

6. Playful remarks by the generals, to cheer the desponding.

7. σκηνάς, a general term for *quarters, camp,* the tents proper having been burned, 3. 1. — **στρατηγοὶ δὲ καὶ λοχαγοί,** art. om. 533 f; cf. § 14. — **ὄρη** s, cf. iv. 1. 2. — **ὑπερέχειν,** sc. *τοῦ ὕδατος.* — **πειρωμένοις,** [for them testing] *when they tested.* The length of the common spear (say about 8 feet) much exceeded a man's height. — **βάθους,** case? 107

8. κατά (Lex.), 240 f.

9. ταῦτα [*v. l.* *ταῦτα* om.] **πρόβατα,** 509 b. — **ἅ,** gend. 496 c. — **καὶ φυσηθέντα,** *and* (their skins) *inflated,* that being referred in general to the animal, which belongs specially to its skin; see 70 j.

10. Observe multiplication of participles. — **ὁρμίσας** s, *having anchored each bag* (or, *skin*) *by attaching stones and dropping them.* — **διαγαγών** s, *having extended them across the stream and fastened them at each end to the bank,* — thus making a floating bridge, suggested by the floats made of skins, i. 5. 10 N.

11. ἕξει τοῦ μὴ (713 d) **καταδῦναι,** case 405 a. Cf. the different mode of expression below, **ὥστε δὲ μὴ ὀλισθάνειν...σχήσει** (the comm. fut. in this sense, Lex. *ἔχω*), *will keep you* [that you should not slip] *from slipping.*

12. τοὺς πρώτους, *the pioneers,* who were to cross and fasten the opposite end of this bridge.

13. ἢ πρὸς Βαβυλῶνα, *or towards Babylon,* apparently a gloss which crept into the text. — **οὐ προσῄλαυνον,** as they were quite at a loss what the Greeks were intending, whether to submit to the king, or in their desperation to make offensive war. — **ὅμοιοι ἦσαν,** 657 j. — **ὅποι ποτέ** (Lex.). — **τρέψονται,** 643 b, 645 c.

108 **14. ἤλεγχον** s, *inquired in respect to the whole country round,* 474 b. — **τίς ἑκάστη** (sc. χώρα) **εἴη,** *what each region was.*

15. τὰ μὲν, sc. *μέρη* or *χωρία.* — **τῆς ἐπὶ B.** (sc. ὁδοῦ) **εἴη,** [belonged to, 443] *lay upon the route.* — **ἡ δὲ πρὸς ἕω** (sc. ὁδός) … **φέροι,** *the route to the east led.* — **θερίζειν καὶ ἐαρίζειν,** obviously, from the climate of the two capitals, in chiastic order (the spring spent at Susa, etc.). Cf. *Cyr.* viii. 6. 22. — **ἡ δὲ διαβάντι** s, *the route* [for one crossing the river, 462 c] *across the river.* — **ὅτι,** repeated (though not in its proper place before ἡ δὲ διά, 719 η), giving prominence to this final statement of the route which was taken.

16. ἀνὰ τὰ ὄρη, 689 l. — **βασιλέως,** case 432 g. — **ἐμβαλεῖν** (Lex.), having *στρατιάν* as its subject; an expedition of which nothing more is known. — **σφῶν,** sc. *τινάς* (421 b), *some of* [themselves] *their own people,* i. e. the inhabitants of the plain, this statement coming from them. — **πρὸς ἐκείνους,** *with them* (the Carduchi).

17. τοὺς…εἰδέναι, sc. *τὴν ὁδόν, those who professed to know the way to each quarter.* — **οὐδὲν δῆλον ποιήσαντες,** *giving no intimation.* — **τούτους,** gov. by *διά.* — **ἔφασαν,** sc. οἱ ἑαλωκότες, § 14. — **πολλῆς,** for **πολλήν,** 553.

18. Ἐπὶ τούτοις, *in respect to this* proceeding or course; cf. i. 6. 10. — **ὁπηνίκα** (*v. l.* ἡνίκα) … **τῆς ὥρας** (Lex.), 420 a. — **ὑπερβολὴν** s, *they feared lest the pass over the mountains should be preoccupied,* 474 b. — **δειπνήσαιεν, παραγγέλλῃ,** mode? order?

BOOK IV.

FROM THE ENTRANCE OF THE GREEKS AMONG THE CARDUCHI TO THEIR ARRIVAL AT THE PONTUS EUXINUS.

CHAPTER I.

MARCH THROUGH THE MOUNTAIN REGION. — SUFFERING FROM ATTACKS OF THE ENEMY AND THE COLD.

109 **1. Ὅσα μέν,** etc. The first four sections, which are chiefly recapitulations, are regarded by some as not from the pen of Xenophon. Sections 2–4 are wanting in MSS. b, c, e (see p. 3, as to division into books, summaries, etc.). — **ὅσα…ἐπολεμήθη,** [how many things were performed in war] *what war was made.* — **τοῦ Περσικοῦ στρατεύματος.** This did not venture to follow the Greeks among the Carduchian mountains; and ceased the pursuit, as if now certain of their destruction, Tissaphernes proceeding to Asia Minor, Orontas to Armenia, etc.

2. ἔδοκα δή, *v. l.* ἐδόκει δέ. Some editors bracket as doubtful §§ 2, 3, 4.

3. **τῶν ἁλισκομένων**, case? tense? — **εἰ διέλθοιεν...ἣν μὲν βούλωνται, διαβήσονται...περιίασι** (as fut.), 633 b. — **τοῦ Τίγρητος**, for *τῶν τοῦ* T., 438 b; ii. 3. 15. — **καὶ ἔστιν οὕτω στενόν**, sc. *τὸ διάστημα* or *χωρίον*, *and* [it is so narrow] *so small is really the distance* here between the two rivers, the Tigris flowing from the southern side of Mt. Niphates, and the Eastern Euphrates from the northern side. Such is the text of the MSS. Most editions have now the conjectural reading of Abresch, *καὶ ἔστιν οὕτως ἔχον*, *and so it is.*

4. **εἰς τοὺς Καρδούχους** (Lex. *εἰς*, *χώρα*); cf. i. 1. 11. — **ἅμα μὲν** s, *endeavoring both to steal away* (from the Persians), *and at* 110
the same time to [anticipate before, etc.] *gain the heights, before the enemy* (the Carduchians) *should seize them.*

5. **ἀμφὶ τὴν τελευταίαν φυλακήν** (Lex.), i. e. about 3 o'clock in the morning. — **ἐλείπετο** s, 556 d. — **σκοταίους**, § 10; ii. 2. 17. — **ἀπὸ παραγγέλσεως**, *summons*, or, *word of command*, quietly passed from man to man. A trumpet-signal might have defeated their plan. — **ἅμα** (Lex.), 450 a.

6. **στρατεύματος**, case 407. — **πορευομένων**, i. 4. 12; 2. 7: ii. 4. 24.

7. **ἐφείπετο δὲ ἀεὶ τὸ ὑπερβάλλον** s, *and* [continually the crossing part of the army] *each part of the army, as it crossed* (the height), *followed on.*

8. **τὰ δὲ...λαμβάνειν**, *and then was an opportunity of taking provisions in abundance.* — **χαλκώμασι**: "The Kurds at the present day take great pride in their *copper* (not brass) utensils." Ainsworth. — **ὑποφειδόμενοι**, *sparing them somewhat*, or [covertly], from policy. — **εἴ πως** s, (to see) *if perchance the Carduchi would consent*, i. e. to ascertain whether, etc. (Lex. *εἰ*). — **ὡς διὰ φιλίας τῆς χώρας**, [as through the country friendly] *through the country as a friendly one*, 553; cf. i. 3. 14.

9. **καλούντων**, sc. *αὐτῶν*, case 432 g (or, as some prefer, 676 a).

10. **σκοταῖοι**, 509; § 5: ii. 2. 17. — **ὅλην τὴν ἡμέραν** (482) ... **αὐτοῖς ἐγένετο**, [took place for them through the whole day] *occupied for them the whole day.* — **ὀλίγοι τινές**, 548 d.

11. **πολύ**, wt. art. 523 f. — **οὕτως**, *so*, as has been stated, § 8. 111
— **συνεώρων ἀλλήλους**, *watched each other* for their common safety.

13. **Σχολαίαν, πολλά, πολλοί**, etc., pos.? — **ἐποίουν**, pl., the subject including persons, 569 a. — **πολλοὶ δὲ οἱ ἐπὶ...ὄντες**, *and* [those who were over these, many in number] *many having charge of these.* — **Δόξαν δὲ ταῦτα** (sc. *ποιεῖν*, or see 502), *and this resolved on*, 675 c.

14. **ἐν στενῷ**, sc. *χωρίῳ*, *in a narrow pass.* — **πλὴν εἴ τίς τι ἔκλεψεν**, *except* [they did not comply, if] *perchance one smuggled something by.* — **οἷον ...ἐπιθυμήσας**, *as, for instance, from attachment to.* — **γυναικὸς** (432 e) **τῶν εὐπρεπῶν** (418 c). — **τὰ μέν...τὰ δέ**, 483 a, 518 d.

15. **Εἰς** s, i. 7. 1; iii. 4. 13. — **χειμών**: "A great storm arose in the very place to expect it, on the ascent of the highlands of Finduk." Ainsworth.

16 **παρήγγελλεν**, *sent along word* to the van. — **ἐπικέοιντο**, 112
mode?

17. **ὅτε παρεγγυῷτο**, *whenever the word was passed.* — **τότε δέ**, *but* [this

time, of which an account is to be now given] *on one occasion*. — **πρᾶγμά τι**, *something important*. — **ὀπισθοφύλαξι**, case?

18. **σπολάδος**, *v. l.* *σπολάδος* (see Lex.). — **διαμπερὲς εἰς τὴν κεφαλήν**, i. e. *through* the helmet, *into*, etc. Some omit *εἰς*: if so, *διαμπερές* is followed by the acc., like simple *διά*, 699 a (or refer *κεφαλήν* to 481).

19. **σταθμόν**, *a stopping-place*. — **ὥσπερ εἶχεν** (Lex.). — **φεύγοντες ἅμα μάχεσθαι**, [fleeing] *to flee and fight at the same time*. — **δύο καλώ τε** s, "*two fine brave fellows*," McMich.; cf. ii. 6. 19. — **ἀνελέσθαι, θάψαι**, the Greeks regarded it as a sacred duty to take up and bury the dead.

20. **Βλέψον**, tense 592 b; see Lex. *ὁράω*. — **ἔφη**, 574. — **Μία** (pos.) **δ'** **αὕτη** (deictic, 524 c) **ὁδός, ἣν ὁρᾷς, ὀρθία** (pos.), *there is that one steep path, which you see;* or, as some prefer, that which you see is the only path (and) steep enough: see 7. 4. — **ὄχλον τοσοῦτον** (deictic), [so great a] *that multitude*. — **τὴν ἔκβασιν**, *the egress* (from the valley in which the Greeks then were) by a mountain pass; hence *τὴν ὑπερβολήν*, § 21.

21. **ταῦτα**, case 483 b. — **εἴ πως**: § 8. — **οὔ φασιν**, cf. § 24; i. 3. 1.

22. **ὅπερ**, 491 b. — **ζῶντας**, sc. *τινάς*.

113 **23.** **ἤλεγχον**, sc. Chirisophus and Xenophon, with the co-operation, doubtless, of other generals. — **οὐκ ἔφη**, sc. *εἰδέναι*. — **καὶ μάλα**, i. 5. 8. — **φόβον**, ii. 5. 1. — **ἔλεγεν, ἔλεξεν**, § 24, tense, 594 a.

24. **αὐτῷ τυγχάνει** (sc. *οὖσα*) s, *he happened to have a daughter there, settled with a husband*. — **δυνατήν**, i. 2. 21; iii. 1. 21.

25. **ὃ εἰ** (561 a) **μή τις** (of the Greeks) **προκαταλήψοιτο** s, *which* [unless one should preoccupy] *must be first occupied, or it would be impossible to pass*.

26. **λοχαγοὺς καὶ πελταστάς** [= *τῶν πελταστῶν*] s, *the captains both targeteers and* [some of the] *heavy-armed*, *πελταστάς* in appos. w. **λοχαγούς**, while a different form of expression follows. — **ἐθέλοι ἄν**, *v. l.* *ἐθέλει*. — **ὑποστάς**, *having offered himself*.

27. **Ὑφίσταται**, *v. l.* *ὑφίστανται*, numb.? explain as punctuated. — **Μεθυδριεὺς Ἀρκάς**, *an Arcadian from Methydrium* (with this name compare Lat. Interamna). Some suppose the triple *Ἀρκάς* to have stolen into the text from marginal notes. If genuine, it emphasizes the bravery of the Arcadians. — **ἀντιστασιάζων**, cf. 7. 9; vi. 2. 11. — **ἔφη ἐθέλειν** s, 659 d, 503 a.

28. **ἐθέλοι**, mode? — **πολλοῦ**, case 431 b. — **στρατιᾷ**, case?

CHAPTER II.

SEVERE FIGHTING AND LOSS IN STRUGGLING FORWARD.

1. **οἱ**, *they*, sc. the generals. — **αὐτούς**, i. e. the volunteers. — **σημαίνειν**,
114 sc. *τινά*, *that a signal should be given*. — **τὴν φανερὰν ἔκβασιν**, i. 20, 23. — **αὐτοί**, i. e. the generals, with the main army. —

συμβοηθήσειν ἐκβαίνοντες, v. l. συμβολῆς ἕνεκεν βαίνοντες: συμβολή = *conflict*. See McMichael.

2. **οὐρανοῦ**, without article, 533 a.

3. **χαράδρᾳ...ἣν ἔδει διαβάντας** (674 d) s, *a ravine* (or torrent bed) *which they must* [having crossed go forth] *cross before climbing the steep ascent.* — **φερόμενοι...παίοντες**, *dashing in their course against the rocks.* — **τῇ εἰσόδῳ** (case 450 a), *the entrance* to the mountain path.

4. **εἰ μὴ ταύτῃ δύναιντο**, sc. ἐκβαίνειν, mode 634 b, *by this* (i. e. one) *way.* — **ἐπειρῶντο, ἐποίουν**, tense? — **τεκμαίρεσθαι δ'** (705) **ἦν**, *for this* [it was easy to infer] *we could tell: v. l.* τεκμήρασθαι.

5. **τοὺς φύλακας**, *the guards* of the height mentioned § 1; 3. 25; who were not, however, upon the summit. — **ὡς...κατέχοντες**, *as holding*, or, *supposing they held*, 680.

6. **Οἱ δ'**, exception to 518 e. — **ἡ στενὴ αὕτη ὁδός**, order 524 b. Cf. v. 7. 29; vii. 3. 20.

7. **ἔλαθον** (Lex. λανθάνω). — **ὀλίγοι**, *but few* (οἱ ὀλίγοι, *the few*, 115
523 f) *of them*, 395 a, c, 417 a.

8. **τῆς σάλπιγγος**, i. e. *the signal* expected from the volunteers, § 1.

9. **τοῖς προκαταλαβοῦσι**, § 7. — **τοὺς ἡμίσεις** (= τὸ ἥμισυ), sc. ἄνδρας, 419 e, 418 b; taking the gend. and numb. of the persons constituting the half. — [τῇ ὁδῷ] **ᾗπερ**, referred to in the next clause.

10. **ἂν ἐπορεύθησαν**, 636 a. Cf. iii. 2. 24. — **οἱ ἄλλοι**, 523 f, as stated in § 8.

11. **ὀρθίοις** (Lex., cf. φάλαγξ) **τοῖς λόχοις**, *with their companies in columns* (five in front, if the enomoty was square). — **ἄφοβον..., εἰ βούλοιντο**, 702 b.

12. **ἐδύναντο ἕκαστος**, 501 a. — **Καὶ τοῦτον** s, *and when the Greeks had passed by this, they see another.*

13. **Ἐννοήσας μή**, iii. 5. 3. — **καί**, *even.* — **καὶ πάλιν**, with this 116
adv. use of πάλιν, Krüg. compares Ἀνὴρ ὁ φεύγων καὶ πάλιν μαχήσεται: Menander, *Frag.*, γνῶμαι μονόσ. 45. — **ἐπιθοῖντο**, form? — **ἐπὶ** (Lex.) **πολὺ δ' ἦν**, *formed a long train, were greatly extended.* — **ἅτε**, quippe quæ. — **διὰ στενῆς τῆς ὁδοῦ**: στενῆς, predicative, *was narrow.* — **Κηφισοφῶντος**, case? why father's name mentioned? Krüg.

14. **μαστὸς...φυλακῆς**, § 5 s. — **τῆς νυκτὸς ὑπὸ τῶν ἐθελοντῶν**, deferred details; note difference between ἐθελοντῶν and ἐθελόντων.

15. **πᾶσι**, case 458. — **καὶ ὑπώπτευον**, observe change to an independent constr. — **πολιορκοῖντο**: a compound sometimes becomes so familiar that it is treated as a simple, losing the distinct force of one of its elements. Hence πολιορκέω may even take πόλιν as an obj., vi. 1. 28. — **ἄρα**, *in truth*, or, *as it proved.*

16. **ἐπάγειν**, *to lead forward*, and not halt in the narrow path for Xen. to join them, since this would stop all behind them. — **προσμίξειαν**, *might march on to join them*, which could only be through their issuing upon a broader spot. Observe force of πρός. — **τῷ ὁμαλῷ**, *the level ground* to which the different passes through the heights led, § 22. Voll. refers ὁδόν to § 8.

17. πεφευγώς, *having escaped by flight.* — **ὡς...ὅτι,** 702 a. — **τεθνᾶσι,** form 50, *θνήσκω*, 320. — **ὅσοι μή,** [as many as did not] *all except those who.* — **κατά,** 689 m.

117 **18. ἀντίπορον,** *over against:* trajection, emph. — **νέκρους,** 1. 19 N (*θάψαι*).

19. ἐφ' ᾧ s, 557, 671 a. — **Ἐν ᾧ** (Lex. *ἐν*). — **τὸ ἄλλο στράτευμα,** *the rest of the division* under Xenophon. — **οἱ ἐκ,** constr. præg., i. 2. 18. — **ἵσταντο,** *were* [stationing themselves] *taking their position.* Note graphic effect of the imperfect.

20. ἤρξαντο, sc. Xenophon and those with him, § 16. — **ἔνθα τὰ ὅπλα ἔκειντο** (as pass. of *θέσθαι*, § 16), *where the arms were grounded,* i. e. *where they were resting under arms.* McMich. — **ὁ ὑπασπιστής,** an officer who was often mounted and required a servant to carry the shield which he might need when fighting on foot (Lex. *ἱππεύς*). In the hurry of the descent and avoidance of the stones Xenophon's shield-bearer was separated from him.

21. πρὸς τοὺς συντεταγμένους: see § 16.

23. διεπράξαντο: the exchange seems to have involved an armistice during the funeral obsequies, which, with the time occupied in the negotiation and in the collection of the bodies, appear from the statement of time (in 3. 1 s) to have occupied two days. The Greeks, from their favorable situation and need of rest, were probably in no haste. — **ἡγεμόνα,** § 1; 1. 24; 2. 1. — **τοῖς ἀποθανοῦσιν,** *for the slain,* in honor of them. — **δυνατῶν** (Lex.).

24. Τῇ ὑστεραίᾳ, *on the day following* the funeral obsequies. — **ἐκώλυον τὰς παρόδους,** [hindered the passing] *obstructed the passages.* But acc. of person, § 25.

25. τοῖς πρώτοις, case? — **τῶν κωλυόντων,** case? Observe the parallelism in § 25 and 26.

118 **27. Ἦν...ὁπότε** (Lex.), ii. 6. 9; i. 5. 7. — **ἀναβῶσι,** § 25 a. — **πάλιν καταβαίνουσιν,** *when descending again.* — **ἐγγύθεν,** opp. to *ἐκ πολλοῦ*, iii. 3. 9. They could approach very near the Greeks and still escape.

28. Ἄριστοι τοξόται, *excellent bowmen:* jaculo bonus, *Æn.* ix. 572. — **τριπήχη, διπήχη,** form 213 d. — **πλέον,** 507 e, f. — **πρὸς τὸ κάτω...προσβαίνοντες** (*v. l. προβαίνοντες*), *stepping with the left foot against the lower part of the bow.* It is easy to understand how a bow of remarkable size and strength might be thus strained by the use of foot and hands. The question is how it was kept strained till it could be brought into position, aimed, and discharged. Some think, with Schn., that the bow was a kind of cross-bow; Rehdz. is of opinion that the archer shot sitting, still using his left foot to keep the bow strained and guide the arrow. It is perhaps more natural to suppose, with Anthon, that when the bow had been bent with one end resting upon the ground, and the arrow adjusted, the strength of the arms (aided perhaps by the arrow) sufficed during the moment in which the bow was raised and discharged. — **ἀκοντίοις,** in apposition with *αὐτοῖς*, 394 b.

CHAPTER III.

SUCCESSFUL CROSSING OF THE RIVER CENTRITES INTO ARMENIA.

1. Ταύτην δ' αὖ τὴν ἡμέραν ηὐλίσθησαν s, *and* [through] *this day again they lodged at quarters in the villages:* ἡμέραν, acc., as the time of the march which led to these quarters, 482; *αὖ*, as their last quarters were in villages, 2. 22. — **ταῖς, τοῦ,** 523 a, 2. — **τῶν ὀρέων...τῶν Καρδούχων,** the latter governed by ὀρέων, deferred detail.

2. πολλὰ τῶν...πόνων μνημονεύοντες, [much remembering] *dwelling much upon their past toils.* Suavis laborum est præteritorum memoria; Cic. *De Fin.* ii. 32. — **ὅσαπερ,** 550 d. Acc. to chapters 1 and 2, they were strictly but five days on the march. For the other two days of the seven, see 2. 23 N. — **μαχόμενοι διετέλεσαν,** *were constantly fighting:* with the exception of the time taken for burial of the dead. 119
— **ὅσα οὐδὲ τὰ σύμπαντα** (in appos. with ὅσα), sc. ἔπαθον, [as many as they had not suffered] *more than they had suffered all together.* Yet these Carduchian mountains, as they turned back the Persian army, must be regarded as having saved the Greeks.

3. που, [somewhere] *in some places, here and there,* as not fully discerned. — **ἐπὶ ταῖς ὄχθαις,** [upon] *in command of the upper banks* (the higher secondary banks); while ἐφ' ὧν (§ 5), *upon which,* denotes simply local position, as the idea of military occupation did not need to be repeated.

4. Ἦσαν, *belonged to,* or, *were troops of.* — **Ὀρόντου,** *Orontas* (see Lex. 2). — **μισθοφόροι**: from the sentence following this appears to be connected with Χαλδαῖοι only.

5. ἀπεῖχον: higher up however, it would seem, forming rocky bluffs directly over the river, § 11, 23. — **ὁδὸς δέ...ἄνω,** *there was only one way which was visible leading up.* — **ταύτῃ,** *here,* i. e. over against this road.

6. πειρωμένοις, [for them attempting] *on their making the attempt,* 462 c. — **οὔτ' ἐν τῷ ὕδατι,** corresponding to ἐπί τε τῆς κεφαλῆς. — **τὰ ὅπλα,** esp. their shields. — **εἰ δὲ μή,** *otherwise,* or, *else* (Lex. εἰ), 717 c. Cf. vii. 1. 8. — **τις, γυμνοί,** number?

7. Ἔνθα, *where,* 550 e. — **πολλοίς,** *in great number.* — **ὁρῶσι,** obs. the emphatic repetition: i. 9. 10. — **ἐπικεισομένους,** *ready to fall upon.*

8. ἐν πέδαις, [in] *with fetters,* 695. — **αὐτῷ,** [for him] *from* 120
around him; **περιῤῥυῆναι,** beautifully expressive of ease. — **διαβαίνειν,** *to stride,* seemed to promise διαβαίνειν, *to cross,* § 12, 15.

9. ὡς τάχιστα, 553 b. — **πρῶτον** (Lex.). Some supply ἱερείου (expressed vi. 5. 2), which rather weakens the sense.

10. Ξενοφῶντι, αὐτῷ, case 699 g. — **προσέτρεχον δύο νεανίσκω,** numb. 494. — **ἐπεγείραντα,** sc. τινά. — **ἔχοι,** sc. εἰπεῖν. — **τῶν πρὸς τὸν πόλεμον,** *of matters relating to the war,* 526 a, b.

11. ὡς ἐπὶ πῦρ, [as] *for a fire:* see i. 2. 1. — **ἐν πέτραις,** *upon rocks* *extending down to the very river;* belonging, it would seem, to a bluff connected with the heights mentioned in § 3, 5. See § 23 N.

12. οὐδὲ γὰρ (stronger than *οὐ γάρ*, and the negative of *καὶ γάρ*) **τοῖς πολεμίοις ἱππεῦσι** (case ?) **προσβατὸν** (*v. l.* *πρόσβατον*) **εἶναι κατὰ τοῦτο,** *for indeed* [it was not accessible] *there was no access for the enemy's cavalry to this point;* though footmen, it would seem, could climb over the rocks. — **ὡς νευσούμενοι,** *in order to swim,* if necessary: (*v. l.* *νευσόμενοι*). — **διαβαίνειν, διαβῆναι,** tense ?

13. τοῖς νεανίσκοις ἐγχεῖν ἐκέλευε, καὶ εὔχεσθαι, *he commanded* [to pour in wine] *the cup to be filled for the young men* (to offer a libation), *and* [to pray] *prayer to be made.* *ἐγχεῖν* and *εὔχεσθαι* refer for their subject to the attendants or persons about Xen. If expressed, it would have been regularly in the acc. after *ἐκέλευε*: cf. 17. — **τοῖς φήνασι θεοῖς** (case 455, subject of *ἐπιτελέσαι*) **τά τε ὀνείρατα,** order 523 k, 719 d, *ν*. — **ὀνείρατα,** *the night-visions,* referring to the single dream of Xen., § 8. — **τὰ λοιπὰ ἀγαθά,** *the remaining benefits,* the favors still needed; or *ἀγαθά* may be the adj. of effect (509 d), — *that they would also bring what remained to an issue* [as good] *of good.*

121 **14. σπονδὰς ἐποίει** = *ἔσπενδε*. Cf. ii. 3. 8.

16. ἐν ἀριστερᾷ s, of course ascending the river, about half a mile from their former position.

17. τὰς ὄχθας, the steep rocky banks close to the river, § 11; mentioned again § 23. — **στεφανωσάμενος,** a Spartan custom before battle, as if this were a festivity, Xen. *De Repub. Lac.* xiii. 8; Plut. *Lyc.* 22. The material was prob. taken from the bank on which they stood. See 5. 33. — **ἀποδύς,** *having stript off his outer garment,* for easier passage through the water (not, as Grote and others think, his wreath, which would have been very un-Spartan).

18. ἐσφαγιάζοντο s, to propitiate the divinity of the stream. So Alexander in crossing the Hellespont, and to Indian rivers. Arr. *An.* i. 11; vi. 3. Cf. Hdt. vi. 76; vii. 113: *Il.* xxi. 131. — **εἰς τὸν ποταμόν,** so that the blood and entrails fell into the stream; cf. ii. 2. 9.

19. συνωλόλυξαν: *ὀλολύζω* being esp. applied to the loud cries of women (chiefly in worship, oftener joyous), as *ἀλαλάζω* to those of warriors. Observe the parataxis.

122 **20. ἐνέβαινε,** into what ? — **πόρον,** § 5 s. — **τοὺς...ἱππεῖς,** § 17; to induce these to return and thus leave the way open for Chirisophus.

21. Οἱ δὲ πολέμιοι, referring to *τοὺς ἱππεῖς*, § 20. — **μὴ ἀποκλεισθείησαν,** opt. with hist. pres., 624 c, 625 a. — **ὡς πρός,** [as to] *that they might reach,* or, *aiming at.* — **τὴν ἀπὸ τοῦ ποταμοῦ ἔκβασιν ἄνω,** *the pass from the river upward.* *ἄνω* (which some omit) modifies the verbal idea in *ἔκβασιν*, 685 a. Some read *τὴν τοῦ ποταμοῦ ἄνω* (526) *ἔκβασιν*, *the pass above the river.* Rehdz. compares *τὴν Ἅλυος ποταμοῦ ἄνω Ἀσίην*, Hdt. i. 103; ... e place of *ἔξω* in 8. 12, 15 s. — **κατὰ...ἐγένοντο,** *arrived at,* or, *reached* *t.*

22. οἱ δὲ στρατιῶται s, *and the soldiers* (esp. the main body under Chirisophus) *shouted to them not to be left behind* by the enemy, *but to come out with them upon the mountain.* But the enemy with their good horse were too far in advance for this, § 25.

23. κατὰ τάς s, *went forth by the heights extending to the river* (§ 17 N.), i. e. climbing the rocky steep above the river so as to be at once, in an unlooked-for way, upon the range of hills occupied by the enemy's foot, § 3, 5. The Greek horse and targeteers appear to have emerged upon the plain to the left of this rocky steep.

24. The narrative would be more symmetrical, if § 24 and § 25 changed places.

25. τὰ ἄνω = τὰ ἄκρα, § 23. — **τῶν σκευοφόρων τὰ ὑπολειπόμενα,** *those of the baggage-animals that fell behind.*

26. ἀντία τὰ ὅπλα ἔθετο, [placed arms opposite] *took position in arms over against them;* the lochi being in columns, thus (the front being marked by a star, the rear by R):

* * * *
□ □ □ □ □ □
□
□
□
R

— **κατ' ἐνωμοτίας ποιήσασθαι ἕκαστον τὸν ἑαυτοῦ λόχον,** *that each one should form his company by enomoties,* i. e. each enomoty brought to the front. A long and continuous line was thus made to prevent the Carduchi from anywhere molesting those who were crossing the river. — **ἕκαστον,** appos. παραγαγόντας, 501. — **παρ' ἀσπίδας παραγαγόντας** (501) s, *bringing the enomoty* [so that it should stand in, 704] *into line of battle by a movement to the left* (παρ' ἀσπίδας, *the shield-side,* viz. the left), i. e. into the following position (the foremost enomoty, of course, keeping its place):

*
□ □ □ □   □ □ □ □
R

— **τοὺς ἐνωμοτάρχας ... ἰέναι,** *that the enomotarchs should* [go] 123
take their positions towards the Carduchi. — **οὐραγούς** s, *and that they should station rear-leaders towards the river;* for the sudden reverse movement, § 32.

27. τοῦ ὄχλου, case? The Carduchi, at their distance, did not perceive that this separation rendered the rear-guard freer for action. — **ᾄδοντες,** cf. 7. 16. — **τὰ παρ' αὑτῷ ἀσφαλῶς εἶχε,** *his own condition was secure.* Cf. § 24.

28. διαβαίνοντας, *beginning to cross* (*v. l.* καταβαίνοντας). — **μὴ διαβάντας,** [not having crossed] *without crossing.* As this forms part of the command and involves an inf. idea (*and not to cross*), μή is used, 686 e. — **αὐτοί,** *they themselves,* Xenophon's party or division. — **ἐναντίους ἔνθεν καὶ**

ἔνθεν σφῶν (539 a; case 445 c) ἐμβαίνειν, *that they* (the peltasts, etc.) *should enter from the opposite bank on each side of* [themselves (Xenophon's men)] *their own track.* — ποταμοῦ, case 420 a.

29. ἐπειδὰν s, *whenever, as soon as, a sling* (stone) *should reach them, and a shield ring* (struck by a missile). — τὸ πολεμικόν, *the signal for charge* and not for retreat, to deceive the enemy and hasten their flight, § 32. — ἀναστρέψαντας, belonging to both οὐραγούς and πάντας. — ᾗ ἕκαστος εἶχεν, *where each one had his place,* each enomoty through its proper part of the river. — ὅτι (animated asynd.) s, saying *that he would be the best fellow who should be first across.* — γένηται, mode ?

124 **31.** ὡς (Lex. e). — ἱκανῶς.. ἱκανῶς, order ?

32. ἔφευγον, ἔφευγον, θᾶττον, τάχιστα, vivid picture of the two armies running away from each other. — στρέψαντες, voice 577 a: vi. 6. 38.

33. οἱ μέν τινες, 530 b: v. 7. 16.

34. Οἱ δέ, the targeteers, etc. The passage of this rapid stream with an army in front, and another in their rear, was an admirable example of strategy.

CHAPTER IV.

MARCH THROUGH ARMENIA. — REACH THE TELEBOAS. — TRUCE WITH TIRIBAZUS.

1. συνταξάμενοι, to guard against sudden attack; ii. 5. 18. — ἐπορεύθησαν διὰ τῆς Ἀρμενίας πεδίον ἅπαν s, *they pursued their way through Armenia,* — *entire plain and gentle* (or, *smooth*) *hills:* πεδίον and γηλόφους follow ἐπορεύθησαν, defining the journey, 479. The expression is condensed, and ἅπαν seems to agree by attraction with πεδίον (applying no less to γηλόφους) instead of agreeing with a word like ὁδόν: *by a route* [which was all] *consisting entirely of a plain and smooth hills.*

2. Εἰς δὲ ἣν ἀφίκοντο κώμην = ἡ δὲ κώμη, εἰς ἣν ἀφίκοντο, *but the village to which they came* by this long march, 551 c. — βασίλειον, cf. βασίλεια, § 7, 489 a. — σατράπῃ, i. e. Orontas. — τύρσεις, form 218. 2; as defences probably against the neighboring Carduchi.

3. περὶ (Lex.) τὸν ποταμόν, [about] *on.*

125 **4.** ἡ πρὸς ἑσπέραν, 526 a. — ὕπαρχος, as Orontas was satrap of all Armenia. — ὁ καὶ...γενόμενος, *who had also won the friendship of the king.* He showed his desert of this by the manly counsel which he gave the king on the approach of Cyrus (Lex. Τιρίβαζος); Plut. *Artax.* 7. — βασιλέα ἐπὶ τὸν ἵππον ἀνέβαλλεν (constr. changed from part. to finite verb, 716 c). Cf. regem in equum subjecit; Liv. xxxi. 37. This was accounted a high honor.

5. εἶπεν, i. e. through the interpreter. — ἄρχουσι, case ? — εἰς ἐπήκοον, ii. 5. 38. — ἠρώτων (tense ?), τί θέλοι, 643 a.

6. ἐφ' ᾧ, *on these terms that.* — αὐτός, 667 c. — μήτε...τε, ii. 2. 8.

7. βασίλεια, perhaps of Tiribazus: cf. § 2. — **πολλῶν...μεστάς,** *supplied with provisions in abundance.*

8, and foll. For the sufferings during this march in Armenia from storm and cold, cf. Diod. xiv. 28; Curt. vii. 3.

9. πάντα τὰ ἐπιτήδεια...ἀγαθά, [all provisions as many as are good] *all kinds of good provisions.*

10. διασκηνοῦν, *to quarter* (their men) *apart.* — **διαιθριάζειν,** this would expose them more to attack in the villages, while it would remove an objection to their bivouacking together.

11. κατακειμένων γάρ, ἀλεεινόν (gend. 502), ... **ὅτῳ** (460 or 126
699 a) μὴ παραῤῥυείη (mode?), *for, as they lay, the snow having fallen was a warm covering* [to every one by whose side it did not run down] *on whom it rested without melting.* — **ἐπιπεπτωκυῖα,** *having fallen,* predicate.

12. γυμνός, *in his tunic,* prob. (Lex.); cf. i. 10. 3. — **τις καὶ ἄλλος,** *another one also.* — **ἀφελόμενος,** sc. τὴν ἀξίνην, or τὰ ξύλα. — **ἐχρίοντο,** to take the stiffness from their limbs, and for some protection against the cold.

13. χρῖσμα, μύρον, difference? — **ἐκ τῶν πικρῶν,** 506 e. — **Ἐκ...τῶν αὐτῶν τούτων,** *from these same substances.*

14. εἰς στέγας, [into] *under shelter.* — **τὸ πρότερον,** 529 a (Lex.); for the time, see § 10. — **ὑπὸ τῆς αἰθρίας,** *in the open air,* 509 b: Dind. and others read ὑπὸ ἀτασθαλίας (connecting with ἐνέπρησαν), *out of recklessness.*

15. μὴ ὄντα...οὐκ ὄντα, *if things were not* so and so, he represented them *as not so.* Obs. use of μή and οὐ. McMich. — **τὰ μὴ ὄντα ὡς,** 686 d.

16. Πορευθείς, closely connected in sense with ἰδεῖν. — **ἄνδρα** s, *but he* [came leading] *brought with him a man whom he had taken, armed with.* Obs. the sequence of verbal forms. — **αἱ Ἀμαζόνες,** as represented in works of art.

17. ἔφη, tense 603 c. — **τὸ στράτευμα,** case? — **ἐπὶ τίνι,** *for what purpose:* cf. ἐπὶ τούτῳ, i. 3. 1.

18. ὅτι Τιρίβαζος εἴη ἔχων, *that it was Tiribazus with,* 679 a. 127
— **παρεσκευάσθαι...ὡς...ἐπιθησόμενον,** *that he was prepared to attack.* — **ᾗπερ μοναχῇ,** *by which way only.*

19. ἐπί: cf. i. 4. 2, ἐπ' αὐταῖς.

20. τὸ στρατόπεδον × **τὸ στρατόπεδον,** § 22. (For the sign × see 797.)

21. ὑπέμειναν × **ἔμειναν,** § 20. — **ἥλωσαν, ἑάλω** (279 b, more Attic; cf. ἥλω, 5. 24), voice 575 a. — **οἱ...φάσκοντες εἶναι,** *those who said they were.* The state and luxury with which Persian commanders went to war are illustrated by Hdt. ix. 80 a.

22. ἐπίθεσις...τοῖς καταλελειμμένοις (case?), the enemy wheeling back for this purpose.

CHAPTER V.

GREAT SUFFERING OF THE GREEKS IN THEIR ONWARD MARCH, FROM DEEP SNOWS, COLD, AND SCARCITY OF PROVISIONS.

1. ὅπῃ s (Lex. ταχέως). — **πρὶν ἤ**, 703 d, δ. — **τὸ στράτευμα**, what army? — **τὰ στενά, ἔμελλεν**, cf. 4. 18.

128 **2. Εὐφράτην**, the eastern branch, now the Murad: see Lex. — **διέβαινον**, tense?

3. διὰ χιόνος πολλῆς καὶ πεδίου, *through a plain of deep snow:* hendiadys, 69 e. — **πεντεκαίδεκα**, this rate of marching seems incredible. Some editors read πέντε (for πεντεκαίδεκα), which would be quite miles enough of travelling under such circumstances. — **ἀποκαίων**, *parching*, spoken of severe cold; see vii. 4. 3: Lat. urere, adurere, torrere. (Virg. *Georg.* i. 92.) — **παντάπασιν...πάντα**, obs. the strength of expression.

4. εἶπε σφαγιάσασθαι, *bade them sacrifice*, 659 h: i. 3. 14, 8. — **σφαγιάζεται**, *the sacrifice is* immediately *offered*, impers.; while some supply ὁ μάντις. — **ἔδοξε**, note difference between this and ἐδόκει (as in i. 4. 18). — **τὸ χαλεπόν**, 507 a. — **τοῦ πνεύματος**: in their adoration of the great forces of nature the Greeks not only worshipped Æolus, the god of the winds in general, but also special winds. Boreas was honored at Athens with a temple and festival, cf. Hdt. vii. 189; and the Thurians adopted him as a citizen, Ælian, xii. 61. — **ὀργυιά**, doubtless in places only. The wind forbids our believing the depth uniform.

5. ἐν τῷ σταθμῷ, *at the station*, or, *halting place*. This region has since been so stripped of its wood that dried dung is used for fuel. — **πυρούς** (ὧν, § 6), case 472 b, 424. The acc. of that which is given; the gen. of the whole of which a part is given.

6. ἕκαστοι, *each party.*

7. ἐβουλιμίασαν, *became* [ox-hungry] *faint with hunger.* — **εἴη**, mode 643 a.

129 **8. αὐτῷ τῶν ἐμπείρων**, pos.? — **βουλιμιῶσι, φάγωσιν**, mode? — **διδόντας**, *to give*, with a verb of motion, 598 c.

9. Πορευομένων, i. 2. 17. — **ὑδροφορούσας**, pos.? Cf. Gen. xxiv. 11 s; Hdt. vi. 137. — **ἐκ τῆς κώμης**, connected with γυναῖκας and κόρας. — **τῇ κρήνῃ**, *the spring* of the village.

10. εἴη, ἀπέχοι (*v. l.* ἀπέχει). — **ὅσον**, 507 e; i. 8. 6. — **συνεισέρχονται** s: observe the chiastic order in the explanatory repetition of the prepositions.

12. τὰ μὴ δυνάμενα, *those which were not strong*, or sc. πορεύεσθαι or διατελέσαι τὴν ὁδόν, from § 11. — **ὀφθαλμούς, δακτύλους**, case?

13. ὀφθαλμοῖς (case 453) **ἐπικούρημα τῆς χιόνος** (case 405 a) ... **τῶν δὲ ποδῶν** (case 444 b), *a protection to the eyes from the snow ... but of the feet.* In ὀφθαλμοῖς, the dat. is used rather than the gen., to distinguish its office from that of χιόνος, 487 b, 464 c. — **πορεύοιτο**, *v. l.* ἐπορεύετο.

14. **Ὅσοι**, antecedent *τοσούτων*, understood with *πόδας*. — **ἦσαν** 130
...**καρβάτιναι** (accent, as properly an adj., 777. 2).

15. **τετήκει** (*v. l.* *ἐτετήκει*), 284 c : see v. 2. 15 ; vi. 4. 11.

16. **τελευτῶν**, *finally, at last*, 509 a, 674 b, d. — **δύνασθαι**, sc. *ἔφασαν*, 669.

17. **ἀμφί**, with gen. rare in Attic prose ; Redhz. says, only in Xenophon.

18. **ὅσον** (Lex.).

19. **οὐδέ**, loose constr. — **ἀνίστασαν**, *endeavored to rouse them*, were for rousing them.

20. **οὐχ ὑποχωροῖεν**, § 11. — **ἀπήγγελλον, ὅλον** (pos.?). They 131
seem not to have ascertained that the van was more comfortably quartered, § 11.

22. **πέμπει** (sc. *τινάς*) **τῶν** (423) ... **σκεψομένους**, *sends some of his men from the village to see.* — **κομίζειν**, iii. 4. 42. — **ηὐλίζετο** × **ηὐλίσθησαν**, § 21.

23. **ἕκαστοι**, i. e. each *set* of officers belonging to each *στρατηγία*. McMichael. — **τοὺς ἑαυτῶν**, cf. i. 2. 15, *τοὺς ἑαυτοῦ*.

24. **ἐκέλευσεν ἀφιέναι ἑαυτόν**, *requested* [his commander to send him off] *leave to go forth.* — **εἰς δασμόν** : acc. to Strabo, xi. 14, the satrap of Armenia sent an annual tribute of 20000 horses. — **ἑπτακαίδεκα**, a number far too small for the distribution stated in § 35. A careless copyist may have changed it from *ἑπτὰ καὶ ἑκατόν*, which Bornemann suggests, p. xxiv.; less prob. from the numeral letter Σ′ (200) to ΙΖ′ (17), as suggested by Krüger. — **ἐνάτην** (article omitted, 533 e) **ἡμέραν**, case 482 c.

25. **τὸ μὲν στόμα** (in partitive appos. with *οἰκίαι*, 393 d, 395 a [sc. *ὄν*])
ὥσπερ φρέατος, [the mouth being] *with the mouth like that of a* 132
well. — **ἐτρέφοντο**, i. e. during the winter.

26. **καί, καί**, cf. asynd. in § 25. — **οἶνος κρίθινος**, [barley wine] *beer*, invented, according to the Egyptians, who made much use of it, by their god Osiris, Diod. i. 20, 34 ; Hdt. ii. 77. It has been a favorite beverage with the Germans from the days of Tacitus (*Germ.* 23). — **αἱ κριθαί**, some of the barley not strained out, but floating on the surface, which would be avoided, as well as the need of drinking-cups, by the use of reeds (the tubes between the joints).

27. **συμμαθόντι**, sc. *τινί*, *to one accustomed to it.*

28. **στερήσοιτο**, as pass. 576 a. — **ἀπίασιν**, § 10. — **ἦν...ἐξηγησάμενος** (Lex.), *if he should appear to have rendered a faithful service to the army.* — **ἐν**, const. præg.

29. **φιλοφρονούμενος** (Lex.), *to show his good-will.* — **οἶνον**, case 474 b : cf. § 34 ; 2. 22. — **οὕτως**, modifies what? — **ἐν φυλακῇ**...**ἐν ὀφθαλμοῖς**, order?

30. **ἀφίεσαν**, referring to *τοὺς ἐν ταῖς κώμαις*, their comrades. — **αὐτοῖς** (*v. l.* *αὐτῷ*), Xen. and his companions.

31. **Οὐκ ἦν δ' ὅπου οὐ παρετίθεσαν**, *and there was no place where they did not set forth*, i. e. everywhere, etc., nusquam non ; cf. ii. 4. 3. — **ἄρνεια**, form 375 a : asyndeton.

133 **32. ῥοφοῦντα,** *sucking* through the reed. — **ὥσπερ βοῦν,** sc. δεῖ πίνειν, or rather by attraction for βοῦς πίνει, 715. Capital sport for the soldiers after their severe sufferings!

33. κἀκείνους σκηνοῦντας, *in their quarters,* feasting implied. — **χιλοῦ,** their only material, while its use might add to their merriment. Cf. 3. 17 N. — **ἐδείκνυσαν,** why?

34. δασμός, appos. — **χώραν ... εἶναι Χάλυβας,** metonymy (70 h), the people for the country, vii. 2. 32. — **χώραν** (Lex.). — **ὁδόν,** case 474 b; cf. § 29.

35. ἵππον ... παλαίτερον (514), *a horse somewhat old,* which Xen. had taken on the route from necessity, though informed that it had been consecrated to the Sun; and which he now feared might die on his hands to the displeasure of the deity. The religious character of Xenophon makes it probable that he was here acting sincerely and not deceptively. (The ind. ἤκουσεν expresses fact, not pretence.) For the sacrifice by the Persians of horses to the sun, see *Cyr.* viii. 3. 12. Some refer *αὐτόν* to *genus* (horses in general), but this interpretation is doubtful. — **Ἡλίου,** case 437 b. — **τῶν πώλων,** *some of the young horses,* 423.

36. πολύ, case 485 e, β; pos.? — **σακία:** these appear to have been slender bags of leather stuffed and then bent and made fast around the feet so as to enlarge the surface pressing upon the snow and answer the purpose of our snow-shoes.

CHAPTER VI.

MARCH THROUGH THE COUNTRY OF THE PHASIANI.

134 **1. ὀγδόη** (wt. art.). The comfort and abundance found in the villages had tempted the army to prolong their stay. — **τὸν ἡγεμόνα,** the village-chief, i. e. τὸν κωμάρχην. — **τοῦ υἱοῦ τοῦ ἄρτι ἡβάσκοντος,** *the son who was now approaching manhood,* in distinction from other sons, 523 a. — **εἰς τὴν οἰκίαν** s, § 28. — **φυλάττειν,** as κομίζειν, 5. 22.

2. αὐτοῖς, case 463. — **ἤδη τε ἦν** s, 705. — **αὐτῷ,** case 456. — **οὔ,** accent 786 b. The pause here forbids the change to οὐκ.

3. Ἐκ...τούτου (Lex. ἐξ). — **ἀποδρὰς ᾤχετο,** 679 d. — **ἡ ἀμέλεια,** appos. cf. ἔδησε δ' οὔ, § 2. — **ἠράσθη,** *became attached to,* inceptive aor., 592 d. — **παιδός,** case? — **πιστοτάτῳ ἐχρῆτο,** *found him very faithful:* see ii. 6. 13.

4. ἀνά (Lex.). — **τῆς ἡμέρας,** 522 b. — **παρά,** *along* (Lex. c). — **Φᾶσιν,** see Lex.

5. Ἐντεῦθεν, *thence,* leaving the river which they found was carrying them too far east. — **τὸ πεδίον,** *the plain* of the next river perhaps.

6. εἰς, 692. 5. — **κατὰ κέρας** (Lex.), as was common on a march. — **ἐπὶ φάλαγγος,** opposed to *κέρας,* the one meaning *in column,* the other *in line:* see 2. 11. — **παράγειν τοὺς λόχους,** *to bring up their companies alongside,* i. e. to the front.

7. **ἀγωνιούμεθα**, 624 b. 135

9. **ἐπάν** (Lex.), iii. 1. 9. — **τήμερον** (Lex.), 526. — **ἄλλους εἰκός** (sc. ἐστί), ... **πλείους προσγενέσθαι**, [it is natural for others to join] *we must expect that others, still more in number, will join them.*

10. **Ἐγὼ δ'**, 708 e. — **τοῦτο δεῖ...μαχούμεθα**, *we must provide for this, how we shall fight.* — **ὡς ἐλάχιστα**, *as few as possible.*

11. **Τὸ...ὄρος...τὸ ὁρώμενον**, *the mountain* [that seen] *in sight*, or, *so far as we see it.* — **κρεῖττον...μᾶλλον ἤ**, *better* ... [rather] *than*, 510 a. Observe in §§ 11, 12, the artistic antitheses. — **τοῦ ἐρήμου ὄρους...τι**, *some unoccupied part of the mountain.* — **κλέψαι...λαθόντας** s, 677 f, 674 b; for order, see 719 d, ν. — **πειρᾶσθαι**, subject of κρεῖττόν ἐστιν, and governing κλέψαι and ἁρπάσαι.

12. **ὄρθιον** (sc. χωρίον) **ἰέναι**, *to traverse steep ground*, case 477 s. — **μεθ' ἡμέραν** (Lex. μετά), 690. — **ἡ τραχεῖα** (sc. ὁδὸς) **τοῖς ποσὶν** s, *the path that is rough to the feet is kinder to those that march without fighting.* 136
— **κεφαλάς**, in antithesis to ποσίν: case?

13. **ἐξὸν δὲ** (sc. ἡμῖν) **ἀπελθεῖν τοσοῦτον**, *and when we may go so far off from the post of the enemy.* — **Δοκοῦμεν** (573) **δ' ἂν** (621 a, 622 a) **μοι... χρῆσθαι**, *and it seems to me that we should find.* Cf. 2. 2. — **μένοιεν**, the force of **ἂν** continued, 622 b.

14. **τί**; *why?* since any such suggestion to a Spartan is so needless. This lively sparring of the generals may have been simply playful to keep up the spirits of the army; or it may have had a tinge of bitterness from their recent variance, § 3. — **τῶν ὁμοίων** (Lex. Σπάρτη), case 422. — **κλέπτειν μελετᾶν**, *to practise* [to steal] *theft.* The Spartan youths were thus trained, under their peculiar system of education, to stratagem in war.

15. **ἄρα** = *actually*, as if the statement were an extraordinary one in the speaker's judgment. McMichael. — **τοῦ ὄρους**, case 423; § 11.

16. **δεινοὺς...κλέπτειν**, *terrible fellows to steal*, or, *at stealing.* — **δεινοῦ**, adj. emphatically repeated. The penalties for this peculation were the restitution of double the amount, loss of citizenship, and sometimes even death. — **τοὺς κρατίστους**, to match τῶν ὁμοίων, § 14. — **ὑμῖν...ἄρχειν**, *to* [rule for you] *hold your offices.* Observe here the sarcasm upon the worthlessness of many of the Athenian office-holders, which was such an object for the keen satire of Aristophanes.

17. Xen. wisely proceeds to the practical, since he could neither deny nor outdo the sharp retort of Chirisophus. — **τούτων**, case? Cf. ii. 5. 16. — **νέμεται** (Lex.) **αἰξί**, case? — **βατά** (sc. χωρία) s, *the ground will be feasible:* see iii. 4. 49.

18. **ἡμῖν** s, *to a level with us*, 451. 137

19. **καί**, 708 e. — **ἀλλά**, *on the contrary, nay rather;* 4. 10; 8. 12; v. 1. 7.

21. **ὅπως...προσάξειν**, *that he might* [seem as much as possible to be about to advance] *excite the strongest possible expectation of his advance in that direction.*

22. **ἐγρηγόρεσαν**, plup. used as impf., *kept watch.*

24. τοῖς κατὰ τὰ ἄκρα, § 23. — **Πρὶν δὲ ὁμοῦ...τοὺς πολλούς**, *but before the main bodies had come together*; cf. **πολλοί**, § 26, 523 f.

25. ἐκ τοῦ πεδίου, const. præg., i. 2. 18; 1. 5. — **οἱ πελτασταί**, partitive appos. *οἱ ἐκ τοῦ πεδίου*. — **βάδην** (Lex.) **ταχύ**, pleno gradu, Liv. iv. 32.

138 **26. τὸ ἄνω**, sc. *μέρος*, § 24: i. 8. 18. — **γέρρα**, which they threw away, for the more rapid flight.

CHAPTER VII.

ADVANCE THROUGH THE COUNTRY OF THE TAOCHI, CHALYBES, AND SCYTHINI. — FIRST VIEW OF THE SEA.

1. Ἐκ δὲ τούτων, sc. *κωμῶν*, 6. 27. — **εἶχον** s, 679 b.

2. συνεληλυθότες δ' ἦσαν, 679. — **αὐτόσε**, rather than *οἱ* or *εἰς ὅ*, 561 d, 562. — **προσέβαλλεν**, tense? — **εὐθὺς ἥκων**, *immediately upon his arrival.* — **ἀλλὰ ποταμός**: *v. l.* *ἀλλ' ἀπότομον*, which would seem to have been also true, § 13 s. — **κύκλῳ** (Lex.), leaving only a narrow access.

3. Εἰς καλόν, "*in the nick of time.*" — **ἥκετε**, tense 612. — **ἔστι, ληψόμεθα**, tense 604 b, mode 653 c. — **χωρίον**, repeated and positive, iii. 2. 5.

4. μία αὕτη πάροδός ἐστιν s, *there is one passage there*, or, *this which you see is the only entrance*, 524 c. — **ὑπέρ**, 689 j.

139 **5. ἄλλο τι ἢ** s, 567 g (Lex. b), *may we not be sure that nothing forbids?* — **ὀλίγους τούτους ἀνθρώπους**, *a few men there.*

6. βαλλομένους, *exposed to their missiles*: cf. "under fire." — **ἀνθ'** (Lex. 689 h) **ὧν...πάσχοιεν**, [against, as viewed from the position of Greeks] *behind which if men should stand, what would they suffer?* — **φερομένων**, [borne on, here, through the air] *flying*, in distinction from *κυλινδουμένων*, while in § 7, 10, one verb seems to be used to express both ideas.

7. πολλοί, 523 b, 5. — **εἴη**, mode 637 b. — **πορευώμεθα**, mode? (sc. *ἐκεῖσε*). — **ἔνθεν**, [thither whence] *to a spot from which*: eo unde, cf. ii. 3. 6.

8. ἡγεμονία, acc. to Greek custom, taken by the captains in turn each day. — **καθ' ἕνα**, iii. 5. 8.

9. ἐφίστασαν, ἱστάναι, form 46 d, 320.

10. In the lively and graphic narrative following observe the inter-
140 change of modes. — **προέτρεχεν**, asynd. of explanation. — **ἅμαξαι**, ii. 2. 20.

11. Observe each clause preliminary to *χωρεῖ*. — **Καλλίμαχον**, 474 b. — **πρῶτος**, 509 f. — **οὔτε...παρακαλέσας**, *without even calling.* — **αὐτός**, 541.

12. αὐτοῦ, pos. 538 f. — **ἴτυος**, case 426. — **οὗτοι**, all Arcadians; cf. 1. 27; v. 2. 11. — **ἀρετῆς**, case 430 a.

14. πολλοί, pos., cf. vi. 3. 22.

15. ὧν, case 554 a, N. — **πτερύγων** (Lex.); cf. Xen. *De Re Equest.* xii. 4; *v. l. πτερύγιον*. — **σπάρτα πυκνὰ ἐστραμμένα**, *cords* [platted compact] *firmly interwoven* for protection.

16. **μαχαίριον** (cf. *κράνη*, 488 d, i. 7. 8; 5. 25) **ὅσον ξυήλην** [= *τοσοῦτον ὅση ἐστὶ ξυήλη*, 556 a], *a knife as large as a dagger.* — **ἂν...ἔχοντες ἐπορεύοντο,** *they would march with them.* Some extend the force 141
of ἂν to ᾖδον and ἐχόρευον: but see 616 d. — **πηχῶν,** form 220 f. — **μίαν λόγχην,** while the Greek had also the σαυρωτήρ (Lex. δόρυ).

17. **μαχόμενοι,** *fighting; v. l. μαχούμενοι, for battle.* — **ἐν,** const. præg., § 2. — **λαμβάνειν, διετράφησαν,** obs. change of structure; cf. 671 d. — **ἅ,** exc. to 554 a. — **ἐκ τῶν Ταόχων** (Lex. ἐξ, χώρα).

18. **Ἅρπασον,** the northern and chief branch of the Araxes. Ainsworth.

19. **πρὸς πόλιν** s, order? — **οἰκουμένην,** *well inhabited, populous.* Some omit καί before οἰκουμένην. — **διὰ τῆς ἑαυτῶν** (cf. iii. 4. 41, case 442 or 436; cf. ἑαυτοῖς, § 20, 455) s, *through the country of their own enemies.* — **ἄγει,** after historic present.

20. **ἡμερῶν,** i. 7. 18. — **ὅθεν,** 550 e. — **τεθνάναι** (Lex. θνήσκω). — **Ἑλλήνων,** case 444 d.

21. **τὸ ὄρος,** i. e. χωρίον, § 20. Why article?

22. **ἄλλους** (Lex. b) 567 b. — **πολεμίους,** cf. v. 4. 12. — **δασειῶν** 142
βοῶν ὠμοβόεια [= ὠμῶν, by pleonasm] *of shaggy ox-hides untanned; βοῶν* gen. of material, or in appos. with βοῶν contained in ὠμοβο. 394 c. — **ἀμφὶ τά,** i. 2. 9.

23. (sc. τοσούτῳ) **ὅσῳ,** *just as.* Observe the repetition of δή in § 23–25. — **μεῖζον,** [greater than usual, 514] *of unusual moment.*

24. **ἐφ' ἵππον,** 689 g. — **στρατιωτῶν,** case? i. 8. 16. — **Θάλαττα,** case 401 b. Cf. Virg. *Æn.* iii. 523. There were so many Greek cities on the shores of the Euxine that they now felt almost at home. — **παρεγγυώντων,** *urging* others to hasten (make haste). — **ἠλαύνετο,** numb. 569 a.

25. **στρατηγούς,** without article. — **ὅτου δή** s, 551 h.

26. **δερμάτων** s, articles which they had obtained from the region to make a kind of trophy for their victory over it. — **κατέτεμνε,** that there might be no temptation to take them away for use.

27. **ἀπὸ κοινοῦ,** sc. χρήματος or ταμιείου, *from the common stock, property,* or, *store,* booty which had not been divided; cf. v. 3. 4; or, *at common cost.* — **ἑσπέρα,** wt. art. 533 d. — **νυκτός,** as his way lay through a hostile region.

CHAPTER VIII.

MARCH THROUGH THE COUNTRY OF THE MACRONES TO TRAPEZUS ON THE PONTUS EUXINUS.

1. **τρεῖς,** the first occupied in part in reaching the Macrones. 143
— **ὥριζε,** tense? cf. ὁρίζει, 3. 1.

2. **οἷον** (Lex.), 556 a. — **δι' οὗ,** manifestly referring to ὁ ὁρίζων ποταμός. — **δένδρεσι,** cf. δένδροις, 7. 9, 225 f. — **ἔκοπτον,** in order to clear a way

through the thicket to the stream. This mountain branch could not need bridging, while the trees are not represented as suitable for this.

3. εἰς τὸν ποταμὸν ἔρριπτον, in the direction of the Greeks, to deter them from crossing. — **οὐ, οὐδέν**, pos. emphatic and chiastic.

4. Ξενοφῶντι, case 699 g. — **πελταστῶν**, case 418. — **φάσκων** (Lex.), changed to λέγων to avoid repetition; see 659 h. — **ἐμὴν ταύτην** s, without article 524 c = *ταύτην εἶναι ἐμὴν πατρίδα*, 524 c.

5. διαλέγου καὶ μάθε, tense 592. — **αὐτῶν**, case ? — **ἐρωτήσαντος**, sc. *αὐτοῦ*, 676 a. — **ἀντιτετάχαται**, form 300 c.

6. Λέγειν, asynd. in dialogue, iii. 4. 42. — **ποιήσοντες**, sc. *ἐρχόμεθα* or *ἔρχονται*.

144 **7. εἰ δοῖεν ἂν** × **εἰ δοῖεν**. See 4. 20 N.; cf. i. 6. 2. — **τὰ πιστά**, *the proper pledges*. Cf. i. 6. 7. — **διαδιδόασιν**, *presented*, or, *handed over*. Cf. *Il.* vi. 230.

8. ὁδὸν ὡδοποίουν, cf. *πόλιν πολιορκέω*, 2. 15 N. — **ὁδόν**, the road through the river, and down and up its banks through the thickets. — **διαβιβάσοντες**: for the difference between this verb and *βαίνω* see Lex. — **μέσοις**, 508 a.

9. μέγα, wt. *μέν*. Cf. *τὸ εὖρος*, iii. 4. 7; iv. 6. 2. — **ὡς...ἄξοντες**, *as intending to advance in this way*, i. e. *κατὰ φάλαγγα*, in phalanx form. See McMichael. — **ἀγωνιοῦνται**, fut. indic.

10. ποιῆσαι (Lex.). Observe carefully Xenophon's various reasons for preferring the arrangement by columns. — **τῇ μὲν...τῇ δέ** (Lex. ὁ), 518 d. — **ὁρῶσιν**, mode ?

11. ἐπί (Lex.). — **ἐπὶ πολλούς**, accus. to show that a change would be required for this order, since they were now arranged *ἐπ᾽ ὀλίγων*. — **ἡμῶν**, case ? — **χρήσονται, ὅ τι** (case 478) **ἂν βούλωνται** (sc. *χρῆσθαι*), *they will make whatever use they may please*. — **ὑπὸ ἀθρόων** (pos. ?) ... **ἐμπεσόντων**, *by many missiles and men falling thick upon us*.

12. ὀρθίους, pos. ? cf. § 14, 15. — **τοσοῦτον...λόχοις**, *that standing apart we should occupy so much space with the companies*. — **ὅσον** = *ὥστε*, [as that] *that the outside companies should reach beyond*, etc. — **κεράτων**, case ?

145 — **λόχοι**, appos. to *ἡμεῖς* subject of *ἐσόμεθα*, 393 d, 395 a; the rather from Xenophon's own position, § 16. — **ὀρθίους ἄγοντες**, *leading our troops in columns*; related alike to *προσίασιν* and *ἄξει*, which are joined by *τε*. — **οἱ κράτιστοι** s, *the best of us will be foremost in the advance* (not being confined to a uniform line of advance); while each company would have some freedom to choose the best place of ascent.

13. ὁ πλησίον, sc. *λόχος*. — **οὐδεὶς μηκέτι μείνῃ**, 627.

14. ἐπὶ τὸ εὐώνυμον, i. e. to his own position, as in the order of battle the van regularly took the right, and the rear the left. — **ἡμῖν** (case ?) **ἐμποδὼν τοῦ μὴ** (713 d) **ἤδη εἶναι**, *in the way* [to us of the now being] *of our now being*. Cf. iii. 1. 13. Some read *τὸ μὴ εἶναι*. — **ἐσπεύδομεν**, tense ? — **ὠμοὺς δεῖ καταφαγεῖν**, *we must eat up raw*, or, *devour alive*, a hyperbole to express fierceness of attack, apparently from *Il.* iv. 35, *ὠμὸν βεβρώθοις Πρίαμον*.

15. ἕκαστοι, i. e. the soldiers of each company. Cf. 5. 23 N.

16. εὔχεσθαι, cf. § 25. — **ἐπορεύοντο**, more rapidly than the heavier troops, as if to take the enemy in the flank.

18. κατὰ τὸ Ἀρκαδικόν, (in the centre) *beside the Arcadian* 146
division, a body more purely of Arcadians, while there were also many Arcadians in other parts of the army. — **ὤν**, numb. 499 a. — **ἀνακραγόντες**, v. l. *ἀνὰ κράτος*.

19. ἤρξαντο, sc. *οἱ πελτασταί*. — **φυγῇ ἄλλος ἄλλῃ ἐτράπετο**, [turned in flight] *fled one this way and another that*.

20. τὰ μὲν ἄλλα, οὐδέν, 417 a. Some regard **ἄλλα** as acc. of specif. 481. — **ὅ τι καί** s, *which* [also] *excited their wonder*, as much as what follows, viz. the honey and its effects. — **κηρίων**, case 423. — **αὐτοῖς**, *for them*. — **ἐδηδοκότες, ἐῴκεσαν**, form 280 c, 279 d. — **πολύ**, sc. *ἐδηδοκότες*. — **ἀποθνήσκουσιν**, dat. pl. part.

22. ἐπὶ θάλατταν, [upon the sea] *to the seaside*, 689 g (Lex. **ἐπί**): cf. *εἰς Τραπεζοῦντα*. — **οἰκουμένην ἐν**, denoting not only situation, but also that the city was inhabited. — **ἐν τῷ Εὐξείνῳ Πόντῳ** (Lex.), *in the Euxine Pontus*, the basin of the Black Sea.

24. μάλιστα οἰκούντων, *especially those dwelling*, or, *who chiefly* 147
dwelt. — **ἦλθον**, of things: cf. § 25.

25. ἀποθῦσαι s: the expression would have been more complete, if *σωτήρια* had been expressed with *Σωτῆρι* (iii. 2. 9), and *τῷ Ἡγεμόνι* (vi. 2. 15; 5. 25) with *ἡγεμόσυνα*. — **ἔφυγε**, *went into exile* (cf. i. 1. 7). Among the Greeks even involuntary homicide was thought to bring pollution requiring exile, at least for a time, and purification. See Smith's Dict. of Antiq. Banishment (Greek).

26. τὰ δέρματα s, to be distributed as prizes; cf. *Il.* xxii. 160; Hdt. ii. 91. — **ἡγεῖσθαι** (sc. *ἐκεῖσε*) ... **ὅπου**, *to lead to the place where*. — **πεποιηκὼς εἴη**, form 317 a; mode 641 b, or 643 c. — **δείξας, οὗπερ**, *pointing to the very spot where*; with Spartan disdain of ease and comfort. — **τρέχειν**, *for running*, 663 d. — **οὕτως**, emph. pos. — **Μᾶλλόν τι ἀνιάσεται**, *will suffer somewhat more*, a stimulus to make greater exertion.

27. στάδιον (Lex.), case 479. — **παῖδες...οἱ πλεῖστοι**, *boys* [of those taken captive the most] *chiefly captives*. — **ἕτεροι**, sc. *ἠγωνίζοντο*. — **κατέβησαν**, cf. descendat in campum: Hor. *Od.* iii. 1. 11. — **ἅτε**, quippe; 2. 13; v. 2. 1. — **ἑταίρων**: some few prefer *ἑταιρῶν*, but not well (see Lex. *ἑταῖρος, ἑταίρα*).

28. αὐτούς, i. e. the riders implied in *ἵπποι*. — **πρὸς τὸ...ὄρθιον**, [against] *up the exceedingly steep ground*. — **παρακέλευσις...αὐτῶν**, *cheering of them on*.

BOOK V.

FROM TRAPEZUS ALONG THE COAST TO COTYORA.

CHAPTER I.

PREPARATIONS FOR LEAVING TRAPEZUS AND FOR FURTHER ADVANCE.

148 **1. Ὅσα μὲν δή** s. See p. 3, Notes, as to division into books, summaries, etc. — **μέχρι,** *v. l.* *μέχρις.* — **τὴν ἐν τῷ Εὐξ. Πόντῳ,** iv. 8. 22. N. — **εὔξαντο,** iii. 2. 9; iv. 8. 16. — **σωτήρια,** 551 c; iv. 8. 25 N. — **ἀφίκοιντο,** *v. l.* *ἀφίκοντο.* — **δεδήλωται,** the sentences beginning with *ὅσα* and *ὡς* form the subject of this verb.

2. Ἐγὼ μὲν τοίνυν, *I for my part then*, since this subject is proposed. — **ἔφη,** 574. — **ἀπείρηκα** (Lex. under *ἀπαγορεύω*). — **καὶ...καὶ.. καὶ,** etc. Observe how the wearisomeness is enhanced by the repetition. — **φυλακὰς φυλάττων,** ii. 6. 10. — **ὥσπερ Ὀδυσσεύς,** who was carried asleep by a Phæacian vessel to his native Ithaca; *Od.* xiii. 74 s; cf. iii. 2. 25 N.

149 **4. πέμψητέ με,** to Byzantium, where Anaxibius then was; cf. vii. 1. 3. — **ἂν ἐλθεῖν,** aor. for fut. after the subjunc. **πέμψητε,** but somewhat less positive, 631 c, 649 c.

5. ἐπί, cf. ii. 3. 8; vi. 2. 2. — **καιρός** (Lex.).

6. ὅτου (431 a) **ὠνησόμεθα,** [of that for which we shall purchase] *of the means of purchase*, or, the wherewithal to purchase.

7. Ἀλλά, in opposition to what is conveyed in *ἀμελῶς* s; cf. iv. 6. 19. — **σὺν προνομαῖς,** *v. l.* *συμπρονομεῖν*: cf. *Cyr.* vi. 1. 24; *Hel.* iv. 1. 16. — **ἄλλως,** *at random.* — **ἡμᾶς,** *we*, the generals. — **ἔδοξε ταῦτα,** asyndeton.

8. γάρ, 705 b; cf. iii. 2. 29; vi. 4. 8. — **καὶ ὅποι,** sc. *μέλλει ἐξιέναι.* — **ἀπαπορτέρων,** 514. — **ἐγχειρῇ ποι,** *make an attempt* [to go] *in any direction*, the idea of *going* implied; *v. l.* *ἐγχειρῇ τι ποιεῖν.* — **εἰδέναι,** *to keep ourselves acquainted with*, i. e., to aid him through knowledge of the strength, etc. — **δύναμιν** [sc. *τούτων*] **ἐφ' οὕς,** 551 f. — **ἴσασιν,** number?

9. ληΐζεσθαι [sc. *ἡμᾶς*], *to prey upon us*: cf. *θηρᾶν περί*, 689 f. — **ἂν δύναιντο,** cf. **ἂν** *ἐλθεῖν*, § 4 N.

150 **10. ἠπιστάμεθα...ἂν ἔδει,** 631 b; *πλοῖα ἱκανά*, emph. pos. in participial clause. — **νῦν δέ,** *but as it is.* — **αὐτόθεν,** *from this very region.* — **ἔλθῃ, ὑπαρχόντων** [sc. *πλοίων*], *shall come*, bringing vessels, *while we have others here.* — **ἀφθονωτέροις** (Lex.). — **πλευσούμεθα,** *v. l.* *πλευσόμεθα.*

11. αἰτησάμενοι, *having* [asked for use] *borrowed.* — **μακρά,** *long* in proportion to the width, for greater swiftness. — **παραλυόμενοι,** [loosening [illegible]] *unshipping*, to prevent the secret escape of the crews. — **ἕως**

ἂν s, *until* [those about to convey become sufficient] *there should be enough to convey us.*

12. εἰ εἰκός, *whether it is not reasonable;* cf. iii. 2. 22 N. — **ἀπὸ κοινοῦ,** iv. 7. 27. — **ὠφελοῦντες καὶ ὠφελοῦνται,** parataxis.

13. ἢν ἄρα, *if* [perhaps, or] *after all;* cf. iii. 2. 22. — **ὁδούς,** obj. of **ὁδοποιεῖν** : pos.? — **ταῖς παρά** s, *to enjoin upon the states which* [dwell beside the sea] *occupy the sea-shore.*

14. ἐπεψήφισε μὲν οὐδέν, *he put nothing to the vote;* cf. vii. 3. 14.

15. πεντηκόντορον, a long war-vessel, having 25 oarsmen on each side in a single row (the *τριακόντοροι* having 15; § 16). — **ἧς,** 699 g. — 151
Λάκωνα περίοικον (Lex. Σπάρτη). The Periœci appear to have descended in part from the old Achæan inhabitants who made terms with the Doric conquerors, and in part from inferiors who accompanied these or later immigrants, etc. See Smith's Dictionary, Περίοικοι. — **ᾤχετο,** to Byzantium, to Anaxibus and Cleander, whom he endeavored to set against the Cyreans, especially Xenophon; see vi. 1. 32; 6. 5 s. — **ἀπέθανεν ὑπὸ Νικάνδρου** (575 a), *died at the hands of Nicander.*

16. φύλακας: these were afterwards brought to account for some loss, cf. 8. 1. — **εἰς παραγωγήν,** in their plundering excursions, cf. 7. 15.

17. οἱ δὲ καὶ οἵ, cf. i. 3. 13 N; Diod. xiv. 31.

CHAPTER II.

EXPEDITION AGAINST THE DRILÆ.

1. ἦν λαμβάνων, 571 f, h. — **στράτευμα,** *v. l.* *στρατόπεδον.* — **ἐξάγει,** histor. pres. — **Δρίλας,** the Drilæ were, according to Arrian, the same as the *Sanni:* Kühner holds rather that the *Macrones* (iv. 8. 1) and the Sanni were the same people. — **ἅτε,** iv. 2. 13; 8. 27.

2. [sc. *ἐκεῖσε*] **ὁπόθεν,** *to places from which.* — **αὐτοῖς,** *to the inhabitants,* implied in **ὁπόθεν**; cf. Hdt. ix. 1.

3. Δρίλαις, case 454 c. — **εἰς τοῦτο,** asyndeton.

4. προδραμόντες, obs. participles, and see i. 1. 7; 3. 5, 10. — 152
ὁπλιτῶν, case? — **εἰς δισχιλίους** s, as nom. 706 a.

5. ἀναβεβλημένη, [thrown up] *with the earth thrown up.* — **οἱ δέ,** i. e. the Drilæ.

6. ἐφ' ἑνός (Lex *ἐπί*), ii. 4. 26 N. — **ἡ κατάβασις ἐκ,** art. omitted, 523 d.

7. Ὁ δ' ἐλθών, *and* [he that came] *the messenger.* — **ὅτι,** i. 6. 7.

8. ἀπάγειν, *to lead back.* Some editors, following a few MSS., have here **ἀναγαγεῖν,** in the same sense. But, in such a connection as this, that use of the term would seem inappropriate: see *κατάβασις,* § 6, **ἀπάγειν,** § 9. MS. C. has **ἀναγαγεῖν,** corrected by **ἀπαγαγεῖν.** — **καί,** *also,* so that they should be beyond the ravine as well as the hoplites. — **ὡς ἁλόντος** s, *as if the place might thus be taken,* 680 b.

9. **γάρ**, introduces the reasons for the latter of the two courses. — **οὐκ εἶναι**, *not to be possible*. — **ἀποδεδειγμένοι ἦσαν**, plup. mid. — **ἔσται** (for ἔσοιτο), cf. i. 3, 14 N.

153 11. **ἐκέλευσε** s, *he bade each of the captains to form his company in that way*, etc. — **ἀντεποιοῦντο** (cf. iv. 1. 27). The minutiæ of the arrangement, for the general order was determined by the nature of the place, might very safely be left to such men.

12. **ὡς ἀκοντίζειν**, *that they might shoot*. If the absolute impers. δεήσον (which is bracketed by some editors) is retained, translate, *since they must shoot*; 675 (Lex. δέω). — **σημήνῃ**, i. 2. 17; iii. 4. 14. — **γυμνῆτας** (Lex.). The slingers, from the great freedom and energy of motion which they required, were even less encumbered than the peltasts and bowmen. Still, the term may here apply in general to any lightly clad men who had pouches (διφθέρας) to hold stones and slings or hands to throw them; see § 4, 14.

13. **παρεσκεύαστο**, *were ready*, 599 a. — **οἱ ἀξιοῦντες** s, *those who claimed that they were not inferior to these*. — **παρεσκεύαστο, παρατεταγμένοι ἦσαν, ξυνεώρων, ἐπαιάνισαν** (§ 14), distinguish force of the tenses; cf. iii. 4. 4; vi. 2. 8. — **καὶ...μὲν δή**, *and so*, etc., et vero, et profecto, Kühner.

14. **ἐπεί**, repeated after the parenthesis. The apodosis begins with **ἅμα τε**. — **σφενδόναι**, observe the asynd. and the polysyndeton in § 15; 707 j. — **ἦσαν δὲ οἵ**, *and there were those who*; cf. 559 a.

15. **Ὑπό** (Lex.), i. 5. 5. — **ἄλλος ἄλλον εἷλκε**, 567 c. — **καὶ ἄλλος ἀνα-**
154 **βεβήκει**, *and another had already climbed up of himself*; the sing.,
as before, for the plural, to render the description more graphic,
488. — **καὶ ἡλίσκετο** s, *and the place* [had been] *was now taken*, 599.

16. **κατεκώλυε**, *v. l.* κατεκώλυσε. — **ἔξω**, proleptic = ὥστε ἔξω (τοῦ χωρίου) μένειν: Küh., cf. iv. 2. 12.

17. **τάχα δέ τις**, *and presently one*; or, *and perhaps one or two*, τις not used as strictly singular, 548 c. — **οἱ ἐκπίπτοντες**, *those that were rushing out*. — **ἔστιν**, oratio dir.

18. **νικῶσι...ὠθούμενοι**, *those* (of the hoplites, § 16) *who were pressing in prevail over and force back those* (the lighter troops) *that were rushing out*.

19. **ἐξεκομίσαντο**, sc. τὰ ἁλόντα, prædam.

20. **ἐσκόπουν**, refers rather to the examination, σκοπουμένοις to what was subsequent on consideration, 582 γ.

21. **ἕκαστοι**, *each company*, iv. 5. 23 N; 8. 15. — **διῄρουν**, for freer egress. — **ἀχρείους**, camp-followers, calones.

22. **ἔνδοθεν**, *from within* the citadel. — **κράνη**, of leather thongs braided, 4. 13; Hdt. vii. 72. — **ὁδοῦ**, case? iv. 3. 28.

155 23. **κατὰ τὰς πύλας**, *along the passage*, or, *to* [the vicinity of] *the gates*.

24. **Μαχομένων**, i. 4. 12; 2. 17; ii. 4. 24. — **θεῶν...σωτηρίας**: these words form an undesigned iambic trimeter. — **ὅτου δή** s, 551 h, cf. iv. 7. 25. — **οἱ ἀπό**, const. præg., i. 1. 5; 2. 3.

25. παρά (Lex. a), Fortune regarded as a person, cf. Hdt. i. 126. — **ἐνάπτειν**, pos.? — **ἐκέλευε**, tense, 595 a. — **ταχὺ ἐκαίοντο**, *were quickly on fire.*

26. Οἱ...κατὰ τὸ στόμα, *those in front* towards the citadel. McM. says that this rendering is inconsistent with the narrative, and translates, "*only those about the entrance* (into the fort) were still giving trouble." — **δῆλοι ἦσαν**, 573 a. — **παραγγέλλει** [sc. *πάντας* or *πᾶσι*]...**ὅσοι**, 550 f.

27. καὶ αἱ οἰκίαι, *both the houses*; cf. Cæs. *B. G.* viii. 15.

29. τοὔνομα τοῦτο: he may have been a slave, since slaves were often so named from their native lands: cf. *οἰκέτης*. — **δέκα**, *v. l. τέτταρας ἢ*
πέντε. — **τοὺς πολεμίους** s, *to seek concealment from the enemy.* — 156
χαλκαῖ, i. e. in front: see Lex. *πέλτη*.

30. ἐφοβοῦντο [sc. *αὐτὰ*] **ὡς ἐνέδραν οὖσαν** (500), *feared* [them] *as* [being] *as if there were a real ambuscade*; cf. 675 e. — **τῷ Μυσῷ ἐσήμηνε**, *a signal was given to Mysus* (Lex.). Some place the comma after Mysus, omitting it after *ὑπεληλυθέναι*. — **καὶ δή**, 518 f, i. 8. 16.

31. οἱ μὲν ἄλλοι Κρῆτες, *the others, the Cretans* (567 e), i. 5. 5. — **ἁλίσκεσθαι**, *that* [they were being caught] *the enemy were overtaking them.* — **ἔφασαν**, vii. 4. 15. — **ἐκπεσόντες**, iv. 5. 15. — **κυλινδούμενοι**, *v. l. καλινδούμενοι*, Kühner.

32. ἐβόα, i. 8. 12. — **βοηθεῖν· καὶ ἐβοήθησαν**, order? — **ἐπὶ πόδα ἀνεχώρουν**, *they retreated backwards*, facing the enemy. Cf. *Cyr.* vii. 5. 6.

CHAPTER III.

MARCH TO CERASUS. — DIVISION OF THE SPOIL. — XENOPHON'S DESCRIPTION OF THE TEMPLE OF ARTEMIS AT SCILLUS IN ELIS.

1. Χειρίσοφος, 1. 4. According to Diodorus (xiv. 30) the Greeks waited for him 30 days. — **ἦν λαμβάνειν**, 2. 1. — **παῖδας καὶ γυναῖκας**, *children and women*, not, however, without exception, 4. 33. — **ἐπορεύοντο**, sc. *κατὰ γῆν*, cf. 4. 1. — **ὡδοπεποιημένη** (form 283 a) **ἦν**, *was now repaired.*

2. Κερασοῦντα (Lex.). — **τριταῖοι**, *on the third day*, 509 a. Cf. i. 2. 11; 5. 1; ii. 2. 17.

3. δέκα, as still expecting Chirisophus. — **ἀμφὶ τοὺς μυρίους**,
as gen. 706 a. Cf. v. 7. 9. — **ἀπώλοντο ὑπό**, voice 575 c. — **εἴ τις** 157
νόσῳ, [if any one perished] except as any one may have perished by disease, or now and then one by disease or sickness.

4. τὴν δεκάτην, a frequent portion for religious consecration. Compare the *tithes* among Jews and Christians. — **φυλάττειν**, *to keep*, infin. of purpose, after giving, going, sending, etc.

5. Ἀπόλλωνος ἀνάθημα, [Apollo's gift] *the votive gift to Apollo.* Some work of art, statues, tripods, vases, were common gifts. — **ποιησάμενος**, *procuring to be made* (581), possibly upon his return to Athens directly after the enlistment of the army under Thibron, while he had still the privileges of an Athenian (see INTRODUCTION, p. ix). — **θησαυρόν**, the Grecian states had each a treasury at Delphi for the reception of their offerings. Cf. Hdt. i. 14, 51.

6. Τὸ δὲ τῆς Ἀρτέμιδος (sc. ἀνάθημα), *but that* (portion or offering) *for Artemis.* — **ᾤχετο...τὴν...ὁδόν** (case 477), *departed upon the expedition* [into the country of] *against the Bœotians.* — **κινδυνεύσων...ἰέναι**, *he seemed to be going* [to incur danger] *on a perilous adventure.* — **πάθῃ**, mode? — **ἢν δέ τι πάθῃ** (Lex.), *but if* [he should suffer anything] *aught should befall him;* the usual Greek euphemism.

7. ἔφευγεν, *when he was in exile; v. l.* **ἔφυγεν**. This latter, as McM. says, would imply that he was banished *after* serving against his country under Agesilaus at Coronea, B. C. 394. — **τῇ θεῷ** = τῇ Ἀρτέμιδι, § 4. — **ὁ θεός**, doubtless Apollo at Delphi.

8. Ἔτυχε, as the river had this name at the time of the purchase. — **νεών**, **ναόν**, § 9, 12 s. Observe use of both forms. — **τῷ ἐν Σκιλλοῦντι**

158 **χωρίῳ**, the estate at Scillus. — **πάντων**, sc. θηρίων. — **ἀγρευόμενα θηρία**, *beasts of the chase.*

9. Ἐποίησε × **ἐποίει**? cf. iii. 3. 5. — **Παρεῖχε**: through of course Xenophon her steward, whose security and popularity were thereby promoted, no less than the honor of the goddess. — **τοῖς σκηνῶσιν**, *to those who were tented for the feast; v. l.* σκηνοῦσιν.

10. τὰ μέν, sc. θηρία.

11. ᾗ ἐκ Λακεδαίμονος...πορεύονται, [where they travel] *on the road from Lacedæmon* or *Sparta.* — **ὡς εἴκοσι στάδιοι**, in appos. with **χώρα**, 395 c. — **ἔνι** (Lex.), *there are in.*

12. ὡς μικρὸς [sc. ναὸς εἴκασται] **μεγάλῳ**. — **χρυσῷ**, *covered with gold.* Statements differ in respect to the material so covered.

13. γράμματα: the inscription was in capital letters, and hence is here so printed. An almost exact duplicate of this inscription was found on the island of Ithaca in 1758. — **ἈΡΤΕΜΙΔΟΣ**, case 437 b. — **ΤΟΝ ΔΕ ἘΧΟΝΤΑ**...[sc. δεῖ or χρή] **ΚΑΤΑΘΥΕΙΝ**, *and whoever occupies it must offer*, 670 a. — **ΠΟΙΗΙ** = ποίῃ. — **ΤΗΙ ΘΕΩΙ ΜΕΛΗΣΕΙ** (Lex.), 457.

CHAPTER IV.

MARCH THROUGH THE COUNTRY OF THE MOSSYNŒCI.

159 **1. οἵπερ καὶ πρόσθεν**, 3. 1.

2. Μοσσυνοίκων (Lex.), cf. Strabo xii. 3; also, *μόσσυνι*, § 26. — **ὡς διὰ φιλίας...τῆς χώρας** [= διὰ τῆς χώρας ὡς φιλίας, as through the country friendly], *through the country as friendly.*

3. εἰ (Lex.) **βούλοιντο**, *to see if they would be willing*, iv. 1. 8.

4. Μοσσυνοίκων, Ἑλλήνων, order? — **ἔλεγε, ἡρμήνευε**, tense? *v. l.* **ἔλεξε**.

5. **διασωθῆναι,** *to go through safe:* cf. Hdt. vii. 208. — **πρός,** with accus. of place, for the more common **εἰς,** vi. 4. 8; *Cyr.* v. 4. 16. — **οὓς ἀκούομεν,** cf. ii. 5. 13.

6. **ἠδικήκασι,** *v. l.* ἠδίκησαν. — **ὑμῶν,** dat. vii. 7. 29. — **εἶναι,** with impers. ἔξεστι, though ἔχειν would here give a more systematic construction.

7. **ἀφήσετε,** *if you shall let us go* (without availing yourselves of our help), Krüg.

8. **ὁ ἄρχων,** who spoke for the rest, or, the head-chief. — **δέχοιντο,** *they accepted.*

9. **Ἄγετε δή,** *come now,* or, *well then.* — **τί ἡμῖν δεήσεσθε χρήσασθαι,** [what shall you want of us to employ us in] *what service shall you wish from us?* 661 d. Cf. *Cyr.* v. 2. 23: see also vii. 2. 31. — **ὑμεῖς,** pos.? — **τί οἷοί τε s,** *what* [will you be able to do in co-operation with us] *assistance will you be able to render us?*

10. **ὅτι ἱκανοί ἐσμεν,** 644 a, 714, 3. — **ἐκ τοῦ ἐπὶ θάτερα,** *from the other,* or, *farther side.*

11. **Ἐπὶ τούτοις,** *hereupon,* or, *on these terms,* 695. — **ὧν οἱ μὲν** 160
δύο... ὁ δὲ εἷς, *of whom* [the] *two...but the third,* 530 b. — **εἰς τάξιν s,** [put their arms into military position] *stood to their arms in order.*

12. **οἱ μέν,** *these,* who remained in the canoes. — **μένοντες,** to assist the Greeks. — **Ἔστησαν ἀνὰ ἑκατόν,** *they stood in two lines,* or *companies, of a hundred each.* — **ὥσπερ μάλιστα χοροί s,** *very much* [as] *like rows of dancers fronting each other.* Some read ἑκατὸν μάλιστα ὥσπερ, making μάλιστα qualify ἑκατόν = in round numbers, pretty nearly. — **ὄπισθεν s,** *having a ball of the wood itself,* in place of the Greek σαυρωτήρ: see δόρυ, iv. 7. 14.

13. **πάχος ὡς λινοῦ στρωματοδέσμου** (412), [as of a linen bed-sack as to thickness] *about the thickness of a linen bed-sack.* — **κράνη,** cf. 2. 22. — **κρώβυλον,** *a tuft,* prob. of the ends of leathern thongs used in making the helmet. Cf. Tacitus, *Germ.* 38.

14. **τάξεων,** *troops of peltasts and light armed,* McM. — **διὰ τῶν ὅπλων,** the place in the camp where the arms were deposited. Others (Matt., Vollb., etc.) make τάξεων...ὅπλων a hendiadys = *through the* [ranks and arms] *armed ranks;* expecting, doubtless, in their simplicity, that the Greeks would at once follow them.

15. **Ὠικεῖτο,** iv. 8. 22; *v. l.* ἔκειτο. — **αὐτοῖς** [to or for them] *their;* others translate *by them,* making it the dat. of the simple agent after passive verbs. McM. — **τῶν Μοσσυνοίκων,** *of the country of the Mossynœci.* — **περὶ τούτου,** referring to τὸ ἀκρότατον. — **ἐγκρατεῖς...πάντων Μοσσ.,** case 407. — **ἔφασαν,** those of the Mossynœci with the Greeks. — **τούτους,** those in possession. — **κοινὸν ὄν,** [being] *though common property.*

16. **μέχρι οὗ,** 557.

17. **νόμῳ τινὶ ᾄδοντες,** *singing a kind of tune;* cf. ἐν ῥυθμῷ, 161
§ 14; Thucyd. v. 69.

18. **ὅτι ἐπεποιήκεσαν,** their allies; see αὐτοῖς below. — **ὅ,** antecedent?

19. **μηδὲν ἀθυμήσητε,** *do not become at all dejected;* the pres. imperat. would imply that they were now dejected, 628 c, e. — **ἴστε,** *be assured* (Lex. ὁράω).

some obligations to the parent states in respect to precedence, alliance, etc.; but Sinope kept her colonies in more than usual subjection, cf. § 19. — **δεινός...λέγειν**: his reputed skill certainly failed him here.

8. **τί...ἔπειτα δέ** (giving more distinctness and thus emphasis to the clause), 716 b. — **νικᾶτε**, *are victors over*, or, *have conquered*, 612. — **πολλῶν τε καί**, ii. 3. 18, Vollb. — **ὡς ἡμεῖς ἀκούομεν**, tense 612; ii. 1. 12; 2. 3.

9. **Ἕλληνες...Ἑλλήνων, ἡμεῖς ὑμᾶς**, order? — **οὐδὲ γάρ**, iii. 1. 16, Rehdz. — **ὑπήρξαμεν**, ii. 3. 23.

10. **μέν**, see *δέ*, § 11. — **ἀφελόμενοι**: for the cases with this verb, see 485 d. — **ὅ τι s**, order 718 c.

11. **ὑμᾶς...ἐνίους**, 417 a. — **οὐ πείθοντας**, *not* [persuading the owners] *by their consent.*

12. **Ταῦτ'...ἀξιοῦμεν**, *these proceedings we think not right*, i. e. we protest against, i. 1. 8, McM. — **ποιήσετε**, (stronger than the subjunc.) *will persist in doing.* — **ἄλλον ὅντινα**, i. 10. 3; 4. 15.

166 **13.** **Ἡμεῖς δέ**, iv. 6. 10. — **ἀγαπῶντες**, thankful, well content. Cf. Thucyd. vi. 36. — **ἄγειν καὶ φέρειν**, ii. 6. 5 N.

14. **ἐν Τραπ. μέν**, cf. *Κοτυωρίτας δέ*, § 19. — **ἀνθ' ὧν** (= *ἀντὶ τούτων ἅ*, 554 a, N.) s, *in return for the honors which they showed us, and* [they also bestowed gifts] *the gifts which they bestowed.* — **τις, τούτων**, 501, i. 4. 8. — **ἡγοῖντο**, mode?

15. **ὁποίων τινῶν** (Lex.), 548 d.

16. **ἄν τε** (Lex. *ἐάν*) **εἰς βάρβαρον γῆν**, sc. *ἔλθωμεν.*

17. **Χαλδαίους**, also called Χάλυβες, iv. 7. 15; *οἱ νῦν Χαλδαῖοι, Χάλυβες τὸ παλαιὸν ὠνομάζοντο*, Strabo xii. 3. — **καίπερ, καὶ μάλα**, in concession, 674 f.

18. **τῶν ἐκείνων**, sc. *χρημάτων*, *of their property*; see 524 b.

19. **Κοτυωρίτας**, inverse attr. to *οὓς*, 554 c; or to be explained by anacoluthon (e. g. as if *ἀφῃρήμεθα* were to follow instead of *αὐτῶν εἰλήφαμεν*) or synecdoche, 481 b. — **τι αὐτῶν**, *anything of theirs.* — **ἁρμοστήν** (Lex.), cf. vi. 2. 13; 4. 18; Thucyd. viii. 5.

20. **Ὃ δὲ λέγεις**, quod autem dicis, *as to what you say*; so **ἃ δὲ ἠπείλη-**
167 *σας*, § 22. Ὃ is explained by *βίᾳ παρελθόντας* [sc. *ἡμᾶς* or *ἐνίους*, § 11] *σκηνοῦν.* — **ᾗ ἡμᾶς s**, *where the place itself admitted us* without force, it was so ill fortified. — **δαπανῶντες** (Lex.). — **ἐφ' ἡμῖν ᾖ s**, *it may be in our power to remove them.*

21. **ὑπαίθριοι**, 509 b.

22. **ποιήσεσθε, ποιήσομεν**, voice 585. — **ἡμεῖς δέ**, *we on the other hand*, or, *for our part.* — **ὑμῶν**, case? — **τὸν Παφλαγόνα**, *the Paphlagonian* king.

24. **τῷ Ἑκατωνύμῳ χαλεπαίνοντες τοῖς εἰρημένοις**, *displeased* [with Hecat., with what he had said] *with what Hecat. had said.* Some govern Ἑκατ. by *σύν* in compos. — **παρελθών**, used of public speakers. Cf. vi. 1. 31, 32. — **ξενίοις**, pos.?

25. **πολλά τε καὶ** (702 c) **ἐπιτήδεια...τά τε ἄλλα** [sc. *διελέγοντο*]...**ἐδέοντο**, *they conversed on many suitable topics* [both the others and] *and especially they made such careful inquiries as each party desired respecting*, etc.: *ἐπιτήδεια, v. l. φιλικά.*

CHAPTER VI.

THE GREEKS RESOLVE TO PROCEED BY SEA.—XENOPHON'S PLAN TO FOUND A CITY IN PONTUS.

1. αὐτοῖς...παρακαλέσαντας, cf. i. 2. 1 N. — **Σινωπέας**, with 168
whom the generals had already conferred. — **ἄν, ἄν**, pos. 621 d, f. — **χρήσιμοι**, it seemed that the Sinopeans would be useful as guides. — **προσδεῖν ἐδόκει**, *there seemed to be still more need.*

2. Ἕλληνας ὄντας Ἕλλησι, *being Greeks to Greeks*, i. e. being to them as Greeks should be to Greeks. Some regard Ἕλλησι as displaced by a violent parataxis, and as the object of *εὔνους* and *συμβουλεύειν*.

3. ἀπελογήσατο, a clumsy lie. — **σφῶν**, the Sinopeans.

4. πολλά...γένοιτο, *may many blessings betide me*, 638 d. How would the addition of ἄν to γένοιτο affect the sense? 638 f. — **Αὕτη** (509 b) **γάρ ...παρεῖναι**, *for* [that which is said to be sacred counsel] *Sacred Counsel so called seems to me to be here present*, as a goddess forbidding all falsehood on penalty of infamy. There seems to be here a reference to the proverb *ἱερὸν ἡ συμβουλή*, with rhetorical personification. — **νῦν γαρ**, refers to an omitted clause; and I have more than ordinary reason to give faithful counsel, *for*, etc. McM. — **πολλοί...μέ**, *there will be many to praise me, both you and others.*

5. κομίζησθε, pass. — **ἡμᾶς, ὑμᾶς**, in emphatic antithesis. — **στέλλησθε**, mid. (or, pass.?). — **ὑμᾶς...εἶναι**, *you will have* [to be the fighters] *the fighting to do.*

6. λεκτέα, sc. *ταῦτά ἐστιν*.

7. μέν, see δέ, § 8. — **εὐθύς**, protinus, gives emphasis to *πρῶτον*. 169
— **οὐ γάρ ἐστιν ἄλλῃ, ἢ ᾗ** (observe the repetition of sound), *for it cannot be in any other place than where.* — **ὁδοῦ**, governed by *ἑκάτερα* (Lex.). — **ἅ**, the comm. obj. of *κρατεῖν* and *κατέχοντες*, 399 g; *which a very few* [occupying] *occupants could hold.* — **οὐδ' ἄν...ἄν**, 622 a. — **οἱ πάντες ἄνθρωποι**, *all the men in the world*, 523 e.

8. πεδία ὄντα (677), *that there are plains*, specially favorable to cavalry for harassing infantry. — **μεῖζον φρονεῖ**, *thinks too much of himself*, or, *is too proud for this*, 514 a; cf. iii. 1. 27; vi. 3. 18, ὁ ἄρχων, Corylas.

9. κλέψαι, ἢ φθάσαι λαβόντες, *to seize by stealth or surprise.* — **πλεῖον, μεῖον**, 507 e. — **ἄλλως τε καί**, *especially*, 717 a. — **Ἅλυν**, cf. Strabo xii. 3 for derivation of name. — **ὡς δ' αὕτως** (Lex. ὡσαύτως).

10. οὐ, *not merely.*

11. φιλίας ἕνεκα τῆς Κορύλα (object. gen.), order 721 c, 523 a, 170
3. — **ὡς δῶρα ληψόμενον**, *in expectation of receiving presents.* — **τὴν Σινωπέων χώραν κακόν τι**, *χώραν* belonging, but not essentially, with *τὴν Σινωπέων*, and *κακόν* with *τι*, 719 d. — **οἱ δ' οὖν**, i. 3. 5; 2. 12.

[illegible] ita se res habet, voice 577 c. — μᾶλλα … ἂν πλέιο[illegible] — [illegible] than [illegible], and made still more emphatic [illegible] individual. Some editors, accord[illegible] after ὡς; but see Küh. in loc.

[illegible] ! — ἐν … χώρᾳ, in loco et numero.

[illegible] — [illegible], mode 631 b, 636 a, iv. [illegible] not unworthy of the ambition of [illegible]

[illegible] Küh. — τοὺς περιοικοῦντας, suc[illegible] having no eminence. — ἐπὶ τούτοις, force of, [illegible] — [illegible], mode 703 d, β.

[illegible] referring, by a change of subject, [illegible]

[illegible] — [illegible] obj. of [illegible] or θυόμενος, or [illegible]

[illegible] — [illegible], numb.? — βουλεύεται γάρ, [illegible]

[illegible] to benefit: ὡς is omitted [illegible] — τῆς … χώρας … ἐκλεξάμενος, hav[illegible] — τὸν μὲν a, that who[illegible] then you have vessels, δ' intro[illegible] the preceding infinitives depend on [illegible]

[illegible] — [illegible], pos.? — Ἑλλάδος, [illegible] Xenophon; cf. i. 4. 12.

[illegible] commencing service and of [illegible] among the colonies about the [illegible] the daric, though somewhat more [illegible] — [illegible], numb. and gend.?

[illegible]

[illegible] — [illegible], thinking perhaps that, as [illegible] — ὥστε τῷ βουλομένῳ [illegible] The dat. is here used [illegible] 6. 9; or, is governed by [illegible]

[illegible]

[illegible] which Xen. uses § 23, in implying [illegible] This forms part of a [illegible] and not affirmed, 686; cf. [illegible] of the subject; so, [illegible] the general council of offi[illegible]

[illegible] — [illegible] — ἄρχεσθαι, to [be[illegible] against the charge. — περί, cf. [illegible]

29. τὸ μὲν μέγιστον, as to *the most important*, i. 3. 10. — **ἐμοί**, governed by ἐπιβουλή, 455 f, or φαίνοιτο, 460. Cf. insidiae consuli, Sallust. — **οὐ πείσας**: οὐ, not μή (§ 27): οὐ represents πείσας as part of the *fact alleged*, viz. that "without having persuaded you I was purposing...," — μή would represent πείσας as part of the speaker's *thought*, — "I was purposing to do this without persuading you." οὐ πείσας is an adjunct of "I" as the subj. of διανοοίμην: μὴ πείσ. of "I" as the subj. of πράττειν: cf. *Cyr.* ii. 3. 5, διανοεῖται...μηδὲν καλὸν κἀγαθὸν ποιῶν...ἰσομοιρεῖν. McM.

30. ἱερῶν...ἐσκόπουν, 631 b. — **τοῦτ' ἂν ἐσκόπουν, ἀφ' οὗ ἂν γένοιτο, ὥστε**, *I should be looking out for* [that from which it would result so that] *a measure which would so result that*: ὥστε, marking result, is not uncommon after γίγνομαι. — **ὑμᾶς...τὸν μὲν βουλόμενον**, 417 a. — **τὸν μὴ βουλόμενον**, sc. ἀποπλεῖν ἤδη.

31. πέμποντας, tense 594. The vessels had begun to come. — **καλόν μοι...τῆς πορείας** (*v. l.* σωτηρίας) **λαμβάνειν**, *it seems to me* [to be] *an admirable thing to be safely conveyed to the point we wish to reach, and then to receive* [the wages of the journey] *pay for our journey*; spoken with quiet sarcasm. Cf. vii. 6. 30.

32. ἐν γάρ, cf. iii. 2. 28. — **κατὰ μικρὰ γενομένης**, *resolved into* 174
fragments; κατά distributive, as in i. 8. 9.

33. ὅπερ ὑμῶν, sc. δοκεῖ. — **Ἀνέτειναν**, asynd., cf. iii. 2. 33.

34. λήψονται...ἐπιθήσοιεν, mode 645 b; so μεταμέλοι...ἴστε, § 36.

35. τὰ δὲ χρήματα...ἐψευσμένοι ἦσαν τῆς μισθοφορᾶς (pos. 719 d), *but the money* [of the wages] *for the payment of wages they* [had falsified about] *withheld*; cf. ἐψεύσατο τὴν συμμαχίαν, Thucyd. v. 88.

36. ἐκπεπληγμένοι ἦσαν, *were* [having been struck with surprise] *confounded*, 599 c, 600 a, b. — **Φᾶσιν** (Lex. 2).

37. Αἰήτου, mentioned as a king that was known. — **αὐτῶν**, case 442 a, 407. — **εἴποι εἷς**, cf. § 27. — **ὑμεῖς δέ**, change? — **μὴ ἐκκλησιάζειν**, 175
686 c; *v. l.* οὐκ ἐκκλησιάζειν, a stronger expression in contrast to ἀλλά s, 686 k. — **αὐτοῦ ἕκαστον**, parataxis, 719, b, e.

CHAPTER VII.

CHARGES AGAINST XENOPHON. — ELOQUENT AND EFFECTIVE DEFENCE OF HIMSELF.

1. ἀνεπύθοντο = *got to know*. — **πάλιν**, *back*, i. e. towards the quarter from which they had just come; used perhaps the rather from the confounding of two rivers (see Lex. Φᾶσις).

2. ξύλλογοι, *meetings* (i. e. for seditious purposes). — **κύκλοι**, cf. vi. 4. 20. — **μάλα φοβεροὶ ἦσαν, μὴ ποιήσειαν**, *they were greatly to be feared, lest they should do*: see 573. — **τοὺς τῶν κήρυκας**, § 17 s. — **ἀγορανόμους**, § 21 s.

3. ἀγοράν = ἐκκλησίαν, a use more Homeric than Attic.

4. **τῶν μὲν στρατηγῶν** (case 699 a)...**αὐτόν,** *did not charge the generals with coming to him.*

5. **διαβάλλειν...ὡς,** cf. i. 1. 3. — **ἀκούσατε,** tense 592 b. — **θεῶν, ἥλιος** § 6, **βορέας** and **νότος** § 7, without art. 533 c, a.

176 6. **τοῦτο...ὑμᾶς** (480 b) **ἐξαπατῆσαι,** *cheat you into this belief.* — **ὡς ἥλιος...ἐντεῦθεν,** *that* [whence] *where the sun* actually *rises, there on the contrary he sets; and where he sets, there* on the contrary *rises;* i. e. sets in the east, and rises in the west. Observe that δέ is used here twice as an adv. and once as a conj. Cf. Hdt. ii. 42.

7. **βορέας, βοῤῥᾶς,** so the MSS. — **ὡς καλοὶ πλοῖ εἰσιν,** [there are favorable voyages] *it is fine weather for sailing.* — **Τοῦτο** (pos.? for constr. see § 6)...**ἐξαπατῆσαι,** *is there then* [how] *any way in which one could cheat you in this?*

8. **Ἀλλὰ γάρ** (709, 2), *but,* you say perhaps, this will not secure you, *for I shall make you embark,* etc. — **ἐμβιβῶ** = ἐμβιβάζω. — **Πῶς ἂν** s, order 621 c.

9. **Ποιῶ δ' ὑμᾶς...ἥκειν** (612), *I* [make] *will suppose you to have come.* — **καὶ δὴ καὶ ἀποβαίνομεν,** *and now indeed we are even landing,* in supposition. — **ἐγγὺς μυρίων,** 445 c; for a different constr. see iv. 2. 8; vii. 8. 18. — **Πῶς ἂν οὖν...δίκην,** *how then could a man more surely bring punishment upon himself.*

10. **δύναται,** sc. λέγειν. — **Τί γάρ;** 564 c. — **τινι,** case 453. — **Παρίημι,**
177 **ἀρχέτω· μόνον** s, obs. the effect of the asynd. Thorax was a disappointed aspirant for the generalship, 6. 25, and perhaps Neon.

11. **ἐμοί,** pos.? — **ἢ αὐτὸς** (677 b) **ἐξαπατηθῆναι ἂν** (622 b) **οἴεται ταῦτα** (586 c) s, *thinks that he either could himself be deceived in these matters, or could deceive another in these,* viz. the points mentioned in § 6 s.

12. **τούτων,** case 414 a. — **ἅλις,** as subst. in acc. 706 a. — **μὴ ἀπέλθητε, πρὶν ἂν ἀκούσητε,** 641 d, 619 b. — **ὃ εἰ ἔπεισι,** [if which proceeds] *for if this proceeds,* 561 a. — **ὑποδείκνυσιν,** sc. ἔσεσθαι. — **καὶ καταφρονηθῶμεν,** omitted by some editors, bracketed by Rehdz. and others.

13. **ὧν εἶχον,** *of what they had.* — **δοκοῦσι...τινες,** *and I think that some of you.*

14. **Τοῦτο** (pos.?) **καταμαθὼν...μικρὸν εἴη,** *observing,* or, *learning* [this that it was] *that this was small.* — **διὰ τὸ φίλιον νομίζειν εἶναι,** *from the belief that it was on friendly terms with us.* — **αὐτούς,** numb.?

15. **Διενενόητο,** *he* [had formed the plan] *had intended.* — **ἐλθεῖν,** ii. 1. 1. — **παραπλέοντες,** some of the coasting party, 1. 16. — **εἴ τι λάβοι,** *whatever plunder he might have taken,* 639 a. — **ἐκ τοῦ πλοίου,** const. præg. cf. § 17.

16. **Πορευόμενον...γενομένη,** *but the dawning of the day surprises him in his march,* 677 f. Cf. iii. 4. 49. — **οἱ δέ τινες,** ii. 3. 15.

178 17. **ἐν τῇ ἡμέρᾳ,** [sc. ἐν] **ᾗ,** 707 b; see 4. 1. — **ἀνηγμένοι,** *having put out to sea.* — **ἐκ,** const. præg. § 15. — **τρεῖς ἄνδρες,** 418 c.

18. **τί ἡμῖν δόξαν,** [why it seemed best to us] *what induced us.* — **Ἐπεὶ μέντοι σφεῖς** (*v. l.* σφᾶς) **λέγειν** (mode 659 b, *but* the Cerasuntians *said, that, when they themselves told them that the affair was not by public*

authority, they (the barbarians) *were both gratified:* σφεῖς is here used (if it be the true reading) as having a kind of reflexive reference to the subject of ἔφασαν, 667 b: *v. l.* Ἐπεὶ μέντοι ἔφασαν ὅτι, κ. τ. λ. — **ὡς ἡμῖν λέξαι** s, *that they might tell us what had taken place, and invite those who desired, themselves to take and bury the dead.*

19. Τῶν δ' ἀποφυγόντων, § 16. — **τινές**, pos. 548 b, cf. ii. 5. 32. — **βαρβάρους**, § 14. — **τοῖς λίθοις**, the stones at hand. — **οἱ πρέσβεις, καταλευσθέντες**, thus added to emphasize the enormity of the outrage, both from its manner and from the sacredness of the persons against whom it was committed.

20. πρὸς ἡμᾶς, i. e. to Cotyora. — **ὅπως**, *how*. — **ταφείησαν**, iii. 4. 29. Kühner.

21. ἔξωθεν τῶν ὅπλων, *outside of the place of arms*, a common place for consultation and for receiving visitors.

22. ὡς ἂν [sc. ἀποχωροῖεν] **καὶ ἑωρακότες**, [as they would naturally do having even seen] *as well they might having seen.*

23 s. Observe interchange of tenses. — **μέν**, to which δέ corresponding? 179

25. καθ' αὑτούς, in their direction, adversum; ἐπί, expresses hostility, in se. — **ἐπνίγετο**, *was in danger of drowning*, 594.

26. δοκεῖτε (Lex.). Some here supply ποιῆσαι, or δρᾶσαι, or δεῖσαι. Cf. quid illum censes. Ter. *Andrian*, v. 2. 12. — **Ἠδίκουν**, tense 612. — **ἐμπεπτώκοι**, form 317 b.

27. οἱ πάντες, *the whole body, collectively;* **ἰδίᾳ**, [by one's self] *individually*. — **οὐκ...οὔτε**, 713 b. — **ἀνελέσθαι πόλεμον** = πολεμῆσαι, governing the dat. 455 f. — **ἐφ' ὅ τι ἂν ἐθέλῃ**, *against whatever* place, people, etc.; or, *to whatever enterprise*. — **τῶν λόγων**, partit. gen. — **τῶν...ἰόντων**, gov. by **λόγων**.

28. χώρᾳ (Lex.), 6. 13.

29. οἱ αὐθαίρετοι οὗτοι στρατηγοί, more emphatic order; see 524 b. — **ἀδικεῖ, οἴχεται**, 612. — **ἀπολλύων**, 679 d. — **φεύγει**, *he is a fugitive.* 180

30. διεπράξαντο...μὴ ἀσφαλὲς εἶναι, *have* [brought it about that it should not be safe] *rendered it unsafe.* — **ἂν μή**, *unless*. — **κηρυκείῳ**, often marked by wreaths, or figures of serpents (as on the caduceus of Mercury).

31. δοξάτω ὑμῖν, *let it* [seem good to you] *be so voted.* — **ὡς τοιούτων ἐσομένων**, *in the expectation of such acts.* — **φυλακὴν...τις**, *each one may keep guard on his own account.* — **ὑπερδέξια**, doubtless looking or pointing to them.

32. ἡδέως, cheerfully, with confidence.

33. φιλία, predicatively, [as friendly] or, *to its friendship.* — **περὶ τὰ μέγιστα...ἐξαμαρτάνοντες**, *committing such sins* [in respect to the greatest matters, as the treatment of heralds] *against the highest obligations.* Some connect τοιαῦτα with τὰ μέγιστα. — **Οὗ**, *where*, i. e. in Greece, cf. vi. 6. 16, Krüg., Küh., etc. — **πάντων** (governed by ἐπαίνου), *from all*, 434 a, or, join **οὗ** with ἐπαίνου, [what praise] *the praise which.*

34. **πάντες ἔλεγον**: this statement must not be pressed. All concurred in this view, several speaking as their representatives. — **τοὺς...τούτων ἄρξαντας**, *those who had led in these things.* — **δοῦναι, ἐξεῖναι**, etc., infin. after ἔλεγον = ἐκέλευον. — **τοῦ λοιποῦ** [sc. χρόνου], Lex. 433 a. — **τις...ἄγεσθαι**
181 **αὐτοὺς** (numb.?) **ἐπὶ θανάτῳ**, *that they should be led out for death,* or, *punished with death.* — **δίκας...καταστῆσαι**, cf. δίκην ὑποσχεῖν, 8. 1. — **τι ἄλλο**, case 586 c, 480 b. — **ἐξ οὗ** (Lex. ἐξ), 557 a.

35. **Παραινοῦντος...συμβουλευόντων**, order? — **καθῆραι** (sacrifices, washings, etc.), especially to remove the stain incurred by the murder of the heralds, and thus, by these religious ceremonies, to avert the displeasure of the gods. (See Dictionary of Antiquities, *κάθαρσις*, lustratio.) The effect upon the discipline of the army may have been also considered.

CHAPTER VIII.

INVESTIGATION INTO THE CONDUCT OF THE GENERALS. — XENOPHON FULLY JUSTIFIES HIS COURSE.

1. The army, in the spirit of Greek institutions, proceeded as a little republic, entitled to call its rulers to account. **Φιλήσιος μὲν ὦφλε καὶ Ξανθικλῆς**, 497 b. — **τῆς φυλακῆς**, *for their* negligent *charge*, 429 a, 431 c. — **ἄρχων αἱρεθείς**, *a commander* of the transports, to take charge of the persons and property conveyed, 3. 1. — **ὑβρίζοντος**, *as guilty of wanton abuse.* Among the graver suits under the Attic law was the ὕβρεως δίκη, an indictment for wanton outrage to the person, where the penalty was often death. (See Dictionary of Antiquities.)

2. **τοῦ καί**, *where indeed.* — **τῷ ῥίγει**, iv. 5. 3 a.

3. [sc. τοιούτου] **οἷον**, 554 a. — **ἐπιλελοιπότος, παρόν**, 675. — **οἴνου** (case 432 a) **δὲ μηδ' ὀσφραίνεσθαι παρόν** (675), *and where it was not possible even to catch the scent of wine,* we were so destitute of it. — **ὑπὸ τῆς ὕβρεως**, *through their wanton spirit.* "Every one knows," says Spelman, "that asses, and mules, their offspring, have such an inbred viciousness that no fatigue can subdue it." Cf. **εἰδέναι ὄνων ἁπάντων ὑβριστότατόν σε ὄντα**, Lucian. *Pseudologista*, 3.

4. **ἐκ τίνος**, *on what account.* — **Ἀλλ' ᾔτουν**, *well then* (after a silence which implied a negative), *did I make a demand?* — **μαχόμενος**, sc. ἔπαισά σε. — **ἐπαρῴνησα** (Lex. παροινέω).

182 **5.** **οὐκ ἔφη**, sc. ὁπλιτεύειν, *he said* NO, 662 b. — **οὐδὲ τοῦτ' ἔφη**, *he did not even say this.*

6. **μὰ Δί'**, case 476 a. — **διέρριψας**, a harsh term for the act; cf. διέδωκα, § 7.

7. **τοιαύτη τις** (Lex.). — **σοι...σὺ ἐμοί**, 536. — **σὺ ἐμοὶ ἀπέδειξας**, *you had shown me the man* [back] *again*, i. e. produced him at the end of the march. Here ἀπό seems to have the same force as in ἀπολαβών and (Lex. ἀπό). — **ἄξιον**, sc. ἀκοῦσαι.

8. κατελείπετο, *was being left behind.* — **ὅτι** = ὅσον τοῦτο, ὅτι, 560; cf. iii. 1. 45. — **ἐγώ,** cf. σύ, ii. 1. 12. — **ἄνθρωπος,** why rather than ἀνήρ?

9. ὀρύττοντα ὡς κατορύξοντα, parataxis, chiastic. — **ἐπιστάς,** adstans, Krüg. i. 5. 7.

10. Ὁπόσα γε βούλεται, *just as* [much as] *he pleases,* for aught I care about it. — **εἰδότι ἐοικέναι,** *to* [be] *act like one who knew.*

11. Τί οὖν; 564 c. — **ἧττόν τι** s (Lex. τίς), 584 d. — **Καὶ γάρ,** the negation, "no," is here left to be implied.

12. Τοῦτον, pos.? — **ὀλίγας,** *too few* (Lex.), 515, case? Cf. Luke xii. 47; Aristoph. *Nubes,* 968. — **ἄλλους, ἕκαστος,** numb. 501.

13. ὅσοις s, *as many as* [it contented] *were content.* — **δι' ἡμᾶς** 183
...**ἰόντων,** 676 b. — **αὐτοὶ δέ,** 562. — **τοῦτο ἐποιοῦμεν,** *had behaved thus,* tense 604 a; mode?

14. Ἤδη δὲ καί, [and now also] *then also, so also,* ἤδη referring rather to the time of the acknowledgment, than to that of the action. — **μαλακιζόμενόν τινα,** *a man yielding to sloth,* not referring to a particular individual, 548 c. — **προϊέμενον αὐτόν,** 583; see iv. 5. 15 s. — **κατέμαθον ἀναστάς,** *found that I rose,* 677 a, i. 3. 10. — **μόλις,** pos. 719 d, μ.

15. Ἐν ἐμαυτῷ, *in my own case.*

16. Ἄλλον δέ γε ἴσως, [and indeed] *yes, and another one perhaps.* — **ἡμᾶς,** as Xenophon commanded the rear. — **πύξ...λόγχῃ,** order?

17. Xen. acutely shows that they owe their very ability to call him to account to the services which he had rendered them. — **δίκαιον, δίκην,** parataxis, or parachesis, Vollb. — **ἐπί,** cf. i. 1. 4; iii. 1. — **τί μέγα...λαμβάνειν,** *what outrage could they have suffered so great* [of which they would now be claiming to receive the penalty] *that they could now be claiming to receive satisfaction.*

18. ἐπ' ἀγαθῷ...ἐπ' ἀγαθῷ, cf. ii. 4. 5 N. — **ἀξιῶ** s, *I deem myself bound to render such an account as,* 7. 34. — **Καὶ γάρ,** *and* so of others, *for.* 184

19. θάρρω...μᾶλλον, *I have higher spirits.* — **νῦν ἢ τότε,** order? — **εὐδίᾳ** = ἡ ἄνευ ἀνέμων ἡμέρα, i. e. *security.*

20. θάλαττα (Lex.). Some regard μεγάλη as a pred. adj.; *the sea runs high.* See Rehdz. — **χαλεπαίνει,** obs. the parallelism of the two clauses. — **πρωρεύς,** "the command in the prow of a vessel was exercised by an officer called πρωρεύς, who seems to have been next in rank to the steersman, and to have had the care of the gear, and the command over the rowers." (Dict. of Antiq.)

21. οὔτε...ἐπαίετε, as was recommended and voted, iii. 2. 31, 33.

22. αὐτῶν, [of] *among them.* — **Οἶμαι γάρ,** prefixed without influencing the construction.

23. διεμάχετο...ἀσπίδα μὴ φέρειν, [fought through not to carry] *contended persistently for the privilege of not carrying his shield.* — **νῦν δέ** s, he is well enough to plunder by night, and carry off his booty. — **ἀποδέδυκεν,** (vestibus) spoliavit, Krüg.

24. τοῦτον τἀναντία...ποιοῦσι (571 c), [you will treat this man contrary than, etc.] *your treatment of this man will be the reverse of that given to* *dogs.* — **τοὺς μέν**, v. 8. 24. — **τὰς ἡμέρας, τὴν ἡμέραν,** *through the day* [days], or, *by day.* — **διδέασι** (Lex. δίδημι): if we have here an extract from an old rhyming proverb, the use of this very rare poetic word might seem explained. Cf. iii. 4. 35.

25. 'Αλλὰ γάρ, *but,* one word more, *for.* — **μέμνησθε,** obs. how often Xen. repeats this word, in impressing his hearers with their faults of memory. — **εἰ δέ τῳ** (cf. τινι above) **ἢ...ἐπεκούρησα,** *but if I either* [relieved for any one a storm] *protected any one from a storm,* or the cold, wintry weather.

185 — **τούτων οὐδεὶς** s, 432 c. — **οὐδέν,** as i. 1. 8; *v. l.* **οὐδέ,** emphatically repeated from **οὐδ' εἰ.**

26. ἀνεμίμνησκον, *made mention* of his (Xenophon's) services. — **περιεγίγνετο,** [it came about so as to be well] *and all at length resulted well* or *happily.*

BOOK VI.

FROM COTYORA BY SEA TO CALPE.—THENCE TO CHRYSOPOLIS ON THE BOSPORUS OPPOSITE BYZANTIUM.

CHAPTER I.

TREATY WITH THE PAPHLAGONIANS. — VOYAGE TO SINOPE. — XENOPHON OFFERED THE CHIEF COMMAND.

186 **1.** As the usual recapitulation is here wanting, some editors (as Schneider, Krüg., etc.) attach this and the next chapter to Book V., and make Book VI. to begin at what is here numbered as Chapter III., which has a brief recapitulation. — **διατριβῇ,** at Cotyora. — **'Εκλώπευον,** i. e. to keep or sell them as slaves. — **εὖ μάλα** (Lex.), *quite easily* or *adroitly,* scite admodum, Dind.

2. ἵππους καὶ στολάς, for presents. — **τοὺς Ἕλληνας** s, i. e. to agree to these terms.

3. δικαιοτάτους (Lex.), cf. § 22, Thucyd. i. 41.

4. βοῦς τῶν, 418 c. — **κατακείμενοι,** according to custom, supported by the left arm and taking food with the right. — **σκίμποσιν,** *v. l.* **στιβάσιν.**

5. σπονδαί, the Greek dinner of luxury consisted regularly of two parts, the substantial meal and the symposium. The latter, in which came the wine and the dessert, was the part especially devoted to conversation, music, spectacles, and in general to pleasure and amusement. This part was always introduced, as for a blessing, by sacred libations, with the common addition of the singing of a pæan. (For a vivid picture of such an entertainment, see Becker's *Charicles,* Scene vi.) Both Plato and Xen. intro-

dance Socrates at a symposium. — **πρῶτον μέν**, corresponding to 187
μετὰ τοῦτο, § 7, 9, etc. — **πρὸς αὐλόν**, *to* [a flute] *the music of the flute*, 695. — **ὠρχήσαντο, ἥλλοντο ὑψηλά** (Lex. 477 b), **ἐχρῶντο**, tense 592 a. — **ταῖς μαχαίραις ἐχρῶντο** (Lex.), [used] *flourished*, or, *played with their swords*. — **ὁ ἕτερος τὸν ἕτερον**, 567 c. — **πεπληγέναι**, transitive, acc. to McM.

6. **τὸν Σιτάλκαν**, *the Sitalce-song*, in honor of a Thracian king of this name. See Dind., Thucyd. ii. 29, Diod. xii. 50. — **ἦν...πεπονθώς**, *but he was not at all harmed*, 679 a, β.

7. **καρπαίαν**, *the carpæan* or *farm dance* (from *καρπός*, fruits or crops, Lex.); McM. calls it the *wrist dance* (from *καρπός*, *wrist*). See Dind., who quotes Max. Tyr. *Diss.* xxviii. 4.

8. **παραθέμενος τὰ ὅπλα**, as our forefathers did with the guns which they carried to the field for protection against Indian attacks. Cf. Thucyd. i. 6. — **προΐδηται**, *as soon as he sees him coming*; *προ-*, "in front," often implies distance. Cf. *Cyr.* iv. 3. 21. So "*prospexi* Italiam," Virg. *Æn.* vi. 357, 385, McM. — **ἐποίουν**, in pantomime. — **τὸν ἄνδρα**, the common obj. of *δήσας* and *ἀπάγει*. — **τὼ χεῖρε**, case 481, 485 e.

9. **μιμούμενος**, *in pantomime*.

10. **Περσικόν**, sc. *ὄρχημα*, case 477 b (see Lex.).

11. **Ἐπὶ δὲ τούτῳ ἰόντες**, *and following him*. — **αὐλούμενοι**, *with the flute playing* to the warlike movement. Cf. vii. 2. 30. — 188
προσόδοις, solemn processions. Cf. Schneider.

12. **Ἐπὶ τούτοις**, perhaps best connected with *ἐκπεπληγμένους*. — **πυρρίχην ἐλαφρῶς**, the Pyrrhic dance was practised with such rapidity as to give its name to the quickest foot in prosody, 77, 740 c. It was especially used as a preparation for war; to give strength, and to train to ease and lightness of movement in arms. Byron taunted the modern Greeks with retaining it as a mere entertainment:—

> "You have the Pyrrhic dance as yet;
> Where is the Pyrrhic phalanx gone?
> Of two such lessons, why forget
> The nobler and the manlier one?"
> *Don Juan*, iii. 86.

13. **αὗται καὶ αἱ τρεψάμεναι**, obs. the repetition of final *αι*, and how the influence of a woman (i. 10. 3) is exaggerated into the direct action of the whole sex. The Greeks were intent upon astonishing the credulous and simple-minded Paphlagonians.

14. **μήτε ἀδικεῖν** s, cf. § 2.

15. **Σινώπης**, [of] *belonging to Sinope*. Some regard the word as here used to include the whole adjacent territory belonging to the city.

16. **Χειρίσοφος, Ἀναξίβιος**, v. i. 4; cf. Diod. xiv. 31. — **ἐπαινοίη**, numb.?

17. **ἔννοια αὐτοῖς, ὅπως**, [it entered] *the question occupied their thoughts, how*, etc. 189

18. **μᾶλλον ἄν...στρατεύματι**, *that the one could manage the army better* *than if there were a multiplicity of command.* — **εἴ τι δέοι λανθάνειν...κρύπτεσθαι...ὑστερίζειν,** *if it were necessary that any measure should* [lie hid] *be kept secret, that it could better be concealed; and, on the other hand, if it were necessary that any measure should* [anticipate] *be carried by surprise, it would be in less danger of being too late;* or, more personally, if there were any need that they should act in secrecy, they could more surely be hidden, etc. — **τὸ δόξαν τῷ ἑνί,** *quod uni visum esset* id perficiendum. — **νικώσης,** sc. *γνώμης*, i. e. the opinion of the majority.

20. **τῇ μέν,** corresp. to *ὁπότε δέ*, § 21. Cf. iii. 1. 12. — **τὴν τιμὴν... γίγνεσθαι,** *that so* [the honor would be greater to him] *he would be in higher honor.* Some omit *καί* before *πρὸς τοὺς φίλους*, and translate, *would be in higher estimation with his friends.* — **μεῖζον,** [greater] *with greater distinction.* — **τυχόν** (Lex.), 483 a. — **ἀγαθοῦ,** case 444 f. — **αἴτιος,** case?

21. **ἕξει, εἴη**: it is only through the opt. in Greek, as through the potential in English, that the future tense can be carried back into the past; and it is only in indirect discourse, and in clauses partaking of its nature, that the fut. opt. is used. Yet even here the fut. indic. is very often preferred, and even though associate tenses may take the opt., 643 h.

22. **Διαπορουμένῳ...διακρῖναι,** *being at a loss how to decide; v. l. ἀπορουμένῳ.* — **δύο ἱερεῖα,** as was common, in order that a second sacrifice might be forthwith tried, if the first was unsatisfactory. — **αὐτῷ,** case 452 a: **μαντευτὸς ἦν,** for *ὅπερ (θύειν)...μαντευτὸν ἦν*: cf. i. 2. 21 N; iv. 1. 17. McM. — **ἐκ Δελφῶν,** by the response of Apollo, iii. 1. 6. — **τὸ ὄναρ,** iii. 1. 11. — **ἀπὸ τούτου τοῦ θεοῦ,** for *ἀφ' οὗπερ*, 562. — **ἤρχετο** s, *he began to* [set himself to] *undertake the joint charge of the army.*

190 **23.** **Κύρῳ** s, iii. 1. 8. — **ἑαυτῷ...φθεγγόμενον,** *screaming* [for or to him on the right] *on his right.* — **δεξιόν,** i. e. in the east, or the lucky quarter. The Greek augur faced the north, and had the east on his right hand; the Roman faced the south, and had the lucky omens on the left. Cf. *Il.* xxiv. 320; Cicero *De Divin.* ii. 39. See Dict. of Antiq. — **ὥσπερ** (*v. l. ὅνπερ*) s, *as* (or, *of whom*) *the seer said.* Obs. how minute analogies were caught up in the ancient system of divination. — **μέγας** s, as king of birds and favorite of Zeus: so to Tarquinius Priscus, Vollb. Cf. *Il.* i. 279; *Odyss.* xv. 160–178. — **πετόμενον,** *v. l. περιπετόμενον*, i. e. *by flying about.* McM. says that there is a prospective reference here to the narrative at vii. 7. 54; 8. 3.

24. **Οὕτω θυομένῳ,** § 22. — **προσδεῖσθαι** s, *to desire additional command.*

25. **αἱρήσονται,** mode 643 h; cf. § 21 N.

26. **αἴτιον**...[sc. *με*] **γίνεσθαι,** 677 e. — **Λακεδαιμονίου,** sc. Chirisophus. — **ὑμῖν...συμφέρον,** case? pos. of *ὑμῖν* and *ἐμοί*? — **ἀλλ'** [sc. *μοι δοκεῖ*] **ἧττον.** — **ἄν...τυγχάνειν,** supply *ὑμᾶς* as the subj. and *τούτου* or *τούτων* (from *εἴ τι*) as the obj. of the verb. Breitenbach. — **εἴ τι δέοισθε,** case 478 a; cf. i. 3. 4. — **οὐ πάνυ τι** (Lex.), i. e. not at all.

27. **πρόσθεν, πρίν,** cf. i. 1. 10 N; iv. 3. 12. — **ἐπαύσαντο πολεμοῦντες,** p... [T]he great struggle between Athens and Sparta, the Pelopon- ... 27 years (B. C. 431–404), and resulted in the Athenians making a complete submission to the Spartans as their masters, sacrificing their famous long walls and their naval power, and promising *τὸν αὐτὸν ἐχθρὸν καὶ φίλον νομίζοντας, Λακεδαιμονίοις ἕπεσθαι καὶ κατὰ γῆν καὶ κατὰ θάλατταν ὅποι ἂν ἡγῶνται*, *Hellen.* ii. 2. 20. — **αὐτῶν**, numb.?

28. **ἐπολιόρκησαν**, iv. 2. 15 N. Cf. **ὁδὸν ὁδοποιοῦν**, iv. 8. 8. — **ἐκεῖνο** (472 or 481) **ἐννοῶ, μὴ** (625 a) **λίαν ἂν** s, *in respect to that, I apprehend that I should be very quickly brought to my senses: ἂν* is here retained without regard to the dependence of the clause on *ἐννοῶ μή*, 631 d, 633 a. Some editors reject it: *ἐκεῖνο* seems to be used for the sake of more marked contrast with *ὃ δὲ ὑμεῖς ἐννοεῖτε*, *but as to this which you have in mind* (§ 29). Some regard *μή* as here complem., *I consider whether I should not*, etc.

29. **ἥσθη, θαυμάσαιμι, εὕροιτε**, mode 633 b. — **εἴ τινα**, sc. 191
Chirisophus.

30. **ὅτι...αἱρῶνται**, *that it were ridiculous, if it were so, if the Lacedæmonians would be angry should even banqueters coming together not elect*, etc.; i. e. if they insisted on supremacy in everything. Some MSS. have *ὡς ὀργιοῦνται*, *as then* (to carry out the principle) *the Lacedæmonians will be angry*, etc. — **ὀργιοῦνται**, mode? — **συμποσίαρχον** (Lex.). Cf. Dict. of Antiq.

31. **ἐνδέον** (Lex.) 677 c. — **ὀμνύω** (form 315 a) **ὑμῖν θεοὺς** (case 472 f) **πάντας καὶ πάσας** [sc. *ὅτι*]...**ἐθυόμην εἰ** (Lex.). — **ᾐσθανόμην**, tense? — **ἰδιώτην**, *a common person*, not a *μάντις*: cf. Thucyd. vi. 72.

32. **οὐδ' ἂν ἔγωγε**, *neither would I*, more than Xenophon, § 29. — **οὐχ ἑλόμενοι**, *in not choosing him; οὐ*, as *fact* is denoted, 686 n. — **Ὁ δ'...ἑαυτῷ**, sc. Dexippus, who ascribed the preference of Clearchus's troops for Timasion (iii. 1. 47; 2. 37) above himself to the influence of Xen. The consequence attached to such a charge shows how jealous the Lacedæmonians were for their dignity. — **Ὁ δ' ἔφη** s, this part of the section seems not to have been spoken by Chirisophus, but to be an explanation by the author, and hence thrown into a parenthesis: Townsend takes this view; but most editors regard the words as part of Chirisophus's speech.

33. **κατασχεῖν**, sc. *ναῦν*, est *appellere*. Cf. Hdt. vii. 188, Krüg. 192
See Küh. *in loc.*

CHAPTER II.

THE GREEKS SAIL TO HERACLEA. — SERIOUS DISSENSIONS IN THE ARMY, AND DIVISION INTO THREE PARTIES.

1. **παραπλέοντες**, *in sailing along the coast*, referring to the whole voyage of the army from Cotyora to Heraclea. They had already passed all the places here mentioned as seen, except the mouth of the Parthenius. Hence some needlessly suppose that Xen. forgot the situation of the places, or that there is here an interpolation. — **ἀκτήν**, poetic form, see Lex. — **Ἴριος**, form 218, 2.

2. ἐπὶ τὸν Κέρβερον, *to fetch Cerberus.* Cf. v. 1. 5, ἐπὶ πλοῖα. Thucyd. i. 117. McM.

4. πορείαν...παρεσθῆναι, case 477: some join πορείαν with ἐβουλεύοντο, 474 b. — τῶν στρατηγῶν, case 432 f; 474 c. — οὐ μὴ γένηται, 597, cf. ii.
193 2. 12; iv. 8. 13 N. — ὁπόθεν...οὐκ ἔστιν, *there is* [not whence] *no source from which we can obtain provisions for our journey*; cf. ii. 4. 5.

5. μυρίους, cf. v. 6. 35: the Heracleotes had broken their promise of a month's pay. — ἡμῶν καθημένων, note the transition to oratio directa: cf. i. 3. 14 N; vii. 1. 33; *Odyss.* i. 372.

6. ἔστι δ' οἷ, 559 a. — ἀναγκάζειν, sc. διδόναι. — ὅ τι μή, nisi quod.

7. ἐπαναλεῖν, 632 c. — ποιήσοιεν, *v. l.* ποιήσαιεν.

8. ἀνακοινώσασαν, ἐκέκλειντο, tense 599 c, f. McM. calls attention to Donaldson's Greek Grammar for this particular usage of the pluperfect to denote "the *establishment of a state* of condition in past time." Cf. ὡμολόγητο, i. 9. 14 N.

9. οἱ ταράξαντες ταῦτα, *those who had made this trouble*, 478.

10. Οἱ...αὐτοῖς, *and their language was.* — Ἀθηναῖον (ἕνα rejected by some), sc. Xenophon, whom they regarded as the actual leader, notwithstanding 1. 32. — καὶ Λακεδαιμονίων, *and even Lacedæmonians.* — οὐδέν,
194 *nothing*, or, *of no account.* — ὑπὲρ ἥμισυ, as nom. 706 a; *v. l.* ὑπερήμισυ.

11. ἑαυτῶν, καθ' ἑαυτούς, order? cf. 6. 18.

12. Χειρισόφῳ, case 464; cf. 3. 1. — ἀφ' ἧς = ἀπὸ ταύτης ᾗ (or, ἧς).

13. μετ' αὐτῶν, sc. the Arcadians and Achæans. — καθ' αὑτὸν πορεύεσθαι, but with the agreement, it would seem, that the two forces should meet at Calpe. — Χειρισόφου, case?

14. ῥᾳδία, i. e. of the rest of the army. — αὐτοί, viz. Neon, Chirisophus, and Xenophon. — αὐτῶν, pos. 538 g. — τοῖς γεγενημένοις, case? — αὐτῷ, i. e. Neon, to whom, as his lieutenant, Chirisophus in disgust left the conduct of affairs. Some, with less reason, refer αὐτῷ to Xenophon, or the army.

15. ἔτι μέν, has been explained in two ways, *still further indeed* (a sense belonging to *v. l.* μὲν ἔτι) and *as yet indeed*, referring to a time continuing till what is afterwards stated with δέ. In this last sense, which is now generally preferred, it may be translated *at first*, or, *for a while*. Cf. *Hell.* ii. 4. 11; Plato *Protag.* 310 c. — λῷον καὶ ἄμεινον, a frequent pleonasm in consulting the gods; cf. vii. 6. 44.

16. γίγνεται...τριχῇ, [comes to be in] *is divided into three parts.* — Ἀρκάδες, appos. 393 d. — Χειρισόφῳ, *for Chirisophus*, or supply εἰσί. — εἰς τετρακοσίους, as nom. 706 a. — Θρᾷκες, cf. i. 2. 9. It is not surprising that Chirisophus and Xenophon felt deeply this breaking up of the army which they had guided safely through so many perils; the more because the movement was directed so personally against themselves. The small forces which they had rallied about them were mixed, including many inferior troops, and consisting only in part of their own soldiers, many of the best of whom had deserted them. Chirisophus, sick at heart and enfeebled

in health, gave up the conduct of affairs to his lieutenant, Neon; and Xenophon, who had incurred no responsibility by enlisting troops for the army, and yet had done more than any other one to save the whole, saw now an opportunity, the great perils past, of honorable return to his native city Athens. He perhaps thought that the best measure for his present force was to unite it with that of Chirisophus: Timasion was the only other general who was not an Arcadian or Achæan; cf. 3. 14.

17. **Ἀρκάδες,** sc. *καὶ Ἀχαιοί,* the chief tribe only mentioned. — **κατὰ μέσον πως,** [somehow at] *about the middle of* [Thrace] *the Thracian coast.* — **τῆς Θρᾴκης,** *Asiatic* Thrace, i. e. Bithynia, 4. 1.

18. **καὶ γὰρ ἤδη ἠσθένει,** 709, 2. He therefore took the easiest and safest route, 3. 10. He died on the march, 4. 11.

19. **μεσογαίας,** where supplies could be more abundantly obtained.

CHAPTER III.

THE ARCADIANS ATTACK THE BITHYNIANS. — RESCUED FROM GREAT DANGER BY XENOPHON AND HIS COMPANY. — ARRIVAL AT CALPE.

1. The first section is rejected by many: cf. 1. 1 N. — **τρόπον,** case? — **Χειρισόφου,** 447 b.

2. **Ἔπραξαν...τάδε,** *fared as follows;* case 478. — **μέν,** corresp. to **δέ,** § 10. — **Ἀρκάδες,** 2. 17. — **λόχος,** *v. l.* **λόχον.** — **ὁποία δὲ μείζων,** *but* [whatever, cf. 641] *if any one seemed larger than usual,* or, too large for a single division, 514. — **σύνδυο,** 240 f. — **ἦγον,** sc. *ἐπὶ ταύτην.*

3. **δέοι,** mode 643 e.

4. **ἠθροίζοντο,** tense? — **διέφυγον...ὁπλίτας** s, *escaped from heavy armed troops, out of their very hands.* 196

5. **ἅμα** (Lex.). — **τρέπονται,** sc. οἱ Θρᾷκες: cf. vii. 3. 3.

6. **πράγμασιν,** *trouble* or *difficulty* (Lex.), cf. iv. 1. 17. — **εὐτύχημα,** case 477: cf. i. 3. 17 N.

7. **τοξότην,** sing. × plur.? — **οἱ δέ,** i. e. the enemy. — **ἐπίοιεν,** sc. οἱ Ἕλληνες: cf. iv. 2. 15. — **ἄλλοι δὲ ἄλλῃ** s, *while others made an attack in another quarter.* Some explain according to 567 d.

8. **τελευτῶντες,** cf. iv. 5. 16 N.

9. **οὐκ ἐδίδοσαν,** *would not give,* 594, cf. i. 3. 1; vii. 1. 7. — **ἐν τούτῳ ἴσχετο** (Lex.), [on this] *here the matter stuck* or *hung.* 197

10. **Ξενοφῶντι...πορευομένῳ,** [for Xen. marching] *as Xen. was marching;* cf. iii. 2. 22 N. — **ᾔσθηντο,** *v. l.* ᾔσθοντο. — **ὄντος Ἑλληνικοῦ,** *consisting of Greeks.*

11. **νῦν ὅτι,** order 719 b, *η*. What word thus becomes more emphatic? — **πολιορκοῦνται, εἶεν,** mode?

12. **οὐδ',** in indirect discourse, 686 c. — **οὐδεμίαν:** after verbs of "thinking," *οὐ* often takes the place of *μή* in an infinitive clause, when it is in-

4. **τῶν μὲν στρατηγῶν** (case 699 a)...**αὐτόν,** *did not charge the generals with coming to him.*

5. **διαβάλλειν...ὡς,** cf. i. 1. 3. — **ἀκούσατε,** tense 592 b. — **θεῶν, ἥλιος** § 6, **βορέας** and **νότος** § 7, without art. 533 c, a.

176 6. **τοῦτο...ὑμᾶς** (480 b) **ἐξαπατῆσαι,** *cheat you into this belief.* — **ὡς ἥλιος...ἐντεῦθεν,** *that* [whence] *where the sun* actually *rises, there on the contrary he sets; and where he sets, there* on the contrary *rises;* i. e. sets in the east, and rises in the west. Observe that **δέ** is used here twice as an adv. and once as a conj. Cf. Hdt. ii. 42.

7. **βορέας, βοῤῥᾶς,** so the MSS. — **ὡς καλοὶ πλοῖ εἰσιν,** [there are favorable voyages] *it is fine weather for sailing.* — **Τοῦτο** (pos.? for constr. see § 6)...**ἐξαπατῆσαι,** *is there then* [how] *any way in which one could cheat you in this?*

8. **Ἀλλὰ γὰρ** (709, 2), *but,* you say perhaps, this will not secure you, *for I shall make you embark,* etc. — **ἐμβιβῶ** = ἐμβιβάζω. — **Πῶς ἂν** s, order 621 c.

9. **Ποιῶ δ' ὑμᾶς...ἥκειν** (612), *I* [make] *will suppose you to have come.* — **καὶ δὴ καὶ ἀποβαίνομεν,** *and now indeed we are even landing,* in supposition. — **ἐγγὺς μυρίων,** 445 c; for a different constr. see iv. 2. 8; vii. 8. 18. — **Πῶς ἂν οὖν...δίκην,** *how then could a man more surely bring punishment upon himself.*

10. **δύναται,** sc. λέγειν. — **Τί γάρ;** 564 c. — **τινι,** case 453. — **Παρίημι,**
177 **ἀρχέτω· μόνον** s, obs. the effect of the asynd. Thorax was a disappointed aspirant for the generalship, 6. 25, and perhaps Neon.

11. **ἐμοί,** pos.? — **ἢ αὐτὸς** (677 b) **ἐξαπατηθῆναι ἂν** (622 b) **οἴεται ταῦτα** (586 c) s, *thinks that he either could himself be deceived in these matters, or could deceive another in these,* viz. the points mentioned in § 6 s.

12. **τούτων,** case 414 a. — **ἅλις,** as subst. in acc. 706 a. — **μὴ ἀπέλθητε, πρὶν ἂν ἀκούσητε,** 641 d, 619 b. — **ὃ εἰ ἔπεισι,** [if which proceeds] *for if this proceeds,* 561 a. — **ὑποδείκνυσιν,** sc. ἔσεσθαι. — **καὶ καταφρονηθῶμεν,** omitted by some editors, bracketed by Rehdz. and others.

13. **ὧν εἶχον,** *of what they had.* — **δοκοῦσι...τινες,** *and I think that some of you.*

14. **Τοῦτο** (pos.?) **καταμαθὼν...μικρὸν εἴη,** *observing,* or, *learning* [this that it was] *that this was small.* — **διὰ τὸ φίλιον νομίζειν εἶναι,** *from the belief that it was on friendly terms with us.* — **αὐτούς,** numb.?

15. **Διενενόητο,** *he* [had formed the plan] *had intended.* — **ἐλθεῖν,** ii. 1. 1. — **παραπλέοντες,** some of the coasting party, 1. 16. — **εἴ τι λάβοι,** *whatever plunder he might have taken,* 639 a. — **ἐκ τοῦ πλοίου,** const. præg. cf. § 17.

16. **Πορευόμενον...γενομένη,** *but the dawning of the day surprises him in his march,* 677 f. Cf. iii. 4. 49. — **οἱ δέ τινες,** ii. 3. 15.

178 17. **ἐν τῇ ἡμέρᾳ,** [sc. ἐν] **ᾗ,** 707 b; see 4. 1. — **ἀνηγμένοι,** *having put out to sea.* — **ἐκ,** const. præg. § 15. — **τρεῖς ἄνδρες,** 418 c.

18. **τί ἡμῖν δόξειεν,** [why it seemed best to us] *what induced us.* — **Ἐπεὶ μέντοι σφεῖς** (*v. l.* σφᾶς) **λέγειν** (mode 659 b, *but* the Cerasuntians *said, that, when they themselves told them that the affair was not by public*

authority, they (the barbarians) *were both gratified:* σφεῖς is here used (if it be the true reading) as having a kind of reflexive reference to the subject of ἔφασαν, 667 b: *v. l.* Ἐπεὶ μέντοι ἔφασαν ὅτι, κ. τ. λ. — **ὡς ἡμῖν λέξαι** s, *that they might tell us what had taken place, and invite those who desired, themselves to take and bury the dead.*

19. Τῶν δ' ἀποφυγόντων, § 16. — **τινές,** pos. 548 b, cf. ii. 5. 32. — **βαρβάρους,** § 14. — **τοῖς λίθοις,** the stones at hand. — **οἱ πρέσβεις, καταλευσθέντες,** thus added to emphasize the enormity of the outrage, both from its manner and from the sacredness of the persons against whom it was committed.

20. πρὸς ἡμᾶς, i. e. to Cotyora. — **ὅπως,** *how.* — **ταφείησαν,** iii. 4. 29. Kühner.

21. ἔξωθεν τῶν ὅπλων, *outside of the place of arms,* a common place for consultation and for receiving visitors.

22. ὡς ἂν [sc. ἀποχωροῖεν] **καὶ ἑωρακότες,** [as they would naturally do having even seen] *as well they might having seen.*

23 s. Observe interchange of tenses. — **μέν,** to which δέ corresponding? 179

25. καθ' αὑτούς, in their direction, adversum; ἐπί, expresses hostility, in se. — **ἐπνίγετο,** *was in danger of drowning,* 594.

26. δοκεῖτε (Lex.). Some here supply ποιῆσαι, or δρᾶσαι, or δεῖσαι. Cf. quid illum censes. Ter. *Andrian,* v. 2. 12. — **Ἠδίκουν,** tense 612. — **ἐμπεπτώκοι,** form 317 b.

27. οἱ πάντες, *the whole body, collectively;* **ἰδίᾳ,** [by one's self] *individually.* — **οὐκ...οὔτε,** 713 b. — **ἀνελέσθαι πόλεμον** = πολεμῆσαι, governing the dat. 455 f. — **ἐφ' ὅ τι ἂν ἐθέλῃ,** *against whatever* place, people, etc.; or, *to whatever enterprise.* — **τῶν λόγων,** partit. gen. — **τῶν...ἰόντων,** gov. by **λόγων.**

28. χώρᾳ (Lex.), 6. 13.

29. οἱ αὐθαίρετοι οὗτοι στρατηγοί, more emphatic order; see 180
524 b. — **ἀδικεῖ, οἴχεται,** 612. — **ἀπολλύων,** 679 d. — **φεύγει,** *he is a fugitive.*

30. διεπράξαντο...μὴ ἀσφαλὲς εἶναι, *have* [brought it about that it should not be safe] *rendered it unsafe.* — **ἂν μή,** *unless.* — **κηρυκίῳ,** often marked by wreaths, or figures of serpents (as on the caduceus of Mercury).

31. δοξάτω ὑμῖν, *let it* [seem good to you] *be so voted.* — **ὡς τοιούτων ἐσομένων,** *in the expectation of such acts.* — **φυλακὴν...τις,** *each one may keep guard on his own account.* — **ὑπερδέξια,** doubtless looking or pointing to them.

32. ἡδέως, cheerfully, with confidence.

33. φιλία, predicatively, [as friendly] or, *to its friendship.* — **περὶ τὰ μέγιστα...ἐξαμαρτάνοντες,** *committing such sins* [in respect to the greatest matters, as the treatment of heralds] *against the highest obligations.* Some connect τοιαῦτα with τὰ μέγιστα. — **Οὗ,** *where,* i. e. in Greece, cf. vi. 6. 16, Krüg., Küh., etc. — **πάντων** (governed by ἐπαίνου), *from all,* 434 a, or, join οὗ with ἐπαίνου, [what praise] *the praise which.*

34. **πάντες ἔλεγον** : this statement must not be pressed. All concurred in this view, several speaking as their representatives. — **τοὺς...τούτων ἄρξαντας**, *those who had led in these things.* — **δοῦναι, ἐξεῖναι**, etc., infin. after ἔλεγον = ἐκέλευον. — **τοῦ λοιποῦ** [sc. χρόνου], Lex. 433 a. — **τις...ἄγεσθαι**
181 **αὐτοὺς** (numb.?) **ἐπὶ θανάτῳ**, *that they should be led out for death*, or, *punished with death.* — **δίκας...καταστῆσαι**, cf. δίκην ὑποσχεῖν, 8. 1. — **τι ἄλλο**, case 586 c, 480 b. — **ἐξ οὗ** (Lex. ἐξ), 557 a.

35. **Παραινοῦντος...συμβουλευόντων**, order? — **καθῆραι** (sacrifices, washings, etc.), especially to remove the stain incurred by the murder of the heralds, and thus, by these religious ceremonies, to avert the displeasure of the gods. (See Dictionary of Antiquities, *κάθαρσις*, lustratio.) The effect upon the discipline of the army may have been also considered.

CHAPTER VIII.

INVESTIGATION INTO THE CONDUCT OF THE GENERALS. — XENOPHON FULLY JUSTIFIES HIS COURSE.

1. The army, in the spirit of Greek institutions, proceeded as a little republic, entitled to call its rulers to account. **Φιλήσιος μὲν ὦφλε καὶ Ξανθικλῆς**, 497 b. — **τῆς φυλακῆς**, *for their* negligent *charge*, 429 a, 431 c. — **ἄρχων αἱρεθείς**, *a commander* of the transports, to take charge of the persons and property conveyed, 3. 1. — **ὑβρίζοντος**, *as guilty of wanton abuse.* Among the graver suits under the Attic law was the *ὕβρεως δίκη*, an indictment for wanton outrage to the person, where the penalty was often death. (See Dictionary of Antiquities.)

2. **ποῦ καί**, *where indeed.* — **τῷ ῥίγει**, iv. 5. 3 s.

3. [sc. *τοιούτου*] **οἵου**, 554 a. — **ἐπιλελοιπότος, παρόν**, 675. — **οἴνου** (case 432 a) **δὲ μηδ' ὀσφραίνεσθαι παρόν** (675), *and where it was not possible even to catch the scent of wine*, we were so destitute of it. — **ὑπὸ τῆς ὕβρεως**, *through their wanton spirit.* "Every one knows," says Spelman, "that asses, and mules, their offspring, have such an inbred viciousness that no fatigue can subdue it." Cf. **εἰδέναι ὄνων ἁπάντων ὑβριστότατόν σε ὄντα**, Lucian. *Pseudologista*, 3.

4. **ἐκ τίνος**, *on what account.* — **'Αλλ' ἀπῄτουν**, *well then* (after a silence which implied a negative), *did I make a demand?* — **μαχόμενος**, sc. **ἔπαιόν σε.** — **ἐπαρῴνησα** (Lex. *παροινέω*).

182 5. **οὐκ ἔφη**, sc. *ὁπλιτεύειν*, *he said* NO, 662 b. — **οὐδὲ τοῦτ' ἔφη**, *he did not even say this.*

6. **μὰ Δί'**, case 476 a. — **διέρριψας**, a harsh term for the act; cf. *δέδωκα*, § 7.

7. **τοιαύτη τις** (Lex.). — **σοι...σὺ ἐμοί**, 536. — **σὺ ἐμοὶ ἀπέδειξας ἄν**, *you had shown me the man* [back] *again*, i. e. produced him at the end of the day's march. Here **ἀπό** seems to have the same force as in **ἀπολαβών** and **ἀπέδωκα** (Lex. **ἀπό**). — **ἄξιον**, sc. **ἀκοῦσαι.**

8. **κατελείπετο**, *was being left behind.* — **ὅτι** = **ὅσον τοῦτο, ὅτι**, 560; cf. iii. 1. 45. — **ἐμέ**, cf. **σέ**, ii. 1. 12. — **ἄνθρωπος**, why rather than **ἀνήρ**?

9. **ἀφέντα ὡς κατορύξοντα**, parataxis, chiastic. — **ἐπιστάς**, adstans, Krüg. i. 5. 7.

10. **Ὁπόσα γε βούλεται**, *just as* [much as] *he pleases*, for aught I care about it. — **εἰδότι ἐοικέναι**, *to* [be] *act like one who knew.*

11. **Τί οὖν**; 564 c. — **ἧττόν τι** s (Lex. **τὶς**), 584 d. — **Καὶ γάρ**, the negation, "no," is here left to be implied.

12. **Τούτου**, pos.! — **ὀλίγας**, *too few* (Lex.), 515, case? Cf. Luke xii. 47; Aristoph. *Nubes*, 968. — **ἄλλους, ἕκαστος**, numb. 501. 183

13. **ὅσοις** s, *as many as* [it contented] *were content.* — **δι᾽ ὑμᾶς** ...**ἐόντων**, 676 b. — **αὐτοὶ δέ**, 562. — **τοῦτο ἐποιοῦμεν**, *had behaved thus*, tense 604 s; mode!

14. **Ἤδη δὲ καί**, [and now also] *then also, so also*, **ἤδη** referring rather to the time of the acknowledgment, than to that of the action. — **μαλακιζόμενόν τινα**, *a man yielding to sloth*, not referring to a particular individual, 548 c. — **προϊέμενον αὐτόν**, 583; see iv. 5. 15 s. — **κατέμαθον ἀναστάς**, *found that I rose*, 677 a, i. 3. 10. — **μόλις**, pos. 719 d, **μ**.

15. **Ἐν ἐμαυτῷ**, *in my own case.*

16. **Ἄλλον δέ γε ἴσως**, [and indeed] *yes, and another one perhaps.* — **τίς**...**λόγχη**, order? as Xenophon commanded the rear. — **ὑμᾶς**,

17. Xen. acutely shows that they owe their very ability to call him to account to the services which he had rendered them. — **δίκαιον, δίκην**, parataxis, or parachesis, Vollb. — **ἐπί**, cf. i. 1. 4; iii. 1. — **τί μέγα**...**λαμβάνειν**, *what outrage could they have suffered so great* [of which they would now be claiming to receive the penalty] *that they could now be claiming to receive satisfaction.*

18. **ἐπ᾽ ἀγαθῷ**...**ἐπ᾽ ἀγαθῷ**, cf. ii. 4. 5 N. — **ἀξιῶ** s, *I deem myself bound to render such an account as*, 7. 34. — **Καὶ γάρ**, *and* so of others, *for.* 184

19. **θάρρω**...**μᾶλλον**, *I have higher spirits.* — **νῦν ἢ τότε**, order? — **εὐδίᾳ** = **ἡ ἄνευ ἀνέμων ἡμέρα**, i. e. *security.*

20. **θάλαττα** (Lex.). Some regard **μεγάλη** as a pred. adj.; *the sea runs high.* See Rehdz. — **χαλεπαίνει**, obs. the parallelism of the two clauses. — **πρωρεύς**, "the command in the prow of a vessel was exercised by an officer called **πρωρεύς**, who seems to have been next in rank to the steersman, and to have had the care of the gear, and the command over the rowers." (Dict. of Antiq.)

21. **οὔτε**...**ἐπαίσατε**, as was recommended and voted, iii. 2. 31, 33.

22. **αὐτῶν**, [of] *among them.* — **Οἶμαι γάρ**, prefixed without influencing the construction.

23. **διεμάχετο**...**ἀσπίδα μὴ φέρειν**, [fought through not to carry] *contended persistently for the privilege of not carrying his shield.* — **νῦν δέ** s, he is well enough to plunder by night, and carry off his booty. — **ἀποδέδυκε** (vestibus) spoliavit, Krüg.

24. **τοῦτον τἀναντία**...**ποιοῦσι** (571 c), [you will treat this man contr... your treatment of this man will be the reverse of that given

34. πάντες ἔλεγον: this statement must not be pressed. All concurred in this view, several speaking as their representatives. — **τοὺς...τούτων ἄρξαντας**, *those who had led in these things.* — **δοῦναι, ἐξεῖναι**, etc., infin. after ἔλεγον = ἐκέλευον. — **τοῦ λοιποῦ** [sc. χρόνου], Lex. 433 a. — **τις...ἄγεσθαι**
181 **αὐτοὺς** (numb.!) **ἐπὶ θανάτῳ**, *that they should be led out for death,*
or, *punished with death.* — **δίκας...καταστῆσαι**, cf. δίκην ὑποσχεῖν,
8. 1. — **τι ἄλλο**, case 586 c, 480 b. — **ἐξ οὗ** (Lex. ἐξ), 557 a.

35. Παραινοῦντος...συμβουλευόντων, order? — **καθῆραι** (sacrifices, washings, etc.), especially to remove the stain incurred by the murder of the heralds, and thus, by these religious ceremonies, to avert the displeasure of the gods. (See Dictionary of Antiquities, κάθαρσις, lustratio.) The effect upon the discipline of the army may have been also considered.

CHAPTER VIII.

INVESTIGATION INTO THE CONDUCT OF THE GENERALS. — XENOPHON FULLY JUSTIFIES HIS COURSE.

1. The army, in the spirit of Greek institutions, proceeded as a little republic, entitled to call its rulers to account. **Φιλήσιος μὲν ὦφλε καὶ Ξανθικλῆς**, 497 b. — **τῆς φυλακῆς**, *for their* negligent *charge*, 429 a, 431 c. — **ἄρχων αἱρεθείς**, *a commander* of the transports, to take charge of the persons and property conveyed, 3. 1. — **ὑβρίζοντος**, *as guilty of wanton abuse.* Among the graver suits under the Attic law was the ὕβρεως δίκη, an indictment for wanton outrage to the person, where the penalty was often death. (See Dictionary of Antiquities.)

2. ποῦ καί, *where indeed.* — **τῷ ῥίγει**, iv. 5. 3 s.

3. [sc. τοιούτου] **οἵου**, 554 a. — **ἐπιλελοιπότος, παρόν**, 675. — **οἴνου** (case 432 a) **δὲ μηδ' ὀσφραίνεσθαι παρόν** (675), *and where it was not possible even to catch the scent of wine*, we were so destitute of it. — **ὑπὸ τῆς ὕβρεως**, *through their wanton spirit.* "Every one knows," says Spelman, "that asses, and mules, their offspring, have such an inbred viciousness that no fatigue can subdue it." Cf. **εἰδέναι ὄνων ἁπάντων ὑβριστότατόν σε ὄντα**, Lucian. *Pseudologista*, 3.

4. ἐκ τίνος, *on what account.* — **'Αλλ' ἀπῄτουν**, *well then* (after a silence which implied a negative), *did I make a demand?* — **μαχόμενος**, sc. ἔπαισά σε. — **ἐπαρῴνησα** (Lex. παροινέω).

182 **5. οὐκ ἔφη**, sc. ὁπλιτεύειν, *he said* NO, 662 b. — **οὐδὲ τοῦτ' ἔφη**,
he did not even say this.

6. μὰ Δί', case 476 a. — **διέρριψας**, a harsh term for the act; cf. διέδωκα, § 7.

7. τοιαύτη τις (Lex.). — **σοι...σὺ ἐμοί**, 536. — **σὺ ἐμοὶ ἀπέδειξας ἄ**, *you had shown me the man* [back] *again*, i. e. produced him at the end of the day's march. Here ἀπό seems to have the same force as in ἀπολαβών and ἀπέδωκα (Lex. ἀπό). — **ἄξιον**, sc. ἀκοῦσαι.

8. κατελείπετο, *was being left behind.* — **ὅτι** = ὅσον τοῦτο, ὅτι, 560 ; cf. iii. 1. 45. — **ἐγώ,** cf. σύ, ii. 1. 12. — **ἄνθρωπος,** why rather than ἀνήρ ?

9. ὀρύττοντα ὡς κατορύξοντα, parataxis, chiastic. — **ἐπιστάς,** adstans, Krüg. i. 5. 7.

10. Ὁπόσα γε βούλεται, *just as* [much as] *he pleases,* for aught I care about it. — **εἰδότι ἐοικέναι,** *to* [be] *act like one who knew.*

11. Τί οὖν; 564 c. — **ἧττόν τι** s (Lex. τὶς), 584 d. — **Καὶ γάρ,** the negation, "no," is here left to be implied.

12. Τοῦτον, pos.?—**ὀλίγας,** *too few* (Lex.), 515, case? Cf. Luke xii. 47; Aristoph. *Nubes,* 968. — **ἄλλους, ἕκαστος,** numb. 501. 183

13. ὅσοις s, *as many as* [it contented] *were content.* — **δι' ἡμᾶς ...ἰόντων,** 676 b. — **αὐτοὶ δέ,** 562. — **τοῦτο ἐποιοῦμεν,** *had behaved thus,* tense 604 a; mode?

14. Ἤδη δὲ καί, [and now also] *then also, so also,* ἤδη referring rather to the time of the acknowledgment, than to that of the action. — **μαλακιζόμενόν τινα,** *a man yielding to sloth,* not referring to a particular individual, 548 c. — **προϊέμενον αὐτόν,** 583 ; see iv. 5. 15 s. — **κατέμαθον ἀναστάς,** *found that I rose,* 677 a, i. 3. 10. — **μόλις,** pos. 719 d, μ.

15. Ἐν ἐμαυτῷ, *in my own case.*

16. Ἄλλον δέ γε ἴσως, [and indeed] *yes, and another one perhaps.* — **ἡμᾶς,** as Xenophon commanded the rear. — **πύξ...λόγχῃ,** order?

17. Xen. acutely shows that they owe their very ability to call him to account to the services which he had rendered them. — **δίκαιον, δίκην,** parataxis, or parachesis, Vollb. — **ἐπί,** cf. i. 1. 4; iii. 1. — **τί μέγα...λαμβάνειν,** *what outrage could they have suffered so great* [of which they would now be claiming to receive the penalty] *that they could now be claiming to receive satisfaction.*

18. ἐπ' ἀγαθῷ...ἐπ' ἀγαθῷ, cf. ii. 4. 5 N. — **ἀξιῶ** s, *I deem myself bound to render such an account as,* 7. 34.—**Καὶ γάρ,** *and* so of others, *for.* 184

19. θάρρω...μᾶλλον, *I have higher spirits.* — **νῦν ἢ τότε,** order? — **εὐδίᾳ** = ἡ ἄνευ ἀνέμων ἡμέρα, i. e. *security.*

20. θάλαττα (Lex.). Some regard μεγάλη as a pred. adj.; *the sea runs high.* See Rehdz. — **χαλεπαίνει,** obs. the parallelism of the two clauses. — **πρωρεύς,** "the command in the prow of a vessel was exercised by an officer called πρωρεύς, who seems to have been next in rank to the steersman, and to have had the care of the gear, and the command over the rowers." (Dict. of Antiq.)

21. οὔτε...ἐπαίετε, as was recommended and voted, iii. 2. 31, 33.

22. αὐτῶν, [of] *among them.* — **Οἶμαι γάρ,** prefixed without influencing the construction.

23. διεμάχετο...ἀσπίδα μὴ φέρειν, [fought through not to carry] *contended persistently for the privilege of not carrying his shield.* — **νῦν δέ** s, he is well enough to plunder by night, and carry off his booty. — **ἀποδέδυκεν,** (vestibus) spoliavit, Krüg.

24. τοῦτον τἀναντία...ποιοῦσι (571 c), [you will treat this man contrary than, etc.] *your treatment of this man will be the reverse of that given to* *dogs.* — **τοὺς μέν**, v. 8. 24. — **τὰς ἡμέρας, τὴν ἡμέραν**, *through the day* [days], or, *by day.* — **διδόασι** (Lex. δίδημι): if we have here an extract from an old rhyming proverb, the use of this very rare poetic word might seem explained. Cf. iii. 4. 35.

25. **'Αλλὰ γάρ**, *but*, one word more, *for.* — **μέμνησθε**, obs. how often Xen. repeats this word, in impressing his hearers with their faults of memory. — **εἰ δέ τῳ** (cf. τινι above) **ἢ...ἐπεκούρησα**, *but if I either* [relieved for any one a storm] *protected any one from a storm*, or the cold, wintry weather.

185 — **τούτων οὐδεὶς** s, 432 c. — **οὐδέν**, as i. 1. 8; *v. l.* οὐδέ, emphatically repeated from **οὐδ' εἰ**.

26. **ἀνεμίμνησκον**, *made mention* of his (Xenophon's) services. — **περιεγένετο**, [it came about so as to be well] *and all at length resulted well* or *happily.*

BOOK VI.

FROM COTYORA BY SEA TO CALPE.—THENCE TO CHRYSOPOLIS ON THE BOSPORUS OPPOSITE BYZANTIUM.

CHAPTER I.

TREATY WITH THE PAPHLAGONIANS. — VOYAGE TO SINOPE. — XENOPHON OFFERED THE CHIEF COMMAND.

186 **1.** As the usual recapitulation is here wanting, some editors (as Schneider, Krüg., etc.) attach this and the next chapter to Book V., and make Book VI. to begin at what is here numbered as Chapter III., which has a brief recapitulation. — **διατριβῇ**, at Cotyora. — **'Εκλώπευον**, i. e. to keep or sell them as slaves. — **εὖ μάλα** (Lex.), *quite easily* or *adroitly*, scite admodum, Dind.

2. **ἵππους καὶ στολάς**, for presents. — **τοὺς Ἕλληνας** s, i. e. to agree to these terms.

3. **δικαιοτάτους** (Lex.), cf. § 22, Thucyd. i. 41.

4. **βοῦς τῶν**, 418 c. — **κατακείμενοι**, according to custom, supported by the left arm and taking food with the right. — **σκίμποσιν**, *v. l.* *στιβάσιν.*

5. **σπονδαί**, the Greek dinner of luxury consisted regularly of two parts, the substantial meal and the symposium. The latter, in which came the wine and the dessert, was the part especially devoted to conversation, music, spectacles, and in general to pleasure and amusement. This part was always introduced, as for a blessing, by sacred libations, with the common addition of the singing of a pæan. (For a vivid picture of such an entertainment, see Becker's *Charicles*, Scene vi.) Both Plato and Xen. intro-

dance Socrates at a symposium. — **πρῶτον μέν**, corresponding to 187
μετὰ τοῦτο, § 7, 9, etc. — **πρὸς αὐλόν**, *to* [a flute] *the music of the flute*, 695. — **ὠρχήσαντο, ἥλλοντο ὑψηλά** (Lex. 477 b), **ἐχρῶντο**, tense 592 a. — **ταῖς μαχαίραις ἐχρῶντο** (Lex.), [used] *flourished*, or, *played with their swords*. — **ὁ ἕτερος τὸν ἕτερον**, 567 c. — **πεπληγέναι**, transitive, acc. to McM.

6. **τὸν Σιτάλκαν**, *the Sitalce-song*, in honor of a Thracian king of this name. See Dind., Thucyd. ii. 29, Diod. xii. 50. — **ἦν...πεπονθώς**, *but he was not at all harmed*, 679 a, *β*.

7. **καρπαίαν**, *the carpæan* or *farm dance* (from *καρπός*, fruits or crops, Lex.); McM. calls it the *wrist dance* (from *καρπός*, *wrist*). See Dind., who quotes Max. Tyr. *Diss.* xxviii. 4.

8. **παραθέμενος τὰ ὅπλα**, as our forefathers did with the guns which they carried to the field for protection against Indian attacks. Cf. Thucyd. i. 6. — **προΐδηται**, *as soon as he sees him coming*; *προ-*, "in front," often implies distance. Cf. *Cyr.* iv. 3. 21. So "*prospexi* Italiam," Virg. *Æn.* vi. 357, 385, McM. — **ἐποίουν**, in pantomime. — **τὸν ἄνδρα**, the common obj. of *δήσας* and *ἀπάγει*. — **τὼ χεῖρε**, case 481, 485 e.

9. **μιμούμενος**, *in pantomime*.

10. **Περσικόν**, sc. *ὄρχημα*, case 477 b (see Lex.).

11. **Ἐπὶ δὲ τούτῳ ἐπιόντες**, *and following him*. — **αὐλούμενοι**, *with the flute playing* to the warlike movement. Cf. vii. 2. 30. — 188
προσόδοις, solemn processions. Cf. Schneider.

12. **Ἐπὶ τούτοις**, perhaps best connected with *ἐκπεπληγμένους*. — **πυρρίχην ἐλαφρῶς**, the Pyrrhic dance was practised with such rapidity as to give its name to the quickest foot in prosody, 77, 740 c. It was especially used as a preparation for war; to give strength, and to train to ease and lightness of movement in arms. Byron taunted the modern Greeks with retaining it as a mere entertainment: —

> "You have the Pyrrhic dance as yet;
> Where is the Pyrrhic phalanx gone?
> Of two such lessons, why forget
> The nobler and the manlier one?"
>
> *Don Juan*, iii. 86.

13. **αὗται καὶ αἱ τρεψάμεναι**, obs. the repetition of final *αι*, and how the influence of a woman (i. 10. 3) is exaggerated into the direct action of the whole sex. The Greeks were intent upon astonishing the credulous and simple-minded Paphlagonians.

14. **μήτε ἀδικεῖν** a, cf. § 2.

15. **Σινώπης**, [of] *belonging to Sinope*. Some regard the word as here used to include the whole adjacent territory belonging to the city.

16. **Χειρίσοφος, Ἀναξίβιος**, v. i. 4; cf. Diod. xiv. 31. — **ἐπαινοίη**, numb.?

17. **εἰσῄει αὐτοῖς, ὅπως**, [it entered] *the question occupied their* 189
thoughts, how, etc.

18. **μᾶλλον ἂν...στρατεύματι**, *that the one could manage the army better*

2. ἐπὶ τὸν Κέρβερον, *to fetch Cerberus.* Cf. v. 1. 5, ἐπὶ πλοῖα. Thucyd. i. 117. McM.

4. πορείαν...πορευθῆναι, case 477: some join πορείαν with ἐβουλεύοντο, 474 b. — τῶν στρατηγῶν, case 432 f; 474 c. — οὐ μὴ γένηται, 597, cf. ii.
193 2. 12; iv. 8. 13 N. — ὁπόθεν...οὐκ ἔστιν, *there is* [not whence] *no source from which we can obtain provisions for our journey*; cf. ii. 4. 5.

5. μυρίους, cf. v. 6. 35: the Heracleotes had broken their promise of a month's pay. — ἡμῶν καθημένων, note the transition to oratio directa: cf. i. 3. 14 N; vii. 1. 33; *Odyss.* i. 372.

6. ἔστι δ' οἷ, 559 a. — ἀναγκάζειν, sc. διδόναι. — ὅ τι μή, nisi quod.

7. ἐπαπειλεῖν, 632 c. — ποιήσοιεν, *v. l.* ποιήσαιεν.

8. ἀνεσκευάσαν, ἐκέκλειντο, tense 599 c, f. McM. calls attention to Donaldson's Greek Grammar for this particular usage of the pluperfect to denote "the *establishment of a state* of condition in past time." Cf. ὡμολόγητο, i. 9. 14 N.

9. οἱ ταράξαντες ταῦτα, *those who had made this trouble,* 478.

10. Οἱ...αὐτοῖς, *and their language was.* — Ἀθηναῖον (ἕνα rejected by some), sc. Xenophon, whom they regarded as the actual leader, notwithstanding 1. 32. — καὶ Λακεδαιμονίων, *and even Lacedæmonians.* — οὐδέν,
194 *nothing,* or, *of no account.* — ὑπὲρ ἥμισυ, as nom. 706 a; *v. l.* ὑπερήμισυ.

11. ἑαυτῶν, καθ' ἑαυτούς, order? cf. 6. 18.

12. Χειρισόφῳ, case 464; cf. 3. 1. — ἀφ' ἧς = ἀπὸ ταύτης ᾗ (or, ἧς).

13. μετ' αὐτῶν, sc. the Arcadians and Achæans. — καθ' αὑτὸν πορεύεσθαι, but with the agreement, it would seem, that the two forces should meet at Calpe. — Χειρισόφου, case?

14. μηδείς, i. e. of the rest of the army. — αὐτοί, viz. Neon, Chirisophus, and Xenophon. — αὐτῶν, pos. 538 g. — τοῖς γεγενημένοις, case? — αὐτῷ, i. e. Neon, to whom, as his lieutenant, Chirisophus in disgust left the conduct of affairs. Some, with less reason, refer αὐτῷ to Xenophon, or the army.

15. ἔτι μέν, has been explained in two ways, *still further indeed* (a sense belonging to *v. l.* μὲν ἔτι) and *as yet indeed,* referring to a time continuing till what is afterwards stated with δέ. In this last sense, which is now generally preferred, it may be translated *at first,* or, *for a while.* Cf. *Hell.* ii. 4. 11; Plato *Protag.* 310 c. — λῷον καὶ ἄμεινον, a frequent pleonasm in consulting the gods; cf. vii. 6. 44.

16. γίγνεται...τριχῇ, [comes to be in] *is divided into three parts.* — Ἀρκάδες, appos. 393 d. — Χειρισόφῳ, *for Chirisophus,* or supply εἰσί. — εἰς τετρακοσίους, as nom. 706 a. — Θρᾷκες, cf. i. 2. 9. It is not surprising that Chirisophus and Xenophon felt deeply this breaking up of the army which they had guided safely through so many perils; the more because the movement was directed so personally against themselves. The small forces which they had rallied about them were mixed, including many inferior troops, and consisting only in part of their own soldiers, many of the best of whom had deserted them. Chirisophus, sick at heart and enfeebled

in health, gave up the conduct of affairs to his lieutenant, Neon; and Xenophon, who had incurred no responsibility by enlisting troops for the army, and yet had done more than any other one to save the whole, saw now an opportunity, the great perils past, of honorable return to his native city Athens. He perhaps thought that the best measure for his present force was to unite it with that of Chirisophus: Timasion was the only other general who was not an Arcadian or Achæan; cf. 3. 14.

17. **Ἀρκάδες**, sc. *καὶ Ἀχαιοί*, the chief tribe only mentioned. — **κατὰ μέσον πως**, [somehow at] *about the middle of* [Thrace] *the Thracian coast.* — **τῆς Θρᾴκης**, *Asiatic* Thrace, i. e. Bithynia, 4. 1.

18. **καὶ γὰρ ἤδη ἠσθένει**, 709, 2. He therefore took the easiest and safest route, 3. 10. He died on the march, 4. 11.

19. **μεσογαίας**, where supplies could be more abundantly obtained.

CHAPTER III.

THE ARCADIANS ATTACK THE BITHYNIANS. — RESCUED FROM GREAT DANGER BY XENOPHON AND HIS COMPANY. — ARRIVAL AT CALPE.

1. The first section is rejected by many: cf. 1. 1 N. — **τρόπον**, case? — **Χειρισόφου**, 447 b.

2. **Ἔπραξαν...τάδε**, *fared as follows*; case 478. — **μέν**, corresp. to **δέ**, § 10. — **Ἀρκάδες**, 2. 17. — **λόχος**, *v. l.* λόχον. — **ὁποία δὲ μείζων**, *but* [whatever, cf. 641] *if any one seemed larger than usual*, or, too large for a single division, 514. — **σύνδυο**, 240 f. — **ἦγον**, sc. *ἐπὶ ταύτην*.

3. **δέοι**, mode 643 e.

4. **ἠθροίζοντο**, tense? — **διέφυγον...ὁπλίτας** s, *escaped from heavy armed troops, out of their very hands.* 196

5. **ἅμα** (Lex.). — **τρέπονται**, sc. *οἱ Θρᾷκες*: cf. vii. 3. 3.

6. **πράγμασιν**, *trouble* or *difficulty* (Lex.), cf. iv. 1. 17. — **εὐτύχημα**, case 477: cf. i. 3. 17 N.

7. **τοξότην**, sing. × plur.? — **οἱ δέ**, i. e. the enemy. — **ἐπίεσαν**, sc. *οἱ Ἕλληνες*: cf. iv. 2. 15. — **ἄλλοι δὲ ἄλλῃ** s, *while others made an attack in another quarter.* Some explain according to 567 d.

8. **τελευτῶντες**, cf. iv. 5. 16 N.

9. **οὐκ ἐδίδοσαν**, *would not give*, 594, cf. i. 3. 1; vii. 1. 7. — **ἐν τούτῳ ἴσχετο** (Lex.), [on this] *here the matter stuck* or *hung.* 197

10. **Ξενοφῶντι...πορευομένῳ**, [for Xen. marching] *as Xen. was marching*; cf. iii. 2. 22 N. — **ᾔσθηνται**, *v. l.* ᾔσθοντο. — **ὄντος Ἑλληνικοῦ**, *consisting of Greeks.*

11. **νῦν ὅτι**, order 719 b, *η*. What word thus becomes more emphatic? — **πολιορκοῦνται**, **εἶεν**, mode?

12. **οὐδ'**, in indirect discourse, 686 c. — **οὐδεμίαν**: after verbs of "thinking," *οὐ* often takes the place of *μή* in an infinitive clause, when it is intended to give to the negative an emphasis which *μή* appears too weak to bear. McM. — **οὔτε...οὔτε**, anaphora, Vollb.

13. μόνοι...μόνοι, obs. emphasis of the repetition.

14. Rehdz. perceived that § 16–18 ought to precede § 14; and Schenkel so places them. Whether a copyist misplaced them accidentally, or in order that the words of Xen. might immediately precede *ταῦτ' εἰπὼν ἡγεῖτο* (§ 19), we can only conjecture. Rehdz. and Schenkel, from more regard to form than thought, place *ταῦτ' εἰπὼν ἡγεῖτο* between § 14 and 15. — **ὅσον ἂν δοκῇ**, [so far that, 557 a] s, *until it may seem to be time*, or, as far as it may *seem proper* to advance *before supper;* so as to make rapid progress. — **Τιμασίων**, 2. 16 N. — **ἐφορῶν**, *keeping us in sight.*

15. ἐκέλευε, and so also others, § 19. — **καίειν ἅπαντα, ὅτῳ**, 550 f., cf. § 19. For the purpose had in view, see § 19 s, 25.

198 **16. οὐδαμοῦ**, § 23; *v. l. οὐδαμοῖ.* — **πολλή**, sc. *ὁδός ἐστι.* — **οὔτε...δέ**, 716 b, *v. l. τέ.* — **μένουσιν**, sc. *ἡμῖν.* — **αὐτοῦ**, sc. at Calpe.

17. διακινδυνεύειν, [to risk ourselves through] *to meet all perils* of a march through the country. — **τῆς σωτηρίας ἔχεσθαι** (Lex.), case 426. — **ἔστιν**, *it is ours*, or, *in our power*, we have now an opportunity.

18. ὁ θεός (Lex.)...**οὕτως**, *perhaps the deity thus directs;* cf. Hdt. vii. 8, 1. — **ὡς πλέον φρονοῦντας** (Lex.), cf. 2. 11; × *μεῖζον φρονεῖ*, v. 6. 8; cf. Hdt. vii. 10, 5. — **ἀπὸ θεῶν ἀρχομένους** (Lex.), *who began with the gods*, i. e. by consulting them. See 2. 15; cf. *Cyrop.* i. 5. 6. — **ὡς ἄν**, final *ὡς* (or *ὅπως*) is sometimes followed by *ἄν*, chiefly after a command (here implied in *χρή*), "you must apply your mind to this, in order that you may be able (or, how you may be able)." See ii. 5. 16; vii. 4. 2. In such cases, Donaldson says, *ἄν* expresses an *eventual* conclusion, i. e. one in which an additional hypothesis is virtually contained; i. e. "*if you do*, — you will..." See McM.

19. ἐφ' ὅσον (Lex.). — **ἐπιπαριόντες** (Lex.), marching by the side of the main army, § 15; cf. iii. 4. 30. — **πάντα, ὅσα**, 550 f, cf. § 15. — **ἡ στρατιά** (Lex.), *the* main *army; οἱ ὁπλῖται*, sc. *ἕκαιον.* Cf. Cæsar *B. G.* ii. 11. — **παραλειπομένῳ**, by the cavalry who preceded, § 14 s.

199 **21. φυλακάς** × **φύλακας**? — **ὡς εἰς**, iv. 3. 11; i. 8. 1; i. 2. 21.

22. τοὺς ἡγεμόνας, § 10 s. — **ἐλάνθανον** (Lex.). — **ἐπολιορκοῦντο**, [were previously] *had been besieged;* cf. i. 2. 22 N. — **γραΐδια δὲ καὶ γερόντια**, probably captives whom they did not think worth taking with them.

23. τί, cf. ii. 1. 10, Rehdz. — **τῶν καταλελ.**, case? — **εὐθὺς ἀφ' ἑσπέρας**, *immediately* [from evening] *after nightfall;* cf. *ἕωθεν*, iv. 4. 8; v. 6. 23. — **ὅπου**, repeat *οἴχεσθαι*: *ὅπου* is for *ὅποι* (signif. præg.) the notion of arrival and rest being included in the verb of motion (*οἴχεσθαι*) "*where they were* got to..." Cf. iv. 7. 17. McM.

24. εἰς, [having come to, 704 a] *at.*

25. σχεδὸν ἀμφί, *nearly* [about] *at*, or *just about.*

26. ὁ χρόνος, *the time* requisite for such a march. — **τὰ παρ' ἡμῖν**, [the state of things with us] *our situation.* — **ὑμῶν**, case?

CHAPTER IV.

THE GREEKS AT CALPE. — ANOTHER EXPEDITION UNDER NEON. — XENOPHON AGAIN COMES TO THE RESCUE.

1. ἀρξαμένη...ἐστὶν ἀπὸ τοῦ στόματος...μέχρι Ἡρακλείας, *com-* 200
mencing at the mouth...[is] *extends to Heraclea* (i. e. its territory, 2. 19). Obs. the two limits placed side by side, 719 b, *e*. — **εἰσπλέοντι,** 462 c.

2. τριήρει...κώπαις; from the uniformity of this motion in calm weather, a convenient mode of denoting distance by sea. See Hdt. iv. 86, where the voyage for a long day is set at 700 stadia (= about 80 miles), and for the night at 600 (= about 68 miles). Arrian's *Periplus*, in which the voyage from Byzantium to Calpe is reckoned at 870 stadia (= about 98 miles). — **ἀλλά,** cf. iii. 2. 13 N. — **Θρᾷκες Βιθυνοί,** cf. McM. *in loc*. — **τοὺς Ἕλληνας,** for stronger expression rather than *αὐτούς*.

3. ἐν μέσῳ...Βυζαντίου, *lies* [in the middle] *midway of* [persons sailing from each place, from H. and B.] *the voyage between Heraclea and Byzantium*. Some regard πλεόντων as gen. absol. 676 a. — **τὸ μέν, αὐχήν, τὸ δέ,** 393 d. — **ὁ αὐχήν**: Krüg. quotes Pliny, iv. 5, as applying the term *cervix* to the Isthmus of Corinth. — **μάλιστα,** cf. v. 4. 12 N.

4. ὑπ' αὐτῇ τῇ πέτρᾳ, *beneath the very rock*, i. e. close beneath the rock. — **τὸ πρὸς ἑσπέραν,** 529 c. — **ἄφθονος ῥέουσα,** cf. **πολὺς ῥέει** = *multus* fluit, Virg. *Georg*. iii. 28.

6. χώρα, naturally connected with the harbor. — **καὶ κριθὰς** 201
καὶ πυρούς s, cf. 6. 1; 707 j.

7. τὸ πόλισμα ἂν γενόμενον = τὸ χωρίον ὃ πόλισμα ἂν γένοιτο, *the spot which might have been made a city*. — **βουλομένων**: such a desire on Xenophon's part certainly shines through his description. He wishes, however, to show that he himself took no steps in that direction; while the omens pointed very strongly that way, and seemed almost to forbid any other course.

8. Obs. the chiastic order of the participles. — **ἦσαν...ἐκπεπλευκότες,** *had sailed forth*. — **οὐ σπάνει βίου...ἀλλά** s, *not from the want of subsistence, but* [having heard] *from the report which they had received of the virtue of Cyrus*. — **οἱ μὲν καὶ ἄνδρας ἄγοντες,** especially the lochagi. — **καὶ τούτων ἕτεροι,** *and* [others than these, 406 a] *yet others*. — **ἀποδεδρακότες, καταλιπόντες,** tense 605 b: ἀποδιδράσκειν is here used as a transitive verb, taking the syntax of the equivalent notion φεύγειν. Cf. Thucyd. viii. 102, ἐκπλεῖν πολεμίους: *egredi urbem*, Livy xxii. 55: see vii. 8. 12. McM. — **ὡς...πάλιν,** [as to come again] *in the hope of returning with wealth acquired for them*. — **τοὺς παρὰ Κύρῳ,** cf. i. 4. 12. — **πολλὰ καὶ ἀγαθὰ πράττειν,** *were making* [for themselves many and good things, 702 c] *their fortunes*, or, *had done exceedingly well*, 604 a.

9. συνόδου, depends on *ὑστέρᾳ*, 408; cf. i. 7. 12. — **τεταρταῖοι** (Lex.); cf. *τεταρταῖος...ἐστι*, St. John xi. 39. — **κενοτάφιον**, 722 a; cf. tumulum inanem, Virg. *Æn.* vi. 505. — **αὐτοῖς**, 460. — **στεφάνους**, for funeral crowns the Greeks commonly used parsley, if within reach.

202 **10. Ἀγασίας τε Στυμφάλιος**, *v. l.* *Ἀγασ. ὁ Στυμφ.* See Küh. for other readings.

11. δίχα (Lex.). — **κατά** (Lex.): the old arrangement of the army, recently broken up, was now restored: cf. 2. 12. — **ἀπιέναι**, *depart for home.* — **τετελευτήκει**, *v. l.* *ἐτετελευτήκει*, 284 c; cf. § 13, 20. — **φάρμακον πιών**, Xenophon seems to mention this as the cause of his death: cf. 2. 18. — **τὰ ἐκείνου...παρέλαβε**, *succeeded to his command*, 428 a; cf. v. 6. 36.

12. δῆλον ὅτι...ποιητέον, sc. *ἐστίν*, impers. 572, 682 a. — **ἤδη**, pos.? — **Ἡμεῖς × ὑμᾶς**?

13. What examples of chiasms? — **ὁ Σιλανός**, *that Silanus*, who had been the chief soothsayer of the army, 523 h; cf. v. 6. 18, 33 a. — **μισθωσάμενος**, voice 581. — **ἐγίγνετο**, (Lex.) cf. ii. 2. 3.

14. λέγων, mode 666 b.

15. κηρύξας, some editions read Ξενοφῶν after this word. — **παρεῖναι ἐπὶ τὴν θυσίαν**, const. præg. cf. i. 2. 2. — **μάντις**, pos.? — **ἔθυε...θυομένων** (§ 16), *he proceeded to sacrifice: θυομένων* expresses the subjective notion of *consulting the gods by sacrifice*, the matter on which they were consulted being expressed by *ἐπὶ τῇ ἀφόδῳ*. See v. 5. 3, vii. 2. 14, 15, where *ἐθύετο* follows *ἔθυέ τι* (*held a sacrifice*), vii. 1. 37 N. McM.

203 **16. ἃ ἔχοντες ἦλθον**, *which they had brought with them.*

18. ὡς...ὅτι, anacoluthon, 716 a. — **τινος**, case? — **ἐκ**, for *ἐν*, const. præg.

19. σκηνήν...τὴν Ξενοφῶντος, art. 523 a 3, c. — **μή**, 686 d.

20. σχεδόν τι (Lex.). — **διὰ τὸ μέλειν**, *from its concerning all.* — **οἷ**, pos.?

21. τῷ ἐρυμνῷ χωρίῳ, cf. § 3, 7.

22. ὡς οὐδὲν δέον, [as though there were] *that there was no need*, 680 c. Rehdz. supplies *ἐστί*, and Kendrick *εἴη*, with *δέον*. — **ὑπό** (Lex.) 689 k. — **προθυμεῖσθαι...εἴη**, *to observe closely whether there was* [anything in this] *here anything favorable.* Xen. seems to have so requested Cleanor, on account of the suspicion with which his own movements were regarded. — **ἐγένετο**, *v. l.* *ἐγένοντο*.

204 **23. ἀνθρώπους**, case? — **ἡγεμόνος**, sc. the Heracleot. — **ἀσκοῖς** s. The *ἀσκός* was rather for liquids, and the *θύλακοι* for dry provisions, as meal, etc.

24. ὡς ἐπί, iv. 3. 11 N. — **πρῶτοι**, cf. § 26. — **βεβοηθηκότες ἦσαν**, § 8 N. — **Βιθυνοῖς**, cf. Hdt. iii. 89, and Xen. *Hell.* iii. 2. 2. — **Φρυγίαν**, which Phrygia? — **μὴ ἐλθεῖν**, 713 d. — **οὐ μεῖον πεντακοσίους**, 507 e, 511 c. — **τὸ ὄρος**, cf. § 5 a.

25. Ἐκ τούτου s, obs. order, 719 d. — **οὐκ ἐγεγένητο**, the sacrifice had not been offered owing to the want of victims, § 20. — **ὑπό**, § 22.

26. τοὺς λοιπούς, i. e. those who had escaped. — **καὶ ἐξαπίνης**, *when suddenly*, 705. — **μέχρι**, *v. l.* *μέχρις*.

27. ἐν δὲ τοῖς ὅπλοις, cf. iii. 1. 3 N.

CHAPTER V.

THE GREEKS ENCAMP AT CALPE. — SUCCESSFUL ATTACK UPON THE BITHYNIANS.

1. **ἄκοντες**, having learned, however reluctantly, the necessity 205
of this, from the incident in 4. 26 s. — **ἄπαν**, a distance of 400 feet, 4. 3.

2. **ἐπὶ τοῦ πρώτου ἱερείου**, [upon] *in the case of the first victim*, or, *upon the first sacrifice:* see ἐπί with gen. iv. 7. 10.

3. **διαβάντες**, sc. the generals.

4. **τοῦτον**, i. e. Neon with his division. — **ἐπὶ τοῦ**, cf. i. 4. 3; iv. 3. 3 N. — **οἱ λοχαγοὶ καὶ στρατιῶται ἀπέλειπον** (*v. l.* ἀπέλιπον) **αὐτούς**, *the captains and soldiers were leaving them* (i. e. the camp-followers with Neon); *v. l.* αὐτόν, *him*, i. e. Neon. — **κατέλιπον**, sc. the generals, substituting for Neon's division, which was unwilling to remain, the older soldiers from the army in general.

5. **τὴν οὐράν...ποιησάμενοι s**, *bringing the rear of the column* (in which they marched) *beside* (or into line with) *the first*, etc. — **ὁπόσους...κέρας**, i. e. all on either side of the column from front to rear. The men simply stepped sidewise for their work, ready to fall into line upon any summons.

6. **τρόπον**, case 483, 485, e, *a*. They repeated this method as often as was necessary. — **τῶν κωμῶν**, 4. 23, 24.

7. **ἡμέρας**, case? — **φάλαγγος**: the army was now stretched out 206
in line of battle, beyond the villages, to cover those that were gathering supplies. — **δύναμιν**, *v. l.* τὴν δύναμιν.

8. **σφαγιάζεται, καὶ ἐγένετο**, order? — **ἐπὶ τοῦ πρώτου** (Lex.); some supply ἱερείου, cf. § 2. — **σφάγια**, not ἱερά, as above § 2; the two are distinguished § 21: see i. 8. 15 N; iv. 3. 18, 19.

9. **φύλακας** (Lex.). — **οἱ πολέμιοι s**, *the enemy in a state of disorder may encounter men in good order and fresh.* McM.

10. **τήν**, sc. ὁδόν. — **ὡς μὴ ἑστήκωμεν** (form 317 b), *that we may not be standing*, as if afraid to proceed. — **πολεμίους**, case 432 h.

11. **ἥσυχοι**, *v. l.* ἡσύχως. — **ἀφελών**, *having detached.* — **ἀνά**, cf. iii. 4. 21 N; v. 4. 12. — **ἀπολιπόντας**, numb. and gender? — **τὴν δὲ μίαν**, *and one other.*

12. **τὸ ἡγούμενον**, cf. ii. 2. 4 N.
13. **ὅ τι τὸ ἴσχον εἴη**, cf. iv. 5. 20; 7. 4. Rehdz. — **βουλῆς** 207
οὐκ ἄξιον εἴη εἰ, *it was not worth consideration whether*, implying that the attempt would be hopeless.

14. **ἐθελούσιον**, with με, 509 c. Some join it with κίνδυνον, *a* [*voluntary*] *danger*, i. e. one which could be avoided. — **δόξης...εἰς ἀνδρειότητα**, *reputation for valor.*

16. Order? — **μεταβαλλομένους**, *reversing them:* cf. i. 2. 17.

17. οὐδενὶ καλῷ, neuter as ii. 6. 18. Born., following Sturtz, gives to *ἔοικε* the Homeric sense of *decere:* "honestum decet neminem." Cf. Plato *Legg*. ix. 16. McM. — **τούτους**, obj. of *οἶδα*, 474, or subj. of **δέξασθαι** and repeated in *αὐτούς*. — **ἐλπίζετε**, *expect*.

18. Τὸ δὲ διαβάντας s, *to cross and bring a difficult ravine in our rear.* — **ἆρ' οὐχὶ καὶ ἁρπάσαι ἄξιον;** *is not this an advantage even worth snatching at?* as obliging us to fight desperately. — **ἡμᾶς...δεῖ διδάσκεσθαι**, *it is*
208 *well that we should be taught.* — **μὴ νικῶσι**, *unless we conquer*, 686 d.

19. τὸ νάπος, position?

20. πόσον τι νάπος ὁ Πόντος; *what sort of a valley is Pontus* (to cross)? *νάπος*, properly a hollow between hills, glen, ravine, etc. (Lex.) is here the basin of the sea lying between its opposite coasts. Cf. McM. — **ἢν θᾶττον**, [if] *the sooner.*

21. τὰ ἱερά, § 2. — **σφάγια**, § 5. Cf. i. 8. 15 N. — **πάντως**, *v. l.* *πάντας.*

22. Καὶ ὅς, 518 f. Cf. i. 8. 16 N. — **ᾗ...τοῦ νάπους**, [where, 420 a] *at whatever part of the ravine.* — **ἄν**, modifies *γένεσθαι*, 621 e, f. — **ἐξεμηρύοντο**, (Lex. *ἐκμηρύομαι*).

23. ἐπὶ ταῖς θύραις τῆς Ἑλλάδος, cf. ii. 4. 4 N.

24. ἕπεσθε s, *follow Hercules as leader*, 523 b. — **ὀνομαστί**, cf. Homer, *Il.* x. 68. — **ἀνδρεῖόν τι**, *v. l.* *ἀνδρὶ ὄντι.* — **εἰπόντα...παρέχειν**, sc. *τινά*, 667 h. — **μνήμην** [sc. *ἐν τούτοις*, 551 f], **ἐν οἷς ἐθέλει** [sc. *παρέχειν*, etc.], *to secure a remembrance of himself among those he wishes.*

209 **25. ποιησάμενοι**, sc. the Greeks, especially the officers. — **ἐπί**, const. præg. i. 2. 2. — **σημαίνοι**, cf. ii. 1. 2; iv. 3. 29. — **σύνθημα παρῄει**, cf. Virgil, *Æn.* vii. 637; also i. 8. 16 N.

26. καλὸν ἔχειν τὸ χωρίον, *had* [their position favorable, 523 b] *a favorable position.*

27. Obs. the polysynd. and change of number. — **ὑπηντίαζον**, note use of *ὑπό* with words denoting rapid movement. — **ἐπαιάνιζον**, *v. l.* *ἐπαιώνιζον* (Lex.); cf. i. 8. 17; iii. 2. 9.

28. ὡς ὀλίγοι ὄντες, [as being few] *with so small a number*, 2. 16. — **ἅτε**, iv. 2. 13.

29. τὸ ἱππικόν...τὸ τῶν πολεμίων, 523 a, 2; 719 d.

30. συνεστηκός, consistere, Dind., a compact, unbroken force. — **ἀνερρήκεσαν...ἐδόκει**, 705. — **οὕτως ὅπως**, *in such manner as;* *ὅπως* when used thus instead of *ὡς* or *ὥσπερ* implies distress or difficulty, as in *ἔπλευσ' ὅπως ἔπλευσα.* Cf. ii. 1. 6. McM. — **ὡς μή...ἀναπαύσαιντο**, ne hostes fiducia sumpta vires suas reficerent.

31. νάπος...αὐτοὺς ὑπεδέχετο, *a ravine received them* beneath, or, more freely, *lay in their way.* This prevented their retreat in order, while they hastened to effect their escape through or across it. — **ὅ** (comm. referred to the preceding sentence rather than to *νάπος*)...**Ἕλληνες** s, *which the Greeks were not aware of, but had turned back from the pursuit too soon to observe:* fortunately, perhaps, as otherwise they might have been tempted, late as it was, to follow on to the ravine, in the hope of harassing the enemy there.

32. ἔνθα, *v. l.* *ἔνθα δή*, cf. iv. 1. 2.

CHAPTER VI.

MUCH SPOIL OBTAINED. — CLEANDER ARRIVES, BUT DECLINES THE COMMAND. — MARCH TO CHRYSOPOLIS.

1. ἀμφί (Lex.). — **προσωτάτω** (Lex.). — **Κλέανδρον**, 4. 18. — **ὡς ἥξοντα**, [as about to come] *in expectation of their coming; ἥξοντα* agreeing with Κλέανδρον as most prominent, or with πλοῖα as nearest, 497. — **ἑκάστης ἡμέρας**, [in each day] *every day*, 433 a. ἀδεῶς, *v. l.* ἀδεῶς ἤδη. — **πυρούς, κριθάς**, etc., asynd., cf. ii. 4. 28.

2. ἐξῆν, *there was leave* for individuals. — **ἐλάμβανον**, *took for themselves.* — **οἱ ἐξιόντες**, *v. l.* omit οἱ: cf. McM.

3. κατῆγον, *put in*, or touched at the place. Cf. v. 1. 11.

4. πολίζει, mode? — **ὅτι δέοι**, 674 b. — **ἐπεδείκνυον**...**στρατιώ-** 211
ταις, *showed them to the soldiers*, to avoid all suspicion of secret practice, and also, perhaps, hoping for an influence in favor of colonization. Some even translate, perhaps too strongly, *introduced* or *presented.* Cf. 1. 14.

5. οὐδέν, pos.? — **οἰχόμενοι**, by themselves. — **ἄλλοι ἄλλῃ**, *v. l.* omit ἄλλῃ: Born. conjectures ἄλλοσε. — **ἀφαιρεθεῖεν**, acc. to the rule adopted by the army, § 2, 8. — **Δεξίππῳ**, who had come with Cleander, see v. 1. 15; vi. 1. 32. — **αὐτοῖς, σφίσιν**, 537.

6. ἁρπάζειν, *to rob* him.

7. ἦν αὐτῷ...**λοχίτης**, *was a soldier of his company.* — **ἀγόμενος**, the man that was being carried off, etc. — **ἀνακαλοῦντες**, 530 a, cf. ἀνακαλοῦντες τὸν εὐεργέτην, τὸν ἄνδρα τὸν ἀγαθόν, *Cyr.* iii. 3. 4.

8. κατεκώλυον, *endeavored to stop them* (according to some, this). — **οὐδὲν εἴη πρᾶγμα**, *it was nothing* serious. — **αἴτιον**...**ταῦτα γενέσθαι**, *the cause* [that these things should be] *of this affair.* αἴτιος is often followed by τοῦ, 444 f.

10. εἰ...**ἐκδώσει**, cf. i. 3. 14; v. 6. 7. 212

11. διά (Lex.). — **ἐξ οὗ**, *on which account, wherefore.* — **παρ'** (Lex.) **ὀλίγον ἐποιοῦντο**, *they put Cleander beside a trifle*, by way of comparison: *they made small account of Cleander*, parvi faciebant. ποιεῖσθαι = *æstimare*, occurs in various forms: ἐν ἐλαφρῷ ποιεῖσθαι, περὶ πολλοῦ ποιεῖσθαι, δεινὰ ποιεῖσ., ἐν ἀποῤῥήτῳ ποι., vii. 6. 43. McM.

12. ἐμοὶ δέ, cf. iv. 6. 10; v. 5. 13. — **ἡμῖν**, connect with ἄπεισιν, 453 N; i. 7. 20. — **εἷς ἕκαστος**, in appos. with subj. of εἶσι, 393 d, 501.

13. ἁρμοσταῖς, cf. v. 5. 19 N.

14. αἱ πόλεις ἡμῶν, ὅθεν ἐσμέν: Krüg. compares *ex tuis literis quas mihi misisti*, Cicero *Epist. ad Diver.* x. 13.

15. ἀκούω, tense? — **οὐκ ἂν ἐποίησεν**, 631 b. — **ἐγὼ μὲν οὖν**, repeated after the parenthesis. — **αἰτίας**, case 699 f. — **ἐμαυτοῦ**, case 699 a. 213

16. αἰτιᾶται, sc. Cleander? — **κρῖναι**, voice? cf. § 18. — **εἰ**...

οὐδ', cf. i. 7. 18 N; Küh. vii. 1. 29. — **ἀντὶ δὲ τούτων**, *on the contrary, in place of this.* — **εἰρξόμεθα**, *we shall shut ourselves out from*, or (as pass. excludemur) *we shall be excluded from*, 576 a.

17. **θεούς**, case 472 f. — **ἦ μήν** (Lex.). — **ἀφειλόμην**, 707 i; cf. v. 8. 10.

18. **μὴ ἐκδῶτε**, *v. l.* μὴ ἐκδότε. — **τούτου ἕνεκα μήτε πολεμεῖτε**, *on this account*, or, *so far as this is concerned, have no war.* — **σώζοισθε ἀσφαλῶς**, *may you be*, etc., 638, d, e. — **ὑμῶν αὐτῶν**, part. gen., *of your own number.*

19. **ἔδωκεν** a, *granted* [that he should go having selected] *him the privilege of selecting as attendants.* — **ὁ ἀφαιρεθείς**, order, cf. iv. 2. 18.

20. **ἐκέλευσας**, *v. l.* ἐκέλευε: cf. i. 7. 16 N. — **σε, σὲ αὐτόν**, emphat. repe-
214 tition; *v. l.* σεαυτόν. — **χρῆσθαι** [sc. ἡμῖν or αὐτοῖς] **ὅ τι ἂν βούλῃ**, *to treat us as you may please*; cf. i. 3, 18 N, iii. 1. 40. — **ἀξιοῦσι** (numb.?) *deem it proper*, or *require.*

21. **Δεξίππου**, case 485 d, 661 b. Obs. the antithetic and sarcastic repetition here and in § 22.

22. **ἐφ' ᾧτε**, 557, 671 a; cf. iv. 2. 19.

23. **Καί, τί, καί, τί**, the office of each? — **Τραπεζουντίους...πεντηκόντορον**, case? — **ἀπεστερήκαμεν**: ἀποστερεῖν follows the syntax of ἀφαιρεῖσθαι (i. 3. 4); whereas στερεῖν more usually takes a *genitivus rei* (i. 4. 8). McM. — **τὸ ἐπὶ τούτῳ**, [as to that resting] *so far as rested on him.* — **Ἤκουε... ὥσπερ ἡμεῖς**, doubtless at Trapezus, as again at Cotyora, v. 6. 9. — **Τοῦτον οὖν...ἀφειλόμην**, sc. τὸν ἄνδρα, *from him, therefore, I rescued the man.* See § 21, where the genit. is used after ἀφελόμενοι.

24. **ἦγες**, tense? — **τῶν παρὰ σοῦ**, const. præg., cf. i. 1. 5 N. — **νόμιζε ...ἀποκτείνων** (though infin. with νομίζω oftener), 657 f, 677 a. — **ἄνδρα δειλόν...ἄνδρα ἀγαθόν**, note antithesis.

25. **ἐπαινοίη** × **ἐπαινοίη ἄν**. — **ἀξιοῦτε**, *claim* for yourselves, 644 b.

26. **τοῦτον**, sc. Agasias.

215 **28.** **τὸ μέρος**, [the part given to him] *his part* or *share.* — **τοῖς λῃσταῖς**, § 5. — **ῥήτραν**, this term is applied to Lycurgus's unwritten laws; Plutarch, *Lyc.* 13. — **τοιοῦτος**, *such a person*, so concerned in the affair, yet claiming innocence. Cleander reserves his judgment, neither censuring nor acquitting.

29. **τῶν ἀνδρῶν, τὼ ἄνδρε**, § 30, etc., 494.

30. **αὐτοῖς**, numb. and gend.? — **Δρακόντιον**, why selected? — **κατὰ πάντα τρόπον**, cf. iv. 5. 16.

31. **σοι ὑφεῖτο, ὅ τι ἐβούλου** (conforming in time to ὑφεῖτο) **ποιῆσαι**, *submitted itself to you that you might do whatever you pleased.* — **αἰτοῦνται καὶ δέονται**, what is expressed by doubling the verb? — **ἐμοχθησάτην**: we have repeatedly remarked the eminent services of Agasias.

32. **σου** (also § 33), case, 434 a. — **καὶ ὡς ἱκανοί** a, *and, while submis-*
216 *sive to their commander, how capable they are, with the favor of the gods, of meeting the enemy fearlessly.*

33. **σου...παραγενόμενον**, cf. i. 2. 1 N.

34. **ναὶ τὼ Σιώ**, i. e. by Castor and Pollux; *Hell.* iv. 4. 10. The Attic oath, νὴ τὼ θεώ, meant Demeter and Persephone. McM. — **πολύ...ἀντίος**

...ἢ οὖς, [very different than] *quite the reverse of what.* — **περὶ ὑμῶν ἐνίων,** *concerning some of you.* Küh. regards ἐνίων as governing ὑμῶν, Krüg. as in appos. with it. Cf. v. 5. 11.

36. **οὐκ ἐθέλει,** *refuse.* — **ἐξάγειν,** like εἶναι (ii. 2. 3 N.) [favorable] *for me to lead forth.* — **ἐκεῖσε,** i. e. to Byzantium.

37. **διαθέμενοι,** *having disposed of,* by sale, to traders touching at the port. — **Βιθυνῶν** (Lex.).

38. **οὐδενί,** *no booty.* — **τὴν φιλίαν,** sc. χώραν, where they would 217
be on expense, and could not plunder. — **ὑποστρέψαντας** = *having turned sharp round,* they fell upon the Bithynians. — **Χρυσόπολιν, Χαλκηδονίας** (Lex.). Some editors use the form Καλχηδονία, Καλχηδών, wherever this word occurs. Cf. 167 b.

BOOK VII.

MOVEMENTS OF THE GREEKS IN THRACE. — MARCH TO PERGAMUS IN MYSIA.

CHAPTER I.

THE GREEKS INDUCED TO CROSS TO BYZANTIUM. — DISTURBANCES THERE. — XENOPHON'S COURSE.

1. **Ὅσα μὲν δή** κ, see p. 3, Notes, statement as to division into 218
books, summaries, etc. — **ἔπραξαν** × **ἐποίουν**? (Lex. πράττω): the more definite term is here used with reference to the more recent events. — **ἔξω τοῦ στόματος,** i. e. ἔξω Βοσπόρου Θρᾳκίου. Küh.

2. **χώραν,** *v. l.* ἀρχήν. — **στρατεύηται,** mode 653. — **ὅσα δέοι,** sc. ποιεῖν Φαρνάβαζον.

3. **μετεπέμψατο...εἰς,** 579, cf. i. 1. 2. — **τῶν στρατιωτῶν,** om. by some editors.

4. **ὅτι ἀπαλλάξοιτο...ἀπό,** *that he was about to take his leave of.* — **συνδιαβάντα,** *having crossed over with* (the army). — **ἔπειτα οὕτως** (so used separately after a participle, rarely both together), *then, in this* 219
condition of affairs, i. e. having crossed with them into Europe.

5. **Σεύθης,** (Lex.) cf. 2. 32; v. 1. 15. — **συμπροθυμεῖσθαι,** iii. 1. 9. — **καὶ ἔφη...ὅτι** (rare after φημί, 659 h; pos. 719 η, cf. § 11), *and promised him, if he would add his influence for this, that he should not repent of it.* — **μεταμελήσει,** *v. l.* μεταμελήσειν.

6. **μηδέν...μήτε,** on emphatic use of negatives, 713 b. — **τελείτω,** sc. Σεύθης. — **προσφερέσθω ὡς ἄν...ἀσφαλές,** *let him make such application as* *may seem to him safe*, or (acc. to some) *sure of effect*; v. l. ὡς ἂν αὐτῷ δοκῇ, *as may seem to him best*.

7. **ὡς ἀποπέμψων...ποιήσων**, 598 b. — **ἐπισιτίζεσθαι...πορείαν**, *to procure provisions for the journey*.

8. **ξένος**, vi. 6. 35. — **ἠσπάζετο**, vale dicebat, *was bidding him farewell*. — **μὴ ποιήσῃς**, 628 c. — **εἰ δὲ μή**, 717 c; iv. 3. 6 N. — **οὐ ταχὺ ἐξέρπει**, *is creeping forth* [not quickly] *so slowly*. Acc. to some, ἐξέρπει is taken from the mouth of Cleander in its more Doric sense, = ἐξέρχεται.

9. **οἱ στρατιῶται αὐτοί**, supply αἴτιοί εἰσιν.

10. **πορευσόμενον**, *as if about to march* with them. — **ἐλθόντες...διαπραξόμεθα**,
220 (sc. the generals) *we will go and settle with Anaxibius*.

11. **συνεσκευασμένους**, v. l. συσκευασαμένους. — **προσανειπεῖν**, v. l. προσανεῖπεν. — **ὅτι**, pos. 719 η.

12. **πρῶτον**, v. l. πρῶτοι. — **ἄρδην** (Lex.) = παντελῶς. — **Ἐτεόνικος** (Lex.), Cf. Thuc. viii. 23. — **ὡς**, with fut. part. § 7 N. — **μοχλόν**, a strong bar placed across the double gate, and secured within a socket on each side.

13. **τἆλλα τὰ ἐπιτήδεια** = *other supplies*. Küh. omits τά.

14. **Ἐπακούσαντες**, *having overheard*. — **ἢ καί**, *or* [even] *perhaps*. — **Ἱεροῦ**, v. l. ἱεροῦ: the road into the Chersonese lay through this mountain: cf. 3. 3. A fortress Ἱερὸν ὄρος is mentioned by Demosthenes, *De Halon.* § 17; *De Falsa Leg.* § 156. — **κύκλῳ**, *round about*, or, *taking a sweep*. — **διὰ μέσης**, 508 a.

15. **εἰσιόντες**, as fut. part. See Lex. εἶμι.

16. **ἔκοπτον**, force of the impf.? 594. — **εἰ...ἀνοίξουσιν**, cf. i. 3. 14 N.

17. **χηλήν** (Lex.), *the breakwater* or *mole*, meaning here the projecting stone-work which protected the walls next the sea from the violence of the waves. See scholiast on Thuc. i. 63, quoted by Küh. — **ὑπερβαίνουσιν**,
221 *rush over*. — **ἀναπεταννύουσι**, v. l. ἀναπεταννύασι. — **κλεῖθρα** = μοχλόν, § 12. See Dictionary of Antiquities.

18. **ἔθει καὶ συνεισπίπτει**, see § 20, where, in the same way, the impf. and histor. pres. are joined together.

19. **ἔνδον**, *within*, i. e. their houses or abodes. — **ἔξω ἔθεον**, Küh. and others omit ἔθεον and supply as understood φεύγουσιν.

20. **τὴν ἄκραν**, i. e. τὴν ἀκρόπολιν, in next sentence. Krüg. compares *Hell.* vi. 1. 2, where the acropolis is mentioned, which in § 3 is called ἄκρα. — **Χαλκηδόνος**, cf. vi. 6. 38 N. — **σχεῖν τοὺς ἄνδρας**, *to sustain the expected onset of the soldiers*.

21. **πολλοί**, *in great numbers*. — **Νῦν**, cf. v. 6. 15 N. — **ἔξεστιν**, 459. — **ἀνδρὶ γενέσθαι**, virum te præstare, *to become a* (μέγαν, famous or eminent) *man*, 667 b. — **ἔχεις**, note repetition and asynd.

22. **θέσθε τὰ ὅπλα** s, *range yourselves under arms*. Xenophon's readiness and promptitude in so critical a case deserve to be noted.

222 23. **εἰς ὀκτὼ ἐγένοντο**, *fell in eight deep*; v. l. πεντήκοντα. — **τὸ κέρας ἑκάτερον**, 523 b.

24. **οἷον**, 556 a. — **τὸ Θρᾴκιον**, an open space within the walls, near the

gates, called *Thracian;* cf. *Hell.* i. 3. 20. McM. — **ἔκειτο τὰ ὅπλα,** iv. 2. 20 N; cf. τίθεσθαι τὰ ὅπλα, § 22. — **συγκαλεῖ,** *called round him.*

25. **τιμωρησόμεθα,** 579, 432 a. — **οὐδέν** (acc. of specification, 481), *in no respect.*

26. **ἑωρακότας,** sc. ἡμᾶς. — **τὰ νῦν ἤδη γεγενημένα,** cf. vi. 1. 32. Xenophon refers to the Peloponnesian war (B. C. 431–404), the result of which was that the Spartans gained the supremacy.

27. **εἰσῄλθομεν,** *v. l.* ἤλθομεν. — **τριακοσίων,** *v. l.* τετρακοσίων. — **ἐν τῇ πόλει,** i. e. ἀκροπόλει, see Thuc. ii. 13. 24. — **τῶν ἐνδήμων,** *the home revenues.* — **ὑπερορίας,** sc. γῆς or χώρας. — **τῶν νήσων**: concerning the allies and tributaries of the Athenians in the great struggle with the Lacedæmonians, see Thuc. ii. 9. Also, for full and accurate information respecting the financial condition and management, the sources of revenue, etc., of Athens, the student must consult the work of Aug. Boeckh, "Staatshaushaltung der Athener," translated into English by Mr. A. Lamb (1857) under the title "The Public Economy of the Athenians."

28. **ἄν,** pos. 621 a. — **ὅσοι,** *v. l.* οἱ. — **τοῦ ἄνω βασιλέως,** i. e. the king of Persia: **ἄνω,** up the country, the interior region back from the 223
sea-coast. — **ὅστις,** ii. 5. 12; 558.

29. **τοῖς ἡμετέροις** [= ἡμῶν] **αὐτῶν,** *our own friends,* 498. — **πάντες ε,** *all* (these friends and relatives) *are in those cities which,* etc. — **δικαίως,** sc. στρατεύσονται ἐφ' ἡμᾶς. — **βάρβαρον,** rather an exaggeration, since Trapezus, Sinope, and Heraclea are called Ἑλληνίδας πόλεις, v. 5. 14. McM. explains by saying, "they are styled *Barbarian* here, when compared with Byzantium, probably as being in Asia and under barbarian rule; — the Persian king's authority over the *Asiatic* Greeks having been repeatedly acknowledged (during the Peloponn. War), as, for instance, in the treaties B. C. 411 (Thuc. viii. 58), and B. C. 387." — **οὐδεμίαν,** for μηδεμίαν. Küh. — **καὶ ταῦτα,** cf. i. 4. 12 N. — **ἐξαλαπάξομεν,** Homeric word for ἐκπορθήσομεν.

30. **εὔχομαι, ἔμεγε, γενέσθαι,** *I pray that I may be:* cf. iii. 1. 17 N. — **ἐπιδεῖν,** *look upon,* or, behold. — **κατά,** *down below,* or, *under.* — **δικαίων τυγχάνειν,** 427. — **ἡμᾶς δεῖ...στέρεσθαι,** *we ought not, wronged though we be, to deprive ourselves of the Grecian soil at least.*

31. **εἰ δὲ μή,** [but if not] *but if we obtain none,* 710, 717 c. — **πειθόμενοι,** sc. ὑμῖν.

32. **οἱ μέν,** asynd. Cf. i. 1. 9 N.

33. **καθημένων,** *seated,* i. e. in council, cf. vi. 2. 5 N. — **Κοιρατάδης,** see Lex. — **οὐ φεύγων,** *though not an exile.* — **στρατηγιῶν,** *an army-seeking fellow,* ambitious to be a general. — **Δέλτα** (Lex.). — **μόλωσιν,** 224
poetic word, used only here by Xen. — **σιτία,** *v. l.* σῖτα.

34. **ἀκούουσι** (asynd.)...**τοῖς στρατιώταις,** anacoluthon. Krüg. remarks, the writer began the clause as if ἔδοξε δέχεσθαι were about to follow. — **τέλεσι,** i. e. *the authorities* or *magistrates:* cf. ii. 6. 4. — **ἀπαγγελεῖ, βουλεύοιντο,** for change of mood and tense, see ii. 1. 3 N.

36. **ὅστις ἄν,** *v. l.* ὃς ἄν. — **πεπράσεται,** 601 b; cf. i. 5. 16; ii. 4. 5.

37. εἰς, omitted by some before ἀνήρ. — ὡς ἐπί, cf. iv. 3. 11 n. — ἐθύετο, *was proceeding to take the auspices*, but was stopped before the act of immolation (ὡς θύσων), § 40, where the narrative is resumed, §§ 38 and 39 being a parenthesis, stating what Xen. was doing meantime. McM.

38. ἐκέλευε (i. 6. 2 n) διαπρᾶξαι, *v. l.* ἐκέλευεν οἱ διαπρᾶξαι.

39. ἥκοι, λέγων, μέλλοις, obs. abrupt change of construction to oratio obliqua, and then to oratio directa. — ἔφη, sc. Cleander. — ἐκέλευεν (*v. l.* ἐκέλευσεν), sc. Anaxibius.

225 40. ἀσπασάμενος, cf. § 8 n. — οὐκ ἐκαλλιέρει, *had no favorable sacrifice.* — ἐστεφανωμένος, having on the garland or chaplet worn by one about to offer sacrifice. Cf. *Cyrop.* iii. 3. 34. — Κοιρατάδῃ, ἡγησάμενον, cf. i. 2. 1 n; 667 e. — μή (Lex.), 686. — εἰ μὴ δώσει, for the more usual δώσοι: cf. i. 3. 14.

41. πολλῶν s, literally, *when there was wanting much to him, so that a day's food was not the lot of each of the soldiers*, i. e. his supply of provisions fell far short of one day's subsistence for each of, etc. — ἐνδέοι, *v. l.* ἔδει. — ἀπειπών, *throwing up*, in disgust.

CHAPTER II.

OUTRAGEOUS CONDUCT OF ARISTARCHUS. — NEGOTIATIONS WITH SEUTHES, A THRACIAN PRINCE.

1. Φρυνίσκος, named as one of the generals, § 29. Cf. iii. 1. 47. — κατά, *over against, near.*

2. ἔπειθε, persuadere studebat, *was trying to persuade.* — δεδώκει (as plupf.), *had given.* — ταὐτά, *v. l.* ταῦτα: cf. 6. 12.

226 3. ἀποδιδόμενοι, [giving for one's profit] *selling.* — κατὰ τοὺς χώρους, *through the districts* or *fields.* — καταμιγνύοντο, *v. l.* κατεμίγνυντο.

4. διαφθειρόμενον (explanatory of ταῦτα), *was being dispersed* or *broken up.*

5. Κυζίκῳ (Lex.). — ὅσον οὐ, tantum non, prope, *all but.* — παρείη εἰς, cf. i. 2. 2 n.

6. εὕρῃ, *v. l.* εὕροι, or, εὕροιεν. — ἀναγκάζων s, *compelling* (the inhabitants) *to receive them into their houses.* — Ἀρίσταρχος...ἀπέδοτο, inexcusable cruelty on his part.

7. κατὰ τὰ συγκείμενα, *according to the agreement*, cf. 1. 2. He now calls on Pharnabazus to keep the agreement made between them. The satrap, however, thinking Anaxibius to be of no further value to him, treats his proposal with contempt, which stirs up Anaxibius to vindictive fury. — Ἀρίσταρχον, Ἀναξίβιον: Ἀναξιβίου, Ἀρίσταρχον, chiastic pos. — διεπράττετο τὰ αὐτά, *effected the same arrangement.*

8. Ξενοφῶντα, he seems to have been at the time with Anaxibius, 1. 39. — συνέχειν αὐτό, *to keep it together.* — προπέμψαι, *to send forward*, or,

πορεύεσθαι. — τοῖς ἵπποις, *with the horses* requisite or necessary for this 227
purpose. — ἐπὶ τὸ στράτευμα, at or near Selybria, § 28.

9. διαπλεύσας, *having sailed across* the Propontis.

10. ὑπισχνούμενος ἃ, *promising to him that which he thought by mentioning* (it), *he would persuade him.*

11. ἀποσπάσας, sc. τοὺς ἑαυτοῦ, or, ἑαυτόν. — ἐν τῷ αὐτῷ (sc. τόπῳ), *on the same ground*, i. e. together.

12. ἔπραττε περί, *was bargaining* or *negotiating for.* — πεπεισμένος, *urged on.* — ἀπεῖπε μὴ διάγειν, [said that they should *not* transport] *forbade the shipmasters to transport*, 713 d.

13. ὅτι, cf. i. 6. 7 N. — καὶ ἐμέ, obs. change to oratio directa. — τοίνυν, cf. v. 1. 2 N. — τῇδε, *in this place*, in Perinthus as well as Byzantium, § 24.

14. ὄντων, sc. αὐτῶν. — πείσεται (Lex. πάσχω), euphemistic 228
expression for *lose his life.* — τοὺς μὲν = τούτους μέν. — προπέμπεται, force of mid.? cf. προπέμπει, § 19. — αὐτός, take with βούλοιτο.

15. ἐθύετο, for force of mid. see Lex. θύω. — παριέναι, *v. l.* προιέναι. — τοῦ κελεύσαντος, i. e. Aristarchus. — ἔνθα δή, *v. l.* ἔνθα δέ. — ἀνάγκη, sc. ἦν. — τῷ ἐκεῖ, i. e. Cyniscus, 1. 13.

16. ὁ μὲν...εἶχεν, *he was occupied in these matters.* — ἐδόκει, sc. εἶναι.

17. αὐτῷ, *v. l.* αὐτῳ. — ἰέναι, cf. ii. 2. 3 N. — παρὰ...ἑκάστου, *from each.*

18. ἐρήμοις, i. e. *without sentinels* or *guards* stationed at them. — μετακεχωρηκέναι, *had changed his encampment* to some other place. — τῶν περί, 27 a. — τῷ Σεύθῃ, dat. as in 4. 19; cf. i. 7. 20; ii. 6. 8; iii. 4. 31. Its effect is to make Seuthes virtually the subject of the sentence: *that Seuthes had fires lit in front*, etc. See Arnold at Thucyd. iii. 97. McM. — μήτε ὅσοι μήτε ὅπου εἶεν, *v. l.* μηδ' ὅπου εἶεν: μήτε ὅπου εἰσί, μήτε ὅποι ἴοιεν. Küh.

19. προπέμπει, cf. § 14 N. — ὁ ἀπὸ τοῦ στρατεύματος, i. e. ὁ ἐν 229
τῷ στρατεύματι ὢν καὶ ἐκεῖθεν ἐλθών, Küh.; qui præest exercitui. Born.

20. ἀναπηδήσαντες ἐδίωκον, *having leaped up* (i. e. mounted their horses, probably) *they galloped away.* — ὅσον, circiter, 507 f.

21. ἐγκεχαλ. ἐφυλάττετο, *he was keeping guard* (for himself) *with these ready bridled* for use. Born. reads, for ἐγκεχαλινωμένοις, ἐγκεχαλινωμένων, sc. αὐτῶν. Cf. i. 4. 12 N.

22. Τήρης (Lex.), cf. Thucyd. ii. 29; Hdt. iv. 80; vii. 137. — ὑπό, after ἀπολέσαι, denoting the agent. — ἀφαιρεθῆναι, 485 d. — μάλιστα νυκτός, *especially at night*, these, the Thyni, being most distinguished for carrying on successful warfare during the night.

24. Ἔπεμψας, cf. 1. 5. — ὑπισχνούμενος...ποιήσειν, after verbs of promising, etc., the infin. is oftener in the fut. acc. to the rule for indir. disc., *promising that you would do*, 659 g.

25. ἔφη, *assented*, or, *said yes.* — αὖθις, § 10. — τὰ χωρία, cf. 5. 8. —
σέ...χρήσεσθαι (*v. l.* χρήσασθαι), *that I should experience you* (find 230
you) *as a friend.* — παρὰ σοῦ, cf. iii. 4. 9 N.

26. **Ἴθι νῦν**, *v. l.* *νυν*, enclit. Küh. — **ἔφη**, sc. Xenophon. — **ἀφίγμαι τούτῳ**, cf. 452 a.

27. **οὐδέν**, governed by *τελεῖν*. — **αὐτός...ἀπιέναι**, 667 f.

28. **τί γάρ**, quid igitur? 708 b. — **κατά**, *to* or *at*, i. e. near to, in vicinity of. — **διαβαίνειν**, sc. *χρῆναι*, from *οὐχ οἷόν τε* preceding. Cf. Thucyd. i. 142.

29. **ἔξω εἰσίν...ὁ πιστότατος**, sing. nom. for plur. *στρατιῶται* or *φίλοι*.

30. **πιστοτέραν...πρᾶξιν**, *the transaction* or *negotiation* to be more *binding*. — **κάλεσαι**, *call in these also*. — **τὰ ὅπλα**, obj. of *καταλιπεῖν*.

31. **οὐδενὶ ἄν...Ἀθηναίων**, *he would distrust no Athenian*. — **συγγενεῖς**. Krüg. rejects the claim of lineage or kinship, but Küh. holds that the traditions authorize the pretensions of Seuthes. — **ὅ τι χρῆσθαι**, Cf. i. 3. 18 N.

32. **ἦν**, for *ἦσαν*, agrees in numb. with *ἀρχή* the predicate. — **τὰ πράγματα**, 506, c. — **ἐνόσησεν**, this word, by an easy metaphor, is often applied to disorders in the state; cf. Demosth. *Phil.* iii. 12, *νοσοῦσι καὶ στασιάζουσι*. — **ἐκπεσών**, expulsus, *banished*. — **βασιλεῖ**, i. e. of the Odrysæ.

231 **33.** **ὁμοτράπεζος** = *ὁμοτράπεζος*. — **ἱκέτης δοῦναι μοι**, *as a suppliant* (begging him) *to give to me*. — **τοὺς ἐκβαλόντας...ποιοίην**, *I should inflict evil upon those who had expelled us* (my family). — **μὴ ἀποβλέπων**, cf. v. 6. 27 N. — **ὥσπερ κύων**, these words are rejected by Küh. and others.

34. **σὺν τοῖς θεοῖς**, *with the help of the gods*.

36. **κυζικηνόν**, i. e. per month. — **βούλωνται**, 607 a; 667.

37. **ἀπό**, Küh. reads *ὑπό*, cf. i. 2. 18 N. — **ἀπιέναι...παρὰ σέ**, *to take refuge with you*.

38. **Σοί...θυγάτηρ**, this passage is quoted as in favor of Xen.'s being older than is advocated in the present edition of the Anab. (see Introduction), cf. 6. 34 N. — **Θρᾳκίῳ νόμῳ**, cf. Hdt. v. 6; Tacit. *Germania*, § 18. So too the ancient Greeks, Aristot. *Polit.* ii. 8. — **Βισάνθην**, cf. 5. 8.

CHAPTER III.

OPERATIONS OF THE GREEKS IN THE SERVICE OF SEUTHES.

232 **1.** **δεξιάς**, cf. ii. 4. 1 N. — **ἕκαστοι**, i. e. each deputation from the several divisions of the army, 2. 29; cf. iv. 5. 23; v. 5. 5.

2. **ἔδοξε**, force of aor.? — **τὴν ὁδὸν ἐᾶσαι**, *to decline going*.

3. **οὗτος δὲ ὁ αὐτός**, *and this same person*, 540. — **Ἱεροῦ ὄρους**, cf. 1. 14. — **ἣν κρατήσαντες τούτου**, *if having gained* (i. e. crossed) *this* mountain. — **πωλήσειν**, i. e. Aristarchus, 2. 6. — **ἐξαπατήσεσθαι**, fut. mid. in pass. sense, with *ὑμᾶς*, cf. v. 5. 2 N. — **περιόψεσθαι**, i. e. Aristarchus, *overlook* or *neglect you*. Note the change of subj. with infin. in this section.

4. **ἐκεῖνον**, i. e. Seuthes. — **εὖ ποιήσειν ὑμᾶς**, *he will do well for you*. —

τοῦτο, *about this*, i. e. whether to obey Aristarchus or to go to Seuthes. — **ἐπανελθόντες**, i. e. to the villages named in next section and 2. 1.

5. **ἴωσι**, sc. the Lacedæmonians. — **οἱ ἥττους**, i. e. the Thracian villagers, weaker than ourselves. — **ὅ τι τις ὑμῶν δεῖται**, *what service each of these* (i. e. Aristarchus and Seuthes) *desires of you.*

6. **Ἀνέτειναν**, cf. iii. 2. 9 N. — **τῷ ἡγουμένῳ**, ii. 2. 4 N.

7. **ἔπειθον**, *tried to persuade;* force of imp.? 594. — **αὐτῷ**, i. e. 233
Xenophon.

8. **τῶν τοῦ Λακωνικοῦ** = those with Aristarchus, the envoys of the Lacedæmonian. Krüg. regards *τῶν* as neuter, referring to things offered by the Lacedæmonian. — **ἐξενίσθαι**, *v. l.* *ξενίζεσθαι.*

9. **εἶπεν**, *v. l.* *ἔφη.* — **Ἀλλά**, 708 e. — **ἀπεχούσας...ὅσον**, *distant only so far as that.*

10. **κυζικηνόν**, 2. 36. — **τὰ νομιζόμενα**, *that which is customary*, i. e. double to the captains, and fourfold to the generals, 2. 36. — **διατιθέμενος**, *by the sale of.*

11. **ἀποδιδράσκοντα**, cf. i. 4. 8 N. — **ἀνθίστηται**, *v. l.* *ἀνθιστῆται.* — **χειροῦσθαι**, *to subdue* or *overcome.*

12. **θαλάττης**, i. e. the Propontis.

13. **τῷ βουλομένῳ**, leave was granted *to any one that wished* to 234
speak, 678 a. — **ἔλεγον...εἴη**, *said to the same effect that the proposal of Seuthes* was worth *everything, for it was winter*, 643 c. — **διαγενέσθαι**, *to remain.* — **ὠνουμένους ζῆν**, *to live by purchasing* food. — **εὕρημα**, *a god-send*, an unlooked-for piece of good fortune, 633 d. Cf. ii. 3. 18.

14. **ἐπιψηφιζέτω**, *let him* (i. e. the proper officer) *put it to vote.* Krüg. and others read *ἐπιψηφίζεσθε*, *do you vote for these measures.* The mid. voice denotes "to *decree* by vote" (6. 14). Xenophon, in bidding them let the officer put the matter to the vote, instead of doing so himself (as at v. 1. 14), assumes the attitude of an indifferent party, lest hereafter (if matters went ill) he should be blamed for having influenced their choice. Cf. 6. 12, and foll. McM. — **ἐπεψήφισε**, *v. l.* *ἐπεψήφισαν.* — **συστρατεύσοιντο**, acc. to Rennell's calculation, it was now about the beginning of December, B. C. 400.

15. **ἐσκήνησαν**, cf. iv. 5. 15 N.

16. **Μαρωνείτης**, cf. Lex. — **ἐνὶ ἑκάστῳ** (*τούτων*) **οὕστινας**. — **ἔχειν τι δοῦναι**, cf. Thucyd. ii. 97. — **πρῶτον μέν**, correlative clause, *Αὖθις δέ*, § 18. — **ἄγοντες αὐτῷ**, 450 b, 540 f. — **ἄνω**, *up the country.*

17. **διακείσεται** = *ἕξει τὰ πράγματα*, melius vobis erit. Küh.

18. **νομίζοιτο...δωρεῖσθαι**, *it was usual...to make presents.* — 235
καταγαγεῖν, Timasion was in exile at the time. — **προὐμνᾶτο**, *sued* or *pleaded for.* — **ἑκάστῳ**, take with *προσιών*, as in § 16.

19. **ἄλλοι**, reference especially to Alcibiades (5. 8), *Hell.* ii. 1. 25; Corn. Nepos, *Alc.* vii. 4.

20. **Εὔνους**, see 444 d. — **τούτῳ**, *v. l.* *τούτων.* — **οὐ...ἔχων...εἰ μή**, *not having* (anything) *except.* — **παῖδα**, Wheeler renders here *son;* the ordinary meaning, *servant* or *attendant*, seems better. — **ὅσον ἐφόδιον**, money just enough for the journey's expenses.

21. **τρίποδες**, mensae tripedes (cf. Lex.). — **ζυμῖται**, *v. l.* ζυμῆτες.

22. **τράπεζαι**, Küh. says these are the same as the τρίποδες, § 21; Hutchinson and others understand the word to mean the dishes of food on the tables. — **κατὰ τοὺς ξένους**, i. e. *before the guests.* — **ὅσον μόνον**, *only enough*, 556 b.

236 **23.** **φαγεῖν δεινός**, *a terrible fellow at eating.* — **τὸ μὲν... χαίρειν**, [bid farewell to] *let the distributing take care of itself.* — **τριχοίνικον**, a single choenix was the usual daily allowance.

24. **περιέφερον**, *they* (i. e. the attendants) *carried round.*

25. **λέγοι**, *v. l.* λέγει. — **ἠπίστατο** (ἐπίσταμαι).

26. **προπίνω σοι**, 460. — **οὐ μή**, 627; cf. ii. 2. 12 N.

28. **ἵνα καὶ ἐγώ**, [I say this to you] *in order that I also.* — **τιμᾶν**, sc. **σέ**.

29. **ποιήσοι**, *v. l.* ποιήσει. — **ὀρέξαι**, 450 b. — **ὑποπεπωκὼς ἐτύγχανεν**, *he happened to have drunk somewhat freely*, was pretty well warmed up with wine.

237 **30.** **μᾶλλον ἔτι ἐμοῦ**, *even more than I myself.*

31. **προϊέμενοι**, entrusting themselves, eager. — **τὴν δὲ κτήσῃ**, *and shall acquire territory in addition.* — **λῄζεσθαι**, *to obtain by plundering.*

32. **συγκατεσκεδάσατο...κέρας**, *and then sprinkled what was left in the horn* on himself, or on his companions. Plato, *De Legg.* i. 9, says that the Thracians think this "an honorable and excellent custom": to us certainly it seems barbarous enough. — **μαγάδι**, 218 (Lex.).

33. **ἀνέκραγε πολεμικόν**, *he shouted the war-cry*, 478.

34. **σύνθημα**, cf. i. 8, 16 N. — **ὅπως...εἴσονται**, 624 b: **ὅπως** with fut. indic. after a past tense is unusual. — **οἵ τε γάρ...φίλοι**, *for both those who are enemies to you are Thracians, and so also are those who are friends to us* Thracians.

35. **αὐτούς**, i. e. *by themselves*, 541 a.

238 **36.** **ἀναμένετε**, *v. l.* ἀναμενεῖτε, fut. for imperat. — **ὁπόταν... ἥκω**, *when it is the proper time, I will come*, 641 a.

37. **εἰ...ἔχει**, *whether the Greek custom is not preferable*, cf. iii. 2. 22 N. — **βραδύτατον**, cf. *Cyr.* v. 3. 37.

38. **ἥκιστα...ἀλλήλους**, *are least likely unconsciously to straggle away from one another.* — **περιπίπτουσιν**, *fall foul of*, cf. Thuc. ii. 65. — **ἀγνοοῦντες**, sc. ἀλλήλους.

39. **τῷ νόμῳ**, 524 a. — **εἶπον**, i. e. the Thracians. — **Ἀθηναίων**, *v. l.* Ἀθηναῖοι, making it the subject of εἶπον. — **συγγένειαν**, 2. 31.

41. **αὐτὸς...πορευόμενος**, *that he himself when marching with even a few.*
239 — **ὥσπερ δεῖ**, *just as we require.*

42. **ἀτριβῆ**, *untrodden.*

43. **καλῶς...ἔσται**, 571 d. — **τοὺς ἀνθρώπους...ἐπιπεσόντες**, *we shall fall upon the men unperceived* by them. — **τοῖς ἵπποις**, *with the cavalry.*

45. **οὐκ ἐμοῦ μόνου δέῃ**, *you do not need me alone* or especially.

46. **τριάκοντα**, Schneider adduces this passage as evidence that Xenophon was a young man comparatively, about 30 years old. (See Introduction.) Some inferior MSS. have the reading **πεντήκοντα**.

47. Τάδε δὴ ἃ, *this is just as you said* (§ 38), the fellows are caught; *but then I have lost my cavalry who are gone away without supports* (cf. iii. 4. 40). McM. 240

48. σὺν [τούτοις] οἷς ἔχω, 554 a N. — παρατεῖναι τὴν φάλαγγα, *to extend his line.* ἄλλα μόρια, on the use of ἄλλα, as here, see 567 e.

CHAPTER IV.

FURTHER OPERATIONS AGAINST THE ENEMIES OF SEUTHES.

1. ἄλλοις (sc. λογιζομένοις) οἷα πείσονται (πάσχω, Lex.), cf. i. 7. 4 N. — πείσονται, tense, 607 a, 645.

2. λείαν...διατίθεσθαι, cf. vi. 6. 37 N. — γένοιτο, *v. l.* γένηται. — ἄν, after ὅπως, with optat. denotes condition of attainment, cf. vi. 3. 18 N. — ἐκλιπόντες, sc. τὸ πεδίον.

3. ἀπεκαίοντο, cf. iv. 5. 3 N.

4. ἀλωπεκίδας, *fox-skin caps:* cf. Hdt. vii. 75; Ovid. *Trist.* iii. 10. 19. — ζειράς, long overcoats or wrappers, reaching to the feet, and 241 buckled round the loins. Cf. Hdt. vii. 69. The Greek chlamys was a short cloak or mantle.

5. τῶν αἰχμαλώτων (part. gen.), *some of the captives,* 423. — ὅτι...ὅτι, 714; v. 6. 19. — ὑπό, with acc. *under, close under,* with the idea of motion.

6. συνεπισπέσθαι (Lex. συνεφέπομαι), *v. l.* συνέπεσθαι. — παρῆσαν, cf. i. 2. 2 N.

7. Ἐπισθένης (Lex.). — παιδεραστής, *a lover of boys,* a word mostly used in a vile sense.

8. Καὶ ὃς, 518 f. — δεῖται, *v. l.* δέεται. — συνελέξατο, aor. in plpf. sense. — τρόπον, *character.*

9. μέλλει χάριν εἰδέναι, *is likely to esteem it a favor.*

10. εἰ παίσειεν, *whether he should strike,* cf. i. 9. 19 N. — ἐκείνου, i. e. the boy. — Ὥρα, sc. ἐστί. — μοι διαμάχεσθαι, *to fight it out with me.*

11. ταῦτα μὲν εἴα, [allowed these things] *acquiesced in this,* and spared the boy's life. — μή, *v. l.* μηδ'. — ἐν τῇ...κώμῃ, *in the village highest up* (of all those) *under the mountain.* — καλουμένοις, cf. i. 2. 13 N. 242

12. ὥστε ἀπολέσθαι (671 a, b), *so as to be destroyed,* i. e. where they ran the risk of perishing.

13. πειθομένους, *so long as they were obedient.* — ἄρα, cf. iv. 2. 15 N.

14. εἰς, 704 a, cf. i. 2, 3; 7. 1. — περιεσταύρωντο, *were fenced about.*

15. ἔφασαν, i. e. the Thynian captives so said afterwards; or, it may be, they uttered these things as threats; see Küh. — ὡς, 680. — αὐτοῦ, *there,* where he was, within.

16. ἐφαίνετο, *was appearing.* — οἱ περί, 527. — ἔνδον, cf. 1. 19 N. 243 — Μακίστιος (Lex.), a town not far from Scillus, Xenophon's resi-

dence for many years. For this reason probably he makes mention of Silanus by name. — **ὀκτωκαίδεκα**, some conjecture *ὀκτὼ καὶ πεντήκοντα*, on the ground that a youth of this age (about 18) could hardly blow a trumpet, as here stated. — **ἐσπασμένοι τὰ ξίφη**, *with drawn swords*, cf. i. 8. 29 N.

17. **ὄπισθεν** = *ὥστε ὄπισθεν εἶναι*, cf. v. 2. 16. — **περιβαλλόμενοι**, *throwing round* from front to back, to protect the rear; *slinging their bucklers* (*τὰς πέλτας*) *behind*. McM. — **ἐνεχομένων**, *being caught in* or *entangled*. — **εἰ δὲ καί**, cf. i. 10. 3 N.

18. **παρ' οἰκίαν**, [beside] *past a house*, 689 d. — **ἠκόντιζον**, *kept hurling javelins* out of the dark, etc. — **εἰς τὸ φῶς ἐκ τοῦ σκότους**, cf. v. 4. 31 N. — **ἔτρωσαν** (*τιτρώσκω*). — **Εὐοδέα** (Lex.).

19. **τοῖς πρώτοις**, *the first* that he met; others were on the way. — **ἐπείπερ**, *as soon as he perceived* how matters stood. — **τὸ κέρας ἐφθέγγετο αὐτῷ**, *his trumpet was kept sounding* or *blowing*. — **ἐδεξιοῦντο**, [gave the right hand] *congratulated*.

20. **εἰ βούλεται**, cf. i. 3. 14 N. — **ἐᾶσαι**, sc. *στρατεύεσθαι*.

244 **21.** **τριπλασίαν**, *three times as large* as before the arrival of the Greeks. — **πράττοι**, *v. l.* *πράττει*.

23. **σπείσασθαι**, Küh. reads *σπείσεσθαι*, and omits *ἂν* before *ἔφη*. — **τιμωρήσασθαι**, cf. 1. 25 N.

24. **Ἀλλ' ἔγωγε** (708 e), *well, I for my part*. — **δίκην ἔχω**, *I have satisfaction*, I am sufficiently avenged. Cf. Hdt. i. 45. — **συμβουλεύειν**, note sudden change to indir. discourse. — **ταύτῃ**, sc. *τῇ χώρᾳ*.

CHAPTER V.

SEUTHES FAILS TO PAY THE GREEKS. — THE TROOPS BLAME XENOPHON. — EXPEDITION TO SALMYDESSUS.

1. **Ὑπερβάλλουσι** (histor. pres.), *they now crossed over*. Küh. following Krüg. by a change of punctuation, makes *ὑπερβάλλουσι* the dat. of the participle, depending on *παρῆν*, § 2. — **Δέλτα** (Lex.), cf. 1. 33. — **Μαισάδου**: *ἦν οὐκέτι* is not applicable to Mæsades, the father of Seuthes. He was dead (2. 32), and the Delta had never belonged to him, as appears from the context, but to the hereditary dominions of this family. The sense seems to be, "now this (Delta), though belonging to Teres, the Odrysian, an ancient prince of the family, had formed no part of the kingdom in the reign of Mæsades." The remark is made as showing that the Greeks had already accomplished Seuthes's object, the recovery of his father's territory. McM.

2. **Ἡρακλείδης...παρῆν**, cf. 4. 2 N. — **διανείμαι**, 454 e.

3. **τοίνυν**, cf. v. 1. 2 N. — **καὶ αὖθις**, *at another time* (on *καί*, see McM.). — **τούτοις...δωροῦ**, *bestow your gifts upon these, the generals* and captains, who have, etc.

4. οὐ πλεῖον ἐμπολῆσαι, *he had not sold any more* of the booty 245
than would suffice for twenty days' pay: ἐμπολῆσαι, *v. l.* ἐμποδῆσαι, ἐμπωλῆσαι.

5. ἀχθεσθείς, *being vexed* or *annoyed*. — καὶ προσδαν....καὶ ἀποδόμ., *either by borrowing...or selling*. — σαυτοῦ, *v. l.* ἑαυτοῦ, pron. of 3d pers. sometimes used for 1st or 2d.

6. ὅ τι ἐδύνατο, *in whatever way he could*. — διέβαλλε, *calumniated*, labored to bring into disgrace.

7. ἐνεκάλουν, *were finding fault with*. — ἤχθετο αὐτῷ, 661 b. — τὸν μισθόν, i. e. the full pay for the month.

8. τέως, *up to that time*. — ἀεὶ ἐμέμνητο, *he had been continually mentioning* or *saying*. — ὡς...παραδώσοι, *v. l.* παραδώσειν (659 e), cf. iii. 1. 9. — Βισάνθην (2. 38) s, see Lex. — ἐμέμνητο, 432 c. — καὶ...διεβεβλήκει, *had maliciously stated this also*.

9. ἔτι ἄνω, *further up the country*. — λέγειν τε s, *on the one hand bade them say that they could lead the army* [no less than] *quite as well as Xen.* (if he refused), *and on the other he promised*, etc. See McM. — σφεῖς, on this use of the pron. cf. 539 b. — ὑπισχνεῖτο, *v. l.* ὑπισχνεῖται. — ἔντος, om. by Küh. and others.

10. στρατευσαίμην ἄν, cf. v. 1. 4 N.

11. παρεκάλει, *v. l.* παρακαλεῖ. — πανουργίαν, *craftiness* or *knavery*. — ὅτι βούλοιτο, *in that he wished*.

12. ἐπεί...ἐπείσθησαν, 605 c. — Μελινοφ. (see Lex.). The coast in the vicinity of Salmydessus was noted for shipwrecks and the barbarous practice of plundering the wrecked vessels, and enslaving all who were caught in them. — ὀκέλλουσι καὶ ἐκπίπτουσι, *are grounded and cast on shore*.

13. ἕκαστοι ληΐζονται, *each* (tribe) *plunders*. — τέως, *up to that time*. — ἔλεγον, ἁρπάζοντας, πολλούς, *v. l.* ἐλέγοντο, ἁρπάζοντες, πολλοί: subj. of ἔλεγον, the adherents of Seuthes, who made these statements about the people in the vicinity of Salmydessus.

14. βίβλοι γεγραμμέναι, *written books*, i. e. manuscripts. Some understand by βίβλοι here rolls of bark; others say that the word is used for sails, ropes, coverlets, etc. Krüg. remarks that, "as so many books were written and read in Greece, it is not at all surprising that some of them should have been transported to the Greek colonies." — ταῦτα, *these regions*, as § 13, κατὰ ταῦτα (χωρία).

15. ἀεί, *successively*, *from time to time* (see Lex.); cf. iii. 2. 31; iv. 1. 7.

16. παγχαλέπως εἶχον, *were very hard in their feelings*. — 247
οὐκέτι...διέκειτο, *was no longer on familiar terms* with Xen. — ὁπότε...ἔλθοι (i. e. Xen.), 641 b. — ἀσχολίαι, *engagements*, or pressure of business. — ἐφαίνοντο, *were pretended*.

CHAPTER VI.

THE GREEKS INVITED TO MARCH AGAINST TISSAPHERNES. — XENOPHON'S DEFENCE OF HIMSELF AGAINST ACCUSATION.

1. Θίβρωνος, *v. l.* Θίμβρωνος. — **δοκεῖ στρατεύεσθαι**, *had resolved to take the field.* — **Τισσαφέρνην.** This wily satrap had returned to Asia Minor, invested with all Cyrus's former authority, and eager to obtain vengeance. The Ionian cities sought help from the Lacedæmonians against Tissaphernes; accordingly Thibron had been sent out with the title of harmost, and troops to the number of 4500. Cf. Xen. *Hell.* iii. 1. 3. — **δαρεικός**, cf. v. 6. 23 n.

2. ἐπί, *for*, i. e. for the purpose of taking away with them the army. — **χαριεῖ** (v. *l.* χαριῇ), *will confer a favor.* — **ἀπαιτήσουσι**, i. e. οἱ στρατιῶται.

3. παράγειν, *to bring in*, or *introduce* the Lacedæmonian envoys. — **εἶπεν ὅτι...ἥκουσιν** : **ἔλεγεν ὅτι...ἀποδίδωσι**, 607; cf. i. 3. 14 n. — **τε**, connects **ἀποδίδωσι** with βούλεται. — **ξενίᾳ**, *v. l.* ξένια, cf. vi. 1. 3.

4. τίς ἀνήρ, *what sort of a man.* — **χεῖρόν ἐστιν αὐτῷ**, *it is the worse for him*, 453. — **Καὶ οἷ**, 518 f. — **'Αλλ'**, 708 e.

248 **5. Ἆρ' οὖν...μή**, *why, he will not oppose us*, (will he?) respecting the removal of the army? ἆρα μή indicates doubt and misgiving as to the reply. — **τὸν μισθόν**, *the pay*, cf. § 1. — **προσχόντες** (προσέχω) sc. τὸν νοῦν.

7. ὅτι, 644. — **δοκεῖ**, cf. § 1 n.

8. ἐν ἐπηκόῳ, see Lex., cf. ii. 5. 38. — **ἑρμηνέα**, see § 43, τὸν ἑαυτοῦ ἑρμηνέα.

9. 'Αλλ', 708 e. — **καὶ πάλαι**, jampridem, *long ago.* — **οὐδὲν πεπαύμεθα**, *we have had no rest.* Krüg. reads (after Stephens) πεπάμεθα (πάομαι), *we possess nothing.* — **ὁ δέ...ἔχει**, *he has our labors*, i. e. the fruit or results of our labors and privations. — **ἰδίᾳ** (Lex.). — **ἡμᾶς...μισθόν**, 480 c.

10. ὅ γε πρῶτος λέγων ἐγὼ μεν, *I, at least, who am the first one to speak* out the truth in this matter. — **δίκην** (Lex. διδόναι δίκην). — **περιεῖλκε** (see
249 Lex.), *has dragged us around.* — **τὸν μισθὸν...ἔχειν**, *I would, I think, deem that I had my pay.*

11. 'Αλλὰ πάντα s, *well, really* (after this), *a man may expect any kind of fate.* — **ἐν ᾧ** (with νῦν) s, *at a time when* [to myself at least I seem to be] *I am conscious*, etc. — **παρεσχημένος**, *of having shown.* — **'Απετραπόμην**, cf. 1. 4; 2. 8. — **οὐ μὰ...οὗτος**, *no, by Zeus, not* from learning, etc. — **ἀκούων...εἶναι**, 657 k.

12. ὅθεν = ἐκεῖσε ὅθεν, cf. 2. 10, etc.; i. 3. 17 n.

13. δήπου, *of course*, perhaps a little ironical.

14. μέν, δέ, *on the one hand, on the other.* — **πάντες...ταῦτα**; *did you* (or did you not) *all say?* etc. Dind. and others omit the interrogation.

15. **Ἐπεί**, *since.* — **εἰ ἐπαινῶ αὐτόν**, *if I were to commend him* (649 c); i. e. supposing that *I do really* praise him, in *that* case, you may fairly accuse me, etc. McM. — **διαφορώτατος**, *most at variance.* — **περὶ ὧν** = *περὶ τούτων ἅ*, *concerning matters about which I am at variance* **250**
with him.

16. **ἔξεστι**, *it is possible.* — **ἔχοντα**, sc. *ἐμέ.* — **τεχνάζειν**, *am trying to trick you out of it* (your money) by feigning enmity towards him. — **εἴπερ ...Σεύθης**, *if Seuthes paid me anything*, 454 e. — **οὐχ οὕτως** s, *he did not, assuredly, pay it with any idea that he should be both deprived of*, etc. — **ἐπὶ τούτῳ**, *with this purpose* or *intention.*

17. **πράττητε**, *πράττειν*, with 2 accus. *to exact from*, 480. — **ἐὰν μὴ βεβαιῶ τὴν πρᾶξιν**, *if I do not complete the business.*

18. **Ἀλλά...ἔχειν**, *but* [I am conscious of wanting much of having your money] *I am far enough from having any of your property*, cf. v. 4. 32 N. — **ὀμνύω...θεούς**, 472 f, cf. vi. 6. 17. — **σύνοιδέ μοι**, [knows with me] *knows as well as I*, whether, etc.

19. **συνεπόμνυμι**, *I swear further* or *in addition.* — **μὴ τοίνυν μηδέ**, *no, indeed, not even*, 713 b.

20. **ὅσῳ μᾶλλον, τοσούτῳ μᾶλλον**, *the more I, so much the more he*, etc. — **συμφέρομαι**, *I shared with.* — **αὐτοῦ τὴν γνώμην**, *his disposition*, ungrateful as it is.

21. **Ναὶ μὰ Δία**, 476 d. — **ᾐσχυνόμην μέντοι, εἰ...ἐξηπατήθην**, *I should be ashamed indeed, if I had been deceived; ἄν* omitted gives emphasis, cf. 632.

22. **εἴ γε...φυλακή**, *if indeed precaution is* (necessary) *towards friends.* — **πᾶσαν**, sc. *φυλακήν.* — **ἠδικήσαμεν τοῦτον οὐδέν**, 480 b. **251**

23. Kühner and others omit *ἂν ταῦτα* after *ἐδύνατο.* — **ὡς** = *ὥστε.* — **ἃ.. εἶπον**, *what I would never have spoken.* — **τούτου**, i. e. Seuthes. — **ἐναντίον**, *in the presence of.* Their lack of sense (*ἀγνώμονες*) and ingratitude (*ἀχάριστοι*) forced him to the humiliating acknowledgment of the distressed condition in which the Greeks were when they entered the service of Seuthes.

24. **προσῄτε πόλιν**; *v. l. εἰ προσῄτε πόλιν, Ἀρίσταρ.* — **οὐκ εἴα**, *forbid* or *prevent.* — **ὑπαίθρια**, *in the open air.* — **μέσος χειμών**, *midwinter.* — **ὁρῶντες, ἔχοντες**, *while you saw, while you had.* — **ὅτων** (253) gen. of price. — **ἐνήσεσθε**, Küh. and others make all these clauses interrogative, *did not Aristarchus? was it not midwinter?* etc., so also, § 25.

25. **ἐπὶ Θρᾴκης**, ad fines Thraciæ. — **ἐφορμοῦσαι**, *stationed outside*, blockading the coast. — **εἶναι**, sc. *ἀνάγκη ἦν.*

26. **οὐδέν τι ἄφθονον**, *in no great abundance* certainly. — **ὅτῳ...οὐκ ἦν**, *but we had no force whereby*, etc. — **συνεστηκός**, *in a body* or *organized.*

27. **μηδ'...προσαιτήσας**, *without having asked any pay whatever in addition*, 551 g. — **ἂν ἐδόκουν**, *should I seem?* — **πρὸ ὑμῶν**; *in your behalf?* 693.

28. **Τούτων...κοινωνήσαντες**, *for, surely, while you shared in* **252**
these advantages, in having the aid of these troops. — **κατὰ σπουδήν**, 696. Küh. and others read *μᾶλλον* repeated before *μετέσχετε.*

29. [illegible], 713 d. — κατ' ὀλίγους, *in small parties.*

30. [illegible] τῆς ἀσφαλείας, cf. v. 6. 31 N. — τοῦτο...πάθημα, *is this the [illegible] you are complaining of?* — ζῶντα ἐμὲ ἐᾶν εἶναι; *to suffer me to [illegible]* 679: v. l. ζῶντα ἐμὲ ἀνεῖναι (Krüg.), *to let me go alive?* cf. [illegible]

31. Οὐ [illegible]. — εἴ τι = ὅτι, 639 a; cf. i. 6. 1. — ταῦτα πράττοντας, *while [illegible] them.* — οὔτε...ἀπεβάλετε, *nor did you lose any alive,* i. e. by [illegible] being made captives.

32. [illegible] ὑμῖν, *if any honor had been gained by you,* 461; i. 8. 12. — [illegible], *in addition to these things,* i. e. the reputation or glory acquired in Asia. — ἐν ἐμοὶ χαλεπαίνετε, *for which you are angry with me,* 45[illegible] — χάριν εἰδέναι, *be grateful* (Lex. χάρις).

33. [illegible], 697. — ἀνήχθην (ἀναίρω), *I weighed anchor* or *set sail:*
253 v. l. ἀνήχθην (ἀνάγω). — ἄν με ἐπέμπετε, (otherwise) *they would never have sent me,* impf. as of repeated acts, 2. 8, 1. 8; or of animus, "would not have been disposed to send." McM.

34. πρὸς Λακεδαιμονίους, join with διαβεβλημένος, *calumniated to,* i. e. *in the eyes of the Lacedaemonians.* — ὑφ' ὑμῶν, ὑπὲρ ὑμῶν, emphatic, indicating their ingratitude. — ἀποστροφήν, ii. 4. 22 N. — εἰ γένοιντο, i. e. *if I should have any.* These words bear on the question of Xenophon's age at the time, and clearly imply that he had neither wife nor children as yet. Subsequently he had two sons, Gryllus and Diodorus (by a wife named Philesia), the former of whom fell at Mantinea, B. C. 362: Plut. Ages. [illegible] cf. 2. 35 N.

35. ἐγὼ ἀπήχθημαι (ἀπεχθάνομαι) τε πλεῖστα, *I have incurred very great hatred.* — καὶ ταῦτα, 544 a. — κρείττοσιν, dat. of agent, after passive verb, [illegible] — πραγματευόμενος...ὑμῖν = καὶ εἰς πραγματ. in ordinary construction.

36. οὔτε ἀποδιδράσκοντα, *nor running away* stealthily. — καταπεπτωκότας, Kuh. reads καταπεπτωκότες, but it may be doubted whether there is any such perf. of [illegible] to be found in use. See Veitch's "Greek Verbs." Cf. 6[illegible]. — ἐν τῷ μέρει κ. [illegible], *in his* (proper) *share and beside* (beyond) *his share;* in his turn as well as out of his turn. — τρόπαια βαρβ., *trophies over the barbarians.* — πρὸς ὑμᾶς, contra vos, or apud vos, i. e. *against your caprices,* or *for you, for your sake.*

37. Καὶ γὰρ οὖν, cf. i. 9. 8 N. — Ὑμεῖς δέ...νῦν δὴ καιρὸς ὑμῖν δοκεῖ εἶναι: *You, then...does it now seem to you to be just the time?* anacoluthon, 4[illegible]. — ὅσα, v. l. ὅτι. — πλεῖτε, *you are sailing,* i. e. you are at liberty to sail.

38. Οὐ μήν, sc. οὕτως ἐδόκει ὑμῖν. — ὦ...μνημονικώτατοι, *O ye, of all men I have ever known) possessing most admirable memories!* ironical, of course. — οὗτοι, i. e. Charminus and Polynicus.

254 39. πρὸς ὑμῶν, *with us,* cf. § 4.

40. ἐπὶ τούτῳ, *next after him.* — τοῦτο, depends on στρατηγήσειν as cognate acc. (ταύτην στρατηγίαν, i. 3. 15), *that you should first [illegible] generals for this,* viz. to exact, etc.

41. ταῦτα ἀποδόμενος κ, *having sold these things, he has neither paid over the proceeds to Seuthes, nor to us*, 579. — **ἑξόμεθα αὐτοῦ**, *we shall keep hold of him*, 582.

42. μάλα, *v. l.* μᾶλλον, i. e. still more affrighted than at anything he had as yet heard. — **ἣν σωφρονῶμεν**, repeating the very words of Polycrates.

43. τὰ χωρία, cf. 5. 8. — **ἐν ἀποῤῥήτῳ ποιησάμενος**, *having communicated it as a secret;* cf. vi. 6. 11; Hdt. ix. 94. — **Πολυνίκου**, § 1. 255
— **ἔσται**, sc. Xenophon. — **ἀποθανοῖτο** (*v. l.* ἀποθάνοι), change of mood.

44. Ἐπέστελλον, i. e. by letters or messengers, or both. — **ἐθύετο**, *v. l.* ἔθυε, 455 g. — **λῷον καὶ ἄμεινον**, the usual form in consulting the gods, cf. vi. 2. 15 N. — **ἐφ' οἷς** = ἐπὶ τούτοις ἅ, *on the conditions Seuthes proposed.* — **Ἀναιρεῖ**, sc. Ζεύς, *Zeus replies:* the word is commonly used of responses by oracles, etc., cf. iii. 1. 6; vi. 1. 22.

CHAPTER VII.

EFFORTS TO INDUCE SEUTHES TO PAY WHAT IS DUE. — XENOPHON'S STRONG REMONSTRANCE SUCCESSFUL.

1. ἐσκήνησαν εἰς κώμας, const. præg., marched into the villages and took up their quarters there. — **ὑπό**, cf. i. 1. 6, where ἐκ is used, 586.

2. ἄνωθεν, *from the upper country.* — **Καὶ ὃς**, 518 f.

3. Προλέγομεν, *we warn* you, etc. — **ὑπὲρ Σεύθου**, *in behalf of Seuthes*, 693. — **ὅδε ὁ ἀνήρ**, Küh. reads ὅδε ἀνήρ. — **Μηδόκου**, king of the Odrysæ, cf. 3. 16. — **εἰ δὲ μή**, 710. — **ἐπιτρέψομεν**, sc. τὰς ἡμετέρας κώμας πορθεῖν. — **ἀλεξησόμεθα**, *v. l.* ἀλεξόμεθα.

4. Ἀλλὰ σοὶ...χαλεπόν, *well, even to give an answer to you, speaking in such terms, is disagreeable* or *annoying;* however, etc. 256

6. ὁπότε ἔλθοις, 641 b, iterative optat. Some read ἦλθες, but cf. 1. 5; 2. 10. — **ἐγκεχαλινωμένοις**, cf. 2. 21.

7. δι' ἡμᾶς, 694. — **σὺν θεοῖς**, *with the help of the gods*, 533 c. — **νῦν δή**, *v. l.* νῦν δέ. — **ἐξελαύνετε**, *you are* (threatening us with) *driving us out*, somewhat sarcastic.

8. οὐχ ὅπως δῶρα δούς, *not only not bestowing any gifts:* on the use of phrases like οὐχ ὅπως, etc., see 717 g. Compare Lat. non dico. — **ἀνθ' ὧν εὖ ἔπαθες**, cf. i. 3. 4 N. — **ἀλλ'...ἐπιτρέπεις**, *but, as far as lies in your power, you do not allow us, just going away, even to encamp here* (note force of aor. ἐναυλισθῆναι).

9. ἀπὸ λῃστείας, [from] *by means of robbery*, 695. — **ἔχοντα**, sc. χώρα. — **ἐφησθα**, 2. 34.

10. τί καί, cf. 564 c. — **ἔφη**, Xenophon asked. — **παρεδώκατε**, 306 b. — **οὐδὲν ἐμέ** κ, *in no wise calling me in* (to your counsels), cf. 6. 3. — **θαυμα-**

29. **κωλύοντες μηδαμῇ**, 713 d. — **κατ' ὀλίγους**, *in small parties.*

30. **μισθὸν...τῆς ἀσφαλείας**, cf. v. 6. 31 n. — **τοῦτο...πάθημα**, *is this the dreadful calamity* you are complaining of? — **ζῶντα ἐμὲ ἐᾶν εἶναι**; *to suffer me to live?* 679: v. l. ζῶντα ἐμὲ ἀνεῖναι (Krüg.), *to let me go alive?* cf. *Hell.* ii. 3. 51.

31. **Οὐ**, sc. ἀπέρχεσθε. — **εἴ τι** = ὅτι, 639 a; cf. i. 6. 1. — **ταῦτα πράττοντες**, *while faring thus.* — **οὔτε...ἀπεβάλετε**, *nor did you lose any alive,* i. e. by their being made captives.

32. **Εἰ δέ τι...ὑμῖν**, *if any honor had been gained by you,* 461; i. 8. 12. — **πρὸς ἐκείνοις**, *in addition to those things,* i. e. the reputation or glory acquired in Asia. — **ὧν ἐμοὶ χαλεπαίνετε**, *for which you are angry with me,* 456. — **χάριν εἰδέναι**, *be grateful* (Lex. χάρις).

33. **πρὸς θεῶν**, 697. — **ἀνῆρα** (ἀναίρω), *I weighed anchor* or *set sail:*
253 v. l. ἀνῇα (ἄνειμι). — **ἄν με ἔπεμπον**, (otherwise) *they would never have sent me,* impf. as of repeated acts, 2. 8, 1. 8; or of animus, "would not have been disposed to send." McM.

34. **πρὸς Λακεδαιμονίους**, join with **διαβεβλημένος**, *calumniated to,* i. e. *in the eyes of the Lacedæmonians.* — **ὑφ' ὑμῶν, ὑπὲρ ὑμῶν**, emphatic, indicating their ingratitude. — **ἀποστροφήν**, ii. 4. 22 n. — **εἰ γένοιντο**, i. e. *if I should have any.* These words bear on the question of Xenophon's age at the time, and clearly imply that he had neither wife nor children as yet. Subsequently he had two sons, Gryllus and Diodorus (by a wife named Philesia), the former of whom fell at Mantinea, B. C. 362: Plut. *Ages.* 20: cf. 2. 38 n.

35. **ἐγὼ ἀπήχθημαι** (ἀπεχθάνομαι) **τὰ πλεῖστα**, *I have incurred very great hatred.* — **καὶ ταῦτα**, 544 a. — **κρείττοσιν**, dat. of agent, after passive verb, 461. — **πραγματευόμενος...ὑμῖν** = καὶ οἷς πραγματ. in ordinary construction.

36. **οὔτε ἀποδιδράσκοντα**, *nor running away* stealthily. — **κατακανόντες**, Küh. reads κατακεκανότες, but it may be doubted whether there is any such perf. of καίνω to be found in use. See Veitch's "Greek Verbs." Cf. 679. — **ἐν τῷ μέρει** s, *in his* (proper) *share and beside* (beyond) *his share;* in his turn as well as out of his turn. — **τρόπαια βαρβ.**, *trophies over the barbarians.* — **πρὸς ὑμᾶς**, contra vos, or apud vos, i. e. *against your caprices,* or *for you, for your sake.*

37. **Καὶ γὰρ οὖν**, cf. i. 9. 8 n. — **Ὑμεῖς δέ...νῦν δὴ καιρὸς ὑμῖν δοκεῖ εἶναι**; *You, then...does it now seem to you to be just the time?* anacoluthon, 402. — **ὅτε**, v. l. ὅτι. — **πλεῖτε**, *you are sailing,* i. e. you are at liberty to sail.

38. **Οὐ μήν**, sc. οὕτως ἐδόκει ὑμῖν. — **ὦ...μνημονικώτατοι**, *O ye, of all men* (I have ever known) *possessing most admirable memories!* ironical, of course. — **οὗτοι**, i. e. Charminus and Polynicus.

254 **39.** **πρὸς ἡμῶν**, *with us,* cf. § 4.

40. **ἐπὶ τούτῳ**, *next after him.* — **τοῦτο**, depends on **στρατηγῆσαι** as cognate acc. (ταύτην στρατηγίαν, i. 3. 15), *that you should first lead us as our generals for this,* viz. to exact, etc.

41. ταῦτα ἀποδόμενος s, *having sold these things, he has neither paid over the proceeds to Seuthes, nor to us*, 579. — **ἑξόμεθα αὐτοῦ**, *we shall keep hold of him*, 582.

42. μάλα, *v. l.* μᾶλλον, i. e. still more affrighted than at anything he had as yet heard. — **ἣν σωφρονῶμεν**, repeating the very words of Polycrates.

43. τὰ χωρία, cf. 5. 8. — **ἐν ἀποῤῥήτῳ ποιησάμενος**, *having communicated it as a secret*; cf. vi. 6. 11; Hdt. ix. 94. — **Πολυνίκου**, § 1. 255
— **ἔσται**, sc. Xenophon. — **ἀποθανοῖτο** (*v. l.* ἀποθάνοι), change of mood.

44. Ἐπέστελλον, i. e. by letters or messengers, or both. — **ἐθύετο**, *v. l.* ἔθυε, 455 g. — **λῷον καὶ ἄμεινον**, the usual form in consulting the gods, cf. vi. 2. 15 N. — **ἐφ' οἷς** = ἐπὶ τούτοις ἅ, *on the conditions Seuthes proposed*. — **Ἀναιρεῖ**, sc. Ζεύς, *Zeus replies*: the word is commonly used of responses by oracles, etc., cf. iii. 1. 6; vi. 1. 22.

CHAPTER VII.

EFFORTS TO INDUCE SEUTHES TO PAY WHAT IS DUE. — XENOPHON'S STRONG REMONSTRANCE SUCCESSFUL.

1. ἐσκήνησαν εἰς κώμας, const. præg., marched into the villages and took up their quarters there. — **ὑπό**, cf. i. 1. 6, where ἐκ is used, 586.

2. ἄνωθεν, *from the upper country*. — **Καὶ δή**, 518 f.

3. Προλέγομεν, *we warn* you, etc. — **ὑπὲρ Σεύθου**, *in behalf of Seuthes*, 693. — **ὅδε ὁ ἀνήρ**, Küh. reads ὅδε ἀνήρ. — **Μηδόκου**, king of the Odrysæ, cf. 3. 16. — **εἰ δὲ μή**, 710. — **ἐπιτρέψομεν**, sc. τὰς ἡμετέρας κώμας πορθεῖν. — **ἀλεξησόμεθα**, *v. l.* ἀλεξόμεθα.

4. Ἀλλὰ σοὶ...χαλεπόν, *well, even to give an answer to you, speaking in such terms, is disagreeable* or *annoying*; however, etc. 256

6. ὁπότε ἔλθοις, 641 b, iterative optat. Some read ἦλθες, but cf. 1. 5; 2. 10. — **ἐγκεχαλινωμένοις**, cf. 2. 21.

7. δι' ἡμᾶς, 694. — **σὺν θεοῖς**, *with the help of the gods*, 533 c. — **νῦν δή**, *v. l.* νῦν δέ. — **ἐξελαύνετε**, *you are* (threatening us with) *driving us out*, somewhat sarcastic.

8. οὐχ ὅπως δῶρα δούς, *not only not bestowing any gifts*: on the use of phrases like οὐχ ὅπως, etc., see 717 g. Compare Lat. non dico. — **ἀνθ' ὧν σὺ ἔπαθες**, cf. i. 3. 4 N. — **ἀλλ'...ἐπιτρέπεις**, *but, as far as lies in your power, you do not allow us, just going away, even to encamp here* (note force of aor. ἐναυλισθῆναι).

9. ἀπὸ λῃστείας, [from] *by means of robbery*, 695. — **ἔχοντα**, sc. χώρα. — **ἔφησθα**, 2. 34.

10. τί καί, cf. 564 c. — **ἔφη**, Xenophon asked. — **παρεδώκατε**, 306 b. — **οὐδὲν ἐμέ** s, *in no wise calling me in* (to your counsels), cf. 6. 3. — **θαυμα-**

στότατοι (ironical), *most wonderful men* that you are! — **ὅπως,** 624, 701 e. — **χαρισαίμην,** *I might gratify them,* and thereby secure their good-will.

11. κατὰ...καταδύομαι, *I am ready to sink under the earth.* — **ὑπὸ τῆς αἰσχύνης,** *with the shame* which I feel: see Küh. on the force of art. here.
257 — **οὐδὲ γὰρ ἂν...ἐπαινοίη, εἰ ἐξελαύνοιμι τοὺς εὐεργέτας,** *for Medo-*
cus, my king, would not approve of my conduct, if I should drive out our benefactors, 631 d.

12. ἀνιῷτο, *distressed* or *vexed.* — **ἡ χώρα πορθουμένη,** *the devastation of the country.*

13. Καὶ δή, 518 f. — **καλεῖ,** 607 a, 645. — **προερῶν** (Lex. *προερῶ*), edicturus, *intending to warn* (them) as he had warned him, i. e. Xenophon. — **ἀπιέναι,** (viz.) *to depart.*

14. ἂν ἀπολαβεῖν, *you might recover.* — **εἴποιτε,** *v. l.* *εἴπητε.* — **δεδέηται,** *v. l.* *δέδεκται,* omitting *ὅτι,* and reading *ὑμᾶς* instead of *ὑμῶν.* — **συναναπρᾶξαι,** *to join in exacting.* — **τούτων τυχόντες,** *if they obtain* [these things] *this,* i. e. their pay. — **φασι,** i. e. the troops. — **τότε,** *then,* and only then.

15. δύνωνται, cf. i. 3. 14 N. — **ἐπικαιρίους,** cf. 1. 6. — **λέγειν,** sc. *λέγε δή:* **εἰ δὲ μή,** sc. *ἔχεις:* **ἔχομεν,** sc. *λέγειν,* 710, cf. 1. 31 N.

16. μάλα δὴ ὑφειμένως, *very submissively indeed.* — **Σεύθης,** sc. *λέγει.* — **ἀξιοῦμεν...γεγενημένους,** *we request that those who have become friends to us,* i. e. in the villages where the Greeks were now quartered, § 1. — **ἤδη,** *forthwith, then and there.*

17. καὶ νῦν, *even now,* after all that you have said. — **ἐνθένδε,** [from
258 hence] *from you,* to obtain, etc.

18. ἐπιτρέψαι s, *to leave it to these men* [whatever decision they should make] *to decide whether it is fitting that you should quit the country, or we?*

19. οὐκ ἔφη, sc. *ἐπιτρέψαι ἄν.* — **οἴεσθαι,** supply *ἔφη.* — **πέμπειν,** depends on *ἐκέλευε.*

21. ἠχθέσθης, cf. 5. 6, 7. — **ἀπῄτουν, ἀποδοῦναι, ἀπολαβεῖν,** Küh. calls attention to the force of **ἀπό,** in composition, viz. *back,* where something is due; *to demand back, to give back, to take back.* — **ὑπέσχου,** aor. in plup. sense, *you had promised.*

22. μετὰ τοὺς θεούς, *next to the gods.* — **εἰς τὸ φανερόν,** *in a conspicuous position;* Xen. *Cyr.* viii. 7. 23; *Agesilaus,* 5. 6. — **βασιλέα σε ἐποίησαν,** 480 a. — **λανθάνειν,** supply **ποιῶν,** from *ποιήσῃς* following.

23. ἐδόκει, *v. l.* *δοκεῖ.* — **εὖ ἀκούειν...ἀνθρώπων,** [to hear agreeably, act. for pass. 575 a] *to be well spoken of by* 6000 *men.* — **σαυτόν, λέγοις,** change of construction from 3d to 2d person.

259 **24. τῶν ἀπίστων,** emph. pos. — **πλανωμένους,** *wandering about,*
i. e. failing in accomplishing their object. — **σωφρονίζειν** (Lex.) *to bring to reason* or *obedience.* — **τὸ ἤδη κολάζειν,** *v. l.* *τὰς ἤδη κολάσεις.*

25. τί προτελέσας...ἔλαβες, *what it was that you paid us beforehand* (or *in advance*) *when you received us as allies.* — **Οἶσθ',** *v. l.* Οἶδ'.

26. Οὐκοῦν τοῦτο s, *is not, then, this, their confidence in you, that also which obtained your kingdom for you, bartered away by you for this sum of* *money?* — **χρημάτων**, gen. of price. — **πιπράσκεται**; some omit the interrogation-mark.

27. **πῶς μέγα ἡγοῦ**, *how you considered it* (to be) *a great thing.* — **ἃ... ἔχεις**, *which you now hold by conquest*, 679 b. — **εἶξα**, *v. l.* ηὔξω, cf. 278 d. — **χρημάτων**, referring to the money due to the soldiers.

28. **ὅσῳπερ**, *inasmuch as*, in the same degree as. — **ἀρχήν**, [in the first place] *at all*, with negatives, 483. — **πλουτῆσαι**, **φανῆναι**, **βασιλεῦσαι**, incept. aor., *to become rich*, etc.; cf. πλουτεῖν, *to be rich*, etc.

29. **ἐπίστασαι μέν**, naturally there ought to follow, ἐπίστασαι δέ, ὅτι ἐπιχειροῖεν ἄν: a like construction is found in Sophocles, *Philoctetes*, 1056, πάρεστι μὲν Τεῦκρος...ἐγώ τε. — **φιλίᾳ τῇ σῇ** (object. use of pron.), *friendship for you;* cf. iv. 5. 13. — **κατέχοι**; some omit interrogation.

30. **σωφρονεῖν τὰ πρὸς σέ**, *would perform their duties towards* 260
you more discreetly. — **πρὸς σέ**, 697. — **ἄλλους...παραγενέσθαι**, supply εἰ νομίζοιεν, implied in εἰ ὁρῷεν, above. — **τούτων ἀκούσαντας**, *hearing from these*, 432. — **εἰ καταδοξάσαιεν**, *if they should form a bad opinion of you* (and judge) that *no others*, etc. — **τούτους**, the Greeks. — **αὐτοῖς**, i. e. the present subjects of Seuthes.

31. **πλήθει...λειφθέντες**, [left behind us] *inferior to us in numbers*, 406 b. — **τοῦτο** (for οὗτος) **κίνδυνος**, *is not this a danger?* is it not a matter of apprehension to you? — **τούτων**, i. e. the Greeks. — **ὑπισχνοῦνται...συστρατεύεσθαι**, cf. 659 g. — **ἄν...ἀναπράξωσιν**, *on condition that they should now* (at once) *exact what is due from you.* — **συναινέσωσιν...ταῦτα**; *may concede these things to them* (the soldiers)? Some place the interrogation after Λακεδαιμονίους; others omit it altogether.

32. **γε μήν**, *porro.* — **ὑπό σοι**, *under your power*, 691. — **ἐπί σε...σοι**, 788 e.

33. **προνοεῖσθαι...δεῖ**, sc. σέ. — **ἀπαθὴ κακῶν** (object. gen.) **μᾶλλον**, *more free from suffering evils*, less exposed to harm. — **ἐγκαλοῦσιν**, *demand in payment.* This verb is used of a creditor summoning a debtor into court, in order to obtain judgment against him. See Küh., note.

34. **τούτοις**, *v. l.* τοῦτο. — **ὀφείλοιτο**, *v. l.* ὀφείλοιντο.

35. **Ἀλλὰ γὰρ Ἡρακλείδῃ**, *But* (you may object to all this), 261
for to Heracleides, etc., cf. iii. 2. 25. — **Ἦ μὴν πολύ γε**, *assuredly, it is a much smaller matter now for you to get and pay this money.*

36. **ὁ ὁρίζων**, *which determines.* — **πρόσοδος**, *revenue;* your present revenue or income will be (*v. l.* ἐστίν, is) greater than, etc.

37. **ταῦτα...προενοούμην**, *I have been considering these things* beforehand, as your friend, and in your interests. — **ἂν...ἀγαθῶν**, cf. 554 a. — **διαφθαρείην**, *be utterly ruined* in reputation.

38. **οὔτ᾽ ἂν...ἱκανὸς ἂν γενοίμην**, cf. i. 3. 2 n.

39. **σὺν θεοῖς**, cf. iii. 1. 23; 2. 8, 11. — **ἐπὶ τοῖς στρατιώταις**, *for the soldiers*, i. e. for the sake of conciliating the troops and securing their services. — **ᾔτησα**, **ἀπῄτησα**, cf. v. 8. 4 n.

40. **μηδὲ ἀποδιδόντος** (sc. σοῦ) **δέξασθαι ἄν**, *I would not have received anything even if you had offered it.* — **Αἰσχρόν**, on omission of ἂν cf. 6. 21 n. — **περιιδεῖν**, cf. 3. 3 n. — **ἄλλως τε καί**, 717 a.

41. λῆρος...πρὸς τό...τρόπου, *a trifle, in comparison with the holding on to the money by every means* in his power. — οὐδέν...κτῆμα, *no possession.* Cf. Xen. *Ages.* 3. 5.

42. πλουτεῖ...φίλων, *is rich in friends,* 414 a. — συνησθησομένους, *will share his joy or pleasure.*

262 43. Ἀλλὰ γάρ, *But* (I need not dwell upon this), *for.* — πάντως, *at any rate: v. l.* πάντας.

44. αὐτοί, they themselves, on their part. — ἐνεκάλουν...μοι, *brought against me the charge* (which I do not admit) *that I cared more,* 702 a.

45. τὰ δῶρα, obj. of ἔχειν. — ἐνιδόντες, *because they saw;* κατανοήσαντες, *because they observed.*

46. ἀπαιτεῖσθαι, *v. l.* ἀποδείκνυσθαι: see Küh. note. — ὅσα...ἐνεπίμπλασο, *you could not be satisfied with promising what great rewards should be mine.* — ὅσου...ἐτιμώμην, § 8 N. — νῦν...τολμᾷς, *have you the hardihood* (despite all that I have urged upon you) *to see with indifference that I am now thus dishonored among the soldiers?*

47. ὅτι...ἀποδοῦναι, depend on διδάξειν. — αὐτόν γέ σε s, *that you yourself will not bear to see those reproaching you who freely laid out their services* in your behalf, and trusted to your honor to compensate them. The critics note that Xen. indulges in a little exaggeration here.

263 48. τῇ αἰτίᾳ, 444 f. — οὔτε...πώποτε, *never at any time.*

49. ἀνομοίως ἔχοντα...ὅτε, *that I am differently esteemed in the army now, from what I was when,* etc.

50. ἄν τε μένῃς, *and if you will remain.* — τὰ χωρία, 2. 38; 5. 8.

51. ἔχειν οὕτως, 577 c. — Καὶ μήν, atqui, *and yet* in reality.

52. Ἀλλά = *well.* — ἐπαινῶ, *I thank you for,* a polite mode of declining a proffered kindness or favor. Cf. Lat. laudo, benigne. — νόμιζε, *be assured.*

53. Ἀργύριον...μικρόν τι, *I have no money* [other than] *except a little.* — τάλαντον = 300 darics, i. 7. 18 = about $1200. — ὁμήρους, cf. 4. 13, 20, 21. — προσλαβών, *taking in addition.*

54. ἐξικνῆται, *come up to* or *amount to* = ἐξαρκῇ. Cf. Hdt. ii. 135. — τίνος τάλαντον s, *whose talent shall I say that I have?* among which of the Greeks, when their number is so great, shall I divide this talent, which is so very small a sum! — Ἆρ' οὐκ, ἐπειδή s, *is it not better, since danger also* (as you say, § 51) *threatens me, in going back at least* (to the army) *to guard against the stones?* cf. 6. 10. Born. and others give the sense of ἀπιόντα, *going back* to my own country and thus escape danger of losing my life. See Küh. note. — ἔμενεν, *v. l.* ἔμεινε.

55. θέλοντας, 305 c. — ἔλεγον, *were saying* or were under the impression. — ἃ ὑπέσχετο, *what he had promised him,* 646 d.

264 56. δι' ὑμᾶς, *v. l.* δι' ἡμᾶς. — πολλὴν εἶχον αἰτίαν, *were much censured,* on the ground of having acted fraudulently.

57. οὐ προσῄει, *did not go near* Charminus and Polynicus, i. e. took no part in the proceeding. — οὐ γάρ...περὶ φυγῆς, *for not yet had a decree of banishment been passed against him at Athens.* See INTRODUCTION, p. ix. Cf. Thucyd. i. 119, 125. — ἀπαγάγοι, Küh. reads ἀπαγάγῃ.

CHAPTER VIII.

THE GREEKS CROSS TO LAMPSACUS. — ARRIVAL AT PERGAMUS. — XENOPHON ATTACKS ASIDATES, A PERSIAN, AND GAINS MUCH BOOTY. — ARMY HANDED OVER TO THIBRON.

1. **Λάμψακον**, see Lex. — **ἀπαντᾷ τῷ Ξεν.** 450 a. — **τοῦ...γεγραφότος**, *who wrote the* (work upon) *Dreams in the Lycæum:* McM. translates, "who painted the Dreams in the Lycæum" (a gymnasium at Athens, eastward of the city). The verb γράφω means either *to write* or *to paint*, but, if ἐνύπνια be the true reading, the former meaning seems most appropriate here: *v. l.* ἐνοίκια, and ἐνώπια. Küh. reads γεγραφηκότος for γεγραφότος, but that form is used only in later writers. — **ἔχοι**, *v. l.* ἔχει.

2. **ἦ μήν**, ii. 3. 26. — **αὐτόν**, Küh. reads αὑτόν. — **ἐφόδιον**, viaticum, *travelling expenses.*

3. **ἔθυε**, i. e. Xen. *was sacrificing.* — **παραστήσατο τὸν Εὐκ.** = *got Euclides to stand by him*, cf. vi. 1. 22. — **ἱερεῖα**, *v. l.* ἱερά. Euclides conjectured Xenophon's present lack of means from the poor quality of the victims. — **μέλλῃ**, sc. χρήματα. — **σὺ σαυτῷ**, *you will be a hindrance to yourself*, i. e. you will allow your disinterestedness and neglect of your own interests to stand in the way, as heretofore.

4. **γάρ**, 708 c. — **Μειλίχιος**, *gracious* to those who propitiate him by offerings. Zeus was worshipped under this name at the Διάσια at Athens, when all the people offered sacrifices to this god. Cf. Thucyd. i. 126. — **ὥσπερ οἴκοι εἰώθειν ἐγὼ ὑμῖν θύεσθαι**, *as I was accustomed at home* 265 (i. e. at Athens) *to offer sacrifice*, **καὶ** (= *namely, that is*) **ὁλοκαυτεῖν**, *to burn whole victims for you.* From this it may be inferred that Euclides and Xen. were on intimate terms at Athens. — **ἐξ ὅτου**, *since*, 557. — **καθά**, *v. l.* καὶ ἅ. — **συνοίσειν** *s*, *it would result to his advantage.*

5. **ὁλοκαύτει**, except in sacrifices offered to Zeus Meilichios it was not usual to burn the whole victim. — **τῷ πατρίῳ** (*v. l.* πατρῴῳ) **νόμῳ**, sc. τῷ ὁλοκαυτεῖν. — **ἐκαλλιέρει** (Lex. καλλιερέω).

6. **Εὐκλείδης**, another person of this name (not the same as in § 1), or perhaps the text is corrupt, as Küh. thinks (see Lex.). — **ξενοῦνται**, *are hospitably entertained* (in § 8 παρά goes with this verb). — **ἵππον...δαρεικῶν**, *the horse which he had sold in Lampsacus for fifty darics* (= about $200), 431 a. — **τὴν τιμήν**, *the price* paid for the horse.

7. **παρά**, *along*, cf. iv. 6. 4. — **Λυδίας** (partit. gen.)...**πεδίον**, sc. ἀφικνοῦνται, *they came to the plain of Thebe* (in, or belonging to) Lydia: *v. l.* Μυσίας.

8. **τῆς Μυσίας**, 522 h. — **ξενοῦται**, cf. § 6 N. — **Γογγύλου**, cf. Thucyd. i. 128.

9. **αὐτόν** (after ἔφη), i. e. Xenophon. — **καθηγησομένους**, cf. 598 b.

266 **11.** **τε** (after *τούς*) connects **δειπνήσας** and **λαβών**. — **ὅπως εὖ ποιήσαι αὐτούς**, *that he might do them a service*, viz. by giving them a share of the expected plunder. — **βιασάμενοι**, *having forced themselves* into the company of Xen. and his chosen band. — **ἀπήλαυνον**, *were for driving them off*, or *tried to drive them back*, in order that they might not be called upon to share the booty with these pertinacious volunteers, just as if, forsooth (**δή**), Xen. dryly remarks, the plunder was already in their hands.

12. **τύρσιος** (218. 2), depends on **πέριξ**. — **χρήματα**, *valuables*, i. e. here *cattle* and such like. — **ἀπέδρα αὐτοὺς ἀμελοῦντας, ὡς**, *escaped* (ran away from) *them, inasmuch as they neglected these in order that*.

14. **ἐπί**, with gen. i. 2. 15 N. — **γηΐνων**, = *ὀπτῶν*, cf. ii. 4. 12; iii. 4. 7. — **διωρώρυκτο**, cf. 281 d. — **διεφάνη**, impers., *as soon as ever light shone through*, i. e. as soon as an opening was made. — **βουπόρῳ ὀβελίσκῳ**, *with an ox-spit*, cf. Hdt. ii. 135. — **διαμπερές**, cf. iv. 1. 18 N. — **ἐκτοξεύοντες ἐποίουν**, *by shooting arrows continually, they made* it unsafe any longer even to approach.

15. **πυρσευόντων** (Lex.). — **Κομανίας**, a castle or town not far from Pergamus. — **ἄλλοι**, cf. i. 5. 5; 7. 11 N. — **ἄλλοι...ἄλλοι...ἱππεῖς**, *cavalry, some from...others from*.

16. **πῶς ἔσται**, dir. for indir. disc. *ὅπως ἔσοιτο*, cf. i. 3. 14 N. — **λαβόντες** [sc. *τοσούτους βοῦς*] **ὅσοι ἦσαν βόες**, 551 c. — **ποιησάμενοι**, cf. i. 10. 9 N. — **οὕτω**, *v. l.* *ἔτι*. — **μὴ φυγὴ εἴη ἡ ἄφοδος**, *lest the departure should* (seem to) *be a flight*, 534. 3. — **εἰ ἀπίοιεν**, cf. iii. 4. 35 N. — **νῦν δέ** s, *but, as it was* (in fact), *they retreated as if intending to fight*, etc.

17. **βίᾳ τῆς μητρός**, *in spite of his mother*, who perhaps apprehended future retaliation on the part of the Persians. — **Προκλῆς...ὁ ἀπό**, cf. ii. 1. 3 N.

18. **Οἱ περὶ Ξεν.** 527 a. — **κύκλῳ**, *in the form of a circle*. — **ὅπλα**, i. e. shields. — **πρὸ τῶν τοξευμάτων**, *as a defence against the missiles*. The circular form would cause the missiles to strike the shield obliquely and glance off.

19. **Ἀγασίας** (Lex.). — **πρόβατα...θύματα** (507 f), *cattle enough for sacrifices*, but not enough for provisions or profit; cf. § 21.

20. **μακροτάτην**, sc. *ὁδόν*. — **Λυδίας**, gen. depending on superl. 419 c. His plan was to throw Asidates off his guard by marching as far as possible on the road into Lydia, etc. — **εἰς τὸ μή** = *ὥστε μή*, *to the end that* (Asidates) *might not be in fear*, etc. Cf. Xen. *Mem.* iii. 6. 2.

21. **ἐπ' αὐτόν**, i. e. *ἐπὶ τῷ ἰέναι ἐπ' αὐτόν*, with a view to another expedition against him. — **ὑπό...ἐχούσας**, pertinentes, [having themselves under] *lying close under*, i. e. very near to and under the protection of, etc. Cf. Hdt. iv. 42.

22. **συντυγχάνουσιν** (hist. pres.), *fell in with*. — **γυναῖκα**, Küh. reads *γυναῖκας*. — **ἀπέβη**, [came off] *were fulfilled*, § 10.

23. **οὐκ ᾐτιάσατο**, *did not blame the god* any longer: the whole story is a curious mixture of piety and a free seizing upon other people's property!

v. l. **ἠσπάσατο**, *hailed the god as his benefactor.* — **συνέπραττον...ὥστε**, [worked together...that] *joined together in bringing it about that,* 268
etc. — **ἐξαίρετα**, *select* or *choice portions* of the *booty*: cf. Homer, *Il.* i. 334–367; Virg. *Æn.* viii. 552.

24. **Ἐκ τούτου**, *v. l.* ἐν τούτῳ, i. e. in the spring of B. C. 399 (see "Record of Marches," etc. after the Appendix, p. 26).

25, 26. These sections are bracketed, as being of very doubtful authenticity. Krüg. regards them as a mere interpolation, and gives abundant and cogent reasons for his opinion. Dindorf, in his fourth edition (1867), and Schenkl (1869), print the paragraph in smaller type, as forming no part of the text of Xenophon. Cobet (1859) extrudes the sections entirely from his edition. Küh. brackets § 25, but gives § 26 as genuine.

26. **Ἀριθμός**, *the numbering* or *computation.* — **καταβάσεως**, i. e. to Cotyora, cf. v. 5. 4; ii. 2. 6 N. — **διακόσιοι** s, on the order of numerals in Greek, cf. 242 a. As to the numbers, however, as Küh. justly remarks, the MSS. vary to a large extent.

GEOGRAPHICAL NOTES.

[From MacMichael's "Anabasis."]

WALL OF MEDIA (i. 7. 15; ii. 4. 12). — PYLÆ (5. 5). — THE TRENCH (i. 7. 15). — CANALS (i. 7. 15; ii. 4. 13).

§ 1. Not the least remarkable of the discoveries which of late years have marked the progress of geographical inquiry in this most interesting region is the actual existence at the present time of an ancient wall stretching across Mesopotamia at the head of the Babylonian plain. Dr. Ross, who first examined it at its eastern terminus, in 1836, describes it, under the name *Khalú* (or *Sidd*) *Nimrúd* (Wall or Embankment of Nimrod), as a straight wall 25 *long paces thick*, and from 35 to 40 feet high, running S. S. W. ¼ W. as far as the eye could reach, to two mounds called *Ramelah* (Siffeirah, Ainsworth, pp. 81, 82), on the Phrat, some hours above Felujah. The eastern extremity was built of the *small pebbles of the country, cemented with lime of great tenacity*, but farther inland, his Bedwin guide told him, "*it was built of brick*, and in some places worn down level with the desert, — and was built by Nimrod to keep off the people of Nineveh, with whom he had an implacable feud" (*Journal of Royal Geogr. Society*, ix. pp. 446, 472; xi. p. 130). That it was constructed for purposes of defence, and not as a mere embankment[1] for purposes of irrigation, is indicated by its having on its northwestern face "*a glacis, and bastions at intervals of 55 paces, with a deep ditch 27 paces broad.*" It was further examined by

---

[1] Captain Jones, cited by Grote (*Greece*, ch. lxx.), represents it as "no wall at all, but a mere embankment, extending seven or eight miles from the Tigris, designed to arrest the winter torrents and drain off the rain-water of the desert into a large reservoir," etc. An embankment of the dimensions given above by Dr. Ross should hardly be required to arrest the winter torrents of a country remarkable for its drought (ἡ γῆ τῶν Ἀσσυρίων ὕεται ὀλίγῳ, Hdt. i. 193). Its true character as a line of defence is affirmed both by Layard, p. 578, and by General Chesney, i. pp. 29, 30, 118. The enormous breadth of the wall, "*25 long paces*," corresponds with that of the walls of Babylon (Hdt. i. 178). The preservation of the Sidd Nimrúd at its eastern extremity must be attributed to its material there (pebble, etc.) being useless for building purposes, so that it escaped the common fate of brickwork structures in having their materials used to build other cities. Rennell, *Geogr.*, i. pp. 496, 497.

Captain Lynch in 1844, and its eastern extremity determined to be in lat. 34° 3′ 30″, and long. 21′ 50″ W. of Baghdad. He galloped along it for more than an hour without finding any sign of its terminating. (*Journal of Royal Geogr. Society*, ix. pp. 472, 473.)

§ 2. The identity of this wall with Xenophon's *Wall of Media* was assumed by the explorers tacitly, but with every ground of probability. In the first place it is hard to imagine a "Wall of Media" in any other position than this, if its use was to protect from northern invasion the rich culture of Babylonia, with the entire canal area and system of irrigation, to which the plain owed its rare fertility. Hdt. i. 193. Then, too, of the great antiquity of Sídd Nimrúd there can be no question; record of its origin there is none, except local tradition assigning it to Nimrod. On the other hand, the *continued existence* of a wall (corresponding to the *Median*) from Xenophon's age down to comparatively recent times is attested by a chain of scattered notices in later writers. Such a wall is mentioned by Eratosthenes (in the third century B. C., quoted by Strabo ii. 1 and xi. 14), as *τὸ τῆς Σεμιράμιδος διατείχισμα*, having its *eastern* terminus near *Opis*. Again, its *western* terminus was noticed in ruins by Ammianus Marcellinus (363 A. D.) at *Macepracta* on the Euphrates, near the head of a canal [*which he distinguishes from the Naha-Malcha* (Nahr Melik)], the *Saklawiyeh* apparently, a few miles north of which is the S. W. extremity of the *Sidd Nimrúd*. (See Ammian. Marcell. xxiv. 2.)

§ 3. Their identity is further attested by their occupying the same general position as a partition line between the rocky desert of Arabia and the fertile alluvial plain of Babylonia: "*the Sidd Nimrúd, for all practical purposes, distinguishes the Babylonian plain from the hilly and rocky country.*" (Ainsworth, p. 82, note 2.)

Layard (Nineveh and Babylon, p. 577) found the country N. of the Bridge of Herbah (N. E. of Babylonia) "a perfect maze of ancient canals now dry; ... eight miles beyond the bridge *the embankments suddenly ceased; a high rampart of earth* (the Sídd Nimrúd) *then stretched as far as the eye could reach to the right and to the left; ... to the north of it there are no canals nor watercourses except the Dijeil, which passes through the mound;* beyond the Median Wall we entered upon gravelly downs furrowed by deep ravines..." Now that a like position, between desert and cultivated plain, must be assigned to the *Median Wall*[2] is indicated by the name it bears; for the *Medes* under Cyaxares had conquered all Assyria up *to Babylonia*,[3] a tract which Hdt. describes as one entire canal district

[2] "The wall of defence *against* the Medes," as "The *Picts'* Wall" means "*against the Picts.*"

[3] *πλὴν τῆς Βαβυλωνίης μοίρης*. Hdt. i. 806. This was after the overthrow of Nineveh by the Medes (B. C. 606?), and the extinction of the Assyrian monarchy, when Media and Babylonia became independent, and ultimately, if Herodotus' authority was good, antagonistic powers. He represents a jealous fear of *Median* encroachment prevailing at Babylon until both monarchies merged in the Medo-Persian (B. C. 538). The testimony, however, of Berosus (a Babylonian priest, who wrote a history of Babylonia, B. C. 260,

(ἡ Βαβυλωνίη χώρη πᾶσα κατατέτμηται ἐς διώρυχας, Hdt. i. 193), so that the "*Wall of Media*" as a barrier against Medish incursion would follow the northern outline of the old canal district; and that outline, as we have seen, is the line taken by the Sídd Nimrúd so far as it has been examined.

But, further, Xenophon represents the Desert of Arabia as terminating at a place called Pylæ (i. 5. 5). Now as the next marches given in his itinerary are said to be through Babylonia (7. 1), we conclude that *Pylæ* must have lain on the confines of Babylonia, and may be looked for at or near the western end of Sídd Nimrúd. This general conclusion is remarkably confirmed by comparing the distance of Sídd Nimrúd at its W. end from Babylon with that of Pylæ from Babylon. General Chesney, in his great work on the Euphrates (vol. i. pp. 48 et seq.), gives us the distance by river from Thapsacus to Hillah (Babylon) as 613½ geographical miles, as obtained by the steamer in her course down the river. Now Xenophon gives the road distance from *Thapsacus* to *Babylon* as 210 parasangs, and of *Pylæ* from *Babylon* as 35 parasangs. If then 210 parasangs by road correspond to 613½ geographical miles by river, proportionally 35 parasangs by road will correspond to 102 geographical miles by river. We should look therefore for Pylæ at a point whose river-distance from Babylon is 102 geographical miles. Felujah is given as 91 geographical miles (Chesney), and 10 or 12 miles measured from Felujah up the river in Chesney's map brings us to the W. end of the Sídd Nimrúd, with which, therefore, Pylæ may be fairly identified. The result has all the more claim to our confidence that the route by land follows the course by river so closely as to make distance by one almost a measure of distance by the other; it is independent also of any arbitrary assumption respecting the value of a parasang.

§ 4. This coincidence, and the name itself of *Pylæ* (*gates* or *fortified pass*), suggest the conclusion that Pylæ was neither city (as Larcher surmised)

---

and whose authority is good) is that Media and Babylonia were friendly, and even allied powers, so long as the Median monarchy lasted (i. e. till B. C. 559), and that the real object of fear at Babylon was the *Medo-Persian* power founded by Cyrus, who, after conquering Lydia and all Asia Minor, finally turned his arms against Babylon and subdued it (B. C. 538). Probably this is the true account (see Rawlinson, vol. i. p. 428). If so, we must assign the construction of the wall to the interval between B. C. 559 and B. C. 538. It is probably a monument of the reign of Queen Nitocris (B. C. 558), whose great works are described by Hdt. as being purely defensive against Media (i. 185). He represents her as the mother of Labynetus, the last of the Babylonian kings; but her right place in history is not yet ascertained (see Rawlinson's *Herodotus*, vol. i. p. 427). At any rate, the vast dimensions of the wall (ii. 4. 12) point clearly to a period near to that at which Nebuchadnezzar could boast that he "*built this great Babylon*" (Daniel iv. 30), and among other structures a palace (the Kasr), whose vast ruins still exist, of which he declares, "*in fifteen days I completed and made it the high place of my kingdom*" (*Standard Inscription*, Rawlinson, ii. p. 487). The "Median Wall" came in later times to be called "the wall of Semiramis" (super § 2), the fashion in the East being to assign all great works of unknown origin to *Semiramis* (see Strabo, xvi.), as in our day to *Nimrod*.

nor mountain defile,[4] but the ancient pass into Babylonia through the wall[5] itself, at a time when it extended — as when entire it must have done — to the Euphrates. It certainly excites surprise that Xenophon makes no mention of their passing the wall at its west extremity, either at *Pylæ* or wherever else he passed it on the upward route. But it appears (Ainsw. p. 108) that all trace of the wall is lost between Siffeirah and the river (a distance apparently of some miles); and we may safely conclude that the wall at its western end was demolished when the Greeks passed it; for, assuredly, had it been entire, or capable of defence, the king would have defended it, if only to keep the enemy in check[6] till he could bring up his distant forces. In this view, therefore, there would be little trace of its existence presented to the Greeks beyond the name of "*The Gates*" still retained in the locality, and the ruins which Ammianus M. saw; but it was not the time to take note of ruins, or inquire about them; for when the Greeks were at Pylæ a battle seemed imminent. It was in the middle of the eleven days (i. 7. 18), when they had just come upon tracks of the enemy (6. 1), and were in almost hourly expectation of meeting him. It need excite no surprise, therefore, that at this juncture Xenophon remarked nothing of which he could afterwards give an account; and Pylæ is, in fact, the only place in the route that he is content to name and dismiss without comment or description of any kind; all we gather about it is, that it was at the end of the desert marches.

§ 5. If this assumption be admitted, that Xenophon was ignorant of the western terminus, and at the time he wrote (probably at Scillus) confused about the true direction of the wall, we have then some clew to explain his statement, ἀπέχει Βαβυλῶνος οὐ πολύ (ii. 4. 12). He knew that he had been within 36 miles of Babylon without falling in with the western end of the wall, and may have had a notion that it lay farther south than Cunaxa, which was 12 parasangs from Babylon. Himself laboring under some such misconception, it is not surprising that he should have both misled and perplexed his best geographical commentators, previous to the actual discovery of the wall. Rennell adopts his statement about the

---

[4] There is none such in this quarter (Renn. pp. 83, 84), who conjectures that the term "refers to the shutting up of the river itself between the mountains, which terminate at the same place on both sides of the river." See also pp. 300, 301.

[5] See the description of the Syro-Cilician gates (i. 4. 4); something similar at the eastern end of the Sidd Nimrúd seems to be described by Dr. Ross (*Journ. R. G. S.*, ix. p. 446).

[6] The barrier actually employed was the trench (i. 7. 14–16), commencing at the Median Wall (doubtless where its continuity began), and terminating at twenty feet from the Euphrates. This interval was left (according to Krüger) to prevent the water filling the trench. But why a dry trench should be *preferred*, and what would be the use of it, requiring to be defended for an extent of thirty-six miles, is not easy to conceive. It was probably filled with water from the canals, which are mentioned in connection with it; in which case, to have continued it on to the Euphrates would, in the low state of the river at that time (i. 4. 18), have only had the effect of emptying the water of the canals into the river (see *inf.* § 6); a narrow pass, therefore, was left to be defended.

proximity of the wall to Babylon, and represents it as crossing the isthmus, and touching the Tigris, between Baghdad and Ctesiphon ; but — as this is a distance of only 20 miles — he is obliged to give up Xenophon's other statement respecting the length of the wall, that "it was said to be 20 parasangs (about 50 geographical miles) long" (ii. 4. 12). Some difficulties there are which time and a better knowledge of the country may clear up; but others we must expect to meet with that are simply mistakes of the writer, inevitable under the circumstances; and few cases can be imagined more liable to mistake than this of the Greeks: they were moving about in the hands of those whose aim and main strategy was to mystify and mislead them; their own observation of the country must have been both limited and imperfect; and they could have little, if any, previous knowledge of it whereby to correct mistakes, whether of bad information, simple misunderstanding, hasty observation, lapse of memory, or whatever else goes to make up the sum of human error. Clearchus himself speaks as if he had no previous knowledge even of the Tigris (ii. 2. 3; 4. 6); and Xenias, who might have known something of Babylonia, had deserted (i. 1. 2; 4. 7). But further, there is always a doubt about interpreting such indefinite terms as *it is not far from Babylon ;* for they are in their nature relative terms, and we do not know what Xenophon had in his mind when he used them. When Plutarch (*Artax.*, 7), speaking of Cyrus passing the trench, used the equivalent term τῆς Βαβυλῶνος οὐ μακρὰν γενόμενον, he could not mean less than 70 miles; for he thought Cunaxa was 50 (*inf.* § 7), and the trench was more than 20 miles farther north; and it is possible that Xenophon, writing in Greece, may, like Plutarch, be speaking[7] with reference to the whole length of the journey up, when he says of the wall, *it is no great distance from Babylon.* The use of the present tense (ἀπέχει) lends support to this view; compare εἰσὶν αἱ διώρυχες (i. 7. 15) with αὗται (αἱ διώρυχες) ἦσαν... (ii. 4. 13), the present tense in each case intimating that the statement must be referred to the place where and the time when the narrative was written. I can only submit this, or the view given above, as possible solutions of an admitted difficulty.

THE CANALS AND TRENCH.

§ 6. Xenophon's account of the canals has been discredited on various grounds, physical and historical (see Rennell, p. 79; Ainsw. pp. 89, 90): 1st, because four canals, each of them 100 feet broad, and "extremely deep," must have entirely drained the river from which they were drawn, whether the Tigris, as Xenophon says, or (as some affirm he ought to have

[7] Exactly as Sir H. Rawlinson himself (who conceives the Median Wall to have been "the *enceinte* of Babylon," Hdt. i. p. 261, note 5) speaks of *Hit* and its bitumen pits as being "near to Babylon" (Hdt. i. p. 496). Hit was an "eight days' journey" from Babylon (Hdt. i. 179).

said) the Euphrates, which is only 450 feet wide at Hillah (Rich.). 2dly, because it is the concurrent testimony of other ancient authors (Herodotus, i. 193; Ptolemy, v. 18. 8, 10; Arrian, vii. 7; Pliny, *N. H.*, vii. 26; Strabo, xvi. 1. 9), that the canals in the north of Babylonia flowed not from the Tigris into the Phrat, but from the Phrat into the Tigris; and that in fact the old canals still traceable in North Babylonia confirm their testimony, the Saklawiyeh (or Isa), Sersar, Nahr Melik, and Cuthiyeh being all derived from the Phrat. 3dly, that the slope of land north of Babylon favors the same conclusion, the bed of the Phrat being slightly (five feet) higher at Felujah than that of the Tigris at the opposite point. (Ainsworth's Researches in Assyria, etc., p. 145.)

In reply to these objections it may be urged in the outset that it is not easy to conceive how a careful intelligent observer, like Xenophon, could be mistaken on such matters of fact as the number and size of the canals. As to objection (1st), it has no force, except on supposition that a constant stream ran through all of them at all seasons. But there is no evidence[8] of this. The statements of Strabo and Arrian lead to the conclusion that they were open only during the season of flood, being afterwards converted by dams or flood-gates into *reservoirs* of water to be distributed over the plains during the dry season; when they became dry, or when the water in them fell below the level of the river, then the river would be drained to supply them.[9] They were filled during the season of flood, high embankments (constructed of old for this purpose, Herod. i. 184) lining the course of the river, and forcing its pent-up waters into the canals. On the flood receding, the communication with the rivers was cut off, and the canals left full of water to be applied (by hand-labor, Herod. i. 193) to the purposes of irrigation. For these a high level would be chosen, and embankments raised, so as to give the water elevation enough to be distributed at will by means of trenches and ducts all over the plain. "It is remarkable," says B. Fraser (*Mesopot.*, p. 31), "that all these canals, instead of having been sunk below the surface of the ground like those of the present day, were entirely constructed on the surface"; from these primary derivatives secondary irrigants were given off in all directions, having lofty "embankments from twenty to thirty feet in height"; these "lofty embankments stretching on every side in long lines till they are lost in the hazy distance, or magnified by the mirage into mountains, still defy the hand of

[8] Hdt., who visited this country fifty or sixty years before, speaks as if only *one flowed into* the Tigris: ἡ μεγίστη τῶν διωρύχων ἐστὶ νηυσιπέρητος, πρὸς ἥλιον τετραμμένη τὸν χειμερινόν, ἐσέχει δὲ . . . ἐς τὸν Τίγριν (i. 193).

[9] Strabo (xvi. 1) alludes distinctly to some such provision as this, and the effect upon the river when the canals are dried up in summer. Speaking, apparently, of the difficulty, from the nature of the soil, of damming up the mouths of the canals expeditiously or securely enough to prevent reflux, he says, καὶ γὰρ καὶ τάχους δεῖ πρὸς τὸ ταχέως *κλεισθῆναι* τὰς διώρυχας, καὶ μὴ πᾶν ἐκπεσεῖν ἐξ αὐτῶν τὸ ὕδωρ. Ξηρανθεῖσαι γὰρ τοῦ θέρους ξηραίνουσι καὶ τὸν ποταμόν, κ. τ. λ. They served, he remarks, three distinct purposes: (1) they saved the crops from destruction by the floods; (2) from perishing by drought in summer; and (3) they were serviceable for navigation.

ime, and seem rather the work of nature than of man." (Layard, *Nin. and Bab.*, p. 479.) From these canals the trenches were filled (ii. 3. 10–13) n the dry season when the river was lower than had ever been known i. 4. 18). Hence also we may explain why the trench (note 6) was conducted 12 leagues along the plain to the canals, instead of a few miles to he Phrat, doubtless because in its low state at that time, filling the trench rom the river was impracticable.

2dly. As to the concurrent testimony of other authors that the canals of Northern Babylonia flowed from the Phrat into the Tigris, Herodotus is he only one whose testimony is really pertinent to this inquiry, he being he only one who saw and wrote of Babylonia under anything like the same conditions as Xenophon himself. Both wrote when the seat of government was on the Phrat at Babylon. The other historians speak of a wholly different state of things, when Seleucus, by building Seleucia on the Tigris, and making it his capital, had transferred the seat of government to the Tigris. From this era canals, one or more, from the Phrat to the Tigris, became a dynastic necessity, to place the new capital in communication with the Western Provinces and Europe.

It is these canals of communication, from their size and importance attracting the attention of later historians, that are alluded to by name from Polybius (B. C. 181) to Ammianus Marcellinus (A. D. 363). At the same time it is not denied that "canals of irrigation" also drawn from the Phrat did exist *in their day* in Northern Babylonia. The removal by Alexander the Great of the dikes on the Tigris (τοὺς καταῤῥάκτας) (Arrian, *Anab.*, vii. 7. 7; Strabo, xvi. 1. 9), would necessarily break up the system of irrigation previously carried on from the Tigris (*Anab.*, ii. 4. 13) and transfer it mainly to the Phrat. These high dikes characterized the irrigation of the Tigris; from the height of its banks above its channel they would be far more of a necessity on the Tigris than on the Phrat, which, according to Arrian (vii. 7. 3), "*flows everywhere level with the land* (ῥεῖ ἰσοχειλὴς πανταχοῦ τῇ γῇ), *whereas the banks of the Tigris are high above its stream*" (μετεωροτέρα ἡ ταύτῃ γῆ τοῦ ὕδατος). Kinneir (*Journey*, p. 472) noticed this below Samarra, and remarked, "*consequently irrigation must always have been attended with difficulty.*" In fact, the dikes alone made it possible; remains of them are to be seen near Nineveh below Mösul and at the Band el Adhem; possibly also they may be found at the point where the waters of the Tigris are thrown into the two canals, — the Ishaki on the right, and the Burech on the left, — where the river forces its way through the Hamrin hills.

In Xenophon's day, the conditions of the case being reversed, that is to say, the seat of government being on the Phrat, and the dikes of the Tigris entire, the presumption is that the canal communication north of Babylon would be, as Xenophon says it was, from the Tigris to the Phrat. As regards Herodotus, his statements about the canals go a very little way to invalidate Xenophon's account, if indeed they do not confirm it; certainly, his remark that "the greatest of the canals" *goes into the Tigris* (note 8), implies that *some of the others did not*, that they either went into the Phrat [illegible] that the ancient [illegible] ... [illegible] so far as to place [illegible] ... of the river.

[illegible]

[illegible] SAKLAWIYEH. [illegible]

It has been supposed, [illegible] ... of Babylonia, still [illegible] ... the Seiaar, Nahr Malka [illegible] ... four canals of Xenophon [illegible] ... tone[25] in placing Pylæ (which [illegible]) ... ably higher up the river than [illegible] ... (p. 85) placing it 90 geographical [illegible] ...

---

[20] He would go either by the regular [illegible] ... and Susa (which we know that he [illegible]) ... Arabian desert from Egypt.

[21] [illegible] ... whole account is given by [illegible] ... simply as one wonder in a region of [illegible] ... tale may be. There may have been [illegible] ... There was certainly a second [illegible] ... tus' suggestion (Travels, p. 160) that [illegible] ... Erech") may give a clew to the right [illegible] ... in Chaldæa Proper — was one of [illegible] ... supposed to have planted colonies [illegible] ...

[22] Notably Tel Ibrahim, "by far the [illegible] ... yards long and 60 high." (Rawlinson, p. [illegible]) ...

[23] Ainsworth alone, in his later work, [illegible] ... [illegible]

lower down, opposite Jarrah. But there is no trace of four in ancient history before the Christian era; one, or perhaps two, having a continuous existence, though with some variety of name, figure in history subsequent to the Seleucian era. Almost conclusive evidence is supplied by the historians of Julian's campaign, in 363 A. D., that the four modern canals did not exist, as we have them, at that period. Julian, in order to get his fleet from the Phrat into the Tigris to co-operate with his army in the attack on Ctesiphon, had to open an old canal of Trajan's, from the Nahr Melik into the Tigris north of Ctesiphon. The account will be found in Gibbon (ch. xxiv.). It is plain that this operation could never have been necessary if Julian could have brought his fleet into the Tigris direct by either of the upper canals, the Saklawiyeh or the Sersar (Abu Ghurraib) Canal. The Sersar does not seem to have existed at all, and the Saklawiyeh did not debouch into the Tigris, being originally (as Amm. Marcell. describes it) a canal of irrigation merely, carried into *the interior* of Babylonia.

When we turn to Xenophon's narrative we find nothing whatever, beyond the number "four" common to both, to favor the idea that they were the same as the four we have been considering; not only are the two systems represented as derived from different rivers, but their distance apart is itself an insuperable difficulty in the way of identifying the one with the other; for on the supposition that they were the same, Xenophon's error in saying they were three miles apart is inexplicable; if they were so, then they must have been distinctly in his mind as having occurred at intervals of an hour's ordinary journey, and as having all fallen within the compass of one day's march; whereas the four existing ones cover ground that he took three or four days to traverse; a discrepancy far too great to be attributable to ordinary errors of narration. Moreover, if we are to place any reliance on the distances given in Xenophon's itinerary, and modern investigation tends only to corroborate them, there was no canal in his day where the Saklawiyeh is now, nor any indication of a canal-system for twenty-five miles farther south. All that is stated in the Anabasis goes to show that the first four marches in Babylonia were through a district neither populous nor cultivated; there is no mention of either cultivation or population, of cities or villages, either deserted or otherwise, between Pylæ and Cunaxa; the canals themselves are not met with until the invaders had marched more than 30 geographical miles through Babylonia, at a point within 22 parasangs — 55 geographical miles — of Babylon. Even between the canals and Cunaxa there is still no mention of cultivation, nor yet on the retreat, though the second day's march, in company with Ariæus, would be into the interior of Babylonia, — not until the end of that day had brought the Greeks back again into the neighborhood of the canals where were trenches and date groves (ii. 3. 10); and we hear no more of canals or trenches till they passed within the Median Wall, where we find two canals of irrigation drawn from the Tigris (ii. 4. 13) serving the northeastern district of Babylonia.

The impression which the entire narrative leaves on the mind is, that the

[illegible]

There is one [illegible] an especial value, as [illegible] it is this, — that the Tigris [illegible] and yet seems to continue [illegible] pared with the Phrat, [illegible] some weeks longer, [illegible] chief agent employed in [illegible] removed the dikes on which [illegible]

Moreover, if the great [illegible] us to believe it did, the Phrat [illegible] before entering Babylonia. [illegible] what the Nahr Wan was to the [illegible] overflow and the fertiliser of the [illegible] this difference, however, that as [illegible] of such rivers as the Diyaleh [illegible]

---

[24] There is evidence that the [illegible] known to do (see Layard, [illegible]

[25] "Dijeil, 'the little Tigris,' [illegible] Digl, Digr, or Tigr" (*Journ. of R. G. S.* [illegible] (*N. H.*, vi. 27 [31]), who says of the [illegible] derivative of the Tigris is evidently [illegible] old Persian for *arrow*, being so called [illegible] 14. 8).

[26] The Tigris rises before the Phrat, [illegible] slope of Mount Niphates, which [illegible] northern slope, which feed the Phrat. [illegible] that the Tigris is in flood in April and May, [illegible] being very little difference in respect of [illegible] (the Zab, though narrower, being much [illegible] that the later flood of the Zab must [illegible] Phrat is at its height from the end of May [illegible]

goodly stream independently of the Tigris, Nahr Sada, on the contrary, must have been always dependent on the Phrat for its entire supply of water, there being no river in the Desert of Arabia to feed it, so that flowing as the Sada is known to have done for about 400 miles into the Persian Gulf, the drainage of the Phrat through this canal must have been so great and probably continuous, as to make it difficult to conceive of it as having any water to spare for the irrigation of Northern Babylonia, particularly if "the Great Canal" of Herodotus, drawn from the Phrat, be it the Nahr Cuthiyeh or the Shat el Nil, was a running stream, as Herodotus' account seems to imply.

There is, indeed, one incident in Xenophon's narrative which goes far to show that the waters of the Phrat were really thus employed in fertilizing the land on its right or southern bank at the date of the Anabasis. In the course of the desert marches before reaching Pylæ, the Greeks crossed the river to *Charmande*[17] for provisions, and found them in abundance. The geological character of the country being the same on both sides of the river, the fact that we find a desert tract on the one side, and a fertile district on the other, argues artificial irrigation present in the one case, and absent in the other.

THE TRENCH.

Xenophon states (i. 7. 15) that the Trench stretched up through the plain, a distance of *twelve parasangs* to the Wall of Media. When Xenophon gives figures or information from hearsay merely, he is so careful to tell us so (see ii. 2. 6, ii. 4. 12, and iv. 1. 3) by the use of *ἐλέγετο* or *ἐλέγοντο*, that where, as in this case, he makes an absolute statement, there is strong presumption that he writes from personal knowledge, that in fact the route lay along the western side of the Trench up to the Median Wall, the Satrap's object being to get the invaders away from the rich cultivation of Babylonia as quickly as possible.

The *direction* of the Trench, as indicated by *παρετέτατο ἡ τάφρος ἄνω διὰ τοῦ πεδίου*, is by no means clear; *ἄνω* meaning "up from the level of the river on to higher ground" (as at iv. 4. 3), would agree very well with *διὰ τοῦ πεδίου* ("across the plain"), but not so well with *παρετέτατο*, — for *παρα-* implies that when the Greeks came in sight of the Trench, it seemed to run nearly parallel to their line of march along the river. Now this would be the case if we suppose that the Trench started from the wall at no great distance from the western end, for then, if we take into account the length of the Trench (30 geographical miles), it would approach the

---

[17] *Charmande* (i. 5. 10) was near the close of the Desert; for we read of *herbage* burnt by the enemy (6. 1; compare 5. 5). — Ramâdi corresponds in position with *Charmande*, and seems to retain the name: for *Charmande* = *Harmande* (just as Χαῤῥάν = *Harran*; Χεβρών = *Hebron*, etc.); — and *Harmande* = *Ramande* by the same transposition of letters as take place in Gr. *ἑρπ* = Lat. *rep* = *creep*; and in *ἁρπ-άζειν* = *rap-ere*.

[illegible]

wall, and the canals south of it. [illegible] its western end, not with the *Nahr Malik*, but with [illegible] the river (see § 2). 3. It [illegible] three marches mentioned (ii. 4. 13) as [illegible] the Greeks joined Ariaeus, instead of that at which [illegible] of them. By inadvertence apparently, [illegible] the first station after passing the Ditch, [illegible] the battle, to which Ariaeus had retreated. [illegible] would (on the same [illegible]) bring them [illegible] the end of the first day of the retreat. Xenophon says [illegible] the fifth.

Captain Bewsher, it is true, [illegible] of *Nahr Malik*, called Habl es Sahib, [illegible] with Grote's wall. Its extent does not [illegible] nor whether in this respect or in its construction [illegible] phon's wall, which was made "of bricks [illegible] the difficulty of reconciling such a position [illegible] between Cunaxa and the wall, it is perfectly [illegible] cannot be the wall that Ammianus saw [illegible] being from his account a distance of at least [illegible] that canal and the *Nahr Malik*. The wall [illegible] to geographers. "Its remains, with the [illegible] cent (i. p. 536), "are seen by every [illegible] Hillah to Baghdad; they are noticed by [illegible] resented in De Lisle's Map. What they are, [illegible] Baghdad, or of a wall built by Zobeide, [illegible] extended across the desert to Mecca, is [illegible] p. 129)."

CUNAXA.

§ 7. The name given by Plutarch (*Artax.*, 8) to the battle-field. There was a village with a hill above it (i. 10. 11, n.), and Ainsworth is very probably correct in thinking that the Greeks received the name "from a Persian compound, of which *Kuh*, 'a hill,' formed the base, as in *Kuhistan*, 'the country of hills.'" Xenophon (ii. 2. 6) places Cunaxa at 360 stadia from Babylon; Plutarch, at 500 stadia. By the side of Xenophon's definite statement, Plutarch's looks like a round number. Captain Bewsher, however, following Grote (*Greece*, ch. lxix., note 2), adopts it, placing Cunaxa at *Kuneesha*, 50 miles by air-line from Babylon. No reasons are given for preferring Plutarch's authority to Xenophon's in such a matter, and I am unable to find any. Xenophon's intimate connection with Proxenus, one of the generals, would give him access to the best information on the point, and he would know how to use it. The distance, occurring among road distances, must be a road distance and no air-line. It would no doubt be given to Xenophon by the Persian authorities in the national standard, i. e. as 12 parasangs, which he would reduce (at the usual rate of 30 stadia to the parasang) to 360 stadia. Twelve parasangs give a road distance of about 30 geographical miles, or 27 by air-line, — little more than a two days' march, — from Babylon. With great significance, therefore, might the Greeks say, "*We have conquered the king's forces at his gates, and having laughed him to scorn, came away*" (ii. 4. 4).

For the (probable) position of Cunaxa on the Abu Dibbis branch, see *sup*. p. 8.

THE RETREAT.

§ 8. Ἐπεὶ ἡμέρα ἐγένετο, ἐπορεύοντο ἐν δεξιᾷ ἔχοντες τὸν ἥλιον (*Anab.* ii. 2. 13).

The direction in which the retreat commenced has been called in question: whether, in fact, the Greek means, "When it was day *they started, having the sun on their right*," i. e. in a northerly direction; or "... *they proceeded, keeping the sun on their right*," i. e. as Grote represents it (*Hist. Gr.* ch. lxx.) in an easterly direction, "as referring to the sun's diurnal path through the heavens"; and in his map, constructed on this view, the course laid down is south of east, in order that it may strike the wall of Media, which he conceives to have lain south of Cunaxa.

I do not know an instance of direction being either regulated or indicated by the sun's diurnal course; referred to his place of rising it is common enough. Thus, when Herodotus means to tell us that the Great Canal (see *sup*. note 8) runs south of east, he describes it as πρὸς ἥλιον τετραμμένη τὸν χειμερινόν. Grote cites indeed Herod. iv. 42; but surely the two cases are wholly distinct. Herodotus, speaking of the exploring party that circumnavigated Africa, and of their westward course along the south coast, says, [illegible] treating of a natural phenomenon, which he can [illegible] credit, as at variance with all that he, in [illegible] heard of a westerly course. Whether a soldier [illegible] pression to describe (by a curious curve) the direction of [illegible] another and a very different question.

On the other hand, the remark, *They started, having the* [illegible] *their right*, falls from Xenophon easily and naturally [illegible] him speaking of an incident which he had in his mind [illegible] enabling him to fix the direction taken through a country [illegible] hardly know the bearing of one point from another. The [illegible] tion is, in fact, confirmed by Diod. Sic. (xiv. 25, *et seq.*) [illegible] the generals in council with Ariaeus decided to start [illegible] *gonia; and for Paphlagonia they started*, indicating [illegible] than ἐπὶ Ἰωνίας did in Ariaeus' message (*Anab.*, ii. 1. 3). The [illegible] sion "towards Paphlagonia" occurs again in Diodorus (xiv. [illegible]) [illegible] the northerly route along the Tigris.[18]

We conclude, then, that they commenced the retreat [illegible] seus, ii. 2. 8) in a *northerly* direction, and continued [illegible] — who was journeying *homewards* [illegible] in this direction to pass out of Babylonia; for [illegible] retreat "they passed within the Median Wall [illegible] 4. 12), — an expression which can only signify [illegible] *Babylonia*. The line of route suggested by Ainsworth, [illegible] the north[20] side of the wall, but not, I think, by [illegible] tioned in the retreat, is apparently the only one consistent [illegible] geographical and historical, of the problem. General C[illegible] that this movement to the northwest was made "in order [illegible] marshes and inundations of Akker Kuf." It may [illegible] marsh (Khor) existed then. I am inclined, however, [illegible]

---

[18] In fact, the direction that a Greek would understand by [illegible] north; for not only did the Paphlagonia of the Anabasis extend [illegible] eastward (i. e. east of the Thermodon, v. 6. 5, 9) than in [illegible] it west of the Halys, but the ancient geographers, from [illegible] under an error as to the relative positions of the Persian Gulf and [illegible] threw the Euxine too far to the east, in fact placed the [illegible] *east of Babylon*, though it is really three degrees west. "This [illegible] nell, "was the probable cause of Xenophon's keeping too far to [illegible] through Armenia, *towards Trebisond*. He would adhere to the [illegible] in vogue through Greece (as given by Herodotus), and expected [illegible] *in the same meridian with Babylon and Nineveh*, though it [illegible] grees west from the latter." — Rennell, *Geogr.*, i. pp. 267–268.

[19] The adverb has here its common proleptic usage: [illegible] iv. 2. 12; v. 2. 16. Thus Xenophon and Plutarch mean [illegible] ing of Cyrus passing the trench) Plutarch says, [illegible] παρεῖδε ὁ βασ.; and Xenophon, ἐγένοντο εἴσω τῆς τάφρου. [illegible] and *inf.* vii. 1. 18.

[20] This is implied in the remark that they accompanied [illegible] ward route.

real object was to draw the Greeks out of the heart of Babylonia for the reason given below. It may well be, moreover, that the presence of an invading and victorious army would be a dangerous incentive to the slave population of Babylonia, alluded to probably in ἐργασομένων ἐνόντων (ii. 4. 22). Many were the captive nations beside Jews that had *wept beside the waters of Babylon*, their "lives made bitter" by forced labor in building the palaces and walled cities, and in digging those canals and trenches of Babylonia, among which they and their children would find at once a fast prison, a merciless taskmaster, and an early grave. The pride, rapacity, and cruelty of the Chaldæan towards the *many nations* that he had *spoiled* and *gathered to himself* are vividly portrayed in the prophecy of Habakkuk ii. 5–12. See also Psalm cxxxvii.; Josephus, *Antiq.*, x. 11; Eusebius, *Præpar. Evang.*, ix. 39. Under Persian rule the *Chaldæan* himself joined the list of subjugated races in Babylonia, the whole forming a population ripe enough for insurrection, as history shows. See Rawlinson on Hdt., iii. 150.

In taking the Greeks this circuit, we perceive Tissaphernes securing two objects distinctly alluded to in the course of the narrative: to withdraw them as much as possible from the heart of Babylonia, lest the value of the prize and ease of acquisition should tempt them either to immediate occupation of this inviting province, or to future invasion (see ii. 4. 22, and iii. 2. 26); and also to gain time, by circuitous marching or protracted negotiation, for bringing up his distant forces, and maturing plans for cutting off in the retreat the enemy that had beaten him in the field (ii. 4. 3 and 25).

Ariæus' plan, if he had any plan beyond that of providing for his own safety, was apparently to march along the Tigris, on a line where they could get provisions, till they should strike into one of the great western roads across Mesopotamia, either at Mösul, or higher up, near the Carduchi, where was a road "carrying to Lydia and Ionia" (*Anab.*, iii. 5. 15), by which in fact Tissaphernes returned to his satrapy, after he gave up pursuit of the Greeks (Diod. Sic., xiv. 27).

§ 9. Sittake (ii. 4. 13) was 15 stadia (about 1½ geographical miles) west of the Tigris, 8 parasangs from the Wall of Media, and 70 parasangs from the ford over the Zab. Ainsworth places Sittake at Akbara, the summer residence of the Caliphs of Baghdad, and this is probably very near the true position. [This Sittake is not to be confounded with the "Sittake Græcorum *Ab Ortu*" of Pliny (*N. H.*, vi. 27), which is placed by Ptolemy the geographer (vi. 1. 3 and 6) 2 degrees (about 80 geographical miles) east of Ctesiphon: *Sittake Græcorum* was doubtless one of that cordon of Greek "colonies built by Alexander's orders round Media to keep the neighboring barbarians in check" (Polybius x. 17. 3).]

§ 10. The river Physcus (ii. 4. 25). After crossing the Tigris (Shat Eidha[21] at Sittake, the route *struck off from the river* (ii. 4. 25), and did

---

21 Both Chesney and Ainsworth identify the Shat Eidha with the Tigris of Xenophon. See Commentary, p. 300.

[illegible]

Anab., i. 4. 10). [illegible]

§ 11. Opis on the [illegible] [illegible]

[illegible] i. 189, and Strabo xvi. 1. 9, [illegible]

[illegible] — [illegible]

[illegible] from the [illegible]

[illegible], from the ford over the Zab. [illegible]

that ford (see § 12), we are brought [illegible]

of Opis. [The following [illegible]

know from Arrian (*Anab.* [illegible]

far up as Opis. Now [illegible]

given an account[22] of the canal that [illegible]

shows, I believe, certainly that a [illegible]

and if the age of this canal (which is said [illegible]

before the Mohammedan era," Dr. [illegible]) [illegible]

Opis *cannot have been lower than* [illegible], and [illegible]

The reader will find the question touching the [illegible] discussed at length in the *Cambridge Journal of* [illegible] pp. 126–145.

§ 12. Kaenae (ii. 4. 28). There are no ruins [illegible] Tigris to represent Kaenae, except those at [illegible] linson writes the name) *Kileh* Sherghat. If [illegible] ing, we may recognise Xenophon's *Kaenae* [illegible] nasal liquid *n* being often replaced by *l*, [illegible] *Labynetus* = *Nabonadius*; and *Zeleh* [illegible] was, under the name of Asshur, the original [illegible] to about 930 B. C., before the seat of government [illegible] by Asshur-idannipal, the warlike Sardanapalus [illegible]

---

22 "*It is difficult to imagine how the water ever* [illegible] *seen in section above fifteen feet above the surface of the* [illegible] *nearly at its highest level sweeps along the high perpendicular* [illegible]

23 I. e. if Xenophon received the name "Kinch" orally [illegible] circumstances of the march, see ii. 4. 10) he would be [illegible] form of a Greek word resembling it; just as in the case [illegible] he calls *Larissa*, a name familiar to the Greek ear, [illegible] tion of *Al Assur*, by Bochart, of *Al Resen*. Kini, found [illegible] of Asshur, may have some connection with the name. [illegible]

son, *Hdt.*, i. pp. 378 – 377. , *Kænæ* was passed somewhere "in the course of the first march"[24] from the villages of Parysatis, i. e. on the fourth day before reaching the ford over the Zab. That ford was only two marches distant from the Tigris, at *Larissa ;* and of these the first was but 2½ miles (iii. 3. 11). Layard (pp. 60 and 226) identifies the ford with one 25 miles up the Zab, a little above the junction of the Gomar-sú (whose bed is the *χαράδρα* of iii. 4. 1). Reckoning back from this ford as a point pretty well ascertained (the first that is so in the route beyond the Tigris), we are brought opposite *Kileh Sherghat* in the course of the 4th march from the ford.

The fact of their leaving the Tigris and marching up the Zab before crossing it, though not expressly stated, is sufficiently indicated by the remark that "they *arrived at* the Tigris" near *Larissa* (iii. 4. 6) after two marches from the ford. Nor is this the only instance in the narrative of mention of a river being reserved for the point where it was crossed. The Phrat itself, for instance, is first mentioned at *Thapsacus*, though both Chesney and Ainsworth are convinced that the three previous marches must have been along its banks (Ainsworth, *Travels in the Track*, p. 66). The same remark may be applicable to the march along the Physcus before crossing it, and also to the marches between the rivers Phasis and Harpasus, some of which lay along the banks probably of both rivers up to the point where they were found to be fordable (see iv. 6. 4, 5 ; 7. 1 – 15).

ROUTE THROUGH ARMENIA.

The Greek route after crossing the Kentritis — admitted to be the river of Sert (the *Buhtan Chai*) — is a point on which the judgment of geographers is divided. The point really at issue is which of the head-waters of the Tigris represents the Tigris of Xenophon, of which he says (iv. 4. 3) that the Greeks "came beyond its sources" after a three days' march of 15 parasangs from the banks of the Kentritis.

We are to bear in mind that the Greeks were told on the frontiers of the Carduchi (iv. 1. 3) that "*in Armenia* they would either cross the head-waters (πηγάς) of the Tigris, if they liked, or if they did not like, would go round them."

Now they entered Armenia after crossing the Kentritis ; and if it can be shown, as I think it may, that the Greeks crossed this stream *before* its junction with the *Bitlis-su*, then I apprehend that the Bitlis-su (the Eastern Tigris) will aptly represent the Tigris of Xenophon and satisfy the conditions of the narrative better than any other stream ; and the conclusion

---

[24] *ἐν τῷ πρώτῳ σταθμῷ* : cf. *ἐν τούτοις τοῖς σταθμοῖς* (i. 5. 5). Dindorf, however, has "ad castra prima," "*at the first station*," and so the English translators. But ἐν could not apply to a place beyond the river : they did not even cross over to it ; so that in no way could it be conceived of as part of the encampment : they stopped only for provisions ; the station was farther on.

will be that the Greeks route followed the [illegible] and Bitlis, and that the plain of Mush, where it is [illegible] *su*[25] (Black water) represents the plain of the [illegible] many villages on its banks" (iv. 4. 8). This view of [illegible] main that proposed by Major Rennell (*Retreat*, pp. 202 [illegible]

The first question is where the Kentritis was forded. [illegible] (*Babylon and Nineveh*, pp. 46 and 63, 64) is, that the [illegible] *Bohtan Chai* (Kentritis) opposite Till or Tilleh, [illegible] junction with the *Bitlis-su*, at a point where he crossed [illegible] difficulty) at the end of September. But it is morally certain [illegible] ern Tigris, the combined stream of the Bitlis-su and the [illegible] not fordable *two months later*, the season at which the Greeks [illegible] quarter.

The state of this stream, as indeed of the entire river system [illegible] phates, varies regularly with the time of the year. The rivers [illegible] and April with the melting of the mountain snows, [illegible] the end of May, and "commence gradually falling from the [illegible] June to the end of July" (Kinneir, *Journey through* [illegible] p. 489). They are then at their lowest pitch, and [illegible] winter rains swell them in November and December. Kinneir [illegible] from *Sert* to *Redwan* crossed the *Bitlis-su* by bridge, [illegible] from Sert, just above its junction with the Bohtan Chai, [illegible] there "very rapid and *certainly not fordable anywhere* [illegible] *it*" (p. 412). This was on the 12th of July, when the [illegible] getting low; but further, he tells us (p. 488 n.), "I [illegible] and Tigris *in December* (1810), and they were at that time [illegible] when I crossed them afterwards in July." Now it was [illegible] vember, or early in December, at any rate *after the* [illegible] iv. 1. 15), that the Greeks forded the Kentritis. Indeed, [illegible] speaking of a period a week or 10 days earlier, when [illegible] *Khabour*, supposes them to have taken "the more [illegible] pass in order to cross the Khabour by a *bridge or* [illegible] *bered that it was winter, and that the rivers were* [illegible] (p. 61, note).

We conclude then that the Greeks crossed the Kentritis [illegible] tiou with the Bitlis-su. They forded it, we are told, at a [illegible]

---

[25] Layard (*Babylon and Nineveh*, p. 64) says, "I am convinced [illegible] not be identified with the *Kara-su*, which would be at least [illegible] to ten days' march) from Tilleh"; no doubt from Tilleh [illegible] to have crossed here, which, however, is more than questionable. [illegible] adopted this view from the belief that the river (*Bohtan Chai*) [illegible] banks is not fordable higher up (than Till), p. 63. But this [illegible] has shown; cf. *Commentary*, p. 316. Layard supposes that [illegible] the river at Till, and finding no road into Armenia through [illegible] lowed the course of the *Bitlis-su*, which he identifies with [illegible] Xenophon says "*they came to* (ἐπὶ), not that *they crossed* [illegible] phon's regular usage in speaking of rivers which certainly [illegible]

Kurd mountains come down to within a mile of the river. The Greeks we presume came to the ford by a regular road, of which the made road (ὁδὸς ὥσπερ χειροποίητος), which they saw *leading over the hills beyond the river*, was a continuation (iv. 3. 5). Now Ainsworth, who visited this district in 1839 - 40, describes a ford (*Commentary*, p. 316) and "a road *carried up the face of a limestone rock partly by steps cut out of the rock, and partly by a causeway paved with large blocks of stone. This is the highway to Sert, and appears to be of remote antiquity.*" He adds that there may very well be other fords in this quarter. But assuming that the Greeks crossed here, the neighborhood of Sert agrees well with Xenophon's description of the first day's march beyond the Kentritis, "*it was all plain and smooth hills, not less than* 5 *parasangs*" (iv. 1. 2). Fraser (*Mesopotamia*, xii. p. 239) describes Sert as situated in "*a large undulating plain without a single tree, surrounded at a considerable distance by mountains.*" Nor is this the only coincidence in the case. The Greek march of 5 parasangs ended at a "large village where the Satrap had a palace, and *most of the houses had towers upon them.*" Now Kinneir (p. 403) describes Halisnu (a few miles north of Sert) as "a large village *unlike anything we had yet seen*, built of stone and mortar, and *each house is a castle, consisting of a square tower surrounded with a wall* to protect the inhabitants from cavalry or musket-shot." Whether Halisnu represents Xenophon's village or not, still, Kinneir's description shows this style of building to be peculiar to the district; at the same time it seems to be not uncommon within it, for Ainsworth informs me that the same kind of structure is to be seen at Sert.[26] We can hardly then be far from the Greek track at this point, whether we have hit upon the exact ford or not.

From this plain (of Sert) there are four[27] roads leading to the plain of Mush, which it remains to show corresponds in distance and in other particulars with the plain of the Teleboas. Of these roads, three go by Bitlis, this being, doubtless, with all its difficulties, the most practicable route; one of them taken by Colonel Sheil and Ainsworth, goes by Bakia; another diverging a little to the east of these, was travelled by Kinneir, who describes it in detail, almost mile by mile; the passage over the mountain south of the Bakia River, he says, "is one of the worst roads he ever saw."

---

[26] Sert will scarcely represent Xenophon's village, for it is hardly two miles from the river (Buhtan Chai), and Xenophon's remark that the Greeks were forced to make their long afternoon's march of five parasangs, because there were no villages *near the river*, owing to the wars with the Kurds, intimates more than two miles. As Xenophon's plain does not exclude "smooth hills" (iv. 1), he may be supposed to mean any place before reaching the mountains, which embosom the plain "at a considerable distance" from Sert (Fraser *sup.*) This undulating country, favorable for the growth of the vine, extends as far as Tasil, where are "extensive vineyards spread over the declivities of the neighboring hills" (Kinneir, p. 403).

[27] "From Sert to Bitlis there are three roads of 16, 18, 22 hours respectively. We travelled the road said to be 18 hours. Beside these there is a road of 38 hours to Mush direct, which does not pass through Bitlis. This must be the road which Kinneir supposed the Greeks to have taken." Col. Sheil, *Journ. of R. G. S.*, vol. viii. p. 77.

[illegible] walls of [illegible] [illegible] and [illegible] [illegible] [illegible] from [illegible] [illegible] they [illegible], he thinks, "the [illegible] between Western Armenia and the Assyrian plains." [illegible] these roads that may very well have been used by [illegible] told the Greeks "they might cross the head-waters of [illegible] liked."

Supposing [illegible] to [illegible] the [illegible] [illegible] 10 parasangs along the [illegible] of [illegible] [illegible] by a rugged mountain [illegible], would bring them [illegible] (the *Bahis-su*), to near Bahik, 5 miles [illegible] of [illegible] that they are said to have "come beyond" the [illegible] Hence they made three days' march, 15 parasangs, to the [illegible] (the Kara-su), a "beautiful river, though [illegible] about it." [29]

It is true that they would come upon the head-waters of [illegible] less than three marches, but it would be wholly out of [illegible] ophon's brief lively narrative to take [illegible] [illegible] the case of large rivers, we have [illegible] [illegible] marches to a river" is Xenophon's ordinary [illegible] where the route first struck the river, but where it [illegible] tiquat in the narrative, most commonly where it was [illegible] tion, also for its "beauty and many villages." [illegible] they would come upon the Teleboas ([illegible]) [illegible] they left the Bitlis River, the first two days' march [illegible] extremity of the great watershed between the Tigris and [illegible] Teleboas would be the first tributary of the [illegible] seen by [illegible] sible that this narrow strip of land, within which they might [illegible]

---

[28] ὑπερέβησαν. The use of the aorist clearly, I think, implies some definite [illegible] which Xenophon conceived that they "came beyond the sources." [illegible] intents and purposes, would be when they had crossed the last tributary [illegible] *Bahis-su*.

[29] Kara-su is Turkish for "Black River." It may be a description, but is [illegible] not a distinctive name; for there is at least one other Kara-su in this [illegible] much to be regretted that such intruders should have been allowed to [illegible] the Armenian names. Possibly it is not too late to recover these [illegible], and to trace [illegible] phon's Teleboas in some local name containing the [illegible] [illegible]. Teleboas is [illegible] ably, like Larissa and Kaenae (*sup.* n. 28), an adaptation of a Greek word to the [illegible] sounding like it. Mr. Consul Brandt crossed the *Kara-su* at [illegible], [illegible] it "knee-deep and fifteen yards wide" (*Journal*, p. [illegible]). There is no part [illegible] that answers to Xenophon's description of the Teleboas and the plain [illegible] it (iv. 7), as does this part of the plain of Mush watered by the Kara-su. [illegible] ton (p. 445) describes it as "*studded with villages*," "[illegible] grows *grapes*, melons," etc. (Brandt). "Corn, [illegible] are *numerous*" (Knight's Cyclopaedia). Compare [illegible] Greeks found here all manner of good things, [illegible] *raisins*, and all sorts of pulse."

Tigris — the Bitlis-su — flowing one way, and the Teleboas flowing the other to join the Phrat, is the *στενὸν* alluded to at iv. 1. 3.

This view of the six marches after crossing the Kentritis is, no doubt, like every other view that has been proposed, open to objections. In truth, the whole question resolves itself into a choice of difficulties. Layard and Ainsworth alike object to the badness of the road between Sert and Bitlis, carried as it is over steep and rugged mountains, and by a dangerous pass. This is no doubt true. Still the fact remains that, bad as the road may be, it is the regular caravan route between Sert and Bitlis travelled by Kinneir, Sheil, and Ainsworth, and therefore presumably not so bad as the other by the Kharzan mountains. Brandt, who travelled by the *Kolb-su* route, thought *that* "the worst he ever saw"; but bad as it was, the Kharzan route, he was told, was still worse. If it be said that there is nothing in the narrative here that indicates the difficulties of a mountain pass, the answer is that it is not Xenophon's way to give descriptions of country, except as illustrating the incidents of the march, and there is a dearth of incident in this part of the *Retreat*, which it is not difficult to account for. We should no doubt have learnt more about the country, had the Satrap thought fit to oppose the invaders at any of the passes along the route. But he had got to know his enemy too well for that. He had learnt on the banks of the Kentritis that he had no force wherewith to oppose an army that had fought its way through the mountain passes of Kurdistan; and to try conclusions with them hopelessly in the heart of his Satrapy, would, in case of defeat, only place his province at the mercy of a victorious and reckless soldiery. Behind him was the plain of Mush, with its many villages and fertile soil. These he might hope to save by coming to terms with the invaders; and this, as the narrative tells us, he was wise enough to do.

ON THE GEOGRAPHY OF XENOPHON'S ANABASIS.

"This remarkable work has been read, and its geographical details have been either taken for granted, or referred to proximate delineations of territory and places, which communicated to the mind anything but sensible or positive satisfaction in tracing the progress of the armies. In many cases the reader was compelled, after much examination, to take for granted what the mind naturally required to be verified; and [illegible] to forego all inquiry as entirely hopeless. A reader of [illegible] history would regard as very imperfect a work which would be [illegible] cient in the necessary details of geography. In books of [illegible] would be felt still more. The Anabasis, independent of [illegible] from the grandeur of the subject, the high reputation of [illegible] military exploits which it records, contains a great variety [illegible] recommend it; it combines with the character of a military [illegible] a book of travels likewise; and if military operations [illegible] character from the nature of the ground on which they [illegible] how much more must they do so when combined with [illegible] ney through hostile countries, and amid incessant [illegible] mind be satisfied except when such details are accompanied [illegible] tions and descriptions, which at once serve to render [illegible] movements, and to develop the causes which led to them. [illegible] WORTH, F. R. G. S., *author of "Travels in the Track of the [illegible] Greeks."*

RECORD OF THE MARCHES, HALTS, ETC., DURING THE ANABASIS AND KATABASIS OF THE GREEKS.

I. THE EXPEDITION OF CYRUS.

'Ανάβασις. *Ephesus to Cunaxa.*

[February, B. C. 401, to September of the same year.]

	Days' March.	Para-sangs.	Days' Halt.
The march begun from the sea at Ephesus (ii. 2. 6), about first week in *Feb.* B. C. 401.			
To Sardis. Cyrus musters his forces as for an expedition against the Pisidians. Of the Greek generals, Xenias, Proxenus, Sophænetus, Socrates, and Pasion are present with their forces. Xenophon, having sailed from Athens, overtakes Cyrus and Proxenus at Sardis as they are about to set forth.	...	18	...
To the Mæander (i. 2. 5) *March* 6.	3	22	...
To Colossæ (i. 2. 6). Menon arrives	1	8	7
To Celænæ, to the palace of Cyrus (i. 2. 7). Clearchus arrives. Greeks reviewed and numbered *March* 20.	3	20	30
To Peltæ (i. 2. 10). Lycæan games	2	10	3
To Ceramorum Forum, Κεραμῶν 'Αγορά (i. 2. 10)	2	12	...
To Caystri Campus (i. 2. 11) *May* 1.	3	30	5
Soldiers demand pay, now due for more than three months. Epyaxa arrives with a large gift of money. Army paid for four months	...	...	...
To Thymbrium (i. 2. 13)	2	10	...
To Tyriæum (i. 2. 14). Army reviewed by request of Epyaxa	2	10	3
To Iconium (i. 2. 19).	3	20	3
Through Lycaonia (i. 2. 19). Menon sent to escort Epyaxa through the western pass of Mount Taurus	5	30	...
To Dana	4	25	3
To the plain before the pass, Cilician gates (i. 2. 21)	...	?	1
To Tarsus (i. 2. 23). Interview with Syennesis *June* 6.	4	25	20
The soldiers refuse to proceed, but are induced through the crafty management of Clearchus (i. 3)	...	...	...

[illegible] the Psarus (i. 4. 1) [illegible]

To the Pyramus [illegible]

To Issus. The fleet arrives, bringing Cheirisophus [illegible]

[illegible]

To the Syro-Cilician gates, Pyle Syrie (i. 4. 4). Abrocomas retreats [illegible]

To Myriandrus (i. 4. 6). Xenias and Pasion desert. July [illegible]

To the Chalus (i. 4. 9) [illegible]

To the springs of the Dardas (i. 4. 10) [illegible]

To Thapsacus on the Euphrates (i. 4. 11) .... July [illegible]

Cyrus discloses the object of his expedition. Menon craftily induces his division to cross first [illegible]

To the Araxes in Syria (i. 4. 19) [illegible]

To Corsote (Arabia) on the Mascas (i. 5. 1-4). [illegible] found [illegible]

To Pylæ (i. 5. 5). Hunger. [illegible]

Charmande. Danger and rage of Clearchus. Orontas [illegible] attempts to desert, is tried and executed (i. 6) [illegible]

Through Babylonia (i. 7. 1). Review and preparation for battle [illegible]

March in battle array (i. 7. 14). Trench passed [illegible]

March more negligently (i. 7. 19) [illegible]

To Cunaxa (i. 7. 20). Battle (i. 8). Success of the [illegible]

Death of Cyrus [illegible]

Panegyric on Cyrus (i. 9). Later movements of the [illegible] (i. 10). The surrender of the Greeks demanded [illegible] dignantly refused (ii. 1) [illegible]

II. RETREAT OF THE TEN [illegible]

Κατάβασις. *Cunaxa to* [illegible]

[Sept., B.C. 401, to May, B.C. [illegible]

Night march to last station to join Ariaeus (ii. [illegible]

The Cyrean Greeks and barbarians swear [illegible] ity [illegible]

To Babylonian villages (ii. 2. 13). Truce with the [illegible] (ii. 3. 1, 9) [illegible]

To villages for obtaining supplies (ii. 3. 14). [illegible] now ripe and gathered or gathering. Treaty [illegible] king through Tissaphernes. [illegible]

Waiting for Tissaphernes. More than 20 days' halt.........	...	...	20
To the Wall of Media, with Tissaphernes and Ariæus (ii. 4. 12). Entrance within it and passage of two canals	3	?	...
To the Tigris near Sittace (ii. 4. 13). Stratagem to hasten the crossing of the Greeks ....*Oct.* 11.	2	8	...
To the Physcus at Opis (ii. 4. 25). The bastard brother of Artaxerxes meets the Greeks	4	20	...
Through a desert region with Tissaphernes. To the villages of Parysatis (ii. 4. 27)................................	6	30	...
Through a desert region passing by Cænæ (ii. 4. 28)	4	20	3
To the Zapatas (ii. 5. 1)..................................*Oct.* 29.	...	...	...
Five generals treacherously seized (ii. 5). Their characters (ii. 6). General dejection (iii. 1. 2). Xenophon arouses and reinspirits the army. Other generals chosen (iii. 1. 47)	...	...	...
To villages (iii. 3. 11)	1	?	1
To the Tigris at Larissa, crossing a ravine, etc. (iii. 4. 6).	1	?	...
To Mespila (iii. 4. 10)	1	6	...
To villages (iii. 4. 13–18)	1	4	1
Through a plain, pursued by Tissaphernes (iii. 4. 18)	1	?	...
To villages around a palace (iii. 4. 24–31)	5	?	3
To a village in a plain...	1	?	...
Night march of 60 stadia (iii. 4. 37). Enemy dislodged from a height..	...	2	...
To villages (iii. 5. 1) beside the Tigris. Progress stopped by mountains (iii. 5. 7)	3	?	...
Towards Babylon (iii. 5. 13). Consultation and inquiry ...	1	?	...
Night march to the mountains (iv. 1. 5) ....*Nov.* 20.	...	...	...
To villages of the Carduchi (iv. 1. 10). Baggage lessened.	1	?	...
Mountain march, with fighting (iv. 1. 14).....................	1	?	...
March in heavy storm. Carduchi occupy the road. A party seize another path (iv. 2. 5)	1	?	...
Passage forced and villages reached (iv. 2. 22)	1	?	...
Marching without a guide. To the Centrites (iv. 3. 1) ...	3	?	1
Through Armenia to villages and satrap's palace (iv. 4. 2).	1	5	...
To the springs of the Tigris (iv. 4. 3).........................	2	10	...
To the Teleboas..	3	15	...
Through a plain followed by Tiribazus (iv. 4. 7)............	3	15	3
Much snow in night ....*Dec.* 6.	...	...	...
To camp of Tiribazus; but return to their own camp (iv. 4. 22).	1	?	...
To mountain pass (iv. 5. 1)..	1	?	...
To Euphrates (iv. 5. 2). Desert stages...............*Dec.* 13.	3	15	...
Through a plain, deep snow, severe wind (iv. 5. 3)	3	15	...

[illegible] villages, [illegible] (iv. 5. [illegible])	1	[illegible]	[illegible]
With a guide, through [illegible] (iv. 6. [illegible])	3	[illegible]	...
To and along the Phasis (iv. 6. [illegible])	7	35	...
To a mountain pass defended by the Chalybes (iv. 6. 5, 27).	2	10	[illegible]
To villages in a plain (iv. 6. 27)	1	...	...
Among the Taochi (iv. 7. 1). Capture of a stronghold stocked with cattle (iv. 7. 14)	5	30	...
Through the Chalybes, the bravest tribe found (iv. 7. 15).	7	50	...
To the river Harpasus *Feb.* 3, B. C. 400.	...	...	...
Through the Scythini, to provision villages (iv. 7. 18)	4	20	3
To the large city Gymnias; guide obtained for the mountain where the sea could be seen	4	20	...
To Mount Theches. The Euxine in sight (iv. 7. 21). Great joy, etc.	5	[illegible]	...
Through the Macrones, who aided their passage (iv. 8. 1).	3	10	...
To villages of the Colchi, forcing a passage (iv. 8. 9, 19)	1	[illegible]	[illegible]
To Trapezus (Trebizond), to the sea (iv. 8. 22). Sacrifices and games (cf. Diod. Sic., xiv. 30) *Feb.* 23.	2	7	30
Chirisophus sails to Byzantium for vessels (v. 1. 4). Treachery of Dexippus. Expedition against the Drilae (v. 2. 1). The older men, women, children, sick, and the baggage sent by vessels to Cerasus. The rest march (v. 3. 1)	...	...	...
To Cerasus (v. 3. 2). Review and numbering	3	[illegible]	10
Division of the consecrated tenth (v. 3. 4). Xenophon's disposition of his share	[illegible]	[illegible]	[illegible]
To the Mosynoeci (v. 4. 2). Treaty with a part of the tribe. Storming the chief fortress. Through Mosynoeci to the Chalybes (v. 5. 1)	[illegible]	[illegible]	[illegible]
Through the Chalybes (v. 5. 1)	[illegible]	[illegible]	[illegible]
Through the Tibareni, as friends, to Cotyora (v. 5. [illegible]) [illegible]	[illegible]	[illegible]	[illegible]
Embassy from Sinope. Xenophon's plan of [illegible] frustrated (v. 6. 15). Defends himself [illegible] (v. 7. 4). Rebukes disorder. [illegible] Trial of the generals (v. 7. 1). Halt of [illegible] days at Cotyora	[illegible]	[illegible]	[illegible]
	[illegible]		[illegible]

The army thence proceeded to Sinope and Heraclea, *July* 1. [illegible] to Calpe and Chrysopolis (vi. 1. 6), *Aug.* 7. [illegible] into Thrace, and occupied there for several months. [illegible] and reached Lampsacus early in the following year [illegible] (vii. 8. 24), *March* 5, B. C. 399.

PREFACE.

SHALL the student commence the reading of Greek with a general or a special lexicon? If the former is chosen, he must expect,

1. *Greater labor in finding words.* The time required for finding a word in a lexicon is nearly in the direct ratio of the size of the book, and the number of words in its list. The larger the book, the more pages must be turned over, or the more matter scrutinized on a page, — commonly both; and the longer its list, the more words must be looked at, before the right one catches the eye. This would seem quite too obvious for remark, were not its disregard so common, and so costly of time to the learner.

2. *More labor in finding the required signification.* How much time is often painfully spent in looking through a long article, — where various meanings, illustrative examples, translations of these examples, references, and remarks are commingled, — before the eye lights upon an appropriate signification; and even after this, not unfrequently, how much in addition, before the different admissible meanings can be brought together and compared for the selection of the best!

3. *A difficulty in finding some words at all.* This difficulty occurs in the Greek far more than in most languages, from the many euphonic and emphatic changes in its inflection, from crasis, and especially from the various forms of the augment and reduplication, which often render it uncertain even under what letter the search should be commenced. The considerations first presented have also a special application to the Greek, from the copiousness of its vocabulary, and from the variety of form and use which its words obtained through so many centuries, dialects, and kinds of literature.

If relief from these disadvantages is sought in the use of an abridged general lexicon, then a more serious evil is often substituted, — the absence of what is needed, in the place of labor in finding it.

The great use which is wisely made of Xenophon's Anabasis in elementary study seems to entitle it to all the advantages which a special lexicon can confer. In more advanced reading, when comparatively few words present themselves as strangers, and a more comprehensive view of the language is sought, there can, of course, be no adequate substitute for a good general lexicon.

[illegible] have not been [illegible] this has been a defect in the [illegible] in the first attempt, to make a complete list of the [illegible] particular book; and the words of most frequent [illegible] cisely those which are most apt to pass the collector [illegible] attracting notice. Yet it is alone the loss on this [illegible] to the student's patience to be "sent to April," — to [illegible] searching for that which is not to be found, simply [illegible] exist. Another frequent defect has been the [illegible] respecting the words presented, both as to form and [illegible] especially as to that connection and explanation of [illegible] so important to the learner.

Some special lexicons have been rendered less useful [illegible] in quite a different way. Their authors, in [illegible] commentaries upon the text, have so referred the [illegible] to the passages in which they occur, as to leave little [illegible] own judgment in the choice, thus depriving him of [illegible] benefits of linguistic study.

An earnest effort has been made in the present [illegible] far as might be, these defects. The list of words in the [illegible] already nearly complete through the labors of others [illegible] against the omission of required forms and meanings [illegible] been read again and again with pen in hand; and much [illegible] wise been taken in tracing back derived to primitive [illegible] syntactic constructions found in the text have also been [illegible] stated. The significations of words have been presented [illegible] copiousness, and different modes of translation have [illegible] the student's choice; but that choice has been left [illegible] uninfluenced, so that he should have the [illegible] pendent exercise of his own judgment. [illegible] has been referred to one or more places where it [illegible] being given to the earliest place, as that with which [illegible] usually be most closely associated in the student's mind.

An asterisk (*) has been attached to many words [illegible] tables of irregular verbs, or in respect to whose form or [illegible] may profitably consult other parts of his grammar. [illegible] he will readily make through familiarity with [illegible] a full Greek Index. This general mode of reference [illegible] as saving room, and as applying alike to different [illegible] cases where reference has been made to a [illegible] can be consulted through their indexes. The author has also aimed at impartiality towards different editions of the Anabasis, by presenting their various readings.

Proper names are here treated with more fulness than has been usual in works of this kind; chiefly by giving such information as the student might desire in addition to that which the text itself furnishes. The modern identifications of ancient places are in part quite certain; but there are some in respect to which the most painstaking and reliable travellers and geographers so differ, that it must simply be understood that that is here given which seemed most probable after the comparison of different authorities. A similar remark should be made respecting dates; in which there is this especial element of difference, that the Greek Olympic year was divided about equally between two years of our chronology.

It has been a pleasure to the writer, that in preparing this work he brings himself into direct competition or comparison with no one. No Greek and English lexicon to the Anabasis, beyond the first three books, has ever been published. To those who have written such lexicons in Greek and German, — Marbach, Theiss, Krüger, Matthiä, Vollbrecht, Strack (as successor to Theiss), and Holtzmann (for the Anabasis with the Cyropædia), — he gratefully acknowledges his obligations; as also to that thesaurus of Xenophontic learning, the Lexicon Xenophonteum, and to the lexicons in Greek and English which have been prepared for the first two or three books, by Professor Boise, whom we rejoice to claim as an American scholar, and more briefly by Isbister and Fergusson. In making these acknowledgments to other works, however, it ought perhaps to be said, that the present lexicon is not a translation or compilation from these, but has been for the most part prepared directly from the Anabasis itself, the pages of which have been turned often enough, whatever may have been the success, to satisfy even the familiar precept of Horace,

"Vos exemplaria Græca
Nocturna versate manu, versate diurna."

Would that the graceful words of another were no more needed here than where they were first written! "I am not so sanguine as to hope that I have escaped errors. He would be a bold man, who, even after years of study, should suppose that he had eliminated all the chances of error in treating of a language which is so delicate, so exquisite, and so perfect a medium for the expression of thought, as the Greek language is felt to be by all who have studied it. Some critics may doubtless

[illegible]

2. Methods of [illegible] by showing the [illegible] the forms of the Nom., [illegible] Sing. being also noticed [illegible]; in VERBS, by showing [illegible] Perf., and sometimes also of [illegible] and require notice. The "[illegible] The familiar method of indicating [illegible] followed, where it seemed to be quite [illegible] as late or rare. Where a verb is [illegible] added to the theme are commonly [illegible] the preposition to these, [illegible]

3. The PART OF SPEECH to which [illegible] inflection or use. Uninflected [illegible] considered *adverbs*, unless otherwise [illegible] is marked in the usual way, except in [illegible] names of persons, where the general rule [illegible]

4. The COMPOSITION of words is [illegible] arating their parts; and their DERIVATION [illegible] down (†) to the source, — several [illegible] referred, and a double obelisk (‡) [illegible] immediate and a more remote source. [illegible] given in the usual manner, within [illegible] need; and regularly translated, unless [illegible] list. A few words have been added [illegible] sake of their derivatives or compounds [illegible]

5. Such MEANINGS as would be chosen in translation are usually printed
ı Italics, and explanatory meanings or remarks in Roman letters, — the
ricter meanings leading. When a form of translation is equivocal, the
nse in which it is here used will be inferred from adjoining forms. The
udent will, it is hoped, select carefully from the forms given, and often
ek for himself others, perhaps more idiomatic. Latin cognates or equiva-
nts have been often added in Roman letters for comparison; and a few
ave been drawn from other languages specially stated. Attention has been
ften called to English derivatives or cognates by printing them in small
ıpitals; even though some of them, it will be observed, come to us more
nmediately from the Latin. Proper names in -ων, g. -ωνος, admit a double
orm in Latin: as, Μένων, *Menon* or *Meno*.

6. Much effort has been used so to state and arrange the MEANINGS that
he student shall be aided in the work, which is earnestly commended to
im, of constantly tracing derived from original senses; of observing the
orce of each element of a compound, even when not distinctly translated;
nd of discerning the distinction of words which may be translated alike.
The prepositions, for example, give full range for each part of this work; and,
while they seem to be often translated without discrimination or not to need
ranslation, their original distinctions should not be lost sight of, — that ἐν,
εἰς, ἐξ, and διά refer primarily to the *interior*, and are hence so greatly used
with names of places; ἀπό and σύν to mere *outward connection*; παρά to the
side, and πρός to the *front*, whence they are so much used with the names
of persons; &c. Other familiar illustrations are found in the distinctions
between demonstrative pronouns in -τος and those in -δε; between the sub-
stantive verbs εἰμί and γίγνομαι (*be* and *become*); between the negatives οὐ
and μή · the conjunctions καί, δέ, and ἀλλά · &c.

7. The CONSTRUCTION of words, so far as presented in the Anabasis, is
usually shown, after their translation, by small capitals or by particles; —
G. showing that the word is grammatically followed by the Gen.; D., by the
Dat.; A., by the Acc. (AE. marking the Acc. of Effect); I., by the Inf.
(sometimes, in strict analysis, rather the subject), while I. (A.) shows that
this Inf. may have a subject Acc.; P., by a Participle; CP., by a Comple-
mentary (in a few cases, Final) Clause; ἀπό, εἰς, ὡς, &c., by these particles.
The sign A. sometimes occurs where the Acc. is only indicated by the use
of the passive voice. Signs not separated by a comma indicate constructions
that are found together. In the citations, some words which may be ex-
pressed or omitted, or may take the place of others, are inclosed in paren-
theses: see ἅμα, νύξ, ὁ, ὀψέ.

8. REFERENCES are made to the Anabasis by giving the book in Roman,
and the chapter and section in Arabic numerals; a period, according to the
English system, separating the chapter from the section, and a comma sep-
arating two sections of the same chapter. The interrogation-point here
indicates a various reading, of more or less claim to regard. Special refer-
ences to the writer's Revised and Compendious Grammars are made by figures
in the older style (as 238). The letter s is often added to a reference to
signify *and the following*; and rarely, a small ʼ above the line, to show that
the reference is to the Revised Grammar only.

9. Parallels (‖) are used to mark a PLACE in modern geography, which is
believed to correspond closely or nearly with the ancient place spoken of in
the paragraph (cf. page v.). It is well known how various is the orthography
of modern names within the region of the Anabasis. In the pronunciation
of these names as here printed, *a* is usually pronounced as in *father*, *fast*, or
man, *e* as in *fête* or *men*, *i* as in *marine* or *pin*, *o* as in *hope* or *hop*, *u* like *oo*
in *cool* or *book*, *ch* as in *chin*, and *j* as in *jet*. In the Turkish, these names
have so little distinctive accent, that, like French names, they are apt to

LEXICON.

[**ἀ-,*** an inseparable particle, com-
ıonly denoting *privation* or *negation*,
ıd then called **α-** *privative* (akin to
νευ without, the Lat. *in-*, and the
ng. and Germ. *un-*, and having com-
ıonly the fuller form **ἀν-** before a
owel); but sometimes denoting *union*,
kcness, or *intensity*, and then called
-copulative (akin to *ἅμα together*, and
aving also the form ἀ-); 385 a.]

ἅ, ἅ-περ, see ὅς, ὅσ-περ, i. 2. 27.

ἄ-βατος, ον, (βαίνω) *impassable* (on
oot, by fording, for a horse, &c.), *in-
accessible, not fordable*, iii. 4. 49: v. 6. 9.

Ἀβροζέλμης, ου, *Abrozelmes*, inter-
reter to Seuthes, vii. 6. 43?

Ἀβροκόμας, α, *Abrocomas*, satrap of
Phoenicia, and commander of a fourth
art of the army of Artaxerxes. On
he approach of Cyrus, he appears to
ave considered the result doubtful,
nd to have pursued a course of selfish
olicy. As if a friend to Artaxerxes,
e burned the boats for crossing the
Euphrates, and marched as to aid the
ing; but, as if no enemy to Cyrus,
e nowhere opposed his march, and
lid not reach the king till five days
after the battle of Cunaxa. i. 3. 20.

Ἄβῦδος, ου, ἡ, *Abȳdus*, a city built
by the Milesians upon the Asiatic side
of the Hellespont, where the strait is
narrowest. This spot, now Cape Na-
gara, is famed for the bridge of Xerx-
es, and the loves of Hero and Lean-
der. i. 1. 9.

ἀγάγω, &c., see ἄγω, i. 3. 5, 17.

ἀγαθός, ή, όν (akin to Germ. *gut*, our
good, with ἀ- intensive or euphonic);
c. and s.* ἀμείνων, ἄριστος · βελτίων,
βέλτιστος · κρείττων, κράτιστος · λῴων,
λῷστος · *good, virtuous;* good in war
(εἰς πόλεμον i. 9. 14 s), *brave, valiant;*
*beneficial, advantageous, useful, ser-
viceable, desirable, valuable;* good for
producing, *fertile;* ii. 4. 22; 6. 19: iv.
4. 9: — neut. subst., *a good thing, good,
benefit, advantage, blessing, service,
favor;* also pl. *goods, provisions, sup-
plies, possessions;* ἐπ' ἀγαθῷ *for one's
good;* ii. 1. 12; 3. 20: iii. 1. 20 s; 5. 1:
v. 8. 18. See καλός.

ἀγάλλω,* αλῶ, *to adorn:* M. *to take
pride in, be proud of, glory in*, D.,
ἐπί, ii. 6. 26.

ἄγαμαι,* ἀγάσομαι Ep., a. *p.* as *m.*
ἠγάσθην, *to admire*, A., i. 1. 9.

‡**ἀγαν** adv., *very, very much, exceed-
ingly*, vii. 6. 39.

‡**ἀγαπάω,** ήσω, ἠγάπηκα, *to love, treat
with affection*, A.; *be content* or *well
pleased*, ὅτι: i. 9. 29: v. 5. 13.

‡**Ἀγασίας,** ου, *Agasias*, a lochage
under Proxenus, from Stymphālus in
Arcadia. He was one of the bravest
and most enterprising of the Cyreans,
and a firm friend of Xenophon. iii. 1. 31:
iv. 1. 27.— 2. *V. l.* for Βασίας, vii. 8. 10.

‡**ἀγαστός,** ή, όν, *admirable, worthy
of admiration*, i. 9. 24.

ἀγγεῖον, ου, (ἄγγος *vessel* for con-
taining) *a vessel, receptacle, pail, jar*,
vi. 4. 23: vii. 4. 3.

†**ἀγγελία,** ας, *a message, report, an-
nouncement*, ii. 3. 19.

†**ἀγγέλλω,***ελῶ, ἤγγελκα, *to announce,
report*, A. P. D., i. 7. 13: ii. 3. 19.

ἄγγελος, ου, ὁ ἡ, (ἄγω) *a messenger*,
i. 2. 21: ii. 3. 3. Der. ANGEL.

ἄγε, see ἄγω, ii. 2. 10.

ἀγείρω,* a. ἤγειρα, (ἄγω) *to bring
together, collect, assemble*, A., iii. 2. 13.

ἀ-γένειος, ον, (γένειον, *chin, beard*)
beardless, ii. 6. 28.

Ἀγησί-λᾱος, ου, *Agesilāus*, one of
the most eminent of the kings of
Sparta, succeeding his brother Agis,
B. C. 398, to the exclusion of his
nephew Leotychides, and reigning
with great fame for military prowess,

[illegible] vii. 6. [illegible]

[illegible] ἀγορά, ᾶς, (ἀγείρω) [illegible] *place of assembly* (Lat. [illegible]) [illegible] place (the same open place [illegible] being commonly used for both [illegible] poses); *market, provisions* or [illegible] for sale; i. 2. 10; 3. 14; v. 7. [illegible] 3: παρέχειν ἀγορὰν *to afford* or *provide a market, offer provisions for sale*, ii. 3. 26 s: οἱ ἐκ τῆς ἀγορᾶς [illegible] *in the market fled from it*, or *the market-men fled*, 704 s, i. 2. 18: ἀγορὰ πλήθουσα, *the time of full market*, the middle of the forenoon, and from that time till noon, i. 8. 1. See Κεραμεῖς.

‡ ἀγοράζω, άσω, ἠγόρασα, *to buy, purchase*: *M. to buy* for one's self: A.: i. 3. 14; 5. 10: vii. 3. 5.

‡ ἀγορα-νόμος, ου, ὁ, (νέμω) *a superintendent* or *inspector of the market, market-director, market-master*; having the general care and direction in respect to order, fairness of dealing, the quality of the provisions, and often their price; v. 7. 2, 23 s.

act unjustly, do wrong, be in the wrong; to treat unjustly, wrong, injure, harm; A. AE., P.; i. 3. 10; 4. 9; 6. 7 s: vii. 7. 3: pr. as pf. *to be guilty of doing wrong, to have wronged,* 612, i. 5. 11: v. 7. 26, 29: μηδὲν ἀ. *to do no wrong, be guilty of no crime,* i. 9. 13.

†**ἀδικία,** ας, *injustice, wrong-doing,* ii. 6. 18.

ἄ-δικος, ον, s., (δίκη) *unjust, guilty, criminal, wicked, unprincipled,* περί, i. 6. 8; 9. 13: ii. 6. 20: τὸ ἄδικον *injustice,* i. 9. 16.

‡**ἀδίκως,** s.? *unjustly, wrongfully,* v. 7. 29: vii. 1. 16 (or adj.).

ἀ-δόλως adv., (δόλος *guile, fraud*) *without guile* or *treachery, faithfully,* ii. 2. 8; 3. 26; iii. 2. 24.

'Αδραμύτ[τ]ιον, see 'Ατραμύττιον.

ἀ-δύνατος, ον, *impossible, impracticable; unable, powerless, inefficient;* ii. 4. 6: iv. 1. 25: v. 6. 10: vii. 7. 24.

ᾄδω,* ᾄσομαι, *to sing,* A., iv. 3. 27; 7. 16: vi. 1. 6.

ἀεί, less Att. **αἰεί,** *always, continually; at any time* (esp. between the art. and a pt., or after a rel. w. ἄν), *on each occasion, successively;* i. 9. 19: iii. 2. 31, 38: iv. 7. 23: v. 4. 15.

'ἀετός, less Att. **αἰετός,** οῦ, ὁ, *an eagle.* This bird was regarded by the Greeks as sacred to Zeus, and as sent by him to give omens of the future. It gave to the Assyrians and Persians, as to some modern nations, a symbol of royalty or power. i. 10. 12: vi. 1. 23.

ἄ-θεος, ον, s., (θεός) *godless, impious,* ii. 5. 39. Der. ATHEIST.

['**Αθηνᾶ,** ᾶς, *Athēna, Pallas,* or *Minerva;* in Greek mythology the daughter of Zeus, sprung from his head, the goddess of wisdom and warlike prowess, and the especial patroness of Athens.]

‡'**Αθῆναι,** ῶν, αἱ, *Athens,* the capital of Attica, and the city in which Greek, indeed ancient civilization culminated (799), "the eye of Greece." According to tradition, it was founded by Cecrops, named for the goddess Athēna (who bestowed upon it the gift of the olive), and greatly enlarged by Theseus, who united the people of Attica as its citizens. At its zenith, it is supposed to have contained, with its harbor the Piræus, about 200,000 inhabitants, or about two fifths of the whole population of Attica. From the Persian wars, in which it acquired such glory at Marathon and Salamis, and was burned by Xerxes, to the Peloponnesian war, in which it was conquered by Sparta, it was the leading state of Greece. In politics, it was the head of the democratic, as Sparta of the aristocratic interest. The latter war had closed, with the prostration of Athens and the exaltation of Sparta, B. C. 404, about three years before the expedition of Cyrus. Preserved from destruction through the desolations of so many centuries, it became, A. D. 1834, the capital of the new kingdom of Greece. iii. 1. 5.

‡'**Αθηναία,** ας, poet. for 'Αθηνᾶ, chosen as a password, from the kinship which Seuthes claimed to the Athenians, vii. 3. 39?

‡'**Αθηναῖος,** ου, ὁ, *an Athenian:* e. g. Xenophon, Lycius, Polycrates, &c. No Athenian is mentioned in the Anabasis dishonorably. i. 8. 15: iii. 3. 20.

‡'**Αθήνησι** or -**ησι,** old d. pl. as adv., *at Athens,* 380 c, iv. 8. 4: vii. 7. 57.

ἆθλον, ου, (ἆθλος *contest*) *prize* of a contest, i. 2. 10. Der. ATHLETE.

†**ἀθροίζω,** οίσω, ἤθροικα, *to assemble, collect, muster, levy,* esp. troops, A.: *M., to assemble, muster,* intrans.: i. 1. 2, 6 s; 2. 1; 10. 5: ii. 1. 1.

ἀ-θρόος, α, ον, (ἀ- cop., θρόος *noise*) rustling together, *close* or *thick together, in a body, collected, assembled,* esp. of persons, i. 10. 13: iv. 6. 13: vii. 3. 9.

†**ἀθυμέω,** ήσω, *to be discouraged, disheartened, dispirited,* or *dejected; to despond, want courage* or *heart;* D., πρός, ἕνεκα, ὅτι: iii. 2. 18; 4. 20: v. 4. 19: vi. 2. 14: vii. 1. 9.

‡**ἀθυμητέον** (ἐστὶν ἡμῖν) *we must be disheartened* [there is to be discouragement to us], 682, iii. 2. 23.

†**ἀθυμία,** ας, *discouragement, despondency, dejection, faintheartedness,* iii. 2. 8; 3. 11.

ἄ-θυμος, ον, c., (θυμός), *without spirit* or *courage, dispirited, discouraged, dejected, desponding, fainthearted, spiritless, disinclined,* πρός, i. 4. 9: iii. 1. 36.

‡**ἀθύμως** *despondingly, dejectedly, dispiritedly, without heart:* ἀθύμως ἔχειν *to be disheartened* or *dejected:* iii. 1. 3, 40: vi. 4. 26.

αἱ, αἵ, αἷς, see ὁ, ὅς, i. 1. 6: v. 4. 33.

[illegible]

3. 12.

[illegible] [illegible], ii. 3. 19.

[illegible] for [illegible]

[illegible], a king [illegible]
Phasians, regarded as a [illegible]
both sovereignty and name, to [illegible]
ther of Medēa and keeper of [illegible]
den fleece which it was the [illegible]
the Argonautic expedition to [illegible]
v. 6. 37.

[illegible] iv. 4. [illegible]

στος,* *disgraceful, shameful, base, infamous*, πρός, i. 9. 3 : ii. 5. 20 : v. 7. 12 : vii. 6. 21.

↓**αἰσχρῶς** *disgracefully, with dishonor*, iii. 1. 43 : vii. 1. 29.

↓**αἰσχύνη**, ης, *shame, disgrace, dishonor* : ὥστε πᾶσιν αἰσχύνην εἶναι *so that all were ashamed*, ii. 3. 11 : *αἰ.* ἀλλήλων *a sense of shame before each other*, iii. 1. 10.

↓**αἰσχύνω**, ὑνῶ, ᾔσχυγκα l., *to shame, disgrace* : *M. to be* or *feel ashamed*, I., P., ὅτι, i. 3. 10 : vi. 5. 4 : vii. 6. 21 : *to be ashamed before, reverence, stand in awe of*, A. I., CP., i. 7. 4 : ii. 3. 22 (a. *p.* as *m.* ᾐσχύνθην) ; 5. 39 ; 6. 19.

αἰτέω, ήσω, ᾔτηκα l., *to ask* for a thing, *demand*, A., 2 A., παρά, i. 1. 10 ; 3. 14, 16 : ii. 1. 10 : *M.* (more subjective, earnest, or humble) *to ask* as a favor to one's self, *entreat, beseech, beg ; to obtain by entreaty* ; A. I., παρά, ii. 3. 18 s : v. 1. 11 : vi. 6. 31.

↓**αἰτία**, ας, [ground of demand] *cause; blame, reproach, censure, charge*, vi. 6. 15 s : αἰτίαν (αἰτίας) ἔχειν *to incur censure* (*reproaches*), *be blamed*, ὑπό, vii. 1. 8 ; 6. 11, 15.

↓**αἰτιάομαι**, άσομαι, ᾐτίᾱμαι, dep. mid., *to blame, accuse, complain of, charge, reprove*, A. I., ὅτι, i. 2. 20 : iii. 1. 7 ; 3. 11 s : v. 5. 19 : vi. 2. 9.

↓**αἴτιος**, α, ον, *causative, causing, productive* ; hence, *chargeable with, responsible, guilty, to blame* : ὁ *αἰ. the author*, τὸ *αἰ. the cause* : G. (444 f), I. (A.); i. 4. 15 : ii. 5. 22 : iv. 1. 17 : vi. 6. 8 : vii. 7. 48.

αἰχμ-άλωτος, ον, (αἰχμή *point of a spear*, ἁλίσκομαι) *taken in war, captured* : οἱ *αἰ. the prisoners of war, captives* : τὰ *αἰ. the things taken in war, prizes of war*, including both prisoners and booty : iii. 3. 19 : iv. 1. 12 s ; 8. 27 : v. 3. 4.

[**ἀκ-** *point*, a root appearing in ἀκμή, ἄκων *dart*, ἄκρος, αἰχμή, ὀξύς, perh. ἀκούω to point the ear ; Lat. acus, acuo, acies ; Sans. açan *dart* ; &c.]

Ἀκαρνάν, ᾶνος, ὁ, *an Acarnanian*. Acarnania was the most western province of Greece Proper, lying between Ætolia, the Ionian Sea, and the Ambracian Gulf (now the Gulf of Arta) ; and was occupied by colonists of different tribes, none of which attained much eminence or refinement. iv. 8. 18.

ἄ-καυστος, ον, (καίω) *unburnt*, iii. 5. 13.

ἀ-κέραιος, ον, (κεράννῡμι) *unmixed, undisturbed* ; of troops, *fresh*, vi. 5. 9.

ἀ-κήρυκτος, ον, (κηρύσσω) *without intercourse by heralds, without truce, implacable*, iii. 3. 5.

ἀκῑνάκης, ου, (fr. Pers.) a straight *poniard, dagger*, or *short-sword*, used by the Persians, and commonly attached to the girdle on the right side, i. 2. 27 ; 8. 29.

ἀ-κίνδῡνος, ον, *without danger, safe, secure*, vi. 5. 29.

↓**ἀκινδύνως** *without danger, safely, securely*, ii. 6. 6.

ἄ-κληρος, ον, (κλῆρος *lot, portion, estate*) *without estate, portionless, poor, in poverty*, iii. 2. 26 ?

†**ἀκμάζω**, άσω, *to be at the acme of life*, in one's fullest maturity and strength, I., iii. 1. 25.

ἀκμή, ῆς, (ἀκ-) *point, tip*, ACME : ἀκμήν adv., in puncto temporis, *on the point, in the act, just, even now*, iv. 3. 26.

ἀ-κόλαστος, ον, (κολάζω) *unchastised*, ii. 6. 9.

†**ἀκολουθέω**, ήσω, ἠκολούθηκα, *to accompany, follow*, D. or σύν, vii. 5. 3.

ἀ-κόλουθος, ον, (ἀ- cop., κέλευθος *road, way*) going the same way, *accompanying, following, consistent*, ii. 4. 19. Der. AN-ACOLUTHON.

†**ἀκοντίζω**, ίσω ιῶ, *to throw, hurl*, or *fling* a dart or javelin ; *to shoot, hit*, or *pierce* with a javelin, A. ; i. 8. 27 ; 10. 7 : iii. 3. 7 : vii. 4. 18.

ἀκόντιον, ου, (ἀκ- ; dim. of ἄκων *javelin*, 371 f) *a javelin* or *dart*, for throwing, smaller and lighter than the δόρυ, iv. 2. 28.

↓**ἀκόντισις**, εως, ἡ, *use of the dart, throwing the javelin*, i. 9. 5.

↓**ἀκοντιστής**, οῦ, *javelin-thrower, javelin-man, darter*, iii. 3. 7 : iv. 3. 28.

ἀκούω,* ἀκούσομαι, ἀκήκοα, a. ἤκουσα, (ἀκ- ?) *to hear, hear of, listen to, learn* by hearing ; *to hear to, heed, obey* ; G., A., P., I. (w. subj. A.), CP., παρά, περί, — the gen. properly expressing the cause or source of the hearing or learning, whether person or thing (sometimes even the noise itself), while that which is heard or learned is comm. in the acc. or in a complementary clause ; i. 2. 5, 21 ; 3. 20 s ;

i. 1. 35 : vii. 8. 16 : ἀ. ὅμως *but yet, nevertheless,* i. 3. 13 : ἀ. οὐδέ *nay (or yet) not even, nor yet,* i. 3. 3 ? 4. 8. A speaker, from reference to something before expressed or mutually understood, often commences with ἀλλά, which may then be frequently translated adverbially (*well, well indeed, indeed, for my part,* &c.) or omitted in translation (sometimes, w. γάρ, seeming almost as if used prospectively, cf. ἄλλος, 567), i. 8. 17 : ii. 1. 4, 10, 20 : iii. 1. 45. See δέ, γάρ, μήν.

ἀλλαχοῦ (ἄλλος, 380 e) *v. l.* for ἄλλῃ, i. 6. 4 : so **ἀλλαχῇ** or -ῇ, vii. 3. 47.

ἄλλῃ (dat. of ἄλλος, as adv., 380 c) *in another place, direction, way,* or *manner ; elsewhere, otherwise ;* i. 9. 14 ? ii. 6. 4 ? iv. 2. 4, 10 : ἄ. καὶ ἄ. *here and there,* v. 2. 29 ? See ἄλλος c.

ἀλλήλων * g. pl., οις, αις, &c., reciprocal pron., (ἄλλος) *one another, each other,* i. 2. 27. Der. PAR-ALLEL.

ἄλλοθεν (ἄλλος) *from another place or point,* i. 10. 13. See ἄλλος c.

ἅλλομαι,* ἀλοῦμαι, a. ἡλάμην & ἡλόμην, *to leap, jump,* iv. 2. 17 : vi. 1. 5.

ἄλλος, * η, ο, alius, *other, another, else, remaining, rest, besides ; one,* pl. *some :* (a) other than has been mentioned, i. 1. 7 ; 4. 14 ; 8. 9 : ἄ. στράτευμα *another army,* τὸ ἄ. στράτευμα *the* [remaining] *rest of the army,* 523 f, i. 1. 9 ; 2. 25 : τὰ ἄλλα or τἆλλα [as to the rest] *in other respects,* i. 7. 4 : τὶ καὶ ἄλλο ὕλης *also* [any thing else] *any other kind of shrub,* i. 5. 1 : τῇ ἄλλῃ, sc. ἡμέρᾳ, *the next day,* ii. 1. 3 : οὐδὲ ἄλλο οὐδὲν δένδρον *nor, besides, a single tree,* 567 e, i. 5. 5 : — (b) other than is to be mentioned, i. 3. 3 : ii. 1. 7 : οὐδὲν ἄλλο ἤ *nothing else than,* iii. 2. 18 : ἄλλο τι (sc. ἐστιν) ἤ ; [is there aught else than this ?] *is it not certain that ?* 567 g, v. 7. 5 : οἱ ἄλλοι Κρῆτες *the rest, the Cretans,* 567 e, v. 2. 31 : (b, a) ἄλλος ἄλλον εἷλκε *one drew up another* (alius alium), v. 2. 15 : — (c, repeated or joined with a der., 567 d) different from each other, as ἄλλοι ἄλλως alii aliter, [different persons in different ways] *some in one way and others in another,* i. 6. 11 : ἄλλοι ἄλλοθεν some from one point and others from another, *in various directions,* i. 10. 13 : ἄλλος (ἄλλοι) ἄλλῃ one (some) one way and another (others) another, *in different directions,* iv. 8. 19 : ἄλλος ἄλλα λέγει *one says one thing, another another,* ii. 1. 15.

†**ἄλλοτε** *at another time, at other times,* iv. 1. 17 : ἄ. καὶ ἄ. at one time and at another, *now and then, from time to time,* ii. 4. 26 : v. 2. 29 ?

†**ἀλλότριος,** *α, ον,* aliēnus, *belonging to another* or *others, another's, foreign,* iii. 2. 28 ; 5. 5 : vii. 2. 33.

†**ἄλλως** *in another* or *any other manner* or *way, otherwise, differently ; on any other condition ;* [otherwise than should be] *at random ;* i. 6. 11 (see ἄλλος c) : iii. 2. 39 : v. 1. 7 : vi. 6. 10 (pleon.) : ἄ. πως ἤ *in any other way than,* iii. 1. 20, 26 : ἄ. ἔχειν *to be otherwise,* iii. 2. 37 : ἄ. τε καί both otherwise and in particular, *especially,* v. 6. 9. Cf. Lat. aliter.

ἀ-λόγιστος, *ον,* (λογίζομαι) *inconsiderate, unreasoning,* ii. 5. 21.

ἄλσος, *εος, τό,* (ἀλδαίνω *to make grow*) *a grove,* esp. *a sacred grove,* v. 3. 11 s.

Ἅλυς, *υος, ὁ,* the *Halys,* the largest river of Asia Minor. It flows into the Euxine, and formerly separated the Lydian and Persian kingdoms (and afterwards Paphlagonia and Pontus). Crœsus crossed this river, trusting to a deceptive oracle, and fought near it a great battle with Cyrus. v. 6. 9. ‖ The *Kizil-Irmak,* i. e. Red River.

ἄλφιτον, *ου,* comm. in pl., *groats,* esp. *barley-groats, barley-meal,* i. 5. 6.

ἀλωπεκῆ, -ῆς, or **-ίς,** *ίδος, ἡ,* (ἀλώπηξ *fox*) *a fox-skin, fox-skin cap,* vii. 4. 4.

ἁλῶ, ἁλώσομαι, see ἁλίσκομαι, i. 4. 7.

†**ἁλώσιμος,** *ον, easy to take, liable to be taken, easily captured,* v. 2. 3.

ἅμα *at the same time ; at the same time with, together with, with,* D. ; i. 2. 9 : ii. 4. 9 : ἅμα (τῇ) ἡμέρᾳ at the same time with the day, *at daybreak, at the dawn of day,* ἅμα ἡλίῳ ἀνίσχοντι or ἀνατέλλοντι (δύνοντι or δυομένῳ) *at sun-rise (-set),* i. 7. 2 : ii. 1. 2 s ; 2. 13. It is often joined with the earlier of two words or clauses, when acc. to the Eng. idiom, it would rather be joined with the later ; or with both, instead of one only ; vii. 6. 20 : iii. 4. 19 : so with a pt., rather than the verb, ἅμα ταῦτ᾽ εἰπὼν ἀνέστη [having said this, he at the same time rose] *as soon as he had said this, he rose,* 662, iii. 1. 47 :

[illegible] in the [illegible] suffered greatly. It was [illegible] Pyrrhus for his capital, and [illegible] fame by its brave and [illegible] against the siege of the [illegible] 189. The entrance of the [illegible] the scene of the decisive [illegible] Augustus over Antony, B. C. 31 [illegible] 13: v. 6. 16.

ἀμείνων,* ον, as c. of ἀγαθός [illegible] *superior, braver*: for emphasis [illegible] καὶ κρείττω *better and* [illegible] nearly = *far better*: ἄμεινον [illegible] c. of εὖ, *in a better way, better* [illegible] 8: ii. 1. 20: iii. 1. 21, 22.

† ἀμέλεια, ας, *neglect, carelessness* [illegible] *guarding*, C., iv. 6. 3.

† ἀμελέω, ήσω, ἠμέλησα, *to be careless or negligent of, neglect, slight*, [illegible] 5. 11; x. 1. 16; vii. 2. 7.

'Αμφι-κράτης, εος, *Amphicrates,* a lochage from Athens, iv. 2. 13, 17.

ἀμφι-λέγω,* λέξω, λέλεχα l., to speak on both sides, *to dispute* or *quarrel* about, A., i. 5. 11.

'Αμφιπολίτης, ου, ('Αμφί-πολις) *an Amphipolite,* i. 10. 7. Amphipolis was a city of western Thrace mostly surrounded by the Strymon near its mouth (whence its name), a greatly prized colony of the Athenians, for the loss of which in the Peloponnesian war the historian Thucydides was banished. ‖ Neokhorio.

ἀμφορεύς, έως, ὁ, (shortened from ἀμφι-φορεύς, a vessel carried on both sides, i. e. with two handles; φέρω) amphora, a two-handled vessel (commonly of clay and with a small neck), *jar,* v. 4. 28.

†**ἀμφότερος,** α, ον, *both* (taken or viewed together); from its signification rarely in the sing.: of two *individuals,* pl. or dual: ἀμφότεροι *both* or *the two persons* or *parties.* With the article, it is placed acc. to the order of statement, as τὼ παῖδε ἀμφοτέρω *both the children,* ἀμφότερα τὰ ὦτα *both ears,* 523 b. i. 1. 1; 4. 4; 5. 14, 17: ii. 4. 10: iii. 1. 31: iv. 7. 14.

‡**ἀμφοτέρωθεν** *from* or *on both sides, at both ends,* G., i. 10. 9: iii. 4. 29; 5. 10.

ἄμφω,* οιν, *both,* ch. substantively, and of two persons, ii. 6. 30: iv. 2. 21.

ἄν* adv., a contingent particle which has no corresponding word in Eng. (though it may sometimes be expressed by *perhaps,* or, if joined with a rel. pron. or adv., by *-ever* or *-soever*); but verbs with which it is connected are commonly translated by the potential mode. It is post-positive, and is thus distinguished from ἄν *if.* i. 1. 10. See 618 s.

ἄν* conj., (contr. fr. ἐάν q. v.) *if,* i. 3. 20; 7. 4; 8. 12: ii. 1. 8 †

ἀν-, see ἀ- and ἀνά.

ἀνά,* by apostr. ἀν', prep., *up,* opp. to κατά: w. Acc. of place, *up through, along, upon,* iii. 5. 16: of standard, ἀνὰ κράτος [up to one's strength] *at full speed,* i. 8. 1; 10. 15: of number (distributively), ἀνὰ ἑκατὸν *by the hundred, each a hundred,* iii. 4. 21: v. 4. 12: ἀνὰ πέντε παρασάγγας τῆς ἡμέρας *at the rate of* 5 *parasangs a day,* iv. 6. 4. In compos., *up, up again, again, back.*

ἀνα-βαίνω,* βήσομαι, βέβηκα, 2 a. ἔβην, *to go up, march up, climb up, ascend, mount,* as a height, horse, ship, &c.; *to go on board* a vessel, *embark;* often, *to go up* from the coast of Asia into the interior; ἐπί, &c.; i. 1. 2; 2. 22; 8. 3; vi. 1. 14.

ἀνα-βάλλω,* βαλῶ, βέβληκα, 2 a. ἔβαλον, *to throw up; to lift* or *put upon* a horse, A. ἐπί: iv. 4. 4: v. 2. 5.

ἀνά-βασις, εως, ἡ, (ἀνα-βαίνω) *ascent, upward-march, expedition* into the interior, i. 4. 9: iv. 1. 1, 10.

ἀνα-βιβάζω, βιβάσω βιβῶ, (βιβάζω *to make go*) *to lead up,* i. 10. 14.

ἀνα-βοάω, ήσομαι, βεβόηκα, *to raise a cry, call* or *shout aloud,* v. 4. 31.

ἀνα-βολή, ῆς, (ἀνα-βάλλω) earth thrown up, *rampart,* v. 2. 5.

ἀν-αγγέλλω,* ελῶ, ἤγγελκα, a. ἤγγειλα, *to bring back word, re-port,* A. D., i. 3. 19, 21.

ἀνα-γιγνώσκω,* γνώσομαι, ἔγνωκα, 2 a. ἔγνων, [to know again, as persons or characters before seen] *to recognize, read,* i. 6. 4: iii. 1. 5: v. 8. 6.

†**ἀναγκάζω,** άσω, ἠνάγκακα, *to compel, force, oblige, require, constrain,* A. I., ii. 1. 6: iii. 3. 12; 4. 19, 49.

†**ἀναγκαῖος,** α, ον, or ος, ον, *necessary, indispensable, inevitable:* ἀναγκαῖόν τι *some necessity:* οἱ ἀναγκαῖοι [those connected by necessary ties] necessarii, *kinsmen, relatives:* i. 5. 9: ii. 4. 1.

ἀνάγκη, ης, *necessity, constraint, necessary cause:* ἀνάγκη (ἐστίν) *there is a necessity, it is necessary, indispensable,* or *unavoidable, it must be,* I. (A.): i. 3. 5: ii. 4. 26: iv. 5. 15.

ἀνα-γνούς, see ἀνα-γιγνώσκω, i. 6. 4.

ἀν-άγω,* ἄξω, ἦχα, 2 a. ἤγαγον, *to lead up, bring* or *carry up,* A., ii. 3. 21; 6. 1: to bring upon the high sea; *M. to put out to sea, weigh anchor, set sail,* v. 7. 17: vi. 1. 33 s. Cf. κατ-άγω.

ἀνα-ζεύγνυμι,* ζεύξω, ἔζευξα l., *to yoke up, harness up, break up the camp, prepare to start,* iii. 4. 37: iv. 6. 1.

ἀνα-θαρρέω, ήσω, τεθάρρηκα, *to become confident again, regain confidence* or *courage,* vi. 4. 12.

ἀνα-θεῖναι, -θείς, see ἀνα-τίθημι.

↓**ἀνά-θημα,** ατος, τό, *a sacred gift* or *votive offering* set up in a temple, as a statue, tripod, &c., G., v. 3. 5.

ἀνα-θορυβέω, ήσω, τεθορύβηκα, (θόρυβος) *to raise a shout* or *clamor, cry*

ἀνα-σκευάζω, άσω, *to pack up, remove*, A., vi. 2. 8.

ἀνα-στάς, -στῆναι, see ἀν-ίστημι.

ἀνα-σταυρόω, ώσω, (σταυρός) *to fix* or *exhibit on a stake* or *pole*, A., iii. 1. 17.

ἀνα-στέλλω,* ελῶ, ἔσταλκα, *to send* or *drive back, keep back* or *in check*, A., v. 4. 23. [μι.

ἀνα-στήσας, -στήσομαι, see ἀν-ίστη-

ἀνα-στρέφω,* έψω, ἔστροφα l., 2 a. p. as m. ἐστράφην, *to turn back, retreat, retire, turn* or *wheel round*: *M. to move round, carry one's self; face about, rally*: i. 4. 5; 10. 8, 12: ii. 5. 14.

ἀνα-σχέσθαι, -σχῶμαι, see ἀν-έχω.

ἀνα-ταράττω,* άξω, τετάραχα l., *to stir up, confuse*: pf. p. pt. [having been put] *in disorder*, i. 7. 20.

ἀνα-τείνω,* τενῶ, τέτακα, a. ἔτεινα, *to stretch* or *lift up, hold up, raise, elevate*, A.: ἀνα-τεταμένος, *elevated*, acc. to some *with expanded wings*: i. 10. 12: iii. 2. 9: vii. 4. 9?

ἀνα-τέλλω,* τελῶ, τέταλκα, (τέλλω *to raise, rise*) *to rise* up, ii. 3. 1.

ἀνα-τίθημι,* θήσω, τέθεικα, a. ἔθηκα (θῶ, &c.), *to put up; put, place*, or *lay* upon: sp. to set up as a sacred gift, *consecrate, deposit*: A. ἐπί, εἰς: ii. 2. 4: iii. 1. 30: v. 3. 5 s.

ἀνα-τρέφω,* θρέψω, τέτροφα, *to* [feed up] *fatten*, iv. 5. 35.

ἀνα-φεύγω,* φεύξομαι, πέφευγα, 2 a. ἔφυγον, *to flee* or *escape* up, ἐπί, vi. 4. 24.

ἀνα-φρονέω, ήσω, πεφρόνηκα, *to become rational again, come to one's senses*, iv. 8. 21.

ἀνα-χάζω,* (χάζω *drive back*, ch. poet.) *M. to draw back, retire, retreat*, iv. 7. 10: so *A.* iv. 1. 16.

ἀνα-χωρέω, ήσω, κεχώρηκα, *to go back, retreat, retire, withdraw, return*, iii. 3. 13: iv. 3. 6: vi. 4. 10.

ἀνα-χωρίζω, ίσω ιῶ, *to separate again, draw off*, A., v. 2. 10.

ἄνδρα, -ός, &c., see ἀνήρ, i. 1. 6.

‡**ἀνδρ-αγαθία**, ας, (ἀγαθός) virtus, *manly excellence*, esp. *valor*, v. 2. 11.

‡**ἀνδρά-ποδον**, ου, (πούς) [a man's footstool, as the captive often fell at the feet of the conqueror, and the foot of the latter was sometimes placed on his neck] *a slave*, esp. one made in war, *a captive*, i. 2. 27: ii. 4. 27.

‡**ἀνδρεῖος**, α, ον, *manly, brave, valiant*, vi. 5. 24.

‡**ἀνδρειότης**, ητος, ἡ, virtus, *manliness, bravery, valor*, vi. 5. 14.

‡**ἀνδρίζω**, ίσω, to make one a man: *M.* to make one's self a man, *to act the man, act manfully, display one's valor*, iv. 3. 34: v. 8. 15.

ἀν-έβην, see ἀνα-βαίνω, i. 1. 2.

ἀν-εγείρω,* ἐγερῶ, ἐγήγερκα l., a. p. ἠγέρθην, *to wake up* another, *rouse*: *P. to be aroused, to awake*, iii. 1. 12 s.

ἀν-εῖλον, see ἀν-αιρέω, iii. 1. 6.

ἀν-εῖναι, see ἀν-ίημι, vii. 6. 30?

ἀν-ειπεῖν, 2 a. inf. (see εἰπεῖν), *to* [speak up] *proclaim, announce*, I. (A.), ὅτι, ii. 2. 20: v. 2. 18.

ἀν-εκ-πίμπλημι,* πλήσω, πέπληκα, *to fill out again, fill up*, A., iii. 4. 22?

ἀν-ελέσθαι, see ἀν-αιρέω, iv. 1. 19.

ἄνεμος, ου, ὁ, (akin to Lat. animus, anima) *wind*, iv. 5. 3 s.

ἀν-επιλήπτως, (ἐπι-λαμβάνω) in a way not to be taken hold of, *blamelessly, without blame* or *censure*, vii. 6. 37.

ἀν-ερεθίζω, ίσω ιῶ, ἠρέθικα, (ἐρέθω irrito, *to provoke*) *to stir up, excite, inflame, instigate*, A., vi. 6. 9.

ἀν-ερωτάω,* ἐρωτήσω & ἐρήσομαι, ἠρώτηκα, *to ask* [up] *directly* and as one who has a right to know, *demand, question, inquire of*, A. CP., ii. 3. 4: iv. 5. 34.

ἀν-έστην, see ἀν-ίστημι, iii. 2. 1.

ἀν-εστράφην, see ἀνα-στρέφω.

ἄνευ adv. as prep., *without*, G., i. 3. 11, 13: ii. 6. 6, 18.

ἀν-ευρίσκω,* εὑρήσω, εὕρηκα or ηὕρηκα, *to find again, discover, find*, A., vii. 4. 14.

ἀν-έχω and **ἀν-ίσχω**,* ἕξω and σχήσω, ἔσχηκα, 2 a. ἔσχον, to hold or lift up; of the sun, *to* [lift itself up] *rise*, ii. 1. 3: *M.* (ipf. w. double aug. ἠνειχόμην, 2 a. ἀν-εσχόμην, oftener ἠνεσχόμην, 282 b) to hold up under, *sustain, endure, bear, tolerate, hold firm against, restrain* or *control one's self*, A., G. (661 b), P., i. 7. 4; 8. 11, 26: ii. 2. 1.

ἀνεψιός, οῦ, ὁ, *a cousin, kinsman* (in Byzantine law, NEPHEW), vii. 8. 9.

ἀν-ήγαγον, -ηγμένος, see ἀν-άγω.

ἀν-ηγέρθην, see ἀν-εγείρω, iii. 1. 12.

ἀν-ήκεστος, ον, (ἀκέομαι *to heal*) *incurable, irremediable, irreparable*, ii. 5. 5: vii. 1. 18.

ἀν-ήκω, ήξω, *to* [come up to] *reach, extend*, εἰς, vi. 4. 3, 5.

ἀνήρ,* ἀνδρός, vir, a *man* in dis-

ἀντίος, *α*, *ον*, (ἀντί) set against; *opposite, fronting, over against;* ἐκ τοῦ ἀντίου [sc. μέρους] from the opposite part, *in front;* w. *lέναι*, &c., as adv., *against: opposed, contrary, different* (other than, ἤ): D.: i. 8. 17, 23 s ? 10. 10: iv. 3. 26: vi. 6. 34.

ἀντι-παρα-θέω,* θεύσομαι, *to run* [along against] *sidewise to meet* or *oppose*, ἐπί, iv. 8. 17 ?

ἀντι-παρα-σκευάζομαι, άσομαι, ἐσκεύασμαι, *to prepare in turn, make preparation against*, i. 2. 5.

ἀντι-παρα-τάττομαι, τάξομαι, τέταγμαι, *to* [array one's self] *draw up* or *form against*, A. or κατά, iv. 8. 9.

ἀντι-πάρ-ειμι,* ipf. ᾔειν, *to march* [along over against] *abreast*, iv. 3. 17.

ἀντι-πάσχω,* πείσομαι, πέπονθα, *to suffer in turn* or *return*, ii. 5. 17.

ἀντι-πέρᾱς or **ἀντι-πέρᾱν**, *over against, on the other side of*, G., i. 1. 9: iv. 8. 3: see κατ-αντιπέρας.

ἀντι-ποιέω, ήσω, πεποίηκα, *to do* or *act in return, retaliate*, A., iii. 3. 7, 12: *M. to* [make for or claim in opposition to another] *contest, dispute, contend,* or *strive with* one *about* or *for; to vie in, seek distinction for;* D. G., περί: ii. 1. 11; 3. 23: iv. 7. 12: v. 2. 11.

ἀντι-πορεύομαι, εύσομαι, &c., *to march against*, iv. 8. 17 ?

ἀντί-πορος, *ον*, ch. poet., *opposite to, over against*, D., iv. 2. 18.

ἀντι-στασιάζω, άσω, to form a party against, *to contest* or *contend with*, D., iv. 1. 27.

ἀντι-στασιώτης, ου, (στασιώτης *partisan*) one of an opposite party, *opponent, adversary, antagonist*, i. 1. 10.

ἀντι-στοιχέω, ήσω, (στοῖχος *row*) *to stand in opposite rows, front* each other, D., v. 4. 12.

ἀντι-στρατοπεδεύομαι, εύσομαι, ἐστρατοπέδευμαι, *to encamp* or *take the field against*, vii. 7. 33.

ἀντι-τάττω,* τάξω, τέταχα, *to array against, draw up* or *marshal against, oppose to*, A. D.: *M. to array one's self against*, D.: pf. *p.* as pret. *to* [have been marshalled] *stand in array* or *be drawn up against*: i. 10. 3: ii. 5. 19: iii. 2. 14: iv. 8. 5.

ἀντι-τῑμάω, ήσω, τετίμηκα, *to honor in return*, A. ἀντί, v. 5. 14.

ἀντι-τοξεύω, εύσω, *to shoot in return, shoot back*, iii. 3. 15: v. 2. 32.

ἀντι-φυλάττω,* άξω, πεφύλαχα, *to guard in turn; M. to be on one's guard in turn*, ii. 5. 3.

ἄντρον, ου, antrum, *cave, cavern, grot*, ANTRE, i. 2. 8. [3. 11.

↓**ἀντρώδης**, ες, (εἶδος) *cavernous*, iv.

†**ἀνυστός**, όν, *practicable, possible*, i. 8. 11.

ἀνύω & Att. **ἀνύτω**,* ύσω, ἤνυκα, *to accomplish, effect; M.*, for one's own advantage, A., vii. 7. 24.

ἄνω, c. ἀνωτέρω, s. -τάτω, adv., (ἀνά) *up, upwards, high up, above, in the ascent; into the air; up the country,* from the sea-coast *into the interior, in the interior:* **ὁ ἄνω** *the upward, upper, inland:* τὸ ἄνω [sc. μέρος] *the part* or *division above:* οἱ ἄνω *those above:* τὰ ἄνω *the* [places above] *high ground, heights:* G.: i. 2. 1; 4. 17: iii. 1. 8; 4. 17: iv. 3. 3, 23, 25; 6. 26; 8. 28.

↓**ἀνώ-γαιον**, ου, or **ἀνώγεων**, ω, (γαῖα = γῆ) *an upper floor*, v. 4. 29 ?

↓**ἄνωθεν**, *from above, from the interior*, iv. 7. 12: v. 2. 23: vii. 7. 2.

ἀξία, ας, (fem. of ἄξιος) *value, desert, due*, vi. 6. 33. [i. 5. 12.

ἀξίνη, ης, (ἄγνῡμι *to break ?*) *an axe*,

ἄξιος, *α*, *ον*, c., s., (ἄγω *to bring* or *weigh*) [bringing or weighing so much] *worth, worthy, deserving, worth one's while, befitting, becoming, adequate*, G. D., I.: πολλοῦ ἄ. *worth much, valuable, of great value:* i. 3. 12; 4. 7; 7. 3; 9. 1, 29: ii. 1. 14; 3. 25: vii. 3. 27.

↓**ἀξιο-στράτηγος**, ον, c., *worthy to be a general* or *to command*, iii. 1. 24.

↓**ἀξιόω**, ώσω, ἠξίωκα, *to deem worthy*, A. G., I.; *to deem fit, proper,* or *reasonable, to approve*, A.; hence *to claim, demand, ask, request,* or *desire*, as fit, proper, or reasonable, A., I. (A.); i. 1. 8; 7. 8; 9. 15 ? iii. 2. 7: v. 5. 12.

↓**ἀξίωμα**, ατος, τό, *dignity*, vi. 1. 28. Der. AXIOM.

ἄξω, f. of ἄγω, ii. 3. 6.

ἄξων, ονος, ὁ, (ἄγω) axis, Germ. Achse, an AXLE, i. 8. 10.

ἄ-οπλος, ον, (ὅπλον) *without armor, unarmed*, ii. 3. 3.

ἀπ', ἀφ', by apostr. for ἀπό, i. 7. 18.

ἀπ-αγγέλλω, ελῶ, ἤγγελκα, *to bring* or *carry word, a message,* or *tidings* from a person or place; comm. *to bring* or *carry back word, a message,* or *tidings, to re-port, announce;* A. D., CP., παρά, περί, &c.; i. 4. 12 s; 10. 14 s.

ἀπ-ήλασα, -ηλαυνον, see ἀπ-ελαύνω.
ἀπ-ῆλθον, 2 a. of ἀπ-έρχομαι, i. 9. 29.
ἀπ-ηλλάγην, see ἀπ-αλλάττω, i. 10. 8.
ἀπ-ῆρα, a. of ἀπ-αίρω, vii. 6. 33?
ἀπ-ιέναι, -ιθι, -ιμεν, -ιοιμι, &c., see ἄπ-ειμι (εἶμι), i. 3. 11.
†**ἀπιστέω,** ήσω, ἠπίστηκα, *to distrust, mistrust, suspect; to disobey;* D.; ii. 5. 6, 15 s; 6. 19: vi. 6. 13.
†**ἀπιστία,** ας, *want of faith; distrust, mistrust; faithlessness, perfidy, treachery,* πρός; ii. 5. 4, 21: iii. 2. 4, 8.
ἄ-πιστος, ον, void of faith; *void of credit, distrusted,* D., ii. 4. 7: vii. 7. 23 s.
ἀπ-ιτέον ἐστίν (ἄπ-ειμι) *it is necessary to depart,* 682; v. 3. 1.
ἀπ-ίω, -ιών, &c., see ἄπ-ειμι (εἶμι).
ἄ-πλετος or **ἄ-πλᾶτος,** ον, (πελάω *to approach*) [un-approachable] *immense, vast, prodigious,* iv. 4. 11.
ἁ-πλόος,* όη, όον, contr. οῦς, ῆ, οῦν, simplex, *simple, sincere;* τὸ ἁπλοῦν *simplicity, sincerity,* 507 a; ii. 6. 22: v. 8. 18.
ἀπό,* by apostr. ἀπ' or ἀφ', prep., ab, *from;* w. GEN. of PLACE, *from, away from,* i. 1. 2; 2. 5 (so of persons or things from which a separation takes place, i. 8. 3, 28): of TIME, *from* (either before or after), i. 7. 18: ii. 6. 5; ἀφ' οὗ [from the time when, 557 a] *since,* iii. 2. 14: of SOURCE (origin, cause, means, &c.), *from, by means of, by, with, through, upon,* i. 1. 9; 5. 10: ii. 5. 7. In compos., *from, away, off, back* (hence where something is due); sometimes strengthening, and sometimes reversing the idea of the simple.
ἀπο-βαίνω,* βήσομαι, βέβηκα, 2 a. ἔβην, *to* [step off from a vessel] *disembark,* εἰς, ἐπί: *to* [come off] *be fulfilled* or *prove true:* v. 7. 9: vii. 8. 22.
ἀπο-βάλλω,* βαλῶ, βέβληκα, 2 a. ἔβαλον, *to throw away, lose,* A., iv. 6. 10: vi. 1. 21: vii. 6. 31.
ἀπο-βιβάζω, βιβάσω βιβῶ, (βιβάζω *to make go,* causative of βαίνω) *to disembark* or *land* another, A., i. 4. 5.
ἀπο-βλέπω, ἔψομαι, βέβλεφα l., *to look off to,* as one does to a quarter from which help is expected; hence *to look expectantly* or *intently upon, gaze at, watch,* εἰς, i. 8. 14: vii. 2. 33.
ἀπο-γιγνώσκω,* γνώσομαι, ἔγνωκα, 2 a. ἔγνων, to decide away from something, i. e. *to abandon* or *relinquish the idea of* it, *to renounce* or *give up the thought* or *intention of,* G., i. 7. 19.
ἀπο-δέδρᾶκα, see ἀπο-διδράσκω, i. 4. 8.
ἀπο-δείκνυμι,* δείξω, δέδειχα, a. p. ἐδείχθην, *to point off* or *out, show, direct, declare, publish,* A. D., I., CP.; *to de-signate, appoint,* 2 A.; i. 1. 2: ii. 3. 14: iii. 2. 36: v. 8. 7: *M. to express* or *show* one's opinion or feeling, A. I. (A.), CP., v. 2. 9; 5. 3; 6. 37.
ἀπο-δέρω,* δερῶ, 2 a. *p.* ἐδάρην (δέρω *to skin*) to take off the skin, *to skin, flay,* A., iii. 5. 9.
ἀπο-δέχομαι, δέξομαι, δέδεγμαι, *to receive from* one, *accept,* vi. 1. 24.
ἀπο-δημέω, ήσω, (ἀπό-δημος *away from one's people*) *to leave home,* vii. 8. 4.
ἀπο-διδράσκω,* δράσομαι, δέδρᾶκα, 2 a. ἔδρᾶν, *to run off* or *away, flee, desert, withdraw, escape,* esp. by stealth, secretly, or unobserved (cf. φεύγω, ἀποφεύγω); *to escape by concealment, slip away, hide one's self;* A., εἰς, ἐκ, &c.; i. 4. 8: ii. 2. 13; 5. 7: vi. 4. 8.
ἀπο-δίδωμι,* δώσω, δέδωκα, a. ἔδωκα (δῶ, &c.), *to give back, restore* or *return, give* or *deliver up;* hence esp. *to give* or *pay* what has been borrowed or is due, A. D., i. 2. 11 s; 4. 15: iv. 2. 19, 23: *M. to* [give up for one's own profit] *sell,* A., vii. 2. 3, 6; 8. 6.
ἀπο-δοκέω,* δόξω, to seem away from one's interest; only as impers., ἀποδοκεῖ, *it does not seem good* or *expedient, it is decided not to,* D. I., ii. 3. 9.
ἀπο-δοῦναι, see ἀπο-δίδωμι, i. 7. 5.
ἀπο-δραίην, -δρᾶναι, -δράς, see ἀπο-διδράσκω, ii. 2. 13; 5. 7.
ἀπο-δραμοῦμαι, f. of ἀπο-τρέχω.
ἀπο-δύω,* δύσω, δέδῦκα, 2 a. as *m.* ἔδῦν, *to take off from* or *strip* another, *despoil,* A.; *M. to strip* one's self, *take off one's own clothes;* iv. 3. 17: v. 8. 23.
ἀπο-δώσω, f. of ἀπο-δίδωμι, i. 4. 15.
ἀπο-θανεῖν, -θανών, see ἀπο-θνήσκω.
ἀπο-θαρρέω, ήσω, *to be confident,* v. 2. 22?
ἄποθεν or **ἄπωθεν,** (ἀπό) *from a distance,* i. 8. 14?
ἀπο-θνήσκω,* θανοῦμαι, τέθνηκα, 2 a. ἔθανον, *to die off, die, fall* in battle; as *p.* of ἀποκτείνω, *to be killed, slain,* or *put to death,* ὑπό: i. 6. 11; 8. 27: ii. 6. 29 s: iii. 2. 39.
ἀπο-θύω (ῡ),* θύσω, τέθῠκα, *to sacrifice* in payment of a vow, *pay a sacrifice,* A. D., iii. 2. 12: iv. 8. 25.

... or prevent from ... vi. 4. 23.

... back, re-take, recover ; ... is due ; to take or exact ... arrest ; A. ; i. 2. 27 ; ... vii. 7. 21, 33, 55.

ἀπο-λείπω,* λείψω, 2 pf. ... 2 a. ἔλιπον, to leave behind, ... desert, quit, fail ; to leave [out] ... A. : P. and M. to be left behind, ... behind, fail to observe, G. : i. 4. 8 ; ... 12 : iv. 3. 22 : v. 4. 20 : vi. 3. 26 ; 5. 11.

ἀπό-λεκτος, ον, (λέγω) picked out, select, choice, ii. 3. 15.

... ii. 4. 17.

ἀπο-πηδάω, ήσομαι, πεπήδηκα, (πηδάω *to leap*) *to leap* or *spring off*, *away*, or *back*, iii. 4. 27?

ἀπο-πλέω,* πλεύσομαι or πλευσοῦμαι, πέπλευκα, a. ἔπλευσα, *to sail off*, *away*, or *back*, *to sail for home*, ἐκ, &c., i. 3. 14; 4. 7: vi. 6. 9: vii. 1. 38.

‡**ἀπό-πλοος**, contr. ους, ου, ὁ, *a voyage back* or *home*, v. 6. 20.

ἀπο-πορεύομαι, εύσομαι, πεπόρευμαι, *to go away*, *depart*, vii. 6. 33.

†**ἀπορέω**, ήσω, ἠπόρηκα, *to be without resource* or *means*; *to be at a loss what to do*, *to be perplexed*, *puzzled*, or *in doubt*, D. (*M.* in like sense, CP., I.); *to be destitute* or *in want*, *to want*, *lack*, G.; i. 3. 8; 7. 3: vi. 1. 22? vii. 3. 29.

†**ἀπορία**, ας, *lack of resource* or *means*; *perplexity*, *embarrassment*, *distress*; *difficulty*, I.; *want*, *lack*, G.; i. 3. 13: ii. 5. 9: iii. 1. 2, 11 s.

ἄ-πορος, ον, without way, resource, or means; *impracticable*, *impossible*, *difficult*; of places, *impassable*; of persons, *without resource*, *devoid of means*, I.; subst. **ἄπορον** *something impassable*, *an insuperable obstacle*, pl. *obstacles*, *difficulties*, *straits*: ii. 4. 4; 5. 21: iii. 2. 22; 3. 4: v. 6. 20.

ἀπό-ῤ-ῥητος, ον, (ῥε- *to speak*) [away from speaking] *not to be spoken*, *forbidden to be told*, *secret*, i. 6. 5: vii. 6. 43. See ποιέω.

ἀπο-ῤ-ῥώξ, ῶγος, ὁ ἡ, ch. poet., (ἀπο-ῤ-ῥήγνυμι *to break off*) *broken off*, *ab-rupt*, *steep*, vi. 4. 3.

ἀπο-σήπω,* ψω, 2 pf. as *m.* σέσηπα, (σήπω *to rot*) *to rot off* (trans.): *M. to rot off* (intrans.), *be mortified*; τοὺς δακτύλους ἀποσεσηπότες [mortified as to] *having lost their toes*, ὑπό, iv. 5. 12.

ἀπο-σκάπτω,* άψω, ἔσκαφα, (σκάπτω *to dig*) *to trench off*, *dig a trench* to intercept, AE., ii. 4. 4.

ἀπο-σκεδάννῡμι,* σκεδάσω σκεδῶ, *to scatter abroad* (trans.): *P.* and *M. to be scattered* or *dispersed*, *scatter* or *disperse* (intrans.), *stray* or *straggle*: οἱ ἀποσκεδαννύμενοι *the stragglers*: iv. 4. 9, 15: vii. 6. 29.

ἀπο-σκηνέω, ήσω, or -σκηνόω, ώσω, *to encamp* at a distance from, iii. 4. 35.

ἀπο-σπάω,* ἄσω, ἔσπᾰκα, a. *p.* ἐσπάσθην, *to draw off*, *separate*, A. ἀπό: also intrans. *to separate* one's self from, *outstrip* (or *M.*), 577c: *P. to be separated* or *removed from*, G., ἀπό: i. 5. 3? 8. 13: ii. 2. 12: vii. 2. 11; 3. 41.

ἀπο-σταίην, **-στάς**, see ἀφ-ίστημι.

ἀπο-σταυρόω, ώσω, *to stake* or *palisade off*, A., vi. 5. 1.

ἀπο-στέλλω,* στελῶ, ἔσταλκα, *to send away* or *back*, A., ii. 1. 5.

ἀπο-στερέω,* ήσω, ἐστέρηκα, *to deprive*, *rob*, *de-fraud*, 2 A., vi. 6. 23.

ἀπο-στῆναι, see ἀφ-ίστημι, i. 1. 7.

ἀπο-στρατοπεδεύομαι, εύσομαι, ἐστρατοπέδευμαι, *to encamp at a distance*, G., iii. 4. 34: vii. 7. 1.

ἀπο-στρέφω,* ψω, ἔστροφα 1., *to turn back*, *recall*, A. ἐξ, ii. 6. 3.

‡**ἀπο-στροφή**, ῆς, *a* [turning aside or back] *retreat*, *refuge*, *resort* (place as well as act), ii. 4. 22: vii. 6. 34.

ἀπο-σῡλάω, ήσω, (σῡλάω *to strip*) *to strip off*, *despoil*, *rob*, 2 A., i. 4. 8.

ἀπο-σχεῖν, **-σχῶ**, see ἀπ-έχω, ii. 2. 12.

ἀπο-σώζω,* σώσω, σέσωκα, *to lead* or *bring back in safety*, *to restore safe*, A. εἰς, ii. 3. 18.

ἀπο-ταφρεύω, εύσω, (τάφρος) *to trench off*, *complete a trench*, vi. 5. 1.

ἀπο-τείνω,* τενῶ, τέτακα, pf. *p.* τέταμαι, *to stretch off*, *ex-tend*, εἰς, i. 8. 10.

ἀπο-τειχίζω, ίσω ιῶ, τετείχικα, *to wall off*, *build a wall* to intercept, ii. 4. 4.

ἀπο-τέμνω,* τεμῶ, τέτμηκα, 2 a. ἔτεμον, a. *p.* ἐτμήθην, *to cut off*, *intercept*, A.: ἀποτμηθέντες τὰς κεφαλὰς *beheaded*, 481: i. 10. 1: ii. 6. 1: iii. 1. 17; 4. 29.

ἀπο-τίθημι,* θήσω, τέθεικα, a. ἔθηκα (θῶ, &c.), *to put away*, *lay up*, *store*, A., ii. 3. 15.

ἀπο-τΐνω,* τίσω, τέτῑκα, (τΐνω *to pay*) *to pay* back, or what is due, A. D.: *M.* to get pay from, *take vengeance*, *requite*, *punish*, A.: iii. 2. 6: vii. 6. 16.

ἀπο-τμηθείς, see ἀπο-τέμνω, ii. 6. 1.

‡**ἀπότομος**, ον, cut sharp off, *precipitous*, iv. 1. 2; 7. 2?

ἀπο-τρέπω,* ψω, τέτροφα, 2 a. *m.* ἐτραπόμην, *to turn off* or *back*, trans.: *M. to turn off*, *aside*, or *back*, intrans., iii. 5. 1: vii. 3. 7; 6. 11.

ἀπο-τρέχω,* δραμοῦμαι, δεδράμηκα, 2 a. ἔδραμον, *to run off* or *back*, *retreat*, *return*, v. 2. 6: vii. 6. 5.

ἀπο-φαίνω,* φανῶ, πέφαγκα, a. ἔφηνα, *to show off* or *forth*: *M. to show one's self* or one's own; *appear*; *express*, A.; i. 6. 9: v. 7. 12.

ἀπο-φεύγω,* φεύξομαι, πέφευγα,

ἀπο-πηδάω, ήσομαι, πεπήδηκα, (πηδάω *to leap*) *to leap* or *spring off, away*, or *back*, iii. 4. 27 ?

ἀπο-πλέω,* πλεύσομαι or πλευσοῦμαι, πέπλευκα, a. ἔπλευσα, *to sail off, away*, or *back, to sail for home*, ἐκ, &c., i. 3. 14 ; 4. 7 : vi. 6. 9 : vii. 1. 38.

‡**ἀπό-πλοος**, contr. ους, ου, ὁ, *a voyage back* or *home*, v. 6. 20.

ἀπο-πορεύομαι, εύσομαι, πεπόρευμαι, *to go away, depart*, vii. 6. 33.

†**ἀπορέω**, ήσω, ἠπόρηκα, *to be without resource* or *means ; to be at a loss what to do, to be perplexed, puzzled*, or *in doubt*, D. (*M.* in like sense, CP., I.); *to be destitute* or *in want, to want, lack*, G.; i. 3. 8; 7. 3 : vi. 1. 22 ? vii. 3. 29.

†**ἀπορία**, ας, *lack of resource* or *means ; perplexity, embarrassment, distress ; difficulty*, I.; *want, lack*, G.; i. 3. 13 : ii. 5. 9 : iii. 1. 2, 11 s.

ἄ-πορος, ον, without way, resource, or means ; *impracticable, impossible, difficult ;* of places, *impassable ;* of persons, *without resource, devoid of means*, I.; subst. ἄπορον *something impassable, an insuperable obstacle*, pl. *obstacles, difficulties, straits :* ii. 4. 4 ; 5. 21 : iii. 2. 22 ; 3. 4 : v. 6. 20.

ἀπό-ῤ-ῥητος, ον, (ῥε- *to speak*) [away from speaking] *not to be spoken, forbidden to be told, secret*, i. 6. 5 : vii. 6. 43. See ποιέω.

ἀπο-ῤ-ῥώξ, ῶγος, ὁ ἡ, ch. poet., (ἀπο-ῤ-ρήγνυμι *to break off*) *broken off, ab-rupt, steep*, vi. 4. 3.

ἀπο-σήπω,* ψω, 2 pf. as *m.* σέσηπα, (σήπω *to rot*) *to rot off* (trans.): *M. to rot off* (intrans.), *be mortified ;* τοὺς δακτύλους ἀποσεσηπότες [mortified as to] *having lost their toes*, ὑπό, iv. 5. 12.

ἀπο-σκάπτω,* άψω, ἔσκαφα, (σκάπτω *to dig*) *to trench off, dig a trench* to intercept, AE., ii. 4. 4.

ἀπο-σκεδάννῡμι,* σκεδάσω σκεδῶ, *to scatter abroad* (trans.): *P.* and *M. to be scattered* or *dispersed, scatter* or *disperse* (intrans.), *stray* or *straggle :* οἱ ἀποσκεδαννύμενοι *the stragglers :* iv. 4. 9, 15 : vii. 6. 29.

ἀπο-σκηνέω, ήσω, or -σκηνόω, ώσω, *to encamp* at a distance from, iii. 4. 35.

ἀπο-σπάω,* ᾰσω, ἔσπᾰκα, a. *p.* ἐσπάσθην, *to draw off, separate*, A. ἀπό : also intrans. *to separate* one's self from, *outstrip* (or *M.*), 577c : *P. to be separated* or *removed from*, G., ἀπό : i. 5. 3 ? 8. 13 : ii. 2. 12 : vii. 2. 11 ; 3. 41.

ἀπο-σταίην, -στάς, see ἀφ-ίστημι.

ἀπο-σταυρόω, ώσω, *to stake* or *palisade off*, A., vi. 5. 1.

ἀπο-στέλλω,* στελῶ, ἔσταλκα, *to send away* or *back*, A., ii. 1. 5.

ἀπο-στερέω,* ήσω, ἐστέρηκα, *to deprive, rob, de-fraud*, 2 A., vi. 6. 23.

ἀπο-στῆναι, see ἀφ-ίστημι, i. 1. 7.

ἀπο-στρατοπεδεύομαι, εύσομαι, ἐστρατοπέδευμαι, *to encamp at a distance*, G., iii. 4. 34 : vii. 7. 1.

ἀπο-στρέφω,* ψω, ἔστροφα 1., *to turn back, recall*, A. ἐξ, ii. 6. 3.

‡**ἀπο-στροφή**, ῆς, *a* [turning aside or back] *retreat, refuge, resort* (place as well as act), ii. 4. 22 : vii. 6. 34.

ἀπο-συλάω, ήσω, (σῡλάω *to strip*) *to strip off, despoil, rob*, 2 A., i. 4. 8.

ἀπο-σχεῖν, -σχῶ, see ἀπ-έχω, ii. 2. 12.

ἀπο-σῴζω,* σώσω, σέσωκα, *to lead* or *bring back in safety, to restore safe*, A. εἰς, ii. 3. 18.

ἀπο-ταφρεύω, εύσω, (τάφρος) *to trench off, complete a trench*, vi. 5. 1.

ἀπο-τείνω,* τενῶ, τέτακα, pf. *p.* τέταμαι, *to stretch off, ex-tend*, εἰς, i. 8. 10.

ἀπο-τειχίζω, ίσω ιῶ, τετείχικα, *to wall off, build a wall* to intercept, ii. 4. 4.

ἀπο-τέμνω,* τεμῶ, τέτμηκα, 2 a. ἔτεμον, a. *p.* ἐτμήθην, *to cut off, intercept*, A.: ἀποτμηθέντες τὰς κεφαλάς *beheaded*, 481 : i. 10. 1 : ii. 6. 1 : iii. 1. 17 ; 4. 29.

ἀπο-τίθημι,* θήσω, τέθεικα, a. ἔθηκα (θῶ, &c.), *to put away, lay up, store*, A., ii. 3. 15.

ἀπο-τίνω,* τίσω, τέτῑκα, (τίνω *to pay*) *to pay* back, or what is due, A. D.: *M.* to get pay from, *take vengeance, requite, punish*, A.: iii. 2. 6: vii. 6. 16.

ἀπο-τμηθείς, see ἀπο-τέμνω, ii. 6. 1.

‡**ἀπότομος**, ον, cut sharp off, *precipitous*, iv. 1. 2 ; 7. 2 ?

ἀπο-τρέπω,* ψω, τέτροφα, 2 a. *m.* ἐτραπόμην, *to turn off* or *back*, trans.: *M. to turn off, aside*, or *back*, intrans., iii. 5. 1 : vii. 3. 7 ; 6. 11.

ἀπο-τρέχω,* δραμοῦμαι, δεδράμηκα, 2 a. ἔδραμον, *to run off* or *back, retreat, return*, v. 2. 6 : vii. 6. 5.

ἀπο-φαίνω,* φανῶ, πέφαγκα, a. ἔφηνα, *to show off* or *forth : M. to show one's self* or one's own ; *appear ; express*, A.; i. 6. 9 : v. 7. 12.

ἀπο-φεύγω,* φεύξομαι, πέφευγα,

[illegible] (ἦ or ἐάν) [illegible]
[illegible] iv. 3. 15 [illegible]

[illegible] interrog. [illegible] indeed? [illegible] pressed in Eng., [illegible] of utterance. Ἆρ' οὐ [illegible] firmative, and ἆρα μή [illegible] swer. iii. 1. 18 : vi. 5. 18 : [illegible]

Ἀραβία, ας, (Ἄραψ *Arab*) [illegible] the great southwestern peninsula [illegible] Asia, so extensively desert, and [illegible] ly occupied in ancient as in modern times by nomadic and predatory tribes. Its limits on the north were not fixed, and Xenophon so extends them as to include a desert region beyond the Euphrates. i. 5. 1 : vii. 8. 25.

Ἀράξης, ου, *the Araxes*, prob. the same with the Χαβώρας, now Khabûr (the Chebar, the scene of the prophet Ezekiel's sublime visions, Ezek. i. 1), the largest affluent of the Euphrates above its junction with the Tigris, i. 4. 19.

[illegible] v. 6. 23.

†'**Αρηξίων**, *ωνος*, *Arexion*, a soothsayer in the Cyrean army, from Parrhasia in Arcadia, vi. 4. 13; 5. 2, 8.

'**Αριαῖος**, *ου*, *Ariæus*, chief commander under Cyrus of the barbarian troops, but treacherous to the Greeks after the battle of Cunaxa. He is mentioned as in command at Sardis, B. C. 395. i. 8. 5; 9. 31: ii. 4. 1 s.

ἀριθμός, *οῦ*, *ὁ*, *number; numbering, enumeration; summary, total, whole extent*, τῆς ὁδοῦ: i. 2. 9; 7. 10: ii. 2. 6. Der. ARITHMETIC. From ἀρ-?

'**Αρίστ-αρχος**, *ου*, *Aristarchus*, Spartan harmost at Byzantium, corrupt and cruel, vii. 2. 5 s, 12 s. — 2. See 'Αριστέας.

ἀριστάω, *ήσω*, *ἠρίστηκα*, (ἄριστον q. v.) *to breakfast, take the first* or *morning meal*, iii. 3. 6: iv. 3. 10.

'**Αριστέας**, *ου*, *Aristeas*, of Chios, a brave and useful commander of light-armed troops, iv. 1. 28 (*v. l.* 'Αρίσταρχος); 6. 20.

ἀριστερός, *ά*, *όν*, (fr. ἄριστος by euphemism? cf. εὐώνυμος) *left* in distinction fr. *right*: ἡ ἀριστερὰ χείρ *the left hand, the left* (the art. and χείρ oftener omitted): ii. 3. 11; 4. 28: iv. 8. 2.

'**Αρίστ-ιππος**, *ου*, *Aristippus*, of Larissa in Thessaly, one of the noble family of the Aleuadæ. Obtaining money from Cyrus, he enlisted troops to withstand an opposing party, and from these sent a force under his favorite Menon to the service of Cyrus. i. 1. 10; 2. 1: ii. 6. 28.

"**ἄριστον**, *ου*, *τό*, (cf. ἦρι *early*) the first of the two usual and regular Greek meals, the *morning* or *forenoon meal, breakfast*; not usually taken very early, and sometimes corresponding to our early *dinner*, or the English *lunch* (Lat. prandium); i. 10. 19.

†**ἀριστο-ποιέω**, *ήσω*, *to prepare breakfast*: *M. to prepare* one's own *breakfast, get breakfast*, iii. 3. 1, cf. 6.

ἄριστος, *η*, *ον*, s. to ἀγαθός, (ἀρ-) *most fitting, best, most useful* or *advantageous* (often coupled with κάλλιστος, ii. 1. 9, 17); *best* or *first in rank, noblest, most eminent; best in war, bravest*: ἄριστα adv. (s. to εὖ), *in the best way, best, most successfully* or *advantageously*: i. 3. 12; 5. 7; 6. 1, 4; 9. 5: iii. 1. 6. Der. ARISTO-CRAT.

†'**Αρίστων**, *ωνος*, *Ariston*, an Athenian sent by the Cyreans on an embassy to Sinōpe, v. 6. 14.

†'**Αριστ-ώνυμος**, *ου*, *Aristonymus*, a lochage from Methydrium in Arcadia, one of the bravest and most adventurous of the Cyreans, iv. 1. 27.

†'**Αρκαδικός**, *ή*, *όν*, *Arcadian*: τὸ 'Αρκαδικόν [sc. στράτευμα or πλῆθος] *the Arcadian force*, iv. 8. 18.

'**Αρκάς**, *άδος*, *ὁ*, *an Arcadian*. Arcadia was the mountainous central province of the Peloponnese, inhabited by a brave and energetic but not wealthy people, many of whom, like the modern Swiss, sold their services abroad for more liberal rewards than could be obtained at home. Their pastoral habits led to the especial worship of Pan and culture of music. Arcadia was the Greek province most largely represented in the army of Cyrus; and its modern inhabitants are said to be the bravest people in the Morea. i. 2. 1: vi. 2. 10.

ἀρκέω, *έσω*, *to be sufficient* or *enough; to suffice, content, satisfy*: ἀρκῶν as adj., *sufficient, enough*: D., πρός: ii. 6. 20: v. 6. 1; 8. 13: vi. 4. 6.

ἄρκτος, *ου*, *ἡ*, comm. epicene, *a bear; the Northern Bear* (Ursa Major), *the north*; i. 7. 6; 9. 6. Der. ARCTIC.

ἅρμα, *ατος*, *τό*, (ἀρ-) a yoked vehicle, *a chariot*, esp. for war, with two wheels, and open behind. Its use in battle (except as scythe-armed among barbarian nations) belonged rather to the Homeric than to later times. i. 2. 16; 7. 10 s, 20; 8. 3, 10. Cf. ἅμαξα &

†**ἁρμ-άμαξα**, *ης*, a covered *carriage*, esp. for women and children, i. 2. 16.

†'**Αρμενία**, *ας*, *Armenia*, an elevated region of Western Asia, containing the head-waters of the Euphrātes, Tigris, and several other rivers. Here the garden of Eden seems to be most naturally located; here the ark of Noah is comm. supposed to have rested; and this region prefers strong claims to be regarded as an especial cradle of Caucasian civilization. The Cyreans found its winter climate severe; and its heights occupied by hardy and brave, but rude tribes. iii. 5. 17.

'**Αρμένιος**, *α*, *ον*, *Armenian*: οἱ 'Α. *the Armenians*: iv. 3. 4, 20; 5. 33.

'**Αρμήνη**, *ης*, *Harmēne*, a village and harbor about five miles west of [illegible] named Mnemon from [illegible] ory, eldest son of Darius [illegible] his successor upon the [illegible] reigning B. C. 405 – 359. [illegible] accession, his name was [illegible] natural mildness and easy [illegible] was a weak king, yielding [illegible] or to his mother, the unprincipled [illegible] cruel Parysatis, and leaving the gov-ernment too much to slaves and eu-nuchs. His subjects were rebellious, his arms had little success; and his last years were embittered and short-ened by the quarrels and crimes of his sons. I. 1. 1, 3 a.

[illegible] or -ας, ου or α, [illegible] or -ας, the personal attendant [illegible] [illegible] confided, I. 8 [illegible]

vi. 3. 18): i. 1. 2, 8; 3. 1, 15; 4. 10, 15: ii. 1. 3; 6. 14 s, 19: vi. 4. 1. Der. ARCH-, -ARCH, -ARCHY, in compounds.

ἄρωμα, *ατος, τό, an* AROMATIC, *spice*, i. 5. 1.

† **ἀσέβεια,** *ας, impiety, ungodliness*, iii. 2. 4.

ἀ-σεβής, *ές, (σέβομαι to revere) irreverent, impious, ungodly, πρός*, ii. 5. 20: v. 7. 32.

† **ἀσθενέω,** *ήσω, to be sick, feeble*, or *infirm*, i. 1. 1: iv. 5. 19, 21.

ἀ-σθενής, *ές, (σθένος strength) weak, feeble*, i. 5. 9.

'Ασία, *ας, Asia*, a name sometimes applied by the Greeks to Asia Minor (Anatolia) or the nearer part of it, and sometimes to all they knew of the grand division now bearing this name. The latter was sometimes divided into *ἡ κάτω 'Ασία Lower Asia*, the part west of the Halys, and *ἡ ἄνω 'Ασία Upper Asia*, the part east of this river. v. 3. 6: vii. 1. 1 s; 2. 2.

'Ασιδάτης, *ου, Asidates*, a Persian of rank and wealth, vii. 8. 9, 12, 21.

'Ασιναῖος, *ου, ὁ, ('Ασίνη*, a small town on the Laconian gulf, nearly south of Sparta) *an Asinæan*, v. 3. 4: vi. 4. 11. ‖ Passava ?

ἀ-σινῶς adv., s. *ἀσινέστατα, (ἀ-σινής harmless*, fr. *σίνομαι) without doing harm, without injury* or *depredation, harmlessly*, ii. 3. 27: iii. 3. 3.

ἄ-σιτος, *ον, (σῖτος) without* or *in want of food, fasting*, ii. 2. 16: iv. 5. 11.

ἀσκέω, *ήσω, ἤσκηκα, to practise, cultivate, observe, maintain*, ii. 6. 25.

ἀσκός, *οῦ, ὁ, a skin*, esp. of a goat, *a leathern bag*, iii. 5. 9 s: vi. 4. 23.

ἄσμενος, *η, ον, (ἥδω) well-pleased, glad*; always with a verb, and like an adv. in force, *gladly, willingly, cheerfully*, ii. 1. 16: iii. 4. 24.

ἀσπάζομαι, *άσομαι, (σπάω) to* [draw to one's self] *embrace: to salute, greet, welcome, take leave of*; A.; vi. 3. 24.

'Ασπένδιος, *ου, ὁ, ('Ασπενδος) an Aspendian.* Aspendus was a city of Pamphylia on the Eurymedon (now Capri-Su), about six miles from the sea, an Argive colony. Here Thrasybūlus, the deliverer of Athens from the tyranny of the Thirty, lost his life, B. C. 389. i. 2. 12. ‖ Balkésu.

ἀσπίς, *ίδος, ἡ, a shield*; here sp. applied to the large oval shield of the Greek hoplites, comm. made of several thicknesses of stout leather strengthened by a metallic front and rim, and convex outwardly (so that it could even be used as a vessel to receive blood, ii. 2. 9): as a collective noun, *heavy-armed infantry; ἀσπὶς μυρία* 10,000 [shield] *shield-men* or *hoplites* (cf. "10,000 horse," i. e. horsemen): *παρ' ἀσπίδας* [by the shields] *by* or *to the left*, since the shield was carried on the left arm (while, in a posture of waiting in readiness for action, it was also supported in part by the bent knee, i. 5. 13): i. 2. 16; 7. 10; 8. 9, 18: iv. 3. 26.

† **'Ασσυρία,** *ας, Assyria* (the kingdom of Asshur, Gen. 10. 11), a name applied, with varying extent, to the famous country of which Nineveh was the capital; in a narrower sense confined to the region between Media and the Tigris, but in a wider sense extending over Mesopotamia to the Euphrates. It was the seat of one of the greatest of the early empires, which was overthrown by the Medes and Babylonians about 625 B. C. vii. 8. 25.

'Ασσύριος, *α, ον, Assyrian,* pertaining to Assyria, vii. 8. 15.

ἀ-σταφίς, *ίδος, ἡ, = σταφίς (ἀ- euphon.) a dried grape, raisin*, iv. 4. 9 ?

ἀστράπτω, *άψω* l., (akin to *ἀστήρ star) to gleam, flash, glisten*, i. 8. 8.

† **ἀσφάλεια,** *ας, safety, security*, v. 7. 10: vii. 6. 30.

ἀ-σφαλής, *ές*, c. *έστερος*, s. *έστατος*, (*σφάλλω*) not liable to fall, firm, *safe, secure: ἐν ἀσφαλεῖ in a safe place* or *position, in safety*: i. 8. 22: iii. 2. 19.

ἄσφαλτος, *ου, ἡ*, ASPHALT, *bitumen*, much used of old for mortar, ii. 4. 12.

ἀσφαλῶς, c. *έστερον*, s. *έστατα*, (*ἀσφαλής*) *safely, securely*, i. 3. 11, 19.

ἀσχολία, *ας, (ἄ-σχολος without leisure, busy*, fr. *σχολή) occupation, engagement*, vii. 5. 16.

† **ἀτακτέω,** *ήσω, to be disorderly* or *out of order*, v. 8. 21.

ἄ-τακτος, *ον, (τάττω) disarranged, out of order, in disorder* or *confusion, disorderly*, i. 8. 2: iii. 4. 19: v. 4. 21.

ἀ-ταξία, *ας, (τάττω) want of order* or *discipline, disorder, leaving the ranks*, iii. 1. 38; 2. 29: v. 8. 13.

ἀτάρ conj., *but, yet*, as in a question expre sing objection, *τί;* iv. 6. 14.

&c.), the adjectives *very, own,* &c. [sometimes expressed by *alone, apart, simply, quite, close, directly,* as χωρεῖ αὐτὸς *he goes* [himself only] *alone,* iv. 7. 11; ἐπ' αὐτὸν τὸν ποταμὸν *to the very river, quite to the river,* iv. 3. 11): i. 1. 2 s; 3. 7 s; 9. 21: αὐταῖς ταῖς τριήρεσι [with the triremes themselves] *triremes and all,* 467 c, i. 3. 17 ? ἡμέτερος αὐτῶν *our own,* 498, vii. 1. 29. Distinguish carefully the adv. αὐτοῦ, the forms of οὗτος (αὕτη, αὗται), and those of the contr. reflexive αὑτοῦ. Der. AUTO- in compounds.

↓**αὐτόσε** to the very place, *thither,* iv. 7. 2.

↓**αὐτοῦ** adv., in the very place, *in this* or *that place, here, there,* often followed by a prepositional phrase defining the place, i. 3. 11: iv. 3. 28.

↓**αὑτοῦ** contr. fr. ἑ-αυτοῦ q. v., i. 3. 2.

↓**αὕτως** or **αὔτως**, see ὡσαύτως, v. 6. 9.

αὐχήν, ένος, ὁ, *the neck; neck* of land, *isthmus,* vi. 4. 3.

ἀφ'-by apostr. for ἀπό, before the rough breathing, iii. 2. 14.

ἀφ-αιρέω,* αἱρήσω, ᾕρηκα, 2 a. εἷλον, a. p. ᾑρέθην, *to take from* or *away, detach,* A.: oftener *M. to take* to one's self *from* another, *take away; to rescue* from another; *to deprive* or *rob* another *of;* 2 A., A. G., 485 d: *P. to be taken away* or *rescued; to be deprived of,* A.: i. 3. 4: iv. 4. 12: vi. 5. 11; 6. 23, 26 s: vii. 2. 22.

ἀ-φανής, ές, (φαίνω) not appearing, *unseen, unobserved; out of sight, gone; secret, private, doubtful, little known;* i. 4. 7: ii. 6. 28: iv. 2. 4.

↓**ἀφανίζω**, ίσω ιῶ, ἠφάνικα, *to make invisible, hide from view, annihilate,* A., iii. 2. 11; 4. 8.

ἀφ-αρπάζω,* άσω or άσομαι, ἥρπακα, *to plunder from, pillage,* A., i. 2. 27 ?

ἀφειδῶς, c. έστερον, s. έστατα, (ἀφειδής, fr. φείδομαι *to spare*) *un-sparingly, without mercy,* i. 9. 13: vii. 4. 6.

ἀφ-εῖκα, -εῖμαι, -εῖναι, -εἰς, see ἀφ-ίημι.

ἀφ-ειλόμην, -ελών, see ἀφ-αιρέω.

ἀφ-έξεσθαι, see ἀπ-έχω, ii. 6. 10.

ἀφ-έστηκα, -εστήκειν or **-εστήκειν, -εστήξω**, see ἀφ-ίστημι, i. 1. 6: ii. 4. 5.

ἀφ-ηγέομαι, ἡγήσομαι, ἥγημαι, *to lead off* in conversation, *relate, tell,* D. CP., vii. 2. 26.

ἀφ-ήσω, -ῆκα, see ἀφ-ίημι, v. 4. 7.

†**ἀφθονία**, ας, *abundance,* i. 9. 15.

ἄ-φθονος, ον, c., (φθόνος) without grudging, *bounteous;* of land, *fertile; abundant, copious, plentiful;* iii. 1. 19: v. 6. 25: ἐν ἀφθόνοις *amid abundant supplies, in abundance,* iii. 2. 25; ἐν πᾶσιν ἀφθόνοις *in* [all things abundant] *great abundance,* iv. 5. 29: ἐν ἀφθονωτέροις [sc. πλοίοις] *in vessels more abundantly provided,* or *in a more abundant supply* or *greater number of them,* v. 1. 10.

ἀφ-ίημι,* ἥσω, εἷκα, a. ἧκα (ὧ, &c.), pf. *p.* εἷμαι, *to send off, away,* or *back; to dismiss, let go, allow to depart, suffer to escape; to let loose, set free, release, give up; to let flow,* as water; *to let sink* or *drop,* as anchors; i. 3. 19: ii. 2. 20; 3. 13, 25: iii. 5. 10.

ἀφ-ικνέομαι,* ἵξομαι, ἷγμαι, 2 a. ἱκόμην, (ἵκω), *to arrive, reach, come to,* or *return to,* from another place, D. εἰς, πρός, &c., i. 1. 5; 2. 4, 12; 5. 4: iii. 1. 43.

ἀφ-ιππεύω, εύσω, (ἵππος) *to ride away* or *back,* i. 5. 12.

ἀφ-ίστημι,* στήσω, ἕστηκα, 2 a. ἔστην, f. pf. ἑστήξω, *to withdraw* (trans.), *alienate from,* A. ἀπό, vi. 6. 34: *M.*, w. act. complete tenses and 2 a., *to stand off* or *aloof, forsake, desert, revolt from, go over* to another, *withdraw* or *retire* (intrans.), G., πρός, εἰς: i. 1. 6 s: ii. 6. 27. Der. APOSTATE.

ἄφ-οδος, ου, ἡ, (ὁδός) *a* [way back or off] *retreat, departure,* iv. 2. 11.

ἀφροντιστέω, ήσω, (ἀ-φρόντιστος *heedless,* fr. φροντίζω) *to be heedless of* or *indifferent to, neglect, make light of,* G., v. 4. 20: *v. l.* ἀμελέω.

†**ἀφροσύνη**, ης, *folly, infatuation, want of consideration,* v. 1. 14.

ἄ-φρων, ον, g. ονος, (φρήν *mind*) without understanding, *senseless, foolish, infatuated, delirious,* iv. 8. 20.

†**ἀφυλακτέω**, ήσω, *to be off* one's *guard,* vii. 8. 20.

ἀ-φύλακτος, ον, (φυλάσσω) *unguarded,* ii. 6. 24: v. 7. 14.

↓**ἀφυλάκτως**, *unguardedly,* v. 1. 6.

Ἀχαιός, οῦ, *an Achæan,* a man of Achaia, the hilly province on the north of the Peloponnese, along the Corinthian Gulf. In the early history of Greece, the Achæans were so dominant a race that the name most frequently applied by Homer to the Greeks in general is Ἀχαιοί. On the conquest of their old seats in the

‡ **βαρβαρικῶς** in the barbarian tongue, *in Persian*, i. 8. 1.

βάρβαρος, *ον*, s., BARBAROUS, *barbarian, rude*: *βάρβαροι* subst., *a barbarian, foreigner*. The Greeks so termed all other nations. i. 1. 5: ii. 5. 32: v. 4. 34; 5. 16.

βαρέως (*βαρύς heavy*) *heavily, with heavy heart*: *β. φέρειν* graviter ferre, *to take ill, be smitten with grief*: ii. 1. 4, 9.

Βασίας, *ου*, *Basias*, an Arcadian in the army of Cyrus, iv. 1. 18. — 2. A soothsayer from Elis, vii. 8. 10?

† **βασιλεία**, *ας*, *kingdom, royal power, regal authority, sovereignty*, i. 1. 3.

† **βασίλειος**, *ον*, *royal, regal, kingly*: *βασίλειον* [sc. *δῶμα*], oftener pl., [royal building or buildings] *a royal residence, a palace* of a king or satrap: i. 2. 7 s, 20; 10. 12: iii. 4. 24.

βασιλεύς, *έως*, *a king*, esp. applied (often w. *μέγας*, and comm. without the art.) to the Persian king: i. 1. 5 s; 2. 8, 12 s: iii. 1. 12. Der. BASILISK.

↓ **βασιλεύω**, *εύσω*, *to be king, to reign*, G.: *ὡς βασιλεύσοντι* [as about to reign] *as the future king*: i. 1. 4; 4. 18.

↓ **βασιλικός**, *ή*, *όν*, s., *relating to* or *fit for a king, kingly, royal, the king's*, i. 9. 1: ii. 2. 12, 16. Der. BASILICA.

βάσιμος, *ον*, (*βαίνω*) *passable* (for a horse), iii. 4. 49.

βατός, *ή*, *όν*, (*βαίνω*) *passable*, D., iv. 6. 17.

βέβαιος, *α*, *ον*, (*βαίνω*) standing firm, *firm, constant*, i. 9. 30.

↓ **βεβαιόω**, *ώσω*, to make firm, *confirm, make good, fulfil, complete*, A. D., vii. 6. 17.

βεβηκώς, see *βαίνω*, iii. 2. 19.

Βέλεσυς, *υος*, *Belesys*, satrap of Syria, i. 4. 10: *v. l.* *Βέλεσις*, *ιος*.

βέλος, *εος*, *τό*, (*βάλλω*) *a missile*, iii. 3. 16: iv. 3. 6; 8. 11.

βελτίων,* *ον*, **βέλτιστος**, *η*, *ον*, (*βελτ-*, akin to *βέλος*?) *better, best*, as c. and s. to *ἀγαθός* q. v.; *braver, nobler, more expedient* or *advantageous*, &c.; i. 1. 6: ii. 2. 1; 5. 41: iii. 3. 5.

βῆμα, *ατος*, *τό*, (*βαίνω*) *a step, pace*, iv. 7. 10.

βία, *ας*, vis, *force, violence*: *βίᾳ* w. G., *in spite of* or *despite*: i. 4. 4: iii. 4. 12: vi. 6. 25: vii. 8. 17.

↓ **βιάζομαι**, *άσομαι*, *βεβίασμαι*, *to use force, force one's way*; *to force* or *compel*, A. I.; *to force back*, A.; i. 3. 1 s; 4. 5: vii. 8. 11.

↓ **βίαιος**, *α*, *ον*, *violent*: *βίαιόν τι* [sc. *πρᾶγμα*] *any violent act* or *violence*: v. 5. 20: vi. 6. 15.

↓ **βιαίως**, *forcibly, violently, with great force*, i. 8. 27.

[**βιβάζω**, *βιβάσω βιβῶ*, (causative of *βαίνω*) *to make go.*]

βίβλος, *ου*, *ἡ*, the inner bark of the papyrus; hence, *paper* made from this; *a book*: *β. γεγραμμέναι* (?) *manuscripts*, vii. 5. 14. Der. BIBLE.

Βιθυνός, *ή*, *όν*, *Bithynian*: *Βιθυνός* subst., *a Bithynian*. The Bithȳni, driven by more powerful tribes, crossed from Thrace into Asia, and gave their name to a region south of the Euxine and east of the Propontis (also called Asiatic Thrace). vi. 2. 17; 5. 30.

βῖκος or **βίκος**, *ου*, *ὁ*, a large earthen vessel, esp. for wine; *a jar, flagon*; i. 9. 25.

βίος, *ου*, *ὁ*, (cf. Lat. vivo) vita, *life; a living, livelihood, subsistence*; i. 1. 1: v. 5. 1: vi. 4. 8. Der. BIO-GRAPHY.

↓ **βιοτεύω**, *εύσω*, *to live, pass one's life*, ἐν, iii. 2. 25.

Βισάνθη, *ης*, *Bisanthe*, a pleasant town in Thrace, on the Propontis, founded by the Samians, vii. 2. 38; 5. 8. ‖ Rodosto.

Βίων or **Βίτων**, *ωνος*, *Bion* or *Biton*, a Spartan envoy who brought money to the Cyreans, vii. 8. 6.

βλάβη, *ης*, *ἡ*, or **βλάβος**, *εος*, *τό*, (*βλάπτω*) *harm, injury, detriment*, ii. 6. 6: vii. 7. 28.

βλᾱκεύω, *εύσω*, (*βλάξ lazy*) *to be lazy, loiter, shirk, yield to sloth*, ii. 3. 11: v. 8. 15.

βλάπτω,* *άψω*, *βέβλαφα*, *to harm, hurt, injure*, 2 A., ii. 5. 17: iii. 3. 11.

βλέπω, *έψομαι*, *βέβλεφα* l., *to look*; of scythes, *to be directed* or *point towards*; *πρός*, *εἰς*: i. 8. 10: iii. 1. 36: iv. 1. 20. See *ὁράω*.

βλώσκω,* *μολοῦμαι*, *μέμβλωκα*, 2 a. *ἔμολον*, ch. poet., *to go, come, arrive*, vii. 1. 33.

βοάω,* *ήσομαι*, *βεβόηκα* l., (*βοή*) boo, *to cry* or *call out* or *aloud, shout*, D. I., *ὅτι*, i. 8. 1, 12, 19: iv. 7. 23 s.

βοεικός, *ή*, *όν*, (*βοῦς*) relating to oxen, *of oxen*; *ζεῦγος β. a yoke of oxen, an ox-team*, vii. 5. 2, 4: *v. l.* *βοϊκός*.

marriage, as his wife, ii. 4. 8. Der. POLY-GAMY.

Γάνος, *ου, ἡ, Ganus,* a small town of Thrace, on the west shore of the Propontis, vii. 5. 8. ‖ Ganos.

γάρ* post-pos. conj., (γὲ ἄρα *at least in accordance* with this) a particle commonly marking the accordance between a *fact, statement,* &c., and its *ground* or *reason, explanation* or *specification, confirmation,* &c. It is commonly translated *for;* but sometimes *since, as,* or *because* (as a causal conj.), *that* or *namely* (in specification), *indeed* or *certainly* (in explanation or confirmation), *then, now,* &c.; i. 2. 2; 7. 4: ii. 3. 1; 5. 11: iii. 1. 24. It often occurs in elliptic construction (as in questions, replies, &c., i. 6. 8; 7. 9: ii. 5. 40); and may frequently be either explained as a conj. by supplying an ellipsis, or as an adv. without doing so: ἀλλὰ γάρ at enim, *but* (enough, no more, not so, no, &c.,) *for,* or *but indeed, yet indeed,* iii. 2. 25 s, 32: καὶ γάρ etenim, *and* (this the rather, &c.,) *because,* or *for indeed, and indeed, for even,* i. 1. 6, 8: ii. 2. 15: καὶ γὰρ οὖν *and* (this is apparent, for) *therefore, and consequently, accordingly,* i. 9. 8, 12, 17: ii. 6. 13.

γαστήρ,* *τέρος,* sync. *τρός, ἡ, the belly, abdomen, paunch, stomach,* ii. 5. 33: iv. 5. 36. Der. GASTRIC.

γαυλικός or **γαυλιτικός,** *ή, όν,* (γαῦλος *a round-built freighting vessel*) pertaining to a γαῦλος: γ. χρήματα *cargoes of freighting vessels,* v. 8. 1.

Γαυλίτης, *ου, Gaulītes,* an exile from Samos, faithful to Cyrus, i. 7. 5.

γέ,* a post-pos. and encl. adv. giving emphasis or force, more frequently to the preceding word, or to a word or clause which this introduces, and often with an associate idea of restriction or limitation; quidem, *at least, indeed, even, surely, certainly;* but often expressed in Eng. simply by emphasis; i. 3. 9, 21; 6. 5: ii. 5. 19: γὲ δή [surely now] *indeed,* iv. 6. 3: γὲ μέντοι, γὲ μήν, *certainly at least, and* or *but certainly, moreover,* i. 9. 14, 16, 20: ii. 3. 9.

γεγένημαι, γέγονα, see γίγνομαι, i. 6. 8.

γείτων, *ονος, ὁ ἡ,* (γῆ) *a neighbor,* D. or G., ii. 3. 18: iii. 2. 4.

γελάω, *άσομαι,* a. ἐγέλασα, *to laugh, smile,* ἐπί, ii. 1. 13: v. 4. 34.

↓**γελοῖος** or **γέλοιος,** *α, ον, laughable, ridiculous,* v. 6. 25: vi. 1. 30.

↓**γέλως,** *ωτος, ὁ, laughter,* i. 2. 18.

↓**γελωτο-ποιός,** *οῦ, ὁ,* (ποιέω), a laughter-maker, *jester, buffoon,* vii. 3. 33.

γέμω, only in pr. and ipf., *to be full of* or *stored with,* G., iv. 6. 27.

γενεά, *ᾶς,* (γεν- in γίγνομαι) *birth:* ἀπὸ γενεᾶς from birth, *of age,* ii. 6. 30. Der. GENEA-LOGY.

γενειάω, *άσω,* (γένειον *chin*) *to have a beard* or *be bearded,* ii. 6. 28.

γενέσθαι, γενοίμην, γενήσομαι, &c., see γίγνομαι, i. 6. 8; 9. 1: iii. 1. 13.

†**γενναιότης,** *ητος, ἡ,* (γενναῖος *of good birth*) *nobleness, generosity,* vii. 7. 41.

γένος, *εος, τό,* (γεν- in γίγνομαι) genus, *birth, descent, race,* i. 6. 1.

γεραιός, *ά, όν,* c. *αίτερος,* (γερ- in γέρων) *old,* v. 7. 17.

γερόντιον, *ου, τό,* (dim. fr. γέρων) a feeble *old man,* vi. 3. 22.

γέρρον, *ου,* an oblong shield of wicker-work, comm. covered with ox-hide, and sometimes strengthened with metallic plates, much used by the Asiatics; *a wicker-shield,* ii. 1. 6.

↓**γερρο-φόρος,** *ου, ὁ,* (φέρω) a wicker-shield-bearer, *a soldier with a wicker-shield,* i. 8. 9.

γέρων, *οντος, ὁ,* (cf. γῆρας) *an old man,* iv. 3. 11: vii. 4. 24.

γεύω, *γεύσω, to make* one *taste: M.* gusto, *to taste,* G., i. 9. 26: iii. 1. 3.

γέφυρα, *ας, a bridge,* whether firm or floating, i. 2. 5; 7. 15: vi. 5. 22.

†**γεώδης,** *ες,* (εἶδος) *earthy,* vi. 4. 5.

γῆ, *γῆς,* (contr. fr. γέα) *earth, land, country, ground,* i. 1. 7; 5. 1; 8. 10: iii. 2. 19. Der. GE-OLOGY, GEORGE.

↓**γήϊνος,** *ον, made of earth, earthen,* vii. 8. 14.

↓**γή-λοφος,** *ου, ὁ,* (λόφος) an elevation of earth, *hill, eminence, height,* i. 5. 8; 10. 12: iii. 4. 24 s.

γῆρας, *αος, τό,* (cf. γέρων) *old age, advanced age,* iii. 1. 43.

γίγνομαι,* Ion. or later **γίνομαι,** *γενήσομαι, γεγένημαι* & 2 pf. *γέγονα,* 2 a. *ἐγενόμην,* (cf. gigno) *to come to be* (more briefly translated *be* or *come*), *become, get* (intrans.); *to take place, happen, occur, result* (ἂν εὖ γένηται if it come out well, *if the result be favorable,* i. 7. 7); *to come to be* in a place,

7. 19: *v. l.* Γυμνίας or -νάς. ‖Gumish Kaneh? — acc. to some, Erzrum, &c.

†**γυμνικός**, ή, όν, *gymnastic*, iv. 8. 25.

γυμνός, ή, όν, *naked*: less strictly, *lightly clad, in one's under-garment only*; *exposed* without defensive armor, πρός: i. 10. 3: iv. 3. 6, 12.

γυνή,* γυναικός, voc. γύναι, *a woman, wife*, i. 2. 12. Der. MISO-GYNIST.

Γωβρύας, ου or α, *Gobryas*, commander of a fourth part of the army of Artaxerxes, i. 7. 12.

Δ.

δ' by apostr. for δέ, i. 1. 4 a.

δάκνω,* δήξομαι, δέδηχα l., a. p. ἐδήχθην, *to bite*, A., iii. 2. 18, 35.

δακρύω, ύσω, δεδάκρῦκα l., (δάκρυ *a tear*) *to shed tears, weep*, i. 3. 2.

†**δακτύλιος**, ου, ὁ, *a finger-ring*. Rings were greatly worn by the Greeks for use as seals, and also as ornaments or amulets. They were most worn on the fourth finger of the left hand, and were often embellished with stones cut with exquisite art. iv. 7. 27.

δάκτυλος, ου, ὁ, (cf. δείκνῦμι and δέχομαι) digitus, *finger, toe* (τῶν ποδῶν), iv. 5. 12: v. 8. 15. Der. DACTYL.

Δᾱμ-άρᾱτος, ου, *Damarātus*, a king of Sparta, deposed through the intrigues of his colleague Cleomenes, B. C. 491, but kindly received by king Darīus Hystaspis. He attended Xerxes in his invasion of Greece, and gave him wise counsel in vain. His service was however rewarded by the gift of a small principality in southwestern Mysia. ii. 1. 3. *V. l.* Δημάρατος.

Δάνα, ης, ἡ, or **Δάνα**, ων, τά, *Dana* or *Tyana*, an important city in southern Cappadocia, at the northern foot of Mt. Taurus, on the way to the Cilician Pass. It was the native place of Apollonius, the Pythagorean thaumaturgist. i. 2. 20: *v. l.* Θόανα. ‖Kiz-Hissar (*Girls' Castle*), or Kilissa-Hissar.

δαπανάω, ήσω, δεδαπάνηκα, (δαπάνη *expense*, akin to δάπτω) *to expend, spend*; *to live upon, consume* (τὰ ἑαυτῶν δαπανῶντες *at their own expense*, v. 5. 20); A. εἰς, ἀμφί: i. 1. 8; 3. 3.

δά-πεδον, ου, (διά, πέδον *ground*) ch. poet., *the ground*, iv. 5. 6.

[**δάπτω**, δάψω, poet., *to devour*.]

Δαράδαξ, ακος, ὁ, see Δάρδας, i. 4. 10?

Δαρδανεύς, έως, ὁ, (Δάρδανος) *a Dardanian*. Dardanus was an Æolic town of Troas, on the southern part of the Hellespont. Its name remains in the modern *Dardanelles*. iii. 1. 47.

Δάρδας, ατος, or **Δάρδης**, ητος, ὁ, *the Dardas* or *-es*, supposed (with some dissent) to have been a short canal from the Euphrates to the princely residence of Belesys, where was afterwards the city Barbalissus (*field of Belesys*; now Bâlis) i. 4. 10: *v. l.* Δαράδαξ.

†**δᾱρεικός**, οῦ, ὁ, [sc. στατήρ *coin*] *a daric*, a Persian gold coin stamped with the figure of a crowned archer, = about $5.00 by weight, but in exchange with Attic silver coins, reckoned at 20 drachmæ = about $4.00 (3000 darics = 10 talents, i. 7. 18). It was struck of great purity by Darius Hystaspis, and either named from him or from the Pers. darâ, *king*; cf. the Eng. *sovereign*. i. 1. 9; 3. 21.

Δᾱρεῖος, ου, *Darīus* II., king of Persia, natural son of Artaxerxes I. (Longimanus), and hence surnamed Nothus. This prince, whose previous name was Ochus, ascended the throne, B. C. 424, through the murder of his half-brother Sogdiānus, who had himself become king in a similar way. He aided the Spartans in their war with Athens; and his weak reign was disturbed by various revolts, of which the most important and successful was that of Egypt. He was greatly under the influence of his ambitious and imperious wife Parysatis; but, in opposition to her wishes, appointed as his successor his eldest son Arsaces, rather than the younger Cyrus. He died, B. C. 405, leaving, according to Ctesias, four children of thirteen born of Parysatis. Δαρεῖος, like Ξέρξης and Ἀρταξέρξης, seems to have been rather a title of dignity than a simple name, and to have signified *controller* or *lord* (ἐρξίης Hdt. 6. 98; Pers. darâ *king*). i. 1. 1, 3.

†**δάσμευσις**, εως, ἡ, *division, distribution*, vii. 1. 37.

δασμός, οῦ, ὁ, (δαίομαι *to divide*) a portion paid to a ruler, *a tax, impost, tribute, revenue*, i. 1. 8: iv. 5. 24.

δασύς, εῖα, ύ, *thick* or *dense* with trees, shrubs, hair, &c.; *bushy, shag-*

δένδρον,* ου, (dat. pl. δένδροις or δένδρεσι, iv. 7. 9; 8. 2), *a tree*, i. 2. 22.

δέξασθαι, -ομαι, &c., see δέχομαι.

†**δεξιόομαι,** ώσομαι, *to give the right hand to* another, *welcome, greet, congratulate*, vii. 4. 19.

δεξιός, ά, όν, (akin to δέχομαι and δείκνυμι, from the use of the right hand in taking and pointing) dexter, *right* in distinction fr. *left, on the right* (the auspicious side in Greek augury, as the left in Roman): ἡ δεξιά [sc. χείρ] *the right hand*, often used, as now, in greeting, and also in solemn asseveration; hence, a *pledge* or *solemn assurance*, esp. of friendship or peace; ἐν δεξιᾷ, *on the right* (*hand*), G.: τὸ δεξιὸν [sc. κέρας, μέρος, &c.] *the right* (*wing*) of an army (a position of special honor), *the right side* or *part* (so τὰ δεξιά), *the right; ἐπὶ δεξιά to* or *on the right:* i. 2. 15; 5. 1; 6. 6; 8. 4 s, 13: ii. 4. 1: iv. 3. 17: vi. 1. 23; 4. 1.

Δέξ-ιππος, ου, *Dexippus*, a Laconian, prob. a lochage in the division of Clearchus, faithless and slanderous, v. 1. 15: vi. 1. 32; 6. 5.

Δερκυλ[λ]ίδας, ου, *Dercyl[l]idas*, a Spartan general of great ability (surnamed Sisyphus from his varied resources), under whom as the successor of Thibron, the Cyreans, after their return, served against the Persians. He had previously commanded for the Spartans in the region of the Hellespont (sent out B. C. 411). Plutarch informs us, that his generalship did not secure him from insult at Sparta for being unmarried. v. 6. 24.

δέρμα, ατος, τό, (δέρω *to flay*) the *skin* stripped off, *hide*, i. 2. 8: iv. 8. 26.

↓**δερμάτινος,** η, ον, *of skin, leathern; δερματίνη* [sc. ἀσπίς or πέλτη] *a buckler* of leather or skin, iv. 7. 26?

Δέρνης, ου or εος, *Dernes*, satrap of Arabia, vii. 8. 25.

†**δεσμεύω,** εύσω, *to chain* or *tie up*, A., v. 8. 24?

δεσμός, οῦ, ὁ, (δέω *to bind*) *a band, strap, yoke-strap*, iii. 5. 10.

δεσπότης, ου, (cf. Lat. potis) *a master, lord*, ii. 3. 15. Der. DESPOT.

δεῦρο adv., *hither, here*, i. 3. 19.

δεύτερος, α, ον, (c. form fr. δύο, 376c) *second:* δεύτερον or τὸ δεύτερον, as adv., *the second time:* i. 8. 16: ii. 2. 4: iii. 4. 28. Der. DEUTERO-NOMY.

δέχομαι,* δέξομαι, δέδεγμαι, *to receive, accept, take* what is offered; *to receive* hospitably, *admit, welcome* (οἰκίᾳ δέχεσθαι *to receive* [with] *into one's house*, vii. 2. 6); *to receive* an enemy, *to meet* or *await* his charge or attack (εἰς χεῖρας δέχεσθαι *to receive* an enemy *hand to hand, to meet* him *in close combat*, iv. 3. 31); A. εἰς, ἐπί: i. 8. 17; 10. 6, 11: iv. 5. 32: v. 5. 2 s, 19 s.

δέω,* δήσω, δέδεκα, pf. *p.* δέδεμαι, *to bind, tie, fasten*, A., iii. 4. 35; 5. 10: iv. 3. 8; 6. 2. Der. DIA-DEM.

δέω,* δεήσω, δεδέηκα, a. *p.* as *m.* ἐδεήθην, *to need, want, lack*, G. I.; as αὐτοῦ ὀλίγου δεήσαντος καταλευσθῆναι *when he had wanted little* [to be] *of being stoned to death*, had narrowly escaped or come near this, i. 5. 14; πολλοῦ δεῖν *to lack much of, be far from*, vii. 6. 18:—*M. to need* for one's self, *stand in need of, want, require, desire; to beg, entreat, beseech, ask, request;* G. I. (A.), A. of neut. pron.; i. 1. 10; 2. 14; 3. 4; 4. 14 s: ὑπὸ τοῦ δεῖσθαι *by want* or *poverty*, ii. 6. 13.—Impers. **δεῖ** (δέῃ, δέοι, δεῖν, δέον, f. δεήσει, a. ἐδέησε) *there is need* of, G.; *there is need* that, *it is necessary, due*, or *proper, it behooves* (often translated personally by *must* or *ought, am obliged*, &c.), I. (A., P. D., iii. 4. 35): οὐδὲν (τί, τι, ὅ τι) δεῖ, *there is no* (*some, any*, &c.) *need* (adv. acc. or of spec., *need as to nothing*, &c., ii. 4. 7: iii. 4. 23): τὸ δέον *the thing needed* or *proper:* εἰς τὸ δέον *satisfactorily:* ὡς δεῆσον *as it would be necessary* (pt. abs., v. 2. 12): i. 3. 5 s, 8: iii. 2. 28, 33, 36.

δή* post-pos. adv., (δέ) *indeed, truly, surely, forsooth, even, accordingly, of course, just, so, then, now, pray.* It is also translated by other strengthening words, or sometimes by emphasis only. i. 1. 4; 2. 3 s; 9. 28 s.

δῆλος, η, ον, *evident, manifest, plain, clear:* δῆλον (ἐστίν) *it is evident:* by personal constr. for impers., δῆλος ἦν ἀνιώμενος *it was manifest that he was grieved*, or *he was manifestly grieved* (so often w. a pt., 573, i. 2. 11; 5. 9: cf. v. 2. 26): δῆλον ὅτι parenthetically, also written δηλονότι as an adv., [it is evident that] *evidently:* i. 3. 9: ii. 3. 1, 6: iii. 2. 26, 34.

↓**δηλόω,** ώσω, δεδήλωκα, *to manifest, show, make evident; to set forth, relate,*

δια-θεάομαι, *άσομαι, τεθέāμαι, to look through, observe, consider,* OP. G. of theme, iii. 1. 19.

δι-αιθριάζω, *άσω,* (αἰθρία) dis-serenasco, *to be clearing up* or *away* [the clouds dispersing, hence διά], iv. 4. 10 : *v. l.* συν-αιθριάζω.

δι-αιρέω,* *ήσω, ῄρηκα,* 2 a. εἷλον, *to take apart,* and thus *destroy* or *remove,* A., ii. 4. 22 : v. 2. 21.

διά-κειμαι,* *κείσομαι, to be arranged, dis-posed,* or *affected,* ch. of the state of the mind, D., πρός, ii. 5. 27; 6. 12 : iii. 1. 3 : vii. 3. 17 (impers.; yet by some, of the gift, *to be disposed of*).

δια-κελεύομαι, *εύσομαι, to exhort* or *encourage* through an undertaking, &c., *to cheer on,* D., iii. 4. 45 : iv. 7. 26.

δια-κινδυνεύω, *εύσω, to expose one's self* throughout, *meet all dangers, incur all risks, hazard a battle,* i. 8. 6.

δια-κλάω, *κλάσω* l., (κλάω *to break*) *to break* in pieces, A., vii. 3. 22.

διāκονέω, *ήσω, δεδιāκόνηκα,* (διά-κονος *a waiter,* one who goes through the dust, κόνις · or akin to διώκω) *to wait upon, serve,* iv. 5. 33.

δια-κόπτω,* *κόψω, κέκοφα,* 2 a. *p.* ἐκόπην, *to cut through* or *in pieces, break through,* A., i. 8. 10 : iv. 8. 11.

διāκόσιοι, *αι, α,* (δίς, ἑκατόν) *two hundred,* i. 2. 9.

δια-κρίνω,* *κρῐνῶ, κέκρῐκα, to judge between, decide,* vi. 1. 22.

δια-λαγχάνω,* *λήξομαι, εἴληχα,* 2 a. ἔλαχον, *to divide, assign,* or *take by lot, to allot,* A., iv. 5. 23.

δια-λαμβάνω,* *λήψομαι, εἴληφα,* 2 a. ἔλαβον, *to take apart, separate, divide; to take severally,* each his share ; A.; iv. 1. 23 : v. 3. 4.

δια-λέγομαι,* *λέξομαι, εἴλεγμαι, ἐλέχθην,* to share the talk, *converse, confer,* or *treat with,* D., πρός, AE., περί, i. 7. 9 : iv. 2. 18 s. Der. DIALOGUE.

δια-λείπω,* *λείψω, λέλοιπα,* 2 a. ἔλιπον, *to leave an interval, to be* or *stand apart* or *at intervals, be distant,* A. ἀπό : τὸ διαλεῖπον *the interval :* i. 7. 15 ; 8. 10 : iv. 7. 6 ; 8. 12 s.

δι-αμαρτάνω,* *ἁμαρτήσομαι, ἡμάρτηκα,* 2 a. ἥμαρτον, to stray apart from, *fail to find, miss,* G., vii. 4. 17.

δια-μάχομαι,* *χέσομαι χοῦμαι, μεμάχημαι, to fight* [through] *hard, contend* or *resist earnestly* or *obstinately,* D., I., περί, v. 8. 23 ; 6. 25 ? vii. 4. 10.

δια-μένω,* *μενῶ, μεμένηκα, to remain* through, *still remain,* vii. 1. 6 : v. 4. 22 ?

δια-μετρέω, *ήσω, to distribute by measure, measure out,* A. D., vii. 1. 40 s.

δι-αμπερές (for δι-ανα-περές fr. πείρω *to pierce*) ch. Ep., *quite through,* adv., or as prep. w. A., iv. 1. 18 : vii. 8. 14.

δια-νέμω,* *νεμῶ, νενέμηκα,* a. ἔνειμα, *to distribute, apportion,* A. D., vii. 5. 2.

δια-νοέομαι, *ήσομαι, νενόημαι,* a. ἐνοήθην, to dis-pose one's thoughts, *propose, purpose, design, intend,* I., AE., ii. 4. 17: v. 7. 15: vi. 1. 19: vii. 7. 48 s.

‡**διάνοια,** *ας, a design, intent, purpose, project,* v. 6. 31.

δια-παντός adv., or **διὰ παντός,** through everything, *throughout,* vii. 8. 11.

δια-πέμπω,* *πέμψω, πέπομφα, to send about* or *round,* A., i. 9. 27.

δια-περάω, *άσω, πεπέρᾱκα, to pass through, cross,* A., iv. 3. 21 ?

δια-πλέω,* *πλεύσομαι, πέπλευκα, to sail across,* εἰς, vii. 2. 9 ; 3. 3.; 8. 1.

δια-πολεμέω, *ήσω, πεπολέμηκα, to carry the war through, fight it out,* D., iii. 3. 3.

δια-πορεύω, *εύσω,* pf. *m.* πεπόρευμαι, *to carry* or *convey across* or *over,* A.: *M.* to carry one's self over, *to cross, to march* or *pass through* or *over,* A.: ii. 2. 11 ; 5. 18 : iii. 3. 3 : vi. 5. 19.

δι-απορέω, *ήσω, ἠπόρηκα, A.* and *M. to be at a loss* or *in doubt* between two courses, vi. 1. 22.

δια-πράττω,* *πράξω, πέπρᾱχα,* pf. *m.* and *p.* πέπραγμαι, to work through, *work out, effect, accomplish, obtain, gain ;* διαπρᾶξαι ὅπως εἰσέλθοι *to obtain for him* [how he might enter] *the privilege of entering : M.* much as *A., to work out* for one's self, *effect* one's desire, *accomplish* one's aim, *obtain* one's request, *gain* one's point ; *to negotiate, stipulate, make an agreement, arrange* or *settle* affairs : A. D., I. (A.), CP., παρά, πρός, περί : ii. 3. 20, 25 : iii. 5. 5: v. 7. 29: vii. 1. 38 ; 2. 7.

δι-αρπάζω,* *άσομαι, ἥρπακα,* pf. *p.* ἥρπασμαι, di-ripio, to snatch apart, *plunder, sack, seize, carry off,* A., i. 2. 19, 26 ; 10. 2, 18 : ii. 2. 16 ; 4. 27.

δια-ῤ-ῥέω = *v. l.* διὰ . . ῥέω, v. 3. 8.

δια-ῤ-ῥίπτω or **ῥιπτέω,*** *ῥίψω, ἔῤῥῐφα, to throw about, scatter,* A., v. 8. 6.

†**διδάσκαλος**, ου, ὁ, *a teacher*, ii. 6. 12.

διδάσκω,* ἄξω, δεδίδαχα, *to teach, instruct, inform*, A. CP., I.: *P. to be taught, learn*: i. 7. 4: ii. 5. 6: iii. 3. 4; 4. 32: vi. 5. 18. Der. DIDACTIC.

δίδημι,* ch. Ep., a prolonged form of δέω *to bind*, q. v.; v. 8. 24.

δίδωμι,* δώσω, δέδωκα, a. ἔδωκα (δῶ, &c.), pf. *p.* δέδομαι, a. *p.*, ἐδόθην, Lat. do, *to give, grant, bestow*, A. D., i. 1. 6, 8 s; 2. 12, 27: δοθῆναι αὐτῷ σώζειν that it should be granted to him to save, *the privilege of saving*, 663 b, ii. 3. 25; cf. vii. 3. 13. Der. DOSE.

δι-έβαινον, -έβην, see δια-βαίνω.

δι-εγινόμην, see δια-γίγνομαι, ii. 6. 5.

δι-είργω,* εἴρξω, *to intercept* (sc. αὐτούς), *intervene*, iii. 1. 2.

δι-εῖχον, see δι-έχω, i. 8. 17.

δι-ελαύνω,* ἐλάσω ἐλῶ, ἐλήλακα, a. ἤλασα, *to ride, drive*, or *charge, through*, i. 5. 12; 10. 7: ii. 3. 19.

δι-ελθεῖν, -ελήλυθα, see δι-έρχομαι.

δι-ελών, see δι-αιρέω, ii. 4. 22.

δι-εξ-έρχομαι,* ἐλεύσομαι, ἐλήλυθα, 2 a. ἦλθον, *to come out through*, εἰς, vi. 6. 38?

δι-έρχομαι,* ἐλεύσομαι, ἐλήλυθα, 2 a. ἦλθον, *to go* or *come through, pass* or *march through, cross*, A., διά: of a rumor, *to go abroad, spread*: i. 4. 7: ii. 4. 12: iv. 1. 3, 5; 5. 22: v. 4. 14.

δι-ερωτάω, *to appeal to*, *v. l.* for ἐρωτάω, iv. 1. 20.

δι-εσπάρθαι, see δια-σπείρω, ii. 4. 3.

δι-έχω,* ἕξω, ἔσχηκα, ipf. εἶχον, 2 a. ἔσχον, [to have one's self apart] *to be apart, distant*, or *separated, to diverge*, G., ἀπό: τὸ διέχον, *the intervening space, interval*: i. 8. 17: iii. 4. 22.

δι-ηγέομαι, ήσομαι, ἥγημαι, to lead through a story, *to relate* or *state* in detail, *narrate*, A., iv. 3. 8: vii. 4. 8.

δι-ήλασα, see δι-ελαύνω, i. 10. 6.

δι-ῆλθον, see δι-έρχομαι, i. 4. 7.

δι-ίημι,* ἥσω, εἶκα, a. ἧκα (ῶ, &c.), to send through, *per-mit to go through, let pass*, A. διά, iii. 2. 23? iv. 1. 8.

δι-ίστημι,* στήσω, ἕστηκα, 2 a. ἔστην, *to station apart*: *M.*, w. pf. and 2 a. act., *to stand apart, be stationed at intervals, open the ranks*, i. 5. 2; 8. 20.

δίκαιος, α, ον, c., s., (δίκη) *just, right, righteous, upright, proper, reasonable*, I., i. 3. 5: iii. 1. 37: τὸ δίκαιον *justice, right*, pl. *rights*; ἐκ τοῦ δικαίου [out of] *according to justice, in a just way*, i. 9. 19: δίκαια ποιεῖν *to do what is right*, i. 3. 5; τὰ δίκαια λαμβάνειν *to take justice*, vii. 7. 17: οὓς ἐδόκουν δικαιοτάτους εἶναι *whom they deemed to be the most proper* to invite, or *the best entitled to an invitation*, = *v. l.* οὓς ἐδόκει δικαιότατον εἶναι *whom it seemed to be the most proper* to invite, 573, vi. 1. 3.

‡**δικαιοσύνη**, ης, *justice* (as a quality), *uprightness, righteousness*, i. 9. 16.

‡**δικαιότης**, ητος, ἡ, = δικαιοσύνη, ii. 6. 26.

‡**δικαίως** *justly, with reason, reasonably, properly, deservedly*, ii. 3. 19.

†**δικαστής**, οῦ, (δικάζω *to judge*) *a judge*, v. 7. 34.

δίκη, ης, *justice* or *right*; just *retribution* either (1) to him who has suffered, or (2) to him who has done wrong (ἡ ἐσχάτη δίκη *the severest retribution* or *punishment*, v. 6. 15); also (3) sing. or pl., *a process of justice, judicial proceedings, trial*; G. Thus, (1, 3) δίκην διδόναι pœnas dare, *to give retribution* or *satisfaction, make amends, pay the penalty, suffer punishment; to render a judicial account* of one's conduct; D.; ii. 6. 21: v. 7. 29; 8. 1: δίκην λαμβάνειν pœnas sumere, *to take satisfaction, obtain amends* or *justice, inflict punishment*, v. 8. 17: δίκην ἔχειν *to have satisfaction*, vii. 4. 24: — (2, 3) δίκην ἐπιτιθέναι *to inflict retribution, punishment*, or *just desert*, D., i. 3. 10, 20: iii. 2. 8: τῆς δίκης τυχεῖν *to receive one's desert*, vi. 6. 25: ἔχειν τὴν δίκην *to have one's desert* or *due, receive the punishment due*, ii. 5. 38, 41: ὑπέχειν δίκην *to undergo retribution, make amends, submit to an investigation, trial*, or *punishment, render account*, D., v. 8. 1, 18: vi. 6. 15: εἰς δίκας καταστῆσαι *to present for trial, bring to trial*, v. 7. 34.

δι-μοιρία, ας, (δίς, μοῖρα *portion*) *a double portion, twice as much*, vii. 2. 36.

δινέω, ήσω, ch. poet., (δίνη *a whirl*) *to whirl*, trans.: *M.*, intrans., vi. 1. 9.

διό adv. = δι' ὅ, *on account of which, wherefore*, i. 2. 21: v. 5. 10: vii. 6. 39.

δί-οδος, ου, ἡ, *a way* or *journey through, passage*, v. 4. 9.

δι-οίσω, see δια-φέρω, iii. 2. 23?

δι-οράω,* ὄψομαι, ἑώρᾱκα or ἑόρᾱκα, *to see through, perceive, discover*, A., v. 2. 30.

δόρυ,* *δόρατος, τό,* (cf. *δρῦς oak*) a beam or large stick, the shaft of a spear; hence comm. *a spear, lance, pike,* Lat. hasta. The common spear of the Greek hoplite consisted of a long wooden shaft, with a sharp steel point (*αἰχμή*), and upon the reverse end an iron spike (*σαυρωτήρ*) for thrusting the spear into the ground in time of rest. Ἐπὶ δόρυ [spear-ward] *to the right,* since the spear was carried in the right hand; cf. *παρ' ἀσπίδας.* i. 8. 18: iii. 5. 7: iv. 3. 29; 7. 16.

↓**δορυ-φόρος,** *ου, ὁ,* (*φέρω*) *a spear-bearer, spear-man,* a forager carrying a spear, v. 2. 4: cf. *δοράτιον.*

†**δουλεία,** *ας, slavery, servitude, bondage, subjection,* vii. 7. 32.

†**δουλεύω,** *εύσω, δεδούλευκα, to be a slave,* iv. 8. 4.

δοῦλος, *ου, ὁ,* (*δέω to bind*) *a slave, bondman, bond-servant;* under an absolute government, *a subject;* i. 9. 15, 29: ii. 5. 32, 38: iii. 1. 17.

δοῦναι, δούς, see *δίδωμι,* i. 2. 12.

†**δουπέω,*** *ήσω, δέδουπα,* ch. Ep., *to make a din, to clash,* D. of instrument, *πρός,* i. 8. 18. Onomatopoetic.

δοῦπος, *ου, ὁ,* ch. poet., *a loud noise, din, uproar, hubbub,* ii. 2. 19.

Δρακόντιος, *ου, Dracontius,* a Spartan exile, iv. 8. 25: vi. 6. 30.

δράμοιμι, δραμοῦμαι, see *τρέχω.*

†**δρεπανη-φόρος,** *ον,* (*φέρω*) *scythe-bearing, scythe-armed,* i. 7. 10 s; 8. 10.

δρέπανον, *ου, τό,* or poet. **δρεπάνη,** *ης,* (*δρέπω to pluck*) *a scythe, sickle,* i. 8. 10.

Δρῖλαι, *ῶν,* the *Drilæ,* a warlike people dwelling near Trebizond, v. 2. 1 s.

δρόμος, *ου, ὁ,* (*τρέχω,* pf. *δέδρομα*) the act or place of running; *a run, running, race; race-course: δρόμῳ upon the run, as in a race, at full speed, rapidly: δρόμος ἐγένετο τοῖς στρατιώταις the soldiers began to run,* 459: i. 2. 17; 8. 18 s: iv. 8. 25 s.

δύναμαι,* *δυνήσομαι, δεδύνημαι,* ipf. *ἐδυνάμην* or *ἠδυνάμην,* a. p. *ἐδυνήθην, ἠδυνήθην,* or r. *ἐδυνάσθην, to be able* (*can*), *have power,* I. (often understood); hence elliptically, *to be strong* or *powerful; to be equal* or *equivalent to, to mean,* A.; i. 1. 4; 5. 6; 7. 5: ii. 2. 12 s: iv. 5. 11 s: *οἱ μέγιστον* (or *μέγιστα*) *δυνάμενοι* [sc. *ποιεῖν*] *the most powerful,* ii. 6. 21: *οὐκ ἐδυνάμην ζῆν I could not (consent to) live,* vii. 2. 33. It is often used or to be supplied with a rel. and superl., 553 c: *ὡς μάλιστα ἐδύνατο ἐπικρυπτόμενος* [concealing it as he best could] *as secretly as possible,* i. 1. 6; *ᾗ ἐδύνατο τάχιστα* [as he could most rapidly] *as rapidly as he could,* i. 2. 4; *ὡς ἂν δύνηται πλείστους as many as he could,* i. 6. 3.

↓**δύναμις,** *εως, ἡ, ability, power, might, strength, force;* military *force, forces, troops, army* (so pl. i. 5. 9): *κατὰ* or *εἰς δύναμιν according to* or *to the extent of one's ability:* i. 1. 6; 6. 7: ii. 3. 23: iii. 2. 9. Der. DYNAMIC.

↓**δυνάστης,** *ου, a chief* or *powerful man, lord, nobleman,* i. 2. 20. Der. DYNASTY.

↓**δυνατός,** *ή, όν,* c., s., actively, *able, competent, powerful, strong,* I.; passively, *possible, practicable, feasible,* D. I.; i. 3. 17; 9. 24: ii. 6. 8, 19: iv. 1. 12, 24: *ἐκ τῶν δυνατῶν from* [the possibles] *the means in their power,* iv. 2. 23. It is often used or to be supplied with a rel. and superl., 553 c: *ᾗ δυνατὸν μάλιστα* [so as is possible, most implicitly] *as implicitly as possible,* i. 3. 15; *ὅτι ἀπαρασκευαστότατον* [according to what is possible, most unprepared] *as unprepared as possible, ὅτι πλείστους as many as possible,* i. 1. 6; *ὡς τάχιστα πορεύεσθαι to proceed as speedily as possible,* i. 3. 14.

δύω,* *δύσω, to make enter, put on:* hence **δύνω** & **δύομαι,** *δύσομαι, δέδυκα,* 2 a. *ἔδυν,* of the sun, *to enter* the western sea, *to set,* i. 10. 15: ii. 2. 3.

δύο,* *δυοῖν,* or, w. plur. nouns, indecl., duo, TWO, i. 1. 1: iii. 2. 37: vi. 6. 14: vii. 5. 9; 6. 1. Der. DUAL.

[**δυσ-*** inseparable particle, *ill, mis-, un-,* DYS-, *with difficulty.*]

δύσ-βατος, *ον, difficult of access,* v. 2. 2: iv. 1. 25?

δυσ-διάβατος, *ον, difficult to pass,* vi. 5. 19?

δυσμή, *ῆς,* (*δύνω*) usu. in pl., *setting* of the sun; *ἡλίου δυσμαί sun-set;* vi. 4. 26; 5. 32: vii. 3. 34.

δυσ-πάριτος, *ον,* (*πάρ-ειμι to pass*) *hard* or *difficult to pass,* iv. 1. 25: *v. l. δυσπόριστος* (for *δυσπρόσιτος difficult of access?*) or *δύσβατος.*

δυσ-πόρευτος, *ον,* (*πορεύω*) *difficult of passage* or *to pass,* D., i. 5. 7.

†**δυσπορία,** *ας, difficulty of crossing, difficult passage,* G., iv. 3. 7.

[illegible] is emphatic [illegible] ..., it often supplies [illegible] possessive pron. [illegible] own man, τὰ [illegible] [illegible], interests, or [illegible] [illegible]; 2. 7, 15: iii. 1. 16. [illegible] τοῦ or σαυτοῦ, 539 d, vi. 6. 15: [illegible] 5: often for αὐτοῦ, or the converse.

[illegible], ἐάσω, εἴασα, ipf. εἴων, [illegible] *allow, suffer, let*, A. I.: [illegible] *let alone, leave, dismiss, have nothing to do with*, A. D.: οὐκ ἐᾶν *to forbid, prohibit, protest*, 686 i: i. 4. 7, 9; [illegible] 18: vii. 3. 2; 4. 10 a, 20, 24.

†[illegible] indecl., *seventy*, iv. 7. 8.

[illegible], η, ον, (ἑπτά) *seventh*, vi. 2. 12.

[illegible] or [illegible], ου, ὁ, for [illegible], vii. 6. 43.

ἐγ-, the form which ἐν takes in compos. before a palatal, [illegible].

[illegible]

forms beginning w. ἐ- having comm. some emphasis, and those w. μ- being enclitic) ego, mei, nos, *I, we*, i. 3. 3, 5 s: πρός με for πρὸς ἐμέ, 788 e, iii. 2. 2: ἡμᾶς = ἐμέ, i. 7. 7: ἐγῷμαι by crasis for ἐγὼ οἶμαι, *I think*, iii. 1. 35? Der. EGOTISM.

‡**ἔγω-γε,*** ἐμοῦ γε, ἔμοιγε, ἔμεγε or ἐμέ γε, equidem, *I at least, I for my part, I certainly*, i. 4. 8: vii. 1. 30.

ἔδει, ἐδεῖτο, see δέω, i. 5. 14: iv. 1. 13.

ἔδεισα, ἐδεδοίκεσαν, see δείδω, i. 10. 9.

ἐδήδοκα, see ἐσθίω, iv. 8. 20.

ἐδόκουν, ἔδοξα, see δοκέω, i. 3. 20.

ἔδραμον, see τρέχω, iv. 3. 33.

ἔδωκα, ἔδοσαν, see δίδωμι, i. 2. 27.

ἔζων, ἔζη, see ζάω, i. 5. 5: v. 8. 10.

†**ἐθελοντής,** οῦ, ὁ, *a volunteer;* as adj. *voluntary, willing, of one's own accord*, i. 6. 9: iv. 1. 26 s.

†**ἐθελοντί** adv., *willingly*, iii. 3. 18?

†**ἐθελούσιος,** α, ον, *voluntary, of one's own accord*, iv. 6. 19: vi. 5. 14.

ἐθέλω,* ἐθελήσω, ἠθέληκα, by a shorter but less frequent form **θέλω,** θελήσω, *to be willing, consent, wish, desire, will, choose, please, prefer*, I., τί: οὐκ ἐθέλω, *I am not willing, I will not, I refuse:* ἐθέλων w. adverbial force, *willingly:* i. 2. 26; 3. 6, 8; 9. 13 s: iv. 4. 5: vi. 2. 6. Ἐθέλω and βούλομαι are nearly synonymous and may be often interchanged; yet, in strict distinction, ἐθέλω expresses the *wish* or *will* more as a *feeling*, and βούλομαι more as a *rational purpose* or *preference*. Simple *inclination, acquiescence,* or *desire* is rather expressed by ἐθέλω, and *plan* or *determination* by βούλομαι: εἰ ὑμεῖς ἐθέλετε ἐξορμᾶν, ἕπεσθαι βούλομαι *if you are willing to take the lead, I am resolved to follow*, iii. 1. 25: cf. v. 6. 20; 7. 27 s.

ἐθέμην, ἔθηκα, see τίθημι, i. 5. 14.

ἔθνος, εος, τό, *a nation, tribe:* κατὰ ἔθνη or ἔθνος, *according to their nations* or *tribes, by nations* or *tribes:* i. 8. 9: iv. 5. 28: v. 5. 5. Der. ETHNO-LOGY.

εἰ* conj. (becoming ἐάν before the subj., 619 a), si, *if, supposing, provided, in case that*, i. 2. 2: εἰ μή nisi, *if not, unless, except*, i. 4. 18: iv. 2. 4: εἰ δὲ μή *but if not, otherwise*, used even after negative sentences, ii. 2. 2: iv. 3. 6: εἴ τις *if any*, sometimes, as a more moderate form of expression, supplying the place of ὅστις *whoever, whatever*, 639, i. 5. 1; 6. 1; καὶ εἴ τις νόσῳ *and a few perhaps by sickness*, v. 3. 3: καὶ εἰ, εἰ καί *even if, although, though*, iii. 2. 22, 24: vi. 6. 27: — **εἰ** as complem., *if, whether, whether not*, i. 3. 5; 10. 5: iii. 2. 22; so elliptically, *to see* or *try if, to ascertain whether*, iv. 1. 8: v. 4. 3.

εἴα, εἴασα, see ἐάω, i. 4. 7; 9. 13, 18.

εἶδον, εἰδῶ, εἰδέναι, εἰδώς, &c., see ὁράω. Cf. video, Sans. vid, *to wit*.

‡**εἶδος,** εος, τό, *appearance, form, beauty*, ii. 3. 16.

εἴην, εἴησαν or **εἶεν,** see εἰμί, i. 1. 5.

εἰκάζω,* άσω, εἴκακα I., pf. *p.* εἴκασμαι or ᾔκασμαι, *to make like, liken*, A.; to think likely, *conjecture, suppose, estimate*, I. (A.), i. 6. 1, 11; 10. 16: pf. *p.* to have been made like, *to resemble*, D., v. 3. 12; 4. 12: — 2 pf. pret. **ἔοικα,** 2 plup. ἐῴκειν, *to be like, resemble, seem like*, D.; *to seem;* ii. 1. 13; 2. 18.

‡**εἰκός,** ότος, (neut. pt. of εἶκα = ἔοικα) *likely, probable, reasonable, proper, natural*, w. frequent ellipsis of ἐστί or ἦν, I. (A.): τὸ εἰκός *the likelihood, probability*, &c.: ii. 2. 19; 3. 6: iii. 1. 21.

εἴκοσι(ν) indecl., *twenty*, i. 2. 5, 8.

εἰκότως adv., (εἰκός) *reasonably, naturally, with good reason*, ii. 2. 3.

εἴληφα, -εν, see λαμβάνω, iv. 5. 35.

εἴληχα, -εν, see λαγχάνω, iv. 5. 24.

εἷλκον, see ἕλκω, iv. 2. 28: v. 2. 15.

εἱλόμην, εἷλον, see αἱρέω, i. 3. 5; 9. 9.

εἰμί,* ἔσομαι (3 sing. ἔσται), ipf. ἦν, sum, *to be, exist*, the chief substantive verb, variously translated acc. to the context, i. 1. 4: W. GEN., *to be of* or *one's, belong to, be the property* or *part of*, &c., 437 a, 440, 443, i. 1. 6: ii. 1. 4, 9; ὄντα τὸ εὖρος πλέθρου *being* [of] *a plethron in width*, i. 4. 9: W. DAT., *to be to* or *for* (where *have* is frequent in translation, 459), i. 2. 7; 3. 21: w. A PART., often a stronger form of expression for the simple verb, 679, ii. 2. 13; 3. 10: τὰ ὄντα the things being, *facts, effects, possessions*, iv. 4. 15: vii. 8. 22: τῷ ὄντι *in reality* or *fact, really*, v. 4. 20. — Its IMPERS. use (which may usu. be also explained personally, 571 f, h) is extensive: ἔστι there is *or* it is, *it is possible, the part of*, &c., I. (A.), i. 5. 2 s; ii. 1. 9: often w. a neut. adj. sing. or pl., as δῆλον ii. 3. 6, ἄβατα iii. 4. 49: w. a relative,

or -ον, a. p. ἠνέχθην, *to bring* or *carry into* or *in*, A. D., εἰς, i. 6. 11? vii. 3. 21.

εἰσ-φορέω, ήσω, πεφόρηκα, *to bring into*, A. εἰς, iv. 6. 1.

εἴσω, sometimes **ἔσω**, adv., (εἰς or ἐς) *within*, *inside of*, G., i. 2. 21; 4. 5.

εἰσ-ωθέω,* ώσω, *to push into* or *in*, trans.: *M.* intrans., v. 2. 18?

εἶτα adv., (εἰ τά *if those things* are, cf. ἔπειτα) *then*, *in that case*, *thereupon*, *after that*, *next*, i. 2. 16, 25.

εἴ-τε . . εἴ-τε si-ve . . si-ve, both if . . and if, *whether* . . *or*, ii. 1. 14: iii. 1. 40; 2. 7. See εἰ.

εἶχον, εἰχόμην, see ἔχω, i. 1. 6.

εἴωθα,* *I* [have accustomed myself] *am wont* or *accustomed*, I.; intrans. 2 pf. pret. of ἐθίζω, ίσω ιῶ, εἴθικα, *to accustom*: 2 plup. εἰώθειν, vii. 8. 4.

εἴων, εἴας, εἴα, see ἐάω, i. 4. 9.

ἐκ, the form which the prep. ἐξ takes before a consonant, 165, i. 1. 6.

†**ἑκασταχόσε** *in each direction*, iii. 5. 17.

ἕκαστος, η, ον, (see ἑκάτερος) quisque, *each* of more than two, *every*, *each* or *every one*: pl. *several*, *respective*, *each body*, *all*, or translated as sing. or like an adv. (*severally*). Its sing. is often joined, esp. through apposition, with a plural. i. 1. 6; 2. 15; 7. 15; 8. 9: ii. 2. 17: v. 5. 5.

↓**ἑκάστοτε** *at each time*, *uniformly*, *always*, ii. 4. 10.

ἑκάτερος, α, ον, (a compar. in form w. ἕκαστος as sup., perhaps derived fr. εἷς, 376 c, d) uterque, *each* of two; pl. *both*, *each party*, or translated as sing.: καθ' ἑκάτερα *on each side*, G.: i. 8. 27: iii. 2. 36: v. 5. 25; 6. 7: vi. 1. 9.

↓**ἑκατέρωθεν** *from* or *on each* or *both sides*, i. 8. 13, 22: vi. 4. 3; 5. 25.

↓**ἑκατέρωσε** *to each side* of two, *in both directions*, i. 8. 14?

ἑκατόν indecl., *a hundred*, i. 2. 25.

Ἑκατ-ώνυμος, ου, *Hecatonymus*, an envoy to the Cyreans from Sinōpe, v. 5. 7; 6. 3.

ἐκ-βαίνω,* βήσομαι, βέβηκα, 2 a. ἔβην, *to go out*, *forth*, or *aside*, from a road, valley, river, vessel, &c.; *to sally forth*; *to disembark*; εἰς, &c.; iv. 2. 1, 10, 25 s; 3. 3, 23: v. 4. 11.

ἐκ-βάλλω,* βαλῶ, βέβληκα, 2 a. ἔβαλον, a. p. ἐβλήθην, *to throw* or *cast out* or *away* (out of one's hands, quiver, &c.); *to drive out*, *banish*, *expel*; ἐξ, εἰς: i. 1. 7; 2. 1: ii. 1. 6: vii. 1. 16; 5. 6. Cf. ἐκ-πίπτω = passive.

ἔκ-βασις, εως, ἡ, (ἐκ-βαίνω) *egress*, *outlet*, *passage*, *pass*, iv. 1. 20; 2. 1 s.

Ἐκβάτανα, ων, τά, *Ecbatana* (also written *Agbatana*, and *Achmetha*, Ezra 6. 2) the capital of Media, favorably situated for coolness and good air, and containing the strongly fortified and magnificent summer residence of the Persian king, ii. 4. 25: iii. 5. 15. ‖ Hamadan.

ἐκ-βληθείην, see ἐκ-βάλλω, vii. 5. 6.

ἐκ-βοηθέω, ήσω, βοήθηκα, *to rush* or *come forth to the rescue*, ἐξ, vii. 8. 15.

ἔκ-γονος, ον, (γίγνομαι) *born from*: οἱ ἔκγονοι *the descendants*: τὰ ἔκγονα *the young* of animals: iii. 2. 14? iv. 5. 25?

ἐκ-δεδράμηκα, ἐκ-δραμών, see ἐκ-τρέχω, v. 2. 17; 4. 16.

ἐκ-δέρω,* δερῶ, a. ἔδειρα, (δέρω *to skin*) to take out of one's skin, *to flay*, A., i. 2. 8; *v. l.* ἐκδείρειν.

ἐκ-δίδωμι,* δώσω, δέδωκα, pf. p. δέδομαι, *to give forth* or *up*, A.: *to give forth in marriage*, *settle* with a husband, A. παρά: iv. 1. 24: vi. 6. 10.

ἐκ-δύνω,* δύσομαι, δέδῡκα, 2 a. ἔδῡν, to get out of one's clothes, *to strip* one's self, iv. 3. 12.

ἐκεῖ adv., *there*, *in that place*, *yonder*, i. 3. 20; 10. 8: iv. 1. 24.

↓**ἐκεῖθεν** *thence*, *from that place* or *region*, v. 6. 24.

↓**ἐκεῖνος**,* η, ο, *that*, *that one*; often as a strong pers. pron., *he*, *she*, *it*; i. 1. 4; 3. 9; 7. 18: iii. 1. 35. See ἐπ-έκεινα.

↓**ἐκεῖσε** *thither*, *to that place*, *there* (= thither), vi. 1. 33; 6. 36.

ἐκήρυξε, -ύχθη, see κηρύττω, ii. 2. 21.

ἐκ-θλίβω,* ίψω, τέθλῖφα l., (θλίβω *to squeeze*) *to press* or *crowd out*, A., iii. 4. 19 s.

ἐκ-καθαίρω, *αρῶ, pf. p. κεκάθαρμαι, to cleanse from defilement, *burnish*; or

ἐκ-καλύπτω, ύψω, pf. p. κεκάλυμμαι (καλύπτω *to cover*, *veil*) *to un-cover*, to take the shield out of the leather case (σάγμα) in which it was commonly carried on the march to preserve its brightness; i. 2. 16.

ἐκκλησία, ας, (ἐκ-καλέω *to call forth*) *a convocation*, *assembly*, i. 3. 2; 4. 12.

↓**ἐκκλησιάζω**,* άσω, *to call an assembly*, v. 6. 37. Der. ECCLESIASTIC.

ἔλαβον, see λαμβάνω, i. 2. 26.

†**ἐλαία** & Att. **ἐλάα**, ας, oliva, *an* OLIVE; *the olive-tree*, fabled as the gift of Athena, and sacred to her: vi. 4. 6: vii. 1. 37.

ἔλαιον, ου, oleum, OIL, esp. *olive-oil*, iv. 4. 13: v. 4. 28: vi. 6. 1.

ἐλάττων,* ον, **ἐλάχιστος**, η, ον, c. & s. of ἐλαχύς Ep., usu. referred to μικρός *small*, *little*, or ὀλίγος *little*, *few*: τοὐλάχιστον (= τὸ ἐλ.) *at least*: ii. 4. 13: iii. 2. 28: v. 7. 8: vi. 2. 4 s: vii. 1. 27.

ἐλαύνω,* ἐλάσω ἐλῶ, ἐλήλακα, a. ἤλασα, *to drive*, *ride*, A.; intrans., or w. ἵππον, ἅρμα, στράτευμα, &c., understood, *to ride*, *drive*, *advance*, *march*, *charge*, AR. διά, &c.: i. 2. 23; 5. 7, 13, 15; 8. 1, 10, 24: iv. 7. 24. Der. ELASTIC.

†**ἐλάφειος**, ον, *of a deer*: κρέα ἐλάφεια *deer's meat*, *venison*, i. 5. 2.

ἔλαφος, ου, ὁ ἡ, (in Att. ἡ as a generic term), *a deer*, *stag*, v. 3. 10.

↓**ἐλαφρός**, ά, όν, [deer-like] *light* in motion or weight, *nimble*, *agile*, iii. 3. 6: iv. 2. 27.

↓**ἐλαφρῶς** *lightly*, *nimbly*, *with agility*, vi. 1. 12: vii. 3. 33.

ἐλάχιστος, η, ον, see ἐλάττων, iii. 2. 28.

ἐλέγχω,* ἔγξω, pf. *p.* ἐλήλεγμαι, a. *p.* ἠλέγχθην, *to examine*, *question*, or *inquire*, closely; *to convict*, *prove*; A. CP., P.; ii. 5. 27? iii. 5. 14 (A. by attr., 474 b): iv. 1. 23.

ἐλεινός, ή, όν, (ἔλεος *pity*) *piteous*, iv. 4. 11?

ἑλεῖν, **ἑλέσθαι**, &c., see αἱρέω.

ἐλελίζω, ίξω, (ἐλελεῦ *a war-cry*) *to raise the war-cry*, *to shout* in battle, i. 8. 18: v. 2. 14?

ἔλεξα, **ἐλέχθην**, see λέγω, i. 4. 13.

†**ἐλευθερία**, ας, *freedom*, *liberty*, *independence*, i. 7. 3: iii. 2. 13: vii. 7. 32.

ἐλεύθερος, α, ον, (ἐλευθ- ? see ἔρχομαι) going and coming at pleasure, *free*, *independent*, ii. 5. 32: iv. 3. 4.

ἐλήφθην, see λαμβάνω, i. 7. 13.

ἐλθεῖν, -οιμι, -ε, -ών, see ἔρχομαι.

Ἐλισάρνη, ης, *v. l.* for Ἀλισάρνη, vii. 8. 17.

ἕλκω,* ἕλξω, ipf. εἷλκον, *to draw*, *drag*, *pull*, A., iv. 2. 28; 5. 32: v. 2. 15.

†**Ἑλλάς**, άδος, ἡ, *Hellas*, *Greece*; originally, it is said, the name of a town or district in southern Thessaly, settled by Hellen. The name was afterwards so extended as to include all Greece except the Peloponnesus; and yet further, so as to include not only this, but even all the Greek colonies, wherever situated. i. 2. 9; 4. 7. — 2. *Hellas*, wife of Gongylus, friendly to Xenophon, vii. 8. 8.

Ἕλλην, ηνος, ὁ, *Hellen*, *a Greek*; originally, it is said, the name of a son of Deucalion, and the father of Æolus and Dorus, and grandfather of Achæus and Ion. Passing to his posterity, it became the general name of all the Greeks (*Hellēnes*), while their great divisions were named from his children and grandchildren. As an adj., *Greek*. i. 1. 2; 2. 14, 18; 10. 7.

↓**ἑλληνίζω**, ίσω, *to speak Greek*, vii. 3. 25. Der. HELLENIST.

↓**Ἑλληνικός**, ή, όν, *Hellenic*, *Grecian*, *Greek*: τὸ Ἑλληνικόν [sc. στράτευμα] *the Greek army* or *force*: i. 1. 6; 8. 14 s.

↓**Ἑλληνικῶς** adv., in the Greek language, *in Greek*, i. 8. 1.

↓**Ἑλληνίς**, ίδος, (fem. adj. = Ἑλληνική, 235) *Grecian*, *Greek*, iv. 8. 22.

↓**Ἑλληνιστί** adv., (spoken) *in Greek*, vii. 6. 8.

†**Ἑλλησποντιακός**, ή, όν, *Hellespontic* or *Hellespontian*, i. 1. 9: *v. l.* -ικός, -ιος.

Ἑλλήσ-ποντος, ου, ὁ, [the *sea of Helle*, who was here drowned, according to fable, in endeavoring to escape through the air to Colchis, with her brother Phrixus, on the back of a golden-fleeced ram] *the Hellespont*, a strait about 40 miles long and from 1 to 4 miles wide, connecting the Propontis and Ægean, and separating Europe and Asia. It was bridged by Xerxes, and was the scene, in the Peloponnesian war, of the great naval battles of Cynossēma and Ægospotami. The name was also applied to the region lying about this strait. i. 1. 9. ‖The Dardanelles, *or* Strait of Gallipoli.

ἕλοιμι, -οίμην, -όμενος, see αἱρέω.

†**ἐλπίζω**, ίσω ιῶ, ἤλπικα 1., *to hope*, *expect*, I. (A.), iv. 6. 18: vi. 5. 17.

ἐλπίς, ίδος, ἡ, (ἔλπω *to give hope*) *hope*, *expectation*: ἐλπίδας λέγων *speaking* or *expressing hopes*: τῶν μυρίων ἐλπίδων μία *one* [of the 10,000 expectations] *chance in ten thousand*: G., I. (A.): i. 2. 11: ii. 1. 19; 5. 12: iii. 2. 8.

ἐλῶν, see ἐλαύνω, i. 8. 10.

ἐμ-, the form which the prep. ἐν takes in compos. before a labial, 150.

ἔμαθον, see μανθάνω, v. 2. 25.

ment, &c., *in, under, with*, i. 3. 21; 7. 20; 9. 1: iv. 3. 7 s. In compos. (ἐμ- before a labial, and ἐγ- bef. a palatal, 150), *in, into* (698 d[r]), *among, upon, at*.

ἕν, ἑνός, ἑνί, see εἷς, i. 9. 12: vii. 5. 4.

ἐν-αγκυλάω, ήσω, (ἀγκύλη, see διαγκυλόομαι) *to* [put in a] *fit with a thong*, iv. 2. 28.

†**ἐναντιόομαι**, ώσομαι, ἠναντιώμαι, *to oppose, withstand*, D. περί or G., vii. 6. 5.

ἐν-αντίος, α, ον, *on the opposite side, opposite, opposed to, contrary, hostile to; in an opposite direction; over against, against, in front of, before, in one's face;* often w. an adv. force: οἱ ἐναντίοι *the enemy:* ἐκ τοῦ ἐναντίου [from] *on the opposite side:* τἀναντία (= τὰ ἐναντία) *in the opposite direction*, &c.: τούτου ἐναντίον *in this man's presence:* D., G., ἤ: i. 8. 23? iii. 2. 10: iv. 3. 28, 32; 7. 5: v. 8. 24: vii. 6. 23.

ἐν-άπτω, ἄψω, *to set on fire, set fire to, kindle*, A., v. 2. 24 s?

ἔνατος, later **ἔννατος**, η, ον, (ἐννέα q. v.) *ninth*, iv. 5. 24.

ἐν-αυλίζομαι, ίσομαι, ηὔλισμαι l., a. p. ηὐλίσθην, *to en-camp, lodge for the night*, vii. 7. 8.

ἔνδεια, ας, (ἐν-δέω) *need, want, poverty, lack of provisions*, i. 10. 18.

ἐν-δείκνυμι,* δείξω, δέδειχα, in-dico, *to in-dicate, express; M. to show* or *express* one's own feelings, A., vi. 1. 19.

ἐν-δέκατος, η, ον, (ἕν-δεκα *eleven*) *eleventh*, i. 7. 18.

ἐν-δέω,* δεήσω, δεδέηκα, to lack in anything: impers. ἐν-δεῖ *there is lack* or *need of*, G. D.; ἑώρα πλείονος ἐνδέον *he saw there* [being] *was need of more explicitness: M. to lack* for one's own support, G.: vi. 1. 31: vii. 1. 41; 3. 3?

ἔν-δηλος, ον, among evident things, *evident, manifest, plain;* used like δῆλος w. a participle; ii. 4. 2; 6. 18.

ἔν-δημος, ον, within a nation, *at home;* τὰ ἔνδημα *the home revenues*, vii. 1. 27. Der. ENDEMIC.

ἐν-δίφριος, ον, (δίφρος) *sitting on the same seat*, or *at table*, with another (the Thracians sitting at their meals): ἐνδίφριος subst., *a table-companion:* vii. 2. 33, 38.

†**ἔνδοθεν** adv., *from within*, v. 2. 22.

ἔνδον adv., (ἐν) *within*, ii. 5. 32.

ἔν-δοξος, ον, (δόξα) *in repute, honorable, glorious, betokening honor*, vi. 1. 23.

ἐν-δύνω & **ἐν-δύομαι**,* δύσομαι, δέδυκα, 2 a. ἔδυν, (cf. in-duo) *to put on* one's self, A.: plup. *had put on, wore:* i. 8. 3: v. 4. 13.

ἐν-ε-: for augmented forms thus beginning, look under ἐγ- before a palatal, and under ἐμ- before a labial.

ἐν-έβαλον, see ἐμ-βάλλω, i. 5. 11.

ἐν-έδρα, ας, (ἕδρα *a seat*) a seat within (in a hidden place), *ambush, ambuscade*, Lat. in-sidiæ, iv. 7. 22.

↓**ἐνεδρεύω**, εύσω, a. ἐν-ήδρευσα, *to form* or *place an ambush, lie in wait*, i. 6. 2.

ἔν-ειμι,* ἔσομαι, (εἰμί) *to be in* or *on*, ἐν: *to be* [in a place] *there:* i. 5. 1 s; 6. 3: ii. 4. 21 s, 27. See ἔνι.

ἕνεκα,* sometimes **ἕνεκεν** (esp. before a vowel), adv., *for the sake of, on account of, for the purpose of, for*, G.; comm. following, but sometimes preceding or dividing its complement: τούτου ἕνεκα *on this account:* i. 4. 5, 8: ii. 3. 13, 20; 5. 14: v. 1. 12; 8. 13.

ἐν-εκείμην, see ἔγ-κειμαι, iv. 5. 26.

ἐνενήκοντα indecl., (ἐννέα) *ninety*, i. 5. 5; 7. 12.

ἐνεός (v. l. **ἐννεός**), ά, όν, *deaf and dumb*, iv. 5. 33.

ἐν-επλήσθην, see ἐμ-πίπλημι.

ἐν-έπρησα, see ἐμ-πίπρημι, iv. 4. 14.

ἐν-ετός, ή, όν, (ἵημι) sent in, *incited, prompted*, ὑπό, vii. 6. 41?

ἐν-εχείρισα, see ἐγ-χειρίζω, iii. 2. 8.

ἐν-έχυρον, ου, (ἐχυρός) *a pledge* in hand, *security*, vii. 6. 23.

ἐν-έχω or **ἐν-ίσχω**,* ἕξω or σχήσω, ἔσχηκα, *to hold fast in, catch* or *entangle in*, A. D., vii. 4. 17.

ἐν-ῆν, see ἔν-ειμι, i. 5. 1: ii. 4. 27.

ἔνθα adv. demonst., rel., and complem., (ἐν) of place, *there, here, where:* sometimes of time (esp. w. δή), *thereupon, then, when:* i. 5. 8; 8. 1 s, 4: iv. 1. 2; 5. 22, 29: v. 1. 1.

↓**ἐνθά-δε** (-δε adding demonstr. force, cf. 252 a) *there, here:* (-δε signifying *to*, 688 e) *thither, hither:* ii. 1. 4; 3. 21: iii. 3. 2: v. 1. 10.

↓**ἔνθα-περ** *in the very place where, just where, where*, iv. 8. 25: vi. 4. 9.

ἐν-θείην, **-θέμενος**, &c., see ἐν-τίθημι.

ἔνθεν adv., (ἐν, cf. ἔνθα) *thence, hence, whence* (sc. ἐκεῖσε ii. 3. 6; sc. ταύτας iii. 5. 13): ἔνθεν μὲν . . ἔνθεν δέ hinc . . illinc, *hence . . thence*, [from] *on this side . . and on that;* ἔνθεν καὶ ἔνθεν *on each side*, G.: i. 10. 1: ii. 4. 22.

an *enomoty*; comm. of about 25 men, the fourth part of a λόχος; iii. 4. 22.

ἐξ,* before a cons. **ἐκ**, prep., *out of*: w. GEN. of place, *out of, forth from, from*; ἐκ τῶν Ταόχων *from the land of the Taochi*; ἐξ ἀριστερᾶς [from] *on the left*; i. 2. 1, 3, 7, 18: iv. 7. 17; 8. 2: — of time, *from, after, upon*, often denoting not mere succession of time, but also consequence; ἐκ τούτου *from this time, upon* or *after this, hereupon, in consequence of this*; ἐκ παίδων *from boyhood*; i. 2. 17; ii. 5. 27; 6. 4: iv. 3. 14, 21: ἐξ οὗ or ὅτου *from* [what time] *the time when, since*, 557 a, v. 7. 34: vii. 8. 4: — of source, cause, agent, means, manner, &c., *from, of, in consequence of, on account of, by, by means of, with, according to*, &c., i. 1. 6; 9. 16, 19, 28: iii. 1. 11 s, 43: ἐκ τούτων from this state of affairs, *in these circumstances*, i. 3. 11. In compos., *out, forth, off, from*; sometimes implying completeness (cf. *utterly*).

ἕξ indecl., sex, SIX, i. 1. 10: ii. 4. 27.

ἐξ-αγγέλλω, ελῶ, ἤγγελκα, a. ἤγγειλα, *to bring out word, report, repeat, state*, A. D., CP., i. 6. 5; 7. 8: ii. 4. 24.

ἐξ-άγω,* ἄξω, ἦχα, 2 a. ἤγαγον, a. p. ἤχθην, *to lead out* or *forth*; *to induce*; A. I., ἐπί, πρός, &c.; i. 6. 10; 8. 21.

†**ἐξ-αίρετος**, ον, *picked out, select, choice*, vii. 8. 23: cf. Lat. *eximius* fr. *ex-imo*.

ἐξ-αιρέω,* ήσω, ᾕρηκα, 2 a. εἷλον, a. p. ᾑρέθην, *to take out, remove, set apart*, A. G., D.: *M. to take out* for one's own benefit, *select, choose*, A., ἐκ: ii. 1. 9; 3. 16; 5. 4, 20: v. 3. 4.

ἐξ-αιτέω, ήσω, ᾔτηκα l., *to demand*: *M. to beg off* as a favor to one's self, *to rescue by entreaty*: A.: i. 1. 3: vi. 6. 11 (*v. l.* ζητέω).

ἐξ-αίφνης, softer but less Att. form **ἐξαπίνης**, (αἴφνης *suddenly*, fr. ἀ- & φαίνω) *of a sudden, suddenly, unexpectedly*, 380 b, iii. 3. 7: v. 6. 19 s.

ἑξακισ-χίλιοι, αι, α, (ἑξάκις *six times*, fr. ἕξ) *six thousand*, i. 7. 11: ii. 2. 6.

ἐξ-ακοντίζω, ίσω ιῶ, *to shoot forth* with darts, D. of instrument, v. 4. 25.

ἑξακόσιοι, αι, α, (ἕξ, ἑκατόν) *six hundred*, i. 8. 6, 24.

ἐξ-αλαπάζω, άξω, poet., (ἀλαπάζω *to plunder*) *to sack, desolate*, A., vii. 1. 29.

ἐξ-άλλομαι,* ἀλοῦμαι, a. ἡλάμην & ἡλόμην, *to spring aside*, vii. 3. 33.

ἐξ-αμαρτάνω,* τήσομαι, ἡμάρτηκα, to err from the right, *do wrong, offend, sin*, AE. περί: τοιαῦτα ἐξαμαρτάνοντες [sinning such sins] *so sinning* or *offending, guilty of such misconduct*, v. 7. 33.

ἐξ-αν-ίστημι,* στήσω, ἕστηκα, 2 a. ἔστην, *to raise up out of* one's seat, &c., A.: *M.*, w. pf. & 2 a. a., *to stand, rise*, or *start up*, iv. 5. 18: vi. 1. 10?

†**ἐξ-απατάω**, ήσω, ἠπάτηκα, (f. *m.* as *p.*, 576 a, vii. 3. 3) *to deceive* utterly or grossly, *mislead, cheat, impose upon*, A. AE. ὡς, ὥστε, ii. 6. 22: v. 7. 6 s, 9.

ἐξ-απάτη, ης, (ἀπάτη *deceit*) gross *deceit, imposition*, vii. 1. 25.

ἑξ-ά-πηχυς, υ, g. εος, *six cubits long*, v. 4. 12: *v. l.* ἑξ-πηχυς.

ἐξαπίνης, see ἐξαίφνης, iii. 3. 7; 5. 2.

ἐξ-αρκέω, έσω, *to suffice fully*, vii. 7. 54?

ἐξ-άρχω, ἄρξω, ἦρχα, *to lead off*; *lead off in, take the lead in*, G.; v. 4. 14: vi. 6. 15.

ἐξ-αυαίνω, ανῶ, *to dry up*, trans.: *M. to dry up, wither away* or *entirely*, intrans., ii. 3. 16?

ἐξ-αυλίζομαι, ίσομαι, ηὔλισμαι l., *to leave* or *change one's quarters*, εἰς, vii. 8. 21.

ἐξ-ε-: for augmented forms thus beginning, look under **ἐκ-**.

ἐξ-έβαλον, -εβλήθην, see ἐκ-βάλλω.

ἔξ-ειμι,* ἔσομαι, (εἰμί) to be out of confinement or restraint, to be free or permitted; only used impers., ἔξεστι, ἐξείη, ἐξῆν, &c., *it is permitted* or *allowed, it is in one's power, one may*, D. I.; pt. abs. ἐξόν, it being permitted, *when it is* or *was permitted* or *in one's power, when he may* or *might*; ii. 3. 26; 5. 18, 22 s; 6. 6, 12, 28: iii. 1. 22.

ἔξ-ειμι,* ipf. ᾔειν, (εἶμι q. v.) *to go* or *come out* or *forth, march out* or *forth*, iii. 5. 13: v. 1. 8, 17: vi. 6. 1 s.

ἐξ-ελαύνω,* ἐλάσω ἐλῶ, ἐλήλακα, *to drive out, expel*, A. ἐξ: intrans. or w. A. understood (see ἐλαύνω), *to drive* or *ride forth, advance, proceed, march*, διά, &c.: i. 2. 5 s; 4. 4: vii. 7. 7.

ἐξ-ελέγχω,* έγξω, to prove fully, *convict*, A. P., ii. 5. 27?

ἐξ-ελήλυθα, -ελθεῖν, see ἐξ-έρχομαι.

ἐξ-έλιπον, see ἐκ-λείπω, i. 2. 24.

ἐξ-έλοιμι, -ελοίμην, see ἐξ-αιρέω.

ἐξ-ενεγκεῖν, see ἐκ-φέρω, iii. 2. 29.

ἐξενίσθαι, see ξενίζω, vii. 3. 8?

ἐξ-επλάγην, see ἐκ-πλήττω, ii. 2. 18.

ἐπ-άνω, on the upper side, *above*: τὰ ἐπάνω *the preceding narrative*, vi. 3. 1.

ἐπ-απειλέω, ήσω, *to threaten besides, add threats*, vi. 2. 7.

ἐπ-εγ-γελάω, άσομαι, to laugh at in one's face, *to insult*, D., ii. 4. 27.

ἐπ-εγείρω,* ερῶ, ἐγήγερκα l., a. ἤγειρα, to rouse to, *awaken, wake up*, trans., iv. 3. 10.

ἐπ-εθέμην, ἐπ-έθεσαν, see ἐπι-τίθημι.

ἐπεί rel. adv. or conj. (upon this that, ἐπί): of time, *after, when, now that, since; whenever, as often as*; ἐπεὶ τάχιστα *as soon as*, 553 b: causal, *since, inasmuch as, for*; ἐπεί γε *certainly* or *of course since*: i. 1. 1; 3. 1 s, 5 s, 9; 5. 2; 8. 20: iii. 1. 31: vi. 3. 21.

‡**ἐπειδάν** (ἐπει-δὴ ἄν) rel. adv. or conj. w. subj., *whenever now* or *indeed, when indeed, when, after, as soon as*: ἐπειδὰν τάχιστα *as soon as*: i. 4. 8: ii. 2. 4; 3. 29: iii. 1. 9.

‡**ἐπει-δή** rel. adv. or conj.: of time, *when now* or *indeed, after, as soon as*; causal, *since now* or *indeed*; ἐπειδή γε *certainly since, inasmuch as*: i. 1. 3? 2. 17; 7. 16; 9. 24: iii. 5. 18: vii. 7. 18.

ἐπ-εῖδον, see ἐφ-οράω, vii. 6. 31.

ἔπ-ειμι,* ἔσομαι, (εἰμί) *to be upon* or *over*, ἐπί, i. 2. 5; 7. 15: iv. 4. 2.

ἔπ-ειμι,* ipf. ᾖειν, (εἶμι q. v.) *to go* or *come upon* or *against, advance against, attack*, D.; *to advance, proceed, come up* or *forward*: of time, *to follow, succeed*; ἡ ἐπιοῦσα ἕως (ἡμέρα, νύξ) *the coming, following*, or *next morning*, &c.: i. 2. 17; 7. 1 s, 4; iv. 3. 23, 27; 7. 23: v. 7. 12.

ἐπεί-περ conj., *since indeed, inasmuch as*, ii. 2. 10: 5. 38, 41: iv. 1. 8.

ἔπεισα, ἐπείσθην, see πείθω, i. 2. 26.

ἔπ-εισι(ν), see ἔπ-ειμι (εἰμί), i. 7. 15: see ἔπ-ειμι (εἶμι), v. 7. 12.

ἔπειτα adv. (ἐπεὶ τά *when* or *since those things* are, cf. εἶτα; or fr. ἐπί and εἶτα), *thereupon, thereafter, then, afterwards, next; then also, moreover, further*: ὁ ἔπειτα χρόνος *the coming time*: i. 3. 10; 9. 5, 14: ii. 1. 17; 4. 13; 5. 20.

ἐπ-έκεινα adv., (also written ἐπ' ἐκεῖνα) *upon yonder side, beyond*: ἐκ τοῦ ἐ. *from the region beyond*, v. 4. 3.

ἐπ-εκ-θέω,* θεύσομαι, *to run out against, sally out upon*, v. 2. 22.

ἐπ-έλιπον, see ἐπι-λείπω, i. 5. 6.

ἐπ-έξ-ειμι,* ipf. ᾖειν, *to go out against*, vi. 5. 4?

ἐπ-εξ-έρχομαι,* ἐλεύσομαι, ἐλήλυθα, *to come* or *sally out against*, v. 2. 7.

ἐπ-εξόδιος, ον, (ἐξ-οδος) *relating to an expedition*: ἐπεξόδια [sc. ἱερά] *sacrifices respecting an excursion*, vi. 5. 2: v. l. ἐπ' ἐξόδῳ (-οδείᾳ or -οδίᾳ), ὑπεξόδια.

ἐπεπάμην, see πάομαι, i. 9. 19.

ἐπ-έπεσον, see ἐπι-πίπτω, iv. 1. 10.

ἐπεπράγμην, see πράττω, vii. 6. 32.

ἐπεπράκειν, see πιπράσκω, vii. 2. 6.

ἐπ-έρχομαι,* ἐλεύσομαι, ἐλήλυθα, 2 a. ἦλθον, *to go to* or *upon, traverse*, A., vii. 8. 25.

ἐπ-ερωτάω,* ἐρωτήσω & ἐρήσομαι, ἠρώτηκα, 2 a. ἠρόμην, *to put a question to, inquire of, question, ask; to question further, again to ask*; A. CP.; iii. 1. 6: v. 8. 5: vii. 3. 12; 4. 10.

ἔπεσον, see πίπτω, vi. 1. 5; 4. 9.

ἐπ-έστην, -έστησα, -εστάθην, see ἐφ-ίστημι, i. 5. 7: iii. 4. 21; 3. 20.

ἐπ-έσχον, see ἐπ-έχω, iii. 4. 36.

ἐπ-εστετάγμην, see ἐπι-τάττω, ii. 3. 6.

ἐπ-εύχομαι, εὔξομαι, εὖγμαι or ηὖγμαι, *to imprecate upon one's self, appeal to the gods*, v. 6. 3.

ἐπ-εφάνην, see ἐπι-φαίνω, ii. 4. 24.

ἐπεφεύγειν, see φεύγω, v. 4. 18.

ἐπ-έχω,* ἕξω or σχήσω, ἔσχηκα, 2 a. ἔσχον, to hold upon, *hold back from, delay, refrain from*, G., iii. 4. 36. Der. EPOCH.

ἐπ-ῄειν, -ῄεσαν or **-ῇσαν**, see ἔπ-ειμι (εἶμι), i. 2. 17; 5. 15; 10. 10.

ἐπ-ήκοος, ον, (ἀκούω) *listening to; favorable for hearing*: εἰς ἐπήκοον [sc. χωρίον] into a hearing place, *within hearing distance* (so ἐν ἐπηκόῳ), ii. 5. 38: iii. 3. 1: vii. 6. 8.

ἐπ-ῆκτο, see ἐπ-άγω, vii. 7. 57.

ἐπήν, see ἐπάν, ii. 4. 3.

ἐπ-ῆν, see ἔπ-ειμι (εἰμί), i. 2. 5.

ἐπ-ῄνεσαν, see ἐπ-αινέω, i. 3. 7.

ἐπ-ῆρα, see ἐπ-αίρω, vi. 1. 21.

ἐπ-ηρόμην, see ἐπ-ερωτάω, iii. 1. 6.

ἐπί* prep., by apost. ἐπ' or ἐφ', *on, upon*, or *against* (as in cases of *resting, leaning, pressing*, &c., *on* or *against*): (a) w. GEN. of place, *on* or *upon* (the relation often closer than that indicated by the dat.), *in, on board of; on the bank* or *borders of* a river or country; *upon* a place as an object of aim, *for, towards*; i. 4. 3; 7. 20: ii. 1. 3: iv. 3. 6, 28:—of military or other support, and hence of association in place or time, *by, with*, ——

ἐπι-κῡρόω, ώσω, (κῦρος *authority*) *to add authority, confirm, vote*, iii. 2. 32.

ἐπι-κωλύω *v. l.* = ἀπο-κωλύω, iii. 3. 3.

ἐπι-λαμβάνω,* λήψομαι, εἴληφα, 2 a. ἔλαβον, *to reach* or *extend to, take in*, A.: *M. to seize* upon, *lay hold of*, G.: iv. 7. 12 s: vi. 5. 5 s. Der. EPI-LEPSY.

ἐπι-λανθάνομαι,* λήσομαι, λέλησμαι, 2 a. ἐλαθόμην, to let a thing lie hid for or escape one's self, *to forget*, G., iii. 2. 25.

ἐπι-λέγω, λέξω, *to say in addition, say besides* or *also*, A., i. 9. 26. Der. EPI-LOGUE.

ἐπι-λείπω,* λείψω, λέλοιπα, 2 a. ἔλιπον, *to leave behind*; of things, *to fail, give out, be wanting*; A.; i. 5. 6; 8. 18?

ἐπί-λεκτος, ον, (λέγω *to pick, choose*) *picked* for service, *select, chosen*, iii. 4. 43: vii. 4. 11.

ἐπι-μαρτύρομαι, ῡροῦμαι l., a. ἐμαρτῡράμην, (μάρτυς) *to call to witness, appeal to*, A., iv. 8. 7.

ἐπί-μαχος, ον, S., (μάχομαι) that may be fought against, *open to attack, assailable*, v. 4. 14.

†**ἐπι-μέλεια**, ας, *care* bestowed upon, *attention, diligence, thoughtfulness*, i. 9. 24, 27.

†**ἐπι-μελής**, ές, c. ἐστερος, caring for, *careful, attentive, vigilant*, iii. 2. 30.

ἐπι-μέλομαι or **-μελέομαι**,* μελήσομαι, μεμέλημαι, a. p. ἐμελήθην, *to care for, to take care* or *charge of, attend to, give attention to, take thought, observe* or *watch carefully*, G. CP., i. 1. 5; 8. 21: iii. 1. 38; 2. 37: iv. 3. 30.

ἐπι-μένω,* μενῶ, μεμένηκα, a. ἔμεινα, *to wait for, wait, tarry; to remain over* or *in charge of, abide by*, ἐπί: v. 5. 2: vii. 2. 1.

ἐπι-μίγνῡμι,* μίξω, μέμιχα l., (μίγνῡμι misceo, *to mix*) *A.* or *M. to mingle* or *associate with, have intercourse* or *dealings with*, πρός, iii. 5. 16.

ἐπίμπλην, see πίμπλημι, i. 5. 10.

ἐπι-νοέω, ήσω, νενόηκα, (νόος) *to think upon* or *of, have in mind, intend, purpose, propose*, A., I., ii. 2. 11; 5. 4.

†**ἐπιορκέω**, ήσω, ἐπιώρκηκα, *to perjure* or *forswear one's self, commit perjury; swear falsely by*, A.: τὸ ἐπιορκεῖν *perjury*: ii. 4. 7; 5. 38, 41; 6. 22: iii. 1. 22.

†**ἐπιορκία**, ας, *perjury, false swearing*, πρός, ii. 5. 21: iii. 2. 4, 8.

ἐπί-ορκος, ον, (ὅρκος) against an oath, *perjured, swearing falsely, addicted to perjury*, ii. 6. 25.

ἐπι-πάρ-ειμι,* ἔσομαι, (εἰμί) *to be present in addition, to be also at hand*, iii. 4. 23?

ἐπι-πάρ-ειμι,* ipf. ᾖειν, (εἶμι) *to come up* or *march by the side* or *abreast* (in addition to *or* in support of others, also *or* higher up), iii. 4. 23? 30.

ἐπι-πίπτω,* πεσοῦμαι, πέπτωκα, 2 a. ἔπεσον, of snow, *to fall upon*; of men, *to fall upon, make a descent upon, attack*, D.; i. 8. 2: iv. 1. 10; 4. 11; 5. 17.

ἐπιπολύ as adv., better written **ἐπὶ πολύ**, i. 8. 8: see ἐπί.

ἐπί-πονος, ον, c., for toil, *toilsome, laborious; portending toil*; i. 3. 19: vi. 1. 23.

ἐπι-ρ-ρίπτω or **ῥιπτέω**,* ῥίψω, ἔρρῑφα, *to throw upon* others, *throw down*, A., v. 2. 23.

ἐπί-ρ-ρυτος, ον, (ῥέω) flowed upon, *well-watered*, i. 2. 22.

ἐπι-σάττω, a. ἔσαξα, (σάττω *to pack*) to put a pack on, *to saddle*, A., iii. 4. 35.

Ἐπι-σθένης, εος, *Episthenes*, from Amphipolis in Thrace, a commander of targeteers, discreet and trustworthy, i. 10. 7: iv. 6. 1. — 2. An Olynthian lochage, noted for his love of handsome boys, vii. 4. 7 s.

ἐπι-σῑτίζομαι, ίσομαι ιοῦμαι, σεσίτισμαι, (σῖτος) to add to one's stock of provisions, *to collect, obtain*, or *lay in provisions; to provision one's self, procure food, forage*; i. 4. 19; 5. 4.

‡**ἐπι-σῑτισμός**, οῦ, ὁ, *obtaining provisions, provisioning; a supply of provisions*; i. 5. 9: vii. 1. 9.

ἐπι-σκέπτομαι, comm. **σκοπέω**,* σκέψομαι, ἔσκεμμαι, *to in-spect, review*, A.; *to ascertain* by inspection, CP.; ii. 3. 2: iii. 3. 18.

ἐπι-σκευάζω, άσω, *to repair, keep in repair*, v. 3. 13.

ἐπι-σκοπέω, see ἐπι-σκέπτομαι, ii. 3. 2.

ἐπι-σπάω,* σπάσω, ἔσπακα, *to draw to* or *upon; M.* to draw upon one's self, *drag along* or *after*, A., iv. 7. 14.

ἐπι-σπόμην, see ἐφ-έπομαι, iv. 1. 6.

ἐπ-ίσταμαι,* ἐπι-στήσομαι, ipf. ἠπιστάμην, (ἐπί, ἵσταμαι, 167 a) *to stand upon* a subject as mastering it, while in Eng. we say "to *under-stand* it," as able to carry it in the mind; *to understand, know, know about, be aware, be acquainted with, be assured,*

ἐπυθόμην, see πυνθάνομαι, i. 5. 15.

ἐράω & *M*. poet. **ἔραμαι**,* a. p. as m. ἠράσθην, *to love, desire* ardently, *long for*, G., iii. 1. 29 : iv. 6. 3. Cf. φιλέω.

†**ἐργάζομαι**,* ἄσομαι, εἴργασμαι, *to work, labor, perform, do*, 2 A.; *to work* upon land, &c., *till* ; ii. 4. 22 : v. 6. 11.

ἔργον, ου, (ϝεργ-) WORK, *deed, act, action ; operation, execution ; fact, event, result* : τὰ εἰς τὸν πόλεμον ἔργα, *military* or *warlike exercises* : i. 9. 5, 10, 18 : iii. 2. 32 ; 3. 12 ; 5. 12. Der. EN-ERGY.

ἐρεῖ, ἐρεῖν, &c., see φημί, i. 3. 5.

ἐρέσθαι, see ἐρωτάω, ii. 3. 20.

Ἐρετριεύς, έως, ὁ, *an Eretrian*. Eretria, an Ionian city on the south-west shore of Eubœa (now Negropont), was, next to Chalcis, the chief city on the island. It was destroyed by the Persians, B. C. 490, but rebuilt on a new site (now Kastri). vii. 8. 8.

†**ἐρημία**, ας, *solitude, loneliness, isolation, privacy*, ii. 5. 9 : v. 4. 34. Der. EREMITE, HERMIT.

ἐρῆμος,ον, or ος, η, ον, c., *devoid of men, deserted, desert, desolate, uninhabited, unoccupied ; without inhabitants, occupants, drivers, defenders, persons near* or *around*, &c.; *destitute* or *void of, deprived of*, G.: σταθμὸς ἔρημος *a desert march*, i. e. through a region without inhabitants : i. 3. 6 ? 5. 1. 4 s : ii. 1. 6 : iii. 4. 40 : iv. 6. 11, 13.

↓**ἐρημόω**, ώσω, *to make lonely* or *desolate, deprive of* company, A. G., i. 3. 6?

ἐρίζω, ίσω l., ἤρικα l., (ἔρις *strife*) *to contend* or *vie with*, D., i.2.8 : iv.7.12.

ἐρίφειος, ον, (ἔριφος *kid*) *of a kid, kids'*, iv. 5. 31.

ἑρμηνεύς, έως, ὁ, (Ἑρμῆς *Mercury*, the god of speech) *an interpreter*, i. 2. 17 : iv. 5. 10, 34.

↓**ἑρμηνεύω**, εύσω, *to interpret*, v. 4. 4. Der. HERMENEUTIC.

ἐροῦντα, -τες, &c., see φημί, ii. 5. 2.

ἐρρωμένος, η, ον, c. ἐρρωμενέστερος, (pf. pt. of ῥώννυμι *to strengthen*) *strengthened, strong, resolute* ; neut. subst., *energy, resolution* ; πρός : ii. 6. 11 : iii. 1. 42.

↓**ἐρρωμένως** *energetically, resolutely*, vi. 3. 6.

ἐρύκω ch. poet. & Ion., ύξω Ep., a. ἤρυξα, *to keep* or *ward off*, A. ἀπό, iii. 1. 25 : akin to

ἔρυμα, ατος, τό, (ἐρύομαι *to defend*) *a defence, protection ; fortification, fortress, rampart* ; i. 7. 16 : iv. 5. 9 s.

Ἐρύ-μαχος, see Εὐρύ-μαχος, v. 6. 21.

ἐρυμνός, ή, όν, (ἐρύομαι *to defend*) *fortified, defensible, strong* for defence : τὰ ἐρυμνὰ *the strongholds* : i. 2. 8 : iii. 2. 23 : v. 5. 2.

ἔρχομαι,* ἐλεύσομαι, ἐλήλυθα, 2 a. ἦλθον, *to come, go*, AE., D. εἰς, ἐπί, παρά, πρός, &c., i. 1. 10 s ; 3. 20 ; 7. 4 : iii. 1. 6, 18. For the pres. except in the *ind.*, the ipf., and the fut., the Att. comm. used other verbs, esp. εἶμι.

ἐρῶ, εἴρηκα, see φημί, i.4.8 : ii.5.12.

ἐρῶντες, see ἐράω, iii. 1. 29.

↓**ἔρως**, ωτος, ὁ, *love, ardent desire* or *wish*, I. as A. or G., ii. 5. 22. Der. EROTIC.

ἐρωτάω,* ἐρωτήσω & ἐρήσομαι, ἠρώτηκα, a. ἠρώτησα or 2 a. m. ἠρόμην, *to inquire, ask, question, interrogate* (directly or through another, v. 4. 2), 2 A., CP., i. 3. 18, 20 ; 7. 9 : iv. 4. 5, 17.

ἐς = the more comm. εἰς, 688 d.

ἔσθ' by apostr. for **ἐστί**, fr. εἰμί.

ἐσθής, ῆτος, ἡ, (ἕννυμι *to clothe*) vestis, *clothing, raiment, apparel*, iii. 1. 19 : iv. 3. 25.

ἐσθίω,* f. ἔδομαι, ἐδήδοκα, 2 a. ἔφαγον, *to eat, feed upon*, A., G. partitive, i. 5. 6 : ii. 3. 16 : iv. 8. 20. Cf. ĕdo.

ἔσομαι, ἐσοίμην, see εἰμί, i. 4. 11.

ἐσπεισάμην, see σπένδω, iv. 4. 6.

†**Ἑσπερῖται**, ων, οἱ, the *Hesperitæ*, or the inhabitants of western Armenia, subject to Tiribazus, iv. 4. 4 : vii. 8. 25.

ἑσπέρος, α, ον, *of evening* : subst. ἑσπέρα, ας, [sc. ὥρα] vespera, *the evening* ; [sc. χώρα] *the west*, cf. Germ. *Abend* : iii. 1. 3 ; 5. 15 : iv. 4. 4 ; 7. 27. Der. VESPER.

ἔσται, ἐστέ, ἐστί(ν), ἔστω, see εἰμί.

ἐσταλμένος, see στέλλω, iii. 2. 7.

ἕσταμεν, -τε, -σαν, -ναι, see ἵστημι.

ἔσ-τε,* by apostr. **ἔστ'**, adv., *as far as, as long as, even*, ἐπί, iv. 5. 6 : conj., unto this that, *until, till* ; *while, whilst, as long as* ; i. 9. 11 : ii. 3. 9 ; 5. 30 : iii. 1. 19 ; 3. 5.

ἕστηκα, -καν, ἑστώς, ἔστην, see ἵστημι, i. 3. 2 ; 5. 8 ; 8. 5.

ἐστιγμένος, see στίζω, v. 4..32.

ἐστραμμένος, see στρέφω, iv. 7. 15.

ἔσχατος,* η, ον, (sup. fr. ἐξ) extremus, *last, farthest, frontier ; uttermost, utmost, extreme, severest, worst* : i. 2. 10, 19 : ii. 5. 24 : iii. 1. 18.

sometimes joined with a part. instead of the leading verb, 662: εὐθὺς παῖδες ὄντες *immediately* [being] *while children, from their very childhood* (= εὐθὺς ἐκ παίδων iv. 6. 14): εὐθὺς ἐπειδὴ ἐπηγέρθη *immediately* [when he awoke] *on his awaking*, or *as soon as he awoke*: i. 5. 8, 13, 15; 9. 4: iii. 1. 13; 5. 12.

‡**εὐθέ-ωρον** adv., (ὥρα?) *straight forward, right onward*, ii. 2. 16.

εὔ-κλεια, ας, (κλέος) *good fame, glory, honor*, vii. 6. 33 s.

‡**Εὐκλείδης**, ου, *Euclīdes*, a soothsayer from Phlius in Peloponnesus, and a friend of Xenophon. Acc. to most mss., the same man or another of the same name was associated with Bi[t]on in his agency. vii. 8. 1, 3, 6?

εὐκλεῶς (εὐ-κλεής *glorious*, fr. κλέος) *gloriously, with glory*, vi. 3. 17.

εὐ-μενής, ές, c. έστερος, (μένος *temper*) *well-disposed, kind, gentle, favorable*, 2 D., iv. 6. 12.

εὐ-μετα-χείριστος, ον, (μετα-χειρίζω *to handle*, fr. χείρ) *easily handled, easy to manage* or *impose upon*, ii. 6. 20.

†**εὔνοια**, ας, *good-will* towards, G.; *affection, fidelity*; i. 8. 29: iv. 7. 20.

†**εὐνοϊκῶς** *with good-will, affectionately*: εὐ. ἔχειν *to be attached*, D., i. 1. 5.

εὔ-νοος, ον, contr. **εὔνους**, ουν, c. ούστερος, well-minded, *well-disposed, friendly, affectionate, attached*, D., i. 9. 20, 30: ii. 4. 16: vii. 7. 30.

εὐξάμην, see εὔχομαι, iii. 2. 9.

εὔ-ξενος, Ion. **εὔ-ξεινος**, (ξένος) *hospitable*: **Πόντος Εὔξεινος** *the Euxine* or *Black Sea*, a sea whose early navigation was attended with so many dangers that it was called Πόντος Ἄξεινος, *the inhospitable sea*. The establishment of Greek, chiefly Milesian, colonies upon its shores removing some of these dangers, its name was changed on this account, or for better omen (cf. εὐώνυμος), to Πόντος Εὔξεινος, *the hospitable sea*. The Greeks carried on an extensive commerce with the Euxine, exchanging their manufactures, wine, oil, works of art, &c., for corn, honey, wax, timber, salt-fish, slaves, &c. iv. 8. 22: v. 1. 1.

†**Εὐ-οδεύς**, έως, either a proper name, *Euodeus*; or a patrial, *a Euodian*, from the name of some place in Elis if the Hieronymus before mentioned is here meant; vii. 4. 18: *v. l.* Ἐνοδίας.

εὔ-οδος, ον, s., *easy of travel* or *access, practicable, accessible*, D.: impers. εὔοδόν ἐστιν *the access is easy*: iv. 2. 9; 8. 10, 12.

εὔ-οπλος, ον, s., (ὅπλον) *well-armed*, ii. 3. 3.

εὐ-πετῶς adv., (εὐ-πετής *falling well*, of dice, &c., fr. πίπτω) *without trouble, easily, with ease*, ii. 5. 23.

†**εὐ-πορία**, ας, *ease of passage, transit*, or *provision*; *abundance, plenty* of means, *sufficiency*; v. 1. 6? vii. 6. 37.

εὔ-πορος, ον, *easily passable, easy of passage* or *to pass, easy*, ii. 5. 9: iii. 5. 17.

εὔ-πρακτος, ον, c., (πράττω) *easy to effect, practicable*, ii. 3. 20.

εὐ-πρεπής, ές, (πρέπω) *well-looking, comely, handsome*, iv. 1. 14.

εὐ-πρόσ-οδος, ον, s., *easy of access, accessible*, v. 4. 30.

†**εὕρημα**, ατος, τό, something found, *an unexpected good fortune, a godsend, windfall*: εὕρημα ἐποιησάμην *I esteemed it a piece of good fortune*: ii. 3. 18: vii. 3. 13.

εὑρίσκω,* εὑρήσω, εὕρηκα or ηὕρηκα, 2 a. εὗρον or ηὗρον, *to find, discover, invent, devise*, A. P.: M. *to find for one's self, obtain*, A. παρά: i. 2. 25: ii. 1. 8; 3. 21: iv. 1. 14: vi. 1. 29.

†**εὖρος**, εος, τό, *width, breadth*; often in nom. with ἐστί understood, or to be supplied w. ἐστί· or in acc. of specif., both w. and without the art.; i. 2. 5, 8, 23; 4. 1, 4, 10 s; 7. 14 s.

†**Εὐρύ-λοχος**, ου, *Eurylochus*, a lochage from Lusi in Arcadia, eminent for valor and enterprise, iv. 2. 21; 7. 11.

†**Εὐρύ-μαχος** or **Ἐρύ-μαχος**, ου, *E[u]rymachus*, a Dardanian, a messenger for Timasion, v. 6. 21.

εὐρύς, εῖα, ύ, *wide, broad, spacious*, iv. 5. 25: v. 2. 5.

‡**Εὐρ-ώπη**, ης, *Europe*, a name in Hom. (Apoll. 251) for the main land north of the Peloponnesus, but in Hdt. and henceforth for the northwest division of the Old World, vii. 1. 27; 6. 32.

εὔ-τακτος, ον, c., (τάττω) *well-ordered, well-disciplined, well-behaved, orderly*, ii. 6. 14: iii. 2. 30.

‡**εὐ-τάκτως** *in an orderly manner, in good order*, vi. 6. 35.

εὐ-ταξία, ας, (τάττω) *good order, discipline*, i. 5. 8: iii. 1. 38.

εὔ-τολμος, ον, (τόλμα *courage*) *of*

ἐφ-όδιον, ου, (ὁδός) viaticum, *provision for the way* or *journey, travelling-money*, vii. 3. 20; 8. 2.

ἔφ-οδος, ου, ἡ, *a way to* or *upon, access, approach*, ἐπί, ii. 2. 18: iii. 4. 41.

ἐφ-οράω,* ἐπόψομαι, ἑώρᾱκα or ἑόρᾱκα, 2 a. εἶδον, *to look upon, view, behold, witness; to keep in view* or *charge, watch over, guard;* A.; iii. 1. 13: vi. 3. 14: vii. 1. 30; 6. 31.

ἐφ-ορμέω, ήσω, to lie moored against, *to blockade*, vii. 6. 25.

ἔφ-ορος, ου, ὁ, (ἐφ-οράω) *an overseer, guardian; an Ephor*, a popular magistrate in some of the Doric states. The Spartan Ephori, five in number, were elected annually from the whole body of citizens as their especial representatives, and as general overseers of the state. During their brief term of office, they were endowed with great powers, administrative, judicial, and censorial, even above those of the kings. ii. 6. 2 s: 5. 10 ?

ἔφυγον, see φεύγω, i. 2. 18; 9. 31.

ἐχθές = χθές *yesterday*, vi. 4. 18 ?

[**ἔχθος**, εος, τό, *hate, hatred.*]

‡**ἔχθρα**, ας, inimicitia, *enmity, hostility, animosity*, ii. 4. 11.

‡**ἐχθρός**,* ά, όν, c. ἐχθίων & s. ἔχθιστος as fr. root ἐχθ-, inimīcus, *inimical, hostile:* subst. **ἐχθρός**, οῦ, *an enemy* or *foe*, esp. *a private* or *personal enemy*, one cherishing feelings of personal hatred or enmity; while πολέμιος (hostis) denotes rather a *public enemy*, one who is at war with another: οἱ ἔχθιστοι *the bitterest foes, worst enemies:* i. 3. 12, 20: iii. 2. 3, 5.

†**ἐχυρός**, ά, όν, fit for holding, *strong, fortified, secure*, ii. 5. 7: cf. ὀχυρός.

ἔχω & **ἴσχω**,* ἕξω & σχήσω, ἔσχηκα, ipf. εἶχον & ἴσχον, 2 a. ἔσχον (σχῶ, σχοίην, σχές, &c.) *to have* or *hold* (*have* belonging rather to ἔχω, ἕξω, and *hold* to ἴσχω, σχήσω; but the translation often varying according to the grammatical object, while this object w. ἔχω often forms a periphrasis for a corresponding verb), A.; hence, *to possess, occupy, contain, obtain, retain; to wear* or *carry; to feel; to detain, withstand, restrain, keep from*, A. G.; *to have the ability* or *power* [sc. δύναμιν], *be able* (*can*), I.: ἔχων *having*, often where we use *with:* i. 1. 2, 8; 2. 6, 15 s; 4. 7; 5. 8: iii. 5. 11: εἰρήνην ἔχειν *to live in peace*, ἔνδηλον ἔ. *to make evident*, ἡσυχίαν ἔ. *to remain quiet, keep still*, ii. 6. 6, 18: iv. 5. 13. Ἔχω is sometimes used w. a part., as a stronger form of expression than the simple verb, 679 b, i. 3. 14: iv. 7. 1. Ἔχω refl. or intrans., *to have one's self*, hence *to be* (w. an adv. comm. = εἰμί w. an adj., 577 d), *be affected* or *related, be situated, stand, lie, fare;* ὥσπερ εἶχεν *just as he* [had himself] *was;* οὕτως ἔχει impers., *so it is, thus the matter stands;* κακῶς or καλῶς ἔχειν *to be* or *go ill* or *well;* ἐντίμως ἔ. *to be held in honor;* i. 1. 5; 3. 9; 5. 16: iii. 1. 3, 31, 40: iv. 1. 19; 5. 22. — *P. to be occupied, held* as prisoners, &c.; (ἐν) ἀνάγκῃ ἔχεσθαι *to be bound by necessity;* ii. 5. 21: iv. 6. 22. — *M.* ἔχομαι *to have* or *lay hold of, hold fast to, cling to, struggle for;* hence, *to follow closely, come* or *be next to, adjoin;* G.; i. 8. 4, 9: vi. 3. 17: vii. 6. 41. — See ἴσχω.

ἑψητός, ή, όν, (ἕψω) *boiled, obtained by boiling*, ii. 3. 14.

ἕψομαι, see ἕπομαι, i. 3. 6.

ἕψω,* ἑψήσω, *to boil, cook*, ii. 1. 6.

ἕωθεν adv., (ἕως) from dawn, *at daybreak, early in the morning*, iv. 4. 8.

ἐῴκειν, see εἰκάζω, iv. 8. 20.

ἐῶν, ἐῶσι, see ἐάω, v. 8. 22.

ἑώρων, ἑώρᾱκα, see ὁράω, i. 9. 14.

ἕως,* ἕω, ἕῳ, ἕω (199. 3), ἡ, *dawn, daybreak*, early *morning; the east;* i. 7. 1: ii. 4. 24: iii. 5. 15: iv. 3. 9.

ἕως adv. or conj., (ὅς) *as long as, while, whilst, until*, i. 3. 11; 4. 8: ii. 1. 2: ἕως οὗ *until the time when*, 557 a, iv. 8. 8 ?

Z.

Ζάβατος or **Ζαπάτας**, ου, ὁ, *the Zabatus* or *Zapatas*, a large affluent entering the Tigris a little below the site of Nineveh. Its oriental name Zaba was sometimes translated by the Greeks into Λύκος, *wolf*. ii. 5. 1: iii. 3. 6. ‖ The Great Zab.

ζάω * (ζάεις ζῇς, inf. ζῆν, &c., 120 g), ζήσω, ἔζηκα, ipf. ἔζων, *to live:* ζῶν *living, alive:* A, of extent, P. of means, ἀπό: i. 5. 5; 6. 2; 9. 11: iii. 2. 25, 39: vi. 1. 1.

ζειά, ᾶς, comm. pl., Lat. far, *spelt*, a kind of grain, v. 4. 27.

&c.: mentally, to lead to a conclusion (cf. Lat. duco), *think, consider, deem, suppose, believe*, I. (A.): ὁ ἡγούμενος *the leader*: τὸ ἡγούμενον *the leading division* of an army, *the van, advance*, or *front*: i. 2. 4; 4. 2; 7. 1; 9. 31: ii. 1. 11; 2. 4, 8; 4. 5, 26: v. 4. 10, 20.

↓**Ἡγήσ-ανδρος**, ου, *Hegesander*, one of the 10 commanders chosen by the Arcadians and Achæans, vi. 3. 5.

ᾖδειν, ᾔδεσαν, see ὁράω, i. 8. 21.

ἡδέως adv., c. ἥδιον, s. ἥδιστα, (ἡδύς) *agreeably, pleasantly, at ease; with pleasure, gladly, cheerfully, cordially*: c. *more cheerfully, rather*: ἥδιστ' ἂν ἀκούσαιμι *I should most gladly hear*, or *be most glad to hear*, i. 2. 2; 4. 9; 9. 19: ii. 5. 15: vi. 5. 17: vii. 7. 46.

ἤ-δη adv., (ἦ δή *surely now*) comm. referring to the present with the recent past, or in strong distinction from the past; but sometimes to the present with the immediate future, in distinction from a more distant future: jam, *already, by this time, just now, now, recently, at length; presently, forthwith*: τὸ ἤδη κολάζειν *the immediate chastisement*: i. 2. 1; 3. 1, 11; 8. 1: ii. 2. 1: vi. 1. 17: vii. 1. 4; 7. 24.

ἡδονή, ῆς, *pleasure, delight, enjoyment; an object of pleasure, gratification; delicious flavor*; ii. 3. 16; 6. 6: iv. 4. 14. From ἥδω.

ἠδυνάμην, -ήθην, see δύναμαι.

†**ἡδύ-οινος**, ον, *producing sweet wine*, vi. 4. 6.

ἡδύς, εῖα, ύ, c. ἡδίων, s. ἥδιστος, (ἥδω) *sweet, delicious, pleasing, pleasant, agreeable*, i. 5. 3; 9. 25: vi. 5. 24.

ἥδω, ἧσω 1., *to please*: *P.* & *M.* (f. ἡσθήσομαι, a. ἥσθην) *to be pleased, delighted*, or *gratified; to delight in, be fond of*; D., P.; i. 2. 18; 4. 16: ii. 6. 28.

ᾖειν, ᾔεσαν, or **ᾖσαν**, see εἶμι.

ἤθελον, ἠθέλησα, see ἐθέλω, i. 8. 13.

ἧκα, see ἵημι, iv. 5. 18.

ἥκιστα, see ἥττων, i. 9. 19.

ἥκω, ἥξω, ἧκα 1., *to come; to come back, return*; often as pf., *to have come* or *arrived* (cf. *I am come*), *be here*, 612; i. 2. 1, 6; 5. 12, 15; 6. 3: ii. 1. 9, 15. Cf. οἴχομαι.

ἤλασα, ἤλαυνον, see ἐλαύνω, i. 2. 23.

ἤλεγχον, see ἐλέγχω, iii. 5. 14.

Ἠλεῖος, ου, ὁ, (Ἦλις) *an Elean*. Elis was the most western province of Peloponnesus, containing a city of the same name, and also Olympia, famed for the temple and great games in honor of Jupiter. It was hence regarded as a sacred territory; and was thus mainly protected, even in its unwalled towns, from invasion and ravage. Permitted and disposed to take little part in the quarrels of Greece, it enjoyed a long period of quiet and prosperity. It was natural and wise in Xenophon to choose it for residence, on his withdrawal from military and civil life. ii. 2. 20: iii. 1. 34.

ἤλεκτρον, ου, (ἕλη *brightness*) *amber; electrum*, an alloy of about four parts gold to one of silver; ii. 3. 15. Der. ELECTRICITY.

ἦλθον, see ἔρχομαι, i. 2. 18.

†**ἠλί-βατος**, ον, poet., (βαίνω) *inaccessible, precipitous*, i. 4. 4.

[**ἡλίθα** Ep. adv., (ἄλη *wandering*) *in vain*.]

↓**ἠλίθιος**, α, ον, *foolish, silly, senseless, stupid, stolid*: τὸ ἠλίθιον *folly, stupidity*: ii. 5. 21; 6. 22: v. 7. 10.

ἡλικία, ας, (ἡλίκος *how old*) *time of life, age*, i. 9. 6: iii. 1. 14, 25.

↓**ἡλικιώτης**, ου, (*v. l.* ἧλιξ, ικος) *an equal in age, comrade*, i. 9. 5.

ἥλιος, ου, ὁ, (akin to ἕλη *brightness*) sol, *the sun*, an object of religious worship among the Greeks, and still more among the Persians, i. 10. 15: iv. 5. 35. See ἅμα. Der. HELIO-TROPE.

ἤλπιζον, see ἐλπίζω, vii. 6. 34.

ἥλωκα, ἥλων, see ἁλίσκομαι, iv. 2. 13.

[**ἧμαι**,* ἧσο, ἧσθαι, &c., pret., *to sit*.]

ἡμεῖς *we*, pl. of ἐγώ, i. 3. 9 s, 18.

ἠμελημένως, (fr. pf. *p.* pt. of ἀμελέω) *carelessly, incautiously*, i. 7. 19.

ἦμεν, ἦτε, ἦσαν, see εἰμί, vii. 6. 9.

ἡμέρα, ας, (as if from ἥμερος, sc. ὥρα, *the mild time*) *the day* (w. the art. often om., 533 d), *a day*, i. 2. 6; 7. 2, 14, 18: ii. 1. 2 s; 6. 7. See ἅμα, μετά. Der. EPH-EMERAL.

ἥμερος, ον, *mild, tame; cultivated* or *garden* (trees), v. 3. 12.

ἡμέτερος, α, ον, (ἡμεῖς) *our*: ἡ ἡμετέρα, sc. χώρα, *our territory*: τὰ ἡμέτερα *our affairs*, sometimes by periphr. for ἡμεῖς: i. 3. 9: iii. 5. 5 s: iv. 3. 6.

ἡμι- in compos., semi-, *half-*, HEMI-.

ἡμί-βρωτος, ον, *half-eaten*, i. 9. 26.

ἡμι-δαρεικόν, ου, (δαρεικός) *a half-daric*, i. 3. 21.

Θ.

θ' for **τέ**, by apostr. before an aspi-ted vowel, i. 3. 9.

θάλαττα (-σσα), ης (ἅλς sal, *salt?*) *the a*, a general name for the great con-ected body of salt- or sea-water (often ithout the art. 533d): θάλαττα μεγά-ι *a great* or *heavy sea*, i. e. a great or olent rush of the sea (cf. magnum are, Lucr. 2. 553): i. 1. 7; 2. 22; 4. 4: iv. 7. 24: v. 8. 20. Cf. πόντος.

θάλπος, εος, τό, *warmth, heat;* pl. lōres, *attacks of heat, heat*, iii. 1. 23.

θαμινά adv. = θαμά (ἅμα) *often, equently*, iv. 1. 16.

θάνατος, ου, ὁ, (θνήσκω) *death; kind death, mode of execution:* ἐπὶ θανά-ι for death, *in token of death, as a m of execution:* i. 6. 10: ii. 6. 29: . 1. 43. Der. EU-THANASY.

θανατόω, ώσω, *to condemn to death*, , ii. 6. 4.

θάπτω,* θάψω, 2 a. p. ἐτάφην, *to ry, inter*, A., iv. 1. 19: v. 7. 20.

θαρραλέος, α, ον, c., *courageous, ld, daring, confident*, πρός, iii. 2. 16.

θαρραλέως *courageously, boldly, fear-sly, confidently, with confidence*, πρός: ἔχειν θ. to have one's self confident-, *a feeling of confidence, fearlessness:* 9. 19: ii. 6. 14: vii. 3. 29; 6. 29.

θαρρέω, ήσω, τεθάρρηκα, *to be cour-eous* or *of good courage; to be bold, arless*, or *confident; to take heart; have no fear of*, A.: pt. as adv., *nfidently, with confidence, without ar*, 674d: i. 3. 8: iii. 2. 20; 4. 3.

θάρρος, εος, τό, *courage, confidence*, . 5. 17. [7. 2.

θαρρύνω, υνῶ, *to encourage, cheer*, i.

θαρσ- *v. l.* for **θαρρ-** in θάρρος, &c.

Θαρύπας, ου, *Tharypas*, a favorite Menon, ii. 6. 28.

θἄτερον or **θάτερον**, &c., by crasis r τὸ ἕτερον, &c., 125 b; pl. ἐκ τοῦ c. χωρίου] ἐπὶ θάτερα [sc. μέρη], *from he region upon] the other* or *farther de*, v. 4. 10.

θᾶττον, ον, c. of ταχύς, i. 2. 17.

θαῦμα, ατος, τό, (θάομαι *to gaze pon*) *wonder* or *a subject of wonder, marvel*, vi. 3. 23.

↓**θαυμάζω**, άσομαι, less Att. άσω, τε-αύμακα, a. ἐθαύμασα, *to wonder, mar-el, admire, be surprised* or *astonished*, CP., A., G., 472e, i. 2. 18; 3. 2 s; 3. 16; 10. 16: vi. 2. 4.

↓**θαυμάσιος**, α, ον, s., *wonderful, marvellous, admirable*, G.? ii. 3. 15: iii. 1. 27.

↓**θαυμαστός**, ή, όν, s., to be wondered at, *wonderful, wondrous, strange, sur-prising*, D., i. 9. 24? ii. 5. 15: iv. 2. 15.

†**Θαψακηνός**, οῦ, ὁ, *a Thapsacene*, a man of Thapsacus, i. 4. 18.

Θάψακος, ου, ἡ, *Thapsacus* (Tiph-sah, i. e. *passage* or *ford*, 1 Kings 4. 24), a city near a much-frequented ford of the Euphrātes, though the Thap-sacenes flattered Cyrus by saying that the river had never before been fordable at that point. Alexander here crossed by two bridges, doubtless of boats; but Lucullus forded the stream with his army, and Ainsworth states that the depth of the water was reduced to 20 inches in the autumn of 1841. i. 4. 11. ‖ Ruins near the Ford of the Anese-Beduins.

θέα, ας, (akin to θάομαι *to gaze upon*) *a sight, spectacle*, iv. 8. 27.

θεά, ᾶς, (θεός) *a goddess*, vi. 6. 17 (elsewhere ἡ θεός, 174 b, v. 3. 6 s, 13).

↓**Θεα-γένης**, εος, see Θεο-γένης.

†**θέᾱμα**, ατος, τό, *a sight, spectacle*, iv. 7. 13.

θεάομαι, άσομαι, τεθέᾱμαι, (θέα) *to look on, gaze at, behold, observe, wit-ness, watch, perceive, see*, with sur-prise, wonder, or admiration often im-plied, A. P., CP., i. 5. 8: v. 7. 26: vi. 5. 16. Cf. ὁράω. Der. THEATRE.

θεῖν *to run*, see θέω, i. 8. 18.

θεῖος, α, ον, (θεός) *divine, by divine interposition, supernatural, miracu-lous*, i. 4. 18.

θέλω *to wish, will*, see ἐθέλω.

θέμενος, θέντες, &c., see τίθημι.

†**Θεο-γένης**, εος, *Theogenes*, a lochage from Locris, vii. 4. 18: *v. l.* Θεα-γένης.

†**Θεό-πομπος**, ου, *Theopompus*, an Athenian, only mentioned by some mss., ii. 1. 12. Other mss. have here ξενοφῶν, and two have ξενοφῶν in the text, and θεόπεμπτος in the margin. We cannot suppose that there was a general named Theopompus, and it is extremely improbable that a person of inferior rank, so quiet and insig-nificant as to be nowhere else men-tioned, should have interfered in an interview of the generals with the

[**θήρ**, θηρός, ὁ, fera, *a wild beast;* cf. Germ. *thier*, Eng. *deer*.]

↓**θήρα**, ας, *a hunt* or *chase* of wild beasts, v. 3. 8, 10.

↓**θηράω**, άσω, τεθήρᾱκα, *to hunt, chase,* or *pursue* wild beasts; *to prey upon;* A.; i. 5. 2: iv. 5. 24: v. 1. 9.

↓**θηρεύω**, εύσω, τεθήρευκα, *to hunt* or *chase* wild beasts; *to catch* or *take*, as a hunter his prey; A.; i. 2. 7, 13.

↓**θηρίον**, ου, dim. of θήρ, but comm. used in prose for it, 371 f; *a wild beast* or *animal*, i. 2. 7; 5. 2; 9. 6.

θησαυρός, οῦ, ὁ, (τίθημι) thesaurus, *a store* laid up, TREASURE; *treasury;* v. 3. 5; 4. 27.

Θήχης, ου, *Theches*, a mountain from which the Cyreans obtained their first and transporting view of the Euxine, iv. 7. 21. ‖ Acc. to Strecker, *Kolat-Dagh;* to others, *Tekieh-Dagh*, &c.

Θίβρων, ωνος, *Thibron*, a Spartan general who was sent in the winter of 400–399 B. C., to protect the Ionian cities from the Persians, and who took the returned Cyreans into his service. From want of efficiency and good discipline, he was superseded, in about a year, by Dercyllidas. In a later command against the Persians, B. C. 391, his carelessness cost him his life. vii. 6. 1; 8. 24: *v. l.* Θίμβρων.

θνήσκω* (oftener ἀπο-θνήσκω, exc. in the complete tenses), θανοῦμαι, τέθνηκα, 2 a. ἔθανον, 2 pf. pl. τέθναμεν, &c., inf. τεθνάναι, pt. τεθνεώς, *to die, fall in battle;* as pass. of κτείνω, *to be slain:* pf. pret., *to* [have died] *be dead,* pt. *dead;* τεθνάναι ἐπηγγέλλετο *he offered* or *consented to be a dead man,* i. e. *to die* or *be put to death immediately:* i. 6. 11: ii. 1. 3: iv. 1. 19; 7. 20.

↓**θνητός**, ή, όν, *mortal, liable* or *exposed to death*, iii. 1. 23.

Θόανα *v. l.* for Δάνα, i. 2. 20.

θόρυβος, ου, ὁ, (akin to θρέομαι *to cry*, and Lat. turba) *noise, outcry, uproar, tumult, alarm, murmur*, i. 8. 16: ii. 2. 19: iii. 4. 35 s: iv. 2. 20.

Θούριος, ου, ὁ, *a Thurian*, a man of Thurii, a flourishing city founded by an Athenian colony, B. C. 443, near the ruins of Sybaris on the Tarentine Gulf in southern Italy. Among the colonists were the historian Herodotus and the orator Lysias. v. 1. 2. ‖ Ruins near Terra-Nuova.

Θρᾴκη, ης, (Θρᾷξ) *Thrace*, a rude country in southeastern Europe, north of the Ægean and Propontis. If this region was occupied early by more civilized tribes, to which Orpheus, Musæus, Thamyris, &c., belonged, they prob. moved southward into Greece. v. 1. 15. ‖ Rumelia. — 2. A neighboring district in Asia, across the Bosphorus, so called as occupied by Thracian tribes; oftener called Bithynia, from the chief of these tribes; vi. 4. 1.

‡**Θρᾴκιον**, ου, *Thracium*, or *the Thracian Area*, in Byzantium, probably near the Thracian Gate, vii. 1. 24.

↓**Θρᾴκιος**, α, ον, *Thracian*, vii. 1. 13.

Θρανίψαι *v. l.* for Τρανίψαι.

Θρᾷξ, Θρᾳκός, ὁ, *a Thracian*, a man of Thrace (in Europe or Asia); as adj., *Thracian*. The Thracians were not wanting in activity, energy, or courage; but, though claiming relationship to their Greek neighbors, they partook but scantily of the Greek culture. Among their too prevalent characteristics were ferocity, cruelty, intemperance, and faithlessness. i. 1. 9; 2. 9: vi. 4. 2: vii. 1. 5; 3. 26.

†**θρασέως** adv., *boldly*, iv. 3. 30.

θρασύς, εῖα, ύ, c. ύτερος, (having the same stem w. θράσος = θάρσος or θάῤῥος) *bold, daring, spirited*, v. 4. 18; 8. 19.

θρέψομαι, see τρέφω, vi. 5. 20.

θρόνος, ου, ὁ, *a seat*, esp. the elevated seat of a ruler, *a* THRONE, ii. 1. 4.

θυγάτηρ,* (τέρος) τρός, τρί, τέρα, θύγατερ, ἡ, Germ. *tochter*, *a* DAUGHTER, ii. 4. 8: iv. 5. 24.

θύλακος, ου, ὁ, *a sack, bag*, vi. 4. 23.

θῦμα, ατος, τό, (θύω) *a victim, sacrifice*, vi. 4. 20: vii. 8. 19.

Θύμβριον, ου, *Thymbrium*, a city of Phrygia, now represented acc. to some by Akshehr (i. e. *white city*), and acc. to others by Ishakli; while the copious fountain Olu-Bunár (i. e. *great fountain*), between these towns, has been regarded by some as the famed spring of Midas. i. 2. 13.

†**θῡμο-ειδής**, ές, or **θῡμώδης**, ες, c. έστερος, (εἶδος) *spirited, mettlesome*, iv. 5. 36.

†**θῡμόομαι**, ώσομαι, τεθύμωμαι, *to be angry, provoked, incensed*, or *enraged*, D., ii. 5. 13.

θῡμός, οῦ, ὁ, (θύω *to rush*) the rush of feeling, *spirit, anger, passion, resentment*, vii. 1. 25.

12: iv. 5. 18. *M.* ἵεμαι (*v. l.* ἴεμαι, referred to εἶμι, 45 p) to send one's self, *hasten*, *hurry on*, *rush*, *spring*, ἐπί, &c., i. 5. 8; 8. 26: iv. 2. 7 s, 20.

ἵητε, ἴθι, see εἶμι, vii. 2. 26; 3. 4.

ἱκανός, ή, όν, c., (ἵκω) reaching the desired end, *sufficient*, *enough*; *adequate*, *required*; *able*, *capable*, *competent*, *qualified*, *adapted*: ἱκανόν [sc. χωρίον] *a sufficient distance*: I., D., ὅς, ὡς, ὥστε: i. 1. 5; 2. 1; 3. 6; 7. 7: ii. 3. 4: v. 2. 30; 6. 12, 30: vi. 4. 3.

↓**ἱκανῶς** *sufficiently*, *adequately*, iv. 3. 31.

†**ἱκετεύω**, εύσω, *to supplicate*, *entreat*, *beseech*, A. I., vii. 4. 7, 10, 22.

ἱκέτης, ου, (ἵκω) one who comes for aid, *a suppliant*, vii. 2. 33.

Ἰκόνιον, ου, *Iconium*, an old city of Phrygia, near Lycaonia, in which it was afterwards included. Paul visited the city more than once, and made many converts. In the eleventh century, it became the capital of a powerful Seljuk sovereignty, which gave it a prominent place in the history of the Crusades. It is still an important city, and the capital of a pashalic. i. 2. 19. ‖Konieh.

[**ἵκω*** poet., *to come*, *arrive*, *reach*, akin to ἥκω, 114 d.]

ἵλεως, ων, Att. contr. fr. ἵλαος, ον, *propitious*, *gracious*, *kind*, vi. 6. 32.

ἴλη, ης, *a troop*, esp. of horse, often set at 64 men, i. 2. 16: fr. εἴλω *to coil*.

ἱμάς, άντος, ὁ, a leathern *strap* or *thong*, iv. 5. 14.

ἱμάτιον, ου, (ἕννυμι *to clothe*) *a garment*, *vestment*, esp. an outer garment; pl. *clothes*, *clothing*; iv. 3. 11 s.

ἵνα* final conj., *in order that*, *so that*, *that*, comm. w. subj. or opt., i. 3. 4, 15; 4. 18; 10. 18.

ἴοιμι, ἰόντος, ἰόντων, &c., see εἶμι.

†**ἵππ-αρχος**, ου, ὁ, (ἄρχω) *a hipparch*, *commander of cavalry*, *master of horse*, iii. 3. 20.

†**ἱππασία**, ας, *riding about*, *movements* on horse, ii. 5. 33.

†**ἱππεία**, ας, *cavalry*, v. 6. 8.

†**ἱππεύς**, έως, ὁ, *horseman*, *knight*; pl. *cavalry*, *horse* (collectively). The Greek horseman was comm. armed much like the hoplite; exc. that he usually carried no shield, and hence wore a stouter cuirass. Metallic armor was also provided for the head, breast, and sides of the horse. From the mountainous character of their country, however, and their habits of city life, the Greeks used cavalry very much less than the eastern nations. i. 2. 4; 5. 2, 13; 6. 2 s; 8. 7.

†**ἱππικός**, ή, όν, *of* or *for cavalry*: subst. ἱππικόν [sc. στράτευμα or πλῆθος] *cavalry* [force]: i. 3. 12; 9. 31.

†**ἱππό-δρομος**, ου, ὁ, *a race-course* for horses, *hippodrome*, i. 8. 20.

ἵππος, ου, ὁ ἡ, *a horse*, *mare*: ἀπὸ ἵππου [from a horse] *on horseback*: οἱ ἵπποι sometimes = οἱ ἱππεῖς *the horse*, *cavalry*: i. 2. 7; 8. 3, 18: vii. 3. 39. Der. HIPPO-POTAMUS (*river-horse*).

Ἶρις, ιος or ιδος, ὁ, *the Iris*, a considerable river in the northeast part of Asia Minor, flowing into the Euxine, v. 6. 9: vi. 2. 1. ‖The Yeshil-Irmak, i. e. *Green River*.

ἴσθι, ἴσμεν, ἴστε, ἴσᾱσι, see ὁράω.

ἰσθμός, οῦ, ὁ, (εἶμι) the place to go on, *an* ISTHMUS: as a prop. name, the *Isthmus of Corinth*, the neck of land (about five miles across, where narrowest) connecting the Peloponnese w. the mainland of Greece, and separating the Corinthian and Saronic Gulfs. Repeated attempts were made and abandoned, to connect these gulfs by a canal. The famed Isthmian Games were here celebrated in honor of Neptune. ii. 6. 3.

†**ἰσό-πλευρος**, ον, (πλευρά) *equal-sided*, *equi-lateral*, iii. 4. 19.

ἴσος, η, ον, *equal*, D.: ἐν ἴσῳ *on an even line*, *with equal step*: ἐξ ἴσου from equal ground, *on an equality* or *par*: εἰς τὸ ἴσον *upon equal ground*, *to a level*: ἴσον κρατεῖν *to bear equal sway* or *have equal power*: i. 8. 11: ii. 5. 7: iii. 4. 47: iv. 6. 18: v. 4. 32. Hence ISO- in many compounds.

↓**ἰσο-χειλής**, ές, (χεῖλος *lip*, *brim*) *level with* or *up to the brim*, iv. 5. 26.

Ἰσσοί, ῶν, οἱ, and **Ἰσσός**, οῦ, ἡ, *Issus* or *Issi*, an important city in the eastern part of Cilicia, at the head of a gulf bearing its name (now the Gulf of Scanderoon). Near it, B. C. 333, Alexander won a great victory over Darius III. i. 2. 24; 4. 1. ‖Ruins near the northeast extremity of the gulf.

ἴστε, see ὁράω, i. 5. 16; 7. 3.

ἵστημι,* στήσω, ἕστηκα (2 pf. ἕσταμεν, &c., ἑστάναι, ἑστώς), plp. ἑστήκειν

and Derceto (who ...
were ...
human above, but fish ...

Ἴχνος, ους, τό, and ...
ἴχνεσι, σι, a track, trace, footstep ...
3; 7. 17: vii. 3. 42.

Ἰωνία, ας, (Ἴωνες *Ionians*) ...
the central part of the western ...
of Asia Minor, so named from its ...
colonization by the Ionians, whose ...
descent was traced from ...
son of Deucalion. ...

to make sit down, *seat, set, place*, A. εἰς, ii. 1. 4: iii. 5. 17.

καθ-ίημι,* ἥσω, εἶκα, a. ἧκα (ὥ, εἷς, &c.), *to let down*, as a spear for action, *to lower, couch*, A. εἰς, vi. 5. 25, 27.

καθ-ίστημι,* στήσω, ἕστηκα, 1 a. ἔστησα, 2 a. ἔστην, *to fix* or *set down, settle, arrange, station, place, establish, restore, bring, render*, A.; *to constitute* or *appoint*, 2 A., εἰς, ἐπί: i. 4. 13; 10. 10: iii. 2. 1, 5: — *M.*, w. act. 2 a. and complete tenses (used pret.), *to station, set, place, fix*, or *establish one's self, to take one's place* or *station; to be established, set, settled*, or *placed; to result* or *eventuate; εἰς, ἐπί* (to set one's self to, *undertake*, vi. 1. 22): but 1 a. *m. to station, set*, or *appoint* for one's self, A.: i. 1. 3; 3. 8; 8. 3 a, 6: iv. 5. 19, 21.

καθ-οράω,* ὄψομαι, ἑώρᾱκα or ἑόρᾱκα, 2 a. εἶδον (ἴδω, &c.), *to look down upon, view, inspect, descry, discern, perceive, see*, A., i. 8. 26; 10. 14.

καί * conj. & adv., (akin to Lat. que) *and;* often with a strengthened idea, which we express in Eng. by adding an adverb, *and also, and even, and indeed, and especially, and the rather, and therefore; also, even* (sometimes translated by other adverbs of like force, *further, moreover, really, indeed, yet, still, only*, &c.); i. 1. 1 s; 3. 6, 13, 15; 6. 10: iv. 5. 15: vi. 2. 10: καὶ δή (καί) *and now (even)*, in supposition, v. 7. 9: καὶ εἰ (or ἐάν, &c.), *εἰ καί even if, although* (and so καί w. a part., like καίπερ q. v.), iii. 2. 10, 22, 24: τὲ . . καί, καὶ . . καί, *both . . and*, i. 3. 3; 8. 27; see ἄλλως. Καί is often used where in Eng. no connective, or one more specific would be preferred (as *for, when, but, as*, &c.), 702 c, 705, ii. 2. 10; 3. 18: iv. 6. 2: v. 4. 21. In annexing several particulars, the Eng. more frequently uses the copulative w. the last only; but the Greek w. all or none, i. 2. 22: iii. 1. 3. The special relation of καί to the word following (and not to the word preceding, as in the case of so many particles) will not fail to be observed. For καὶ γάρ, καὶ γὰρ οὖν, see γάρ. Cf. δέ.

Κάϊκος (ῐ), ου, ὁ, *the Caïcus*, a river in the southwest part of Mysia, flowing near Pergamum and through a fertile plain, vii. 8. 8, 18! ‖ The Bakir-Chai.

Καιναί, ῶν, αἱ, *Cœnæ*, a large city on the west bank of the Tigris (perhaps the Canneh of Ezek. 27. 23), ii. 4. 28. ‖ Kaleh Sherghât, so interesting in its remains, and believed by some to have been, for a long period, the capital of the Assyrian Empire.

καί-περ adv., *even indeed*, used w. a part. (as also καί *even*) to express concession, where the Eng. familiarly uses *though* or *although* with a verb, 674 f: καίπερ εἰδότες *even* [indeed knowing] *though they knew*, i. 6. 10. Cf. ii. 3. 25: iii. 1. 29: iv. 3. 33: v. 5. 17 s.

καιρός, οῦ, ὁ, *occasion, opportunity, season, juncture, crisis, a fitting, proper, special*, or *particular time*, I.: καιρὸς ἐστιν *it is the proper time, there is occasion;* hence, *there is need, it is necessary* or *proper:* ἐν καιρῷ *in season, opportunely, according to the occasion, to the purpose:* προσωτέρω τοῦ καιροῦ *farther than there was occasion, farther than was necessary* or *expedient:* i. 7. 9: iii. 1. 36, 39, 44: iv. 3. 34; 6. 15.

καί-τοι conj., *and indeed, and certainly, and yet, however; though, although;* i. 4. 8: v. 7. 10: vii. 7. 39.

καίω & Att. **κάω**,* καύσω, κέκαυκα, *to burn* (trans.), *set on fire, consume* by fire; *to kindle, maintain*, or *keep up* a fire, *keep* a fire *burning;* of a surgeon, *to cauterize;* A.: *M.* or *P.*, *to burn*, intrans.: i. 6. 1 s: iii. 5. 3, 5 s: iv. 5. 5 s: v. 8. 18. Der. CAUSTIC.

κἀκεῖνος = καὶ ἐκεῖνος, ii. 6. 8!

†**κακό-νοια**, ας, *ill-will*, πρός, vii. 7. 45.

†**κακό-νοος**, ον, contr. **κακό-νους**, ουν, *evil-minded, ill-disposed, ill-affected, inimical*, D., ii. 5. 16, 27.

†**κακο-ποιέω**, ήσω, *to do evil to, treat ill, maltreat*, A., ii. 5. 4!

κακός, ή, όν, c. κακίων, s. κάκιστος, *bad, evil, ill, wicked, vile, base, worthless*, D., περί: bad in war, *cowardly:* subst. **κακόν**, οῦ, *an evil, harm, injury, mischief:* i. 3. 18; 4. 8; 9. 15: ii. 5. 5, 16, 39. Der. CACO-PHONY.

‡**κακουργέω**, ήσω, *to work evil* to, *to injure, harm, harass, annoy*, A., vi. 1. 1.

‡**κακοῦργος**, ον, (ἔργον) working evil, *criminal:* masc. subst., *an evil-doer, malefactor:* i. 9. 13.

‡**κακόω**, ώσω, pf. *p.* κεκάκωμαι, *to injure*, A., iv. 5. 35.

‡**κακῶς** adv., c. κάκιον, s. κάκιστα, *badly, ill; injuriously; wretchedly*,

iv. 7. 3; 8.
more to the
object, and καλὸς more
sion which it produces
or mind. See ὡραῖος.

Κάλπη, ης, *Calpe*, a place
good harbor, on the Bithynian
of the Euxine, where Xenophon
dently longed to found a
13; 3. 24; 4. 1. ‖ Kirpeh.

Καλχηδόνιοι, Καλχηδών,
δόνιος, Καλχηδών, 167 b, vi. 6.

καλῶς adv., c. καλλίον, s.
(καλός) *beautifully, handsomely*,
ly, *honorably, properly*,

Κάρσος or **Κέρσος**, ου, ὁ, *the Carus* or *Cersus*, a small stream separating Cilicia from Syria. i. 4. 4. ‖ The Merkez.

κάρυον, ου, *a nut;* in the Anab., the *chestnut*, which afterwards became so common an article of food in southern Europe, v. 4. 29, 32. [i. 5. 10.

κάρφη, ης, (κάρφω Ep., *to dry*) *hay*,

Καστωλός, οῦ, ἡ, *Castōlus*, a town of Lydia, which gave its name to one of the great muster-fields of the Persian army. Kiepert places this field at the junction of the Hermus and Cogamus, a few miles northeast of Sardis. i. 1. 2; 9. 7.

κατά * prep., by apostr. **κατ'** or **καθ'**, *down*, opp. to **ἀνά**: w. Gen. of place, *down from*, *down*, i. 5. 8: iv. 2. 17; **κατὰ γῆς** [down from] *under the earth*, vii. 1. 30: — w. Acc. of place or person, *down along*, *along*, *along side of;* also translated *by*, *over*, *over against*, *against*, *opposite*, *upon*, *in*, *at*, *about*, *near*, *to*, *throughout*, &c.; i. 5. 10; 8. 12, 26; 10. 9: iv. 6. 23 s: vii. 2. 1, 28; κ. γῆν (θάλατταν) *by land* (*sea*), i. 1. 7; κ. τὴν γέφυραν *along* or *over the bridge*, vi. 5. 22; κ. ταῦτα *along this shore*, vii. 5. 13: — denoting conformity, connection, purpose, manner, *according to*, *in respect to*, *as to*, *for*, *in*, *by*, &c., ii. 2. 8; 3. 8: iii. 5. 2; κ. χώραν [according to place] *in the proper places* or *order*, i. 5. 17: vi. 4. 11; τὸ κ. τοῦτον εἶναι *so far as regards him* or *he is concerned*, 665 b, i. 6. 9; κ. ταὐτά *according to the same method*, *in the same way*, v. 4. 22; καθ' αὑτὸν *by himself*, vi. 2. 13: forming adv. phrases w. abstract nouns, see ἡσυχία, κράτος: — distributively, *by*, *among*, *each* or *every*, &c., w. sing. or plur., i. 2. 16; κ. ἔθνη or ἔθνος, *by nations*, or *nation by nation*, i. 8. 9: v. 5. 5; καθ' ἕνα *one by one*, iv. 7. 8; κ. τετρακισχιλίους 4000 *at a time*, iii. 5. 8; κ. ἐνιαυτὸν *each year*, *yearly*, *annually*, iii. 2. 12; κ. τοὺς χώρους *in the different places*, *through the region*, vii. 2. 3. — In compos., *down*, *downwards*, *along*, *against;* often strengthening the idea, or implying completeness (*downright*), or rendering the verb transitive.

κατα-βαίνω,* βήσομαι, βέβηκα, 2 a. ἔβην, *to go* or *come down*, *descend*, as from the interior to the sea-coast, from a hill, horse, carriage, into the arena, &c.; *to dismount; to enter the lists;* εἰς, πρός, ἀπό: i. 2. 22 s: ii. 2. 14; 5. 22: iv. 2. 20; 8. 27.

‡**κατά-βασις**, εως, ἡ, *the way* or *passage down*, *descent*, εἰς, ἐκ: *return to the sea-coast;* iii. 4. 37: v. 2. 6; 5. 4.

κατα-βλακεύω, εύσω, *to treat negligently* or *slothfully*, A., vii. 6. 22.

κατ-αγάγοιμι, see κατ-άγω, i. 2. 2.

κατ-αγγέλλω, ελῶ, ἤγγελκα, to inform against, *expose*, *denounce*, A., ii. 5. 38.

κατά-γειος or **-γαιος**, ον, (γῆ) *underground*, *subterranean*, iv. 5. 25.

κατα-γελάω,* άσομαι, a. ἐγέλασα, *to laugh* [against] *at*, *jeer at*, *deride*, *ridicule*, G.; *to mock*, *exult*, *triumph;* i. 9. 13: ii. 4. 4; 6. 23, 30.

κατ-άγνυμι,* ἄξω, 2 pf. pret. intrans. ἔᾶγα, a. ἔαξα, (ἄγνυμι *to break*) *to break* in pieces, *crush*, A., iv. 2. 20.

κατα-γοητεύω or **γοητεύω**, εύσω, (γόης *a wizard*) *to bewitch*, *spell-bind*, A., v. 7. 9.

κατ-άγω,* ἄξω, ἦχα, 2 a. ἤγαγον, *to lead* or *bring down* or *back*, *restore*, *to bring* [down from the high sea] *ashore* or *into port*, A.: sc. πλοῖα, &c., *to put in*, *come ashore: M. to return*, *arrive*, ἐπί: i. 1. 7; 2. 2: iii. 4. 36: v. 1. 11 s: vi. 6. 3.

κατα-δαπανάω, ήσω, δεδαπάνηκα, to expend to the bottom, *wholly consume*, trans., ii. 2. 11.

κατα-δειλιάω, άσω, (δειλός) to cower down, *shrink from through fear*, A., vii. 6. 22.

κατα-δικάζω, άσω, δεδίκακα 1., (δικάζω *to judge*, δίκη) *to give sentence against*, *condemn*, *pass judgment*, G. I., ὅτι, v. 8. 21: vi. 6. 15.

κατα-διώκω,* ώξω or ώξομαι, δεδίωχα, *to chase* or *drive down* or *off*, A., iv. 2. 5.

κατα-δοξάζω, άσω, *to judge* to any one's discredit, I. (A.), vii. 7. 30.

κατα-δραμεῖν, -ών, see κατα-τρέχω.

κατα-δύω,* δύσω, δέδῦκα, 1 a. ἔδῦσα, 2 a. ἔδῦν, *to sink* down, *drown*, A., i. 3. 17: *M.*, w. pf. & 2 a. act., *to sink* or *drown*, intrans., κατά, μέχρι, iii. 5. 11: iv. 5. 36: vii. 7. 11.

κατα-θεάομαι, άσομαι, τεθέᾶμαι, *to look down upon*, *view* or *survey*, *take a view* or *survey*, A., i. 8. 14: vi. 5. 30.

κατα-θέμενος, see *κατα-τίθημι.*

κατα-θέω,* *θεύσομαι, to run down,* εἰς, ἐπί, vi. 3. 10? vii. 3. 44.

κατα-θύω (ῠ),* *θύσω, τέθῠκα,* to lay down as an offering, *to sacrifice, offer,* A. D., iii. 2. 12 : iv. 5. 35 : v. 3. 13.

κατ-αισχύνω, *ῠνῶ,* to shame down, *disgrace, dishonor, put to shame, prove unworthy of,* A., iii. 1. 30 ; 2. 14.

κατα-καίνω,* *κανῶ,* 2 pf. T. *κέκονα* or *κέκανα,* 2 a. *ἔκανον,* (*καίνω = κτείνω*) *to cut down, kill, slay, put to death,* A., i. 6. 2 ; 9. 6 : iii. 2. 39 : vii. 6. 36.

κατα-καίω & Att. **-κάω**,* *καύσω, κέκαυκα, to burn down* or, from a different form of conception, *burn up ; to consume, burn, destroy* or *lay waste by fire ;* A. ; i. 4. 10, 18 : iii. 3. 1 ; 5. 13.

κατά-κειμαι,* *κείσομαι, to lie down, lie on the ground, lie inactive, lie, recline, rest, repose,* ἐν, iii. 1. 13 s.

κατα-κεκόψεσθαι, see *κατα-κόπτω.*

κατα-κηρύττω, *ύξω, κεκήρῡχα, to enjoin* by proclamation, A., ii. 2. 20.

κατα-κλείω, *κλείσω, κέκλεικα,* pf. *p. κέκλειμαι* or *-εισμαι,* a. *p. ἐκλείσθην, to shut down* or, from a different form of conception, *to shut up, enclose, confine,* A., εἰς, εἴσω, iii. 3. 7 ; 4. 26.

κατ-ακοντίζω, *ίσω ιῶ, to shoot down* or *to death,* vii. 4. 6.

κατα-κόπτω,* *κόψω, κέκοφα,* f. pf. *κεκόψομαι,* 2 a. *p. ἐκόπην, to cut down, off,* or *to pieces, to slay,* A., i. 2. 25 ; 5. 16.

κατα-κτάομαι, *κτήσομαι, κέκτημαι, to win over, acquire, gain,* A., vii. 3. 31?

κατα-κτείνω,* *κτενῶ,* 2 pf. *ἔκτονα,* 1 a. *ἔκτεινα,* 2 a. ch. poet. *ἔκτανον,* A., to cut down, *kill, slay,* i. 9. 6? ii. 5. 10 : iv. 8. 25 : v. 7. 27.

κατα-κωλύω (ῡ), *ύσω, κεκώλῡκα,* to hinder downright, *detain, keep, stop,* A., v. 2. 16 : vi. 6. 8.

κατα-λαμβάνω,* *λήψομαι, εἴληφα,* 2 a. *ἔλαβον,* pf. *p. εἴλημμαι,* a. *p. ἐλήφθην,* to take down, *seize upon, seize, occupy, take possession of, take by surprise, overtake, catch,* A. ; *to light upon, find,* A. P. ; i. 3. 14 ; 8. 20 ; 10. 16, 18 ; ii. 2. 12 : iii. 1. 8 ; 3. 8 s : iv. 5. 7, 24, 30.

κατα-λέγω,* *λέξω, to reckon* or *charge* against one, *account,* A. ὅτι, ii. 6. 27.

κατα-λείπω,* *λείψω,* 2 pf. *λέλοιπα,* 2 a. *ἔλιπον,* a. *p. ἐλείφθην,* to leave down in its place, *leave behind, leave,* A. : *M. to remain behind :* i. 2. 18 ; 8. 25 : iii. 1. 2 ; 2. 1[…] ; 5. 5 : v. 6. 12.

κατα-λεύω, *λεύσω,* a. *p.* [*ἐλεύσθην*], (*λεύω to stone*) *to stone* [down] *to death,* A., i. 5. 14 : v. 7. 2, 19, 30.

κατα-λήψομαι, **-ληφθῶ**, see *κατα-λαμβάνω,* i. 10. 16 : iv. 7. 4.

κατα-λιπεῖν, **-λιπών**, see *κατα-λείπω.*

κατ-αλλάττω,* *άξω, ἤλλαχα,* 2 a. *p. ἠλλάγην,* (*ἀλλάττω to change, ἄλλος*) to change to a settled or calm state, as from enmity to friendship, *to reconcile : P. to be* or *become reconciled,* i. 6. 1.

κατα-λογίζομαι, *ίσομαι ιοῦμαι, λελόγισμαι,* to set down to one's account, *compute, reckon, consider,* A., v. 6. 1[…].

κατα-λύω,* *λύσω, λέλῠκα,* to loose from under, *unyoke ;* hence, *to halt, rest ; to dissolve, terminate,* A. ; *to cease from action* or *contest, make peace,* πρός : i. 1. 10 ; 8. 1 ; 10. 19 : vi. 1. 1[…].

κατα-μανθάνω,* *μαθήσομαι, μεμάθηκα,* 2 a. *ἔμαθον, to learn* thoroughly, *observe* well, *understand, perceive,* A. CP., P., i. 9. 3 : ii. 3. 11 ; v. 8. […]

κατ-αμελέω, *ήσω, ἠμέληκα, to be quite negligent,* v. 8. 1.

κατα-μένω,* *μενῶ, μεμένηκα,* a. [*ἔμεινα*], to remain upon the spot, *remain, stay behind, settle down,* v. 6. 1[…], 27 ; vi. 6. 2, 28.

κατα-μερίζω, *ίσω ιῶ,* to divide [into] portions, *distribute,* A. D., vii. 5. […]

κατα-μηνύω, *ύσω, μεμήνῡκα, to inform against, expose, make known,* […] ii. 2. 20?

κατα-μίγνῡμι or **-ύω**,* *μίξω,* (*μίγνυμι* misceo, *to mix*) to mingle down: *M.* intrans. *κατεμιγνύοντο εἰς τὰς πόλεις they* [mingled down into the cities] *settled in the cities, mingling with the inhabitants,* vii. 2. 3.

κατα-νοέω, *ήσω, νενόηκα, to observe, watch,* or *consider* carefully, *discern, reflect upon,* A., i. 2. 4 : vii. 7. 41 […]

κατ-αντι-πέρᾱς or **-ᾱν** (also written *κατ' ἀντιπέρας* or *-αν*) [along the […] over against] *over against, opposite,* […] i. 1. 9 ; iv. 8. 3.

κατα-πέμπω,* *πέμψω, πέπομφα, to send down,* as fr. the interior to the sea-coast, A., i. 9. 7.

κατα-πισεῖν, **-ών**, see *κατα-πίπτω.*

κατα-πετρόω, *ώσω, to stone* [down] *to death,* A., i. 3. 2.

κατα-πηδάω, *ήσομαι, πεπήδηκα,* […]

ἡσα, (πηδάω *to leap*) *to leap* or *ing down*, ἀπό, i. 8. 3, 28*s*
ατα-πίπτω,* πεσοῦμαι, πέπτωκα, . ἔπεσον, *to fall* down or to the ınd, *fall off* from a horse, iii. 2. 19.
ατα-πολεμέω, ήσω, πεπολέμηκα, to down, *conquer in war*, A., vii. 1. 27.
ατα-πράττω,* πράξω, πέπρᾱχα, *to* *mplish, achieve, gain*: *M. to accom-* *h; &c., for one's self*: A. D.: i. 2. 2: 7. 17, 27, 46.
ατ-αράομαι,* άσομαι, ήρᾱμαι, (ἀρά- *to pray*) to pray against, *invoke es upon, execrate, curse*, D., v. 6. 4: 7. 48.
ατα-σβέννῡμι,* σβέσω, ἔσβηκα, ννῡμι *to quench*) *to extinguish* or *out* entirely, A., vi. 3. 21, 25.
ατα-σκεδάννῡμι,* σκεδάσω σκεδῶ, or *M. to sprinkle* or *throw down*, he wine remaining in one's cup, .? vii. 3. 32?
ατα-σκέπτομαι,* σκέψομαι, ἔσκεμ- to look down upon, *inspect, ex- ne*, A., i. 5. 12.
ατα-σκευάζω, άσω, pf. *p.* ἐσκεύ- u, to prepare fully or well, *furnish, p, improve*, A. εἰς: *M. to make ngements*: i. 9. 19: iii. 2. 24; 3. 19.
ατα-σκηνέω, ήσω, or -σκηνόω, ώσω, *mp down, encamp*, ἐν, εἰς, ii. 2. 16: . 32*s*: vii. 4. 11.
ατα-σκοπή, ῆς, (κατα-σκέπτομαι) *ection, espionage*, vii. 4. 13.
ατα-σπάω,* άσω, ἔσπακα, a. *p.* ισθην, *to drag* or *pull* down, A., i.

ατά-στασις, εως, ἡ, *condition, con- tion*, v. 7. 26.
ατα-στήσομαι, -σω, -σας, see καθ- μι, i. 3. 8; 4. 13: iii. 2. 1.
ατα-στρατοπεδεύω, εύσω, to fix n in camp: *M. to encamp*, iii. 4. iv. 5. 1: vi. 3. 20.
ατα-στρέφω,* έψω, ἔστροφα l., to l down, overturn: *M. to subjugate* ne's self, *subdue, conquer*, A., i. 9. vii. 5. 14; 7. 27.
ατα-σφάττω,* άξω, 2 a. *p.* ἐσφά- *to put to death*, A., iv. 1. 23.
ατα-σχεῖν, see κατ-έχω, iv. 8. 12.
ατα-σχίζω, ίσω, *to split* or *hew n, cut* or *burst through*, A., vii. 1.

ατα-τείνω,* τενῶ, τέτακα, to stretch t, *strain, urge, insist*, ii. 5. 30.
ατα-τέμνω,* τεμῶ, τέτμηκα, *to cut* *down* or *in pieces; cut* or *dig* ditches; A.; ii. 4. 13: iv. 7. 26.

κατα-τίθημι,* θήσω, τέθεικα, 2 a. *m.* ἐθέμην, *to put down*: *M. to put down* or *deposit* one's own or for one's self, *to lay* or *treasure up, reserve, secure*, A. D., εἰς, ἐν, παρά, i. 3. 3: ii. 5. 8: v. 2. 15: vii. 6. 34.
κατα-τιτρώσκω,* τρώσω, *to wound* severely, A., iii. 4. 26? iv. 1. 10.
κατα-τρέχω,* δραμοῦμαι, δεδράμηκα, 2 a. ἔδραμον, *to run down*, v. 4. 23.
κατ-αυλίζομαι, ίσομαι, ηὔλισμαι l., a. *p.* ηὐλίσθην, to camp down, *encamp*, ἐν, vii. 5. 15.
κατα-φαγεῖν, see κατ-εσθίω, iv. 8. 14.
κατα-φανής, ές, (φαίνω) *clearly seen, in plain view, conspicuous, visible, in sight*, i. 8. 8: ii. 3. 3; 4. 14.
κατα-φεύγω,* φεύξομαι, πέφευγα, 2 a. ἔφυγον, *to flee for refuge, take refuge, escape*, εἰς, i. 5. 13: iii. 4. 11.
κατα-φρονέω, ήσω, πεφρόνηκα, to think [down] inferior, *despise, regard with contempt*, iii. 4. 2: v. 7. 12?
κατα-χωρίζω, ίσω ιῶ, *to* [set down] *station* or *arrange separately, assign distinct places to, place*, A., vi. 5. 10.
κατ-έαξα, see κατ-άγνυμι, iv. 2. 20.
κατ-έβην, see κατα-βαίνω. [1. 22.
κατ-εγγυάω *v. l.* = παρ-εγγυάω, vii.
κατ-εθέμην, see κατα-τίθημι, i. 3. 3.
κατ-εῖδον, see καθ-οράω, iv. 6. 6.
κατ-είληφα, -είλημμαι, -ελήφθην, see κατα-λαμβάνω, i. 8. 20: iv. 1. 20*s*.
κάτ-ειμι,* ipf. ᾖειν, (εἶμι) *to go* or *come down, descend*, v. 7. 13.
κατ-εῖχον, see κατ-έχω, iv. 2. 6.
κατ-εργάζομαι,* άσομαι, εἰργασμαι, a. εἰργασάμην, *to work out, accomplish, achieve, gain*, A., i. 9. 20: vi. 2. 10.
κατ-έρχομαι,* ἐλεύσομαι, ἐλήλυθα, 2 a. ἦλθον, *to go* or *come down* or *back, return*, vii. 2. 2.
κατ-εσθίω,* ἔδομαι, ἐδήδοκα, 2 a. ἔφαγον, *to eat down* or, from a different form of conception, *eat up, devour*, iv. 8. 14.
κατ-έστην, -έστησα, see καθ-ίστημι.
κατ-ετετμήμην, see κατα-τέμνω.
κατ-έτρωσα, see κατα-τιτρώσκω.
κατ-έχω,* ἕξω or σχήσω, ἔσχηκα, ipf. εἶχον, 2 a. ἔσχον, *to hold down* or *fast, retain, restrain*, A.; *to forbid, compel*, A. I.; *to occupy, hold, possess*, A.; to [have one's self or one's vessel] come from the high sea to the shore,

[illegible]

"Dreams in the Lyceum"; vii. 8. 1: [illegible]

[illegible], ου, *Cleaenetus*, a lochage, v. 1. 17.

[illegible], ου, *Cleander*, a Spartan harmost at Byzantium, for a time prejudiced against Xenophon, but afterwards his friend; first [illegible] the Cyreans, and then favoring them; vi. 2. 13; 6. 1: vii. 1. 8; 2. 5, [illegible].

Κλεάνωρ, ορος, *Cleanor*, of Orchomenus in Arcadia, one of the oldest and most trusted of the Greek generals; perh. first commanding troops left by Xenias or Pasion, afterwards elected to succeed Agias; ii. 1. 10.

Κλεάρετος, ου, (ἀρετή) *Clearetus*, a lochage, quite unworthy of his name, v. 7. 14, 16: v. l. Κλεαίνετος.

Κλέαρχος, ου, *Clearchus*, a Spartan commander during the latter part of the Peloponnesian War, brave, skilful, and much trusted in battle, but tyrannical as harmost of Byzantium. After the peace, his passion for war led him to disobey the Spartan government, and he was sentenced to death. Escaping, he fled to Cyrus, was taken into his confidence, raised troops for his expedition, and was the general most honored and trusted by him. He loved war for its own sake, and this ruling passion threw its malign influence over his whole character. i. 1. 9; 2. 9: ii. 3. 11; 6. 1. Κλέαρχοι *Clearchuses* [men like C.], iii. 2. 31.

† κλεῖθρον, ου, *a bar* or *bolt*, vii. 1. 17. Older Att. κλῇθρον.

κλείω, κλείσω, κέκλεικα, *to shut, close*, A., v. 5. 19: ἐκέκλειντο *were kept closed*, 599 c, vi. 2. 8. Older Att. κλῄω.

[κλέος, τό, *fame, glory*, an element in many proper names.]

[illegible] stronger, more powerful; more efficient, useful, serviceable, or valuable; i. 2. 25; 7. 3: iii. 1. 4: s. best, ablest, noblest, highest in rank; most powerful, distinguished, eminent, useful, or valuable; i. 5. 8: 9. 2, 20: iii. 4. 41: — adv. κράτιστα (as s. to sup., c. κρεῖττον) best; most stoutly, bravely, successfully, or advantageously; to the best advantage; iii. 2. 6, 27.

κρέμαμαι,* ἤσομαι, to hang (intrans.), be hung up, ἐπί, ὑπέρ, iii. 2. 19: iv. 1. 2.

ἀνακρεμάννυμι,* κρεμάσω κρεμῶ, a. p. ἐκρεμάσθην, to hang up, suspend, A., i. 2. 8: vii. 4. 17.

κρήνη, ης, (κάρα, κάρηνον, head?) a fountain, spring of water, i. 2. 13.

κρηπίς, ῖδος, ἡ, crĕpīdo, a foundation, base, iii. 4. 7, 10.

Κρής, Κρητός, ὁ, a Cretan, a [illegible] of Κρήτη (Crete, now Candia), [illegible] island south of the Ægean, [illegible] in the early history of Greek [illegible]tion; where, according to fable, [illegible] was born, where Minos reigned and gave laws, which Homer styles ἑκατόμπολις hundred-citied, and credits

[illegible]

elder brother. Tissaphernes, [illegible] who doubtless hoped thus to add the satrapy provinces of Cyrus to his own, and who was capable of any deed of unscrupulous treachery, brought against him the monstrous charge of designing the assassination of the new king during the ceremonies of coronation. Probably this crime, which was so foreign from the open and manly, though unscrupulous, ambition of Cyrus, had precedents in Persian history; and Artaxerxes, either believing the charge or wishing to make it a pretext, ordered his brother to be put to death. The young prince was only saved from speedy execution by the full power of his mother's prayers and tears, and was sent back to his distant satrapy, burning with the sense of injustice, disgrace, and danger. There was no real reconciliation between the two brothers; and Cyrus had reason to feel that his danger was only deferred, not past, especially with such a neighbor as Tissaphernes in the king's confidence, and that he must either at length fall a sacrifice to the jealousy of Artaxerxes or reign in his stead. He was thus stimulated, with the encouragement of his mother's favor, to attempt the ill-fated expedition of which Xenophon wrote the history, — an expedition which certainly cannot be justified on Christian or even Socratic principles, but which was almost in the regular line of oriental history. i. 1. 1 s; 9. 1.

Κυτώνιον, ου, Cytonium, an Κορτυνός, vii. 8. 8?

κύων, κυνός, ὁ ἡ, canis, *dog*, bitch, iii. 2. 35: v. 7. 26; 8. 24: vi. 2. 2. Der. CYNIC.

κωλύω (κ), ύσω, κεκώλυκα, *to hinder, prevent, forbid, oppose*: τὸ κωλῦον the

[illegible] *words, confer-* [illegible] *into a conference or* [illegible] with, D.: i. 4. 7; [illegible] 14. 27; 6. 4: v. 2. 18: [illegible] Lat. LOQUOR, -LOGY, -LOGUE.

[illegible] (cf. Lat. lancea) *the point* [illegible] *of a spear, the spear-head,* [illegible] made by the Greeks of bronze, [illegible] afterwards of iron; comm. fr. 6 in. [illegible] in length: hence often, by synecdoche, *a spear* or LANCE (esp., in the Anab., of those used by the barbarians); i. 8. 8: ii. 2. 9: iv. 7. 16; 8. 7.

λοιδορέω, ήσω, λελοιδόρηκα, (λοίδορος *a railer*) *to rail at, revile, abuse, reproach, reprove,* A., iii. 4. 49.

λοιπός, ή, όν, (λείπω) re-liquus, *left behind, remaining, the rest* or *remainder of,* D., iv. 2. 13 s: λοιπόν (ἐστιν) *it* [is left] *remains,* iii. 2. 29: τὴν λοιπὴν [sc. ὁδόν] *the rest of the way,* iii. 4. 46: τὸ λοιπόν *the rest,* G. partitive, iii. 4. 6: τοῦ λοιποῦ [sc. χρόνου], oftener τὸ λοιπόν, *in* or *during the rest* of the time, *in future, afterwards, henceforth, thenceforth,* 482 e, ii. 2. 5: iii. 2. 8: v. 7. 34.

Λοκρός, οῦ, ὁ, *a Locrian,* a man of Locris, a central region of Greece in three separate parts (two north of Bœotia and Phocis, and the third, [illegible]

of Asia Minor, [illegible] a powerful kingdom. It [illegible] distinguished for its industry, [illegible] and progress in the arts, and [illegible] much influence in the development [illegible] Greek civilization. It reached [illegible] under Crœsus, whose defeat by Cyrus made it a part of the Persian [illegible] Its people, before warlike, were [illegible] forbidden the use of arms, and [illegible] urally became both [illegible]

[illegible] a man [illegible] mountainous re- [illegible] coast of Thes- [illegible]

[illegible], see μανθάνω.

[illegible] Maeander, the [illegible] the Aegean from [illegible]

[illegible] old town of Triphylia [illegible] 16. ‖ Heights of [illegible]

[illegible] i. 5. 7 [illegible] 4. 16 [illegible]

[illegible] The [illegible] were a warlike tribe [illegible] not far from Trebizond. iv. [illegible] v. 5. 17.

μάλα, by apostr. μάλ', c. μᾶλλον, s. μάλιστα; adv. (much used with adjectives and adverbs to express degree), *very, very much, greatly, exceedingly; very well, certainly;* iii. 4. 15; 5. 3; οὐ μάλα *not at all, by no means,* ii. 6. 15; by exceptional arrangement, αὐτίκα μάλα *very speedily, instantly, at once,* iii. 5. 11, εὖ μάλα *very easily,* vi. 1. 1:—c. *more, rather, more certainly,* (sometimes joined w. another compar. for clearness or emphasis, iv. 6. 11) ἤ or c. (as c.), i. 1. 4s, 5; 9. 5, 24:—s. *most, most of all, in the highest degree, best, especially; most* or *very nearly, about* (w. numbers); i. 1. 6; 9. 22, 29: vi. 4. 3: vii. 2. 22.

μαλακίζομαι, f. p. ισθήσομαι l., (μαλακός *soft*) *to be self-indulgent, yield to sloth,* v. 8. 14.

μαθόντες, -όντες, see μαίνομαι, ii. 5. 10.

μανθάνω,* μαθήσομαι, μεμάθηκα, 2 a. ἔμαθον, *to learn, ascertain,* A., I., O. CP., παρά, i. 9. 4: ii. 5. 37: iii. 2. 25: iv. 3. 5: v. 2. 25. Der. MATHEMATICS.

F

[illegible] with [illegible]

[illegible] 1 a. [illegible] different- [illegible] complete [illegible]'s own place, [illegible] to places apart [illegible] ii. 3. 6, 21. [illegible] Melhydrian, [illegible] (Μελ-ύδριον), a [illegible] so called from [illegible] streams. Its

[illegible]

[illegible] vii. 2. 22 : v. l. Με-[illegible]

[illegible], ας, blackness, duskiness, i. [illegible]

[illegible], αινα, αν, g. ανος, αίνης, black, [illegible] iv. 5. 12, 15. Der. MELAN-CHOLY.

[illegible], ήσω, μεμελέτηκα, (μέλω) to give attention to, practise, I., iii. 4. [illegible]: iv. 6. 14.

[illegible], ά, όν, a., diligent or assiduous in practising, C., i. 9. 5.

μελίνη, ης, sing. and pl., panicum, panic, a kind of millet, cf. κέγχρος· ἐπὶ τὰς μελίνας upon the panic (fields): i. 2. 22; 5. 10: ii. 4. 13: vi. 4. 6.

‡Μελινο-φάγοι, ων, (φαγεῖν) the [panic-eaters] Melinophagi, a Thracian people near Salmydessus on the Euxine, perhaps Strabo's Ἀστοί, vii. 5. 12.

μέλλω,* μελλήσω, a. ἐμέλλησα or ἠμέλλησα, to be about to or going to, be on the point of, intend; also translated by will, would, shall, should, must, am to, were to, &c., cf. 598 a; to be only about to, to delay: τὸ μέλλον the future: I.: i. 8. 1; 9. 28: ii. 6. 10: iii. 1. 2, 8, 46 s; 5. 17: vi. 1. 21.

μέλω, μελήσω, μεμέληκα, to concern, be a care to, D.: comm. impers., as μέλει it concerns or is a care to one, [illegible]

[illegible] to intervene, elapse: i. 7. 15: [illegible] v. 2. 17.

μετα-πεμπτός, όν, sent for, having been sent for, i. 4. 8.

μετα-πέμπω,* πέμψω, πέπομφα, to send after or for another: M. to send for to come to one's self, summon, A. ἀπό, πρός, εἰς, i. 1. 2; 2. 26; [illegible]; 4. 5, 11: vii. 1. 8.

μετα-στάς, -στησάμενος, see μεθ-ίστημι, ii. 3. 8, 21.

μετα-στρέφω,* έψω, ἔστροφα 1., to turn about or round, trans.; but M. intrans., vi. 1. 8.

μετα-σχεῖν, &c., see μετ-έχω.

μετα-χωρέω, ήσω, κεχώρηκα, to remove to another place, change one's encampment, vii. 2. 18.

μέτ-ειμι,* ἔσομαι, to be with or shared among: οὐδενὸς ἡμῖν μέτεστι there is to us a share of none, we share in none. D. G. partitive, 421 a, iii. 1. 20.

μετ-έχω,* ἕξω, ἔσχηκα, ipf. μετεῖχον, 2 a. μετέσχον, to have a share of, partake of, share with another, participate in, G., v. 3. 9: vi. 2. 14: vii. 6. 28.

μετ-έωρος, ον, (αἴρω) uplifted, raised from the ground, i. 5. 8 (raising them from the ground). Der. METEOR.

[illegible]

... to punishment. ... dignity, he ... those who ap-... which had ... only to royalty! ... sons of ... refused to ob-... the rule by put-

[illegible] ... Hereupon Tissaphernes, who doubtless hoped thus to add the satrapy of Cyrus to his own, and who was capable of any deceit [illegible], brought against him the [illegible] charge of designing the assassination of the new king during the [illegible] rites of coronation. Undoubtedly this crime, which was [illegible] from the open and manly, [illegible] ambition of Cyrus, had precedents in Persian history; and Artaxerxes, either believing the charge or willing to make it a pretext, arrested his brother to put him to death. The young prince was only saved from speedy execution by the full power of his mother's prayers and tears, and was sent back to his distant satrapy, burning with the sense of injustice, disgrace, and danger. There was no real reconciliation between the two brothers; and Cyrus had reason to feel that his danger was only deferred, not past, especially with such a neighbor as Tissaphernes in the king's confidence, and that he must either at length fall a sacrifice to the jealousy of Artaxerxes or reign in his stead. He was thus stimulated, with the encouragement of his mother's favor, to attempt the ill-fated expedition of which Xenophon wrote the history, — an expedition which certainly cannot be justified on Christian or even Socratic principles, but which was almost in the regular line of oriental history. i. 1. 1s; 9. 1.

Κυτώνιον, *ου*, *Cytonium*, see Κα[illegible], vii. 8. 8!

κύων, *κυνός*, ὁ ἡ, canis, *dog*, Mem. iii. 2. 35 : v. 7. 26 ; 8. 24 ; vi. 2. 2. Der. CYNIC.

κωλύω (ῡ), *ύσω*, *κεκώλυκα*, *to hinder*, *prevent*, *forbid*, *oppose* : τὸ κωλῦον the

[illegible]

... with, D.: i. 6. 7; ... 16, 27; 6. 4: v. 8. 18: vi. 1. ... Der. LOGIC, -LOGY, -LOGUE.

λόγχη, ης, (cf. Lat. lancea) *the point* or *spike of a spear, the spear-head*, early made by the Greeks of bronze, but afterwards of iron; comm. fr. 6 in. to a foot in length: hence often, by synecdoche, *a spear* or LANCE (esp., in the Anab., of those used by the barbarians): i. 8. 8: ii. 2. 9: iv. 7. 16; 8. 7.

λοιδορέω, ήσω, λελοιδόρηκα, (λοίδορος *a railer*) *to rail at, revile, abuse, reproach, reprove*, A., iii. 4. 49.

λοιπός, ή, όν, (λείπω) re-liquus, *left behind, remaining, the rest* or *remainder of*, D., iv. 2. 13 s: λοιπόν (ἐστιν) *it* [is left] *remains*, iii. 2. 29: τὴν λοιπὴν [sc. ὁδόν] *the rest of the way*, iii. 4. 46: τὸ λοιπόν *the rest*, G. partitive, iii. 4. 6: τοῦ λοιποῦ [sc. χρόνου], oftener τὸ λοιπόν, *in* or *during the rest* of the time, *in future, afterwards, henceforth, thenceforth*, 482 e, ii. 2. 5: iii. 2. 8: v. 7. 34.

Λοκρός, οῦ, ὁ, *a Locrian*, a man of Locris, a central region of Greece in three separate parts (two north of Boeotia and Phocis, and the third, ...

[illegible] the lotus, [illegible] The Cy- [illegible] was a small [illegible] so delicious that, [illegible] forget their [illegible] to remain and [illegible] The Loto- [illegible] where there [illegible] been located by [illegible] the coast of [illegible] North Africa.

[illegible] as if [illegible] from the gods ?)

[illegible] a fellow referred [illegible] hatter, D. I., [illegible] ingenuous, pref- [illegible] : vii. 6. 44.

[illegible] of fostering, comm. [illegible] preceded by καί, A., [illegible]

[illegible] (α) ῖ, 218. 2, ἡ, (a [illegible] magadis, a kind of [illegible] strings arranged in oc- [illegible] a kind of flute; [illegible]

[illegible] ὁ, a Magnesian, a man [illegible] narrow mountainous re- [illegible] the east coast of Thes- [illegible] Cf. MAGNET.

[illegible] &c., see μανθάνω.

[illegible] ὁ, the Mæander, the [illegible] entering the Ægean from [illegible] has given a name [illegible] rivers. Its deposits have [illegible] and changed the [illegible] mouth. i. 2. 5, 7 a. [illegible]

[illegible] μαίνομαι 2., 2 pf. [illegible] 2 a. p. ἐμάνην, to be mad, [illegible] frenzied, ii. 5. 10, 12. Der. MANIA.

[illegible], ου, Maesades, a Thracian prince, father of Seuthes, vii. 2. 32.

μακαρίζω, ίσω [illegible], (μακάρ happy) to count or esteem happy or fortunate, A., vii. 1. 13.

[illegible], ή, όν, esteemed happy, envied or enviable, being an object of envy, D., i. 9. 6.

[illegible] (or [illegible]), ου, ὁ, a Macistian, a man of Macistus ([illegible]), an old town of Triphylia in Elis, vii. 4. 16. ‖ Heights of [illegible].

μακρός, ά, όν, c., s., (μῆκος length, cf. [illegible] magnus) long, of both space and time: μακράν [sc. ὁδόν] a long way, a great distance, far (so c. & s.): μακρότερον adv., further: [illegible] a long distance, or too far: i. 5. 7: ii. 2. 11 s: iii. 4. 16 s, 42.

Μάκρων, ωνος, ὁ, a Macronian. The Macrōnes were a warlike tribe dwelling not far from Trebizond. iv. 7. 27; 8. 5: v. 5. 17.

μάλα, by apostr. μάλ', c. μᾶλλον, s. μάλιστα, adv. (much used with adjectives and adverbs to express degree, §10), very, very much, greatly, exceedingly; very well, certainly; iii. 4. 15; 5. 3; οὐ μάλα not at all, by no means, ii. 6. 15; by exceptional arrangement, αὐτίκα μάλα very speedily, instantly, at once, iii. 5. 11, εὖ μάλα very easily, vi. 1. 1:—c. more, rather, more certainly, (sometimes joined w. another compar. for clearness or emphasis, iv. 6. 11) ἤ or G. (as c.), i. 1. 4 s, 8; 9. 5, 24:—s. most, most of all, in the highest degree, best, especially; most or very nearly, about (w. numbers); i. 1. 6; 9. 22, 29: vi. 4. 3: vii. 2. 22.

μαλακίζομαι, f. p. ισθήσομαι I., (μαλακός soft) to be self-indulgent, yield to sloth, v. 8. 14.

μανείς, -έντες, see μαίνομαι, ii. 5. 10.

μανθάνω,* μαθήσομαι, μεμάθηκα, 2 a. ἔμαθον, to learn, ascertain, A., I., G. CP., παρά, i. 9. 4: ii. 5. 37: iii. 2. 25: iv. 8. 5: v. 2. 25. Der. MATHEMATICS.

[illegible]

[illegible] your own place, [illegible] to place apart [illegible] A.; ii. 3. 8, 21.

[illegible] ἡ, a Methydrian, [illegible] (Μεθ-ύδριον), a [illegible] so called from [illegible] two streams. Its

[illegible] iv. 5. 36 [illegible] in his turn, ii. 6. 14 [illegible] [illegible] (unable to learn) [illegible] v. 5. 1.

μείων, ον, c. referred to [illegible] in respect to size, power, number, &c., smaller, weaker, fewer, i. 9. 10; iv. 5. 36: μεῖον ἔχειν to [illegible] [illegible] the worst [illegible] 10. 8: [illegible] a disadvantage or a [illegible] this, iii. 1. 17. The neut. μεῖον is [illegible] as an indecl. subst. or [illegible] (as an adv.) with ἤ omitted, [illegible] the gen. does not follow; [illegible] v. 6. 9: vi. 4. 3, 24.

[illegible], ῶν, the Melanditae, a people of Thrace, vii. 2. 32: v. l. Me-[illegible]

‡ μελανία, ας, blackness, duskiness, i. 8. [illegible]

μέλας,* αινα, ἄν, g. ἄνος, αίνης, black, dark, iv. 5. 13, 15. Der. MELAN-CHOLY.

μελετάω, ήσω, μεμελέτηκα, (μέλω) to give attention to, practise, I., iii. 4. 17: iv. 6. 14.

‡ μελετηρός, ά, όν, a., diligent or assiduous in practising, c., i. 9. 5.

μελίνη, ης, sing. and pl., panicum, panic, a kind of millet, cf. κέγχρος: ἐπὶ τὰς μελίνας upon the panic (fields): i. 2. 22; 5. 10: ii. 4. 13: vi. 4. 6.

‡ Μελινο-φάγοι, ων, (φαγεῖν) the [panic-eaters] Melinophagi, a Thracian people near Salmydessus on the Euxine, perhaps Strabo's Ἀστοί, vii. 5. 12.

μέλλω,* μελλήσω, a. ἐμέλλησα or ἠμέλλησα, to be about to or going to, be on the point of, intend; also translated by will, would, shall, should, must, am to, were to, &c., cf. 598 a; to be only about to, to delay: τὸ μέλλον the future: I.: i. 8. 1; 9. 28: ii. 6. 10: iii. 1. 2, 8, 46 s; 5. 17: vi. 1. 21.

μέλω, μελήσω, μεμέληκα, to concern, be a care to, D.: comm. impers., as [illegible] μέλει it concerns or is a care to me, [illegible]

[illegible] (B. C. 555).

[illegible] abounding in; [illegible] with; G.; i. 4. [illegible]

[illegible] μετ' or μεθ', [illegible] to μέσος medius, (a) w. GEN., ch. of [illegible] hence, *with; in the* [illegible] *command of;* i. 2. [illegible] *μεθ' ὑμῶν εἶναι* *with you, adhere to you,* [illegible]

[illegible]

μετα-βάλλω,* βαλῶ, [illegible] *throw to a different position* [illegible] *throw or turn one's shield* [illegible] vi. 5. 16.

μετα-γιγνώσκω,* γνώσομαι, [illegible] 2 a. [illegible] *to think differently, change one's mind,* ii. 6. 3.

μετα-δίδωμι,* δώσω, [illegible] *to distribute* [illegible] *share with,* D. A., G., [illegible] iv. [illegible] vii. 3. 11.

μετα-μέλει, μελήσει, *it repents one,* or *he repents,* D. P., i. 6. 7: vii. 1. 34.

μεταξύ adv., (μετά) *in the midst, in the mean while, between,* G.: *μεταξὺ γενέσθαι to intervene, elapse:* i. 7. 15: iii. 2. 27; 4. 37: v. 2. 17.

†**μετά-πεμπτος,** ον, *sent for, having been sent for,* i. 4. 3.

μετα-πέμπω,* *πέμψω, πέπομφα, to send* one *after* or *for* another: *M. to send for* to come to one's self, *summon,* A. ἀπό, πρός, εἰς, i. 1. 2; 2. 26; 3. 8; 4. 5, 11: vii. 1. 2.

μετα-στάς, -**στησάμενος,** see *μεθ-ίστημι,* ii. 3. 8, 21.

μετα-στρέφω,* *ψω, ἔστροφα* l., *to turn about* or *round,* trans.; but *M.* intrans., vi. 1. 8.

μετά-σχοιμι, &c., see *μετ-έχω.*

μετα-χωρέω, *ήσω, κεχώρηκα, to remove* to another place, *change one's encampment,* vii. 2. 18.

μέτ-ειμι,* *ἔσομαι, to be with* or *shared among: οὐδενὸς ἡμῖν μέτεστι* there is to us a share of none, *we share in none.* D. G. partitive, 421 a, iii. 1. 20.

μετ-έχω,* *ἕξω, ἔσχηκα,* ipf. *εἶχον,* 2 a. *ἔσχον, to have a share of, partake of, share* with another, *participate in,* G., v. 3. 9: vi. 2. 14: vii. 6. 28.

μετ-έωρος, ον, (αἴρω) *uplifted, raised from the ground,* i. 5. 8 (raising them from the ground). Der. METEOR.

[illegible] He chose the [illegible] he touched to [illegible] which he was [illegible] the Pactōlus, [illegible] henceforth golden. [illegible] between Apollo and [illegible] prize for musical [illegible] and the indignant [illegible] punished him for his [illegible] his ears to those [illegible]

[illegible] *Mithridātes*, a par- [illegible] one who, after C.'s [illegible] treacherously with the [illegible]

[illegible] in or into small [illegible] pieces, v. 6. 23 : vii. 3. 22 ; [illegible] small things [illegible] small *mistakes*, *trifling errors*, v. [illegible]. Der. MICRO-SCOPE.

[illegible] α, ον, *Milesian*, belonging to Milētus : subst. Μιλήσιος a Milesian man, Μιλησία a Milesian woman, i. 1. 11 ; 9. 9 : 10. 3.

Μίλητος, ου, ἡ, *Milētus*, an Ionian city with four harbors, situated on the north-western coast of Caria, near the mouth of the Mæander. It was remarkable for the extent of its commerce, the number of its colonies, and the arts, wealth, and luxury of its inhabitants. It suffered greatly from its capture by the Persians, B. C. 494, after which it never regained its former importance. It is prominent in the early history of Greek philosophy as the birthplace of Thales, Anaximander, and Anaximenes. It was also the birthplace of the early historians Cadmus and Hecatæus, of Aspasia, &c. i. 1. 6 s ; 4. 2. ‖ Ruins buried by the deposits of the Mæander.

Μιλτοκύθης, ου, *Miltocythes*, a Cyrean officer from Thrace, who deserted to the king, ii. 2. 7.

μιμέομαι, ήσομαι, μεμίμημαι, (μῖμος a MIMIC) imitor, *to imitate*, *mimic*, *act* as in a play, iii. 1. 36 : vi. 1. 9.

μιμνήσκω,* μνήσω, a. p. as m. ἐμνήσθην, *to remind* : M. *to remind one's self*, *call to mind*, *make mention of*, *mention*, *suggest* ; pf. pret. μέμνημαι, f. pf. μεμνήσομαι, memini, I have been reminded, *re*-MEMBER, *mention* ; G., I., CP. ; i. 7. 5 : iii. 2. 39 : v. 8. 25 s.

μισέω, ήσω, μεμίσηκα, (μῖσος hatred) *to hate*, *be angry* or *displeased with*, A., vi. 2. 14. Der. MIS-ANTHROPE.

[illegible] of [illegible], a temple-sweeper, sexton, [illegible] templis, v. 3. 6.

†[illegible] ωνος, Neon, from Asine in Laconia, lieutenant and successor of Cheirisophus, an ambitious and [illegible], v. [illegible]; 6. 36: vi. 4. 11.

†[illegible], ου, (ὤρα care) a place for the care of ships, dock-yard, dock, vii. 1. 27.

[illegible], [illegible], see ναῦς, i. 4. 3.

[illegible],* ὁ, see ναός, v. 3. 8.

νεωστί adv., (νέος) newly, recently, lately, iv. 1. 12.

νή* affirmative adv. of swearing, truly by, yes by, by, A. (oftenest Δία), i. 7. 9: v. 7. 22.

νηΐ, νῆες, see ναῦς, i. 4. 2.

νῆσος, ου, ἡ, (νέω to swim, as if floating land?) insula, an island, isle, ii. 4. 22. Der. POLY-NESIA.

†Νίκ-ανδρος, ου, Nicander, a Laconian, who slew the faithless and intriguing Dexippus, v. 1. 15.

†Νίκ-αρχος, ου, Nicarchus, an Arcadian, who was severely wounded, ii. 5. 33. — 2. An Arcadian lochage, who deserted (doubtless a different person from the preceding, who could not have recovered so quickly), iii. 3. 5.

†νικάω, ήσω, νενίκηκα, to conquer, prevail over, overcome, defeat, surpass, excel, outdo; to be victor or victorious over, hence in pres., to have conquered, 612: τὰ πάντα ν. to have [conquered the whole] gained a complete victory: ἐκ τῆς νικώσης [sc. γνώμης or [illegible]] according to the [prevailing vote] [illegible]

[illegible] Elis. [illegible] vicinity to [illegible] advantages [illegible] acquaintance [illegible] Greek [illegible] from Asia [illegible] (perhaps a [illegible] having died be- [illegible]), and two [illegible]dorus. The lat- [illegible] training at [illegible] and Athens [illegible] Thebes, so that [illegible] conflict between [illegible] and for his pa- [illegible] Xenophon to

[illegible] (B. C. 371). He retired to [illegible] to Corinth, which [illegible] from this time to have been his [illegible] residence, and where he is stated to have died, well advanced in age, [illegible] a few years after 357 B. C. If his sentence of banishment was repealed upon the motion, it is said, of his very proposer, Eubulus, he may have spent a part of his old age in his native Athens.

[illegible] his longer works, the Anab-asis, Cyropaedia, Hellenics, and Memorabilia of Socrates, he wrote several [illegible] essays, or sketches. The Anab-asis appears to have been based upon a journal kept by him during the Expedition, and to have been mainly completed for his own use and that of his friends soon after his return; but not to have received its last touches till after his establishment at [illegible]. Its publication seems, how-ever, to have been preceded by an abstract of it, or a work based upon it, put forth, doubtless with Xeno-phon's consent, by Themistogenes, a Syracusan. The character of Xeno-phon was marked by energy, courage, sagacity, a keen sense of honor, at-tachment to friends, uprightness, and piety. i. 8. 15: ii. 5. 37: iii. 1. 4 s. 47.

Ξέρξης, ου, (Pers. kahérshé, *king*; Hdt. translates by ἀρήιος *warrior*, 6. 98) *Xerxes* I., king of Persia B. C. 486 – 465, the son of Darius I. and Atos-sa, a daughter of Cyrus. Darius had older sons born before his accession to the throne; but, through the influ-ence of Atossa, appointed Xerxes his successor, as the first-born of Darius *the king*. The reign of Xerxes was most noted for his invasion of Greece in pursuance of his father's plans, with a countless host, for his bridging the Hellespont and cutting off Mt. Athos, for the checks at Thermopylæ and Artemisium, and the signal defeats

[illegible]

[illegible] *a familiar or friend* [illegible] *kindly*, vii. 6. [illegible]

[illegible] *a member of a family* [illegible] *servant*; ii. 5. 15: [illegible]

[illegible] *to inhabit* [illegible] A., [illegible] i. 1. 9; 2. 6; 4. 6, 11: [illegible] 5. 16: v. 1. 13.

†οἴκημα, ατος, τό, *a dwelling*, vii. 4. 14.

†οἴκησις, εως, ἡ, *a residence*, vii. 2. 38.

†οἰκία, ας, *a house, dwelling*, ii. 2. 16.

†οἰκίζω, ίσω ιῶ, ᾤκισα 1., *to build a house or city; to colonize or people a place; to settle or establish in a residence*; A.; v. 3. 7; 6. 17: vi. 4. 14; 6. 2.

†οἰκο-δομέω, ήσω, ᾠκοδόμηκα, (δέμω *to build*) *to build, construct, erect*, a house, wall, tower, &c., A., i. 2. 9.

†οἴκοθεν adv., *from home*, iii. 1. 4.

†οἴκοι adv., *at home, in one's own country*: οἱ οἴκοι *those at home, one's family or countrymen*: τὰ οἴκοι *things at home*: i. 1. 10; 2. 1; 7. 4: v. 6. 20.

†οἰκο-νόμος, ου, ὁ, (νέμω) *a steward, manager*, ECONOMIST, i. 9. 19.

οἶκος, ου, ὁ, (akin to Lat. vicus, Eng. *-wick, -wich*, 139) *a house, home*, ii. 4. 8.

οἰκτείρω,* ερῶ, (οἶκτος *pity*, fr. οἶ *oh!*) *to pity, commiserate*, A., i. 4. 7: iii. 1. 19.

οἶμαι *methinks*, see οἴομαι, i. 3. 6.

οἶνος, ου, ὁ, vinum, WINE, 142, i. 2. 13; 5. 10: iv. 4. 9; 5. 26.

‡οἰνο-χόος, ου, ὁ, (χέω *to pour*) a wine-pourer, *cup-bearer*, iv. 4. 21.

οἴομαι* (mid. 1 sing. οἶμαι, inf. [illegible], more comm., esp. when the verb

[illegible] king of [illegible] famous of the [illegible] especially renowned [illegible] eloquence, [illegible] for his ten years' [illegible] home, v. 1. 2. [illegible] from which or [illegible] *from which* or [illegible] or *quarter*,

iii. 1. 38 ? v. 6. 2; 8. 20.

[illegible], [illegible], τό, (ν- in [illegible]) Lat. [illegible] (fr. nosco), what one is known by; a NAME; re-NOWN, reputation, i. 2. 28; 4. 11; 5. 4: ii. 6. 27. [vii. 4. 12.
Der. AN-ONYMOUS.

[illegible] adv., by name, vi. 5. 24:

[illegible], ου, ὁ ἡ, asinus, an ass: [illegible] [illegible], the wild ass: ὁ. [illegible] a grinding-jack, a mill-stone, esp. the upper one: i. 5. 2, 5: ii. 1. 6; 2. 20.

[illegible], -η, -α, -ας, &c., see εἰμί, i. 1. 11. Der. ONTO-LOGY.

[illegible], εος, τό, Fr. vin-aigre, sour wine, vinegar, ii. 3. 14.

[illegible], εῖα, ύ, sharp, acid, sour, v. 4. 29. Der. OXY-GEN.

ὅ-πῃ, see ἐν-ταῦθα, iii. 2. 29.

ὅ-πῃ or ὅ-πῃ adv., wherever, whither; by or in whatever or what way, how, as; in whatever or what direction, whither (soever); i. 3. 6; 4. 8: ii. 1. [illegible] iv. 2. 12, 24: vi. 1. 21.

[illegible] adv., ([illegible]; [illegible]) point of time), at whatever [illegible] time, &c., iii. 5. 18.

[illegible] a bird, vi. 1. 29.

[illegible], ὁ, ον, of a bird, bird's; [illegible] fowl, iv. 5. 31.

[illegible], ιθος, acc. ὄρνιν & ὄρνιθα, ὁ ἡ, ([illegible]) a bird, fowl, esp. domestic cock or hen; iv. 5. 25. Der. [illegible]LOGY.

[illegible], to rouse, raise; [illegible], to rise.]

Ὀρόντας or Ὀρόντης, ου or α, Orontas or -es, a Persian nobleman of the royal family, condemned to death for treason against Cyrus, i. 6. 1, 3 s. — 2. Satrap of Armenia, married to Rhodogune, daughter of the king, but afterwards disgraced for misconduct in the war against Evagoras of Cyprus, ii. 4. 8 s: iii. 5. 17.

ὄρος, εος (g. pl. ὀρέων & ὀρῶν both found), τό, (akin to ὄρνυμι) a mountain, i. 2. 21 s, 24 s. Der. OREAD.

ὄροφος, ου, ὁ, (ἐρέφω to cover) a roof, vii. 4. 16.

†ὀρυκτός, ή, όν, dug, dug out, excavated; of a ditch, artificial; i. 7. 14: iv. 5. 25.

ὀρύττω,* ὀρύξω, ὀρώρυχα, to dig, quarry, A., i. 5. 5: v. 3. 9.

ὀρφανός, ή, όν, orbus, bereft of parents, as an ORPHAN, vii. 2. 32.

ὀρχέομαι, ήσομαι, (ὄρχος row) to dance, v. 4. 34. Der. ORCHESTRA.

†ὄρχησις, εως, ἡ, a dance, dancing, vi. 1. 8, 11.

†ὀρχηστρίς, ίδος, ἡ, a female dancer, vi. 1. 12.

Ὀρχομένιος, ου, an Orchomenian, a man of Orchomenus (Ὀρχομενός), an ancient city in eastern Arcadia, [illegible]

[illegible] conj., and not, [illegible] yet (cf. οὔτε); [illegible] οὐ after [illegible] 1. 26; 3. 11: [illegible] emphatic adv., [illegible] even or also, cer- [illegible] neither, i. 3. [illegible] οὐδὲ not by any [illegible] For its compounds [illegible] forms οὐδὲ εἷς, [illegible] iii. 1. 2! vii. 6. 35.

[illegible] οὐδ-έν (εἷς) not [illegible] none: οὐδέν subst., [illegible] as to nothing, by no [illegible] all, i. 1. 8; 2. 22; 3. [illegible] ii. 5. 1: vi. 2. 10.

[illegible] even at any time, [illegible] indeed, not as yet. [illegible]

[illegible] way, however that might [illegible] certainly, esp. in [illegible] 12, 15 s, 22, 25; 3. 5 s; 5. 14.

[illegible] as adv., just where, the very [illegible], iv. 3. 25; see ὥσπερ.

[illegible] n-ever, i. 3. 5.

[illegible] not yet, not as yet, [illegible] 2. 6; [illegible] 25: cf. vii. 2. 35.

[illegible] (also written οὐ πώποτε) [illegible] at any time, never before, i. 4. 18.

[illegible], ᾶς, the tail: of an army, the rear, iii. 4. 38, 42! vi. 5. 5 s.

[illegible], ας, the rear-command, rear-guard, iii. 4. 42: v. l. οὐρά.

[illegible], οῦ, ὁ, (ἄγω) a rear-leader, the rearmost or last man in a file, who of course became the first when the direction of the file was reversed, iv. 3. 26, 29.

οὐρανός, οῦ, ὁ, *heaven, the heavens, sky*, iv. 2. 2. Der. Uranus.

οὖς,* *ὠτός, τό*, auris, *an ear*, iii. 1. 31: vii. 4. 3 s. Der. PAR-OTID.

οὕς *whom, which*, see *ὅς*, i. 4. 9.

οὖσα, οὖσι(ν), see *εἰμί*, i. 4. 15; 5. 9.

οὔ-τε conj., by apostr. **οὔτ'** or **οὔθ'**, ne-que, *and not, nor: οὔτε .. οὔτε neither .. nor: οὔτε .. τε* neque .. et, *both not .. and*. *Οὔτε* is commonly thus doubled in whole or part, as both primary and secondary connective, and is thus distinguished from the conj. *οὐδέ* (yet *μὲν οὔτε .. δέ*, vi. 3. 16). i. 2. 26; 3. 11: ii. 5. 4, 7. Cf. *μή-τε*.

οὕ-τινες, see *ὅστις*, i. 4. 15.

οὔ-τοι *certainly not, not by any means*, vii. 6. 11: *v. l. οὔτι not at all*.

οὗτος,* *αὕτη, τοῦτο*, demonst. pron.,

[illegible] of [illegible] the court of

[illegible] ἐπάγγελμα, παγ- [illegible] beside a la- [illegible]

[illegible] luxury, vol- [illegible]

[illegible] comp. fr. παν- [illegible] for all work, [illegible] crafty, perfidi- [illegible] 5. 26.

[illegible] rough breathing [illegible] πάντα, see πᾶς.

[illegible] adv., all to all, all [illegible] wholly, entirely, ab- [illegible] 1; ii. 5. 18, 21.

[illegible] or πανταχοῦ, every- [illegible] all places, anywhere, [illegible] 30.

[illegible] quite to the end, [illegible] wholly, ii. 2. 11.

[illegible] everywhere, on all

[illegible] wholly, altogether, very, [illegible]; at all; i. 5. 7; 3. 14: ii. [illegible] vii. 6. 4.

[illegible]* (ch. poet., pres. not in use), [illegible], πέπᾶμαι, potior, to acquire; [illegible] [to have acquired] to possess, hold in possession, A., i. 9. 19: iii. [illegible] i. 12: vii. 6. 41.

[illegible]* prep., by apostr. παρ', beside; (a) w. Gen., comm. of person, from beside, from the side or sphere of, from, often implying some action or influence; hence sometimes w. pass. verb, by, 604. 9; i. 1. 5; 2. 16; 7. 2; 9. 1: ii. 6. 14: v. 2. 25:—(b) w. Dat., comm. of person, at or by the side of, beside, near, about, with; at the court of; in the house, service, care, or esteem of; i. 1. 5; 2. 27; 3. 7; 9. 29: ii. 6. 26: vi. 2. 2: τὰ παρ' ἐμοί the advantages in my service, i. 7. 4:—(c) w. Acc. of person, to the side of, to, towards, i. 2. 12; 3. 7; 6. 3:—of place (sometimes of person, &c.) through the space beside, along side of, along, beside, by, past, near, about, i. 2. 13, 24; 3. 5: iii. 1. 32: iv. 7. 16: παρ' ὀλίγον [alongside of a little] of little account, vi. 6. 11: παρὰ πότον with drink, ii. 3. 15:—of words expressing obligation, opinion, &c., [along by or beside] beyond, contrary to, against, in violation of, i. 9. 8: ii. 1. 18; 5. 41: v. 3. 17: vii. 6. 36. Its uses in compos. are similar.

παρα-βαίνω,* βήσομαι, βέβηκα, 2 a. ἔβην, to go beyond, transgress, violate, break, A., iv. 1. 1.

παρα-βοηθέω, ήσω, βεβοήθηκα, to hasten [by other troops] forward to give aid, iv. 7. 24.

παρ-αγγέλλω, ελῶ, ἤγγειλα, [illegible] γειλα, to send word to or along, pass the word, and thus to direct, command,

[illegible] ... 7. 36, 12: v. 6. [illegible]

[illegible], see πάρ-ειμι [illegible]

[illegible], see παρ-[illegible]

[illegible], see παρα-[illegible], i. [illegible]

[illegible], to have or hold by [illegible] ..., hence, to hand over, offer, [illegible], furnish, provide, present, give, render; to cause or make for a person, and hence, to produce, excite, or inspire in him; to give up, deliver up, surrender, yield; A. D. I., εἰς: i. 1. 11: ii. 1. 11; 3. 22, 20 a; 4. 10 a: vi. 6. 16, 20: M. to render or make for one's self; to contribute or exhibit of one's own; A.; ii. 6. 27: vi. 2. 1[illegible].

παρ-εγγύων, see παρ-εγγυάω.

παρ-ῆσαν, see πάρ-ειμι (εἰμι), iv. 2. 1[illegible].

παρ-ήλασα, see παρ-ελαύνω, i. 2. 17.

παρ-ῆλθον, see παρ-έρχομαι, i. 7. 16.

παρ-ῆν, -ῇ, -ῆσθα, see πάρ-ειμι.

† Παρθένιον, ου, *Parthenium*, a small town in the southwest part of Mysia, not far from Pergamum, vii. 8. 15, 22.

† Παρθένιος, ου, ὁ, *the Parthenius*, a river on the usual boundary between Bithynia and Paphlagonia, said to have been named from the virgin Diana's bathing in it, v. 6. 9: vi. 2. 1. ‖ The Bartan-Su.

παρθένος, ου, ἡ, *a virgin, maiden*, iii. 2. 25. Der. PARTHENON.

Παριανός, οῦ, (Πάριον) *a Parian*, a man of Parium, vii. 3. 16.

παρ-ιέναι, -ιών, see πάρ-ειμι (εἶμι).

παρ-ίημι, * ἥσω, εἷκα, a. ἧκα (ἵημι, εἷμαι, &c.) to send by, let pass, *yield, allow*, D. I., v. 7. 10: vii. 2. 15.

Πάριον, ου, *Parium*, a commercial

[illegible]

ch. poet., [illegible] approach,

[illegible] a man [illegible] an ancient town [illegible] easterly of [illegible] 15. ‖Tzerkoví

[illegible] Peloponnesian: [illegible], the Peloponne- [illegible] general accounted [illegible] Greece, and who [illegible] the more moun-

[illegible] by Pelops, an [illegible] [illegible] the subject of many [illegible] [illegible] i. 4. 2. ‖Morea.

[illegible]

[illegible] western part of Phrygia, i. 2. 10. ‖On or near the plain Baklan-Ovah.

[illegible], a targeteer, peltast. The [illegible] not only carried a lighter shield ([illegible]), but were in other respects more lightly armed than the [illegible]; and were therefore less adapted to the shock of arms, but better fitted for rapid movements. i. 2. [illegible] 7. 10; 10. 7.

†[illegible], ή, όν, relating to or consisting of peltasts: [illegible], sc. [illegible], light-armed force, light infantry, targeteers, i. 8. 5: vii. 3. 37.

[illegible], ης, a target, targe, or pelta, a small, light shield, often of crescent shape, more used by the Thracians and other barbarians than by the Greeks. It had comm. a wooden (often wicker) frame, covered with leather, and sometimes strengthened by a thin metallic front. i. 10. 12 (acc. to some, here = παλτόν, which Rehdantz substitutes): v. 2. 29.

†[illegible], α, ον, on the fifth day, five days dead, vi. 4. 9.

[illegible], η, ον, (πέντε) fifth, iii. 4. 24: iv. 7. 21.

[illegible],* ψω, πέπομφα, to send, D. A. P. (esp. fut. 598 b), εἰς, παρά, πρός, &c., i. 1. 8; 3. 8, 14: ii. 1. 2, 17. Der. pompa, POMP, POMPOUS.

†[illegible], ητος, ὁ, adj., poor: subst., a poor man: vii. 7. 28.

†πενία, ας, poverty, vii. 6. 20. Cogn. penūria, penury.

[illegible], in pr. and ipf., to toil for daily bread, be poor, live in poverty, iii. 2. 26. [hundred, i. 2. 3a, 6.

†[illegible], αι, α, (ἑκατόν) five

[illegible] indecl., quinque, five, i. 2. 3, 11. Der. PENTA-GON.

[illegible] round about, [illegible] vii. 8. 12.

[illegible] way round, [illegible] Der. PERIOD.

[illegible] to doubt [illegible]

[illegible] 7. 40, 44, 49.

[illegible] Der. PERIPA-[illegible]

[illegible] i. 3. 28.

[illegible] *to fly about*, [illegible]

[illegible] l., *to* [illegible] *to be frozen* [illegible] iv. 5. 14.

[illegible] *throw one's self* [illegible] *fall on and embrace*; [illegible] i. 3. 28: vii. 3. 38.

[illegible] vii. 1. 20.

[illegible] *A. & M.* [illegible] *to work round*, [illegible] *acquire*, *gain*, A.

[illegible] *to fold round*, [illegible] 20. 9.

[illegible] *encompass*, A., [illegible] *to*

[illegible]

[illegible] vii. 6. 7.

[illegible] *conspicuously*, *evidently*, [illegible] iv. 5. 4.

[illegible] *to carry round*, A., vii. 3. 24. Der. PERIPHERY.

[illegible] *greatly alarmed*, *much terrified*, *in great alarm* or *terror*, iii. 1. 12.

Πέρσης, ου, *a Persian*, one of a people early restricted to the country of Persis (Περσίς, in its native form *Parsa*, whence the modern *Fars*) northeast of the Persian Gulf and south of Media, but by successive conquests extending their power "from India even unto Ethiopia, over an hundred and seven and twenty provinces" (Esther, 1. 1), an empire far greater than any before presented in history. In the time of Xen., the Persians had lost their early simplicity and vigor, and soon after fell an easy prey to the arms of Alexander. After their unsuccessful attempts to conquer Greece in the reigns of Darius and Xerxes, they interfered in Greek affairs chiefly by their money, which they employed in subsidizing states and corrupting public men. i. 2. 20 (as adj.); 5. 8.

†**Περσίζω**, *ίσω*, *to speak Persian*, iv. 5. 34.

†**Περσικός**, ή, όν, *Persian*: τὸ Περσικὸν [sc. ὄρχημα] ὀρχεῖσθαι *to dance*

[illegible] (πλέως full) [illegible] ἀγορά, [illegible]

[illegible]) adv. as [illegible] i. 1. 6; 3. 6: [illegible] that, save [illegible]; 9. 29.

[illegible] full) plēnus, [illegible] with, abounding [illegible] 1; 3. 9: ii. 3. [illegible], PLENTY.

[illegible], to come [illegible], D., i. 5. 2: [illegible] near:] hence

[illegible] i. e. ship of war, in dis[illegible] the rounder ship of [illegible] v. 1. 11.

[illegible] (πλέω) [illegible] sailing; hence, sing. and pl., [illegible] for sailing: α., εἰς, ἐξ: v. 7. [illegible]; 4. 2.

[illegible] full, akin to πλέως, 240. 4.]

[illegible], α, ον, ο., rich, wealthy, [illegible] 16; vii. 3. 18; 7. 28.

[illegible] adv., in wealth, iii. 2. 26?

[illegible], ήσω, πεπλούτηκα, to be or become rich, to possess or acquire wealth, [illegible] 2. 19: ii. 6. 21; vii. 7. 9, 28, 42.

†πλουτίζω, ίσω ιῶ, πεπλούτικα, to make rich, enrich, A., vii. 6. 9.

[πλοῦτος, ου, ὁ, (πλέος full) wealth, riches. Der. PLUTUS.]

†πνεῦμα, ατος, τό, wind, breath, iv. 5. 4: vi. 1. 14; 2. 1. Der. PNEUMATICS.

πνέω,* πνεύσομαι, πέπνευκα, to blow, breathe, iv. 5. 3. Der. DYS-PNŒA.

πνίγω,* ξω, to choke, drown, A., v. 7. 25.

πο-δαπός, ή, όν, (πός; & δάπεδον ground, or ἀπό) cujas? of what country? iv. 4. 17.

†ποδ-ήρης, ες, (ἀρ-) reaching to the feet, i. 8. 9.

†ποδίζω, ίσω ιῶ, to fasten by the feet, fetter, iii. 4. 35.

ποδός, ποδῶν, &c., see πούς, [illegible]

πόθεν; (πός;) unde, whence? v. [illegible]

ποθέν encl., (πός) from any place or quarter, vi. 3. 15.

... iii. 4. 19.

πόνος, ου, ὁ, (πένομαι) *toil, labor, hardship, trouble, difficulty*: οἱ [illegible] *the fruits of our toil*: ii. 5. 18: iii. 1. 12: vii. 6. 9. Der. GEO-PONICS.

πόντος, ου, ὁ, *a sea* or *sea-basin* (while θάλαττα signifies rather the *water* of the sea, or the body of sea-water); hence, even *the region about a sea*, as its basin: ὁ Πόντος *the Pontus*, sp. used for ὁ Πόντος Εὔξεινος *the Euxine* or *Black Sea*, or its basin or surrounding region, iv. 8. 22: v. 1. 1; 6. 15 s, 19 s. Der. PONTIC.

†πορεία, ας, *a journey, march, passage, course, route, way, mode of travelling*: τὴν π. ποιεῖσθαι *to make the march, pursue one's journey, to march, proceed*: i. 7. 20: ii. 2. 10: iii. 1. 5; 4. 36, 44: iv. 4. 18: v. 6. 12.

†πορευτέος, α, ον, *necessary to be passed* or *crossed, which one must cross*, D.: πορευτέον (ἐστίν) *it is necessary to march* or *proceed, one must*, &c., AE.: ii. 2. 12; 5. 18: iv. 1. 2; 5. 1.

πορεύω, εύσω, a. p. as m. ἐπορεύθην, (πόρος) *to make go, convey*: *M. to go, proceed, march, advance, set forth, journey, travel*, esp. by land, AE., διά, ἐπί, παρά, πρός, &c., i. 2. 1, 4; 3. 4, 7: ii. 2. 11 s, 14: iii. 4. 46: v. 3. 1.

πορθέω, ήσω, πεπόρθηκα, (πέρθω *to ravage*) *to ravage, lay waste, plunder*, A., v. 7. 14: vii. 7. 3, 12.

†πορίζω, ίσω ιῶ, πεπόρικα, *to provide, supply, furnish, bestow*, A. D., ii. 3. 5; iii. 3. 20; 5. 8: — *M. to provide for one's*

[illegible]

[illegible] ἤργμαι, to be- [illegible] i. 3. 17? [illegible] βέβηκα, 2 a. [illegible] or forward, [illegible] i. 13: iv. 2. 28? [illegible] βέβληκα, 2 a. [illegible] before: M. to throw [illegible] to bring forward, [illegible] to throw for- [illegible]

[illegible] ου, a betrayer, traitor, [illegible] vi. 6. 7.

προ-δοῦναι, -δούς, see προ-δίδωμι.

προ-δραμών, see προ-τρέχω, i. 5. 2.

προ-δρομή, ῆς, a running forth, outset, sally, iv. 7. 10.

προ-έδωκα, -δώσω, see προ-δίδωμι.

προ-ειλόμην, see προ-αιρέω, vi. 6. 19.

πρό-ειμι,* ipf. προῄειν, (εἶμι) to go forward or before, go on, advance, proceed, precede, ἀπό, εἰς, &c., i. 2. 17; 3. 1; 4. 18: ii. 1. 2, 6, 21? 2. 19.

προ-εῖπον, 2 a. to προ-αγορεύω or προ-λέγω, i. 2. 17.

προ-εστήκασι, see προ-ΐστημι, i. 2. 1?

προ-ελαύνω,* ἐλάσω ἐλῶ, ἐλήλακα, to ride forward or before, push on or forward, advance, i. 10. 16: vi. 3. 14.

προ-εληλυθα, -ελθών, see προ-έρχομαι.

προ-εργάζομαι,* άσομαι, εἴργασμαι, to work out or earn before or previously, A., vi. 1. 21.

προ-έρχομαι,* ἐλεύσομαι, ἐλήλυθα, 2 a. ἦλθον, to go, come, or march forward or before, to advance, proceed, A. of extent, εἰς, ii. 3. 3: iii. 3. 6; 4. 37.

προ-ερῶ, f. to προ-αγορεύω or προ-λέγω, vii. 7. 18: cf. 3.

προ-έσθαι, -έμενος, see προ-ΐημι.

προ-εστήκασι, see προ-ΐστημι, i. 2. [illegible]

προ-έχω,* ἕξω, ἔσχηκα, to have [illegible]

self before another, *to surpass, have the advantage of*, G. or T. A., iii. 2. 19.

προ-ηγέομαι, ήσομαι, ήγημαι, *to lead forward*, AE., vi. 5. 10 : vii. 3. 42 †

προ-ηγορέω, ήσω, (προ-ήγορος *an advocate*, fr. ἀγορά) *to speak in behalf of* others, v. 5. 7.

προ-ῆσαν, see πρό-ειμι, i. 8. 14.

προ-ῆλθον, see προ-έρχομαι, ii. 3. 3.

προ-θέω,* θεύσομαι, *to run* or *hurry on before* or *forward*, v. 7. 21 † 8. 13.

†**προ-θυμέομαι**, ήσομαι, a. προὐθυμήθην, *to be eager, earnest, zealous, very desirous, anxious ; to desire* or *seek earnestly* or *ardently, urge* ; I. (A.) : *to be closely attentive, observe* or *watch closely*, el : τὸ προθυμεῖσθαι *eagerness* ; i. 9. 24 : ii. 4. 7 : iii. 1. 9 : vi. 4. 22 †

†**προ-θυμία**, ας, *readiness, good-will, alacrity, eagerness, zeal*, περί, i. 9. 18 : vii. 6. 11 ; 7. 45.

πρό-θυμος, ον, c., s., having a forward mind, *with good-will, willing, forward, ready, prompt, earnest, eager, zealous*, i. 3. 19 ; 4. 15 ; 7. 8 : iii. 2. 15.

‡**προ-θύμως**, c. ότερον, *willingly, readily, earnestly, eagerly, zealously*, i. 4. 9 ; 10. 10 : iii. 1. 5 : v. 2. 2.

προ-θύομαι, ύσομαι, *to direct a sacrifice*, vi. 4. 22 : v. l. προθυμέομαι.

προ-ΐδοιμι, -ίδωμαι, see προ-οράω.

προ-ιέναι, -ιών, see πρό-ειμι, i. 3. 1.

προ-ΐημι,* ήσω, εἷκα, a. ἧκα (ὦ, &c.), *to send forth, send* or *grant to one*, D. E., vii. 2. 15 † *M. to give up one's self* or *one's own, surrender, commit, intrust ; to bestow first* or *freely ; to give up, betray, desert, abandon* ; A. D., i. 9. 9 s, 12 : v. 8. 14 : vii. 3. 31 ; 7. 47.

προ-ΐστημι,* στήσω, ἔστηκα, to place before : pf. pret., *to stand* or *be at the head of* or *in command of, preside over, lead, rule, command*, G., i. 2. 1 : vi. 2. 9 ; 6. 12 : vii. 1. 30 ; 2. 2.

προ-καίω & Att. **κάω**,* καύσω, κέκαυκα, *to burn* or *kindle before*, A. πρό, vii. 2. 18 : v. l. καίω.

προ-καλέω,* καλέσω καλῶ, κέκληκα, ch. *M., to call forth* to one's self, A. ἐκ, vii. 7. 2 : v. l. προσκαλέω.

προ-καλύπτω, ύψω, (καλύπτω *to cover*) *to place a covering before, cover, veil*, A., iii. 4. 8.

προ-κατα-θέω,* θεύσομαι, *to* [run along] *make an excursion in advance*, vi. 3. 10 : v. l. καταθέω.

προ-κατα-καίω & Att. **κάω**,* καύσω, κέκαυκα, *to burn* [down] or *destroy in advance* or *before* others, i. 6. 2.

προ-κατα-λαμβάνω,* λήψομαι, εἴληφα, 2 a. ἔλαβον, pf. p. εἴλημμαι, a. p. ἐλήφθην, *to seize* or *occupy in advance* or *beforehand*, or *before* or *against* others, *to pre-occupy, secure*, A. D., i. 3. 14, 16 : ii. 5. 18 : iii. 4. 38.

πρό-κειμαι,* κείσομαι, *to lie forth, jut out*, ἐν, vi. 4. 3.

προ-κινδυνεύω, εύσω, κεκινδύνευκα, *to incur danger* [before] *in defense* or *behalf of* another, vii. 3. 31.

Προ-κλῆς, έους, *Procles*, a descendant of the Spartan Damaratus, and prince of Teuthrania in Asia Minor, who befriended the Cyreans, ii. 1. 3.

προ-κρίνω,* κρινῶ, κέκρικα, a. p. ἐκρίθην, *to select* before, *prefer*, A., vi. 1. 25.

προ-λέγω,* λέξω, *to tell, bid*, or *warn publicly*, vii. 7. 3. Der. PROLOGUE.

προ-μαχεών, ῶνος, ὁ, (μάχομαι) propugnaculum, *a rampart, battlement*, vii. 8. 13 : v. l. προμαχών.

προ-μετωπίδιον, ου, (μέτ-ωπον *forehead*, fr. ὤψ *eye*) a covering for the forehead, *frontlet, head-piece*, i. 8. 7.

προ-μνάομαι, a. ἐμνησάμην, ipf. προὐμνώμην, (μνάομαι* *to sue*) *to solicit* or *plead for* another, AE., vii. 3. 18.

προ-νοέω, ήσω, νενόηκα, also *M., to think* or *consider for, take thought* or *provide for* or *in behalf of*, G. AE., vii. 7. 33, 37.

πρό-νοια, ας, (νόος) *forethought, kind* or *provident care*, vii. 7. 52.

προ-νομή, ῆς, [an arranging forth] *a regular foray* or *foraging party*, v. 1. 7 : for σὺν π., v. l. συμπρονομεῖν.

†**προ-ξενέω**, ήσω, προὐξένηκα, to act as a πρόξενος in setting forth an entertainment ; hence, *to set before*, A. D., vi. 5. 14.

πρό-ξενος, ου, ὁ, *a public guest-friend* or *agent*, a citizen of one state, who acted as a *patron* or *agent*, and *entertainer*, for the citizens or ruler of another state, receiving privileges and honors in return, v. 4. 2 ; 6. 11.

‡**Πρόξενος**, ου, *Proxenus*, a Cyrean general from Thebes in Boeotia, and an intimate friend of Xenophon, who writes his eulogy without concealing his defects as a commander, i. 1. 11 ; 5. 14 : ii. 1. 10 ; 6. 16 : iii. 1. 4.

προ-οίμην, see προ-ΐημι, i. 9. 10.

προ-οράω,* όψομαι, ἑώρακα or ἑόρακα,

[illegible] iv. 1. 26 ; 5. 11 : vi. 2. 12.

[illegible], to ask in addition besides, ask for more, [illegible] : vii. [illegible]

[illegible] vi. 4. [illegible]

[illegible], as aor. of [illegible], to [speak up] proclaim or announce besides, OP., vii. 1. 11 : [illegible]

προσ-βαίνω,* βήσομαι, βέβηκα, to step against or upon, πρός, iv. 2. 28?

προσ-βάλλω,* βαλῶ, βέβληκα, 2 a. ἔβαλον, to throw or strike against, to [throw one's self] advance against, assault, attack, make an attack, πρός, iv. [illegible] 21 ; 6. 13 ; 7. 2 : v. 2. 4 : vi. 2. 7.

προσ-βατός, ή, όν, (βαίνω) accessible, iv. 3. 12 ; 8. 9.

προσ-βολή, ῆς, (βάλλω) an attack, assault, charge, iii. 4. 2 : vi. 5. 25?

προσ-γίγνομαι,* γενήσομαι, γεγένημαι & 2 pf. γέγονα, 2 a. ἐγενόμην, to be added, joined, or attached to, to join, esp. as an ally, D., iv. 6. 9 : vii. 6. 29.

προσ-δανείζω, είσω, δεδάνεικα, (δανείζω to lend) to lend in addition : M. to borrow an additional sum, 581, vii. 5. 5.

προσ-δέω,* δεήσω, δεδέηκα, to need in addition : impers. προσδεῖ there is need besides, there is further or additional need, G., iii. 2. 34 : v. 6. 1 : — M. to need or desire as an addition or beyond what one has, G., vi. 1. 24.

προσ-δίδωμι,* δώσω, δέδωκα, to give besides or in addition, to add, A., i. 9. 19.

προσ-δοκάω, ήσω, δεδόκηκα I., (akin to δοκέω, the simple δοκάω not used) to think towards, expect, look or wait for, A., I. (A.), iii. 1. 14 : vii. 6. 11.

προσ-δραμών, see προσ-τρέχω.

προσ-είληφα, see προσ-λαμβάνω.

πρόσ-ειμι,* ipf. ᾔειν, (εἶμι q. v.) to go or come to or towards, come up or on, come near, approach, advance, D., εἰς, πρός, i. 5. 14 ; 7. 5 ; 8. 11 : ii. 4. 2.

προσ-ελαύνω,* ἐλάσω ἐλῶ, ἐλήλακα, to ride or march to, towards, up, forward, or against, i. 5. 12 ; 7. 16 : vi. 3. 7.

[illegible] w. DAT., in front [illegible] face to face with, [illegible] besides, in addi[tion] [illegible] 14 : ii. 3. 4 : iii. [illegible] w. dat. om., as [illegible] [this], moreover, [illegible] — (c) w. ACC. of [illegible], sometimes of [illegible], to the front [illegible] before, at, near, [illegible] (πρὸς w. acc. [illegible] words of motion, [illegible] friendly or hostile [illegible] i. 1. 3, 5 s ; 2. 1 ; [illegible] 9. 22 : ii. 4. [illegible] — hence, in gen[eral] [illegible] to or towards which [illegible] or related in view, [illegible] purpose, &c., in view [illegible] concerning, about, for, [illegible] in accordance with, [illegible] 11 s ; 5. 20, 29 : [illegible] in view of or in [illegible], in respect to this, [illegible], accordingly, [illegible] τὰ πρὸς σέ, as to [illegible] you, towards [illegible] (d) in compos., to,

[illegible]

[illegible] *to honor be-* [illegible] *prefer, select,* [illegible]

[illegible] *forward* or *before,* [illegible] i. 5. 2: iv. 7. 10: [illegible]

[illegible] for προ-ε, v. 8. 9.

[illegible] προ-δίδωμι, iii. 1. 2.

[illegible] πέφαγκα, *to show* [illegible] *to appear before* or [illegible] *in front, in the* [illegible]; *to come in* [illegible] *appearance;* D.; i. 8. [illegible]

[illegible] 13: vi. 4. 21: vii. 3. 26.

[illegible] *the stern of a vessel,* v. 8. 20.

[illegible] adv., [illegible] *early in the morning,* ii. 2. 1: iii. 4. 1 (*earlier than* [illegible], *very early,* 314): vi. 5. 2.

[illegible] (πρό) prora, *the forepart of a vessel,* PROW, *bow,* v. 8. 20.

[illegible] ὁ, *the commander in the prow, prow-officer,* v. 8. 20.

[illegible] οῦ, ὁ, *a van-leader,* ii. 2. 16: v. l. πρῶτος.

[illegible] εύσω, πεπρώτευκα 1., *to be first, hold the first place,* παρά, ii. 6. 26.

[illegible] η, ον, (πρό q. v.) primus, *first,* in place, rank, or time, *foremost, chief, earliest;* often w. adverbial force (509); i. 3. 1; 6. 9: ii. 2. 12, 16: 6. 17, 26: — τὸ πρῶτον subst., *the first;* ἀπὸ or ἐπὶ τοῦ πρώτου *from* or *at the first,* iv. 3. 9; (τὸ) πρῶτον as adv., or as an appositive to a sentence, *first, at (the) first, in the first place, as the first thing,* i. 2. 16; 9. 2, 5, 7; 10. 10: ii. 5. 7: iii. 2. 1: vi. 3. 23, 25: so πρῶτα, iii. 2. 27: Der. PROTO-TYPE.

πταίω, πταίσω, ἔπταικα, (akin to πίπτω) *to fall, strike,* or *dash against* or *upon,* iv. 2. 3: *v. l.* παίω.

πτάρνυμαι,* 2 a. a. ἔπταρον, *to sneeze,* iii. 2. 9.

πτέρυξ, υγος, ἡ, (πτερόν *wing,* fr. πέτομαι) *the wing* of a bird; a flexible *skirt* or *flap* at the bottom of the Greek corselet, usu. of leather strengthened by metallic plates; i. 5. 3: iv. 7. 15 (*v. l.* dim. πτερύγιον).

πυγμή, ῆς, (πύξ) pugnus, *the fist; boxing* (rendered more severe among the Greeks by the use of the cestus), iv. 8. 27. Der. PYGMY.

Πυθαγόρας, ου, *Pythagoras,* a Spartan admiral, i. 4. 2. The commander

[illegible] Rhodes [illegible] a large and [illegible] the southwest [illegible] colonized by the [illegible] city of the [illegible] 408), at the [illegible] harbor stood the [illegible] Rhodians were [illegible] 16 s; 5. 8.

[illegible] a military fort, [illegible] Rōma.

[illegible] perhaps the same with Gobryas, i. 7. 12.

Σ.

σά, see σός, vii. 7. 44. — σᾶ or σῶα, see σῶς, v. 1. 16.

σάγαρις, εως, ἡ, (fr. Pers.) *a battle-axe, halberd, bill*, iv. 4. 16: v. 4. 13.

σακίον or σακκίον, ου, (dim. of σάκος, see σάκκος, a SACK) *a small bag*, wrapper of sackcloth, iv. 5. 36.

Σαλμυδησσός, οῦ, ὁ, *Salmydessus*, the Thracian coast of the Euxine from the Bosphorus to the Thynian cape, dangerous from its shoals, lack of harbors, and predatory wreckers, and contributing largely to the early ill-repute of this sea, vii. 5. 12. The name was also given to a town on this coast, now Midia.

†σαλπιγκτής or σαλπικτής, οῦ, *a trumpeter*, iv. 3. 29, 32: vii. 4. 19.

σάλπιγξ, ιγγος, ἡ, tuba, *a trumpet, trump*, usu. of bronze and straight, while the κέρας (cornu, *horn*) was curved. It was greatly used in Greek armies to direct and inspirit their movements. iii. 4. 4: iv. 2. 7 s: vii. 3. 32.

‡σαλπίζω,* σαλπίσω l., a. ἐσάλπιγξα, *to sound* or *blow* with a trumpet, AN.: ἐπεὶ ἐσάλπιγξε, sc. ὁ σαλπιγκτής, *when the trumpeter blew, at the sound of the trumpet*, 571 b: i. 2. 17: vii. 3. 32.

Σάμιος, ου, ὁ, *a Samian*, a man of Samos (Σάμος), one of the most important islands in the *Ægēan*, colonized by the Ionians, and early famed for its arts, commerce, and maritime power, standing with the neighboring Milētus and Ephesus at the head of the Ionian states. Its chief city and harbor had the same name. It was the birthplace of Pythagoras. Its patron deity was Hēra (Jūno), who had here her greatest temple. i. 7. 5. ‖Samo.

Σαμόλας, ου or α, *Samolas*, a Cyrean officer from Achaia, v. 6. 14.

Σάρδεις, εων, αἱ, *Sardes* or *Sardis*, an ancient city on the Pactōlus, the capital of Lydia, the luxurious residence of Crœsus, the chief city of the dominions of Cyrus the Younger, and later the seat of one of the early churches; still showing, in its ruins, traces of its former magnificence; i. 2. 2 s, 5; 6. 6: iii. 1. 8. ‖ Sart.

Σάρος v. l. for Ψάρος, i. 4. 1.

†**σατραπεύω**, εύσω, *to be a satrap, to rule* or *govern as satrap*, G., A., 472 d, i. 7. 6: iii. 4. 31.

σατράπης, ου, (fr. Pers.) *a* SATRAP, a Persian *viceroy* or *governor* of a province, ruling at the pleasure of the king, but with largely discretionary power over life and property. Acc. to Hdt. (3. 89), Darius I., the great organizer of the Persian Empire, divided it into 20 satrapies. i. 1. 2; 9. 7.

Σάτυρος, ου, ὁ, *a Satyr*, a fabulous being combining the forms of a man and a goat, an attendant upon Bacchus, and devoted to the pleasures of sense, i. 2. 13.

σαυτοῦ, -ῷ, -όν, see σεαυτοῦ.

σαφής, ές, *clear, plain, manifest, evident*, iii. 1. 10.

↓**σαφῶς** *clearly, plainly, manifestly, evidently, certainly*, i. 4. 18: ii. 5. 4.

σέ te, *thee, you*, see σύ, ii. 5. 3 s.

↓**σε-αυτοῦ**,* ῆς, contr. **σαυτοῦ**, ῆς, refl. pron., *of thyself* or *yourself*; in gen. often = thus, *your own*: ἡ σεαυτοῦ, sc. χώρα, *your own country*: i. 6. 7: ii. 5. 16: vii. 2. 37; 7. 23; 8. 3.

Σελῖνοῦς, οῦντος, ὁ, (σέλῖνον *parsley*) *Selīnus*, the name of a small river flowing by the temple of Diāna at Ephesus; and of another (now the Crestena) flowing through the grounds consecrated to her at Scillus; v. 3. 8.

σέσωσμαι, see σῴζω, v. 5. 8.

Σεύθης, ου, *Seuthes* II., a Thracian prince, son of Mæsades and descendant of Teres, assisted by the Cyreans to recover his paternal dominion, but far better to promise than to bestow a recompense. He afterwards sent 500 troops to aid Dercyllidas in Bithynia; and had later, B. C. 390, a quarrel with his former patron Medocus, which Thrasybūlus reconciled, bringing both *into friendship with Athens*. v. 1. 15.

Σηλυβρία or **Σηλυμβρία**, ας, *Selybria*, a Megarian city on the north shore of the Propontis, vii. 2. 28; 5. 15. ‖ Selivri.

σημαίνω, ανῶ, σεσήμαγκα l., ἐσήμηνα or -ᾱνα 152 c, (σῆμα *sign*) *to make* or *give a sign* or *signal*; *to indicate* or *show* by an omen or other sign, *signify, give notice*; often referring to a σαλπιγκτής implied, as ἐσήμηνε [the trumpeter gave the signal] *the signal was given*, 571 b; AE., D. I. (w. ὅτι), CP.; ii. 1. 2; 2. 4: iii. 4. 4: iv. 2. 23, 32: vi. 1. 24, 31; 3. 15: vii. 2. 18.

σημεῖον, ου, (σῆμα *sign*) signum, *a sign, mark, signal, standard*, i. 10. 12: ii. 5. 32: vi. 2. 2.

†**σησάμινος**, η, ον, *made from sesame*, iv. 4. 13.

σήσαμον, ου, SESAMÉ, *oil-seed*, sing. and pl., the seed of the sesamum, an oriental leguminous plant still much cultivated for the food and the excellent and abundant oil furnished by its seed, i. 2. 22: vi. 4. 6.

†**σῑγάζω**, άσω, l. exc. in pres., *to try* or *endeavor to silence*, A., vi. 1. 32 !

†**σῑγάω**, ήσομαι, σεσίγηκα, *to be or remain silent, keep silence*, v. 6. 27.

σῑγή, ῆς, *silence*, i. 8. 11: ii. 2. 20.

σίγλος, ου, ὁ, (akin to Heb. *shekel*) *a siglus*, = 7½ Attic oboli, or about 25 cents, i. 5. 6.

†**σιδηρεία**, ας, *the working in iron*, v. 5. 1.

†**σιδήρεος**, έα, εον, contr. οῦς, ᾶ, οῦν, made *of iron* or *steel*, v. 4. 13.

[**σίδηρος**, ου, ὁ, ferrum, *iron*.]

Σικυώνιος, ου, ὁ, *a Sicyonian*, a man of Sicyon (Σικυών), a very ancient city, with a small territory, on the northern coast of the Peloponnese, between Achaia and Corinth. It was conquered by the Dorians; but retained a large Ionian element, and varied in its political relations and form of government. It was famed for its schools of painting and sculpture; and in general for the arts of peace, rather than for energy in war, or the maintenance of liberty. iii. 4. 47. ‖ Vasilikà.

Σιλᾱνός, οῦ, *Silānus*, a soothsayer from Ambracia in Epirus, more shrewd than trustworthy, i. 7. 18: v. 6. 16 s. — 2. A youthful trumpeter from Macistus in Triphylian Elis, vii. 4. 16.

[illegible]

[illegible] (φέρω) *carrying* [illegible] *as a baggage-carrier*, [illegible] *a common beast of burden*; τὸ σκευοφόρον *the baggage-division*, *baggage-train*, *baggage*; i. 2. 7; 10. [illegible] 17: iii. 2. 28, 36; 3. 19.

†σκηνάω, ήσω, = σκηνέω, v. 5. 9? vii. 4. 19?

†σκηνέω, ήσω, & σκηνόω, ώσω, ἐσκήνωσα, *to pitch* or *to occupy a tent* (the former sense belonging rather to σκηνάω, and the latter rather to σκηνέω), *encamp* or *be encamped*, *quarter* or *be quartered*, *lodge*, ἐν, κατά, &c., i. 4. 9: ii. 4. 14: iv. 4. 14; 5. 23, 33; 7. 27.

σκηνή, ῆς, *a tent*: αἱ σ. *the tents*, *camp*: i. 2. 17 s; 4. 3. Der. SCENE.

‡σκηνόω, ώσω, see σκηνέω, iv. 5. 23.

‡σκήνωμα, ατος, τό, *a tent*: pl. *tents*, *quarters*, *encampment*, ii. 2. 17.

†σκηπτός, οῦ, ὁ, *a thunderbolt*, iii. 1. 11.

†σκηπτοῦχος, ου, ὁ, (σκῆπτρον *a staff*, SCEPTRE, ἔχω) *a sceptre-bearer*, *wand-bearer*, *usher*, a Persian household-officer, comm. a eunuch, i. 6. 11.

[σκήπτω, ψω, *to lean*, *fall*, *dart*.]

Σκιλλοῦς, οῦντος, ὁ, (σκίλλα SQUILL), *Scillus*, once a city of Triphylian Elis, near Olympia. It joined Pisa, B.C. 572, in warring with the Eleans, but the latter conquered and destroyed both cities. Long after, the Spartans [illegible]

[illegible] At the [illegible] were two kings and [illegible] government of [illegible] the Spartans were [illegible] because they here [illegible] extent the arbi-[illegible] conciliatory, and in-[illegible] and the haughti-[illegible] which were observed [illegible] government of their [illegible] combining with [illegible] indulgence and deceit [illegible] they would not dare [illegible] covetousness, even to [illegible] bribes. At the time of [illegible] expedition, the Spartans, [illegible] recently conquered their [illegible] Athens, were the undis-[illegible] of the Greek world, [illegible] their power arrogantly, [illegible] cruelly. ii. 6. 4. ‖ New

[illegible] vii. 4. 14. Dor. [illegible]

[illegible] vi. 1. 5. Dor. [illegible]

[illegible] *to make or offer a libation, to pour*, iv. 3. 13 :—*M. to make or agree to a treaty, peace, or truce* (since in this mutual libations were common), [illegible] ἐπί, i. 9. 7 s : iii. 5. 16 : iv. 4. 6.

[illegible] *to hasten, [illegible] haste, press on, be in haste, be* [illegible] 1., i. 6. 14 ; 5. 9 : iv. 8. 14.

[illegible], ου, a general of the [illegible] satrap, Pharnabazus. He afterwards took offence, and left his service for that of Agesilāus, but left the latter again from a new offence. vi. 5. 7.

σπολάς or στολάς, άδος, ἡ, (στέλλω) *a leathern waistcoat*, worn under or instead of the metallic θώραξ, iii. 3. 20 : iv. 1. 18. The form σπολάς appears to be Dor., 168, 2 : see λοχαγός.

σπονδή, ῆς, (σπένδω q. v.) *a libation, drink-offering :* pl. *libations*, hence comm., *a treaty, truce*, or *armistice, peace*, i. 9. 8 : ii. 3. 4 s : iv. 3. 14.

†σπουδάζω, άσομαι, ἐσπούδακα, *to be busy, zealous*, or *in earnest, to work zealously* or *hard*, ii. 3. 12.

†σπουδαιο-λογέω, ήσω, (σπουδαῖος *earnest*, λόγος) *A.* & *M. to engage in earnest conversation, converse seriously*, i. 9. 28.

σπουδή, ῆς, (σπεύδω) *haste, speed, expedition, earnestness*, i. 8. 4 : iv. 1. 17.

†στάδιον, ου, pl. οἱ στάδιοι & τὰ στάδια, *a stadium, stade*, nearly *a furlong ;* the [stopping-place] length of the footrace-course, which at Olympia (the comm. standard) was = 600 Greek, or 606⅔ Eng. feet : hence, the common or short *foot-race* itself, as in ἀγωνίζεσθαι *to contend in the short race* or *course ;* i. 4. 1, 4 ; 2. 17 : iv. 8. 27.

[illegible] a leader or [illegible] or of one of its [illegible] general; the com[illegible] a Persian prov[illegible], according [illegible] a different [illegible] for the sake [illegible] but in practice [illegible] In mercenary [illegible] general appears [illegible] times that of a [illegible] 13: vii. 6. 7.

[illegible] army, host, comm. [illegible] of its mass in [illegible] officers or fr. an [illegible] ἡ στρατιά = τῶν [illegible] 2. 27); also used [illegible] soldiers; [illegible] 5: iii. 2. 13: v. [illegible] see στράτευμα.

[illegible] a soldier, esp. a [illegible] soldier, i. 1. 9; 2. [illegible] 2: vii. 2. 36.

[illegible] necklace, collar, [illegible] 2. 29.

[illegible], ἔστρεψα 1., [illegible] ἐστράφην, (τρέπω) to turn, twist, wreathe, braid, plait, [illegible] 7. 15; — M. intrans. & M., w. [illegible], of soldiers, to turn, wheel, face [illegible], i. 10. 6: iii. 5. 1: iv. 3. 26, [illegible] Der. STROPHE, CATA-STROPHE.

[illegible], οῦ, ὁ ἡ, a field-bird, esp. sparrow; an ostrich (fully σ. ὁ μέγας the great bird), i. 5. 2, 3.

[illegible] or -ον, ου, ὁ or τό, (στρῶμα bed) a bed-sack, in which the bed-clothes were carried or kept, v. 4. 13.

στυγνός, ή, όν, (στυγέω to hate) hateful, repulsive, gloomy, stern: τὸ στυγνόν the gloom or sternness: ii. 6. 9, 11.

Στυμφάλιος, ου, ὁ, a Stymphalian, a man of Stymphālus, a city near a lake of the same name in northeastern Arcadia. It was one of the fabled labors of Hercules to destroy the monstrous birds which haunted this lake. i. 1. 11. ‖Ruins in the vale of Zaraká.

σύ * (σοῦ, σοί, σέ, encl.), pl. ὑμεῖς, tu (tui, tibi, te), vos, THOU, YOU, i. 3. 3 s; 6. 6 s: ii. 1. 16 s: vii. 7. 30 s.

συγ- or ξυγ-, the form which σύν takes in compos. before a palatal, 150.

†συγγένεια, ας, relationship, kin, vii. 3. 39.

συγ-γενής, ές, (γένος) joined by birth, of the same race, related, akin: pl. συγγενεῖς subst., relatives, relations, kinsmen, kinsfolk: i. 6. 10: vii. 2. 31.

[illegible] *to ar-* [illegible] 4. 2.

[illegible] *together,* *with,* [illegible] 1. 12.

[illegible] *with,* [illegible] *to,* [illegible] *be* [illegible] 1. 2. [illegible] 21 : v. 4. 2.

[illegible] *to share in with.* [illegible] 1., [illegible] *join* [illegible] 2. 19 : iv. [illegible] 24.

[illegible] *or procuring,*

[illegible] 2 a. [illegible] *producing,* or [illegible] vii. 4. 19 ; 6. 30.

[illegible] *all together, the* [illegible] *in all* [illegible] *throughout* : i. 2. [illegible] vii. 2. 25.

[illegible] (πέδη) *to fetter,* [illegible]

[illegible] *to* [illegible] *with* another, A. D., [illegible] v. 5. 15 : 6. 7, 21.

[illegible] *τετό-* [illegible] *with* round about] [illegible] D., vii. 8. 22?

[illegible] πέπτωκα, 2 a. [illegible] *together, fall in, col-* [illegible] *close conflict, grapple* [illegible] 8. 6 : iv. 8. 11? v. 2.

[illegible] (πλέως* *full*) [filled [illegible] *very full of, filled* [illegible] G., i. 2. 22 : *v. l.*

[illegible] (ποῦς) to tie the

[illegible] *take part in* [illegible] i. 2. 5 ; 4. 9.

[illegible] ου, ὁ, [illegible] *banquet,* fr. πίνω) rex con- [illegible] *the president of a banquet, a* [illegible] *arch;* an office for which [illegible] were rarely selected, from [illegible] lack of social vivacity ; vi. 1. 30.

[illegible] ἔξω, πέπραχα, *to co-operate with, assist, aid ; to assist in effecting or obtaining ; to join in ar-ranging, agree ;* D. AE. περί, ὅπως : i. 1. 3 : v. 4. 9 ; 5. 23 : vii. 4. 13 ; 8. 22.

[illegible] εων, οἱ, (πρέσβυς*) *fellow-ambassadors, colleagues in* [illegible] *embassy,* v. 5. 24.

[illegible] ήσομαι, ipf. [illegible] *to join in urging, add one's influence* or *efforts,* i. (A.), AE., ὅπως, iii. 1. 9 ; vii. 1. 5 ; 2. 24.

[illegible] εύσω, (νέμω) *to forage together,* v. 1. 7 : *v. l.* σὺν προνομαῖς.

[illegible]* οἴσω, ἐνήνοχα, a. ἤνεγκα or -ον, pf. p. ἐνήνεγμαι, *to bring to-gether, gather, collect, contribute ;* to contribute good, *be advantageous, bene-ficial, suitable,* or *suited,* sometimes impers. ; *to bear* or *share with ;* A. D., ἐπί, πρός, ii. 2. 2 : iii. 2. 27 ; 4. 31 : vi. 4. 9 : vii. 3. 37 ; 6. 20 ; 8. 4.

[illegible]* φήσω, *to* [say with an-other] *assent to, acknowledge,* A., v. 8. 8 : vii. 2. 26.

[illegible] ον, (συμ-φέρω) *advanta-geous, beneficial, useful,* D., vii. 7. 21?

σύν* prep., old Att. ξύν 170, cum, *with, together with, at the same time with, in company* or *connection with, with the help* or *favor of, under the command of ;* w. DAT. of person (com-panion, helper, counsellor, command-er, military force, &c.), instrument, dress, circumstance, feeling, means, manner, &c., i. 1. 11 ; 2. 15 ; 3. 5a ; 8. 4 : ii. 1. 12 : iii. 1. 23 ; 3. 1a, 14. In compos. (συγ- before a palatal, συμ- bef. a labial, συλ- bef. λ, συρ- bef. ρ, συ- or συσ- bef. σ, 150, 166), con-, *with, at the same time, together, alto-gether,* sometimes strengthening such an idea already in the simple verb.

[illegible]

..., τά, habitus, *form*, ... i. 10. 10. Der. SCHEME.

..., pf. p. ἔσχισμαι, a. p. ... scindo, *to split, cleave, di-* ... : vi. 3. 1. Der. SCHISM.

... ἐσχόλακα, *to be at* ... 2. Der. SCHOLASTIC.

..., ά, όν, *leisurely, slow*, iv.

... comp. ἔτερον, *slowly, tardily*, ... 5. 8 s.

..., ῆς, (σχ- in ἔχω) *leisure*, ... i.: σχολῇ at leisure, *slow-*

[illegible] *safely*, A., i. 10. 3: iii. 2. 4, 10, 39: — *P. & M. to be saved, rescued, preserved, &c.; to save one's self, escape, arrive or return safely;* pf. *to keep* ... *saved, to be safe;* εἰς, ἐξ, ἐπί, &c.: i. 1. 10; 4. 6: iii. 2. 3, 11: vi. 5. 16; ...

†Σωκράτης, ους, *Socrates*, an Athenian philosopher, eminent for wisdom and virtue, teacher of Xenophon, Plato, &c. He drank the fatal hemlock, B. C. 399, a short time only before the probable return of Xenophon from the Cyrean expedition. iii. 1, 5, 7. — 2. An Achaean general in the Cyrean army, of good repute, but not of great prominence, i. 1. 11: ii. 6. 30.

†σῶμα, ατος, τό, (σώζω, as that which is recovered of the slain, in Hom. *corpse*) *the body;* also translated *person* or *life* (σώματα ἀνδρῶν by periphr. for ἄνδρας, iv. 6. 10); i. 9. 12, 28, 27.

σῶς,* σῶν, pl. σῷ, σᾶ (contr. fr. σάος, ον, οι, α), or σῶος, α, ον, salvus, SAFE, ii. 2. 21: iii. 1. 32: v. 1. 16; 2. 32; 3. 4: vii. 6. 32.

‡Σῶσις, ιος, or Σωσίας, ου, *Sosis* or *Sosias*, a Syracusan, who brought 300 hoplites to Cyrus. In which division these were incorporated does not appear, nor is his name again mentioned. i. 2. 9: *v. l.* Σωφαίνετος, &c.

‡σωτήρ, ῆρος, ὁ, (σώζω) *a preserver, savior, deliverer*, a surname of Zeus q. v., i. 8. 16: iii. 2. 9: iv. 8. 25.

‡σωτηρία, ας, *safety, preservation, deliverance*, ii. 1. 19: iii. 1. 26; 2. 8 s.

‡Σωτηρίδας or -ης, ου, *Soteridas* or *-es*, a Sicyonian, properly rebuked by Xen. and his own comrades, iii. 4. 47.

‡σωτήριος, ον, *saving, salutary, promising* or *indicative of safety:* σωτήρια, sc. ἱερά, *thank-offerings for safety* or *deliverance:* ii. 6. 11.: iii. 2. 9; 3. 2.

†σωφρονέω, ήσω, σεσωφρόνηκα, *to be wise, prudent,* or *discreet*, AR.: σ. τὰ πρὸς *to perform discreetly one's duties towards:* v. 8. 24: vii. 7. 30 (*v. l.* φρονεῖν).

†σωφρονίζω, ίσω ιῶ, *to bring to reason, teach discretion, reform, correct, be effectual in correcting*, A., vi. 1. 2[illegible]: vii. 7. 24.

[illegible] Der. TAUTO-LOGY.

[illegible]: as adv., sc. ὁδῷ [illegible] this or that way, direc- [illegible] by this or that way or [illegible] this or that place, here, [illegible] ii. 6. 7: iii. 2. 32: iv. [illegible] 2. 36; 3. 12.

[illegible] θάπτω, v. 7. 20.

[illegible] a grave, tomb, i. 6. 11.

[illegible] ἡ, a ditch, trench, i. 7. [illegible] 4. 13.

[illegible] -ξις, see τάττω.

[illegible] quickly, forthwith, pres- [illegible] perhaps; i. 3. 3: v. 2. 17. [illegible] θᾶττον ταχέ, adv., c. θᾶτ- [illegible] quickly, rapidly, speed- [illegible] i. 2. 4, 17; 5. 3, 9: [illegible] τάχιστα as soon as, [illegible] as possible (so [illegible] 253 b, c, i. 3. 14: iv. 2. [illegible] δύναιτο τάχιστα in [illegible] could most rapid- [illegible] as possible, iv. 5. 1: [illegible] τάχιστα, as soon [illegible] iv. 6. 9: vi. 3. 21.

[illegible] swiftness, speed, ii. 5. 7.

[illegible] θάττων, s. τάχι- [illegible] speedy, quick: τὴν [illegible] in the quickest [illegible] as soon as possible, [illegible] immediately: i. 2. 20; [illegible] iv. 4. 22. See διά.

[illegible] τέ or θ', post-pos. & [illegible] -que) and, both: [illegible] stronger τέ .. καί, both [illegible] and also, and even, [illegible] not only .. but [illegible] especially, &c.); but τέ [illegible] translated (esp. where [illegible] might have been [illegible] ii. 1. 7): i. 1. 3; 5; [illegible] 3. 12: τέ followed by [illegible] 6. 11. When joined with [illegible] τέ has in Att. its own [illegible] except in ὥστε, οἷός [illegible] 389]. See καί, ἐάν, [illegible]

τεθ- in redupl. for θεθ-, 159 a.

τέθνηκα, -νηκώς, -νάσι, -νάναι, -νεώς, see θνήσκω, i. 6. 11: iv. 1. 19; 2. 17.

τεθραμμένος, see τρέφω, v. 4. 32.

τέθρ-ιππον, ου, (τέτταρες, ἵπποι) a four-horse chariot, iii. 2. 24.

τείνω,* τενῶ, τέτακα, tendo, to stretch, push on, pursue one's way, continue, iv. 3. 21. Der. TONE, TONIC, TUNE.

†τειχίζω, ίσω ιῶ, τετείχικα, to wall, fortify, vii. 2. 36.

τεῖχος, εος, τό, (akin to τεῦχος?) a wall, walls, esp. for defence; a walled town, castle, fortress; i. 4. 4: iii. 4. 7, 10: vii. 3. 19: see Μηδία. — Νέον τεῖχος Neontichus (New-castle), a fortified harbor on the Thracian shore of the Propontis, vii. 5. 8. ||Ainadjik.

τεκμαίρομαι, αροῦμαι, (τέκμαρ sign) to infer from a sign, judge, conjecture, iv. 2. 4.

‡τεκμήριον, ου, a sure sign, evidence, proof, i. 9. 29, 30: iii. 2. 13.

τέκνον, ου, τό, (τεκ- in τίκτω to beget, bring forth; cf. bairn and bear) a child, i. 4. 8: iv. 5. 28 a.

†τελέθω in pr. and ipf., poet., to arise, become, be, be favorable, iii. 2. 3 (v. l. ἐλθεῖν): vi. 6. 36 (v. l. ἐθέλει γενέσθαι).

†τελευταῖος, α, ον, final, last, hindmost, rearmost: οἱ τ. the rear: iv. 1. 5, 10; 2. 16; 3. 24.

†τελευτάω, ήσω, τετελεύτηκα, to end, finish; to finish life, die: τελευτῶν making an end, finally, at last: i. 1. 3; 9. 1: ii. 1. 1, 4: iv. 5. 16: vi. 3. 8.

†τελευτή, ῆς, the end, termination; one's end, death; i. 1. 1: ii. 6. 29.

†τελέω, έσω ῶ, τετέλεκα, to finish, complete, fulfil; to fulfil an obligation, pay; A. D.; iii. 3. 18: vii. 1. 6; 2. 27.

τέλος, εος, τό, (τέλλω to accomplish) the accomplishment, completion, fulfilment, end, conclusion, close, result; the completion of civic rank, authority, pl. by meton. the authorities, rulers (at Sparta, the Ephors): τ. ἔχειν to have or come to an end, to close: τέλος adv., at the end, at last, finally: i. 9. 6; 10. 13, 18: ii. 6. 4: v. 2. 9; 6. 1: vi. 5. 2; 6. 11: see διά. Der. TELIC.

τέμαχος, εος, τό, (τέμνω) a slice, esp. of fish, v. 4. 28.

Τεμενίτης, ου, a Temenite, a man of Temenus (Τέμενος), a place in Sicily, afterwards included in Syracuse, iv. 4. 15: changed by some editors to

[illegible] to do what he [illegible], or, for pur[illegible] to deposit one's arms [illegible], as in a special part [illegible] (hence, to stack or to lay aside one's arms); [illegible] i. 5. 14, 17; [illegible] 2. 3, 21: iv. 2. 16; [illegible] Der. THEME, THESIS.

[illegible], *Timasion*, an exile [illegible] in Troas, chosen suc[illegible], and with Xeno[illegible] of the Cyrean gen[illegible] officer, but not always [illegible] course of proceeding. [illegible] in Asia Minor, under [illegible] Dercyllidas, before the [illegible]. iii. 1. 47; 2. 37.

[illegible], *to honor, esteem*, [illegible]; *to bestow honor, to favor*, [illegible] or D. of the honor, [illegible] 14. Der. TIMO-THY.

[illegible] (*allied to pay*, esp. honor) [illegible] *price*, i. 9. 29: ii. 1. 17; [illegible]; 3. 6.

[illegible], *Timesitheus*, a Tra[illegible] befriended the Cyre[illegible].

[illegible], *honorable, precious*, [illegible] 27; 3. 4.

[illegible], τιμωρήσομαι, (τιμωρός [illegible], fr. τιμή & αἴρω) [illegible] *to avenge one's self* upon, [illegible] *punish*, A. G., ὑπέρ, [illegible] 1. 25; 4. 23: — P. [illegible] 5. 27; 6. 29.

[illegible] (see τιμωρέω) *vengeance*, [illegible] 14.

[illegible]; see τίς, τὶς.

[illegible], *Tiribazus*, a satrap [illegible], and high in the [illegible] II. It was through [illegible], acc. to Plutarch, that [illegible] induced to renounce his [illegible] before Cyrus into [illegible] to risk the battle of Cu[illegible] was afterwards satrap in [illegible] Asia Minor, and greatly [illegible] in establishing the peace [illegible]. Accused by Orontes [illegible] in the war against Eva[illegible], he was honorably ac[illegible] enraged by Artaxerxes' [illegible] him a daughter in [illegible] twice marrying that daughter himself, he engaged with the young prince Darius in a plot against the king's life and thus lost his own. iv. 4. 4, 7: vii. 8. 25: v. l. Τηρίβαζος.

τὶς,* τὶ, g. τινός or τοῦ, d. τινί or τῷ, indef. pron., post-pos. & encl., (cf. quis) *some, any, a, a certain, a sort of, so to speak*, i. 2. 20; 5. 8; 8. 8: iii. 1. 4, 12: vi. 5. 20: — τὶς subst., *some or any one* or *person, a certain one, one, a person, each one*, i. 3. 12; 8. 2, 3 a, 12; 8. 18: ii. 2. 4; sometimes in place of a definite expression, as for Κῦρος, ὑμεῖς, or ἡμεῖς, i. 4. 12: iii. 3. 3; 4. 40: — τὶ subst., *something, anything, somewhat, some* or *any part, a certain part* (the context often supplying or suggesting a more specific noun, as ὑποσχέσθαι τι *to make any promise*), i. 3. 18; 9. 7: iv. 1. 14; often as adv. or acc. of spec., *somewhat, at all, in any respect*, iii. 4. 23 (see δέω); iv. 8. 26. With some adjectives or adverbs, τὶς has an indefinite force which may be variously translated, or rather felt than translated: οἱ μέν τινες *some few*, οἱ δέ τινες *some others*, iii. 3. 19: ii. 3. 15: εἷς τις *any single one*, ii. 1. 19: πόση τις *about how large*, ii. 4. 21: ὁτιοῦν τι *whatever without exception*, ii. 2. 2; *what kind of an omen*, iii. 1. 13: ὁποῖοί τινες *what sort of persons*, v. 5. 15 (cf. vii. 6. 24): τοιαύτη τις *somewhat like this*, v. 8. 7: ὀλίγοι τινές *some few, but few*, v. 1. 6? ἕκαστός τις *every individual*, vi. 1. 19? ἧττόν τι *at all the less*, v. 8. 11: οὐδέν τι *not in the least*, vii. 3. 35: οὐ πάνυ τι *by no means whatever*, vi. 1. 26: σχεδόν τι *pretty nearly*, vi. 4. 20.

‡τίς,* τί, g. τίνος or τοῦ, interrog. pron. (always orthotone), quis? *who? which? what? what kind of?* τί as adv., [on account of what, *or* as to what] *why? how?* τί γάρ; quid enim? *what indeed?* τί οὖν; *what then?* i. 4. 13 a: ii. 1. 11; 2. 10; 4. 3: iii. 2. 16, 36; 5. 14: v. 7. 10; 8. 11: vii. 6. 4.

Τισσαφέρνης,* (εοι) ους, ει, ην, η, *Tissaphernes*, satrap of Caria, and commander of a fourth part of the king's forces; one of the ablest of his officers, but wily, deceitful, and treacherous. From his first command in the west of Asia Minor, B. C. 414, he showed these qualities in his dealings with the Greeks; and no less

[illegible]

(*adverb*) with [illegible] what has been already [illegible] plied, *such, of this kind* [illegible] *like in kind, as* [illegible] *these; of such a* [illegible] *rank, position,* [illegible] [illegible]: i. 3. 14; ii. [illegible] vii. 6. 35: εἰς τὰ τοιαῦτα [illegible] *vices or emergencies*, iv. 1. [illegible] *vicinity in such a situation* [illegible] [illegible] v. 8. 20.

[illegible], ου, ὁ, (akin to [illegible]) *wall of a building*, vii. 8. 22.

[illegible] 37 [illegible] compar., [illegible] i. 5. 9.

[illegible]) [illegible], then, at that [illegible] 6: 2. 2; 6. 10: οἱ τότε [illegible], ii. 5. 11:—with [illegible] τοτὲ μὲν .. τοτὲ δὲ at [illegible] at another, now .. and [illegible]

[illegible] for τὸ ἐ- or τὸ ὀ-: [illegible] = τὸ ἐλάχιστον, v. 7. 8; [illegible] τὸ ἔμπαλιν, i. 4. 15; τοὐ-[illegible], v. 2. 29; τοὐντεῦθεν [illegible], iii. 2. 10.

[illegible], τουτο-δί, see ὁ, ὅ-δε: [illegible] τούτῳ, ταύτῃ, τοῦτον, [illegible], &c., see οὗτος, οὑτοσ-ί.

[illegible], τά, (τραγ- in τρώγω [illegible] eating) *a dainty*; pl. [illegible] *fruit, dessert, sweet-*[illegible] 15: v. 3. 9.

[illegible], αἱ, *Tralles*, a strong city in the south of Lydia [illegible] to Caria), between [illegible] and the Maeander, i. 4. [illegible] the modern and flour-[illegible] Aidin.

[illegible], *the Transipae*, a peo-[illegible] part of Thrace, per-[illegible] of Hdt. (4. 93), vii. [illegible]

[illegible], (τέτταρες, πέζα *foot*) *a* [illegible] four-footed, iv. 5. 31: [illegible] 22 s. Der. TRAPEZIUM.

[illegible], ὁ, *a Trapezun-*[illegible] v. 1. 15; 4. 2: a man of [illegible], ἡ, *Trapezus*, an [illegible] commercial city (as even at [illegible]) on the southeast [illegible] Euxine, a Sinopean col-[illegible] to 1461 A. D., it was [illegible] fragment of the Greek [illegible] the Empire of Trebi-[illegible]: v. 2. 28; 5. 14. [illegible] (or Tarabosán).

[illegible], see τρέφω, vii. 1. 18.

[illegible] (τιτρώσκω) *a wound*, [illegible] 19. [5. 8: vii. 4. 9.

[illegible], ὁ, *the neck, throat*, i. [illegible] (akin to ῥήγνυμι *to* [illegible] *break*, ii. 6. 9: iv. 3. 6; [illegible] TRACHEA.

[illegible], g. τριῶν, tres, Sans. [illegible] THREE, i. 1. 10.

[illegible] τέτροφα, pf. p. τέτραμ-[illegible], verto, *to turn, divert, change the direction of, divert, drive back*, A. ἀπό, πρός, iii. 1. 42; 5. 15: v. 4. 23: τ. εἰς φυγήν in fugam vertere, *to put to flight*, i. 8. 24:—*M.*, w. 2 a. ἐτραπόμην, *to turn* (intrans.), *turn aside, betake one's self, take to flight, resort, have recourse to, indulge in*; w. 1 a. ἐτρεψάμην, to turn from one's self, *drive back, put to flight, rout*, A.; εἰς, ἐξ, ἐπί, πρός: ii. 6. 5: iii. 5. 13: iv. 5. 30; 8. 19: v. 4. 16: vi. 1. 13, 18. Cf. IN-TREPID.

τρέφω,* θρέψω, τέτροφα, pf. *p.* τέθραμμαι, 2 a. *p.* ἐτράφην, *to nourish, nurture, rear, bring up, support, maintain*, A. D., ἀπό, ἐξ, i. 1. 9 s: iii. 2. 13: iv. 5. 25, 34: v. 1. 12:—*M.* to feed one's self, *subsist*, D. of means, vi. 5. 20.

τρέχω,* δραμοῦμαι, δεδράμηκα, 2 a. ἔδραμον, curro, *to run*, εἰς, ἐπί, περί, i. 5. 2, 8, 13: iv. 5. 18; 8. 26: cf. θέω, more frequent in pres. Der. TROCHEE.

τρέω, έσω, (cf. terreo, and τρέμω tremo, *to tremble*) ch. poet., *to tremble at, be afraid of, shrink from*, A., i. 9. 6.

τρία, τριῶν, τρισί, see τρεῖς, i. 4. 1.

‡**τριάκοντα** indecl., triginta, *thirty*, i. 2. 9, 11; 4. 5; 10. 4.

‡**τριακόντ-ορος**, ον, (ἐρέττω *to row*) *thirty-oared*: ἡ τ., sc. ναῦς, *thirty-oared galley*, v. 1. 16: vii. 2. 8.

‡**τριακόσιοι**, αι, α, (ἑκατόν) trecenti, *three hundred*, i. 1. 2; 2. 9.

τριβή, ῆς, (τρίβω *to rub*) *constant practice* or *exercise*, v. 6. 15.

†**τρι-ήρης**, ες, (ἀρ-, or ἐρέττω *to row*) *triply fitted* or *rowed*: ἡ τ., sc. ναῦς, tri-rēmis, *the trireme*, the chief *war-vessel* of the Greeks, a *galley* with three banks of oars, which gave it great swiftness, and made it, like the modern steamer, independent of the wind; while it could yet take advantage of this by its sails. It had a sharp metallic-pointed beak, which was often driven with great force against other vessels and thus sunk them. Some vessels were also fitted as triremes for the rapid transport of troops or of military supplies. i. 2. 21; 3. 17; 4. 7 s: vi. 2. 13 s.

‡**τριηρίτης**, ου, *a ship-man, a man belonging to a trireme*, esp. as *oarsman* or *soldier*, vi. 6. 7.

†**τρί-πηχυς**, υ, g. εος, *three cubits long*, iv. 2. 28.

[illegible] iii. 1. 21. [illegible] as adj., insolent, [illegible] abusive; c. & a. [illegible] ὑβριστότατος, 269 a (yet [illegible] to a rare ὑβριστος),

[illegible] (ὑγιής sanus, healthy) [illegible] sound, strong, in full [illegible] condition (of body),

[illegible], ἡ, (ὑγρός moist) moist[illegible] perspiration, v. 8. 15.

[illegible] to carry water, iv.

[illegible] ου, ὁ ἡ, (φέρω) a water-[illegible] 10.

[illegible], τό, (ὕω to rain) wa[illegible] rain: i. 5. 7, 10: [illegible] HYDRANT, HYDRO-GEN.

[illegible] υἱδοῦς, οῦ, ὁ, (also [illegible]) a son's son, grandson, [illegible]

[illegible] filius, a son, iv. 4. 1.

[illegible] silva) wood, a wood or [illegible] shrubbery, i. 5. 1: iii. 5.

[illegible] YOU, see σύ.

[illegible] your, yours: οἱ [illegible] subjects or countrymen: [illegible] belongs to you, your [illegible] or affairs: ii. 1. 12 s: [illegible] 19; 3. 16, 18, 33.

[illegible] for ὑπό, i. 3. 18.

[illegible] ἄξω, to lead under [illegible] keep out of [illegible] keep ahead, lead or [illegible] to lead on slow-[illegible] iv. 2. 16: — M. to lead, [illegible] insidiously or craftily, [illegible] 1. 18; 4. 3.

[illegible] ον, (αἰθρία) under the [illegible] air, v. 5. 21: vii. 6. 24.

[illegible] ον, (αἰτία) under blame: [illegible] ground of censure, πρός, [illegible] ἐν-αίτιος.

[illegible] ἀκούσομαι, ἀκήκοα, to hear [illegible] call of another, obey, pay [illegible] regard, listen, hearken, G., [illegible] vii. 3. 7.

[illegible] τενῶ, τέτακα, to stretch [illegible] for the blow, A., vii. 4. 9 ?

[illegible] ήσω, κεχώρηκα, to [illegible] or slowly, εἰς, iii. 5. 13 ?

[illegible] to come to meet and succor, come to assist, come to the relief, spring up, iv. 3. 34: vi. 5. 27.

ὕπ-αρχος, ου, ὁ, (ἀρχός) a lieutenant either in the command of an army or of a satrapy, a vice-satrap (ruling over a district, but under the satrap), provincial governor, prefect, chief officer, i. 2. 20; 8. 5: iv. 4. 4.

ὑπ-άρχω, ἄρξω, to begin beneath or as a foundation, take the initiative, commence, P.; hence, to be already a support for, to support, favor, D.; to be on hand to begin with or rely upon (while εἰμί is simply to be), be or exist already, be present, exist, be (have, cf. εἰμί), D. εἰς: ἐκ τῶν ὑπαρχόντων from the means at hand: i. 1. 4: ii. 2. 11; 3. 23: vi. 4. 9.

ὑπ-ασπιστής, οῦ, (ἀσπίς) a shield-bearer, armor-bearer, an attendant not only upon commanders, but also upon some privates; cf. the esquire of mediæval chivalry; iv. 2. 20.

ὑπ-είκω, εἴξω, a. εἶξα, (εἴκω to yield) to submit to, D., vii. 7. 31.

ὕπ-ειμι,* ἔσομαι, ipf. ἦν, to be or lie underneath, iii. 4. 7: v. l. εἰμί, &c.

ὑπ-ελαύνω,* ἐλάσω ἐλῶ, ἐλήλακα, a. ἤλασα, to ride up to a superior, ὡς, i. 8. 15: v. l. πελάζω.

ὑπ-ελήλυθα, see ὑπ-έρχομαι, v. 2. 30.

ὑπέρ,* prep., (akin to ὑπό, both marking vertical relation, cf. altus, high, deep) super, Germ. über, OVER: — (a) w. GEN., over in place, above, from above, i. 10. 12, 14 (ὑ. τοῦ λόφου seen from above the hill, i. e. beyond it): ii. 6. 2: iv. 7. 4: v. 4. 13 (ὑ. γονάτων not reaching below the knee): — over to protect, in defence of, in behalf of, on account of, in the name of, for the sake of, for, i. 3. 4; 7. 3 ? 8. 27: iv. 8. 24: v. 5. 13; 6. 27 s: — (b) w. ACC., [going over] beyond, above (= beyond), of place, oftener of number, measure, age, &c., i. 1. 9 (v. l. ὑ. Ἑλλησπόντου): v. 3. 1: vi. 2. 10; 5. 4. In compos., as above. Der. HYPER-.

ὑπερ-άλλομαι,* ἁλοῦμαι, to leap or jump over, A., vii. 4. 17.

ὑπερ-ανα-τείνω,* τενῶ, τέτακα, to stretch up over another, A., vii. 4. 9 ?

ὑπερ-βαίνω,* βήσομαι, βέβηκα, 2 a. ἔβην, to go or pass over, cross, A. εἰς, παρά, vii. 1. 17; 3. 43; 8. 7.

[illegible] ii. 5. 12 (cf. iii. 4. 21).

[illegible] to loosen beneath or take off one's shoes [illegible] 5. 13.

[illegible] to soften under or somewhat [illegible] act a less manly part, lose courage, ii. 1. 14.

[illegible] make a stand, stand [illegible] to wait for, A.; iii. 4. [illegible] 4. 21 : vi. 5. 29.

[illegible] reminder or [illegible] i. 6. 3.

[illegible] covertly or in- [illegible]

[illegible] under a [illegible]

[illegible] freely, vii. 3. 29 : v. l. [illegible] back or withdraw a

[illegible] ipf. ὑπ-ώπτευον, [illegible] apprehend, mis- [illegible] or apprehensive, [illegible] i. 1. 1 ; 3. 1 : ii. 3. 13 ; [illegible] iv. 2. 15.

[illegible] suspicious, [illegible]

[illegible] see ὑφ-ίστημι.

[illegible] to command [illegible] general to, D., v.

[illegible] (v. l. ὑς, οὗ) ὁ, [illegible] iii. 1. 32.

[illegible] ἔστροφα I., 2 a. [illegible] make an unobserved, [illegible] turn, to avoid a [illegible] vi. 6. 38 : so 2 a. p. as [illegible]

[illegible] see ὑπ-έχω, v. 8. 1.

[illegible] see ὑπ-ισχνέομαι.

[illegible] (ὑπό, ἔργον) working [illegible] assisting, contributing, [illegible] D., v. 8. 15.

[illegible] φανῶ, πέφαγκα, to show [illegible] to dawn or appear, [illegible] iv. 2. 7 ; 3. 9.

ὑπο-φείδομαι, φείσομαι, πέφεισμαι I., (φείδομαι to spare) to spare somewhat, of, iv. 1. 8.

ὑπο-χείριος, ον, (χείρ) under the hand or power of, in the hands of, subject to, D., iii. 2. 3 : vii. 6. 43.

ὑπ-οχος, ον, (ἔχω) held under, subject to, D., ii. 5. 7.

ὑπο-χωρέω, ήσω, κεχώρηκα, to go under the pressure of others, retire before, make way for, retreat, D., i. 4. 18 ; 7. 17 : iv. 5. 20.

ὑπ-οψία, ας, (ὑφ-οράω) suspicion, mistrust, distrust, apprehension, ὅτι, i. 3. 21 : ii. 4. 10 ; 5. 1 s, 5 : iii. 1. 21.

Ὑρκάνιος, α, ον, (Ὑρκάνιοι the Hyrcāni) Hyrcanian, pertaining to Hyrcania, a rude province of the Persian Empire, southeast of the Caspian, whose men were excellent horsemen, vii. 8. 15.

ὗς, ὑός, a swine, see σῦς, v. 2. 3.

†ὑστεραῖος, α, ον, following in time, subsequent, next: often (esp. in dat.) ἡ ὑστεραία, sc. ἡμέρα, the following or next day, i. 2. 21 : ii. 3. 25 : iii. 5. 18.

†ὑστερέω, ήσω, ὑστέρηκα, to be or come too late for, arrive after, G., i. 7. 12.

†ὑστερίζω, ίσω ιῶ, to be or arrive too late, be behindhand, vi. 1. 18.

ὕστερος,* α, ον, (referred as c., with s. ὕστατος last, to ὑπό) post-erior, later, behind, afterwards, after, subsequently, 509, G., i. 5. 14 : iii. 4. 21 : vi. 4. 9 : — so neut. ὕστερον as adv., i. 3. 2 ; 5. 16 ; 6. 7 ; 8. 8 : iv. 3. 34.

ὑφ' by apostr. for ὑπό, before an aspirated vowel, i. 3. 10.

ὑφ-εῖμαι, -είμην, see ὑφ-ίημι, vi. 6. 31.

‡ὑφειμένως submissively, humbly, softly, vii. 7. 16.

ὑφ-έξω, see ὑπ-έχω, vi. 6. 15.

ὑφ-ηγέομαι, ήσομαι, ἥγημαι, to lead forward moderately or with others close behind, iv. 1. 7 : vi. 5. 25.

ὑφ-ίημι,* ἥσω, εἷκα, a. ἧκα (ὦ, &c.), 2 a. m. εἵμην, sub-mitto, to submit, admit, concede, give up, A. I., iii. 5. 5 : — M. to submit or give up one's self, submit or surrender (intrans.), yield, give way, be remiss or spiritless, D. I., iii. 1. 17 ; 2. 3 : v. 4. 26 : vi. 6. 31 ?

ὑφ-ίστημι,* στήσω, ἕστηκα, 2 a. ἔστην, to place under, station men covertly : — M. (w. pf., plp., and 2 a. act.) to stand up under an attack,

[illegible] pres. for [illegible] declare, af- [illegible] in the pf., i., [illegible] 3. 4: v. 2. 1.

[illegible] (cf. [illegible]) [illegible] vi. 2. 11 a.

[illegible] a. [illegible] or [illegible] BEAR, carry, [illegible] (of land), carry [illegible] A. D., ἐπί, [illegible] 21: ii. 1. 17: iii. [illegible] carry off, hence of a [illegible] to load, ἐπί, εἰς, iii. [illegible] the heavier, i. 9. 23: [illegible] force, to bear up [illegible] to be dejected, deeply [illegible] or greatly ex- [illegible] ἄγω, [illegible]: [illegible] carried, &c.; [illegible] or sent, [illegible]; i. 8. 20: iii. [illegible] — M. to bring in [illegible] vi. 6. 1: vii. 4. 3. [illegible] META-PHOR.

[illegible] & [illegible], 2 pf. [illegible], fugio, to flee, [illegible] away, retreat, [illegible] ἐπί, &c.; to flee [illegible] become an exile, [illegible]; οἱ φεύγοντες [illegible]; i. 1. 7; 2. 18; 3. [illegible] 2. 9, 19; 4. 35. [illegible] an attempt to [illegible] and [illegible] by secret de- [illegible] ment. Cf. ἀπο- [illegible]. Der. FUGITIVE.

[illegible], exc. 2 sing. φῄς [illegible] φάσκω q. v., [illegible] as aor.; 2 sing. [illegible] (φα-) to say, [illegible] affirm, assent, say [illegible] w. οὐ (which comm. [illegible] a dependent verb, [illegible] not, say no, deny, [illegible] and cf. nego): I. (A., [illegible] the inf., which may [illegible]), OP. (r., vii. 1. 5); [illegible] parenthetically and [illegible], 574 (cf. quoth):

[illegible] v. 8, 5.—To [illegible] the 1 [illegible] and 1 a. [illegible] (ind. 2 sing., and imv. exc. 2 sing., esp. used), [illegible] (exc. as above) 2 a. εἶπον (εἴπω, -οιμι, -έ, -εῖν, -ών); but these often correspond in their use more closely to λέγω or ἀγορεύω (hence also, to mention, tell, bid, advise, propose, &c.; and A. D., OP., &c., 659 h*): i. 2. 5; 3. 5, 7, 14: ii. 1. 15, 21; 3. 2: εἴρητο charge had been given, D. I., iii. 4. 3 a. Cf. [illegible], fama, FAME.

φθάνω,* φθάσω & φθήσομαι, ἔφθακα, 1 a. ἔφθασα, 2 a. ἔφθην, *to anticipate, get the start of, be or get before another, arrive before, outstrip, surprise*, A. P. (often translated by a finite verb, and φθάνω by such expressions as *before, first, previously, beforehand, sooner, too soon, by anticipation* or *surprise*, 677 f), πρίν: φ. καταλαβόντες *to anticipate in getting possession*, or *to get possession first*, i. 3. 14: φθάσαι πρὶν παθεῖν *to* [get the start] *act before suffering*, ii. 5. 5: φθάσαι πρῶτοι *to* [outstrip, so as to] *be foremost*, 509 d, iii. 4. 20: ἁρπάσαι φθάσαντας *to take by surprise*, 677 f, iv. 6. 11: see, also, iii. 4. 49: iv. 1. 4, 21: v. 7. 16.

φθέγγομαι, φθέγξομαι, ἔφθεγμαι, *to utter a sound* (esp. a loud, clear sound), *raise a cry, cry out, shout, scream, sound, make one's self heard*, D., i. 8. 18: iv. 5. 18: vi. 1. 23: vii. 4. 19. Der. DI-PHTHONG, APO-PHTHEGM.

φθείρω,* φθερῶ, ἔφθαρκα, *to destroy, lay waste*, A., iv. 7. 20.

φθονέω, ήσω, (φθόνος *envy*) *to envy*, D., i. 9. 19: v. 7. 10.

φιάλη, ης, patera, *a broad, shallow cup* or *bowl, saucer*, for drinking or libation, iv. 7. 27. Der. PHIAL, VIAL.

φιλαίτερος c. of φίλος, i. 9. 29?

†**φιλέω**, ήσω, πεφίληκα, *to love*, with a pure love, as of friendship; more emotional in sense than ἀγαπάω, less passionate than ἐράω, and less strong than στέργω· A.; i. 1. 4; 9. 25, 28.

‡**Φιλήσιος**, ου, *Philesius*, an Achaean, chosen as successor to Menon, and one of the oldest of the Cyrean generals, but not one of the most prominent or highly esteemed, iii. 1. 47.

†**φιλία**, ας, *friendship, attachment, affection, love*, G. or possessive pron.,

[illegible] τὸ χαλεπὸν *the se-* [illegible] *fierceness* : i. : i. 3. [illegible] iii. 1. 18; 4. 35 : v. 1. 7. [illegible] *hardly, with difficulty,* [illegible] *severely* : χ. ἔχειν *to be* [illegible] *affected, deeply concerned,* [illegible] *distressed* : see φέρω : i. 3. [illegible] 4. 47 : v. 7. 2 : vi. 4. 16.

[illegible] ώσω, κεχαλίνωκα 1., (χα- [illegible]) *to bridle*, A., iii. 4. 35.

[illegible] ῆ, ου, contr. χαλκοῦς, ῆ, [illegible] or rather *bronze, of brass* [illegible] 2. 16 : v. 2. 29.

[illegible] or Καλχηδονία, ας, [illegible] the territory about the [illegible] belonging to it, [illegible]

[illegible] or Καλχηδών (167 b), [illegible] a city in Bithynia, [illegible] the Megarians, B. C. 674, [illegible] Propontis at the entrance of [illegible] Bosphorus. Though it [illegible] considerable city, it was [illegible] called the "City of the [illegible] because its founders over- [illegible] the superior advantages of the [illegible] opposite site of Byzantium. [illegible] 2. 24, 26. ‖ Kadi-Keui.

[illegible] οῦ, ὁ, *copper* ; but more [illegible] *bronze*, an alloy of copper [illegible] about ⅞ copper to ⅛ tin) [illegible] by the ancients, and ad- [illegible] harder temper than the [illegible] *brass*, an alloy of copper [illegible] The latter term is, how- [illegible] in translation. Χαλκὸς [illegible] [some bronze glistened] [illegible] *gleaming of brass* or *brazen* [illegible]

[illegible] ατος, τό, *a brazen* (or [illegible]), iv. 1. 8.

[illegible], ὁ, *the Chalus*, a river in [illegible] 4. 9. ‖ The Koweik, the [illegible]

[illegible], ὁ, *a Chalybian*, or one [illegible] Chalybes, a people so skilled in [illegible] that they either gave their [illegible] (χάλυψ, as if *Chalybian* [illegible] were themselves named from [illegible] Χάλυβες, Æsch. [illegible] Some of the Chalybes (also [illegible], v. 5. 17) were the [illegible] people found by the Cyreans ; [illegible], west of Trebizond, were [illegible] number and subject to the [illegible] iv. 4. 18 ; 6. 5 ; 7. 15 : [illegible] 2. 25. Der. CHALYBEATE.

χαράδρα, ας, (χαράττω *to cut, fur-row*, whence CHARACTER) *a ravine, gorge*, usu. furrowed by water, iii. 4. 1.

χαράκωμα, ατος, τό, (χάραξ *stake*, fr. χαράττω *to cut*) *a paling, palisading, line of palisades*, v. 2. 26.

†χαρίεις, ιεσσα, ιεν, g. ιεντος, ιέσσης, gratiōsus, *graceful, agreeable, pleasing, clever, ingenious*, iii. 5. 12 (v. l. χάριεν).

†χαρίζομαι, ιοῦμαι ισθῆναι, κεχάρισμαι, gratificor, *to grant* one *a favor, gratify, favor, oblige, please, indulge*, D. AR., i. 9. 24 : ii. 1. 10 ; 3. 19 : vii. 1. 25.

χάρις,* ιτος, ἡ, (χαίρω) gratia, *grace, favor ; obligation* for a favor, *gratitude, thanks* : χάριν εἰδέναι (see ὁράω) *to recognize a favor* or *obligation, esteem it a favor, be grateful* : χάριν ἔχειν *to have gratitude, feel grateful* : D. G. : i. 4. 15 : ii. 5. 14 : iii. 3. 14 : vi. 1. 26 : vii. 4. 9 ; 6. 32. Der. EU-CHARIST.

Χαρμάνδη, ης, *Charmande*, a large city on the Arabian side of the Euphrates, thought by most to be the city called by Hdt. Ἴς, now *Hit*, remarkable for its bitumen springs, which furnished cement for the walls of Babylon, and which still seem inexhaustible, i. 5. 10. The Euphrates and Tigris are still crossed in the manner here stated by Xenophon.

Χαρμῖνος, ου, *Charminus*, an envoy from the Spartan commander Thibron to the Cyreans, vii. 6. 1, 39.

χειμών, ῶνος, ὁ, (χέω *to pour*, cf. χιών) hiems, *winter, wintry weather, storm, cold*, i. 7. 6 : iv. 1. 15 : vii. 3. 13.

χείρ,* χειρός, d. pl. χερσί, ἡ, *the hand* : εἰς χεῖρας ἰέναι or ἔρχεσθαι *to come to* [hands] *blows* or *to close encounter* or *combat*, but w. dat., [to come into hands to any one] *to put one's self in the hands* or *power of* any one : περὶ ταῖς χερσὶν *about the* [hands] *wrists* : ἐκ χειρὸς βάλλειν *to throw* [from] *with the hand* merely, as darts (but ἐκ χ., v. 4. 25, *hand to hand, in close combat*) : i. 2. 26 ; 5. 8, 15 : iii. 3. 15 : iv. 7. 15 : vi. 3. 4 : see δέχομαι. Der. CHIRO-GRAPHY, SURGEON.

↓Χειρί-σοφος, ου, *Chirisophus*, a general sent from Sparta to Cyrus with auxiliary troops, in return for the zealous and liberal aid which he had rendered in the Peloponnesian War. He was the chief leader of the van in the retreat, and was at one

[illegible] ; 12.5 ; [illegible] 5, 17 : ii. 1. 6, 12 ; [illegible] : χρῆσθαί τι *to make use or employ for any service, treat in any way*, i. 3. 18 : vi. 6. 20 : πολεμίῳ ἐχρῆτο [as hostile] *the hostility of*, [illegible] (πιστοτάτῳ) [illegible] *obedience* (*the most* [illegible]) *from*, ii. 6. 13 : iv. [illegible] χ. *to flourish a sword*, [illegible] χ. *to subsist by a* [illegible] 6. 24. — (b) impers. χρή [illegible] χρῆναι, χρεών), f. χρήσει, [illegible] χρῆν, it supplies need, *it is necessary, it must or ought*, *must, should,* or *ought*, I. [illegible] ; 4. 14 : iii. 1. 7 ; 2. 24, 36. [illegible]O-MATHY.

[illegible] not Att., (χρεία usus, akin to χράω) *to need, want*, [illegible] I., i. 3. 20 : iii. 4. 41.

[illegible]ατος, τό, *a thing* used (cf. [illegible] pl. *things of value*, [illegible], *effects, booty, spoil*, *wealth*, esp. *money* ; i. 1. 9 ; [illegible] 10. 3 : ii. 4. 27 ; 6. 5 s.

[illegible], ἡ, ῶν, (χρηματίζομαι [illegible]) *money-making, prom*[illegible], *indications of gain*, vi. 1.

[illegible], see χράω, i. 4. 14 s.

[illegible] η, ον, a., *useful, of use*, [illegible], D., i. 6. 1 : ii. 5. 23.

[illegible]ατος, τό, *ointment*, [illegible] 4. 13. Der. CHRISM.

[illegible] κέχρικα l., *to anoint* : [illegible] *one's self*, iv. 4. 12. Der. [illegible]

[illegible], ὁ, *time*, i. 8. 2 ; 8. 8 : [illegible] [within] *for a long time*, [illegible] χρόνῳ [with, by means of] *the time*, i. 8. 22 : χρόνῳ [illegible] *protracted siege*, iii. 4. 12. Der. CHRONIC, CHRONICLE, [illegible]Y.

[illegible]έα, έον, contr. χρυσοῦς, ῆ, [illegible], *golden, covered* or *plated* [illegible] *gilded*, i. 2. 10, 27 ; 10. 12.

[illegible] ου, dim., *gold* in small [illegible] money, *gold money, amount* [illegible] 9 ; 7. 18 : vii. 8. 1.

[illegible], εως, ἡ, *Chrysopolis*, [illegible] Chalcedonia, on the Thra[illegible]rus, opposite Byzantium ; [illegible] have been so named, because the Persians made it a place of deposit for gold collected from Europe as tribute or booty. vi. 3. 16. ‖ Scutari.

χρυσός, οῦ, ὁ, *gold*, iii. 1. 19. Der. CHRYSO-LITE, CHRYSALIS.

‡χρυσο-χάλινος, ον, (χαλινός *bridle*) *with gold-studded bridle*, i. 2. 27.

χρῷμαι, -ῶνται, see χράω, i. 4. 8.

†χώρα, ας, *a place*, esp. *a country, region, province, district, territory, land* ; *a place, position*, or *post*, in military disposition (see κατά) ; i. 1. 11 ; 5. 5, 9 ; 8. 17 : iii. 4. 33 : pl. i. 9. 14 : iv. 8. 15 : see φίλιος : — so of position in respect to rank, influence, &c., as ἐν ἀνδραπόδων χώρᾳ *in the condition of slaves*, v. 6. 13 ; ἐν οὐδεμιᾷ χώρᾳ ἔσονται *will be nowhere* or *of no account*, v. 7. 28. A country sometimes borrows the name of its inhabitants : τὴν χώραν εἶναι Χάλυβας *that the country was*, i. e. *belonged to the Chalybes*, iv. 5. 34. Χώρα and τόπος are related to each other much as, in Eng., *place* and *spot* ; but their uses blend, since there is no dividing line between the larger and the narrower sense.

†χωρέω, ήσω or ήσομαι, κεχώρηκα, to give room, make room for others ; hence, *to move on, advance, march, proceed, go, pierce*, διά, ἐπί : to give room for the reception of, *contain, hold*, A. : i. 5. 6 : 10. 13 : iv. 2. 15, 28. Der. AN-CHORET.

†χωρίζω, ίσω ιῶ, (χωρίς) *to separate, detach*, A. I., vi. 5. 11 : κεχωρισμένος *separated, removed, differing*, G., v. 4. 34.

†χωρίον, ου, dim., a limited *space, extent*, or *distance* ; esp. a particular *place* or *spot*, as a *stronghold* (so often), *hold, town, height, pass*, military *position, tract of land* (pl. *lands, surrounding country, region*), *landed estate, domain* ; i. 2. 24 ; 4. 6 : ii. 5. 18 : iii. 3. 9, 15 ; 4. 24, 37 : iv. 5. 15 ; 7. 1 s, 6, 20 : v. 3. 7 s : vi. 4. 3 s, 27.

†χωρίς adv., *apart* (so as to leave room), *separately, singly, by one's self* ; *apart from*, G. ; i. 4. 13 : iii. 5. 17 : vi. 6. 2.

χῶρος, ου, ὁ, *room, space, open ground, field* ; *place*, esp. *country place* or *estate, country* in distinction from city ; rare in Att. prose, exc. Xen. ; v. 3. 11, 13 : vii. 2. 3 : see κατά. Der. CHORO-GRAPHY.

[illegible] etc.): ὥραν [illegible] what or what[illegible] [the] time: i. 2. 11 n; 4. [illegible] 12; iii. 4. 24, 40; 5. 18: [illegible]. Der. HORO-SCOPE.

[illegible] a, ov, at the proper season [illegible] the year, &c.), in the prime or [illegible] youth, ripe, ii. 6.28: v.3.12: [illegible] the produce of the season, [illegible], v. 3. 9.

[illegible], see ὁρμάω.

[illegible] (ὅς) ut, quam, quod, [illegible] that, so that, &c.: — I. ADV. (a) expressing MANNER, [illegible] circumstance, degree, occa[illegible], cause, &c., AS, like as, [illegible] it were, as much as, as far [illegible], as soon as, since, inasmuch [illegible]; 4. 5, 7: iv. 7. 8, 12: in [illegible] these uses, regarded by some [illegible] or causal conj. 'Ως, like [illegible] used in many elliptical forms [illegible], 721, i. 2. 4; 5. 8; often [illegible] the office of — (b) an AP[illegible] ADV., w. expressions of [illegible] esp. numerals, as it were, [illegible], i. 2. 3 a: vi. 5. 11: — [illegible] ADV. OF DEGREE, w. the su[illegible] as (the comparison being [illegible] possibility, if not other[illegible], and ὡς thus becoming in[illegible], cf. quam), 553 b, c, d; e. g. [illegible] ἐπέφαινον as soon as [illegible] began to appear, iv. 3. 9 [illegible]; ὡς ἐδύνατο τάχιστα as [illegible] he could, iii. 4. 48; ὡς τά[illegible] quickly or soon as possible, [illegible] ὡς ἂν δύνηται πλείστους as [illegible] he could, i. 6. 3; ὡς πλεῖστοι [illegible] as possible, iii. 2. 28: — (d) [illegible], to, w. acc. of person, [illegible] βασιλέα i. 2. 4: cf. vii. 7. 55? [illegible] MODAL SIGN, as, as if, as [illegible], considering (but not al[illegible]), bef. a modifier, 65 d; [illegible] appositive or adj., i. 1. 2; [illegible] a prepositional phrase, i. 2. [illegible]: v. 4. 2: ὡς ἐν τοῖς ὄρεσιν [illegible] it was among the moun[illegible] or for mountaineers, iv. 3. 31. [illegible] use of ὡς is esp. frequent [illegible] the PARTICIPLE (even if abs.), [illegible] appearance, pretence, opin[illegible] purpose (w. pt. fut.), cause, &c.; [illegible] is also translated apparently, [illegible] of or that, on the ground [illegible] view of, for the purpose of, with the design of, since, inasmuch as, that, &c.; while the pt. is often translated by an inf. or finite verb; e. g. ὡς ἀποκτενῶν [as about to put] with the intent to put him to death, 598 b, i. 1. 3; ὡς ἐπιβουλεύοντος T. on the ground that T. was plotting, ὡς βουλόμενος [as if wishing] on pretence that he wished, ὡς πολεμήσων pretending that he was about to make war, i. 1. 6, 11; ὡς ἀπηλλαγμένοι inasmuch as they were delivered, iv. 3. 2 (cf. i. 2. 19); ὡς ὀλίγοι ὄντες [as they were few] being so few, vi. 5. 28; ὡς ἐμοῦ ἰόντος that I shall go, i. 3. 6 (cf. ii. 1. 21); see 680. — (f) Hence, also, the use of ὡς bef. the INFINITIVE, with an office like that of a final or consecutive conjunction bef. a finite verb, in order to or that, so that, so as to (yet sometimes not translated), 671; e. g. ὡς συναντῆσαι in order to meet or that he might meet, so as to meet, to meet, i. 8. 15, cf. 10; ὡς μὴ δύνασθαι so that they could not, ii. 3. 10; βραχύτερα ἢ ὡς ἐξικνεῖσθαι [shorter than so as to reach] too short a distance to reach, 513 d, iii. 3. 7; ὡς ἀναπαύεσθαι for or as if for resting, ii. 2. 4; see συναιρέω. — (g) This rel. adv. is also used as COMPLEM. (563), how, in what manner or degree, i. 6. 5: ii. 1. 1; 3. 11: iii. 1. 40: vi. 6. 32.

II. CONJ. (h) Complem., that, less positive, direct, or actual than ὅτι, 702 a, i. 1. 3; 3. 5: vii. 5. 8 (bef. inf.? 659 e): — (i) Final, in order that, so that, that, i. 3. 14; 6. 9: ii. 5. 16; ὡς μὴ that not, lest, iii. 1. 47: vii. 6. 23: cf. f: — (j) Causal, as, since, inasmuch as, ii. 4. 17: v. 8. 10: cf. a: — (k) Consecutive, so that, ὡς ἐδόκει, vi. 1. 5 (v. l. inf.); cf. f.

ὥς definitive adv., (ὁ) = οὕτως, thus, so, in this way or case, in these circumstances, then; used after οὐδὲ not even, i. 8. 21: iii. 2. 23: vi. 4. 22.

‡ὡσ-αύτως (ὁ αὐτός the same) in the same or like manner, like-wise, just so, iii. 2. 23: iv. 7. 13: v. 6. 9 (also, by tmesis, ὡς δ' αὕτως): vii. 3. 22.

ὡσ-εί as if, about, iii. 4. 3: v. l. ὅσον.

ὥσθ' for ὥστε, by apostr. bef. an aspirated vowel, ii. 3. 25.

ὦσι(ν), see εἰμί. — ὠσί(ν), see οὖς.

ὥσ-περ * rel. adv., (ὡς strengthened, in its more direct rel. uses) just as, even as, as indeed, as, much used in

INDEX

OF

CITATIONS FROM XENOPHON'S ANABASIS.

"Accomplished XENOPHON! thy truth hath shown
A brother's glory sacred as thy own.
O rich in all the blended gifts that grace
Minerva's darling sons of Attic race!
The Sage's olive, the Historian's palm,
The Victor's laurel, all thy name embalm!
Thy simple diction, free from glaring art,
With sweet allurement steals upon the heart;
Pure as the rill, that Nature's hand refines,
A cloudless mirror of thy soul it shines.
Thine was the praise, bright models to afford
To CÆSAR'S rival pen, and rival sword:
Blest, had Ambition not destroyed his claim
To the mild lustre of thy purer fame!"

CITATIONS FROM THE ANABASIS.

[The following Index was prepared specially to accompany the Revised Edition of the Grammar (1871). The numbers inclosed in parentheses denote the sections of the Anabasis which are cited; those following them, the sections of the Grammar in which the citations are made.]

BOOK I.

BOOK II.

BOOK III.

BOOK IV.

Chap. I. (3) 633; (5) 450, 533, 556; (6) 407; (9) 432 g; (10) 548; (11) 523 f; (13) 675; (14) 483, 518, 710; (20) 574, 592; (21) 483; (22) 491, 540; (23) 594; (27) 503, 659; (28) 431 b.

Chap. II. (2) 485; (3) 450, 674; (4) 703; (6) 524; (7) 523 f; (9) 419; (10) 523 f, 636; (11) 702; (12) 501; (13) 485; (15) 458; (16) 506 c, 689; (17) 506 a, 523 f, 689, 702; (19) 557; (20) 279 e; (23) 507 d; (28) 213 d.

Chap. III. (1) 523 a, 582; (2) 509 a, 550; (5) 722; (8) 234 f; 695; (9) 553; (10) 494; (11) 548; (13) 444 b, 455, 523 k; (28) 420, 689; (32) 571, 577.

Chap. IV. (2) 218, 489, 551; (4) 526; (7) 489; (13) 506 e; (14) 509 b, 529, 698; (15) 686; (17) 603; (18) 603, 679.

Chap. V. (4) 507 a; (5) 472 b; (7) 320 a, 474, 643; (10) 507 f; (11) 474, 476 e; (16) 509 a, 669; (17) 580, 582; (22) 423; (24) 482; (29) 474; (31) 375 a; (36) 469, 485.

Chap. VI. (2) 463, 705; (9) 526; (10) 708; (11) 510, 677; (12) 510, 689, 690; (13) 622; (14) 505; (21) 690; (22) 690; (24) 523 f; (25) 643; (26) 523 f.

Chap. VII. (1) 569; (3) 604, 612; (4) 527, 689; (5) 567; (6) 689; (7) 637; (8) 692; (9) 225 f; (10) 609; (11) 541; (12) 426; (16) 220 f, 556; (17) 554; (20) 444 d, 550, 701; (24) 401, 689; (25) 551, 569; (27) 533.

Chap. VIII. (1) 469; (2) 225 f; (4) 418, 699; (5) 592, 676; (6) 524; (8) 690; (10) 518; (11) 653; (13) 627; (14) 713; (18) 499; (20) 423; (22) 394, 689; (25) 550; (27) 479, 507 f.

BOOK V.

Chap. I. (1) 506 b; (2) 574; (8) 514, 551, 694; (9) 689; (13) 522; (15) 575.

Chap. II. (5) 509 e; (14) 559; (15) 567; (20) 582; (24) 548; (26) 573; (29) 522.

Chap. III. (1) 283; (2) 240. 3, 394, 509 a; (3) 575, 706; (11) 395, 699; (13) 437 a.

Chap. IV. (1) 689; (9) 556, 661; (10) 644; (11) 530, 695; (15) 407; (16) 557; (22) 507 d; (24) 592; (26) 225 f; (29) 523 i; (34) 560, 583, 635, 695.

Chap. V. (1) 432 g; (3) 394; (4) 242; (5) 242; (8) 612, 716; (11) 417; (12) 585; (15) 548; (20) 691; (21) 509 b; (22) 585; (25) 702.

Chap. VI. (1) 621; (7) 523 e; (9) 507 f; (12) 577; (16) 703; (17) 583; (20) 569; (21) 624; (27) 506 c; (29) 455; (30) 631; (32) 663; (37) 442, 644.

Chap. VII. (5) 533, 592; (7) 533; (8) 621; (9) 445 c; (10) 281, 453, 564; (12) 414, 706; (17) 418; (20) 699; (21) 677; (26) 317 b; (28) 480; (29) 612; (34) 694.

Chap. VIII. (3) 259, 432 a, 554, 675; (4) 282 c; (5) 662; (6) 476 d; (7) 536; (8) 560; (11) 548, 564; (12) 501, 515; (13) 676; (22) 259; (24) 523 a; (25) 432 c.

BOOK VI.

BOOK VII.

Acme
Bookbinding Co., Inc.
300 Summer Street
Boston, Mass. 02210